《民事行政检察工作30周年纪念丛书》
编委会

主　　任　张雪樵

副主任　杨立新　王鸿翼　郑新俭　胡卫列

委　　员　王开洞　唐宝森　文先保　贾小刚

　　　　　吕洪涛　张　兵　韩凤英　王景琦

　　　　　王蜀青　邱景辉　王　莉　李　萍

　　　　　华　锰　田　力　徐全兵　肖正磊

民事行政检察30周年纪念丛书之二

MINSHI XINGZHENG JIANCHA GONGZUO
SANSHIZHOUNIAN JINIAN WENJI

民事行政检察工作
30周年纪念文集

（上册）

主　编　胡卫列
副主编　贾小刚　吕洪涛　刘小艳

中国检察出版社

图书在版编目（CIP）数据

民事行政检察工作 30 周年纪念文集：全 2 册 / 最高人民检察院民事行政检察厅编. —北京：中国检察出版社，2019.1
ISBN 978-7-5102-2238-2

Ⅰ. ①民… Ⅱ. ①最… Ⅲ. ①民事诉讼—检察—中国—纪念文集 ②行政诉讼—检察—中国—纪念文集 Ⅳ. ① D926.304-53

中国版本图书馆 CIP 数据核字（2018）第 300243 号

民事行政检察工作 30 周年纪念文集（上下册）
最高人民检察院民事行政检察厅　编

出版发行：	中国检察出版社
社　　址：	北京市石景山区香山南路 109 号（100144）
网　　址：	中国检察出版社（www.zgjccbs.com）
编辑电话：	（010）86423704
发行电话：	（010）86423726　86423727　86423728
	（010）86423730　68650016
经　　销：	新华书店
印　　刷：	北京宝昌彩色印刷有限公司
开　　本：	710mm×960mm　16 开
印　　张：	66
字　　数：	964 千字
版　　次：	2019 年 1 月第一版　2019 年 1 月第一次印刷
书　　号：	ISBN 978-7-5102-2238-2
定　　价：	182.00 元（上下册）

检察版图书，版权所有，侵权必究
如遇图书印装质量问题本社负责调换

序

习近平总书记深刻指出："一切向前走，都不能忘记走过的路；走得再远、走到再光辉的未来，也不能忘记走过的过去。"幸逢人类历史上最为伟大的"千年未有之变革"，乘着改革开放的东风，共和国的民事行政检察因应重生。

以1988年9月12日，最高人民检察院成立民事行政检察厅为起点，我国民事行政检察工作迄今已三十而立。30年砥砺奋进，民事行政检察的监督领域不断扩展，监督方式不断丰富，监督原则不断完善，监督重点不断调整，监督程序不断规范，监督格局不断做大。回顾历程，一叶知秋，民事行政检察走过的每一步都无不是改革开放赋予的发展契机和时代烙印，写下的每一页都离不开中国特色社会主义鸿篇巨制下的科学理论基础、坚实政治基础和厚重文化基础。往事回首，筚路蓝缕。因为经历过存废之争、进退之难，更加深刻认识到发展来之不易；因为执着于跨越式发展、把握住转型之变，更加忠实于党的绝对领导，坚定于司法为民的法治信念。

纪念民事行政检察工作30周年，要特别借此机会向为民事行政检察事业付出青春年华、作出卓越贡献的几代民行检察人

员,以及长期关心、支持、帮助检察机关依法履行民事行政检察职能的兄弟单位和人大代表、政协委员、专家学者等各界人士,表示崇高的敬意和衷心的感谢!

不能忘却的纪念需要仪式。最高人民检察院组织力量编写了《民事行政检察工作30周年画册》《民事行政检察工作30周年纪念文集》《民事行政检察工作30周年经典案例》纪念丛书,供读者研习、收藏。其中,《画册》以大事记的方式,图文并茂展示了民事行政检察事业探索起步、蓬勃发展、深入推进、展望未来的历程和愿景;《文集》分类收录了检察系统内外对民事行政检察基础理论、制度构建、司法改革、公益诉讼等具有重要指导作用的代表性理论研究成果;《经典案例》收录了100个能够见证民事行政检察职能诞生、成长、成熟且有典型示范意义的民事行政诉讼监督、检察公益诉讼精品案例。

最好的纪念绝不是画上句号。2018年,在民事行政检察事业发展历史上必定是有里程碑意义的一年。2018年7月6日,习近平总书记主持召开中央全面深化改革委员会第三次会议,决定设立最高人民检察院公益诉讼检察厅。2018年10月22日至26日,第十三届全国人民代表大会常务委员会第六次会议听取和审议《最高人民检察院关于人民检察院加强对民事诉讼和执行活动法律监督工作情况的报告》,并审议与民事行政检察制度密切相关的刑事诉讼法修正草案、人民检察院组织法修订草案。同时,全国检察机关内设机构改革顺利推进,最高人民检察院成立第六、七、八检察厅,分别承担民事检察、行政检察、公益诉讼检察职能,迎来了刑事检察、民事检察、行政检察、公益诉讼检察

"四大检察"全面、协调、充分发展的新征程。

　　对标对表新时代，民事行政检察事业可谓路漫漫其修远。古人说："有美意，必须有良法乃可行。有良法，又须有良吏乃能成。"良法在哪里？"一切法律中最重要的法律，既不是刻在大理石上，也不是刻在铜表上，而是刻在公民的内心里。"只有按照习近平总书记的要求"坚持以法为据、以理服人、以情感人，既要义正词严讲清'法理'，又要循循善诱讲明'事理'，感同身受讲透'情理'，让当事人胜败皆明、口服心服"，才能"让老百姓从每一件司法案件中感受到公平正义"。习近平总书记还告诫我们："幸福和美好未来不会自己出现，成功属于勇毅而笃行的人。"每一位民事行政检察人，要倍加珍惜机遇，以工匠精神和大师情怀忠诚履职书写光辉。幸逢国运昌盛、中华复兴，我们还当秉持法治强国师天下的伟大梦想，脚踏实地苦干，拥抱美好未来！

　　是为序。

2018年12月于北京

《民事行政检察工作30周年纪念文集》编写说明

从1988年9月最高人民检察院设立民事行政检察厅至今，民事行政检察工作已经走过了30年的发展历程。30年来，民行检察工作从无到有，在探索中前行，在发展中壮大，已成为检察工作的重要组成部分，对于促进司法公正、维护社会公平正义发挥了重要作用。30年的民行检察，走过的是一串坚实的脚步、一段厚重的历史，值得隆重纪念。

民行检察工作30年发展历程伴随着民行检察理论和制度的探索与创新，民行检察理论研究深化探索、不断丰富，民行检察制度创新发展、逐步完善。理论和实践相互促进，才有了今日民行检察工作新局面。为了忠实记录、全面反映民行检察理论研究情况及制度完善过程，我们编写了这部文集，收录了30年来具有代表性的民行检察理论研究成果及对民行检察工作发展产生重大影响的重要文献。这部文集作为民行检察工作30周年的献礼，也是向为推动这一制度发展完善作出重要贡献的各位检察同仁及学者致敬。文集既是纪念，也是见证，更是希冀，希望民行检察工作在新的起点上取得更大更好发展。

文集按照民事行政检察制度内容分单元进行编辑。第一部

分为"基础理论篇",具体又分为"存废之争"及"职能定位及价值目的",选取的文章主要围绕民行检察制度是否必要,民行检察的根本属性、职能定位、制度目的等展开论述。第二部分为"制度构建篇",根据民行检察工作内容分为"民事、行政审判检察监督""民事、行政执行检察监督""虚假诉讼检察监督""行政检察监督",主要探讨民行检察各项制度的建构及完善,力求以每一具体制度的理论思考及实务探讨来体现民行检察制度的发展历程。第三部分为"司法改革与民行检察篇",选取的文章主要体现了历次司法改革中,尤其是2007年及2012年民事诉讼法修改前后,民行检察工作的变革发展与制度进步。第四部分为"检察公益诉讼篇",主要对检察机关提起公益诉讼的必要性、可行性、检察机关提起公益诉讼试点情况、检察公益诉讼制度建构等问题进行探讨。第五部分为"民行检察工作总结、评估与展望篇",对民行检察不同发展阶段的工作情况及制度建设情况进行系统梳理和总结。附录部分为"领导讲话篇",所选取的讲话稿为最高人民检察院领导在不同时期对民行检察工作发展方向及工作思路的引领和要求。

为真实反映民行检察理论发展沿革,所选文章在收录本书时基本保留原样,对于少数与当前实际不符的表述或法律规定等未作修改,特此说明。

编 者

2018年11月30日

总目录

序 / 张雪樵 ………………………………………………………… 1
《民事行政检察工作 30 周年纪念文集》编写说明 ………………… 1

基础理论篇

存废之争 …………………………………………………………… 1
 民事行政诉讼检察监督与司法公正 / 杨立新 …………………… 3
 论民事检察监督的几个理论问题 / 蔡福华 …………………… 48
 民事检察制度若干理论问题辨析 / 王玄玮 …………………… 60
 民事检察监督与审判独立之关系的合理建构 / 刘田玉 ……… 72
 对民事检察若干问题的再思考 / 石少侠 ……………………… 90

职能定位及价值目的 …………………………………………… 102
 试论检察机关在民事诉讼中的法律地位 / 王桂五 …………… 102
 论民事行政检察监督制度的地位和作用 / 江清彬 …………… 111
 民事检察监督之系统定位与理念变迁 / 陈桂明 ……………… 121
 论民事检察监督法律关系 / 邹建章 …………………………… 135
 略论民事行政检察程序的目的 / 张步洪 ……………………… 147

简论民事行政检察的二元结构／王祺国 …… 155
谈民事行政检察权的配置／王鸿翼 …… 162
从独白走向对话
　　——检察调处权配置的能动之维／张雪樵 …… 182
我国民事检察的功能定位和权力边界／王　莉 …… 196
把握新时代新要求，开创民事行政检察新局面／张雪樵 …… 225
做强民行检察，从树立科学理念做起／胡卫列 …… 235

制度构建篇

民事、行政审判检察监督 …… 239
论检察机关对行政诉讼的法律监督／湛中乐　孙占京 …… 239
行政诉讼活动监督之我见／王开洞 …… 249
民事检察监督有关问题探析与立法思考／郭理臣 …… 255
民事行政个案再审检察建议之适用与完善／夏黎阳 …… 262
民事调解检察监督研究／刘　辉 …… 270
试论民事法律监督调查权的立法完善／郑　青 …… 284
民事审判活动检察监督的实现路径
　　——湖北省检察机关民事诉讼法律监督调查机制的
　　　成效与做法／周清华　廖静怡 …… 292
检察机关对行政诉讼的法律监督／应松年 …… 304
基于诉权的再审与基于检察监督权的再审／刘本荣 …… 307
找准对审判权主体监督的金钥匙
　　——基层民事检察工作的困境与思考／张雪樵 …… 335
民事审判监督程序的定位与结构设计／邵世星 …… 344
民事抗诉事由的理解与适用／颜良伟 …… 360

民法典编纂中关于隐私权问题的考量
　　——以网络隐私权为切入点/吕洪涛　兰　楠 …………… 373
民事行政诉讼监督提质增效的路径探析/滕艳军 ……………… 386

民事、行政执行检察监督 ……………………………………… 401

关于民事执行检察监督的质疑与回答/孙加瑞 ………………… 401
民事执行检察监督机制分析/谭秋桂 …………………………… 421
论民事执行检察监督的不足与完善/黄小雨 …………………… 432
非诉行政执行检察监督的制度构建/贾小刚　王天颖
　　　　　　　　　　　　　　　　吕玖昌　李　颖 ……… 440
关于民事执行检察监督的对象和案件管辖的有关问题/田　力 …… 449
民事执行检察监督有关问题/肖正磊 …………………………… 456

虚假诉讼检察监督 ……………………………………………… 465

虚假调解检察监督实务探讨/许志鹏 …………………………… 465
论强化对虚假诉讼的检察监督/王雄飞 ………………………… 474
民事虚假诉讼检察监督问题研究/郑新俭　吕洪涛
　　　　　　　　　　　　　　　肖正磊　颜良伟 ………… 491
论虚假诉讼检察监督的困境与对策
　　——基于四川省检察机关2011年至2015年虚假诉讼监督
　　案件的实证分析/四川省人民检察院课题组 ……………… 502

行政检察监督 …………………………………………………… 511

论检察机关对行政权的法律监督/田　凯 ……………………… 511
论民事督促起诉
　　——对国家利益、公共利益监管权的监督/傅国云 ……… 522
诉讼外行政检察监督论析/山西省人民检察院课题组 ………… 538
中国特色行政检察监督制度的嬗变与重构/刘　艺 …………… 552

司法改革与民行检察篇

略论检察监督权在民事诉讼中的行使／江　伟 …………………… 571
论民事行政检察制度的完善／马明生　王钦杰 ………………… 580
民事抗诉制度的现状与问题／文先保 …………………………… 593
《民事诉讼法》修订与民事检察监督之
　回应／段厚省　郭宗才　王延祥 ……………………………… 599
民事诉讼法的全面修改与检察监督／汤维建 …………………… 610
当代中国民事检察监督的变革方向与路径考量／宋朝武 ……… 632
最高人民法院、最高人民检察院《关于民事执行活动法律监督
　若干问题的规定》的理解与适用／郑新俭 …………………… 646

检察公益诉讼篇

检察机关提起行政公诉简论／胡卫列 …………………………… 659
行政诉讼中的检察监督与行政公益诉讼／姜明安 ……………… 667
设置行政公诉的价值目标与制度构想／孙　谦 ………………… 674
行政公益诉讼制度，从理论走向现实／马怀德 ………………… 697
检察机关提起公益诉讼的若干问题／郑新俭 …………………… 702
论检察机关提起行政公益诉讼制度的内涵和路径／裴铭光　解文轶 … 712
深入学习贯彻习近平总书记重要指示精神　发展完善中国特色
　社会主义公益司法保护制度／曹建明 ………………………… 724
检察机关提起行政公益诉讼的职能定位与制度构建／徐全兵 … 731
构建行政公益诉讼的客观诉讼机制／刘　艺 …………………… 745
论民事检察监督权的完善及检察机关民事诉权之理论
　基础／张晋红　郑斌峰 ………………………………………… 764
关于民事公诉的若干思考／李　浩 ……………………………… 789

论检察机关提起民事公益诉讼 / 汤维建 ·················· 799

民行检察工作总结、评估与展望篇

新中国民事行政检察发展前瞻 / 杨立新 ·················· 817
民事行政检察工作的发展历程与展望 / 王鸿翼 ·················· 836
改革在路上　监督进行时
——解读三十年来《最高人民检察院工作报告》中的
　　民事行政检察 / 张雪樵 ·················· 847
民行检察30年理论研究综述 / 刘小艳 ·················· 860

附录：领导讲话篇

刘复之检察长在接见民事行政诉讼监督和乡镇检察派出机构
　试点工作座谈会部分代表时的讲话 ·················· 911
张思卿副检察长在检察机关实施行政诉讼法工作会议上的
　讲话 ·················· 914
韩杼滨检察长在全国检察机关民事行政检察工作会议上的
　讲话 ·················· 921
曹建明检察长在全国检察机关第二次民事行政检察工作会议
　上的讲话 ·················· 927
曹建明检察长在深入开展公益诉讼试点工作电视电话会议
　上的讲话 ·················· 944
张军检察长在第十三届全国人民代表大会常务委员会
　第六次会议上的报告 ·················· 956
梁国庆副检察长在民事、行政审判监督程序抗诉问题座谈会
　上的讲话 ·················· 969

赵登举副检察长在全国检察机关民事行政检察工作座谈会
上的讲话 ··· 975

赵虹副检察长在全国检察机关民事行政检察工作会议上的
讲话 ··· 987

姜建初副检察长在全国检察机关第二次民事行政检察工作会议
上的讲话 ··· 995

张雪樵副检察长在全国检察机关全面开展公益诉讼工作会议
上的讲话 ··· 1014

基础理论篇

（一）存废之争
（二）职能定位及价值目的

【基础理论篇·存废之争】

民事行政诉讼检察监督与司法公正[*]

杨立新[**]

内容摘要：中国现行的民事行政诉讼检察监督制度，虽然借鉴于苏联，但是并不是中国所独有，与各国的同类制度相比，监督范围还嫌过窄。这项制度对于保障司法公正、树立司法权威，维护国家法律的统一正确实施，具有重要作用。在进行司法改革的今天，应当进一步坚持和完善这一制度，检察机关要依法实施监督，在贯彻"依法治国，建设社会主义法治国家"的治国方略中，更好地发挥法律监督职能作用。

关键词：民事行政诉讼　法律监督　检察机关　抗诉

一、坚持民事行政诉讼检察监督制度对于加强社会主义法治的必要性

（一）中国民事行政诉讼检察监督的发展历史

中国目前实行的民事行政诉讼检察监督制度，在法律上是已经确定了的。民事诉讼法第14条规定："人民检察院有权对民事审判活动实行法律监督。"并在第185条至第188条规定了具体的监督方式。行政诉讼法第10条规定：

---

[*]本文刊载于《法学研究》2000年第4期。
[**]杨立新，中国人民大学教授，时任最高人民检察院民事行政检察厅厅长。

"人民检察院有权对行政诉讼实行法律监督。"在第64条规定了具体的监督程序。在这些条文中,规定人民检察院对人民法院的民事审判活动和行政诉讼实行监督的方式只有一种,就是抗诉。这是现行民事行政诉讼检察监督制度唯一的法定监督方式。

中国的民事行政诉讼检察监督制度,建立于20世纪40年代末50年代初。新中国成立之始,1949年12月经中央人民政府主席批准,颁发的《中央人民政府最高人民检察署试行组织条例》第3条规定:"最高人民检察署受中央人民政府委员会之直辖,直接行使并领导下级检察署行使下列职权:……2.对各级司法机关之违法判决提起抗议。……5.对于全国社会与劳动人民利益有关之民事案件及一切行政诉讼,均得代表国家公益参与之。"该条例在规定最高人民检察署各处"职掌"的第10条中,规定第三处的职掌是:"1.关于全国社会与劳动人民利益有关之民事案件参与事项;2.关于全国社会与劳动人民利益有关之一切行政诉讼参与事项。"在最初的人民检察机关的组织条例中,对新中国检察机关的民事行政检察职责,作了最早的规定,这就是代表国家和公益,参与民事和行政诉讼。

随后,在1950年1月29日,最高人民检察署作出4项规定,其中第2项在检察机关职责中规定:"……(5)对于社会劳动人民利益有关之民事案件及行政诉讼,得代表国家参与之。"在第4项中规定:"检察是新机关新工作,须要经过摸索过程。在起初只能先从刑民案件作起,以期稳扎稳打,逐步推进。"这一规定经中共中央批准通报全国,并要求各中央局、分局、各省、市委在各军政委员会及人民政府中保证实施之。

1950年《中华人民共和国诉讼程序试行通则(草案)》对人民检察院的民事行政诉讼职责作了详细的规定,其中第36条有关于"人民法院径行调查审判的刑事案件或依法令规定人民检察署参加的民事案件,经人民检察署声明参加者,亦应通知其参加"的规定。在"上诉(抗诉)"的程序规定中,明确规定,人民检察署对于其起诉或参加的案件,得提起抗诉(第56条第2款),同时对抗诉的期间、抗诉的方法、抗诉案件的审理程序等作出了明确的规定。其

"监督审判"部分,对检察机关的民事行政检察职责规定得更为详细,其中第77条规定:"上级人民法院因人民检察署的抗诉或其他原因,认为有必要时,得命下级人民法院速将审理中的或判决确定的案卷送交审查。""人民检察署在执行检察职务时,对于所辖区域内下级人民法院审理中或判决确定的案件,认为有必要时,亦得向下级法院调卷审查。下级法院接到前两项的调卷命令或函件后,应速将案卷送交调卷的法院或检察署。案件如在审理中,应即停止审理;如已判决确定,非有停止执行的命令,不停止执行。"第78条规定:"上级人民法院或人民检察署调到卷宗后,应速予审查处理。""调卷的人民检察署审查结果,对于下级法院审查中的或判决确定的案件,认为有前项情形时,①得向上级法院提起抗诉,请予处理。"第80条对最高人民检察署的审判监督权作了规定:"最高人民检察署认为最高人民法院的确定判决确有重大错误时,亦得向其提起抗诉,请予再审。"在这一诉讼程序规则中,对检察机关在民事诉讼中的地位、职权,以及参与诉讼、调卷、抗诉等具体程序,作了十分清楚的规定。

1951年《中央人民政府最高人民检察署暂行组织条例》第3条规定:"最高人民检察署受中央人民政府之直辖,直接行使并领导下级检察署行使下列职权:……(三)对各级审判机关之违法或不当裁判,提起抗诉;……(六)代表国家公益参与有关全国社会和劳动人民利益之重要民事案件及行政诉讼。"《各级地方人民检察署组织通则》也授予地方各级人民检察署以同样的职权。

1954年《中华人民共和国人民检察院组织法》第4条关于人民检察院职权的规定包括:对于人民法院的审判活动是否合法,实行监督;对于有关国家和人民利益的重要民事案件有权提起诉讼或者参加诉讼。该法第二章对于人民检察院如何行使这种职权,在程序上作了原则的规定。在这部法律中特别值得重视的是,全国人民代表大会通过法律的形式,第一次明确了人民检察院对人民法院民事审判活动的起诉权和参诉权。由于当时的新中国尚未建立行政诉讼

---

① 即本条第2款规定的认为审理显有违法或不当,或者对于判决确定的案件如认为确有重大错误的情形。

制度,因此,这部法律对人民检察院在行政诉讼中的地位和作用,没有进行规定。这部法律,从国家法的角度,规定了检察机关的民事行政检察职权范围,奠定了民事行政诉讼检察监督制度的基础。

在那个时代,检察机关在履行法律规定的民事行政检察监督职责中,作出了积极的努力。

在中共中央批准的最高人民检察院《1956年—1957年检察工作规划》中明确要求:"有计划地开展并在两年内基本上建立对重要的民事案件的审判监督工作。计划在1956年选择有关国家和人民利益的重要案件3万件,参与或提起诉讼并进行审判监督工作取得经验,为1957年内进一步健全对重要民事案件的审判监督业务打下基础。预计在1957年参与和提起重要民事案件10万件。"

在最高人民检察院的指导下,各地在参与和提起民事诉讼中积极努力,取得了初步的成绩。1954年,辽宁、安徽、江西、山东、河南、山西、陕西、甘肃和北京9个省、市检察机关共办理民事案件2352件,既有提起诉讼的案件,也有参与诉讼的案件。1956年,黑龙江省检察机关办理民事案件80件,其中提起诉讼55件,参与诉讼25件;对这些案件,除当年未结的3件外,经法院调解解决的5件,驳回的1件,双方和解的9件,原告胜诉的34件,原告败诉的7件。①江苏省南京市人民检察院1956年5月至11月共受理民事案件23件,到当年11月15日,已经处理了17件,其中提起诉讼3件,参与诉讼11件,驳回申诉3件。在处理这些案件时,检察员出席民事法庭14次。②这些工作在保护当事人的合法权益,维护国家利益和社会利益中,发挥了良好的作用。

对于检察机关在民事审判活动中的这些作用,人民法院予以充分肯定和积极支持。人民法院的同志反映,检察院参与诉讼的案件,可以帮助法庭正确认

---

① 参见柯汉民主编:《民事行政检察概论》,中国检察出版社1993年版,第34页。
② 以上资料参见最高人民检察院民事行政检察厅编:《民事行政诉讼检察参考资料》(1989年内部资料),第71页以下。

定事实，判决也就更有把握些，因而表示积极欢迎检察院参与民事诉讼，并希望将此定为经常的业务制度。①

此外，最高人民法院还制定了规范性司法解释，对人民检察院如何提起诉讼和参加诉讼的具体程序，作了明确的规定。最高人民法院1957年9月制定的《民事案件审判程序（草稿）》②第1条有"人民检察院对于有关国家和人民利益的重要民事案件，也可以提起诉讼"的规定。第50条规定了检察机关在上诉程序中的抗议权："当事人或检察院不服地方各级人民法院第一审案件判决而提起上诉和抗议的期限为10天，不服裁定而提起上诉、抗议的期限为5天，自接到判决书（裁定）的次日起计算。"第55条规定："地方各级人民检察院对同级人民法院第一审判决和裁定认为错误的时候，有权按照上诉程序提出抗议。如果在上诉期间届满后提出抗议，应当按照审判监督程序进行。"其后，第56条至第61条对于人民法院审理上诉和抗议案件的具体程序作了较为详细的规定。

按照这一时期各地人民法院和人民检察院的具体做法，在民事诉讼中，人民检察院行使以下职权：一是起诉权，对于重大的民事案件，人民检察院可以向人民法院提起民事诉讼；二是参与诉讼的权利，即参诉权；三是上诉程序的抗议权，对于人民检察院自己起诉和参与诉讼的案件，对第一审民事判决和裁定，有权按照上诉程序提出抗议；四是审判监督程序的抗议权，对于超过上诉期间的判决裁定，检察机关可以按照审判监督程序提出抗议，人民法院按照审判监督程序进行审理。这是民事行政检察制度较为完整的内容，对于当今建设社会主义法治国家所要求的民事行政诉讼检察监督而言，仍然具有极为重要的借鉴意义，为民事行政检察制度的发展奠定了稳固的基础。

在民事行政诉讼检察监督正在健康发展的时候，突如其来的"反右斗争"

---

① 以上资料参见最高人民检察院民事行政检察厅编：《民事行政诉讼检察参考资料》（1989年内部资料），第72页。
② 该《民事案件审判程序（草稿）》虽然不是正式的司法解释，但在没有正式的民事诉讼程序规定的当时，这一草稿具有参照的效力。

将其扼杀了。从此以后，直到"文化大革命"结束，检察机关的这项法律监督业务就被强制性地中断了。

检察机关重建以后，百废待兴，当时开展的业务，主要是施行新制定的刑法和刑事诉讼法。在这个时期，人民法院的民事审判工作也是以刑事审判为主，这与检察机关的现状基本上是一样的。

80年代，国家立法机关开始制定民事诉讼法，在起草的法律草案中，依据50年代的立法经验，全面规定了检察机关在民事诉讼中的监督地位和监督方式。由于当时的实际情况，检察机关不主张承担这样的职责，但是立法机关坚持检察机关对审判机关的民事审判活动的监督权，在《中华人民共和国民事诉讼法（试行）》第12条，确立了检察机关这种法律监督的权利。

经过近10年的实践，立法机关和司法机关根据《中华人民共和国民事诉讼法（试行）》在试行过程中的实际情况，认为对于人民法院的民事审判活动以及行政诉讼不进行监督，难以全面保障司法公正。因此，在1990年制定行政诉讼法时，就在这部法律中不仅仿照《中华人民共和国民事诉讼法（试行）》的立法例，在总则中规定检察机关对人民法院行政诉讼的监督权的原则，而且在分则中规定了具体的监督方式，即人民检察院对人民法院已经发生法律效力的判决、裁定，发现违反法律、法规规定的，有权按照审判监督程序提出抗诉。1991年，修改《中华人民共和国民事诉讼法（试行）》，尽管有些人提出了不同的意见，但是立法机关不仅在民事诉讼法总则中规定了民事审判检察监督的原则，而且在分则中规定了具体的监督方式和监督程序，使民事行政诉讼检察监督具有了一定的可操作性。

在实践中，检察机关在行政诉讼法和民事诉讼法颁布以后的实施过程中，依照现行规定开展民事行政诉讼检察监督，取得了实际的效果，发挥了诉讼法律监督的作用。从1991年至1999年全国检察机关在9年中，共受理民事、行政案件283521件，立案审查109388件，提出抗诉34778件；法院再审审结16490件，改判、撤销原判发回重审和调解13566件。

（二）现行民事行政诉讼检察监督制度的局限性

回顾民事行政诉讼检察监督的发展历史，我们有理由相信，国家立法确立这一法律监督制度，是完全正确的，是确有必要的。我国确立的民事行政诉讼检察监督的抗诉制度，借鉴于《苏俄民事诉讼法典》。该法典对苏俄检察机关在民事诉讼的上诉程序中的抗诉权和审判监督程序中的抗诉权都作了明确、完整的规定。其中第282条第2款规定："检察长，不管他是否参加过该案件审理，都可以对不合法或无根据的法院判决提出抗诉。"按照该法典第319条和第320条规定，苏联总检察长、副总检察长、俄罗斯联邦检察长和副检察长、自治共和国、边疆区、州、自治州、民族州的检察长，都有权按照监督审程序提出抗诉。此外，《苏俄民事诉讼法典》还对苏俄检察机关提起民事诉讼、参与民事诉讼等，都作了详细、明确的规定。

我国的民事诉讼法和行政诉讼法在规定中国的民事行政诉讼检察监督制度的时候，并没有借鉴《苏俄民事诉讼法典》上述诉讼检察监督的全部内容，只是借鉴了审判监督程序的抗诉这一单一的制度，并被称之为"事后监督"的监督方式，①对于各国通行的检察机关在民事诉讼和行政诉讼中的其他职权，并没有吸收进来作为我国的民事行政诉讼检察监督职责，经过近10年的民事行政检察监督实践，现行的民事行政诉讼检察监督制度存在的严重局限性越来越明显，这主要表现在：

1. 没有规定上诉程序的抗诉程序。民事诉讼和行政诉讼与刑事诉讼是完全不同的，在刑事诉讼中，检察机关是诉讼参与人，是自始至终参加诉讼的国家司法机关。在这样的诉讼中，检察机关对于行使审判活动的监督，并不是仅仅有一种审判监督程序的抗诉权，还有上诉程序中的抗诉权，以及其他的监督权。在民事诉讼和行政诉讼中，检察机关是在诉讼程序之外进行监督，在发现发生法律效力的判决、裁定确有错误的时候，才能够提出抗诉，使自己进入诉

---

① 将这种监督方式称之为"事后监督"是不正确的。因为按照这两部法律总则的规定，并没有"事后监督"的含义，这是两部法律总则和分则之间的矛盾之一。

讼程序,参与到诉讼中来,实施法律监督。在庞大、复杂的民事诉讼和行政诉讼之中,仅仅依靠这样简单的、单一的监督方式,是绝对不够的。必须增加上诉程序的抗诉,以减少矛盾上交的程度,将纠纷解决在基层,同时,也能够保证检察监督的效果。

2. 缺少抗诉程序的具体规范。现行诉讼法规定的审判监督程序的抗诉程序是不具体的,尤其是缺少具有可操作性的程序规范。在民事诉讼法中,对抗诉程序的规定算是最详细的了,但是也仅仅只有分则的 4 个条文,只规定了抗诉条件、抗诉效果、抗诉书和抗诉再审。对于具体的抗诉应当怎样操作,法院怎样审理,法、检怎样配合,都未作规定,在实践中无法操作。例如,检察机关是否有权调阅人民法院的审判卷宗,就没有类似《苏俄民事诉讼法典》第 322 条关于"检察长在其职权范围内有权从相应的法院调阅民事案卷,以便解决是否有理由以审判监督程序提出抗诉的问题"的规定,致使对这样的问题在实践中一直得不到解决,成为"老大难"问题,争论了 10 年,至今还是没有结果。

3. 规定终审法院的上级检察院才有权抗诉。这就将大量的民事纠纷和行政争议集中在省级和中央的司法机关,而人数最多、力量最强的基层检察院却没有抗诉权,无权对这样的案件进行监督。这不符合"将矛盾消灭在基层"的原则。

4. 对于检察机关在民事诉讼和行政诉讼中提起公诉和参与诉讼权力没有规定。这就使得检察机关作为法律监督机关的职能在民事诉讼和行政诉讼中出现欠缺,使人民检察院不能在民事诉讼和行政诉讼中充分发挥法律监督的职能作用。

(三)全面坚持和发展民事行政诉讼检察监督,是坚持依法治国,保障司法公正的必然要求

正是由于上述原因,人民法院和人民检察院在具体执行抗诉的程序上,不能不存在不同的看法,激烈的争执由此而生。一些人对现行的抗诉制度持反对态度,甚至主张取消民事行政诉讼程序中的检察监督制度,认为人民检察院依

靠自己的职权强行提起再审，有侵犯民事案件当事人的处分权之嫌；①检察机关民事抗诉权伊始，即暴露出许多无法解决的矛盾，所以废除民事抗诉权是一种明智的选择。②

他们的主要观点是：反对在民事、行政诉讼中设置民事行政检察监督制度。主要理由：一是国外的民事、行政诉讼中没有类似的监督制度，即国外检察机关没有或者很少有监督民事诉讼和行政诉讼的职权；③二是检察机关提起民事诉讼或者行政诉讼的再审，就使当事人在平等诉讼中地位不平等了，一方当事人有检察院的支持，一方没有检察院的支持，这是不允许的，它违反了民事诉讼原则，特别是审理涉外案件，检察院出来抗诉，在国际社会上影响就大了，审判就没有公正而言了；④三是强化检察院对法院民事审判活动的监督权，其结果必然是弱化法院审判权行使的独立性，从而损害法院审判权的权威性，危及司法公正及社会正义。一个饶有趣味的现象是，在反对民事行政检察监督的主张中，大多数是法院的法官。上述列举的三种代表性的反对理由中，都是掌握重要审判权力的法官。看来，反对检察机关对法院的民事审判和行政诉讼进行监督的，主要的还是法官。

我们认为，以上看法既缺乏事实根据，又缺乏法理根据。

1.关于国外检察机关究竟有没有对民事诉讼和行政诉讼的监督权，说没有是不正确的，说很少有也是不正确的。事实上，无论是在大陆法系国家还是在英美法系国家，都规定了检察机关对民事、行政诉讼的监督制度。概括起来，有四种立法例：

（1）苏俄模式。在苏联的民事诉讼立法中，特别强调检察长或者检察院参加民事诉讼的必要性。1964年的民事诉讼法典和《苏联和各加盟共和国民事

---

① 参见景汉朝等：《审判方式改革实论》，人民法院出版社1997年版，第58页。
② 方如初：《民事抗诉权质疑和民事检察工作的基本思路》，载《法治论从》1996年第2期。
③ 参见景汉朝等：《审判方式改革实论》，人民法院出版社1997年版，第58页。
④ 李凡：《民事诉讼程序的有关问题》，载河南省高级人民法院民事庭编：《民事审判实务讲座（第一辑）》（1998年内部资料），第292页。

诉讼法纲要》都规定，检察长有权参与民事诉讼活动，对民事诉讼活动实施监督。检察长从维护国家利益、社会利益或保护公民的权利和法律保障的利益出发，有权提起诉讼或在诉讼的任何阶段参与诉讼，可以按照上诉程序提出抗诉，也可以按照审判监督程序提出抗诉。① 苏联解体后，废除了原来的一些法律制度，包括这些检察机关的监督权力。但是在其后的时间，立法者认识到检察机关对民事诉讼监督的必要性，在新颁布的法律中规定了检察机关对法院的监督权。新颁布的《俄罗斯仲裁法院组织法》规定检察机关对法院的判决有权进行监督，提出抗诉。② 在越南，民事行政检察监督及其方式是非常完整并且确有实效的。越南检察机关设有民事监督局，负责对民事审判、行政审判等诉讼活动的监督；检察机关在民事诉讼和行政诉讼中，享有监督权：其一是对于涉及国家利益或者社会公共利益的案件，检察机关可以起诉；其二是法院在民事行政案件立案后，立即通知同级检察院，由检察院决定是否参与本案的诉讼；其三是对一审判决认为违反国家法律，有权按照上诉程序提出抗诉；其四是对发生法律效力的判决，认为确有错误，检察机关可以按照审判监督程序提出抗诉。③

（2）法国模式。在法国，检察院是国家和社会利益的代表，有权依照民事诉讼法典第十三编"检察院"一章的规定，作为主当事人（即原告）的身份提起诉讼，也可以作为从当事人参与诉讼。检察官参与民事诉讼，其身份是从当事人。按照该法的规定，以下案件法院在处理前，应当通报检察院：①涉及亲子关系、未成年人监护安排、成年人监护的设置与变更的案件；②先行终止追诉程序、集体核查负债程序、个人破产程序或其他制裁；涉及法人时，裁判清理或财产清算程序，裁判清算与裁判重整程序以及有关公司负责人金钱性责任

---

① 《苏联和各加盟共和国民事诉讼法纲要》第 29 条、《苏俄民事诉讼法典》第 4 条、第 41 条、第 282 条、第 326 条。
② 参见赵军：《俄罗斯检察官在法院仲裁过程中的作用》，该文系中国检察理论研究所内部资料。
③ 在笔者陪同越南最高人民检察院总检察长何孟智访问中国期间，他向笔者详细地介绍了上述情况，越南正在制定《民事诉讼法典》，这些制度将规定在新的法律之中。

的案件；③其他法律规定检察院应当提出意见的所有案件；④检察院认为其应当参加诉讼的其他案件，可以向法院进行了解。① 对于这些案件，检察院在法院开庭之前，应当得到开庭日期的通知，② 按期参加诉讼。在实际操作中，在提起诉讼和参与诉讼中，法官在判决之前，征求参与诉讼的共和国检察官的意见，如果检察官认为法院的判决确有错误，可以通过上诉程序提出上诉。应当特别注意的是，在法国，规定检察机关在民事诉讼中的职权，不是仅仅规定在民事诉讼法典之中，更重要的内容是规定在《法国民法典》这部实体法当中。在这部法律中，至少有59个条文对共和国检察官、检察院、检察部门在民事诉讼中的职权作了规定。③ 法国立法的这种做法，是被很多人所忽视的。法国立法的这一异乎寻常的做法，实际上是不仅仅将国家检察官对民事诉讼中的权力作为程序权力，更重要的是作为实体权力加以规定。这是一个非常重要的启示。《法国民法典》规定对涉及人的民事权利的重大事件中，共和国的检察官应当参与这样的民事活动。例如，由于身体官能受到损害，致使其不能自行保障其利益的成年人，得在特别行为之时，或者持续受到法律的保护；由于挥霍浪费、纨绔不羁、游手好闲，有可能自陷贫困或影响履行家庭义务的成年人，亦得进行保护。④ 无论适用何种保护制度，治疗地的共和国检察官于监护法官得探视或派人探视受法律保护的人。⑤ 仅在病人的精神官能或身体官能受到损害的情形已得到专门医生确定之后，法官始得宣告设立监护，专门医生从共和国检察官制定的名单上挑选。⑥ 法国诉讼理论认为，检察官是国家利益的代表，

---

① 参见《法国民事诉讼法典》第425条、第426条、第429条。
② 参见《法国民事诉讼法典》第425条、第426条、第429条。
③ 参见《法国民法典》，罗结珍译，中国法制出版社1999年版；第488条第2款和第3款、第490-3条、第493-1条。
④ 参见《法国民法典》，罗结珍译，中国法制出版社1999年版；第488条第2款和第3款、第490-3条、第493-1条。
⑤ 参见《法国民法典》，罗结珍译，中国法制出版社1999年版；第488条第2款和第3款、第490-3条、第493-1条。
⑥ 参见《法国民法典》，罗结珍译，中国法制出版社1999年版；第488条第2款和第3款、第490-3条、第493-1条。

是社会公共利益的代表，凡是涉及国家利益、社会公共利益，涉及公民的重大利益的民事活动，检察官参与其中，就可以充分地发挥维护国家利益、社会利益、公共利益以及特定的、需要国家提供特别保护的公民利益的作用。

在我国澳门特别行政区新通过的"澳门民事诉讼法典"中，规定了与《法国民法典》相似的内容。检察院有权在民事诉讼中，提起诉讼和决定参与诉讼。在这部民事诉讼法典中，至少有71个条文涉及检察机关在民事诉讼中的权力。规定的内容主要有：检察机关有权提起民事诉讼程序，作为主当事人参加诉讼；在涉及当事人的资格等案件中，例如禁治产宣告、人格权的保护、法人破产等案件，在诉讼中，检察官应当参加意见，进行监督；对法院判决如有错误，可以提出上诉，等等。

（3）德日模式。在德国和日本，检察院参与的民事诉讼和行政诉讼的范围较窄，但是确定了"公共利益代表人"制度。德国联邦最高检察官作为联邦公共利益的代表人，有权参与民事诉讼和行政诉讼。在婚姻无效、雇佣劳动、禁治产案件中，检察院有权提起诉讼、参加诉讼，并对不符合法律的判决提出抗告。日本民事诉讼程序法规定，对于婚姻案件、收养案件和亲子案件，检察官可以提出诉讼，作为当事人；检察官可以列席诉讼，提供事实和证据；对于已经判决的案件，检察官可以提出上诉。[①]

（4）英美模式。按照英国法律规定，检察长为公益事项参与民事诉讼，强化国家干涉，对于涉及皇室权益的民事案件、告发诉讼案件、确认婚生和非婚生子女合法身份的案件，以及缠讼案件，检察长有权参加诉讼。在参加这些案件的诉讼中，检察长是必要的当事人，享有当事人的权利。在美国，检察官是政府的代表，代表政府行使诉讼权利，对涉及政府利益的案件和公共利益的案件，提起诉讼，参加诉讼，出席法庭，保护政府和公众的利益。根据《美国法典》第28卷第547条规定，检察官在民事案件涉及联邦利益等7种民事案件的诉讼中，有权参加诉讼，其中包括检察官有权对所有因违反反托拉斯法而引

---

① 参见李忠芳主编：《民事检察学》，中国检察出版社1996年版，第29页。

起的争议提起诉讼。在诉讼中，检察官可以作为原告，也可以作为被告，对判决不服可以上诉。① 在泰国，检察院设有民事部，负责对政府利益、国有企业利益、公众利益的案件，起诉、应诉、参加诉讼。在第五区即清迈区检察院共有 20 名检察官，负责民事诉讼监督的检察官就有 11 名。②

综上可以确定，民事、行政诉讼的检察监督制度，绝非中国所独创，有各国立法例可以援引。在上述列举的各国民事行政诉讼检察监督立法例中，检察机关的监督范围有宽有窄：以苏联和越南为最宽，以英美、德日为最窄，以法国居中。中国现行的民事行政检察监督职权的范围，与各国民事行政检察监督相比，显然较窄。以民事行政检察监督为中国法律制度的独创，国外鲜见其例为理由，从而否定中国的民事行政检察监督制度，显然不能成立。

应当特别强调的是，在各国的检察机关监督职能中，更多的是规定检察机关在民事诉讼和行政诉讼中的起诉权和参与诉讼权，很少有单独规定审判监督抗诉权的；而中国的民事行政检察监督却只规定审判监督的抗诉权，而没有规定其起诉权和参与诉讼权，与各国的立法潮流大不相同，但是，国外检察机关在起诉和参与诉讼中，均享有上诉权利（或者抗诉、抗告权），作为对法院判决不服的救济手段；而中国检察机关仅有的抗诉权限制在审判监督之中，因而是十分有限的。与各国检察机关对民事诉讼和行政诉讼的监督权力相比较，中国的民事行政检察监督制度规定的不是太宽，而是太窄，应当大大加强，才符合世界立法的潮流。

2. 检察机关抗诉是否会造成审判没有公正而言的后果问题，应当进行分析，不能妄下断言。

从理论上讲，检察机关对民事诉讼和行政诉讼的监督目的，是为了维护司法公正，保障国家法律的正确统一实施。不论是其参加诉讼还是提出抗诉发动

---

① 参见李忠芳主编：《民事检察学》，中国检察出版社 1996 年版，第 33 页以下。
② 笔者曾率中国检察访问团访问泰国检察院，该院的国际交流司司长布朗帕先生介绍了这些情况，同时，访问团还到清迈地区检察院进行了实地考察。泰国共分九个司法区，设九个地区检察院，该地区是泰国第五司法区。

再审，都不是为了使诉讼偏离司法公正的轨道。诚然，民事诉讼和行政诉讼在实质上，是地位平等的当事人之间为了权益争议通过法院的审判寻求公平地解决，不能使双方当事人之间的诉讼地位不平等。检察机关提出抗诉，是认为特定的已经发生法律效力的判决、裁定不正确；依法进行再审，是法院的权力，法院应当按照法律的规定，对抗诉的案件作出新的判决或裁定。如果认为检察机关发动再审本身就在程序上不公正，使当事人之间的诉讼地位发生不平等的变化，是没有道理的，如果是这样的话，那么，别的法治国家就不会让检察机关介入民事诉讼或行政诉讼，但是事实却恰恰相反，它们不仅规定检察机关监督的权力，而且规定检察机关可以提起诉讼或参加诉讼。认为在涉外诉讼中检察机关进行抗诉，参加进诉讼之中，就会造成国际影响，就会使审判不公平，恐怕是没有事实根据的。

从事实上讲，检察机关近几年对民事审判和行政诉讼活动进行监督，对认定事实、适用法律、程序违法以及审判人员徇私舞弊、枉法裁判的案件进行抗诉，并没有导致司法不公，相反，抗诉的结果是法院经过再审，纠正了原来错误的判决或裁定，恢复了法院公正审判、严肃执法的司法权威。应当承认，法院的司法改革是卓有成效的。但是不可否认，由于众所周知的原因，中国法官的政治、业务素质存在良莠不齐的问题，违法办案、徇情办案的事实是存在的；有的法官确实是想把案件办好，但是由于法律意识、法律修养上的问题，因而把案件办错了。这样的情况并不少见。审判改革更强调法官在审判活动中的作用，在这种情况下不加以切实有效的监督是绝对不行的。在9年中全国检察机关抗诉、法院再审审结的16490件案件中，改判、撤销原判发回重审和调解的就占13566件。这样的结果是客观存在的。

学者们在分析了几年来检察机关抗诉实践的成果之后得出的结论是正确的，这就是：尽管检察机关对民事判决的抗诉制度在国外的民事诉讼中没有规定，①而是中国特有的一项制度，但它是符合中国国情的、保障司法公正的一

---

① 这一点还是要明确，不是没有规定，而是作这样规定的很少。

项重要的制度。① 尽管这样的主张受到有关人士的批评和质疑，但是客观的事实是不能抹杀的。

3. 民事行政诉讼检察监督是否会弱化法院审判权行使的独立性，从而损害法院审判权的权威性，危及司法公正及社会正义。在这个问题上，只要明确了检察机关在 10 余年的民事行政诉讼检察监督实践中所坚持的指导思想，问题就自然解决了。这个指导思想就是："执法为公，强化监督，维护司法公正、司法权威和法制统一。"

（1）执法为公，是民事行政检察监督的基本出发点。检察机关进行民事行政检察监督，没有自己的利益。它所代表的完全是国家的利益、公众的利益和社会的利益。因此，检察机关在民事行政诉讼领域中执法，其基本出发点就是执法为公，检察机关的一切执行法律的活动，都必须从执法为公的原则出发，代表国家、代表公众、代表社会公共利益，决不在民事行政诉讼中的执法活动上谋求自己的利益。

（2）强化监督，是民事行政检察监督的基本途径。检察机关的全部工作，就是实行法律监督。实现法律监督的基本途径，就是强化民事行政检察监督的方式和手段，强化对工作的要求，强化对民事行政检察队伍建设的要求，强化监督效果。检察机关强化民事行政检察监督，不是针对某个人或者某个特定的机关，而是针对法律，是对法律执行的监督，保障国家法律的统一正确实施。如果将民事行政检察监督当作"挑刺儿"的工作，就会误认为强化监督就是强行"找茬儿"。这不符合民事行政检察监督执法为公的基本出发点的要求。

（3）民事行政检察监督的最终目的，就是维护司法公正、司法权威和法制统一。这三个方面，是三位一体的监督目的。

一是维护司法公正。司法公正在法治国家中的地位，是极其重要的。它是对国家司法机关执行法律的最基本要求。在现代社会的法治国家中，法律的地位至高无上。司法机关作为法律的执行者和维护者，其使命就是保障国家法律

---

① 参见王利明:《司法改革研究》，法律出版社 1999 年版，第 495 页。

的公正执行，否则，就不能将其称之为司法机关。

但是，在任何一个国家中，真正做到司法公正，都决非易事。因为在任何一个社会中，可能影响司法公正的因素大量存在。例如，法官、检察官的业务素质不符合要求，对法律的不正确理解，社会各种因素对执法活动的干扰，执法者借用职权谋私、徇情，等等。在这些因素中，可以概括地分为社会的干扰因素和执法者的素质因素。这些是影响公正司法的外因和内因。因此，净化执法环境，减少和消除影响司法公正的外因，是最为重要的，这是保证司法公正的基本条件。但是，它并不是起决定作用的，起决定作用的是司法机关和司法官员自身的内因。

维护司法公正，首先是检察机关自己必须做到司法公正。检察机关的职责是法律监督，其工作的意义主要是程序上的意义。例如，批捕、起诉、抗诉等，都是在执行程序法；就是办理自侦案件，也是执行侦查的程序。程序公正，是司法公正的重要组成部分。程序公正，是实体公正的前提，是实体公正在形式上的必然要求。这就是"规则比游戏本身更重要"的基本原因。检察机关在执行程序法中，自己作为法律监督机关，必须做到严格执法，保证自己在执行程序法上司法公正。"己不正焉能正人？"法律监督机关作为国家法律的维护者，要求别人做到的，首先自己必须做到。当然，检察机关的工作也包括实体法上的内容，例如批不批捕，起不起诉，抗不抗诉，都必须依照实体法的规定衡量，同样有在实体法上确保实体公正的问题。

实行法律监督，维护司法公正，是检察机关的基本职能。如果检察机关仅仅要求自己做到司法公正，这就失去了国家宪法规定检察机关为法律监督机关的意义。检察机关通过自己的职能活动，监督所有的司法机关公正司法，这才是法律规定的实质所在。对此，检察机关必须铁面无私，严格执法，秉公监督，通过自己严格的法律监督活动，实现法律的统一正确实施的要求。

二是维护司法权威。国家司法权威在法制权威中的地位，是极为重要的。可以说，没有国家的司法权威，就没有国家的法制权威，削弱乃至损害国家的司法权威，就是削弱乃至损害国家的法制权威。试想，如果国家的司法权威受到损害，国家的立法权威怎么可能不受到损害呢？国家的司法权威丧失，国家的立法权威还会存在吗？显而易见，如果这样，由国家立法权威和国家司法权威共同构成的国家法制权威当然也就不复存在。

国家司法机关是审判机关和检察机关。国家的司法权威，就是由审判机关的审判权威和检察机关的法律监督权威共同构成的。这样两个权威，紧密相关，缺一不可。缺少其中任何一个，都不会有健全的国家司法权威，同样也就不会有健全的国家法制权威。只有审判权威和法律监督权威共同得到维护和保障，国家的司法权威才能够得到维护和保障。审判权威与法律监督权威的关系，正是这样一个既相互对立又相互统一的一个相辅相成的矛盾体。正像毛泽东同志所指出的那样："有条件的相对同一性和无条件的绝对的斗争性相结合，构成了一切事物的矛盾运动。"① 检察机关对民事审判活动和行政诉讼活动实行监督，其目的不是要削弱乃至损害审判权威，而正是要维护和保障审判权威。这就是，检察机关通过自己的监督活动，促使审判机关纠正自己在审判活动中存在的某些司法不公的问题，将影响审判权威的因素予以纠正或者改进，恢复或者增强审判权威。检察机关不是通过削弱乃至损害审判权威的办法来提高、增强自己的法律监督权威，而是通过自己的有效的法律监督活动，在维护、提高审判权威的同时，提高自己的法律监督权威，最终提高和保障国家的司法权威。任何想通过削弱乃至损害人民法院审判权威的方法、损害提高检察机关的法律监督权威的意图和做法，都会最终损害国家司法权威。

三是维护国家法制统一。维护国家法制统一，是民事行政检察监督的最终目的。法制统一，既是对立法的要求，也是对司法的要求，而且后者是更重要的方面。对法律实施的监督，目的就是为了保障和维护国家法制统一。民事行政检察监督，维护的是民事法律、行政法律、诉讼法律在诉讼中的统一正确实施。对此，审判机关和检察机关的目的是一致的。对于有损于国家法制统一的诉讼活动，以及有损于国家法制统一的民事、行政判决、裁定，进行法律监

---

① 《毛泽东选集》（第一卷），人民出版社1991年版，第333页。

督,并且加以纠正,就在这些方面保证了法制的统一。

在这样的思想指导下,保障检察机关在履行监督职责的过程中,在主观上不会弱化法院审判权行使的独立性,也不会损害法院审判权的权威性,更不会危及司法公正及社会正义。即使在实践中的具体操作上存在一些不适当的做法,按照这样的指导思想进行检察监督,也会及时进行纠正的。

(四)坚持民事行政诉讼检察监督的法理基础

1. 国家设置民事行政诉讼检察监督制度的基础是人民代表大会制度。人民代表大会制度,是中国的基本政治制度。这就是,人民代表大会是国家权力机关,代表人民行使国家权力,任何权力都不能超过人民代表大会的权力。在人民代表大会的监督下,设置人民政府和人民法院、人民检察院,就是通常所说的"一府两院"。在这样的权力结构下,人民代表大会专司国家权力和立法权;人民政府专司行政权;人民法院专司审判权,人民检察院专司法律监督权。这种权力结构不同于美国的三权分立的权力结构,立法、司法、行政不是平等的、相互对立的,法院的审判权不是平等于立法权,法院也不能与人民代表大会平起平坐,而是必须接受人民代表大会的监督。

正是由于中国的人民代表大会制度作为中国的政体,中国的检察机关才具有法律监督的职能,有权对审判活动进行法律监督。民事行政诉讼检察监督制度设置的基础,正是这样的国家制度。在这样的国家制度下,认为"在国家权力结构中,审判权居于不依赖也不受行政权、立法权干预的独立地位",可能是受美国的三权分立体制的影响过重,须知中国的立法权由全国人民代表大会行使,而无论是法院,还是政府、检察院,都必须在人民代表大会的监督下开展工作、行使职能,并且向人民代表大会报告工作,接受其监督。这也正是中国与美国的国家制度不同的一个典型特征。简单地用美国的制度与中国的国家制度相类比,用以说明中国不应当建立民事行政诉讼检察监督制度,不能对法院的民事审判和行政诉讼进行监督,显然是犯了一个常识性的错误。这就是,站在立法、司法、行政三权分立的立场上来看中国的人民代表大会制度,那是怎么看也不顺眼的。

2. 审判独立，并不排斥对审判活动的监督。权力的行使需要进行监督，是最基本的法理，也是国家权力制衡的原因所在。党的十五大报告指出："加强对宪法和法律实施的监督，维护国家法制统一。"[①] 这是党对权力制衡原则的充分肯定。人民法院依法独立行使审判权，是我国宪法规定的原则。人民检察院依法独立行使检察权，也是我国宪法规定的原则。国家权力这样配置的基本原理，就是通过对审判权和检察权的相互制约，防止审判机关和检察机关滥用权力，以更好地保护公民、法人的合法权益。对此，没有任何怀疑。但是，强调法院的审判独立，而排斥对法院的监督，则是违背法理的。党经过几十年的历史锻炼得出的在实施依法治国的治国方略中必须加强监督的科学结论，是十分珍贵的，说明任何权力，包括审判权，不接受监督都是不行的。

审判独立是法院独立审判，而不是法官独立。有人认为，审判独立的第二个含义，是从审判的裁判来理解，就是"法官独立"。这种认识有失偏颇。宪法第126条对审判独立作了完整表述："人民法院依照法律独立行使审判权，不受任何行政机关、社会团体和个人的干涉。"如果将人民法院独立硬要理解为"法官独立"，是违背宪法第126条规定精神的。

审判独立并不意味着不能甚至不得对审判权进行监督。有人一方面引证杰弗逊"绝对的权力导致绝对的腐败"这一至理名言，另一方面却公然宣称"审判权的独立行使排斥外在的监督和干预"，"如果审判权在运作过程当中，即在国家权力分工的范围之内行使其应有的权力，仍然受到某种外在权力的制约和监督，无疑是对法院独立行使审判权的不当干预"。我们对此不仅不能说这就是"法理"，而且也不能说这在逻辑上不是混乱的，这里涉及的三个概念，即"监督""制约"和"干预"，并不是同一的概念。我们认为，人民法院独立行使审判权，不受任何行政机关、任何团体的干预是对的；但是宣称不受任何机关、团体的监督，以及不能进行制约，则是完全违背法律规定和法理的。

---

① 江泽民：《高举邓小平理论伟大旗帜，把建设有中国特色社会主义事业全面推向二十一世纪》，载《人民日报》1997年9月22日。

"绝对的权力导致绝对的腐败",其必然的结果就是导出权力的行使必须接受监督的结论,无论如何也不能导出审判权的行使排斥外在监督和制约的结论。对审判权的监督首先来自人民代表大会的监督,其次是来自检察机关的监督。这两种监督并不是同一种类的监督。如果说检察院对审判机关的监督可能是对独立行使审判权的"干预",那么,人民代表大会对法院行使审判权的监督,也是"审判独立必然要求排除任何权力、任何机关的干预和影响"吗?在国家的政体和基本政治制度没有出现根本性的改变的情况下,人民法院独立行使审判权就永远要在人民代表大会的监督之下进行,这是一个不争的事实。同样在现行国家体制的基础上,人民检察院作为法律监督机关,不能不对审判机关的审判活动进行监督。

说到底,对审判权的监督,与权力机关、法律监督机关对审判权的干预完全是两回事。人民代表大会对人民法院的监督,是国家权力机关对审判机关的监督,是代表全体人民的对审判机关的监督。无论如何也不能说成是对审判权行使的"干预"。认为"检察院对法院的民事审判活动实施法律监督,其实质就是以检察权(或监督权)对法院的审判活动进行干预,目的是通过这种干预影响法院的裁判"。这样的说法是没有事实根据的,也违背宪法规定的中国检察机关为法律监督机关的基本含义,违背《民事诉讼法》和《行政诉讼法》规定民事行政诉讼检察监督的本来目的,歪曲了我国宪法和法律设立法律监督机关的本来意图。

3. 检察监督坚持违法必纠,直接体现公平、正义理念。检察机关实施民事行政诉讼检察监督的目的,已如前述。追求法律的统一正确实施这一终级目的的实现,是通过对具体案件的监督来进行的,在现行的民事行政诉讼检察监督制度下,途径就是对错误的判决、裁定进行抗诉,法院通过再审,纠正错判。党的十五大报告在总结了几十年的历史经验后认为:"坚持有法可依、有法必依、执法必严、违法必究,是党和国家事业发展的必然要求。"[①] 这是加强法制

---

① 江泽民:《高举邓小平理论伟大旗帜,把建设有中国特色社会主义事业全面推向二十一世纪》,载《人民日报》1997年9月22日。

建设的首要之点。人民检察院对人民法院的审判活动进行监督，正是体现这样的法制原则和法理基础。

在否定民事行政诉讼检察监督制度的人看来，民事行政诉讼检察监督之所以没有必要，还有一个重要的理由，就是人民法院对民事诉讼案件的审判，没有错案可言，因为判断案件的事实标准和法律标准，都具有不确定性，从而导致了案件的不确定性，因而，一个案件不能只有一个唯一的正确判决。依据这样的前提，必然导出对案件怎样判决都是合理、合法的结论；当事人如不认同，可以通过上诉、申请再审、执行中和解等办法进行救济，即使是当事人不认同判决也可以放弃自己的权利。既然如此，检察院基于自身对案件事实的认定或者对法律适用的理解，与法院持有不同看法，坚持法院裁判错误，从而提起抗诉（或者其他纠正方式），发动审判监督程序，要求法院纠正错误裁判，有悖于基本的诉讼法理。按照这样的说法，使人们对审判活动和审判结果是否正确陷入了"不可知论"，将审判工作神秘化，从而法院的审判活动只有法官才能够理解，其他任何人不能过问和监督。

我们同意一个案件不能只有一种唯一的正确判决的意见，但是，我们反对因为如此而否认民事案件在事实认定上和法律适用上法官不会判错案、法院不会有错案的论断。因为任何判决都只能依据法律进行，凡是违背法律的判决和裁定，就是错误的判决和裁定。在认定事实上，无论案件怎样疑难、复杂，都有认定事实的基本证据规则，符合证据规则的要求认定案件事实，就使案件的事实得到确定；违背证据规则认定案件事实，就是错判。在适用民事、行政法律上，强制性的法律规范必须遵守，违反强制性的法律规定的裁判，就是错判；任意性的法律规范，当事人可以协商一致进行变更，不必完全按照这样的示范性的规范确定自己的权利义务，但是在当事人发生争议的情况下，法院只能按照任意性的规定进行裁判，不能任意所为，违背任意性法规范所作的裁判，同样是错判。民事诉讼法第185条规定的法院错误裁判的四种情形，就是确认错误判决、裁定的法律依据。对于错判的案件必须依法纠正，在这方面，检察机关所担负的任务是十分艰巨的。尤其是在今天司法腐败已经是影响社会

进步的一种重要因素,必须进行坚决斗争的情况下,维护司法公正是检察院义不容辞的职责。

二、完善民事行政诉讼检察监督的基本思路

在确定了民事行政诉讼检察监督对于加强法治的必要性这样一个基本论题后,我们现在来研究完善民事行政诉讼检察监督这个问题。

完善民事行政诉讼检察监督,必须按照党的十五大关于加强司法改革,保证人民法院和人民检察院依法行使审判权和检察权的精神,在现有法律规定的基础上进行改革。

(一)对现行民事行政诉讼检察监督法律依据的评价

现行的民事行政检察监督的立法依据,除了有宪法的依据以外,还有民事诉讼法和行政诉讼法以及人民检察院组织法的有关规定。从广义的法律依据上讲,还包括最高人民检察院的司法解释。

在两部诉讼法的这些规定中,有一个较为严重的缺陷,就是总则规定的诉讼监督权力的广泛性和分则规定的具体监督方式的狭窄性。[1] 在总则方面,这两部法律都规定人民检察院对民事审判活动和行政诉讼有权进行监督,但是在分则中,却只规定了一种抗诉的监督方式,再没有规定其他监督方式。这种立法上的矛盾现象,是进一步发展民事行政检察监督的障碍。民事行政检察监督方式在立法上的单一性,导致了民事行政诉讼检察监督的不全面性。其后果:一是诉讼检察监督只能进行抗诉,无法实行其他方面的监督,在实践中,就出现了由被监督机关决定监督机关能否进行监督和怎样进行监督的问题,[2] 检察机关运用抗诉以外的其他监督方式提出监督意见,甚至就是按照抗诉的方式提

---

[1] 参见杨立新:《民商法判解研究·新中国民事行政检察发展前瞻》(第8辑),吉林人民出版社1999年版,第312页。
[2] 例如通过一定的形式规定什么样的案件检察院不能抗诉,什么样的案件检察院抗诉法院不予受理,等等。

出监督意见，有时也会被以"没有法律依据"为借口，予以拒绝；二是抗诉权力规定的仅是审判监督程序中的抗诉，检察机关只能由作出终审判决、裁定法院的上级检察院向上级人民法院提出，这样，就将大量的不服法院终审判决、裁定的案件推到了上级人民检察院和人民法院，矛盾集中在省一级和中央的司法机关，违背了我国在历史上形成的"矛盾不上交"的司法原则。

但是，概括的现行立法为进一步发展民事行政诉讼检察监督制度提供了广阔空间。前述这些问题都是在现行立法中客观存在的。立法的过于概括，是我国立法的通常习惯。实事求是地分析，分则规定得过于概括，是一个严重的弊病，是创建民事行政检察监督方式的障碍；但是，总则规定得过于概括，则为进一步完善民事行政检察监督方式体系提供了广阔的发展空间。按照民事诉讼法第14条和行政诉讼法第10条的规定，既然是检察机关有权监督，检察机关就可以按照总则的这些规定，弥补立法的不足，创造新的检察监督方式，形成完善的监督方式体系。

在民事诉讼法和行政诉讼法总则规定的指导下，完善民事行政检察监督方式应当通过两种形式进行。第一种形式是坚持分则规定的抗诉方式，在实践中进一步完善它；第二种形式是总结实践经验，创造新的监督方式，使之与抗诉的方式相互配合，完成检察监督方式体系的构造，更有力地发挥民事行政检察监督的职能作用。

（二）实施民事行政检察监督的原则

按照检察机关法律监督基本职能要求，民事行政检察监督的原则有以下几个：

1. 监督立场公正原则。检察机关的民事行政检察监督，是对审判机关的民事审判和行政诉讼活动进行监督，其立场是国家的法律监督职能。检察机关实施法律监督，只能站在国家法制的立场上，秉公监督。就是在具体的办案中，检察官也不是当事人的代理人，不能站在申诉人的立场上，为一方当事人"申冤"。这就是检察监督立场公正原则的基本内涵。在实际操作上，检察机关通过

监督,纠正了错误判决、裁定,维护了某一方当事人的合法权益。但是,这是监督的客观结果,并不是检察机关直接的主观目的。检察机关实施检察监督的直接主观目的,就是维护国家法律统一正确实施,维护司法公正,维护司法权威。只有明确这样的立场,检察监督才能够做到公正,创建的民事行政检察监督方式才能够确有实效。

2. 审查公开原则。公开,是现代司法活动的基本要求。民事行政检察监督是一种司法活动,同样必须实现审查的公开,增加审查活动的透明度和公开化,接受当事人和社会公众的监督,保证自己的司法活动公正、合法。最高人民检察院制定了《人民检察院办理民事行政抗诉案件公开审查程序试行规则》,其基本精神,就是在程序上确保民事行政抗诉案件审查中的公开化。没有公开化,就没有现代司法活动的公正性。把审查公开作为民事行政检察监督的基本原则之一,是完全有道理的。完善民事行政检察诉讼监督制度,也必须遵照这样的原则进行。

3. 讲究监督效率原则。效率原则,是现代司法活动的基本原则之一,这就是在设计诉讼程序上,在执行诉讼程序上,都必须以提高诉讼效率为出发点,提高办案的速度,节省诉讼成本,减少社会负担。民事行政检察监督同样必须遵循这样的原则。在目前的民事行政检察监督的程序设计上,在民事行政检察监督方式上,都有不符合效率原则的问题,都应当进行改革。无论在哪一方面,民事行政检察监督都必须贯彻讲究监督效率的原则,实现这一原则的要求。凡是不符合效率原则的方式和做法,都在改革之列。

4. 减少当事人讼累原则。与讲究监督效率原则相适应,民事行政检察监督应当贯彻减少当事人讼累的原则。民事行政检察监督,是检察机关的职权行为,即使对案件的申诉是由当事人提出的,检察机关的监督是应当事人的申诉进行的,检察监督也不是为当事人服务的行为,更不是当事人的个人行为,而是国家行为。因此,检察机关在具体工作中,不能任意增加当事人的负担,不能随意要求当事人增加法律规定以外的诉讼活动,不能随意拖延审查的时间和程序。

（三）构建完善的民事行政诉讼检察监督方式体系

完善民事行政诉讼检察监督制度的核心，是构建和完善民事行政诉讼检察监督方式。对此，基本思路是：

1. 坚持分则规定的监督方式。两部诉讼法规定的抗诉的监督方式，是审判监督程序中的抗诉。从审判监督程序的角度上观察，这样的规定是较为成功的。在完善民事行政检察监督方式体系中，对于这种抗诉程序是应当坚持的，应当总结经验，进一步予以完善。

2. 创建新的检察监督方式。在近几年的检察实践中，检察机关创造了一些有效的检察监督方式，这就是：（1）检察意见。在检察机关发现同级人民法院的生效判决、裁定确有错误时，通过协商的方式，提出检察意见，建议人民法院再审纠正错误。这种做法，有利于将矛盾消灭在基层，有利于检察机关和审判机关的合作，同时也实现了检察监督的效果，是一个较为成功的监督方式。（2）检察建议。对于审判机关在审判中有需要改进的问题，检察机关可以发出检察建议，建议纠正或者改进。（3）纠正违法通知。对于审判机关正在进行中的程序问题，或者审判虽然已经终结，但在程序上确实有问题又不影响实体判决的，检察机关可以通知审判机关予以纠正。（4）民事抗诉程序中的和解。在抗诉案件的审查中，人民检察院对民事案件可以主持当事人进行和解，通过和解，纠正法院判决、裁定存在的错误，实现监督的目的。（5）起诉。对于侵害国有资产合法权益的案件，对于影响社会公益的案件，以及对于侵害不特定的公众利益的案件，人民检察院有权向人民法院提起诉讼，由人民法院依法判决。（6）参与诉讼。对于重要的民事行政案件，检察机关有权在诉讼开始后的阶段中，参加进来，进行监督，对确有错误的判决、裁定，有权按照上诉程序提出抗诉。（7）对司法人员的贪污受贿、徇私舞弊、枉法裁判行为进行查处，对构成犯罪的，依法追究刑事责任。

综上所述，完善的民事行政诉讼检察监督方式体系，应当包括的内容是以上全部8种监督方式。这些监督方式相互配合，构成完整、严密的民事行政检察监督方式体系。

在这8种监督方式中，可以按照一定的标准，作以下的分类：

一是按照检察机关参加诉讼进行监督的时间不同，分为审判程序之中的监督、审判终结后的监督（事后监督）和通用的监督。第一种监督，是在诉讼进行之中，检察机关就参加诉讼，进行监督。如起诉、参与诉讼、上诉程序的抗诉。第二种监督，是在诉讼终结之后，判决已经发生法律效力，检察机关认为判决、裁定确有错误，按照审判监督程序提出监督意见，这种监督方式如审判监督程序的抗诉、提出检察意见、和解等；追究审判人员贪污受贿、徇私舞弊、枉法裁判刑事责任，虽然在诉讼之中和诉讼终结之后都可以进行，但原则上是一种事后监督。第三种监督方式，是在任何情况下都可以适用的监督方式，如检察建议、纠正违法通知等，就是这样的监督方式。

二是按照适用程序性质的不同，分为民事、行政诉讼程序的监督方式和刑事诉讼程序的监督方式。前一种监督方式，包括起诉、参与诉讼、抗诉、检察意见、检察建议、纠正违法通知和和解。这些都是民事、行政诉讼程序本身的监督方式。后一种监督方式，在适用时是按照刑事诉讼程序进行的，这就是检察机关依法查处审判人员的职务犯罪，对这种犯罪的侦查、批捕和起诉，都是按照刑事诉讼法规定的程序进行的，因此是适用刑事诉讼程序的民事行政检察监督方式。

三是按照监督方式所起的作用不同，可以分为提起程序的监督方式和不提起程序的监督方式。前一种监督方式的实施，可以提起某种程序，法院应当按照该程序进行审理，如起诉、抗诉，以及对审判人员职务犯罪的侦查、起诉。起诉提起的是一审程序，抗诉按照不同性质，提起的是二审程序或者再审程序，对职务犯罪刑事案件的立案是提起刑事诉讼程序。后一种监督方式，实施以后并不提起程序，而是起到单纯的监督作用，如参与诉讼、检察意见、检察建议、纠正违法通知、和解，都是这种监督方式，法院按照提出的监督意见，进行改进。

三、完善具体的民事行政诉讼检察监督方式

（一）抗诉

现行审判监督程序的抗诉，从总体上说，具有一定的优势。其中最重要的，就是抗诉的必然后果是引起再审，法院对此没有选择的余地，不能依据自己的意愿决定是否再审。这就是抗诉的再审强行性原则。

但是，现行民事诉讼法和行政诉讼法中规定的抗诉程序是有严重局限性的。这些局限性，我们在前文已经作了详细的分析。对于这种民事行政诉讼检察监督制度，必须进行改革。可以选择的方法：其一，继续坚持审判监督程序的抗诉，但是将抗诉的权力下放到作出发生法律效力判决、裁定的法院的同级检察院，由同级检察院提出抗诉。其二，在现有审判监督程序的抗诉制度的基础上，增加上诉程序的抗诉，使检察机关在一审判决作出以后，检察机关就有权进行抗诉，发生提起上诉审程序的法律效力。在原《苏俄民事诉讼法典》和现行越南的民事行政诉讼检察监督制度中，抗诉是分为两种的，一种是上诉程序的抗诉，另一种是审判监督程序的抗诉。在法国等国家的检察院只要检察院作为从当事人参加诉讼，就有权对法院的一审判决提出上诉。俄罗斯联邦新的仲裁诉讼法规定，对仲裁法院裁决，检察院可以提出上诉。[①] 增加上诉程序的抗诉程序，有利于尽早发现错误的判决，尽早采取纠正办法，保障司法公正。因此，我们的意见是选择第二种方法：

首先，现行的审判监督程序的抗诉，应当进一步坚持和完善。这就是，对于已经发生法律效力的判决、裁定，上级人民检察院有权抗诉。在具体的抗诉程序上，应当进一步完善，在检察机关和审判机关认识不统一的问题上，制定统一的规范，防止任意解释。例如，在调卷、审级、审限、再审程序、检察机关在再审法庭上的职责等，都应当规定清楚。

其次，增加上诉程序的抗诉权。现实生活中对司法权的不正当行使，造成

---

① 参见赵军：《俄罗斯检察官在法院仲裁过程中的作用》，该文系中国检察理论研究所内部资料。

错案，是法律赋予检察机关抗诉权的基础。现行法律将检察机关的抗诉对象限定在生效裁判的范围之内，大大地影响了司法公正的实现。法律没有将未生效裁判列入抗诉的范围，大致基于以下理由：法律已经将上诉权赋予诉讼当事人；未生效裁判尚未取得执行力，对其抗诉没有实际意义。但是，这种理由并不具有说服力：一是尽管现行法律已经将上诉的权利赋予诉讼当事人，但是，在法院的裁判涉及的公共利益与当事人的自身利益没有直接的关系时，当事人往往不提出上诉。即使存在富有正义感的人，由于当事人资格的限制，他也难以依据现行法律找到可行的途径。二是法律已经赋予检察机关对生效民事、行政裁判的抗诉权，不能成为否定将未生效裁判列入抗诉对象的理由。虽然，民事、行政裁判的执行不会造成错杀无辜、冤狱等人身损害后果，但是错误的民事、行政裁判和错误的刑事判决一样，一旦生效并付诸执行，都会造成一定的损害后果，都会使人民对国家法律的实施丧失信心。法律应当尽可能防止错误裁判付诸执行，据此，赋予检察机关对未生效裁判的抗诉权，可以避免社会财富的浪费，减少当事人的讼累，稳定社会，因而是十分必要的。

最后，如果不能建立上诉程序的抗诉制度，则应当将审判监督程序的抗诉权交由作出发生法律效力判决、裁定的法院的同级检察院行使。这样，可以减少上级法院和检察院的工作压力，有利于将矛盾解决在基层，减少当事人的讼累，有利于稳定社会。按照这样的设想，当事人在判决、裁定发生法律效力之后，对该判决、裁定有意见，可以向同级人民检察院申诉，同级人民检察院经过审查，认为符合民事诉讼法或者行政诉讼法规定的抗诉条件，即可向作出生效判决、裁定的人民法院抗诉，该法院应当进行再审。

（二）参与诉讼

上诉程序中的抗诉权的前提，是检察机关对于重大的民事、行政案件享有参诉权。在我国现行的民事诉讼法和行政诉讼法中，由于没有规定检察机关参与民事诉讼和行政诉讼的制度，因此，检察机关在民事诉讼和行政诉讼中还不享有上诉程序的抗诉权。解决民事行政检察监督方式体系不完备问题的一个重要方面，就是解决好检察机关参与民事、行政诉讼的监督方式。在各国的民事行政诉讼制度中，几乎都有检察机关参与民事、行政诉讼的规定，只是在参与范围的宽窄上有所区别。在这方面，最具典型性的就是法国民事诉讼法规定的检察机关在民事诉讼中的"从当事人"制度。法国检察院参与民事诉讼的途径：一是法院对法定案件向检察院的通报；[①] 二是检察院认为自己应当参加诉讼的其他案件；[②] 三是法官可以依照职权决定向检察院通报某一案件。[③] 对于上述范围的案件，检察院都可以参加诉讼。在越南，这样的规定就更为绝对化，即凡是法院立案的民事、行政案件，法院都应当通知检察院，由检察院决定是否参与诉讼，进行监督。[④]

在我国，检察机关参与民事行政诉讼的必要性就在于：

第一，维护国有资产的合法权益，是检察机关的重要职责。据国家国有资产管理局分析，国有资产主要是在投资、转让、处分等重大民事活动中流失的。在我们和国有资产管理局共同调查的一个案件中，一笔价值1亿元的国有资产，被以300万元转让给私有企业。这样的事实让人触目惊心。[⑤] 鉴于此，堵塞国有资产流失的渠道是必要的。检察机关是国家利益的代表，有责任维护国有资产的合法权益不受侵犯。借鉴上述国家的经验，我国法律有必要作出规定：凡关系重大国有资产的投资、转让、处分等的案件，应有检察机关派员参加，有权了解有关国有资产的具体情况；当公民、法人或者其他组织已经提起的民事、行政诉讼关系到国家利益和国有资产权益时，人民检察院应当有权参与诉讼。

第二，参与涉及社会公共利益的民事、行政诉讼的参诉权，也是检察机关

---

① 《法国民事诉讼法典》第425条、第426条、第427条。
② 《法国民事诉讼法典》第425条、第426条、第427条。
③ 《法国民事诉讼法典》第425条、第426条、第427条。
④ 据越南最高人民检察院的领导介绍，在全国法院每年审理的50000~60000件民事案件中，检察机关参与诉讼的约占60%。
⑤ 这一案件由于被及时发现，转让的财产已经被追回。

十分重要的职权。在民事、行政诉讼中，诉讼各方的活动可能涉及公共利益，无论出于技术上的考虑，还是出于确保公共利益不受损害的考虑，都应当设定一个代表公共利益的诉讼主体。对于这样的案件，检察机关应当代表国家和公益，参与诉讼，在诉讼中监督审判活动，监督诉讼活动和当事人的行为是否损害国家利益和社会公共利益，有权提出参诉意见。对于检察机关的参诉意见，人民法院应当认真听取，正确的应当采纳。

第三，对于涉及一方当事人诉讼地位较弱，涉及当事人的行为能力，涉及当事人的主体资格等案件，检察机关参与诉讼，扶助该当事人在诉讼中正当行使诉讼权利，不使该方当事人的诉讼权利受到侵害。在这里，检察机关虽然扶助的是单个的当事人，但是由于这种当事人的能力有一定的欠缺，国家有责任对他们提供法律上的帮助。这种责任当然要由检察机关承担。这种情况，在《法国民法典》中有详细的规定。仅以关于推定失踪问题的规定为例：首先，检察官有权提出推定失踪的请求；检察院特别负责关照推定失踪人的利益；凡是涉及推定失踪人利益的请求，均应听取检察院的意见；检察院得以职权要求适用或者变更本编所规定的措施。① 在我国澳门新制定的民事诉讼法典中，也有这样的类似规定，检察机关在类似的诉讼中，可以为失踪人、无行为能力人或不能做出行为之人做出防御，可以为其代理。②

检察机关参与民事、行政诉讼，参照法国等国家的规定，可以采取这样的程序：

1. 人民法院在民事、行政案件受理立案时，对于需要检察机关参加诉讼的案件，应当通知检察机关参加诉讼。需要检察机关参加诉讼的案件的当事人，当其已经参加诉讼时，也可以请求检察机关参与诉讼。检察机关了解到有关案件有必要参加诉讼时，可以向法院提出参与诉讼的要求。

2. 检察机关接到法院的通知或者当事人的请求，审查该案件是否属于检察机关应当参加诉讼的案件，以及是否应当参加诉讼。决定参与诉讼的，应当通

---

① 参见《法国民法典》第112条和第117条。
② 参见"澳门民事诉讼法典"第49条至第52条。

知法院。

3. 对于检察机关决定参与诉讼的案件，在开庭时，应当通知出庭的检察官，并在法庭上设置参诉人（或者称为监诉人）席位。

4. 检察官参与诉讼，在诉讼中负责监督审判活动，对于违背诉讼法律的庭审活动，以及侵害当事人诉讼权利的行为，有权提出监督意见。

5. 独任法官或者合议庭的审判长在庭审结束之前，应当征求检察官的意见。

检察机关参与诉讼的身份，按照《法国民事诉讼法》的规定，是从当事人。按照越南的规定，检察机关参与诉讼，就是诉讼监督人。按照我国法理的传统理解，检察机关参与诉讼，其身份、地位应当是诉讼监督人。其参与诉讼的法律后果有两个：第一，在诉讼中，检察机关有权对违背民事诉讼法、行政诉讼法规定的程序行为，进行监督，提出意见，监督法庭纠正。第二，当一审判决、裁定作出以后，检察机关认为确有错误，有权提出上诉程序的抗诉。其法定后果是提起二审程序，上级人民法院应当按照二审程序对该案件进行二审，并作出终审判决或者裁定。

（三）检察意见

检察意见是检察机关在实践中创设的一种民事行政检察监督方式。学者认为："检察意见，是人民检察院在民事行政检察监督活动中，就人民法院、诉讼当事人和诉讼参与人以及与诉讼有关的单位或者个人，在诉讼活动中发生的不合法行为和对案件的处理出现的错误，所作的基本结论和监督意见。"[①] 这种意见虽然还有值得商榷之处，但是其界定的基本内容是明确的。

在最初的民事行政检察监督的实践阶段，这种监督方式被称作检察建议，包括的内容基本上是上述学者意见中所概括的内容。当时在实践中，一些地方的检察机关和审判机关的领导同志针对抗诉程序的烦琐和拖延，协商采取一种

---

① 杨芳辉：《民事行政检察论集·关于民事行政检察意见的立法思考》，中国政法大学出版社1998年版，第133、135页。

便捷的方式，在协商的基础上，尽快纠正判决、裁定中存在的错误，使当事人之间的纠纷尽快得到妥善处理。其做法是，当事人向检察机关申诉后，检察机关经过审查，认为生效的判决、裁定确有错误，不走抗诉的程序，而是由同级检察院直接向同级法院发出检察建议，建议法院依法再审。法院不是按照检察院启动的审判监督程序再审，而是按照法院启动的审判监督程序进行再审。法院再审结束时，应当将再审结果通知提出检察建议的检察院。再审法院不接受检察院的意见的，检察院认为自己提出的意见正确，可以向上级检察院提请抗诉，由上级检察院决定是否抗诉。同时，检察建议还适用于对当事人在诉讼活动中的一般不合法行为，以及其他应当纠正的问题的方面。

  在实践中，这种做法是较为有效的，尤其是一个地区的司法机关关系比较协调的，效果更为明显。以 1996 年为例，全国检察机关发出检察建议 1783 件，法院接受建议进行再审改判的 775 件。1991 年至 1996 年，重庆市两级人民检察院提出检察建议 108 件，接受建议的机关和单位纠正 60 件，其中向人民法院提出的对案件的纠正建议 78 件，纠正 32 件。① 问题是，按照检察机关的习惯做法，检察建议适用于对某些存在的问题提出纠正意见的场合，② 即前述的第二种适用范围，而不是适用于对案件的处理。经过反复研究，民事行政检察厅认为采用检察意见的方式，可以避免这样的问题。因而，检察意见的监督方式应运而生，并且将检察意见和检察建议两种监督方式作了明确的分工，前者专司对案件的监督，后者对一般诉讼行为和其他违法行为的监督，包括法院和诉讼参与人。最高人民检察院检察委员会经过讨论，正式确认了这种监督方式，制定了检察意见的文书样本，从 1998 年下半年正

---

① 杨芳辉：《民事行政检察论集·关于民事行政检察意见的立法思考》，中国政法大学出版社 1998 年版，第 133、135 页。
② 参见最高人民检察院：《人民检察院刑事诉讼法律文书格式（样本）》，第 107 号样式。参见《民事行政检察手册》（第 8 集），吉林人民出版社 1999 年版，第 8 页。

式试行。①

检察意见的法律依据，就是民事诉讼法第 14 条和行政诉讼法第 10 条规定。既然人民检察院有权对民事审判活动和行政诉讼进行监督，总要有具体的监督方式，检察意见就是根据上述法律规定创造出来的。

从 1998 年至 1999 年的两年时间中，各级人民检察院使用检察意见的方式共办案 5709 件，法院接受再审意见作出改判判决的 2097 件。

关于检察意见的适用范围，最高人民检察院《人民检察院民事行政检察文书样本（试行）》关于检察意见书使用说明指出："人民检察院对于符合抗诉条件的案件，若认为建议人民法院自行纠正效果更好的，可以使用此文书；对于判决、裁定确有错误但不宜抗诉的案件，对于调解、支付令、决定等案件，可用此文书建议人民法院纠正。"②

检察意见这种民事行政检察监督方式适用于以下范围：

1. 对于符合抗诉条件的民事行政判决、裁定，人民检察院提出再审的检察意见，法院愿意接受的，检察机关可以不走抗诉程序，直接向法院提出检察意见。这种做法实际上是一种简化的"抗诉"程序。③

2. 对于不属于抗诉范围的民事调解结案的案件，如果调解违背自愿、合法原则，当事人提出申诉，检察机关确认属实的，可以检察意见的方式向法院提出再审的意见，建议法院依法再审，纠正错误调解。④

3. 对于民事执行中的裁定，如果确有错误，例如执行案外人财产，可以适用检察意见的监督方式提出纠正意见。对于这种案件检察机关能否进行抗诉，

---

① 参见最高人民检察院：《人民检察院民事行政检察文书样本（试行）》，民事行政检察文书样式之二十。参见《民事行政检察手册》（第 8 集），吉林人民出版社 1999 年版，第 53 页。
② 参见最高人民检察院：《人民检察院民事行政检察文书样本（试行）》，民事行政检察文书样式之二十。参见《民事行政检察手册》（第 8 集），吉林人民出版社 1999 年版，第 53 页。
③ 它不是一种抗诉程序，称其为简化的抗诉程序，是指其作用有所相似。
④ 民事诉讼法没有规定检察机关对生效的调解可以抗诉，只规定了当事人的申请再审程序。适用检察意见的方式，可以解决对当事人申请再审法院不予再审的救济问题。

第一种意见认为不能抗诉,理由是,民事诉讼法规定,检察机关对民事审判活动进行监督,执行不是审判活动,因此,检察机关不能进行监督。第二种意见认为,执行程序中的裁定,抗诉以后无法引起再审程序,因此不宜抗诉。第三种意见认为,凡是裁定就能够抗诉,这是民事诉讼法第185条规定的基本精神。我们认为,第二种意见较为准确。采用抗诉的办法,虽然不违背第185条精神,但是抗诉以后,法院难以进行再审,因而,适用检察意见的监督方式更为妥当。

4. 对于抗诉不能引起再审程序的其他裁定,检察机关可以使用检察意见的方式提出纠正意见。例如,在审判程序进行中,法院作出的财产保全、先予执行等裁定确有错误,如果抗诉,无法引起再审程序,不能进行再审,抗诉变得没有实质的发动再审的意义。适用检察意见的监督方式,就可以解决这样的问题。

5. 对确有错误的支付令、决定的案件,可以适用检察意见的方式,建议人民法院纠正。例如,法院作出支付令并予送达之后,债务人提出异议的,法院没有按照民事诉讼法的规定转入诉讼程序,继续执行支付令的,就可以适用检察意见的方式进行监督;法院对当事人予以民事制裁的决定确有错误的,也可以适用检察意见的方式,建议法院纠正。

实践证明,检察意见如果运用得好,是一种十分有效的检察监督方式。现在的困难是,运用检察意见进行检察监督,不能只是"一相情愿",应当加以有力的配合,其主要原因就是立法上没有确切的依据,尤其是对检察意见的法律效果没有作出规定。

对此,一方面应当继续进行实践,由最高人民法院和最高人民检察院对此联合做出司法解释,明确上述问题;另一方面,从长远的角度看,首先应当在立法上规定检察意见为法定的检察监督方式,然后规定其适用的范围,规定提出检察意见的法律后果。

关于检察意见的监督方式的法律后果,应当明确的是:

第一,提出检察意见的检察院,应当是作出生效判决、裁定的法院的同级检察院。该检察院提出检察意见后,作出生效判决、裁定的法院应当受理,不得将检察意见予以退回。

第二,同级人民法院接到检察意见后,应当对该案件进行复查,认为人民检察院的意见正确,原审判决、裁定确有错误的,应当裁定进入再审程序,中止原判决、裁定的执行。认为原判决、裁定没有错误的,应当通知提出检察意见的人民检察院。

第三,人民法院再审开庭,应当通知人民检察院派员出席法庭,参与诉讼,监督审判活动。

第四,再审终结,人民法院应当将再审判决书送达提出检察意见的人民检察院。

(四)纠正违法通知

纠正违法通知,是借鉴刑事诉讼中的做法创设的民事行政检察监督方式。其适用范围,是纠正人民法院在民事审判、行政诉讼中存在的程序上的错误,该程序错误是在诉讼进行当中发生的,或者是在判决、裁定已经发生法律效力,但是判决、裁定在实体上适用法律没有错误,即没有影响实体判决、裁定。对此,可以适用纠正违法通知的监督方式,向人民法院发出书面的纠正违法通知书,请人民法院纠正错误。最高人民检察院在《民事行政检察文书样本(试行)》中规定了这种监督方式的书面文本。

关于这种监督方式的适用范围,该文书样本规定:"本样式供人民检察院办理民事行政案件时,发现人民法院在审判活动中有较严重违法现象或行政诉讼当事人及有关单位有违法行为需要纠正时适用。"[①] 按照这一规定,纠正违法通知的适用范围是:

1. 人民法院在审判活动中有较严重的违法现象需要纠正。例如,有的法院法官在诉讼中对当事人有逼供现象,或者伪造、篡改庭审笔录等问题,就可以

[①] 最高人民检察院:《人民检察院民事行政检察文书样本(试行)》,民事行政检察文书样式之三十一。参见《民事行政检察手册》(第8集),吉林人民出版社1999年版,第76页。

适用纠正违法通知的监督方式进行纠正。

2. 对行政诉讼中的当事人或者有关单位有违法行为需要纠正的，也可以适用纠正违法通知的监督方式进行纠正。

适用这种监督方式，检察机关应当出具纠正违法通知书，正式送达人民法院。接受送达的人民法院应当是在诉讼中存在错误的法院。

人民法院在接到纠正违法通知书后，应当对纠正违法通知书中提出的程序错误进行研究，确认属实的，应当进行纠正。在纠正之后，应当将纠正的情况书面通知人民检察院。

通知当事人或者有关单位纠正违法行为的，当事人或者有关单位应当将纠正的结果报告人民检察院。

（五）检察建议

检察建议是对人民法院在民事审判和行政诉讼活动中存在的一般的程序性错误，或者是人民法院在民事审判、行政诉讼活动中应当予以改进的问题，提出纠正意见或者改进意见的一种监督方式。这种监督方式不具有特别的强制效力，仅仅是提出问题，供法院在审判活动中参照纠正或者参考改进。从原则上说，这种监督方式不是针对具体的案件进行，可以是针对案件中的问题，也可以是针对某些案件中共同存在的问题进行。这种监督方式，最高人民检察院曾经向最高人民法院发出两次。一次是对最高人民法院判决的一起赔偿案件，关于赔偿个体企业的经营损失，是否应当征收经营所得税的问题，经过与国家税务总局商量，认为应当征收，故向最高人民法院建议研究、解决这个问题。另一次是针对银行与当事人串通，侵害对方当事人合法债权，各地法院的认定不统一的问题，建议最高人民法院制定司法解释，统一规定具体的操作方法。

这种监督方式，也是借鉴刑事诉讼中检察机关的监督方式，最高人民检察院在《民事行政检察文书样本（试行）》的"说明"中，规定"在民事行政检察工作中适用《检察建议书》，其格式参照《人民检察院刑事诉讼法律文书格式（样式）》第 107 号样式制作",①确定这种监督方式的文书样式，就是直接使用刑事诉讼中的文书样本。

在实践中，人民检察院发现同级人民法院在诉讼中存在应当适用检察建议的方式进行监督的问题时，经过研究确认后，检察院应当制作检察建议书，指出应当纠正或者应当改进的问题，建议法院予以纠正或者改进。

人民法院在接到检察建议后，应当进行研究，确认检察建议书提出的问题后，应当予以纠正或者在工作上进行改进。纠正或者改进后，法院应当将纠正或者改进的情况通知作出检察建议的检察院。

（六）民事抗诉程序中的当事人和解

按照民事诉讼法第 211 条规定，"在执行中，双方当事人自行达成和解协议的，执行员应当将协议内容记入笔录，由双方当事人签名或者盖章"。执行和解是在执行过程中，双方当事人自行协商，达成协议，不再需要人民法院继续执行，从而结束执行程序的制度。执行和解是当事人处分自己的诉讼权利和实体权利的表现，只要符合法律规定，在执行中达成的和解协议是有效的。②

在检察机关审查民事申诉案件中，当事人有可能达成和解协议。这是因为，申诉人一方认为法院的判决有错误，不愿意执行判决，申请抗诉；对方当事人强烈要求执行判决，由于申诉人申请抗诉，有可能拖延执行甚至于将来改判或者撤销原判无法执行。在这种情况下，双方当事人的利益发生碰撞，有可能妥协，达成和解协议。检察机关在审查案件中，当事人自愿和解的，检察官应当准许；或者在检察官的主持下，双方当事人达成和解协议。这样，就都发生执行和解不再继续执行的效力。这种做法，既可以减少当事人的讼累，对当事人有利；又可以将纠纷解决在基层，有利于维护稳定，有利于安定团结；还可以减少抗诉，法院不再进行再审，并且使法院纠正存在的错判，起到监督作用。因此，这是一种各方面都皆大欢喜的监督方法。

---

① 参见最高人民检察院《民事行政检察文书样式（试行）》的说明。
② 刘金友、李春林主编：《新编民事诉讼法学》，法律出版社 1991 年版，第 371 页。

那么，这种当事人和解是不是一种检察监督方式呢？我们认为，执行和解也是一种检察监督方式。其理由是：首先，在抗诉程序中进行和解，本身就有监督的意义；其次，对于确有错误的判决、裁定进行和解，并且在达成和解协议后，将和解协议送交原审法院，对法院起到一种监督的作用；最后，既然是执行和解，当事人必然在和解协议中对原判决、裁定的主文进行改变，实际上改变了法院对当事人之间的民事关系的调整，使当事人之间的权利义务关系有了新的改变，确立了新的内容，这无疑是起到了监督的作用。福建省连城县人民检察院在1999年，对申请抗诉、当事人有和解愿望的10件民事案件试行和解，法院执行庭的干部参加，在和解之后，当事人全部自动履行，效果显著，完全符合中共中央（1999）第11号文件关于加强人民法院执行工作的精神。对于民事抗诉程序中的执行和解可行性的这样一个结论，不应当有所怀疑。[①]

在民事抗诉程序中做好执行和解的工作，是必要的、可行的，但是，不能不遵循一定的原则。民事抗诉程序中和解的原则是"自愿、公正、一致"。

自愿，是指当事人对达成和解协议完全出于自愿，没有任何强迫和强制，完全出于内心的自主决定。任何对和解协议的达成进行强迫或者强制，进行干扰或者引诱，都不符合自愿的原则，都是没有法律依据的，所作的和解协议都是无效的。

公正，是指当事人达成的执行和解协议的内容，应当公正，不违背法律；检察官在抗诉程序中主持和解，也必须出于公正的考虑，不得任意所为。违反公正原则的和解协议，就是违反法律的协议，是无效的协议，对当事人不发生拘束力。

一致，是指双方当事人对和解协议的内容在意思表示上完全一样，不能有任何不一致的地方。凡是有不一致的问题，就没有和解，就不是执行和解。

贯彻自愿、公正、一致的原则，完整体现了执行和解制度的真正意图，也

[①] 福建省龙岩市人民检察院在民事抗诉程序中坚持作执行和解的工作，得到了法院的配合。法院认为，这种做法，有利于增进检、法之间的配合和合作，有利于改进法院的审判工作，起到了监督的作用。

就在抗诉程序中贯彻了减少纠纷、实现监督的目的。

民事抗诉程序中的和解，与一些相关的制度有所相似，应当加以严格区别。

1. 与诉讼程序中的调解。在民事诉讼程序中，调解是一个原则。婚姻案件的调解是一种必经程序，在其他案件中，应当贯彻调解原则，做好调解的工作。应当确认，在一审、二审程序中的调解，是审判权的体现，是人民法院行使审判权的过程。在诉讼过程中，任何人都不得行使这样的权力，行使这样的权力，就是对审判权的侵犯。在抗诉程序中进行和解的工作，不是行使审判权。它是在审判机关对当事人之间的权利、义务已经确定的情况下，检察机关在做好当事人之间的思想工作的基础上，通过当事人的自愿和一致，对当事人之间的利益进行的适当调整。这不是干涉审判权，而是正当的检察监督活动。

2. 与其他组织的调解。其他组织的调解，是指人民调解，即在诉讼程序开始之前，各种组织对当事人之间的纠纷进行调解，使之达成调解协议，消灭纠纷，增进人民内部团结。在民事抗诉程序中的执行和解，不是人民调解，而是在检察机关的主持下，由当事人自己和解。因此，这两种制度也是不一样的。

3. 与诉讼外的当事人自行和解。自行和解，是在诉讼进行过程中，当事人在诉讼之外，自己达成解决纠纷的协议，不再进行诉讼。对于这样的和解，原告应当撤诉，法院认为和解协议不违反法律的，应当准许撤诉。抗诉程序中的和解发生在抗诉审查的程序之中，有检察官参与，不是在诉讼过程中进行，也不是完全由当事人自己进行和解。

4. 与当事人之间的执行和解。当事人之间进行的和解，只要是在执行程序中即可。抗诉程序中的和解，可以是在法院的执行程序中，也可以不是在法院的执行程序中，但是必须是在检察院的抗诉审查的程序之中，否则就不是民事抗诉程序中的和解。

民事抗诉程序中和解的具体适用：

（1）适用范围。第一，确有错误、符合抗诉条件的判决、裁定，可以通过和解，使当事人之间达成变更执行标的的协议，当事人自动履行；第二，对于存在一定错误,但是尚不需要抗诉的判决、裁定,当事人要求执行和解,检察官可以主持进行和解,达成协议后,当事人自动履行;第三,对于没有错误的判决、裁定,当事人要求和解并达成和解协议的,检察机关不予干预;第四,对于法院出具的调解书申请抗诉,双方当事人自愿达成执行和解的,可以确认。

(2)适用方法。在审查抗诉案件中,当事人要求和解的,检察官应当主持当事人进行和解。当事人达成和解协议的,应当指导当事人签署和解协议。和解协议达成后,应当将和解协议送交负责执行的人民法院备案,人民法院不再对这件案件的判决继续执行。双方当事人依照执行和解协议履行的,应当将履行的记录装入卷宗。当事人对执行和解协议反悔的,可以要求法院恢复对案件的继续执行。

(七)民事起诉和行政起诉(民事、行政公诉)

在我国所有的国家机关中,检察机关就是最合适的代表国家利益和公共利益的诉讼主体。自检察制度产生以来,检察机关就以国家利益和公共利益的代表的面目出现。检察机关作为国家法律监督机关,负有监督法律统一正确实施的职责。检察机关通过行使检察权,同破坏法律的违法犯罪行为作斗争,维护国家利益和社会公共利益。检察机关工作人员熟悉法律,能够有效地运用法律手段维护国家利益和社会公共利益。在国家利益或者社会公共利益受到损害的时候,检察机关有责任也有能力向人民法院提起诉讼。

在国外,检察机关就某些案件向法院提起民事、行政诉讼,几乎是一个惯例。就是在实行三权分立的美国,检察官也可以依照法律,代表美国政府向法院提起诉讼。最近最著名的美国政府诉微软公司案和美国政府诉烟草公司案件,就是检察官起诉的民事案件。在德国、意大利、日本、越南和俄罗斯等国家,检察院都有这种起诉权。最具典型意义的还是法国的检察院民事起诉制度,这就是检察院在民事诉讼中,作为主当事人,提起民事诉讼。其起诉的范围,一是主要由实体法规定,这就是《法国民事诉讼法典》规定的检察院起诉的职权范围；① 二是民事诉讼法典第 423 条规定的"在事实妨害公共秩序时，检察院得为维护公共秩序，进行诉讼"。作为主当事人诉讼，就享有一切当事人的诉讼权利，在这方面，检察院与一般原告的诉讼权利是相同的。

　　检察机关作为国家法律监督机关，其权力行为不具有实质处分的性质，处于一种超然的地位，在国家利益和社会公共利益受到损害以后，能够忠实地维护国家利益和公共利益。从我国现行法律规定来看，维护国家利益和公共利益是检察制度的目的所在。因此，法律有必要赋予检察机关对违反民事法律规范的行为人向人民法院提起民事诉讼的权力。

　　当一个民事行为侵害了国有资产的合法权益，或者侵害了公共利益和社会利益，造成了国家的或者公共利益的损害，他们不是直接侵犯特定的公民、法人或者其他组织的合法权益，往往无人享有诉权，即使法律赋予其起诉权，也常常因为起诉与否与他们的自身利益无直接的关系而无人起诉。检察机关行使起诉权，就可以提起诉讼程序，使人民法院有权对这种案件行使审判权。

　　行政机关的具体行政行为造成国家利益或者公共利益损害的情况主要有两种：一种是造成国有资产的严重流失，另一种是具体行政行为给破坏国家利益或者社会公共利益者披上了一层合法的外衣。有些行政首长往往不懂法律，且具有片面追求一种政治效果的倾向，不顾必要性与可行性，难免使国家利益受损。就行政机关的行政行为而言，尤其是在行政许可领域，滥发许可，造成资源的破坏性利用的后果则屡见不鲜。有人在某风景区建了一个水泥厂，这种行为本身固然不可取，但是，没有行政机关的许可，任他再大胆也不敢实施这种行为。法律目前尚没有将这种可能造成公害事件的不明智的具体行政行为的起诉资格授予任何公民或者法人。如果说赋予检察机关对公害事件起诉权是对社会公共利益造成损害后果的补救途径的话，赋予检察机关对可能造成公害事件的具体行政行为的起诉权，则是防患于未然的良策。

　　1997 年 12 月 3 日，我国第一起由检察机关以原告身份代表国家利益提起

---

①《法国民事诉讼法典》第 422 条。

诉讼的案件得到法院判决的支持，[1]也证明为了维护国家利益和社会公共利益的目的赋予检察机关提起民事、行政诉讼的职责是必要的。1999年3月20日，某县林业局林产品经销公司向该县检察院和国有资产管理局举报，该公司原任经理未经国有资产管理部门批准，擅自处分该公司国有资产，造成部分国有资产流失，严重违反了国有资产管理的法律法规。县检察院经查证属实，以签订买卖合同的双方当事人为被告，向该县人民法院提起诉讼。法院经审理认为，被告虽原系县林产品经销公司经理，但该单位属县林业局下属单位，并不具有法人地位，也无权与其他单位或个人签订房地产买卖契约；该公司的房地产属国有资产，在没有报请其主管局和国有资产管理局审批的情况下，擅自将此房地产卖给被告郭某，属无效民事行为；检察院依法实施监督，为维护国有资产不受侵犯的指控是正确的，故判决二被告房地产买卖关系无效。这也是一个非常有见地的判决。

但是，检察机关的起诉权毕竟不同于公民、法人的起诉权，不能没有限制。否则，就会因为检察机关过多地介入民事、行政案件而影响公民自主行使权利，介入行政案件破坏行政权或审判权的有效性。

检察机关的起诉权，主要应当针对那些损害国家利益和社会公共利益的违法行为。法律保护的对象不仅限于特定的主体利益，在某些情况下，违法行为会侵害不特定多数人的利益。在我国，检察机关起诉的案件主要有：第一类是侵犯国家对国有资产的所有权的事件；第二类是公害事件；第三类是涉及其他公共利益的事件，以及其他案件。[2]

1.国有资产流失案件。在我国，维护国家利益具有特别重要的意义，就是保护国家对国有资产的所有权。当前在国有企业改革发展中，更要特别注意保护国有资产权益不受侵犯。我国的国有资产是全国的劳动者用50多年时间的埋头苦干和无私奉献积累起来的。因此，应当在制度上防止国有资产流入少数人的腰包。对于国有资产流失的案件，检察机关以法律监督者的身份，向法院

---

[1] 河南省方城县人民法院（1997）方民初字第192号《民事判决书》。
[2] 参见王利明：《司法改革研究》，法律出版社1999年版，第499页。

提起公诉，是完全有理由的。前述案例就是一个明证。

2. 公害案件。公害案件也就是通常所说的直接造成不特定大多数人的人身、财产损害的环境污染事件。环境污染已经成为威胁人类生存的问题，近年来，环境污染致害事件明显呈上升趋势，虽然新闻媒体用了相当的篇幅宣传环境污染给人类带来的危害，但是污染仍然像"恶魔"一样吞噬着人类生存的地球，而由此引起的诉讼却寥寥无几。赋予检察机关对这类案件的起诉权，检察机关对这类案件提起公诉，请求法院依法判决，就可以使公众利益受到保护。

3. 其他公共利益和公共设施受到损害的案件。其他公共利益和公共设施受到损害，也必然造成公众的不满，因此而引起的争议也就客观存在。在权力分工较为合理的法治国家，司法的职能在于解决纠纷，其法律程序也就应当保证每一个争议都有一个适当的渠道诉诸法院。由于审判职能本身具有消极的一面，法院不能积极主动地去解决纠纷，这就在技术上要求有一个主张权利的诉讼主体。

按照现行法律，对于上述事件，只有极少数人享有起诉权，或者任何公民、法人对这种违法行为均无起诉权。即便是有的受害人依法具有原告资格，也常常由于诉诸法律主张权利对他来说可能是很不经济的，或者因为受害人多，谁也不愿意付出代价让别人搭便车等原因而无人起诉。因此，检察机关应当作为代表公共利益的法律主体，向法院起诉。

4. 没有起诉主体的民事案件。在民事纠纷中，有些没有起诉主体，无法向法院提起诉讼，而受害人的利益又须予以法律保护。例如，对于已经破产的国有企业，在清算中遗漏了债权，无法继续向债务人主张权利。对此，检察机关可以作为原告起诉，代表国家向债务人主张债权。在侵害死者名誉、肖像、隐私等案件中，受害人的近亲属已经全部死亡，没有人主张权利保护，而该死亡人的利益又是确需保护的，检察机关可以代表公益起诉。①

---

① 参见杨立新：《人身权法论》，中国检察出版社1996年版，第287页。

检察机关作为民事、行政诉讼的原告或者公诉人,提起诉讼,可以采取两种形式进行:

第一,检察机关提起民事、行政诉讼,以双方当事人为被告。在民事诉讼中,对于双方当事人恶意串通,损害国家利益、社会利益和公共利益的案件,检察机关可以作为原告(公诉人)起诉,将双方当事人列为被告,诉讼请求,应当是宣告双方当事人之间的民事关系无效或者予以撤销。《中华人民共和国合同法》第127条规定:"工商行政管理部门和其他有关行政主管部门在各自的职权范围内,依照法律、行政法规的规定,对利用合同危害国家利益、社会公共利益的违法行为,负责监督处理。"该条规定的危害国家利益或者社会利益的合同行为,就是应当由检察机关起诉的这种合同案件。对于这种案件,人民法院受理后,经过审理,确认属实的,应当按照合同法第52条的规定,宣告合同无效,使该行为的后果恢复到该合同订立之前的状态,使国家的利益或者社会公共利益受到的损害得到救济。在行政诉讼中,行政机关和相对人恶意串通,损害国家利益或者社会公共利益的,检察机关也可以提起诉讼,请求人民法院判决撤销这一具体行政行为。其被告为作出具体行政行为的行政机关和相对人。

第二,检察机关提起诉讼,以对方当事人为被告。对于侵害不特定的公众利益和公共设施的案件,由于受害人的数量无法计算,或者受害人的数量众多,没有特定的原告提起诉讼,因此,检察机关可以代表社会公益,向法院提起诉讼,请求法院判决行为人向受害人进行赔偿,或者责令行为人赔偿,将赔偿金集中,作为基金,为这类受害人服务。

(八)追究贪污受贿、徇私舞弊、枉法裁判的司法人员刑事责任

在民事诉讼法中,关于这种监督方式,有两个条文规定。一是第44条第3款:"审判人员有贪污受贿、徇私舞弊、枉法裁判行为的,应当追究法律责任;构成犯罪的,依法追究刑事责任。"二是第185条第1款第(4)项:"审判人员在审理该案件时,有贪污受贿、徇私舞弊、枉法裁判行为的",人民检

察院"应当按照审判监督程序提出抗诉"。新刑法对审判人员在民事、行政诉讼中的徇私舞弊、枉法裁判犯罪作出了新的规定。[①] 民事行政监察监督，应当包括对法官的监督。

人民检察院是法律监督机关，其重要的职责之一，就是侦查国家公职人员的职务犯罪，对这种犯罪嫌疑人查清犯罪事实，依法提起公诉，请求人民法院依法判处刑罚，制裁职务犯罪行为。在民事、行政诉讼活动中，发现法官有民事诉讼法第44条第3款和第185条第1款第（4）项规定的线索的，应当及时立案，进行侦查，查清事实后，向人民法院依法提起公诉。这是民事行政检察监督中最重要的监督方式之一，在维护司法公正、司法权威和法制统一中，具有重要的意义。在当前，加强对法官以及对检察官等司法官员的监督，是遏制司法腐败的一个重要措施。

在审查民事行政抗诉案件中，应当特别注意发现司法人员贪污受贿、徇私舞弊、枉法裁判案件的线索。在一些认定事实、适用法律上确有错误的案件中，有一部分就是由于司法人员的上述行为造成的。这种行为，既是严重的职务犯罪行为，又是对法律的严重亵渎行为，最为广大人民群众所痛恨。这些人员是司法人员中的败类。依法打击这种职务犯罪行为，是维护国家机关工作人员形象、净化社会环境、惩治司法腐败、保证国家政权性质不变的重要措施。检察人员在审查裁判不公的案件中，应当注意发现线索，不能放掉犯罪嫌疑人。

检察机关在查处这类案件中，应当严格按照刑事诉讼法规定的程序和新刑法第399条第2款以及其他有关规定，严格执法，秉公办案。在查清事实后，依法起诉，提请人民法院依法追究刑事责任。

---

① 《中华人民共和国刑法》第399条第2款。

论民事检察监督的几个理论问题 *

蔡福华 **

内容摘要： 民事检察监督的目的是为了维护司法公正、司法权威和法制统一。以错案无法界定、审判权独立排斥监督、诉讼公正不容检察院参与、尊重当事人处分权原则以及节省诉讼成本为由，主张限制甚至取消中国民事检察制度的观点，在理论上是站不住脚的，在实践上是有害的。

关键词： 检察权 审判权 错案 处分权 诉讼成本

近来，围绕民事检察监督制度进行探讨的文章不断见诸报端，形成以法院为主的限制或取消民事检察监督制度以及以检察院为主的加强民事检察监督制度的两种截然不同的主张。[①] 应当说，这场争论对于正确、全面、深刻地认识我国的民事检察监督制度具有重要的理论意义和实践意义。但是，在这场争论中，有一些理论观点存在明显的缺陷和弊病，必须加以澄清和纠正，本文试就其中的五个理论问题加以论述。

---

* 本文刊载于《国家检察官学院学报》2001年第1期。

** 蔡福华，福建省莆田市人民检察院副检察长，时任福建省莆田市人民检察院检察员、民事行政检察处处长，全国检察业务专家。

① 高洪宾、朱旭伟：《民事检察监督不宜强化》，载《人民法院报》2000年6月27日；罗书平：《对民事抗诉案件"三多一低"现象的法律思考》，载《人民法院报》2000年7月11日；李辰章、都兴辉：《论民事抗诉再审案件的举证责任》，载《人民法院报》2000年8月22日；高建民：《论民事检察监督制度的法理基础》，载《检察日报》2000年5月19日；高建民：《民行检察制度的立法借鉴》，载《检察日报》2000年7月5日。

一、关于案件的不确定性与抗诉的关系问题

主张限制或取消民事检察监督的一个理由是事实和法律的不确定性，导致案件的不确定性。即一个案件不是一个唯一正确的裁判，"错案"难以界定，因此，检察院在这样的不确定性和错案难以界定的情况下，认为裁判错误进行抗诉是不合理的。"一般而言，对案件的判断主要有两个标准，一个是事实标准，一个是法律标准。这两个标准都存在不确定性，从而导致了案件的不确定。"笔者认为，这种观点是不全面的。

首先，在民事诉讼中，案件事实在一般情况下是确定的。在这里必须对"事实"进行正确的认识。我们通常说的以事实为根据，这个"事实"实际上就是应用证据证明的事实，即法律事实。这个法律事实与客观事实是不同的。应用证据证明的事实只是一种相对事实，它可能是客观事实，也可能是客观事实的一部分，还可能是客观事实的扭曲。但是，不管案件事实与客观事实是否相符，只要根据证据和证据规则来认定的事实，它就是案件事实，就是人民法院裁判的基础。正因为如此，有人甚至把事实认为是证据。"确切地说，诉讼制度中作为裁判依据的'事实'其实只是证据，所谓以事实为根据其实只是以证据为根据。"[①] 在我国的民事诉讼法中，证据的种类和证据规则是确定的，因此，应用证据和证据规则来认定的案件事实也是确定的。如果应用证据和证据规则认定的案件事实是不确定的，那么，法官就不能判案；如果应用证据和证据规则认定的案件事实处在不确定的情况下，法官若强行作出判决就是瞎判。否认应用证据和证据规则来认定的案件事实的确定性，实际上就是否认证据和证据规则的确定性，这显然是不符合民事诉讼原理的。"我们应依据审判实践中不断积累的证据审查经验和对各类价值目标的科学认识，找出符合审判实践的证据判断规则。依据这些规则，我们对案件事实能达到一个确信，那么我们就可以作出一个公正的判决。"[②] 有人

---

① 高树德：《客观事实与程序事实的价值冲突》，载《法学研究》1999年第5期。
② 任伊珊、田应朝：《对"以事实为根据"的再认识》，载《政法论坛》1999年第1期。

之所以会产生对案件事实不确定的认识，是因为把案件事实等同于客观事实的缘故，而案件事实和客观事实是有区别的。客观事实是随风而逝不可重复过去发生的事实，因此，对客观事实的认识是一个艰难的不可再现的过程，具有一定的不确定性。而案件事实是应用证据和证据规则来认定的事实，只要证据确实，适用证据规则正确，那么，在此基础上认定的案件事实则是确定的。

其次，在民事诉讼中，处理案件所适用的法律是确定的。法律的特征之一就是法律以权利和义务为内容。"法律上的权利和义务具有确定性和可预测性的特点，它明确告诉人们该怎样行为，不该怎样行为以及必须怎样行为；人们根据法律来预先估计自己与他人之间该怎样行为，并预见到行为的后果以及法律的态度。"[1] 如果法律是不确定的，公民将无所适从，司法机关将无法办案，整个社会将陷入无序状态之中。事实上，各国的立法机关和立法者，都努力使制定出来的法律易使人们理解和掌握，避免法律在理解上产生歧义。应该说，我国的法律在总体上是明确的、具体的、确定的。当然，随着社会的发展和时间的推移，特定时期制定的法律可能出现不适应社会发展的现象即法律滞后，或者法律有不完善之处而出现法律漏洞问题，这些显然需要修改、补充和完善。但是，法律滞后也好，法律漏洞也好，这都是法律在发展过程中出现的事，法律在制定颁布时则是确定的。"法律在一定的时间段里和在一定区域里是确定的，如果连这点确定性都不存在，判决的'合法性''合理性'将无法评价。"[2]"可以想象，倘若一项新出台的政策或法律没有相应的在当时是较为确定的内容，则该政策和法律又如何实施呢？这就是政策或法律内容的确定性。因此，不应将正处于完善过程中的政策或法律看作是不确定性的政策或法律，更不应将后一项政策或法律内容修改了前一政策或法律内容而认为其系不确定

---

[1] 张文显：《法理学》，法律出版社1997年版，第57页。
[2] 周永坤：《错案追究制与法治国家建设》，载《法学》1997年第9期。

性。"① 同时，随着立法的民主性和科学性的增强，法律的发展过程也是确定性程度不断提高的过程，这是法律为人们所掌握和适用的前提。

最后，案件事实的确定性和法律的确定性，必然导出判决结果的确定性。正因为判决的确定性，所以在一般情况下，一个案件只能有一个正确的判决，这是从事司法实践工作的人员都认识的一个道理。如果一个案件有不止一个正确的判决，那么等于说案件怎么判都是正确的。果真如此，上级法院对下级法院的审判监督就无从谈起，最高人民法院对全国各级法院的业务指导也无从谈起，审判监督程序也无须设置，这是不攻自破的观点。因此，案件不确定性的观点，在理论上是站不住脚的，在实践上是有害的。

我们不否认个别案件由于事实认定的模糊性和法律理解的歧义性而成为疑难案件。对于这类疑难案件，一是司法实践中遇到的是极少数。二是随着探讨的深入和认识的提高，这类疑难案件的处理也会有一个普遍令人接受的结论。三是对这类公说公有理、婆说婆有理的疑难案件，属于探索性质的案件。对于这类疑难案件，检察机关是明智的，一般不会因为有不同的理解与看法而轻率地提出抗诉。

因此，当裁判出现认定事实错误，如各种证据之间的互相矛盾无法排除；属于原告举证而要求被告举证，或者在举证责任转移后仍要求一方举证等证据规则适用错误；或者当事人由于客观原因无法举证请求法院帮助如请求司法鉴定而法院不予理睬等等，以及适用法律错误的，检察机关提出抗诉是很正常的，是符合民事诉讼追求公平正义理念的。在这里必须强调指出，检察机关在提出抗诉过程中，对案件在适用证据、证据规则上以及适用法律上，与法院是相同的。因此，基于同一标准来看待案件，得出的正确结论只能有一个，这就是在一般情况下裁判的唯一正确性以及基于此认识基础上检察机关认为裁判错误而提出抗诉的合理性所在。

---

① 李辰章、都兴辉:《论民事抗诉再审案件的举证责任》，载《人民法院报》2000年8月22日第3版。

二、关于民事检察权与民事审判权的关系问题

主张取消或限制民事检察监督的第二个理由是"检察院对法院的民事审判活动实施法律监督,其实质就是以检察权(或监督权)对法院的审判权进行干预,目的是通过这种干预影响法院的裁判(要求法院撤销其原判,重新改判)"。① 笔者认为,把检察院对法院的民事审判活动进行监督看成是检察权对审判权的不当干预,这种观点是错误的。

首先,监督和干预是有区别的。我国宪法规定人民法院依照法律独立行使审判权,不受行政机关、社会团体和个人的干涉。这里的干涉就是非法的干预,也就是行政机关、社会团体和个人没有法律依据而对法院的审判指手画脚,甚至干扰、指令法院审判,影响法院审判权的独立行使。因此,非法的干预有三个特征:一是干预是没有法律依据甚至是非法的;二是使法院独立行使审判权难以进行或无法进行;三是非法干预的目的是为了实现私利,如徇私情、谋私利等。而监督就不同,监督是监督主体依法对被监督者权力的行使实施察看与督促,防止权力滥用与腐败。因此,监督也有三个特征:一是监督主体行使监督权是依法进行的,如公民对国家机关及其工作人员有批评权、控告权、检举权等,是宪法赋予的。二是监督不会影响法院审判权的独立行使。监督权与审判权是法律预先配置的,各自行使的依据和行使的主体是不同的,只要依法进行,就不会相互影响,侵犯对方权力的独立行使。三是监督的目的是为了防止权力异变,防止司法腐败,而不是为了实现自己的私利。因此,把干预和监督等同起来是极端错误的。一方面,我们要坚决反对与抵制对司法机关独立行使职权的干预。另一方面,我们必须对司法机关行使职权进行监督。这正是我国宪法在规定法院(检察院)独立行使审判权(检察权),不受行政机关、社会团体和个人干预的同时,规定国家机关(包括行政机关)、社会团体和个人有权对法院(检察院)的审判权(检察权)进行监督的宗旨所在。由于检察机关在宪法中的定位是国家的法律监督机关,对包括民事审判权在内的审

---

① 高树德:《客观事实与程序事实的价值冲突》,载《法学研究》1999 年第 5 期。

判权进行法律监督,是检察权的应有之义。如果把检察院对法院的监督说成是检察权对审判权的不当干预,那么,人大的监督、舆论的监督等,岂不也是对审判权的不当干预?这显然是有悖法理的。

其次,就世界范围而言,对国家权力的合理配置和相互制约,即分权制衡原理,是各国普遍遵循的一个原则,我国也不例外。但是,各国由于历史的、文化的、政治体制的原因,在国家权力的具体配置上是有区别的。根据我国宪法规定,人民代表大会享有国家权力和立法权,人民政府享有行政权,人民法院享有审判权,人民检察院享有检察权。我国的这种权力配置与美国等西方国家的权力配置是不同的。在美国,立法、司法、行政三权是平等的(即使如此,美国的三权平等分立也体现了三权互相制约)。而在我国,法院的审判权不能平等于立法权,也不能平等于检察权。根据我国宪法规定,检察院检察长的任免,除了同级人民代表大会通过后,还要报上级人大常委会通过。而法院院长的任免无须通过上级人大常委会任免。正是我国政治制度与西方国家政治制度不同之使然,我国人民代表大会有权对"一府两院"进行监督,人民检察院有权对人民法院的审判活动进行监督,这是一个不争的立法事实。因此,以审判独立为借口,拒绝包括检察院在内的法律监督是站不住脚的,是违背法理和公理的。人民检察院有权对人民法院的民事审判实施包括抗诉在内的法律监督,是国家分权制衡原理的一个体现。

最后,检察院以抗诉为主要形式行使检察权,不会影响法院独立行使审判权。因为检察院对案件判断的标准(事实标准和法律标准)与法院对案件判断的标准是相同的。只要标准是同一的,案件判决是否正确就有一个衡量尺度。同时,即使在把握案件判断标准上认识不一,由于审判权掌握在法院这一边,法院照样可以依法作出自己的裁判。因此,检察院行使民事检察权不会影响和干预法院独立行使审判权。

有人认为,法院裁判的终局性和权威性不容检察院的监督,这种观点是有失偏颇的。不错,我们必须维护法院裁判的终局性和权威性,以维护法律的权威。但是,法院裁判的终局性和权威性必须以司法公正为前提。如果法院裁判案件本身是错误的,那么,维护法院这种错误裁判的终局性和权威性等于坚持错误,其结果是损害司法权威,损害法律尊严,使当事人对法律和法院丧失信心,这是社会正义和司法公正所不愿看到和不能容忍的。正是基于这样的客观实际,审判监督程序的启动,就成为维护司法公正的一把法锁。检察院作为审判监督程序的发动者之一,对错误的裁判提出抗诉,是维护司法公正的题中应有之义。应当说,我国的二审终审制是世界罕见的。不管是大陆法系国家,还是英美法系国家,基本上是采取三审终审制。三审终审制比二审终审制是利大于弊的(在此不作论述)。检察院的抗诉引起再审,可以给予当事人再一次行使诉讼权利的机会,这有点三审终审的味道(实际中绝大多数抗诉案件是二审终审后提出的),这在一审判案时就向二审请示的二审终审案件,检察院认为裁判错误而提出抗诉更是必要。因此,裁判的终局性和权威性必须以司法公正为前提,否则就必须摒弃。民事检察权对民事审判权的监督,目的是为了维护司法公正,也是为了维护正确裁判的终局性和权威性。

三、关于检察院参与诉讼与诉讼结构的平衡问题

有人认为:"法院与原、被告之间形成一个等腰三角形的结构模式,检察院参与诉讼,不管是支持原告一方,还是被告一方,都将打破原、被告之间完全平等的格局,破坏民事诉讼的公正性。"[①] 这种观点笔者不能苟同。

在我国民事诉讼法学界,总有一些人喜欢把原、被告与法院之间的关系以等腰三角形来描绘,仿佛民事诉讼结构模式只有等腰三角形,才能体现诉讼公正,其实这种形容是不科学的。

其一,并非所有的民事诉讼结构模式都是等腰三角形。在只有原、被告双方参加的民事诉讼中,诉讼结构可以是等腰三角形。如果除了有原、被告双方参加外,还有第三人参加的情况下,那么,诉讼结构就无法以等腰三角形来形容。对于有独立请求的第三人身份参加的诉讼,第三人是以原来的原、被告

---

① 黄松有:《对现行民事检察监督制度的法理思考》,载《人民法院报》2000年5月9日。

双方为被告,原来的等腰三角形诉讼结构必然要发生扭曲。对于无独立请求的第三人身份参加的诉讼,判决的结果可能与第三人有法律上的利害关系,第三人与法院、原告、被告的关系,在诉讼结构上无法用等腰三角形来形容和描绘。① 然而,不管是有独立请求第三人还是无独立请求第三人参加诉讼,虽然诉讼结构不能是等腰三角形,但是并没有影响诉讼的进行,也没有影响诉讼的公正。换言之,诉讼法律关系主体多寡、诉讼结构是否具有等腰三角形,与诉讼的进行和诉讼公正无关。

其二,诉讼公正与诉讼主体权利义务界定及正确行使权利、履行义务有关。在民事诉讼法律关系中,只要法律对各个民事诉讼主体的权利及义务正确科学地界定,并保证诉讼主体的权利与义务的正确行使与履行,诉讼公正就应当不言而喻。因此,诉讼公正不能与诉讼结构是否具有等腰三角形挂钩,而应当与诉讼主体的权利义务正确界定及正确实施挂钩。在司法实践中,如果原告或被告举证充分有力,法官在处理案件时必然要偏向原告或被告,诉讼结构必然要发生倾斜,这是正确处理案件的必然要求。因此,以是否具有等腰三角形诉讼结构来衡量诉讼是否公正并排拒检察院参与诉讼的理由是站不住脚的。

其三,检察院参与诉讼后,就像第三人参与诉讼后一样,即使诉讼结构发生变化,只要法律预先对各个诉讼主体(包括检察院)的权利义务正确界定,不但不会影响诉讼公正,反而会促进诉讼公正。因为检察院既不以原告身份也不以被告身份参与诉讼,而是以国家法律监督者身份参与诉讼,以保证司法公正为己任。在美国、法国等法治国家,检察院在民事诉讼中也有抗诉权(尽管抗诉案件范围窄),也并没有认为检察院的抗诉破坏了诉讼结构而影响诉讼公正。不仅如此,美国、英国、日本、德国、法国、俄罗斯等国家,检察院还有起诉权和参诉权。这些国家也没有认为检察院有起诉权和参诉权就破坏了诉讼结构,相反,检察院参与诉讼,其职责是维护国家利益和社会公共利益,维护

---

① 在刑事诉讼中,同样存在有法院、检察院、被告人、被害人参加的诉讼,且检察院与被告人在诉讼中地位不平等,因此,刑事诉讼结构模式无法用等腰三角形来描绘。在行政诉讼中,也有第三人参加诉讼的情况,行政诉讼结构模式同样难以用等腰三角形来描绘。因此,诉讼结构模式用等腰三角形来形容是虚拟的和错误的。

社会的公平与正义。检察院参与民事诉讼,不但为我国法律所确认,而且符合国际司法潮流。

其四,即使把法院与原告、被告之间的关系描绘成等腰三角形,那么,不公正的判决,已经使等腰三角形发生倾斜,检察院对错误的判决提出抗诉,参加到诉讼中来,就是以检察权制约审判权,使已经发生倾斜的等腰三角形纠正过来,恢复到原来的状态,以维护当事人合法权益和法律的统一正确实施。

四、关于当事人处分权与抗诉的关系问题

对于没有当事人申诉的民事案件,检察院能否自行提出抗诉,有人认为不能,否则就是违反既判力原则。"当事人中的一方并没有提出判决或法院审判程序有错误,那么,检察机关如主动抗诉,当然与此原则相违背了。"[1] 笔者认为,对于当事人没有申诉的民事案件,检察院能否自行提出抗诉,要视情而定,不能一概肯定,也不能一概否定。

在市场经济条件下,当事人的意思自治应当受到尊重和保护,当事人在民事诉讼中的处分权国家不能进行不当干预。但是,当事人的处分权不是绝对的,如果当事人在行使处分权时,损害到国家的、社会的和其他公民的利益时,国家就要进行干预。我国《民事诉讼法》第13条规定:当事人有权在法律规定的范围内处分自己的民事权利和诉讼权利。也就是说,当事人行使处分权的底线是法律规定的范围内,超出法律规定的范围就不允许。因此,《民事诉讼法》第131条作出具体规定:宣判前,原告申请撤诉的,是否准许,由人民法院裁定。《民事诉讼法》第156条规定:第二审人民法院判决宣告前,上诉人申请撤回上诉的是否准许,由第二审人民法院裁定。民事诉讼法还规定当事人双方自愿达成的调解协议的内容不得违反法律规定。这些规定表明,当事人的处分权不是绝对的。因此,对于生效的判决和裁定有错误的,即使当事人

---

[1] 李辰章、都兴辉:《论民事抗诉再审案件的举证责任》,载《人民法院报》2000年8月22日第3版。

不申诉，原则上检察院都可以自行提出抗诉，就像法院对当事人不合法的撤诉与调解可以不理睬的原理是一样的。同时，当事人的民事争议经过法院判决生效后，如果判决存在适用法律错误、程序违法等情形，当事人不申诉，这时因为错误的判决损害了国家法律的统一正确实施，已经不单单是当事人个人的事了，作为国家的法律监督机关的人民检察院对错误的裁判提出抗诉，维护的是司法公正，是国家法律统一正确实施的利益。当事人的私利当事人可以处分，但案件涉及的适用法律错误却不能不纠正。

在这里，有必要对既判力原则（有的称为一事不再理原则）进行分析。美国学者哈泽德等人认为"既判力的概念在原则上较为简单：原告提出的诉讼请求，以及被告所提出的抗辩，不可重新进行诉讼"。[1] 日本学者兼子一、竹下守夫认为："诉讼是根据国家审判权作出公权性的法律判断，是以解决当事人之间的纠纷为目的，而终局判决正是这种判断。因此，一旦终局判决使之在诉讼程序中失去不服声明方法被撤销的可能性而被确定，就成为最终解决纠纷的判断。它不但拘束双方当事人服从该判断的内容，使之不得重复提出同一争执，同时作为国家机关的法院当然也必须尊重国家自己所作出的判断，即使是把同一事项再次作为问题在诉讼中提出时，也应以该判断为基础衡量当事人之间的关系。这种确定判决所表示的判断不论对当事人还是对法院都有强制性通用力，不得进行违反它的主张或判断的效果就是既判力。"[2] 我国著名诉讼学者常怡教授认为："对于已经发生法律效力的判决，同一当事人不得再以同一理由和同一诉讼标的重新提出起诉；人民法院也不得对同一当事人的同一事实、理由和诉讼标的案件，重新受理和审理。因为民事判决一旦发生法律效力，就意味着审判机关对该项纠纷作出了最终的处理决定，所以不能再要求人民法院予以解决。"[3] 从上述各国著名民事诉讼法学家对既判力的描述中可以看出，既

---

[1]［美］哈泽德：《美国民事诉讼法导论》，张茂译，中国政法大学出版社1998年版，第198页。

[2]［日］兼子一、竹下守夫：《民事诉讼法》，白绿铉译，法律出版社1995年版，第296页。

[3] 常怡：《民事诉讼法新论》，中国政法大学出版社1989年版，第443页。

判力的含义有以下几种概括：①在民事诉讼中，任何人不因同一诉因而受到两次起诉和审判。换言之，当事人的诉讼经法院审理判决后，起诉权就消灭，不得重复起诉，法官不得再行审判。②终局判决的内容具有确定性和权威性，非依法定程序判决不得推翻。③终局判决对当事人和法院均有约束力，当事人必须履行判决确定的义务，法官必须执行生效的判决。这就是说，既判力原则主要为了制止当事人滥诉，维护裁判的权威性，敦促当事人和法院执行生效的裁判。既判力原则并非排除判决一概不能撤销或改动，当判决有错误并依法定程序时可以撤销该判决或改动该判决，这是世界各国通用的诉讼法原则。我国民事诉讼法也有同样的规定，当判决书存在误写、误算、漏写等笔误时，可以用裁定予以更正。当生效的判决和裁定有错误时，当事人可以申请再审，法院可以自行再审，检察院可以提出抗诉。因此，只要检察院依法提出抗诉，与既判力原则并没有矛盾，更没有抵触，那种以既判力原则为理由反对检察院对错误的生效裁判依法提出抗诉，是对既判力原则的曲解，因而是错误的。

当然，对于裁判认定事实错误没有导致适用法律错误的，当事人明确表示不再计较（即处分）的，人民检察院就不要提出抗诉，这符合处分原则和诉讼经济原则。

五、关于诉讼经济原则与抗诉的关系问题

有人认为，抗诉提高了诉讼成本，特别是在抗诉成为普遍现象时，便会严重损害诉讼经济原则。[①] 笔者认为，这种观点是值得探讨的。诚然，在民事诉讼中，我们应当讲求诉讼经济原则。但是，诉讼经济原则的前提是诉讼公正。"在市场经济的大前景下，诉讼公正的价值目标被推到首要位置，即使以更多的人力、财物和时间作为代价，也必须充分保障诉讼的公正性。"[②] "法学

---

① 高洪宾、朱旭伟：《民事检察监督不宜强化》，载《人民法院报》2000年6月27日第3版。

② 陈桂明：《我国民事诉讼上诉审制度之检讨与重构》，载《法学研究》1996年第4期。

所谓'效率'不能单纯追求程序成本的最低化,效益的最大化;相反,程序的'效率'是在公正前提下要求提高解决纠纷的实效,程序的效率首先要服从公正性。"① 如果为追求诉讼经济原则而轻视诉讼公正,那么,这不但是在舍本逐末,而且会造成更大的社会资源浪费。只要判决存在错误,当事人不服,检察院不受理,当事人就会到处申诉,就要给予接待和处理,这样,势必浪费更多的人力和物力。因此,只要判决存在错误,检察机关就应当提出抗诉,通过审判监督程序予以纠正。故此,以诉讼经济原则为理由而排拒检察院监督是站不住脚的。

之所以有人会以诉讼经济原则为由反对检察院对民事审判进行监督,其主要原因是,从1995年以来民事抗诉案件逐年大量增多,从而使法院所谓的"铁案工程"受到挑战,在客观上加重了人民法院的压力和司法投入。其实,近几年检察院抗诉案件不断增多,与法院的司法腐败不无关系。在1994年全国高级法院院长会议上,最高人民法院的一些咨询委员十分严肃地指出:"这两年法院队伍中有些问题相当严重,腐败现象来势猛,发展快。在一些地方,审判人员吃请受礼已比较普遍,几乎是半公开的。"② 这些年来,打官司就是打关系、打金钱,已成为一个众所周知的事实,已引起社会的广泛关注。司法腐败必然导致裁判不公,而裁判不公则极大地损害司法的权威性,使广大人民群众丧失对法律的信心,这对于建设法治国家是极为不利的。因此,检察机关加强对民事审判的法律监督,是维护司法公正和建设法治国家的必然要求。

---

① 张文显:《法理学》,法律出版社1997年版,第57页。
② 《面对改革的新形势——全国高级法院院长会议访谈录》,载《人民司法》1994年第2期。

民事检察制度若干理论问题辨析*

王玄玮**

内容摘要：民事检察制度是否符合民事诉讼法理，这是民事司法实务中的一个重要课题。本文从民事检察监督与案件的不确定性、当事人诉讼地位的平等性、审判权、当事人的处分权、诉讼效率等五个方面对这一问题作了辨析，提出应当以更加客观、冷静和全面的眼光来看待民事检察制度。

关键词：民事检察制度　民事诉讼　抗诉

近年来，人民群众对检察机关应当加强民事检察工作的呼声一直比较高。据报载，在 2002 年召开的九届全国人大五次会议上，共有 18 份议案要求修改现行民事诉讼法，尽快从立法上解决当前民事检察监督程序不完善的问题，第九届全国人大五次会议主席团已经决定将这 18 份议案交由法律委员会审议，提出处理意见交全国人大常委会审议决定。① 然而，也有另外一种观点认为检察机关的民事检察工作不宜强化，应当逐步削弱乃至取消，理由是民事检察制度不符合民事诉讼法理，损害了人民法院的独立审判，打破了双方当事人诉讼地位的平等性，侵害了当事人依法享有的处分权，增加了案件的审理次数，浪费了宝贵的司法资源，等等。笔者认为，这些观点值得商榷。

---

* 本文刊载于《云南大学学报法学版》2003 年第 3 期。
** 王玄玮，时任云南省人民检察院主诉检察官，全国检察业务专家。
① 参见《完善民事检察制度驶入快车道》，载《检察日报》2002 年 5 月 29 日。

一、检察监督与案件的不确定性的关系问题

主张弱化或取消民事检察制度（以下简称"取消论"）的第一个理由是事实和法律的不确定性导致案件的不确定性，即一个案件并不只有一个唯一正确的裁判，"错案"是难以界定的。因此，检察院在这样的不确定性和错案难以界定的情况下，认为裁判错误进行抗诉是不合理的。

"取消论"的分析是：首先，案件事实是不确定的。真实的客观情况都发生在过去，无论是法官还是检察官都没有亲身经历过，因此法官认定的事实与案件的客观真实可能存在着很大的差异。"事实怀疑论"的主张者弗兰克认为：事实需要经过证人来确定，而证人的记忆力是有限的，法官在很大程度上受证人和法官个人因素的影响，因此法律上认定的事实与案件实际发生的本来面目总有一定的差距。其次，适用法律也具有不确定性。美国现实主义法学认为法官的个人特质对判决结果具有影响，甚至个人的经历、社会环境乃至潜在意识、预感、直觉等都会决定法官在判决中的倾向性，而这些因素都难以归入"理性思维"的范畴。另外，某些法律语言不可避免地存在着模糊性，社会生活复杂多变，同时立法技术也有局限性。正是由于这些不确定性，决定了法官的自由裁量权。因此，不同法官对相同案件甚至同一案件作出不同判决，并非异常，完全符合诉讼法理。换言之，一个案件完全可能存在多个判决结果，正确裁判结果并不是唯一的，不能以一个人裁判结果的正确为理由来证明和指责其他裁判结果的不正确。检察院基于自身对案件事实的认定或对适用法律的理解，提出抗诉要求法院纠正错误裁判，陷入了一个案件只有一个唯一正确裁判的错误理念。

对这一看法，笔者认为有着合理的一面，但又有片面性，并不能得出应当取消民事检察制度的结论。理由是：

第一，不能把案件事实等同于客观事实，案件事实与客观事实是有区别的。客观事实是不可重复的发生在过去的事实，对客观事实的认识确实是一个艰难的不可再现的过程，具有一定的不确定性，但案件事实是运用证据和证据

规则来认定的事实,只要证据确实,适用证据规则正确,那么在此基础上认定的案件事实则是确定的。这也正是检察机关办理民事抗诉案件必须要调阅原审案卷的原因。通常情况下,不论作出什么样的判决,它都必须有一个确定的法律事实作基础,这个必须有的法律事实不但是确定的,而且是唯一的,它只能是被全部有效证据所固定下来的法律事实。对于个别确实无法认定案件事实的疑难案件,我们也可以运用举证责任分配的规定作出合乎法律精神的判决。只有确定案件事实,进行裁判才有基础,行使自由裁量权才有基础。否则,司法的目标和任务就不可能实现,正义也无法实现。

第二,没有唯一的正确裁判不等于可以任意裁判,更不等于不存在错误裁判。法官行使自由裁量权不是无限的,而是有前提的,就是必须要在确定的案件事实的基础上,在法律规定的幅度内行使。如果法院的裁判超出了法律的规定,超出了自由裁量权的范围,就是对审判权的滥用或错用,这种情况下的裁判无疑是错案。设立民事检察制度的目的是要监督法院纠正错误的裁判,并不是为了寻求唯一的正确答案。

第三,是否设置民事检察制度取决于国家需要,取决于实现司法公正的需要,与案件是否具有不确定性没有关系。按照同样的逻辑,既然案件有不确定性,不能以一个人的认识来证明和指责其他认识的不正确,那么二审法院凭什么来改变一审判决?再审判决又凭什么来否认和改变一审、二审判决?再推广一点说,对于同一个案件,当事人、律师、法院、检察院、新闻媒体、社会大众可能会有不同的认识,如果承认每一种认识都有其合理性,那么又凭什么认为法院的判决都是正确的呢?因此,即便我们认为每一个案件都具有不确定性,也不能因此而否认二审程序、审判监督程序存在的价值。国家设置二审程序是为了救济,设置审判监督程序是为了监督,这就是它们存在的理由,与案件是否具有不确定性并无关系。

因此,这一观点只能说明赋予法官自由裁量权的合理性,不足以成为取消民事检察制度的理由。

二、检察监督与审判权的关系问题

主张弱化或取消民事检察制度的第二个理由是审判权和检察监督权本身是一对矛盾，二者是相互排斥的。"取消论"认为，民事检察制度在两个方面损害了民事审判权：第一，民事检察监督是对法院独立行使审判权的不当干预；第二，民事检察制度损害了法院的终审权，损害了判决的既判力。

关于第一点，"取消论"分析道：检察院对民事审判活动实施法律监督，其实质就是以检察权对法院的审判权进行干预，目的是通过这种干预影响法院的裁判。法院作为国家设置的审判机关，有权独立行使（也只能够行使）审判权，法院是在国家权力分工的范围之内行使其应有的权力，任何外在权力的制约和监督都是对法院独立行使审判权的不当干预。"取消论"还引用了美国法学家亨利·米斯之言："在法官作出判决的瞬间，被别的观点，或被任何形势的外部权势或压力所控制或影响，法官就不复存在了……法院必须摆脱胁迫，不受任何控制和影响，否则他们就不再是法院了。"关于第二点，"取消论"认为，根据民事诉讼法的规定，检察机关对任何一级法院（包括最高法院）的生效裁判都可以提出抗诉，抗诉后法院都应当再审，再审案件均应中止原判决的执行，这实际上已使"两审终审制"和最高法院的终审权形同虚设。他们举例说，曾经有一位外商在中国参加诉讼后发出这样的感叹：中国的最高法院实际上不是终审法院，法院没有终审权的国家不可能是法治国家。

对于"取消论"的这两个观点，笔者认为理由并不充分，因为它脱离了中国当前的实际情况，与民事审判监督程序运行的实际也不吻合，并且，它背离了我国宪法所确立的宪法制度和权力运行架构。

（一）关于检察监督是否损害了法院独立行使审判权的问题

首先，检察监督并没有损害人民法院独立行使审判权。从我国司法运行的历史来看，自从取消了党委审批案件的制度后，审判权一直都是由人民法院独立行使，从来没有哪一项制度损害、分割了人民法院的审判权，包括各级权力

机关的"个案监督"。检察机关提出抗诉的唯一法定后果,只是启动再审程序,至于进入再审程序后如何审判,依然由法院独立负责,检察机关并没有代替法院行使审判权。检察机关的抗诉只是提出对案件在事实和法律方面的看法,希望再审法院予以重视;虽然希望能够改判,但并不能强制法院采纳。法院认为抗诉理由不能成立,完全可以行使审判权作出维持原判的再审裁判。案件最终的决定权,完全掌握在法院手中。检察机关并没有超出监督权范畴的能够干预审判结果的权力。

其次,这种观点背离了宪法所确立的宪法制度和权力分配模式。人大领导和监督下的"一府两院"制是我国宪法所确立的权力分配模式,法院独立行使审判权受宪法保障,检察院独立行使检察权同样受宪法保障。西方国家的法院系统是与立法、行政并驾齐驱的鼎立三权之一,我国法院尚不具备西方法院的权力与权威。有一种观点认为,我国法院的审判权不能平等于立法权,也不平等于检察权,因为宪法和组织法规定,法院院长和检察院检察长经同级人大选举产生后,检察长的任免还要报上级人大常委会通过,任免级别更高。[①] 这种看法不一定准确,也不在此探讨,但设置一个起码与人民法院完全平行的检察机关正是我国宪法制度的一大特点。从宪法条文上看,宪法第126条规定:"人民法院依照法律规定独立行使审判权,不受行政机关、社会团体和个人的干涉。"这里应明确两点:一是法院独立行使审判权必须"依照法律规定",并不是无限制的;二是本条文并没有排除执政党、权力机关和检察机关的监督。因此,检察院行使检察监督权受宪法保护,不仅如此,国家权力机关、新闻媒体、人民群众的监督权同样受宪法保护,这些都不能看作是对审判权的不当干预。

最后,"取消论"脱离了中国的现实国情,是一种十分超前的看法和观念。如果将来法官队伍的素质达到了理想的境界,社会的执法环境、公民的法律意识达到了一定的程度,错案的发生率降到了很低的比例,判决的公信力提高到

---

① 参见蔡福华:《论民事检察监督的几个理论问题》,载《国家检察官学院学报》2001年第1期。

相当的高度,那时可能就具备了讨论检察机关需不需要再介入民事诉讼的基础。笔者不能武断地说民事检察制度将会一直存续下去,但认为它是中国法治进程中不可逾越的阶段。在我国,不仅行政权远远大于司法权,而且法院的人、财、物都受制于地方政府,行政机关的干预才是法院独立审判的最大威胁,不少错案就是因为原审法院屈从于行政机关或地方领导的压力而酿成的。在这种现实情况下,检察院抗诉更是起到了直接抵制或消除对审判权的不当干预的作用,不但不会损害反而会促进法院独立行使审判权。

(二)关于民事检察制度会破坏法院的终审权和判决的既判力的问题

虽然抗诉的一个直接后果就是在再审期间中止原判决的执行,但问题的关键是:这是国家设置审判监督程序的必然后果,不是检察监督的特定后果。众所周知,启动审判监督程序共有四个途径:检察院抗诉、当事人申请再审、本院院长发现并报审判委员会决定、上级法院决定,而后三种途径都是经过法院决定或依职权启动的。当前,进入审判监督程序的主渠道仍然是法院,笔者试以下表说明:

1999—2001年民事、行政审判监督案件情况表[①]

年份	检察机关抗诉案件数(件)	人民法院审判监督案件数(件)	抗诉案件所占比例(%)
1999	14320	87097	16.44
2000	16944	85947	19.71
2001	16488	85619	19.26

上表显示,人民法院在审理抗诉案件之余,每年还办理了大量的依职权启

[①] 该表为笔者自拟简表。表中检察机关抗诉案件数来源于最高人民检察院历年工作报告;人民法院审判监督案件数来源于"全国法院审理案件情况",载《人民司法》2000年第4期、2001年第3期、2002年第3期。

动再审或决定再审的案件，再审的无限主体、无限审级、无限次数，都主要体现在法院，真正否定判决既判力的还是审判机关自身。本来，按照起诉主体和裁判主体的二元性原理，法院不宜自行提起再审，因为不能既提起诉讼，又居中裁判诉讼。但是在现行立法的情况下，法院还十分重视审判监督工作，2001年起全国法院推行审判监督庭的单独设立就是一个明显的例证。

另外，不论谁来启动再审程序，坚持判决的既判力应当有一个前提，就是判决结果应当是公正的。如果案件的裁判本身就是错误的，那么维护既判力就等于维护错误，其结果必然是损害司法权威，使社会公众对法律和法院丧失信心，社会正义难以实现。因此，对民事检察制度损害了判决既判力和法院终审权的批评是不客观、不全面的。

三、检察监督与当事人诉讼地位平等性的关系问题

主张限制或取消民事检察制度的第三个理由是民事检察制度破坏了双方当事人平等的诉讼权利，造成了当事人之间诉讼地位的失衡。"取消论"分析道：检察院抗诉的目的是要求法院修改裁判，而修改裁判的实质是重新配置当事人之间的权利义务关系，因此检察院抗诉的民事案件必然有利于一方当事人，完全站在与对方当事人对立的立场上。在民事诉讼中，法院与原、被告之间形成一个等腰三角形的结构模式，检察院参与诉讼，无论是支持原告还是被告，都将打破原、被告之间完全平等的格局，破坏民事诉讼的公正性。

在这个问题上，确实可能会产生一种错觉：民事诉讼是在双方当事人之间进行的，检察院抗诉必然会有利于一方当事人，不利于对方当事人，而检察权又是一种公权力，因此造成了双方当事人诉讼地位的失衡。但进一步思考，就会发现事情并非如此。

第一，检察院站在什么角度进行抗诉？检察院是基于法律监督机关的立场进行抗诉，而不是站在一方当事人的立场；抗诉针对的对象是法院确有错误的生效裁判，而不是另一方当事人；提出抗诉的目的不是为了帮助、支持一方当

事人，而是为了监督法院纠正错误判决。体现在出庭上，就是出庭检察人员只发表出庭意见，并不参加法庭辩论。① 抗诉可能会有利于一方当事人，但这是检察机关行使检察监督权的不确定的客观结果，并非主观追求，不能简单地以结果来推理动机。正如法院的判决结果总是会有利于一方当事人，但不能因此而认为法院就偏向一方当事人。决定当事人输赢的根本因素是事实和法律，不论原告或被告，只要事实和法律站在他的一方，检察院必然会提出客观上对他有利的意见，法院也必然会作出客观上有利于他的判决。

第二，检察院为什么会提出抗诉？检察院提出抗诉的前提是判决确有错误。如果换个角度考虑：双方当事人的诉讼地位原本是平等的，但一方当事人因法院的错判获取了不该获取的利益，实际上已经破坏了双方地位的平等。这时检察机关针对错误判决提出抗诉，正好将已经失衡的诉讼地位拉平，使双方能够在再审中进行真正平等的对抗。例如：一方当事人因客观原因不能自行收集证据，比如证据在银行、在公安局或在对方当事人手中但其无正当理由拒不提交，当事人申请法院依职权调查但法院未调查，这时他在诉讼中必定处于劣势，表面上双方当事人的诉讼地位是平等的，实际上却完全不平等，只有提出抗诉，才能使双方处于同一起跑线上，得到真正平等对抗的机会。因此，抗诉不会破坏双方当事人的平等地位，相反，抗诉追求和促进的是实质上的平等。

第三，就形式上而言，能够实现公正的诉讼结构模式也可以是多样的，并不完全表现为等腰三角形模式，其他模式也能达到公正审判的目的。如果我们仅仅追求形式上的平等，那么在共同诉讼中，一方当事人必须对抗多方当事人，诉讼地位是否失衡？更典型的例子是第三人参加诉讼，无独立请求权的第三人在诉讼中必然要支持一方当事人，反对另一方当事人，诉讼地位是否失

---

① 对此，"两高"的解释也有冲突。最高人民检察院《人民检察院民事行政抗诉案件办案规则》第45条规定的检察人员出席再审法庭的任务为三项：宣读抗诉书；发表出庭意见；发现庭审活动违法的，向再审法院提出建议。而最高人民法院在《全国审判监督工作座谈会关于当前审判监督工作若干问题的纪要》第19条提出：出庭检察人员只宣读抗诉书，不能参与其他庭审活动。

衡？有独立请求权的第三人参加诉讼则必定以本诉中的原告和被告作为共同的被告来起诉，这样，就会形成本诉原告与本诉被告对抗、本诉原告与本诉被告共同与第三人对抗的诉讼格局，表现出来的结构模式肯定不会是等腰三角形，是否诉讼就不公正了？

因此，检察机关基于法律监督者的立场，针对错误裁判提出抗诉，在制度设计上并不会破坏当事人诉讼地位的平等性。我们不应当舍本逐末，满足于形式上的平等而舍弃实质上的公平。

四、检察监督与当事人的处分权的关系问题

对于没有当事人的申诉的案件，检察机关能否提出抗诉？这是民事检察制度遇到的又一个理论问题。虽然这类案件在抗诉案件中相当少见，但仍然有加以探讨的必要。"取消论"认为，民事诉讼作为保护私法权利的司法形式，具有自身的特殊规律。对于法院作出的民事裁判，当事人如不认同，法律赋予了上诉、申请再审、执行中和解等救济手段和权利。对这些权利当事人可以自由处分，任何人均不得随便干预。即使当事人不认同法院作出的裁判，也有可能因考虑到时间、精力、费用及其他诉讼成本等因素而放弃权利。在这样的情况下，检察院提出抗诉要求法院纠正错误裁判无疑是对当事人权利的不当干预。

对此，笔者认为，当事人的处分权不是绝对的。民事诉讼法第13条规定，当事人有权在法律规定的范围内处分自己的民事权利和诉讼权利。可见，当事人处分权的行使必须以不超出法律规定的范围为限。如果当事人行使处分权时损害了国家利益、社会公共利益和其他公民的合法利益，国家就应当进行干预。比如，双方当事人恶意串通致使国有资产流失的案件，不论如何判决，其结果必然是串通的双方获利，国有资产受损，这样的案件当事人是不可能来申诉的，检察机关不提出抗诉则对此类违法行为失去了监督。另一种情况是审判人员有贪污受贿、徇私舞弊、枉法裁判行为的案件，这种情况下由于进行正当

诉讼的一方当事人往往并不知情，因此也不见得会提出申诉，但检察机关发现线索后查证属实的，除了要追究审判人员的刑事责任外，对所涉民事案件往往都要提出抗诉，这也正是民事诉讼法把这种情况列为单独的抗诉条件之一的原因。

其实从法理上分析，检察机关的抗诉与当事人处分权并不矛盾，因为错误的判决损害的不仅仅是当事人的利益，更损害了国家法律的统一正确实施，损害了司法公正。自己的私利当事人可以处分，但案件涉及的适用法律错误却不能不纠正。只是，目前整个民事审判模式正向当事人主义的方向发展，民事诉讼中当事人的作用和意志日益凸显，在这样的背景下，检察机关也没有必要过于突出国家干预的色彩，可以把自行决定抗诉的案件限定在必须抗诉的特定范围内。

另外，虽说民事审判模式正向当事人主义的方向发展，但也应该看到，民事诉讼法中仍然有不少规定体现了职权主义审判模式的色彩。例如，民事诉讼法第131条规定，原告在宣判前申请撤诉的，是否准许由人民法院裁定。第156条规定，二审法院宣判前上诉人申请撤回上诉的，是否准许由二审法院裁定。特别是审判监督程序中规定的本院院长、上级法院可以依职权主动发动再审的规定，都是国家公权力对当事人处分权的限制和干预。所以，检察机关保留在特定情况下自行决定抗诉的权力，与民事诉讼法所倡导的理念和精神是一致的。在民事诉讼中，国家公权力对当事人处分权进行适度限制和干预，不仅是可行的，而且是必要的。

五、检察监督与诉讼效率的关系问题

还有一种观点，认为检察院抗诉增加了案件的审理次数，延缓了纠纷的解决，不利于定分止争，还浪费了宝贵的司法资源。"取消论"认为，现代司法观念要求贯彻诉讼经济原则，要用最小的投入实现司法效益的最大产出，诉讼成本的高额化也是司法不公正的表现。检察机关的抗诉重新启动了审判程序，原审法院对同一案件至少要进行两次审理,投入两倍的诉讼成本,这对有限的诉讼资源来说是极大的浪费。同时,检察机关参与抗诉,也必然要动用国家的财力、物力,耗费诉讼资源。①

诚然,一个国家的诉讼资源相对来说总是有限的,有限的诉讼资源应当得到最优化的配置和最有效率的运用。但是司法最高的本质目标是公正,在裁判质量得不到保证的情况下,诉讼效率越高,意味着所犯错误越多。只要判决存在错误,当事人就会到处申诉,就要给予接待和处理,势必要消耗更多的人力和物力,造成更大的社会资源的浪费。因此,要正确理解和认识公正与效率之间的关系,二者之间不可偏废,否则就会给制度设计带来偏差。民事检察制度虽然意味着检察院、法院、当事人增加了诉讼投入,但却能够降低错误成本,提高合格司法产品的产出率。那种片面强调效率价值而忽视公正目标的看法,在理论上是有缺陷的,对司法实践是有害的。

在寻求诉讼效率与公正目标最佳结合点的过程中,我们注意到,世界上大多数国家实行的都是"三审终审"制,包括美国、法国这样公认的法治国家,在法官素质和水平达到了足以自豪的情况下,实行的仍然是三审终审。我国实行两审终审,通常情况下当事人只能获得一次救济的机会,国家设置审判监督程序的目的,就是要在司法资源相对稀缺的情况下,最大可能地保障司法公正。目前理论界有一种看法认为,为了提高司法公正水平,我国的审级制度应该尽快和世界接轨,实行全面的"三审终审"制。笔者不同意这样的观点,因为我国现有的审判资源尚无法满足"三审终审"的需要,即便规定第三审只进行法律审,上级法院也将不堪重负。而检察机关对民事案件实行抗诉监督,实际上相当于有条件的三审终审。②通过检察机关对进入第三审案件的专业筛选,一方面能够把确有再审必要的案件带入第三审,另一方面又能将大量的无理申诉、缠诉拒于第三审门外,这就在实现司法公正和减少无谓诉累之间找到了较

---

① 参见程晓斌:《当前民事抗诉的运用的错位和矫正》,载《人民司法》2001年第2期。
② 在司法实践中,由于受理抗诉的人民法院往往以指令再审的方式将案件交还原审法院进行审理,导致绝大多数抗诉案件只能获得第三次审理,无法获得第三个审级。

好的平衡点。司法效率的提高是司法改革的两大目标之一，也是一个非常复杂的问题，它涉及司法机关的管理体制、激励机制、办案制度、人员素质等诸多带有全局性的因素，并非朝夕之间就能迅速改变。探讨如何提高司法效率是应该的，但批评民事检察制度降低了司法效率则是不客观、不恰当的。

目前，由于立法的不完善，民事检察制度在运行过程中还存在许多困难和障碍。但是，任何一项制度的完善都不可能一蹴而就。民事检察制度由于涉及司法权的合理配置，它的运行必然会有一个磨合与阵痛的过程。笔者认为，只有以客观、冷静和全面的眼光来看待它，民事检察制度才能得到不断的完善，才能在司法实践中发挥它应该起到的作用，以满足立法机关的设置初衷和人民群众的殷切期盼。

民事检察监督与审判独立之关系的合理建构*

刘田玉**

内容摘要：对权力的监督有纵向和横向两种模式。我国现行民事检察监督体制具有纵向模式的特征，其缺陷是容易与审判独立原则发生冲突，形成对审判独立的干预。因此，正确处理两者关系的关键在于恰当地进行权限分工与平衡。

关键词：监督模式　审判独立　民事检察监督

从概念和现象上看，民事检察监督与审判独立是相互对抗的。但是，社会制度的内涵及其运行从来不会像概念所标明的那么简单。就民事审判而言，如何保障其独立地行使审判权，同时对它进行适当的监督，这两个方面的关系是非常复杂的。从世界各国的实践经验来看，司法独立和对司法的监督可以并行不悖，两者的共同目标都指向司法公正。近年来，在我国司法改革的实践中，司法独立原则和民事检察监督制度都受到了理论界、实务界的关注。因此，如何处理民事检察监督与审判独立之间的关系，也成为一个比较突出的问题。在此问题上，检法两院存在一些相反甚至尖锐对立的观点，各自也有一些认识上的偏颇和误识。本文拟从分析基本的司法监督理念和模式开始，对合理构建我国民事检察监督与审判独立的关系进行剖析。

---

* 本文刊载于《国家检察官学院学报》2004年第12期。
** 刘田玉，时任中南财经政法大学法学院讲师、中国政法大学民事诉讼法博士。

一、权力监督模式与民事检察监督

对权力进行监督,使权力的行使符合权力授予者的意图和目的,是人类政治文明的重要组成部分。古今中外的政治法律发展史概莫例外。综观权力监督的历史,基本的权力监督模式可以分为两类:一是纵向的监督模式;二是横向的监督模式。

纵向的监督模式以我国古代的御史监察制度为典型。中国古代监察制度之完善,为世界历史所罕见,它不仅导致了权力监督体系的完备,而且直接促进了我国古代行政区划制度的演变。这种监督模式有三个特点:第一,对权力的监督是一种单向度的上下级隶属关系,即只能是上位权力对下位权力实行监督。第二,这种监督方式是一种整全的监督,即上位权力对下位权力进行全方位的监督,甚至在特定情况下,完全取代下位权力的运作。监督者和被监督者之间不存在明确的职权分工,只有权力行使范围的大小。两者的职权是同一性质的,都是一种没有分化的整全权能,只不过有上下高低之分。因此在进行监督的时候,上位权力能够代行下位权力。第三,这种权力监督模式有一个致命的弱点,就是要不断地设立更高级别的监督者,以对"监督者"进行监督。由于是单向的监督,下位权力不能监督上位权力,所以为了防止上位权力的异化,就必须设立更高位的权力对其进行监督。如此向上延伸,导致监督层级不断增加。最终必须确立一个具有最高权威、无须任何监督的"终极权力",否则将会无穷循环,形成权力监督的"无底洞"。但是,如何保证"终极权力"的正当性,防止终极权力的异化,是纵向权力监督模式无法解决的问题。

横向的监督模式以西方国家的三权分立模式为代表。横向的监督模式与纵向模式基本相反,其也具有三个特点:第一,这种监督模式是双向的、互相的监督,监督者与被监督者之间存在一种相互制衡的监督关系,各主体之间的地位是平行的。第二,在监督的范围方面,监督者与被监督者的职权有明确的划分,监督者不能代行、更不能取消被监督者的职权,也即监督者与被监督者的职权是不同质的,彼此不能互相代替。第三,由于是相互的监督和制衡,因此

不需要更多高层级的监督者来行使层层递进的监督权,也不会产生一个不受任何监督的"终极权力"。

以上分析和阐述当然是模型化的,实际存在的权力监督体系大多是横向和纵向两种模式不同程度的结合。但是,不同国家的权力监督体系通常以一种模式为基本理念或主要特征。因此,上述监督模式的归纳仍然是有意义的。

我国现行的民事检察监督体制,更多地符合纵向监督模式的特征。从宪法体制上看,我国的检察机关是专门的法律监督机构,从理论上讲,其宪法地位高于受其监督的政府机关和人民法院,对后两者实行单向的监督。检察机关的监督范围是全面而广泛的,就民事检察监督而论,虽然民事诉讼法并未作出详细的规定,但未作限定也就为检察机关全面监督民事诉讼留下了余地。很多人就是据此在理论上解释检察机关的监督范围。例如,有人认为,"检察监督的范围不能全方位覆盖审判行为所涉及的领域,是民事检察制度立法的结构性缺陷"。[①] 有的认为我国检察机关现行民事监督权存在单一性、滞后性、片面性和弱质性等特征。[②] 因此持这种观点的学者主张,应该建立全面而系统的民事检察监督制度。

这种观点将检察监督与司法公正联系起来,认为检察监督是司法公正的保障机制,只有完善的检察监督制度能保证司法公正目标的实现。在具体的监督方式上,主张应当建立以下8种方式:(1)起诉。即建立民事公诉制度,对于影响社会公益的案件,以及侵害不特定公众利益的案件,由人民检察院向人民法院提起诉讼;(2)参与诉讼。对于重大的民事案件,检察机关有权在诉讼开始后,以监督者的身份参与诉讼,对诉讼审判活动实行监督;(3)抗诉。即对已生效的民事判决裁定,由检察机关提请人民法院对案件进行再审;(4)民事抗诉程序中的和解。即在审查抗诉案件的过程中,由人民检察院主持当事人进行和解,通过和解纠正法院裁判存在的错误,实现民事监督的目的;(5)检察

---

① 邹建章:《论民事检察监督法律关系》,载《中国法学》1997年第6期。
② 张晋红、郑斌峰:《论民事检察监督权的完善及检察机关民事诉权之理论基础》,载《国家检察官学院学报》2001年第3期。

意见;(6)检察建议;(7)纠正违法通知;(8)对司法人员的贪污受贿、徇私舞弊、枉法裁判行为进行查处。①强化人民检察院对民事诉讼的监督,有促进和保障司法公正的积极作用。但是,任何权力都应当有明确的边界,否则就不可避免地会产生负面影响。像所有的纵向权力监督模式一样,过度强化的民事检察监督体系也会产生纵向模式的通病。

其一,性质和地位高于审判权的检察监督权如果被广泛地行使,其自身容易产生腐化的倾向。到目前为止,检察机关在民事检察监督活动中的行为,基本上能遵循有关法律法规的立法精神和具体规定,民事检察监督领域并没有发生司法审判领域那种令人关注的司法腐败现象。但是这并不是因为我们的民事检察监督制度已经很完善,有力地遏制了这一领域的权力滥用。而基本上是因为民事检察监督这项工作尚处于起步与开创阶段,还没有大规模地开展起来。在设计未来的民事检察监督体制时,如果只是单方面地强化检察监督权,忽略检察监督权也有被滥用的可能与倾向,那么随着民事检察监督工作的广泛展开,滥用检察监督权的现象也会逐渐蔓延。这种苗头已经在当前的民事检察监督实践中浮现出来。例如,检察机关办理民事抗诉案件需要一定的经费,大量的抗诉案件使检察机关同样受到经费不足的困扰。于是在民事抗诉案件中,"有些地方的民行监督机构就提示当事人交一些办案费"。②这种做法于法无据,与民事诉讼收费办法的有关规定发生冲突,而且弊端重重。又如单方接触的问题。检察人员在办理抗诉案件过程中,不像审判人员那样必须遵守中立原则,同申请抗诉的一方当事人进行接触是必然的,因此这种单方接触具有合理性和客观性。然而过多的单方接触无论是对对方当事人,还是对司法公正的价值目标,都会产生消极影响,也容易诱发腐败。此外,实践中有些当事人也往往利用抗诉这种方式来规避二审程序和再审程序,因为抗诉程序既不受期限的限

---

① 杨立新:《民事行政诉讼检察监督与司法公正》,载《法学研究》2000年第4期。
② 李浩:《民事诉讼检察监督若干问题研究》,载《中国法学》1999年第3期。该文对检察机关在抗诉中收费办案的弊端作了分析,笔者亦认为这是一个强劲而危险的隐患。

制,又无须缴纳诉讼费用,于是抗诉变成某些当事人谋取私利的手段。

司法腐败已成为令人担忧的现象,为了治理司法腐败,各种监督措施纷纷出台。就具有法律效力的监督形式而言,有法院内部的监督,有民事检察监督,还有各级人大的个案监督等等,不一而足。一种权力的行使出了问题,就设计另一种更高的权力从外部去监督,这正是纵向监督模式的思路。殊不知新的权力的行使同样会出问题。譬如当前我国各级人大实施的个案监督,有不少就是个别人大代表和人大工作人员对与自身有利害关系的案件的干预,或者演变成地方保护主义的工具。有的学者认为,人大的个案监督"极易形成个人对于司法的监督,这实际上就是对于司法监督的蜕变,将其变成一种人大代表个人的特权"。① 民事检察监督如果无限制地全面铺开,滥用检察监督权的现象也是在所难免的。那么,是否又要设计另一种更高的权力来监督人大和检察院的监督权呢?将来如果民事检察监督领域也出现了不容忽视的腐败现象,是否又要提出人大对检察机关的"个案监督"呢?可见,一味强化监督权,用监督权取代被监督权的纵向权力监督模式是非常片面的思路。

其二,密如蛛网的民事检察监督方式,会在实际上形成对司法独立原则的妨碍。上述多达 8 种之多的监督方式,涉及民事案件的起诉、审理、裁判,程序问题、实体问题,诉讼过程的事前、事中、事后等方方面面。如此广泛而深入的检察监督,会使检察机关成为民事诉讼法律关系的常规主体,频繁地参与民事案件的审理过程,是很难避免不当干预的。"如果检察机关作为常规的诉讼主体而参与诉讼的话,必将使检察监督权与独立的审判权发生冲突的机率和频率大大增加,甚至有可能在实质上改变审判权由法院依法独立行使这一基本命题。"② 这绝不是危言耸听!如果检察监督权过于强大,又能采取各种方式和渠道"监督"民事案件的审理,那么在个别案件中架空甚至取代审判权就会成

---

① 中国应用法学研究所:《"司法监督与审判独立专题论坛"纪要》,载毕玉谦:《司法审判动态与研究》(第一卷·第一辑),法律出版社 2002 年版,第 46 页。
② 蔡彦敏:《从规范到运作——论民事诉讼中的检察监督》,载《法学评论》2000 年第 3 期。

为事实，审判独立将成为一句空话。尤其是抗诉程序中的和解这种方式，通过检察院主持的当事人和解，纠正法院已经生效的裁判，无异于直接代行审判权，是对审判独立原则的直接否定！所以笔者认为，那种主张检察机关对民事诉讼进行全面检察监督的"全方位监督说"，实在是一种饮鸩止渴的举措。

二、审判独立及其限制

审判独立是反对强化民事检察监督的学者们用来支持其论点的主要理由，认为司法独立与检察机关的检察监督是相互排斥的。该观点主张，民事检察监督的对象只能限于法官的个人行为，而不能对生效裁判实行监督，裁判错误只能通过当事人提起上诉或申请再审的渠道予以纠正。

的确，"审判独立是一项为现代法治国家普遍承认和确立的基本法律准则。它经历了从政治思想原则到宪法原则，再到司法审判活动准则的演变过程"。首先，作为一种现代政治思想，司法审判独立原则是三权分立思想的重要组成部分。它第一次将人类统治和管理社会的权力划分为司法、立法、行政三种相互独立的权能，从而为防止和控制权力膨胀、滥用的"顽症"提供了丰富的理论资源。其次，从宪法体制上看，司法审判独立原则是人类社会从专制政体迈向民主政体的可靠保障。它的贯彻实施，从制度上保证国家管理活动中的分权原则，对其他政府权力的行使形成有效的制约，避免政治生活中的集权与专制，从而有效地保护了现代社会中公民的自由和民主权利。最后，从权力监督的模式上分析，审判独立原则的确立，使得以分权与制衡为基本特征的纵向权力监督模式的建立有了坚实的基础。在司法审判独立的前提和基础上，对司法审判的监督才不至于取代或干预司法审判权，因为以分权与制衡为特点的监督是一种有限的、相互的、双向的监督方式。

司法独立是现代法治社会的标志之一。胡格韦尔特将独立的司法制度与文字相提并论，认为文字和正规的司法制度是人类社会进化的两个关键要素，它们在社会各个阶段中都发挥着调整和维持社会秩序的作用。因为文字出现以

后,人类不再依靠记忆传播文化,文字使得那些相互隔绝的环境产生交流,调节社会各集团之间的社会关系。在人类社会的初期,文字还被作为少数宗教上层集团和政治权贵的特权,用来帮助这些人统治没有文化的大众。在文字逐渐得到普及的现代社会,文字的这种调节和统治功能也逐渐让位于独立的法律制度。"如果说文字是原始社会和文明社会的分界线,那么,正规的法律制度——独立的司法制度的建立便是现代社会的标志。"① 独立的司法制度使法律成为普遍的社会价值,适用于社会的所有成员而不考虑他们的社会背景。一个社会只有具备独立的、普遍的和正规的法律和司法制度,社会公正的目标才能真正实现。所以,作为一项基本的政治和法律原则,司法审判独立无疑是现代法治国家必须承认和确立的。

然而,对于司法审判独立原则,我们不应该作简单的理解。如同任何权力一样,司法审判权也具有腐化和变异的倾向性,当人们谈论司法独立时,并不意味着司法审判权不应该受到限制。第一,从权力分立的原理看,分权的目的在于防止权力的过分集中而形成集权与专制,其手段就是通过各种权力的相互制衡。因此分权的目的在于制衡,以避免出现任何毫无限制的权力。独立的司法审判权同样应当受到其他权力的制约,否则就会形成司法专横、腐败等各种变异现象。这是权力分立理论的应有之义,各国的司法实践也依此而行。我们都知道,美国是世界上实行司法独立最典型的国家,联邦最高法院在美国政治生活中的地位与权威,是其他任何国家的法院无法比拟的,它享有解释宪法、实施司法审查的最高权力和威望。但就是在这样一个崇尚司法独立的国家,司法审判权的行使也要受到监督与制约。且不说联邦最高法院的大法官需由总统提名、由参议院任命,对不称职的大法官还可以动用弹劾程序解除其职务,就是大法官们关于特定案件的管辖和审判所作出的具体判决,参议院仍然可以通过表决予以推翻。早在 1794 年,针对奇赫姆诉佐治亚州一案,美国国会就提出了一条宪法修正案的法案,规定联邦司法权不适用于一州公民对于联邦另一州

---

① 谢立中、孙立平:《二十世纪西方现代化理论文选》,上海三联书店 2002 年版,第 18 页。

的起诉，联邦最高法院无权审理奇赫姆这类案件。奇赫姆案因此成为美国宪法史上第一个最高法院的判决被国会以宪法修正案的方式加以否决的案例。[①]"有学者统计于1944年至1957年期间，至少有十九次国会不同意最高法院所为相关法律之解释。亦有统计指出，于1944年至1960年，国会曾五十次修正最高法院之裁判，其中三十四次甚至根本推翻最高法院之裁判。"[②] 由此可见，任何国家的司法独立都是有条件、有限制的。第二，司法独立原则的正当实施，需要一些内在条件的支持。所谓内在条件是指司法系统自身必须具备适当的资格、素质和威信，遵循司法审判活动对司法者提出的基本要求。譬如司法者的审判行为必须是公正的，能够代表社会公正的要求。同时司法人员应当对社会生活持一种消极中立的立场与态度，不应当过于介入社会纠纷和当事人的争执。在当今世界各国，司法独立原则的贯彻程度以及法院和法官在社会公众心目中的地位都相去甚远，其原因即在于各国司法的历史传统和法院在社会生活中的影响各不相同。这种状况并不是从立法上确立司法独立原则，就能加以改变的。司法独立要获得人们的承认与信赖，必须依靠司法人员用优良的司法行为去赢取。

毫无疑问，在我国现今的司法状况下，对民事诉讼实行适当的检察监督，是完全必要的。在司法不能自律的现阶段，过分弱化检察监督的观点不仅对治理司法腐败有害，也不利于培育司法独立的环境与条件。因为司法腐败的现象如果继续蔓延的话，那么司法独立是无法真正获得承认的。例如前面引述的观点认为，检察监督的对象只能限于法官的个人行为，而不能针对法院的生效裁判。这即是说，为了维护司法审判的独立，即使审理民事案件的法官由于枉法裁判的行为而作出了一个显然错误的判决，检察机关也只能对办案法官实行监督或惩戒，而不能对已经生效的该判决进行监督。该观点进一步将法官的行为

---

① 王希：《原则与妥协——美国宪法的精神与实践》，北京大学出版社2000年版，第171页。
② 焦兴铠：《美国联邦最高法院论文集》，（台湾）中央研究院欧美研究所出版1997年版第6期。

区分为裁判性行为和个人行为（非裁判性行为），检察监督的对象只能及于后者。① 这种观点实际上就取消了检察机关对民事案件的具体监督，只限于一种纪律监督、风纪检察。但是问题在于，法官的个人行为和裁判行为往往很难区分，而且个人行为会影响到裁判行为，进而影响裁判的结果。只对法官的个人行为进行监督，不涉及案件的裁判结果，就不能保障当事人的合法权益。这对当事人是不公平的，也在宏观上影响司法公正目标的实现。

三、民事检察监督制度的合理建构

行文至此，本文的前两部分内容似乎是矛盾的，一方面否定强化检察监督，另一方面又强调检察监督的必要性。从字面上看确实如此，但是对于民事检察监督制度，是不能简单地说"要"或者"不要"的。简单机械地判断一项社会制度的是非和去留，远不是解决问题的可取之道。我们既不能弱化或取消民事检察监督，又不能让检察监督实际形成对司法审判独立的威胁与侵蚀，因此问题的关键就在于为民事检察监督制度划定恰当的范围与限度，在检察监督与司法独立之间找到一个恰如其分的平衡点。此间所涉及的价值判断和利弊取舍，需要立法者更为重要的是执法者（包括审判人员和检察人员），具有足够的智慧技巧以及较高的司法道德操守。例如，检察机关任意抗诉，案件被多次维持原判，对检察机关的权威是有负面影响的。与此类似，人民法院的终审案件过多地被抗诉，也会损害法院的威信。这都需要法院和检察院慎重权衡。合理适当的民事检察监督制度的建立，既有赖于一些基本观念的明确，也需要具体制度的保障与实施。

（一）有关民事检察监督的基本观念

如同电脑的应用软件都需要运行程序的支持一样，任何社会制度，要能够

---

① 谢立中、孙立平：《二十世纪西方现代化理论文选》，上海三联书店2002年版，第18页。

正常实施并发挥应有的作用，都需要相关的认识观念和社会环境的支持。否则，再好的制度设计都无法正常地、合乎目的地运行。正确设计和实施民事检察监督制度要求人们意识到以下几点。

1. 司法独立原则和检察监督制度的关系，是一种权力分工与制衡的平行关系。权力分工是目的与结果，制衡是手段和过程。因而保障司法审判独立原则的实现，是检察监督制度的基本前提。这就是说，民事检察监督制度不能从实质上妨碍和干扰司法审判独立原则的贯彻。从审判权和检察监督权各自的内涵来看，审判权是法院及其法官依法独立受理、审判及处理各种民事案件的决定权。其中最核心的是审判法官能够以自己的意志判断确定案件的结果，而不是受到某种外在的影响甚至压力，作出违心的判决。检察监督权是对民事案件的审判过程及判决结果提出建议、意见，启动相关程序，使民事案件得以由有关法院重新审判的权力。它的性质是一种提议权，或者说程序启动权，而非决定案件实体结果的决定权。有人可能要问，检察权和审判权究竟谁更强更高呢？笔者认为这个问题本身就是不妥的。检察权与审判权不存在谁强谁弱、谁高谁低的问题。它们的性质不同，范围各异，各自独立，不存在可比性和替代性。具体地说，提起抗诉、参加法庭审理并提出建议和意见等行为，都是检察机关职权范围内的事，具有法律效力，人民法院必须接受并实施相关审判程序。但是对案件实体问题如何处理，是人民法院的法定权限，检察机关不应强迫法院接受自己的判断。所以，在实施民事检察监督的过程中，人民检察院无论通过什么方式，都不应当直接改变法院的生效裁判，直接决定民事案件的处理结果。前面引述的检察院在抗诉案件中，以主持当事人和解的方式变更法院判决的做法，是违反审判独立原则的。相反，有些法院对检察院的抗诉决定予以审查，驳回抗诉书的做法，也是对检察监督权的否定和干预。直接变更不妥，那么检察机关提出抗诉后，审判机关经过重新审理，是否一定得改判呢？这是有很大争议的一个问题。有人认为，对于抗诉案件，法院必须变更原有裁判，否则检察机关可以一直抗诉下去。笔者认为，对这种问题不能作出机械的规定。是否需要改判，应由再审法院经过审理作出最终的判决。如果维持原判，检察

机关就不能一再抗诉不止。如果检察机关能够通过持续不断的抗诉达到改变判决的目的，就形成了对审判权的变相干预和否定。有人认为，这样做会削弱检察机关的监督权，使其失去约束力。这种担心是不必要的，从权力分工的角度来讲，民事检察监督权的内涵和范围就是一种诉讼程序启动权。当然，检察机关在审查抗诉案件的时候，肯定要对实体的处理结果进行判断，并以此作为是否提起抗诉的主要依据。但这种判断只是检察机关的认识，不能代替法院的判断，更不能强加于审判法院。如果检察机关的结论能决定案件的实体结果，同样有被滥用的可能。况且，检察机关对民事案件实体问题的认识及判断，并不必然就比审判机关"正确"，为什么要舍弃相对而言比较专业的审判机关，而以检察机关的标准为最终标准呢？

2. 无论是司法审判独立原则，还是民事检察监督制度，其目的都是为了实现司法公正的价值目标。当司法审判活动受到不正当的干预或压力，妨碍了司法的正常进行时，司法独立的原则就成为人民法院抵御这些不当干预的守护者，从而保证司法公正的实现。另外，当独立的司法审判权自身产生变异与腐蚀，偏离了司法公正的价值时，检察监督就应当成为这种变异的矫治者，纠正司法审判活动中的错误和腐败。因此可以说，司法独立和检察监督的功能是殊途同归，相得益彰。在实践中，要防止它们被演化成检法两家争夺部门利益的一种手段！如果检法两家都极端地强调各自的原则和制度，就会导致两个国家机关之间的对抗。这种不正常的现象在抗诉案件中已经发生，"由于检察院的多次抗诉，一抗到底，原本是居中裁判的法院却演化成了冲突的一方主体，原、被告之间的私方民事权益争议，却最终变成检察院和法院两家的权力之争"。① 与此针锋相对，一些法院则在检察监督的程序上不适当地抑制检察院的权力和行为。比如，法院方面通常坚持，检察人员宣读完毕抗诉书以后，其任务即告结束，不能参与庭审质证和法庭辩论。有的检察人员在法庭调查和辩论时，坚持要发表自己的意见，审判长当庭予以制止。笔者认为这种做法是非

---

① 谢立中、孙立平：《二十世纪西方现代化理论文选》，上海三联书店2002年版，第18页。

常不妥当的。检察机关作为民事抗诉案件的监督者，应当享有广泛的程序权力，包括对法庭调查和法庭辩论进行监督的权力，其当然有权就案件审理过程中的做法提出意见和建议，纠正审判法院和当事人的不当行为。只要这些权力的行使不至于在实质上干预法院的独立审判，法院就应当像尊重当事人的程序权利一样，尊重和保证检察机关行使权力。虽然检察机关不能强制审判法院接受自己的意见，但法院必须慎重考虑，并将这些意见翔实地记录于庭审笔录，可作为上级法院实行审判监督的参考。此外，检法两家还在检察人员出席法庭时的名称、座位，抗诉案件的诉讼结构等细节问题上发生激烈的争执。在很大程度上，这些争执都是概念和文字之争。只要恰当地理顺了检察监督权与司法审判权的实质关系，这些争论实际上没有多大意义。

3. 如何认识民事案件实体判决的正确性，是民事检察监督过程中的关键问题。检察监督实践中，检察机关认为自己对实体问题的判断是正确的，要求人民法院改判。而法院也坚持自己的判决正确无误，不予改判，于是就出现了检察院一再抗诉，法院一再维持原判的尴尬局面。笔者认为，从程序上论，对案件实体结果的处理，应该由审判法院最终决定，检察机关只能提出自己的建议及理由，提请庭审法官予以考虑衡量。如果没有"私利"和其他法外因素的干扰，这里面就只涉及对事实和法律问题的认识。如果这样，检法两家的争执就不难解决。现实生活中的真理总是相对的，尤其是对利益和价值的判断。对民事案件实体权利义务的判断，有且只有相对正确的认识。尽管"正确""合理"这些概念本身就是模糊的，民事案件的判决结果不存在绝对的正确性，但相对的"正确""合理"概念还是有目共睹的。如果一个社会连这些基本的共识都不能达成，就不可能和谐地生存与发展。有相对正确的认识，审判法院就应当求得这样的判决，如果原判确实偏离了这种认识、显著不公，应予以改判；只有相对正确的认识，而原判又依此范围判决，检察机关则不应当偏执一端，一再抗诉。只要检察机关和人民法院都能秉公办案、分工协作，是否改判就不会演变成检法两家的冲突。这就好比两个人，甲请乙帮忙，可以采取请朋友出面劝说、答应乙某些条件等各种合情合理的办法使得乙答应；但

是如果甲要乙干一件违法犯罪的事，乙不答应，则甲就没有合法的手段使乙答应，如果甲采取强迫威胁或利诱的办法使乙实施了行为，两人就都构成了犯罪。

4. 在任何社会制度设计中，包括民事检察监督制度，总有一些细微的环节，无法在成文的法典法规中一一加以规定，也没有这样的必要。许多"细小"的环节可以由制度的基本原则、精神、设计目的等来加以规范和解释，或者由相关条文类推解释，甚至根据常理和习惯都能对某些问题作出合理的解决。例如，检察机关对先予执行的裁定是否可以抗诉的问题，就可以依据部分与整体、过程与结果的关系来解决。先予执行的裁定是案件审判过程中临时性的局部措施，一般都会自然而然地包含在终审判决结果的整体之中，因此没有必要专门就此提出抗诉。如果先予执行裁定的错误在终审判决中给予了纠正，自然无需抗诉，如果判决不予纠正，则直接对判决抗诉，有什么必要在审判过程中先行对此裁定提起抗诉呢？如果对先予执行的裁定可以抗诉，那么就会进一步提出对延期审理、中止诉讼等裁定是否可以抗诉的疑问。当然，对终结诉讼的裁定又另当别论，因为它是对民事案件的最终处理，可由检察机关依法抗诉。

（二）具体的制度设计

我国现行民事诉讼法对检察监督制度的规定非常粗疏，导致检法两家在许多具体问题上发生争执，有必要通过民事诉讼法立法的方式来完善民事检察监督制度。但已如上所述，不是所有问题都能够通过立法的办法来解决的，因此本文只就民事检察监督制度中的主要方面进行探讨和分析。

1. 关于民事检察监督的方式

前面已经提到，目前检察机关可以通过八种方式对民事案件实行检察监督。笔者以为，民事检察监督的常规方式以三种为宜：提起诉讼、参与诉讼和提起抗诉。其他一些方式，比如检察意见、检察建议和纠正违法通知，实际上并不是独立的监督方式，它们可以包含于上述三种方式之中。检察院在起诉、抗诉及参与诉讼的过程中都可提出意见和建议，发出纠正违法通知。如果是检察机关针对人民法院的审判工作提出的抽象性建议或意见，因为检察院非立法机关，所以该建议或意见对个案的审理并无具体的强制效力，仅供法院审判时参考，不属本文讨论的民事检察监督范畴。主持当事人进行和解方式，前文已指出是不妥当的。至于对司法人员的贪污受贿、徇私舞弊、枉法裁判行为的查处及追究刑事责任，是一种特别的监督方式，留待后面讨论。

检察机关提起民事诉讼的方式，也称为民事公诉，是指检察机关在符合法定条件情形下，为维护社会公益和其他特殊权益，以国家的名义提起诉讼，将特定的民事案件提交人民法院审判的制度。在民事公诉案件中，检察机关成为案件的当事人之一，在程序上享有原告的主体资格。作为当事人一方，检察机关不能同时处于监督者的地位，因此有的观点主张由审判法院的同级人民代表大会派员出庭进行监督。[①] 笔者认为这一措施是可行的。与此相关的是，民事公诉案件的判决生效后，检察机关也不能再行提起抗诉。检察机关参与了案件整个审理过程，可以实施各种程序上的救济手段，行使各种诉讼权利，同级人大又实施着监督，还有审级制度的保障，所以这样的终审判决没有再提起抗诉的理由。

检察机关以法律监督者的身份参与民事诉讼的方式，是一种事中监督。对于有重大影响的民事案件，人民法院可以通知检察院参加案件的审理过程，当事人也可以申请检察院参与诉讼。检察院依当事人申请决定参与诉讼的，审判法院不得驳回和拒绝。参与诉讼和提起抗诉两种方式可以结合起来，事中不能纠正的违法与错误行为，可继续通过抗诉途径予以纠正。对司法人员的贪污受贿、徇私舞弊、枉法裁判行为进行查处及追究刑事责任，更多地表现为一种纪律检察，与民事诉讼个案没有直接对应的关系。当然，这种监督方式也属于广义的民事检察监督，对案件监督有潜在的制约作用。此外，笔者以为可以赋予检察机关一项有力的监督权——弹劾权，对违反职业道德、有损法官形象及枉

---

① 常英、王云红：《民事公诉制度研究》，载《国家检察官学院学报》2002年第4期。

法裁判的不合格法官实施弹劾,提请人民代表大会或常务委员会撤销该法官的职务。根据《中华人民共和国法官法》第13条,可以对符合该条规定的法官免除职务,第34条规定可以对法官作出开除处分。但这些条款都缺乏相应的操作程序,虽然该法第8条第3款规定法官"非因法定事由、非经法定程序,不被免职、降职、辞退或者处分",但此处的"法定程序"究竟为何,也是不甚了了,实施起来未免随意。为了保障法官独立地行使审判权,应当对开除和免除法官职务的程序作出严格而细致的规定。从现代法治国家的经验来看,对法官职务的开除或免除,实质上是一个审判过程,应当贯彻"无起诉则无审判"的诉讼原理和权力分工的法律原则,由特定的机关"起诉",由特定的另一机关审判。依据我国现行的宪法体制、国家机构设置和相关法律规定,由各级检察机关提起"诉讼",由各级人大常委会进行审判,是最合适的选择方案。

2. 民事检察监督制度与相关诉讼制度的协调

首先是检察机关的抗诉与当事人申请再审、法院依职权启动再审的关系问题。我国现行民事诉讼法设立的审判监督程序有三种启动方式,即当事人申请再审、法院依职权再审和检察院抗诉再审,但对三种形式的关系却没有作出具体的规定。一个生效裁判,经过当事人申请再审或法院依职权再审后,检察机关是否还能对该案件提起抗诉?这牵涉到民事审判监督程序的改造问题。笔者认为,应当取消人民法院依职权启动再审程序的方式。① 这样,再审程序的发生就只有两种方式:检察院的抗诉和当事人的申请,同时检察院的抗诉也主要来源于当事人的申诉。于是当事人可以在申请检察机关抗诉与直接向终审法院申请再审之间作出选择,一旦选定并实际完成了一种方式,就不能再行申请另一种方式(如果当事人申请控诉,检察机关予以驳回,当事人仍可申请再审)。

检察机关提起民事抗诉,也应当有期间的限制。审判实践中,个别当事人对一审判决故意不提起上诉,等待判决生效后申请检察院抗诉。这种做法并不直接违反诉讼法的有关规定,法律不宜明文禁止,毕竟放弃上诉是当事人对诉讼

---

① 李浩:《民事再审程序改造论》,载《法学研究》2000年第5期;李祖军:《论民事再审程序》,载《现代法学》2002年第2期。

权利的合法处分，不应因此剥夺当事人申请抗诉的权利。但是，该行为对当事人来说存在极大的风险。申请上诉是当事人的法定权利，必然引起上诉审的发生，而申请检察机关抗诉则由检察机关审查是否实际提出抗诉，条件是非常严格的。所以一般当事人是不大可能滥用这种做法的。至于极个别当事人如果能够"确信"检察机关会提起抗诉，那么案件经过上诉审之后，他还是有可能申请抗诉。与其上诉之后再抗诉，倒不如一审裁判生效后直接抗诉更能节省程序的运作。

其次是检察监督制度和审级制度的关系。改革现行民事诉讼法的两审终审制，实行有限的三审终审制，几乎是现今民事诉讼法学界的共识，终审法院的级别有提高的趋势。① 而根据现行民事诉讼法的有关规定，只有终审法院的上一级检察院才能对生效判决提起抗诉。如此一来，有权提起抗诉的检察机关就非常有限了。比如一个由高级人民法院三审终审的案件，只能由最高人民检察院来抗诉，而基层检察院则几乎没有提起抗诉的机会。因此，笔者认为应当降低抗诉检察院的级别，由终审法院的同级人民检察院对生效裁判提起抗诉。由同级人民检察院对同级人民法院的生效判决进行抗诉，是符合我国宪法关于检察院的职权分工的，也符合横向权力监督模式的特征，既能对司法审判进行适当的监督，又可以避免监督权过于强大而侵袭司法独立。在特定情况下，可以由该检察院的上一级检察院提起再抗诉。也即同一案件的抗诉次数以一次为原则，特殊情况下由上级检察院决定可有两次。另一个问题是受理抗诉的人民法院，根据提起抗诉的检察院的级别划分，抗诉案件应当由终审法院进行再审，再抗诉的案件，由审理抗诉案件法院的上一级法院审理。

3. 关于抗诉范围，是指哪些民事裁判可以由检察机关提起抗诉

是不是所有的生效裁判检察院都可以抗诉，这是检法两家的又一个争论

---

① 比较早期的关于三审终审制的论述，可参见陈桂明：《我国民事诉讼法上诉审制度检讨与重构》，载《法学研究》1996年第4期。近期讨论审级制度的文章较多，比较有力的包括：杨荣新、乔欣：《重构我国民事诉讼审级制度的探讨》，载《中国法学》2001年第5期；傅郁林：《审级制度的建构原理》，载《中国社会科学》2002年第4期。这些文章几乎都提出了建立有限制的三审终审制的观点。

点。笔者认为,民事裁判能否被抗诉,应当以裁判的终局性、实体性为标准,即只有最终决定当事人实体权利义务的裁判(包括判决、裁定和决定),才有必要在其生效后由检察机关抗诉。对于诉讼中临时性或程序性的裁判(如中间判决),一般都可以等待终局判决生效后进行抗诉。在非常特殊的情况下,检察机关可以提出检察意见和建议,由审判法院即时予以纠正。另外,检察机关能否对民事执行实行监督,也有争论。根据我国民事诉讼法的立法体例和结构,也从我国民事执行难的现状出发,笔者认为检察机关的监督范围应当及于民事执行。那么检察机关如何对民事执行实施监督呢?具体方式当然与监督审判的方式不同。检察院可以应执行法院的要求和执行当事人的申请,参与民事执行过程,提出意见和建议,并监督其中的违法行为。同样的,检察机关不宜过深地涉及当事人的实体权利义务。当事人在执行过程中就实体问题发生争议,应当由当事人提起有关的执行之诉,通过法院审判来解决纠纷,检察机关可以参与诉讼,实行监督。显然既不能够靠放弃刑事责任来保护受害人,也不应该靠放弃被害人的权利保护来满足刑事责任的需要。因为,放弃刑事责任等于牺牲社会公共利益,而放弃被害人的权利等于无视个人利益的存在。这无论在理论上、还是在社会的价值观念上,都是不能够接受的。那么,如何解决这个两难的问题?笔者认为,只能靠第三条出路来消除惩罚改造犯罪人和保护受害人利益的冲突,即刑事责任和民事责任功能发挥的冲突。这条出路就是,被害人因受犯罪侵害遭受重大损失的,刑事上应对犯罪人施加应有的惩罚,对被害人通过民事责任不能得到补偿的重大损失,应建立国家补偿制度予以救济。现在,很多国家都建立了对刑事被害人的国家补偿制度。关于这一制度的理论根据,有三种学说,即社会保险说、公共援助说、国家责任说。笔者比较赞同国家责任说的观点,因为保护人民免受犯罪的侵害,确实是国家的责任。当国家未尽到或未完全尽到自己的责任,致使受害人遭受犯罪行为的侵害时,国家对其损失理当赔偿。国家未尽到自己的责任不一定要求国家或其工作人员有过错,犯罪行为发生本身就足以说明国家未尽到责任,这应是推定的结论。

关于补偿的对象,可限定为两类人:一是刑事被害人本人,二是刑事案件的间接受害人。关于补偿的条件，应主要强调两点：一是遭受严重暴力犯罪的受害人，且一般遭受有重大的财产损失；二是无法从犯罪人处或其他途径（如保险）得到足够的赔偿或补偿。

另外，笔者认为，刑事被害人国家补偿制度的价值除了能够解决刑事责任和民事责任效益发挥的冲突之外，还能够起到保障人权和控制犯罪发生的作用。刑事犯罪的损害后果一般有两个方面：一是对社会秩序的破坏；二是对受害人的侵害。已如上述，刑罚的目的一般很难填补第二个方面的损害，国家补偿制度的目的正在于弥补此一缺陷。另外，受害人从国家财政得到补偿，可以使其更加坚定地同犯罪行为进行斗争，有利于从整体上控制和减少犯罪。至于国家补偿制度的具体内容，限于本文所论，在此不详加阐述。刑事责任和民事责任在使用中功能的不当吸收或者价值冲突，是一个普遍存在的问题，并不仅仅体现在刑事附带民事诉讼中。因此，本文并不是对刑事附带民事诉讼制度的论述。对刑事责任和民事责任功能的兼顾和冲突的解决，首先是一个认识问题、一个价值观念问题。重刑轻民，刑事责任吸收民事责任（尤其是精神损害赔偿责任）的做法是一个不当的做法，有违社会的进步。实际上，刑事责任和民事责任在功能上并不发生矛盾，因此在责任竞合时应当予以平衡。其次是一个制度建设问题。由于国家肩负既要保护公共利益，又要保护个人利益的责任，因而如果加害人不能补偿受害人的损失，则国家在重大情况下有义务为受害人提供补偿。刑事责任优先的现代含义，不应是刑事责任吸收民事责任，更不是刑事万能，而应主要局限于程序意义上。

对民事检察若干问题的再思考[*]

石少侠[**]

一、对民事检察必要性的再认识

在司法改革中,如何正确评价检察机关的民事检察监督,首先取决于对该项制度必要性的认识。对此,笔者始终坚持认为,我国的司法体制改革就是要不断强化并完善检察机关的该项法律监督职能,主要理由如下:

（一）民事案件的特点,决定了对民事诉讼加强检察监督的必要

民事审判与刑事审判相比,具有明显的不同：一是刑事审判是建立在公安机关侦查与检察机关批捕、公诉的基础之上,在提交法院审理时,已经经过了两个环节的把关,因此法院判决一般较少出现冤假错案；而民事诉讼直接由原告诉至法院,事实的认定、证据的取舍、是非之曲直均一断于法官。在这种情况下,法官对个案的判决拥有绝对的权力,法官的素质、品德、能力等将直接决定民事判决的结果,其错判概率将高于由公检法分工负责、相互制约的刑事案件。二是随着市场经济体制的建立,民事案件（广义）的数量已远远多于刑事案件。据统计,2009年全国地方各级人民法院共审结刑事案件768130件,而同年全国地方各级人民法院审结案件的总数为9839358

---

[*] 本文刊载于《检察论丛》第15卷。因篇幅所限,收入本文集时已由作者对文字做了较大幅度的删减。

[**] 石少侠,国家检察官学院教授、法学博士、博士生导师。

件。① 由此推算，当年审结的民事案件的总数应为刑事案件总数的10倍以上。自改革开放以来，民事案件总数与刑事案件总数之比逐年大幅度攀升。这说明新时期法院审判工作的重心已经发生了根本性的改变，它已不再是单纯的专政工具，更多地表现为社会关系和经济关系的调节器。随着法院工作重心的转移，检察监督的重点亦应作出相应的调整。特别是由于市场经济的复杂性和适时性，使民商事案件的新类型层出不穷，又必然加大民事案件的审理难度，影响判决的准确与公正。三是民事案件的判决结果在相当程度上依赖于当事人自身的活动，包括举证、质证、陈述、辩论等。在这种情况下，与刑事案件的被告人大都在诉讼阶段被程度不同地限制了人身自由不同，民事案件的原、被告受自身利益的驱动，加之在诉讼阶段有充分的自由，为求得胜诉，不仅会在法定程序内极力维护自身权益，甚至会不择手段、不计后果地在法定程序外利用权力、金钱、人情、美色等，千方百计地寻求各种关系，以案外因素来干扰案件的正常审理。再加上具有国情特点的地方保护主义的影响，致使民事案件的审理和执行比起刑事案件来更是难上加难。在这种情况下，如果不加强和强化民事检察监督，势必使民众失去对司法正义的信赖。

（二）裁判不公的突出现状，决定了对民事诉讼加强检察监督的必要

基于实证分析，近些年来，人民群众所普遍关注的司法不公与司法腐败主要产生于民事案件，法院形象受损也主要源于对民事案件的处理。对此，一些同志主张通过提高法官素质、强化法官职业自律，以及完善上下级法院的审级监督等方式来加以解决，这当然是预防和治理司法腐败不可或缺的重要举措。然而，据了解，实际上相当一部分错案并不是因法官的业务能力所致，而是一些法官罔顾职业道德、故意违背事实、收受贿赂、徇私舞弊、枉法裁判造成的。许多错案经过两审乃至多次审理仍得不到纠正，这说明仅靠法官自律和

---

① 详见最高人民法院王胜俊院长2009年3月11日在第十一届全国人民代表大会第二次会议上所做的《最高人民法院工作报告》。

法院内部监督是难以从制度上保证审判公正的，法院的内部制约和审级制约都具有相当的局限性。究其原因，在民事案件审理中难以发挥体制外的制约当为其症结所在。面对此种情形，除了进一步加强法院自身的审级监督、再审监督外，强化对民事审判的检察监督已经迫在眉睫。强化民事审判的检察监督已经不再取决于法院或检察院自身的意愿，甚至已无须作出理论论证，而只是一个简单的价值判断。面对客观形势的需要，倾听人民群众的呼声，民事检察已不是一项可有可无的检察业务职能，它寄托着广大人民群众对司法公信力的期盼，直接关系到社会主义司法制度能否保障在全社会实现公平和正义。

（三）全面履行检察机关的法律监督职能，要求必须强化对民事诉讼的检察监督

检察机关作为宪法明确规定的法律监督机关，依法监督民事诉讼是法律监督的应有之义，检察机关只能依法行使监督权，而不能放弃该项权力，否则即为失职或不作为。尽管长期以来检察机关对民事诉讼的法律监督面临着举步维艰的尴尬局面，但是在检察机关多年来坚持不懈的努力下，也彰显出这种监督对于维护司法公正、保障公民和法人的合法权益所具有的积极作用。同时，该项制度也有效地保障了当事人向人民法院申请再审的权利，检察机关的抗诉已成为当事人获得权利救济的重要渠道。在这种情形下，如果取消检察机关对民事诉讼的法律监督，不仅是对检察机关宪法地位的削弱，是对检察机关法律监督职能的取消，而且还势必造成对法院外部监督制衡的失调，并且不可避免地导致对当事人权利救济渠道的堵塞，这与司法改革要强化监督的目标追求显然也是背道而驰的。

基于上述理由，笔者认为，民事检察监督是中国特色社会主义检察制度的重要组成部分，强化并完善民事诉讼的检察监督不仅应当成为检察改革的重中之重，成为检察改革的亮点与热点，而且也是我国司法体制改革必须完成的重要使命。民事诉讼的检察监督不仅不能取消，相反还应当予以强化，并使之不断地健全和完善。

二、应当澄清的几个理论问题

如前所述,就民事诉讼检察监督的制度设计而言,毫无疑问具有充分的正当性、合理性、合法性和必要性。但由于立脚点、出发点不同,近年来,主张取消民事诉讼检察监督的观点仍不绝于耳。纵观对民事诉讼检察监督的种种质疑,摘其要者,需要澄清的主要有以下观点:

(一)认为国家公权力不应干预私权,抗诉破坏了民事诉讼当事人平等原则,损害了诉讼结构的平衡

笔者认为,这种观点乍看起来似乎有些道理,不少同志也不假思索地人云亦云。实际上只要稍加分析,就可以看出这种似是而非的观点是根本站不住脚的。对此,应当申明以下事实:第一,私权神圣、契约自由的时代随着资本主义垄断的形成早已成为历史的产物,完全不受公权力干预的私权早在资本主义垄断时期即已不复存在,其典型标志就是资本主义国家经济法的大量颁布和施行,而经济法本身就是国家干预和管理经济的法律,这是在经济法史研究中已经解决了的问题。正是国家公权力对私权的正当干预,才使经济法应运而生,并迫使传统的民法理论对私权神圣、意思自治、契约自由等作出了必要的修正。因此,在当今时代仍然固守早已过时了的传统的私法理论,不仅在思想上没有与时俱进,而且也与时代潮流背道而驰。当然,国家公权力对私权的干预并不是随心所欲的,也不是对公权与私权界限的泯灭,国家干预必须控制在适当的范围和程度之内,而不是绝对的排除。第二,尽管我国已经实行了社会主义的市场经济,但由于宪法明确规定以公有制为主体,这就必然使我国的政治制度、经济制度仍然具有鲜明的社会主义特色,这就是我国的基本国情。在这样一个国度中,国家不可能对公有制经济放任自流,更不能允许国有资产的随意流失。在实践中,当一个国有企业或国家控股公司的法定代表人与私营企业主恶意通谋,以形式上合法的合同来低价处置国有资产或干脆将国有资产公然化公为私时,是奉行双方自愿、不告不理的原则听之任之,还是主动干预,积

极主张此类行为无效，这对于全民所有制代表的国家显然是一个不容回避也不可能回避的问题。对这种干预不仅要承认它的必要性，而且必须使之程序化、合法化，绝不能简单地听凭当事人意思自治。第三，民事纠纷虽然是平等主体之间财产关系和人身关系的争议，但当事人提起诉讼的本身就是要求国家公权力对民事纠纷进行强制性干预。人民法院的审判活动也体现了国家公权力的直接介入。因此，主张国家公权力对私权不应干预的观点是不能成立的。第四，检察机关的抗诉始终针对的是人民法院对民事行政诉讼案件的错误判决，它只是一种监督、纠错机制，而不是站在一方当事人的立场来反对另一方。在一方当事人的诉讼权利或实体权利受到侵犯，诉讼中的平等地位和权利没有依法得到审判机关保障的前提下，应当事人的要求和检察机关的审查，由检察机关提出抗诉，启动了再审程序，促使当事人的平等地位和权利依法得到保障。从这个角度看，抗诉不仅没有损害诉讼结构的平衡，相反，却是使失去公正与平衡的诉讼结构又恢复了平衡。

（二）认为抗诉将中止生效裁判的效力，从而影响了裁判的既判力和稳定性

毫无疑问，维护法院裁定和判决的既判力和稳定性是必要的，它是司法权威的应有体现。然而，既判力和稳定性的维护是以判决和裁定的公正为前提的，对于一个明显错误的判决或裁定，如果不及时中止其效力，只会扩大对当事人合法权益的损害，有时这种损害甚至是无法弥补的。片面强调裁判的既判力和稳定性，放任错误裁判而不予纠正，只会走向"有错不纠"的极端，这同样违反了"有错必纠"的法制原则。

（三）认为民事裁判认定事实和适用法律具有不确定性，民事抗诉违反了这一诉讼原理，陷入了一个案件只有唯一正确答案的错误理念

持此观点的同志认为："在众多的案件中，就案件事实认定的法律适用都存在不同程度的模糊性或不确定性""正是由于这种不确定性，决定了法官的

自由裁量权……不同法官对相同案件甚至同一案件作出不同的裁判结果，并非异常，完全符合诉讼法理，换言之，一个案件完全可能存在多个裁判结果，而这些裁判结果都不是错误的，正确裁判结果并不是唯一的，不能以一个裁判结果的正确为理由来证明和指责其他裁判结果的正确"。检察院"坚持主张法院裁判错误，从而提起抗诉（或者其他方式纠正），发动审判监督程序，要求法院纠正错误裁判，有悖于基本的诉讼法理，陷入了一个案件只有一个唯一正确裁判的错误理念。"由于上述观点实质上是主张民事案件没有错误判决，故有人将这种观点归结为"民事无错案论"。① 对此，笔者认为必须明确以下基本事实：

第一，对绝大多数事实清楚的民事案件裁判的对错是有客观判断标准的。纵观我国古今的审判史实，可以看到，在一般情形下，只要法官能够杜绝主观臆断，不仅可以基本查清案件事实，也可以依法作出正确的裁判。"因为，任何一起民事诉讼案件，无论是确认之诉、给付之诉，还是变更之诉，都有质和量两方面的规定性。""这就是说，衡量任何一个民事裁判的对与错，都有一个客观标准，总不能'公说公有理，婆说婆有理'，只凭法官自由去裁量，甚至可以'指鹿为马'，说啥是啥。比如，审理一起合同纠纷，如若裁判违约方败诉，应该说是对的；反之，如若裁判违约方胜诉，无论如何也不能说是正确的。这是在性质方面的认定。在数量方面，也有一个裁判是否合理、合法的问题。如果数量相差太多，太出格，太离谱，明眼人一看便知法官有倾向性、有地方保护主义或在办人情案。"② 尽管案件事实均为过去事实，不可能原封不动地予以复原，但案件事实却是可知的，它不要求原样复原，只要有证据可以认定主要事实，就可以依法作出裁决。"民事无错案论"者片面强调客观真实的不可复原性，并以此来否定客观真实的可认知性，割裂了客观真实与法律真实的内在逻辑联系，夸大了法律真实的多元性，抹杀了客观真实的唯一性，从而得出了民事案件的裁决具有不确定性，正确的裁判结果不是唯一的结论，实质

---

① 李忠芳：《民事抗诉权否定者的认识误区》，载《检察实践》2005年第5期。
② 李忠芳：《民事抗诉权否定者的认识误区》，载《检察实践》2005年第5期。

上堕入了哲学上"不可知论"的泥淖。

第二，对少数复杂疑难民事案件的裁判虽具有一定的不确定性，但也并不是无是非可言，也不能恣意裁判。笔者并不否认在民事诉讼中确有一些较为复杂或疑难的案件，站在不同的角度，可能对案件结果得出不同的结论，具有相当的不确定性。但这也不是法官恣意裁决的理由，更不可能成为民事案件审理的原则或规则。这是因为此类案件在全部案件中仍为少数，并不具有典型性。在这类案件中表现出来的特殊规律或特殊规则，只能适用于此类案件，不可能成为民事案件审理的基本原则。不恰当地夸大此类案件的特点，甚至把它作为全部民事案件的特征，其结果只能是盲人摸象、以偏概全。应当承认，在审判活动中对同一案件存在多种不同认识、得出多种不同结论的情形并不少见，若为学理探讨，也应当是允许的。然而，当需要对案件作出判决时，就必须在多种观点中选择一种最能反映案件事实、最正确适用法律的意见，并在此基础上形成裁决。只要作出了这种选择，就不能说其他的观点也是正确的，按照其他意见作出判决亦无不可。特别是在观点明显相左的情况下，更不能得出怎么裁决都不存在错判的结论。据此，可见以"不确定性"为民事案件的错判辩解，不仅不符合我国的民事审判实践，在认识论上也是不能成立的。

（四）认为抗诉降低了诉讼效率，提高了诉讼成本，浪费了司法资源

实事求是地说，目前司法工作中的确存在效率低下的问题。然而，究其根源，原因是多方面的，不能简单地归咎于检察机关的抗诉。据统计，近些年来，民事抗诉案件仅占法院全部再审案件的13%~24%。从这些数字中可以看到民事案件进入再审程序主要是由法院决定的，这说明如果确实因此而降低了诉讼效率，其主要原因也不在检察机关的抗诉而在法院自身。在民事审判活动中如何正确处理公平与效率的关系，是一个需要认真思考的问题，现代司法不能简单照搬主要适用于经济活动的"效率优先，兼顾公平"的原则，社会主义的司法制度首先必须保障在全社会实现公平与正义，这应当是我国司法制度的

第一要务或第一位的价值目标取向。司法工作不能不讲效率,但离开了公正,效率再高也是没有意义的,没有公正的效率其危害将大大高于没有效率的公正。不公正的裁判不仅不能及时解决纠纷,反而会导致当事人乃至整个社会对司法机关公正性的怀疑,甚至导致对司法公正的信任危机,从而影响社会的稳定。因此,笔者主张我国的司法工作应当坚持公正优先,兼顾效率,决不能颠倒二者的关系。

(五)认为民事抗诉制度体现了对法院的不信任,不利于树立审判权威

这种认识又回到了问题的原点,即为什么要有检察制度?对此,台湾学者林钰雄博士在考察欧陆检察官制产生历史的基础上,认为:"不信任,乃最足以形容现代检察官制生成与演变的三字箴言。检察官,乃因对法官及警察的不信任而诞生,在此氛围下,新生儿不但命定要为防范法官恣意与警察滥权而奋斗,更须为自身不被同类病毒感染而苦战。"[1] 这里所谓的"三字箴言"虽然听起来可能让人感到很刺激、不舒服,但却是分权制衡制度设计之初衷。在对权力进行权力的制约与制衡时,无论是对何种权力的制约与制衡,制度设计的基础和前提都是为了防止权力的滥用,因为一切有权力的人都容易滥用权力。这种基于"不信任"而进行的分权制衡的制度设计,不仅针对法官和警察,就是检察官也概莫能外,也同样需要受到内部和外部的监督与制约。在这种意义上进行的制度设计不涉及对具象个体的信任与否,而是对抽象群体的制度防范。民事抗诉制度就是建立在权力制衡基础之上的纠错机制,它不仅无损于法院的审判权威,相反还有利于维护法院的审判权威。实际上只要理解了这种制度构建的真谛,不仅不会因此而产生所谓的"不信任"感,且更会认识到这种制度构建的必需和必要。

---

[1] 林钰雄:《检察官论》,台湾学林文化事业有限公司2000年版,第113页。

三、应当解决的几个实务问题

长期以来,我国的民事检察工作一直是在仅有法律原则规定而欠缺法律具体规定的情形下进行的。民事检察不仅在理论上备受责难,且在实务运作中也是进退两难、举步维艰。笔者认为,要彻底改变这一局面,健全与完善具有中国特色的民事检察制度,在实务和操作层面,当前亟待解决下列问题:

(一)应当进一步健全和完善相关立法

目前,民事检察监督的法律依据只有《民事诉讼法》第14条和第185条至第188条的规定。第14条规定:检察机关对民事审判活动进行监督。依其字义,监督的范围应属十分广泛。但分则第185条至第188条又对监督的范围作出了限定,规定检察机关只对已经发生法律效力的、确有错误的判决、裁定进行抗诉。致使总则与分则的规定相互矛盾,缺乏可操作性。

由此可见,民事检察监督能否得到必要的强化,首先取决于我国立法能否进一步得到完善,取决于立法者对该项制度的必要性能否达成新的共识。立足于人民代表大会会制度下的权力制衡理论,从我国司法实际出发,立法机关应当旗帜鲜明地坚持赋予检察机关以民事检察监督权。同时,应完善立法,对以下几个方面作出明确、具体、可操作的规定:一是建议明确规定对人民检察院抗诉的案件应当由提出抗诉的人民检察院的同级人民法院进行再审(即"同级抗诉同级审理"),同时要进一步明确人民法院审理抗诉案件的期限。二是建议明确规定人民检察院在民事诉讼监督中可以调取、查阅人民法院的审判卷宗。检察机关对于抗诉的案件应当有权调阅审判卷宗,这本来是一个不证自明的问题,却又是困扰民事检察实践多年而长期未能解决的问题。对此,笔者认为既然法律赋予了检察机关民事检察监督的权力,理所当然就应当赋予检察机关调阅民事案件卷宗的权力。这不仅是检察机关决定是否提出抗诉的基础,也是民事检察监督的前提条件,直接决定着案件抗诉的质量。至于以审判卷宗的安全、保密为由拒绝调阅卷宗,都没有合法的依据和正当的理由。三是明确规定人民检察院为了查明人民法院及法官是否存在违法审判行为，或者为了核实裁判的正确性，可以采取向有关单位和组织调取证据、询问证人、了解判决理由等调查措施。此外，亦可考虑对那些在一定地域范围内具有重大影响的民事案件，对于那些涉及国家权益或社会公益而又非公诉的案件，以及权力机关要求检察机关予以监督的案件等，规定检察机关有权派员出席庭审活动，了解案件的审理情况；规定检察长有权亲自或派员列席法院的审判委员会了解、听取有关案件的审理情况，通过提前介入为事后对错误判决的抗诉做积极准备。

（二）应当将民事执行活动纳入民事检察监督的范围

检察机关能否对民事执行实施法律监督，是一个一直有分歧、有争议的问题，同时也是现行法律未加明确的问题。而现实的情况是：许多违法行为都发生于执行环节，因民事执行环节缺乏必要的法律监督，导致个别执行法官在执行过程中恣意妄为，甚至唯利是图，将执行变成敛财、受贿的途径。对生效判决，有利可图的或不择手段地执行，或想方设法不予执行；无利可图的或千方百计地予以拖延、搪塞，或以种种借口归之为"执行难"。司法实践业已证明，对于民事执行是否实行检察监督，实际上已不是一个理论判断的问题，而是一个价值判断问题。在目前执行环节案件频发的情形下，已经无须更多地去论证或探讨实行检察监督的理由，而是要毅然决然地实行对执行环节的检察监督。

应当明确规定检察机关民事检察监督的重点应是涉及国家利益和社会公共利益的案件，当事人反映强烈、社会影响较大、判决明显不公的案件，以及可能存在审判人员徇私枉法行为的案件等。

（三）应当坚持抗诉是民事检察监督的重要方式

按照现行法律规定，民事检察监督的主要方式应是对业已生效的判决和裁定提起抗诉。对此，有的同志认为民事诉讼的特点决定了采用刑事诉讼中的抗诉方式进行监督并不科学，提出了应当采用"再审令"或"再审决定权"等概念或方式，不再使用抗诉概念。笔者认为，民事检察监督仍应采用抗诉概念

和方式,而不宜用其他概念取而代之。这主要是因为抗诉概念和制度已经经过几十年的实践,已经为民众所接受和熟知,已经成为较为成熟的监督方式和制度。而采用"再审令"或"再审决定权"等概念或方式,不仅无益于准确界定检法关系,而且还可能导致新的无法解释的制度障碍。尽管检察机关的抗诉必然导致再审程序的启动,但就法理而言,绝不是检察机关对法院再审的命令,也不是检察机关对法院再审的决定,须知按照法律对检法关系的规定,检察机关既无权对法院发号施令,更无权代替法院作出再审决定。检察机关的抗诉虽然可以引起再审程序的启动,但再审判决仍是法院自己的决定。因此,笔者主张民事检察监督应当坚持抗诉概念、方式和制度,而不应以可能引起更大歧义的"再审令"或"再审决定权"取而代之。

(四)应当赋予民事检察部门初查权或侦查权

在民事检察监督的过程中,如果发现法官有贪污受贿或徇私枉法等行为,民事检察部门能否直接立案进行初查或侦查,是一个至今仍有争议的问题。对此,笔者的基本认识是:侦查权或补充侦查权是法律赋予检察机关的权力,至于在检察机关内部该项权力如何行使,应由检察机关基于职能行使的需要自行决定。因此,由最高人民检察院赋予民事检察部门初查权或侦查权是有法律依据的,当然也是必要的。

(五)应当赋予检察机关提起民事公诉的权力

检察机关能否提起民事公诉,首先取决于对检察机关在此类诉讼中的角色定位。有的同志认为,检察机关提起民事公诉就是把自己沦为政府律师,而这种定位是与法律监督机关的定位相悖的,检察机关不应将自己作为政府律师或民事诉讼当事人,因此检察机关不能提起民事公诉。笔者认为这种认识是有问题的,实际上检察机关在民事公诉中的地位完全取决于法律定位,如同刑事诉讼一样,检察机关提起民事公诉也完全可以由法律将检察机关定位为国家公诉人,而并非政府律师。只要作出这样的法律规定,检察机关在提起民事公诉时的地位就与提起刑事公诉时的地位完全一致，均为国家公诉机关，并不存在角色的错位。

其次，检察机关能否提起民事公诉还取决于对公益诉讼是否实行垄断主义。就各国的刑事诉讼而言，主要有公诉垄断主义和公诉分散主义两种模式。在实行公诉分散主义的国家，有权提起刑事公诉的不仅有检察机关，还有海关、税务机关、环境机关和警察机关等；而在实行公诉垄断主义的国家，除极少数自诉案件外，刑事公诉权由检察机关垄断行使，只有检察机关有权代表国家提起公诉。我国在刑事诉讼中采取的是公诉垄断主义，检察机关是唯一的国家公诉机关。如果在民事公诉案件中也实行公诉垄断主义，就应明确规定检察机关有权代表国家提起民事公诉。

最后，检察机关能否提起民事公诉，还取决于如何界定民事公诉案件的范围，以及如何处理检察机关与其他国家机关之间的分工和关系。对于检察机关有权提起民事公诉的案件，笔者主张应限于国家利益诉讼和社会公益诉讼两类案件。除这两种案件外，应当排除民事公诉的可能。就是这两类案件由谁做公诉人，也要实事求是地作出分析。如果立法采取公诉垄断制度，就应将公诉权赋予检察机关；如果立法实行公诉分散制度，就应明确规定税务机关、国资委、环保局等也是此类案件的原告，在涉及国家利益和社会公益的案件中，首先应当由这些机关作为原告提起诉讼。为了确保国家利益和公共利益，还应规定检察机关在上述机关怠于履行职权时，有权直接提起公益诉讼，并以此作为公诉分散制度的必要救济或补充。

【基础理论篇·职能定位及价值目的】

试论检察机关在民事诉讼中的法律地位[*]

王桂五[**]

当前在检察系统和法学界中,关于检察机关在民事诉讼中的法律地位问题,在认识上存在着较大的分歧。主要有以下五种看法:一是认为检察机关在民事诉讼中应当处于诉讼当事人的地位;二是认为检察机关在民事诉讼中应当处于法律监督机关代表人的地位;三是认为检察机关在民事诉讼中应当处于程序意义上的原告人的地位,同时负有法律监督的任务;四是认为检察机关在民事诉讼中应当处于社会公益代表人的地位;五是认为检察机关在民事诉讼中应当处于公诉人的地位。

这种认识上的分歧,不仅发生于中国,而且存在于外因。例如,在苏联法学界中对于这个问题就有三种不同意见:一是认为检察长提起民事诉讼,当然就是原告人;二是认为检察长在民事诉讼中根本不可能是原告人,而是法律监督机关的代表人;三是认为检察长在提起民事诉讼的情况下,是程序上的原告人,同时负有法律监督的任务。第三种意见在苏联占据了主导地位。

笔者基本上同意检察机关在民事诉讼中处于法律监督机关代表人的地位,但是需要赋予诉讼的性质,可以称为国家监诉人。为了说明这个问题,我们不妨从民事诉讼参加人这个最一般的关系开始分析。

---

[*]本文刊载于《政法论坛》1989年第3期。
[**]王桂五,曾任最高人民检察署副秘书长,最高人民检察院研究室主任、检察委员会委员、党组成员。

检察机关既然参加民事诉讼，它当然就是民事诉讼的参加人之一。它和民事诉讼的其他参加人，包括诉讼当事人、共同诉讼人、第三人以及依照法律规定参加民事诉讼的其他机关、团体和个人（这里所说，不限于我国的情况。《中华人民共和国民事诉讼法（试行）》规定机关、团体和企事业单位可以支持民事受害人向法院起诉，但并不是诉讼参加人。在其他国家如苏联，法律规定机关、团体和公民为保护他人利益可以参加诉讼），都属于民事诉讼参加人。

但是检察机关在民事诉讼中又具有不同于诉讼当事人的特点，这就是它对于诉讼标的没有自身的利害关系。在这一点上，它与依照法律规定为他人利益而参加诉讼的其他机关、团体和个人是相同的。因此，我们可以把它们称为不具有利害关系的诉讼参加人，而双方当事人则是具有利害关系的诉讼参加人。

再拿检察机关和其他参加民事诉讼的机关加以比较，又可以发现它们之间的不同特点，即检察机关是代表国家参加民事诉讼，而其他机关、团体和个人则是基于社会正义而参加民事诉讼。因此，我们可以把参加民事诉讼的检察机关称作国家参诉人，而把参加民事诉讼的其他机关、团体和个人称作社会参诉人。

如果我们的分析到此为止，也许能够比较容易取得一致意见。但是，国家参诉人这一概念只是反映了检察机关的国家立场和国家代表人的身份，而没有反映检察机关在民事诉讼中的职能和特性。检察机关作为国家的法律监督机关，在民事诉讼活动中的基本任务是对整个民事诉讼活动实行法律监督，保障民事实体法和民事诉讼法的正确执行和保护合法的民事权益。基于检察机关在民事诉讼中的国家立场及其监督诉讼的职能，我们可以称之为"国家监诉（讼）人"。这一概念是国家参诉人这个概念的特定化和功能化，也是赋予法律监督机关代表人这个一般性的概念以诉讼的内容和形式。

如果把上面的分析加以简化，那么检察机关在民事诉讼中的法律地位就可以表述为下列几个层次：一是民事诉讼的参加人；二是不具有利害关系的民事诉讼参加人；三是代表国家的（而非自身利害关系的）民事诉讼参加人，即国家参诉人；四是代表国家对民事诉讼实行法律监督的参诉人，即国家监诉人。

这里有必要说明的是，国家监诉人这一概念中的"诉"字，是"诉讼"一词的简称，这正像我们把民事诉讼简称为"民诉"一样。而不是通常所说的作为保护民事权利的手段的"诉"，也不是指权利人的诉权或请求权。因而不能把"监诉"理解为监督权利人的诉权。这是在上面的论述中已经清楚表明了的，是不至于发生误会的。

国家监诉人这一概念具有充分的合理性：第一，它符合唯物论的原则。实是第一性的，名是第二性的，名是实的反映。既然检察机关的职责是监督民事诉讼活动，那么把检察机关在民事诉讼中的代表人命名为国家监诉人，就是最确切、最合适的。第二，它表明了检察机关在民事诉讼中的国家立场和国家法律监督机关代表人的身份。第三，它表明检察机关在民事诉讼中实行法律的监督功能和特性，体现了诉讼的形式和监督的内容的统一。第四，它可以包含检察机关对诉讼活动实行监督的全部内容：即一方面对人民法院审判活动是否合法及其审理结果是否正确实行监督，另一方面包含了对诉讼参加人的诉讼活动是否合法实行监督。第五，它可以不受某一具体的诉讼立场的限制，既可以支持原告人一方，也可以支持被告人一方。如果情况发生变化，它也可以由支持一方转向支持他方，但检察机关的国家立场则是始终不变的。第六，它可以适用于检察机关介入民事诉讼的各种场合。检察机关主动提起民事诉讼，或者参加当事人已经提起的民事诉讼，都是实现法律监督的形式。在既未提起诉讼又未参加诉讼的情况下，检察机关发现并对法院的错误判决提出抗诉，更是明显地属于法律监督的性质。在以上几种情况中有待进行论证的是，检察机关能否以国家监诉人的身份起诉，这里需要解决法律监督与提起诉讼的一致性问题。

骤然看来，检察机关以国家监诉人的身份提起民事诉讼似乎是不合理的。既然提起诉讼，理所当然地处于当事人（原告人）的地位，而不是监诉人。但是作为当事人，又不能体现检察机关实行法律监督的职能和特性。这样一来，检察机关的法律监督职能与其提起诉讼的职能之间，似乎发生了不可克服的矛盾。这是检察机关介入民事诉讼所引起的一个难题，至今无论在中国或者是在其他社会主义国家都未得到圆满的解决。笔者认为，在这个问题上，我们还是应当求助于列宁关于法律监督的理论。

列宁在《论"双重"领导与法制》一文中指出:"检察长的唯一职权和必须作的事情只有一件,监视整个共和国对法制有真正一致的理解,不管任何地方的差别,不受任何地方的影响。检察长的唯一职权是把案件提交到法院判决。"① 在这里,列宁把检察机关的法律监督职能与提起诉讼的职能统一起来了,其中包含有提起诉讼是实行法律监督的形式和手段的含义。这就是说,当检察长发现违法行为时,他有权把案件提交到法院去判决,其中也包括把民事案件提交到法院去判决。按照列宁的理论,监督权可以转化为起诉权。这种转化的根据,就是在维护法制方面监督与诉讼两者之间存在着内在的联系,两者都具有维护法制的作用,诉讼可以作为监督的形式与手段之一,监督可以通过诉讼而实现。关于起诉的条件,我们可以根据现实情况和实践经验加以研究,使之逐步走向规范化。比如双方当事人恶意串通规避法律,或者民事受害一方由于种种原因而不敢起诉,致使合法的民事权益得不到法律的保护,在这种情况下就应当由国家监诉人提起诉讼。这不仅是法律监督的应有之义,是国家监诉人的权利,而且也是它责无旁贷的义务。因此,在民事诉讼中,检察机关完全可以用它本来的身份和面目提起诉讼,而不必勉强赋予它以当事人或者"半当事人"(在作为程序上的原告人的情况下)的身份。

检察机关提起民事诉讼,既是对民事违法行为实行监督,又是对权利人放弃诉权的不当行为实行监督,从而表现为放诉形式与监督内容的统一。检察机关提起民事诉讼,还可以起到沟通诉讼关系的媒介作用,促使该诉未诉的原告人参加到诉讼中来,形成更加完整的诉讼关系。检察机关则继续发挥其监督诉讼活动的作用。

把国家干预和法律监督的理论应用于民事诉讼,必然引起诉讼理论和原则的某些改变和发展。在通常情况下,是民事权利人享有诉讼权利,这是基于民事实体权利而产生的民事诉讼权利,表现为民事实体权利和民事诉讼权利的统

---

① 参见《列宁全集》(第33卷),人民出版社1963年版,第326页。

一。这是民事诉讼中的一般的带有普遍性的情况。按照国家干预的理论和法律规定，检察机关也可以享有民事诉讼权利，这是基于法律监督权力而产生的诉讼权利，表现为民事诉讼权利和实体权利的分离。这是民事诉讼中比较特殊的情况。这两种权利的分离是检察机关提起民事诉讼的基本前提。

为他人的利益而提起民事诉讼的情况，不仅存在于苏联，而且在西方国家也有它的表现形式。例如在美国，遗嘱执行人、遗产管理人、财产的法定持有人、为他人利益订立合同的合同当事人等，都可以用自己的名义独立出庭，为他人的利益进行诉讼，而不必吸收他们所代表的民事主体参加。①《中华人民共和国民事诉讼法（试行）》没有作出可以为他人的利益而提起诉讼的规定，而是肯定了支持起诉的原则，"机关、团体、企事业单位对损害国家、集体或者个人民事权益的行为，可以支持受损害的单位或者个人向人民法院起诉。"②这是由于我国的社会主义商品经济还很不发达的缘故。随着社会主义商品经济的发展和诉讼制度的完善，从诉讼理论和立法上肯定民事诉讼权利和民事权利的分离，是十分必要的。在50年代，我国检察机关也曾经有过提起民事诉讼的实践。

不仅在民事诉讼中可以为他人的合法权益而提起诉讼，即使在刑事诉讼中，也曾经有过非利害关系人为被害人的利益而提起诉讼的情况。古代的公共诉讼就是任何人都可以控告刑事被告人，而不限于被害人本人及其亲属。我国刑事诉讼法第148条规定："当事人、被告人及其家属或者其他公民，对已经发生法律效力的判决、裁定，可以向人民法院或者人民检察院提出申诉……"其他公民提出的这种申诉，当然也是保护他人合法权益的一种诉讼形式。实行这种制度，有利于增强公民的社会责任感，以维护法律的实施。

以上情况说明，为保护他人的合法权益而提起诉讼的情况，在诉讼制度的历史上和现实司法实践中都不乏其例。检察机关提起民事诉讼虽然以诉讼权利

---

① 参见［苏］B.K.普钦斯基：《美国民事诉讼》，江伟、刘家辉译，法律出版社1983年版，第35页。
② 参见《中华人民共和国民事诉讼法（试行）》第13条。

和民事权利的分离作为前提，但却并不需要取得当事人的身份。

　　基于检察机关在民事诉讼活动中实行法律监督的特殊职能，我们可以而且应当把检察机关的民事诉讼权利称为监督意义上的诉讼权利，把检察机关提起诉讼称为行使监督意义上的诉权；而把当事人的诉讼权利称为实际意义上的诉讼权利，把当事人的提起诉讼称为行使实际意义上的诉权。这样一来，在民事诉讼中就有两种人可以提起诉讼，民事诉讼当事人和国家监诉人（社会参诉人的诉讼权利可以另议）。监督意义上的诉权只能由检察机关行使，具有排他性。国家监诉人的提起诉讼和当事人的提起诉讼，虽然都是起诉行为，但行为的性质和意义并不完全相同，而是有同有异，异大于同。前者属于国家的权力，后者则属于个人的权利，前者的第一意义在于维护法律的正确实施，其第二意义才是保护受损害的合法权益，后者的意义完全在于保护本身的权益。即使当事人根据处分原则放弃权利，检察机关也有权干涉，这是因为当事人对自己的权利的处分并不是任意的，而必须符合于法律。这种不同的性质和意义，进一步说明了我们不应当把国家法律监督机关提起诉讼的活动混同于当事人。

　　国家监诉人这一概念的提出，是对检察机关监督民事诉讼的法律地位及其作用的概括，是把法律监督理论应用于民事诉讼的合乎逻辑的表现。国家监诉人作为民事诉讼中独立的、特殊的主体，它始终站在国家的立场上而独立于当事人之外，这是除了法院和当事人之外的又一诉讼主体。资本主义国家的检察机关不具有法律监督的职能，所以他们没有必要也不可能提出国家监诉人的概念，而只能沿用传统的诉讼理论把检察官作为民事诉讼中的当事人（主要当事人、联合当事人）。

　　在检察机关介入民事诉讼的情况下，民事诉讼活动就涉及了三种法律关系或者说以这三种法律关系为背景而进行诉讼活动：民事法律关系，民事诉讼法律关系，由于实行国家监督而产生的法律关系。通过诉讼活动保护合法的民事权益，同时又通过法律监督保障民事诉讼活动的依法进行，实现诉讼的任务。法律监督既有它的特定的内容，也就需要有相应的表现形式，而不可能完全等同于检察机关未介入情况下的民事诉讼活动，或者说不可能把检察监督活动完

全纳入原有的诉讼形式和原理之中。对于检察机关在民事诉讼中的法律地位的热烈争论，而又莫衷一是，就说明了这一点。从理论和实践的结合上研究和处理这三种法律关系，是检察机关监督民事诉讼所必须解决的一个重要课题。

上文已经指出，检察机关以国家监诉人的身份出现于民事诉讼中，可以适用于各种诉讼场合。与此相联系的是有利于坚持法律监督职能的一元化，把监督职能贯穿于全部诉讼活动中，而避免检察职能上的两重性。如果检察机关以其他身份出现于民事诉讼中，就难以避免这些缺陷。

首先，我们讨论把检察机关作为民事诉讼当事人是否适当的问题。这个问题，在前面已经谈到，这里再作些补充。所谓民事诉讼当事人，一般是指有利害关系的人。把检察机关作为当事人，是与检察机关实行国家监督的立场不相吻合的。即使作为非利害关系的当事人，也只能适用于检察机关提起诉讼的场合，而不适用于其他场合。因为在检察机关参加已经由双方当事人进行的诉讼的场合下，以及在检察机关并未参加案件的审理过程而只是对法院的错误判决提出抗诉的情况下，显然不能以当事人的身份出现，而只能是实行法律监督，即处于国家监诉人的地位。

我们还应当注意到，我国刑事诉讼法并没有把检察机关作为刑事诉讼的当事人，这是我们在研究确定检察机关在民事诉讼中的法律地位时需要加以参照的。当然法律上没有规定的东西，并不限制我们从理论上进行研究和探讨，提出与现行法律不一致的新观点和新概念。我们主要是说明，刑事诉讼之所以如此规定，也是考虑到检察机关实行法律监督的职能和特性。

其次，我们讨论把检察机关作程序上的原告人是否适当的问题。这种意见的可取之处在于它符合检察机关民事诉讼权利和它在诉讼中所保护的民事实体权利相分离的实际情况，有其合理的一面，因而笔者曾经同意过这种观点。但是这种意见也有其缺陷，这就是程序上的原告人这个概念不能反映检察机关的法律监督职能，因而必须再作一个附加：同时负有法律监督的任务。这样就使检察机关在民事诉讼中具有双重职能，不能体现法律监督职能的一元化。再者，检察机关既是作为程序上的原告人，就意味着还有实体上的原告人，这种双重原告人的出现必然引起法律关系上的一些难以处理的问题。

再次，我们讨论把检察机关作为公益代表人这种意见是否适当的问题。公益的对立面是公害。按照这种意见，检察机关只能参加损害国家利益和社会公共利益的案件的诉讼，而不能参加有关公民个人权益案件的诉讼，因而不具有普遍的适用性。有时国家把"公益"的含义作了扩大的解释和应用，把公民个人的权益也称为"公益"，这种认识并不确切。同时，这种意见也没有体现出检察机关实行法律监督的职能和特性，因而是不可取的。

最后，我们讨论把检察机关作为民事诉讼中的国家公诉人是否适当的问题。这种意见主张打破检察机关只对刑事案件提起公诉的传统观念，提出了"民事公诉人"的新概念。强烈希望表现检察机关的公诉权能，这种愿望是可以理解的。但是这种意见也是值得商榷的。这是因为，作为国家的公诉权，不仅要由检察机关代表国家行使诉讼权利，而且还必须代表国家的实体利益，也就是诉讼权利和实体权利的统一。但是在所有权和经营权实行分离，并且强化经营权、弱化所有权的情况下，全民所有制企业的利益并不等于国家的利益，因而在现实生活中很难实现国家的公诉权。我们设想，在特殊情况下，一旦国家作为诉讼的主体直接参加到诉讼活动中来，那就应当以中华人民共和国的名义起诉和应诉，成为诉讼当事人一方。在这种情况下，检察机关如果代表国家提起诉讼，就不是行使法律监督意义上的诉权，而是行使一方当事人的权利，同他方处于平等的地位，因而不宜于以公诉权对抗他方，以免形成以公抑私的不平等状况，而不利于调整经济生活和法律关系。另外，如果检察机关为保护公民和法人的合法权益而提起诉讼，由于公诉权是一种具有强制力的百家权力，限制了当事人的和解和撤诉也是不适当的。

综合上述各种意见，检察机关作为国家监诉人参加民事诉讼，比起其他几种意见更为适当。国家监诉人这个概念可能给人以生硬的感觉，而使人难以接受，这是由于还不习惯的缘故。实质的问题是，检察机关处于国家监诉人的地位，是不是会破坏民事诉讼中权利平等的原则。笔者认为，诉讼权利平等的原则是双方当事人之间必须遵循的原则；检察机关既然不是当事人，而是代表国

家监督民事诉讼活动,当然也就不适用这一原则。事实上,即使把检察机关作为当事人的一方也不可能同他方当事人处于权利平等的地位,例如检察机关有权查阅案件材料、参加审查证据、提出处理意见、被告人不能对它提起反诉,它不负有履行法院判决的义务等,凡此种种都是当事人所不能享有的权利。这种诉讼权利的不同,仍然是由权利的渊源和性质的不同所决定的,即检察机关的诉讼权利来源于法律监督权,属于国家权力的性质,而当事人的诉讼权利来源于民事实体权利,属于个人权利的性质。检察机关享有必要的权利,就要承担相应的义务,并且要遵守法制原则和诉讼民主原则。在由它提起诉讼的情况下,它负有举证的责任,当事人可以同它进行辩论,它无权处分实体权利等。出庭的检察人员虽然负有审判监督的任务,但也要听从法庭的指挥,一切有关案件实质问题和程序问题的决定,都由法庭作出。因此,检察机关作为国家监诉人参加民事诉讼,并不会形成法外的"特殊"和产生弊端。

根据以上意见,笔者认为有必要通过立法程序肯定检察机关作为国家监诉人参加民事诉讼的法律地位,形成有中国特色的民事诉讼参加人制度。它由下列人员构成:民事诉讼当事人,诉讼代理人,共同诉讼人;第三人,国家监诉人——检察机关;社会参诉人——依照法律规定有权参加民事诉讼的机关、团体和公民。

在民事诉讼中确立国家监诉人的法律地位,将有利于强化国家的法律监督职能,进一步完善我国的民事诉讼制度,保障民法和民事诉讼法的正确实施。

论民事行政检察监督制度的地位和作用[*]

江清彬[**]

根据我国法律规定，民事行政检察监督是指人民检察院依法对人民法院民事审判活动和行政诉讼实行法律监督，纠正错误的判决、裁定，保证审判活动的公正、合法和维护公民、法人、行政机关合法权益的一项重要法律制度。其主要内容包括：依法对已生效的错误判决、裁定按照审判监督程序提出抗诉；查处民事、经济、行政审判活动中审判人员贪污受贿、徇私舞弊、枉法裁判的犯罪行为；对审判及诉讼过程中存在的其他违法行为提出纠正意见及建议等。检察机关监督民事审判活动和行政诉讼，是世界各国普遍推行的一项重要法律制度。最早确立这项制度的是1806年的法国民事诉讼法，是法国资产阶级民主大革命的产物。在苏联、东欧等社会主义国家，有关法律也赋予了检察机关对民事、行政审判的监督职责。我国的民事行政检察监督制度，在新中国成立之初就已作为共和国检察制度的一项重要内容被法律所确认。检察机关有权"代表国家公益参与有关全国社会和劳动人民利益之重要民事案件及行政诉讼"，"对各级审判机关之违法或不当裁判，提起抗诉"[①]。党的十一届三中全会以后，伴随着整个检察制度的重建和完善，民事行政检察监督制度适时地得到了确认和发展。1982年通过的《宪法》规定，"中华人民共和国检察院是国家的法律监督机关"。同年颁布的《民事诉讼法（试行）》第12条规定"人民检

---

[*] 本文刊载于《检察理论研究》1995年第4期。
[**] 江清彬，时任河南省人民检察院副检察长。
[①]《中央人民政府最高人民检察署暂行组织条例》第3条。

察院有权对人民法院的民事审判活动实行法律监督"。在随后通过的《行政诉讼法》和《民事诉讼法》中又分别对检察机关的民事行政检察监督制度作了进一步的规定。民事行政检察监督作为一项检察业务在实践中开始逐步发展。至今，民事行政检察监督制度已经成为检察机关全面履行法律监督职能的一个重要组成部分，在我国民主法制建设和社会主义市场经济建设中具有不可替代的地位和作用。

一、民事行政检察监督制度是加强社会主义民主、健全社会主义法制的重要组成部分

历史经验告诉我们，民事行政检察监督是一项不容忽视的国家政治、法律制度，它在加强人民民主专政，维护人民民主权利，促进法制建设方面的作用是巨大的。

（一）民事行政检察监督制度的确立进一步健全和完善了具有中国特色的社会主义检察制度

我国的检察制度，是由人民代表大会制度决定和产生的一项法律监督制度，并为我国宪法所确认和保护。全国人民代表大会代表全国人民的意志和利益，制定法律并通过自己的法律监督机关即人民检察院监督和保障国家法律的统一、正确实施。有多少部门的法律，就有多少种类的法律监督。法律按部门划分，包括刑法、民法、经济法和行政法等。在我国检察制度的发展过程中，刑事检察制度即对刑事法律实施的监督（包括起诉、批捕、反贪、法纪、监所检察）在实践中最先确立并比较完善；民事行政检察制度即对民事、经济、行政法律实施的监督的发展相对滞后，除了新中国成立初期实际开展过短暂的业务外，整个民事行政检察监督制度长期以来在检察制度中是一项空白。在相当长的一段时期中，检察制度实际上只限于刑事法律监督这一部分。究其原因，这与我国"重刑轻民"传统思想的影响和"左"的思想干扰有密切的联系。表

现在检察制度方面，就是"唯刑事论"。这种错误的理论和由此形成的检察制度内容不完备、职能单一化的制度缺陷，是与宪法的规定和要求不相适应的，也是与进一步加强民主、健全法制的要求相违背的。缺少民事行政检察监督制度的检察制度是一个很不完整的检察制度。只有建立和健全民事行政检察监督制度，才能切实保证国家制定的数量庞大、内容繁多、意义重要的民事、经济、行政法律得到统一、正确的实施，才能全面发挥检察职能，为社会主义民主和法制建设作出更大的贡献。

（二）民事行政检察监督制度是健全监督机制、促进民主法制建设的重要环节

"不受监督的权力必然走向腐败。"在国家各项权力的行使过程中确立健全的监督与制约机制，是一个国家和社会民主水平、法制程度高低的重要标志。作为民主与法制建设中坚力量的司法权力的行使活动，更应当受到有效的监督与制约。民事行政检察监督制度的根本目的，是要在民事审判权、行政审判权这些重要司法权力的行使过程中，建立有效的法律监督机制，保证民事审判活动和行政诉讼领域的司法公正。民事行政检察监督制度，在本质上是一种民主制度。它在完善监督机制，促进民主法制建设方面的意义和作用主要表现为以下几点：

1. 民事行政检察监督有利于进一步健全民事（经济）、行政审判制度和民事、行政诉讼制度，提高审判质量，切实维护人民民主权利。民事、经济、行政审判工作与任何工作一样，出现一些错误是在所难免的。有关部门调查发现：经济审判工作存在着"办案质量不高、效率不高"，"有百分之四十六的案件处理得正确；有百分之四十三点六的案件处理得基本正确，主要是程序方面还存在一些问题；有百分之十点四的案件处理得不好，甚至有些严重错误"[①]。造成案件审判错误的因素有多种。在客观上，改革开放使得社会、经济发展、变化较快，法律在逐步完备之中，审判人员面临的新问题、新情况大量增加，

---

① 最高人民法院《经济审判工作的调查报告》。

使得要审理的案件更为复杂、工作难度更大。在主观上，一些审判人员业务不熟、责任心不强甚至故意枉法也是造成错案的重要因素。因此，民事、经济、行政审判活动在客观上需要检察机关的法律监督。这种检察监督有利于在体制上为民事、经济、行政审判制度注入监督机制，增强审判人员责任心，促进严格执法，提高审判水平和防止、减少冤、假、错案的发生。

2.民事诉讼和行政诉讼的特点决定了开展民事、行政检察监督的必要性和重要性。在民事诉讼和行政诉讼的诉讼结构中，人民法院具有主导作用，有关民事、经济、行政案件由人民法院"一家受理""独家审理"；在一、二审的诉讼活动（乃至法院提起的再审和当事人申请再审的程序）中，自始至终只有人民法院一家司法机关行使司法职权。而在刑事诉讼中，无论一审、二审还是再审程序，不但有人民法院在其中履行职权，还有检察机关在其中发挥检察职能，公安、法院和检察院三家互相配合、互相制约。相比之下，刑事诉讼在其诉讼结构中具有更为有效的监督与制约机制，民事诉讼和行政诉讼的诉讼结构中则缺乏这种机制。民事诉讼和行政诉讼结构中监督制约机制薄弱的这种"先天不足"，在实践中又导致了其后天的失调。审判活动中存在的一些司法专横、裁判不公、徇私舞弊等不良现象，不能说与这种诉讼结构特点没有关系。因此，在民事诉讼和行政诉讼中建立并完善民事、行政检察监督机制，改变由一家司法机关"一统天下"的诉讼格局，是健全民主、科学的民事诉讼、行政诉讼制度的内在要求。目前，民事行政检察监督还仅限于"事后监督"，即对生效判决、裁定提出抗诉。尽管这种监督在实践中已经初步发挥作用，能够通过"事后"对错误裁判的依法纠正而对"事前"和"事中"的审判活动起到一定的监督、制约作用，但实践也证明，仅仅靠这种"事后监督"方式对"事前"和"事中"即原一、二审和再审的审判活动所形成的监督与制约作用还是比较微弱的。有必要进一步把检察监督提前到一、二审程序和法院自行提起的再审程序中，以使检察机关的法律监督贯穿于整个民事、经济、行政案件的审判活动之中。这将能够进一步弥补民事诉讼和行政诉讼领域中监督机制的不足，有利于人民法院克服独家办案可能出现的片面性，纠正偏差，防止错案。

3. 就民法、经济法、行政法的适用所具有的重大意义来讲，确立和健全民事行政检察监督制度是非常必要的。民法调整平等主体之间的财产关系和人身关系，是调整市场经济关系的基本法；经济法调整纵向的经济管理关系，是国家对经济生活实行宏观调控的重要依据；行政法则规范和调整国家行政机关实现国家行政管理活动中所发生的社会关系，事关国家各项政策、法规的贯彻执行。民事审判活动和行政诉讼是适用民法、经济法、行政法的一项重要活动，其质量高低，直接影响着改革开放、四化建设等国家各项重要建设事业的进行。因此，检察机关作为国家法律监督机关，有责任切实承担起对人民法院民事审判活动和行政诉讼的法律监督职责，通过依法行使检察职能，维护民法、经济法和行政法的正确实施，从而为经济建设、社会发展提供更优质、高效的法律服务。

（三）民事行政检察监督制度是惩治腐败、加强廉政建设、维护法制尊严的一支重要力量

伴随着改革开放的深入发展和民主法制建设水平的逐步提高，包括诉讼意识在内的法律意识在全社会普遍得到增强，大量的民事、经济、行政纠纷正在越来越多地由诉讼手段来加以解决。民事审判活动和行政诉讼已经成为人们所注目的司法领域中的一个"热点"；同时，鉴于民事审判活动和行政诉讼的特点，这一"热点"又是当前反腐败斗争工作的一个"重点"。审判实践中极少数审判人员的贪赃枉法、徇私舞弊、执法犯法行为，已严重妨碍了民事、经济、行政法律的贯彻、落实，削弱了人民群众的司法公正信念，亵渎了法制的尊严，适应这一形势的需要，民事行政检察监督坚持把依法查处审判人员在民事、经济、行政审判活动中贪污受贿、徇私舞弊、枉法裁判犯罪行为作为一项重要任务，把办理抗诉案件，纠正错误、违法裁判和查处审判人员上述犯罪行为相结合，以维护法制尊严为目的，在实践中发挥了很好的作用。

1. 检察机关通过对民事审判活动和行政诉讼的法律监督，依法纠正了错误

的判决、裁定,保证了民事、经济、行政法律的正确实施,维护了这些法律的严肃性。由于历史的因素,我国社会一直存在着"重刑轻民"和"刑法本位"的落后法律思想,人们只习惯于把刑法作为"法";对民法、经济法和行政法的法律严肃性认识不足,甚至不将它们视为"法"或仅视为"二等法"。鉴于这种现象,检察机关监督民事、经济、行政法律的实施,树立人们对民法、经济法、行政法的严格执法、认真守法观念,对维护法制尊严来讲,具有更加重要和特殊的意义。

2.检察机关通过监督审判活动,有利于从中发现和打击审判人员贪污受贿、徇私舞弊、枉法裁判等腐败行为。对民事审判活动、行政诉讼中擅权弄法、徇私枉法、执法犯法者的惩处,不但惩治了腐败,也从另一方面维护了法制的尊严,保证了法律的正确实施。正如列宁曾经指出的:"一般是用什么来保证法律的实行呢?第一对法律的实行加以监督,第二对不执行法律的加以惩办。"① 民事行政检察监督制度在惩治腐败、维护法制尊严方面,全面体现了列宁的法制思想。

二、民事行政检察监督制度是依法建立和发展社会主义市场经济体制的必然要求和有力保障

在传统观念中,法律仅仅被视为维护市场交易的一种程序和规则。而事实上,在法治社会中每一个立法行为、每一个司法行为,都带有改变社会资源配置结果、变革经济体制形式、推动或阻碍经济发展的意义和效能。民事行政检察监督做为检察机关的一项重要司法行为,虽然其直接结果是纠正人民法院的错误判决、裁定,并常以诉讼行为的形式出现,但其意义和作用却并不仅仅限于诉讼领域和对错误裁判的纠正。无论在理论上还是实践中,民事行政检察监督制度作为上层建筑的重要组成部分,对经济基础,对社会主义市场经济体制的建立和发展,都发挥着巨大而积极的能动作用。

---

①《列宁全集》(第2卷),第253页。

（一）民事行政检察监督制度为建立统一的社会主义大市场奠定了坚实的法制基础，社会主义市场经济在本质上是一种法治经济，统一的市场离不开统一的法制

根据市场经济的规律，"商品是天生的平等派"，商品的流通和转让需要能够在全国各地不受限制和歧视地自由、等价进行；作为商品所有者的市场主体要能够在平等的基础上、在一个统一而稳定的制度结构下自主地进行经济活动；负责对市场经济进行宏观调控的地方各级政府，其行政行为对各地市场经济发展所发挥的导向作用必须与中央相一致、彼此相统一。这一目标的实现，需要由相应的民事、经济、行政法律的统一、正确实施作基础。而实际上，我国地域广阔，各地社会、政治、经济发展不平衡，加上体制等各方面因素的影响，在各地、各部门之间存在着利益冲突、贸易壁垒、地方保护等现象，并且进一步影响到了民事、经济、行政法律的统一实施；表现在司法审判环节就是由这些因素导致的适用法律错误，判决、裁定不公。同时，法律适用的不统一又反过来更为严重地阻碍了全国统一市场的形成，导致市场分割。统一的市场需要统一的法制为基础，而统一的法制的形成，又离不开健全的法律监督制度，离不开检察机关的检察职能。检察机关的主要职能就是"监视整个共和国对法制有真正一致的理解，不管任何地方的差别，不受任何地方的影响"[①]。具体就民事行政检察监督制度而言，其职能就是监督和保证民事、经济、行政法律的统一、正确实施。检察机关加强对民事审判活动和行政诉讼的法律监督，有助于排除地方保护主义等不良因素对审判活动的干扰，有助于在全国范围内消除各地人民法院在审理民事、经济、行政案件、适用民事、经济、行政法律上的差别；有利于依法促进社会主义统一市场的形成。

（二）民事行政检察监督制度是依法正确调整市场经济关系的重要保障

在全部司法活动对市场经济建设所发挥的作用中，刑事司法活动主要体现

---

① 《列宁全集》（第33卷），第326页。

在对市场经济关系的外部保护；民事（经济）、行政司法活动的作用则主要体现为对市场经济关系的内部调整和规范。民事（经济）、行政司法活动包括两部分，即民事（经济）、行政审判和民事、行政检察。民事（经济）、行政司法活动对市场经济关系的规范、调整作用是通过相应的审判活动和检察活动两条渠道来实现的，二者缺一不可；其中检察活动通过对审判活动的监督，对司法活动整体作用的发挥还具有保证和促进的意义。民事行政检察监督制度的这一作用，具体表现为：一是通过对错误的判决、裁定提出抗诉，对原经济、民事、行政纠纷案件进行再审，可以使被错误裁判所扭曲的经济、行政法律关系再依法矫正过来。二是为各类市场经济主体合法权益的保护提供一个新的法律手段、一条新的法律渠道，有利于维护不同所有制、不同地区的各种市场主体平等法律地位及权利，保证按市场经济规律的要求调整市场经济关系。三是可以促进依法行政，在市场主体与国家行政机关之间建立公正、合理、合法的行政法律关系。这在我国当前市场经济发展初期，对培育市场体系、健全市场机制、确立正常的市场关系有着极为重要的特殊意义。

（三）民事行政检察监督制度有助于为建立和发展社会主义市场经济体制创造良好的司法环境

市场经济作为法治经济，还同时表现为"诉讼经济"，即市场经济运行中出现的矛盾、纠纷及存在的许多其他问题，主要是通过诉讼途径、依靠法律手段来解决的。司法活动，尤其是民事、经济、行政司法活动对经济生活的介入程度之深、介入程度之广是前所未有的。相应地，司法环境作为经济建设的整个社会环境的一部分，对社会主义市场经济体制建立与发展的影响也是巨大的。当前，在民事、经济、行政审判活动中存在着一定程度的腐败现象，这一领域所表现出来的司法环境还有不尽如人意之处，并且在实践中对市场经济建设已经产生了一些不利的影响。检察机关通过加强对民事审判活动和行政诉讼的法律监督，加大对民事审判活动、行政诉讼中审判人员贪污受贿、徇私舞弊、枉法裁判等犯罪行为的打击力度，在一定程度上净化了这一领域的司法环境，有利于市场经济的健康发展。

三、民事行政检察监督制度是维护社会稳定、加强社会治安综合治理的有力手段

民事行政检察监督制度的作用，并不仅仅限于民事（经济）、行政案件本身；它作为社会治安综合治理这一巨大系统工程的一个有机组成部分，在维护社会稳定、强化社会治安等方面还发挥着独特的作用。

（一）防患于未然，预防和减少犯罪

首先，民事行政检察工作通过对民事案件的妥善处理，理顺民事关系，消解民事纠纷当事人心头所凝结的不平之气，可以大大减少"民转刑"案件的发生，消除众多的社会治安隐患。就当前刑事犯罪的发案特点来看，许多恶性的刑事犯罪案件往往是由"小"的民事纠纷案件转化而来的。单纯的刑事检察、刑事审判只是治标、尚难治本。要从根本上消除孕育、诱发刑事犯罪的社会不良因素，还需要民事检察与民事审判发挥其综合治理作用。其次，就行政检察监督而言，它还有利于及时调节和疏导行政机关与公民、法人之间的行政纠纷，改善政府、干部与群众之间的关系，防止问题成堆、矛盾激化，防止和缓解一些群众与政府之间的对立情绪，从而维护社会安定团结。

（二）有利于综合发挥检察职能，打击犯罪

近年来，犯罪出现了向系列化、复合化方向发展的趋势；普通的刑事犯罪可能牵连着经济犯罪，而一些经济犯罪又往往以正常的经济活动为外衣，并常常与经济纠纷、民事纠纷相伴生。如利用经济合同进行诈骗犯罪活动、侵犯商标权、专利权、著作权的犯罪活动和公司犯罪等。这种情况的出现，对传统的打击犯罪斗争模式提出了新的要求。在检察环节，民事行政检察监督制度适应了这一新形势的要求，与其他检察职能部门相配合，发挥了检察机关同犯罪作斗争的合力优势，提高了打击犯罪的效能。一是通过办理民事、经济、行政案

件，便于从中发现与其相联系的各种犯罪行为；二是把调整社会经济关系同打击危害正常社会经济关系的犯罪活动相结合，具有其他部门和制度不可比拟的优势，能够发挥更好的法律效益和社会效益。

（三）支持人民法院审判工作，维护法律尊严，促进社会安定

民事行政检察监督制度的这一作用，主要是通过检察机关的"息诉"工作发挥出来的，所谓"息诉"工作就是指检察机关接到当事人不服人民法院民事、经济、行政判决、裁定的申诉后，经过对原生效判决、裁定的审查，发现人民法院判决、裁定是正确的，通过向申诉人的说理、释法，使申诉人服判息诉、安心生产、安心生活等一系列工作。实践证明，检察机关利用法律监督者的地位积极开展这项"息诉"工作，一定程度上缓解了一些案件当事人与人民法院之间的矛盾关系，减少了"缠诉""闹诉"等现象，支持了人民法院依法正确行使审判权，维护了法律尊严，有利于保持正常的生活、生产和工作秩序。

总之，民事行政检察监督制度是我国检察制度的重要组成部分。民事行政检察部门承担着重要的法律监督职责与任务。随着我国社会主义市场经济体制的建立、发展和社会主义民主法制建设水平的提高，民事行政检察监督制度的地位将会显得越来越重要，所发挥的作用也将越来越重大。同时，我们还应当认识到这项制度重新确立和实践的时间还不长，制度内容很不完备，地位尚未被充分认识，作用也尚未得到充分发挥。如监督的手段单一，监督的强制性不够，按照审判监督程度提出抗诉的"事后"监督方式效果较差。在实践中，一些部门和领导对这项制度的认识水平不高，人民法院对按照审判监督程序提出抗诉的案件的再审审级与人民检察院发生异议，大部分抗诉案件被交由作出原生效判决、裁定的法院进行再审或者被长期搁置不审，导致了错误的裁判得不到纠正，当事人的合法权益得不到切实维护，影响了法制的尊严。因此，民事行政检察监督制度作为我国人民代表大会制度下法律监督制度的重要组成部分，不论是在立法方面还是司法实践方面，都有待于进一步的完善，需要各级人民代表大会及其常委会的监督、支持。

民事检察监督之系统定位与理念变迁*

陈桂明**

内容摘要： 民事诉讼中的制约与监督系统可以区分为内系统与外系统，自系统与他系统，职能化、程序化系统与非职能化、非程序化系统，不同的制约与监督系统具有各自的功能与作用，不得互相取代，只能相辅相成。民事检察监督机制属于上述内系统、他系统以及职能化、程序化的制约监督系统。西方资本主义国家建立了检察机关参与民事诉讼的制度，在自由资本主义时期其作用是微小的，体现了自由竞争的要求，在垄断资本主义阶段其作用得到加强，体现了更多的国家干预。苏联及东欧国家检察机关过多地参与民事诉讼，反映了计划经济体制的要求。我国正在培育市场经济体制，应当强调民事主体的意思自治，弱化国家干预，民事检察监督应当强调对法院审判的制约，强调公益监督，应当建立开放性的监督体系。

关键词： 民事检察监督 定位 变迁

我国民事诉讼法规定了民事检察监督制度，这一制度在具体运作方面存在不少问题，尚待进一步研究和解决。一项工程的具体实施需要首先领会设计意图，同样，民事检察监督制度的实施也需要首先明确这一制度的设计思想，确定其作用和功能定位。本文拟考察民事检察监督制度在民事诉讼制约监督系统中的定位，并对不同历史时期及不同国家立法者设计这一制度的理念变迁进行

---

* 本文刊载于《政治论坛（中国政法大学学报）》1997年第1期。
** 陈桂明，时任中国人民大学教授，中国法学会民事诉讼法学研究会会长。

探讨,笔者认为这是完善民事检察监督制度的宏观认识前提。

一、民事诉讼之制约监督系统与民事检察监督之定位

民事诉讼中的制约与监督系统作为一种制衡与约束机制,旨在通过相关主体之间权利、义务的合理分配与相互作用,建立科学的诉讼结构,防止和纠正诉讼上的各种偏失与错误,从而实现诉讼公正。制约与监督是一个多元化的系统,即制约与监督的途径、方式和内容不应当限定于某一个方面,否则这一机制的作用就难以充分发挥。

(一)民事诉讼中制约监督之内系统与外系统

民事诉讼中的制约与监督系统首先区分为内系统与外系统。所谓内系统即民事诉讼法律关系中各主体之间的制约与监督系统。制约与监督是民事诉讼法律关系的内容之一,包含于民事诉讼法律关系中的制约与监督系统体现了法院与当事人、其他诉讼参与人相互之间的制约与监督,它包括法院与当事人之间的制约与监督关系,法院与检察院之间的制约与监督关系,以及法院与证人、鉴定人、翻译人之间的制约与监督关系等方面。民事诉讼中制约与监督的外系统即来自诉讼法律关系主体之外的组织和人员对诉讼活动的制约与监督系统,通常被称为社会监督系统,此种监督系统主要包含党政监督、新闻监督、法学家监督和公众监督等方面。

需要特别指出的是,外系统作为来自社会并对诉讼形成的制约与监督,不应当仅仅理解为对法官的制约和监督,而应当理解为对诉讼中各主体活动的全面制约与监督。因为法官的行为在诉讼中尽管是主导的方面,但不能代表诉讼活动之全部,影响诉讼公正之因素除了法官的行为外,还包括其他诉讼参与人的行为因素。

(二)民事诉讼中制约监督之自系统与他系统

民事诉讼中的制约与监督机制从法院组织的角度可以分为自系统与他系

统。法院组织内部的制约与监督机制称为制约与监督之内系统，包括上下级法院之间的制约与监督，以及法院自身各部分之间和不同人员之间的制约与监督。研究民事诉讼中制约与监督的自系统，实质上就是从民事诉讼制约与监督的视角，研究法院组织设置的科学性与合理性，研究法院组织各级别、各部分之间的工作关系。狭义来说，自系统是法院组织法方面的研究内容，但与诉讼关系极为紧密，以至于我们研究民事诉讼中的制约与监督机制决不可忽视这一重要内容。民事诉讼中制约与监督的他系统是指法院组织及其人员与诉讼的其他主体之间的制约与监督。

（三）民事诉讼中制约监督机制之职能化、程序化系统与非职能化、非程序化系统

民事诉讼中各种相关主体之间的关系纷繁复杂，民事诉讼法和人民法院组织法在一些方面规定了特定主体在诉讼上制约与监督其他主体的权利和义务，由此建立了法定化的制约与监督关系，可称之为制约与监督的职能化。这种职能化的制约与监督多被赋予程序操作的规定，以便使其具有可操作性和规范性，可称之为制约与监督的程序化。法院组织内部及其相互之间的制约与监督（自系统）以及法院与其他诉讼法律关系主体之间的制约监督（内系统），是职能化、程序化的制约与监督机制，除在法院组织法上和民事诉讼法上有职能化规定外，还在民事诉讼法上实现了程序化。民事诉讼中制约与监督的外系统，通常在法律上未作规定，但是这种社会监督机制的实际存在却是诉讼程序民主化乃至法律制度民主化的重要体现，其非职能化、非程序化的特点不仅不影响它存在，反而成为其生存的基础。

1. 职能性、程序性规定具有难以避免的盲区。其法定化、规范性的特点，决定了不同角色之间必须依据法律的规定（如时间、方式、效力等）实施制约和监督，这就产生了两个问题：其一，法律规定失当，决定了职能化、程序化制约、监督系统的失当，法律规定虽然可以不断完善，但永远不可能达到至善至美。其二，法律规定即使是完善的，依据这种规定所实施的制约与监督同样

也不会是万能的。举例来讲,当事人不服一审判决,可以在15日内提出上诉,这无疑为当事人提供了一种制约法院的法定手段,时限的规定确是必要的,但是,超出时限这种制约手段便不复存在,如果判决确有失当,上述这种制约手段就难以发挥作用。由此两点可以看出,职能化、程序化的制约与监督机制具有必然的"盲区"。而非职能化、非程序化的制约与监督不受法律规定的时间和空间的限制,通过自身发挥作用的方式和途径,对诉讼中的各主体进行监督,并对将来的诉讼发生影响。

2. 主体能力的局限性决定了职能化、程序化制约监督功能也具有局限性。民事诉讼中一个主体对另一主体的职能化、程序化制约与监督是通过特定的人员来实施的,因此其功能的发挥,在较大程度上受到个人价值取向、认识能力乃至情绪、偏好的影响,其偏差可能导致制约与监督本身失之公正。另外,职能化、程序化制约与监督机制的评价角度具有单一性,其依据只能是现行立法,职能化、程序化制约、监督机制的功能也只能是保证诉讼中各主体、角色的行为符合现行法律的要求。这固然可以起到保障诉讼公正的作用,但是,符合现行法律所意味的公正与社会所需要的公正,是不能划等号的,因为法律具有局限性,法律并不同于正义,有时甚至可以说法律是不正义的,即使如此职能化、程序化制约监督主体也只能据此去"矫正"被制约、监督者的行为,这是一种缺陷。而非职能化、非程序化的制约、监督机制,是通过非特定的主体即多途径的社会方面来实施的,广泛的社会监督具有一多元的评价角度,不受个人认识能力和偏好的限制,因此这种制约与监督总体上反映和实现社会所需要的公正。

综上所述,诉讼中的职能化、程序化制约与监督系统,虽然为诉讼公正的实现提供了一种常规化的保障机制,但这种机制并非十全十美,非职能化、非程序化的制约、监督机制可以在一定程度上弥补其不足,因而成为其存在和发展的基础。

通过民事诉讼中制约监督系统的分析,可以大体上确定民事检察监督机制的地位与作用。从民事法律关系的角度看,民事检察监督方式属于民事诉讼中制约监督之内系统，因此，它通过赋予检察机关一定的诉讼上的权利去实现监督功能；从法院组织的角度看，民事检察监督属于民事诉讼制约监督之他系统，因此，这种监督是在法院之外设置一种平衡器，约束法院；民事检察监督属于职能化、程序化的制约监督系统，法律首先赋予了检察机关对民事诉讼进行监督的专门职能，同时也对这一职能的行使规定了一定的程序，这种监督尽管不能取代非职能化、非程序化的制约监督系统，但是其运作却由于具有法律上的保证而更能直接地发挥作用。

二、维护竞争和垄断利益——西方资本主义国家检察机关参与民事诉讼的宗旨

西方国家检察机关参与民事诉讼的制度，是随着资本主义经济的发展而建立和演变的。在资本主义法制史上，检察机关参与民事诉讼的制度最早建立于刚刚经历资产阶级革命洗礼之后的法国。18世纪法国资产阶级革命之后，把参与民事诉讼作为检察机关的重要职能，在此之后，各资本主义国家相继仿效，普遍建立了检察机关参与民事诉讼的制度。

西方国家的检察机关参与民事诉讼制度，在创建的早期，其适用是有较大局限的。在自由资本主义经济的基础上，各国以个人主义和自由主义作为制定法律政策的基础。在民法方面，确立了契约自由的原则，法学家们还从"天赋人权""人生而平等自由"等理念出发，以抽象的个人自由作为法律的具体标准，极端地奉行"个人本位主义"。与此相适应，在民事诉讼法方面肯定了民事权利处分自由，国家不加干预的原则，即处分原则，以此作为实体法的"生命形式""内部生命的表现"（马克思语）。当时出现了很多反映这种法律政策的法谚和口号，例如："当事人是诉讼的主人""没有原告就没有被告""法律禁止法院超越原告人请求限度""个人最大限度自由，国家最小限度干涉"等等。在这种情形下，检察机关参与民事诉讼自然只限于法律规定的很小的范围。法国民事诉讼法典第1条就规定："除法律另有规定的情形以外，唯有当

事人可以提起诉讼。"

自由资本主义时期，在民事诉讼中以当事人处分排斥国家干预，使检察机关只能发挥微小的作用，这种状况反映了资本主义自由竞争的要求，反映了当时资产阶级的经济利益，如果不赋予当事人充分的私法自由，便不利于形成自由竞争的经济秩序。检察机关参与民事诉讼制度的建立，又反映了资产阶级同时认识到上述自由也不能毫无限制。检察机关作为专门的法律监督者，必要时需要代表公益对民事诉讼进行参与、监督乃至适度的干预。正如马克思曾经指出的那样："资产者不允许国家干预他们的私人利益，资产者赋予国家权力的多少只限于为保证他们自身的安全和维持竞争所必需的范围之内。"①

此外，还有一点值得一提，在中世纪封建统治时期，国家专制的阴影笼罩着审判制度，在诉讼上实现极端强化的国家干预，这种干预不惜以牺牲个人的权利为代价，当事人在诉讼上实际上所能享受的权利微不足道，从而充分反映了封建纠问式诉讼的恐怖与黑暗。资本主义经济在萌芽阶段，深受这种诉讼制度的摧残。尝够纠问式诉讼苦头的资产阶级，在夺取政权之后，充分注重个人自由，限制检察机关作为国家的代表对民事诉讼进行干预，实际上也反映了刚刚摆脱诉讼上国家专制压抑的新兴资产阶级的逆反心理。

资本主义进入垄断阶段以后，资产阶级要求强化国家职能，从而加强对经济关系的控制。在此背景下，符合垄断资产阶级胃口的以美国庞德为代表的社会法学派理论应运而生，并风靡于世，为资产阶级新的法律要求奠定了理论基础，对西方各国立法影响很深。这时传统的民法三大原则发生了变化，"个人本位主义"的法律精神已为"国家本位主义"所取代。与其相伴随，在民事诉讼领域，传统的处分原则受到冲击，其内容发生了一定的变化，"释明权""真实陈述义务"的运用，使个人处分权相对缩小，国家干预权相对扩大②，检察

---

① 《马克思恩格斯全集》（第3卷），第412页。
② "释明权"是法院拥有的一项权利，根据"释明权"，在当事人主张的事实不明确时，法院可以令当事人作适当的解释或者补充陈述，或者令当事人举证。"真实陈述义务"是当事人的一种义务，即当事人必须真实陈述案件事实包括对自己不利的事实，否则法院可以不予承认。

机关作为"最高法律秩序和道德的代表者",更多地提起或参加民事诉讼,特别是对涉及所谓"集体性利益"或"扩散性利益"的民事案件进行干预。以美国为例,1969年的环境保护法、1970年的防止空气污染条例和防止水流污染条例、1972年的防止港口和河流污染条例和噪声控制条例、危险货物运输条例等,均授权检察官提起相应的诉讼,或者支持主管机关和私人提出的请求。[①]在法国和日本,参与民事案件的审判是检察机关的重要职权之一;在英国,代表政府参与民事案件的诉讼,被列为总检察长各项职权之首。[②]具有长期统治经验的资产阶级十分懂得,随着经济关系的国际化、垄断化,基于对本阶级长远利益、根本利益的追求,必须牺牲一些暂时的、局部的利益,检察机关参与民事诉讼的制度此时在一定程度上得以强调,正是基于上述认识。

必须注意的是,在剥削阶级社会中,"国家纯粹是作为私人生活的对立物而存在的""国家是建筑在社会生活和私人生活的矛盾上,建筑在公共利益和私人利益的矛盾上"。[③]现阶段西方各国检察官在民事诉讼中作用不大,远远没有充分利用一些规范性文件正式赋予它的权力,[④]这表明国家对社会经济生活的干预尽管是必要的,但决不能动摇私法自治的根基。

三、干预私法关系以保护公有制——苏联、东欧检察机关参与民事诉讼的立足点

在社会主义国家,率先实行检察机关参与民事诉讼制度的是苏联,1923年制定的《俄罗斯苏维埃联邦社会主义共和国民事诉讼法典》第2条明文规定:"……检察长认为对保护国家或者劳动人民利益有必要的时候,可以提起诉讼或者随时参加诉讼。"之后,前苏联各加盟共和国民事诉讼法典也都作了

---

① 参见[苏]B.K.普钦斯基:《美国民事诉讼》,法律出版社1983年版,第67页。
② 关于法、日、英等国检察机关的职权,参见王桂五:《人民检察制度概论》,法律出版社1982年版,第188—192页。
③《马克思恩格斯全集》(第1卷),第480页、第479页。
④ B.K.普钦斯基:《美国民事诉讼》,法律出版社1983年版,第66页。

同样的规定。前苏联总检察长还通过指示信的形式，具体列举了几类案件的名称，责成各级检察院检察长对其提起诉讼并参加诉讼。这些案件包括：（1）因国家或合作社组织特别是集体农庄中发生侵用和亏空公款行为而提起的追索款额的案件；（2）为集体农庄追索债务人欠款的案件；（3）集体农民不纳税或不履行国家交售义务而强制征收其财产的案件；（4）对非法解雇员工应负责任的人追索损失赔偿的案件；（5）向造成企业物质损失的工作人员追索损失赔偿的案件；（6）要求那些破坏住宅，以住宅投机或恶意不履行租赁宅地义务以及不付房租的人迁出国家房屋的案件；（7）向父母强行索取子女送交教养的案件；（8）在妇女不能适当保护自己子女权利时的确认父子关系的案件。①

继苏联之后，保加利亚、波兰、前捷克斯洛伐克、匈牙利等东欧国家民事诉讼法典都仿效前苏联的模式，对检察机关参与民事诉讼作了规定。与西方资本主义各国相比，前苏联、东欧各国，显然加大了检察机关干预民事诉讼的力度。民事检察制度得到了偏激的强调，形成了一种独特的模式。

苏联及东欧社会主义国家检察机关参与民事诉讼制度的建立，是同列宁关于干预"私法"关系的思想分不开的。列宁曾经指出："我们不承认任何'私人'的东西，在我们看来，经济领域中的一切都属于公法范围，而不是什么私人的东西……由此必须扩大国家对'私法'关系的干预；扩大国家废除'私人'契约的权力；不是把罗马法典，而是把我们的革命的法律意识运用到'民事法律关系'上去。"②以列宁的思想为指导，他们认为，基于公有制为基础的社会主义经济关系，基于人民是国家主人的社会主义政治关系，在民事诉讼中既要赋予当事人一定的处分权，同时又必须实行国家干预，因为国家、集体和个人三者利益是紧密联系不可分割的，个人的行为如果损害了国家、集体和他人利益，国家就要加以干预。苏联法学家指出："检察长根据法律提起民事案件，并把案件移送法院审判。检察长的这一职权乃是苏维埃的处分原则的表

---

① 参见 B.H. 别里鸠根等：《民事诉讼中的检察长》，中国人民大学出版社1957年版，第16页。

② 《列宁文稿》（第4卷），第222—223页。

现。"检察长不仅可以提起案件，而且可以参加法院所审理的任何案件。"检察长在参加诉讼的同时，乃是苏维埃国家的代表人和苏维埃法律的维护者。检察长提起诉讼也好，在诉讼中提出意见也好，对法院判决或裁定提出抗议也好，他参加审理民事案件的唯一目的不是别的，正是帮助实现社会主义公平审判的任务。"①

四、保障司法公正——我国民事检察监督之目标

（一）既往的认识

我国法律对民事检察监督制度的认识是随着政治、经济的发展而形成并发展的。

检察机关参与民事诉讼的问题，早在民主革命时期就已经提出并付诸立法和司法实践了。1941年《陕甘宁边区高等法院组织条例》中就有检察机关参与民事诉讼的规定。1947年《关东高等法院通知》中也曾指出："凡民刑两庭诉讼案件，由民刑庭长秉承院长和检察长的意图处理之。"新中国成立以后，在较短的时间内医治了战争留给国民经济的创伤，随后掀起了社会主义建设热潮，与此相应，我国社会主义法制建设进入了新阶段，对于检察机关参与民事诉讼的制度，也仿效苏联的模式，在法律上作了明确规定。1949年12月颁布的《中央人民政府最高人民检察署试行组织条例》规定，最高人民检察署直接行使并领导下级检察署行使的职权包括"对于全国社会与劳动人民利益有关之民事案件及一切行政诉讼，均得代表国家公益参与之"。1951年《中央人民政府最高人民检察署组织通则》《各级地方人民检察署组织通则》及1954年《中华人民共和国人民检察院组织法》均有类似的规定。这些规定尽管只是原则性的，但是由于当时的法制工作以苏联为样板，因此，有的地方人民检察院有组织地学习了苏维埃民事诉讼法，着手摸索检察机关参与民事诉讼的范围、程序

---

① B.H.别里鸠根等：《民事诉讼中的检察长》，中国人民大学出版社1957年版，第14页。

和工作方法，少数人民检察院经过参与民事诉讼的摸索，还及时作了总结。①当时对检察机关参与民事诉讼制度的认识，与苏联的观点是一脉相承的。

当然，限于当时阶级斗争的形势和检察机关自身的条件，从全国来看，检察机关参与民事诉讼的业务开展得很少。20世纪50年代后期"左"的思想干扰和法律虚无主义的影响，法制建设遭到了破坏，检察机关就更少开展参与民事诉讼的活动。到"文革"期间，检察机关名存实亡，甚至干脆被取消了。

粉碎"四人帮"以后，我国法制进入了恢复和发展的新时期。1982年《中华人民共和国宪法》第129条以及1980年1月1日起施行的《中华人民共和国人民检察院组织法》第1条都规定"中华人民共和国人民检察院是国家的法律监督机关"。1982年3月第五次全国人民代表大会常务委员会第十二次会议上通过的《中华人民共和国民事诉讼法（试行）》第12条规定："人民检察院有权对人民法院的民事审判活动实行法律监督。"该法在制定的过程中，对于人民检察院是否参与民事诉讼的问题存在分歧意见，最后采纳了否定意见，主要理由有二：一是检察机关不参与民事诉讼与实现法律监督本来就是两种不同的职能，不能混为一谈；二是如果规定检察机关参与民事诉讼实际上行不通，因为检察机关同刑事犯罪作斗争的任务很重，事实上也没有力量来参与民事诉讼。②

《中华人民共和国民事诉讼法（试行）》在施行的过程中，理论界以及司法界不断有人主张检察机关参与民事诉讼，其主要理由包括以下几个方面：

1. 检察机关参与民事诉讼，是维护正常民事秩序，保护公有制的需要。人民检察院是国家的法律监督机关，其性质决定它除了担负侦查监督、审判监督、监所监督等任务之外，还担负着对国家机关、企事业单位、团体以及公民个人的行为是否合法进行监督的任务。事实上，双方或多方违法进行民事活动，损害国家、集体和其他公民利益的情况屡有发生，其中有的属于故意串通

---

① 参见1957年《中华人民共和国最高人民检察院关于江苏省南京市人民检察院参与民事诉讼总结的通报》。
② 参见张友渔：《论我国民事诉讼的基本原则和特点》，载《法学研究》1982年第3期。

的行为，有的属于非故意的违法行为。也有些单位在其权益遭到侵害时不敢起诉，顾虑重重。也有的单位慷国家公有制之慨宁可财产遭受损失也不愿起诉。这些行为都有损于国家的经济利益，必须由检察机关提起或参与诉讼，维护正常的民事秩序，保护公有制。

2. 检察机关参与民事诉讼，实行民事审判监督，是防止和纠正诉讼中的违法行为，保证审判质量的需要。民事经济纠纷纷繁复杂，有的牵涉面广，有的在法律适用上缺少明确的法律规定，因此处理的难度大。在我国，人民法院和人民检察院的根本任务是一致的，人民检察院参与民事诉讼、进行审判监督从积极的意义上看，是对人民法院的配合与帮助，便于同人民法院通力合作，互相支持，提高工作效率和办案质量，有利于复杂案件的解决。另外，从人民法院与人民检察院相互制约的方面来说，人民检察院参与民事诉讼，有利于消除审判人员的违法行为与改进审判作风，防止可能发生的错误。

3. 检察机关参与民事诉讼，是完善社会主义法制的需要。一方面，检察机关如果不参与民事诉讼，致使"人民检察院有权对人民法院的民事审判活动实行法律监督"的原则无法贯彻落实，并因此使人民法院的民事审判工作成为事实上的"独家经营"，由此滋生了种种弊端。另一方面，根据《中华人民共和国人民法院组织法》第14条第3款和《中华人民共和国人民检察院组织法》第18条第1款的规定，最高人民检察院对各级人民法院已经发生法律效力的判决和裁定，上级人民检察院对下级人民检察院已经发生法律效力的判决和裁定，如果发现确有错误，有权按照审判监督程序提出抗诉。这些规定不仅应当适用于刑事诉讼，而且应当适用于民事诉讼，由于民事诉讼法并未规定人民检察院对人民法院裁判进行抗诉的程序，从而也就使人民检察院的这一职能无法得到发挥，因此民事诉讼法与法院组织法、检察院组织法不相协调。要消除上述法制上的不完备之处，可行的途径就是在各级人民检察院内部设立民事检察机构，根据必要和可能，参与民事诉讼。

主张检察机关参与民事诉讼者还认为，检察机关同刑事犯罪作斗争的任务虽然很重，但如果因此认为检察机关只能参与刑事诉讼，仍是"重刑轻民"的错误观念作祟。

1991年颁布了新民事诉讼法典，该法已规定人民检察院对于人民法院的判决、裁定发现错误的，应当按照审判监督程序提起抗诉。在立法讨论的过程中，"人民检察院提起和参加民事诉讼的问题，之所以被否定，其中一个很重要的原因，就是因为这种做法与民事诉讼法的性质、特点不符，违背了民事诉讼程序的发生是因为有当事人提起诉讼，以及民事诉讼应当采取不告不理的原则，没有必要在原告不愿意打官司的情况下，强行代为起诉，尤其是没有必要由人民检察机关去代替原告'打官司'。而且检察机关参加诉讼支持一方当事人，也必然造成当事人诉讼权利和诉讼地位不平等……所以，只能是'事后监督'，即对已经发生法律效力的判决、裁定发现确有错误时提出抗诉，但不能提起诉讼和参加诉讼。"

（二）反思与管见

从总体上看，对检察机关参与民事诉讼的制度，我国法学界给予了足够的甚至过分的强调，而两部民事诉讼法典在这方面的规定则显得过于谨慎，甚至有些保守。反思强调检察机关参与民事诉讼的既往认识，首先应当看到其计划经济体制的经济基础、盲目学习苏联经验的历史背景以及强调刑民一致的法律观。计划经济体制作为一种集权式的体制，为国家干预民事诉讼提供了基础，苏联在这一方面的经验也正如此，检察机关作为国家的代表，它不允许"私法"上的行为损害公有制、损害计划体制，而这种损害行为不仅是拟制性的，也确实存在，检察机关当然必须以参加民事诉讼作为手段而加以干预。在社会主义公有制的旗帜下，公法与私法、公法权与私法权的差别似乎已不复存在，自然强调刑民一致，宪法及法院组织法、检察院组织法规定人民检察院是国家的法律监督机关，既然检察院应当参与刑事诉讼，当然也就应当参与民事诉讼，否则就是"重刑轻民"。

笔者认为，关于检察机关参与民事诉讼制度的既往的认识基础已经有所改变，我国正在培育市场经济体制，这一体制下必须强调民事主体的意思自治和民事行为自由，减少和弱化国家在民事领域的干预，以便形成平等和自由的市场环境。苏联、东欧国家在计划经济体制下和在经济领域的高度政府集权的政治氛围中形成的检察机关广泛干预民事诉讼的"经验"已不值得吸取。民事诉讼作为保护私法权利的司法形式，具有自身特殊的规律，不应与刑事诉讼简单地加以对比和强求划一。进一步讲，民事检察监督的目标应置于市场经济体制下对诉讼公正的保障，为了实现这一目标，民事检察监督应当立足于以下三点：其一，民事检察监督应当强调对法院审判的制约，而非对当事人自治行为的干预，应通过对法院审判的制约保障当事人民事领域自由意志的实现；其二，民事检察监督应当强调公益监督的概念，而非一般性地谈加强和扩大对民事诉讼的参与与监督，保护公益是诉讼公正的题中之义，在保障当事人民事领域意思自治的同时，必须注意对社会公共利益的维护，这是民事检察监督的又一立足之点。其三，应当建立民事检察监督的开放性体系，即这种监督的手段和时间应当是自由的，以此避免形成民事检察监督的真空带。但是，不应当泛泛地谈加强民事检察监督，因为给这种监督提供时空方面的保障，便可形成一种"可能的"监督，这是一种潜在的制约。潜在的制约同样可以通过心理作用机制实现对法官悠意的控制和对社会公益的维护作用。而"可能的"监督并不等于实际的监督范围的扩大，恰好相反，检察机关实际参与诉讼的情况应当减少到最低限度。对我国民事检察监督制度的评析和进一步设计，都应站在上述认识基础之上。

我国现行民事诉讼法确立了检察机关对民事诉讼的"事后监督"制度。根据这种做法只有对生效裁判发现存在错误，检察机关才可通过抗诉实行监督。这种检察监督的范围与案件的性质无关，而与检察机关的认识有关，在法院最终撤销原生效裁判之前，检察机关作为抗诉理由的"裁判错误"，只是一种程序上的拟制。这就会带来一个问题，即检察机关与民事诉讼的范围不符合前述公益监督的理念，因为即使对涉及重大社会公益的案件，在诉讼过程中检察机关同样无权过问，生效裁判作出之后检察机关尽管可以抗诉，但其监督作用自然不完全等同于通过提起诉讼或参加诉讼所实施的监督。现行民事检察监督制度是一个封闭性的系统，与其理性目标不尽吻合。

"事后监督"排除了检察机关提起诉讼和在诉讼的过程中参加诉讼的可能性。这种封闭性的系统，使法院的审判行为在很大范围内失却制约。检察机关对于需要通过参与诉讼实施监督的案件，只能事后进行抗诉，即使这种途径和方式是可行的，也会影响诉讼的效率。检察机关本来可以在生效裁判作出之前通过参与诉讼实施监督，以保障诉讼过程和诉讼结果公正，却为什么要在事后补救呢？

论民事检察监督法律关系 *

邹建章 **

内容摘要：本文以法理学中的法律关系理论为基础，提出了民事检察法律关系的概念，以此为逻辑起点，初步构建了民事诉讼检察监督的理论体系，就检察监督权的设置问题；检察监督权的结构和内容问题；检察监督的措施权问题；审判机关受监督义务法定化问题；抗诉权与审判权的冲突及冲突规范问题等提出了见解。

关键词：民事检察法律关系 民事诉讼检察监督权

长期以来民事检察理论基本上停留在工作经验总结和注释式研究的层次，而像民事检察理论体系等诸多重要的基础性课题则鲜有论文涉及。本文试以法理学中的基本概念——法律关系为逻辑起点，对民事检察理论体系和结构这一基本问题作尝试性构建，并对现行民事检察制度做一反思。①

一、民事检察法律关系的概念

根据法律关系理论和民事检察制度本身的特点，笔者试将民事检察法律关系的概念定义为：根据民事检察规范产生的，以检察机关的民事监督权力和审

---

* 本文刊载于《中国法学》1997年第6期。
** 邹建章，新疆维吾尔自治区人民检察院。
① 本文所论及的虽然仅仅是民事诉讼检察制度，但主要观点同样适用刑事诉讼检察制度和行政诉讼检察制度。

判机关的受检察监督义务为形式表现出来的，以民事审判行为为共同指向对象的一种特殊的平权型社会关系。民事检察法律关系的主体仅指人民检察院和人民法院，当事人以及其他诉讼参与人均不是民事检察法律关系主体。

通俗地讲，民事检察法律关系就是指检察机关和审判机关在民事诉讼过程中存在的法律监督与被法律监督关系。民事检察法律关系既是民事检察监督立法实现其功能的出发点，又是归宿点；既是统领和联结各项法律监督制度的核心，又是民事检察监督立法发挥巨大作用的理论基石。因此，民事检察法律关系理论在民事检察学中居于基础理论的地位。

二、民事检察法律关系的内容

由于"权利和义务是法律现象的纽结，凡属有关法的问题莫不是围绕着法定权利和义务及其界限这个中轴旋转"[①]。所以说，民事检察监督权力和民事检察监督义务作为民事检察法律关系的内容，决定着具体民事检察法律关系的特殊性质，在民事检察法律关系三要素中居于核心地位。民事检察法律关系的内容，是民事检察学的核心，也是理论研究近于空白的一个领域。民事检察法律关系的内容包括民事检察监督权力和审判机关的义务。

（一）民事检察监督权力

民事检察监督权包括三个内容，即民事检察监督权的性质及设置；民事检察监督权的内容和结构；民事检察措施权。

1. 民事检察监督权的性质及设置。民事检察监督权是法律赋予检察机关的，对民事审判进行法律监督的权力。民事检察权是国家权力体系的重要组成部分。民事检察监督权如何设置，直接关系到民事检察工作的实际效果，因而这不仅是一个重大的理论问题，也是一个重大的实践问题。

根据民事诉讼法的规定，民事抗诉权是民事检察监督权最主要的表现方

---

① 张文显：《当代西方法哲学》，吉林大学出版社1987年版，第117页。

式。我们注意到，抗诉仅仅是引起再审的一个条件，抗诉权在本质上只不过是（改判）建议权。既然是建议，法院当然可以采纳，也可以不采纳。有人提出了连续抗诉的意见，其法律依据是法律没有限制抗诉的次数，其政策依据是有错必纠。根据民事诉讼法和最高法院有关解释的规定，检察机关最多只能抗三次，实践中检察机关也有连续抗诉，一抗到底的，然而人民法院始终可以"裁定驳回"。这种监督意见由被监督者决定的立法模式，不仅严重挫伤了监督者的积极性，更重要的是达不到立法者预期的有错能纠之效果，这一立法的实效性值得深思。由于民事抗诉权在本质上仅仅是（改判）建议权，而建议权是没有、也不应有强制性的。从实践的情况看，检法两家的意见不一致，最终总是以法院的意见为准。以法律为准绳，实际异化为以法院为准绳，对此检察机关也只能无奈地选择偃旗息"抗"。如此检察监督，实践中权威性如何已是不言而喻。实际上，已经有学者尖锐地批评道："检察监督那种消极、被动、羞羞答答的运作状况已引起社会民众的不满。"[①] 问题的关键并不在于民众对检察监督工作的否定性评价，而在于导致检察监督工作消极、被动的深刻原因。显然检察监督权力的立法设置力度问题，已经成为制约检察监督工作深入发展的瓶颈，这个问题如果得不到立法上的妥善解决，检察监督工作就不可能有一个本质的改变。

伟大导师列宁曾经指出："检察长的责任是使任何地方政权的任何决定都与法律不发生抵触，检察长必须仅仅从这一观点出发，对一切非法决定提出抗诉，但是他无权停止决定的执行。"[②] 可见，列宁也认为检察机关的法律监督权应当是建议权。列宁的这一思想为我国检察监督机制的设置提供了理论依据。笔者认为，检察监督权力的力度必须加强，这不仅是历史进程推动列宁法律监督思想发展的客观必然，也是法律监督实践检验的结果，更是人民群众对严格执法和加强法律监督的深切呼唤。

---

① 章剑生：《论影响实现行政诉讼价值目标的法律机制及其对策》，载《法律科学》1996年第2期。
②《列宁全集》（第33卷），第327页。

从理论上讲，法律监督权力设置只有三种模式：其一，法律监督权力地位或效力低于被监督权力，即法律监督者只能提出纠正建议，而不能停止决定的执行，简称为建议模式；其二，法律监督权力与被监督权力平等或相对等，简称为平等模式；其三，法律监督权力高于被监督权力，即法律监督机关认为被监督机关违法执法时，有权停止其执法行为，并向其提出纠正，被监督者应当执行监督者的纠正决定，简称为纠正模式。

法律监督权力设置模式的选择是一个重大而复杂的理论问题，笔者认为这一选择应遵循以下原则：（1）均衡原则。即一方面法律监督权力的设置不能太小，否则不仅起不到法律监督的应有作用，反而为被监督者抵制监督提供了法律依据，同时也导致了法律监督权与被监督权的不平衡；另一方面法律监督权力的设置也不能太大，否则不仅会伤及被监督权力的正常运作，而且同样会导致新的权力不平衡。（2）效率原则。即监督权不仅要能够达到制约被监督权的力度，而且效率最高；不仅要有错必纠、有错能纠，而且要有错早纠。只有这样才能最大限度地减少损失，保证被监督权力高效而严格地运作。

建议模式源于列宁的法律监督理论。实际上，列宁的法律监督思想体系本身就存在着一个内在的矛盾。在长期的历史进程中，法律监督职能一直混合于国家的一般职能之中。列宁在法律监督理论上的伟大贡献就在于"使法律监督权从一般国家权力中分离出来，成为继立法权、行政权和司法权之外的第四种相对独立的国家权力"①。正是在这一理论的指导下，使法律监督机关（人民检察院）成为和行政机关、审判机关法律地位平等的第四大国家机关。一方面，既然法律监督机关与被法律监督机关（人民法院）法律地位平等，则法律监督机关的权力地位就应当与被监督机关权力地位平等。因为权力平等是检察机关与审判机关法律地位平等的基石。另一方面，列宁又认为法律监督权是一种建议权。在监督权力与被监督权力关系中，被监督权力实际居于主导地位，这就使得法律监督机关与被监督机关实际上成为无权力平等基础的"虚拟平等"。

---

① 王桂五：《列宁法律监督理论研究》，载《检察理论研究》1993 年第 4 期。

在这种矛盾思想指导下制定的我国宪法同样存在这一矛盾。以宪法为依据制定的三大诉讼法律监督制度终于将这一内在的矛盾充分地表现出来。检察抗诉权与法院审判权法律地位的不对等，正是这一内在矛盾在立法上的集中表现。很显然，仅有建议权的法律监督是不可能圆满完成法律监督任务的。由于检察监督权在本质上仅仅是（改判）建议权，低于审判权，所以必然而且实际上已经造成了实践中检察机关的实际地位低于审判机关的局面，这不仅是违背宪法的，也是法律监督不力的根本原因。可见，实践和理论均已充分说明，建议模式是不可取的。同样道理，纠正模式也是不可取的，因为这会导致法律监督权力的极大扩张，必然使检察机关的实际地位高于审判机关，从而变成裁判的裁判。这不仅是违背宪法的，而且在实践中也根本行不通。很显然，只有对等模式是唯一可取的，它不仅符合宪法的规定，而且在实践中也行得通。当然，这涉及对现行三大诉讼监督制度以及三大诉讼制度本身的重大改革。

综上，笔者认为，民事检察监督权设置的力度不够是现行民事检察制度立法的第一大结构性缺陷，也是根本缺陷。

2.民事检察监督权的内容与结构。民事检察监督权的内容与结构是理论上的又一个重要问题，它和民事检察监督权的设置问题密切相关，是民事检察监督权宏观设置的具体化和明确化。民事检察监督权内容与结构的空泛与抽象，是其在实践中发挥作用不尽如人意的重要原因。民事检察监督权的主要表现方式是民事抗诉权。通过对其分析，笔者认为民事抗诉权依次由知情权、确认权和保障权构成。

（1）知情权。知情权是一个宪法学概念，是一项公民权。其本义是指："公民知悉、获取官方信息的自由与权利。"[①] 本文在此借用了知情权这一用语。本文的知情权是指，检察机关有知悉、了解和掌握审判机关执法过程及所有与此相关信息的权力。很显然，知情权是民事检察权中最基础性的权能。如果没有知情权是不可能进行民事检察实践的。调卷是知情的重要方式。调卷权并不

---

① 宋小卫：《略论我国公民的知情权》，载《法律科学》1994年第5期。本文借用了"知情权"这一术语。

是一个复杂的问题,但在立法上却一直没有解决,从而为民事检察工作凭添了一个障碍。

(2)确认权。确认权是一种法律评价权,具体是指检察机关在了解执法情况以后,针对审判机关是否遵守程序法、适用实体法是否正确以及认定事实是否准确所作的一种法律评价。这种监督性评价既有法律上的依据,也有法律上的效力。

(3)保障权。保障权是指检察机关依法具有的保证法律、法制能够得到统一正确实施的一项权力。保障权是保证法律得到严格贯彻执行的重要措施。根据检察机关对审判权力行为评价与确认的不同结果,保障权又有两种具体表现形式,即维护权和纠正权。所谓维护权,是当检察机关认为判决、裁定正确时,应当维护判决、裁定的严肃性。如遇到当事人申诉时,应主动做好息诉服判工作,维护判决、裁定的顺利执行。所谓纠正权,是当检察机关认为判决、裁定错误时,有权依法通过抗诉的方式进行纠正。

知情权是民事检察监督权的起点和前提,确认权是民事检察监督的桥梁和过渡。确认权前接知情权,后通保障权。而保障权则是民事检察监督的目的和归宿。可见民事检察监督权并不是上述三权的简单叠加,而是三权的有机统一和组合。正是此三权层层递进的关系构成了完整意义上的民事检察监督权。任何一个完整民事检察监督过程的完成,无不蕴含着知情、确认和保障这一逻辑顺序。

综上,笔者认为,民事检察监督权内容空泛、权能模糊和权力结构不明是民事检察制度立法的第二大结构性缺陷。

3.民事检察监督措施权。民事检察监督措施权是实现民事检察监督职能必须拥有的配套权力。就好比侦查机关在拥有侦查权的同时,还拥有强有力的强制措施权一样,检察机关也应当拥有强有力的措施权,以保证民事检察监督权的正常运作和实现。实际上,每一项国家权力的正常运作和实现,都不是一件轻而易举的事,都必须辅之以必要的手段和措施。正是因为实践中民事检察监督权的正常运作阻力重重,才引出了民事检察监督措施权这一命题。

根据民事检察工作的需要,检察机关应当享有如下措施权:

(1)调卷权。检察机关有权调阅一切与民事判决、裁定有关的案卷材料,人民法院不得拒绝。关于调卷的时间、方式和期限,可以研究协商解决。

(2)否决权,即当人民法院拒不接受调卷时,检察机关有权否决其所作出的判决、裁定。因为知情权是检察机关的基本权,如果不知情,实际上就根本无法进行监督。对于审判机关而言,拒不接受调卷应当是严重违背监督程序的行为、是违法行为,检察机关当然有权否决其严重违反监督程序所作出的判决和裁定。

(3)复制、摘录权,即检察机关有权复制或摘录有关的民事案卷。

(4)调查取证权,即如果检察机关通过对案卷和法律文书的审查,或通过其他渠道(如公民举报等)发现问题时,有权进行调查取证。

(5)侦查权。大量实践表明,职务犯罪同不严格执法、滥用权力有着密切的联系,只有赋予检察机关侦查权,才能对职务犯罪进行及时的查处和有力的打击,从而保证法律得以严格地贯彻和执行。

(6)出席庭审权,即在开庭审判过程中,检察机关有权出庭、宣读抗诉书、参加法庭调查、说明抗诉的根据和理由,并对法庭审判活动是否合法实行监督。

(7)列席合议庭和审委会会议权,即检察机关有权通过列席合议庭和会议了解判决和裁定的理由和依据。

综上,笔者认为检察监督措施权立法严重不足是民事检察制度立法的第三大结构性缺陷。

(二)审判机关的义务

义务是与权利相对应的法学概念,其含义是指:"法律规定的对法律关系主体必须作出一定行为或不得作出一定行为的约束。"① 由于长期以来法学界重

---

① 《中国大百科全书》总编辑委员会:《中国大百科全书·法学》,中国大百科全书出版社1984年版,第99页。

公民的义务研究，而轻国家机关的义务研究，导致国家机关义务理论十分薄弱，其中接受监督的义务就是国家机关义务理论的重要内容。当然，其中既包括受检察监督的义务，也包括接受人民代表大会及公民监督的义务，即义务法定化。国家机关的权力和接受监督的义务应当相一致，正如马克思所言，没有无义务的权利，也没有无权利的义务。显然，接受监督是国家机关的一项重要义务。明确规定国家机关有接受监督的义务，不仅不利于法律监督的顺利实现，更重要的是有利于我国法律能够得到统一、正确的实施。依据法律监督权力应当与接受法律监督义务相一致原则，审判机关有接受法律监督的义务。这一义务可以分为三个层次：

第一个层次是根本义务，也就是最一般的义务。该义务与检察监督权相对应。这一义务应当在宪法中有所体现。遗憾的是宪法并没有这样的规定，这也许是法院的工作报告中只见接受人大监督的内容，却从不见接受检察监督内容的原因。实际上，宪法既然规定了检察机关有法律监督的权力，就应当同时规定审判机关有接受法律监督的义务。

第二个层次是基本义务，也即一般义务的基本内容，这些义务应当与检察监督权的基本内容相一致，具体包括：(1)执法公开义务（与知情权相对应）。由于知情权是绝对的，因为必须知情才谈得上监督，所以执法公开义务也应当是绝对义务，即审判机关必须全面公开判决和裁定的依据和理由。(2)接受确认义务（与确认权相对应）。由于确认是知情和保障的过渡，没有独立性，所以接受确认义务也没有独立性，是一种过渡义务。执法公开的目的就是为了让监督者确认评价。(3)接受纠正义务。由于抗诉（纠正）权，只是对判决或裁定的否定，从而引起新的审判程序，借此对原判决进行纠正，所以抗诉权并非完整意义上的权力，接受（抗诉）纠正义务也非全面意义上的义务，审判机关对抗诉应当采纳或不采纳，禁止久拖不审、久审不决。

第三次层次是具体义务，也即最具操作层面的义务。具体有如下一些义务：(1)送达法律文书义务；(2)开庭前通知检察机关义务；(3)合议庭或审委会开会时通知检察机关义务；(4)接受调卷函，顺利移交案卷义务；(5)

依法按期审理抗诉案件义务。

综上,笔者认为审判机关接受监督义务没有明确化、法定化,是民事检察制度立法的第四大结构性缺陷。

三、民事检察法律关系客体

按照法理学的一般观点,法律关系客体是指法律关系主体的权利和义务所共同指向的对象。就民事检察法律关系而言,检察机关和审判机关是民事检察法律关系主体。检察机关的监督权指向的是审判机关的审判行为,而审判机关的义务是将审判行为(主要表现为判决、裁定)向检察机关公开。质而言之,检察机关有权监督审判机关的审判行为是否合法,而审判机关则有义务将自己的审判行为置于检察监督之下。可见,民事检察法律关系的客体是指检察监督权和审判机关接受监督义务所共同指向的对象,即审判行为。

民事检察法律关系客体问题解决了,也就自然解决了民事检察监督的范围问题。也就是说审判行为所涉及的范围,就是检察监督的范围,从理论上讲,监督的范围应当全方位覆盖被监督权力所涉及的范围,然而依据民事诉讼法规定,民事检察只限于判决和裁定,审判行为的范围当然不仅限于判决和裁定。大量实践表明,凡是未被纳入监督或监督不力的领域,恰好就是执法不严表现最突出的地方。

笔者注意到,最高法院在1995年9月答复广东省高级法院的一项请示中指出,人民检察院无权对执行中的裁定提出抗诉。① 同年10月6日,最高法院又在给四川省高级法院的批复中指出,对于人民检察院抗诉后人民法院指令下级法院再审后维持原判的案件,原抗诉人民检察院无权再抗诉,只有原抗诉检察院的上级检察院才有权提出抗诉。暂且不论最高法院这种单方作出的涉及检、法两家业务的司法解释是否合法,我们完全有理由怀疑这种由被监督机关

---

① 参见《人民法院报》1995年9月12日第1版。

对检察监督划定范围和规定监督程序的作法是否合理和科学①。

综上，笔者认为检察监督的范围不能全方位覆盖审判行为所涉及的领域，是民事检察制度立法的第五大结构性缺陷。

四、抗诉权与审判权的冲突及冲突规范

检察权与审判权是制约与被制约的关系。依据宪法的有关规定，人民法院独立行使审判权，但独立行使审判权并不意味着审判权不受监督制约。依据三大诉讼法的规定，检察权是对审判权运作最重要、最直接的制约。实践中，检察机关依法对判决和裁定作出审查和评价，一般而言，检法两家的意见都能达成共识，但检法两家的意见不可能总是一致。

由此可见，检察权与审判权的冲突不仅是必然的，也是现实的。抗诉就是检法两家冲突最常见的表现形式。这种冲突具有如下特点：（1）对立性。应当注意的是，实际发生冲突的只有一部分案件，也就是说这种对立矛盾并非时时存在，并非案案存在，而是具有间断性和部分性。（2）统一性。这里的统一性有两层含义，其一表现在检察机关与审判机关阶级性质的一致性，根本目的和任务的一致性，双方都是为了严格执法，都是为了维护社会主义法治的统一；其二是适用法律的一致性，即双方都是依据同样的法律和法规。

总之，一方面冲突必然会不断发生；另一方面冲突又会不断地达成一致走向统一，正是在这种冲突、统一，再冲突、再统一的交互变动中，法律才得以严格而有序地贯彻和执行。所以，冲突不仅是必然的，也是正常的、合理的司法现象。

有论者在列举了抗诉权与审判权的若干冲突之后指出："检察机关民事抗诉权伊始，即已暴露出许多无法解决的矛盾，所以废除民事抗诉权是一种明

---

① 笔者完成此稿之际，最高人民法院在1997年8月20日《人民法院报》公布的《关于对企业法人破产还债程序终结的裁定的抗诉应否受理的批复》中，对检察机关本已很小的监督范围再次进行了限制。至此，检察机关的抗诉范围已经呈现出的缩小趋势正式明朗化。

智的决择。"① 笔者以为，既然抗诉权与审判权的冲突是必然的，是合理的、正常的，就一定能找到解决检法冲突的办法，仅因检法之间有冲突，就下结论说"这是无法解决的矛盾"，并进而轻率地认为"废除民事抗诉权是一种明智的决择"。笔者认为，这种回避冲突矛盾的态度，恰恰是一种不明智的决择。

有冲突，就应当有解决冲突的法律规范，只有科学合理的冲突规范，才能使实践中的检法冲突得到妥善解决。需要说明的是，并不是所有的冲突，检法两家都能达成一致。按照诉讼程序，这类冲突一定会步步升级，直至演变成最高检察院和最高法院的冲突，按照现行法律，最高法院的裁决是终局裁决，即便最高检察院不同意也没有办法。笔者认为，由最高法院单方面来决定检法冲突的立法是不科学的，因为最高法院既是冲突一方，又是裁判者。我们当然不能说检察机关的抗诉就一定正确，但审判机关的判决、裁定就一定都正确吗？显然，解决的办法只有一个，就是引入一个中立的"裁判"。当最高法院驳回最高检察院的意见后，检察机关应当有权提交全国人大常委会裁决。这一方案不仅有充足的理论依据，也有一定的法律依据，理由如下：（1）依据宪法的有关规定，全国人大是国家最高权力机关，检法两院均由人大产生，其工作均应向人大负责，受人大监督②，所以全国人大是唯一有资格，也是唯一有权威依法裁决检法冲突的机关。（2）既然全国人大常委会有权撤销国务院制定的同宪法、法律相抵触的行政法规、决定和命令③，当然也应有权撤销"两高"的判决和抗诉。（3）全国人大常委会《关于加强司法解释工作的决议》第2条规定："……最高人民法院和最高人民检察院的司法解释如果有原则分歧，报请全国人大常委会解释或决定。"既然全国人大常委会有权裁决"两高"的司法解释分歧，同样也应有权裁决两家办案工作上的分歧。

我们不同意人大一律不应介入具体案件进行监督的观点，但是应当对人大

---

① 方加初：《民事抗诉权质疑和民事检察工作的基本思路》，载《法治论丛（上海大学法学院学报）》1996年第2期。
② 参见《宪法》第3条第2款。
③ 参见《宪法》第67条第7款。

介入具体案件的范围和条件进行严格的限制。笔者认为全国人大常委会通过裁决"两高"办案分歧的方式介入具体案件,就是介入具体案件进行法律监督的最好方式。一方面这类案件数量不多,另一方面这类案件也主要是影响比较大的案件。总之,如果能从立法上建立全国人大常委会裁决检法冲突制度,具有重要的现实意义:其一,有利于进一步提高人大的监督权威,增强监督效果;其二,有利于拓宽人大的监督方式和手段;其三,有利于提高人民检察院法律监督的权威,为加强检察监督工作提供明确有力的法律依据;其四,最重要的是有利于人民法院、人民检察院依法办案,严格执法。

综上,笔者认为当前实践中的检法冲突是不对等的冲突,不符合宪法关于检法两家法律地位平等的精神,是法律监督不力的重要原因,这是现行民事检察制度的第六大结构性缺陷。

民事诉讼法典共270条,其中直接涉及民事检察工作的立法仅5条,检察监督方面的立法竟占不到法条总数的20%。无论是法条质量还是法条数量均远远不能满足实践的需要。民事检察制度立法既缺乏足够的理论准备,也缺乏坚实的实践基础。这一点,六年来的民事检察实践已经作了充分的说明。当时的立法更注重必要性和重要性,而现在已经到了该认真反思民事检察立法的有效性和实用性的时候了。影响民事检察工作深入开展的根本原因,不是因为检察机关不重视,也不是因为检察机关监督意识不强,而是因为现行检察监督权(抗诉权)之立法设置无法在审判权"畸形"运作时,给予有效的制约和监督,抗诉权的实际地位低于审判权。所以,以宪法为依据,强化检察权的设置,完善其结构性缺陷,细化其操作程序,才是民事检察工作深入开展的必由之路。

略论民事行政检察程序的目的 *

张步洪 **

我国的民事行政检察制度确立之后，在相当长的时间内并没有充分显示出它存在的必要性。然而，近年来司法实践中出现的问题则验证了立法者独具的先见之明。关于这一制度存在的必要性问题，虽然法律已经明确规定，但仍有人持怀疑态度，因此探寻民事行政检察的目的就成为必要。同时，检察实践也要求确立统一的民事行政检察程序规则。对民事行政检察目的进行深层次的剖析，将有利于这些问题的解决。

一、司法实践中对检察程序目的的误解

民事行政检察部门的同志多年来因苦于启动监督程序无法可循，曾立足于实现检察机关的监督职能，建议赋予检察机关广泛的监督权，诸如中止执行权等，以实现检察机关的监督职能。但是，我们应当清醒地认识到，检察机关在诉讼中是代表国家利益的诉讼法律关系主体，而不是国家的化身。在大多数情况下，检察措施的赋予是实现检察目的的需要，而不是由监督职能本身所决定的。如果一般公民不了解法律程序的目的，其危害至多是他不能有效地利用这一程序保护自己。但作为检察人员，应当对法律授权的目的非常清楚。

---

* 本文刊载于《人民检察》1998 年第 7 期。
** 张步洪，青海省人民检察院副检察长（援青）。

由于民行检察制度立法上的缺陷,这一制度所包容的一系列具体程序规则都是由实务部门在实践中摸索出来的,各地的做法很不统一,而且地区之间、部门之间并没有就这些问题达成共识,不仅容易引起司法机关内部的权限争议,而且法律赋予检察权的目的在一定程度上被误解,主要表现在以下两个方面:

(一)误解之一:维护公民、法人合法权益

检察程序作为诉讼法上的一种程序制度,具有一般程序法的功能。几乎所有的诉讼法教科书在谈及诉讼法与实体法的关系时,均认为诉讼的目的在于保障实体法上的权利义务关系得以实现。理论上的偏差引起实务部门对民事行政检察目的的误解,认为检察程序的目的是保障实体法上的权利义务内容得以实现。

1997年6月2日,《检察日报》推出民事行政检察专版,标题为《加强民行法律监督,维护公民法人权益》。这一标题至少在一定程度上暗示维护公民、法人权益是民事行政检察的目的。

法律的公正性不仅要求审判程序是公正的,而且要求检察程序也是公正的。如果把"维护权益"理解为"代理人"意义上的维护,谁也不会信任检察机关是公正的。如果理解为对双方给予平等保护,或者保证法院平等地对待任何一方当事人,那就不再是"维护公民、法人权益",而是"维护司法公正"。尽管我们可以笼统地将"权益"都理解为是合法的权益,但是由于现实中的权益不同于纯粹的理念意义上的权益,将维护公民、法人权益与维护司法公正同时作为民事行政检察的目的在理论上难以自圆其说。

实践中,有的检察机关认为维护公民、法人合法权益就是检察程序的目的,这是十分有害的。其一,如果把维护公民、法人合法权益作为检察程序的目的,结果会造成维护了一方的权益,而使对方当事人对检察程序的公正性产生怀疑。其二,检察程序如果以维护公民、法人合法权益为目的,就和律师没有什么本质上的区别,那就没有必要将其列入国家机关编制,倒不如将这些业务交给法律援助机构。其三，在检察机关决定抗诉之前，生效裁判是否存在错误难以定论，将维护公民、法人合法权益作为检察程序的目的，就会影响检察机关公正地审查案件中的有关法律和事实，从而破坏启动检察程序的正当动机。

诚然，民事行政检察具有维护当事人合法权益的功能，而新闻媒体对民事行政抗诉案件的报道，也常常宣传检察机关的抗诉维护了某当事人的合法权益，但事实上，维护公民、法人合法权益，即便是在具体的诉讼活动中，也不能作为检察机关的目的。

诉讼法上的各种具体的程序制度都是根据诉讼目的的需要而确立的。作为一种诉讼法律制度，检察制度不应当违背诉讼法所确立的诉讼目的。既然把诉讼法作为实现实体法律的手段的观点在理论上难以成立，在实践中也是有害的，[1]就不能将检察程序维护公民、法人合法权益的作用等同于保证实体法上的权利义务关系的实现，进而认为其属于民事行政检察的目的。检察程序维护公民权益的范围应当受到限制，检察机关在行使检察权时不能破坏法律已经确立起来的程序规则的要求。实践中一些争论不休的问题就会因此明了：对于人民法院依据当时的证据规则作出的判决，即使事后当事人又提出新的证据向检察机关申诉，也不属于抗诉的范围。检察机关的调查取证权也应当有所限制。

由于社会经济结构上的差异，我国法律对公民、法人合法权益的保护与西方学者所说的"私权"并不完全一致。在我国，公有制占主导地位，法人大多属于国有企业和集体企业，国有企业和集体企业的财产的所有权分别属于国家和集体，对国有企业和集体企业的利益加以保护，其受益人最终属于全社会。在国有企业的财产权益受到侵害时，如果管理人不尽管理职责，造成国有资产流失，检察机关是否能够作为原告起诉，仍然是值得探讨的问题。

---

[1] 参见宋炉安：《行政诉讼程序目的论》，载刘莘、马怀德、杨惠基著：《中国行政法学新理念》，中国方正出版社1997年版，第359—364页。

（二）误解之二：解决法律纠纷

作为一种司法制度，民事行政检察确实具有解决纠纷的功能。有时候，法院已经作出判决，当事人不服，尽管当事人各方的权利义务关系已经法律程序得到确认，但是在当事人的观念中争议仍然存在。如果当事人向检察机关申诉，检察机关对就合法裁判提出的申诉，劝告当事人服判息讼。纠纷有可能得以解决。

但是，解决纠纷决不是民事行政检察的目的。因为我们完全没有必要设定两种司法程序、由两个司法系统来解决同一种类型的纠纷。民事行政检察的实践也证明了这一点。检察机关通过抗诉发动了再审程序，即使是法院经过再审后作出新的判决、裁定撤销了原裁判，也不一定就会使争议得到根本解决，因为再审判决的内容如果符合申诉人的愿望，就有可能使被申诉人产生不满。所谓通过再审使纠纷得到解决，指的只是以既判力为基础的强制性解决。这里所说的"解决"并不一定意味着纠纷在社会心理的意义上也得到了真正解决。由于败诉的当事人对判决不满是一般现象，表面上像是解决了的纠纷又有可能在其他方面表现出来。一个新判决的作出就意味着新冲突的形成。

在实践中，如果把解决纠纷作为检察程序的目的，则不仅与现行法律相悖，而且会造成司法资源的浪费，影响检察程序的效率价值，难以保证检察程序的法定目的得以实现。检察机关插手尚未进入诉讼的纠纷，可能导致应当进入诉讼的纠纷没有在法定的时限内进入诉讼；喋喋不休地劝说当事人息讼，倒不如集中精力去发现裁判中的错误。总之，检察机关没有必要冠冕堂皇地给自己戴上"法律服务"之类的帽子。

检察程序的目的，不仅事关民事行政检察应当在什么情况下存在、是否应继续存在下去，而且涉及具体的程序规则。为了使民事行政检察目的论更具有建设性，我们没有必要局限于理念层次的争论，而应当在与类似的诉讼制度的相互关联中找到民行检察目的的确切位置，并着眼于实践性、政策性来构筑关于民行检察目的的理论。

二、维护司法公正

1997年10月28日，时任最高人民检察院检察长张思卿在全国民行检察业务骨干培训班上强调，检察机关要进一步加强民事行政检察监督，维护司法公正，保证司法队伍严格执法、廉政勤政，保障民事法律、经济法律、行政法律的统一、正确实施。①1998年2月17日，《人民日报》第3版发表题为《维护司法公正，促进严格执法——全国民事行政检察执法护法》的文章，介绍1997年以来民事行政检察工作取得的新成就。

尽管人们对于维护司法公正作为民事行政检察目的并不存在争议，但是，理论界和实务界对于民事行政检察的目的均没有太多的关注，对于维护司法公正的目的的具体要求尚不甚明了。一些检察人员一接触到具体案件就会背离这一目的，和一方当事人搞得火热，而丝毫不考虑对方当事人应当享有的程序权利。

法律的公正性不仅要求实体法律的内容是公正的，而且要求给予当事人以公正的程序保障。程序保障在广义上意味着为了保证审判的公正而在程序或制度上设定种种要求和规范性做法。为了保证裁判官具有从事审判的素质和能力，要求经过严格训练并通过司法考试获得资格；为了保证裁判官的审判活动不受任何干扰，给予他们经济和身份上的保障，这些都是为了达到审判的独立和司法判断的妥当性而必需的制度性保障。在狭义上，程序保障则指的是诉讼中充分给予双方当事者对等的攻击防御机会，并形成制度化的程序和在实际的制度运作中严格遵守这样的程序要求。②我国的民事行政检察制度之所以能够存在并且在20世纪80年代末期重新发展起来，固然有其历史渊源。同时，不可否认，在司法制度改革过程中，我国在吸收国外关于法官待遇和身份保障制度的同时，却没有将国外关于法官素质、法律素养和惩

---

① 参阅《检察日报》1997年10月28日第1版。
② 参见［日］谷口安平：《程序的正义与诉讼》，王亚新、刘荣军译，中国政法大学出版社1996年版，第46页。

戒规则等西方经验移植过来。西方经验是，只有具备良好品行和法律素养的人才有在司法机关任职的机会。中国的国情是，在工作中培养司法人员的法律素养，而这是以损害司法的公正性为代价的。审判人员缺乏良好的法律素养，缺乏视违法为可耻的职业荣誉感和自律意识，是民事行政检察制度存在的最基本的原因，以强有力的监督维护司法公正也就成为这一制度存在的基本目的所在。具体地说，任何一个错案的形成不外乎两种原因：一是法官的业务素质不高；二是法官缺乏良好的职业道德，不正当行使司法权。消除法官业务素质不高造成错案的根本措施在于增加司法投入、提高法官素质，而不是监督。显而易见，法律设定检察权的目的是防止和纠正不正当行使司法权引起的司法不公。

认为民事行政检察没有必要存在的人大多是审判人员。这种主张虽然反映了一些法官对独立行使国家审判权的渴望，但是却忽略了当前的司法现实。在没有制约的情况下，审判人员能否正当行使司法权，司法实践中存在的司法腐败问题已经印证了这一制度存在的客观必然性。

当今出现的司法腐败，其最本质的特征就是滥用司法权。法律对任何一个机关或个人授予权力都具有明确的目的性，司法人员对法律授权的目的曲解或者故意违背，即破坏了司法的公正性。国家权力最终是由人来行使的，而任何人都不是完美无缺的，任何不受制约的权力都容易导致专横。如果说一般公民的性格缺陷不足以酿成大错的话，司法人员的一次任性则足以导致一个错案。以权力制约权力，既具有一定的政治色彩，又属于法治国家的一般性的立法技术。

三、维护公共利益

法律保护的对象不仅限于特定的主体的利益，在某些情况下，违法行为会侵害不特定多数人的利益。按照法律，可能任何公民、法人对这种违法行为均无起诉权，或者有的受害人依法具有原告资格，但是，诉诸法律主张权利对他来说可能是很不经济的,或者因为受害人多,谁也不愿意付出代价让别人搭便车。因此,在设计法律程序时,应当设定代表公共利益的法律主体。

司法行为损害了法律所确立的公共利益也是对司法公正性的破坏。而司法的职能在于解决纠纷,其职能本身具有消极的一面,直言之,法院不能积极主动地去解决纠纷。当前一些法官受自身利益驱动鼓动当事人起诉,为自己拉案源,属于背离司法权基本要求的不正常现象。自检察制度产生以来,检察机关就以国家利益的代表的面目出现。国家利益就是法律所确认的公共利益。但是,不能说维护司法公正就是维护公共利益。司法公正的基本要求是不偏不倚地对待各方当事人;维护公共利益应当表现为在公共利益受到损害的情况下,检察机关代表国家行使权利,基于维护公共利益的检察活动的目的,在于发动一个司法程序,而不是纠正一个不公正的裁判,因而不属于维护司法公正的范围,而是检察程序的独立的目的所在。

在我国,维护公共利益还具有一个特别重要的意义,就是保护国家对国有资产的所有权。我国的国有资产是全国劳动者用几十年时间的埋头苦干和无私奉献积累起来的,因此,应当在制度上防止国有资产流入少数人的腰包。如果把维护公共利益作为民事行政检察的目的,赋予检察机关起诉权是必要的。1997年12月3日,我国第一起由检察机关以原告身份代表国家利益提起诉讼的案件得到法院判决的支持。[1] 初步证明为了维护公共利益的目的赋予检察机关提起民事、行政诉讼的职责是必要的。

检察机关的起诉权毕竟不同于公民、法人的起诉权,不能没有限制,否则,就会因为检察机关过多地介入民事案件而影响公民自主行使权利,介入行政案件而破坏行政权或审判权的有效性。检察机关在哪些情况下可以发动什么样的检察程序,是立法必须解决的问题。

司法错案的形成原因往往并不是司法人员的业务素质低下,而是一些司

---

[1] 河南省方城县人民法院《民事判决书》(1997)方民初字第192号。

法人员不正当行使司法权。检察程序的设定最根本的目的是为了确保司法公正。维护公共利益的目的除了公众利益或社会利益应当在司法程序中得到保障之外，主要是出于立法技术上的考虑。检察官应当是各方面法律的专家，比任何一个其他国家机关更能胜任这一职责，因此，检察程序的设计应当考虑到程序的目的性。遵循这一程序所进行的活动当然也不能与设定该程序的目的相违背。检察活动如果试图通过保护公民、法人合法权益的目的实现司法公正，很可能误入歧途，为此，检察人员避免同当事人进行单方面接触是必要的。检察活动如果立足于解决法律纠纷，则有可能影响审判权的有效行使，影响检察机关的工作效率，甚至会破坏司法秩序。

简论民事行政检察的二元结构*

王祺国**

内容摘要： 我国检察权具有法律监督权与公诉权相结合的双重属性，决定了我国民行检察制度具有保护与监督的双重价值。因此，应设置完善的民事行政检察程序。

关键词： 民事行政检察　二元结构　双重属性　程序

民事行政检察作为一项重要的检察制度在世界各国已普遍确立。由于各国检察模式不同，法律对检察机关民事行政检察的权能设定存在较大区别。在西方国家，检察机关在民事、行政诉讼中的主要角色是国家代理人、公益起诉人；而以前苏联为代表的社会主义国家则除代表国家、社会公共利益提起诉讼职能外，还规定检察机关对民事、行政诉讼（执法）的广泛的监督权。我国立法受前苏联检察制度影响，较长时间里对检察机关民事行政检察在职能规定上相类似，但1978年检察机关恢复重建后的立法一度取消了检察机关提起、参与民事、行政诉讼的职权。1990年行政诉讼法和1991年修改后的民事诉讼法则把法律监督职能局限到按审判监督程序的抗诉权。即使如此，对这一抗诉机制的存废仍引起争论。笔者认为，对民行检察在理论上必须正本清源，以还这项制度以本来面目。

---

* 本文刊载于《人民检察》2002年第3期。
** 王祺国，浙江省人民检察院副检察长，全国检察业务专家。

一、民事行政检察的双重属性

资本主义国家检察制度奉行的是绝对公诉模式,因而检察职能是围绕公诉来设计的。大陆法系的一些国家赋予检察长指挥警察侦查的权力,其本质也是体现公诉权,而不是监督权。自从原苏联创设检察机关是国家的法律监督机关的新型检察模式后,给传统检察机关以公诉为轴心的职能赋予了崭新的内容。法律监督机关宪法地位的确立,大大提升了检察机关在国家权力结构中的位置,成为社会主义法治国家中依法制衡权力的重要法律机关。随之而来理论界的一个误区就是始终顺着法律监督这一单向思路来研究、认识我国的检察制度,认为国家的法律监督机关的地位代表了我国检察职能的法律监督属性,并以此作为我国检察机关与资本主义国家检察机关职能上的显著区别。笔者认为,国家的法律监督机关是从传统的公诉机关演化而来的,是检察制度的发展和创新,而不是对原有公诉模式的简单否定,更不是对公诉职能的扬弃。相反,由于注入法律监督的内涵,公诉职能更加丰富、更有保障;法律监督职能与公诉职能相随相伴,更具有针对性和有效性,且两者互为依托,整个检察职能的运用更具有活力、更具实效。公诉职能与监督职能的并行不悖、双向驱动,才是中国检察制度的职能特色和职能优势。也就是说,中国检察权是在法律监督机关的宪法定位引导下的法律监督权与公诉权的合一,具有双重属性。由此决定了民事行政检察具有公诉权和法律监督权的双重属性。

长期以来,由于重刑轻民思想的影响,我国检察机关的检察职能一直围绕刑事来设计,尤其是在实践上,很少涉足民事、行政诉讼领域。虽然行政诉讼法和修改后的民事诉讼法赋予了检察机关按审判监督程序提出抗诉的权力,打破了刑事检察一统天下的局面,并随着办理抗诉案件的增多而逐步加重了民行检察在整个检察职能中的分量,但并未从根本上改变刑事检察模式。今天,民行检察无论从立法上还是实践上均是以一种法律监督机制的形式出现。然而社会的进步和法制的完善,迫使我们对民行检察属性作深刻的反思,以有助于完善民行检察法律制度。在资本主义国家立法中,检察机关提出民事诉讼是普遍确立的一项民事行政检察制度，苏联在立法上也规定了检察机关的这一职能。在1982年以前的我国民事立法上一直规定了检察机关提起诉讼的职能，但由于种种原因，1982年的《民事诉讼法（试行）》取消了这一规定。从此，提起民事诉讼，在我国立法上变成空白。即使如此，对检察机关提起民事诉讼在理论上仍是高度统一。像这样一种在世界各国立法普遍确认、理论上意见一致的提起诉讼的民事行政检察职能，本身就表明，它是民事行政检察的重要属性和重要特征，我国的立法没有理由将其排除在外。因此，法律监督和提起民事行政公诉是民事行政检察的属性定位，是我国民行检察框架的两大支柱，在这样理性认识下，我们应不遗余力地去实践、去推动我国民事行政检察的立法完善。

二、民事行政检察的双重价值

确立民事行政检察提起诉讼和法律监督双重属性不仅可以大大丰富民行检察的价值内涵，也给原来单一的法律监督价值注入了新的内容。无论是提起诉讼，还是法律监督，其价值不再是单一的一个方面，而是具有互动效应的双重价值。就提起诉讼来看，参照国外检察机关提起诉讼的立法规定，结合我国国情，其主要的案件范围应当包括：（1）因民事违法、行政失职致使国有财产严重流失无人起诉的案件；（2）涉及社会公共利益、大众利益无人起诉的案件，如因环境污染、产品质量、行业垄断、地区封锁等侵犯不特定社会公共、公众利益的案件；（3）行政机关发布违反法律、法规的规范性文件，如乱收费、乱罚款、乱摊派、乱募捐、限制市场进入、公平竞争的规范性文件，损害市场主体、公众利益的案件；（4）其他因民事、行政违法造成危害结果无人起诉而检察机关认为应当提起诉讼的案件。由此可见，检察机关提起诉讼的价值是保护和监督的统一。所谓保护，即通过提起诉讼，用法律来保护国家和社会公共利益，实现对国家、社会公共利益的法律救济，这在当前和今后我国社会处于体制转型时期是十分必要的。所谓监督，即提起诉讼是基于重大民事、行政违法

行为的存在，是对民事、行政违法行为的指控，以通过诉讼制裁违法，维护民事、行政法律秩序。检察机关提起诉讼体现的是对社会执法、守法行为的特殊监督。

法律监督职能在民事行政检察中主要是指抗诉权。即对人民法院作出的确有错误的民事、行政判决、裁定，检察机关按审判监督程序提出抗诉。从立法本意来看，赋予检察机关对生效民事、行政裁判的抗诉权，是通过抗诉权有限地制衡审判权，以通过再审纠正错误的判决、裁定。从抗诉权的法律监督总目标来看，是为了实现司法公正，维护法制权威，在民事审判和行政诉讼环节保证国家法律的统一、正确实施；从抗诉权的机理和属性来看，其法律监督价值主要体现在三个方面：一是对审判权的制衡价值。民事、行政诉讼中法院唱主角，外部少监督，极易造成权力变形、变质。这已是不争的事实。作为国家的法律监督机关，检察机关抗诉权的独立存在，形成相对稳定的司法权制衡结构，通过有限监督促进审判公正。二是对法官的制约价值。审判活动是在法官主持下进行的，法官具有相当大的自由裁量权和自主决定权，在缺乏有效监督的情况下，难以避免以个人意志代替国家意志，导致滥用权力，甚至贪污受贿、徇私舞弊、枉法裁判。抗诉权是对原审活动的重新评价，是对法官违规、违法行为的矫正，从制度上有助于遏制其权力滥用。三是保护当事人合法权益的价值。司法公正有赖于一切诉讼参与人的共同努力。诉讼是检验当事人守法、执法的窗口。无论是对违法民事行为的认定，还是对妨碍民事诉讼行为的揭露，都是检察机关履行抗诉职责的必要内容，其监督作用具有放射性、广泛性，对整个社会崇尚法制有着积极的推动作用。同时，我们必须看到抗诉权还具有保护当事人合法权益的价值。尽管这是一种客观价值，不是行使抗诉权的主观动因。任何民事、行政案件最终结果只能有利于一方，不能因为抗诉的结果会有利于申诉人而无视抗诉这一客观价值的存在。当然我们不可过分渲染、倾向这一价值，不然就会混淆职责，以诉讼代理价值代替法律监督价值，给整个法律监督全局带来阴影和被动。

三、民事行政检察的程序

按照民事行政检察的双重属性、双重价值，民事（行政）诉讼法对检察机关民事行政检察立法的完善已势在必行。由于起诉和抗诉内容上存在很大不同，因此应设计两种独立的诉讼程序，分别在民事（行政）诉讼法有关部分各增加一节予以规定。

（一）关于提起诉讼的程序设计

1. 提起诉讼的条件。即有重大民事、行政违法行为的存在；已给国家、社会公共利益造成严重危害；没有特定的权利主体或权利主体为保全部门、个人利益怠于起诉。经查证属实，检察机关可以代表国家和社会公共利益向法院提起诉讼。诉讼的被告即是实施重大民事、行政违法行为，给国家、社会公共利益造成严重损害的机关、企业或公民。

2. 检察机关提起诉讼的地位。对此各国立法不尽一致，理论界认识亦相左。笔者认为，检察机关提起诉讼不是通常所讲的诉讼代理人或诉讼代表人，就案件本身而言就是原告，应承担法律规定的原告的诉讼权利与义务，与被告处于平等的诉讼地位，并依法承担诉讼结果。至于监督职能已属于提起诉讼内容之中，不再具有独立性，因而提起诉讼的检察机关并不同时具备法律监督者的主体身份。不然会造成职责不清，抗衡审判活动，影响诉讼的平等性、有序性。

3. 检察机关的调查取证权。在提起诉讼前，检察机关为认定民事、行政违法行为及其所带来的后果有权进行调查，这种调查是一种依法享有的职权行为，有关单位和个人有配合的义务；在案件进入诉讼程序后，检察机关就只是一般意义上的原告，要遵循谁主张谁举证的举证规则，参与庭审调查、辩论，其需要补充调查的行为只能是一种当事人权利，甚至于可能要委托代理人去完成调查取证事项。

此外，对一审判决、裁定不服，检察机关有权在上诉期内提出上诉，成为

上诉人；在对方提出上诉的情况下，则成为被上诉人。对检察机关提起诉讼的裁判结果，应按所保护权利的性质依规定在裁判中明确。

（二）关于提出抗诉的程序设计

检察机关按审判监督程序提出抗诉是一种法定的引起再审程序的监督机制，这一抗诉引发的再审程序有别于法院内部决定再审的程序，更不同于原审诉讼程序，不是原审程序的简单恢复。因此，设计抗诉程序必须明确两点：一是由抗诉引起的再审程序，已排斥当事人诉权（起诉权、上诉权）的支配，当事人的诉权不能对抗抗诉权。因为公权大于私权，且当事人就该案的诉权已在原审中消耗殆尽。当然，这并不影响再审中当事人依法享有的诉讼权利与义务。二是由抗诉引起的再审程序应保持抗诉权与审判权的平衡，即保证同级相对应。从立法精神上看，法律之所以把抗诉权赋予上级检察机关，既表明对法院已生效判决、裁定提出抗诉持严肃慎重的态度，也表明抗诉案件应当由同级法院再审。然而，由于立法规定不够明确，实践中相当多的案件被同级法院发回原审法院再审，由此出现了两个主要问题：一是原审法院因各种借口对确有错误的判决、裁定不予改判纠错，很大程度上使抗诉失效、监督失灵；二是如运用一审程序，当事人一方往往提出上诉，在上诉程序中检察机关无任何依据和理由介入，监督实际上被当事人诉权所代替，处于失控状态。笔者认为，抗诉引起的再审程序是一种特殊的再审程序，参照刑事诉讼法按审判监督程序抗诉再审程序的规定，必须明确由抗诉机关的同级人民法院再审，并直接适用二审程序。在这个前提下，检察机关出庭履行支持抗诉和法律监督职责才能顺畅，不需要委托下级检察机关出庭；更主要的是，有利于上级法院以超脱的地位依法客观公正地审理再审案件。

（三）关于提起公诉与提出抗诉程序的关系

一般地看，两者在程序上是彼此独立、互不相干的。但有两种情况需加以说明：一是检察机关自行发现因当事人恶意串通造成国家、社会公共利益重大损失而法院错误判决、裁定的抗诉案件，在再审中法院撤销原判决、裁定，而实际上国家、社会公共利益并没有得到保护的情况时，检察机关可否提起诉讼。笔者认为，在法院再审判决、裁定并没有依法有效地保护国家和社会公共利益的情况下，检察机关不受"一事不再理"一般民事诉讼原则的限制，可以代表国家和社会公共利益依法提起诉讼。这既可以扩大法律监督的实效，又有利于对国家、社会公共利益的保护，是基于监督权出现的民行公诉权，在法理上是站得住脚的。二是检察机关提起诉讼的案件如生效判决、裁定错误，检察机关能否提出抗诉的问题。笔者认为，提起诉讼的检察机关在诉讼中是当事人，受到判决、裁定效力的约束，不能因为败诉摇身一变成为抗诉机关，这有失公平原则，更有损于监督形象。像这样的案件，检察机关既可以以当事人身份在判决、裁定生效后两年内向法院申请再审，也可以通过权力机关的个案监督提请法院再审。

谈民事行政检察权的配置*

王鸿翼**

民事行政检察是当前司法机关和学术界十分关注的问题，观点甚多。有的主张进一步细化和完备现行抗诉制度，使之具体化、可操作；有的主张法律赋予检察机关提起民事公诉权，以使国家利益、社会公共利益得到保护；有的倡导检察机关积极开展支持起诉、督促起诉等工作，以保护国有资产不受侵害；还有的认为，在民事裁判执行工作方面，检察机关应当予以介入和监督。当然，也有个别的主张检察权作为公权力无须或不应赋予抗诉权等从根本上质疑或反对的观点。

众说纷纭有以下原因：其一，检察理论的发展与现行检察制度的发展尚不同步，一些表现为对民事行政检察方面的纷争，实质上是对检察理论不同认识的反映。其二，比较研究是诉讼法学不可或缺的研究方法，也可以说是一种思维方式。而民事行政检察制度，域外少有参照，国内历史较短，理论尚未构成体系。在我国的宪法体制下，这项制度本身就是一项在特定历史时期、极具本土化特征的法律制度。因此，对诉讼制度的纵横博引和研究，往往又会使新的问题迭出甚至导致悖论。只有在现行宪法的框架下，遵循诉讼原理，坚持理论与我国的实际情况相结合，才能揭示其制度价值。其三，理论与实践互为作用。多年来，民事行政检察的工作实践曲折坎坷，可资研究的素材不尽如人意，一定程度上影响了实务和理论工作者研究能力的发挥。

---

* 本文刊载于《河南社会科学》2009年第2期。
** 王鸿翼，时任最高人民检察院民事行政检察厅厅长，全国检察业务专家。

笔者认为，简单地围绕民事行政检察某一方面或几个方面的权能讨论，抑或依据司法实务中的一个或几个问题来研究民事行政检察权的配置问题，都只是给予这一复杂问题以简单的答案，于事无补。为此，应当从思维的一般规律即从基本概念入手，梳理思路，继而全面、科学地研究民事行政检察权的合理配置问题。

一、准确定位，检察机关究竟是做"监督"还是"诉"的主体

研究民事行政检察权的配置，不可避免地要涉及检察权的内容、性质和特征以及检察机关的定位等根本问题。关于检察权的内容，有两分法[①]、三分法[②]、四分法[③]、五分法[④]、八分法[⑤]等观点；关于检察权的性质，也是一个有众多争议的话题，主要观点有如下几种：行政权说；司法权说；双重属性说；法律监督权说；特别权力说。

笔者认为，既然难以取得共识，不如搁置争议，面对现实。而现实是，宪法中并未规定"司法权"和"司法机关"的概念，仅在规定国务院和县级以上地方各级人民政府的职权时有两处提到"司法行政"；实践中，我国实行的"二元司法"的体制，即法院司审判、检察司监督，检察权和审判权共同构成司法权，亦即大多数人也将检察机关视为司法机关，有刑事诉讼中甚至将公安机关视为司法机关。

检察权是不是司法权、检察机关是不是司法机关的认识分歧，源于西方一些国家"司法权即审判权""司法机关即审判机关的"的理念，或者说是源于"三权分立"的理论。这与所谓同国际社会接轨有着很大关系。这些年来，法

[①] 肖亮、崔晓丽：《对检察机关法律监督权的司法诠释》，载《政法与法律》2008年第2期。
[②] 谢鹏程：《检察权的结构》，载《人民检察》1999年第5期。
[③] 张穹：《关于检察改革中若干理论问题的思考》，载《人民检察》2003年第7期。
[④] 石少侠：《论我国检察权的性质》，载《法制与社会发展》2005年第3期；蒋德海、郭宗才：《检察权权能建设新论》，载《中国检察官》2007年第3期。
[⑤] 徐荣生：《中国检察权及其权力配置》，载《中国检察官学院学报》2006年第1期。

学研究乃至司法体制改革中表现出对国外"法治国家"的依赖和盲从,以致考察我国检察制度时,人们习惯性地戴上了有色眼镜。

笔者以为,"本土化""法律文化"等方面都是制定和执行法律所考虑的因素和依据的实际。言必称法系只是一个方面,还要言必称国情,两者兼顾,才能得出科学的结论。实践表明,适合国情的制度才是科学的制度。正如马克思所指出的:"社会不是以法律为基础的。那是法学家们的幻想。相反地,法律应当以社会为基础。"①

至于我国检察权的特征问题,争议不大。一般认为,检察权具有如下特征:(1)检察机关行使的法律监督权是一项由权力机关授予并受权力机关领导和监督的专门国家权力,它在最高国家权力之下,依据宪法的规定,与行政权、审判权和军事权处于平行、独立存在的状态,是人民代表大会下"一府两院"政治体制中重要的一项二级国家权力,具有很高的权威性、严肃性和强制性。(2)检察机关行使的法律监督权是一项对行政权、审判权、军事权、地方立法权实施全面监督的专门性权力,其存在的目的在于确保行政权、审判权、军事权、地方立法权在法律规定的范围内行使,防止权力的腐败和专断,但不包括对公民遵守法律的情况的监督。(3)检察机关行使的法律监督权是一项程序性的权力,不具有终局和实体的意义,其本质就是要用程序性的制约权来实现对实体的监督。(4)检察机关行使的法律监督权体现了以权力监督权力的宪法精神,是一种由检察机关专门实施的,通过运用国家权力来监察和督促纠正违反法律的情况的国家权力,保障被监督公权力主体行为的合法性的权力。(5)检察机关在行使法律监督权时,其自身也要接受来自内部和外部的监督。检察机关在行使法律监督权的同时,必须接受权力机关的监督,向权力机关负责并报告工作;在监督过程中,接受相关机关制约和监督;还有来自检察机关内部的监督,以及逐步完善的人民监督员制度等。

笔者认为,检察权最显著的特征是以公权力对公权力的监督,主要是对行

---

① 《马克思恩格斯全集》(第6卷),人民出版社1961年版,第291—292页。

政权和审判权的监督和制约。这是有充分宪法基础、理论基础、历史基础和实践基础的，也是顺应国际潮流的。

（一）检察权监督制约行政权和审判权的宪法基础是权力有限

现代宪法制度的一个基本原则是"一切权力都是有限的"，审判权和行政权同样不例外。我国国家权力分工与运作的特点是行政权十分强大、司法权相对弱小，而司法权中的检察权又相对较弱。行政权天生就具有扩张性，而且涉及社会生活的方方面面。行政权体现为极其庞大的管理权、执法权、委任立法权和日益扩张的自由裁量权。审判权是对各种社会纠纷和矛盾作出实体裁判的终局性的权力，是直接处分当事人法律上的权利和义务的权力。相形之下，检察权主要表现为程序性的权力，从实体处分权看，它的权限最小，既不直接配置权利义务，又不对案件作终端处分，最具有超然性。鉴于此，我国权力机关将法律监督权赋予检察机关专门行使，对另外两个权力实施监督。

（二）检察权监督制约行政权和审判权的理论基础是权力制衡

相互分离的权力之间具有一种制约关系，不让其中的任何一种权力占据绝对优势，以实现国家各部分权力之间处于一种总体平衡的状态。在人民代表大会下的"一府两院"制度下，人民政府、人民法院和人民检察院之间的关系，是各司其职，各负其责，共同对权力机关负责。人民政府是国家的行政机关，代表国家行使行政权力；人民法院是国家的审判机关，代表国家行使审判权力；人民检察院是国家的法律监督机关，代表国家行使法律监督权力。这种监督表现在三者之间的关系上，是检察权对行政权和审判权的监督制约，以此来保障国家行政权力和审判权力的正确行使。因此，从宏观的和理论的角度上讲，我国的检察权应当配置为对行政权的监督和对审判权的监督两个方面。

（三）检察权监督制约行政权和审判权的历史基础是文化传承

秦汉时期，我国即创设了御史制度，专设御史来纠察百官。西汉时把国家权力分为行政与监察，以丞相主管行政，以御史大夫主管监察，均对皇上负责。唐代统治者提出"以法治天下，尤重宪官"。我国历朝都设有御史制度或与此相类似的制度，只是各个朝代的具体运行效果各有不同。我国今天检察制度职能和作用的设置在相当程度上也沿袭或受影响于历史上的御史制度。

（四）检察权监督制约行政权和审判权的实践基础是主体适格

人大的宪法地位决定了它具有相应的监督权力，人大的监督可以不受任何空间的限制，人大对行政权、审判权、检察权具有最高的监督权力。但是，行政权和审判权又都是相对独立、封闭的运行系统，人大的监督又不可能及时、迅捷、直接地督促从而使得每一种公权力的违法得到制止或纠正，不能达到具体权力运行中的制衡效果，客观上需要专门的监督机构代表最高权力实施监督，保证中央集权的顺利实现，保证国家的法律正确统一实施。

把检察制度定位于对审判权和行政权的监督制度之上，则检察权主要应在两方面进行配置：一方面是对行政活动监督方面进行配置；另一方面是对审判活动监督方面进行配置。这是符合人民代表大会下"一府两院"模式设置需要的。

检察权对行政权的监督制约表现为以下几个方面：一是对行政机关移送涉嫌犯罪案件进行监督；二是对行政机关或其工作人员实施的贪污贿赂犯罪、渎职犯罪，利用职权实施的侵犯公民人身权利和民主权利的犯罪直接受理立案侦查；三是对公安机关的刑事侦查实施立案监督；四是对于行政执法机关移送的涉嫌犯罪案件，人民检察院经审查，认为不符合立案条件，但需要给予有关责任人员行政处分、行政处罚或者没收违法所得的，可以提出检察意见；五是对刑罚执行情况的监督。检察机关对审判权的监督和制约，体现在刑事诉讼法、民事诉讼法和行政诉讼法中，具体表现为刑事诉讼中的上诉性质的抗诉权和审判监督程序的抗诉权，民事诉讼和行政诉讼程序中的抗诉权，以及对审判人员贪污受贿、枉法裁判、徇私舞弊行为的查处等。

由上述可以得出以下几点结论：（1）在诉讼活动中，检察机关是法律监督的主体，而不应当是"诉"的主体。"公诉""抗诉"只是监督的表现形式或称手段而已，检察机关不是公共利益的代表，也不是政府律师，更不可能仅仅是公诉机关。当初，在民事诉讼立法中，使用"抗诉"这一概念本身即是错误。因为，检察机关在对诉讼活动监督的过程中并没有自己的"诉求"，没有相应的诉讼权利与诉讼义务。以后，全面修改民事诉讼法和行政诉讼法时，建议改称为"决定"或者"提起再审令"或其他表述方式。（2）检察权对行政权和审判权监督制约制度存在不完全性，最突出的问题是监督任务与监督手段的矛盾。现行法律规定的检察监督方式，在刑事诉讼领域比较完备、具可操作性，民事和行政审判领域只明确了所谓的抗诉权。法律留下的真空地带太大，致使目前检察机关的法律监督有挂一漏万之嫌。依据法治原则，公权力的行使必须有法律的明确授权，法无规定不得为。这就使检察机关在社会生活中处于极其尴尬的地位，正如学者所言："就如同头戴一顶华丽的大帽子，手中却只拿着一根拐杖。"[①] 从根本上来说，这是由于我国法律与宪法之间的立法不协调引起的，这是科学、合理配置民事、行政权亟待解决的问题。（3）检察院在刑事诉讼活动中行使法律监督是以"诉"的角色来实现的。然而，检察院在民事、行政诉讼活动中，尤其是在民事诉讼过程中，决不能再以"诉"的角色来参与。民事诉讼与刑事诉讼的性质截然不同，不再赘述。在民事诉讼中，"诉"再不能被视为检察监督作用的表现形式，"诉"与"监督"不能竞合。相反，"诉"与"监督"的地位相互矛盾，必须分割。这是因为，民事之诉的提起、撤诉、反诉等诉讼程序与民事主体的诉讼权利、诉讼义务密不可分，直接关联。检察机关一旦以"诉"的形式参与，就会打破民事法律关系中平等主体的平衡。一句话，要使检察机关发挥监督作用，就必须保持其超然性。

二、明确概念，民事检察与行政检察应当分开讨论研究

民行检察工作自始即将民事检察与行政检察相提并论，惯称"民事行政检察"。这就会焦点不集中、论辩不明。"民事行政检察"作为概念极不科学，研

[①] 梁玉霞、沈志民：《走向公平正义——浅谈法律监督的意义与局限性》，载《广州大学学报（社会科学版）》2006年第1期。

究时应当分开。

（一）从诉讼原理看，民事诉讼与行政诉讼的性质、特点和诉讼理念等均不相同

民事法律关系的主体处于平等地位，行政法律关系的主体地位则不平等，由此导致行政诉讼法律关系与民事诉讼法律关系也不相同。

行政诉讼是法院对行政行为的合法性进行审查，行政机关要求对方当事人所做的已经在具体行政行为中提出并且多数已经付诸执行，故行政机关在诉讼中不再向相对方提出实体方面的要求。行政机关在行政诉讼中所希望达到的，是法院确认其行政行为的合法性或者强制执行某些行政行为，故其不具有起诉、反诉的权利。

在行政诉讼法律关系中，作为行政主体的行政机关是一个重要角色，当事人争讼的焦点不是表现为具体的权益，而是行政行为的合法性。在行政诉讼中，为了实现双方当事人法律地位平等，实行的是当事人诉讼权利平衡原则，而不是对等原则，即当事人的诉讼权利义务是不对等的。行政诉讼中的原告是行政管理关系中的被管理者或者受到具体行政行为不利影响的当事人，是相对弱势的一方，因此，法律规定行政机关在诉讼中承担特殊义务，强化原告的诉讼权利，以巩固和支持原告的诉讼地位。例如，被告承担举证责任，不得在诉讼中自行向原告和证人收集证据，原告享有提出停止执行的权利等。

行政机关在诉讼中不得处分法定职权，法律禁止行政机关出于诉讼胜负或其他动机，放弃、交换法律赋予的管理职权和诉讼权利。这是行政诉讼的又一项基本原则，因此，法律规定法院审理行政案件不适用调解，行政机关改变原具体行政行为，原告同意并申请撤诉的，要经人民法院裁定准许。

（二）从实际工作情况看，民行检察合一的机构设置使得行政检察职能基本上被民事检察业务所湮没

目前，各级检察院都是民事检察、行政检察合署，在办案中也是民事、行

政案件不分，适用同一个办案规则。但实际上民事检察和行政检察除了现行法定的监督手段（抗诉）相同外，在内容、范围、原则上均有很大区别，在证据规则方面则有根本不同。两者放在一起，大量的民事申诉审查任务就会挤占了行政诉讼监督工作的研究和开展。2003—2007年，全国各级检察机关共提出行政抗诉案件2381件，仅占同期抗诉案件总数的3.7%。法院的行政审判机构早已单独设立，培养了一大批行政法律的专业干部乃至专家级人才。检察院虽然开展了20年的民行检察工作，但从业人员不分专业、类别，不能集中精力专门研究行政案件，更不要说对某一类行政案件的细分，对行政实体法和程序法以及行政检察的理论研究更是无从谈起，远不能适应开展行政检察监督的需要。

（三）从外部环境看，人民法院对检察机关开展行政检察监督比较容易接受

法院的行政审判工作也是在艰难中前进，面对强大的行政权往往束手无策。多年的实践表明，法院对行政检察工作是配合支持的。但在目前这种民事行政检察合一的格局下，检法两院对民事诉讼监督的认识方面的分歧，也影响了行政诉讼监督本应得到的快速发展。

（四）依法治国的方略要求检察机关在监督和促进行政机关依法行政方面发挥积极的作用，人民群众对此寄予厚望

当前，行政争议越来越多，案件数量逐年递增，有些地方矛盾还很突出。现实中许多诸如环保、煤矿安全等问题的发生也确实是由于地方行政部门的失职或渎职造成的。按照行政诉讼法的规定，检察机关有权对行政"诉讼活动"实行法律监督，此范围远大于民事检察仅限于"审判活动"的规定。

三、认清属性，厘清民事行政检察权各项权能的性质

按照现行法律规定，检察机关行使民事行政检察权的主要手段是抗诉，实

践中,民事行政检察部门依照法律规定的精神,探索了一些新的监督方式,拓展了监督的范围,但这些做法所体现的监督主体性质和定位,又均不同。笔者试作逐一分析。

(一)民事抗诉和行政抗诉是现行法律明确规定的监督手段,检察机关处于监督地位

民事行政抗诉制度的本质是:在民事行政诉讼活动中,国家赋予人民检察院启动再审程序的程序决定权,以便确保维护司法公正和权威。这是继审判机关之外的又一个公权力机关——检察机关介入了民事诉讼和行政诉讼领域。由此也引发了一些不同的认识。某些否定检察机关在民事诉讼中应有地位的一个理由就是,检察权为公权力,民事纠纷中涉及的都是私权,在民事私权内容的法律关系里没有必要添加公权力的干涉[①]。这种观点混淆了民事法律关系和民事诉讼法律关系两个概念,检察机关的介入并没有参与民事法律关系的发生和变化,更不是民事法律关系的当事人。民事法律关系涉及的内容当然属于私权范畴,但是民事诉讼则是发生民事纠纷的当事人借助国家审判机构解决纠纷的活动,本质上无疑是属于公权力的活动。诉讼的本质是由特定的国家机关,在纠纷双方主体的参加下,以国家公权力解决社会纠纷的一种机制。公权力是构成诉讼乃至民事诉讼必不可少的前提条件,换言之,没有公权力的介入,就不成其为诉讼。检察机关以检察权监督审判权,是公权力对公权力的监督,根本不存在公权力对私权力的干预问题。

1."抗诉"这一概念名不符义。人民检察院在审判监督程序中,不是处于诉的地位,行使的不是诉权,而是法律监督权。从现行法律的设置上看,也可以说是一种法律赋予的具有强制性的再审决定权,以此强行启动再审程序,要求人民法院依法再次开庭审理案件。人民检察院在诉讼活动中,既非起诉又非应诉,不是"诉"的主体,称之为"抗诉",与人民检察院介入民事诉讼和行政诉讼的主体性质不符,会带来许多认识上的分歧和误解。

---

① 高洪宾、朱旭伟:《民事检察监督不宜强化》,载《人民法院报》2000年6月27日。

2."抗诉"这一概念名不符理。现行法律规定的根本缺陷不是条款过于简单、不具操作性的问题，也不是检察院和法院之间配合的问题，而是法律设定的不合理，即不符合民事诉讼和行政诉讼的基本原理。人民检察院的这种启动再审的公权力，是我国独有的一项法律制度，命名为"抗诉"后，依逻辑上讲，就有观点提出"检察院享有什么诉讼权利，在再审之后，如果败诉，检察院怎样承担败诉的后果"等问题。然后，以这一系列的问题具体地否定其合理性。

3."抗诉"这一概念容易与"刑事抗诉"相混淆。人民检察院对生效民事判决启动再审的这一权力命名为"抗诉"后，在人们的认识上，容易与"刑事抗诉"相混淆，集中表现在按现行法律规定，抗诉只能由作出生效判决的人民法院的上级检察院提出。其根源，是把刑事审判监督程序的抗诉与民事审判监督程序的抗诉混为一谈，这就相当于认为"人民检察院不可以监督同级人民法院的生效裁判"。这显然是错误的。现行法律规定审判监督程序的提起方式有三：一是人民法院自行提起。即各级人民法院院长对本院已经发生法律效力的判决、裁定，发现确有错误，经审判委员会讨论决定再审。最高人民法院对地方人民法院、上级人民法院对下级人民法院已经发生法律效力的判决、裁定，发现确有错误的，有权提审或者指令下级人民法院再审。二是人民检察院按照审判监督程序提出。三是人民法院基于当事人再审申请启动审判监督程序。从诉讼原理上分析，前两者都是国家权力机关依职权进行的，无论其来源是审判机关或检察机关自己发现或是基于当事人申请，本质上是相同的，都是司法机关根据案件是否确有再审必要而所作出的一种"决定"。特别应当注意的是，检察院在即将再审的案件中，即不是原审案件的当事人或其代理人，也不是居中裁判的审判机关，与原诉讼活动毫无关联，更具超然性。如称"抗诉"，那么，所抗的是何人之诉、何种之诉？其说不能自圆，这不能不说是立法的缺憾。因此，今后修改立法时，应当将现行民事抗诉制度作为民事检察监督制度的一个组成部分，把"抗诉"改称为"再审决定"或"提起再审"之类的非诉概念，这样更符合法理和实际。

（二）民事（行政）个案再审检察建议是成功的实践创造，检察机关在这一法律关系中居于监督地位

"个案再审检察建议"是检察机关在实践中探索的一种对个案的监督方式，弥补了法律规定之不足，实践证明是行之有效的，《人民检察院民事行政抗诉案件办案规则》予以明确，也在一定程度上得到了人民法院的认可。目前，个案检察建议主要适用于原裁判符合抗诉条件，检察院和法院协商一致，法院同意再审的案件。实质上，它是对于现行"抗诉"的一种适用方式，是一种"准抗诉"。它与检察机关对原裁定确定错误，但依法不能启动再审程序予以救济的案件，如执行程序中的裁定、破产程序中的裁定，以及法院再审抗诉案件时庭审活动违反法律规定等情况下，检察机关要求其予以纠正所发出的其他意义上的检察建议还有本质区别。

个案再审检察建议是一种较为便捷的监督方式。它由作出生效判决、裁定的人民法院的同级人民检察院直接向法院提出，可以实现人民检察院对同级法院生效裁判的直接监督，减少办案环节，减轻上级检察院和上级法院的负担，间接实现同级监督，体现"诉讼经济原则"，有利于提高司法效率。人民检察院提出再审建议后，如果认为人民法院的决定不当，还可以再提请上级人民检察院抗诉，形成同级监督和上级监督并存的格局。

（三）民事公益诉讼，诉讼的价值取向是为保护国家利益和社会公共利益，这一法律关系中，检察院的定位是"诉"的主体

近年来，民事诉讼理论界对民事公益诉讼十分关注，有大量的研究成果，对于检察机关提起维护国家利益和社会公共利益的民事公益诉讼大多持支持态度。时至今日，法学理论界和实务界对于应否赋予检察机关提起民事诉讼的职能已经没有太多争议。保护公益，需要赋予检察机关以民事诉权[①]，但是，在具体的民事法律关系中，何为"国家利益"、何为"社会公共利益"是一个内涵和外延均不清楚的模糊概念。实践中，检察机关虽然也作了相应探索，但基

---

① 江伟：《略论检察监督权在民事诉讼中的行使》，载《人民检察》2005年第9期。

本上均是对国有资产保护的案件，或者是应当提起集团诉讼、适用于诉讼代表人制度的案件，鲜有涉及"社会公共利益"的案件。其实质是，本应由诉讼代理人进行的集团诉讼案件，却由检察机关代为诉讼了。从某种意义上说，这恰恰打破了民事诉讼中平等主体的平衡。笔者以为，在还没有从理论和实践上完全厘清检察机关在民事诉讼过程中的性质、地位，没有根本解决"国家利益和社会公共利益"概念的认识问题之前，不宜盲目探索。

（四）（民事）支持起诉是现行法律规定的一种诉讼形式，但是存有严重的认识分歧，在这一诉讼关系中检察机关的主体性质偏向于"诉"

《民事诉讼法》第15条规定："机关、社会团体、企业事业单位对损害国家、集体或者个人民事权益的行为，可以支持受损害单位或者个人向人民法院起诉。"这里的"机关"是否包括检察机关，有两种截然不同的看法：一种观点认为，"机关"理所当然地包括检察机关；另一种观点认为，"机关"不包括司法机关。支持起诉原则，当初立法起草小组写的是"社会干预原则"。初稿第13条内容是"社会团体和公民，对于侵犯他人民事权益的行为，有权依照法律规定提起诉讼"，并不包括"机关"，但在其他条款中广泛规定了检察机关参与诉讼的权力。因当时检察机关人员少、任务重，工作重心放在刑事领域，无暇顾及民事诉讼，不可能全面参与民事诉讼。故后来删去了检察机关参与民事诉讼的某些条款，仅保留了抗诉一种方式。相应地，在支持起诉中加入了"机关"二字。后来颁布的《中华人民共和国民事诉讼法（试行）》第13条规定："机关、团体、企业事业单位对损害国家、集体或者个人民事权益的行为，可以支持受损害的单位或者个人向人民法院起诉。"这是现行《民事诉讼法》第15条的由来。

望文生义，支持起诉自然是站在民事诉讼的原告一方，即使其出发点是为了所谓的"国家、集体和个人民事权益"，但立足不居中，定位不超脱，显然与检察机关的监督地位相矛盾。由此可见，此举虽"于法有据"，但认识有分歧，不符立法本意，在实践中亦不足取。

（五）民事督促起诉，社会有此需求，实践效果较好，一定程度上显现出检察机关是位于"监督"的主体

民事督促起诉是检察机关为保护国有资产和公共利益，建议、督促有关国有资产监管部门或国有单位及时提起民事诉讼，通过法院判决确认损害国家利益、社会公共利益的民事行为无效，返还被侵占的国有资产，给予受损害的公共利益法律上的救济，对违法者给予一定的民事制裁。民事督促起诉基于现实需要，也确实收到了良好的效果，在某种程度上可以说，还比较符合检察机关的法律监督地位。以后立法时应当总结其实践情况，在成熟的时候，再以法律的形式予以定型化。

（六）刑事附带民事诉讼，本是刑事诉讼中的被害人对有关民事诉权的主张，是检察机关刑事起诉工作不可分割的部分，不应作为民事行政检察业务来进行研究

检察机关在刑事诉讼中是以"诉"的形式实施监督的，与民事行政检察监督截然不同。提起刑事附带民事诉讼是指，由于犯罪行为使国家、集体及个人财产遭受损失时，检察机关在提起公诉时可以提起附带民事诉讼。《刑事诉讼法》第77条第2款是目前我国检察机关刑事附带民事诉权唯一的法律依据。应当说，提起刑事附带民事诉讼是刑事公诉工作不可分割的部分。实践中，一些地方的民事行政检察部门协助刑事公诉部门做了这方面工作。检察机关提起刑事附带民事诉权，其本质上是主张一种权利，而不是行使权力。这种权利不是检察机关本身所具备的，而是由国家和特定的利益集体及个人所享有的，检察机关提起刑事附带民事诉讼只是行使公诉权的附带部分，是刑事起诉不可分割的部分，不应作为民事行政检察业务来进行研究讨论。

笔者认为，除抗诉和再审检察建议外，在实际工作中，以下其他几种方式不宜盲目提倡创新探索：

其一，民事公益诉讼所追究的是民事主体的民事违法行为，此种行为不是行使行政权或其他国家权力的结果。民事公益诉讼体现的是在公众的参与下通

过诉讼方式保护公共利益问题，就诉讼本身而言基本属于救济性，而不涉及监督问题。可以纳入行政诉讼监督范围另行讨论。

其二，这些活动与我国检察机关的法律地位和性质不相符。我国检察机关不是政府的代表，不仅不隶属于行政机关，相反还是对其实施监督的机关。在目前的司法体制下，检察机关如果以多重身份和角色介入民事诉讼中，既是监督者，又是参与者，不利于保持监督者的独立性，也可能会产生角色的自相矛盾，相关制度的设计就比较困难。例如，检察机关对于自己提起的民事诉讼，是否仍然可以提出抗诉，被告是否可以提出反诉，检察机关如何承担责任等。

其三，在保护国家利益和社会公共利益方面，行政执法制度较之检察机关民事起诉制度则更具优越性。正如有些学者所言："完善行政执法体制，强化相关行政机关的职能意识，同时建立检察机关对行政执法的外部监督机制，这是目前对国家利益和社会公共利益有效保护的最为现实和合理的途径。"①

其四，对于民事公益诉讼案件，可以由公民个人、社会团体等主体提起。特别是对于公害、消费者诉讼、公司股东诉讼等牵涉多数人的群体性纠纷，可以按照法律规定采用共同诉讼程序和诉讼代表人程序，虽然这两项制度在处理和解决现代型公益纠纷方面存在不足和局限性，但仍不失为一种有效方式。

四、合理取舍，科学配置民事行政检察权

从法学基础构造研究的角度看，法律上的权力，可以分为职能性权力和结构性权力两种类型。职能性权力反映的是法律职权的外延和内容，结构性权力则是某一具体领域的法律职权所必备的基本法律要素。职权性权力反映检察权的内容，是决定性、方向性的权力，它指导着结构性权力的具体构建；结构性权力反映检察职权的内在构成要素，是职权性权力的具体化和规范化，也是检察职权赖以存在和发挥效能的理论基础②。

---

① 陈兴生等：《检察机关民事起诉制度质疑》，载《政治与法律》2001年第3期。
② 朱名胜、蒙旗：《论检察权的结构与完善》，载《中国检察论坛》2004年第4期。

笔者认为，民事行政检察权的结构性权力主要包括两种：调查权和调卷权。调查权是检察机关各项职权的基础，因而是检察权中最基本的构成要素。作为法律监督机关的检察机关必须具有发现违法行为和案件事实的权力和能力，否则，法律监督就不可能进行。而发现违法行为和案件事实的最基本的手段就是调查。因此，调查权对于检察机关履行民事行政法律监督职责而言，具有根本性和基础性的功能，是民事行政检察权其他各项职权有效行使的前提和基础。如果没有调查权，检察机关即不能及时准确地发现违法行为存在的事实和案件的真实情况，也就无法履行法律监督职责。

检察机关依法办理抗诉案件的前提和基础是对法院审判活动享有知悉权，调阅卷宗是检察机关了解审判活动是否依法进行的重要形式，但调卷难是实践中长期存在的一个老大难问题。最高人民法院在1995年和2000年，两次就上级人民检察院能否调阅下级人民法院审判卷宗问题作出答复，对检察机关调阅案卷作出种种限制，使检察机关无法详细、准确、及时掌握案件具体情况，也很难有的放矢地开展监督工作。因此，建议修改民事诉讼法和行政诉讼法时对检察机关的此项配套权限予以明确规定，通过立法解决实践中的问题。

关于民事行政检察权的职能性权力及其配置，笔者认为它应当包括以下三个方面：

（一）民事检察权的配置

研究民事检察权的配置，其出发点在于要实现对民事审判权这种公权力的监督，民事检察权的监督对象是民事审判权力的行使，凡是属于行使民事审判权的活动，都要列入监督的范围，反之，不是行使民事审判权的活动，则不应属于民事检察权的监督范围。检察权对民事审判权的监督应当体现在两个方面：一是通过对错误的生效民事裁判提出抗诉进行间接监督；二是对审判人员在民事诉讼活动中行使审判权的活动进行直接监督，查处审判人员和执行人员贪污受贿、徇私舞弊、枉法裁判等职务犯罪行为或违法违纪行为。据此，民事检察权的配置应包括以下三方面：

1. 决定再审权（抗诉权）。决定再审权是指对法院作出的可能有错误、确有必要再审的生效民事裁判、调解等诉讼结论，检察机关决定予以再审的权力。现行法律对抗诉规定在生效判决、裁定的范围里，这是不符合当下社会发展和司法实践需要的。比如说，在大量的调解结案的案件里，在非讼程序中，乃至在破产程序、公示宣告程序中都已经出现了不少问题，其中有些必须加以纠正。因此，应当以"有必要、有可能予以再审的……"为再审范围。比如说，调解是法院审结案件的一种方式，也是审判权行使的一种方式，调解书具有同判决相同的效力。实践中调解结案率越来越高，相应地，虚假调解、违反自愿和合法原则的调解却也屡见不鲜，更有必要加强对调解活动的监督。同时要明确的是对非讼程序的监督，包括对破产程序和特别程序的监督等。人民法院自依法接受企业破产申请直到破产清算完毕，在破产程序中居于主导地位，法院是否依照法定程序依法实施破产，司法人员是否有违法乱纪行为，都缺乏应有的法律监督，而破产法强调审理破产案件采用一审终结，债权人不得上诉，这又成为现实中某些审判人员滥用职权的直接动因。因此，从立法上明确赋予检察机关具体的、可操作的对非讼程序案件的监督权，对确保民事诉讼法的统一正确实施，促进司法公正，有着十分重要的意义。

2. 建议权。指检察机关在履行民事检察权的过程中，根据已经发现的违法情况，向审判机关发出建议，要求其纠正违法或者改进工作，以保障法律正确实施和防止违法情况再次发生的权力。建议权应当包括三个方面的内容，即纠错建议权、整改建议权、处置建议权等。截至目前，最高法院在十几个批复中限制了检察机关的抗诉范围，规定检察机关对多类裁定提出抗诉"于法无据"，法院不予受理，有的有一定合理性，有的则不尽合理。对此，一些民行检察干部有一种误解，认为不能抗诉就不能监督，实际上不能抗诉并不意味着不能监督，可以采取检察建议的方式进行监督。建议权既可以用于对个案的纠错，也可以针对一类问题提出。

3. 侦查权。检察机关发现民事案件审判人员在审理案件过程中有贪污受贿、徇私舞弊、枉法裁判等行为的，有权进行侦查。对构成犯罪行为的，移送有关部门追究刑事责任；对不构成犯罪行为的，移送有关部门给予党纪政纪处理。

（二）行政检察权的配置

研究行政检察权的配置，其出发点只有一个，即对行政权这种公权力进行监督，促进行政机关依法行政。众所周知，与我国的立法权、司法权相比，以及与其他法治发达国家的行政权相比，我国的行政权十分强大，这对促进行政的高效率和经济的高速增长起到了十分重要的作用。与此同时，从社会实践看，我国行政权在其运行过程中也暴露出了不少突出问题，对行政权力的行使缺乏监督。目前，对行政权的监督仅限于与刑事诉讼相关的事项，如公安机关的立案侦查，监狱、看守所的执行等，对计划、财政、工商、税务、海关、交通运输等政府职能涉及的多个领域的执法情况，却难以监督。行政诉讼法虽然对检察机关在其中的监督作用作了原则规定，但只有抗诉一种监督手段，检察监督呈现出不完善性和间接性特点，并未真正对行政权形成制约监督。事实上，行政执法多年来一直游离于国家检察法律监督的视野之外，这与国家政治制度的要求是不相适应的，在"一府两院"的设计中，检察监督的对象不仅是审判机关，还有行政机关。从行政权与审判权的权重来看，强大的行政权更应该受到监督，但情况却恰恰相反。因此，学者呼吁，应加强检察权对行政权的监督。"检察机关作为独立行使监督权的国家机关是监督行政权的权威机关，它不仅应当在出现行政公务罪案时对行政权加以控制，而且可以在任何时候对行政权的运用进行监督。"[①] 笔者认为，行政检察权的配置应考虑以下几个方面：

1.再审决定权（抗诉权）。即依照审判监督程序对于违反相关法律规定的生效行政裁判提出抗诉的权力。关于提起抗诉的具体方式，行政诉讼法没有作出任何操作性的规定，只是由《最高人民检察院关于执行行政诉讼法第六十四条的暂行规定》作了较为具体的安排。依据该规定，关于提出抗诉的主体，应

---

① 胡建淼：《公权力研究》，浙江大学出版社2005年版，第331页。

当是原审人民法院的上级人民检察院，与原审法院同级的人民检察院不能直接提出抗诉，只能建议上级人民检察院提出抗诉。关于抗诉案件的来源，主要有当事人的申诉、公民或法人以及其他组织的检举、同级国家权力机关和上级人民检察院交办的案件、人民检察院自行发现的案件这几个方面；关于审查标准，只要是人民检察院发现人民法院已经发生法律效力的判决、裁定确实违反法律、法规规定，即应当立案审查；关于阅卷和取证，依据该规定，人民检察院可以向法院调阅有关材料，调查核实有关证据；关于出庭问题，人民检察院对于其提出抗诉的案件，应当派员出席法庭，对诉讼活动是否合法实施监督。

2. 建议权。指检察机关在履行行政检察权的过程中，根据已经发现的违法情况，向审判机关和行政机关发出建议，要求其纠正违法或者改进工作，以保障法律正确实施和防止违法情况再次发生的权力，包括纠错建议权、整改建议权、处置建议权等。

3. 侦查权。检察机关发现行政案件审判人员在审理案件过程中有贪污受贿、徇私舞弊、枉法裁判等行为的，有权进行侦查。对构成犯罪的，移送有关部门追究刑事责任；对不构成犯罪的，移送有关部门给予党纪政纪处理。至于对行政机关工作人员的职务犯罪行为，虽然广义上讲也是行政检察权的内容，但习惯上将之归为刑事检察权的内容，对这类行为的侦查权实践中应由刑事检察部门行使。

4. 提起行政诉讼权。我国行政诉讼法将对部分行政行为的审查权授予了法院，鉴于该法规定的行政诉讼受案范围的严格限定性的不足，而审判权的被动性使法院的司法审查具有被动性，它有赖于诉讼程序的启动，实践中有大量违法行政行为难以进入司法审查程序，不能对其进行有效的监督，因此，有人建议，赋予检察机关提起行政诉讼权，将担负专门监督职责的检察机关引入对政府行政行为的监督体制之中，建立检察机关提起行政诉讼制度，加强检察权对行政权的制衡，以平衡审判权相对于行政权的弱势地位，是十分必要的[①]。对

---

① 孙谦：《中国的检察改革》，载《法学研究》2003 年第 6 期。

检察机关提起行政诉讼的理论基础，有两种观点：一种观点认为检察机关的提起行政诉讼权是基于法律监督理论而产生的对行政权的制约功能。另一种观点认为它是基于检察机关对于国家和社会利益的代表性。现阶段，笔者倾向于对第一种观点进行深入的研究。因为，行政诉讼之目的不仅是为起诉的当事人提供权利的救济，更为重要的是审查行政行为的合法性，监督行政机关依法行政。但是，提起诉讼，毕竟是作为"诉"的主体参与行政诉讼，这与"监督"的地位和属性是否矛盾，有待进一步研究。

（三）（民事、行政）执行检察权的配置

从民事诉讼法的立法原意看，民事执行是民事审判工作的重要内容。1991年4月2日，王汉斌同志在第七届全国人民代表大会第四次会议上所作的《关于〈中华人民共和国民事诉讼法（试行）〉（修改草案）的说明》中明确指出："执行是审判工作的一个十分重要的环节，它关系到法律和人民法院的尊严，有效保障公民、法人和其他组织的合法权益，维护正常的社会经济秩序。"因此，人民检察院对民事审判活动的监督应当包括对民事执行的监督。但是，实践中对此问题存在认识分歧，有观点认为，民事诉讼法将审判程序和执行程序作为两编分别作出规定，在审判程序中规定了检察监督的内容，而在执行程序中并没有作出相关规定，表明执行活动在性质上不同于审判活动，检察监督的对象是民事审判活动，而不包括民事执行活动。最高人民法院在相关批复中规定，人民检察院针对人民法院在执行程序中作出的查封财产裁定提出抗诉，于法无据，对于坚持抗诉的，人民法院应通知不予受理。

笔者认为，民事行政执行权主要是一种国家权力即公权，而不是私人的权利即私权。执行权是对生效的民事裁判强制执行的一种权力，当事人申请只是启动这种国家权力行使的条件。执行活动是法院行使审判权的延续，是一种公权力行为，因此，同样需要监督和制约。随着民事行政执行案件的增多，执行管理无序、执行行为不规范成为带有普遍性的问题，个别执行人员不公正对待当事人的现象在群众中造成了恶劣影响，来自社会各界对法院的不良反映中有相当一部分是关于民事执行的,"执行难"问题又与"执行乱""乱执行"有很大关系。因此,需要通过立法明确和完善检察机关对民事执行的监督制度。笔者认为,执行检察权的配置应当包括以下内容:

1. 再审决定权。按照现行民事诉讼法和行政诉讼法的规定,检察院对法院的生效裁判如果认为符合法定条件,应当按照审判监督程序提出抗诉。这里的生效裁判不仅包括审判程序中作出的裁判,还应包括执行程序中作出的裁定。法院在执行程序中不仅要作出程序方面的裁定,如查封、扣押、拍卖、变卖等执行措施裁定,还可以作出一些涉及实体权利方面的裁定,如变更、追加被执行主体等裁定,这些裁定与审判程序中的裁定在性质上并无不同,都可能出现错误,最终都可能影响当事人的实体权利义务,还有可能涉及案外人的利益。因此应当将执行程序中的裁定纳入抗诉的范围。

2. 建议权。检察机关认为法院在执行程序中作出的生效决定或者其他执行行为(包括怠于执行的行为)违反法律规定的,应当向法院发出检察建议,提出纠正意见。

3. 侦查权。检察机关发现法院执行人员民事判决和行政判决执行过程中有贪污受贿、徇私舞弊、枉法裁判等行为的,有权进行侦查。对构成犯罪行为的,移送有关部门追究刑事责任;对不构成犯罪行为的,移送有关部门给予党纪政纪处理。

综上所述,民事行政检察权的配置,是由检察机关和检察权的性质和定位决定的,是由中国的法律文化传统和要解决的社会问题决定的。检察机关要切实按照法律规定的监督的职责科学配置各项权能。

从独白走向对话*
——检察调处权配置的能动之维

张雪樵**

内容摘要：人类进入现代社会的过程，也是同步跨入风险社会的过程。中国正逐步进入风险社会阶段，这对检察权优化配置提出了新的要求与挑战。近年来，检察能动日益成为检察改革的取向，以满足商谈司法的本质规定与能动司法的内在要求。检察调处权是最具能动性与灵活性的检察权，是检察能动的核心内容，也是检察能动的外观表征。从理论定位看，检察调处应当实现与司法公正、司法效率、法律监督、审判权威边际四维的协调与自洽。检察调处是检察权优化配置的理性选择，亦是实现司法经济效益的规律使然。

关键词：检察调处权 检察权配置 检察能动 风险社会

转型期的司法行为，离不开转型期的社会矛盾。近年来，涉法涉检信访大幅上升，其中大半属于民事行政类申诉。由于这些案件的申诉人往往是社会竞争的失意者，又是被作为最后一道公正防线的诉讼抗争的失败者，申诉之时，呈现于执法者面前的往往是愤怒的眼神、急躁的情绪和固执的诉求，

---

* 本文刊载于《人民检察》2011年第2期。
** 张雪樵，现任最高人民检察院副检察长，时任浙江省人民检察院副检察长。

甚至是一种偏执。不仅如此，申诉旨在动摇过去的某个司法适用过程和纠正为法律所保障的生效裁判，某种意义上是对司法权威的直接挑战。所以，检察机关受理和审查申诉案件，不仅是简单地从明法的角度分析当事人的纠纷与诉求，而且是以修正者的视角对原案司法过程与裁判的质疑和修补，关键是怎么让当事人的诉求与司法的权威在法律框架内寻求到一种平衡。美国法理学家罗纳德·德沃金在《法律帝国》一书中设计了一位具有超智能的法官——赫拉克勒斯，借用原希腊神话中的大力神作为理想法官的化身，依靠在法官脑海中完成的司法过程，追求法律所给出的"唯一正解"。面对当今申诉的发难与困惑，我们是坚持做个赫拉克勒斯法官式的独白者，继续用刚性的法律迫使信访者低下高昂的头领屈服于法律的权威，还是用司法的柔性和理性让渡或还原给这些"失败者"一点利益空间，哪怕是给一点面子，以换取他们对司法的好感或认同？为了树立法律权威，我们是不惜代价地去保住司法机关的声誉形象，无视无可奈何的申诉人的哀求和抗争，还是运用公正的利益衡平来彰显法治的精神和生命？现状已经让我们不得不承认，法槌再清亮，也难掩当事人的焦虑与烦躁；法条再理想，也往往在民众的实际诉求面前显得尴尬和被动。因此，新的形势、新的环境迫切需要检察监督的改革创新。

一、风险社会：检察改革的时代背景

科技进步、生产发展以及各种社会保障机制的健全，使人们的物质需要不断地得到满足。然而，与之相对，人类在创造物质文明的同时，亦催生了大量风险，如环境污染、生态危机、食品安全日益威胁着人们的生活。可以说，人类快速进入现代社会的过程，也是同步跨入风险社会的过程。德国社会学家乌尔里希·贝克在《风险社会》一书首次提出"风险社会"的概念，① 现代社会最突出的特征就是风险无处不在，无时不有。风险渗透到人们生活的各个领域，风险改变着人们的行为方式，改变着人类社会的运行逻辑。风险成为现代社会认识事物和分析问题的起点。② 从社会发展历程看，人类经历了不同的社会形态——狩猎社会、农业社会、工业社会以及正在进入的风险社会。风险社会是指人类社会进入后工业社会之后的一种发展状态，包含着前两个文明阶段的发展成果，但是，其亦肩负着调校前两个发展阶段所产生的负面扭曲。风险社会的到来改变了人类的观察视角、思维方式与话语体系，并由此加速现代社会语境下"风险文明"的形成。诚如贝克所言"风险语义的彰显创造了一种新的文明"。"人类开始重视积累风险知识，人类理性发生了质的飞跃，人类活动从简单的线型生产方式思维中解脱出来，朝着多维化方向发展……风险文明是对当前人类发展阶段的一种客观描述，是社会文明的最新发展阶段，是人类风险理性发展的充分反映。"③ 可以说，在风险社会语境下，人类的关注重点已从旧工业文明范式下的财富不均转向了新风险文明范式下的风险规避。

中国社会正前行于现代化之路，同样也承受着社会风险所带来的损失。因为中国社会的现代性是后发的、复合的，具有典型的"时空压缩"特性：其一，从时间上看，传统、现代和后现代这三个不同时代的风险共存于同一时空

---

① 贝克认为，"风险"意味着自然终结和传统终结，现代社会的风险本质上是一种人造的风险，即"在自然和传统失去它们的无限效力并依赖于人的决定的地方，才谈得上风险。"具体而言，贝克将"风险"概括为：（1）既不是毁灭也不是信任（安全），而是"真实的虚拟"；（2）是有威胁的未来，（始终）与事实相反，成为影响当前行为的一个参数；（3）既是对事实也是对评价的陈述，它在"数字化的道德"中结合了起来；（4）控制或缺乏控制，就像在"人为的不稳定"中表现出的那样；（5）认识（再认识）冲突中表现出来的知识或无知；（6）由于风险的"全球性"而使全球和本土同时重组；（7）知识、潜在冲突和症候之间的差别；（8）一个人为的混合世界，失去了自然与文化之间的二元性。参见［德］乌尔里希·贝克：《风险社会再思考》，郝卫东译，载《马克思主义与现实》2002年第4期。
② 参见［德］乌尔里希·贝克：《风险社会再思考》，郝卫东译，载《马克思主义与现实》2002年第4期。
③ 周战超：《风险文明：一种新的解释范式》，载《马克思主义与现实》2005年第6期。

维度之中，使得社会风险的来源更加复杂和多样。其二，从空间上看，中国社会的发展过程不断受到其他国家的干预和挤压，社会风险呈现出鲜明的全球化特征。这种"时空压缩"特征与社会快速转型、全球化进程息息相关。"中国社会目前存在的诸多结构断裂和制度空白，恰好成为了社会风险的聚集地带，但同时用于抵御风险的风险预警和规避体系却没有建立起来或发挥作用。"①因此，处于社会转型时期的中国，由于传统的经济社会结构正在经历着根本性变革，而各种社会力量的博弈尚未达到社会稳定有序所需的均衡状态，导致中国社会较之于西方发达国家，其风险因素更加多元和频繁。

面对风险社会这一现代化进程中的新型阶段与高级形态，贝克、吉登斯、哈贝马斯、拉什等社会学家、法学家无一例外将应对之策定格为"反思现代性"。②这种"反思现代性"的思维促成了法律规范与司法理念的深刻演化，并对司法权能与司法制度的运行架构提出新的要求。哈贝马斯提出了程序法范式理论，从而在法律层面对风险社会所要求的"反思现代性"予以回应，其核心即在于：风险社会中的合法性必须建立在权利平等公民之间的"主体性交往"和"商谈性意见"的形成基础之上，兑现民主精神，从而化解"合法化危机"。③检察制度是国家司法制度的基本组成部分。检察机关是宪法赋予的国家法律监督机关，是行使法律监督权的唯一主体，面对风险社会中新的冲突与矛盾，迫切需要其以新的视角来观察，以新的思维来破解，以新的话语来诠释

---

① 夏玉珍、吴娅丹：《中国正进入风险社会时代》，载《甘肃社会科学》2007年第1期。
② 贝克指出，风险社会的到来，使现代化"正变得具有反思性"。吉登斯认为，现代化的反思模式并非"平行线式"的模式，而是与社会知识的积累，与社会发展稳定的、更加广泛的控制是同步的。哈贝马斯则将反思现代性定位于"主体交往和商谈"。拉什则指出，人类需要对"高度现代化社会的方方面面进行自省与反思"。参见［德］乌尔里希·贝克：《风险社会》，何博闻译，译林出版社2004年版，第16—19页；［英］安东尼·吉登斯：《现代性的后果》，田禾译，译林出版社2000年版，第14页；［德］哈贝马斯：《在事实与规范之间：关于法律和民主法治国的商谈理论》，童世骏译，生活·读书·新知三联书店2003年版，第540页；［英］斯科特·拉什：《风险社会与风险文化》，王武龙译，载《马克思主义与现实》2002年第4期。
③ 参见［德］哈贝马斯：《在事实与规范之间：关于法律和民主法治国的商谈理论》，童世骏译，生活·读书·新知三联书店2003年版，第540页。

社会和谐目标与社会转型背景下的检察改革，进而推动检察权的优化配置。

二、检察能动：检察权配置的优化进路

在风险社会语境下，优化检察权配置、完善检察制度是我国检察改革的核心内容，它不仅涉及"反思现代性"在检察领域的落实与展开，更直接关系检察机关法律监督职能的发挥以及在治国体系中的作用与地位。笔者基于对最高人民检察院的司法解释、司法文件、工作部署、领导讲话等文献①的梳理与分析，检察权优化配置的进程中已经逐步呈现出能动主义的因子。尽管检察机关的各种文献并未直接使用"能动"这一词汇，但是其已经向社会明确地昭示检察权顺应时代发展、满足社会需求、服务和谐大局的司法取向，彰显了追求检察能动与良好社会效果的愿望与姿态。因此，检察权配置的优化进路在于发挥检察权的能动性，而检察能动的彰显则表现为体现"反思现代性"和"商谈性"的检察权扩展。例如，检察机关公益诉权的尝试以及调处权的享有正是风险社会背景下检察权能动的直接表现。②而且，根据欧盟国家的司法经验，检察权的运行领域已拓展至社会生活，拥有广泛的社会事务干预权。③可以说，

---

① 最高人民检察院《关于充分发挥检察职能积极为西部大开发服务的意见》《关于办理妨害预防、控制突发传染病疫情等灾害的刑事案件具体应用法律若干问题的解释》《关于发挥检察职能为振兴东北地区等老工业基地服务的意见》《关于检察机关为社会主义新农村建设服务的意见》《关于检察机关为促进中部地区崛起服务的意见》《关于在检察工作中贯彻宽严相济刑事司法政策的若干意见》《关于充分发挥检察职能为经济平稳较快发展服务的意见》，以及曹建明检察长的《充分发挥检察机关职能作用 为经济平稳较快发展提供强有力司法保障》一文载于《求是》2009年第5期。
② "陕西凤翔血铅事件""欣弗事件""三鹿奶粉事件"都反映了社会风险的层出不穷，与之相应，检察机关公益诉权的尝试以及具有"商谈"性质的宽严相济刑事政策、刑事和解的适用无一不体现检察权在风险社会中的扩张性、反思性和能动性。
③ 例如，英国的总检察长有权对社会健康福利等事项进行监督。德国的检察官可以参与政府制定政策的过程，与有关部门签订预防犯罪、社会安全保卫等方面的协议。法国的检察官有权批准报纸杂志的出版，有权批准私立学校的创立，有权对户籍登记进行核查，甚至有权干预有关要求免除年龄限制、确认亲属关系、婚姻关系以及婚姻登记广告等事宜。参见吴丹红：《欧盟检察制度发展趋势及其启示》，载《人民检察》2005年第3期。

检察能动是检察权优化的理性选择，也是检察改革的重要内容。为此，有必要对检察能动的法理基础进行一番探讨。

（一）程序商谈的本质规定

哈贝马斯将程序法范式作为应对风险社会的司法理论，该司法程序的核心精神是交互主体之间全方位、多层次的对话商谈。这种程序商谈恰恰构成了检察能动的理论基础。当然，检察能动涉及检察权运行的诸多方面，但是，毋庸讳言，检察调处是检察权能动运行过程中最具裁量性、灵活性的环节与领域。以调处为核心的检察能动正反映了程序法范式所要求的商谈精神。哈贝马斯对程序商谈的法律要求是：其一，阻止对论辩的不受合理推动的中断；其二，通过人们对论辩过程的普遍、平等的了解与和平、对等的参与而确保在议题之范畴选择最好信息、最好理由等接纳的自由；其三，排除理解过程内外所产生的任何强制，而只承认更好论据的强制力量，除了合作地追求真理以外的所有其他动机都被中立化。①鉴于风险社会中纠纷案件的举证复杂性和归责不可能性，基于法律商谈理念的检察调处的制度设计无疑是正当的，因为检察官既非积极的追诉者或抗诉者，亦非职权的管理者，而是维护、推进双方商谈的协商者和调停者，其既耐心听取争议双方的理由陈述，又对出现的阻碍诉讼的行为予以限制或制止。因此，检察能动所实施的并非是以强制力为保证的国家意志，而是"以合约方式和平解决纠纷，只是有一个第三人于其中沟通，既是证人，也是沟通者，或是合约条款的设计者，在有些情况下，也有某种平衡谈判协商能力的作用。"②一言以蔽之，检察官通过保障争议当事人的商谈和对话来促使双方达成共识和妥协。

（二）能动司法的内在要求

近年来，能动司法理念方兴未艾。《布莱克法律词典》对司法能动主义的

---

① 参见［德］哈贝马斯：《在事实与规范之间：关于法律和民主法治国的商谈理论》，童世骏译，生活·读书·新知三联书店2003年版，第282页。
② 苏力：《关于能动司法与大调解》，载《中国法学》2010年第1期。

定义为:"司法能动主义是指司法机关在审理具体案件的过程中,不因循先例或不遵从成文法的字面含义进行司法解释的司法哲学及基于此哲学的行为,当司法机关发挥司法能动性时,它对法律解释的结果会更倾向于回应时下的社会现实和社会演进的发展趋势,而不是拘泥于现有成文法或先例以防止产生不合理的社会结果。"① 顾培东教授认为,能动司法的基本内涵在于以社会目标为基本导向、以多元价值为考量依据、以调解调处为常规方式、以便民利民为重要因素。② 能动司法在中国的勃兴源于以下两个方面:其一,法条主义的固有缺陷。社会发展的现实已经击碎了法条主义的神话,亦即"法律的社会价值和社会目标已经包含在既定的法条之中,法院或法官只要严格依照法条行事,就能保证法律的社会价值和社会目标的实现。"③ 事实上,法律总是滞后于社会发展,两者之间难免存在着某种罅隙。而且,司法活动也不可能是一个封闭的、自洽的逻辑推理过程,将司法决定模拟为一个"三段论的产品"不是人类的奢望,就是忽视人本而把社会过于简单化的幼稚。其二,纠纷解决模式的单一性。近20年来,中国法治的现代化一直表现为对西方司法制度、形式的仿效,并成为我国司法进路的基本方式。抗辩式诉讼制度的引进、严格的证据规则的构建、对司法裁判的偏重以及对诉讼调解的弱化正是承袭上述演化思路的直接体现。然而,司法的根本目标不仅仅是为了显示法律规则的约束力,而是实现立法者所欲达到的生活目标,运用除法律规则之外的多种规范资源以推动社会和谐。强化裁判而弱化调解,突出司法而淡化其他纠纷解决方式,一定程度上背弃了具有悠久历史的调解机制的功能,脱离了我国社会现实,不利于化解社会矛盾。

能动司法的因子进入检察领域就是要求检察官以及检察权的运行体现适度的能动和灵活。具体而言,一方面,将检察能动的宗旨立足于对社会目标的追求。检察权的运行不只是具体事实的程式化活动,更是实现社会功能、追求社

---

① Black Law Dictionary, 8th ed. West Publish Co. 2004, pp862.
② 参见顾培东:《能动司法若干问题研究》,载《中国法学》2010年第4期。
③ [美]波斯纳:《法官如何思考》,苏力译,法律出版社2009年版,第38页。

会整体利益的具体实践。因为关注民生、民情和民意的总体状态，特别需要注重司法行为的社会影响和社会效果。另一方面，检察能动将调解、调处作为一种常规性的司法方式来看待，而不是将"摘奸发伏，打击犯罪"作为唯一使命。调解、调处功能的发挥正是检察能动性的最佳展示，"如果把调解放置到人类法治进步、尤其是司法制度演进的过程中来认识，调解或许是'把法律的刚性与灵活性完美结合于一起'的一个有效途径与方式，从而也是人类司法制度完善的必由之路。"①

三、检察调处：检察能动的权能具化

检察能动并不是一个单一的、具体的权力种类，而是一个系统性、综合性的权力运行方式。在一定意义上，检察能动反映了一种思维方式和主观意识，从而促成对化解矛盾纠纷的具体方式和方法作出正确选择。刑事和解方案的提出、宽严相济刑事政策的落实以及经济危机语境下特定司法措施的适用都是检察能动的外在表现，但是在这诸多检察权运行方式中，检察调处无疑是检察能动最为直观、最为具化的权能。"只有那些以某种具体和妥切的方式将刚性与灵活性完美结合在一起的法律制度，才是真正伟大的法律制度。"②可以说，检察调处已成为检察能动的核心内容。

（一）检察调处的实践创新

"我法之不善者当去之，当去而不去，是为之悖；彼法之善者当取之，当取而不取，是为之愚"。调解、调处是富有中国特色的司法制度，也是中国传统的处理人际问题的经典法宝，绝不是某家某人的专利。基于破解社会转型期法治新命题的思考，抑或以人为本，使民行申诉案件的检察执法多一点方法和成效，目前浙江等地的检察机关就"民行申诉案件调处"作了积极的探索，即

---

① 参见顾培东：《能动司法若干问题研究》，载《中国法学》2010 年第 4 期。
② ［美］E.博登海默：《法理学、法律哲学与法律方法》，邓正来译，中国政法大学出版社 2004 年版，第 424 页。

检察机关在受理民事行政申诉案件后,在向法院提起抗诉之前,主持双方当事人调解或者协调,本着自愿、合法原则促成当事人达成和解或者调解协议,从而息诉结案,定分止争。

1. 调处重点。为增强民行申诉案件调处工作的针对性,明确了民行申诉案件调处工作的"六项重点",即:涉及群体利益,或者人数众多的共同诉讼、集团诉讼案件;当地党委、人大、政府密切关注的案件;敏感性强、社会关注的案件;案情复杂、案件事实难以查清的案件;双方当事人之间具有亲属关系、邻里关系等特殊关系的案件;当事人讼争标的属于历史遗留问题的案件。

2. 调处原则。为确保此项工作始终运行于良好的发展轨道,不因违法或不当调处而激化矛盾,甚至引发新的矛盾,明确调处过程中必须坚持"五条原则",即:合法原则;当事人自愿原则;尊重当事人处分权原则;抗诉监督与调处手段相结合原则;法律效果与政治效果、社会效果相统一原则。对有证据证明审判人员在审理案件时有贪污受贿、徇私舞弊、枉法裁判行为的,以及有证据证明判决、裁定、调解内容存在侵害国家利益、社会公共利益或者案外人合法权益的申诉案件不得调处,以维护法制的严肃性和调处的合法性。

3. 调抗对接。在办理民行申诉案件中将调处工作理念贯彻始终,全程跟踪问效。在立案审查阶段应当掌握当事人双方的实际情况,综合考虑各方面因素,若有和解意向的要积极促成其达成和解协议,实现定分止争;对行政申诉案件的处理,探索以当事人自愿和解方式解决行政争议,既要维护当事人的合法权益,又要维护正常的行政管理秩序,从根本上消除和缓解行政相对人与行政机关之间的对立情绪,构建和谐的干群关系,维护和促进行政机关依法行政。同时坚持检调对接、以抗促调,不盲目调处,做到有理、有节,对当事人未能达成和解或者一方在履行和解协议前反悔的,应当及时恢复抗诉审查,对和解协议中当事人所做的让步或者承诺,不作为恢复审查后的裁量依据。抗诉之后要积极配合法院组织双方当事人调解,化解矛盾纠纷。

4. 协作机制。检察机关在办理民行申诉案件的过程中,注重与法院的联动,加强沟通协作、互通信息,及时掌握双方当事人利益诉求的变化以及再审动态，形成检察调处与法院调解优势互补、良性互动的格局，共同构建多元化纠纷解决机制，促进社会和谐稳定。同时，对于一些政治敏感性强、在当地有重大影响的民行申诉案件，及时向当地党委、人大汇报，并与政府部门及有关单位沟通协调，共同促成案件的圆满解决。必要时到申诉人所在社区、单位、村进行走访调查，争取所在单位、社区、村委会的支持和配合，用道义、亲情教育感化，在达成和解的同时，修复当事人受损的社会关系。

2008年至今，民行调处工作机制在浙江省检察机关取得了良好的效果，自行组织调处，促成当事人达成和解或者调解协议，化解民事纠纷和行政矛盾1908件，其中涉及重复访、群体访的有1012件，抗诉后配合法院调解687件。

（二）检察调处的理论定位

不经再审程序而直接解决纠纷，于当事人和司法机关，省去几多成本与烦恼，得各方都能接受之结果，似乎找不到否定的理由。但该项机制在人们的习惯思维和实践操作中还存在不少问题，特别是关于民行调处的检察职权，急需理论的阐释、厘清。

1."认同求解"——民行调处与司法公正的关系。对于法治背景下的调解、调处，不少人持怀疑的态度，认为过多的调解是法治的牺牲和退步，主张法治不应当委曲求全，而是要刚硬强权，法方能威行天下。但是，今天之中国是30多年变革走完了人家百年进程之中国，法律规则因为变革的不稳定性而不可避免地造成权威的先天不足，先天缺乏成熟法治环境下的自上而下的高度的社会认同感。对此，我们就不能简单地依靠法律规则的制定自上而下地来树立法的权威，而应当着眼于法律的对象，即社会主体，包括法律关系的主体、案件的当事人，通过具体案件，通过微观利益的调整，自下而上地营造社会主体对法律的利益认同、内心认同，从而逐步提升法制权威。在今天的司法实践中，利益由谁分配、分配给谁、怎么分配很重要，但分配的结果能否认同更重要；任何一件纠纷，如果能平等对话而握手言和，就一定比最优秀的法律精英所操纵的法庭舌战更让人感到安宁通顺。所以，以和解、和谐来代替对立、对抗的民行申诉调处制度，作为转型期维护社会秩序的路径、手段，完全符合法治原则精神，符合公平正义的新内涵。

2."衡平求效"——民行调处与司法效率的关系。在传统的诉讼中心主义思想指导下，诉讼作为纠纷解决的最基本手段和主流途径，被给予过分依赖。但诉讼毕竟是一种需要支付成本、能够产生收益的活动。从经济分析的角度考虑，诉讼制度的目的就是要使成本最小化，包括尽量降低诉讼的直接运行成本，错误的司法判决成本，以及国家机关和当事人及其诉讼参与人在诉讼过程中所遭受的精神利益的损失。无疑，对民行申诉案件纠纷的解决一味追求诉讼的裁判结果而非和解结案违反了以下效率原则：在交易成本很低的情况下，如果能达成双方都有益的交易，那么双方当事人就应该进行交易。事实上，生活中大多数纠纷的解决是在双方根据自己的利益最大化原则和成本收益及效率原则综合衡量的基础上通过谈判成功解决的，而不是诉诸法庭通过诉讼来解决。

众所周知，传统的检察抗诉、追诉存在严重的外部负效应，造成司法资源浪费和当事人成本负担。随着案件数量及其复杂性的增加，司法资源紧缺已成为一个不争的事实，诉讼周期的长短必然影响诉讼成本的投入量及诉讼收益，影响诉讼效率。就总体而言，当事人所承担的边际私人成本远小于边际社会成本，没有达到社会福利最大化。因此，传统检察权的运行方式使全社会分担了因争议双方所产生的经济成本，推动了纠纷处置的商谈化，以实现冲突平息的效益性。从经济管理学的观点出发，要重新达到市场均衡，必须将外部性进行内部化处理，而实现这一过程的有效途径就是：谈判。① 保罗·海恩认为，让负外部性制造的社会问题最小化的常用办法是协商，相互之间达成协议，从而使"人们的行为变得有价值"。② 德姆塞茨也认为，外部性的本质在于权利的

---

① 参见［美］克雷普斯：《管理者微观经济学》，赵英军译，中国人民大学出版社2006年版，第277页。
② ［美］保罗·海恩等：《经济学的思维方式》，马昕、陈宇译，世界图书出版公司2008年版，第207页。

行使，根源于共同的社会行为，而在交互和依赖的人类行为中同样也可以内生出解决外部性问题的方法。① 检察调处、交互商谈恰好开辟了一条在刚性的抗诉、判决之外实现矛盾纠纷调和的可能路径，其更多地体现了检察权的能动与灵活。虽然调处、商谈并不必然意味着更优于抗诉、判决，也不意味它在任何情形、场合都有效，但是如苏力教授所言，其最大的功能在于"为纠纷当事人提供了判决之外的其他选项，增加了他的比较和选择各种解决纠纷方式的机会，因此实际上增加了他的'自由'；可以降低他和社会解决纠纷的费用。从社会后果来看，这会促使他理智、比较收益。对于司法机关来说，也可以从民众的大量选择中获得一些相关信息，改革和完善相应的制度。"② 因此，检察调处与传统检察权之间存在着一种长期的制度互补又相互竞争的关系。

不仅如此，检察调处还将带来平等理念的弘扬与资源配置的优化。科斯认为："如果各方达成一有效协议，且其偏好不具有财富效应，那么，他们所同意的创造价值的活动将不取决于各方的谈判力量，也不取决于谈判开始时各方所拥有的资产。只有效率决定着活动的选择。"③ 检察调处的适用正是在一定程度上弱化了国家权力的强制性，而其更加注意平等当事人之间的商谈、对话，检察官则主要司职于商谈程序的引导以及矛盾纠纷的调停，以实现纠纷解决的效率与资源配置的最优。因此，本质上，检察调处作为社会资源再分配的一种模式，是契约自由和意思自治的理念在矛盾纠纷解决问题上的延伸与拓展，由此产生的是对平等理念的尊重与合意结果的信守，进而推动全社会的效率改进，实现社会正义。

目前，民行申诉案件不断增加，司法效率备受期待。在此情况下，检察官在进行法律监督的过程中，将司法资源的分配与该案的难度、复杂程度、价值、重要性综合考量，根据案件实际情况寻求利益衡平，灵活运用调处方式，

---

① 参见[美]德姆塞茨：《所有权、控制与企业——论经济活动的组织》，段异才译，经济科学出版社1999年版，第25页。
② 苏力：《关于能动司法与大调解》，载《中国法学》2010年第1期。
③ [美]保罗·米尔格罗姆、约翰·罗伯茨：《经济学、组织与管理》，费方域译，经济科学出版社2004年版，第39页。

在减少司法成本运用的同时,为当事人省却程序复杂、周期冗长的风险,节约了人力、物力、财力,缩短了正义实现的过程,当然符合司法的高效目标,而申诉、抗诉一直所负重的"迟到正义"之效应也得到了最大限度的遏止。

3. "对话求真"——民行调处与法律监督的关系。有人问:公权法定,检察机关的申诉调处权出典何在?权力是执法的依据,但立法所预期的执法从来不是拘泥的。只有秉持宪法赋权之精神,权才用其所当,不失其职。如果民行申诉调处符合宪法所赋予检察机关的法律监督之精神,其就是法律监督权的生命彰显。

其一,从检察工作的宗旨来看,民行调处从程序和实体上实现案件的公平正义,本身符合检察机关法律监督宗旨、精神的具体实践。在民行申诉调处的整个过程中,检察官还是以法律监督者的角色从维护法制统一的立场出发,来判断法院裁判的公正与否,来辨析当事人利益分配的正当与否,进而有针对性地依法依理进行调处。

其二,民行申诉案件调处是民行检察法律监督抗诉权的延伸。正是基于检察机关对法院生效裁判的法律监督职权,当事人才向检察机关申诉抗诉法院的生效裁判,检察机关也以此予以受理、审查。在检察机关的抗诉审查阶段,当事人因已历经法院一审、二审、甚至再审,为寻求对自身利益最大化的解决途径,往往主动或被动地理性调整了各自的诉讼期望值和具体诉求,具有相对独立的诉讼价值。这种在一定程度上游离了原审裁判审理对象的申诉,经检察主持调处而以和解形式满足诉求,符合诉讼规律和诉讼原则。需要强调的是,虽然申诉是依赖于检察官的抗诉权,和解结案则得益于检察官的主持调解,但检察官的执法角色不受影响,不会变成法官,更不会是申诉者的代理人。

其三,民行申诉案件调处的过程,既是当事人在充分对话商谈的基础上,行使意思自治达成解纷合意的过程,也是检察官基于其中立而超然利益关系之外的监督地位,在当事人私法自治的柔性和法律监督权的刚性之间寻求平衡点,引导双方对个案正义的预期趋向一致,提供沟通桥梁,促成合意形成,其本质是以法律监督的公权来保障当事人意思自治这一私权的最大价值化。

其四，民行申诉案件的调处不同于人民法院基于审判权派生的法院调解、行政机关基于行政裁量权派生的行政调解，以及人民调解委员会以社会规范为主要依据开展的民间调解。检察机关的申诉调处在程序设置上当体现其鲜明的法律监督权属性：对有证据证明审判人员在审理案件时有贪污受贿、徇私舞弊、枉法裁判行为的，以及有证据证明判决、裁定、调解内容存在侵害国家利益、社会公共利益或者案外人合法权益的申诉案件不得调处；当事人未能达成和解或者一方在履行和解协议前反悔的，应当及时恢复抗诉审查等，因为抗诉监督是民行检察审查申诉案件的基本职责和核心价值。因此，检察官主持的民行申诉调处本质上还是法律监督权的行使，是法律监督权的拓展和延伸。

4."存异求同"——民行调处与审判权威的关系。有人担心检察机关的民行申诉调处会损害法院的审判权威。其实，民行调处是公权力对当事人私法自治的维护和尊重。因为生效法律文书对当事人彼此之间的权利义务关系只具有形式上的确定力，而审判公权不能绝对地凌驾于当事人的私权之上，当事人可以任何时候任何方式放弃、处分其法定权利。民行申诉案件的调处在客观结果上对生效裁判固定的权利义务内容进行了变更，其实质是当事人在法院裁判确定的基准之上，对自身权利的部分放弃、让度和处分。这在形式上并没有否定原生效法律文书的内容，原生效裁判也未因此撤销、变更而影响审判权威。不仅如此，民行申诉案件的调处，除了经过实体利益的调整而定分止争，也涵括了大量的服判息诉，其结果必然是让法院的生效裁判增加了当事人的利益认同和内心认同，以更社会的方式维护了司法的传统裁判权威。

我国民事检察的功能定位和权力边界*

王 莉**

内容摘要： 我国的民事检察，是在人民代表大会政体制度下检察权对审判权进行有效制约的重要体现。要认识我国民事检察的功能定位和权力边界，应当在全面认识我国民事检察的地位、制度前提、理论基点、基本内容与特征及其基本原则的基础上，正确把握民事检察与司法权威、当事人的民事处分权、民事当事人的诉讼地位、民事裁判的不确定性、"裁判的既判力"原则、诉讼经济原则之间的关系；而要准确界定民事检察权行使的边界，则要正确处理好民事检察权与诉权、审判权、当事人的自力救济权、法院内部的监督制约、检察机关的职务犯罪侦查权之间的关系。2012年民事诉讼法的修改，为中国民事检察制度的未来发展奠定了新的法律基础，也使检察机关面临新的问题与挑战。

关键词： 民事检察 检察权 法律监督 执行监督

我国的民事检察，是在人民代表大会政体制度下检察权对审判权进行有效制约的重要体现，是在社会主义法治建设的长期实践中作出的制度选择。2012年8月31日，十一届全国人大常委会第二十八次会议审议通过了《关于修改〈中华人民共和国民事诉讼法〉的决定》，体现了加强民事检察的立法倾向，推

---

* 本文刊载于《中国法学》2013年第4期。
** 王莉，时任最高人民检察院法律政策研究室民事行政法律研究处处长。本文发表时署名为最高人民检察院法律政策研究室，执笔人为该室王莉同志，最高人民检察院民事行政检察厅有关同志参与研究。

进了民事检察制度的发展和完善。但是,对于我国民事检察的功能定位和权力边界等一些重大问题,理论界和实务界的认识仍然不统一,本文从我国民事检察的基本属性和特征出发,结合我国民事检察制度的发展历程尤其是这次民事诉讼法修改的新进展,对有关问题进行初步探讨。

一、民事检察是中国检察制度的重要组成部分

检察制度是司法进步、司法职能细化和司法分工演进的结果,与刑事审判"不告不理"相伴而生。但从检察制度产生以后的几百年间,无论在欧陆还是日本、我国台湾地区等,对检察制度的定位一直存在争论,各国(地区)法学、司法实务界概莫能外。[①]世界各国检察制度建立的根据是不完全相同的,在不同的政治体制下呈现多样化的实践模式,是制度本土化的一个例证,也体现了各国因形势需要不断调整检察权内涵的普遍规律。

(一)民事检察的制度前提和理论基点

认识中国检察制度,首先要关注的一个问题就是检察权的性质问题。在西方三权分立的政体形式下,检察权不是一项独立的、基本的国家权力,它或附属于行政权,或附属于法院。[②]在大多数西方国家,基本上把检察权看作行政权,但又普遍认为检察权与行政权有着显著的不同,所以又常常被看作"半司法""准司法",兼有行政、司法双重属性。[③]在旧中国,国民党先是仿照西方国家把检察权附属于司法行政权;1980年,我国台湾地区进行司法改革,又把检察官作为司法官。总之,在资本主义国家和旧中国,对检察机关和检察官的法律属性的认识,并不是十分确定。[④]

新中国检察制度是参照苏联的检察制度建立的,在政治传统和制度建构方

---

① 陈国庆:《检察制度原理》,法律出版社2009年版,第339页。
② 孙谦:《中国的检察改革》,载《法学研究》2003年第6期。
③ 王桂五:《略论检察官的法律属性》,载《人民检察》1989年第9期。
④ 王桂五:《略论检察官的法律属性》,载《人民检察》1989年第9期。

面也与欧洲大陆法国家的检察制度具有一定的渊源关系和价值观的趋同性，同时也体现了我国政治、历史和文化的传承性。关于我国现行检察权的定性，主要有四种代表性的观点：司法权说、行政权说、司法与行政双重属性说、法律监督说。从检察权的宪法依据出发，同时对其在国家权力体系中的定位以及在三大诉讼法中行使的具体职权进行考量，第一种和第四种观点在理论和实践中占主导地位。

宪法是检察机关行使职权的权力来源和基本出发点。[①] 全国人民代表大会既是国家最高权力机关，也是立法机关，首先是最高权力机关。人民代表大会之下实行"一府两院"体制，分别行使行政权、审判权、检察权。立法、行政、司法、检察这四种分权力，与三权分立国家中的"三权"概念不论在性质上还是范围上，都是完全不同的。

在我国的国家权力结构中，无论是从宪法的刚性规定看，还是从权力运作的实际情况看，检察权都是作为一种独立的国家权力即法律监督权存在的。检察权的行政性质和司法性质有机结合，构成了法律监督权所特有的属性，从而成为国家权力分类中一种独立的权力。中国检察制度从形成、发展到今天，对维护社会秩序、实现社会公正、保障人权都起到重要作用。但是，因其基础性研究的薄弱，使人们对它的认识远不如对审判制度认识深刻，尤其对中国当代检察制度产生的特殊历史条件、制度设计的初衷及在人民代表大会制度下的检察机关与三权分立框架下的检察机关之地位、作用之区别的研究还需要进一步加强。[②]

事实上，分权理论是资产阶级治国理政的基本精神，但是其具体运用仍是各国不同的社会历史条件的产物。在一元分立的权力架构下，一国专司法律监督的权能通常赋予检察机关行使，这是权力行使与运行的必然要求，也是各国综合多种因素选择的结果。在这种权力架构下的检察权，其突出的特点在于解

[①] 韩大元：《法律监督是宪法赋予检察机关的神圣职责》，载《检察日报》2011年11月7日。

[②] 孙谦：《中国的检察改革》，载《法学研究》2003年第6期。

决了在不实行"三权分立"的社会主义国家如何实现权力制约问题。[1]这是我们研究中国民事检察的功能、作用及法律价值的制度前提和理论基点。

（二）中国民事检察制度的历史考察

在我国，法律监督权是检察机关根据宪法授权，依法进行的监督活动或者叫"护法活动"，其宗旨是维护宪法和法律的统一正确实施。[2]其中，检察机关对诉讼活动的监督，既包括对刑事诉讼活动的监督，也包括对民事、行政诉讼活动的监督。

民事检察制度是中国检察制度体系的一个重要分支，建立于20世纪40年代末50年代初，是在继承新民主主义革命时期检察工作传统，借鉴前苏联的民事检察制度建设经验的基础上，结合中国的诉讼制度和司法实际情况而逐步形成的。其发展历程主要有三个阶段：

1. 初创时期。新中国成立之始至50年代末，各级检察机关在民事诉讼中主要行使以下职权：一是对于重大民事案件的起诉权；二是参诉权；三是按照上诉程序，对于自己提起和参与的诉讼所享有的抗议权；四是审判监督程序的抗议权。这些职能体现在1951年颁布的《中央人民政府最高人民检察署暂行组织条例》《各级地方人民检察署组织通则》以及1954年颁布的《中华人民共和国人民检察院组织法》中，是民事检察较为完整的内容，为后来的制度发展奠定了基础。[3]在那个时代，检察机关积极实践，依法履行法律规定的各项民事检察职能，除了对民事审判活动的法律监督外，在参与和提起民事诉讼方面取得了尤为突出的成绩，对于保护当事人的合法权益、维护国家利益和社会公益发挥了良好的作用。[4]

2. 曲折和中断时期。50年代后期和"文革"期间，社会主义法制建设遭

---

[1] 樊崇义：《一元分立权力结构模式下的中国检察权》，载《人民检察》2009年第3期。
[2] 孙谦：《中国的检察改革》，载《法学研究》2003年第6期。
[3] 最高人民检察院重点课题：《检察理论研究成果荟萃》，中国检察理论研究所2001年编，第96—97页。
[4] 最高人民检察院重点课题：《检察理论研究成果荟萃》，中国检察理论研究所2001年编，第95—96页。

到严重破坏，检察制度在宪法上被取消，民事检察连同制度被中断。

3. 恢复重建至现在。1978年，我国恢复了检察制度和检察工作。1982年，《中华人民共和国民事诉讼法（试行）》颁布实施，规定了人民检察院有权对民事审判活动实行法律监督，但没有再规定检察机关参与、提起民事诉讼制度。1991年，民事诉讼法正式实施，在"审判监督程序"一章增加规定检察机关可以采用抗诉的方式对民事审判活动进行法律监督。随着民事抗诉工作的开展，各级检察机关逐步建立健全了民事检察的专门机构。2007年10月，为解决"申诉难"和"执行难"问题，民事诉讼法对抗诉制度进行了修改完善。2012年8月，民事诉讼法再次修改，将检察机关长期实践探索行之有效的一些经验和做法上升为法律，在检察监督的范围、方式和手段等方面又作出拓展性的新规定。

中国民事检察的法制发展历程，一定意义上折射了中国检察制度发展的曲折性和复杂性。在此过程中，丰富的检察实践是推动制度不断发展的直接动力。同时，从立法背景看，民事检察制度受国家经济社会发展的影响较大，政策和政治的因素也较为突出，不同时期变动较大，法律发展的延续性不强，这对于我们从法律实践的角度去研究某些制度的可行性、可操作性带来一定困难。

二、我国民事检察制度的基本内容与特征

（一）民事检察制度的基本内容

中国民事检察制度建立至今，在具体内容上处于不断调整和变化中，尤其是2012年民事诉讼法的修改，对民事检察制度进行了重要完善，其基本架构包括以下五个方面：

1. 民事检察的范围。民事诉讼法总则中规定，人民检察院有权对民事诉讼活动进行法律监督，分则进一步作了具体规定，主要包括对民事审判的监督和对民事执行的监督两个方面，对民事审判的监督又包括三个方面，即对生效判决、裁定的监督，对损害国家或社会公共利益的调解书的监督，以及对审判监

督程序以外的其他审判程序中审判人员违法行为的监督。

2.民事检察的方式。民事检察有抗诉和检察建议两种基本方式。检察建议按照适用的不同情形又可以分为再审检察建议和其他检察建议。抗诉的法律效力是启动再审,检察建议的效力在法律中尚没有相关规定,但在有关文件中作出了规定。

3.当事人申请民事检察监督的程序限制。当事人只有在三种情形下可以向检察机关申请检察建议或者抗诉:(1)人民法院驳回再审申请的;(2)人民法院逾期未对再审申请作出裁定的;(3)再审判决、裁定有明显错误的。检察机关作出相关决定后,当事人不得再次向人民检察院申请检察建议或者抗诉。检察机关依职权的监督则不受此程序限制。

4.民事检察的监督体制。民事检察实行上级监督和同级监督并存的监督体制。上级监督包括:对各级人民法院已经发生法律效力的判决、裁定以及涉及损害国家利益、社会公共利益的调解书,最高人民检察院、上级人民检察院有权提出抗诉;对同级人民法院已经发生法律效力的判决、裁定以及涉及损害国家利益、社会公共利益的调解书,地方各级人民检察院有权向同级人民法院提出检察建议,也可以提请上级人民检察院向同级人民法院提出抗诉;对审判监督程序以外的其他审判程序中审判人员的违法行为,各级人民检察院有权向同级人民法院提出检察建议。

5.民事检察的措施和手段。人民检察院因履行法律监督职责提出检察建议或者抗诉的需要,可以向当事人或者案外人调查核实有关情况。同时,根据有关文件的规定,检察机关可以查阅、调阅有关诉讼卷宗。

(二)民事检察的基本特征

从世界范围看,民事检察制度的设立较为普遍,但在具体制度设计包括其法律地位和职能上存在差异性。通过长期实践探索,中国民事检察逐步形成了自己独特的理论和制度体系,概括起来,主要有以下几个方面的特征:

1.公权力性。民事诉讼与刑事诉讼、行政诉讼在性质上存在不同,其讼争

纠纷属于私权性质,但民事审判、执行行为是法官代表国家所为的公权力行为,民事诉讼中的检察监督在性质上仍然是对公权力的监督,这是民事检察的基本定位和职责所在。

在法治国家,由于审判是社会冲突"最终解决的方式",审判权滥用不仅对当事人而且将对社会产生极大的危害。为了防止审判权的滥用,各国均建立了对审判权的不同制约机制。其中首选的是以权利制约权力,即以当事人或者其他诉讼参与人的权利来实现对法官审判权的制约。在美国,为了实现对法官的制约,沿袭了传统上的陪审团制度,将其权利制约权力发挥到了极致。但是权利对权力的制约有着自身不可克服的局限性,一方面表现为制约无力,难以有效地实现对国家权力的监督,另一方面又往往表现为滥用性、低效性。尤其在民事诉讼中,审判权是唯一参与诉讼过程的国家权力,为了制约审判权,一些国家特别是大陆法系国家,在完善权利制约权力机制的同时,亦引入检察权以实现对审判权的制约。在法国,如果检察官认为法院的裁判不当或者具有明显的错误,可以以上诉的方式声明不服,检察官可以为国家利益上诉,也可以为被告人的利益上诉。德国和日本检察官对民事审判的制约基本相近,①检察院参与民事诉讼的范围较窄,但是确定了"公共利益代表人"制度,在婚姻无效、雇佣劳动等案件中,检察院有权提起诉讼、参加诉讼,并对不符合法律的判决提出抗告或上诉。②这种公权力之间的制衡是任何权利制约权力所无法替代的。③民事执行权也是一项重要的国家权力,属于诉讼范畴,既包含有决定实体权利是否实现的裁定、决定权,也包含有是否实现实体权利的公务行为,直接关系到法院的权威、当事人的合法权益能否有效地得到维护,因此也必须受到其他国家权力的制衡。④

如前所述,我国的检察监督是在人民代表大会制度下实行权力有效监督制

---

① 樊崇义主编:《检察制度原理》,法律出版社2009年版,第156-157页。
② 最高人民检察院重点课题:《检察理论研究成果荟萃》,中国检察理论研究所2001年编,第102页。
③ 樊崇义主编:《检察制度原理》,法律出版社2009年版,第157页。
④ 樊崇义主编:《检察制度原理》,法律出版社2009年版,第168页。

约的重要保障。在民事诉讼中，法官处于中心位置，是行使国家审判权和执行权的唯一主体。法官绝不是天生的圣人，"权力产生腐败""绝对的权力产生绝对的腐败"，同其他任何国家权力一样，审判权与执行权同样存在滥用的风险。在一元化政体制度下，中国选择了设立检察机关集中和专门行使维护国家权力合法运行职权的权力制衡模式，所以说，检察机关对民事审判和执行进行法律监督是责无旁贷的。

2012年民事诉讼法修改，在总则中将"人民检察院有权对民事审判活动实行法律监督"修改为"人民检察院有权对民事诉讼活动实行法律监督"。笔者认为，对"诉讼活动"应当作限缩解释，指人民法院的审判、执行活动。当事人的诉讼活动，其合法性及程序效果均应接受民事诉讼法的调整或者交由法官判断。即便是当事人实施了滥用诉讼权利的行为，如果不涉及国家及社会公共利益，检察监督一般不应当介入，对其否定性的评价应当由本案的审判法官来完成。①

2.合法性。法律监督是检察机关的宪法职责，其监督的核心要素是法律性，就监督性质和内容看，合法性监督是其根本特征。

民事诉讼的根本意义在于国家通过对民事纠纷进行强制性的法律裁决，来宣示、彰显国家法律的规则与威严，以达到维护国家确立的司法秩序的根本目的，随着现代法治的发展，现代法院的功能确实已经从原先的解决纠纷日益转向通过具体的纠纷解决而"建立一套旨在影响当下当事人和其他人的未来行为的规则"。②的确，如果仅仅就解决纠纷而言，民间最大量的纠纷都是通过其他方式——行政的、调解的、仲裁的、自救的方式解决的。③民事纠纷一旦进入法院审判程序，审判权行使的结果——裁判就具有超越当下个案的意义，而具有公共性。如果法院裁判错误地适用了国家法律，其直接的效果是案件的当

---

① 肖建国：《民事检察监督之功能与实施思考》，载《人民检察》2012年第21期。
② 马凌云：《论民事检察监督的正当性及其立法完善》，载陈桂明、王鸿翼主编：《司法改革与民事诉讼监督制度完善》，厦门大学出版社2010年版，第277页。
③ 马凌云：《论民事检察监督的正当性及其立法完善》，载陈桂明、王鸿翼主编：《司法改革与民事诉讼监督制度完善》，厦门大学出版社2010年版，第277页。

事人受到了不公正待遇,但是如果跳出纠纷解决的窠臼,从规则之治的角度看,就是法院错误地向社会宣示了国家的法律,把社会公众往错误的法律道路上指引,这将导致国家立法目的的落空甚至被逆反。而在社会公众因熟知国家法律而能判明法院错误的情况下,将会导致对国家司法的不信任,甚至完全丧失对国家法治的信心。①

正是由于法院裁判在法治社会的重要引领意义,与其他民事纠纷解决机制相比较,具有明显的不可替代性,这种不可替代性正是民事检察监督的必要性所在。

3. 事后性。目前大多数国家的民事诉讼制度中都有关于检察机关提起、参与民事诉讼的规定,包括大陆法系、英美法系国家以及俄罗斯等。检察机关作为民事诉讼的参与者,按照上诉审程序,有权对尚未生效的民事判决和裁定进行抗告等。而在我国,法律没有明确赋予检察机关提起、参与民事诉讼的职权,检察机关对法院民事审判和执行活动的监督是事后性的。

关于如何理解"事后",有两种不同的观点,一种观点认为"事后"即指判决、裁定作出,诉讼、执行程序结束;另一种观点认为"事后"是指违法的审判、执行活动作出之后,与诉讼、执行程序的完结不一定完全重合。从2012年民事诉讼法修改的情况看,后一种观点较为符合法律的要义。

事后性的监督特点,首先是检察机关诉讼监督的固有属性所决定的,是以对法院审判权和执行权的充分尊重为前提的。同时,事后性监督也是民事诉讼监督的特殊性所决定的。在民事诉讼中,检察机关不是诉讼参与人,对法官审判、执行活动的了解,只能是事后通过申诉等途径了解,那种认为检察机关应当从诉讼开始就主动介入,进行类似预防性监督的观点,并不符合民事诉讼监督的特性规律,也是不切实际的,其结果必然损害法院依法独立行使审判权和执行权,也会引致检察权的不当扩张和滥用。

4. 程序性。按照修改后民事诉讼法的规定,民事检察监督的方式有抗诉和

---

① 马凌云:《论民事检察监督的正当性及其立法完善》,载陈桂明、王鸿翼主编:《司法改革与民事诉讼监督制度完善》,厦门大学出版社2010年版,第277页。

检察建议两种，主要效力是启动相关诉讼程序。

有观点认为，就权力效力而言，民事检察几乎不存在任何权力特征。因为抗诉与再审检察建议只是提起再审程序，依然是由法院进行自身纠错，检察机关并不具有直接改正的权力。①这是较有代表性的一种观点，认为检察监督的刚性不足。

笔者认为，民事检察监督具有何种效力，是否应当具有刚性，以及具有什么样的刚性，是由其法律监督属性所决定的。监督的基本含义是监督者督促被监督者履行职责和义务，一方面有督促之责，另一方面则要求监督者不可越位代行其责。否则，监督者一旦越俎代庖，对案件实体问题直接作出处理，其监督者的身份和地位就会改变。法律所确立的监督关系就会陷入混乱，也完全违背了立法初衷。②

有效监督同时又不越位，是民事检察制度设计的出发点和价值目标。这里应当明确两点：一是监督仅限于程序启动，即要求对案件进行重新审理或审查，对于实体问题并不进行直接处理，这是民事检察权行使中的一个基本界限特征；二是程序启动具有强制性，即检察机关提出抗诉或监督意见后，法院必须对有关案件进行重新审理或审查，并将有关结果予以反馈，检察机关如果认为处理结果不符合法律规定的，可以再次提出监督意见。这是检察监督应有的程序上的强制性效力。

5. 保障性。2007年民事诉讼法修改，为解决申诉难问题，对当事人申请再审制度予以修改完善，2012年民事诉讼法再次修改，对当事人申请检察监督制度也作出了新的规定。这些新增内容，对于保障当事人依法享有法定的司法救济，有效维护其实体和程序权益将发挥积极作用。

检察监督对于当事人获得司法救济负有一定的保障职责，但这种保障职责是后位的、补充的。在民事诉讼法修改研究过程中，对于当事人非因客观原因

---

① 韩跃武、邓保阳：《达成法律共识是民事检察的治本之道》，载陈桂明、王鸿翼主编：《司法改革与民事诉讼监督制度完善》，厦门大学出版社2010年版，第315页。
② 王莉：《论民事检察权的边界》，载《人民检察》2011年第5期。

主动放弃上诉后又申请抗诉的问题,曾经引起较多关注。尽管后来法律对此没有作出明确规定,但是从程序合理性考量,维护二审终审的基础作用不应动摇,司法救济不应滥用,也要有效防止检察监督发生异化。

三、我国民事检察的基本原则

2012年民事诉讼法的修改,为民事检察奠定了新的法律基础,也提供了新的发展机遇。在未来的民事检察实践中,具体法律规范的实施有赖于价值准则和理念的指引,民事检察的基本原则是其中的核心内容,具有不可或缺的指导功能和规范功能。概括起来,主要有以下几个方面:

(一)依法与谦抑

检察机关是我国宪法和法律明确的唯一的专门法律监督机关,法律监督作为正式的、规范化的监督制约机制,是实现法制统一、推进法治的重要保障。①

但检察权是一项单独的、典型的国家公权力,作为一项以国家强制力为后盾的、以法律监督为制度支持的国家权力,民事检察权在行使的过程中,也应当体现谦抑原则。其一,在理论上,任何国家权力都有被滥用和进行自我扩张的属性,检察权的产生本身就是对权力进行制衡的结果。那么,作为一项形成了的国家权力,它仍然有自我扩张等权力属性;其二,实践中,由于检察机关在民事诉讼检察活动中的客观条件所限,在一定程度上可能存在主观性和片面性。因此,从国家权力的性质、司法的价值等角度考虑,民事检察权应当适度地收敛和节制。②

实现依法与谦抑的统一,应当在检察工作理念、规则上予以体现。首先,民事检察监督是全面监督和有限监督的统一。2012年民事诉讼法的修改,

---

① 樊崇义主编:《检察制度原理》,法律出版社2009年版,第257页。
② 孙谦:《中国的检察改革》,载《法学研究》2003年第6期。

扩大了监督范围，学界较为普遍地将其概括为全面监督。①笔者认为，全面监督是在有限条件和有限程序下的监督，包括检察机关对诉讼过程了解的有限、监督条件的有限以及监督效力的有限等，因此，全面监督在客观上只能是有限的监督。其次，在依法强化法律监督的同时，也应当加强对检察权自身的规范和制约，只有这样，民事检察才有公信力，也才能有持久的制度生命力。

（二）监督与支持

在民事诉讼中，检察机关和法院职责分工不同，但二者目的一致，都以公平正义为价值追求。修改后的民事诉讼法强化了法律监督，从法律要求看，检察机关应依法履行好监督职责，最大限度地满足民众对司法公正的需求。与此同时，在支持法院依法行使审判权方面也应当给予更多的重视。②

支持法院依法行使审判职责包括两个方面的含义：首先，尊重审判权的行使，在此基础上开展民事检察监督，有利于维护良好的民事诉讼秩序。③其次，维护公正的司法裁判。维护公正裁判的权威性，是检察机关维护国家法制权威的重要体现。依法做好息诉服判工作，自觉维护法院公正裁判的既判力和稳定性，对于检察机关支持法院依法履行审判职责、提高司法的公信力是十分必要的。

（三）实体监督与程序监督

实体与程序的关系，是司法制度、诉讼制度要处理好的一个基本问题。④全面体现司法正义，必须是实体与程序两个方面的合法与公正。检察机关的诉

---

① 扈纪华：《民事诉讼中的检察监督张弛有度》，载《检察日报》2012年9月14日；汤维建：《民事诉讼法律监督基本原则的新发展》，载《检察日报》2012年9月18日；刘荣军：《从民事诉讼法律关系看检察监督》，载《检察日报》2012年10月18日；王建：《角色与定位：民事检察制度修改的法理审视》，载《检察日报》2012年9月26日。
② 张中华：《民事检察应树立"五个并重"监督理念》，载《检察日报》2012年11月12日。
③ 肖建国：《民事检察监督之功能与实施思考》，载《人民检察》2012年第21期。
④ 童建明：《加强诉讼监督需要把握好的若干关系》，载《国家检察官学院学报》2010年第5期。

讼监督，从监督对象上看，既有实体问题，也有程序问题；从监督目标上看，既包括促进实现实体公正，也包括促进实现程序公正。①

实体问题直接关系到当事人利益的予夺和重新分配，如果处理不公，即使程序再严谨、完美，当事人也不会信服。②但相比于程序问题的刚性，实体问题常常有一定的弹性，特别是有的民事案件，涉案法律关系复杂，适用不同的法律规范可能会得出不同的结论。③而在实体监督中，尤其以对事实认定的监督难度为最大。这是因为，作为监督者的检察机关来说，民事诉讼的整个过程是相对封闭的，包括整个庭审活动，检察机关都没有参与，而关于事实认定的审理活动，如双方举证、质证等活动，检察机关一般只能通过调阅卷宗来了解，有较大的局限性。民事检察监督的这种特点是固有的，根据这种客观情况，从法律效果和社会效果的统一出发，来衡量对案件的处理、决定监督的方式是检察机关面临的现实课题。

诉讼程序既具有重要的工具价值，是"保证实体法正确实施的非常重要的和最终的手段"④，又具有保障当事人人格尊严、弥补实体法不足、促进实体判决的认可和接受等独立的价值属性。⑤随着现代法治精神的弘扬和中国法治进程的发展，程序的价值和程序公正对于司法公正的表征作用已经越来越为人们所关注。⑥2012年民事诉讼法修改，增加规定对审判人员违法行为的监督，这对于强化程序监督具有特别重要的制度价值和现实意义。对审判人员行为的监督，普遍认为包含"对事的监督"与"对人的监督"两个方

---

① 童建明：《加强诉讼监督需要把握好的若干关系》，载《国家检察官学院学报》2010年第5期。
② 童建明：《加强诉讼监督需要把握好的若干关系》，载《国家检察官学院学报》2010年第5期。
③ 童建明：《加强诉讼监督需要把握好的若干关系》，载《国家检察官学院学报》2010年第5期。
④ 陈光中：《论诉讼法与实体法的关系——兼论诉讼法的价值》，载陈光中、江伟主编：《诉讼法论丛》（第1卷），法律出版社1998年版，第18页。
⑤ 童建明：《加强诉讼监督需要把握好的若干关系》，载《国家检察官学院学报》2010年第5期。
⑥ 孙谦：《中国的检察改革》，载《法学研究》2003年第6期。

面,① 这两个方面都具有程序监督的意义。对事的监督重在纠正违法的诉讼程序，对人的监督重在有效遏制法官违法、渎职行为的发生，目的都是为了实现程序的合法与公正，将对事监督与对人监督结合起来，有利于更好地促进司法正义的实现。

（四）依申请监督与依职权监督

民事诉讼是保护私法利益的司法救济程序，私法利益大多具有可自由处分的性质，检察机关介入民事诉讼应当尊重当事人的处分权，一般应依申请启动监督程序。

另一方面，基于对公益保护的特殊需要以及对公权力监督的法定职责，检察机关的监督也不应仅限于当事人的申请。检察机关可以不受当事人申请限制而主动依职权进行监督的情形主要有两种：一是民事审判或者执行活动违法侵害国家利益、社会公共利益的；二是法官在审判或者执行活动中涉嫌贪污受贿、徇私舞弊、枉法裁判等严重违法犯罪的。如果出现这两种情形，即便当事人没有提出或不愿提出申请，检察机关也有责任依职权进行监督。

四、我国民事检察制度的功能定位

如前所述，中国民事检察制度的产生、发展经历过较大的曲折，与其他国家相比，其制度设计较为独特，民事检察实践也始终处于不断摸索之中。因此，长期以来，对中国民事检察制度在学理上存在不同的认识，涉及其功能、作用和法律价值等诸多方面。

（一）民事检察与司法权威

司法机关通过正确适用法律，解决当事人之间的各种权益纠纷，从而树立

---

① 张中华：《民事检察应树立"五个并重"监督理念》，载《检察日报》2012年11月12日；郑青：《加强对诉讼中职务违法行为监督》，载《检察日报》2012年10月29日。

司法的权威,这是厉行法治的应有之义。检察机关作为法律监督机关,依法行使民事检察监督权,不仅无损于司法权威,而且有利于维护、增强和巩固司法权威。

司法权威来源于法治权威。对于一个法治国家来说,司法的权威性是由法律所确定的,它是包括各种保障机制在内的一个完整的司法程序链。在我国,人民法院是审判机关,检察机关是对民事审判活动进行监督、保障其公正司法的专门机关,所谓"裁判公正"正是在这样一个司法架构之下得以产生的。人民法院行使审判权与人民检察院行使检察权,其追求公平正义的目标是共同的,都是为了法律所确定的民事权利义务关系得以实现,从而树立法治的权威。因此,将司法权威简单等同于审判权威,或者将审判权威与检察权威对立起来的观点都是不全面的。

司法权威来源于裁判的公正,而不单是裁判的终局性。司法权威得以确立有赖于多方面的因素,其中,公信力是重要因素之一,即"司法裁判被认为是公正的,为人们所信服,司法裁判普遍得到当事人的自愿履行,很少需要直接动用国家强制力来执行司法裁判"。司法权威不等同于司法权力,"司法权威是合法、正当并为人们所信服的司法权力"。[①] 司法的权威并不能因其终局性而自然产生,必须建立在裁判公正的基础上。没有公正就谈不上权威,脱离公正的权威是没有生命力的。错误的或者说不公正的裁判所带来的直接后果是司法机关的形象受到损害,司法的权威遭到破坏。而检察机关通过行使民事检察权纠正错误裁判,促进审判质量的提高,从根本上有利于提高法院的审判权威和公信力。

民事检察不会动摇法院的司法裁判权。在依法进行的民事审判和执行活动中,法官审理案件的程序操作、证据采信、事实认定、法律适用、实体判定,不会受到检察机关的"干扰",民事检察不应当也不会达到一种危及程序安定性、动摇裁判稳定性的地步。从过去多年实践情况看,检察机关决定

---

① 贺日开:《司法权威论纲》,载《江苏社会科学》2002年第6期。

抗诉的案件只占检察机关全部受理申诉案件的极少数，大部分情况下，检察机关所做的是释法说理和息诉罢访工作，客观上对于维护法院的审判权威发挥了积极作用，这也体现了检察监督与司法审判在维护法治权威上的共同性和一致性。

（二）民事检察与当事人的民事处分权

民事审判不同于刑事审判和行政审判，它是解决平等主体之间的财产关系和人身关系争议的司法程序，其本质是解决"私权"争议。在民事诉讼中，当事人对于自己的民事实体权利和诉讼权利有处分权，有权提出、变更、放弃诉讼请求。那么，民事检察权的行使是否与民事诉讼的这一原则相违背呢？笔者认为，检察机关通过抗诉和再审检察建议启动再审程序与当事人处分权原则并无矛盾。

1.民事检察监督是公权力对公权力的监督，而不是公权力对私权利的监督。民事诉讼处理的是私人事务，但诉讼活动本身已经体现了公权力对私人事务的介入，并且是以公权力为中心的活动，它和一般的民事活动不是一个范畴的问题。既然如此，当然也不能把民事诉讼排除在检察监督的对象之外。

2.当事人自由处分原则并不是绝对的。在民事活动中，当事人"意思自治"是一项基本原则，但在现代法治社会，随着生产的社会化程度不断提高，不同民事主体的经济联系更加密切，社会利益关系呈现出更多的整体性与共同性，在坚持当事人"意思自治"原则的同时，强调国家的适当干预，这是世界各国普遍采取的做法，只不过各自采取的方式、手段不同而已。一个民事活动如果违反法律的规定，侵害了国家利益和社会公共利益，国家有责任和义务进行干预，借助国家公权力依法调整当事人之间的权益关系，以避免侵害的发生，或者弥补国家利益、社会公共利益业已受到的侵害。我国是社会主义国家，对于国家利益和社会公共利益的保护是法律的根本宗旨之一，对于引致国家利益和社会公共利益受到侵害的错误的民事裁判、调解和执行行为，检察机

关有权通过抗诉等程序督促人民法院予以纠正。

3. 民事检察监督与尊重当事人的处分权并非对立关系。从理论和实践两方面看，民事检察监督与保障当事人的申诉权是可以有机结合起来的。对于生效的民事判决和裁定，除了涉及国家利益、社会公共利益以及涉及法官有贪腐、渎职行为的以外，如果当事人没有申诉，检察机关一般不依职权提出抗诉或再审检察建议，不应当存在破坏当事人自由处分原则的问题。

（三）民事检察与民事当事人的诉讼地位

民事诉讼的理想状态应该是当事人地位平等、权利对等，法院居中裁判。民事检察的介入，是否损害或者破坏了这种诉讼结构的平衡呢？笔者认为，在裁判明显不公的情况下，当事人的权利因审判权的错误行使而受到侵害，这使得法律监督权的介入成为必要。

"民事诉讼架构中平等的实现至少需要三方面的保证：一是制度保证，即有完善的立法；二是执法水平的保证，即有秉公执法的高素质的执法队伍；三是当事人守法意识和诉讼水平的保证。"这三方面如果有一个方面欠缺，当事人平等的架构就会遭到破坏，发生倾斜就变得非常容易。在诉讼架构失衡的情况下，错误判决、裁定的出现是不可避免的。"在当事人能够靠自己的行为引起诉讼程序发生的一、二审程序中，即使出现这种情况导致裁判错误，当事人自己尚能够进行补救，而在两审终审结束之后，单靠当事人自己是很难引起再审程序发生的。法院的内部监督又往往难逃'自家人难揭自家短'的规律。赋予检察机关监督的权利，正是为了弥补私权力量的不足和内部监督的局限，从而实现民事诉讼双方当事人诉讼地位的平等，并进而保证裁判的公正性。这可以看作当事人的诉权和检察监督权的统一。所以，从功能上讲，检察监督的目的，正是为了维护民事诉讼中当事人地位平等的架构，而不是破坏这种架构。检察监督是从外部对诉讼架构失衡的后果产生的助推力，使其回归本位。这和当事人在诉讼程序中所追求的公正以及民事诉讼的程序价值是相吻合的。"①

基于上述理论，检察机关提出抗诉或再审检察建议，并不是站在当事人一方反对另一方，而是出于维护司法公正，在一方当事人的诉讼权利或实体权利受到侵犯、诉讼中的平等地位和权利没有依法得到审判机关保障的前提下，启动再审程序，促使当事人的平等地位依法得到保障。检察机关针对具体案件行使监督权的结果客观上可能有利于一方当事人，但不能由此认定检察机关代表一方当事人的利益。检察机关的法律监督，始终针对的是人民法院民事审判、执行活动的合法性。

（四）民事检察与民事裁判的不确定性

一般来说，与刑事裁判和行政裁判相比较，民事裁判在认定事实和适用法律上具有更多的不确定性。"就纠纷事实而言，法官作为裁判者未曾经历过，其对纠纷事实的认识只能建立在两造对质的基础上。法官依据法定程序和证据规则作出判断的法律真实，只能是接近于客观真实，不可能等同于客观真实。同时，受程序规则和裁判时限的制约，法官必须在程序限定的期限前作出裁判，法官不得以纠纷事实未查明而拒绝裁判。"②就适用法律来说，法官在适用到个案的时候，由于对法律的不同理解，对于同样一个民事案件，可能有两种或两种以上的合乎法律规定的解决方式。

尽管民事裁判具有上述不确定性特征，但并不能因此否定民事裁判表达的是与非、对与错的界限，尤其是合法与违法的界限。人类的认识能力尽管有限，但在一定时期、一定认识条件之下对于一个事物的认识具有相对确定性。以民事裁判的这种不确定性特征为理由，来否定检察机关纠正错误裁判的必要性，实质上是主张不可知论，以认识的局限性来否定人对事物的认识能力。对于民事裁判来说，解决纠纷的方式可能有多种，但作为判断裁判公正与否的标

---

① 邵世星：《民事诉讼检察监督的法理基础再论》，载《国家检察官学院学报》2001年第2期。
② 陈德辉、程晓斌：《论民事检察监督理念与现行制度的改造》，载《人民司法》2000年第4期。

准是确定的,那就是"是否合法"。检察机关提出民事抗诉或再审检察建议,并不是追求唯一正确的裁判,而是要监督纠正那些确有明显违法的裁判,对于符合法律规定的裁判,即使还有其他合法的解决办法,也不应当提出抗诉或再审检察建议。

（五）民事检察与"裁判的既判力"原则

"裁判的既判力"原则在古罗马法中已有体现,罗马法中"已决案"效力制度禁止对任何已经判决确定的案件再次提起诉讼,这种制度一直延续到现代。"裁判的既判力"原则主要包括两方面的含义：其一,司法裁判具有确定性,一个法律纠纷的解决,只能有一个明确的裁判；其二,司法裁决一经生效,未经法定的诉讼程序不容撤销、变更或废弃。"裁判的既判力"原则是被各国的诉讼法所普遍认可并遵从的法治理念,它对于树立司法裁判的权威,维护法律关系的稳定,乃至培育崇尚法治的社会环境都有着重要意义。

尽管如此,对于这一原则仍不应当作绝对化的理解。现代的人们之所以维护既判力,不再是因为裁判乃是神明意志或者君主权力的体现,而是因为裁判代表着司法的正义。然而,带有司法错误或者非正义的司法裁判总是客观的存在,并影响着司法应有的既判效力。现代法制下的既判效力,不再只是形式上要求人们"一案不再讼"或者让法院"一事不再理",而是实质上亦要求能够获得既判效力的裁判必须是公正的。① "如果生效裁判确实严重违反诉讼程序或者在实体上存在严重错误,并且错误裁判严重损害了权益时,为维护裁判效力的稳定性,一概不允许推翻确有错误的裁判,既不符合公众的正义观,又有悖于通过司法保护当事人合法权益和实现社会公正这一诉讼制度的根本目的。"② 与维护裁判效力的稳定性相比,保障司法公正仍然是第一位的目标。为了实现这一根本目标,在一定程度上牺牲裁判的稳定性是必要的,这就是在既

---

① 最高人民法院民事诉讼法调研小组编：《民事诉讼程序改革报告》,法律出版社2003年版,第269—272页。

② 李浩：《民事再审程序改造论》,载《法学研究》2000年第5期。

判力原则下民事检察监督制度存在的合理性。

(六)民事检察与诉讼经济原则

在传统法学中,"公正"几乎是法律唯一的价值目标。随着社会经济生活和法治文化理念的发展,效率(或效益)这个本属于经济学范畴的概念被引入法学领域。"司法成本的有限性从总体上限制了审判活动对公正的追求。"[1]人们在对一项制度进行法律价值评判时,除进行"公正性"评价外,对于其效率的考量也给予了高度的关注。

公正和效率同是司法活动所追求的价值目标。诉讼公正原则要求在司法活动中恪守法律,努力实现程序公正和实体公正;诉讼经济原则要求在司法活动中用最小的投入实现司法效益的最大产出。现代司法应当兼顾公正和效率,然而在司法活动中,这两种价值往往是互相冲突的。当他们无法相容,必须在两者之间择其一的时候,应当遵循一条原则:在这两大价值目标中,公正永远应当是第一位的,效率则应当是第二位的。在司法活动中,离开了公正的效率是没有意义的。"盲目地追求效率而忽视公正,或许是经济活动的目的,但不是司法活动的目的。"[2]对民事裁判提出抗诉,必然要引起再审,这当然影响效率。但对于严重损害国家利益、社会公共利益以及公民、法人合法权益的错误裁判,如果为追求高效而概不纠正,必将损害公平和正义。当然,检察机关在追求司法公正的前提下,也应当尽量兼顾诉讼经济原则,通过完善自身的工作规制,依法严格掌握监督条件,以节约司法资源。

五、民事检察的权力边界

在民事诉讼中,当事人双方诉讼地位平等,法院居中裁判,如用几何图形表示,其基本结构是所谓等腰三角形结构,这在民事诉讼法学界有普遍共识。

---

[1] 刘庆富、谷国文:《司法公正与审判效率之辨证关系》,载《人民司法》2001年第5期。
[2] 邵世星:《民事诉讼检察监督的法理基础再论》,载《国家检察官学院学报》2001年第2期。

但检察权介入后,民事诉讼的结构会发生怎样的变化?对此,理论界探讨颇多,观点也不尽一致,有菱形结构说①、三棱锥结构说②以及三维椎体结构说③等等,这些观点和理论,对检察权介入后的民事诉讼结构进行了不同的几何学描述,其实质是反映检察权与民事诉讼中其他权力及权利的关系问题。在民事诉讼这一特定的范畴和领域中,检察权处于多维权力和权利体系之中,从诉讼关系看,与当事人的诉权、法院的审判权相互交织;从监督关系看,与当事人的申诉权、法院内部的监督制约以及检察机关的职务犯罪侦查权相互交织。如何在上述关系中准确界定民事检察权行使的边界,是研究民事检察监督规律的基本内容之一。

(一)民事检察权与诉权

诉权是启动民事诉讼的主因和必要条件,而民事检察权在民事诉讼中并不是必然要介入。但民事检察权一旦介入,与诉权即存在交叉并存的情况。

首先,民事检察权是否介入,受制于当事人诉权的行使。对于民事诉讼而言,检察监督的前提是诉讼的业已存在。有关当事人如果没有行使诉权启动诉讼,检察监督就无从谈起。同时,当事人起诉后如果变更或撤销起诉,都会对检察权是否行使以及如何行使产生一定影响。

其次,属于当事人诉权范畴的一些派生权利,检察机关不应代为行使。例如关于举证,这既是当事人的义务,也是其行使诉权的具体形式。检察机关对审判、执行活动进行监督,需要开展相关调查核实工作,但应限定在涉及法院审判、执行活动是否违法的范围内。涉及讼争事实的证据,如果由于当事人自身原因举证不力,即使检察机关具备相应的条件和可能,也不应代其举证,④否则会造成民事检察权行使的越位,导致当事人诉权行使的不

---

① 汤维建:《论诉中监督的菱形结构》,载《政治与法律》2009年第6期。
② 王鸿翼、曹呈宏:《民事诉讼三角形结构的质疑与思考》,载《司法改革与民事诉讼监督制度完善》,厦门大学出版社2010年版,第23页。
③ 王建、车晓洋:《三维椎体结构下对民事诉讼过程检察监督法律关系的理性思考》,载《司法改革与民事诉讼监督制度完善》,厦门大学出版社2010年版,第498页。
④ 吴喆:《民事检察制度的三个新发展》,载《检察日报》2012年10月28日。

平等。

(二) 民事检察权与审判权

审判权即司法裁决权。与审判权相比,民事检察权的不同之处在于:第一,民事检察权的行使不完全是不告不理,对于民事判决、裁定损害国家和社会公共利益的,或者法官有严重贪赃枉法行为的,检察监督不以当事人是否申请为前提;第二,没有直接的实体裁决权。

民事审判权与民事检察权,其统一性在于其目标的一致性,都是为了维护法律所确立的私法关系和司法秩序;其对立性在于,民事审判权的行使要求"独立",而民事检察权的行使客观上是一种外部的牵制。笔者认为,法院审判独立,是在依法前提下的独立,检察监督也是在依法前提下的监督。在法院行使审判权的过程中,保持法院的独立与超然,对于裁判结果的客观与公正是应然的选择,但这是以"法院能够保持独立与超然"为前提的理想化设定,① 现实的情况往往与之相去有距,因此,这种钳制至少在当下还是必须的。但总体而言,民事检察权的行使应当以不影响法院依法、独立行使审判权为限。

(三) 民事检察权与当事人的自力救济权

从世界各国来看,在司法裁判作出后,如果当事人不服,通常会赋予其自力救济的权利,这是避免司法专横的有效途径之一。在我国的民事诉讼中,对当事人的这种救济主要体现在两个阶段:一是在法院一审判决、裁定作出后可以在法定期限内提出上诉,请求上一级法院再行审理;二是在法院判决、裁定生效以后,当事人在一定时限内可以向上一级法院申请再审。

上述两种救济机制,通过赋予当事人程序启动申请权,实现上一级法院对下一级法院审判活动的监督。充分发挥这两种救济机制的功能和作用,一方面体现了诉权在民事诉讼活动中的基础作用,另一方面,从公权力资源的有限性

---

① 王建:《角色与定位:民事检察制度修改的法理审视》,载《检察日报》2012年9月26日。

出发，可以节约监督成本，同时也有利于减少周期、提高效率。

从实践来看，民事检察权的行使，也涉及与上述救济权的相互关系问题。对于法院一审生效的判决和裁定，从程序合理性考虑，检察监督至少应当有一定的限制；对于当事人依法行使了上诉权之后，不服已经生效的二审判决和裁定要求进行再审的案件，检察监督是最后的有效保障。

（四）民事检察权与法院内部的监督制约

从目前我国公权力的监督体制看，任何一个行使公权力的机关或组织，都有来自各方面的监督，在其内部也有着自身的监督制约体系，而法院的内部监督制约又有一定的特殊性，主要是其审判活动的特殊性决定的，体现为审判体系内的自我监督。从法院上下级关系看，是业务指导和审判监督的关系，上一级法院对下一级法院审判活动的监督，主要是通过审级制度来实现的，当然，还有各级法院院长可以主动提起的审判监督程序，也是实现自我监督的法定途径。维护司法公正首先应当依靠政法机关加强自身的监督制约，提高自我防错纠错能力。[①] 尤其是民事审判活动，不同于刑事诉讼，也不同于行政诉讼，相对比较封闭，更应充分发挥其自身监督制约体系的有利条件和优势，保证审判活动的依法进行。[②] 但是，内部监督总是有很多固有的局限性。实践证明，外部监督必不可少，这是公权力监督的普遍规律。2012年民事诉讼法修改，对当事人申请检察监督的程序作出规制，将检察监督程序与法院系统自身的审判监督程序衔接起来，在此制度设置下，检察机关更应当着力追求其他监督制约，包括法院内部监督制约所不可替代的作用，[③] 与其他各种监督制约形成合力，构建对民事司法活动进行有效制约的外部监督体系，促进人民法院依法、公正地行使审判权和执行权。

---

① 童建明：《加强诉讼监督需要把握好的若干关系》，载《国家检察官学院学报》2010年第5期。
② 张雪樵：《抗诉介入时机：抑制负能量，增强监督性》，载《检察日报》2012年9月19日。
③ 童建明：《加强诉讼监督需要把握好的若干关系》，载《国家检察官学院学报》2010年第5期。

（五）民事检察权与检察机关的职务犯罪侦查权

民事检察权的行使，还涉及与检察机关自身其他权力行使的关系问题。在民事检察监督实践中，民事检察权与检察机关的职务犯罪侦查权之间也存在边界问题。笔者认为，二者应当统一于法律监督的基本范畴之下，都属于检察机关的法定职权，但职权本身的内涵和外延是不同的。民事检察权针对的是法官作出民事判决、裁定本身的过程是否符合公权力行使的规范，目的是通过启动再审程序，纠正违法的裁判行为；而职务犯罪侦查权虽然针对的也是审判人员的枉法裁判行为，但目的是追究审判人员的刑事法律责任。实践中，为了实现二者的统一和协调，既需要明晰其各自的职责范围，又应当注意配合协作，以达到全面履行检察机关法律监督职责的目的。

六、新民事诉讼法实施后民事检察监督面临的几个问题

未来中国，随着法治的发展与公民权利意识的提高，公权力与私权利之间的冲突会越来越加剧。检察机关将面临新的问题与挑战。[①]2012年的民事诉讼法修改，为中国民事检察制度的未来发展奠定了新的法律基础。这些新的法律内容，其贯彻实施的效果究竟如何，有待于检察实践的检验，下面仅就有关问题提几点初步认识：

（一）抗诉权行使的政策把握

检察机关拥有对生效判决、裁定的抗诉权，是中国检察机关职权的一个特色。长期以来，对民事抗诉的制度设置，法学界和实务界存在不同认识，其中质疑颇多，不仅涉及这一制度如何改革问题，甚至也涉及存废问题，主要观点

---

① 韩大元：《坚持宪法定位，谋划检察工作创新》，载《人民检察》2011年第3期。

有:强化当事人申请再审,取消民事抗诉监督;[①]建立三审终审制度,取消民事抗诉监督[②];废除抗诉制度,将监督的对象集中于法官个人行为[③];重构民事检察制度,取消抗诉制度,建立公益诉讼制度[④]。

上述质疑的观点和理由值得我们重视,但综合多方面考虑,笔者认为,民事抗诉的制度构造所体现的价值选择是多方面的,因此,这一制度应当巩固和发展。

1. 检察机关拥有抗诉权的最根本的理论基础是检察机关法律监督制度的现实合理性,也是其正当性的基石。检察机关通过行使抗诉权,实现对审判权的制约,其直接的法律追求体现在保证法院生效判决裁定的合法性和公正性。抗诉权是中国检察机关法律监督制度的固有权能,以强调法院的司法独立之理由反对抗诉权的论证角度,与以三权分立为前提反对检察机关的法律监督权一样,都有一个前提错误的问题。强调司法权的绝对独立,恰恰是三权分立理论的固有内容,中国的司法权、行政权、法律监督权平行设置的体制是我们讨论抗诉权问题的重要前提。司法实践表明,检察机关依法对确有错误的民事生效判决裁定提出抗诉,对于遏制司法腐败、维护社会稳定等发挥了重要作用。

2. 作为民事诉讼监督的主要方式,其具有不可替代的制度功能与价值:第

---

① 景汉朝、卢子娟:《论民事审判监督程序之重构》,载《法学研究》1999年第1期;李祖军:《论民事再审程序》,载《现代法学》2002年第2期;欧阳明发、余向阳:《单一制民事再审制度的法律构建》,载《法学杂志》2001年第6期;潘剑锋、何兵:《从民事审判权看民事再审程序的重构》,载《中国民事审判改革研究》,中国政法大学出版社2003年版,第401—402页。

② 陈德辉、程晓斌:《论民事检察监督理念与现行制度的改造》,载《人民司法》2000年第4期;王娣、王德新:《我国民事审级制度之重构与优化》,载《政法论坛》2002年第4期;朱良好:《试论民事审级制度与再审制度的平衡》,载《黑龙江省政法管理干部学院学报》2001年第1期。

③ 林劲松:《民事抗诉制度的基础性缺陷》,载《河北法学》2005年第1期;李仁军:《质疑民事案件抗诉制度》,载《人大研究》2003年第2期。

④ 阮志勇、任婷婷:《民事抗诉的终结与民事公诉的再生》,载《武汉理工大学学报(社会科学版)》2004年第1期;张玉莲:《检察机关在民事诉讼中的职权分析》,载《青海社会科学》2001年第5期。

一，民事抗诉制度是维护民事法律统一实施的制度性设计。目前，裁判不公问题，包括司法上的地方保护主义倾向，严重影响着法制的统一和司法独立原则的贯彻和落实。[①]民事抗诉由作出生效裁判法院的上级检察院提出，能有效克服地方保护主义，维护民事法律的统一正确实施。[②]第二，抗诉是有效维护当事人合法权益的重要手段。司法实践中，法院认定事实、适用法律错误，错误地认定当事人民事权利义务关系的现象并非少见，损害了当事人的合法权益。检察机关提出抗诉，可以通过启动再审程序，使错误的民事裁判得以纠正。第三，抗诉的程序效力，是法律监督的重要保障。检察机关行使监督权的方式有两种：抗诉和检察建议，在实践中还有检察意见、纠正意见等探索性的监督方式。在这些方式中，抗诉是唯一具有强制性程序启动意义的监督方式，这对于检察机关依法履行法律监督职责是至关重要的，体现了公权监督的本质特点，从而与当事人自力救济有了根本上的区别。

但是，随着中国法治进程的不断发展，正如同中国的法治理念、检察权理论等需要进一步发展和整合一样，检察机关对于法院生效裁判的抗诉权，也面临重新审视和论证的问题，抗诉权的有限性问题就是其中的一个命题。抗诉从性质上可以视为"最低标准保障"性的监督[③]，不能主观地为检察机关的抗诉权加载太重的义务。

笔者认为，抗诉权的行使应当本着有利于加强检察机关法律监督这样一个总体目标，具体而言，可以考虑从以下几个方面重点把握：

第一，增强抗诉的权威性和有效性。就外部而言，抗诉的法律权威性和监督的有效性应当得到充分的尊重，不宜以抗诉理由与当事人申请再审理由相同或相近就简单地予以维持原判，这不仅不利于法院自我纠错，提高审判质量，而且虚化了抗诉的实际作用，使得抗诉在制约审判权方面的独立价值和功能受

---

① 刘作翔：《中国司法地方保护主义之批判——并论"司法国家化"的司法改革思路》，载《法学研究》2003年第1期。
② 蔡福华：《民事抗诉问题研究》，中国检察出版社2011年版，第49页。
③ 孙谦：《中国的检察改革》，载《法学研究》2003年第6期。

到不利影响。

第二，更加注重抗诉的法律效果与社会效果。2012年民事诉讼法修改后，对当事人申请抗诉作出程序限制，明确规定当事人在向检察机关申请抗诉前，要先向法院申请再审。此规定进一步强化了人民法院的自我纠错功能，同时，对于检察机关的审查抗诉工作可能会带来一定的影响。笔者认为，抗诉数量本身从来都不应当是民事检察监督价值追求的目标。就应然性而言，检察监督的目的是促进司法公正，从长期目标看，随着社会主义法治的不断推进和完善，审判权依法、公正行使的程度会更高，抗诉案件的数量约减应当是一个总体趋势。当然，从实然性考量，这个发展过程可能存在曲折性，在一定条件下甚至可能出现较大的起伏态势，但尽管如此，我们仍然不能简单地去追求抗诉的数量。衡量抗诉数量是否适宜，其根本尺度应当是抗诉的法律效果和社会效果。

（二）柔性监督方式的适用

2012年民事诉讼法修改，将在司法实践中通过检察建议实施民事检察监督的探索经验上升为法律规定。这不仅是检察监督方式的重大突破与发展，同时对强化检察监督职能，进一步巩固和发展民事检察监督制度具有十分重要的意义。①

检察建议作为一种民事检察监督的新方式，与抗诉的"刚性"相比，其可以称为"柔性"的监督方式，其突出特点表现在两个方面：一是和缓性。检察机关与法院之间是互相独立、互相配合、互相制约的关系，为了实现各自的工作职能，很多情况下需要进行沟通和协商，检察建议能够在相当程度上缓和检察机关履行监督职责的对抗性，较容易被法院接受，从而促使其主动纠正错误。二是程序的便利性。2012年民事诉讼法修改后，检察机关在一定程度上可以开展同级监督，这对于合理配置监督权能、提高检察监督的效率较为有利。

---

① 陈胜才：《细化措施，确保检察建议质优高效》，载《检察日报》2012年10月23日。

正是由于上述特点，检察建议成为抗诉的重要补充。为发挥各自的优势，并形成制度合力，应当使这两种监督方式形成合理的衔接。在抗诉和检察建议这两种监督方式中，应当优先适用对生效裁判既判力以及生效裁判所判定的民事法律关系影响最小的监督方式，这是检察监督谦抑性的内在要求，也符合法治国家中公权力行使所应普遍遵循的比例原则。对当事人的申请，检察机关在决定是提请上级检察院抗诉还是向同级法院提出检察建议时，虽然适用相同法律规定，但应区分不同的情形。其中，抗诉一般应适用于案件比较重大或者是裁判确实明显不公，发生了重大错误的情形；检察建议主要适用于已经发生法律效力的判决、裁定虽有错误，但实体裁判错误并不是非常严重或突出，办案程序有瑕疵的情况，在这种情况下，检察机关提出检察建议比提出抗诉取得的监督效果更好。

（三）执行监督的探索开展

2012年的民事诉讼法修改，明确了人民检察院有权对民事执行活动实行法律监督，这是民事检察制度的一个重要发展。笔者认为，对于以下几个方面，应当重点予以关注：

1.关于执行监督的目的和重点。执行监督的目的问题，具有根本性和全局性，直接影响监督范围、对象的界定，也会影响监督方式、程序的设计。[①] 关于此问题，主要有两种认识：一种认为检察监督就是为了解决法院"执行乱"；另一种认为应当兼具解决"执行乱"和"执行难"两种功能。笔者认为，后一种观点相对全面一些，但检察监督对于解决"执行难"的作用是间接性的，即检察监督的对象仍然是法院公权力的行使，其直接目的是促进其依法行使执行权，同时对维护国家的司法秩序和法治秩序，从而解决"执行难"问题将会发挥重要作用。从目前情况看，法院的消极执行行为需要引起特别重视，应当成为检察监督的重点之一。

---

① 李浩：《民事执行检察监督的目的与对象》，2007年最高人民检察院检察理论研究课题（GJ2007B06），载《民事诉讼法修改研讨会论文集》，第148页。

2.关于检察监督与执行救济的关系。基于对检察权及检法关系的认识、立法机关的价值取向、审判监督经验的借鉴等诸多因素的考虑,检察监督应当在肯定执行制度自身救济功能的同时,在其出现无法解决、难以解决、解决效果不佳以及执行人员怠于履职等违法情形时,依法予以介入,以确保执行的公正性。笔者认为,从合理配置司法资源考量,应以当事人用尽法院救济措施为先,检察监督是补强性的。

3.执行监督面临的责任与风险。作为法院司法活动的最后一个环节,民事执行是与社会发生碰撞最为激烈的一个领域,各种参与主体的程序利益和实体利益交织在一起。① 检察监督的介入,其责任与风险主要来自两个方面:一是能否有效促进执行活动的依法顺利进行。由于自始没有参与有关诉讼活动,对案件的具体情况,尤其是背景情况了解有限,面临执行活动所牵涉的复杂利益关系,检察机关在监督的把握性和准确性上存在一定风险。二是检察人员在履行监督职责过程中与当事人、律师接触相对较多,如果在纪律和廉洁方面出现问题,监督的公信力将受到质疑,这是来自检察机关自身的风险。执行检察监督承载着社会公众较高的期待,其效果如何,直接影响检察机关的法律监督形象,为此,检察机关务必在监督范围和方式上予以准确把握。

---

① 王学成:《执行监督如何与审判监督齐头并进》,载《检察日报》2012年10月16日。

把握新时代新要求，开创民事行政检察新局面*

张雪樵**

2018年正逢民事行政检察工作重建30周年，"三十而立"，犹人昂首挺胸巍然立地，犹屋四梁八柱拔地而起，犹事规矩方圆四维八纲兼具。2018年也是全面贯彻党的十九大精神的开局之年，新时代共襄大举，民事行政检察工作当有新思考，积极开创新局面。

一、以习近平新时代中国特色社会主义思想为指导，谱写民事行政检察事业新篇章

深刻学习和领会习近平新时代中国特色社会主义思想，必须提高政治站位、树立历史眼光、强化理论思维、增强大局观念、丰富知识素养、坚持问题导向，结合实际，突出重点，抓住关键，真正做到融会贯通，学以致用。

（一）牢牢把握新时代社会主要矛盾的转化，切实担负起民事行政检察工作的新使命

中国特色社会主义进入新时代，我国社会主要矛盾已经转化为人民日益增长的美好生活需要和不平衡不充分发展之间的矛盾，这一关系全局的历史性变

---

* 本文刊载于《人民检察》2018年第4期。
** 张雪樵，最高人民检察院副检察长。

化昭示人民群众对美好生活需要的司法内涵在转变。一是新时代人民群众的尊严意识和人权意识更加强烈。管仲有句名言："仓廪实而知礼节，衣食足而知荣辱。"在物质需求不再成为人的忧虑后，人的尊严必将成为美好生活的核心内涵。中国人自古厌讼，但很多人恰恰像电影《秋菊打官司》那样为争个"面子""讨个说法"对簿公堂。而民事行政检察的诉讼监督牵涉到民事、行政诉讼的输或赢，也关系到司法工作能否满足当事人对尊严的正当需求。二是新时代人民群众对分配正义的追求更期待。《论语·季氏》说道："不患寡而患不均，不患贫而患不安（朱熹解释为'均，谓各得其分；安，谓上下相安'）"。这种思想在中国历史上产生了深远的影响，这种社会心理发展到今天，使得人们对公平正义的追求越加广泛和迫切。于是，在关乎民生保障、生存照顾、行政给付等方面，防止破坏机会平等原则和信赖利益将日益成为法律监督的重要内容。三是新时代人民群众在每一个司法案件中感受到公平正义的新要求更加迫切。司法是社会公平正义的最后一道防线，是法治运行的关键一环，司法公正对社会公正具有重要引领作用，如果司法这道防线缺乏公信力，社会公正就会受到普遍质疑，社会和谐稳定就难以保障。过去一段时间，全国各级检察机关受理的民事行政申诉案件量居高不下，客观上反映了司法的公信不彰问题。面对人民群众对司法工作的新需求，民事行政检察工作还存在发展中业务不平衡、地区不平衡、层级不平衡的问题，还存在重刑轻民思想转变不充分、主动监督履职不充分、队伍保障不充分的问题，迫切要求我们切实以满足人民群众对美好生活的需要为己任，坚持问题导向，对症下药，统筹推进民事行政检察工作健康发展。

（二）学懂弄通新时代中国特色社会主义的新目标，探索完善民事行政检察工作的新格局

新时代新目标是党的十九大精神的关键词：到2035年基本实现社会主义现代化，再奋斗十五年建成富强民主文明和谐美丽的社会主义现代化强国。然强国不惟经济独大、国力称雄，现代社会之强国还必须创造人类社会最先进

的司法文明，堪为世界范围内之法治典范。建成现代化强国，实现复兴中华民族的中国梦，这是中国历史上震古烁今的伟大事业和伟大梦想，我们生逢其时，当以崇高的使命感投身其中，做"法治强国"的建设者和捍卫者；我们守土有责，当以司法文明的"中国模式"为蓝图，做推动时代车轮的改革家和实干家。聚焦民事行政检察工作，要牢牢把握新时代新目标来谋划好民事行政检察工作的转型升级。一是要建成一流的民事行政检察监督业态：有诉必理，凡是符合法律规定条件的申诉案件都能得到及时审查，保证当事人找得到评理的地方。有错必纠，凡是影响申诉人实际利益的错误案件都要得到纠正，保证当事人的合法权益在公平正义的最后一道防线得以救济。有责必问，凡是查实的审判人员违法行为得以问责，保证司法责任制在诉讼监督环节落实到位。二是探索构建一流的民事行政检察运行体系；一流的制度机制，核心是充分体现民事行政检察职能特色，符合诉讼规律、监督规律、司法规律的检察一体化工作机制；一流的司法办案模式，既突出检察官的主体地位，提升职业荣誉，又增强办案组织的团队协作，防控职业风险；一流的监督质量效果，让案件定分止争，让被监督者心服口服，让人民群众理解认同。

（三）学深悟透新时代中国特色社会主义基本方略，积极展现民事行政检察的新气象新作为

坚持以人民为中心的发展思想，及时更新司法理念。一是把人民满意作为衡量公平正义的唯一标准。习近平总书记在 2014 年中央政法工作会议上强调："自觉把群众满意作为衡量和检验政法工作成效的根本标准。"早在陕甘宁边区时期，边区高等法院谢觉哉院长就说道："要在人民对于司法的赞否中，证明司法工作的对与否。"[①] 那么，怎么样才能使群众满意？应当正确处理法典中的规则正义与老百姓的朴素正义的辩证关系。首先要把以人民为中心的司法伦理作为自己的职业素养，把社会公德作为头顶的"三尺神灵"和脚下的为人底

---

① 转引自侯欣一：《从司法为民到人民司法——陕甘宁边区大众化司法制度研究》，中国政法大学出版社 2007 年版，第 164 页。

线,"做官做事先做人";同时,要把"揆诸天理、准乎人情"的优秀传统文化和公理民情融合于法律经典的适用,以良知择善法来防止司法裁量的失度,以情理入考量来把握文明社会的世道人心,寻找最大公约数,既防止机械司法背离良知,又防止屈从舆情或信访而矫枉过正。正确处理当事人满意与人民满意的关系。只有依法办案,合法合理合情地让当事人满意,才能让广大人民群众从每一个司法案件中感受到公平正义。一定要防止因为违法迁就一方当事人的诉求而招致广大人民群众的不满意。二是充分保障人民对民事行政检察工作的知情权、参与权、表达权、监督权。自觉接受人大监督、政协民主监督、群众监督、舆论监督等各种形式的人民监督。加强检察官释法说理和法律文书说理工作,探索将行政公益诉讼撤回起诉案件纳入人民监督员监督范围。三是把民事行政检察打造成民生检察的品牌。重点聚焦环境、教育、就业、医疗、居住、公共安全等民生领域强化民事行政诉讼监督,重点保护妇女儿童、老年人、残疾人等特殊群体合法权益,突出办理涉及人民群众最关心最直接最现实的利益问题的公益诉讼案件。

坚持改革永远在路上的时代精神。一是以鼓励改革的价值取向依法处理利益冲突案件,正确区分改革中合理收益与违法所得的界限,把保护改革者作为民事行政检察办案的价值要求。二是通过继续深化诉讼制度改革,全面贯彻执行修改后民事诉讼法、行政诉讼法和民法总则,进一步完善民事行政诉讼制度特别是公益诉讼制度。三是主动适应司法责任制改革和深化国家监察体制改革试点,倒逼和推动民事行政检察工作转型升级、提质增效。

坚持融入全面依法治国和从严治党的战略布局。一是牢牢把握法治的本质在于治官,坚持把对审判权、执行权等公权力监督作为民事行政诉讼监督的核心,共同维护司法权威和司法公信。二是深入学习贯彻习近平总书记关于"检察官作为公共利益的代表,肩负着重要责任"的重大论断,着眼于国家治理体系和治理能力现代化建设,扎实做好公益诉讼工作,推进法治国家、法治政府、法治社会一体建设。三是紧紧咬住"责任"二字,抓住"问责"这个要害,切实强化对人监督与对事(案)监督的合力,树立检察监督权威。

坚持绿色发展理念。一是深刻领会"青山绿水就是金山银山"理论，切实把环境公益诉讼工作摆在更加突出的位置。二是加强公益诉讼与环保督查、领导干部自然资源资产离任审计以及河长制、湖长制等制度机制的衔接配合，合力推动实行最严格的生态环境保护制度。三是聚焦持续实施大气污染防治行动、加快水污染防治和实施流域环境及近岸海域综合治理、强化土壤污染管控和修复、加强农业面源污染防治、开展农村人居环境整治行动、加强固体废弃物和垃圾处置等中央重大部署，融入服务大局，明确公益诉讼的工作重点，积极办理有影响、有震动的案件，以工作实效推动社会治理的伟大工程。

二、以向全国人大常委会专项报告民事诉讼监督工作为契机，努力破解制约民事行政检察工作的几个难题

2018年全国人大常委会将听取和审议高检院关于民事诉讼监督工作的专项报告。这是自修改后民事诉讼法实施以来首次专项报告民事检察工作，要善于把这场严肃的"考试"化为解决顽瘴痼疾的良好契机。

（一）紧紧抓住审判人员违法行为监督的"牛鼻子"，构建民事行政检察监督一体化的工作机制

党的十九大明确要求，"深化司法体制综合配套改革，全面落实司法责任制，努力让人民群众在每一个司法案件中感受到公平正义"。唯有真正落实司法责任制，才能从制度上倒逼司法人员公正司法。司法责任制要求构建严格的司法责任认定和追究机制，形成对法官、检察官司法办案工作全方位、全过程的规范监督制约体系。就监督目的而言，诉讼监督也属于司法责任制的范畴。司法责任制既包括法院、法官惩戒委员会依据法官在错案中的司法过错进行问责，也包括检察机关依据查明的审判人员违法行为进行跟踪监督——建议相关部门对其追究司法责任或者法律责任。对审判人员违法行为的检察监督说到底是落实司法责任制。中国不存在享有司法豁免权的"铁帽子王"，不管是谁构

成了司法过错,都要承担相应的司法责任。检察机关除了依法监督审判机关纠正错误的司法裁判,还需要跟踪监督追究违法审判人员的司法责任,这是坚决执行中央司法体制改革重大部署的应有担当,各级检察院主管领导和从事民事行政检察工作的同志一定要提高政治站位。在敢于监督的同时还要善于监督。善于监督首先要遵循监督定律——对人的监督才是最有威慑力的监督。实践证明,牢牢抓住审判人员违法监督这个"牛鼻子",以抗诉监督、执行监督、查办虚假诉讼等案件办理为切入点,推动对隐藏在错误生效裁判和审判执行程序违法背后的审判人员违法行为进行调查、监督、问责,不仅有助于纠正错误的司法行为,维护法律的正确实施,而且会震动违法行为人的神经,有助于及时清除影响司法公信之河的"污染源"。各级检察机关对监督中发现的涉嫌犯罪或违纪的审判人员违法行为,要及时移送监察委、纪委,如果发现避重就轻、包庇违法审判人员的情形,应当加强跟踪监督,及时向同级党委和纪委反映,促进形成全面从严治理司法不公、司法腐败源头的良好氛围。

要进一步健全完善检察一体化工作机制。面对基层办案力量单薄,同级监督受干扰较多的困境和压力,要积极构建横向协作、上下联动的一体化机制。要继续完善与控申检察等部门之间的案件线索移送机制,重点建设上下级协同办案机制,可以在省、市两级检察院组建监督协调指挥中心,统一管理案件线索、统一研判监督策略、统一指定案件管辖、统一调配办案力量、统一指挥办案工作、统一发布案件信息等。三级检察院要各有侧重、取长补短,尤其注重发挥上级检察院的跟进监督功能。基层检察院要充分发挥贴近社会、收集和掌握案件信息、发现线索、调查核实等方面的优势,分州市检察院要帮助基层检察院分析案情、研究对策、调配力量,补足基层检察院力量不足的短板,省级检察院要加强线索备案审查和跟踪监督,严格确保监督的质量和效果。要积极开展相关调研,及时推广好的经验做法,稳步推进这项工作的规范化建设。

(二)聚焦主责主业,全面改进民事行政检察业务评价体系

马克思有句名言:"问题就是公开的、无畏的、左右一切个人的时代声音。

问题就是时代的口号,是它表现自己精神状态的最实际的呼声。"① 修改后民事诉讼法赋予民事行政检察监督的手段、方式似乎不少,但十八般武艺虽然俱全,如果使唤不当就变成"花拳绣腿"。这里就有如何运用矛盾论的方法问题,不能"眉毛胡子一把抓"。因为诉讼监督的核心不是权利救济,而是权力的问责;诉讼监督不只是程序的制约,更是对权力行使主体的警诫,所以,务必以需求为导向,紧紧围绕困扰监督效果和监督权威的重点问题,紧紧抓住多元化监督格局中的主要矛盾,科学设计业务评价体系。

（三）推进智慧民事行政检务,提升民事行政检察监督实效

习近平总书记指出:"科技是国之利器,国家赖之以强,企业赖之以赢,人民生活赖之以好。"同样,司法办案赖之以科技则公正,诉讼监督赖之以科技则高效。民事行政检察工作一定要结合现代科技的运用。一是要提升公益诉讼工作的科技含量,充分依托行政检察与行政执法衔接平台,着力突破公益诉讼信息采集、线索分析挖掘和智能研判、智能推荐技术,提升案源线索自动识别与发现的针对性和准确性。二是依托大数据技术,对海量司法数据通过智能比对、瑕疵提示等功能,辅助查找监督线索；通过对接法院的执行信息化平台,自动分析执行信息,提升监督质效。三是构建虚假诉讼监督智能平台。建立虚假诉讼监督案件数据库,梳理重点领域的虚假诉讼特点和规律,开发人工智能软件,主动推送案源,为检察官提供决策辅助。

三、以全面落实司法责任制为抓手,努力打造适应新时代要求的正规化、专业化、职业化队伍

中国有句古语:"有美意,必须有良法乃可行。有良法,又须有良吏乃能成。"把握新目标建设法治强国,离不开与时俱进符合现代化需求的新队伍。

---

① 习近平:《之江新语》,浙江人民出版社2007年版,第235页。

（一）落实检察官办案组运行机制，规范抗诉案件审查工作

要正视民事行政检察部门对民商事业务偏弱、抗诉再审案件改判率偏低的普遍性、历史性问题，善于运用司法办案责任制来提高审查水平和质量，检察官都必须直接办案作出独立判断，不能让检察官助理变相"代人捉刀"，也不能因为不是主任检察官而降低标准，更不能因为是担任行政职务或者主任检察官而滥用优势话语权影响他人的独立判断。参与讨论应当言之有据，恪守客观义务，即使是检察官助理也不能人云亦云、做"墙头草"发表不负责任的观点。在强调亲历审查和独立判断的同时，还必须加强监督制约。省级检察院和有条件的分州市检察院可参照高检院的办案模式：抗诉案件一律由办案组办理，经两名员额检察官分别审查，经两个办案组集体讨论提出处理建议。在部门负责人审核、分管检察长审批环节，不能直接否定检察官集体讨论形成的一致意见，而需要说明审查意见后再次提交办案组或者检察官联席会议集体讨论；检察长对具有明显分歧或者重大疑难案件还可以提请检委会讨论决定。充分发挥司法民主，各司其职，确保安全质量。同时要加强上下联动，充分应用远程视频会议、信访系统了解案情、组织讨论，或者与当事人直面沟通交换意见等。

（二）加强职业素养培训，适应专业化发展需求

习近平总书记曾说："种树者必培其根，种德者必养其心。"检察官的职业化不只是依赖于成系列的法律养成教育，也不只是依托专业化的检察理论和专业化的法律素养，而应视为包含品德、文化在内的一项系统而恒久的工程。

"专"一词的英文 the profession 与拉丁文中的 professio 或 declaration（宣告）相关，有自称、断言、告白的意思，带有"在神前宣誓就职"的含义，指的是从业者必须宣誓遵守该职业应有的信念与规范。专业者除了须追求诸如荣誉、尊严、信念之类的崇高理想和承担特有的责任外，还必须经由特殊的养成教育后才能取得与专业相匹配的知识与技能，以此在得到社会信任的同时拥有更大的执业独立性。汉语中"专"属象形字，本义指纺织专用的纺锤，寓专事、专注之意。北宋王安石在《上仁宗皇帝言事书》云："夫人之才，成于专

而毁于杂。"①"专"又由专一之意引申为专长。《广雅·释诂四》:"专,业也。"而"业"引申为专业、职业、行业,意思是专门从事某项工作而形成一种职业,包括相应的作业规范。就此而言,东西方文化中的"专业"都蕴含了特定的职业操守和专长要求。

那么,法律专业应向世人(宣誓)承诺什么呢?或者说该具备怎样的专业素养呢?自古希腊城邦时代开始,法律作为一种专业存在于世,至12世纪有了以法律为业者担任国王的法律顾问、国王法院中的法官,或者个人的诉讼代理人。虽然法律专业中具有审、检、辩等不同分工,虽然每位法律从业者处于不同职等,但法律人都被期许平亭曲直、排难解纷、防微杜渐、维持秩序、彰显正义、引导世风之职责。公元534年编纂完成的《罗马法大全》开宗明义宣告了法律专业者的职责所在:"习法者首先应该知道法律科学渊源于正义,法律本身就是判断何为正当与善良的一种艺术。因此,人们称我们为执行这门艺术的祭司,因为我们追求正义、良善与正确。在明辨是非、判断行为合法与否的同时,我们藉由刑赏使人得以去恶为善。我们种种的作为指向于真理而非任何假设的哲理。"②毫无疑问,检察官作为司法职业者应当忠实于维护公平正义的内在价值而淡泊金钱、荣耀的外在利益,应当养成良好的职业道德操守和基于追求社会正义的美德。

法律人除了专业伦理,还须承诺什么?美国第九巡回法院法官约翰努恩指出:"法律人宣告什么?至少,他们必须宣告相信每个人拥有与他人理性地争辩沟通的能力;相信人有秉公行事的能力,相信一种有目的之程序的存在。"③法律之所以成为一种专业,是法律人能够基于社会的利益运用其超乎常人的专业能力、智识来提供专业知识,像"神"一样明辨是非、善恶,定分止争、息事宁人。然而,法律人何以做到像孔子说的那样"智者不惑、仁者不忧、勇

---

① 载中国国学网,最后访问日期:2017年10月19日。
② 东吴大学法学院主编:《法律伦理学》,台湾新学林出版股份有限公司2009年版,第11-12页,第112页。
③ 东吴大学法学院主编:《法律伦理学》,台湾新学林出版股份有限公司2009年版,第11-12页,第112页。

者不惧"呢？400年前，一代法儒孟德斯鸠说过，"成文法里的每个词汇都可能成为律师们的焦点"。尽管辩论是诉讼文明的进步，但如果在法庭上声嘶力竭地壮胆式控辩，倒不如在平时熟读经典去领会法条的真谛；与其在司法过程中过度依赖强制力的威权来维持机关形象，还不如"一心一意老老实实把屁股在老百姓那里坐得端端的"①。因而，民事行政检察官首先"必须忠实于革命事业，能够奉公守法，刻苦负责"；②其次，必须勤勉认真于手头的每一个案件，把寻求最理性、公正的结果作为最大的专业责任，必须绝不模糊于遇到的每一个法律问题，把阐述最精准的法理和最通达的情理作为最高的专业追求，唯此才能真正成为正义的守护者、人间的仲裁者、社会的工程师与道德的最后防线。

（三）强化主体责任，持续深入推进司法规范化建设

司法规范永远在路上。首先要狠抓思想规范，牢固树立"四个意识"，确保政治指导思想统一，司法理念统一，坚决杜绝公开质疑党中央和高检院决策部署的言行，绝不能把民法中的平等观念、权利意识错误地用来各行其是、标新立异甚至反对上级、对抗组织。其次要狠抓业务规范。要善于把民事行政检察工作规律上升为司法规范，譬如要分清申诉与抗诉的本质功能，细化抗诉监督的审查标准。要分类完善公益诉讼、诉讼监督业务指导意见。特别要狠抓管理规范。完善岗位职权利益回避制度，规范检察官与当事人、律师、特殊关系人、中介组织的接触、交往行为。检察官在随机分案中分配到"老家案""老乡案"，应当主动申请回避，由部门负责人决定更换案件承办人。进一步增强检察职业的风险意识、危机意识，抓早抓小、防微杜渐，最大限度防止队伍出问题，最大限度激发每一位民事行政检察官的积极性。

"幸福都是奋斗出来的。"开创新时代民事行政检察工作新局面绝不是轻轻松松、敲锣打鼓就能实现的。社会主义现代化的法治强国梦是荆棘编织的王冠，更是开山劈岭的奋斗之路，时不我待，只争朝夕，重整行装再出发！

---

① 习仲勋：《贯彻司法工作的正确方向》，载《解放日报》1944年11月5日。
② 转引自侯欣一：《从司法为民到人民司法——陕甘宁边区大众化司法制度研究》，中国政法大学出版社2007年版，第158页。

做强民行检察,从树立科学理念做起 *

胡卫列 **

最近,张军检察长基于对法律监督特性的深刻把握,在不同场合反复强调了树立双赢多赢共赢理念的重要性。民行作为检察工作的传统薄弱环节,在新时代检察工作的创新发展中被寄予了更多的期待。长期薄弱,原因一定错综复杂,解决起来不可能一蹴而就。做强民行检察,方案林林总总,有赖于各方面的重视支持,但就民行系统而言,不妨立足自身,从树立双赢多赢共赢理念做起。

双赢多赢共赢理念蕴含唯物辩证法精神内核。从语义分析,双和多是数量的概念,反映的是法律监督参与者、关联方的多寡,双赢和多赢在实质上都可以归结为共赢。共赢有两个维度,其着眼点在"共",即运用联系的观点,强调法律监督不能光从监督者一个角度孤立地看待问题,而要将被监督者、监督的其他参与者和关联方都纳入视野。共赢的最终落脚点在"赢"上,是基于唯物论的立场,强调法律监督必须注重实际效果。从共赢的标准看,法律监督不是一个单向、静止的行为,而是一个双向互动、多向交流、全流程关注的系统工程。恪守共赢的理念,就可以避免法律监督实践中形形色色的机械论倾向。

双赢多赢共赢理念反映了民事行政检察监督制度内在价值追求。无论是传统的民事、行政诉讼监督,还是近些年新增的执行监督和民事、行政公益诉讼,民行检察职能虽然各有侧重,但都是基于检察机关的宪法定位,都具有监督属性。从制度设计看,检察监督是一种纠错的程序机制,制度的核心价值在

---

* 本文刊载于《检察日报》2018 年 5 月 30 日。
** 胡卫列,最高人民检察院民事行政检察厅厅长。

于为行政执法和司法审判活动中可能存在的违法提供一种外部的视角，提请其再进行一次审慎的审查。以行政公益诉讼为例，针对行政机关违法作为或不作为损害公益的行为，检察机关以诉前检察建议提请行政机关自我纠错；不纠错的，再提请法院作出裁判；认为法院裁判有错的，提请上级法院裁判。完整的法律监督纠错程序，实际上可以细分为两个阶段或者两个子程序，即检察环节的纠错启动程序和被监督者（或其上级）再审查程序及决定程序。监督和被监督不光保障法律正确实施的目标一致，而且监督效果的实现有赖于被监督者的纠错行为，制度的精髓在于互相制约，价值追求则是双赢多赢共赢。从制度的实际运行看，检察机关受理的民行诉讼监督案件，绝大多数经过审查并未启动再审程序，而是支持法院的生效裁判，对这些案件做息诉罢访工作也是民行检察的重要内容。民行监督共赢的理念得到了越来越多的法官检察官的认同，许多地方法检两院共同出台相关的制度机制，最高法执行局希望共享全国检察机关执行监督的检察建议，并纳入其执行平台进行督查。

双赢多赢共赢理念内蕴着丰富的实践智慧和方法论启示。我们需要用心领会这一理念对民行检察实践提出了哪些要求，指引了哪些具体做法。根据初步的学习体会，至少要把握几点：一是要从自身做起。共赢需要他方的支持配合，但共赢理念却不是要求他方做什么，而是要求自身按照共赢的目标开展工作。争取各方的理解支持配合，也是自身的工作目标和任务。二是要设身处地换位思考。审查民行监督案件，不妨将"如果我是主审法官我会怎么判"作为必须思考的问题。三是要正确看待什么是共赢。共赢理念重在将共赢作为目标追求和工作指引，不能片面地理解为每个案件中所有相关的人员都满意才是共赢，而是要在每个案件的办案过程中都思考为共赢我做了些什么？是不是能做的都做了？四是要加强交流沟通和宣传协调。让社会各界更深入了解民行检察工作的宗旨，增进理解，更多参与，更多支持。加强法律职业共同体建设，构建法官检察官共同学习培训、讨论案件、互挂任职等深度交流机制。五是提高自身素质能力。增进民行检察文书的说理性和公开性，以检察官过硬的政治素质、法律素养和品德操守赢得法官、当事人以及社会各方面的认同和尊重，提高民行检察监督的公信力。

制度构建篇

(一) 民事、行政审判检察监督

(二) 民事、行政执行检察监督

(三) 虚假诉讼检察监督

(四) 行政检察监督

【制度构建篇·民事、行政审判检察监督】

论检察机关对行政诉讼的法律监督*

湛中乐　孙占京**

检察机关对行政诉讼实行法律监督，对于维护社会主义法制，保障人民法院审判权的正确行使具有重大意义。但是，检察机关监督行政诉讼的立法尚不完备，监督机制也未完全确立，实践中还缺乏经验，在理论和认识方面也未取得共识。因此，有必要继续研究和探讨检察机关对行政诉讼的监督机制、机理，本文仅就检察机关对行政诉讼实行法律监督的范围和方式以及行政审判检察监督的含义和程序、方法等问题作些探讨。

一、检察机关对行政诉讼实行法律监督的范围和方式

我国《行政诉讼法》第10条规定："人民检察院有权对行政诉讼实行法律监督"，可以理解为该条规定所设定的监督范围是行政诉讼的完整过程，包括事前监督和事后监督两大部分。但是，该法第64条仅规定人民检察院对行政审判的生效判决、裁定发现违法有权按照审判监督程序提出抗诉、提起再审程序，进行事后监督。于是，根据行政诉讼法确定的检察机关监督行政诉讼的不同范围产生了不同的见解和争论。

关于检察机关监督行政诉讼的范围和方式，目前有两种看法或意见：一种

---

* 本文刊载于《法学研究》1994年第1期。
** 湛中乐，北京大学法律系；孙占京，北京大学法律系。

意见认为应该是对行政诉讼全范围、多方式的监督，包括提起行政诉讼、支持起诉、提起二审程序的抗诉、支持抗诉以及审判监督程序的抗诉等；另一种意见认为应该采取小范围，即审判监督程序的抗诉（提起再审）的单纯方式的监督。笔者认为，从国家法治的长远发展来看，检察机关对行政诉讼应采取全范围、多方式的监督，而不只采取提起再审一种方式。但从国家法治现状来看，检察机关对行政诉讼宜采取目前的小范围，即行政审判监督提起再审的方式。检察机关对行政诉讼的法律监督与行政审判检察监督各自的含义是不同的。对前者可以理解为对行政诉讼的全面监督，包括提起行政诉讼，支持起诉，进行庭审监督，对法庭发表意见和建议，提起二审程序，支持上诉、抗诉等多种方式的监督；对后者可以确定为专指目前检察机关所实行的行政审判监督程序的抗诉以及围绕抗诉所进行的活动。

所谓检察机关对行政诉讼全范围的监督，是相对于检察机关只对行政裁判的合法性进行审查这种监督方式，以及只限于审查生效行政裁判的合法性这个行政诉讼的局部范围而言的。如果检察机关对行政诉讼实行全范围的监督，则有待于国家法治的发展，有赖于立法的完备和国家法制体系的健全，也就是在国家体制上、在法律上允许其他国家机关对行政活动进行全方位的监督。检察机关作为国家的法律监督机关，其当然的职责是维护国家法制的统一和国家法律的统一实施。检察机关如果全面监督行政诉讼，当然包括提起行政诉讼、支持起诉、提起抗诉等监督方式。① 实行这些监督方式的具体的法律内容和确切的法律意义体现为国家对行政活动的全面监控，体现为国家法律监督机关对行政机关具体行政行为是否合法所作的监督。比如，行政机关具体行政行为损害全民或者公众整体或根本利益，检察机关根据公众的要求，对行政机关提起诉讼，要求法院对行政机关具体行政行为的合法性进行审查和作出裁决，检察机关当然全力支持这种要求，为此所产生的检察机关对行政诉讼的监督职权以及

---

① 有的国家法律规定，检察机关在行政诉讼中可以享有原告资格。如前南斯拉夫。有的国家法律规定，公益代表人诉讼制度，如德国《行政法规法》规定，联邦、州和地方检察官作为公共利益的代表人参加诉讼可以提起公诉和要求变更。

与达到这种要求相适应的监督方式和对法院裁判的合法性所进行的检察监督，即为对行政诉讼的全面监督。

　　现代诉讼的基本理论认为，国家检察机关在各种类型的诉讼中属于特殊的诉讼主体，具有独特的诉讼地位，享受广泛的诉讼权利，其享有的诉讼权利与承担的诉讼义务既不同于原告也不同于被告，而是高于、超脱于原被告双方。检察机关在诉讼中，最突出、最主要的职责是代表国家公众把被告人（刑事被告人、民事被告人、行政被告人）的违法行为和违法事实提供给法院，要求其依法进行审理和裁判，并对审理的过程以及裁判的结果进行监督。检察机关的诉讼行为除法律规定法院可以进行选择接受的以外，必须为法院所接受，必然地引起诉讼程序，强制法院行使审判权，依法规范被告人的行为，以便消除被告人的违法行为对国家、社会或他人所造成的损害。因此，检察机关既不是遭受违法行为损害的利害关系人，也不是受法院裁判拘束的当事人。它不独立承受法院裁判的结果，而只是对法院的合法裁决加以承认和维护，并且还要对法院裁决的合法性进行审查和监督，并监督某些发生法律效力的裁决（例如我国的刑事判决、裁定）能够得到正确的执行。所以，当检察机关对刑事被告人提起公诉时，它是代表国家要求法院追究被告人的刑事责任，法院不能把检察机关作为原告加以裁决；当检察机关对民事被告人提起诉讼时，它是作为国家利益或公众利益的维护者要求法院对被告人的违法事实作出裁决，法院的裁决只对被告人和利益的被代表人发生效力；当检察机关对行政诉讼的被告人提起诉讼时，是代表国家或者公众以国家整体利益的维护者或公益代表人的身份，要求法院对行政机关具体行政行为的违法事实作出裁决，从而达到监督行政机关依法行政的目的，法院的裁决是对行政机关和行政管理相对人发生法律效力。因此，检察机关提起行政诉讼从广义上讲，是检察机关监督行政诉讼活动的一个方面，但从其主要意义或根本意义上说，则更体现了国家对行政行为的监控，表现为检察机关对行政机关具体行政行为合法性的监督。而检察机关对法院生效行政裁判的审查以及抗诉活动。从广义上讲也是对行政机关具体行政行为合法性的监督，但其突出的意义在于对法院裁判的合法性的监督。所以，检察机关对行政诉讼中生效裁判的审查及抗诉、进行特定小范围的监督，是现时立法和执法方面的侧重，而不是成熟、固定的制度。将来国家民主、法治制度逐步完善健全。国家加强对行政的限制和干预，立法上应该赋予检察机关全面监督行政诉讼的职权，如果检察机关具有提起行政诉讼的职责，相应地必然具有支持起诉、监督诉讼过程和结果的权力，在立法上允许诉讼当事人起诉、上诉就应允许国家利益的代表人、公众利益的代表人（检察机关）起诉、抗诉以及支持起诉或抗诉。倘能如此，检察机关监督行政诉讼的范围就会扩大，监督方式也会相应多样化，就能从基本上实现对行政诉讼的全面监督。而在目前的情况下，在执法上可以规定人民检察院可以应当事人、国家机关、群众团体的请求或者人民法院的要求，参与行政诉讼或者出席法庭监督行政诉讼案件的审理过程，或者支持起诉、上诉，以这些方式参与行政诉讼，以扩大检察机关对行政诉讼的监督范围。

二、现行检察机关对行政诉讼的法律监督

检察机关如何对行政诉讼实行法律监督，目前在立法上仅规定为人民检察院对人民法院已经发生法律效力的判决、裁定，发现违反法律、法规规定的，有权按照审判监督程序提出抗诉。据此，本文所提行政审判检察监督仅指检察机关对法院生效裁判的审查与抗诉活动。也就是行政诉讼中审判监督程序的抗诉，即所谓检察机关对行政诉讼小范围的监督，具体体现为单一的抗诉方式。

对行政审判案件按照审判监督程序提出抗诉，需要明确和解决以下几个主要问题：

（一）行政诉讼审判监督程序抗诉的含义

我国行政诉讼审判监督程序的抗诉，是指人民检察院对人民法院已经发生法律效力的行政案件的判决或裁定，发现违反法律、法规规定的，依照法定的监督程序提出重新审理的诉讼活动。这是我国行政诉讼法在立法上唯一加以确

认的检察监督方式，是对行政审判的一种事后监督。所谓"事后"，是指法院判决或裁定已经发生法律效力。法院的判决、裁定既已发生法律效力而又提出重新审理，是由于判决、裁定经人民检察院审查发现违反法律、法规，需要改正。判决、裁定违反法律、法规包括认定事实、适用法律、违反法定程序影响正确裁判和审判人员贪污受贿、徇私舞弊、枉法裁判四个方面。法院审理行政诉讼案件一般就行政诉讼当事人之间的争议或者就当事人所请求的事项的范围作出裁判，由于行政诉讼标的的特殊性（具体的行政行为是否合法），如存在规范冲突、法规的选择适用以及行政机关的自由裁决等现象，即使判决结果能为诉讼双方当事人所接受，亦可能引起公众的不满或者损害国家整体、根本利益和公众利益。因此，从法制方面需要检察机关对行政诉讼的生效判决、裁定加以监督，将违法判决、裁定提交高审级法院根据国家基本法加以衡平改正。虽然提起行政诉讼是根据检察机关的起诉，但是检察机关的职责在于维护国家法律的统一实施，因而完全有必要对人民法院所作对国家、公众有重要影响的行政诉讼案件的生效判决、裁定加以监督。人民检察院按照审判监督程序对违法的生效行政判决、裁定提出抗诉，是代表国家、公众以国家法律监督者的身份提出再审程序的。它的抗诉虽然可能对原审原被告其中一方有利或均有利，但是人民检察院并不代表原审中原被告任何一方，它没有自己的利益要求，它在抗诉中，以及抗诉前后所进行的一切活动，最终目的是要求法院改正违法判决、裁定，它与再审结果没有自身的利害关系，也不受再审结果的拘束。

在现行立法尚未赋予人民检察院提起行政诉讼的起诉权来看，人民检察院也不应拥有对未生效判决、裁定的抗诉权，因为行政诉讼案件不是因检察机关的职责而直接提起的，检察机关还可以通过支持起诉、上诉、参与诉讼等方式监督行政诉讼的过程、监督法院作出合法的判决、裁定。诉讼当事人也可以通过上诉程序要求法院作出正确的判决、裁定。即使将来立法或可赋予检察机关对行政诉讼的起诉权，检察机关也只应对自己提起的行政诉讼案件享有抗诉权为宜。

（二）关于抗诉的主体

由于行政诉讼法只规定人民检察院可以按照审判监督程序提出抗诉，而没有明确规定应该由哪一级人民检察院履行行政审判监督程序的抗诉职权，这就引起了一个如何确定提出审判监督程序抗诉的主体问题。以往对这个问题争论颇多，后来，最高人民检察院参照我国民事诉讼法的有关规定，明确规定按照审判监督程序提出抗诉的主体为作出生效行政判决、裁定的人民法院的同级检察院的上一级人民检察院和最高人民检察院。① 笔者认为，这个规定是适宜的，因为抗诉是按照审判监督程序提出的，一旦提出抗诉，必然引起再审程序。再审程序，一般是由作出生效判决、裁定的人民法院的上一级人民法院进行再审。审理抗诉案件，也应该由作出生效裁判的人民法院的上级人民法院审理。同时提出抗诉也应由作出生效裁判的人民法院的同级人民检察院的上级人民检察院提出。而且对于人民检察院按照审判监督程序提出抗诉的案件，上级人民法院不能指令下级人民法院再审。这样规定，符合案件管辖的级别原则，也有刑事诉讼审判监督的实践经验可以借鉴，更利于人民检察院对审判活动的监督。与作出生效裁判的人民法院同级的人民检察院应享有提起审判监督程序的建议权。

（三）行政诉讼审判监督程序抗诉案件的受理

1. 受理的概念。行政诉讼审判监督程序的抗诉案件的受理，是指人民检察院对公民或社会组织不服人民法院已经发生法律效力的行政判决、裁定的申诉或检举，认为符合规定的条件，予以接受并立案审查以及决定是否提请或提出抗诉的审判监督活动。

2. 受理的范围。具体包括：（1）不服法院生效行政裁判的申诉；（2）对行政审判人员在审理案件时有贪污受贿、徇私舞弊、枉法裁判行为的检举。

3. 受理的条件。具体包括：（1）须有已经发生法律效力的判决或裁定；（2）

---

① 引自北京市人民检察院（1991）第63号关于《办理民事、经济、行政审判监督程序抗诉案件的试行办法》。

有明确的申诉要求或者具体的检举事实；（3）申诉要求或检举事实有必要的证据。

4. 受理的机关。行政诉讼审判监督程序的抗诉案件的受理机关为作出生效行政裁判的人民法院的同级人民检察院；上级人民检察院认为有必要的，可以办理下级人民检察院立案的案件，也可以把自己立案的案件移交下级人民检察院办理。① 笔者认为可以考虑作如此规定，对明确要求人民检察院提出抗诉的申诉，可以由行使抗诉权的人民检察院直接受理，受理的人民检察院认为有必要的，可以交由下级人民检察院办理案件，也可以指令下级人民检察院协助办理有关案件的事务。这样规定，可以充分发挥人民检察院的审判监督作用，避免因为直接受理案件的基层人民检察院没有抗诉权，而有抗诉权的上级人民检察院又不直接受理抗诉案件，从而因为行政审判案件情况曲折复杂、认识不一、案情信息反复传递、多次认识而造成工作延误，以及上下级之间推诿扯皮、申诉人徘徊焦虑、降低工作效率等现象。

人民检察院对行政案件的申诉或检举审理终结后，对符合抗诉条件的，应当提出由本院抗诉或提请上级人民检察院抗诉的意见；对不符合抗诉条件的，应提出不抗诉的意见；人民法院对该案已进行再审的，应提出对该案终止审查的意见，并将以上有关意见通知申诉人或检举人。

（四）抗诉的程序

1. 抗诉的条件。行政诉讼法对人民检察院提起抗诉的条件只作出了原则规定，即生效行政判决、裁定违反法律、法规。最高人民检察院参照我国民事诉讼法作出如下规定：（1）原判决、裁定认定事实的主要证据不足；（2）原判决、裁定适用法律、法规有错误的；（3）人民法院违反法定程序，可能影响案件正确判决、裁定的；（4）审判人员在审理该案时有贪污受贿、徇私舞弊、枉法裁判行为的。以上条件包括生效判决、裁定在认定事实、适用法律、违反

---

① 引自北京市人民检察院（1991）第63号关于《办理民事、经济、行政审判监督程序抗诉案件的试行办法》。

程序、影响正确判决枉法舞弊四个方面,只要有其中一种情形,人民检察院就可以提出再审程序。①

2. 提请抗诉和提出抗诉。各级人民检察院对符合抗诉条件的同级人民法院已生效行政案件的判决、裁定,提请上级人民检察院抗诉;上级人民检察院对下级人民检察院的抗诉提请,经审查认为应当抗诉的,决定提出抗诉,认为不宜抗诉的,决定不抗诉并通知下级人民检察院。

3. 制作抗诉书。人民检察院按照审判监督程序向人民法院提出抗诉,必须制作抗诉书。抗诉书是人民检察院对人民法院错误的判决、裁定实行法律监督,要求人民法院予以纠正的诉讼文书,具有必然引起再审程序的法律效力。

4. 出庭支持抗诉。凡人民法院决定开庭审理人民检察院按照审判监督程序提出抗诉的案件,人民检察院应当派员出席法庭。出庭的检察人员在出庭前必须认真审阅案卷、做好阅卷笔录、熟悉掌握案情,为出席法庭做好准备。并且在出庭前应拟定具体说明抗诉根据和理由的提纲。

三、与行政诉讼审判监督程序的抗诉有关的其他问题

(一)因抗诉而引起再审的期限问题

对于因抗诉而引起再审的期限问题,在立法上或执法上应当作出规定,否则,当人民检察院送达抗诉书后,人民法院如果拖延审理时限,法律规定的抗诉必然引起再审的目的就缺乏保证。

(二)因抗诉引起再审的案件管辖问题

提起审判监督程序的抗诉案件是上级人民检察院针对下级人民法院的生效判决、裁定,所以,只能由提出抗诉的人民检察院的同级人民法院提审,而不能指令下级人民法院再审。如果允许下级人民法院审理因抗诉而再审的案件,

---

① 引自北京人民检察院(1991)第63号关于《办理民事、经济、行政审判监督程序抗诉案件的试行办法》。

则不符合案件管辖的级别对应原则，也不利于人民检察院对再审案件的监督。实践中，有的人民法院把抗诉案件指令下级法院再审的做法，引发了审、检两机关的许多矛盾，不利于再审对原审判决、裁定是否错误的澄清，所以必须对此作出明确规定。

（三）原审生效判决、裁定因被抗诉是否能够停止执行问题

有人认为不能停止执行，其理由是：抗诉的对象是已经发生法律效力的判决、裁定，具有法律约束力，中止其执行会影响判决、裁定的稳定性。笔者认为是可以中止执行的，因为抗诉案件是以判决、裁定确有错误为前提的，其目的是通过再审纠正判决、裁定中的错误。如果不中止执行原判决、裁定，就可能使其继续发生不利的影响，而中止执行不是改变判决，是否改变原判决、裁定，最终由再审的人民法院决定。因此，中止执行只是对原判决、裁定的相对限制，以体现审判监督的积极作用。我国民事诉讼法规定按照审判监督程序决定再审的案件，裁定中止原判决的执行。在行政诉讼的审判监督程序中应当参照这个规定，可以规定人民法院依据抗诉的人民检察院的要求或者再审法院依据职权裁定中止原判决、裁定的执行。

（四）人民法院对行政诉讼中的抗诉能否裁定驳回的问题

在行政诉讼的司法实践中，有的人民法院审理因抗诉而再审的案件，审理终结裁定维持原判，同时裁定驳回抗诉，笔者认为这种做法很不严肃。因为在行政诉讼中抗诉的直接法律意义是必然地引起再审程序，是否改变原判决、裁定在于再审法院对再审案情的审理，而不在于人民检察院的抗诉，人民法院既然对抗诉案件进行了再审，就已经接受了抗诉的直接法律后果，而裁定驳回抗诉无异于画蛇添足。再者，人民检察院是国家的法律监督机关，具有法定的诉讼权能和独特的诉讼地位，完全不同于普通的诉讼当事人或诉讼参与人。人民法院对人民检察院依法进行的诉讼行为，有的依法必须接受，有的依法可以选择接受，但对于人民检察院的起诉、抗诉等具有重大诉

讼程序意义的法律监督行为，人民法院必须接受，不能拒绝，除非人民检察院主动撤回起诉或者抗诉，否则就属违法。如果人民法院能够裁定驳回人民检察院的起诉、抗诉，那么就等于法院拒绝对案件进行审理，这是法律所不能允许的。因为起诉、抗诉的直接法律意义就是要求人民法院开始进行审判程序。所以，裁定驳回抗诉的做法是不正确的，违反了法律所要求人民法院履行的职责。

（五）人民检察院能否对抗诉后的再审判决、裁定按照审判监督程序再行抗诉的问题

在审判实践中，由于申诉引起再审的案件在审结后，又由于申诉再审的情况是有的。人民检察院享有的监督权在这方面不宜比当事人的申诉权更受限制，人民检察院应享有抗诉案件审结后的法律监督权，由于抗诉案件只能由作出被抗诉的判决、裁定的人民法院的上级人民法院受理，所以对抗诉案件的审判只能按照第二审程序进行，作出的判决、裁定是终审判决、裁定。因此，如果人民检察院认为抗诉案件的再审判决、裁定仍然违反法律、法规规定，只能再按照审判监督程序提起抗诉，但这一抗诉权只能为原抗诉人民检察院的上级人民检察院享有，抗诉以后受理的人民法院也必须是原抗诉案件受理人民法院的上级人民法院，但是由最高人民法院再审终结的案件，不能再行抗诉。

行政诉讼活动监督之我见 *

王开洞 **

《中华人民共和国行政诉讼法》于 1990 年 10 月 1 日起施行后,对行政诉讼活动的检察监督提上了人民检察院的工作日程。行政诉讼法第 10 条规定:"人民检察院有权对行政诉讼实行法律监督。"第 64 条明确规定:"人民检察院对人民法院已经发生法律效力的判决、裁定,发现违反法律、法规规定的,有权按照审判监督程序提出抗诉。"人民检察院积极履行职责,几年来,做了许多工作。1988 年 9 月,最高人民检察院成立了民事行政检察厅。1990 年 9 月,最高人民检察院召开了全国检察机关贯彻行政诉讼法工作会议,发出了《关于认真做好〈中华人民共和国行政诉讼法〉实施中有关工作的通知》,最高人民法院发出了《关于开展民事、经济、行政诉讼法律监督试点工作的通知》,并确定在广东、湖北两省选择两三个省、市、州院和中级法院进行试点。同年 10 月 29 日,最高人民检察第五十五次检察委员会通过了《关于执行行政诉讼法第六十四条的暂行规定》。1991 年 8 月,最高人民检察院本着一个窗口对外的原则,发出了《关于人民检察院受理民事、行政申诉分工问题的通知》。同年 10 月,最高人民检察院在成都市召开会议,总结了行政诉讼法、民事诉讼法实施以来的民事行政检察工作。

自 1991 年至 1993 年,据山西、吉林、黑龙江、江苏、浙江、安徽、福建、河南、湖南、广西、四川、贵州、云南、宁夏、新疆 15 个省(区)的统

---

* 本文刊载于《国家检察官学院学报》1995 年第 3 期。
* 王开洞,时任最高人民检察院民事行政检察厅副厅长。

计,两级人民检察院共对35件确有错误的生效裁判,向人民法院提出了抗诉。

尽管人民检察院在行政诉讼的法律监督上做了大量的工作,但毕竟开展这项工作时间很短,办案不多,法院再审改判的案子就更少,加之宣传力度不够,因此行政诉讼活动检察监督的作用,还不被广大人民群众所了解。本文试图通过黑龙江省人民检察院办理的一起行政抗诉案件的分析,阐述发挥行政诉讼检察监督作用的认识。

人民检察院对行政诉讼活动进行法律监督的作用有二:其一是对人民法院确有错误的生效裁判提出抗诉,支持行政机关依法行政,保护行政管理相对方的合法权益;其二是查处审判人员在办案中的贪污受贿、徇私舞弊、枉法裁判行为,惩治客观存在的某些司法腐败现象,维护行政审判的司法公正。

黑龙江省人民检察院办理的一起行政抗诉案过程具体如下:该省绥化市连岗乡永久村村民王某福与王某才是邻居。1983年绥化市政府颁布的《村镇内宅基地使用执照》规定王某才宅基地东西宽19m,南北长33m。1987年永久村搞非农业用地普查,经王某才和东西邻居同意,确定王某才的宅基地宽为18.20m。1988年8月,王某才因建仓房与王某福发生纠纷,经乡司法助理和永久村领导调解,再次确认王某才的宅基地东西宽18.20m。1989年9月王某福申请建房用地,乡土地助理代办员未征得西邻王某才同意,也未在"批准占地建设通知书"上加盖乡政府公章,即给王某福批了东西宽为18m的房基地,占去王某才70CM宽的宅基地,导致双方发生纠纷。

绥化市土地局根据《中华人民共和国土地管理法》第38条的规定,于1990年12月25日以绥土监(1990)4号文下达了土地侵权行为行政处罚决定书,裁决乡土地助理代办员以个人名义下达给王某福的建房用地批件不符合法律规定,予以撤销,双方按原宅基地划分界线。王某福不服,告至绥化市人民法院。法院受案后,乡政府又作出了《连岗乡政府关于永久村王某福与王某才房基地纠纷一事的处理意见》(以下简称《处理意见》)。1991年8月8日绥化市以(1991)绥法行政字第6号行政判决书,判决维持了绥化市土地区的绥土监(1990)4号处罚决定。

王某福不服市法院判决，上诉到绥化地区中级法院。绥化地区中级法院于1991年12月27日以（1991）绥地法行上字第14号行政判决书撤销了市法院（1991）绥法行政字第6号行政判决书，维持了乡政府的处理意见。

绥化市土地局不服，于1992年3月20日向黑龙江省人民检察院绥化分院申诉。绥化分院经过严格审查，认为此案判决书问题较大，遂于1992年9月17日以（1992）绥检建字第1号函，建议中级法院改判。中级法院对于建议不予理睬。1993年5月14日中级法院作出（1992）行再字第1号通知书驳回申诉，维持原判。绥化分院本着严格执法的原则，于1993年8月17日提请黑龙江省人民检察院抗诉。

黑龙江省人民检察院根据绥化分院的提请，对绥化地区中级人民法院（1991）绥地法行上字第14号判决书进行了审查，并作了实地调查，查清了案件事实。

黑龙江省人民检察院首先查明：连岗乡政府的《处理意见》，与事实不符。《处理意见》说王某福在王某军、王某才中间夹空中建房。实际是：王某福和其父王某章将旧房扒掉在原房基地的基础上扩建成 $13 \times 7.5m$ 之间连脊砖房，不是在两家夹空，更不是在空闲地上建房。房屋建成后，王某福的宅基地靠王某才一侧还空余3.1m，用不着去占王某才的宅基地，所以要挤占，是为了扩大自己的院落。王某才的宅基地虽然较大（$637m^2$），但它是历史上形成的，是经绥化市政府确认的，有1983年颁布的《村镇内宅基地使用执照》和1987年6月30日《非农业建设用地普查（居民）登记表》，王某才的宅基地并没有引入乡村建设规划调整范围。

黑龙江省人民检察院还查明，王某才1983年用的《村镇内宅基地使用执照》载明王某才的宅基地为19m宽，1987年非农业用地普查明，王某章老伴要普查人员把王某才的宅基地给她家划过去点，这才在普查登记表上给王某才登记的宽为18.2m，就这样已经给王某福划过去80cm宽。1989年王某福申请建房用地，土地助理代办员擅自以个名义向王某福批了18m宽的房基地，又占去王某才70cm。王某福父子将房建成后按18m夹杖子，王某才方知自己的

宅基地被批占。乡政府《处理意见》称王某才抢建小仓房，占王某福已落实的房基地面积是不符合实际情况的。据乡司法助理员、村支部书记、土地代办员多人证实，王某才于1988年8月在自己18.2m的宅基地内建起仓房和鸡架，根本没有抢占王某福的宅基地。而王某福所持无效的建房批件是1989年9月22日乡土地代办员个人批的，时间在后，不存在抢占王某福落实的房基地面积问题。

黑龙江省人民检察院又查明：《黑龙江省土地管理实施条例》第35条规定："农村居民申请使用空闲宅基地和其他废弃地建设住宅的，经村民委员会审核，报乡（镇）人民政府批准"。王某福建房未经村委会同意。王某福的建房批件是乡土地助理员个人签批的，既无乡长签定，又无乡政府公章。《中华人民共和国土地管理法》第48条规定："无权批准征用、使用土地的单位或者个人非法批准占用土地的，批准文件无效。"

为此，黑龙江省人民检察院于1993年12月24日以黑检民抗字（1993）4号抗诉书向黑龙江省高级人民法院提出抗诉，认为绥化地区中级法院的（1991）绥地法行上字第14号判决书认定事实有误，适用法律不当，请省高级法院再审此案。黑龙江省高级人民法院于1994年8月13日作出裁定，组成合议庭再审此案。

黑龙江省高级人民法院再审认为：土地助理代办员给王某福的建房批件未加盖乡政府公章，事后未补报，程序不合法，无法律效力。王某才18.20m宽的宅基地使用权是合法的，王某福侵占王某才70cm宽的宅基地是侵权行为。市土地局的处罚决定书是合法的，应予维持。连岗乡政府行政诉讼中所作的处理决定无效。黑龙江省人民检察院抗诉有理。黑龙江省高级人民法院1994年8月13日判决撤销了绥化地区中级人民法院（1991）绥地法行上字第14号行政判决书和（1992）行再字第1号通知书，维持了绥化市人民法院的一审判决书，一审、二审案件受理费由王某福承担。

黑龙江省高级人民法院的再审终审判决，维护了绥化市土地局依法行政，维护了绥化市人民法院的正确判决，维护了永久村村民王某才的合法权益，支持了检察机关对行政诉讼活动的检察监督工作，制止了永久村村民王某福的侵权行为，否定了连岗乡违法的行政行为，纠正了绥化地区中级人民法院在本案判决中的错误，总之，扭曲的、不稳定的行政法律关系被纠正了，并稳定下来。

纵览全案的诉讼过程，可以得到如下几点启示：

第一，人民检察院对行政诉讼活动进行监督是十分必要的。《中华人民共和国行政诉讼法》自1990年10月1日实施以来，人民法院审理了大量的行政诉讼案件，取得了丰富的审判经验。但是，四年多的时间，和民事、经济、刑事审判工作相比，办案的数最少得多。行政诉讼案件，更有其特点，审理难度较大，如有检察院的法律监督，可以帮助人民法院发现并且纠正一些确有错误的裁判。本案的再审是由黑龙江省人民检察院抗诉引起的。试想如果人民检察院不开展这项工作，绥化地区中级人民法院错误的行政判决何时才能得以纠正呢？绥化市土地局依法行政何时才能得到人民法院的支持呢？王某才的合法权益何时才能得到保护呢？

第二，对于人民检察院提出抗诉的案件，应由接受抗诉的人民法院再审。从本案看，黑龙江省人民检察院向省高级人民法院提出抗诉，黑龙江省高级人民法院再审后，干净利落地了结了此案。对于连岗乡政府的处理意见，判决书只用一句话将它否定："连岗乡政府在行政诉讼中所作的处理决定无效"，旗帜鲜明地支持了人民检察院的抗诉，"黑龙江省人民检察院抗诉有理"。这些均表明人民法院严格依法办事，有错必纠。如果指令作出生效裁判的人民法院再审，则不一定如此顺当。另行组成合议庭再审固然可以避免原案件承办人先入为主，但院审委会无法另组，院领导无法更换。从本案的情况看，绥化分院在提请黑龙江省人民检察院抗诉之前，曾致函绥化地区中级人民法院，建议其再审改判，但没有得到应有的重视。从黑龙江省高级人民法院判决书用词来看，绥化地区中级人民法院没有理睬绥化分院的改判建议函。由此可以看出，要让自己纠正自己的错误，难度很大，由上级人民法院纠正下级人民法院在审判工作中的错误，相对来说则容易得多。

第三，人民检察院对行政诉讼活动进行监督，其最终目的是保护人民群众的合法权益。从本案看，检察机关受理的是绥化市土地局的申诉，黑龙江高级人民法院再审的终审判决维持了绥化市土地局的处罚决定书，表面上看，检、法两机关均在支持行政机关依法行政。但从此案不难看出，黑龙江省人民检察院抗诉高级人民法院的再审，实际上保护了村民王某才的合法权益。想当初，王某才的宅基地使用权被侵犯，王某才到乡政府去申诉，政府土地助理员蛮横地说："我就这么批了，你愿上哪告上哪告去！"如果不是检察机关依法行使对行政诉讼活动的监督权，如果不是土地管理部门依法行政和人民法院严格依法办案，王某才的合法权益如何才能得到保护呢？

民事检察监督有关问题探析与立法思考*

郭理臣**

《民事诉讼法》颁布实施以来,全国各级检察机关普遍重视了对民事、经济、行政审判活动的检察监督工作,积极受理、审查办理了大量这方面的案件,这对全面发挥检察职能,不断加强执法监督力度,保护公民、法人的合法权益,乃至促进社会主义市场经济的健康有序发展,维护国家民事法律的统一正确实施,无疑都起到了重要的保证作用。但是,通过几年来司法实践的情况看,无论从立法上还是从司法实践上都存在诸多不尽如人意之处,特别是立法方面的不完善问题,给检察机关的民事检察监督工作带来许多困难和障碍,极大地限制了检察职能的有效发挥。笔者结合几年来实践中接触到的有关问题作了一些初浅探析和立法建议的思考,以期能引起立法部门的关注和求得专家同行的指教。

一、民事检察监督立法与司法的有关问题

近年来,民事检察监督实践表明,立法与司法都存在一些亟待解决的问题。归纳起来,主要表现为:监督范围上规定的过于原则,导致实际履行监督范围过窄;监督程序上缺乏具体规定,导致对于监督无规可循;监督形式上单一,导致对一般违法问题形成放纵状态。

---

* 本文刊载于《法学论坛》1996年第2期。
** 郭理臣,辽宁省大连市人民检察院。

1. 监督范围上看，我国《民事诉讼法》第14条规定："人民检察院有权对民事审判活动实行法律监督。"该规定对于民事活动的范围过于原则。从字义上理解，民事审判活动应当包括人民法院从立案开始到案件最终判决、裁定、执行完毕的一整套审判活动全过程。但从具体条款的规定上却把检察机关对民事审判活动的监督范围局限在人民法院生效判决、裁定的事后监督上，即对生效后的人民法院判决、裁定不服的申诉，检察机关才可进行检察监督。这样一来就使得人民法院在判决、裁定生效前和执行环节的整个审判过程中出现的违法问题不受检察监督制约，而恰恰在这期间又最易出现问题。如在调解环节上，人民法院坚持调解原则固然有利于一次性解决纠纷、减少诉讼时间、提高办案质量，但实践中由于程序简单，特别是庭前调解结案的案件，认定事实证据不经法庭指认或二审复核，又不允许当事人上诉或再诉，往往会出现违背当事人自愿调解的原则进行强迫性调解、有给付内容的案件以对义务人财物先行扣押、不同意调解就不给结案进行要挟性调解、在调解送达前不允许当事人反悔等情况，这些弊端都是调解案件不受监督制约而形成的。另外，不按规定受理案件，应当受理而不予受理，不应当受理而超管辖受理；不按规定时限立案和送达被告起诉状副本，造成违法缺席判决；不按审理时限结案，造成个别案件久拖不决等各种违法问题，无法得到及时纠正。

2. 在监督的审判具体程序上缺乏明确规定，给规避法律可乘之隙。由于法律对民事检察监督应在法院审判活动的何种程序阶段界入规定的不具体，使得民事审判活动程序违法的现象不能得到有效遏制。如应适用普通程序结案的却用了简易程序结案，应开庭审理以裁判结案的却采用调解结案等问题，都由于法无明确规定，可以由审判人员随心所欲而不受任何监督制约。事实证明，不少问题就出现在这些不受监督制约的环节上，也是当事人意见反映较多、议论比较突出的热点问题。

3. 对法院受理人民检察院提出抗诉的案件，再审时采用何种方式审理没有明确规定。《民事诉讼法》第186条只规定："人民检察院提出抗诉的案件，人民法院应当再审"，而对于再审方式是必须开庭审理还是书面审理，是受理抗诉的法院直接审理还是发回原审法院重审，均未有明确的规定。实践中各级法院审理人民检察院提出抗诉案件的方式是比较混乱的。多数法院对绝大多数的抗诉案件采取发回原审法院重审，只有少数抗诉案件是受理法院直接审理，且其中多数采用书面审理的方式。也就是说，人民法院受理人民检察院提出抗诉的案件，绝大多数没有采用开庭审理的方式进行。这就使得提出抗诉的人民检察院无法出席再审法庭实行监督，使民事诉讼法的规定成为一纸空文。

4. 对审理申诉与抗诉案件的期限均未作明确规定。对检察机关受理的申诉案件，由于未有期限规定，受案审案就没有时间限制，加上种种原因，有的案件在办案人手中积压长达数月甚至半年以上，造成申诉人长诉不息，劳民伤财，案件得不到及时处理。人民法院受理的抗诉案件也因不受审案期限的限制，有的案件放在法院很长时间得不到及时审理，久而久之，既削弱了检察机关法律监督的作用，一些错误的判决、裁定得不到及时纠正，不但降低了司法机关的威信，也有损法律的尊严。

5. 对当事人不服人民法院生效的判决、裁定可以向人民检察院申诉未作明确规定。长期以来，许多基层检察机关开展民事检察监督的案源缺乏，人们习惯于对已经发生法律效力的判决、裁定认为有错误时，可以向原审法院或者上一级人民法院申请再审。而对应当或可以向人民检察院申诉并不熟知，这里除了因各级检察机关向社会大众宣传不够外，法律没有这方面的规定也是一个重要原因，这不仅给检察机关开展民事检察工作带来一定困难，同时使得当事人的合法权益得不到有效保护。

6. 对抗诉案件审级规定不明确，是造成检、法两院在提出抗诉和审理抗诉案件的关系不顺、审级管辖不对应的主要障碍。《民事诉讼法》规定："上级人民检察院对下级人民法院已经发生法律效力的判决、裁定，发现有下列情形之一的，应当按照审判监督程序提出抗诉……"上级检察院向谁抗诉，法律未作明确规定。相当一部分法院认为检察院抗诉应当向作出生效判决、裁定的原审法院提出，即上级人民检察院向下级人民法院提出抗诉。从各地法院受理的抗诉案件看，绝大多数是发回原审的基层法院重新审理，各级基层法院的

这种做法多数是依据最高人民法院1991年41号文件精神。也有个别单位另有诸如"便于民众诉讼论""原审法院熟知案情便于审判论"等观点。若依此办理，检察机关对民事审判活动实行监督的效力就得不到保障。当前实践中比较普遍通行的上级检察院向同级人民法院提出抗诉的案件，同级法院大多数指令或者发回下级法院再审的做法，不仅造成两家在级别管辖上的不对等，同时也与《人民法院组织法》相悖，失去了检察机关提出抗诉的效力和法律监督的真正意义。

7. 检察机关已经受案审查当事人不服法院生效判决、裁定的抗诉申请后，是否有权提出暂缓执行，人民法院应如何处理，法律没有作出规定。这样，势必造成检察机关提出抗诉的案件，在人民法院再审重新作出判决、裁定后，原审法院已将生效的判决、裁定执行完毕。倘若检察机关抗诉错误，经再审维持原生效的判决、裁定，那么后果应由检察机关负责。如果检察机关抗诉有理，经再审撤销原生效的判决、裁定，而法院这时已将错误的判决、裁定执行完毕，在这种情况下，要重新纠正已经执行完毕的案件，一则难度很大，二则有的判决、裁定执行完毕后即已是"生米煮成熟饭"，已经无法回转，如涉及不动产纠纷案，一旦执行完毕，恰逢拆迁和发生其他变化，就无法挽回，即使改判后亦无实际意义，法律也就失去了应有的威严。这的确是我国在民事检察监督立法上的一大缺憾。

8. 对人民检察院民事检察监督方式规定的过于简单、监督手段软弱无力是监督工作不得力、不到位的又一根源。《民事诉讼法》第185条除规定在出现四种情形之一时，人民检察院可以按审判监督程序提出抗诉外，再无其他任何监督形式和手段可供检察机关在实施监督过程中选用。如现在司法实践中已广为使用的改判建议、撤判建议、纠正违法通知书和其他检察建议等行之有效的形式均未作任何规定，这样检察机关即便做了许多纠正违法的建议活动，而且绝大多数已被法院所接受和采纳，但实际真正的法律依据则找不出来。

二、立法建设思考

当前民事审判检察监督工作呈现诸多问题，以致有些地区检察机关开展此项工作举步维艰，困难重重，根本原因在于立法的不健全与不完备。笔者认为，检察机关开展民事审判活动的检察监督是对我国司法监督体系的不断完善，是执法监督的重要内容之一。加强执法监督，就必须加强对民事审判活动的检察监督，而其前提是务必要加强这方面的立法工作。这不仅是社会主义民主与法制建设的需要，也是反腐败斗争和司法实践的需要。

人民法院独立行使审判权与人民检察院独立行使检察权从立法原意上看，并不是不要监督地行使权力，任何没有监督制约的权力都会导致腐败现象的产生，民事审判权与检察权也不例外。近年来，从全国各级检察机关办理的司法审判人员贪赃枉法、徇私舞弊、枉法裁判的案件来看，多数系发生在各级法院的民事审判和经济审判部门，这就足以说明加强对民事审判活动的检察监督和完善这一立法的必要性。为此，笔者提出如下的立法建议和思考。

1. 明确规定人民检察院民事审判监督的范围且应与《民事诉讼法》第14条规定的"人民检察院有权对民事审判活动实行法律监督"对应起来。从法院对民事、经济立案开始，到最后作出判决、裁定执行完毕止，每一个重要的审判活动环节都应当通知人民检察院，特别是作出终审判决的民事判决裁定书，在送达当事人的同时，亦应送达同级人民检察院，以便人民检察院对人民法院实行全面的检察监督。事实上现行《民事诉讼法》对此也是有规定的，只不过规定的过于原则，在一些具体方面不完备罢了。当前有些司法实践工作者认为，检察机关无权对民事审判活动的某些环节实施监督，这种观点是缺乏法律依据的，笔者认为这种观点的蔓延只能导致立法工作的停滞落后。检察机关只有对民事审判活动实施全面的监督，才能有效地减少和避免错误裁判和枉法裁判的发生，切实保护当事人的合法权益。

2. 严格规定适用不同程序审理各种不同民事、经济案件的法定界限和标准，既有利于法院在审理案件中严格掌握、依法操作，又便于检察机关实施有效监督,做到有法可依。

3. 法院对人民检察院提出的抗诉案件再审时,对何种案件必须另行组成合议庭开庭重新审理,何种案件不需开庭,只需书面审理,应作出明确规定。对重新开庭审理的抗诉案件,应当严格按照《民事诉讼法》第188条的规定,通知提出抗诉的人民检察院派员出席法庭,实施庭审监督。

4. 对人民检察院受理、审查不服法院判决、裁定申诉案件的期限,人民法院在提供给人民检察院调阅审查案件卷宗和审理抗诉案件的期限,均应作出明确规定。

检察机关的办案时限主要包括受案、审查时限和案件处理时限,且对各个时限应当作出具体规定。人民检察院在审理不服法院判决、裁定的申诉时,需要调阅审查法院审判案件的卷宗,但实践中经常碰到因案卷未归档而长时间调不出来影响审查的问题。对此法律应该作出明确规定,建议凡当事人对生效的判决、裁定不服提出申诉的民事、经济、行政案件,人民法院应在两个月内将审判材料完整归档,以便于调阅审查。人民法院受理人民检察院提出抗诉的案件,重新进行再审的时限,法律亦应作出明确具体的规定,以免诸多抗诉案件在法院长期搁置,久拖不决。

5. 法律应规定对发生法律效力的民事、经济判决、裁定不服的当事人,除可以向作出生效判决、裁定的人民法院或上一级人民法院申诉外,亦可以向同级人民检察院提出申诉。应当给予当事人自由选择申诉途径的权利。现在群众普遍认为,终审法院作出判决、裁定后的案件,即使裁判有错误,也再无挽回的余地,要申诉也只能向原判人民法院或者其上一级法院提出,担心"法院上下是一家,官官相护,最终不了了之",所以就是有冤屈也不愿再劳民伤财的折腾,其结果是使自己的合法权益得不到法律保护。群众的这种心理状态,一方面反映了对法律的无知,另一方面法律规定不明确也是一个重要原因。

6. 对抗诉案件的审级问题,建议立法作出这样的规定:"上级人民检察院对下级人民法院已经发生法律效力的判决、裁定发现确有错误时,应该按照审判监督程序,向同级人民法院提出抗诉。同级人民法院受理人民检察院提出抗诉的案件，应该由本级法院另行组成合议庭进行公开审理。"最高法院1991年41号文件精神强调的"上级人民检察院向同级人民法院提出抗诉的案件，原则上都要由原审法院重审"的要求有悖《人民法院组织法》明确规定的"只有中级法院以上法院才有审判人民检察院按照审判监督程序提出抗诉案件的权力，基层法院无权审判抗诉案件"。那种"发回原审法院重新审理抗诉案件，对案情熟悉、掌握的材料最全，除了解卷宗材料外，还熟知有关案件的背景、动态和有关当事人的现状""原审法院再审，有利于案件的及时处理""由原审法院再审可以方便当事人参与诉讼是一条便民原则"等观点是不能成立的。笔者认为，便民诉讼虽然是一条审判工作的原则，但必须是在法律允许的范围内，当事人有自由选择的权利，"抗诉案件一律发回原审法院再审"，并不是一些当事人的意愿。

7.明确规定检察机关对错误的判决、裁定有提出暂缓执行的权力。法律既然赋予检察机关法律监督的职责，就应该赋予它一定的权力。人民检察院受理不服人民法院判决、裁定的申诉案件，经审查发现确有错误的，有权向作出生效判决、裁定的人民法院提出暂缓执行的建议，人民法院在接到人民检察院暂缓执行建议通知书后，即应对生效判决、裁定中止执行，待检察机关最后查明案件真实情况后一并处理。这样既可以避免因错误的判决、裁定被执行后造成无法挽回的后果，又可以有效地保护当事人的合法权益。

8.规定检察机关实施抗诉监督方式的同时，还应赋予其他非讼形式的检察监督手段。所谓非讼形式的检察监督手段是指检察机关在审查各类民事、经济案件时所采用的无须按照诉讼程序即可解决问题的各种方法，如改判建议、撤判建议、纠正违法通知和其他检察建议等。检察机关在民事检察监督中积极采用非讼形式的监督手段，既可以弥补单一抗诉手段的不足，又可避免因法律规定不完善而导致监督不力的问题。

民事行政个案再审检察建议之适用与完善*

夏黎阳**

内容摘要： 个案再审检察建议作为民事、行政检察监督的新途径是司法实践中检、法两家权力博弈和协调的结果，是在我国社会主义法律制度下产生的具有中国特色的检察监督和个案司法救济方式，具有较强的实用性及优越性。应当通过立法的形式明确其法律地位，并完善相关配套制度，以弥补目前单一抗诉监督启动再审的局限性，构建完整、合理的民事行政监督和再审救济司法体系。

关键词： 个案再审　检察建议　司法适用　立法完善

近年来，人民内部矛盾引发各类纠纷导致民事行政诉讼案件激增，如何调处不同利益主体之间的民事纠纷，有效化解社会矛盾成为司法机关的重大任务。司法实践中，个案再审检察建议作为民事、行政检察监督促进司法公正的新途径，适用价值日益凸显，已成为民事、行政裁判确有错误启动再审进行救济的重要方式之一。笔者拟通过对其法律依据、产生历程、适用状况进行考察，进而提出立法完善的建议，以期对《民事诉讼法》《行政诉讼法》的修改有所裨益。

---

* 本文刊载于《法学杂志》2006年第5期。
** 夏黎阳，时任四川省人民检察院副检察长，西南财经大学硕士研究生导师。

一、民事、行政个案再审检察建议的含义及法律依据

检察建议是检察机关作为法律监督机关针对人民法院和其他机关、企事业单位的违法行为提出纠正意见的一种形式。司法实践中运用比较广泛。民事、行政个案再审检察建议是指在民事、行政检察监督工作中,检察机关发现同级人民法院生效的民事、行政裁判确有错误,但不属于抗诉范围或不宜以提请抗诉的方式纠正的,以检察建议书的形式建议人民法院自行启动再审程序重新审理的一种监督方式。

我国《民事诉讼法》《行政诉讼法》均明确规定了检察机关有权对人民法院确有错误的生效民事、行政裁判以提出抗诉的方式启动再审予以纠正,而没有规定检察建议也可以作为启动再审的一种监督方式。实际上,我国一些法律规范中隐含有检察机关可以提出个案再审检察建议的意思。《宪法》第129条规定:"中华人民共和国人民检察院是国家的法律监督机关。"《民事诉讼法》第14条规定:"人民检察院有权对民事审判活动实行法律监督。"《行政诉讼法》第10条规定:"人民检察院有权对行政诉讼实行法律监督。"检察机关对人民法院的民事审判、行政诉讼活动实行全面、完整的监督是上述宪法和法律规定的应有之义。《检察官法》更是以法律的形式明确肯定了检察建议是检察机关履行法律监督职能的一种方式。其第33条规定:"对于检察官提出检察建议被采纳,效果显著的,应当给予奖励。"最高人民检察院、最高人民法院根据宪法和法律的原则规定和精神,总结各地的司法经验,制定了《人民检察院民事行政抗诉案件办案规则》《关于当前审判监督工作若干问题的纪要》,以司法解释的形式对个案再审检察建议的监督方式予以了明确,成为全国检察机关、审判机关适用民事、行政个案再审检察建议启动再审的直接司法解释依据。

二、民事、行政个案再审检察建议产生历程

民事、行政个案再审检察建议的产生有其历史及现实原因。就历史原因看，检察机关开展民事、行政检察监督工作相对于履行其他检察职能来说，起步较晚，先后经历了艰难拓展案源—突出办案数量—强调办案数量与质量并重—强调维护司法公正与司法权威并重的发展历程。个案再审检察建议正是随着这一发展历程逐渐试行、推行并完善的。

在最初的两个阶段，检察监督的方式主要是提出抗诉，只要认为法院裁判确有错误，一律提出抗诉，启动审判监督程序由法院再审，即不论其错误程度大小，也不论抗诉后的法律效果及社会效果如何。由此就产生了一系列问题：一方面是抗诉案件数量急剧增多，大量案件集中到省级检察机关和审判机关，办案结构不合理状况凸显；监督者的身份为监督者设置监督规范，① 甚至有人提出取消检察机关的法律监督权，以此确保独立审判权，连检察机关调阅卷宗都成问题。因此造成的直接后果是抗诉案件改判率低、监督效果差。

就现实原因看，根据有关方面的数据表明，每年全国人民法院裁判各类民商事、行政案件600余万件，每年全国检察机关发现法院民事行政生效裁判确有错误提出抗诉仅1.3万余件。按照法院估计正常概率3%的错案和有瑕疵裁判计算，应有18万~20万件案件需要重新审查、纠正或研究。如其中一半甚至三分之一经检察机关审查发现确有错误向法院提出抗诉，也将是一项浩繁的工程。加上现行监督层级设置，抗诉后大量案件集中到省级以上检察机关、人民法院，将造成这两级检察机关、人民法院难以应付。

---

① 从1995年8月开始，最高人民法院通过发布《关于对执行程序中的裁定的抗诉不予受理的批复》《关于对企业法人破产还债程序终结的裁定的抗诉应否受理的批复》等10余件批复、答复，对人民检察院民事抗诉的范围等进行了明确限制，以排斥检察机关的法律监督。这些司法解释可以分为三类：对生效裁定抗诉的范围进行限制、对调解书的抗诉不予受理和对暂缓执行建议不予受理。人民法院作为被监督者，其为监督者设定监督规范不仅违背了监督常理，同时也侵犯了人民检察院的司法解释权及全国人大常委会的立法解释权。该类司法解释应由全国人大常委会明令废止。

正是在上述两个方面原因的促成下，检察机关、审判机关及时调整工作思路，主动加强沟通、协调。在司法为公、执法为民的基础上，两院达成了共识，个案再审检察建议应运而生。个案再审检察建议的运用，既可以缓解检、法两家的直接矛盾冲突，又可以达到纠正错案的目的，同时也实现了司法资源的合理利用及司法成本的节约。2001年，全国检察机关第一次民事行政检察工作会议及最高人民法院成立审判监督庭以来的全国第一次审判监督工作会议相继召开。"两高"分别在各自会议上强调要加强相互间的沟通、协调，共同维护司法公正和司法权威。为了落实会议精神，又相继出台了一系列措施。其中重要的一个方面就是强调对检察建议的适用，对检察建议的运用提出了指导性意见。

四川省检、法两院充分沟通协商后，在全国率先于2002年正式会签下发了《四川省高级人民法院、四川省人民检察院关于在民事、行政诉讼中应用检察建议的意见（试行）》。该《意见》解决了检察建议的"入口"问题，明确了法院对检察建议的处理方式及回复的时限，促进了个案再审检察建议在全省范围内的推行。之后，各地检察机关相继与同级人民法院协调，制定规范性文件对个案再审检察建议予以规范并推行。检察建议逐步成为除抗诉以外的民事检察监督的又一重要手段。仅2005年，全国检察机关就提出再审检察建议5192件，人民法院采纳3109件，采纳率为60%；同期提出抗诉12757件，检察建议与抗诉之比为4∶10，检察建议在提出再审意见（包括抗诉、检察建议，另一方面是人民法院对检察机关无论裁判错误轻重一律抗诉的做法产生反感和抵制）中的比例达到了28.9%。

因此，可以说，个案再审检察建议是司法实践中检、法两家权力博弈而又共同协调的结果，是在我国社会主义法律制度下产生的具有中国特色的检察监督方式。个案再审检察建议的运用改变了单向的抗诉监督模式，实现了监督者与被监督者双向互动，是制约与配合相结合的新型监督模式，也是在中国政治经济社会发展和传统法律文化大背景下，对部分错误民事裁判进行最后司法救济的一种新的途径。

三、民事、行政个案再审检察建议适用状况考察

从实践运行的情况看,民事行政个案再审检察建议具有较强的可行性及优越性,取得了较好的社会效果、法治效果和政治效果,体现在以下几个方面:

(一)实现司法资源的合理利用

我国民事诉讼实行两审终审制。在司法实践中,绝大多数案件经过了二审,因此,终审法院基本上是中级人民法院,依照上级监督的民事检察抗诉模式,县、市两级检察机关对终审民事裁判基本无抗诉权,只能提请省级人民检察院抗诉,而对于以高级人民法院为终审法院的重大民事案件则只能由最高人民检察院提出抗诉。因此,大量民事再审案件集中到省级检察院、法院和最高人民检察院、最高人民法院。相反,县、市两级办案力量最强的检察机关却基本不办理直接抗诉案件。办案结构呈现严重的"倒三角"现象。省级检察院及最高人民检察院民事行政抗诉工作超负荷运行,往往需要抽调下级检察机关人员集中突击办理,以清理结案,且从国家司法制度和检、法层级职能分工来看,"两高"是不宜从事大量案件实体审查或审理的,而采用检察建议进行同级监督,可以极大地缓解这种窘境,实现司法资源的合理利用。

(二)减少诉讼成本,节约司法资源,缩短诉讼周期

检察机关直接提出抗诉司法成本较高。依照民事诉讼法的规定,除最高人民检察院可以对同级法院生效裁判直接提出抗诉外,其他各级检察院均不能进行同级抗诉,而只能提请上级检察院抗诉。法院接受抗诉后,对事实不清的大多发回重审,案件往往又由原法院再审,由同级检察机关出庭支持抗诉,这样诉讼周期就被人为延长了。而检察建议无须提请上级提出,可以直接向同级人民法院提出,既减少了中间环节,缩短了诉讼周期,又达到了纠错的目的。检察机关无须出庭,同时也节约了诉讼成本。在司法实践中,人民法院裁判确有错误的有多种情况:有的程序上违法或实体上有瑕疵但不严重,有的裁判虽然错误但涉及当事人间利益纷争不大,标的较小。对于这些案件,人民法院可以

采用裁定更正、执行和解、另案解决、说服息诉等多种渠道、多种方式解决。此类案件以检察建议的方式监督，效果更好。

（三）减少当事人诉累，有效化解矛盾

再审案件由省级以上检察院、人民法院办理，当事人大多要长途跋涉，往返奔波，致身心疲惫，特别是一些标的较小的案件，其案外支出的交通、住宿等费用有时会超出诉讼标的，往往是"赢了官司输了钱"。运用检察建议进行同级监督，案件在当地审理，既免除了当事人诉累，又将矛盾化解在基层、解决在老百姓身边。变层层上访为就地化解矛盾纠纷，既体现了执法为民，又便于从根本上解决涉法上访等问题，有利于社会和谐稳定。

（四）实践中具有较强的灵活性，监督范围广泛

由于抗诉是一种硬性启动再审程序的监督方式，一旦人民检察院提出抗诉则当然启动再审程序，人民法院必须再审，加之牵涉到错案责任追究等问题，容易造成检、法两家对立，人民法院一般难以接受。对于一些符合抗诉条件的案件，检察机关在抗诉前主动与人民法院沟通、协调，提出再审检察建议，由法院自行补救，人民法院容易接受，既符合定分止争的原则，也有利于维护稳定，同时也尊重了审判工作的特殊性和规律性。此外，对一些不能抗诉但确有错误的裁判，通过检察建议的方式进行监督，可以避免出现监督盲区。最高人民法院限制检察机关抗诉的司法解释，在全国人大常委会废止之前，以检察建议的方式监督不失为一个好方法。值得注意的是，检察建议的灵活运用不是毫无原则的。对于明显错误的生效裁判以及审判人员在审理案件时有贪污受贿、徇私舞弊、枉法裁判行为的，由于其错误程度已严重损害了司法公正和司法权威，运用检察建议监督的力度往往不足，此时应以抗诉的方式启动再审程序予以纠正。

四、民事、行政个案再审检察建议之立法完善

通过对其法律依据、产生历程、适用状况的考察，可以看出，民事、行政

个案再审检察建议是在没有法律明确规定的情况下，适应司法实践之需自然衍生的一种检察监督方式，纯属中国本土化的范畴。近年来，法的移植与本土化是我国法学界一直关注的话题，学者们热衷于探讨国外发达国家的法律制度能不能移植、如何移植，移植与本土资源、本土化之间如何衔接等问题，而鲜有关注我国现有司法实践中合理成分的吸收、提升。实际上，植根于本土司法实践中的法律制度更有其合理性及适用性。鉴于此，笔者认为，对司法实践中自然生成的民事、行政个案再审检察建议应当由法律明确加以规定，并进一步完善相关制度设计。

（一）在立法上明确民事、行政个案再审检察建议的法律地位

在目前情况下，个案再审检察建议的运行主要有赖于人民法院的理解、配合，运行是否成功在很大程度上取决于两家的"私交"。有的地方人民法院不予配合，甚至将检察建议视同当事人申诉对待，监督效力无从体现。这些显然与社会主义法治理念不符。为了更好地发挥个案再审检察建议的作用，笔者建议，在《民事诉讼法》《行政诉讼法》修改时，将其作为抗诉和启动再审的重要补充正式列入民事行政检察监督方式之中，并明确其监督效力，以弥补目前单一再审抗诉监督的局限性，构建完整、合理的民事行政监督体系和错误民事行政个案再审救济的有效途径。

（二）完善相关配套制度设计

由于其产生的"自发性"，个案再审检察建议在实践运行中缺乏规范，各地适用情况不统一，随意性较大，缺乏法律的严肃性，这在一定程度上削弱了民事行政检察监督和法院启动个案再审的实际效果。因此，应当对个案再审检察建议予以全方位规范，完善相关制度。

1. 明确适用范围。笔者认为，提出再审检察建议的范围可设定为：（1）原生效判决、裁定符合抗诉条件，人民检察院与作出生效裁判的人民法院协商一致，人民法院同意再审的；（2）裁判确有错误但涉及当事人间利益纷争不

大、标的较小、社会影响不大的;(3)违反自愿原则或内容违反法律规定的调解书;(4)裁判实体结果正确但适用法律错误或审判活动违反法定程序的;(5)应当向人民法院提出再审检察建议的其他情形。由于检察建议的监督力度不及抗诉,因此,对于明显错误的生效裁判,严重损害国家、社会公众利益的裁判以及审判人员在审理案件时有贪污受贿、徇私舞弊、枉法裁判行为的裁判,只能提出抗诉而不宜以检察建议的方式监督。

2. 规范再审检察建议书的内容、格式。再审检察建议书作为一种正式法律文书,其内容及格式都应严格规范,全国检察机关统一执行。由于其目的旨在督促人民法院自行启动审判监督程序,因此,再审检察建议书应推行说理方法,阐述充分的再审理由。

3. 规范适用程序。在检察机关内部,应统一规范适用再审检察建议案件的立案、阅卷、必要的调查、集体讨论、主管检察长或检察委员会决定以及送达人民法院、备案存查等一系列严密的程序。同时,应规范人民法院收到检察机关再审检察建议之后自行调卷审查,并在一定期限内将审查意见书面回复检察机关。人民法院采纳再审检察建议决定再审的,应当将该情况通报案件当事人并在再审判决书或裁定书中载明,并对采用裁定更正、执行和解、另案解决、说服息诉等方式进行规范。

民事调解检察监督研究*

刘 辉**

内容摘要：从正当性角度分析，立法模糊并不构成民事调解检察监督不可逾越的障碍；民事调解检察监督也并非与调解的自愿性相悖；调解程序的软化和实体合法的伸缩性会造成如何监督的困难，而并非要不要监督的两难。在客观效果上，民事调解检察监督虽然可能会与调解瑕疵救济部分重合，但并非以救济调解瑕疵为目标。民事调解检察监督不以保护个案中当事人的私益为目的，这是确定民事调解检察监督法定事由和方式的基础。

关键词：诉讼调解 检察监督 正当性 法定事由

一、民事调解检察监督的正当性分析

（一）立法模糊是否构成民事调解检察监督不可逾越的障碍

在我国，解决民事纠纷的调解包括诉讼和非诉讼调解。本文中的民事调解是指法院诉讼调解。民事调解检察监督权属于民事检察监督权的一部分，而公权力的行使，应当有法律上的授权。[①] 质疑民事调解检察监督者认为，民事调解检察监督没有法律依据。理由是：从《民事诉讼法》第 187 条之规定来看，

---

* 本文刊载于《国家检察官学院学报》2010 年第 5 期。此课题系国家检察官学院科研基金资助项目。

** 刘辉，国家检察官学院副教授。

① 对国家机关，法无授权即禁止；对人民大众，法无禁止即许可。——［德］卡尔·马克思

人民检察院的抗诉仅限于其认为确有错误的生效法律判决、裁定，而并没有显示调解也在抗诉之列。同时，从条文之间的逻辑关系来分析，《民事诉讼法》第182条对已发生法律效力的调解书，当事人申请再审是另行规定的[①]。这从另一个角度佐证，第187条中没有包含调解。正是由于民事诉讼法没有明确将调解纳入抗诉范围，导致一直以来，对于民事调解检察监督在理论界和实务界存有较大争议。

检察机关认为，调解应当属于检察监督的范围，从各地检察机关的情况反映来看，近年来一些地方的民行检察部门以检察建议的方式，对违反自愿、合法原则的诉讼调解予以了监督。但最高人民法院对此则表示反对，在1999年1月26日对黑龙江、河南两省高级人民法院相关请示的批复中，明确答复："《中华人民共和国民事诉讼法》第185条只规定人民检察院可以对人民法院已经发生法律效力的判决、裁定提出抗诉，没有规定人民检察院可以对调解书提出抗诉。人民检察院对调解书提出抗诉的，人民法院不予受理。"由此将诉讼调解完全置于以抗诉方式进行的检察监督之外。

但法院方面对于诉讼调解的审判监督则采取了另外的标准，由于我国民事诉讼法也没有明确规定我国审判机关能否对调解书提审或指令再审，因此为了明确调解的再审情况，在最高人民法院〔93〕民他字第1号《关于民事调解书确有错误当事人没有申请再审案件人民法院可否再审问题的批复》明确回答："对已经发生法律效力的调解书，人民法院如果发现确有错误，而又必须再审的，当事人没有申请再审，人民法院根据民事诉讼法的有关规定精神，可以按照审判监督程序再审。"2008年最高人民法院《关于适用〈中华人民共和国民事诉讼法〉审判监督程序若干问题的解释》中，再次明确调解为法院依职权再审的范围。这里的"有关精神"是耐人寻味的，正如有的学者认为，对所谓民事调解检察监督的法律依据要做广义的理解，法律依据不仅指针对某

---

①《民事诉讼法》第182条规定："当事人对已经发生法律效力的调解书，提出证据的证明调解违反自愿原则或者调解协议的内容违反法律的，可以申请再审。经人民法院审查属实的，应当再审。"

一具体法律行为、争议、事件等所援引的具体法律条文,还应指法律规范所确立的法律原则和立法精神。① 现行《民事诉讼法》确实没有直接规定检察机关对民事调解案件进行监督,但是从法律原则和立法精神来看,检察机关对民事调解案件进行监督是有充分的法律依据的。从法理上分析,诉讼调解应当属于检察机关民事检察监督的范围,这是检察机关的职责范围和法院调解的法律属性所决定的。《中华人民共和国宪法》明确赋予了检察机关法律监督权,人民检察院作为国家的法律监督机关,具有专职性、权威性、强制性和排他性,其职能就是对法律的执行和遵守情况进行监督,以维护司法公正和法制的统一。《民事诉讼法》第14条也明确规定"人民检察院有权对民事审判活动实施法律监督",这为检察机关监督民事审判活动提供了法律依据。诉讼调解是有别于诉讼外调解的一项调解制度,是在人民法院审判组织的主持下,双方当事人自愿平等协商,互谅互让,达成协议,经法院许可,以终结诉讼程序的一种诉讼制度。法院调解的过程实际上就是诉讼各方,包括法院、双方当事人都参加的,由法院主持,理清法律关系,对当事人之间的利益进行重新分配,明确当事人权利义务的过程,本质上是一种诉讼活动。由人民法院制作的民事调解书一经生效,与生效的判决、裁定具有相同的法律效力。所以诉讼调解无论从调解过程看,还是从调解书效力看,实质上都是人民法院的一种民事审判活动。而审判活动要接受检察监督是《民事诉讼法》的一项基本原则,法院调解活动及活动结果的民事调解书自然属于检察机关监督的范围。②

综上,从现阶段看,立法的模糊的确对检察机关行使民事调解检察监督权构成障碍。但这种障碍并非实质性的,因为,从法理角度讲,民事调解检察监督是与检察权的内涵和诉讼调解的性质相契合的。也就是说,民事调解检察监督虽不具有制度上的实然性,但并不缺乏应然性。在不存在理论障碍的情形

---

① 关今华:《析民事调解和仲裁裁决法律监督的论争》,载《国家检察官学院学报》2001年第3期。
② 刘辉:《民事检察监督视角下的强势诉讼调解》,载《国家检察官学院学报》2008年第4期。

下,通过修改相关法规,当前的模糊状况就可以解决,从而扫清民事调解检察监督的制度障碍。

(二)民事调解检察监督是否与调解的自愿性相冲突

质疑民事调解检察监督的另一个重要理由是:关于纠纷解决的调解协议是由当事人自愿、平等地进行协商而达成的。通过调解解决争讼与以判决方式解决争讼的实质性区别就在于,前者是当事人自愿达成的协议,后者是法院作出的强制决定。自愿反映了法院调解的本质属性。对当事人处分权的行使法律应予以尊重,兼顾诉讼效率的考虑,对于诉讼调解没有上诉审的程序,所以,检察机关的介入也不具有正当性。因此,我们有必要对诉讼调解中当事人处分权行使的自愿性加以分析。

笔者认为,这种"自愿性"是诉讼调解的应然性,而并非必然性。有学者指出,在诉讼调解的过程中,可能产生的强制可分为两类:一是法官对当事人的强制;二是当事人相互之间的强制。法官对当事人的强制产生于法官与当事人之间因调解而必须进行的纵向的交涉和对话活动以及由此产生的活动关系之中,其实质是公权对私权的强制;当事人相互之间的强制产生于各方当事人因调解而不得不进行的横向的交涉和对话活动及由此产生的活动关系之中,其实质则是由于相互之间力量对比不平衡而引起的私权性的私人对私人的强制。[①] 由于民事检察监督在目的上是对公权力的监督,在此我们着重分析来自公权对私权的强制。

在我国,诉讼调解是指在人民法院审判人员的主持下,双方当事人就民事权益争议自愿、平等地进行协商,以达成协议,解决纠纷的活动。在性质上,法院调解被认为是人民法院行使审判权的方式之一。凡经法院调解达成协议的,一般由人民法院审查认可制作调解书,调解书送达后,即产生与生效判决相同的法律效力。[②] 在国内,对诉讼调解性质的认识主要有三种学说:一是审判行为说。该说认为,法院调解有两层含义:其一是人民法院在审理民事案件

---

① 许少波:《论诉讼调解瑕疵之救济》,载《法学》2007年第4期。
② 江伟:《民事诉讼法》,高等教育出版社、北京大学出版社2000年版,第195页。

的过程中贯彻调解原则所进行的一种诉讼活动；其二是人民法院行使审判权，解决民事纠纷并结束诉讼程序的一种结案方式。二是处分行为说。该说认为法院调解尽管是在法官的主持下进行的，但它不同于法院运用审判权以判决方式解决争讼的活动，它本质上是当事人在法院指导下运用处分权自律解决纠纷的活动。三是审判行为与处分行为相结合说。该说主张，应当从法院的审判行为与当事人的处分行为两个方面去认识法院调解的性质，应当把我国的法院调解制度看作当事人行使处分权和法院行使审判权相结合的产物。三种学说，从不同角度出发看待诉讼调解，各有其合理性。在理论上，笔者也赞同诉讼调解是审判权与处分权相结合的观点。但不可回避的现实问题是——当事人常常是"被自愿"地行使着处分权。原因在于案件中法官兼有调解法官和审判法官的身份，这就使得处分权与审判权的平衡大打折扣。

有论者认为，在调解中，法官具有双重身份。一方面，他是调解者，作为调解者，他只能帮助双方当事人澄清争议中的实质性问题，搞清楚案件的基本事实，向双方传递与本案有关的法律信息，对双方当事人进行疏导，以软化双方的对立情绪，并通过引导双方当事人就解决争议的方案进行协商或向双方提示解决争议的方案，促使当事人达成调解协议。另一方面，他又是诉讼指挥者和案件裁判者，在与当事人形成的诉讼法律关系中居于主导地位。作为诉讼指挥者，他可以尽量选择调解方式处理案件，即使当事人本来不愿意调解，在法官的不断劝说和要求下，通常也会转变态度接受调解。作为裁判者，他可以认定或否定当事人主张的事实，支持或反对当事人提出的诉讼主张，批准或者拒绝批准当事人达成的调解协议，并在调解无效时作出裁判。这种双重身份的存在，既使得法官较之于诉讼外的调解者易于获得调解成功，但又常常使得调解中的自愿原则难以得到真正贯彻。①

调解人员的双重身份，不仅是法院调解所有问题的根源，同时也是调解本身一系列深层次矛盾得以引发的导火线。在调解制度所蕴含的诸种矛盾中，调

---

① 李浩：《法院调解制度的改革构想》，载江伟主编：《中国民事诉讼法专论》，中国政法大学出版社1998年版。

解人员意志与当事人意志的矛盾居于核心的位置。棚濑孝雄认为，审判外的纠纷解决过程中，为了获得当事人对解决方案的同意，纠纷处理机关通常要行使"中介"、"判断"和"强制"的功能。简单地说，"中介"功能体现在"在当事人之间搭桥以方便他人对话的方面"，"判断"功能体现在"对当事人的主张作出并提示处理机关自身的判断"，如提出解决纠纷的方案；"强制"功能体现在"纠纷处理机关为了形成合意而不断地动用自己直接或间接掌握的资源来迫使当事人接受解决方案"的方面。① 很显然，这三种功能在法院调解中都是存在的，并且也是完全必要的。因为，任何一种审判外纠纷处理程序的启动，都是基于当事人自主交涉已告失败这一事实的，而假如没有主持人员的沟通、说服，审判外的纠纷解决就很难达成，其存在的意义也就不会太大。可是，审判外纠纷处理方式又多以合意的获得为目标，这意味着在这些程序中，当事人意志务必受到更充分的尊重。所以，我们说，"判断"和"强制"功能的存在，体现了主持人员意志与当事人意志之间的冲突。这种冲突的存在是必然的，而一种比较理想的审判外纠纷解决方式应做到：在两种意志中间寻找一个平衡点，以便既保证当事人合意具备相当的"纯度"，又能使纠纷解决主持人员具有一定的影响力，纠纷解决程序具有一定的效率和利用率。不同的国家，不同的历史文化传统，不同的纠纷解决方式，这一平衡点的现实位置也有所差异，或偏向主持人员一端，或偏向当事人一端。但我国的法院调解制度的设计，似乎没有任何关于两种意志冲突和平衡的考虑，以至于几乎可以说这一平衡点根本就不存在。调解人员不仅可以动用判断本身的资源、调解机关固有的资源和"内在于社会的，要求纠纷得到解决的压力"资源来说服当事人接受调解方案，还可以很容易地从审判权中获取资源；而在这一过程中，法官所受的制约极其微弱，因为，审判者与调解者，审判程序与调解程序本来就是合而为一的。另一方面，当事人意志的实现，却没有什么具体制度的保障。在此情形下，虽然法律要求调解在"自愿"基础上达成，但在强大的审判权面前，当事人又有多

---

① 参见［日］棚濑孝雄：《纠纷的解决与审判制度》（修订版），王亚新译，中国政法大学出版社2004年版，第54页。

大勇气说"不"呢?① 因为任何一个当事人都有合乎情理地担心,如果拒绝调解,法官将来作出判决时,可能会使他承担不利的后果,特别是对方当事人已接受调解的场合。事实上,这种担心正是当事人违心接受法官提出的对其不利的调解方案或意见的主要意见。

综上,我们并没有充足的理由认为,调解协议的达成一定是当事人各方审时度势后的自愿。相反,经过分析倒引起了我们对诉讼调解强制性的担忧。所以,诉讼调解的自愿性原则并不能成为阻却检察监督的理由,相反,通过对违反自愿原则的检察监督却可以在一定程度上保障诉讼调解的自愿性。

（三）调解程序的软化和实体合法的伸缩性是否使得检察监督无的放矢

在与判决型的审判程序相比较,诉讼调解中易出现程序的软化和实体合法的伸缩性。② 一方面,在"判决型"程序结构中,程序法具有十分重要的意义和极强的约束力,无论是审理的方式、步骤,还是事实的认定和判决的作出,法官都必须严格按照程序规则操作,否则就有可能推倒重来。在"调解型"程序结构中,程序法不再具有原先的重要意义,对法官的约束力也被极大地削弱了。从一定意义上说,调解本身就是一种灵活的、非程序化的处理案件的方式,如果要求调解和判决一样依照诉讼程序按部就班地进行,调解反而会因为"法庭味"太浓而难以发挥其功效。另一方面,在实体法适用方面。民事诉讼法为法院调解设置了合法原则。我国民事诉讼理论认为合法原则有两个方面的含义,其一是法院调解的程序必须合法,其二是调解协议的内容不得违反实体法的规定,即"法院调解必须符合实体法的规定,就是在人民法院审判人员或者合议庭主持下,双方当事人达成的调解协议,必须符合民法、经济法、

---

① 章武生、吴泽勇:《论我国法院调解制度的改革》,载陈光中、江伟主编:《诉讼法论丛》第5卷,法律出版社2000年版。
② 参见李浩:《论法院民事调解中程序法与实体法约束的双重软化》,载《法学评论》1996年第4期。

婚姻法、继承法等各有关实体法的规定"。① 如何理解调解协议的实体合法性呢？《民事诉讼法》第88条关于"调解协议的内容不得违反法律规定"的条文似乎回答了这一问题。但对此可以有两种解释：一种是调解协议的内容应当依据有关实体法的规定达成；另一种是调解协议的内容不依据实体法的具体规定，但不得违反法律中的禁止性规定。前者要求的是严格的合法性，后者则是变动不居的、富有弹性的合法性。我们认为鉴于调解正当性与判决正当性的原理不同，在判断调解协议的合法时，不应拘泥于协议中的某项内容与法律的某一具体规定是否一致，而主要看协议是否是自愿达成的，协议的内容是否真实地反映了当事人的意愿。调解协议的合法性应当从最宽泛的意义上去理解，只要协议的内容不与法律中的禁止性规定相抵触，不损害国家和社会的公共利益，不违反社会的公共道德，不损害第三人的合法权益，合法性就不会发生问题。最高人民法院《关于人民法院民事调解工作若干问题的规定》也对此作出了回应。②

可能认为，调解程序的软化、调解协议在实体合法问题上相当大的伸缩性，会使得检察权对审判行为的监督因标准模糊而无的放矢。但同时更要看到，由于调解软化了程序法的约束、造成了法官行为失范和审判活动无序。另一方面，调解实体合法具有的伸缩性也会导致调解结果的隐性违法和审判权的滥用。这些状况都使得民事调解检察监督应有所作为。调解程序的软化和实体合法的伸缩性会造成如何监督的困难，而并非要不要监督的两难。

二、民事调解检察监督与调解瑕疵救济的关系

从广义的角度来观察，诉讼调解中，基于对自愿性和合法性原则的违反，

---

① 王怀安：《中国民事诉讼法教程》，人民法院出版社1992年版，第185页。
② 最高人民法院《关于人民法院民事调解工作若干问题的规定》第12条规定："调解协议具有下列情形之一的，人民法院不予确认：（一）侵害国家利益、社会公共利益的；（二）侵害案外人利益的；（三）违背当事人真实意思的；（四）违反法律、行政法规禁止性规定的。"

都可能产生调解瑕疵。关于违反自愿性，如前所述，在诉讼调解的过程中，可能产生的强制可分为两类：一是法官对当事人的强制；二是当事人相互之间的强制。这两种强制直接的消极性后果就是产生种类繁多的意思表示不真实之调解瑕疵。关于违反合法性，则可能产生程序法运用和实体法适用两方面的瑕疵。

有论者认为，我国民事诉讼法就诉讼调解瑕疵救济的理由仅局限于违反自愿和合法原则，范围狭窄，并未就调解瑕疵救济的理由作出全面规定，也未就违反自愿原则和调解协议内容违法的具体情形作进一步的规定，主张诉讼调解瑕疵救济的理由可归整为：法律上的无效①（包括实体法上的无效和诉讼法上的无效）和法律上的可撤销。②我国《民事诉讼法》对当事人主体资格、正当当事人、诉讼代理人、诉讼代表人、法院主管与管辖等均有规定和要求，并且还对诉讼调解违反"自愿""合法"原则之再审事由作了明确规定。同时，为了弥补《民事诉讼法》第182条规定的抽象性，2004年最高人民法院颁布的《关于人民法院民事调解工作若干问题的规定》不仅全面落实了自愿原则，而且还

---

① 许少波：《论诉讼调解瑕疵之救济》，载《法学》2007年第4期。法律上的无效可分为实体法上的无效和诉讼法上的无效。首先，实体法上无效的情形有：（1）当事人一方以欺诈、胁迫手段成立的诉讼调解并因此而损害国家利益的；（2）恶意串通，损害国家、集体或者第三人利益而成立的诉讼调解；（3）违反国家指令性计划而成立的调解；（4）以合法形式掩盖非法目的的调解；（5）损害社会公共利益的诉讼调解；（6）违反法律、行政法规的强制性规定而成立的诉讼调解。其次，诉讼法上无效的情形有：（1）不具有诉讼主体资格的当事人所为的诉讼调解；（2）诉讼代表人、当事人的代理人超越或滥用代表或代理权限所为的诉讼调解；（3）违背法院专属管辖所为的诉讼调解；（4）人民法院就适用特别程序、督促程序、公示催告程序、破产还债程序的案件，婚姻关系、身份关系确认案件以及其他依案件性质不能进行调解的民事案件所进行的调解；（5）未征得各方当事人的同意，人民法院在答辩期满前所进行的调解；（6）未征得各方当事人同意，人民法院委托审判人员以外的人所进行的调解；（7）其他违反自愿原则所进行的调解。
② 法律上的可撤销只有实体法上的原因，主要情形有：（1）在不损害国家利益的前提下，一方以欺诈、胁迫的手段所成立的调解；（2）一方乘人之危所成立的调解；（3）因重大误解而成立的调解；（4）因显失公平而成立的调解；（5）因其他原因而成立的可撤销的调解。

规定了人民法院对内容违法的调解协议不予确认的具体情形。[1]所有这些，均是推定诉讼法上诉讼调解瑕疵救济理由的依据。

对上述各种调解瑕疵，通过在实体和诉讼法中明确理由予以救济，无疑具有正当性。然而，也必须清楚地看到，民事调解检察监督虽然在客观上可能会产生救济调解瑕疵后果，但绝非以救济调解瑕疵为目的。民事调解检察监督是检察权对审判权的监督，其目的从属于民事检察监督之总的目标，应服从于国家对民事诉讼活动进行检察监督所期望达到的目标或结果。民事诉讼检察监督之目的都将直接制约和支配各项具体民事检察监督制度的设置和检察监督体制构造的模式。基于此，民事调解检察监督应只关注诉讼调解中的审判权行使，对因审判权行使所产生的调解强制和不合法进行监督，即对法院诉讼调解中的程序违法和法院未尽到实体审查之责的实体违法予以监督。通过提起抗诉或检察建议的方式进行的民事调解监督，在客观效果上，部分会与当事人寻求的调解瑕疵救济的效果相重合。但应明确，民事调解检察监督不以保护个案中当事人的私益为目的，这是确定民事调解检察监督法定事由和方式的基础。

三、民事调解检察监督的法定事由和方式

（一）民事调解检察监督的法定事由

检察监督以监督审判权的行使为目的，民事诉讼法规定人民法院在调解过程中要遵守自愿、合法的调解原则，检察机关监督诉讼调解即应以"违反自愿、合法原则"为尺度。

关于调解的自愿性，如前所述，在诉讼调解中当事人本应享有决定是否调

---

[1] 最高人民法院《关于人民法院民事调解工作若干问题的规定》第12条规定："调解协议具有下列情形之一的，人民法院不予确认：（一）侵害国家利益、社会公共利益的；（二）侵害案外人利益的；（三）违背当事人真实意思的；（四）违反法律、行政法规禁止性规定的。"

解的自愿、决定调解开始时机的自愿、选择调解方式的自愿、是否达成调解协议的自愿决定调解书生效方式的自愿等。但自愿原则在调解中未能得到严格的遵守，屡遭学者诟病。关于调解的合法性，合法原则包括程序合法和实体合法两个方面。在程序合法方面，包括调解的启动、调解方式、调解组织、调解协议的确认、调解协议和调解书的生效、调解书的执行等程序方面都要符合法律的规定。在实体合法方面，调解协议的内容不得违反法律、行政法规禁止性规定，不得侵害国家利益、社会公共利益，不得侵害案外人利益，也不得违背当事人真实意愿。调解协议实体合法与否由法院负责审查，并由法院对调解书的合法性予以确认。

以违背自愿、合法原则为标准，检察机关应对以下几种确有错误的民事调解案件进行监督：一是人民法院在调解活动中，违背当事人真实意思，强制调解或变相强制调解的案件。如未征得各方当事人的同意，人民法院在答辩期满前所进行的调解或未征得各方当事人同意，人民法院委托审判人员以外的人所进行的调解。① 二是法律明确规定不能以调解方式结案的，② 人民法院以调解方式结案并制作了调解书的案件。三是双方当事人为规避法律义务或为了牟取非法利益，相互勾结串通，以损害国家利益、社会公共利益或他人合法权益为代价达成调解协议，法院未尽审核之责的案件。四是违反法律、行政法规的强制性规定而成立的诉讼调解，法院未尽审核之责的案件。③ 五是人民法院未严格遵守法律规定，调解程序违法的案件。如有回避情形的法官未主动回避或未被申请回避；不具有诉讼主体资格的当事人所为的诉讼调解；遗漏必须参加诉讼

---

① 最高人民法院《关于人民法院民事调解工作若干问题的规定》第1、3条。
② 最高人民法院《关于人民法院民事调解工作若干问题的规定》第2条。
③ 最高人民法院《关于人民法院民事调解工作若干问题的规定》第12条规定："调解协议具有下列情形之一的，人民法院不予确认：（一）侵害国家利益、社会公共利益的；（二）侵害案外人利益的；（三）违背当事人真实意思的；（四）违反法律、行政法规禁止性规定的。"

的当事人；① 调解超过时限等。六是法官在调解中有徇私舞弊、贪赃枉法行为的案件。

应当承认，以上关于调解监督法定事由的设计，虽然尽可能厘清了民事调解检察监督与调解瑕疵救济的关系，但在可操作性上仍有欠缺。如对于调解中的强制调解或变相强制调解如何加以证明？从主观方面是难以有突破的，② 所

---

① 2006年12月9日，徐某与立华公司驾驶员潘某发生交通事故，因伤势严重经抢救无效，于同日死亡。交通巡逻警察大队交通事故责任书认定徐某醉酒驾车应负该起交通事故的主要责任，潘某超载驾驶负该起事故的次要责任。2007年8月24日，徐某父母起诉至某市人民法院，要求潘某、立华公司、保险公司承担交通事故损害赔偿责任，后徐某父母撤回对潘某的起诉。因徐某父母与徐某妻子矛盾颇深，徐某父母对徐某妻子、女儿隐瞒了其起诉到法院这一事实，而该市人民法院立案审查后，也没有通知徐某妻子、女儿参加诉讼。经该市人民法院调解，徐某父母与立华公司、保险公司达成调解协议。徐某妻子、女儿在处理完徐某的丧事后，到法院起诉要求交通事故对方责任人赔偿时，方知徐某父母已与立华公司、保险公司达成调解协议，法院以一事不再理为由没有受理徐某妻子、女儿的起诉。徐某妻子、女儿不服，遂申诉至检察机关。上述案例正是法院违反法律程序，没有通知作为本案必要共同诉讼人的申诉人参加诉讼，以达成调解协议的方式侵害申诉人利益的典型表现。转引自蔡涛：《民事调解的检察监督》，载《国家检察官学院学报》2009年第2期。

② 被告管某驾驶摩托车与原告夏某相撞，发生交通事故，夏某受伤，造成各类损失共计44600元，经事故处理部门认定双方负事故同等责任。管某为其摩托车在某保险公司投了第三者责任险，保险限额为5万元。夏某诉至法院，要求管某及保险公司赔偿其损失44600元。诉讼中，在法院主持下，双方达成调解协议，夏某的各项损失共44674元，由保险公司赔偿26000元。管某另赔偿夏某1500元。双方签收了调解书。一个月后，管某向法院提起再审申请，理由是：《中华人民共和国道路交通安全法》第76条规定："机动车发生交通事故造成人身伤亡、财产损失的，由保险公司在机动车第三者责任强制保险责任限额范围内予以赔偿。"据此，保险公司对受害人的损失在保险范围内应全额赔偿。而在调解过程中法官却对他说："你负事故同等责任，怎么可以一分钱不负担呢？"严厉要求其承担部分损失。他当时听信法官所言，才同意赔偿夏某1500元损失的。因此该协议违反了其真实意思，故要求撤销原调解书，由保险公司赔偿夏某全部损失。在申诉审查中，当申诉人被问及是否有证据证明调解违反自愿原则时，其坦称基于对法官的信任，不可能对调解过程进行录音，也没有其他任何记载，故无证据提供。法院复查结论是，申诉理由无证据证实，不予采纳，驳回再审申请。目前，该申诉人仍在向上级法院申诉，纠纷并未彻底了结。此案较为典型地反映了从主观方面证明强制调解无论是对于当事人还是检察监督机关都不具有可操作性。参见宋石、刘海燕：《调解违反自愿原则之审判监督问题分析》，载中国法院网，http://www.chinacourt.org/public/detail，2007年7月9日。

谓的"强制调解或变相强制调解"只能通过外观的程序加以推定。比如，是否征询了当事人的同意，并且有书面的签字或笔录；当事人对各阶段调解的法律效力是否知悉，并有书面的确认；相关司法解释中关于调解的时限是否被遵守①等。总之，对于调解自愿性的判断要以调解程序的完善为前提。而目前的情况是，调解程序规范缺失，较之于严谨的审判程序，法院调解程序及方法具有较大的灵活性，且调解案件无上诉问题，法官受诉讼程序约束软化，这些都为违背自愿原则提供了便利。这是民事调解检察监督必然面临的一个难题，这一难题会随着调解程序的规范化得以解决。同时，民事调解检察监督也会对调解程序的规范化起到一定的促进作用。另一个难点是对法官履行实体审查之责的监督。实务中，法院方面的苦衷是对调解案件进行实体审查，操作起来也很困难。相对于作出一份判决书要经过法庭审理过程中的查证、质证，在查清事实的前提下正确适用法律来说，调解案件中法院对案件事实的了解要大打折扣。仅凭对案件相关事实进行大概的了解和对调解协议进行一些字面上的审查，就想查明调解是否侵害案外人的利益，是否侵害国家、社会公益，往往存有困难。在此情况下，法院实际上很难达到对调解协议进行实体合法审查的目的，检察机关不能对此予以苛责，而必须认可制度的完善需要一个渐进的过程。监督会给制度完善以动力，而制度的完善也会为监督提供标准。

（二）民事调解检察监督的方式

关于民事调解检察监督的方式，可以有现实和长远的不同设计。就当前形势看，检察机关对认为确有错误民事调解案件，实务中有提起抗诉、检察建议、违法纠正通知书三种不同做法，但通常采用的是检察建议的方式。其好处在于，由于《民事诉讼法》仅规定了检察机关对人民法院已经发生效力的判决、裁定有抗诉权，而对生效的民事调解书未做明确规定，加之最高院的相关

---

① 最高人民法院《关于人民法院民事调解工作若干问题的规定》第6条规定："在答辩期满前人民法院对案件进行调解，适用普通程序的案件在当事人同意调解之日起15天内，适用简易程序的案件在当事人同意调解之日起7天内未达成调解协议的，经各方当事人同意，可以继续调解。延长的调解期间不计入审限。"

批复，如检察机关直接采用抗诉的方式，法院会以法无明文规定而裁定不予受理，这样会使得检察机关变得十分被动；如借鉴《刑事诉讼法》中的"纠正违法通知书"的监督方式，又因没有法律依据，监督力度也不强，通常起不到让法院提起再审的效果。而使用检察建议，可以弥补现行民事检察监督方式的单一和不全面。外加这种方式比较灵活和温和，没有抗诉那么强的对抗性，实务中，民行检察部门也大多会在检察建议发出之前，与人民法院沟通协商，取得人民法院的认可和配合，再向人民法院提出监督意见，建议其自行纠正，人民法院一般予以接受。这样不但能够使错误的调解案件得以纠正，还能加强检、法两家的沟通和配合，最终达到共同实现司法公正、构建和谐社会的目的。但以检察建议方式予以调解监督，弊端在于监督的效力没有保证，而检察建议能否上升为基本法层面的法定监督方式也未可知。所以，从长远来看，还是应该从立法层面上修订民事诉讼法中关于审判监督程序中对民事抗诉范围的规定，明确将调解书与生效的判决和裁定并列为检察监督的范围，通过抗诉对诉讼调解予以监督，以确保监督的一致性和有效性。

试论民事法律监督调查权的立法完善*

郑 青**

针对目前对民事审判活动监督相对薄弱的现状，司法体制改革提出了依法明确、规范检察机关调查违法的程序、完善法律监督措施的要求。我国民事诉讼法规定检察机关应对民事审判活动进行监督，但未对法律监督调查权的概念、范围、手段、程序等作出规定，再加上法律规定的监督方式单一，实践中存在大量应当监督而未监督的盲区，制约了监督工作开展。明确、规范检察机关调查违法的程序，需要在理论上提炼民事法律监督调查权的概念、范围、手段、程序等，并写入立法。

一、问题与构想——当前民事诉讼法律监督的困境及原因分析

目前民事检察工作面临的最大问题是工作格局问题，突出表现在两个方面：横向工作格局职能单一，制约了民事检察监督职能的全面履行；纵向工作格局"倒三角"，导致基层民事检察工作薄弱。

（一）横向工作格局职能单一，制约了民事检察监督职能的全面履行

在以抗诉为唯一职能的前提下，现行工作格局从横向看职能单一，表现为

---

* 本文刊载于《河南社会科学》2011年第1期。
** 郑青，湖北省人民检察院副检察长、党组成员，武汉大学法学院兼职教授，全国检察业务专家。

监督范围过窄、监督方式单一、监督手段乏力。其一，在监督范围上，民事诉讼法仅规定了对生效错误裁判进行抗诉，相关司法解释又对抗诉范围进行了限制，形成了"监督等于抗诉""抗诉限于普通程序审判结果"的基本局面。普通审判程序中的职务违法、违法调解和强制调解等案件和特别程序、非诉程序（督促程序、公示催告）、执行程序，都实际处于监督盲区。各地进行了执行监督、督促程序监督等探索，但总量上十分有限，远没有形成监督态势，没有起到填补监督空白的效果。其二，在监督方式上，以抗诉为主、检察建议为辅。全国民行检察工作会议只通报了抗诉和再审检察建议两项办案数据。从数据看，再审检察建议发挥的作用有限。2008年高检院《关于贯彻修改后的民事诉讼法的会议纪要》要求以纠正违法通知书、检察建议、更换承办人等方式，开展对虚假调解、执行违法等案件和程序的监督，但由于没有相应的程序和手段，并未改变监督方式单一的局面。其三，在监督手段上，以书面审查为主、调查为辅。2001年最高人民检察院制定的《人民检察院民事行政抗诉案件办案规则》规定了调查手段，但调查范围仅限于抗诉事由，没有涉及诉讼违法情形，也没有相应的调查程序，且该规则规定的调查范围尚存在一些值得商榷之处。实践中针对诉讼中的违法情形进行的调查因为程序不明确而存在不规范、调查目的偏向等问题。

（二）纵向工作格局"倒三角"，导致基层民事检察工作薄弱

在以抗诉为单一职能的格局和"上抗下"的制度设计下，基层院只有提抗职能，省、市院抗诉和提请抗诉工作负担沉重，形成抗诉工作的"倒三角"结构。近年法院审判工作格局的调整和调解率上升，强化了"倒三角"结构，基层民事检察工作日趋萎缩。第二次全国民行检察工作会议提出以二审生效裁判为监督重点后，基层院提请抗诉的职能将更加弱化。同时，由于基层法院调解案件增多、基层法院承担着大量非诉案件的办理和民事执行任务，违法问题比较突出，人民群众反映强烈，特别需要加强监督，基层检察机关却因缺乏监督手段而难有作为。基层民事检察监督的两难境地成为制约民事检察工作跨越式

发展的瓶颈。

二、属性与界限——构建民事法律监督调查权的理论基础

调查权是国家机关、社会组织或特定个人根据法律授权普遍享有的一种工具性权力。根据调查权主体的不同，调查权可以分为人民代表大会的调查权①、行政机关的调查权、司法机关的调查权、特定社会组织或个人的调查权（如公证机关或律师的调查权）。从调查手段是否具有强制性看，检察机关的调查权可以分为强制调查权和一般调查权。强制调查权是采用法律规定的强制手段进行专门性调查的权力，一般调查权是采用一般性调查手段来查证违法事实是否存在的权力。我国法律赋予检察机关一定的调查权。刑事诉讼法对检察机关强制调查权作出了具体而详尽的规定，检察机关对贪污贿赂、渎职侵权案件行使侦查权，在审查刑事案件时，对于需要补充侦查的，可以退回公安机关补充侦查，也可以自行侦查。但法律对一般调查权，包括刑事诉讼中的法律监督调查权、民事诉讼中的法律监督调查权、行政诉讼中的法律监督调查权，规定不明确或没有做出明确规定。

笔者认为，民事法律监督调查权，是指人民检察院在民事诉讼法律监督活动中，就人民法院生效的民事判决、裁定是否具备法定抗诉事由，人民法院及其工作人员在行使审判权、执行权时是否存在其他违法行为，采取询问、查询、调取相关证据材料、查阅案卷材料、勘验、鉴定等非强制性措施予以调查核实的权力。这一概念有以下含义。

（一）权力来源的派生性

民事法律监督调查权是由民事检察权所派生而来的，是履行民事诉讼法律监督职能的重要手段。这种派生出的权力在行使上从属于履行法律监督职能的需要，必须围绕法律监督目的的有效实现和职能的充分履行来展开。

---

① 朱福惠：《全国人大调查权研究》，载《现代法学》2007年第9期。

（二）调查目的的监督性

民事法律监督调查权是检察机关在民事诉讼法律监督活动中享有的一项权力，调查的目的是依法对民事诉讼活动是否合法实行法律监督，监督的对象是法院及其工作人员，着眼点是维护司法公正，着力点是监督纠正诉讼违法和司法不公问题。调查从监督的角度开展，不同于法院调查取得证据以查清民事案件争议事实、调处当事人纠纷，也不同于当事人的举证。

（三）调查范围的有限性

民事监督调查对象主要是法院行使审判权、执行权的公权力行为，大体可分为两大类：一是对案件是否具有抗诉相关事由进行调查。修订后的《民事诉讼法》第179条规定了15种抗诉事由，包含了高检院《人民检察院民事行政抗诉案件办案规则》第18条规定的三种需要进行调查的情形。实践中对大多数民事抗诉案件，检察机关通过书面审查能够发现其中抗诉事由。例如，法院依当事人申请调查取证，对人民法院而言，是其义务和责任，对当事人而言，是其应享有的诉讼权利。如果法院违反了这一法律职责，本身是一种程序违法行为，影响案件事实的查明和认定。一旦审查法院违反调查职责，检察机关即可抗诉，不一定需要启动调查程序。但是，有些民事抗诉案件通过书面审查难以准确把握抗诉事由，为了慎用抗诉手段、达到"抗准"的要求，检察机关必须享有必要的调查取证权。例如，人民法院依据伪证所作出的民事裁判无疑是错误的，原审采信伪证是再审改判的重要依据。从某种意义上讲，检察机关通过调查取证获取的证据是对原审中采信伪证的纠正和对审判人员审查证据工作失误的弥补。2007年新修订的《民事诉讼法》将具有"新证据"作为检察机关的抗诉事由之一。笔者认为，检察机关对据以认定事实的主要证据可能是伪证等违法情形进行调查，由此所取得的证据就属于"新证据"的范围。检察机关在提出抗诉时，应将这些"新证据"连同抗诉书一并移送法院，再审开庭时由双方当事人质证，最后由法官审查认定其证据能力和证明力。二是对审判机关及其工作人员是否具有其他诉讼违法行为依法进行调查核实。在当前的诉讼制度和司法环境下,民行检察应形成全面监督的理念①。如前所述,民事抗诉事由中已包括一部分诉讼违法情形(如审判程序违反法定程序可能影响案件正确判决、裁定的,审判人员在审理案件时有贪污受贿、枉法裁判的,等等),除此之外还存在其他种种诉讼违法情形,这些都应当是民事法律监督调查权行使的范围。此外,民事法律监督调查权的有限性还表现为:调查不是必经程序,如果当事人在申诉时提出了充分证据,检察机关可以不经过调查程序直接提出监督意见。

(四)调查地位的中立性

不仅检察官在刑事诉讼中负有客观义务,而且检察官的客观义务也是贯彻民事诉讼始终的。它的出现,对民事诉讼产生了实实在在的影响,同时也为检察机关介入民事诉讼,扫除了制度上的障碍,开辟了观念上的通道②。在民事行政检察监督中,检察机关不是一方当事人的"代理人",而是代表国家对民事审判和行政诉讼活动进行监督,处于超然、"居中"的地位,"居中"审查案件裁判的正确与否和诉讼活动是否合法,维护法律的统一正确实施③。检察机关进行民事监督调查既不是为了任何一方当事人的利益,也不具有自身的特殊诉讼利益。检察官专司监督职责,其行使民事调查权是为了纠正诉讼活动中的违法行为,监督法律的正确实施。检察机关监督地位的中立性与法院审判地位的中立性相比并无差异,它决定了民事法律监督调查权的行使不会破坏民事诉讼法所确立的一系列规则④。

---

① 王鸿翼、杨明刚:《论民事行政检察的执法理念》,载最高人民检察院民事行政检察厅编:《民事行政检察指导与研究》,法律出版社2005年版,第108页。
② 汤维建:《论民事诉讼中检察官的客观义务(上)》,载《国家检察官学院学报》2009年第1期。
③ 王鸿翼:《民事行政检察工作的发展历程》,载张本才、陈国庆主编:《检察理论与实践30年》,中国检察出版社2009年版,第150页。
④ 有学者形象地将检察机关监督民事诉讼活动的诉讼结构称为"菱形结构",指出检察机关对民事诉讼的介入是完全中立的,其诉讼职能既不能被法院的审判权所吸收,也不能被任何一方当事人的诉权所融化,以此表明其参与民事诉讼完全基于独立的诉讼职能,而非对任何一种既存诉讼力量的简单强化。参见汤维建:《论诉中监督的菱形结构》,载《检察日报》2009年5月22日。

（五）调查手段的非强制性

询问、查询、调取相关证据材料、查阅案卷材料、勘验、鉴定等手段属于非强制性的调查手段，与强制侦查存在明显区别。

在法律监督调查权的行使中，还应深入把握相关概念的区别：一是监督调查权与职务犯罪初查权的区别。监督调查权与职务犯罪初查权在目的、对象、调查后的处理等方面都存在明显的差别。其一，在目的上，民事法律监督调查权是民事诉讼程序内的调查，其目的是保障民事诉讼监督职能的履行，维护司法公正；职务犯罪案件初查系刑事诉讼程序内的调查，围绕涉嫌犯罪事实进行调查，其目的是为了核实是否可能构成犯罪。其二，在范围上，民事法律监督调查权的范围是是否具有抗诉相关的事实和可能存在违法的诉讼行为，具有有限性；职务犯罪初查权的范围是涉嫌构成犯罪的人员或事件，具有全面性。其三，在处理方式上，监督调查后的处理方式有抗诉、提出监督意见、报请进入职务犯罪侦查程序、没有发现违法事实予以澄清或说明等四种，初查后的处理方式有立案和不立案两种。民事法律监督调查与初查也存在一定的联系，民事法律监督调查中如发现职务犯罪线索，即与初查机制相衔接，通常的做法是报经检察长同意移送侦查部门进行初查。二是监督调查权与法院纪检监察权的区别。民事法律监督调查的对象是审判机关及其工作人员在诉讼活动中影响司法公正的涉嫌违法违纪的行为，并非一般的违法违纪行为，不会干预法院纪检监察部门行使职权。两者的联系在于，检察机关行使调查权证实司法工作人员职务行为违法的，可以根据具体情况提出监督意见，移送法院纪检监察部门进行处理。

三、程序与构建——民事法律监督调查权的具体内容

民事诉讼法未对法律监督调查权的概念、范围、手段、程序等作出明确规定，由此带来了两方面的问题：一是检察机关民事法律监督调查权的行使处于

于法无据的状态;二是不利于调查工作的规范和制约。笔者认为,应在改革试点的基础上,对民事法律监督调查权的概念、范围、手段、程序、处理方式、被调查者的义务等进行深入研究,并将其写入立法。

(一)概念

民事法律监督调查权是指人民检察院在民事诉讼法律监督活动中,采取询问、查询、调取相关证据材料、查阅案卷材料、勘验、鉴定等方式,对案件是否具有抗诉相关事由、审判机关及其工作人员是否具有其他违法行为,依法进行调查核实的权力。

(二)范围

民事法律监督调查权的范围可概括为四个方面:一是有《民事诉讼法》第179条第1款规定的情形,需要调查的;二是在民事诉讼活动中违反法定程序,可能影响案件正确判决、裁定,或者审判人员贪污受贿、徇私舞弊、枉法裁判,损害司法公正的;三是在民事裁判执行活动中渎职、滥用职权,损害国家利益、当事人或者他人合法权益的;四是根据最高人民检察院有关规定有其他违反民事诉讼法的行为,需要调查的(如对调解程序、督促程序中违法行为进行的调查)。

(三)手段

民事法律监督调查权的行使可以采取询问、查询、调取相关证据材料、查阅案卷材料、勘验、鉴定等方式。

(四)程序

民事法律监督调查权应当依法、规范进行。为防止调查的随意性,滥用监督权,应规定以下程序规范:监督调查的具体承办部门是民事行政检察部门;调查的启动分为当事人申诉和检察机关依职权主动进行两种情形,以报经检察长批准为必经程序;参加调查的检察人员不得少于两人;检察人员应当依法全面、客观地收集证据；调查可以采取询问、查询、调取相关证据材料、查阅案卷材料、勘验、鉴定等方式，但不得限制和剥夺调查对象人身权利和财产权利，不得查封、扣押、冻结财产，不得妨碍人民法院诉讼活动的正常进行；监督调查应当在一个月内完成，情况复杂的经检察长批准可以延长一个月，情况特别复杂的经检察长批准可以再延长一个月。

（五）处理方式

调查终结后，有以下四种处理方式：一是符合抗诉条件的，依法抗诉或提请上级院抗诉，或向人民法院提出再审检察建议；二是不符合抗诉条件，但调查发现有违法行为的，发检察建议或纠正违法通知书向人民法院提出纠正意见；三是对涉嫌犯罪的，报经检察长决定进行初查或立案侦查；四是决定不抗诉或者经调查没有违法事实的，应当及时向申诉人、举报人、控告人、投诉人说明情况，必要时向有关单位、部门通报。

（六）被调查者义务

调查权作为一项权力，与被调查者的法定义务紧密相联。立法应规定监督调查对象接受依法调查的义务。一是配合调查的义务。监督调查对象应及时提供有关案件信息，对作出裁判的事实认定、证据采信、法律适用、办案程序等问题做出必要的说明。二是依法处理并反馈监督意见的义务。对检察机关依法提出的监督意见，监督调查对象应依法处理，及时反馈。三是应规定监督对象无正当理由拒绝接受监督的法律责任。

民事法律监督调查权的构建，是立法已然包含的精神与原则的凸显，符合中央司法体制改革要求，契合法律监督的基础理论和检察机关的职能定位。该权力的构建必将优化检察职权的配置，推动民事诉讼法律监督制度的改革和完善。

民事审判活动检察监督的实现路径*
——湖北省检察机关民事诉讼法律监督调查机制的成效与做法

周清华　廖静怡**

内容摘要：将发生在诉讼中的各种不能通过抗诉实现监督的违法情形纳入检察监督范围，符合检察监督原则，与审判权独立原则并不冲突，是诉讼制度价值目标的内在要求。建议立法将其纳入检察监督范围，专章规定监督程序；赋予监督需要的调查权，明确调查手段；明确监督方式并赋予其强制效力。

关键词：民事诉讼检察监督　监督范围　监督程序

监督范围、监督方式和监督程序是构成民事诉讼检察制度不可分割的三大组成部分。根据中央司法体制改革精神，最高人民法院、最高人民检察院于2011年会签了《关于对民事审判活动与行政诉讼实行法律监督的若干意见（试行）》（以下简称"两高"《若干意见》）将不能通过抗诉实现监督的民事审判活动违法情形纳入检察监督范围，并规定了检察建议的监督方式。本文围绕这一规定的制度化建设，提出浅见。

一、民事审判活动检察监督的范围

"两高"《若干意见》第9条规定："人民法院的审判活动有本意见第五条、

---

* 本文系2012年民行检察专业委员会交流论文。

** 周清华，湖北省人民检察院民事诉讼监督处处长、检察委员会委员；廖静怡，湖北省人民检察院民事诉讼监督处检察员。

第六条以外违反法律规定情形，不适用再审程序的，人民检察院应当向人民法院提出检察建议。"联系该规定的上下文，所谓"本意见第五条、第六条以外违反法律规定情形，不适用再审程序的"情形，具体包括不能通过抗诉实现监督的审判结果（如支付令、不能抗诉的调解和裁定）、程序违法和审判人员职务违法行为。该三类不能通过审判程序监督的情形，本文以下概称为"审判活动违法"。在现行《民事诉讼法》抗诉监督制度的基础之上，将"审判活动违法"纳入检察监督范围，具有制度基础。

（一）符合民事诉讼法的立法宗旨

根据《民事诉讼法》第14条"人民检察院有权对民事审判活动实行法律监督"的规定，将审判活动违法纳入检察监督，是立法的明确规定。问题是如何界定"民事审判活动"的内涵与外延。我国民事诉讼法规定的审判程序包括民事一审普通程序、简易程序（以后还有小额速裁程序）、二审程序、审判监督程序、特别程序、督促程序、公示催告程序以及执行程序。审判活动是指所有这些审判程序的诉讼过程和诉讼结果。从《民事诉讼法》第14条的规定，显然推不出检察机关仅能监督审判结果的结论。只是由于《民事诉讼法》分则将监督范围限于裁判结果、监督方式限于抗诉，同时，最高人民法院以多个司法解释对抗诉范围予以限制，使检察机关对民事审判活动的监督陷入了立法模糊和司法解释挤压的双重困扰，以致长期以来，忽视了审判程序的监督，形成了审判活动监督等于裁判结果监督的思维定式。这是《民事诉讼法》分则与总则规定不一致、立法不科学的结果，不能因此认为检察机关只能对生效裁判结果进行监督。"两高"《若干意见》第9条的规定恰恰是《民事诉讼法》立法宗旨的体现，将其上升为立法，才能实现立法精神的回归。

（二）与审判独立原则并不冲突

首先，检察监督原则和审判独立原则都是民事诉讼法明确规定的基本原则。"检察监督既然是一项基本原则,那它自然是贯彻始终的,对所有的事项均有监督权。"[1]在我国宪法制度下的"人民法院独立审判原则"与西方国家的"司法独立原则"存在本质区别。西方国家的"司法独立"是"三权分立"理论的结果,指司法权的绝对独立,是其政治制度的重要内容。在我国政治架构中,检察权与审判权是监督与被监督的关系。审判独立原则的确切内涵是人民法院审理民事案件只服从法律,不服从任何行政机关、社会团体和任何个人的指示、命令。审判独立要排除的是非法干涉,并不排除检察机关的专门监督。其次,对审判活动进行监督不等于"事中监督"。民事审判活动检察监督应当是事后监督,但所谓的"事"是指被监督的事项,所谓"事后",就是指违法情形发生之后,而不是诉讼程序结束之后。违法一旦发生,就是监督应当介入之时。最后,检察监督意见并不具有中止程序的绝对效力,审判程序是否推进由法院决定,因此并不影响法院独立行使审判权。审判程序违法可分为积极的违法和消极的违法。对于积极的违法,监督的作用是使法院矫正诉讼活动的偏离,恢复到正当程序,对于消极的违法(如审理案件超期、文书送达迟延等),监督的作用使审判程序得以恢复,更不会妨碍程序的推进。程序违法在很多时候具有不可逆性,在人民法院没有发现和自行纠正的情况下,检察机关如若发现而及时提出监督意见,可以起到阻却违法的效果,与人民法院发现后自行纠正的目的和作用完全一致。

(三)诉讼制度价值目标的内在要求

民事诉讼程序具有其独立的制度价值。在诉讼程序的公正、效率、效益三大价值目标中,公正是其生命和灵魂,全部诉讼程序均是围绕程序公正这一核心,兼顾效率而设计。检察监督的目的正是为了确保程序公正。在司法实践中,诸如应当受理而不受理、应当立案而不立案、审理严重超期、送达程序违

---

[1] 汤维建:《建立民事抗诉制约机制应当遵循的若干原则》,载《检察日报》2007年5月18日。

法、审判组织违法等严重损害当事人诉讼权利的情形可谓万相丛生。人民群众反映强烈的司法不公，往往正是这些"看得见"的程序违法。从这个角度看，对审判程序的监督比审判结果的监督更为重要。

需要强调的是，本文"审判程序违法"包含了审判人员职务违法。而且，对审判人员职务行为的监督，是审判活动监督的根本。这是因为：审判人员是诉讼程序的主导者、推进者，加大对审判人员职务行为的监督力度，防止法官的恣意，凸显对法官职业操守的绝对要求，体现的是源头治理，符合程序正义和监督的本意。现行《民事诉讼法》显然没有体现这一点。虽然总则第44条规定了"审判人员有贪污受贿，徇私舞弊，枉法裁判行为的，应当追究法律责任"，但是分则并没有相应规定监督的主体和程序；第179条第2款规定的着眼点在于纠正裁判结果，而不是职务违法行为。在司法实践中，审判人员的职务违法行为往往与程序违法交织在一起，仅靠人民法院内部的纪检监察部门根据《法官法》和《法官职业纪律处分条例》等予以规制，不足以构成对审判人员的足够威慑。2010年最高人民检察院、最高人民法院、公安部、国家安全部、司法部联合制定的《关于对司法人员在诉讼活动中的渎职行为加强法律监督的若干规定（试行）》（以下简称"两高三部"《若干规定》）是专门针对司法人员在诉讼中的职务违法行为①进行监督的文件，规定了发生在三大诉讼中的12种违法情形，所体现的正是源头治理的理念。可喜的是，《民事诉讼法》修改草案已经肯定该文件的精神，在第207条第3款规定检察机关有权对审判人员的违法行为向同级人民法院提出检察建议。

---

① "两高三部"《若干规定》文件名称虽用了"渎职行为"，但从规定的调查情形看，该"渎职行为"是一个广义概念，与刑法规定的渎职犯罪之"渎职"外延不同，与司法人员"职务违法行为"是同义词，泛指司法人员在三大诉讼中的各种职务违法行为，称"职务违法行为"更为准确，以区别于刑法规定的"渎职犯罪"。许多人因为称为"渎职行为"而误解为该文件的适用主体是反渎职侵权部门，实际上文件规定的调查程序、调查手段、调查期限、处理方式等内容，都是法律所未曾涉及的，为检察机关三大诉讼监督部门开展司法人员职务违法行为监督提供了依据。

二、民事审判活动检察监督的程序设置

近年来,全国各地检察机关根据中央司法体制改革精神,在积极探索民事诉讼监督范围和方式的同时,也逐步形成一套有效的监督程序,为立法积累了实践经验。湖北省检察机关自2006年开始,由省院统一部署,自上而下探索建立以发现、核实、纠正审判机关及其工作人员在民事诉讼活动中的违法情形为核心内容的法律监督调查工作机制(以下简称"监督调查机制"),于2008年7月制定实行《湖北省检察机关民事审判行政诉讼法律监督调查办法(试行)》(以下简称《调查办法》)。规定的调查范围包括:抗诉的相关事实、审判执行人员在诉讼中的违法行为、民事执行违法和其他违法情形;调查手段包括询问、查询、调取相关证据材料、查阅案卷材料、勘验、鉴定等一般调查手段;规定的调查程序包括调查启动、进行和结案程序;规定的结案方式包括:检察建议、纠正违法通知书、移送侦查、抗诉或者再审检察建议、向申诉(举报、控告)人说明情况。六年来的实践探索,可以为民事审判活动检察监督的程序构建,提供一定借鉴作用。

(一)基本情况

自2006年至2012年6月,全省共立案调查1622件,另外,围绕抗诉事实调查211件(不另行办理立案手续)。调查终结1552件。通过调查认定不构成违法305件、构成违法(含裁判错误)和涉嫌犯罪的1247件。针对违法情形发出检察建议543件、纠正违法通知书146件、口头纠正106件,三项合计795件。法院已纠正违法533件,纠错率为67.04%;通过调查提出抗诉和再审检察建议364件,其他处理62件;发现职务犯罪和其他犯罪线索128件,移送侦查机关(部门)后立案侦查84件84人,目前已作出有罪判决40人。主要有以下特点:

1.从案件来源看,具有广泛性,但以申诉、控告为主。在受理的1688件案件中,来源于申诉、控告的1153件,占68.31%;民行部门自行发现254件,占

15.05%；有关机关、部门交（转）办、移送130件，占7.7%（见下图）。

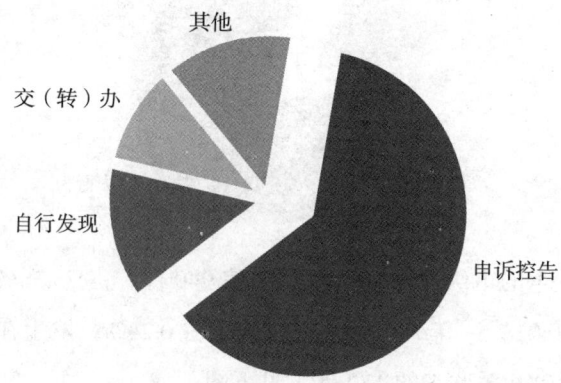

2. 从违法发生的部位看，普通审判程序和执行程序是高发部位。在查实构成违法和涉嫌犯罪的1247件中，发生在普通审判程序的783件，占62.79%（其中，诉讼保全22件、调解48件，其他均为超期审理、审判组织不合法、送达程序违法等程序违法情形）；执行324件，占25.98%；督促程序39件，占3.13%；其他程序101件，占8.1%（见下图）。

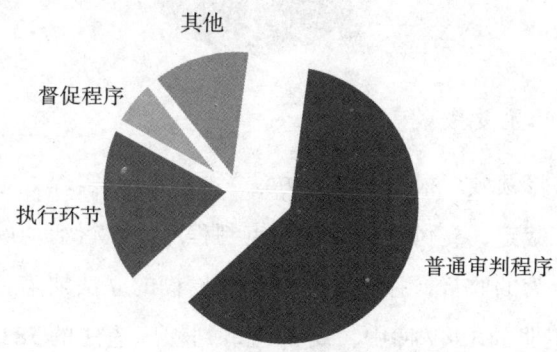

3. 从行为的性质看，违法占多数，涉嫌犯罪的是少数。在查实构成违法和涉嫌犯罪的1247件案件中，属违法性质的1119件，占89.7%（其中，属于裁判结果错误提出抗诉和再审检察建议的364件，占29.2%）；涉嫌犯罪的128件，占10.3%。

4. 从违法发生的审级看，基层人民法院940件，占75.38%；中级人民法院125件，占10.02%；高级人民法院3件，占0.24%；发生在其他机关或者组织（与诉讼活动相关联）的179件（见下图）。

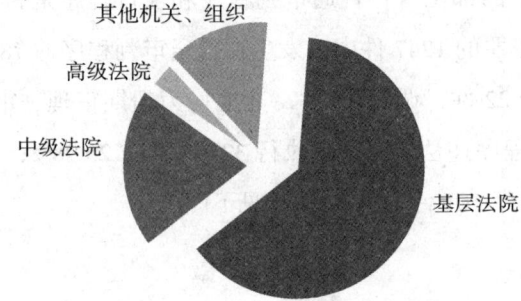

（二）取得的主要成效

1. 拓宽了监督领域。根据《调查办法》的规定，实现了对不能以抗诉方式监督的调解、裁定、支付令的监督和审判程序、执行活动以及审判、执行人员职务违法行为的监督，弥补了监督范围模糊的立法缺陷。在全省查实构成违法和涉嫌犯罪的1247件中，属普通审判程序违法的783件、督促程序违法39件、执行程序违法324件、其他程序违法101件。同时，违法与涉嫌犯罪的比例为89.7%与10.3%。这也说明，对审判人员的监督仅靠职务犯罪侦查是远远不够的，赋予检察机关对审判、执行活动的监督权，具有现实必要性。

2. 明确了调查权及调查手段。《调查办法》规定在调查中"根据需要，可以采取询问、查询、调取相关证据材料、查阅案卷材料、勘验、鉴定等方式",弥补了调查手段的立法缺失。在实践中,可以根据案件的具体情况灵活选择这些手段获取证据,查清事实。从运行情况看,具有可行性。

3. 弥补了监督程序的缺失。《调查办法》规定了具体的调查程序:调查启动需经检察长批准办理立案手续;调查进行需有两个以上的人员在一个月内完成,特殊情况下经批准可以延长1~2个月;调查结案需经集体讨论、部门负责人审查、报检察长或者检察委员会讨论决定。实践证明,这些程序规定不仅是可行的,而且是必须的,能够确保监督调查的合法性与规范性。

4. 有利于发现和查办司法不公背后的职务犯罪。借助监督调查机制,共发现并移送职务犯罪和其他犯罪线索128件。自侦部门已立案查办84件,成案率为65.6%,高于其他途径发现线索的成案率。同时,根据检察长的统一指挥,对于移送的线索民行干部积极配合侦查,在取证方向、审讯嫌疑人环节,充分发挥了专业优势,有利于突破案件。

5. 有利于促进基层院实现工作重心调整。近三年来,湖北省根据全国二次民行工作会议精神,借助监督调查机制,逐步形成了三级院各有侧重、各负其责、密切配合的纵向工作格局。一方面,省、市院以审判结果监督为重心,加大不服二审生效裁判的监督力度;另一方面,加强基层院的同级监督职能,加大对调解、审判程序、执行活动和督促程序的监督,对不服一审生效裁判的监督则严格控制,既实现了抗诉工作的结构性调整,也实现了基层院监督重心的逐步转移,最终实现了程序监督与结果监督并重、对案件的监督与对人的监督并重的发展格局。2009年以来,湖北省对一审生效裁判抗诉数量分别为:2009年236件、2010年255件、2011年156件,呈下降趋势;二审生效裁判抗诉数量为2009年173件、2010年177件、2011年248件,呈上升趋势,比例分别为1.36/1、1.44/1、0.63/1(如下图所示)。

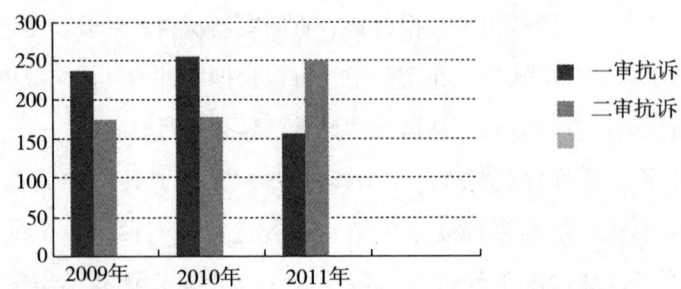

在调整一审、二审抗诉案件结构的同时，通过监督调查机制的运行，丰富了基层院民事诉讼监督职能，促进了基层民事诉讼监督工作的显著突破。在查实构成违法和涉嫌犯罪的1247件案件中，基层院调查查实940件，占75%以上。全省监督调查机制建设历经了2006年初步试点、2007年扩大试点、2008年7月全面推开三个阶段，调查数量随之逐步扩大：2006—2007年调查终结195件、2008年111件、2009年201件、2010年251件、2011年487件、2012年1—6月285件。调查的违法情形与对审判结果监督的案件数量比分别为：0.3/1、0.4/1、0.9/1，呈现出程序违法监督逐渐加强、与裁判结果监督的比重逐步接近的趋势。

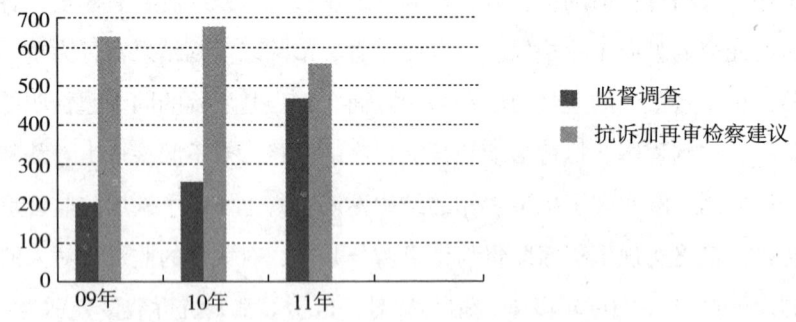

（三）主要做法

1. 理顺调查与初查的关系，建立与自侦部门线索双向移送、结果双向反馈机制。监督调查是在民事诉讼程序内开展监督的过程，与初查既有联系也有区别。相同点是：可以使用和禁止使用的手段相同。二者的联系表现在：在调查中发现涉嫌职务犯罪的线索，移送自侦部门后经检察长批准可以直接立案侦查，不需进行初查。这种情况下，调查与初查构成一种承接关系，调查代替了初查。但这只是调查中的一种可能情形，不能因此就认为调查就是初查。二者的区别：其一，范围和对象不同。初查指向的是特定的被举报人；初查范围仅限于特定的被举报人是否存在构成犯罪要件的事实。调查的范围既有个人的职务违法，也可能是审判组织、执行机构，还可能是围绕抗诉事由进行调查，范围显然比初查大得多。其二，目的不同。初查的目的是核实特定的被举报人是否存在犯罪嫌疑，以确定是否立案侦查，调查的目的包括核实被调查人或者单位是否存在违反民事、行政诉讼法的一般违法行为、是否存在抗诉事由。其三，性质不同。广义上，初查也是调查，但初查的性质是刑事侦查立案前的准备，属于刑事诉讼法调整的范畴；调查是民事诉讼监督性质的一般调查。正是基于这一定位，湖北省在监督调查机制建立的同时，建立了与自侦等部门线索双向移送、结果双向反馈机制，并设计了犯罪线索移送审批表、将调查发现和移送犯罪线索的立案查办情况作为考核项目。

2. 与相关工作机制相嫁接，确保监督调查机制的运行。具体包括：（1）借助检察工作一体化机制，解决调查阻力和力量不足的问题。一方面，强调各地分管副检察长亲自抓、部门负责人直接负责。另一方面，在个案的监督调查中，坚持同级监督为原则，同时根据案件的复杂程度，或报请上级院统一调度本地区民行力量联合调查，或通过交（转）办方式开展异地调查，或上级院直接提级调查，以整合上下级力量，克服目前民行力量和经验不足的问题，有效排除了可能出现的干扰阻力。（2）充分发挥检法衔接配合机制作用，强化监督效果。湖北省在2008年建立监督调查机制的同时，与省高级人民法院会签了《关于在审判工作和检察工作中加强监督制约、协调配合的规定（试行）》，就人民法院配合检察机关开展调查、对监督意见及时审查、反馈等具体问题作了规定。（3）积极争取党委和人大的重视支持。2009年湖北省人大通过的《关于加强检察机关法律监督工作的决定》规定："全省审判机关、侦查机关、司法行政机关应当依法接受检察机关的法律监督。支持配合检察机关开展法律监

督中的有关调查、核实工作,对检察机关依法提出的纠正违法通知、更换办案人意见和其他检察建议,应当及时办理并回复办理情况。"地方立法的肯定为监督调查机制的有效运行,实现监督由软变硬,发挥了关键作用。

3. 同步建立配套制度,促进审判活动监督工作常规化。一是2008年全面推开监督调查机制的同时,提出了有台账、有案卷、有文书、有统计的"四有"要求,并于当年制定了全省统一适用的《立案审批表》《检察建议书》《纠正违法通知书》《职务犯罪线索移送审批表》等六种配套文书和相应的统计报表。2010年对以上文书和统计报表进行了修改完善。二是2009年开始,纳入检察长向人大报告工作的内容、下级院检察长向省院报告工作的内容。三是2011年开始纳入业务评价体系,分别占民事诉讼监督、行政诉讼监督40%的权重,院办公室同时作为主要检察业务数据实行定期通报。这些相关配套制度有效促进了审判活动监督工作的常规化。

(四)构建民事审判活动检察监督程序的有关建议

1. 专章规定民事审判活动检察监督程序。其制度价值有二:一是满足监督权的充分行使。没有程序保障,监督将变为空谈;二是规范监督权的行使。缺乏程序规制,将导致监督权的滥用。"两高"会签文件分别规定了检察机关对民事审判和民事执行活动的监督范围与方式,但没有程序规定。"两高三部"《若干规定》则对检察机关对司法人员职务违法行为的监督范围、监督手段、监督程序、监督方式以及被监督者纠正违法与回复结果的义务,进行了系统规定,形成了与刑事追究相衔接的司法人员职务违法行为查纠制度,编织起了惩戒司法人员职务犯罪与职务违法的严密法网,可以为立法所借鉴。全国人大《民事诉讼法》修改草案在吸收该三个司改文件关于监督范围和方式的规定的同时,没有相应的程序规定,是其不足。湖北省监督调查机制六年多的实践,为立法完善提供了可行性论证。建议立法机关充分考虑实践操作的需要,在下一步修改过程中,重点解决监督程序问题:一是案件管辖,解决好检察监督与人民法院监督事项的区分;同样监督事项的序位选择与程序衔接;规定以同级监督为原则、提级监督为例外。二是监督权运行程序，包括监督启动、进行与结案程序。三是人民法院接受监督的义务，即人民法院接到检察意见书后，在法定期限内启动复查、作出纠正处理决定、向检察机关书面反馈处理结果的强制义务。

2. 赋予检察机关调查权，明确可以采用的调查手段。调查权是各国检察官普遍享有的一种权力。联合国《关于检察官作用的准则》第11条鼓励各国检察官"在调查犯罪、监督法院判决的执行和作为公众利益的代表行使职能中发挥积极作用"。在大陆法系国家，检察官享有广泛的调查权。我国检察机关是专门的法律监督机关，法律监督权是一种发现违法、提请追诉（抗诉）或督促纠正的权力。发现是前提，发现违法的手段主要是调查取证。[①]因此，调查权是检察权的内在逻辑因子，调查权的运行程序是构成监督程序的核心内容。规定调查手段和调查程序，不是赋权，而是为规范监督权的行使。《民事诉讼法》修改草案已在分则中规定"人民检察院因为抗诉案件的需要，可以查阅、调阅人民法院的诉讼卷宗，并可以向当事人或者案外人调查核实有关情况。"其积极意义自不待言，但存在明显不妥。首先是规定在分则中，位置不当；其次是规定可以调查的情形仅限于"人民检察院因抗诉的需要"，把执行监督等更需要调查的情形排除在外，限制了调查权的使用；最后，限制了调查对象。建议移至总则第14条之后，规定为："人民检察院因履行民事诉讼监督职能需要调查相关证据、查阅、调取、复印案卷材料及其他材料的，人民法院和有关单位、公民应当配合。"同时，在分则的相应程序中或者通过司法解释，进一步明确可以调查的情形、调查程序以及调查取得的证据效力等可操作性事项，以保障调查权的有效行使。

---

① 参见张智辉：《检察权研究》，中国检察出版社2007年版，第133页。

检察机关对行政诉讼的法律监督 *

应松年 **

中国的检察制度是世界上极具特色的国家监督制度。我国《宪法》明确规定,"中华人民共和国人民检察院是国家的法律监督机关"。人民检察院在国家法律监督方面发挥着重要的作用。20世纪80年代制定行政诉讼法时,根据行政诉讼保护公民权益、促进行政机关依法行政的立法宗旨,认为检察监督对我国行政诉讼制度的发展是十分重要的,因而把检察机关实施法律监督确定为行政诉讼的基本原则。《行政诉讼法》第10条明确规定,"人民检察院有权对行政诉讼实行法律监督"。

该原则确立以后,检察机关应该在行政诉讼哪些具体方面实施监督,则存在意见分歧。最后通过的规定是《行政诉讼法》第64条:"人民检察院对人民法院发生法律效力的判决、裁定,发现违反法律、法规规定的,有权按照审判监督程序提出抗诉。"显然,这是对行政诉讼中法院审判活动的监督。这一监督当然是十分重要的,将有利于减少法院审判活动中可能出现的错误,从而切实保护公民权益。但是,经过这些年的实践,实务界和学术界已经达成共识:不能把检察机关对行政诉讼的法律监督,局限于行政诉讼中对法院裁判的监督,而应该理解为是对整个行政诉讼制度的监督。根据行政诉讼法的立法目标,建立行政诉讼制度是为了保护公民权益,促进依法行政。实践中还有许多违法行政行为损害公民权益和公共利益,但却因多种原因没有进入行政诉讼,从而大大削弱了行政诉讼的实际功能。例如,行政机关做了违法的损害公共利

---

* 本文刊载于《国家检察官学院学报》2013年第3期。
** 应松年,中国政法大学终身教授,中国行政法学研究会名誉会长。

益的行为，或者行政机关对损害公共利益的行为、事件不制止、不纠正，不履行法定职责，但无人起诉；损害公民权益，有公民向法院提起诉讼，但由于该案件与起诉人没有"法律上的利害关系"，不为法院所接受；行政机关的行为损害公共利益，但由于对当事人有利，无人提起诉讼，等等。对于这些无人起诉的行为，检察机关作为法定的监督机关，应当有权代表权益受损的公民、代表公共利益向法院提起公诉。

检察机关在提起公诉或支持公民、法人或者其他组织起诉方面是否需要限定范围，例如环境保护、公共财产、公共安全等领域。限定检察机关提起公诉的职权范围，将有利于明确检察监督的职责，否则易使检察机关负担过重。但具体范围如何规定，需要仔细研究和斟酌。

近年来关于抽象行政行为的诉讼问题，引起了广泛关注。《行政复议法》首先作了突破。《行政复议法》第7条规定，"公民、法人或其他组织认为行政机关的具体行政行为所依据的下列规定不合法的，在对具体行政行为申请行政复议的同时，可以一并向行政复议机关提出对该规定的审查申请。"《行政复议法》同时明确行政规定是指规章以下的规范性文件。此次行政诉讼法修改，可否参照行政复议法，规定对具体行政行为提起行政诉讼的同时，可以一并对具体行政行为所依据的行政规定提起诉讼？对此，学界与实务界意见比较一致：复议可以，诉讼当然也应该可以。但如果更进一步，认为行政规定不合法的，是否任一公民、法人或者其他组织都可以提起行政诉讼？笔者认为，从中国目前情况看，为了维护司法秩序、防止滥诉，对行政规定提起诉讼，除复议法规定的情况外，似应由检察机关担当比较适宜。检察机关认为，或经审查公民申请后认为，所涉行政规定不合法，检察机关有权依法提起行政诉讼。为此，法律应该赋予检察机关提起诉讼前调查取证的职权。至于是否将规章也列入诉讼的范围，笔者认为，有关规章和行政法规的违法审查，还是以目前《立法法》规定的审查体制为好，这更适合中国的现实国情。

近年来，检察建议在检察实践中得到广泛应用，并且实施效果较好。可否考虑在正式提起行政诉讼之前，设置检察建议这一前置程序，即检察机关认为行政机关的行为不合法，先向行政机关发出检察建议，以便于行政机关能够及时发现并及早纠正，不予纠正的，再提起诉讼。但对有些行政违法行为，如继续实施可能会对国家利益、社会公共利益以及行政相对人权益带来重大的、无法挽回损失的，可否在行政诉讼法的修改时增设禁止令条款，即授予检察机关在上述情况下提起公诉时，依法向法院申请颁行禁止令的权力，以避免损失的扩大。这些问题有待进一步思考和探索。

此外，还有一些程序上的问题需要作出具体规定。如在当事人申请检察机关行使监督权的情形下，检察机关审查后若认为申请不妥，行政机关不存在不合法行为而拒绝受理的，按照正当程序要求，应该允许当事人向上级检察机关申请复查。上级检察机关维持下级检察机关决定的，应及时向申请人送达复议决定并说明理由；上级检察机关认为应当变更的，应及时作出复议决定，并通知下级检察机关依法将案件提起公诉。

检察机关如何获取需要监督的信息？除检察机关自行依法查获的外，可以依靠媒体和网络的揭露、举报及当事人的申请。行政公诉案件，可由被诉行政行为所在地人民法院管辖。检察机关提起公诉的案件，应派员出庭支持公诉。检察机关建立起公诉制度以后，工作量可能会有很大增长，有关部门应该在人力和财力上给予支持和配合。

希望通过行政诉讼法的修改建立起检察机关全面监督行政诉讼的新的监督制度，这对于切实保护我国公民权益和公共利益，促进行政机关依法行政，从而加快我国建设法治国家的进程，意义重大！这实际上也是检察机关依据宪法规定切实履行其法律监督职责的应有之义。

基于诉权的再审与基于检察监督权的再审 *

刘本荣 **

内容摘要：2007 年、2012 年民事诉讼法修改没有对当事人申请再审与检察机关抗诉再审作实质性区分。基于诉权的再审是因为新发现的证据表明原审存在诉讼无效和"可撤销"情形，必须赋予当事人新的程序救济，以保障其公平程序请求权。基于检察监督权的再审纠正的是审判权违法行使导致的裁判错误，针对的是审判公权力，目的取向是权力制衡。诉权性再审应当与诉权的特性相适应，检察监督性再审既应体现检察监督权的本质属性，亦应遵循民事诉讼规律。

关键词：再审　检察监督　再审之诉　审判监督

一、引言

2012 年民事诉讼法修改将当事人申请再审作为了检察机关抗诉的前置程序，不少人士评价这一前置理顺了检察监督与当事人申请再审之间的关系，"在较大程度上体现了检察权作为公权制约性法律监督权所应遵循的权限界分

---

* 本文刊载于《法治研究》2013 年第 7 期。本文系作者主持的 2012 年度最高人民检察院检察理论研究课题"基于诉权的再审与基于检察监督权的再审"（课题编号：GJ2012D01）的最终成果。

** 刘本荣，时任海南省人民检察院法律政策研究室主任，海南政法学院兼职教授，全国检察业务专家。

准则和穷尽程序内部救济准则"。① 检察权的公权监督应当在当事人穷尽了诉权救济之后介入，但是，当前我国的民事再审事由是诉权救济性质与审判监督性质混同的，它们既包括应当由诉权来救济的情形，也包括了体现审判监督的情形。那么，在两者没有明晰区分情形下一揽子前置是否妥当呢？对于应当由诉权来救济的情形，检察权的"后置"介入是符合"权限界分准则和穷尽程序内部救济准则"的，但是，对于体现审判监督的情形呢？检察监督的"后置"是否又是一种监督迟延、职责懈怠呢？学者刘荣军指出"设置法院先行审查程序，从宪法角度说是对检察机关法律监督地位的忽视，从法律实施的角度说是对检察机关独立性的限制"，② 不无道理。笔者认为，理顺检察监督与当事人申请再审的关系，首先应从检察机关抗诉事由与当事人申请再审事由的区分着手。

我国民事诉讼法规定了再审启动的三种主体，即当事人、人民法院、人民检察院，这三种主体启动再审的基础或者说依据是不同的，当事人是依据当事人的诉权来申请再审，人民法院、人民检察院分别是依据法律赋予的审判监督权、检察监督权来决定再审。启动基础或依据的不同，意味着它们性质、目的、功能也应当不同，然而，再审事由同一化使这三种不同主体的再审启动没有体现出应有的质的差别，反而好比三个头套用了一个身子，带来功能重叠、目的混淆不清、程序内在矛盾等问题。今天我们纠结的许多民事再审改革问题都与这种不区分有关。例如，关于我国民事再审目的应当是什么，至今仍有争论，纠错说、监督说、救济说、解决纠纷说等观点甚多，但难有大家较普遍认同的，问题恐怕就在于我们没有区分不同主体启动的再审而笼统地谈再审目的。又如，对于民事诉讼法第 200 条规定的再审事由"原判决、裁定认定的基本事实缺乏证据证明""原判决、裁定适用法律错误"，不少学者认识到了它们与再审之诉属性不相容，但又认为基于当前现实需要应予以保留。这种只能

---

① 傅郁林：《民事检察权的权能与程序配置》，载《人民检察》2012 年第 21 期。
② 贾小刚、刘荣军、肖建华：《立足民事诉讼法修改探寻民事检察工作新发展》，载《人民检察》2012 年第 11 期。

从现实需要找支撑的观点总让人以缺乏说服力之感。但是，当我们区分不同主体启动的再审来看这一问题时就会发现：虽然这两种事由与再审之诉在性质上冲突，但是，从人民检察院、人民法院基于检察监督权、审判监督权启动再审看，这两种事由体现的是对原审裁判的监督，未必就完全没有一点契合性。再如，一些学者注意到了申请再审两年期限存在问题，这其实不是简单的过长或过短的问题。因为，对于不同主体基于不同权利（权力）的再审启动而言，它们申请时限的起算点应当不同。对于当事人根据新发现的证据和事实启动的再审之诉，它的起算点应当是从当事人知道或应当知道再审事由之日；对于检察机关抗诉再审，因为它针对原审裁判是否违法，因此，它的起算点应当是原判决、裁定生效之日。

区分不同主体启动的再审事由应当提到议事日程，但问题的关键还是如何区分。综观当前我国已有的研究，对于当事人申请再审，大家比较一致的看法是按照再审之诉来定位，但对于何谓再审之诉以及再审之诉的本原涵义又缺乏清晰认识。对于检察机关抗诉，除已经被立法采纳的"前置化"区分思路外，还有公益说、① 程序违法说、② 法律适用重大错误说③ 等代表性观点，但缺乏较统一的认识。特别是，从方法论视角看，许多有关检察机关抗诉定位的论述是目的论、价值论、功能论的研究取向，就是说，这些论证的逻辑是从检察机关抗诉监督的目的、价值、功能这些前提性命题来推导的，而这些前提性命题本身又是待论证、不确定的。为避免以上方法论问题，本文采取以下研究路径：

---

① 该说主张检察院抗诉应限定在：（1）公益案件，例如国有资产流失案件、环境侵权案件等；（2）特定非公益案件，主要包括赡养、抚养、扶养案件；既判事项涉及不动产、专利权、商标权而所有权人死亡或消灭，没有权利义务承受人的；判决既判力相矛盾的案件，当事人未提出再审申请的。参见江伟主编：《民事诉讼法》，中国人民大学出版社2011年版，第313页。
② 该说主张"必须将民事司法检察监督的范围限制在程序性事项，应当保证法院对实质性事项认定权和裁决权的专有性"。参见赵旭东：《民事司法检察监督的认识与规范——以民事抗诉的事由为视角》，载陈桂明、王鸿翼主编：《中国法学会民事诉讼法学研究会年会论文集·2010年卷》（上卷），厦门大学出版社2010年版，第378页。
③ 该说主张"应当把检察机关提起民事抗诉的案件范围限定为'适用法律错误的重大疑难案件'"。参见常怡：《民事诉讼法学研究》，法律出版社2010年版，第397页。

（1）从大家普遍认可但又未被重视的几个基础性命题来推导、探究当事人与检察机关这两种不同主体启动再审的实质差异。第一个命题：当事人申请再审的基础或依据是诉权，检察机关决定抗诉的基础或依据是检察监督权；第二个命题：当事人申请再审应当与诉权的基本属性相适应，检察机关抗诉应当与检察监督权的基本属性相适应。（2）探究诉权与检察监督权分别作为当事人申请再审、检察机关抗诉基础或依据的意蕴，由此分析我国当事人申请再审制度、检察机关抗诉制度在哪些方面适应或没有适应作为其基础的诉权和检察监督权的基本特性。

二、诉权的特性及其作为再审启动基础的意蕴

直观地看，作为再审启动基础，诉权与检察监督权的一个明显不同是：诉权表现为当事人享有的一种权利，这种权利对于启动再审具有主导性、决定性；检察监督权表现为一种国家权力、职权，启动再审的决定性力量是检察机关的这一权力，而当事人申请抗诉只是请求检察机关行使这一决定性的职权，并不具有直接主导再审启动的权利或能力。在原裁判已经发生法律效力后，诉权何以仍有否定既判力的力量？基于诉权的再审何以仍是一种诉（再审之诉）？弄清这些问题须从诉权的本原含义探究。

诉权通俗的理解是"可以为诉的权利"，而"诉"一般认为是当事人因民事权利义务争议，就特定的权利主张向法院请求进行裁判的行为。针对当事人"因何可以提起诉讼"等问题，在大陆法系国家形成了众多的诉权理论。最早的诉权学说是私法诉权说，该说认为，诉权是从私法上的权利派生出来的，是私法上民事实体权利中的请求权的延伸，当民事实体请求权不能通过诉讼外的方式得到实现时，权利人就产生了请求法院给予司法救济的权利。随着公法观念的兴起，私法诉权说逐渐被公法诉权说所取代。公法诉权说认为，诉权体现的不是原、被告之间的私法关系，而是当事人与国家之间的公法关系，当事人之所以有权向法院提起诉讼，是根据宪法和诉讼法，法院有提供司法服务、进

行裁判的义务。根据这一学说,诉权作为基本程序权利具有独立性,诉讼法上的"诉"与实体法上的"请求"具有不同的性质。公法诉权说在发展的过程中又经历了抽象诉权说、具体诉权说、本案判决请求权说、司法请求权说等学说的演变。其中,司法请求权说为现今德国的通说。该说认为,当事人针对作为司法管辖主体的国家,有要求实施司法行为的权利,国家通过主要是法院的司法机关来满足这种权利,并对当事人负有满足这一权利的义务。本案判决请求权说在日本民事诉讼法学界具有通说地位。根据该说,诉权是当事人请求法院对本案作出判决的权利。具体诉权说(又称为"权利保护请求权说")一度在德国、日本称为通说,至今在我国台湾地区有较普遍的影响力。该说认为,诉权是原告既针对法院又针对被告请求获得有利于自己判决的权利。法国是唯一通过立法对诉权进行定义的国家。《法国民事诉讼法典》第30条规定:"对于提出某项请求的人,诉权是指他就该项请求之实体的陈述能为法官所听取,以便法官裁判该项请求是否有依据的权利。对于他方当事人,诉权是指辩论此项请求是否有依据的权利。"[①] 前苏联学者主张诉权二元说,认为诉权包括程序意义上的诉权和实体意义上的诉权,前者是指原告向法院提起诉讼的权利和被告进行答辩的权利,后者是当事人依据民事实体法享有的获得对自己有利判决的权利(也称为胜诉权)。我国民事诉讼法理论界长期以来受诉权二元说的影响,目前仍有一种类似的观点有较普遍的影响力。该观点认为,诉权既包括程序内涵又包括实体内涵,程序内涵是指在程序上请求法院行使审判权,实体内涵则是指原告行使诉权或提起诉讼所欲获得的实体法上的具体地位或具体法律效果。由于诉权的实体内涵与诉讼请求没有清晰区分,这一观点受到质疑。

诉权是一种宏观层面的、概括性的权利,是具体诉讼权利存在的基础。一般认为,诉权具体表现为当事人的起诉权、答辩权、反诉权、证明权、上诉权、申请再审权、申请执行权等,也有学者将上诉权、申请再审权视为诉权的延伸。在当事人起诉、应诉后,诉权为什么仍未消灭?这是因为,诉权作为裁

[①]《法国新民事诉讼法典》,罗结珍译,法律出版社2008年版,第71页。

判请求权,同时蕴含着公正程序请求权。公正程序请求权是当事人上诉、提起再审之诉的原动力。

由于诉权实质反映的是国家对公民司法救济需要的保护义务以及公民享有的相应权利,因此,现代法治国家侧重从宪法和人权的角度说明诉权,把诉权看作应当由宪法规定和保障的一项公民基本权利,把诉权解释为公民基于人权保障对国家享有的一项权利,把保障诉权的实现看成是国家对人权的司法保护。由此,诉权的本质是裁判请求权,即任何人在其权利或与他人发生争执时都享有请求独立的司法机关予以公正审判的权利。[1] 许多国家宪法和国际公约规定了这一权利。德国表述为"听审请求权",日本称为"接受裁判权",《公民权利和政治权利国际公约》将其界定为"人人在法院或法庭面前,悉属平等;任何人受刑事控告或因其权利义务涉诉须判定时,有权受依法设立的合格的、独立的和无私的法庭公正、公开审判"。值得注意的是,裁判请求权包含两方面的内容:一是诉诸法院的权利,即任何人在其民事权利受到侵害或与他人发生争执时,有向法院起诉请求司法救济的权利;二是公正审判请求权,即当事人在其权利受到侵害或与他人发生争执时有获得法院公正审判的权利。诉诸法院的权利派生出的是起诉权、应诉权等诉讼权利;公正审判请求权可以派生出证明权、质证权、辩论权、上诉权、申请再审权等诉讼权利。因此,诉权并不限于起诉权、应诉权,并不是说只要国家司法机关接受了当事人提起诉讼的请求,或者说没有拒绝受理或审判,就完成国家的保护义务,满足了当事人的诉权。诉权、裁判请求权还同时意味着,国家司法机关不仅担负着不能拒绝受理当事人司法救济请求的义务,而且还承担着保障当事人诉讼请求得到公正审判的义务。诉权既是一项跨入法院"门槛"的权利,同时也是一项获得公平救济、公正审判的权利。诉诸法院的权利和公正审判请求权两者同等重要、不可偏废。这里的"公正审判请求权",笔者认为应仅仅理解为公正程序请求权。有学者认为,"公正审判请求权包括获得公正程序的权利和获得公正结果

---

[1] 江伟:《民事诉讼法专论》,中国人民大学出版社2005年版,第24页。

的权利,即有公正程序请求权和公正结果请求权"①。这种将公正结果请求权也纳入诉权涵义的观点值得商榷。这种观点过分扩张了诉权作为一种程序权利的能力和特性,实际类似前苏联诉权二元论的主张,把"胜诉权"纳入了诉权内涵。这种观点使诉权较多地兼有了实体结果监督、实体正义保障的意蕴,不符合诉权主要应当是程序救济的特性。对此,德国学者在解读司法请求权时道出真谛:"司法请求权不保证绝对正确的判决,而只是使国家负有让独立的法官在法治国家的程序中解决纠纷的义务。法院应当受理诉讼,合法地推进程序,从事实和法律方面审查案件并在裁判成熟时作出判决。因此,司法保障请求权保证有效的、公平的程序……"②无疑,诉权行使者都把实现实体公正作为目标,而且诉权本身还具有监督审判权并由此保障实现实体公正的基本特性,但是,诉权作为一种权利,其权利本身没有包括公正结果的请求权利、保障权利。即使存在对公正结果、实体正义的考量,也仍然是从程序救济保障、程序正义层面着眼的。上诉权的行使是如此,作为一种非常上诉的再审之诉亦复如此。在再审之诉中,"唯确定判决之诉讼程序、诉讼资料或判决之基础有重大瑕疵者,于判决确定后始行发见,若概置不理,有违正义公平,且国家保护私权之责,亦有未尽"。看起来,似乎是因为作为判决基础之证据的重大瑕疵对实体权利、实体结果有重大影响才予以启动再审,但从根本原因上看是因为这些情形"始行发见",如果不给予新的程序救济,不进行新的言词辩论,不符合程序正义(后文详叙)。因此,诉权作为再审之诉的基础或依据意味着,再审之诉的源动力是公正程序请求权,诉权性再审的真正动因是程序救济之必要,而非实体监督之必要;再审之诉背后的法理是程序正义,而非实体正义。这一问题的辨析、辨明,对于我们理解再审之诉、再审诉权有着重要意义。

再审之诉在哪些方面体现了程序公正的必要呢?特别是,在原裁判已发生既判力的情形下,何以仍有基于程序正义而救济的必要性?比较、透析主要国

---

① 刘敏:《裁判请求权研究:民事诉讼的宪法理念》,中国人民大学出版社2003年版,第25—35页。
② 《德国民事诉讼法》(上),李大雪译,中国法制出版社2007年版,第16页。

家的再审事由，它们体现的以下几个重要特征为我们提供了答案。

（一）从时间上看，这些再审事由实际都是新发现的证据、事实

表面上从法条本身看，我国是世界上唯一将新证据作为再审事由的国家，但是，仔细分析域外主要国家的再审事由，不难发现它们实际都是新发现的证据或事实，只不过它们是主要通过我们习惯称之为再审的"补充性原则"来反映的。这里的"新发现"包括了在原裁判生效后新出现、新形成以及非因当事人自己的过失、不属于当事人在原审中应当发现而没有发现的证据、事实。《德国民事诉讼法》第579条的无效之诉（Nichtigkeitsklage，又称取消之诉、撤销之诉）规定了4款情形，对于前3款情形，该条同时规定"前项第1、3款情形，如得以上诉方法救济者，不得提起之"，因此，这三种情形只能是在裁判生效后新发现的情况下即我们称之为"新证据"的情况才能提起；对于第4款情形，具体的表述是"当事人于诉讼未经合法代理，但诉讼进行中，明示或默示同意者，不在此限"，由于在条文中已明确排除了"诉讼中已明示或默示同意"的情况，因此，也只能是在诉讼完结后才新发现存在未合法诉讼代理的情况下才能提起。《德国民事诉讼法》第580条规定了回复之诉（Restitutionsklage）的7款事由，对于第1至5款情形①，第581条要求"只有在由于犯罪行为而得到确定有罪判决"后才能启动，即只能是在原判后出现了新判决，证明原证言、证书、鉴定不真实，证明代理人、法官犯有与诉讼事件有关的罪行时才能启动回复之诉，这些属于新出现的"新证据"；第6款情形是判决以另一判决为基础，而这另一判决却被撤销，这也是在原裁判生效后新发生的事件，也是"新证据"；第7款情形是当事人发现了"就同一诉讼标的，在前已有确定判决"或证书，也不应当是在原审过程中发现，实际也是"新证

---

① 具体是：（1）对方当事人宣誓作证，判决即以其证言为基础，而该当事人关于此项证言犯有故意或者过失违反宣誓义务的罪行；（2）作为判决基础的证书是伪造或者变造的；（3）判决系以证言或鉴定为基础，而证人或鉴定人犯有违反其真实义务的罪行；（4）当事人的代理人或对方当事人或其代理人犯有与诉讼事件有关的罪行，而判决是基于这种行为作出的；（5）参与判决的法官犯有与诉讼事件有关的，不利于当事人的违反其职务上义务的罪行。

据"。《日本民事诉讼法》第 338 条规定了 10 款再审事由,但该条同时明确规定,"有下列情形者,得以再审之诉对于确定终局判决声明不服。但当事人已依上诉主张其事由,或知其事由而不为主张者,不在此限"。由于明确排除了原审中已经为和应当为而不为的情形,因此,这些事由实际也只能是原审结束后"新发现"的事实或证据。《法国民事诉讼法》第 595 条规定了再审之诉的四种情形,该条第 2 款明确规定,"所有情况,仅在提出再审申请的人自己无过错,未能在原裁判决定产生既判事由之确定力以前提出其援用的理由时,再审申请始予受理"。由此,再审之诉作为一种旨在请求取消(撤回)原判决的诉讼,实际上"要以'存在新的材料(éléments)'为前提条件"。① 除上述国家外,一些国家的民事诉讼立法还直接在章节名称表述了再审之诉的"新证据"特征。例如,俄罗斯联邦民事诉讼法典(2002)第四编第四十二章是"根据新发现的情节对已经发生法律效力的判决、裁定进行再审"(第四十一章是"监督审法院的程序")。②

再审之诉因"新证据"而发生表明,再审诉权的行使与原审一、二审诉权的行使并不具有功能重复性,再审之诉本性上并不对原审进行重复性、监督性判断。相反,它是因为出现了原审没有出现或发现的新证据、新情节而产生的,因此,再审之诉在整个审级程序构造上是必不可少的一环。它看似对原审的纠错但并不是对原审的监督,因为它根本上就没有认为原审裁判的判断主观上有错,只是因为客观上出现了原审没有出现的新情况而必须赋予当事人新的审理机会,必须给予当事人新的权利救济。因此,它是出现了原审客观上无法为、难以为情形而不得已的一种补救,一种回复后的"续审",一种"原来程

---

① 《法国新民事诉讼法典》,罗结珍译,法律出版社 2008 年版,第 648 页。
② 再如,《越南民事诉讼法典(2004)》第 304 条系对再审的定义性规定,该条规定"再审指因发现了可以基本改变判决、裁定内容的而在法院作出该判决、裁定时法院和各方当事人不知情的新情节,而重新审理被提出抗诉的已经发生法律效力的判决、裁定"。参见覃日飞主编:《东盟各国法律选编(越南民商法卷)》,广西人民出版社 2007 年版,第 373 页。

序的继续"。①

（二）从内容上看，这些再审事由在诉讼效力上具有无效和"可撤销"（因欺诈、误解而有必要重新判断）的性质

各国的再审事由主要是两大类：一是程序严重违法类；二是涉及实体类，限于原裁判的基础或证据出现了重大瑕疵。这种分类还不足以让我们清晰理解再审之诉的本质，德国学者将再审分为无效之诉和回复之诉则更有助于我们理解。无效之诉是因为程序严重违法而使诉讼在法律效力上应归于无效。这方面各国事由基本相同，主要限于以下几类严重程序违法：（1）法院组织不合法；（2）法官应回避未回避；（3）诉讼代理不合法；（4）法官职务犯罪。②此类事由还可包括"重要事项漏判""与在前确定判决冲突"情形（《日本民事诉讼法》第420条第1款第9、10项），因为这两种情形均是在诉讼效力上有重大瑕疵，"漏判"属于应审理未审理，虽然具有新诉性质但又可能因"一事不再理"而不能重新起诉；"判决冲突"是既判力等诉讼效力有冲突，导致裁判诉讼效力的确定性缺失。因此，它们在一定意义上也具有诉讼无效性质。回复之诉的"回复"是回复到原审言词辩论之前，表明此种情形下有重新进行言词辩论之必要，原言词辩论应予作废。为何要"回复"及重新言词辩论呢？因为欺诈，广义上包括误解。"再审之诉的功能在于纠正一方当事人的欺诈影响下而作出的判决""与上告相比，再审之诉的特别之处就在于它纠正的是一个事实错误，该错误是由法官在受到一方当事人欺诈的情形下犯下的"③。因为欺诈、误解的存在，法官的判断受到了错误的引导，因而有必要重新判断。因此，这是一种诉讼效力上的"可撤销"性质。民事诉讼理论上有诉讼无效理论，但是没

---

① ［德］罗森贝克、施瓦布等：《德国民事诉讼法》，李大雪译，中国法制出版社2007年版，第1208页。
② 参见德国民事诉讼法第580条、日本民事诉讼法第420条、法国民事诉讼法第595条。对于"法官职务犯罪"事由，德国将之归为回复之诉的事由，但此种事由也具有诉讼无效性质。
③ ［法］洛伊克·卡迪耶：《法国民事司法法》（原书第3版），杨艺宁译，陆建平审核，中国政法大学出版社2010年版，第572页。

有诉讼效力"撤销"的理论。民事实体法和民法理论上，民事法律行为因欺诈、胁迫而违背真实意思或重大误解的，可以撤销或变更。不管诉讼理论上是否明确，欺诈的存在客观反映了法官重新行使判断权的必要。具体来看这些回复之诉性质或者说"可撤销"性质的事由，主要是：（1）书证伪造或变造；（2）当事人虚假陈述；（3）证人证言、鉴定人鉴定不真实；（4）为判决基础之判决或行政处分被废弃。①前3项是典型的欺诈行为，第4项虽然不属于当事人或诉讼参与人故意或过失而导致的典型欺诈，但是客观上造成了法官审判判断失真，属于重大误解。另外，此类再审事由中，日本民事诉讼法还列有"依据他人在刑事上应处罚的行为而进行自认或提出可以影响于判决的攻击或防御方法受到妨碍时"，法国民事诉讼法还列有"如原判决作出以后发现因一方当事人所为，一些具有决定性作用的书证被扣留而没有提交法庭"，其实也都是导致法官判断错误的广义的欺诈、误解。

再审事由内容上的上述特征进一步反映了诉权程序救济之必要。在严重程序违法情形下，诉讼具有无效性质，应当取消诉讼效力，重新进行诉讼。在欺诈情形下，从审判权角度看，因原审法官判断失真、受误导而有必要重新判断；从另一方当事人角度看，因受欺诈、蒙蔽而有必要赋予其重新展开言词辩论的权利，两方面体现的都是原诉讼应"撤销"，应当予以新的程序救济。

（三）从形式上看，这些再审事由具有已确定性、易判断性，无需实质审查的特点

域外主要国家的再审事由限于程序违法和证据是否真实，程序违法本身具有易于判断的特点，证据是否真实涉及了实体，但没有涉及由证据到事实的证明和认定，没有涉及法律解释和涵摄，没有涉及实质判断，涉及的只是判断的依据和基础材料。而且，即便是作为判断依据的证据，也要求这些证据是否真实的证明具有已确定性、易判断性。《德国民事诉讼法》第581条规定，回复

---

① 参见德国民事诉讼法第580条、日本民事诉讼法第420条、法国民事诉讼法第595条。

之诉要以有罪判决为前提,"只有在由于犯罪行为而得到有罪判决,或者刑事诉讼程序因欠缺证据以外的原因而不能开始或进行时,才能提起回复原状之诉"。《日本民事诉讼法》第420条第2款也有类似规定。

再审事由的上述形式特点,适应了再审之诉仍为一种诉、再审诉权仍是一种程序权利的基本特性。而且也正因为这些形式特点,当事人提起再审之诉尽管仍必须经过法官对再审事由进行审查,但这种审查不是实质判断、实体判断,总体上仍体现为对一种特殊程序权利合法性、正当性的审查,也正因此,当事人对于再审之诉的启动仍表现出了主导性、决定性。

综上,诉权作为再审启动基础或依据意味着:再审的发动是因为诉权本身蕴含的公正程序请求权的需要。诉权性再审是程序权利救济,而非实体监督,更非对原审审判权判断的实质监督。它根本上是因为新发现的证据表明,原审存在因严重程序违法的诉讼无效情形和因欺诈、误解而导致的诉讼"可撤销"情形,在此情形下,如果不赋予当事人新的程序权利救济,无以显示程序公正。

三、检察监督权作为再审启动基础的一般意蕴

一般认为,我国检察权包括职务犯罪侦查权、公诉权、诉讼监督权,本文的检察监督权指检察机关对诉讼活动的法律监督权即诉讼监督权。民事抗诉再审,既应体现检察机关诉讼监督权在刑事、民事、行政三大诉讼活动中实行法律监督的共性,也应适应民事诉讼的个性特点,体现与民事诉讼自身规律的契合。因此,探究我国检察监督权作为民事再审启动基础的意蕴,有共性、个性两种视角。从共性视角看我国检察监督权作为民事抗诉的基础,其意蕴可作如下解读:

(一)从对象和主体看,是对审判权的监督,而非对诉权及其行为的监督

民事抗诉,从检察监督权针对的对象和主体看,是对审判公权力及审判人

员职权活动的监督，而不包括对当事人诉权及诉权行为的监督；从内容上看，是纠正与审判权违法行使有关的裁判错误，而非所有的裁判错误。这是我国检察权法律监督的本质属性所决定的，也是《人民检察院组织法》第5条和我国《民事诉讼法》第14条的题中本义。当事人的诉权行为、诉讼行为属于守法行为性质，对守法行为的监督属于一般监督。我国检察监督权是公权力对公权力的专门监督，从现行立法看，即使在刑事诉讼领域，当事人、律师、证人等诉讼参与人的违法行为也没有纳入检察监督权的监督范围（构成犯罪的除外）。

上述本来清晰的特点，实践中却不乏模糊和混乱认识。最高人民检察院检察长曹建明在2010年7月全国检察机关第二次民事行政检察工作会议上特别强调："民行检察监督作为检察机关法律监督的重要组成部分，在性质上是对公权力的监督，监督对象是民事审判、行政诉讼活动。"[①] 学术界也不乏误读、误导，有学者呼吁："在和谐司法的大背景下，方方面面的诉讼参与者都需要检察监督发挥作用，人民检察院对当事人所享有的诉权，也应具有法律监督权……检察机关民行检察监督的对象应当加以扩展，由审判型向诉权型转变。"[②] 随着2012年民事诉讼法修改将第14条由"人民检察院有权对民事审判活动实行法律监督"改为"人民检察院有权对民事诉讼活动实行法律监督"，有学者由此认为，"修改后的民诉法规定，人民检察院的法律监督对象主体范围将扩大到所有参与诉讼活动的人……既然要对诉讼活动实施监督，就必须对参与这一活动的所有主体实施监督，而非只对个别或者特定的主体实施监督"[③]。这些观点和解读或多或少背离了检察监督的公权力对公权力监督的基本性质。

2012年民事诉讼法第14条修改是将检察权对审判权的监督延伸到了对执行权，而非扩展到对当事人的诉讼行为。对此，最高人民检察院民事行政检察

---

① 曹建明：《坚持法律监督属性，准确把握工作规律，努力实现民事行政检察工作跨越式发展》，载《人民检察》2010年第15期。
② 汤维建：《着眼六个方面强化民行检察监督》，载《人民检察》2010年第3期。
③ 刘荣军：《从民事诉讼法律关系看检察监督》，载《检察日报》2012年10月18日。

厅厅长郑新俭明确地指出:"从条文的文义上理解,检察监督的范围既包括人民法院的全部审判活动和执行活动,也包括当事人的诉讼行为。但由于检察监督的性质是对公权力的监督,对于当事人在民事诉讼活动中的违法行为,检察机关不宜直接对其进行监督,其性质应当是对人民法院审判活动进行监督。"①因此,对于检察权如何介入民事诉讼欺诈等问题,应当审慎、辩证而为。尽管当前我国民事诉讼欺诈现象十分突出,民事检察实践中也多把诉讼欺诈作为抗诉重点,但是,民事诉讼欺诈是诉权性再审的典型事由,内生的是诉权救济必要、重新言词辩论及法官重新判断必要。诉讼欺诈情形下,审判权的判断是受到了误导,而不是违法行使。因此,对于诉讼欺诈,只有同时存在审判权违法行使的情形(例如欺诈方与法官共谋),检察机关才应直接抗诉。一般情况下不应直接通过抗诉方式介入,而仍应通过对审判权的监督来间接介入,例如,可以先提出检察建议,在审判权不作为、不当作为以及当事人诉权救济无门的情形下才介入。

(二)从内容看,纠正的是与审判权违法行使有关的裁判错误,而非所有裁判错误

其一,民事抗诉纠正的是与审判权行使有关的裁判错误。民事诉讼是当事人诉权和审判权交互作用的产物,尽管在职权主义和当事人主义不同民事诉讼模式下,诉权和审判权这两方面的主导作用会存在差别,但是当事人始终必不可少地参与着民事诉讼活动的过程,并在较大程度上影响、决定着诉讼活动的进程及结果。由此,民事诉讼的裁判结果在原因、源头上可以分离出两种情形:一是与当事人诉权及诉讼行为有关的裁判错误;二是与审判权行使有关的裁判错误。民事抗诉针对的是后者,不包括前者。属于前者的情形包括:(1)因发现新证据表明原裁判错误;(2)因诉讼欺诈导致的裁判错误;(3)因当事人举证不能、举证不足存在的裁判错误;(4)因当事人过失行使举证、申请

---

① 郑新俭:《民事诉讼法修改对民行检察工作的影响及应对》,载《人民检察》2012年第19期。

调查取证、抗辩等诉讼权利以及诉讼请求不当等原因导致的裁判错误，等等。

其二，民事抗诉纠正的是审判权违法行使导致的裁判错误。检察监督权针对的是审判权及其行使，行为监督是其内在秉性，但是，检察机关抗诉又是否定生效裁判既判力的行为，因此不得不根据裁判结果是否有错这一民事诉讼的最直接目的来考量其必要性。这样，就有了两种维度：一种是行为监督维度，看审判权是否依法行使；另一种是案件监督维度，看裁判结果是否正确。前者针对的是审判权，审查的是行为的合法性；后者针对的案件裁判结果，审查的是裁判认定的事实是否与客观事实相符，法律适用是否正确。这两种维度考量的结果会有交叉重复，但也有不一致。民事抗诉纠正的是两者重复交叉的那一部分，即既有审判权行使违法又有裁判结果错误的案件，它一般不纠正以下案件：（1）虽然存在审判权违法行使情形，但没有导致裁判最后结果错误的案件；（2）虽然存在裁判结果错误，但不能归责于审判权违法行使的案件。而且，只在程序严重违法情形，以及"审判人员审理该案件时有贪污受贿，徇私舞弊，枉法裁判行为的"，做例外考量。因此，检察监督权启动抗诉有别于上诉审监督，因为它不是只要裁判错误就抗诉，也有别于单纯的裁判违法监督，它也不是只要裁判违法就一定抗诉。民事抗诉的这一特点使民事诉讼中检察机关"外在"的公权监督与"内在"的审级监督体现了质的差别性，并具有功能互补性。

（三）从标准看，是合法性审查，有别于对错性判断

民事抗诉的合法性审查包括三个方面：一是审查、判断原裁判事实和证据认定是否符合法律规定，法律适用是否合法，程序是否合法；二是审查、判断原裁判的最终处理结果是否正确；三是审查、判断原裁判的结果错误与审判权违法行使是否有关。民事抗诉的这种合法性审查与上诉审中的裁判对错性判断有所不同。突出表现在：（1）在合法性审查视角下，虽然裁判错误，但是如果这种错误不能归责于审判权违法行使，则不应视为裁判违法而抗诉；（2）在合法性审查视角下，构成审判违法或者明显不当的定性，一般应限于法律规定比较明确、法律解释比较确定、结论比较清晰单一的情形，而在对错性判断视角

下，对与错的定性包括了法律允许的自由裁量空间，具有相对性、裁量性、不确定性；（3）从证据和事实认定看，对错性判断视角是看裁判认定的事实与客观事实是否一致，评价依据是客观真实、法律真实，而合法性审查视角是看法官是否依法行使了证据认定权、事实认定权，评价依据是法律规定的审判职权及行使规范。

（四）从目的取向看，是权力制衡，非限于公共利益维护

长期以来一直有一种很有代表性的观点，即检察机关抗诉应限定在损害国家利益和社会公共利益案件。这是对作为民事抗诉基础的检察监督权的基本目的取向的误读。我国检察权是一元分立权力结构模式下的检察权，是与行政权、审判权独立平行的一种国家权力，而其作为一种独立国家权力的重要定位就是担当"专门制衡"职责。"与其他权力进行制衡的功能贯穿我国检察权功能的始终，而与这种制衡功能相比较，其他功能，如公诉、职务犯罪侦查、批准、决定逮捕等功能则显得不占主要地位，至少不能统领检察权功能的始终。因此，与其他国家权力进行制衡的功能成为我国检察权的主要的、统领性功能。"①民事诉讼的个性不能排斥、否定我国检察权权力制衡的共性。无疑，维护国家利益、社会公共利益也是我国民事检察权的应有之义，但它无法替代权力制衡这一基本目的取向。而基于这一取向，民事抗诉的基本目的、功能应解读为：监督审判权依法行使，维护司法公正，保障国家法律统一正确实施，而非维护公共利益。

这里，还有一个如何看待民事诉讼中检察权的诉讼职能与监督职能的区分问题。我国知名学者樊崇义教授一直强调检察机关"职权二元论"，主张法律监督与公诉是我国检察权的两个组成部分和两种基本职能。其实，在民事诉讼中也有检察权的诉讼职能与监督职能区分的问题。"检察机关对民事诉讼实施法律监督和其提起或参与民事诉讼是两回事，两者之间并不存在包容关系。"②

---

① 樊崇义主编：《检察制度原理》，法律出版社2009年版，第175页。
② 甄贞等：《21世纪的中国检察制度研究》，法律出版社2008年版，第381页。

诉讼职能主要是我国检察权作为公益代表通过参与诉讼来维护国家利益、社会公共利益；监督职能主要是通过抗诉等手段实现对民事审判权的权力制衡。

四、检察监督权与民事诉讼规律的契合——检察监督权"基础"意蕴的个性视角解读

（一）检察监督权对民事违法裁判抗诉的客观基础

民事诉讼处理的是私人事务，但一旦当事人以诉的方式把私权争议提交国家审判机关救济，此种活动就具有了国家公权力性质。尽管民事审判的进程和裁判结果是当事人诉权和法院审判权的共同作用，但审判权是否依法行使对裁判结果和当事人的权利有着至关重要的影响。而民事诉讼程序具有的对抗性和判定性等特点以及审判权作为判断权具有的裁量性、解释性等特点，也没有"特"到表明民事审判权的行使不具有规范性、依法性，不能作为公权监督的对象。相反，正如一些学者所言"哪里有审判权，哪里就应当有检察权的监督"。

对民事裁判违法的抗诉，包括法律适用违法、程序违法、事实和证据认定违法等三种情形的监督。从对法律适用违法的监督看，对法律适用正确性、合法性的审查，是几乎所有国家第三审程序的基本职能，其中，程序违法一般也都归为了法律适用问题。而从域外立法看，即使在裁判已经生效的情形下，也仍存在针对民事裁判法律适用违法的监督救济机制。例如，在法国，在生效裁判两年内可以向最高司法法院提出特别上诉，"目的旨在请求最高司法法院审查受到攻击的判决不符合法律"（《法国民事诉讼法典》第604条），类似我国法院处理的"适用法律确有错误"的申请再审或申请抗诉的案件，每年审理约23000件。而且在这一特别上诉审理程序中，一个重要的环节就是必须将案卷材料和案情报告交给首席检察长，由检察官在集体决议时提出意见。①

从对事实、证据认定违法的监督看，我国学术界、实践界较少认真研究民

---

① 孙祥壮：《法、德民事再审制度考察报告》，载《人民司法》2006年第12期。

事诉讼中事实和证据认定的错误与违法的差异,也较少研究并清晰区分导致事实和证据认定错误的当事人因素和审判职权因素。相反,不少人强调事实和证据认定中的自由心证、自由裁量性,忽视、轻视事实和证据认定中的规范性、依法性。然而,虽然民事诉讼中,法官认定证据和事实必须依赖当事人平等举证、质证,而且事实和证据认定具有自由心证性、不确定性,但我们同样也无法否认事实和证据认定具有规范性、法定性。而根据台湾学者黄国昌的研究,在我国台湾地区,虽然第三审原则上均被定性为法律审,但在第三审程序的实际运作中,事实、证据认定不符合法律规定也被纳入第三审的审查范围。"实际上,台湾地区'最高法院'于民事第三审上诉所发挥最明显的机能,即在于纠正事实审法院此类关于'事实认定、证据调查'之违背法令,对于纠正所谓判决之'当然违背法令'及对所谓'统一法令见解'或'阐释法律原则'所发挥之机能反而较不明显。"该学者统计,在台湾每年1000多个第三审上诉有理由之判决中,因原审法院"事实认定、证据调查违背法令"而废弃原审判决的比例,在1992—1998年持续而稳定地维持在70%以上。[①] 根据我国台湾地区2003年修正前的"民事诉讼法"第476条第2项"以违背法令确定事实、遗漏事实或认作主张事实为上诉理由时,所举之该事实,第三审法院亦得斟酌之",事实认定、证据调查违背法令也属于第三审审查的法定内容。

综上,民事诉讼中审判公权力及其重要作用的客观存在,以及事实、证据认定和实体、程序法律适用的规范性、依法性,充分表明我国检察监督权对民事违法裁判抗诉具有客观基础。而无论是法律适用违法、程序违法,还是针对事实、证据认定违法;也无论是在裁判生效前,还是生效后,都不难找到与我国检察机关抗诉监督相类似的立法和实践例证。

(二)民事诉讼规律对检察监督权启动抗诉的限制

检察监督权对民事违法裁判抗诉,既要尊重人民法院独立行使审判权、二审终审、诉讼安定等一般诉讼原则,也要尊重平等原则、处分原则、辩论原则、诚

---

① 黄国昌:《民事诉讼理论之新开展》,北京大学出版社2008年版,第437—441页。

实信用等民事诉讼特有原则。具体来看，民事抗诉权的行使应当遵循以下原则：

1. 诉权救济优先及消极行使诉权不予支持原则。民事诉讼程序是一个自组织系统，无论是对当事人实体权利保护，还是程序权利保护，这一系统都设计了相对完善的救济机制。在当事人自身可以通过诉权行使来获得救济的情形下，检察监督权这一外在的监督机制不应先行介入，否则会危害民事诉讼处分原则以及人民法院独立行使审判权、二审终审原则。因此，检察监督权应当秉持诉权救济优先原则，只在当事人诉权救济受到侵害、自主救济途径穷尽情形下出现，而对当事人消极行使诉权的，应不予支持抗诉。具体来看，以下情形除涉及国家、社会公共利益外，均不宜抗诉：(1) 当事人无正当理由放弃上诉，对一审生效裁判申请抗诉的；(2) 当事人未在法定期限内向法院申请再审，而向检察院申请抗诉的；(3) 当事人申请再审被驳回后，无正当理由未在合理限期内申请抗诉的；(4) 当事人未在法定期限内向法院举证或者未依法申请法院调查取证等，但以此作为申请抗诉的主要依据和理由的，等等。

2. 非涉国家利益、社会公共利益和严重程序违法[①]不依职权主动审查原则。民事诉讼是为解决私权纠纷而设立的制度，处分原则有着支配性地位。根据这一原则，当事人享有实体权利和程序权利的自由处分权，而且这一权利行使直接决定着诉讼程序的启动、进行、终结，乃至最后结果。民事诉讼中，检察权的公权监督目的与当事人的私权救济目的有着显而易见的差异，不存在当然的一致性。对当事人而言，他们关心的不是审判活动中违反程序法或实体法的行为是否会影响司法公正，损害司法权威，是否对国家法律的统一正确实施造成破坏，而是自己的合法权益是否在审判中受到损害，以及如何通过再审来改变裁判的结果。私权救济才是当事人民事诉讼提起的最直接的目的，而民事诉讼制度本质上是为解决私权纠纷而存在的，这一基本特性决定了对于仅仅涉当事人私益的案件，检察监督权的公权监督目的应当让位于满足处分权及私权救济。[②]具体来看：(1) 检察机关抗诉监督程序的启动一般应当基于当事

---

① 严重程序违法，也可以解释为一种属于损害国家利益、社会公共利益的情形。
② 李浩：《处分原则与审判监督》，载《法学评论》2012 年第 6 期。

人申请，只有在涉及国家利益、社会公共利益和严重程序违法时，检察机关可以依职权主动启动审查程序。2012年修改后的民事诉讼法第209条将过去当事人向检察机关"申诉"明确规定为"申请抗诉"，这不仅使申请抗诉成为当事人法定诉讼权利，而且使检察机关抗诉权的行使建立在当事人申请抗诉的前提下，从立法层面解决了这一长期以来被许多学者诟病的问题。根据新民事诉讼法第208条将检察机关对民事调解的抗诉限定在损害国家利益、社会公共利益，由此推导在涉国家利益、社会公共利益时，可以突破处分原则，依职权启动审查及抗诉。（2）在检察机关抗诉监督审查程序期间，当事人有权通过撤回申请抗诉终结审查程序，即使经检察机关审查认为存在抗诉事由，亦应如此。2012年4月最高人民法院公布的第7号指导案例（宏图公司诉华隆公司、张继增建设工程施工合同纠纷案）实际也明确了这一问题。①

应当强调的是，检察监督权让位于处分权和私权救济是在程序的启动和终结上，不包括在检察监督的内容和结果上。因此，检察机关抗诉理由可以不受当事人申请抗诉理由的限制，而在两者不一致的情形下，法院的再审审理也应当以检察机关抗诉理由为基本审理对象。

3.确有错误及结果错误原则。与诉权性再审实质保护的是一种程序权利（公平程序请求权）不同，抗诉纠正监督的是审判权违法行使导致的错误裁判后果，如果这种错误只是一种"可能有错"，导致的结果必然是程序"空转"，损害的是程序安定、诉讼效率及当事人权益的实现。抗诉应当建立在裁判"确有错误"而非"可能有错"上，"可能有错"恰恰是诉权性再审所体现的特点。

抗诉是对生效裁判的抗诉，一旦启动将直接导致既判力中止。尤其是，私

---

① 该案中，华隆公司因不服（2008）黑民一终字第173号民事判决，向最高人民法院申请再审，最高人民法院裁定提审。再审审理期间，华隆公司鉴于当事人之间已经达成和解并已履行，撤回再审申请书，最高人民法院裁定准许。在向最高人民法院申请再审的同时，申诉人华隆公司也向最高人民检察院申请抗诉，最高人民检察院受理审查后提出抗诉。最高人民法院在抗诉案件再审审理期间发现，华隆公司曾向本院申请再审，其纠纷已解决，且申请抗诉的理由与申请再审的理由基本相同，遂建议最高人民检察院撤回抗诉，最高人民检察院不同意撤回抗诉。后来，最高人民法院裁定本案终结审查。

权救济是当事人提起民事诉讼的最直接目的，对当事人而言最为重要的是裁判的最后处理结果，抗诉再审的正当、正确与否不仅应体现在是否纠正了审判权违法行使，还应体现在是否实现了当事人私权救济目的。因此，抗诉监督要以裁判结果为导向，在公权监督与维护诉讼程序安定之间，在实现公权监督目的与实现当事人私权救济目的之间有舍有取、保持平衡。对于审判权违法行使但是裁判最终处理结果没有错误的，虽然有监督的必要，但应当舍弃抗诉方式监督，因为抗诉不仅将损害诉讼程序安定，也将损害当事人权益及时实现。具体来看，对于非涉国家利益、社会公共利益以及非严重程序违法的案件，以下情形一般不宜抗诉，或者慎重抗诉：（1）原审裁判虽然存在程序违法，或者事实、证据认定错误、违法，或者法律适用错误，但是，裁判的最后处理结果仍正确的，不宜抗诉；（2）原审裁判存在审判违法、错误情形，但裁判的最后处理结果基本正确，少部分改判对当事人诉讼请求而言意义不大的，慎重抗诉；（3）原审裁判虽然存在审判违法及裁判结果错误，但当事人有其他救济途径的，或者从执行角度看改判对当事人权益实现无实际意义的，亦应慎重选择抗诉。在上述（2）（3）情形下，可先向申请抗诉人释明，看其是否撤回抗诉申请，如坚持申请可再作考量。2001年最高人民检察院《人民检察院民事行政抗诉案件办案规则》第26条第（四）项规定，"原判决、裁定认定事实或者适用法律确有错误，但处理结果对国家利益、社会公共利益和当事人权利义务影响不大的"，人民检察院应当作出不抗诉决定。这一规定实际上确认了民事抗诉的"确有错误及结果错误原则"，也对检察机关的抗诉实践产生了重要影响，但是由于《人民检察院民事行政抗诉案件办案规则》一般限于检察机关内部熟悉、了解，这一本来符合司法规律、检察规律的规定及原则未引起学术界广泛的重视，也未获得应有的认同。①

在原裁判存在审判人员贪污受贿、徇私舞弊犯罪行为时，是否亦应坚持裁判确有错误、结果错误原则呢？也就是说在"贪赃不枉法"情形下是否也应抗

---

① 目前最高人民检察院正在根据2012年新修改的民事诉讼法对《人民检察院民事行政抗诉案件办案规则（2001）》进行修改，其第26条第（四）项规定体现的"确有错误及结果错误原则"能否保留并进一步规范，值得期待。

诉呢？民事诉讼中审判人员职务犯罪是学术界普遍认为最应当由检察权介入监督的事由，也是现行民事诉讼法明确规定的抗诉事由。但是，正如司法一线的同志所言，"司法实践中法官'贪赃不枉法'的一般也没有对裁判提出抗诉……审判人员在审理案件中收受一方当事人贿赂，甚至收受双方当事人贿赂（即'吃了原告吃被告'），但案件的处理是正确的。这种情况，检察院原则上是不宜提出抗诉的"[①]。根据笔者在法院、检察院的多年民事再审经验，现实情况亦的确是，审判人员职务犯罪但裁判结果正确，特别是当事人没有申诉、申请再审的，法院、检察院一般不主动启动再审。审判人员职务犯罪严重危害司法程序公正，即使裁判结果正确，也无以程序公正。在此情形下公权监督让位于处分权和私权救济目的，已不是一个是否应当"有取有舍"的平衡问题，而是法执行以及法社会学问题。

4. 居中监督及平等保护原则。诉讼当事人平等原则是民事诉讼的特有原则，民事诉讼的基本结构是在诉讼当事人平等对抗下人民法院居中裁判，是一种等腰三角形的对抗判定结构。检察监督是针对法院审判权进行监督，不代表任何一方当事人，抗诉权的行使不得破坏民事诉讼的对抗判定结构，应当恪守检察官的客观义务，秉持居中监督及平等保护立场。当前抗诉实践中，有时没有能很好地把握这一原则，主要表现为：（1）为追求客观真实，超出当事人的事实和证据主张，主动通过检察公权力调查，帮助一方当事人查清案件事实；[②]（2）通过行使调查取证权，为过失举证的一方当事人弥补过失；（3）利用检察公权力，委托进行鉴定，或者进行新的鉴定，而这些鉴定本属于当事人应当申请法院鉴定的范畴，等等。

5. 原审案卷审查原则。检察机关抗诉针对的是原审审判权的违法行使，是对原审审判权、审判行为的监督，因此，它应当只以原审中审判权面对的证

[①] 蔡福华：《民事抗诉问题研究》，中国检察出版社2011年版，第104页。
[②] 最高人民检察院《人民检察院民事行政抗诉案件办案规则（2001）》第18条第（四）项规定，"人民法院据以认定事实的主要证据可能是伪证的"，人民检察院可以进行调查，这一规定强化了这种不当做法。

据、事实和主张为基础进行审查，而不对当事人提交的新证据、新理由、新主张（涉及原审审判违法行使的除外）进行审查，否则将危害民事诉讼辩论原则、处分原则、诚信原则，并将使检察机关的抗诉审查具有重新审理而非审查的性质，逾越审判权由人民法院独立行使的宪法原则。当前的抗诉实践没有很好地遵循这一原则。例如，一些当事人在申请抗诉时提出了新的事实主张、新的法律主张，而这些本可以或者说本应当在一审、二审诉讼阶段提出并纳入审理范围，但是，检察机关仍对这些新主张予以审查，有的甚至把它们作为了主要的抗诉点。我国现行民事诉讼法将新证据事由作为抗诉事由，也不符合这一原则。因为在新证据事由情形下，原审判权根本就没有机会作出判断，自然不存在原审判权违法或不当行使的问题。1991年民事诉讼法未将新证据作为抗诉再审的事由，是符合民事检察监督法理的。"之所以未将新证据纳入抗诉的理由，是因为不能说原裁判、裁定有违法、不当之处。检察监督的任务是维护国家法律统一与正确实施，纠正违法、不当裁判行为，既然该判决、裁定在作出时并无违法、不当之处，自然也不应列入监督范围，不应对之提出抗诉。"①

五、我国诉权性再审与检察监督性再审的区分、重构

（一）诉权性再审与检察监督性再审比较

综合上文的分析，以诉权为基础的再审与以检察监督权为基础的再审，在本源性上有着以下重要不同：

1.诉权性再审根本上是因为新发现的证据表明，原审存在因严重程序违法的诉讼无效情形和因欺诈、误解而导致的诉讼"可撤销"情形，在此情形下如果不赋予当事人新的程序救济，无以显示程序公正。因此，诉权性再审体现的是公平程序请求权，体现的是程序权利救济，背后的法理是程序正义。而检察监督性再审是对原审裁判、原审审判行为的合法性监督，纠正的是审判权违法

---

① 田平安：《完善民事抗诉制度是立法的紧迫课题》，载最高人民检察院民事行政检察厅编：《民事行政检察指导与研究》总第7集，中国检察出版社2008年版。

行使导致的裁判不公,因此,检察监督性再审本质上体现的是权力制衡,是公权力对公权力的监督,客观上是实体监督、实质监督。

2. 诉权性再审是原审必不可少的一种继续,它根本就没有认为原审审判权的判断主观上错误,只是因为新发现证据而有必要重新进行审理,予以当事人重新言词辩论的机会和权利。而检察监督性再审恰恰针对的是原审审判权的判断,是因为原审审判权违法行使、审判判断不符合法律要求而有必要否定其效力。因此,在再审事由上,诉权性再审除导致诉讼无效的严重程序违法情形外,实际主要是一种特殊的新证据事由,它不涉及原审事实认定、法律适用的判断,不涉及原审实质判断,涉及的只是作为原审判断的基础和依据。而检察监督性再审恰恰应当以原审事实认定、法律适用不符合法律规定为主要再审事由,涉及的主要是原审事实认定、法律适用是否依法判断问题,新证据事由因原审审判权根本未发生作用而应完全排除在外。两者仅在诉讼程序违法方面,有一定重合性。

3. 诉权性再审作为再审之诉,仍是一种诉的性质,而检察监督性再审是一种典型的申请性质,如同民事诉讼中的申请保全、申请证据调查、申请执行等一样。申请与诉的最大不同在于,诉指向的对象是对方当事人,内容是双方当事人的纠纷和争议,而申请则不然。在再审之诉中,其请求既是请求人民法院赋予其再审救济,也是请求与对方当事人重新展开言词辩论,因为出现了新证据有重新审理的必要性,而当事人申请抗诉是申请人民检察院对违法裁判行使抗诉权,指向的对象和内容是原审生效裁判,未指向对方当事人。因此,诉权性再审中,将当事人称为申请再审人、被申请再审人是恰当的,而在检察监督性再审中,将原审的对方当事人称为被申请抗诉人(被申请监督人)则不合法理。检察监督性再审中,应当只有申请抗诉人(申请监督人)、申请抗诉的裁判(申请监督的裁判),不应当有被申请抗诉人(被申请监督人),原审的对方当事人应当按照原审中的诉讼地位来列位。

4. 尽管诉权性再审的启动为一种"二阶结构",但总体上看这种再审启动仍为一种对再审之诉诉权合法性、正当性的审查,是形式审查、程序审查。而检察监督性再审是对原审裁判是否违法、错误进行判断,是实质审查、实体审查。也正因这种非形式审查的特性,在检察监督性再审启动中,最终决定再审的力量是检察机关的检察监督权,而当事人申请抗诉尽管也是一种诉讼权利,这种权利不像诉权一样具有启动程序的主导性。

(二)我国诉权性再审与检察监督性再审重构的基本思路

我国现行民事诉讼法将当事人申请再审事由与检察机关抗诉事由同一化,诉权性再审与检察监督性再审是混淆混同的,下一步我国审判监督程序改革不仅仅应当是建立再审之诉制度,更为重要的是应将基于诉权的再审与基于检察监督权的再审各归其位,回归其本源特性。

1.将申请再审程序与检察监督程序独立分章(节)。曾参与我国1982年《民事诉讼法(试行)》制定的刘家兴教授呼吁,"在现行法规定的基础上,将章改为编,编名可用再审程序,下设审判监督程序和当事人申请再审程序两章,细化各章的内容,采取双轨制的再审制度,未必不是一种选择"①。实务部门的同志也曾敏锐提出,"将审判监督程序改为再审程序,再审程序只处理两类不同性质的民事案件,一类是基于法官行为导致裁判不公的案件,另一类是基于诉讼参与人行为及情势变化出现了必须改判的因素的案件"②。俄罗斯、越南等国的民事诉讼法也将这两类不同程序独立分章。《俄罗斯联邦民事诉讼法典(2002)》第四编为"已经发生法律效力的法院裁判的再审",下分两章,即第四十一章"监督审法院的程序"、第四十二章"根据新发现的情节对已经发生法律效力的法院判决、裁定进行再审"。《越南民事诉讼法典(2004)》第四编为"重新审理已经发生法律效力的判决、裁定的程序",下分第十八章"审判监督程序"、第十九章"再审程序"。

2.申请再审事由与抗诉事由回归各自的本源属性。诉权性再审是因为新发现的证据和事实必须赋予当事人新的诉权救济,没有涉及对原审审判权判断方面的监督,而检察监督性再审恰恰针对的是原审审判权是否依法行使、依法判

---

① 刘家兴:《关于审判监督程序的回顾与思考》,载《中外法学》2007年第5期。
② 潘君:《民事检察监督程序设计的一种思路》,载《人大研究》2004年第5期。

断,纠正的是审判权违法导致的裁判不公。这是诉权性再审和检察监督性再审本源属性最重要的不同,应当通过当事人申请再审事由与检察机关抗诉事由予以清晰地区分化体现。我国《民事诉讼法》第200条规定的13项民事再审事由中,第2项"原判决、裁定认定的基本事实缺乏证据证明"、第6项"原判决、裁定适用法律确有错误",涉及的是对原审审判权判断的监督,既是实体监督,也是实质监督,在本源属性上与诉权性再审完全背离,与上诉审监督也没有清晰区分。重构以再审之诉的当事人申请再审事由,最重要的就是剥离这两项事由,而检察机关抗诉事由,恰恰应在对这两项主要涉及原审审判权是否依法行使的事由改造基础上重构,使检察监督性再审纠错与上诉审纠错能明晰区分,同时剥离新证据等诉权性再审事由。

本文初步研究认为,当事人申请再审事由应主要是:(1)有新的证据,足以推翻原判决、裁定;(2)据以作出原判决、裁定的法律文书被撤销或变更;(3)原判决、裁定的主要证据是虚假的(包括原裁判依据的主要书证是伪造的,当事人、证人、鉴定人和翻译人员在诉讼中的陈述和意见是虚假的);(4)原裁判遗漏或超出诉讼请求的;(5)被声明不服的判决与此前的确定判决相抵触;(6)审判人员在审理该案件时有贪污受贿、徇私舞弊、枉法裁判行为;(7)原判决、裁定严重违反法定程序,包括现行民事诉讼法第200条第4、5、7、8、9、10项情形等。

检察机关抗诉事由应主要是:(1)原判决、裁定事实、证据认定不符合法律规定,基本事实认定错误的;(2)原判决、裁定法律适用确有错误的;(3)原判决、裁定损害国家利益、社会公共利益;(4)审判人员在审理该案件时有贪污受贿、徇私舞弊、枉法裁判行为;(5)原判决、裁定严重违反法定程序。① 其中,第(4)、(5)项当事人既可向检察机关申请抗诉,也可向人民法院申请再审。

---

① 蔡虹教授也提出了类似看法,"抗诉事由应当包括:(1)法院违反法律规定行使证据和事实认定权,导致认定事实错误的或案件事实缺乏证据证明的;(2)适用法律错误的;(3)违反法定程序的;(4)审判人员在审判该案件时有贪污受贿、徇私舞弊、枉法裁判行为"。参见蔡虹:《民事抗诉制度的立法完善》,载《人民检察》2011年第11期。

3.其他程序要素和原则的区分化构造。具体包括以下几点：

（1）管辖。申请再审案件应由原审法院管辖，这也是各国再审之诉的通例。因为再审之诉是原审的继续，并不具有监督性。申请抗诉案件应由原审法院的上级人民检察院受理、审查，现行民事诉讼法第208条有关上级人民检察院对下级人民法院已经发生法律效力的判决、裁定进行抗诉的规定符合检察监督权的监督特性。

（2）申请时限的起算。再审之诉是根据新发现的事实和证据而启动的，因此，再审案件的申请时限应当自当事人发现或应当发现再审事由之日起计算。检察监督权是对原审裁判是否合法的监督，因此，抗诉案件的申请时限应当自原判决、裁定生效之日起计算。

（3）明确申请再审的"补充性原则"。当事人提出的再审事由可以在原审中提出而没有提出或者已经提出而被原审法院驳回的，应不予支持。

（4）明确申请抗诉的诉权救济优先及消极行使诉权不予支持原则。除涉及国家利益、社会公共利益外，当事人无正当理由放弃上诉，对一审生效裁判申请抗诉的；未在法定期限内向法院申请再审，而向检察院申请抗诉的；申请再审被驳回后，无正当理由未在合理期限内申请抗诉的等，检察机关应不予支持抗诉。

（5）明确申请抗诉的确有错误和结果错误原则。除涉及国家利益、社会公共利益，程序严重违法以及审判人员职务犯罪外，原审裁判虽然存在事实和证据认定违法及法律适用错误等情形，但裁判最后处理结果仍应当维持的，检察机关可以不予抗诉。

六、余论

本文没有探讨人民法院以职权决定再审，是选择国家法律监督机关的外部监督，还是选择内部监督，很大程度上是一个司法政策问题。

根据本文的研究，当事人向法院申请再审的诉权性再审应当是一种形式审查、程序审查，向检察机关申请抗诉的检察监督性再审应当是一种实质审查、

实体审查。由此可能带来较普遍的质疑是,检察机关的实质审查是否逾越了人民法院实质性事项认定权和裁决权的专有性?检察机关本身是否有能力来承担这种担当?也有可能带来一种特别的顾虑,即这是否会导致检察机关将独立承担起大量不能通过再审救济的申诉信访"消化"职责,而人民法院将从此"解脱"?根据现行民事诉讼法,当前检察机关的申请抗诉审查也是一种实质审查、实体审查,尽管检察机关审查时应当作出实质性判断,但这种判断并不具有直接的诉讼效力,而具有直接诉讼效力的抗诉只是程序启动权,最终仍由人民法院行使裁决权,因此不能视为侵害人民法院审判专有权。另外,本文仅从诉讼规律、检察规律视角论述理论层面的问题,能力担当、信访"消化"问题是执行、司法政策层面的问题,立法和司法改革应当综合考量多种因素,但应当以司法规律为指导。

抗诉是当前我国检察机关对民事诉讼活动实行法律监督的最基本方式,法律赋予了它特殊诉讼效力,但也正因这种特殊效力,它不得不审慎行使,在诉讼安定原则、民事诉讼处分原则以及当事人私权救济目的等面前,它不得不舍弃对一些审判违法行为的监督,即使这些审判违法、裁判违法已经审查发现。这样,检察监督实际更多指向了案件结果,而不是审判权、审判行为、审判主体,因此在一定意义上检察监督也更多指向了私权救济,而不是公权监督。这一现实反映了抗诉这一动摇既判力的特殊监督方式在实现民事诉讼法律监督目的上的有限性、局限性。为此,很有必要强化抗诉监督的补充,通过检察建议、检察意见、检察报告等其他方式进行相对"软性"的监督,将监督更多指向审判权、审判行为、审判主体。2012年民事诉讼法修改,第208条第3款明确规定了检察机关对"审判监督程序以外的其他审判程序中审判人员的违法行为"的检察建议权,这为强化这种"软性"监督提供了契机,但问题的关键是不能将这种监督局限于事中,也应包括事后;不应局限于违法的纠正,也应包括违法的预防和追责;不应强调"硬性"效力,而应突出"软性"效果;不应仅仅着眼于案件,而应针对审判行为、审判主体。这样,才能真正有效实现对民事审判权的权力制衡。

找准对审判权主体监督的金钥匙 *
——基层民事检察工作的困境与思考

张雪樵 **

内容摘要：修改后民诉法增设了检察监督的具体制度和程序，但检察实践中仍然存在法律监督新职权不接地气、检察建议监督缺乏刚性制度保障等问题。基于对审判权主体的监督不够、民事检察职能与刑事法律监督绝对割裂等考虑，以抗诉为检察监督中心的工作定位值得反思。要突破上述困境，需要将民事检察从对事的监督转变到对人和对事并重的监督，从民事抗诉的中心工作转变到包括移送职务犯罪侦查线索、公权腐败的前期预防等多元法律监督职能，从分隔受理民事控告申诉转变到监督案源整合一体化，从再审检察建议的单一监督手段转变到多元监督方式。

关键词：审判权主体　职能定位　民事检察

修改后民诉法增设了检察监督的具体制度和程序，扩大了监督范围，增加了监督方式，强化了监督手段，对加强和规范民事检察工作、推动检察机关法律监督工作的科学发展，无疑具有十分重要的意义。但是，修改后民诉法实施以来，基层检察院的民事检察工作碰到了远超乎想象的困难，业绩滑入低谷，局面迟迟不能打开，除一审生效裁判抗诉监督的正常调整以外，对一审法院的违法情形监督和民事执行监督苦于"无米之炊"，监督同级法院的检察建议效

---

* 本文刊载于《人民检察》2014 年第 2 期。
** 张雪樵，现任最高人民检察院副检察长，时任浙江省人民检察院副检察长。

果甚微。由于其他检察业务案多人少而民事检察部门几乎无事可为,多数基层院民事部门人员大幅削减,甚至有的检察长提出了民事检察部门是否可以撤销的疑问。如果基层院的民事检察退出法律监督的主流阵地,那么,占比达到90%的基层法官和90%的民商事审判案件将缺失检察监督,如何实现"让人民群众在每一个司法案件中都感受到公平正义",司法的公信力怎么能让老百姓满意呢?

一、基层民事检察工作的困境反思

应当承认,围绕修改后民诉法的贯彻实施,各项民事检察工作已全面开展,多元化监督格局初步形成。但是,检察实践中存在的问题仍然突出。

(一)法律监督新职权不接地气

修改后民诉法规定,"人民检察院有权对民事诉讼实行法律监督",包括"对审判人员的违法行为有权向同级人民法院提出检察建议""有权对民事执行活动实行法律监督"。也就是说,当事人依法可以向检察机关申请监督法官在立案、管辖、送达、保全、审限、执行等环节的违法情形。但一年来的实践状况却给基层的民事检察泼了一头冷水:无论是对民事审判人员违法行为监督还是执行监督,都严重缺乏案源,逼得有些基层院去旁听法院庭审、查看法院庭审录像,试图找出审判的程序瑕疵,监督效果可想而知。

那么,基层民事检察缺乏案源的原因是什么呢?是修改后民诉法赋予检察机关的监督新职权没有得以有效宣传而缺乏社会基础,还是基层干警尚未掌握监督的手段与方法而破门乏术?未必尽然。因为立法修改增设的是新职能,职能本身是否契合社会实际更为关键。在制度设计、论证之初,诉讼监督过程的非终结性因素也许是考虑不及的。

民诉法规定检察机关有权对法院的错误生效裁判提起抗诉,这无论是在民诉法修改前还是在修改后,都被申诉人作为权利救济的重要途径充分发挥作用。但抗诉监督之所以为申诉人积极支持，其中一个重要原因就是申诉案件在法院审判环节的诉讼程序已经宣告终结，申诉人到检察机关申请抗诉或者控告审判人员，即使得罪原审法院、原审法官，案件再也不会重新回到原审之手来裁决，尽可放心穷尽抗诉监督的救济权利。然而，对审判人员违法行为的检察监督和民事执行监督则不具备抗诉监督的程序终结性，两者都属于诉讼终结前的同步监督，即当申诉人向检察机关申请监督审判人员违法行为之时，所涉讼争还在原审法院原审法官的审理过程之中；当执行申请人或被执行人向检察机关申请监督法院的执行错误之时，案件的执行仍在被控告法官的办理过程之中。即使检察机关依申诉人所愿，对法院在立案、管辖、送达、保全、审限、审理等环节的违法情形提出纠正违法行为的检察建议，并且完全被同级法院采纳而取得预期的监督效果，但裁判、执行大权仍然掌握于被监督对象，哪个当事人会不顾被"以法报复"的风险，以程序纠正的短暂胜利去换取实体利益的巨大损害呢？即使检察机关是依职权发现审判人员的违法行为主动介入监督，当事人也会心有余悸而远离审判官个人的是非嫌疑。

（二）检察建议监督缺乏刚性制度保障

检察建议是基层民事检察最主要的监督方式，包括再审检察建议和纠正违法行为检察建议等。从实践效果来看，同级监督的检察建议采纳率还是普遍较低，而且存在法院普遍对检察建议不予回复的情况。对法院而言，再审检察建议案件，是已经由上级法院依据修改后民诉法第209条规定的前置程序裁定驳回再审申请或者不予受理、答复的案件，不免心存顾虑而消极应付，即使确实存在审判错误的案件，也不愿采纳建议启动再审，更不敢再审改判。对具有相应申诉人的再审检察建议可以如此消极对待，那么，对于没有申诉、控告的法官违法行为监督和执行监督建议，法院的裁量则更不受约束。由于法律制度缺乏刚性，是否纠正错误的主动权几乎都在被监督者手里，没有威慑力的监督就难以发挥其应有的作用。

分析现行法律制度与实际脱钩的原因，虽然涉及检察监督的社会基础，但并不足以得出当事人不希望检察监督维护公正的错误结论。问题的根本还是检察监督的效力能否足以纠正法院的违法与不公,检察监督的威力能否救济当事人合法权益的被侵。如果检察监督具有足够的权威,遭受不公正审判的当事人怎么会拒绝检察机关强有力的保护与支持?所以,是否发挥检察监督的威慑作用还是问题的核心所在。

二、基层民事检察工作的定位反思

民诉法修改前,基层民事检察是以抗诉为中心的监督格局,以同级法院的错误生效裁判作为监督重点和评价指标,一切以办了多少抗诉案件、改判了多少裁判为衡量。实事求是地说,法院裁判是审判权运行的结果,也与当事人的切身利益息息相关,抗诉是一种有效的检察监督。但抗诉案件量的节节攀升并未有效阻止审判公信的下滑,实践提醒我们:以抗诉为检察监督中心的工作定位是值得反思与商榷的。

(一)对审判权主体的监督远远不够

曹建明检察长在全国检察机关第二次民事行政检察工作会议上强调:"民事检察监督在性质上是对公权力的监督"。① 这一论断对民事检察监督的工作定位做了明确的表述和指引,那么,基层民事检察对审判权的监督是否就是办理几个抗诉案件呢?对错误生效裁判的抗诉是修改前民诉法赋予民事检察监督的最主要手段,或者说是成文法所明确的唯一监督方式。但是,抗诉绝不是只为了错误裁判的改正或者所涉讼争的息诉结案。如果检察监督的目的只停留于民事纠纷的利益调整,那么,对审判公权的法律监督与制约难免陷于监督虚化之虞。

从最简单的法律关系出发而论,法律是调整法律关系的规范,但人才是法

---

① 肖玮、徐盈雁、欧阳晶:《准确把握民行检察工作的法律监督属性和职能定位推动民行检察工作健康深入发展》,载《检察日报》2010年7月23日第1版。

律关系的主体，不能因为重视法律关系的分析，而忽略法律关系、社会关系的主体——人。在传统的执法习惯和司法实践中，我们往往注重法律关系的性质而轻视法律关系主体的权益，往往注重纠纷处理的实体结果而忽视程序的缺少与错误以及错误背后的原因。实事求是地说，审判的公正与否离不开法官的意志与行为，对任何错误裁判以及违法行为的发生起决定作用的归根结底还是审判权主体的不正当行为，如果检察监督的眼睛只聚焦于错误裁判的案件与违法行为的程序，而绝不对权力主体的司法人格、行为动机、过错原因加以审视和怀疑，是否属于过于机械的认知常识和过于拘泥的执法思维呢？近几年来，通过民事检察监督发现并纠正了大量的虚假民事诉讼，如果审判经验极其丰富的法官没引起丝毫的警觉加以严格的审查，反而以简单快速的调解开了"绿灯"，那么是否可以追问：究竟是审判人员的职业水准低下还是同流合污之下的枉法裁判？如果检察机关不对审判人员进行应有的监督，仅仅依靠对虚假诉讼的调查，怎么能杜绝虚假诉讼的泛滥，怎么能得到社会群众对司法的满意？所以，对公权力主体的监督与对公权力具体行为的监督是无法割裂的，就像离开了具体的民事诉讼行为，对审判权主体的监督也就成了无源之水；反过来，如果对审判权的监督只局限于诉讼活动，那么，对审判权的监督也只能是"隔山打牛"。

（二）民事检察职能与刑事法律监督的绝对割裂

不可否认，民事诉讼监督与刑事法律监督必须遵循不同的法律依据和不同的诉讼规律。但是，法律监督主体的内部分工绝不影响检察机关法律监督职能的整体发挥，无论是部门分工，还是职能分离，都不影响检察工作的整体性和统一性。民事检察的监督对象主要是民事审判、执行活动，但绝不应局限于对民事裁判、执行是否存在错误的审查。如果民事检察监督目标总是停留于当事人讼争利益的调整，那么，民事检察监督只起到了还一方当事人公道的作用。从民事检察监督的效果看，一旦对错误裁判的监督与对枉法裁判、审判腐败的犯罪查处割断联结，民事监督就成为"只见树木，不见森林"的就案办

案,而且因丢失监督权威,最终连抗诉也成为一种程序的徒劳而失去当事人的信任;再从职务犯罪侦查的职能看,因为审判人员的司法腐败不同于一般的公职犯罪,对审判人员职务犯罪的发现和侦查尤其需要充实足够的违法事实调查支持,而民事检察在案件审查、违法调查环节都可为职务犯罪侦查提供不可多得的有价值信息。所以,民事检察的监督视域应当涵盖审查司法工作人员是否"在审判活动中故意违背事实和法律作枉法裁判以及在执行判决、裁定活动中严重不负责任或者滥用职权,不依法采取保全措施、不履行法定职责,或者违法采取保全措施、强制措施等"。当然,民事检察的监督过程必须严格守护一条底线:即一旦发现被监督对象涉嫌职务犯罪,立即移送其他检察职能部门来办理,而绝不可越俎代庖。

(三)基层民事检察束缚于上级院的辅助需求

多年来,民事检察的一体化模式停留于抗诉倒三角模式,一方面,上级院将申诉案件层层向下交办;另一方面,再从基层院开始层层向上级院提抗,最后上级院一抗了之或不抗而终。即使民诉法修改后,基层检察院不再将一审直抗案件的办理作为重点,上级院仍责令基层院辅助完成调卷、调查等抗诉审查的基础性工作。除此之外,上级院往往将申诉上访案件的息诉工作交付基层院,基层院为完成大量的交办案件,不得不牵扯十分有限的检察资源投入接待来访和解释维护法院裁判的息诉工作,进而影响了检察监督的主动性。从检察一体化的视角出发,基层民事检察为上级院提供部分基础性工作,发挥辅助作用无可厚非,但是,将基层民事检察仅定位于辅助职能是不恰当的,基层检察是法律监督的主要阵地,无论其监督职责和监督作用都是上级院无法代替的,应当尊重和坚持基层检察的基础性和独立性。目前,上级院层层向基层检察院交办案件的工作流程在某种程度上是一种诉讼程序的空转,不能取得有效解决涉法涉诉信访问题的法律效果。相反,上级院应当着眼于检察一体化的目标,对于法院已经再审改判,或者上下审查统一认定存在枉法裁判的审判行为,支持基层检察对实施错误裁判或枉法裁判的司法人员进行是否违法的审查。从实际效果看，基层检察院通过对司法人员是否存在违法行为的审查，无论查明有无存在违法事实而澄清当事人的认识分歧，都有利于审判权威的恢复和当事人的认同，有利于减少当事人的上级访和重复访，减轻上级检察院的信访压力。

三、突破困境之对策：重点开展对法官违法行为的调查监督

基层检察院是民事检察工作的重要基础。面对基层民事检察的客观困境，寄希望于立法改革来解决问题显然是"远水不救近火"。目前最紧迫的问题是基层检察院的民事监督几乎无任何刚性手段。"工欲善其事，必先利其器"，只有依靠提升监督威慑力的办案手段，才能真正做到敢于监督、善于监督和强化监督。

（一）从对事的监督转变到对人和对事并重的监督

基层民事检察原来确定的工作重点是对同级法院的违法调解监督、违法行为监督、一审终审案件的审判活动和执行监督，如前所述，上述监督因为不符合诉讼规律而缺乏案源，相当一段时期内不会有大的改变。当务之急是为基层民事部门能监督、敢监督、真监督创造良好的环境，只有让基层民事检察牢牢抓住监督的效力与权威，才能既发挥基层院的主观能动性，又能扩大检察监督的价值功能和司法威信。对司法审判人员的枉法裁判以及与违法裁判有关的违法行为的违法调查，本身是现有法律赋予民事检察的监督职能，符合敢于监督、依法监督、规范监督的基本要求。首先要找准民事诉讼中法官违法行为调查的范围，这主要包括：（1）庭前程序违法，如违法立案或不立案；管辖不当；不通知庭审等剥夺当事人诉权等。（2）庭审过程中的程序违法：如审判组织组成不符合法律规定，违法适用简易程序，违反回避规定，当事人不适格或代理人无代理资格；违反证据相关规定，主要证据未质证，应当调取证据而不调取，应该鉴定而不鉴定；违反调解规定，违反当事人意愿强迫进行调解或利用欺骗手段进行调解；违法财产保全或先予执行；违法裁定诉讼中止、终结；

违反期间、送达规定等。(3) 法院执行过程中的违法行为。(4) 审判人员和执行人员的不廉洁行为。如侵吞或者违法处置被查封、扣押、冻结的财产；收取贿赂；枉法裁判；滥用职权等。其次要注意把握好法官违法行为调查的条件：(1) 法官的诉讼活动存在违反法律的情形，即违反涉及审判、执行行为的国家法律、法规和司法解释，不包括干部纪律及法院内部规定，也不包括刑法。(2) 法官的违法行为对当事人的实体和诉讼权利是否有实质性影响。如果属于轻微违法，应基于民事监督的谦抑属性和司法资源的有限而不启动违法调查程序。

（二）从民事抗诉的中心工作转变到包括移送职务犯罪侦查线索、公权腐败的前期预防等多元法律监督职能

民事检察的监督对象主要是民事审判、执行活动，但绝不是只限于审查民事行政裁判、执行是否存在错误，而应当包括审查司法工作人员是否"在审判活动中故意违背事实和法律作枉法裁判以及在执行判决、裁定活动中严重不负责任或者滥用职权，不依法采取保全措施、不履行法定职责，或者违法采取保全措施、强制措施等"。民事检察部门在围绕民事裁判是否错误、审判行为是否违法的调查核实中，应当把与职务犯罪相关的必要性调查和职务犯罪线索的收集、移送作为重要的工作职责，有效行使检察机关法律监督的整体功能。同时，通过违法调查，督促审判、执行人员严格规范公正司法，客观上达到了预防司法腐败、维护司法权威的效果。

（三）从分隔受理民事控告申诉转变到监督案源整合一体化

抗诉审查不能局限于抗诉目的，裁判的实体不公往往与程序违法联系一起，应当注重发现程序违法线索以及抗诉改判案件的后续监督。其一，检察机关的上下级本具有组织上的不可分割性，对于势单力薄的监督环节，应当上下合力。基层民事检察部门缺乏资源优势，对同级法院的审判人员进行违法调查监督会面临强大的客观阻力，有必要发挥上级检察机关的支持作用。

其二，上级检察机关办理抗诉案件应当积极挖掘基层法院审判人员枉法裁判和违法办案的情况和线索，移交基层院开展监督。民事检察部门应充分发挥检察一体化的组织优势，加强对不受理申诉案件、不支持监督案件和抗诉案件以及已经再审改判案件的案源整合，支持基层检察对民事司法活动的法律监督。

（四）从再审检察建议的单一监督手段转变到多元监督方式

目前基层民事检察的监督方式主要是依靠检察建议促使同级法院启动相应的法律程序来自行纠正违法情形。检察机关应根据法官违法调查的事实，善于运用追究违纪罪责以外的监督方式，包括通知纠正违法、建议更换承办人、建议同级人大罢免违法审判人员审判资格或督促违法审判人员调离审判岗位等。

民事审判监督程序的定位与结构设计 *

邵世星 **

内容摘要：按照现行《民事诉讼法》的规定，检察机关抗诉是引起法院再审的其中一种方式。但是，民事案件审理的法庭结构模式是由法官和双方当事人组成的等腰三角形，抗诉机关的进入带有无法克服的结构性矛盾。这种矛盾产生的根源在于没有深刻认识审判监督程序和一般再审程序的不同，使程序的功能定位产生混乱。解决这个矛盾的出路是通过程序分离，使审判监督程序回归其应有属性，设计专门的监督程序和手段。抗"诉"制度应当废弃，相关监督内容在纯化的审判监督程序的结构中谋划。

关键词：民事抗诉　审判监督　再审　程序分离　结构设计

在 2012 年 8 月完成的民事诉讼法第二次修改中，完善民事诉讼的检察监督是一项重要的内容。然就民事抗诉制度的基本架构而言，本次修法大致沿袭了原来的规定。民事诉讼法没有另行规定抗诉引起的再审法庭的运作方式，而是按照原审的情况分别适用一审或者二审程序。而一审、二审程序的法庭审理所适用的都是通用的法庭结构模式，也即法官和双方当事人组成等腰三角形。这种具有符号化特征的法庭结构模式，比较直观地表达了对私人法律关系的裁判精神：法官中立、当事人地位平等。因此，民事审判（无论一审、二审还是再审）无一例外地采用这种法庭构成模式，很自然，也很和谐。

---

* 本文刊载于《国家检察官学院学报》2014 年第 2 期。
** 邵世星，国家检察官学院教授。

然而，即便从现有的法律规定出发进行简单的分析，也会发现对民事抗诉案件的审判而言，这种认识过于简单化了，有很多无法回避的问题被忽视。具体而言，既然法律规定了检察机关应当宣读抗诉书、法院再审应当通知检察机关出席法庭，那就意味着检察机关在这个审判程序中是某种重要的程序主体，于是相应的逻辑问题就出现了：检察机关在法庭审理中是什么地位、和当事人是什么关系、怎么称呼、座席怎样安排、有哪些权利、应当承担什么义务、法庭活动如何推进等等？这些原本是抗诉法庭的结构性要素，但在原来的一审、二审法庭中既不会出现，也没有恰当的空间将其嵌入。审理抗诉案件的法庭程序缺失"抗方"要素，既导致制度本身在理论上不能自洽，也导致实践中无所适从：长期以来，出席再审法庭的检察机关称呼不统一，座席的位置也不统一，且一般来说检察机关在法庭上发表抗诉书之后再无事做，极其尴尬。[①] 至于说检察机关还要发挥法律监督作用，那更无异于痴人说梦。甚至，法庭上当事人质疑检察机关地位、角色的情况也时有发生。

从立法逻辑上讲，检察机关是抗诉再审程序的发动者，理所当然地应该参加到审判程序中来。但是，理论和现实则反映出，检察机关参加庭审和民事法庭的天然结构存在无法克服的矛盾。那么，检察机关为什么不能顺畅地融入庭审程序内呢？这是一个值得从多角度深思的问题：矛盾产生的原因是什么？解决矛盾的路径在哪里？如何对民事抗诉制度进行取舍等等？本文将逐级进行分析，力图为建立科学的检察监督案件的审理程序提供建议。

一、制度同化与功能异化

制度设计的首要步骤是为制度进行功能定位，抗诉制度也不例外。因此，查找抗诉制度存在问题的原因，首先也要从抗诉制度的功能定位是否准确进行分析。

民事抗诉制度规定在《民事诉讼法》"审判监督程序"一章（第十六章）。

---

① 缪军：《再审民行抗诉案检察官坐席当固定》，载《检察日报》2007年5月27日。

审判监督程序包含三种类型的再审：其一是法院自行再审；其二是当事人申请再审；其三是检察机关抗诉或者提出检察建议引起再审[①]。这里，虽然把三种类型都视为审判监督程序，然每种类型的真实含义和性质显然有明显的差异：法院自行再审，实质应属于审判机关的内部纠错机制；而当事人申请引起的再审，实则是法律赋予当事人的权利救济途径；只有检察机关的抗诉引起的再审，才是基于法律监督的职权和目的进行的。严格来说，只有检察机关抗诉引起再审的才属于审判监督程序，或者说是狭义的、单纯的审判监督程序。把另外两种方式的再审也统辖在审判监督程序之中，其实是不准确的。

从审判监督的语义出发进行考察，把三种再审程序同化的弊病应当说是显而易见的，相信立法者对此不会毫无认识。那么为什么立法还要把它们作为"同类项"加以合并呢？继续研究我们不难发现，民事诉讼法第十六章以"审判监督程序"命名，是发端于强职权主义诉讼模式的背景下而又不当地沿袭至今的一个传统用语而已，现实来看本章实则是定位于"再审程序"的，"再审程序"才应该是本章的中心词。下面对这个制度演变过程做一个简单梳理：

新中国成立伊始所选择的就是社会主义制度，法律制度方面深受苏联的影响，民事诉讼制度也不例外。建国之后相当长一个时期，我国虽然没有制定《民事诉讼法》，但民事诉讼制度是客观存在的。这一时期的民事诉讼模式即采强职权主义诉讼模式，但制度上又有不同于苏联的一些特点。从1982年开始的《民事诉讼法（试行）》，再审程序定位于审判监督程序，法律上未出现"再审程序"的用语。该法在审判监督程序中未规定有检察机关的介入。具体的程序内容除法院自行再审外，虽亦有当事人"申诉"的相关规定，但并没有建立起再审之诉制度。立法上使用的是当事人"申诉"而不是"申请再审"的用语，当事人申诉只是行使司法民主权利的表现，并不是严格的诉讼权利，因此

---

① 2012年修订的民事诉讼法增加了检察机关发出检察建议的监督方式。检察建议也能够引起法院再审，但通常的做法是：法院接受检察机关的建议，自行发动再审程序，不通知检察机关参加庭审程序。这和抗诉再审程序差别很大。因此，本文只选择抗诉方式进行论述。

作用甚微。所以，这个时期民事诉讼法规定的审判监督程序，起主要作用的是法院自行再审，是一种比较强烈的职权行为。从程序的内核来看，性质上基本未有分化。

随着我国改革开放和市场经济的建设，民事诉讼法需要在立法上逐步淡化职权主义色彩，建立职权主义与当事人主义并存的诉讼模式。从1991年《民事诉讼法》开始，再审程序虽然仍称为"审判监督程序"，但性质上已现分化。表面上看，再审程序的启动方式除保留法院自行再审之外，还增加了检察机关抗诉的规定，似乎有强化监督之意。但同时，改当事人"申诉"为"申请再审"。当事人"申请再审"的明确，表明对当事人在启动再审程序中的定位设计，有向当事人再审之诉制度发展的趋势。也就是说，此时的审判监督程序，既有职权主义的监督内容，也有当事人主义的再审内容，结构上已现矛盾。但此时的矛盾表现为两方面的内容不兼容于同一个程序，两个矛盾的内容还是平行的。

但2007年民事诉讼法第一次修订之后，情况更加复杂了。修法后，当事人申请再审的理由细化，检察机关的抗诉理由不再单设，而是同于当事人申请再审的理由。就当事人申请再审的理由细化来看，反映出立法有强化再审之诉的意图。而就检察机关抗诉理由和当事人申请再审理由合一规定来看，则反映出立法试图将检察机关"当事人化"，从而建立统一的再审制度。这就进一步把矛盾的内容拧在了一起。另外，法院自行再审仍然存在，实际上再审在扭曲的制度下也未能完全统一，只是满足于"再"审的词汇意义而已。

在这一个从"审判监督程序"到"再审程序"立法演变的过程中，立法显然的意图是：法院、当事人、检察院三者虽然是不同的再审程序的发动主体，然则都可以满足"再"审程序的属性，因此可以通过"再审程序"的体系安排统辖在一起，以此实现制度的同化。

但是，在这里立法似乎过于形式化和简单化了。首先，已如上述，三个不同的主体其实是基于不同的价值追求发动再审程序的。这个程序虽然被我们在广义上都称为"再审程序"，然它们各自体现的理念是不可同日而语的。检察

监督引起的再审程序体现的是监督法院纠正违法的理念,法院自行再审体现的是自我纠错的理念,而当事人申请引起的再审体现的是我救济的理念。因此,统一于"再审"这一表面形式的做法,带来的却是制度功能定位的混乱。这种功能的混乱体现在两方面的异化:一方面把不具有监督属性的法院自行再审和当事人申请再审异化为审判监督,实际上夸大了其功能。对法院而言反而可能使其自身应有的纠错机制虚化,对当事人而言徒增其本不应具有的期望,自然地都不会发生理想的效果。另一方面把本是审判监督的检察机关的抗诉异化为一般的再审,导致其监督职能没有恰当的发挥途径,使监督弱化。[①]

其次,功能定位上的异化衍生出的一个后果就是法律没有区分对待不同主体引起的再审的庭审程序及方式。这里的立法逻辑是:法院自行再审和当事人申请引起的再审,因为并没有变换或者增加当事人甚或其他诉讼参加人,所以其庭审方式是可以按照原审这一普通模式进行的。而检察机关抗诉引起的也是再审,和法院自行再审及当事人申请引起的再审在后果上并无差异,所以庭审方式也就是一样的。但这种思路明显不适合于抗诉引起的再审法庭。因为这里有一个被忽视的问题是:抗诉引起的再审法庭本身是检察机关发动起来的,对这种程序而言,这才是真正意义上的"当事人",其必须参加到庭审中来,从而增加了抗诉人和原审当事人这层叠加的关系。且抗诉人是基于法律监督发动程序,和当事人无论在主体资格上还是在诉讼利益上都并非同一的关系,因而也不能将其和任何一方当事人视为共同体而作为共同原告或者共同被告处理。也就是说,抗诉人进入庭审程序冲破了传统的等腰三角形的诉讼框架结构,因此审理抗诉案件的庭审方式是无法参照民事普通程序进行的。甚至,民事抗诉案件的庭审也不能参照同样使用了"抗诉"用语的刑事抗诉程序。因为刑事抗诉程序和刑事普通程序发动的主体自始都是检察机关,主体没有什么不同,庭审结构自然也是一样的。

[①] 高西红:《民事抗诉如何走出"监"与"诉"的尴尬》,载正义网 http://www.jcrb.com/jcpd/jcll/201012/t20101209_476453.html,2013 年 7 月 21 日访问。

二、程序分离与定位回归

通过上述分析可以看出，抗诉制度问题产生的根源在于再审和审判监督程序的混同导致的各自的功能异化。因此，解决民事抗诉制度问题的路径，在于通过分离程序实现抗诉制度定位的回归，别无他途。

出于保障司法公正的需要，再审制度是各国诉讼法上非常重要的制度。但由于各国经济制度、诉讼模式的差异，再审制度的内容差别也是比较大的。因此，对于何为"再审"，解释上就有很多不同。日本学者新堂幸司先生认为："再审程序，是指对于确定的终局裁判，它的诉讼程序存在重大瑕疵，或者它的判断的基础资料存在异常的欠缺，当事人以此为理由请求法院取消确定判决并对案件进行再审判的非常不服的申诉方法。"[1]一般认为，这个解释反映了再审程序的本质，是相对科学的定义。

综观各国的规定，西方国家再审程序的内容大致是：再审程序通过再审之诉发起。大陆法系提起再审程序的主体一般为与案件有利害关系的当事人，其中法国民诉法中第三人也有权提起再审申请。英美法系中，以美国联邦民事诉讼规则为例，也明确只有当事人才有权提起再审申请。这种规定，应当说与私有制的经济基础是相适应的，在诉讼模式上采当事人主义。俄罗斯的法律很大程度上继受苏联的规定，因此立法上留存有职权主义的诉讼模式。现行《俄罗斯联邦民事诉讼法典》第4编规定了"已经发生法律效力的法院裁判的再审"，其中又分作第41章规定的"监督审"和第42章规定的"根据新发现的情节的再审"。监督审又有申诉和抗诉两种提出的方式，这两种方式虽然在程序立法上是混合在一起作的规定，但内容上并无混合性申诉和抗诉理由的规定[2]。这种根源于苏联的诉讼模式应当说兼有职权主义和当事人主义的双重体现。

在苏联影响下而建立起来的我国的民事审判监督程序，出现伊始就不同于一般意义上的再审程序。但对于究竟何谓民事审判监督程序，以及其和再审程

---

[1] [日]新堂幸司：《民事诉讼法》，东京弘文堂平成13年版，第585页。
[2] 参见《俄罗斯联邦民事诉讼法典》，黄道秀译，中国人民公安大学出版社2003年版。

序的关系，我国理论界的认识也是逐渐变化的。早期有学者认为，审判监督程序"是指享有监督权的机关、组织和人员依监督权对人民法院作出的生效裁判进行监督的程序，既包括法院系统内部对生效裁判的监督，也包括检察院对生效裁判的监督。"① 这一解释虽然认识到监督应当具有权威性，是公权力行为，但把法院内部再审也称为审判监督，有把监督含义一般化之嫌，不符合"法律监督"的特征。法律监督，是公权力相互之间的制约，而具体到审判监督，实则是检察权对审判权的制约和干预。法院自行再审，只是审判权内部的一种自我修复而已。近期，很多学者则指出，应当取消法院内部自行再审的做法。② 因为其既不符合当事人的处分原则，也不符合审判监督的属性。而就审判监督程序和再审程序的关系，虽然观点也有很多，但似乎鲜有人认为监督程序是再审程序的上位概念的。如有的学者认为，由于人民法院和人民检察院对审判的监督而引起对案件再行审理的程序，称为审判监督的再审程序；由于当事人的申请而引起对案件再行审理的程序，称为申请再审的再审程序。③ 另有学者认为，审判监督程序和再审程序是先后有序的两种不同程序。审判监督程序是开启再审程序必备前置程序，其作用在于引起再审程序的发生与进行，其本身并不能直接使错误的裁判得到纠正。再审程序是审判监督的后续程序，使错误的裁判得到纠正。④ 还有学者认为，审判监督程序与再审程序存在包含与被包含关系，属两种程序。审判监督程序是设在再审程序之中的程序，审判监督程序属于再审程序的一部分。⑤

应该注意到，学者们的论述，一方面有对概念之间种属关系的理性思考，另一方面也没有脱离开现行法律规定的羁绊。笔者认为，由于当事人和检察机关主体地位的不同，以及随之产生的当事人申请再审程序和检察监督程序追求

---

① 章武生：《再审程序若干问题研究》，载《法学评论》1995年第1期。
② 参见李浩：《民事再审程序改造论》，载《法学研究》2000年第5期；张卫平：《民事再审事由研究》，载《法学研究》2000年第5期。
③ 参见刘家兴：《民事诉讼法学教程》，北京大学出版社1994年版，第304页。
④ 参见江伟：《民事诉讼法学原理》，中国人民大学出版社1999年版，第668页。
⑤ 参见杨荣新：《民事诉讼法学》，中国政法大学出版社1997年版，第368页。

的不同，把他们发动的程序放在一起规定，不产生冲突几乎是不可能的。近年来立法在保持该程序制度基本构成不变的情况下，试图把审判监督程序改造为更多体现当事人主义的再审程序，由此产生形式和内容不匹配的问题。这种形式统一下的内容分化带来的是该制度的结构性矛盾。因为法院自行再审在《民事诉讼法（试行）》以来一直是法律规定的主要的审判监督方式，检察机关又是专门的法律监督机关，正是它们的汇集才直接影响了该章以"审判监督程序"来命名和定位，但该章在内容上的发展趋势除法院自行再审之外则是往再审之诉制度迈进的，由此矛盾的产生就无可避免。其中，关于检察机关抗诉的定位反映出的问题更为严重，检察机关是宪法规定的法律监督机关，立法把检察机关抗诉的理由和当事人申请再审的理由统一起来，实际蕴含着把检察机关视作发动再审主体的意图，忽视了当事人和检察机关性质和价值追求的不同。可以说，立法在安排制度内容上的不当勾连，是和检察机关的法律定位相冲突的。而且与这种安排和制度渊源最密切的《俄罗斯联邦民事诉讼法典》相比，在种属关系的构造上也是反向的。俄罗斯的立法构造是再审包括"监督审"和"发现新情节再审"，而我国则是监督审包括"一般再审""自行再审"和专门机关的"监督审"。从语义上来说，"再审"主要表达的是形式意义，而"监督审"则一定程度上表达的是程序的功能。因此从种属关系上来说，监督程序作为属概念、再审等作为种概念的处理方式也是位序倒置的。

因此，解决抗诉制度在理论和实践中的一系列问题，正确的路径首先是把程序理清楚，然后通过剥离的方式重置审判监督程序和再审程序的关系。可以说，把审判监督程序和当事人申请再审程序分开加以规定才是问题彻底解决之道。程序分设符合国家职权主义和当事人主义相结合的二元诉讼模式下维护社会公平正义的要求，当然也是从审判现状出发的贴切考虑。而更为重要的是，审判监督程序和再审程序的分离，能够使各自功能定位清晰，便于程序运作及作用的发挥。审判监督程序单独设立以后应当纯化，这就需要取消法院自行再审的做法。法院自行再审是不科学的，违背了任何人不得做自己的法官的基本原理。再加上自行再审缺乏外在约束，难免产生选择性司法的情况，因此也缺乏正当性。审判监督程序应当只是检察监督程序，其专司审判监督，即运用法律监督权监督法院纠正民事诉讼过程中的实体错误和程序错误。

三、目标追求与结构范式

倘若作为一项独立的制度，民事审判监督程序应该有自己的结构。结构，即组成整体的各部分的搭配和安排。民事审判监督程序要想发挥应有的作用，则离不开自身结构的完整和顺畅。而要做到这一点，首先要有一个正确的结构范式的选择。

影响民事审判监督程序结构范式的直接因素，是程序功能定位下所要实现的目标追求。在民事诉讼法中规定民事审判监督程序，最终目的也是维护国家法制统一。所谓检察机关通过行使民事诉讼检察监督权维护"法制统一"，其基本含义主要是指监督法官在审判活动中对民事实体法和程序法有着正确的理解和忠诚的遵守，实现法律适用的一致性（同案同判）。虽然说我国的法律监督制度经过近年来一系列改革已经发生了很大的改变，但变化的主要是监督的手段和方式，阶段性目的也有所调整，但维护法制统一的最终目的却是始终坚持的。这是由我国的政体、法律效力普遍性的要求和我国规范出发型民事诉讼模式的要求所共同决定的。受民事诉讼性质和特点的制约，检察监督在民事诉讼中要维护法制统一，重要的监督内容就是法院对案件的审判，防止并监督纠正其错误，保证法律得到适用上的统一。另外，根据我国国家机构的分工和法治精神的要求，检察监督权具有程序属性，没有实体处分权，其运行的模式是通过对审判权的平行制约，促使法院纠正违法。

因此，审判监督程序本质上属于监督法院纠正违法从而维护法制统一的程序，客观上不属于纠正纠纷解决结果的程序（本质上属于诉讼程序）。那么，其能不能做到一箭双雕呢？即通过程序自身既实现监督法院纠正违法又实现纠纷解决的双重后果呢？倘若能，那在制度上是极为理想的，因为该制度能够实现公正、效率及化解纠纷等多重目的。① 然而，稍加分析可以看出，这种设想不带有实现的可能性，因为：

首先，两个目标属于不同质的范畴，一个监督程序无法全部满足。监督法院纠正违法，属于国家权力之间的监督与被监督关系，属于"公"的关系；纠正纠纷解决的结果，仍然属于民事纠纷解决的范畴，所要解决的是"私"的关系。更为重要的是，私人关系的解决，在民事诉讼的框架内是排斥公权力介入的。也就是说，两个目的不兼容于同一个程序。

其次，监督程序和诉讼程序自身的不同，不能重叠也不能互相取代。监督程序和诉讼程序虽然有联系，但也有明显的区别，二者并不重叠。审判监督在后果上可能引起再审性的诉讼程序，但这是程序的效力，而不是程序自身。也就是说，在表现上，审判监督程序和诉讼程序一般是有阶段性区分的。至于把审判监督程序按诉讼程序定位的做法，则更是完全的错误。

最后，两个程序所反映的法律关系不一样，不属于一个层次。以法律关系作为基础出发来设计法律制度，是最为基本的法理要求。因此，厘清理顺法律关系，对法律制度的构建至关重要。就审判监督程序而言，法律关系的主体是检察机关和审判机关，二者之间是监督和被监督的关系。就诉讼程序而言，法律关系既有法院和当事人之间的关系（审判关系），也有双方当事人自身之间的关系（诉讼关系），审判以诉讼为基础，诉和审交织在一起，二者不可分离。因此，审判监督程序的法律关系和诉讼程序的法律关系是不一样的。另外，两种程序的法律关系也不在一个层次上。就两种法律关系的关系而言，至少有两种表现：其一，就一审、二审诉讼程序的法律关系和审判监督程序的法律关系来看，是诉讼关系引起监督关系。当法院在一审或者二审中有违法情形时，裁判生效后审判监督程序开启。其二，就审判监督程序的法律关系和再审诉讼程序的法律关系来看，是监督关系（可能）引起诉讼关系。因法律监督致使案件需要再审的，启动再审的诉讼程序。可见，诉讼程序的法律关系和审判监督程

---

① 也有学者认为，民事检察的目的是多元的。参见刘辉、姜昕：《浅谈民事检察的目的和手段》，载《人民检察》2010年第9期。

序的法律关系在逻辑上不可能是重合的。

从上述分析可以看出,审判监督程序的目标追求应当是一元的,其无法实现二元目标,因此必须区分设置审判监督程序和再审诉讼程序。而我国现行民事诉讼法关于审判监督程序的结构范式,其缺陷就在于没有区分审判监督程序和诉讼程序,不当地把两种程序"混加"在一起,从而导致该程序价值体系混乱、法律关系混搭、目标追求混设,犹如为一架本就有结构缺陷的马车设立了两个行进方向,运行起来自然羁绊重重,监督功能不能够正常发挥。

从运行的实际效果来看,现行民事诉讼法由于实质上把检察机关看作提起再审的诉讼主体之一,因此赋予其行使职权的手段是抗诉。既然是"诉",就自然会引起"审"。而一旦进入再审,就要对当事人的权利义务之争进行重新全面审理和定位,如此一来,这个审判的中心就不可能是围绕检察机关监督法院纠正违法来进行了。这就产生了审判监督程序追求的目的和实际效果相分离的局面。而对当事人的权利义务进行再审又不可避免地适用传统的法庭结构模式,如此又产生检察机关不可能顺畅地融入审判程序的问题,最终使法律监督落空。

因此,目前监督程序和诉讼程序相混合的审判监督程序的结构范式是错误的选择。民事审判监督程序的结构范式,首先应当是一个独立程序,应当和诉讼程序分开,保持其独立的功能,彰显其自身价值;其次,审判监督程序承载的职责是监督违法,引起但不承担争议解决的功能,应当围绕监督设计其具体的程序内容。独立的审判监督程序的结构要素,应当包含程序启动的方式、监督手段、监督效果以及关联其中的流程事项等;最后,应当实现和诉讼程序结构上的衔接。审判监督程序和诉讼程序有内在的联系,在一定程度上有对接的关系。恰当对接,才能保持全部程序活动的顺畅,实现民事诉讼法的整体功能。

四、内容设计和抗诉改革

现行的民事抗诉制度属于再审制度的部分内容,抗诉引起再审,"诉"和"审"自然联结。而按照本文解决问题的思路,(检察)审判监督程序独立之后，监督程序和审判程序是分开的，因此首先在监督职权的行使方式上，就要放弃"抗诉"的用语，而改为"抗告"（或者"抗议"）即可。

具体地讲就是：检察机关认为法院的民事审判有违法情形的，有权向原审法院的上一级法院抗告，要求其予以纠正。受理法院运用一定的方式进行审查，确认违法的予以纠正。还需要对原案进行重新审理的，应当作出再审的裁定，自行对原案进行再审。按照抗告的思路，审判监督程序的内容设计如下：

（一）检察机关抗告和当事人申请再审理由的分离

审判监督程序和再审程序分立之后，立法上应当对当事人的申诉理由和检察机关的抗告理由实行分离，以满足各自程序的需要和尽可能减少出现检察机关抗告和当事人申请再审并存的情况。

上文已经指出，审判监督程序是为监督法院而设，目的是通过监督法院纠正违法来维护法制统一。而当事人申请再审是为了救济自己的私人利益。这种差别决定了检察机关的抗告理由与当事人申请再审的理由不可能是完全一样的。在《民事诉讼法》第200条关于当事人申请再审的13项法定理由中，有些理由（如因出现新证据而申请再审）充分体现出再审程序的救济性质，并不意味着原审存在错误，对此应由当事人自己发动再审程序，检察机关没有可监督的事由。通过检察机关抗告理由和当事人申请再审理由的分离，可以有效减少抗告和申请再审并存的情况。而对于有些确实既存在抗告理由又存在申请再审理由的复杂案件，则可以进一步通过实行程序的分离来解决抗告和申请再审叠加的问题。

（二）以听证程序审查检察机关的抗告

审判监督程序的审查可以设计为听证。听证的目的是通过审查确认检察官提出的监督事由是否存在、合法，并对违法事项予以纠正或对后续的违法事项的纠正提供经过确认的事实基础。在这个过程中，检察机关和审判机关是监督者和被监督者。具体而言就是：原审法院（被监督者）的上一级检察院（监督者）针对该法院的错误裁判,要求其上一级法院予以纠正。如果从法律关系的角度来看,检察机关和审判机关是监督关系的主体。在这层法律关系中,并不存在主体自身之间的权利义务之争。监督的内容,就是按层级对等的原则要求上一级法院确认下级法院裁判中的违法情形并予以纠正。这里,对监督内容的审查处理,是分作两步:一是确认检察机关提出的监督事项是否存在;二是确认有审判违法情形的,采取一定的措施予以纠正。显然,这个审查处理程序无须像审判程序那样复杂,但又不能随意,要体现监督程序的正式性和刚性。笔者认为,结合我国的实践,可以将这个程序设定为听证程序,但要加以改良,通过去行政化的做法使其符合司法审查的特点和法律监督性质的特点。

听证程序的具体步骤可以分以下几步:(1)上一级检察院向上一级法院提出正式的、书面的抗告,要求其纠正下一级法院的错误。上一级法院必须接受并在法定时限内组织听证。上一级法院应当将检察机关的抗告书抄送原审法院。这个环节中,需要注意检察机关抗告的权力效力,即当然引起法院的听证。(2)上一级法院组织听证。听证采取合议制,应当由审判员三人组成听证组。听证过程应当有书记员记录在案。听证必须由提出抗告的检察机关派员参加,法院应当提前通知检察机关。同时应当要求原审法院的原审审判人员参加听证,其不得拒绝,也不得通过代理人进行。听证按以下程序进行:先由检察机关陈述抗告的理由、依据和要求,然后由原审法院就抗告理由不成立或支持自己原审裁判行为的理由进行答辩,阐述其理由、依据或法理甚至政策上的考虑或者工作层面的规则,反驳抗告理由或指出检察机关提供证据的不实之处为己方辩驳。主持听证的上一级法院应当要求提出抗告的上一级检察院和作出裁判的原审法院围绕争点发表意见。在这种直面争点的对抗辩论中,接受抗告的上级法院得以充分听取双方意见,考虑双方立场,有助于深刻认识问题所在及其性质,并有助于提高后延的最终裁判的正确性和合理性。同时,抗告涉及的争议问题,尤其是实体法解释和适用问题,则可以在这种交流和碰撞中得到充分和深入的探讨。(3)听证程序不对当事人间的实体权利义务进行实质审查,因此一般情况下当事人不参加听证程序。确为审查检、法争点的需要而必须由当事人参加的，当事人也仅相当于证人或利害关系人。如此，当事人一般不需要参加整个听证程序，只是需要在某个阶段参加即可。（4）听证程序结束后，主持听证的法院应当制作《听证审查决定书》，发给检察机关并抄送原审法院。

（三）听证结果的处理

经听证，确认原审裁判确有违法情形，但可直接纠正不必全案再审的，上级法院直接决定纠正违法，案件终结；应当全案再审的，另作再审裁定，进入再审程序。经听证，确认原审裁判不存在违法情形的，决定维持原判，终结案件。[1] 检察机关不服的，可要求再上一级的法院复议。但是，检察机关对不存在违法的听证结论不服也不当然引起再审程序，再审的启动严格限制在因原审错误裁判需要重新审理当事人之间实体的权利义务关系的情形。

从结果上讲，因为裁判违法通常会引起裁判结果的错误，因此听证确认原审违法后需要对全案进行再审的情况可能会比较普遍。如经过听证，确认原审裁判中存在违法情形并可能导致裁判结果错误的，包括法律适用错误、事实认定错误、错误分配举证责任及重大程序性事项违法的，都应当在听证结束后裁定启动再审程序。从逻辑上看，在整体的意义上，再审程序的启动可以看作监督后果的体现，因此完整的审判监督程序的设计应当包括和听证程序相衔接的再审程序。但是，由于再审适用普通的庭审方式，不再聚焦于对违法行为的监督，因此检察机关不需要参加庭审。

鉴于再审程序是在听证确认存在违法的情况下启动的，因此即使双方当事人均表示接受原裁判结果，不接受再审的，再审程序原则上也应当进行。在这一点上，可以比照法院自行决定再审处理。但由于这个再审程序的目的除了纠正违法之外，还表现为纠正错误判决，救济当事人的私人利益，因此当事人可以放弃相关诉讼权利和实体权利。

---

[1] 就听证程序对再审程序所起的作用而言，有些类似于修订后刑事诉讼法规定的庭前会议和民事诉讼法规定的庭前分流程序。因此，听证程序的设想，实际上在诉讼法上是有参照的，符合司法改革的精神。

再审开庭，按由法院自行决定的方式进行，检察机关不参加庭审。因此，审判模式和普通审是一样的。但是，对于审判过程和结果，接受抗告的法院应当书面告知检察机关，检察机关进行审查监督。这是法律监督的需要，也是审判监督程序后果的延伸。

对于有些确实既存在抗告理由又存在申请再审理由而抗告和申请再审又都被提起的复杂案件，可以通过以下方式处理：首先运用听证程序审查检察机关的抗告。听证程序先行，对再审申请的处理程序后移。然后，听证结束后，将听证结果告知当事人，由当事人根据听证结果再决定是否撤回再审申请。再后，听证后裁定再审的，如果当事人继续申请再审，一并审理。当事人撤回再审申请的，也不影响再审进行。听证后终结案件不予再审的，如果当事人仍然申请再审，鉴于抗告和申请再审的理由并非完全一致，法院应当对当事人的再审申请进行审查处理。

（四）抗诉制度的废弃

民事抗诉制度的设计天然地存在内在矛盾，无法在体系内通过技术改造而解决。因为，任何民事性质的庭审，不论是一审、二审还是再审，其实法庭表现形式都是一样的，其结构都是法官和双方当事人构成的等腰三角形，只不过在不同的程序中当事人的称呼不同罢了。在这个结构中，确实存在找不出合适的形式安放抗诉人的尴尬。学者们提出很多设想：如带有很强的想象色彩的锥体结构形式及由共用一条边的两个等腰三角形组成的菱形结构形式①。从观念上来说，这些设想在技术上带有冲击性，而且力图直观式地表达监督理念，但从实施的角度看，又都几无可能，也不能有效地解决现行抗诉法庭出现的各种问题。所以，我国的抗诉实践并没有验证这些学者们提出的设想。在实践中，一般的做法是对传统的法庭布局稍加改造，在审判席的右前方斜向（45°角）设置抗诉席，如图一、图二所示。

---

① 汤维建:《论诉中监督的菱形结构》，载《政治与法律》2009年第6期。

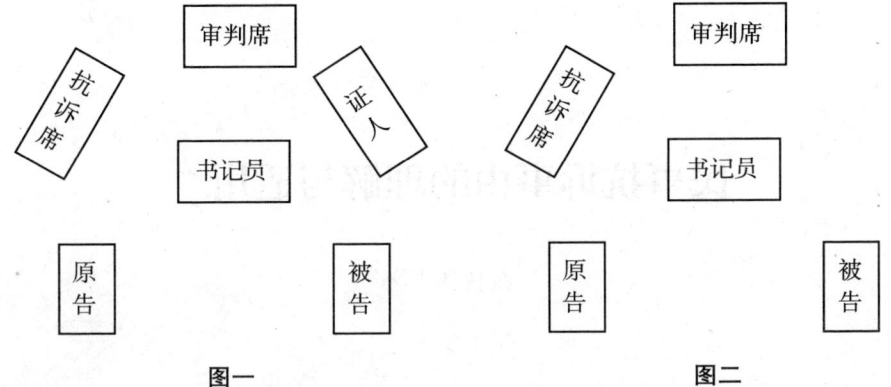

图一　　　　　　　　　　　图二

但是，除却理论层面的问题不说，单从实操层面看，实践中的这种座席摆放方法也只是为抗诉人安置了一个形式上的座席而已，对于其他问题的解决是起不到任何作用的。

因此，从理论分析及实践检验的结果看，抗诉制度问题的解决，出路应该是废除该制度，而后另辟蹊径。在新型的审判监督程序中通过抗告、听证、再审衔接等新的思路来谋划检察机关的监督职权，才不失为正确的选择。

民事抗诉事由的理解与适用*

颜良伟**

一、有新的证据，足以推翻原判决、裁定

所谓新证据，主要指在过去诉讼过程中没有发现的证据，而该证据又足以推翻原判决、裁定，当事人可以据此申请再审或申请监督。① 实务中应注意以下几点：

1. 2015 年民事诉讼法司法解释关于新证据规定的变化对抗诉审查工作的影响。根据 2008 年最高人民法院《关于适用〈中华人民共和国民事诉讼法〉审判监督程序若干问题的解释》第 10 条规定："申请再审人提交下列证据之一的，人民法院可以认定为民事诉讼法第一百七十九条第一款第（一）项规定的'新的证据'：（一）原审庭审结束前已客观存在庭审结束后新发现的证据；（二）原审庭审结束前已经发现，但因客观原因无法取得或在规定的期限内不能提供的证据；（三）原审庭审结束后原作出鉴定结论、勘验笔录者重新鉴定、勘验，推翻原结论的证据。当事人在原审中提供的主要证据，原审未予质证、认证，但足以推翻原判决、裁定的，应当视为新的证据。"应该说，上述司法解释对再审"新的证据"的认定设置了一定的准入门槛，并非所有过去诉讼过程中没有发现的证据都能进入再审审查范围。

---

* 本文刊载于《民事行政检察指导与研究》2015 年第 18 集。
** 颜良伟，最高人民检察院民事行政检察厅干部。
① 参见全国人民代表大会常务委员会法制工作委员会编：《中华人民共和国民事诉讼法释义》，法律出版社 2012 年版，第 477 页。

但新司法解释对"新的证据"的规定已发生了重大改变。2015年最高人民法院《关于适用〈中华人民共和国民事诉讼法〉的解释》第387条规定:"再审申请人提供的新的证据,能够证明原判决、裁定认定基本事实或者裁判结果错误的,应当认定为民事诉讼法第二百条第一项规定的情形。对于符合前款规定的证据,人民法院应当责令再审申请人说明其逾期提供该证据的理由;拒不说明理由或者理由不成立的,依照民事诉讼法第六十五条第二款和本解释第一百零二条的规定处理。"该司法解释第388条规定:"再审申请人证明其提交的新的证据符合下列情形之一的,可以认定逾期提供证据的理由成立:(一)在原审庭审结束前已经存在,因客观原因于庭审结束后才发现的;(二)在原审庭审结束前已经发现,但因客观原因无法取得或者在规定的期限内不能提供的;(三)在原审庭审结束后形成,无法据此另行提起诉讼的。再审申请人提交的证据在原审中已经提供,原审人民法院未组织质证且未作为裁判根据的,视为逾期提供证据的理由成立,但原审人民法院依照民事诉讼法第六十五条规定不予采纳的除外。"可见,新司法解释对新证据的审查是以"是否足以推翻原判决、裁定"这一实质条件为标准,对于形式上是否属于再审新证据要求宽松,当事人在申请再审阶段提出的证据,无论其在原审中基于客观原因还是主观原因未及时提交,只要该证据足以推翻原审裁判,即可认定为"新的证据",并不否认其作为新证据的资格。有的民事诉讼法学专家据此认为,原来的"证据失权"规则实际上已被2015年民事诉讼法司法解释废止。

2015年民事诉讼法司法解释关于新证据规定的变化给抗诉审查工作带来新的挑战,即抗诉审查应以新证据是否足以推翻原裁判作为衡量标准,不应轻易以当事人原审中未提供该证据或逾期提供证据理由不正当否定其证据资格,检察机关对申请监督阶段出现新证据的审查任务加重。

2.当事人在申请监督阶段提供的新的鉴定意见能否作为"有新的证据足以推翻原审裁判"的依据问题。从抗诉再审情况看,再审法院倾向性意见有:一是其他鉴定机关所作出的新的鉴定意见一般不足以推翻原审鉴定意见。

2008年审判监督程序司法解释曾将其他鉴定机关重新作出的鉴定意见排除在再审新证据范围之外。民事诉讼法修改后，2015年民事诉讼法司法解释扩大新证据的认定范围，这类鉴定意见属于再审新证据。但是从再审情况看，再审法院一般认为单方委托形成的鉴定意见，未经法庭质证，不足以推翻原审鉴定意见，原审法院委托鉴定部门所作的鉴定意见，证明力高于当事人以及检察机关、公安机关单方委托所做的鉴定。二是鉴定程序的瑕疵一般不足以否定鉴定意见。从再审情况看，以鉴定人员未签名、盖章，鉴定人员未出庭接受质询或书面答复质询，鉴定申请超过期限等为由提出的抗诉，不予支持的情况居多。三是鉴定机构的复函不属于单独的鉴定意见。复函不具备合法形式，没有专用章、签名，再审法院一般认为其不是单独的鉴定意见。四是再审改变原鉴定意见，一般是鉴定意见中存在具体的、明显的错误，如计算错误、重复计算、内容遗漏等。

二、原判决、裁定认定的基本事实缺乏证据证明

为统一监督标准，2013年《人民检察院民事诉讼监督规则（试行）》第79条结合检察机关办案实际，对"缺乏证据证明"作出了解释，细分为4种具体情形属于本抗诉事由规定的"认定的基本事实缺乏证据证明"：（1）认定的基本事实没有证据支持，或者认定的基本事实所依据的证据虚假、缺乏证明力；（2）认定的基本事实所依据的证据不合法；（3）对基本事实的认定违反逻辑推理或者日常生活法则；（4）认定的基本事实缺乏证据证明的其他情形。实务中应注意以下几点：

1. 对"基本事实"的理解。根据2008年审判监督程序司法解释第11条规定，是指"对原判决、裁定结果有实质影响、用以确定当事人主体资格、案件性质、具体权利义务和民事责任等主要内容所依据的事实"。

2. 对"认定的基本事实所依据的证据缺乏证明力"的理解。"认定的基本事实所依据的证据缺乏证明力"一般是指认定案件事实所依据的证据的证明

程度未达到民事诉讼证明标准。但何为民事诉讼证明标准？2015年民事诉讼法司法解释第108条在总结审判经验、借鉴理论研究成果的基础上作出了新规定，①即"对负有举证证明责任的当事人提供的证据，人民法院经审查并结合相关事实，确信待证事实的存在具有高度可能性的，应当认定该事实存在。对一方当事人为反驳负有举证证明责任的当事人所主张事实而提供的证据，人民法院经审查并结合相关事实，认为待证事实真伪不明的，应当认定该事实不存在。法律对于待证事实所应达到的证明标准另有规定的，从其规定。"可见，2015年民事诉讼法司法解释首次明确了民事诉讼中本证的一般证明标准，即"高度可能性"证明标准。由于"高度可能性"证明标准依然是法官依据自由心证原则，达到"内心确认"的程度，因此何为"高度可能性"成为需要进一步解释的概念。一般而言，"高度可能性"是指比"可能性"要求还要高的证明标准，产生近似确然性或接近全称判断的可能。有的观点将"高度盖然性"证明标准用百分比描述为心证程度达80%左右。

3."认定的基本事实缺乏证据证明的其他情形"系兜底条款，如举证责任分配错误情形。

三、原判决、裁定认定事实的主要证据系伪造

在适用本抗诉事由时，检察机关应注意积极履行调查核实职责，以证明原审裁判认定事实的证据系伪造。如在使用假指模的民间借贷纠纷案件中，检察机关需查实原告所提供借条中被告指模系原告使用假指模所盖后方可提出抗诉。

四、原判决、裁定认定事实的主要证据未经质证

按照民事诉讼法规定，无论是公开审理还是不公开审理的案件，证据都

---

① 参见沈德咏主编：《最高人民法院民事诉讼法司法解释理解与适用（上）》，人民法院出版社2015年版，第357页。

必须在法庭上出示，并由当事人相互质证，只有经过质证，才能查明证据的真伪，才能去伪存真。质证是对证据查证属实的必要手段，按照《民事诉讼法》第63条的规定，证据只有查证属实后，才能作为认定事实的依据。没有经过质证的证据，可能是真实的，但法律设立质证规则的目的是从程序上保证查明证据的真实性，违反了程序就有可能导致认定事实方面的错误，程序的价值就在于此，因此，规定的程序必须被遵守，程序的价值必须被尊重。①

实务中应注意：一是从程序上审查认定事实的证据是否已经质证程序；二是从实体上审查未经质证的证据是否是认定案件事实的主要证据，符合上述两个条件的即可提出抗诉。所谓的"主要证据"是指对原判决、裁定的结果有实质影响、用于确定当事人主体资格、案件性质、具体权利义务和民事责任等主要事实内容所依据的证据。

五、对审理案件需要的主要证据，当事人因客观原因不能自行收集，书面申请人民法院调查收集，人民法院未调查收集

根据2015年民事诉讼法司法解释第94条规定，当事人及其诉讼代理人因客观原因不能自行收集的证据包括：（1）证据由国家有关部门保存，当事人及其诉讼代理人无权查阅调取的；（2）涉及国家秘密、商业秘密或者个人隐私的；（3）当事人及其诉讼代理人因客观原因不能自行收集的其他证据。其中第3项为兜底条款，实践中必须仅限于确因客观原因不能自行收集的其他材料，如当事人因年老体衰、因病住院等自身存在的特殊情形，且无委托诉讼代理人，提供证据确有困难的。又如某些案件的真实情况需要作出勘验笔录的，当事人一般无法提供与此相关的证据，向法院申请收集的。

---

① 参见全国人民代表大会常务委员会法制工作委员会编：《中华人民共和国民事诉讼法释义》，法律出版社2012年版，第478页。

六、原判决、裁定适用法律确有错误

1. "适用的法律与案件性质明显不符",主要是指判决、裁定确定了错误的案由,进而导致适用了与案件性质不相符的法律条文。案件性质为当事人之间法律关系的性质。实务中,检察机关应认真审查法院确定的案由与所认定的案件事实是否对应一致,进而判断适用的法律与案件性质是否相符。

2. "认定法律关系主体错误",包括与案件无关的人被错误认定为法律关系主体以及对真正的法律关系主体未予认定两种情形。如在公司作为法律关系主体的案件中,错误地将公司法定代表人认定为法律关系主体。"认定法律关系性质错误"是指误将当事人之间存在的A法律关系性质认定为B法律关系,如将雇佣关系认定为加工承揽关系。"认定法律行为的效力错误"是指对法律行为效力的认定违反有关法律关于法律行为效力的规定,如将可撤销的法律行为认定为无效法律行为。[1]

3. "确定民事责任明显违背当事人有效约定或者法律规定",是指在当事人之间有合法约定或者法律有明确规定的情况下,原判决、裁定未依照当事人的约定或者法律规定确定义务人应承担的法律责任。

4. "适用的法律已经失效或者尚未施行",是指在法律已经被明文废止后或者在确定的法律生效时间以前适用该法律的情形。

5. "违反法律溯及力规定",是指适用了没有溯及力的法律规定或者对有溯及力的法律规定而未适用的情形。需要注意的是,实务中,违反法律溯及力规定而造成法律适用错误的情况往往发生在新法公布后,因考虑新法的规定容易解决纠纷而忽视了法律一般不具有溯及力的规则。

6. "违反法律适用规则",主要是指违反立法法中关于上位法与下位法、新法与旧法、特别法与一般法等法律适用规则的情形。

7. "适用法律明显违背立法本意",主要表现为从法律条文的字面含义机

---

[1] 参见郑新俭主编:《〈人民检察院民事诉讼监督规则(试行)〉条文释义及民事诉讼监督法律文书制作》,中国检察出版社2014年版,第86页。

械地理解和适用法律，而未能关注法律条文的立法目的和精神实质。立法本意即立法意图，是指一部法律在制定时的意旨。对法条的立法本意作出正确的解释需要根据各种历史因素来探求立法者的立法目的。所谓历史性因素，包括颁布法律时的法律环境和社会环境、立法动机、立法者所追求的目的、先例、法律制定者的说明、草案等立法素材。

8."适用诉讼时效规定错误"，是指违反法律和司法解释关于诉讼时效的规定，错误认定当事人的请求是否超过诉讼时效的情形。需要注意的是，从抗诉再审情况看，在原审裁判对诉讼时效认定并无明显不当的情况下，再审法院维持原审裁判已经确定秩序的情况较多。检察机关拟以"适用诉讼时效规定错误，属适用法律确有错误"为由提出抗诉的，应当综合考量案件效果，注重当事人权益和社会秩序稳定之间的平衡。

9."适用法律错误的其他情形"，为了避免列举疏漏，设置了兜底条款。

七、审判组织的组成不合法或者依法应当回避的审判人员没有回避

1."应当组成合议庭审理的案件独任审判"，是指对应当组成合议庭审理的案件由审判员一人独任审理。根据民事诉讼法相关规定，对于下列案件，人民法院采取独任制进行审理：一是适用简易程序审理的案件；二是适用特别程序审理的案件，但选民资格案件或者重大、疑难的案件除外；三是适用督促程序审理的案件；四是适用公示催告程序审理的案件，可以由审判员一人独任审理，但判决宣告票据无效的，应当组成合议庭审理。除以上4类适用独任制审判的案件外，人民法院审理民事案件，都应当采取合议制组成合议庭进行审理。

2."人民陪审员参与第二审案件审理"，是指依照第二审程序审理的案件，合议庭组成人员中有人民陪审员的情形。合议庭的组成有两种方式：一种是由审判员和陪审员共同组成合议庭；另一种是由审判员组成合议庭。根据民

事诉讼法有关规定，第一审程序中合议庭可以由审判员和人民陪审员组成；第二审程序中合议庭必须全部由审判员组成，不能吸收人民陪审员组成。依照审判监督程序再审的案件，如果原来是第一审的，应当按照第一审程序另行组成合议庭，可以吸收人民陪审员组成；如果原来是第二审的或者是上级人民法院提审的，应当按照第二审程序另行组成合议庭，不能吸收人民陪审员组成。

3. "再审、发回重审的案件没有另行组成合议庭"，是指依照审判监督程序进行再审和第二审发回重审的案件，人民法院没有另行组成合议庭进行审理。"另行组成合议庭"是指由原来合议庭组成人员以外的其他具有审判资格的人员依照有关规定组成合议庭。另外，对于再审和发回重审的案件，即使原来适用独任审判，再审和重审时也必须组成合议庭审理。

4. "合议庭组成人员不具有审判资格"，是指组成合议庭的人员中有未依照法定程序被任命为法官或者人民陪审员的人员。

5. "审判组织或者人员不合法的其他情形"。为了避免列举疏漏，设置了兜底条款，适用于除上述四种情形以外的审判组织或者人员不合法的情形。如原审庭审中合议庭组成人员中有的审判人员缺席（组成人数不合法）或有的审判人员实际缺席（如在庭审中睡觉）。又如对于合议庭组成人员确定后已经告知当事人，但在具体开庭时却是不同于告知的合议庭组成人员，或者被告知的合议庭组成人员已经开庭后，但在法律文书的署名上出现不同署名情况（即未参加庭审的审判人员参与判决）。

八、无诉讼行为能力未经法定代理人代为诉讼或者应当参加诉讼的当事人，因不能归责于本人或者其诉讼代理人的事由，未参加诉讼

法定代理是为了维护无诉讼行为能力人的合法权益，主要是维护未成年人或者精神病人的合法权益。如果一个案件的当事人是无诉讼行为能力人，法院

在未查明的情况下没有通知他的法定代理人代为诉讼就进行了审理并作出生效裁判，构成本抗诉事由。①

《民事诉讼法》第132条规定："必须共同进行诉讼的当事人没有参加诉讼的，人民法院应当通知其参加诉讼。"如果法院没有履行民事诉讼法规定的通知义务，就有可能导致应当参加诉讼的当事人对诉讼无从知晓，更无法参加诉讼以维护其合法权益。这样的情况主要有：法院应当通知而未通知；法院虽然发了通知，却有其他当事人从中隐匿、破坏甚至勾结其他人制造通知已被收到的假象等。应当参加诉讼的当事人没有参加诉讼会直接造成诉讼主体缺失，即使已经作出了生效裁判，实际上也没有对相应权利义务关系作出正确判断，因此有必要通过再审来纠正。

九、违反法律规定，剥夺当事人辩论权利

1."不允许当事人行使辩论权利"，是指在原审过程中，人民法院未通过合法方式向当事人送达开庭传票，以及审判人员不让当事人针对案件事实和争议焦点充分发表辩论意见等情形；"严重限制当事人行使辩论权利"，是指采取实质上与"不允许"基本相同的方式，对当事人的辩论权利予以限制，导致当事人无法正常行使辩论权的情形。

2."应当开庭审理而未开庭审理"，是指对法律要求开庭审理的案件，未通过开庭的方式对案件进行审理的情形。依照民事诉讼法的规定，所有第一审民事案件必须开庭审理；对于第二审民事案件，只有在经过阅卷、调查和询问当事人，对没有提出新的事实、证据或者理由，合议庭认为不需要开庭审理的情况下，才可以不开庭审理。如果对应当开庭审理的案件未开庭审理，实质上等于剥夺了当事人的辩论权利。

3."违反法律规定送达起诉状副本或者上诉状副本，致使当事人无法行使

---

① 参见全国人民代表大会常务委员会法制工作委员会编：《中华人民共和国民事诉讼法释义》，法律出版社2012年版，第481页。

辩论权利"，是指人民法院不送达或者违反法律规定的方式向当事人送达起诉状和上诉状副本的情形。起诉和上诉是第一审和第二审诉讼程序的开始，被告和被上诉人只有知晓起诉状和上诉状的内容，才能进行有效的答辩。因此，不送达或者不按照法律规定的方式向当事人送达起诉状或者上诉状副本的，属于剥夺当事人辩论权利的情形。

4."违法剥夺当事人辩论权利的其他情形"，系兜底条款，在实践中应根据具体案件判断是否因法院的原因致使当事人无法正常行使辩论权利。

十、未经传票传唤，缺席判决

根据《民事诉讼法》第136条、第144条的规定，只有在被告经传票传唤、无正当理由拒不到庭，或者未经法庭许可中途退庭这两种情形下，法院才能缺席判决。在第一审普通程序或者第二审程序中，如果法院没有给被告送达传票，或者仅仅以电话等形式简单联系被告，即使被告未到庭的情况下，法院也不宜作出缺席判决。如果违反法定条件，随意作出缺席判决，构成本抗诉事由。①

十一、原判决、裁定遗漏或超出诉讼请求

根据民事诉讼法有关规定，法院应当根据当事人提供的证据和法院调查收集的证据，判断当事人所提供的事实是否为客观事实，以作出是否支持当事人诉讼请求的判决。如果法院没有对当事人提出的某项诉讼请求进行法庭调查和法庭辩论，在判决、裁定中遗漏当事人的这一诉讼请求就草草结案，属审判工作的重大失误，构成本抗诉事由。②

---

① 参见全国人民代表大会常务委员会法制工作委员会编：《中华人民共和国民事诉讼法释义》，法律出版社2012年版，第482—483页。
② 参见全国人民代表大会常务委员会法制工作委员会编：《中华人民共和国民事诉讼法释义》，法律出版社2012年版，第483页。

当事人的处分原则是民事诉讼法的基本原则之一。原告提出以及不提出哪些诉讼请求，是原告处分自己民事权利和诉讼权利的体现；被告是否反诉，也是被告处分自己民事权利和诉讼权利的体现。法院原则上应当在当事人提出的诉讼请求范围内审理案件，不能超过当事人的诉讼请求作出裁判，否则构成本抗诉事由。需要注意的是，法院在当事人的诉讼请求之外认定合同无效的，不属于超过当事人诉讼请求。法院认定合同无效，体现了国家对违反法律法规效力性强制性规定以及公序良俗的合同的干预。①

十二、据以作出原判决、裁定的法律文书被撤销或者变更

有些民事案件是以另一民事案件的审理结果为依据而作出判决。如果另一民事案件的判决、裁定后来依照法定程序被撤销或者变更了，则之前以这些判决、裁定为依据所作出的判决、裁定也应当相应地被撤销或者变更。有些民事案件的判决、裁定是以其他法律文书为依据作出的。如果据以作出判决、裁定的其他法律文书后来被撤销或者变更的，那么，已经发生法律效力的判决、裁定也应当相应地被撤销或者变更。实务中应注意以下几点：

1. 本抗诉事由中法律文书的范围。2015年民事诉讼法司法解释第393条将本抗诉事由中法律文书的范围规定为以下三种：发生法律效力的判决书、裁定书、调解书；发生法律效力的仲裁书；具有强制执行效力的公正债权文书。存有疑问的是，本抗诉事由中法律文书是否包括行政裁决书（如交通事故责任认定书、消防责任事故认定书等）？鉴于目前我国法律对行政裁决文书的种类、称谓、程序以及是否具有强制执行效力等事项并无统一规定，目前还不宜将其纳入本抗诉事由中法律文书范围。如果司法实践中出现据以作出原审判决、裁定的行政裁决文书被撤销或者变更的情形，可以适用民事诉讼法第200条第1

---

① 参见全国人民代表大会常务委员会法制工作委员会编：《中华人民共和国民事诉讼法释义》，法律出版社2012年版，第484页。

项"有新的证据足以推翻原审裁判"事由予以救济。①

2.适用本抗诉事由的前提条件。检察机关拟根据本抗诉事由提出抗诉的,除了据以作出原判决、裁定的法律文书必须是生效裁判、仲裁裁决和具有强制执行效力的公正债权文书外,还必须满足以下两个条件:一是原判决、裁定认定的案件基本事实和案件性质系依据上述法律文书作出的,如果上述法律文书不涉及案件基本事实和案件性质的认定,则不构成本抗诉事由。二是上述法律文书已经被依法撤销或者变更,导致认定案件基本事实和案件性质的依据丧失。

十三、审判人员审理该案件时有贪污受贿、徇私舞弊、枉法裁判行为

根据2015年民事诉讼法司法解释第394条规定,适用本抗诉事由的前提条件是审判人员的贪污受贿、徇私舞弊、枉法裁判行为已经被刑事法律文书或纪律处分决定确认,即已经被人民法院生效刑事判决书、裁定书所确认,或者已经被检察机关的有关法律文书(如不起诉决定书)所确认,或者被纪检监察部门相关纪律处分决定所确认。需要注意的是,为贯彻无罪推定这一刑法基本原则,同时也为避免当事人滥用权利,影响正常审判秩序,在法院生效刑事裁判、检察机关不起诉决定等相关法律文书,或者纪检监察部门相关纪律处分决定作出之前,对当事人仅仅指出审判人员因贪污受贿、徇私舞弊、枉法裁判行为而正在接受纪检监察部门处理或者进入刑事司法程序的,应认定尚不构成本抗诉事由。②

---

① 参见沈德咏主编:《最高人民法院民事诉讼法司法解释理解与适用(下)》,人民法院出版社2015年版,第1042页。
② 参见沈德咏主编:《最高人民法院民事诉讼法司法解释理解与适用(下)》,人民法院出版社2015年版,第1043页。

十四、判决、裁定、调解书损害国家利益、社会公共利益

为进一步强化检察监督，2012年民事诉讼法增加规定，对于损害国家利益、社会公共利益的调解书，检察机关应向法院提出抗诉。实务中应当注意以下几点：

1. "国家利益"指一切满足或能够满足国家生存发展且对国家具有好处的利益，包括政治、经济、文化、军事、安全等利益。对国家利益不能随意扩大解释，更不能随意确认。国家利益是一个利益的整体集合，是任何一个公民作为国家平等一员在概率上能够平等分享的公共利益，具有根本性和宏观性，不同于国家内部以公民个体为主体的个体利益，也不同于由国家内部各群体为主体的群体利益，甚至不同于以全体公民为主体的整体利益。[1] 民法领域中常见的国家利益类型有：国家对矿藏、水流及除法律规定属于集体所有之外的森林、山岭、草原、荒地等所有权而享有的占有、使用、收益等权益；国家税收权益；国家批准设立的行政事业性收费权益；国家对国有企业享有的所有者权益等。

2. "社会公共利益"指能够代表和实现社会及其特定群体大多数成员或不特定多数人共同意志和目的，满足他们共同的需求，使他们共同受益的一类事务，包括公共秩序、公共道德及不特定多数人利益等。所谓"公共秩序"是指社会存在和发展所必须的一般秩序，主要包括政治秩序、经济秩序、生活秩序等。所谓"公共道德"是指社会全体成员普遍认同和遵循的根本性道德准则。[2] 国家利益与社会公共利益有关联性但又不尽相同，国家利益虽然也会体现为全体公民共同享有的利益，但是国家利益是以国家为主体享有的权益；而社会公共利益主要是体现为社会成员所享有的利益。

---

[1] 参见郑新俭主编：《〈人民检察院民事诉讼监督规则（试行）〉条文释义及民事诉讼监督法律文书制作》，中国检察出版社2014年版，第52页。

[2] 参见郑新俭主编：《〈人民检察院民事诉讼监督规则（试行）〉条文释义及民事诉讼监督法律文书制作》，中国检察出版社2014年版，第52页。

民法典编纂中关于隐私权问题的考量[*]
——以网络隐私权为切入点

吕洪涛 兰 楠[**]

民法典是社会经济生活在法律上的反映,是社会生活方式的总结和体现;既是法治现代化水平的标志,也是法律文化高度发达的体现,更体现出一个国家的智慧。如果说1804年《法国民法典》是19世纪风车水磨时代民法典的代表,1900年《德国民法典》是20世纪工业社会民法典的代表,那么,我国的民法典理应成为21世纪民法典的代表之作。[①]民法典如何充分反映21世纪的特点?体现互联网时代的要求以及信息社会和大数据时代的要求是首要目标。

随着互联网技术的应用和普及,网络深刻地改变了人类社会的生活方式,传统民法规则受到多方面的挑战。隐私权是自然人人格权的一种,依其本身权利属性并不区分虚拟空间中的隐私权或现实空间中的隐私权,但是,随着网络的产生和普及,隐私权在网络环境中遭受侵害的情形越来越突出,网络技术的发展对隐私权的保护造成极大的挑战。在当前民法典编纂的大背景下,本文试图从大数据时代、互联网环境的角度出发,考量隐私权保护问题,既研究传统民法对隐私权的保护,又体现大数据时代隐私权保护的特殊性,并提出民法典编纂中关于隐私权保护的立法建议。

---

[*] 本文刊载于《民事行政检察指导研究》2017年第19集。
[**] 吕洪涛,最高人民检察院民事行政检察厅副厅长;兰楠,最高人民检察院民事行政检察厅助理检察员。
[①] 王利明:《民法典的时代特征和编纂步骤》,载《清华法学》2014年第6期。

关于本文选择的切入点,学说多采用"网络隐私权""网络环境下隐私权""网络时代的隐私权"的提法,这些提法本身并非严格的法律用语,但大致指向具有一致性,即在高度互联网化时代的背景下,受数据采集规模化、路径多样化的网络环境影响或侵害的隐私权。本文为行文精练计,采用"网络隐私权"的提法。

一、网络隐私权问题现状

关于隐私权概念的界定,目前通行的说法是:隐私权是指自然人享有的私人生活安宁与私人生活信息受到保护,不受他人侵扰、知悉、收集、使用、披露和公开的权利。权利主体对他人在何种程度上可以介入自己的私人生活,对自己是否向他人公开隐私以及公开的范围和程度等具有决定权。[①] 从这一定义可见,隐私的内容包括私人生活安宁和私人生活秘密,只要未经公开,自然人不愿意公开、披露的信息都构成隐私的内容,自然人就此享有隐私权;侵害隐私权的方式包括侵扰自然人的生活安宁,探听自然人的私生活秘密,或在知悉他人隐私后,向他人披露、公开,或者未经许可使用。

(一)网络环境下自然人隐私数据获取多样化

网络隐私权研究的特殊性在于,自然人隐私数据被获取的规模化、多样化。在互联网服务类别多元化的今天,呈现出用户数据类型多样化、用户数据获取途径多样化的特点,电子商务、浏览器、网络地图、社交软件、云服务、O2O、支付系统都在时刻、大量采集用户数据,并且这种采集和整理更加类型化,用户画像更加容易被网络数据所刻画。用户画像的精准刻画客观上为网络

---

① 张新宝:《隐私权的法律保护》,群众出版社2004年版,第12页;王利明主编:《民法》,中国人民大学出版社2010年版,第515页;郭明瑞:《21世纪民商法发展趋势研究》,科学出版社2009年版,第127页;王利明:《隐私权概念的再界定》,载《法学家》2012年第1期;张新宝:《从隐私到个人信息:利益再衡量的理论与制度安排》,载《中国法学》2015年第3期。

隐私权侵害提供了便利，直接导致互联网领域的隐私侵权风险加剧。①

（二）网络隐私权侵权形态多样化

2015年3月，中国消费者协会发布《2014年度消费者个人信息网络安全状况报告》，报告显示，约2/3的受访者2014年个人信息被泄露，泄露的信息包括个人通信信息、个人背景信息、个人财务信息、个人社会关系、个人消费信息、个人身份信息。信息泄露的原因主要集中在：不法分子利益驱动、盗取或售卖个人信息，相关立法不完善、惩罚力度没有威慑力，经营者为减少运营成本或者个人信息管理存在漏洞，未能有效保证个人信息安全。此外，从工业和信息化部多次发布的通告来看，所涉及的互联网不良软件，大部分包括违规收集用户个人信息，强行捆绑无关应用软件的问题。

个人信息泄露之后的侵权形态极为多样化，大致包括数据监控、违法收集、违法披露、人肉搜索等。典型案例如有"网络暴力第一案"之称的王某诉张某、海南天涯在线网络科技有限公司及北京凌云互动信息技术有限公司名誉权、隐私权纠纷案（以下简称案例一）；② 朱某诉北京百度网讯科技有限公司案（以下简称案例二）；③ 以及网易等公司恶意植入代码追踪用户cookie，收集

---

① 本项内容得益于腾讯公司法务部总经理江波先生2016年1月在"人格权与民法典编纂"研讨会上的发言。
② 参见北京市第二中级人民法院（2009）二中民终字第5603号民事判决书。
③ 原告朱某在浏览相关网站的过程中，发现利用"百度搜索引擎"搜索相关关键词后，会在特定的网站上出现与关键词有关的广告。因此，朱某认为，百度网讯公司利用网络技术，未经朱某知情和选择，记录和跟踪了其搜索的关键词，将其兴趣爱好、生活学习工作习惯等显露在相关网站上，并利用记录的关键词，对朱某浏览的网页进行广告投放，侵害了朱某的隐私权，使其感到恐惧，精神高度紧张。一审法院认为，朱某的网络活动踪迹属于个人隐私范围，百度网讯公司收集朱某信息，在朱某不知情和不愿意的情况下，进行商业利用，侵犯了朱某的隐私权。二审法院认为，百度网讯公司收集、利用的是未能与网络用户个人身份对应识别的数据信息，该数据信息的匿名化特征不符合个人信息的可识别化要求，且推荐服务只发生在服务器与特定浏览器之间，没有对外宣扬特定网络用户的网络活动轨迹及上网偏好，没有对网络用户的生活安宁造成实质性损害。二审判决实际采用了两个标准：一是"可识别化标准"；二是"私人生活安宁"标准，后文将详细论述。

用户隐私案（以下简称案例三）。① 案例一中，侵权人为多名网络用户和网络服务提供者，被侵权人为特定网络用户；案例二和案例三中，侵权人为特定的网络公司，被侵权人为不特定的网络用户。上述典型案例反映的问题集中表现为：第一，互联网已实际成为侵权行为频繁发生的平台，在互联网平台上，侵权主体和侵权方式更加具有隐蔽性，侵害范围具有波及效应；第二，互联网隐私侵权行为后果远远严重于传统方式的侵权后果，往往在极短的时间内造成极为广泛甚至难以消除的影响，传统民法上"恢复原状"的方式往往难以真正实现；第三，个人隐私通过互联网泄露，泄露后往往与其他侵权行为相结合，共同造成损害后果；第四，大规模、数据化的个人信息具有商业价值，较之传统侵权方式更具有利益驱动，规则的制定需要考虑利益平衡；第五，互联网侵权行为的随意性较强，众多网民对所知悉的他人隐私进行主观筛选、加工、判断，可能从初期的围观到积极行动，甚至演变为网络暴力；② 第六，网络言论自由、新闻媒体报道自由与网络隐私权保护界限模糊，侵权行为难以界定。③

二、网络隐私权保护困境、成因及消解

在《侵权责任法》制定之前，我国立法对隐私权的独立地位一直未予确认，通常将侵害隐私的行为作为侵害名誉权的行为予以处理。④《侵权责任法》

---

① 所谓cookie，是互联网用户登录某一网站时，网站会将用户的浏览记录、IP地址、网卡号、用户名、密码等信息，存放到用户电脑中一个叫cookie的数据包内，当用户电脑下次再登录该网站时，网站便可以利用cookie文件夹自动识别用户，原本是一种为了方便用户登录的技术。

② 这一表现已愈演愈烈，极为典型，最新如2016年8月，在某影视演员王某某与其配偶马某离婚纠纷一案进行过程中，情绪激动的网民已对马某及案外人宋某某的住址、身份证号等信息进行了搜索、公布，并在微博中鼓励距离较近的网民进行"围攻"。

③ 陈晓东、凌巍:《网络隐私权民法保护的现实困境及出路》，载《法律适用》2013年第8期。

④ 最高人民法院《关于贯彻执行〈中华人民共和国民法通则〉若干问题的意见（试行）》第140条；以及如最高人民法院《关于审理名誉权案件若干问题的解释》规定，医疗卫生单位的工作人员擅自公开患者患有某些特殊疾病等病情的，应当认定为侵害患者名誉权。

第 2 条明确规定民事权益包括隐私权,这是我国立法首次明确隐私权的独立地位。立法确认时间较短,加之网络隐私权所面临的特殊性,使得网络隐私权保护困境亟须破解,当前的民法典编纂工作无疑是破解困境的最佳路径,以网络隐私权为切入点,由特殊到一般,更能为研究制定符合时代特征的民法典隐私权保护制度提供开阔思路。

（一）隐私范围依然界定不明

现代意义上的隐私权最早产生于美国,1890 年,哈佛大学法学院路易斯·布兰迪斯和塞缪尔·沃伦在当年第 4 期的《哈佛法学评论》上发表了名为 The Right to Privacy[①] 的论文,提出"不受干涉的权利"和"每个人都有权决定他的思想、观点、感情在多大程度上与他人分享"。此后逾百年的时间里,隐私权作为自然人人格权利的重要内容,逐渐得到了法律上的确认和保护,并且呈现出国际统一化的趋势,当然,宪法上权利之争与人格权法上的权利之争并未停止。从最初保护私人生活秘密扩张到对个人信息资料、通信、个人私人空间甚至虚拟空间以及私人活动等许多领域的保护,不仅仅在私人支配的领域存在隐私,甚至在公共场所、工作地点、办公场所都存在隐私。[②]

隐私的范围直接决定了权利内涵。从前述隐私权的概念看,我国学者强调私人生活的安宁、私密与自由等"外在"特征,并以"与公共利益无关"为判断标准,主要从"一般人"的角度作普遍要求,客观性强；西方国家的趋势更加强调"主观因素",即强调隐私权人对相关个人信息的看法,这使得隐私范围的界定具有可变性。[③] 那么,究竟如何界定隐私的范围？前述三个案例,都涉及隐私范围和界定标准的问题,以及个人信息和隐私的交叉问题,如案例一,王某的家庭住址、工作单位等个人信息被披露,法院最终认定构成隐私权被侵害。

隐私与个人信息是什么样的关系？能否从个人信息的角度入手推导隐私的

---

① 也有学者认为 Privacy 的含义广于隐私,因此应当翻译为"私生活权"。
② 王利明：《我国民法典重大疑难问题之研究》,法律出版社 2006 年版,第 209 页。
③ 邱业伟等：《信息网络与民法前沿问题研究》,法律出版社 2009 年版,第 381 页。

范围？包括我国在内的许多国家和地区对个人信息的定义都采用"可识别说"，我国工信部《电信和互联网用户个人信息保护规定》中确认个人信息是能够"单独或者与其他信息结合识别用户的信息"；我国香港地区"个人资料（隐私）条例"将个人信息定位于"从该资料直接或间接确定有关的个人的身份是切实可行的"；我国台湾地区"电脑处理个人资料保护法"认为个人数据是"尚存的自然人的足以识别该个人的资料"；欧盟地区《数据保护指令》将个人数据定位于"与一个身份已被识别或者可被识别的自然人相关的任何信息"。从个人隐私的概念和个人信息的概念来分析，所谓个人隐私，是指私人生活安宁不受他人非法干扰，私人信息保密不受他人非法收集、刺探和公开。隐私包括私人生活安宁和私人生活秘密两个方面。所谓个人信息，是指与一个身份已经被识别或者身份可以被识别的自然人相关的任何信息，包括个人姓名、住址、出生日期、身份证号码、医疗记录、人事记录、照片等单独或与其他信息对照可以识别特定的个人的信息。个人隐私与个人信息呈现交叉的关系：有的个人隐私属于个人信息，而有的个人隐私则不属于个人信息；有的个人信息特别是涉及个人私生活的敏感信息属于个人隐私，但也有一些个人信息因高度公开而不属于隐私。传统民法将隐私权作为人格权之一进行保护，所侧重的是个人利益尤其是人格尊严和人格自由方面的利益；进入信息社会之后，与个人信息相关的利益主体及其利益关系变得复杂与多样，对个人信息采取了保护与利用并重的基本立法政策。① 由此，单纯从个人信息的角度考虑隐私的范围并不可行。

当我们无法直观地以列举或设定范围的方式来界定隐私时，应当回到隐私权的概念和隐私利益所保护的主要法理上来，从这一层面分析隐私的范围。

总体上说，美国从自由的角度理解隐私，而欧洲大陆将隐私保护植根于人格尊严之上。耶鲁大学惠特曼教授如此论述二者的隐私制度拥有不同的价值核心：在欧洲，主要表现为被大众媒体威胁的个人尊严利益；在美国，主要表现

---

① 张新宝：《从隐私到个人信息：利益再衡量的理论与制度安排》，载《中国法学》2015年第3期。

为被政府威胁的自由利益。① 波斯纳则认为，隐私权可以分为两部分，一部分是独处的权利，另一部分是保有秘密的权利。在我国，从学者对隐私权的定义来看，从私人生活安宁和私人生活秘密两方面考虑构建隐私范围更为适宜，私人生活安宁和私人生活秘密既作为确定隐私的标准，也作为确定隐私的范围。②

所谓私人生活安宁，当指自然人对于自己的正常生活所享有的不受他人打扰、妨碍的权利，保障私人生活安宁，是隐私权的权利内容，更是隐私的判断标准。一些国家和地区的判例、学说所确认的"被遗忘权"保障的也是私人生活安宁，允许个人享有必要的安宁和清静。私人生活安宁，至少包含以下层面的内容：第一，排除对私人正常生活的干扰。维持个人生活的安宁和清静，是个人生活的基本要求，也是个人追究自我发展、自我实现的基础。案例一中网民到王某及其父母住所书写措辞激烈的标语，对王某及其父母的骚扰就构成了对王某私人生活安宁的侵害。第二，禁止非法侵入私人空间。凡是私人支配的空间场所，无论是有形的，还是虚拟的，都属于私人空间的范畴。在有形领域，私人空间不仅限于个人住宅，还包括其他个人合法支配的空间，以及特定的公共区域。在虚拟领域，私人空间同样得到保护，比如私人电子邮箱等。第三，排除对个人自主决定的妨碍。个人自主决定的范围非常广泛，在隐私权领域主要指对个人私人生活事务的决定，自主决定是个人生活安宁的重要保障。③

所谓私人生活秘密是指个人的重要隐私，涵盖的范围很广，包括个人的生理信息、身体隐私、健康隐私、财产隐私、基因隐私、谈话隐私等，也包括个人家庭中有关夫妻生活、亲属关系、婚姻状况、感情生活等，无论这些隐私是否具有商业价值。值得注意的是，私人生活秘密的范围不是固定的，随着科技

---

① James Q. Whitman, The Western Cultures of Pricacy: Dignity Versus Liberty, 113(6) Yale Law Journal 1151, 1221(2004).
② 王利明：《隐私权概念的再界定》，载《法学家》2012年第1期。
③ 王泽鉴：《人格权法——法释义学、比较法、案例研究》，北京大学出版社2013年版，第229页。王利明：《隐私权概念的再界定》，载《法学家》2012年第1期。

进步和经济社会生活的发展而不断地处于变动之中,典型如基因隐私。私人生活秘密的判断标准应当以权利人意愿为准,即凡是个人不愿为他人所知悉的信息,无论该信息的公开对权利人造成的影响是积极的还是消极的,无论该信息是否具有商业价值,只要该信息不属于公共领域并且权利人本人不愿公开的,就应当受到隐私权的保护,权利人有权加以保持和隐匿,不让他人得知。①

私人生活安宁和私人生活秘密既是确定隐私的标准,也作为确定隐私的范围,是隐私的主要内容。

(二)网络环境中利益衡量不清

文明是逐渐迈向拥有隐私权的社会过程。在社会结构、居住环境、技术进步和大众传媒发展使得个人与社会生活之间关系愈加紧张之时,人们日渐产生避免其私生活遭受公开的权利诉求,以对抗大众传媒、公众评论、大众窥私欲对私人生活领域的侵入。经过人文主义和自由主义的洗礼,对个体的尊重被提升到前所未有的高度。隐私权也因此被塑造成具有绝对性和对世性的绝对权利。但是,个体终究是社会的一分子,法律在保护隐私的同时,还保护个体知悉、获取信息的自由以及表达自我思想的自由,法律为个人隐私提供保护也就意味着对他人此等自由的限制。这就表现为隐私权与知情权以及言论自由的利益冲突。

在隐私权制度设计时,主要需要平衡的在于:隐私权主体的隐私利益与他人的言论表达自由、知情权等利益的冲突,公共利益将作为判断的主要标准,凡不涉及公共利益的个人隐私,理应受到保护;凡涉及公共利益的隐私,或者不予保护,或者应予限制。②

具体到网络隐私权领域,信息技术的发展使得个人数据的大量收集和整理成为可能。从对大量个人信息数据的价值分析可见,个人信息数据包含个人尊

---

① 张新宝:《隐私权的法律保护》,群众出版社2004年版,第9页。
② 张初霞:《隐私权的限制与公共利益》,载《中国社会科学院研究生院学报》2012年第3期。

严和自由价值、商业价值、公共管理价值。①那么，在网络隐私权领域，除了包含传统隐私权领域的矛盾平衡之外，一方面，大数据分析隐含着无限商机，意味着广告的精准投放、客户的精准定位、定制更有针对性的产品服务；另一方面，在恐怖袭击之后各国政府对个人数据信息的监控产生了迫切的需要，反恐、信息安全需求迫在眉睫。利益主体更加复杂，各利益关系的背后均涉及利益平衡协调及价值平衡的问题。

比如，侵权责任法所确立的避风港规则饱受诟病。由于发帖行为的匿名性、实际的空间距离，都会增加发现真正侵权人的难度，从而减少责任承担的概率；且网络服务提供商由于可以利用避风港规则免责，也缺乏协助查找真正权利人的动因，更加基于不能失去网络用户的考虑，也不愿意查找涉嫌侵权的网络用户，真正侵权人被找到的概率进一步降低。有的网络用户就会利用这样的法律空隙并且存在侥幸心理，采用网络游击战的方法继续从事侵权行为。避风港规则在网络隐私权保护方面的制度安排难以形成足够的威慑及制止作用，同时也是网络暴力、人肉搜索在我国频发的制度原因。②

面对利益的多元化及其冲突，需要借助立法的利益衡量实现对利益关系的调节，遵循一定的价值导向，对各个利益主体予以合理保护，价值选择无法回避。除传统法律的价值判断之外，社会发展所处历史阶段的制约因素实际上构成了影响立法者利益衡量的首要因素。当前，数据隐私问题已成为数字经济时代的顶层问题。③信息业者和政府作为新的利益主体，代表了使用个人信息数据的利益诉求，传统民法上个人隐私的保护诉求依然存在，各种利益诉求冲突时，我们的思考逻辑应该是：第一，哪种价值应该得到优先保护，顺序是什么；第二，优先保护有无前提或限制，以及是什么；第三，优先保护到何种程

---

① 张新宝：《从隐私到个人信息：利益再衡量的理论与制度安排》，载《中国法学》2015年第3期。
② 陈晓东、凌巍：《网络隐私权民法保护的现实困境及出路》，载《法律适用》2013年第8期。
③ 何治乐、黄道丽：《欧盟〈一般数据保护条例〉的出台背景及影响》，载《信息安全与通信保密》2014年第10期。

度,其他利益如何平衡;第四,如何以制度设计最大可能地实现价值衡量。

1. 公共利益优先(例外)原则。公共利益在理论上一直是一个模糊不清的概念,其利益内容和受益对象均具有不确定性,却往往作为兜底条款被决策者用来作为支持决策合理性的依据,因而备受争议。尽管如此,由于公共利益具有法律所追求价值的终极性而一直未被放弃,在隐私权保护领域亦是如此。凯尔森就认为,整个法律制度不过是公益之明文规定。① 博登海默亦指出,人不可能凭借哲学方法对那些应当得到法律承认和保护的价值和利益作出一种普遍有效的权威性位序安排,但这并不意味着法理学必须把所有价值和利益都视为必定是位于同一水平之上的,一个长期有效或刚性价值等级序列是不存在的。②

不同的学说对于公共利益有不同的表述,从法律发现和立法行为基础的抽象原则角度来考虑公共利益更具有现实性和可操作性。③ 公共利益从本质上在于为不特定的多数人利益计,不同于国家利益,不同于集体利益,亦不同于社会利益。公共利益对隐私权的合理限制为大多数国家和地区的立法、学说和国际条约所认可,因为公共利益不仅符合多数人的需要,从长远来看,也将符合隐私权主体的利益,信息安全、反恐、打击犯罪就是典型表现。④

2. 建立"个人敏感隐私信息"的概念,区分"个人敏感隐私信息"与"个人一般信息"。强化保护个人敏感隐私信息,合理利用个人一般信息,调和需求冲突。

所谓个人敏感隐私信息,包括关系个人隐私核心领域、具有高度私密性、将其公开或利用可能会对个人造成重大影响的个人信息。1981年欧洲理事会《有关个人数据自动化处理之个人保护公约》第6条首次确立了特殊类型的数

---

① 转引自陈恩仪:《论行政法上之公益原则》,载城仲模主编:《行政法之一般法律原则(二)》,台湾三民书局1997年版,第160页。
② E. 博登海默:《法理学——法律哲学与法律方法》,邓正来译,中国政法大学出版社1999年版,第400页。
③ [德]汉斯·沃尔夫、奥托·巴霍夫、罗尔夫·施托贝尔:《行政法》(第一卷),高家伟译,商务印书馆2002年版,第326页。
④ 张初霞:《隐私权的限制与公共利益》,载《中国社会科学院研究生院学报》2012年第3期。

据保护制度,原则上禁止该类数据的收集和利用,并为此后的欧盟《个人数据保护指令》所沿用。① 我国台湾地区"个人资料保护法"第6条的规定殊值参考,即以是否与个人核心隐私相关作为标准,对个人敏感信息进行了类型化列举,包括"有关医疗、基因、性生活、健康检查及犯罪前科之个人资料"。

3. 合理利用个人一般信息。个人一般信息的合理运用主要指向政府决策和商业价值。大数据及其技术的应用,使得人类的决策空前智能化、精确化,② 政府可以通过精确的数据掌握国家安全、国民经济和社会运行状况,科学决策;经营者通过了解消费者的爱好、特点、心理特征以提供更加个性化的产品和服务,最大程度地促进个人一般信息公共管理价值和商业价值的实现。

4. 配套技术要求。如何以制度设计最大可能地实现价值衡量,包括对信息业者和网络用户的实名制(身份可查)、对个人信息应用的去身份化、建立规范跨境数据流动机制和加强信息业者行业自律。

信息业者的实名制、网络用户的身份可查验制和跨境数据流动的规范机制,有助于公民个人信息的合理利用和保护,是保障自然人隐私权尤其是网络隐私权应有的配套技术支持。

对个人一般信息进行合理利用,应当去身份化。如前文所述,当前对个人信息的通行定义着眼于"可识别",可识别性因素可能对信息主体的权益保护产生影响。去除单个人的明确身份识别要素、切断信息与特定个人之间的辨识要素,关注对群体特征的分析,既可以实现大数据使用的目的,又降低了信息泄露等安全事件对信息主体的影响,降低了传输、处理、利用环节中可能的风险,保护了信息主体的权益。

修改后民事诉讼法第55条规定了公益诉讼,当前,检察机关已针对污染环境、食品药品安全领域侵害众多消费者合法权益等损害社会公共利益的行为,在没有适格主体或者适格主体不提起诉讼的情况下,开展提起民事公益诉

---

① Directive 95/46/EC, Article 8, General Data Protection Regulation, Article 9.
② 曾尔恕、黄宇昕:《美国网络隐私权的法律保护》,载《中国人民公安大学学报》2003年第6期。

讼的试点工作，成效显著。在网络隐私权保护领域，针对大量存在的包含后台软件对用户信息的大规模收集，对用户的大规模干扰和攻击在内的侵害不特定用户隐私权的行为，考虑专业技术性强、证据能力悬殊、取证难度极大，网络用户个人凭借一己之力胜诉的可能性极低。

三、结论——民法典编纂关于隐私权的立法建议

前文已论及，隐私权是自然人人格权的一种，毫不夸张地说，人格权立法模式之争是民法典编纂过程中争议最大的问题之一。对人格的保护，究竟采取人格权立法方式，还是仍然采取限于将其作为禁止加害客体而保护的方式？学界存在截然不同的观点，部分学者不赞成对人格权采取确认式立法，建议仍然像传统民法那样以侵权责任法的保护形式，通过将人格法益作为禁止加害客体加以规定的方式来处理人格保护问题；多数学者主张应当从人格权确认的角度进行人格保护立法，人格本身虽是受宪法保护的基本权利，但并不妨碍从民法上予以确认。关于人格权是否独立成编，也存在截然不同的观点，赞成人格权通过立法加以确认的学者中，也有不少学者坚决反对人格权独立成编。①

关于人格权是否独立成编的问题，较之于民法上是否应当将人格权利化以及人格权的确认方式，并非实质性问题，更多的是形式化的问题，形式本身的问题均可以通过形式自身来解决。②无论基于何种考虑，从当前民法总则起草和征求意见的情况来看，人格权法独立成编几无可能。笔者亦赞同在民法典总则"自然人"一章中规定各种具体人格权的内容和权利行使的限制，在侵权责任法中规定侵权行为的构成要件和责任后果。但是，无论采取哪种方式，都需

---

① 龙卫球：《人格权的立法论思考：困惑与对策》，载《法商研究》2012年第1期。
② 最高人民法院《关于贯彻执行〈中华人民共和国民法通则〉若干问题的意见（试行）》第140条；以及最高人民法院《关于审理名誉权案件若干问题的解释》规定，医疗卫生单位的工作人员擅自公开患者患有某些特殊疾病等病情的，应当认定为侵害患者名誉权。

要做到：第一，突出对自然人人格平等、自由和尊严保护的基本价值取向；第二，以各种具体人格权的确认为主要内容，对权利的界定以及权利的性质、内容、边界等作出规定；第三，在权利救济方面，确认作为绝对权利的人格权请求权；第四，给予应当受到保护的人格利益适度的地位；第五，设置兜底条款为人格权保护的发展预留扩张空间，并注意与侵权责任法等法律规定的协调。①

进一步，笔者建议明确隐私权的权利性质与内涵，以"私人生活安宁"和"私人生活秘密"作为判断隐私的标准和确定隐私的范围；以立法的利益衡量实现对利益关系的调节，遵循一定的价值导向，解决多元化的利益冲突，对各个利益主体予以合理保护，大致构建公共利益优先（除外）原则和强化保护"个人敏感隐私信息"，合理利用"个人一般信息"的基本模式，辅以包括对信息业者和网络用户的实名制（身份可查）、对个人信息应用的去身份化和建立规范跨境数据流动机制在内的配套制度设计，同时建议考虑授权检察机关探索以公益诉讼的形式维护广大、不特定网络用户的合法权益，维护互联网环境信息安全。

---

① 参见张新宝：《我国人格权立法：体系、边界和保护》，载《法商研究》2012年第1期。

民事行政诉讼监督提质增效的路径探析*

滕艳军**

内容摘要：当前民事行政诉讼监督呈现出监督质量不高、监督效果不显、监督刚性不强、监督权威未能有效树立的势弱特点。应当通过更新监督理念、提升监督能力、统一监督标准、规范监督程序、优化监督方式、重视调查核实、凝聚监督合力等路径，提升民事行政诉讼监督的质效，做实做优做强民事行政检察工作。

关键词：民事 行政 诉讼监督 监督质效

民事行政诉讼监督是民行检察工作的传统业务。根据相关统计数据，2013至2017年，全国检察机关对认为确有错误的民事行政生效裁判、调解书提出抗诉2万余件，人民法院已改判、调解、发回重审、和解撤诉1.2万件，采纳率约为60%；提出再审检察建议2.4万件，人民法院已采纳1.6万件，采纳率约为66.67%。① 在刑事检察与民事检察、行政检察、公益诉讼检察工作发展不平衡的背景下，民事行政诉讼监督呈现出监督质量不高、监督效果不显、监督刚性不强、监督权威未能有效树立的势弱特点。如何通过民事行政诉讼监督案件的办理，做实做优做强民事行政检察工作，是当前检察机关亟待解决的一

---

* 本文刊载于《人民检察》2018年第22期。
** 滕艳军，最高人民检察院办公厅干部。
① 相关数据来源于最高人民检察院于2018年3月9日在第十三届全国人民代表大会第一次会议上所作的工作报告。

个问题。本文认为，主要可以从以下路径进行探析。

一、更新监督理念

张军检察长在讲话和有关文件中，就新时代检察工作创新发展提出了一系列新理念，民事行政诉讼监督应当遵循这些新理念，探寻提质增效的新思路、新方法。

（一）以办案为中心，在办案中监督、在监督中办案

2017年全国检察机关受理生效裁判结果监督、审判人员违法行为监督、执行监督等各类民事行政诉讼监督案件10万余件。2018年上半年，案件受理数量同比呈上升趋势。办案是当前民事行政诉讼监督第一位的工作任务，也是开展法律监督、深耕主责主业的重要基础和手段，应当以"以办案为中心"的监督理念来促进和支持依法、正确、优质、高效办案。民事行政诉讼监督的本质和核心是对公权力的监督，应当把对人民法院民事行政审判权和执行权行使活动的监督寓于办案，落实在具体的诉讼监督案件办理过程中。

（二）诉讼监督与审判执行形成良性互动，实现民事行政诉讼监督双赢多赢共赢

民事行政诉讼监督旨在"启动法定的纠错程序，提醒、促进被监督者重新审视并自我纠错"。诉讼监督与审判执行并不矛盾，正如张军检察长所强调的，不同执法司法机关应当树立、养成共同的执法司法理念，防止一个案件在不同的阶段或因不同的人去执行而导致各取所需、各有所重，影响执法司法效果。

（三）通过精准抗诉，达到抗诉一案、警示一片、教育社会面的目的

应当加强类案监督、办理影响力案件和典型性案件，增强抗诉的精准度和权威性，实现办案政治效果、社会效果和法律效果的有机统一，努力达到"让

人民群众在每一个司法案件中都感受到公平正义"的司法目标，切忌因办案理念存在偏差而陷入机械司法的误区。

二、提升监督能力

2013年最高人民检察院出台的《关于深入推进民事行政检察工作科学发展的意见》就民事行政检察工作明确提出了敢于监督、善于监督的基本要求。其中对于敢于监督，要求检察人员忠实履行法律监督职责，依法监督纠正裁判不公、审判人员违法、违法执行、滥用职权等问题，切实维护司法公正。对于善于监督，要求检察人员从民事、行政和检察监督的特点出发，运用恰当的监督方式和方法，正确把握检察监督介入的时机、方式和程度，努力增强监督效果。但目前民事行政诉讼监督案件的办理，仍然存在着不敢监督、不善监督的问题。这两个问题都与监督能力不足密切相关。民事行政诉讼监督工作要实现创新发展，必须"重自强"，着重提升以下几个方面的监督能力。

（一）监督线索发现能力

2013—2017年，最高人民法院受理案件82383件，审结79692件；地方各级人民法院受理案件8896.7万件，审结、执结8598.4万件。① 上述案件大部分为民事（包括商事）案件。同期，全国检察机关对认为确有错误的民事行政生效裁判、调解书提出抗诉2万余件，提出再审检察建议2.4万件，对审判程序中的违法情形提出检察建议8.3万件，对民事执行活动提出检察建议12.4万件。监督案件数量与审判执行案件数量对比的严重失衡，说明目前检察机关在民事行政诉讼监督线索发现方面，尚存在能力不足的问题，今后可以在当事人依申请监督的基础上，逐步扩大检察机关依职权监督的案件范围，不断探索涉及损害国家利益和社会公共利益、审判执行人员贪污受贿、徇私舞弊、枉法

---

① 相关数据来源于最高人民法院于2018年3月9日在第十三届全国人民代表大会第一次会议上所作的工作报告。

裁判以及虚假诉讼等方面案件线索发现的机制和途径。

(二)监督案件审查能力

案件审查是民事行政诉讼监督案件办理的关键环节。民事行政诉讼监督主要在于审查审判执行活动及其结果的违法性,其判断的主要依据为民事诉讼法第 200 条关于再审事由的 13 项规定。① 从省级院的提请抗诉案件来看,涉及最多的监督事由主要是原裁判认定的基本事实缺乏证据证明和原裁判适用法律确有错误,以该两项监督事由进行监督的案件约占省级院提请抗诉案件数量的 70% 以上。本文重点阐述对该两项事由如何进行审查和把握。

1.原裁判认定的基本事实缺乏证据证明。首先必须指出。对原裁判的结果有实质影响、用以确定当事人主体资格、案件性质、具体权利义务和民事责任等主要内容所依据的事实,才可认定为基本事实。在监督过程中,应当主要就案件基本事实进行审查并结合相关证据来判断该基本事实是否"缺乏证据证明",进而作出抗诉与否的决定。本文认为,从监督实践来看,只要能够证明终审判决在认定案件基本事实时存在以下违法性,即可据以提出抗诉:(1)终审判决在认定案件基本事实方面存在明显的计算错误,例如计算方式错误、计算依据错误、计算项目重复或漏项等,进而导致终审判决在当事人具体权利义务的分配上存在明显不公;(2)终审判决在认定案件基本事实方面存在矛盾,即对相互矛盾的涉案证据均予以确认或采信,导致对案件基本事实认定混乱且实体判决结果缺乏合理依据;(3)终审判决对案件基本事实能够查清而未予查清,片面地依据一方当事人提交的并不充分或有瑕疵的证据作出判决,导致实体判决不公;(4)终审判决所采信的证据足以使人产生合理怀疑,但终审判决对此未予调查核实或在调查后仍片面采信,导致终审判决缺乏公信力;(5)终审判决对证据的采信明显不符合高度盖然性的证明标准,所采信的主要证据证明力明显不足或足以被其他证据所否定。

---

① 实务界有人提出应根据民事再审与民事检察监督的不同性质和功能区分二者的提起事由,实现二者各司其职、功能互补。参见路志强:《民事检察监督制度的立法完善——以民事诉讼法相关规定为视角》,载《人民检察》2017 年第 22 期。

2. 原裁判适用法律确有错误。最高人民检察院《人民检察院民事诉讼监督规则（试行）》对原裁判适用法律确有错误的情形进行了重点列举与兜底规定。但在监督实践中，随着审判人员整体素质的提升，诸如适用的法律已经失效或者尚未实施、违反法律溯及力规定等"技术类"错误的比例逐渐减少。原裁判适用法律确有错误的情况一般集中在法律关系的认定和法律责任的确定等方面，应加大这两方面的审查力度。具体情形包括：（1）适用的法律与案件性质明显不符，主要是指原裁判确定了错误的案由，进而导致适用了与案件性质不相符的法律条文；（2）认定法律关系主体错误，主要是指原裁判将与案件无关的人错误认定为法律关系的主体，或者对真正的法律关系主体未予认定；（3）认定法律关系性质错误，主要是指原裁判误将当事人之间存在的 A 法律关系性质认定为 B 法律关系；（4）认定法律行为效力错误，主要是指对法律行为是否成立、是否生效、是否变更、是否解除以及是否应当承担法律责任等问题的认定，因违反有关法律规定而出现错误；（5）确定民事责任明显违背当事人有效约定或法律规定，主要是指在当事人之间有合法约定或者法律有明确规定的情况下，原裁判未依照当事人的约定或者法律规定确定义务人应承担的法律责任，而导致裁判结果出现错误；（6）举证责任分配失当导致裁判结果存在错误，这种情况多见于案件事实难以查清的案件中，出现这种情况的主要原因是审判人员对举证责任分配规则把握不清或为了达到一定的非法目的而刻意为之。

（三）检察法律文书说理能力

检察的中心工作是办案，释法说理是办案工作的有机组成部分。通过释法说理不断提升检察法律文书的品质，是落实张军检察长"为人民群众提供更优质的法治产品、检察产品"要求的重要方式，也有利于强化对检察权行使的监督，提升司法公信力。在检察业务中，民事行政检察与民生最为相关，其监督结果最能直接反映人民群众对法治、公平、正义等方面的新期待新需求是否得到满足。为此，在办理民事行政诉讼监督案件时，应重点对以下类型案件的处理决定进行释法说理：一是当事人对检察环节司法办案的公正性存在质疑，可能引发涉检网络舆情的案件；二是涉及群体性利益、可能引发上访或者群体性事件的案件；三是当事人对适用法律存在误解，释法说理有利于明确法律含义、阐明适用法律理由的案件；四是涉及重大国家利益和社会公共利益的案件；五是涉及老年人、妇女、未成年人、残疾人等特殊群体的案件。

毋庸讳言，现阶段在民事行政诉讼监督案件中作出的抗诉文书和不支持监督文书还存在不够规范和说理不深不透的问题。在精准抗诉理念的指引下，抗诉文书的说理尤为重要，应当围绕案件事实、证据、程序和法律适用依法进行说理，根据案件的性质特点、复杂程度、社会关注度有针对性地进行说理，综合考虑说理对象的实际需求、文化程度、心理特征等讲求说理的方式方法，做到法理情相结合，实现三个效果的有机统一。另外，对作出不支持监督申请、终结审查等终局性处理的案件，亦应加大释法说理的力度，获取当事人对处理决定的认同，有效化解社会矛盾。

三、统一监督标准

据不完全统计，近年来省级院提请最高人民检察院抗诉的民事行政案件的支持率约为40%。支持率相对较低的原因何在？如果排除提抗质量的因素，首要原因应是上下级检察机关对抗诉标准的把握不一致。最高人民检察院《关于深入推进民事行政检察工作科学发展的意见》对民事行政诉讼监督标准有一个概括性的表述："办理抗诉案件，应当从证据采信、事实认定和法律适用等方面严格把握抗诉标准，同时应当综合考虑裁判的社会效果和作出时的司法政策、社会背景。"本文认为，在民事行政诉讼监督标准的把握方面，应当坚持法定性标准与必要性标准相结合。法定性标准是就民事行政诉讼监督的依据而言的，主要是指检察机关应当依据民事诉讼法第200条的相关规定来审查民事裁判结果的违法性。必要性标准是就民事行政诉讼监督的效果而言的，主要是指检察机关在坚持法定性标准的同时，应当结合监督的社会效果、裁判作出时

的司法政策和社会背景等因素对监督的必要性进行审查,在对相关因素综合考量后再作出是否予以监督的决定。本文此处重点阐述民事行政诉讼监督的必要性标准。

对于必要性标准,可以从以下几方面来把握:(1)对于终审判决在认定事实或适用法律方面存在一定错误,但实体判决结果正确或者相对公正的,一般不宜提出抗诉。这一点主要是从实体正义的角度来考虑的。(2)对于终审判决存在程序瑕疵,但未影响实体判决结果的,一般不宜提出抗诉;对于终审判决存在重大程序错误,可能影响实体判决结果的,一般应提出抗诉。这一点主要是从程序正义的角度来考虑的。在对民事裁判结果进行监督时,应当侧重于进行实体审查。在实体判决结果存在问题的情况下,审理程序中存在的问题可以作为抗诉的补强理由。(3)在办案的法律效果与社会效果相冲突的情况下,适当偏重办案的社会效果。适当偏重办案的社会效果,应当通过目标分析的方式,以能否实现监督的目的来判断,其着眼点不应仅限于个案公正,而应立足于整体法律价值的实现。(4)在依法监督的同时,要适当兼顾判决作出时的司法政策以及相关司法政策出台的社会背景,切忌机械适用法律而无视监督的社会效果。司法政策是司法机关所制定的对司法活动进行指引和规范的规则[1],可以作为法无明文规定事项的办案依据,也可以为正当地解释法律提供一定的政策依据。(5)在依法监督的同时,适当尊重法官的自由裁量权。[2] 本文认为,自由裁量权是法官在案件审理过程中,在正确认定事实和适用法律的基础上,基于案件的基本情况,根据公正、衡平的法律精神和法律原则,对案件事实或者适用法律问题酌情作出裁判,或者是在多种合法的法律解决方案之间进行合理选择。对此应当把握的原则是:对于法官毫无根据地行使自由裁量权,导致

---

[1] 李大勇:《论司法政策的正当性》,载《法律科学》2017年第1期。
[2] 有学者将自由裁量分为狭义的自由裁量与广义的自由裁量,狭义的自由裁量是指英美法系的法官可以自由造法,即新创设一个规则处理案件的方式所进行的裁量;广义的自由裁量是指在法院审判工作中,法官根据法律(包括司法解释),依据法庭查明的事实,在个人法律意识支配下作出裁判的过程。参见张军:《法官的自由裁量权与司法正义》,载《法律科学》2015年第4期。

责任比例严重失当的案件，应当予以抗诉；对于法官行使自由裁量权有一定的合理依据，但在比例分配方面稍有不当的案件，一般不宜提出抗诉。对此，还要结合其他抗诉事由一并进行审查。在多数情况下，可以把法官行使自由裁量权失当作为提出抗诉的补强理由来使用。（6）既要依法保护弱势群体利益，又要杜绝以此为由转移信访矛盾。目前各地出现的一个不良倾向是通过提请抗诉转移信访矛盾。信访问题需要通过多方面的努力来化解，不能简单地通过提请抗诉或者提出抗诉把信访矛盾转移到上级检察机关或者人民法院。（7）应适当考虑案件中存在的问题是否必须通过抗诉途径来解决，以及能否通过抗诉途径来解决。如果案件中存在的问题通过其他方式解决效果更好，则应通过其他方式来解决，这是抗诉手段的替代性问题。

四、规范监督程序

规范合理的监督程序，是提升办案质效的有力保障。在办理民事行政诉讼监督案件的过程中，要树立严格的程序意识，从立案、分案、审查、讨论、报批、决定、出庭等各个环节不断规范办案程序。在司法责任制改革过程中，最高人民检察院民事行政检察厅制定了《民事行政检察厅贯彻落实司法责任制改革实施细则（试行）》，对双重审查、多组讨论、联席会议、审批权限等程序性事项作出了详细的规定，对各级检察机关办理诉讼监督案件具有示范意义。在规范监督程序方面，以下几个问题尚需深化研究。

（一）民事行政诉讼监督案件繁简分流的问题

目前在监督实践中案件办理超期问题普遍存在，这固然是因为部分承办人怠于履职尽责，但案多人少的客观实情为主因。为此，应当继续完善案件繁简分流机制和措施，特别是在简化复查案件的受理和办理程序上下功夫。从高检院机关内部的案件受理情况来看，民事复查案件数量已超过省级院提请抗诉案件数量，而民事复查案件的支持率粗略估计应在5%以内，庞大的案件数量与微弱的监督效果形成了鲜明的对比。办理复查案件意在加强上级院对下级院的监督制约,而不是对审判执行公权力进行监督制约,这与精准监督的理念并不契合,应严控其受理条件、简化办理程序并赋予办案检察官较高的办案权限。

(二)民事行政诉讼监督案件听证的问题

《人民检察院民事诉讼监督规则(试行)》设立了案件听证程序,其主要目的是通过当面听取申请人和其他当事人的意见,保证检察机关正确认定案件事实,提高对人民法院审判执行活动是否违法的判断准确率。目前存在的突出问题是听证程序在监督实践中利用率较低,制度价值不显。据了解,高检院机关内部在办理民事行政诉讼监督案件中尚未使用过听证程序,从省级人民检察院提请抗诉的案件来看,亦鲜有使用听证程序的情况。在民事行政诉讼监督案件办理时,虽然应当以书面审查为主,但对于一些事实较为复杂的案件,实有必要听取当事人陈述和答辩,并对调查取证的情况发表意见。今后应适当增加使用听证程序的案件比例,通过监督过程中当事人的对抗性互动,提升案件事实判断和案件实体处理的精准性。

(三)民事行政诉讼监督案件出席再审法庭的问题

根据《人民检察院民事诉讼监督规则(试行)》的规定,检察人员出席再审法庭的任务,一是宣读抗诉书,二是对依职权调查的证据予以出示和说明,三是对人民法院再审庭审活动实行法律监督。与出席刑事抗诉案件法庭需参与证据质证、法庭辩论不同,检察人员出席民事再审法庭的任务相对简单和容易,且因恪守公权力监督的本质属性而无须对当事人之间的民事纠纷深度参与。在监督实践中,这种"旁观者"的身份已经导致出席民事再审法庭形式化和制度空转。另外,随着人民法院庭审录音录像、庭审直播等做法的推开,庭审活动进一步公开化,检察人员出庭监督庭审活动的必要性亦大打折扣。如果把民事行政诉讼监督的价值定位为启动再审纠错程序,那么在将民事行政抗诉书发送到人民法院的时刻,再审程序即已进入启动程序。在这种情况下,有必要对民事行政诉讼监督案件出席再审法庭的价值定位及制度存废再作思考。

（四）民事行政诉讼监督案件办理借用"外脑"的问题

张军检察长提出，检察机关办理抗诉案件要特别注意发挥社会力量——专家学者、专职律师、有法律背景的人大代表和政协委员的作用，充分用好"外脑"。2018年7月29日，最高人民检察院民事行政诉讼监督案件专家委员会成立，并召开了第一次专家论证会。借用"外脑"，提请专家就重大疑难复杂案件、有重大社会影响的案件、新类型案件、具有类案指导意义的案件进行咨询论证，应当成为民事行政诉讼监督案件办案程序中的重要一环。下一步应就专家不同意见的采纳问题、专家论证意见的使用问题、专家论证程序的规范问题及参与论证专家的选择问题进一步作出规范。另外，要切实处理好检察人员"重自强"与检察办案借用"外脑"的关系问题，既要通过借用"外脑"促进提高检察官办案能力，又要防止片面依赖"外脑"而导致检察官怠于履职尽责。

五、优化监督方式

优化监督方式是指检察机关在办理民事行政诉讼监督案件时应当区分抗诉、再审检察建议和检察建议等监督方式的适用情形，在综合考量的基础上选取最为适当的监督方式，以实现最优的监督效果。如何区分抗诉、再审检察建议和检察建议等监督方式的适用情形？从《人民检察院民事诉讼监督规则（试行）》第83条至第87条的规定来看，再审检察建议在适用范围上排除了实体法上的"适用法律确有错误"和"审判人员审理该案件时有贪污受贿、徇私舞弊、枉法裁判行为"两种情形，在程序上排除了"判决、裁定是经同级人民法院再审后作出"和"判决、裁定是经同级人民法院审判委员会讨论作出"两种情形，但是在多数情况下，再审检察建议与提请抗诉的适用范围是重合的，因而在监督实践中有必要对其作出适当区分。

具体而言：第一，对涉及适用法律错误类与审判人员违法类监督事由的案件，根据相关规定应当提请上一级人民检察院抗诉。第二，对涉及事实认定错误类和程序违法类监督事由的案件，原则上以向同级人民法院提出再审检察建议为宜。但是以下两种情况除外：一是案件比较重大或者裁判确实明显不公、发生了重大错误的情形，一般应当提请上一级人民检察院抗诉；二是原裁判是经同级人民法院再审后作出的，或者原裁判是经同级人民法院审判委员会讨论作出的，应当提请上一级人民检察院抗诉。第三，对于不宜提出抗诉或再审检察建议的瑕疵案件以及不适用再审程序的案件，可以通过检察建议的方式进行监督。另外，在监督实践中，对于裁判结果虽有错误，但错误部分的数额较小，对当事人的实体权益无重大影响的，或裁判结果虽有瑕疵但并未达到抗诉标准或者抗诉预期效果不甚明显的案件，可积极促成当事人和解，以矫正裁判结果中存在的错误或瑕疵。

在优化监督方式方面，张军检察长提出了"增强检察建议刚性"的要求，具体到民事行政诉讼监督领域中，应当是指把裁判结果监督再审检察建议、审判人员违法行为监督检察建议、执行监督检察建议做成刚性、做到刚性。本文认为，可从以下几个方面进行规范：一是提升检察建议质量。建立检察建议质效评估机制，确保检察建议内容精准、依据充分、切实可行；严格执行检察建议报上一级检察院备案制度和不当检察建议撤销制度，加强对检察建议的备案审查和质量评查。二是强化后续监督。建立检察建议跟踪制度，及时掌握法院对每一个检察建议的采纳、落实情况以及未被采纳的原因，定期进行总结分析；严格执行检察建议跟进制度，对法院未在规定的期限内作出处理并书面回复的，或者对检察建议的处理结果错误的，依法提请上级检察院抗诉或以其他适当方式监督。三是建立倒逼机制。建立检察建议在媒体公告、宣告制度和检察建议落实情况向党委、人大年度报告制度或集中通报制度，形成一定的舆论压力，倒逼法院接受和自觉履行检察建议。四是加强类案监督。对民事诉讼中同类问题适用法律不一致的，在多起案件中适用法律存在同类错误的，以及办案程序违法或不当需要改正的等情形，及时做好总结和归纳，适时提出类案检察建议。也可采取向法院发出年度民事诉讼监督情况通报，或者公开发表年度民事诉讼监督白皮书等形式，增强类案监督的实效。①

六、重视调查核实

目前，民事行政诉讼监督以书面审查为主的原则，导致检察人员办理案件的司法亲历性不足②，进而导致在疑难复杂案件的事实认定及事实不清时必要的自由心证等方面无所适从。增强民事行政诉讼监督案件办理的司法亲历性，是民事行政诉讼监督提质增效的客观需要，其最为有效的方式即为调查核实。调查核实属于监督手段的范畴，《人民检察院民事诉讼监督规则（试行）》第五章第三节从需调查核实的情形、调查核实措施、调查核实程序及拒绝调查的法律责任等方面，对调查核实作出了详细规定，但受传统办案思维和方式所限，调查核实在民事行政诉讼监督实践中并未受到足够重视。对此，一方面应加大调查核实在民事行政诉讼监督中的适用力度和适用范围，增强监督实效；另一方面应对调查核实的适用进行规范，做到合法合理适用。在监督实践中，应当着重注意以下几点：

（一）检察机关行使调查核实权应当与其公权力监督属性相适应

检察机关行使调查权不应当超越监督职能，为一方当事人收集证据甚至成为一方当事人的"代理人"，导致民事行政诉讼结构失衡。换言之，调查核实的事项应当严格限制在与判断民事行政诉讼过程和结果是否符合法律规定有关。另外，虽然《人民检察院民事诉讼监督规则（试行）》第65条规

---

① 参见最高人民检察院民事行政检察厅2018年7月31日下发的《关于加大民事行政诉讼监督案件办理力度，切实提高抗诉和检察建议精准度与权威性的通知》。
② 司法亲历性是指司法人员应当亲身经历案件审理的全过程，直接接触和审查各种证据，特别是直接听取诉讼双方的主张、理由、依据和质辩，直接听取其他诉讼参与人的言辞陈述，并对案件作出裁判。检察监督的司法属性，决定了在办案过程中也要贯彻司法亲历性，但严格程度跟法院存在区别。参见朱孝清：《与司法亲历性有关的两个问题》，载《人民检察》2015年第19期。

定了"仅通过阅卷及审查现有材料难以认定"的限定条件，但在监督过程中应当赋予检察人员在判断案件是否符合上述限定条件方面必要的自由裁量权，即如果检察人员在审查案件时认为需要采取相应调查核实措施，一般应予允许。

（二）检察机关采取的调查核实措施应当适当

一是要使询问当事人或者案外人成为办案常态，必要时辅之以听证程序。询问当事人是最为简便的调查措施，对于增强检察办案的司法亲历性、增进对案件事实的了解至关重要。二是要根据办案的切实需要，调取相关证据或咨询专业人员、相关部门、行业协会的意见。三是要严控鉴定、评估、审计、勘验的适用情形，对于在诉讼过程中已经进行过鉴定、评估、审计、勘验的，一般不再委托鉴定、评估、审计、勘验。对于终审判决所采信的鉴定意见、评估意见、审计意见等证据，如果有证据能够证明存在相关人员不具有资格、作出程序严重违法、结论明显依据不足等情形，可据以提出抗诉或再审检察建议。四是要严格遵守"人民检察院调查核实，不得采取限制人身自由和查封、扣押、冻结财产等强制性措施"的规定。

（三）检察机关进行调查核实必须严格遵循调查核实程序

《人民检察院民事诉讼监督规则（试行）》第71条规定："人民检察院调查核实，应当由二人以上共同进行。调查笔录经被调查人校阅后，由调查人、被调查人签名或盖章。被调查人拒绝签名盖章的，应当记明情况。"正确规范行使调查核实权，对于维护被调查人的合法权益、确保民事行政诉讼监督的精准性具有重要意义。检察机关在进行调查核实时必须严格遵守上述程序性规定，规范调查核实行为。

（四）检察机关调查核实结果的运用应当区分不同情形

一是作为新证据使用。例如在某公司与郑某种植合同纠纷中，通过检察机关调查核实，潍坊市生姜行业协会对潍坊地区生姜加工出口行业中"包洗成品"交易习惯出具的说明、潍坊出入境检验检疫局出具的《2007-2010年度潍坊辖区输日保鲜姜价格情况及潍坊佳禾食品有限公司输日保鲜姜情况》，证据内容相对完整，证明效力相对较高，能够作为足以推翻原判决的新证据来使用。二是作为抗诉与否的理由在文书中写明。例如在某公司与苏某买卖合同纠纷中，苏某一方在检察机关询问时关于涉案设备系作价700万元作为其出资、结汇的理由是支付购房款、拍卖公司背书的原因等相关表述，均与相关证据相悖，可以作为抗诉的理由予以引用。再如在某光明公司与某海峡公司合资合作开发房地产合同纠纷中，某光明公司在检察机关询问时所述的内容，实际上等同于承认双方针对判决结果的履行达成了新的协议，据此可以作为不支持监督申请的理由予以引用。

（五）在虚假诉讼监督中应当高度重视调查核实权的运用

虚假诉讼是指当事人以规避法律、法规或国家政策谋取非法利益为目的，通过恶意串通并虚构事实，借用合法的民事程序骗取法院文书，从而侵害国家利益、社会公共利益或案外人合法权益的行为，危害性巨大。全国检察机关"2016年以来共向人民法院提出抗诉或再审检察建议3877件，对构成犯罪的起诉452人"，案件数量仍相对较低。① 在虚假诉讼监督实践中，必须增强调查核实意识，积极运用调查核实措施，通过缜密的调查取证来查明案件基本事实。在虚假诉讼的多发领域，应当明确调查核实的重点内容。例如，对于民间借贷纠纷，应当着重调查借款的支付方式、债权人和债务人的经济状况以及执行款流转情况；对于离婚析产纠纷，应当着重调查是否通过诉讼转移夫妻共同财产、逃避夫妻共同债务或者增加夫妻一方的义务；对于房地产权属纠纷，应当着重调查涉案房地产是否存在法律、行政法规或国家政策禁止、限制转让的情形，是否存在当事人规避法律以房抵债的情形；对于以国有企业、集体企业为被告的财产纠纷，应当着重调查是否存在虚构法律关系侵吞国家、集体资产

---

① 相关数据来源于最高人民检察院2018年3月9日在第十三届全国人民代表大会第一次会议上所作的工作报告。

的情形；等等。

七、凝聚监督合力

民事行政诉讼监督提质增效，必须坚持检察一体化工作机制，强化协作配合，凝聚监督合力。一是严格落实民事行政检察部门与刑事检察部门之间的线索双移送、结果双反馈制度，增强民事行政诉讼监督与刑事诉讼监督的合力。应当准确区分刑事犯罪与民事行政纠纷的界限，加强刑事犯罪制裁与民事行政权益保护的衔接，综合运用刑事、民事、行政检察监督手段，有效整合监督力量和资源。二是严格落实民事行政检察部门与法官职务犯罪侦查部门之间的线索双移送、结果双反馈制度，增强民事行政诉讼监督与法官职务犯罪侦查预防工作的合力。"对人的监督才是最有威慑力的监督"。[1] 在履行民事行政诉讼监督职能过程中，应当重点发现并移送涉嫌民事枉法裁判罪，执行判决、裁定失职罪，执行判决、裁定滥用职权罪的犯罪线索，为法官职务犯罪侦查部门立案侦查提供必要的专业协助。对法官职务犯罪侦查等部门移送的审判、执行人员贪污受贿、徇私舞弊、枉法裁判等行为的线索，应当及时依职权对其经办的民事行政案件进行监督。三是明确各级检察机关在民事行政诉讼监督中的工作重点，促进同级监督与提请上级检察机关监督优势互补，增强上下级检察机关之间的工作合力，努力形成上下联动、密切配合的民事行政检察工作格局。[2]

---

[1] 张雪樵：《把握新时代新要求，开创民事行政检察新局面》，载《人民检察》2018年第4期。
[2] 参见最高人民检察院《关于深入推进民事行政检察工作科学发展的意见》（高检发〔2013〕6号）第19-20条的相关规定。

【**制度构建篇**·民事、行政执行检察监督】

关于民事执行检察监督的质疑与回答*

孙加瑞**

简单地讲,建立民事执行检察监督制度的理由有二:其一,现实的需要。众所周知,执行难和执行乱问题(其中许多执行难是执行乱引起的)愈演愈烈,已成为法院和社会的一块心病。执行乱的问题证明了一个公理:任何权力都应该受到监督。但是,解决执行乱的问题不可能单靠法院的内部监督,还需建立检察监督制度。其二,法律监督制度的需要。我国宪法规定的法律监督制度,是由检察机关对国家法律的统一与正确实施进行监督。民事执行活动也是适用国家法律活动的集中体现,检察机关当然应当对民事执行活动进行监督。

相应地,反对建立检察机关监督民事执行工作的主张,只有在令人信服地证明下列各点时,才有可能成立:第一,执行权虽然也是一种国家权力,但它的行使与其他权力不同,没有外部监督也不会产生腐败问题,并且也确实没有产生需要监督的问题。第二,即便存在着不依法执行的问题,只要法院的内部监督制度有效建立起来,执行乱的问题就迎刃而解,检察机关的外部监督没有用武之地。第三,民事执行工作与国家法律适用无关,因而也与法律监督制度无关,与检察监督无关。但是,上述三点都无法证明或没有得到证明:对于第一个问题,理论上和实践上的证明都是相反的,任何权力都应该受到监督;对于第二个问题,生活常识和理论研究都证明内部监督的作

---

* 本文分上、下篇刊载于《检察日报》2007 年 9 月 6 日第 3 版,此处将其合并为一文。
** 孙加瑞,最高人民检察院民事行政检察厅检察员、法学博士,全国检察业务专家。

用永远是有限的，不能排斥外部监督；对于第三个问题，似乎还未看到有人试图进行论证。

我们还不得不注意到这样一个奇怪的情形：检察监督与上级法院的监督目标相同（都是为了执行公正），方法和缓（不像上级法院那样可以指令改正），只是主体有别而已，但上级法院的监督被奉为天经地义，检察机关的监督却被视为大逆不道。这是为什么呢？

当然，仅有上述的分析还远远不够，我们还需要认真回答对于民事执行检察监督的各种各样的质疑。只有在质疑与反质疑的过程中，事物的本来面目才会得到充分的揭示。

一、质疑：民事诉讼法中不规定检察机关对执行程序的监督制度，并不违反宪法

法学常识和宪法学基本理论告诉我们：宪法是根本法、上位法，民事诉讼法是基本法、下位法，基本法必须服从于上位法，不得与上位法抵触，否则就是违宪，必须改正。

我国宪法第129条规定："中华人民共和国人民检察院是国家的法律监督机关。"凡是涉及国家法律实施的活动，都属于法律监督的对象。民事诉讼（包括审判和执行）是国家法律实施的集中体现，因而也是法律监督工作的重点。与任何其他国家机关的活动相比，法院的诉讼活动都更加明显地体现了国家法律适用的问题；如果拒绝将法院的诉讼活动纳入国家法律监督的内容，就是对宪法规定的法律监督制度的挑战和藐视。这也是为什么1979年民事诉讼法中虽然没有规定具体的监督措施（当时检察机关的工作重心在刑事诉讼上，没有力量顾及民事诉讼的监督），但在总则部分仍然规定了检察监督原则的原因。

有人认为，宪法规定的法律监督制度不正确、不恰当，民事诉讼法中可以不予规定。这一观点不但错误离谱（现在是讨论民事诉讼法问题而非宪法问

题），而且不可原谅：如果一个法律工作者、一个法律学者公然宣称可以违反宪法，还有什么最基本的职业理念和职业操守？

二、质疑：民事诉讼法并未规定检察机关可以监督民事执行活动

有人认为，我国民事诉讼法第 14 条虽然规定了检察监督原则，即"人民检察院有权对民事审判活动实行法律监督"，但民事审判活动并不包括执行活动，故民事诉讼法的检察监督原则不包括对民事执行活动的监督，检察机关对民事执行活动进行监督没有根据。

首先，把执行活动作为民事审判活动的一部分，由检察机关实行法律监督，是我国司法界长期形成的共识。

1979 年 2 月 2 日，最高人民法院公布了《人民法院审判民事案件程序制度的规定（试行）》，共有十一部分，其中第八部分为"执行"。这说明我国法院在传统上是将民事执行工作作为民事审判工作的一部分来对待的，执行权是审判权的一部分。在此基础上才有了 1982 年《中华人民共和国民事诉讼法（试行）》第 12 条规定的检察监督原则——人民检察院有权对人民法院的民事审判活动实行法律监督。1991 年民事诉讼法第 14 条又沿用了这一规定。

全国人大法律委员会前主任委员王汉斌在《关于〈中华人民共和国民事诉讼法（试行）〉（修改草案）的说明》中指出："执行是审判工作的一个十分重要的环节，它关系到法律和人民法院的尊严，有效保障公民、法人和其他组织的合法权益，维护正常的社会经济秩序。目前有些地方人民法院在审判工作中执行难的问题比较突出。"很明显，民事诉讼法第 14 条规定的检察监督原则，包括了对民事执行活动的监督。

三、质疑：只要在民事诉讼法中规定了检察机关有权对执行程序进行监督的一般原则，就不需要规定具体的执行监督措施和程序

持这种观点的人有两种情况：

一部分持此观点者，是反对在执行程序中规定检察监督的人，只是怕受到违宪的批评，才采取了"一般承认，具体否认"的策略，主张只是泛泛地规定检察机关的民事执行监督权，但不规定具体的监督措施和程序，在实施过程中就可以用没有具体规定的理由拒绝监督，从而实现抵制监督的目的。这种试图"空化""虚化"执行监督的主张，与前述反对检察机关执行监督的主张相比，实乃形异实同，仍然是一种违宪主张，其错误的严重性也不必再言。

持此论的其他人，主要是认为民事诉讼法规定不明确才导致了检察机关无法监督，只要明确了对民事执行的检察监督权，民事执行监督的障碍就扫除了。事实并非如此。

任何一个抽象的原则，都需要有明确具体的措施与程序相配套才能真正发挥作用；除非相关各方在实现这一原则的措施与程序上达成共识，否则抽象的原则充其量只是一个漂亮的口号而已。

首先，如前所述，立法机关的解释已经明确了我国民事诉讼法检察监督原则包括了对执行程序的监督，检察机关未能在全国范围开展这项工作的真正原因，是民事诉讼法中缺乏相关的具体程序与措施。法院如果不愿意接受检察机关的执行监督，一句"没有法律依据"就可以将其拒之门外；2000年最高人民法院《关于如何处理人民检察院提出的暂缓执行建议问题的批复》中宣称"人民检察院对人民法院生效民事判决提出暂缓执行的建议没有法律依据"，即是明证。

事实上，在尝试进行民事执行监督的地区，一个重要的前提就是法院的认可，法检两家要么会签了关于监督程序与措施的文件，要么有口头上或事实上的认可、默契。

以行政诉讼的法律监督为例，我国行政诉讼法第10条规定"人民检察院有权对行政诉讼实行法律监督"。该条中的"行政诉讼"当然包括"行政案件的执行",对此当无异议,但由于缺乏具体的监督措施和程序,法院往往拒绝监督,导致检察机关无法进行监督。这就是只有原则规定没有具体措施的后果。

再以民事抗诉工作为例,我国民事诉讼法明确规定了人民检察院有权对民事审判活动实行法律监督,民事审判活动当然包括了民事案件的受理、审理、证据保全和财产保全、判决、裁定、调解等各个环节的多方面内容,但是检察机关对民事调解却无法抗诉。1999年《最高人民法院关于人民检察院对民事调解书提出抗诉人民法院应否受理问题的批复》中就明确称:"《中华人民共和国民事诉讼法》第一百八十五条只规定人民检察院可以对人民法院已经发生法律效力的判决、裁定提出抗诉,没有规定人民检察院可以对调解书提出抗诉。人民检察院对调解书提出抗诉的,人民法院不予受理。"这是缺乏具体措施导致原则规定失去效用的又一明证。如果有人去质问最高人民法院"人民检察院有权对民事审判活动进行监督,调解工作不是审判活动吗?"恐怕无人理会。

因此,要建立有效的对民事执行活动的检察监督制度,就不能一般地规定有权监督,必须辅以明确规定监督的具体措施和程序。否则,原则性的规定只能是一纸空文。

四、质疑:现在已经有了很多对民事执行活动进行监督的部门,再规定检察监督没有必要

客观地讲,现在的执行工作确实有一定的外部监督,例如党委监督、人大监督、政协监督、舆论监督等。但是,当今执行乱的严峻现实,说明这些监督措施都未能发挥所期待的作用,究其原因,是这些监督的目的、方法、程序等各方面并非法律制度上所讨论的监督。

法院的执行工作表现为一个个的具体执行案件,当事人、社会对执行工作的意见也体现在一个个具体的执行案件上。因此,对于执行工作的有效外部监督,必须是对法院具体案件的具体监督(当然,对法院工作整体的、抽象的、

一般的、宏观的监督也是必要的）。由于执行工作具有很强的专业性，涉及复杂的法律适用问题以及证据认定问题等，对执行工作的监督专业性很强；能够承担起执行监督重任的机构，必须是一个专业法律机构。法院的执行工作是经常性的，执行监督工作也应当是经常性的，并且制度化。因此，作为一种权力对权力的制约，由法律专业机构对执行工作进行具体监督、专业监督、经常监督，并建立制度，是执行工作外部监督的基本要求。从这个标准看，现行的一些外部监督制度，包括人大监督、党委监督、政协监督以及舆论监督等，并不是我们讨论的外部监督。

我国人大有权对法院的执行工作进行监督，但这种监督体现在宏观方面，而非对个案的具体监督。另外，各级人大及其常委会是权力机关，不是审查处理具体案件的法律机构，也没有相关的专业人员和机构，难以对执行案件中的相关行为是否合法、得当提出处理意见。因此，人大及其常委会的监督不符合相关的要求。依据我国的人大代表质询制度，人大代表可以对法院的某一个具体案件提出质询，相当于一种具体监督。但是，这种监督是非经常性的，也不符合执行监督的要求。

党对法院的领导也包括党对法院的监督，对执行的监督是党对法院领导的一部分。但是，在制度层面上，党对法院工作的领导，包括党对法院执行工作的监督，是宏观的而非微观的，是一般的而非具体的，是政治、思想、组织上的领导监督，而非具体案件的监督，关注的是人（党员）的表现，而非事（案件）的结果。因此，党的监督无法作为经常的、规范的、具体的监督制度而发挥作用。

我国宪法规定"中国人民政治协商会议是有广泛代表性的统一战线组织"，已经清楚地表明了它的性质与任务。虽然政协及政协委员可以对一些执行案件提出监督意见，但它与执行监督制度所要求的具体监督、专业监督、经常监督仍相去甚远。

媒体监督是一种社会意义层面上的监督，不是制度意义上的监督，不是一种国家权力对另一种国家权力的监督，不是制度意义上的外部监督。

综上，现有的一些外部监督，与检察机关的监督完全不同，不存在相互替代或相互冲突的问题，不能以已经有了人大监督、党委监督等而拒绝检察监督。

五、质疑：执行中的问题很多，比如说执行难问题，检察监督并不能解决所有这些问题

有人提出，实行检察监督，并不能保证解决执行中存在的执行难问题。执行难的原因有很多，例如被执行人没有履行能力或逃避、抗拒执行，以及领导干预、地方保护主义等，这些都不是检察监督能够解决的，因此建立检察监督制度没有什么意义。

我们认为，任何一项制度都不可能解决所有问题，一项制度只要能够解决一部分问题，就是必要的、成功的。执行中的问题是执行难与执行乱并存，并且执行难的一个重要原因是执行乱。检察监督的主要任务，是规范执行行为，解决执行乱问题以及由于执行乱引起的执行难问题。只要检察监督能够有助于解决执行乱问题，建立对执行的检察制度就是有必要的。

检察监督必然有助于执行活动的进一步规范，对此毋庸置疑；至于是否能全面彻底解决执行乱问题，还有待法检两院以及社会各界的共同努力。

六、质疑：检察机关可以通过查处执行中的职务犯罪进行监督，没有必要在民事执行程序中再规定其他检察监督制度

有人认为："按照现行法律规定，检察机关完全可以通过查处执行中的职务犯罪对执行人员进行监督。在这种情形下，如果再过分强调检察机关对执行活动的监督问题，可能会带来高成本、低效率、程序繁、救济途径重复，以及被当事人不正当利用对抗执行等一系列问题，最终可能反而影响债权的及时实现，故应慎之又慎。"

执行中大量存在的违法、不当问题，不能通过查处职务犯罪的方式解决，还需要建立相应的执行监督制度。只有查处执行人员的职务犯罪一种措施，不

足以解决执行中存在的严重问题。理由如下:

第一,事实证明,当前执行工作中存在的问题严重而普遍,检察机关已经查处了大量的执行职务犯罪问题,但执行职务犯罪问题却屡查不止,这说明单靠查处职务犯罪的单一监督方式未能实现有效监督,无法保障执行公正。

第二,执行工作中妨碍国家法律统一和正确实施的表现有多种,包括执行中的职务犯罪行为,以及执行中的违法、不当行为。查处犯罪只能解决因为犯罪而产生的问题,但不能解决因为违法和不当执行而产生的问题。对于违法和不当执行产生的问题,需要另行设计执行监督措施才能解决。

第三,由于检察机关不能对违法和不当执行行为进行监督,也影响了检察机关查处执行中职务犯罪的效果。首先,执行职务犯罪很多是隐藏在违法、不当的执行行为中。检察机关不能对违法和不当的执行行为进行监督,也就影响了犯罪线索的发现,这在很大程度上限制了检察机关的查处职务犯罪行为及其效果。其次,除非受到监督,违法和不当执行行为很容易发展成为严重的犯罪,残酷的现实已经证明了这一点。因此,如果没有有效的民事执行监督机制,查处再多的执行职务犯罪都无法阻止更多的执行职务犯罪。

因此,查处执行人员的职务犯罪行为,与对违法、不当的执行行为进行监督,两者的监督对象、方式均不同,可以并举而且应该并举,不存在替代的问题,不能将查处执行人员的职务犯罪作为否定民事执行监督的理由。

七、质疑:法院正在完善内部监督,正在完善对执行当事人的救济程序,检察监督已经没有必要

(一)在执行活动的内部监督已加强的情况下,检察监督有无必要

有人认为:"过去,执行程序中确实存在监督不力的问题,在前几年的改革中从内部强化了执行工作的监督。目前最高人民法院正在考虑进一步对执行工作中的审判事项和执行事项在科学界定的基础上,将审判权从执行局分离出去等等措施,必将大大强化执行系统的内部监督。"因此,检察监督已经没有

必要。笔者认为：

第一，当前执行乱问题的普遍存在，重要原因之一是缺乏必要的检察监督。从人民检察院的统计情况看，执行人员的数量虽然少于其他民事审判人员，但执行人员因违法犯罪被查处的数量却超过了其他民事审判人员，执行人员违法犯罪的比例远远大于其他民事审判人员。究其原因，重要的一点便是目前的执行程序不受监督：民事审判在制度上接受着一定程度的外部监督（虽然这一外部监督程序还远不完善），但民事执行工作却没有类似的外部监督。

如果将民事执行与刑事执行相比较，我们也会发现刑事执行要远比民事执行规范得多，出现的问题也要少得多（无论从绝对数量还是相对比例），其重要原因，也是检察机关能够监督刑事执行，但不能监督民事执行。

因此，缺少检察监督，是民事执行工作长期存在执行乱问题的重要原因。

第二，任何内部监督（无论是否完善）永远不能替代外部监督，正如任何单位都有内部审计，但仍然需要外部审计。任何权力都应受到监督，这一监督首先是外部监督。因为内部监督具有天然的缺陷，其有效性永远是有限的。

客观地讲，人民法院在执行的内部监督上做了大量工作，也出台了许多规则，但是执行乱的问题似乎并未因这些努力而有任何改观，甚至还愈演愈烈，这说明内部监督的有限性并不会因人们的主观愿望而改变。

从实践情况看，被暴露出来的绝大多数违法犯罪案件，并非法院通过内部监督发现后主动向社会、向有关部门披露的；内部监督也会发现一些问题，但"内部人"更愿意将发现的问题"大事化小、小事化了"，甚至为了某种原因"一致对外""统一口径"，不让事情真相"外泄"。这是一个普通人群体的自然反应，我们的法官、法院似乎未能例外。

吉林省高级人民法院的一个普通执行员仅贪污执行款就达4000多万元，数额大、次数多、时间跨度长，但这一案件却是因公安机关的另外一个案件"意外"带出来的；广东省检察院查处了广州市、中山市、珠海市、深圳市等

中级法院执行人员的违法犯罪行为,有的执行部门几乎全军覆没,但这些窝案、串案也不是法院的内部监督程序发现的;深圳中院破产庭(在理论上,破产程序是一种特殊的执行程序,即概括执行程序)三任庭长相继落马,武汉中院三任院长前腐后继,安徽阜阳中院两名副院长、十余名庭长、副庭长涉嫌受贿,相继被判刑,这说明在法院内部的中层和高层领导也有严重的权力失控情况,法院内部监督的效果难以保障;四川省高级人民法院执行局局长被判刑,也无法让人相信他会公正地对下级法院进行监督。

既然内部监督的缺陷天然存在,不可克服,当然就不能以存在内部监督制度为由拒绝外部监督,也不能以内部监督机制完善为由拒绝检察监督。

(二)法院正在完善执行救济程序,检察监督有无必要

有人认为:"本次民诉法修改也极大地强化了当事人的诉讼保护和权利救济,形成了符合执行工作特点的监督模式,进一步加强了执行监督的力度,而不仅仅是'强化执行措施和保障'。比如,按照修正案的规定,法院拖延执行的,当事人可以申请上级法院更换执行法院;在执行行为违法的情况下,当事人和利害关系人可以提出异议并可以向上级法院申请复议,案外人对执行异议处理结果不服的,还可以提起诉讼。可以说,修正案出台和执行改革完成后,将构建起一个相对完整的权力监督制约和权利救济体系,当事人和利害关系人将拥有较为充分的救济手段,执行程序本身的监督和救济渠道会相当通畅。"因此,检察监督已经没有必要。

这是一幅美好的蓝图,但并不能成为反对执行监督的理由。

首先,检察监督和执行救济程序的目的不同。检察监督的目的是为了维护国家法律的统一与正确实施,实现执行公正,而执行救济程序的目的在于维护当事人和案外人的合法权益,两者虽然相关,但并不相同。当事人与案外人需要通过执行公正来保护自己的合法利益,这与检察监督的任务是促进和保障执行公正高度相关;但是,当事人与案外人通常考虑的仅是自己的利益,而不是执行程序合法与否。因此,执行救济程序不能替代实现检察监督的目标。

更重要的问题是，执行当事人与案外人能否通过执行救济程序维护自己的利益，仍然依赖法院的内部监督程序，这又回到了内部监督的有限性上了。

因此，执行救济程序的有效性依赖于内部监督程序的有效性，而内部监督永远不能替代外部监督，不能排斥检察监督。

八、质疑：我国正在建立符合国情的执行制度，实行检察监督不利于执行工作

（一）我国已经或正在建立符合国情的执行制度，检察机关进行监督不利于执行工作的开展

有人认为："我国执行改革正在如火如荼地进行，执行机构、执行权的运行机制等经过多年的摸索实践，已经或正在法院系统建立起一套符合我国国情的执行新体制和新观念。这些年的执行工作改革带给执行系统本身和广大民众的感觉是耳目一新、有所作为，也是充满希望和机遇的。""对执行活动进行检察监督，将直接影响到执行工作的管理体制、执行权的运行机制、上下级法院的执行监督制约机制等方面，这些都涉及执行工作的全局，涉及民事执行中重大的体制性问题，将对执行工作产生全局性、根本性的影响。"

"已经或正在法院系统建立起一套符合我国国情的执行新体制和新观念"，以及"近些年的执行工作改革耳目一新、有所作为，也是充满希望和机遇的"的判断，即便是真实的（我们不讨论这一判断真实与否），也不能成为拒绝执行监督的理由。

检察监督的首要目标，是规范执行行为，解决执行乱问题；如果有了检察监督，一些执行人员滥用职权、怠于履行职责的空间会大大缩小，随意执行的情况会大大减少，违法乱纪行为会更容易被发现。因此，检察监督确实"将对执行工作产生全局性、根本性的影响"，但这种影响只能是正面的、积极的。

质疑者所称的"将对执行工作产生全局性、根本性的影响"，应该是指不

好的影响,但这只是一个结论,我们看不到其论据和论证,当然无法给予信任(我们希望能看到这方面的论据与证明)。

(二)对执行监督草率行事会导致执行工作严重混乱

有人认为:"迄今为止,对检察机关能否监督执行活动以及如何监督等问题的认识上,各方存在严重分歧,需要进一步从理论上阐明,从实践上深入调研,反复论证。如果草率行事,可能致使执行工作产生严重混乱。"

由于众所周知的原因,在涉及部门利益的情况下,可能永远无法达成一致认识。因此,立法机关决定建立一项法律制度,应立足于建立该制度的必要性,立足于支持该制度理由的充分性。

不能以认识分歧为由反对建立一项法律制度(如果允许,恐怕任何部门都可以用认识分歧来阻挠不利于自己的法律),也不能以认识分歧为由认定一项立法是"草率行事";从而,认为这种"草率行事"会导致执行工作严重混乱的结论也就不能成立。

九、质疑:检察机关不能胜任对民事执行活动的监督工作

有人认为:"从我国检察机关目前的地位及其编制、人员素质、工作任务等因素看,检察机关无法胜任对民事执行工作的监督。"因此,检察机关不应对执行工作进行监督。

第一,检察机关的什么"地位"致使其无法胜任民事执行监督工作?据我们所知,检察机关是宪法规定的法律监督机关,其任务是保障国家法律的统一与正确实施,包括在执行程序中法律的统一与正确实施。检察机关的这一法律监督机关地位何以"无法胜任"民事执行监督呢?鉴于我们只看到了这一结论而没有看到论据和论证的过程,恕不进行评论。

第二,检察机关的什么"工作任务"导致其无法胜任民事执行监督工作?我们也没有看到此论的论据与论证,但可以理解为目前检察机关的刑事监督的

任务和民事抗诉的任务甚重，占用了大量的工作资源，可能无暇顾及将来的民事执行监督工作，因而不能胜任。但这一论断的猜测成分太大。由于现实的原因，目前的检察机关还无法全面开展对执行工作的监督，还没有这方面的"工作任务"，不存在因"工作任务"原因不能胜任执行监督的问题。将来明确规定了检察机关的执行监督职责后，检察机关的民事执行监督任务正式明确，何以会出现不能胜任之说呢？

第三，对检察机关的"编制、人员素质"提出的质疑，应该是指检察机关目前没有专门的执行监督机构，因而也没有相应编制，缺乏熟悉民事执行程序的人员。单从目前检察机关的机构、编制和人员知识结构上看，这种批评是有道理的；但是并不能据此得出检察机关将来不能胜任执行监督工作的结论。

首先，从管理学上讲，基本的原则是因事设人，绝对不能因人设事。法律赋予了检察机关执行监督的工作，检察机关就要根据需要设立专门的机构、人员，这是因事设人原则的当然要求。如果先看看检察机关目前的人员状况，再决定将来是否赋予其法律监督职责，则是因人设事的常识错误了。

2001年最高人民法院专门以明传电报发出了《关于涉及证券民事赔偿案件暂不予受理的通知》，其不予受理的理由是："当前，法院审判工作中已出现了这些值得重视和研究的新情况、新问题，但受目前立法及司法条件的局限，尚不具备受理及审理这类案件的条件。"很明显，当时的法院无法胜任此类案件的审理工作，但似乎没有人提出要求取消法院对此类案件的审判权。民事执行中的问题层出不穷，吉林省高级人民法院的一个普通执行员仅贪污执行款就达4000多万元；仅广东省就有珠海市、广州市、中山市、深圳市等中级法院的多名执行人员因职务犯罪被捕、被判刑；执行人员"不给钱不执行、给了钱乱执行"的情形并不少见，应该说法院执行人员是否"胜任"执行工作也大成问题，但好像也没有人据此提出取消法院对案件的执行权。为什么对检察机关就有了这个全新的标准呢？

其次，目前检察机关并未全面开展执行监督工作，也正因为如此，没有设立专门的执行监督机构和人员；但将来法律规定了检察机关的执行监督任务后，检察机关的专门工作机构和人员会从无到有、从少到多、从弱到强。以目前并未承担执行监督任务时期的机构和人员状况来推断将来无法承担执行监督任务，是刻舟求剑，其错误显而易见。人们会问：如果将来规定了检察机关的执行监督制度，凭什么说检察机关不会对编制、机构、人员等因素作相应调整呢？

十、质疑：如果规定了民事执行检察监督，在效果上可能只是给少数人增加一个可供选择的玩弄法律游戏的机会

有人认为："虽然检察机关对刑事、民事审判活动的监督对于维护和促进司法公正起到一定作用，但也存在不少问题。民事审判监督制度的某些弊端给我们提供了一个引以为戒的例证：正如学者所述，民事再审程序在某种程度上已经成为了一些人借以拖延时间或者反复缠诉的工具。根源就在于我国检察机关在各种现实因素的作用下，在相当程度上已成为个案当事人诉讼权利的代理人，而脱离了检察机关作为公共利益代表参与或'监督'民事诉讼的原本定位。一旦民事执行检察监督制度建立，可以预见，在效果上可能只是给少数人增加一个可供选择的玩弄法律游戏的机会。这将无疑给执行工作添乱，给权利人添堵。"

第一，任何权力都有寻租的可能，检察权、审判权都不例外。如果以存在寻租可能而否定对执行的检察监督权，则同样可以否认任何权力，包括否定法院的审判权，以及作为审判权延伸的执行权。

以执行实践为例，一些执行人员利用职权徇私牟利已经不是一种可能，而是大量存在的不能否认的现实，一些执行当事人甚至案外人主动或被动地向执行人员许诺、交易等也不只是一种可能，同样是不能否认的大量存在的现实。这种执行中的权力寻租问题虽然严重，但并不能依此主张取消法院的执行权；要解决其中的问题，只能靠规范执行和加强监督。那么，为什么仅因有权力寻租可能而主张取消检察机关的执行监督权呢？

是不是需要对执行工作进行监督是一个层次的问题，如何规范监督权的行使是另一个层次的问题，两者不能混为一谈，更不能借下一个层次的问题否定上一个层次的问题。

第二，此论点中对民事审判监督制度的指责既不客观也不公正。民事再审程序的启动有三种情形，分别是当事人申请再审、法院依职权再审和检察机关抗诉。如果"民事再审程序在某种程度上已经成为了一些人借以拖延时间或者反复缠诉的工具"，也只能说这是再审制度本身伴随的问题，与再审制度的启动方式没有关系，更不能未经论证就直接将再审程序伴随的问题全部"归功于"抗诉程序，认为"根源就在于我国检察机关在各种现实因素的作用下已成为个案当事人诉讼权利的代理人，而脱离了检察机关作为公共利益代表参与或'监督'民事诉讼的原本定位"，这一论断恐失之于武断。

检察机关的民事抗诉工作与法院的民事再审立案工作都可以启动民事再审程序，其工作内容、工作要求、人员素质、社会环境、当事人诉求等相同或基本相同，总而言之，"各种现实因素的作用"相同，难道我们法院的再审立案部门也"已成为个案当事人诉讼权利的代理人"？也"脱离了作为客观公正的代表或公正司法的原本定位"？这种判断当然是错误的。

个别执行人员在民事执行过程中滥用职权、怠于履行职责、徇私舞弊、中饱私囊等，"不给钱不执行、给了钱乱执行"的现象也大量存在，但恐怕不能说我们的人民法院"已成为个案当事人诉讼权利的代理人，而脱离了人民法院作为客观公正的执行机关的原本定位"。那么，有什么证据和理由可以得出结论说："我国检察机关在各种现实因素的作用下已成为个案当事人诉讼权利的代理人，而脱离了检察机关作为公共利益代表参与或'监督'民事诉讼的原本定位"？

第三，既然对检察机关在民事抗诉中的指责并不存在，则其导出的结论"一旦民事执行检察监督制度建立，可以预见，在效果上可能只是给少数人增加一个可供选择的玩弄法律游戏的机会。这将无疑给执行工作添乱，给权利人添堵"，也自然不能成立。

检察监督的目的在于维护国家法律的统一与正确实施，不是为了维护任何一方当事人的利益，但客观上也为当事人提供了一条申诉的途径。将来的执行监督制度建立后，到检察机关诉说委屈的既有债务人，也有债权人，总之都是认为自己的权利受损害的人，质疑者何以会得出执行监督是"给权利人添堵"的结论？难道还有申请执行人（权利人）申请检察监督给自己"添堵"的吗？难道制止和纠正违法执行就是"给权利人添堵"吗？这种指责既不符合事实，也有失公正。

执行机关和检察机关的目标是共同的，都是为了实现执行公正。从各地执行监督的实践调研情况看，很多地方法院都认为执行监督促进了执行公正，有助于及时发现和纠正执行中的问题。认为执行监督"给执行工作添乱"是未经调研的主观臆想的产物，也是一种很不好的情绪化反应，这也恰恰向大家证明：一些执行人员对执行监督的偏见和抵触情绪是多么的严重。

十一、质疑：检察机关如果对执行裁定进行抗诉，将使执行程序难以正常运行

（一）对执行裁定进行抗诉，会使执行程序过于复杂化、增加成本、影响效率、损害当事人的利益

有人认为："按照'加强论'的设想，对执行中所有的裁定如查封、拍卖裁定等提出抗诉的，法院都要再审。这些裁定解决的主要是程序性问题，却因抗诉转化为一个再审案件，不但不符合基本法理，而且会使执行程序过于复杂化、增加成本、影响效率、损害当事人的利益。"

如果对执行裁定的抗诉需要进入再审程序，确实存在使执行程序复杂化的问题。但是：其一，认为执行监督的方法就是对执行裁定抗诉并进行再审，这个靶子本身并不存在。从最高人民检察院的研究情况看，更倾向于纠正意见（或者再加上督促意见）的监督方式；即便选择抗诉的方式，也是建议单独规定一个审查或审理程序，不适用再审程序。

其二，现在最高人民法院提出的民事诉讼法修正案中包括了执行异议之诉制度。与现在的裁定方式相比，执行异议之诉的程序更为复杂（因为它适用普通诉讼程序），但也更为公正。这说明司法工作（包括执行工作）以实现公正为第一要义，只有在实现公正的前提下才有提高效率（简化程序）之考量，或者说在同等效果下才会优先选择简易的程序。没有公正的效率只能造成恐怖。

任何收益都需要有相应的成本投入。如果执行监督有利于执行公正，有利于制止和纠正违法、不当的执行行为，也就值得为其支付适当的成本，例如适当地让执行程序复杂、适当地牺牲效率。没有执行公正，也就没有当事人利益的保护。

因此，对于执行监督"会使执行程序过于复杂化、增加成本、影响效率、损害当事人利益"的指责，不但其靶子是虚拟的，而且其立论本身也是错误的。

（二）执行裁定数多量大，执行监督无法实行

有人认为："执行不同于审判，执行是一种非讼程序，执行工作非常琐碎、具体、大量的执行行为都是事务性工作，执行中的许多裁定是对一些程序性事项或者其他重要事项所作的处理。而且，与审判程序不同的是，一个执行案件中往往有几个、十几个裁定，有的执行案件甚至有几十个裁定。全国法院每年要受理200多万件执行案件，如果按照'加强论'提出的方案，检察机关对执行中所有的裁定都要进行监督，执行工作实际上将无法正常进行，检察机关也不可能有效行使监督职责。"

笔者认为，有的执行案件中裁定确实比较多，但这绝不是拒绝监督的理由；恰恰相反，一个执行案件中出现过多的执行裁定，反而可能是不正常的表现，更需要监督。有的执行人员正是利用手中的执行权上下其手、指鹿为马、翻云覆雨，把执行裁定耍得眼花缭乱，借以达到个人非法目的。如果执行裁定多就可以成为拒绝监督的理由，恐怕个别执行人员会更乐意作出上百个裁定。

执行裁定是执行监督的对象，但并非检察机关对每个执行裁定都要进行审

查，因而执行裁定多不能成为"检察机关也不可能有效行使监督职责"的理由。或者正相反，因为需要监督的对象过于复杂，所以更需要加强这方面的监督。

十二、质疑：检察机关建议暂缓执行会被人利用来对抗法院执行

有人认为："'加强论'方案提出检察机关可以建议法院暂缓执行，而且检察机关一旦建议，法院就应当暂缓执行。检察机关通常置身于执行程序之外，如何保证其暂缓执行的建议基于正确的判断？当前，法院对暂缓执行的控制越来越严格，这一规定无疑将导致一些别有用心的当事人另辟蹊径，把工作重点放在检察院，通过检察院的暂缓执行建议对抗法院执行。而且，由公权力决定暂缓执行期间造成的损失由谁来赔偿的问题，也不得不直接面对。"

第一，关于检察机关因置身于执行程序之外不能保证其暂缓执行的建议正确的问题。

这一立论的基础在于：只有亲身经历其事的人，才能正确理解其事物并作出正确判断，才有资格进行评价。但是，这个基础本身却是错误的。例如，法官未亲身经历其审理的案件，但并不影响其审理案件的权力；相反，如果法官亲身经历了他要审理的案件，则只能做证人，不能做法官了。另外，监督者不能同时是被监督者，这是任何一个法治国家都要遵守的基本规则，从而，检察机关置身于执行程序之外，恰恰是其得以行使监督权的合法性基础。

如果置身于执行程序之外的机关、人士无权提出监督意见，包括提出暂缓执行的建议，则上级法院也不能要求下级法院暂缓执行，最高人民法院《关于人民法院执行工作若干问题的规定（试行）》第132条规定（"上级法院在监督、指导、协调下级法院执行案件中，发现据以执行的生效法律文书确有错误的，应当书面通知下级法院暂缓执行，并按照审判监督程序处理。"）等等就需要改写了。

第二，关于"一些别有用心的当事人另辟蹊径，把工作重点放在检察院，通过检察院的暂缓执行建议对抗法院执行。"如前所述，任何权力都有寻租的可能，任何权力都有被人利用的可能，问题只在于如何规范权力的行使，而不是因噎废食，要求取消这种权力。一个权力应否存在，只应考虑它是否有存在的制度价值，而不是它是否有被人利用的可能（因为所有权力都有被利用的可能）。

第三，关于暂缓执行期间造成的损失由谁赔偿的问题。

首先，如果执行行为确实违法、不当，暂缓执行就不存在赔偿的问题，因为任何人不能期望从违法、不当的执行行为中受益。在执行行为错误时，检察机关建议暂缓执行应该是避免或减少了损失。

其次，暂缓执行如果确实损害了当事人合法权益，我们均赞成实行国家赔偿。任何国家权力的行使，如果损害了他人的合法权益，国家都应当给予赔偿或补偿，执行权、检察权都不例外。再次，讨论赔偿的前提是执行监督权的存在，赔偿问题是在承认执行监督之后的又一个层次的问题，不能用下一层次的问题否定上一层次的前提。如果因为赔偿上有疑问就可以主张否认执行监督权，那么对法院的执行权也可以如法炮制：在执行程序中同样涉及很多需要赔偿的问题，例如法院因不能执行回转而给原被执行人造成的损失如何赔偿？是否就可以据此否定法院的执行权呢？

十三、质疑：执行监督与事后监督的原则相悖，会使执行工作停滞不前，加剧执行难

有人认为："对审判活动的监督是对生效裁判的事后监督，是在正常诉讼活动终结后进行的监督，而如果允许检察机关对执行中的裁定进行抗诉，就远远超出了事后监督，检察机关将完全介入一个个正在正常执行的具体案件中，一个执行案件中将可能出现多个再审案件、多个权力主体，执行程序将可能因此变得冗长复杂，执行工作也将可能因此停滞不前，这不仅不利于解决执行

难，反而会严重影响执行的效率，在一定意义上说反而会加剧执行难。这与修改民诉法、解决执行难的初衷是背道而驰的。"

我们也主张执行监督适用事后监督的原则。对一个执行案件而言，所谓事后监督原则只是指违法的、不当的执行行为发生后检察机关才启动监督程序，提出监督意见。事后监督原则与事前的防范性措施相对应，但并非指案件执行完毕后检察机关才能介入。具体而言，在违法的、不当的执行行为发生后，虽然案件未执行完毕，检察机关仍应依法启动监督程序。如果将事后监督理解为案件执行完结后才能监督，则会出现两种奇怪的情形：或者，因为时过境迁，物是人非，检察监督程序已无法启动或者已无实际意义；或者，因为种种原因，执行案件长期无法执行完毕，检察监督程序也长期无法启动。

在需要对执行人员怠于履行职责进行监督时，如果还要求在案件执行完毕后才能启动检察监督程序，恐怕会成为黑色幽默。

既然不能将事后监督原则理解为执行案件完结后才能监督，那种认为检察监督会不适当地介入执行案件中并导致执行工作停滞不前、加剧执行难的指责也就没有了根据。

民事执行检察监督机制分析*

谭秋桂**

内容摘要: 人民检察院是国家法律监督机关,依法负有对刑事诉讼、民事审判和行政诉讼进行法律监督的职责,但是,近年来,关于人民检察院应否对人民法院民事执行活动进行监督一直存在争议,本文从民事执行检察监督的合理性、民事执行检察监督的对象、具体内容、程序构建、制度保障等多个方面对这一问题展开探讨,以期推进民事执行检察监督的有效开展。

关键词: 民事执行 检察监督 程序构建

一、问题的提出

民事执行是实现生效法律文书内容的重要保障,它不但关系到当事人被审判机关、仲裁机构及其他有权机构确认的权利能否顺利实现,而且关系到国家法律的权威与尊严能否得以维护。因此,规范民事执行权的运行,建立高效、公正的民事执行机制,在国家法律和社会生活中具有十分重要的作用。

根据我国宪法规定,人民检察院是国家的法律监督机关。然而,近年来,关于人民检察院是否应当对人民法院民事执行活动进行法律监督的问题,有关

---

* 本文刊载于《人民检察》2008年第22期。
** 谭秋桂,中国政法大学诉讼法学研究院教授、法学博士。

各方争论激烈。有的认为，外部监督是预防腐败的一剂良方，要解决我国目前实践中比较严重的"执行乱"问题，单纯依靠人民法院的内部监督难以达到预期目标，检察机关作为国家法律监督机关，在规范执行行为、防止执行权滥用以及支持法院依法执行方面能够发挥明显作用。因此，应当加强民事执行检察监督并细化相关法律规范。① 有的则认为，民事执行检察监督的实际效果可能并没有"加强论"者预期的那样好，甚至可能使民事执行工作更加困难，检察机关完全可以通过查处执行人员职务犯罪的方式实现执行监督，因此主张取消民事执行检察监督制度。②

笔者认为，实行民事执行检察监督的合理性、合法性和必要性本身是不容置疑的。首先，从理论上说，权力必须接受监督，否则就会导致权力滥用。因此，只要承认民事执行机关行使的民事执行权是国家公权力，就必须为该种权力的行使设定有效的监督机制。其中，权力监督是民事执行权监督机制中不可或缺的组成部分。其次，人民检察院是宪法规定的法律监督机关，只要认为民事执行是一种法律实施行为，就得认可该行为必须接受人民检察院的监督。从目前的理论研究情况来看，尽管人们对于民事执行行为是否为司法行为的问题有所争议，但对于它是法律实施行为应当是没有争议的。因此，对民事执行行为进行检察监督具有坚实的宪法基础。再次，从民事执行的现实情况来看，目前，"执行难""执行乱"的问题相当突出，民事执行领域中的腐败现象亦非鲜见，严重损害了国家法律的权威和尊严，破坏了人们的法治信念。究其原因，"现行的执行权运行机制最大的弊端就是权力缺少有效的监督和制约，执行员权力太大，很多问题的发生都是由此造成的。"③ 对民事执行权的运行实施检察监督，对于实现私权、维护法律的权威和尊严、增强法治信念是十分必要的；

---

① 汤维建：《检察机关应有权对民事执行程序进行法律监督》，载《检察日报》2002年7月17日。
② 赵晋山、黄文艺：《如何为民事执行监督开"处方"》，载《光明日报》2007年8月27日。
③ 沈德咏、张根大：《中国强制执行制度改革——理论研究与实践总结》，法律出版社2003年版，第60页。

确立民事执行检察监督原则，并构建具体可行的法律监督机制，具有坚实的理论和实践基础。

二、民事执行检察监督的对象

民事执行检察监督的实质是检察权对民事执行权的控制，其目的在于防止民事执行权超越应然的作用范围或者违反既定的运行程序。由于民事执行权的作用与运行是通过民事执行机关实施的民事执行行为体现出来的，所以民事执行检察监督的具体对象应当是民事执行行为。

笔者认为，民事执行权由执行命令权、执行裁判权和执行实施权三种亚权力构成，[1]相应地，民事执行行为可分为执行命令行为、执行裁判行为和执行实施行为三种基本类型。执行命令权和执行裁判权集中体现了民事执行权的司法权属性，在性质和功能上与民事审判权完全相同。因此，无论是从理论还是从现行法律规定来看，人民检察院对分别体现执行命令权和执行裁判权的执行命令行为和执行裁判行为实行检察监督，应当不会有什么障碍。

执行实施权体现的是民事执行权的行政权属性，对体现该权运行的执行实施行为是否可以进行检察监督以及如何进行检察监督的问题，可能会有争议。有人可能认为，既然执行实施权是一种行政权，就不应当设计出类似检察权对审判权的检察监督机制，而应当设计出类似检察权对行政权的制约机制，或者通过追究执行人员职务犯罪的方式实现对执行实施行为的监督。但是，笔者认为，首先，执行实施权体现了民事执行权的行政权属性，并不意味着执行实施权就是行政权，执行实施权的基本属性还是相对独立、处于司法权与行政权边缘的民事执行权，将执行实施权完全等同于行政权是不妥的。其次，从性质上看，追究相关人员刑事责任属于刑事诉讼的范畴，在这一过程中，检察机关行

---

[1] 目前理论界大多数人认为，民事执行权由执行裁判权和执行实施权"两权"构成，执行命令权是执行裁判权或者执行实施权的下位权力。但是，笔者认为，执行命令权是与执行裁判权和执行实施权并行的亚权力，而不是执行裁判权或者执行实施权的下位权。

使的不是民事执行检察监督权,因此追究相关人员刑事责任并不是民事执行检察监督的方式。

正因为执行实施权的基本属性是民事执行权,所以对执行实施权的监督应当适用民事执行监督的有关规定,体现民事执行监督的特殊性。同时,民事执行权是完整的国家公权力,对该权力的监督当然应当包括对其下位权的监督,否则就会因监督不全面而有损监督的效果。因此,对民事执行权的检察监督,应当包括对执行实施权的监督,检察机关应当有权对执行实施行为进行监督。

综上所述,民事执行检察监督的对象不仅包括执行命令行为、执行裁判行为,还包括执行实施行为。具体而言,从行为的性质来看,民事执行检察监督的对象既包括积极的作为,也包括消极的不作为;从行为的后果来看,民事执行检察监督的对象既包括民事执行程序中作出的裁定,也包括民事执行程序中作出的决定或者命令。

三、民事执行检察监督的具体内容

(一)民事执行检察监督的时机

根据现行民事诉讼法的规定,人民检察院对于人民法院的审判活动实行事后监督,即人民检察院认为已经发生法律效力的判决、裁定具有法定抗诉事由的,可以向人民法院提起抗诉。那么,如果确立民事执行检察监督体制,人民检察院对于人民法院的执行行为是否也只是实行事后监督呢?笔者认为,一方面,监督的基本功能是纠错,一旦认定执行行为确有错误,人民检察院就应当启动监督程序,要求人民法院予以纠正。因此,事后监督必不可少。另一方面,民事执行是实现私权的最后程序,在该程序中发生的错误后果往往非常严重——直接关系到债权人的债权能否实现、国家法律的权威能否维护。因此,应当采取一切可能的措施,防止错误的发生。作为国家法律监督机关,检察机关如果能够依法预防和阻止错误的发生,其意义当然非同一般。这样,在民事执行程序中引入事中即现场监督机制也是完全必要的。

从民事执行的基本规律和我国民事执行的实践现状来看，对于执行命令和执行裁判行为，可以实行事后监督，即人民检察院认为人民法院的执行命令或者执行裁判行为违反法律规定的，可以提起监督要求纠正；对于执行实施行为，应当实行事中和事后相结合的监督，即人民检察院可以参与某些执行实施行为，进行现场监督，预防或者即时要求纠正违法的执行行为，也可以对确有错误的执行实施行为进行事后监督，要求人民法院纠正。其中，对于可以进行事中监督的行为，应当由法律作出明确规定。从民事执行实践的需要来看，对于下列三种执行实施行为，人民检察院可以实行事中即现场监督：（1）容易形成争议且出错后果难以弥补的执行实施行为，如标的物评估、拍卖、变卖或者以物抵债行为，执行款物分配行为；（2）容易形成争议且相关证据难以固定的执行实施行为，如责令退出土地、迁出房屋等执行行为；（3）执行机关认为确有必要由检察机关进行现场监督的执行实施行为。

（二）启动民事执行检察监督的原则与例外

启动民事执行检察监督的原因，涉及的是检察机关是主动地还是被动地对执行机关的执行行为进行监督的问题。它取决于对以下两个问题的回答：一是检察机关是否可以自主启动民事执行检察监督程序；二是执行机关是否可以主动要求检察机关对其执行行为进行监督。从理论上看，作为国家法律监督机关，人民检察院应当对法律的运行情况进行监视、督促。因此，人民检察院可以依职权自主启动民事执行检察监督程序。但是，在实践中人民检察院不可能全程跟踪每一个执行案件，难以主动发现执行行为存在的所有错误。同时，民事执行检察监督还要尊重当事人的处分权，只要当事人行使处分权时不损害国家或者社会公共利益，不侵害他人的合法权益，人民检察院就不应当干预。这样说来，民事执行检察监督应当坚持被动监督的原则，即除非涉及国家或者社会公共利益，只有经他人要求才能启动民事执行检察监督程序。

根据被动监督的原则，执行当事人、利害关系人认为执行行为违反法律规

定、侵害其合法权益的,有权要求人民检察院启动民事执行检察监督程序,督促人民法院纠正违法的执行行为。理论上和实践中应当对此都不会有异议。但是,笔者认为,除了当事人、利害关系人可以申请人民检察院对人民法院的执行行为进行检察监督外,人民法院也可以主动邀请人民检察院对其执行实施行为进行监督。如在执行标的物的评估、拍卖程序中,人民法院在必要时可以邀请人民检察院进行现场监督。人民法院主动邀请人民检察院进行执行监督,不但有利于确保执行行为的合法性,预防争议的发生,而且有利于充分实现民事执行检察监督的补强功能,有利于民事执行的顺利进行。

作为被动监督原则的例外,人民检察院认为人民法院的执行行为违反法律规定,损害国家或者社会公共利益的,可以主动进行监督,要求人民法院及时纠正。具体而言,包括两种情形:一是人民法院的执行行为违反法律规定,损害了国家或者社会公共利益,但执行当事人、利害关系人都没有申请人民检察院进行检察监督;二是执行当事人、利害关系人在执行程序中恶意串通损害国家或者社会公共利益。

(三)民事执行检察监督的具体方式

根据现行民事诉讼法的规定,对于人民法院的民事审判活动,检察监督的具体方式是通过抗诉引起再审程序。目前,在研究民事执行检察监督的程序设计时,大多数人都主张将抗诉作为民事执行检察监督的方式之一。但是,笔者认为,抗诉不宜作为民事执行检察监督的方式。首先,民事执行不同于民事审判,人民检察院对人民法院执行行为进行的监督,与诉或者审判无关,其具体方式自然不宜称为"抗诉"。其次,在民事执行检察监督制度中援用民事诉讼中的抗诉制度,可能导致民事执行检察监督误入歧途。根据现行法律的规定,抗诉的后果是人民法院启动再审程序对案件进行再审。但是,民事执行检察监督并非一定引起再审程序,甚至极少启动再审程序,而是督促人民法院重新审查或者重新采取执行行为,纠正执行错误。援用"抗诉"的提法不但无法体现民事执行检察监督与民事诉讼检察监督的不同,而且可能使民事执行检察监督走入单纯引起再审程序的误区。

既然不宜以抗诉作为民事执行检察监督的方式，有人可能认为，民事执行检察监督的具体方式可称为"抗执"。但是，笔者认为，"抗执"的称谓更不可用。这是因为，"抗执"的提法可能引起与民事执行检察监督的实质背道而驰的歧义。"抗执"可能会引起"对抗执行"或者"抗拒执行"的误会。事实上，民事执行检察监督不但不会"对抗"或者"抗拒"执行，而且具有"补强"执行的功能。[1]"抗执"的提法，不但无法体现检察监督补强民事执行的功能，而且可能完全曲解民事执行检察监督的目的，因而是不适宜的。

为了使概念清晰而明确，笔者主张将民事执行检察监督的具体方式直接称为检察监督，人民检察院提起民事执行检察监督的法律文书可以称为"民事执行检察监督意见书"。"监督"明确了人民检察院参与民事执行程序的目的，体现出其中的强制性；"意见"既便于人民检察院说明自己的倾向性结论，又能确保人民检察院不直接介入执行程序，更不会越俎代庖去实施执行，保持监督者的超然地位。其中，进行事后监督时，人民检察院认为人民法院的执行行为存在错误的，应当通过向人民法院递交"民事执行检察监督意见书"，说明提起监督的事实和法律依据，并要求人民法院依法纠正错误；进行事中监督时，人民检察院应当在现场提出监督的结论性意见，要求人民法院立即纠正错误，并及时向人民法院递交"民事执行检察监督意见书"具体说明提起监督的事实和法律依据。

四、民事执行检察监督的程序构建

执行机关如何对待和处理检察机关提起的执行监督，是民事执行检察监督

---

[1] 民事执行检察监督具有的"补强"民事执行功能，主要体现为三个方面：一是增强民事执行的抗干扰能力，有利于人民法院对抗地方保护主义、熟人社会等形成的执行干扰；二是增强民事执行的公信力和权威性，有利于当事人乃至整个社会接受人民法院的执行结果；三是增强民事执行的自我预防和纠正错误的能力，有利于人民法院执行工作人员提高依法执行的自觉性。

机制的核心问题之一。根据现行民事诉讼法的规定，民事审判检察监督的后果是启动再审程序，由人民法院对案件进行再审。但是，民事执行检察监督的对象是人民法院的执行行为，该行为是审判程序的后续行为，具有相对独立性，因此民事执行检察监督的后果不必与民事审判监督一样，没有必要由人民法院对案件进行再审。①同时，人民检察院毕竟没有民事执行权，不能直接采取执行行为，也不能替代人民法院直接纠正执行错误，而只能行使检察监督权通过公权力对公权力的监督，督促人民法院纠正执行错误。因此，进行民事执行检察监督，必须确保既能有效纠正执行错误，又不至于造成权力运行体系混乱。

笔者认为，为了实现民事执行检察监督的目的，同时适应民事执行效益优先原则的要求，在民事执行检察监督的效力问题上，应当坚持以下三个原则：第一，执行机关必须充分重视检察机关提出的民事执行检察监督意见，不能对其置之不理或者敷衍了事；第二，尽量避免由于检察监督机关与执行机关在民事执行检察监督意见正确与否问题上的争执而拖延正常的执行进程；第三，确保将民事执行检察监督与执行机关的内部监督有效结合起来，以实现公权力之间的协调配合。为了实现上述原则的要求，笔者认为民事执行检察监督的程序构建应当做到以下几点：

首先，民事执行检察监督应当实行同级监督，即由实施民事执行行为的人民法院（即执行法院）的同级人民检察院首先提起检察监督，而不实行现行民事诉讼法规定的民事审判监督"上级抗"模式。与执行法院同级的人民检察院，与执行法院之间的时空距离最近，对执行行为以及执行案件的相关信息的掌握最为全面，由它进行民事执行检察监督，相关信息传递与反馈速度最快，同时方便当事人、利害关系人提出申请，从而有利于提高民事执行检察监督的效率，也更方便实践操作，确保民事执行检察监督的实际效果。

其次，人民法院收到人民检察院提出的民事执行检察监督意见书后，必须

---

① 人民检察院如果认为执行行为的错误源于审判程序的错误，应当按照民事审判检察监督的程序提起抗诉，而不是按照民事执行检察监督的程序提起监督。换言之，此时进行的检察监督是民事审判检察监督而不是民事执行检察监督。

组成合议庭对检察监督意见涉及的执行行为进行审查，该执行行为涉及执行当事人、利害关系人利益的，应当通过听证等方式听取其意见并对相关证明材料进行审查。经审查，认为检察监督意见成立的，立即纠正错误的执行行为，并制作书面文件答复提起监督的人民检察院；认为检察监督意见不成立的，书面答复提起监督的人民检察院并说明理由。

最后，提起监督的人民检察院不满人民法院的答复意见，且认为有必要继续督促其纠正错误的，应当建议上一级人民检察院提起检察监督。上一级人民检察院经审查认为建议理由成立的，应当向其同级人民法院提出检察监督意见书。收到检察监督意见书的人民法院应当通知下级人民法院将相关案卷移送至本院，并组成合议庭对检察监督意见书涉及的下级人民法院的执行行为进行审查，该执行行为涉及当事人、利害关系人利益的，应当听取其意见并审查相关证明材料。经审查，认为人民检察院提出的检察监督意见成立的，责令下级人民法院立即纠正错误的执行行为或者采取提级执行、指定其他人民法院执行等措施，同时书面答复提起监督的人民检察院；认为人民检察院提出的检察监督意见不成立的，书面答复提起监督的人民检察院并说明理由。收到答复的人民检察院应当将答复副本转交建议提起检察监督的人民检察院。收到答复副本的人民检察院不得就该执行行为再次提起检察监督；若不满人民法院的答复，且认为相关人员涉嫌职务犯罪的，应当移送相关部门处理。

五、民事执行检察监督的保障

人民检察院进行执行监督，是一种公权行为，具有独立性。人民检察院不能完全根据执行当事人或者执行法院的意见来办理执行监督案件，而必须具有自己的独立判断。进行必要的调查，核实有关情况，是确保人民检察院判断准确性的重要途径。因此，应当赋予人民检察院对与执行行为以及执行案件有关的情况进行必要的调查的权力。

人民检察院在民事执行检察监督程序中所做的调查，既包括向执行当事人及其他有关单位、人员了解情况，也包括调取有关档案资料。保存在执行机构的法律文书档案，即案件的卷宗，包含着执行案件的许多重要信息，能够反映执行程序、执行方式、执行内容的全貌，是检验执行行为是否合法与适当的重要证明资料。因此，人民检察院作出检察监督决定后，认为确有必要调取执行案卷的，应当有权向执行机构提出调卷要求。人民检察院提出调卷要求是一种公权行为，因此，执行机构应当配合，即根据要求提供案卷。

此外，人民检察院认为人民法院的执行行为确实存在错误，且继续实施该执行行为或者采取进一步执行措施将造成难以弥补的损害的，可以在民事执行检察监督意见书中提出暂时停止实施该行为或者不再采取进一步执行措施的暂缓执行建议，以维护执行程序的公正性和正常的法律秩序，防止造成难以弥补的损害。由于人民检察院行使的监督权是一种公权力，所以收到包含暂缓执行建议的检察监督意见书的人民法院原则上应当暂缓执行。但是，人民法院认为人民检察院的暂缓执行建议是基于对事实的错误认定或者违反法律的禁止性规定的，可以书面答复人民检察院不予采纳该建议。对于赋予人民检察院建议暂缓执行的权力的规定，有些人可能会存有忧虑，害怕此规定可能导致执行效率降低，产生新的"执行难"。笔者认为尽管此种忧虑可以理解，赋予人民检察院暂缓执行建议权有利有弊，但此种忧虑和弊害不足以成为拒绝赋予人民检察院暂缓执行建议权的理由。首先，立法者不能把每一个执法者都看成企图滥用权力的人，否则法律制度根本不可能建立；即使执法者可能滥用权力，也不能以此为由拒绝赋予其权力，否则社会管理无法进行。明智而现实的做法是通过更为完善的制度建设预防拥有权力的人滥用权力，而不是拒绝赋予权力。因此，赋予人民检察院建议暂缓执行的权力，并不意味着人民检察院就一定会滥用该权力并导致执行程序无法连续进行，也不意味着人民检察院一定会对每个案件都建议暂缓执行。其次，赋予人民检察院建议暂缓执行的权力，其实是为人民法院的执行工作设立了一种全新的保障机制，有利于提高执行工作的合法性和公正性，从而有效防止因执行错误而产生大量新纠纷甚至国家赔偿案件，对执行工作和社会安定十分有利。

毫无疑问，无论是在理论上还是在实务中，关于是否应当以及如何进行民事执行检察监督的问题还会发生争议。但是，笔者认为，无论怎么争议，权力必须接受监督这一普遍原则是不容置疑的。面对我国目前民事执行的现状，我们应当从全局出发，高瞻远瞩，作出具有战略预见性的抉择，建立和完善民事执行检察监督机制，在确保民事执行权顺利运行的同时，维护法律的权威性以及当事人、利害关系人的合法权益，促进社会和谐与发展。

论民事执行检察监督的不足与完善*

黄小雨**

内容摘要： 在我国民事执行实践中，"执行乱"现象一直未能缓解，这与缺乏有效的监督机制直接相关。本文采用实证研究的方法，通过对2008年广东省人民检察院民事执行检察监督工作的研究分析，为学界提供一手实证资料，并分析提出构建检察撤销权的建议，以期加强民事执行监督工作。

关键词： 民事执行 检察监督

执行乱问题近年来日益严重，某些情形让人触目惊心，作为法律共同体的每一位成员，均有职责对该问题进行认真的分析思考。学界主张对法院民事执行活动建立检察监督制度的呼声由来已久，[①] 但在2007年民事诉讼法修改过程中，立法机构因争议太大，将制度建设问题暂时搁置。[②] 可以预见，民事执行检察监督问题仍将被学界热议。在研究该问题的过程中，一些知名学者表示

---

* 本文刊载于《理论界》2011年第3期。

** 黄小雨，广东省人民检察院民事行政检察处副处长，中国人民大学法学院民商法博士研究生。

① 杨立新：《新中国民事行政检察发展前瞻》，载《河南省政法管理干部学院学报》1999年第2期。

② 2007年8月24日，全国人大法律委员会向全国人大常委会作关于《〈中华人民共和国民事诉讼法修正案（草案）〉修改情况的汇报》，明确指出："有些常委会组成人员建议增加规定人民检察院对执行进行法律监督"，但"考虑到最高人民法院和最高人民检察院的意见分歧很大，法律委员会建议对这个问题暂不作规定，待今后修改民事诉讼法时再研究"；姚红主编：《中华人民共和国民事诉讼法释义》法律出版社2007年版，第481—482页。

对该领域的问题因为"缺乏足够的资料来据以作出有把握的回答"。[1] 正是基于此，笔者拟结合广东省的民事执行检察监督实际，对该项制度目前的现状及存在的问题进行分析，以期能为该项制度的进一步完善贡献绵力。

一、2008年广东省人民检察院民事执行检察监督工作的实证分析

早在1998年，广东省人民检察院就对民事执行活动开展监督工作，直至2008年，省检察院在总结经验的基础上，制定了《关于对民事行政执行活动实施法律监督的指导意见》（以下简称《指导意见》），于7月份下发全省施行。笔者收集了全省2008年民事执行检察监督的所有案例资料，作为研究样本，进行实证分析。经分析，现阶段执行监督案件体现出如下规律：

（一）案件受理数有大幅上升空间

理论上，导致执行错误的因素与实体判决并无根本不同，执行错误率应当不低于实体审判。因此，申请执行监督案件数与申请抗诉案件数应是正比关系。以2006年为例，全国法院全年共审结一审、二审、再审民事案件483万件，执行终结214万件。[2] 执行案件占实体判决的44%。那么执行监督案也应当是抗诉案的44%。但实际情况是申请执行监督案占申请抗诉案的9.5%，应当说这个比例与实际申诉需求相比依然偏低。主要原因在于执行监督工作还欠成熟，申诉人对该项职能还没有清晰认识，检察院自身也存在一定的认定问题，在工作尚未整体顺畅推进的情况下，案件受理数自然受限。

（二）监督成案率高

对提出监督意见的案件，实践中习惯称为成案。经核算，全省执行监督案件受理数为324件，提出监督意见的是124件，成案率高达48%，是抗诉案

---

[1] 王亚新：《执行检察监督问题与执行救济制度构建》，载《中外法学》2009年第1期。
[2] 参见《中华人民共和国最高人民法院公报》2007年第3期。

成案率的三倍。成案率是实际工作中非常重要的概念，成案率的高低，初步直观地反映出被申诉的执行案本身可能存在的不当率。执行监督成案率是申请抗诉案的两倍，这为检察院内部将来工作职能的调配发展提供了重要的数据参考。执行监督成案率较高，是由执行工作的现状决定的，也与社会大众对执行工作的普遍认识相符。

（三）监督方式多样、书面检察建议书成主体

监督方式有五种：书面检察建议书、口头检察建议、纠正违法通知书、发函要求法院说明执行情况、现场监督。其中数量分别为82、21、7、6、8，总数124件。书面检察建议已经成为主要监督形式。原因在于：首先，检察建议书是检察院的正式工作文书。其次，书面检察建议是经过"两高"一致同意的监督方式。纠正违法通知书与发函是另外两种书面监督方式。其中前者因外观上具有较强的对抗性，实践中采用的不多。后者则带有询问性质，不具备典型的监督性。这两种方式在制度依据上各有出处，侧重点也有不同，但实质上与书面检察建议书存在较多的相似性。口头建议则明显强在灵活、失于严谨。目前口头建议主要在两种情况下使用：一是执行不当情节轻微；二是当地检法联系紧密。现场监督与口头建议看起来迥异，实际上共性很大：第一，这两种方式常出现在检法对执行监督工作有较高相互认同的地区。第二，这两种方式均是弱对抗性的监督。

（四）监督效果优良、阻力巨大

笔者对各种方式的成效进行细分统计，经统计，执行监督的总体效果较好。全省抗诉案件改变率为53%（166件/312件），而执行监督的采纳率为64%，其中书面监督意见的采纳率为70%（即检察建议书、纠正违法通知书与发函三种）。初步看来，采用何种方式并不会根本上影响监督效果，这个现象很值得思考。为探明制约监督有效性的因素，笔者仔细核对了详细案件资料，发现现有数据存在较为严重的失真问题，而这些问题与被监督者有很大的

关联性：第一，被监督者对出具书面材料纠正不当明显持回避态度，导致部分数据失范。检察院作出书面监督意见书后，法院应有采纳与不采纳两种决定结果。法院改正原裁决或行为后，应书面回复检察院；认为其并无不当，也应作出经查并无不当的回复。这些情况检察院可记载在案，用以结案。但在复查案件材料时发现，检察院提出监督意见后，相当数量的案件结案时缺乏法院的书面决定。这就意味着部分法院刻意回避监督。即使采取了措施实质上改变了原裁决或行为，也未书面回复，以免留下错误证明。之所以出现这种状况，一方面是检察院跟进工作力度不足，另一方面是因为法院对留下书面纠错材料有一定的担忧。对于缺乏书面纠错材料的案件，检察院根据调查确认执行不当已改正的，即统计为已采纳。实际上，数据统计有不规范之处。第二，检察监督意见被采纳与法院改正不当存在异同，这导致部分数据失真。监督意见被采纳，表面含义是法院认同监督意见。但是采纳与改正实际上有差别，法院认同监督意见但不作出改正决定的情况并不少见。这种情况在案件统计材料中有所反映。例如监督力度较轻的口头检察建议，案件办理结果部分就有几种统计方法，包括"已改正""采纳""口头采纳"或未填写。出现这种情况，直接原因是法律没有规定法院接收监督意见后，必须对原执行作出重新审查的决定。在缺乏严格规范的情况下，误报、瞒报的情况在所难免。

二、制约执行监督有效性的原因剖析

制约监督有效性的直接原因是立法缺失和被监督者的本能抵制，这两点毋庸置疑。除此之外，还有以下几个问题亟待解决：

（一）未能及时调整工作思路，以小胜促大胜的策略可行性不高

执行监督工作探索多年。以往常采取的策略是积小胜为大胜、以小胜促大胜的方法。在一个宏伟目标的指引下，希望工作在摸索中自然积累，而后形成制度。这种思路往往因为事先缺乏设计好的具体规则，推进缓慢。在被监督者

本能抗拒并设置障碍后，工作积极性受到挫伤，进一步探索常处停滞状态。这就要求检察院及时迅速调整策略，灵活利用各种外围环境，及时制定规则，指引工作有序推进。这种由上至下的推进方式，使处于上端的检察院承受了较大压力。因此，执行监督工作能否顺畅开展，还将受到诸多因素制约。

（二）未能用足用透检察权实施监督

检察权是否已经用足用透，值得思考。实践中，部分工作突出的地区，抓住了现阶段执行监督案件"重调查、重跟进"的特点，注重在两方面开展工作：一是用足调查权，这种调查主要是对案件事实的审查，也包括部分目的在于侦查犯罪事实的初步调查；二是用足公开权，实践中跟进的方式多数是召开类似于听证会的案件沟通会，这种跟进的实质，是将案件在一个法律人共同体内公开。客观上，公开权对于明显不当的执行有纠正作用。调查权与公开权在目前尚未用足用透。

（三）未倡建一种融合各界共识的理论

检察监督理论常将我国特有的权力构架作为理论基础。这种结构中，人大与党的关系常被视为敏感区。随着宪法意识的发展，涉及宪法及权力结构的问题时有讨论。甚至有观点认为理论上应该讨论宪法及权力结构解构问题。这些新思潮中，审判与检察权的独立是其核心主张之一，这种思潮的内涵之一，就是反对利用权力框架干涉审判与检察独立。监督与干涉理论上虽然迥异，但在党委、人大等和检察院对法院共用"监督"一词的现实下，监督与干涉又容易发生混同。反对干涉的主张一并将检察监督也放在了理论对立面。在这种大背景下，就不难理解为什么相当部分人士愿意成为"法院之友"，为什么检察制度屡受质疑。① 笔者认为，制度需要的是"闭门造车式的就事论事"，而无须寻求"放之四海而皆准"的宏大理论。首先，监督因与干涉易发生混同，可以

---

① 相关讨论详见朱孝清：《中国检察制度的几个问题》，载《中国法学》2007 年第 2 期；朱孝清：《研讨会上答质疑——对检察制度若干问题的争鸣》，载《人民检察》2008 年第 13 期。

考虑不作为唯一的理论基础。其次，制约或制衡等词汇易与西方权力制衡理论混同，也不宜作为理论基础。目前需要寻求各界能够认同的普遍规则原理。这就要求仅讨论审判（执行）权与检察权之间的双向线性关系。至于这种双向线性关系如何称谓，需要结合检察权的实质。检察权的主要内容是启动程序，要求法院纠正错误，那么在重构理论时，可以考虑将之称为"检察纠正权"或"检察纠正启动权"等，这种将原有检察监督权的核心内容重新提炼，构建起的双向线性关系，可以避免宪法和国家权力框架立体关系的争议因素。理论创建，自然异常艰难，但现阶段的检察理论，确实有这方面的需要。

三、现阶段的建议

学界对检察执行监督的必要性、合理性及监督方式有较为充分的讨论。[①]最高人民检察院参与制度设计的相关人员也详细阐述过具体的制度内容。[②]赋予调查与调阅卷宗职权、完善现场监督制度支持法院共同维护司法权威方面，[③]是学界共识。此外，笔者结合工作实际，提出如下建议，供学界商讨：

（一）在监督方式方面，宜确立单一监督方式

对于监督方式，理论界有分列式和统一式两种观点。其中分列式认为应针对执行裁决与执行行为，分别采用不同的监督方式，即对执法裁决监督的方式有：抗诉、检察建议、对涉及国家和社会公益案件提起异议之诉；对执行行为监督的方式有：要求说明不执行理由说明书、命令追加调查与补充调查权、参

---

① 代表性文章有：江伟等：《民事行政检察监督改革论纲》，载《人民检察》2004年第3期；常怡：《民事行政裁判执行的检察监督》，载《法学家》2006年第4期；杨荣馨：《略论强制执行的检察监督》，载《人民检察》2007年第13期。
② 孙加瑞：《检察机关实施民事执行监督之程序设计》，载《人民检察》2007年第13期；王莉、贝金欣：《构建民事执行的检察监督制度》，载《人民检察》2007年第13期。
③ 肖建国：《民事执行中的检法关系问题》，载《法学》2009年第3期。

与执行、检察建议、纠正违法通知书、追究刑事责任。[①] 统一式则认为应当统一监督方式。笔者认为，考虑到监督方式在《民事诉讼法》修改时有望成为法定条文，为了既便于立法又利于进一步开展工作，应当首选单一方式。理由在于：第一，《民事诉讼法》是基本法律，其地位决定了法律规范既要符合法律原理，又要简约实用。单一监督方式符合立法技术要求。第二，执行裁决与执行行为确有区别。如果分别建立监督方式，可能立法上对执行行为监督的制度设计较为简单，缺乏刚性机制。第三，监督方式虽是一个极具理论深度的制度问题，但相对于监督效力而言，还是存在皮实之分。实证研究表明，各种监督方式的效果差异性不大。将监督方式统一为检察建议书、监督意见书抑或是监督令，有一定意义，但最为关键的还是赋予其有力的实际内容。

（二）在监督内容方面，宜建立听证制度

检察院提出监督建议后，一方面原执行效力中止，另一方面执行机构应对原执行裁决及行为重新作出裁定书，对其合法性及妥当性予以认定。这就要求建立一种审理机制。结合执行工作的特点，此种审理机制以听证制度为宜。听证制度可以一定程度上查明事实、纠正错误。听证程序启动后，法院应当通知检察院派员出席听证法庭，检察院出席听证会的职能，可参照办案规则中的再审庭审职能。

（三）在监督手段方面，宜确立撤销权制度

刚性手段缺失问题，是整个执行监督工作的重中之重。广东省检察院近年来多次提交立法议案，提议检察院启动法院审查程序后，原裁决及行为效力中止，法院应组织听证会审理，经审查重新作出裁定书。同时，建议法律赋予上级检察院作出撤销决定书的权力。具体条文为："上级人民检察院认为人民法院听证裁定未纠正错误或不当的，应在收到裁定书之日起三十日内作出撤销决定书。自撤销决定书作出之日起，人民法院原裁定效力终止。上级人民法院经

---

① 赵钢、王杏飞：《民事执行检察监督的程序设计》，载《检察日报》2007 年 5 月 22 日第 3 版。

复查，可依法重新作出裁定。"

之所以在增强检察建议书效力之后，还要求赋予检察院撤销权，理由如下：第一，从检法监督强度相比角度看，有必要赋予检察院撤销权。任何权力均要受到合法制约，关键在于制约的强度是否适度。依据最高人民法院《关于人民法院执行工作若干问题的规定》，法院内容监督权有四个：一是纠正执行权；二是不予执行权；三是督促执行权；四是暂缓执行权。现阶段法院内部监督状况依然未见成效。检察监督作为外部监督，理论上监督强度至少不能低于内部监督，从强度对等角度分析，应当赋予检察院撤销权。第二，检察院撤销权遵从审判权独立原则。上级人民法院经复查，依旧可再次作出新裁决。因此，最终裁决权依然属于法院。审判权独立原则的核心是最终裁决权归属于法院，检察院撤销权属于程序性权利，并不当然具有终局性。在执行阶段设计上述条款，虽稍显复杂，但其实际上是将法院和检察院共同规范在程序之中，互相制约。第三，检察院撤销权将增加再次维持的启动成本，一定程度上克服同级监督的弊端。以往的检察院意见，同级法院有拒不纠正自身错误的倾向。上级检察院再次提出监督意见，上级法院再次拒不纠正错误。为适度加强监督力度，有必要对以往的监督进行调整。这种调整的差别在于：（1）旧模式：启动纠错—维持—再次启动纠错—再次维持；（2）新模式：启动纠错—维持—撤销—再次维持。

此种调整的意义在于增加了再次维持的启动成本。再次维持的启动成本由法院负担，将一定程度上减少再次维持的可能性。至于撤销权的职能，以上级检察院行使为宜，目前由同级检察院行使的可行性不强。同级启动纠错权加上级撤销权，初步达到了刚性监督的要求。

非诉行政执行检察监督的制度构建*

贾小刚 王天颖 吕玖昌 李 颖**

内容摘要：非诉行政执行检察监督有其必要性。当前检察机关在非诉行政执行监督过程中面临着缺乏可操作性的规范、监督刚性不足、难以有效监督法院选择性执法、案件来源匮乏等困境。建议明确非诉行政执行检察监督的原则，坚持依法监督原则、执行救济前置原则、超然性原则等。同时，明确非诉行政执行的受案范围、案件来源、监督方式和审查机制，推进非诉行政执行检察监督的完善与发展。

关键词：非诉行政执行 检察监督 制度构建

非诉行政执行并非行政诉讼法上的用语，而是司法实践中对修改后行政诉讼法第94条"公民、法人或者其他组织对具体行政行为在法定期限内不提起诉讼又不履行的，行政机关可以申请人民法院强制执行，或者依法强制执行"规定中对"申请人民法院强制执行"内容的概括表述。按照行政强制法的框架，对生效具体行政行为的强制执行有两个途径与主体：其一为行政机关依法自行强制执行，其二为申请人民法院强制执行，两者统称为行政强制执行，其最大的区别在于执行主体；① 而"非诉"的表述，则反映其与"诉讼"相对应的

---

* 本文刊载于《人民检察》2015年第24期。
** 课题组负责人：贾小刚，最高人民检察院民事行政检察厅副厅长；课题组成员：王天颖、吕玖昌、李颖。
① 参见罗豪才主编：《行政法学》，中国政法大学出版社1999年版，第186—187页。

属性,"行政诉讼执行是指对法院生效法律文书的执行;而非诉行政执行是指对具体行政行为确定的义务人在法律期限内既不起诉又不履行,由行政机关申请法院强制执行,因其未经过法院的诉讼程序审查而得名"。① 因此,非诉行政执行是指行政相对人在法定期限内不提起行政诉讼又不履行已经生效的具体行政行为确定的义务,人民法院依据行政主体或者行政裁决确定的权利人的执行申请,经过与诉讼审查不同的审查,裁定执行生效的具体行政行为的活动。

一、非诉行政执行检察监督的必要性与可行性

(一)解决非诉行政执行困境的有效对策

1. 从法院的行政审判活动和执行情况看,非诉行政执行案件数量已经超过了行政诉讼案件,大量的非诉行政执行案件法院难以有效执结,对大量的非诉行政执行申请难以敞开收案,法院非诉审查职能弱化、标准不一,被执行人更是救济无门。大量申请人民法院强制执行的行政决定因执行压力而未被受理,甚至未经登记就直接退还申请的行政机关,造成国有资产的流失,客观上给司法公信力带来了严重的损害。非诉行政执行案件中高准执率与低执结率之间的反差削弱了人民法院司法裁判的权威。因此,加强对非诉行政执行案件的检察监督,有利于法院及时纠正错误裁判,正确执行国家行政法律,化解社会矛盾,重新树立司法公信力和权威。

2. 从非诉行政执行案件自身的特点来看,开展非诉行政执行案件检察监督有利于促进行政机关依法行政,督促行政机关依法履行职责。当前,行政机关在非诉行政执行过程中存在行政不作为、行政乱作为和滥用职权等问题,行政机关怠于决定、怠于申请执行,或不当干预法院的强制执行行为,都给公民的人身权和财产权造成了损失。因此,对行政机关在非诉行政执行过程中行政行

---

① 参见马怀德主编:《行政诉讼原理》,法律出版社2004年版,第448页。

为的检察监督是监督的重中之重,通过对非诉行政执行中行政决定的调查,对行政行为合法性从实体上和程序上进行监督,有利于督促行政机关积极履职,移送执法人员违法渎职线索,促进行政机关依法行政。

3. 从维护行政相对人合法权益的角度来看,非诉行政执行检察监督为行政相对人提供了救济途径。人民法院的非诉行政执行案件裁定一经作出就具有了法律效力,现行法律虽为非诉行政执行中相对人的合法权益提供了救济途径,但因其规定较为原则且不具有可操作性,导致救济难以有效实现。通过开展非诉行政执行案件检察监督工作,可以为行政相对人开辟一条救济途径,满足行政相对人的合法诉求。

(二)各地检察机关的实践探索与经验积累

调研表明,部分地区检察机关高度重视非诉行政执行监督,制定规范性文件,与行政机关和法院加强沟通和联系,卓有成效地开展了非诉行政执行检察监督工作,为国家挽回了经济损失,促进行政机关依法履职,规范法院非诉行政执行活动,收到了良好的效果。例如吉林省人民检察院印发的《开展非诉行政执行案件检察监督工作的暂行规定》,大力探索和开展非诉行政执行检察监督,把非诉行政执行检察监督作为创新行政检察工作和服务经济发展大局的切入点和突破口,深入推进行政检察工作的发展。又如福建省晋江市检察院出台了《晋江市关于办理行政非诉执行监督案件的暂行规定》,10年来共受理行政非诉执行监督线索245件,涉案金额高达1140余万元。这些探索为检察机关开展非诉行政执行监督积累了经验。

二、非诉行政执行检察监督面临的困境

(一)缺乏可操作性的规范性文件

对于非诉行政执行检察监督在修改后的行政诉讼法中的规定较为原则,缺乏具体可操作性的规定,使得各地开展的检察监督不规范、不统一。在办案过

程中有的采取检察建议的方式,有的采取纠正违法通知书的方式,导致监督的效果差异较大。此外,对非诉行政执行过程中行政机关违法行为的监督缺乏法律依据,虽然《中共中央关于全面推进依法治国若干重大问题的决定》中规定了检察机关有权对行政行为进行检察监督,但由于非诉行政执行制度本身法律规定的不具体,给检察监督带来了一定的难度。

(二)检察建议监督刚性不足

对于检察建议,法院往往以案件太多或者人员调整为由拖延处理,导致检察建议往往数月有时甚至长达半年没有得到回复,检察机关即使跟踪督促,也缺乏有效的救济手段。

(三)难以有效监督法院选择性执法

由于非诉行政执行申请人为行政机关,没有信访压力,也没有当事人的步步紧跟,因此在案多人少的情况下,法院对于非诉执行案件不够重视,期限一到即裁定终结执行。此外,法院对于部分案件存在畏难情绪,往往对案件采取拒收或接收但不签收等方式规避法定裁定期限和执行期限。实践中存在尽管检察机关多次和法院沟通,发出检察建议,法院却以难以执行为由拒绝纠正的情况。

(四)非诉行政执行监督的案件来源匮乏

尽管检察机关为拓展非诉行政执行案件进行了一些积极有效的探索,但由于获取案源的方式没有具体的规定,在缺乏行政机关和法院的配合下,检察机关自行发现案件线索的能力十分有限。

(五)开展行政检察监督的队伍力量不足

由于行政检察机构设置不完备,行政检察监督的队伍力量配备不足,缺乏关于非诉行政执行监督的专业指导,工作经验严重不足,熟悉行政法或行政诉讼法专业知识的人员匮乏,行政检察干警大多没有办理过非诉行政执行案件,使得非诉行政执行检察监督案件难以有效开展。

三、构建非诉行政执行检察监督制度的若干建议

（一）非诉行政执行检察监督的原则

1. 依法监督原则。非诉行政执行检察监督权的行使应当以法律、法规和会签文件为依据。公权法定原则要求检察权在非诉行政执行监督中应当遵循依法原则。公权力具有内在的扩张性，人民检察院要立足监督职责，遵循非诉行政执行案件的规律和特点，规范监督，有限监督，居中监督，不代行法院执行权，不代行行政机关行政执法权，支持人民法院依法执行法律，促进行政机关依法行政，维护行政相对人的合法权益，化解社会矛盾、减少当事人诉累、节约司法资源、维护正确裁判的既判力和执行力等。人民检察院同时应当在法律规定的范围内及时审结案件，保证办案效果和质量的统一。

2. 执行救济前置原则。非诉行政执行检察监督应当以执行救济为前置程序。执行当事人和利害关系人只有经过向法院提出异议等阶段，穷尽了必要的程序之后，才允许检察机关的救济。

3. 审查行政行为合法性和法院审查与执行行为并重的原则。非诉行政执行行为监督不仅监督法院审查和执行行为，同时要加强对行政机关干预、阻碍人民法院行政案件的受理、审理及执行活动等不当行为的监督，也就是注重对行政不当干预的监督。对于非诉行政案件更要对非诉行政执行中行政机关怠于履行职责和违法行为进行监督，保护国家利益不受损失，保护公民的合法权益不受侵害。

4. 非诉行政执行监督与查处司法、行政腐败相结合原则。在对非诉行政执行行为进行监督的过程中，通过检察建议纠正行政审判活动中的违法行为，促进行政机关依法履行职责，提升监督能力，进行行政类案监督；通过建议更换办案人来纠正未构成犯罪的人民法院司法工作人员违反法律的渎职行为；通过发出纠正违法通知书来纠正人民法院和行政机关及其执法人员的违法行为；通过督促起诉或督促履行职责保护国有资产安全和促进行政机关依法行政；通过支持起诉和行政公益诉讼保护国家利益和社会公共利益。对于在办理案件过程

中发现的行政机关和法院执法人员违法犯罪线索，应及时移送相关部门处理。

5. 超然性原则。检察机关对行政权和司法审查和执行权的监督始终处于一个超然的立场，其本身没有任何利益诉求，履行职责的目的在于维护宪法、法律的权威和法制的统一，维护国家利益和社会公共利益，促进社会公平正义。检察机关对案件涉及的有关争议均不具有直接的利害关系，在非诉行政执行检察监督过程中，不论是当事人申诉还是检察机关自行发现的案件，检察机关在办理案件的过程中不能过多使用调查取证权，替代申诉方应承担的责任，要以适当的方式行使对行政权和司法权的监督。

6. 有限监督原则。检察权的行使不能干涉行政权和司法审查权，要尽可能节省监督成本，不代行行政权，不代行司法权。只对行政不作为造成国家利益损失的及进入非诉执行领域的严重滥用行政职权等行政行为进行监督；不参与法院的审查和执行行为，坚持事后监督，对法院的不作为行为和在非诉行政执行过程中的违法行为进行监督。

（二）非诉行政执行的受案范围

1. 对行政机关的监督。主要包括以下几个方面：（1）行政决定违法，损害国家和社会公共利益的；（2）行政机关怠于行使行政权损害国家和社会公共利益的；（3）行政机关怠于或超期向法院申请强制执行的；（4）行政机关向法院申请强制执行存在程序性瑕疵的；（5）法院作出裁定准予执行，按照法律法规规定由行政机关执行，行政机关怠于执行的；（6）行政机关干预、阻碍人民法院审查和执行非诉行政执行案件的；（7）行政机关在办理非诉执行案件过程中的其他违法行为。

2. 对法院的监督。主要包括以下几个方面：（1）人民法院对符合非诉行政执行受案条件的案件不予受理或对不符合条件的案件予以受理的；（2）人民法院对行政机关作出的明显违反法律规定、违反法定程序、缺乏法律和事实依据和损害被执行人及第三人合法权益等具体行政行为裁定准予执行的；（3）法院违法作出不予受理的裁定的；（4）人民法院没有采取合议方式审理非诉行政执行案件的;(5)人民法院对符合听证条件的非诉执行案件没有举行听证的;(6)人民法院没有在法定期限内对非诉行政执行案件作出裁定的;(7)法院怠于执行,超过法定期限执行且未采取任何执行措施的;(8)当事人、利害关系人对执行行为提出书面异议,人民法院未在规定期限内审查处理的;(9)当事人、利害关系人对执行行为提出书面异议,人民法院未在规定期限内审查处理的;(10)人民法院不送达或违法送达的;(11)执行对象、范围、数额错误的;(12)原执行法律依据被撤销或变更后仍继续执行的;(13)未依法追加被执行人、违法追加被执行人、违法采取查封、冻结等强制措施的;(14)在执行阶段任意作出裁定书变更或停止原生效裁判执行的,在执行阶段没有作出新的裁定文书而对原生效裁判不予执行或随意变更执行的;(15)原生效裁判文书已通过合法程序停止执行,仍继续执行原裁判决定的;(16)不符合中止执行条件而随意作出中止执行裁定的;(17)法院办理非诉行政执行案件的其他违法行为。

（三）非诉行政执行检察监督的案件来源

1. 与非诉行政执行案件有利害关系的、符合申请条件的行政机关、法律法规规章授权的组织、公民、法人或其他组织的申诉。

2. 党委、人大、政府、政协或上级检察机关转办、交办的行政机关或公民、法人和有关组织的申诉。

3. 人民检察院在办案中自行发现的公民合法权益受到严重损害等有严重社会影响的案件。

（四）非诉行政执行检察监督的方式

关于人民检察院采用何种方式对非诉行政执行检察监督的问题,理论界争议很多,各地的做法也不尽相同。有观点认为人民检察院可以向法院提起抗诉、发出纠正违法通知书、检察建议等方式实行执行监督。[①] 笔者认为,抗诉

---

① 参见赵钢、王杏飞：《民事执行检察监督的程序设计》,载《检察日报》2007年5月22日第3版。

不宜作为非诉行政执行检察监督的方式，应采用检察建议的方式，具体包括以下几个方面：

1. 人民检察院对人民法院作出的违反法律规定且明显错误的裁定，应当提出检察建议，建议人民法院及时纠正。

2. 人民检察院对于人民法院和行政机关在强制执行过程中的违法行为、不履行或怠于履行执行职责的行为应当提出检察建议，建议其依法纠正或履行职责。

3. 人民检察院在办理非诉行政执行监督案件中，发现审判人员或行政执法人员存在一般违法行为时，应当向人民法院和行政执法机关发出《纠正违法通知书》，提出纠正意见。

4. 对于涉嫌贪污、渎职的司法人员和行政机关工作人员要求予以更换。

5. 检察机关在办理非诉行政执行监督案件中，发现人民法院和行政机关有关人员有职务犯罪行为的，应及时将线索移送职务犯罪侦查部门。

6. 对行政机关违法行使职权或者不作为造成对国家和社会公共利益侵害或者有侵害危险的案件，检察机关可以提起公益诉讼。

7. 人民检察院对决定监督的非诉行政执行案件，须经分管检察长批准；重大、疑难案件，须经检委会研究决定。

（五）非诉行政执行检察监督的审查

1. 书面审查。首先，申诉材料的审查。申诉材料反映了申诉人申请执行监督的请求，能够反映出执行活动可能存在的违法或不当问题，对检察机关来说具有线索价值。但申诉人可能无法提供充分的申诉依据，需要检察机关调阅执行卷宗予以印证。通过对申诉材料进行审查，检察机关可以初步确定监督重点和调查方向。其次，对非诉行政执行案件和行政执行案件的卷宗进行审查。人民法院在非诉行政执行审查和执行活动中的一切工作都应在执行卷宗中记载，是执行检察监督的重要依据。对于符合法定条件装订且能够反映执行活动全部过程的执行卷宗，可以作为检察机关开展调查、采取监督方式或作出不符合立案条件决定的依据;对于不符合法定条件装订且缺少关键材料的执行卷宗,应当启动调查程序,若法院不能作出合理解释,可以据此认定执行活动违法或存在瑕疵。对于卷宗内记录不完全甚至缺失的情形,应当结合调查对其合法性予以综合判断。

2.调查审查。非诉行政执行的调查包括人民检察院在审查法院和行政机关非诉行政执行活动中采取的询问知情人、调阅证据、鉴定等非强制性措施。

在非诉行政执行和行政执行案件中调查核实的内容包括:可能损害国家利益和社会公共利益的;在非诉行政执行和行政执行过程中通过阅卷及审查现有材料难以认定的基本事实;当事人提交的证据需要辨别真伪的;行政裁定认定的事实是伪造的;行政机关工作人员与人民法院审判人员、执行人员可能存在违法情形的;在非诉行政执行和行政执行过程中需要调查核实的其他内容。

人民法院可以依职权采取以下调查措施:向有关单位查询、调取、复制相关证据材料;询问诉讼当事人、证人;咨询专业人员、相关部门或行业协会等对专门问题的意见;委托鉴定、评估、审计;勘验物证、现场;查明案件事实所需要的其他措施。人民检察院采取调查措施,不得采取限制人身自由和查封、扣押、冻结财产等强制措施。

关于民事执行检察监督的对象和案件管辖的有关问题[*]

田 力[**]

内容摘要:《人民检察院民事诉讼监督规则（试行）》对民事执行活动监督案件的管辖、不予受理、监督方式、监督程序等作出了相应规定，这为检察机关规范履行执行监督职责提供了制度保障，但仍不能满足实践需要。本文仅对民事执行检察监督的对象和案件管辖有关问题作一梳理、讨论，以期有助于依法规范履行执行监督检察职能的顶层设计和实践中民事执行检察监督案件的处理。

关键词： 民事执行检察　案件管辖　监督对象

一、民事执行检察监督对象

《民事诉讼法》第 235 条规定，人民检察院有权对民事执行活动实行法律监督。根据该规定，人民检察院对人民法院民事执行监督的对象应当是人民法院的民事执行活动。人民法院的民事执行活动也称人民法院民事强制执行，是指人民法院（执行机关）运用国家强制力，依据执行程序，强制（采取强制措施）被执行人履行生效法律文书确定的民事义务（执行依据）的行为。简而言之，人民法院基于行使民事执行权而发生的行为都属于执行活动。

---

[*] 本文刊载于《中国检察官》2016 年第 21 期。
[**] 田力，最高人民检察院三级高级检察官。

民事执行权包括执行决定权和执行裁决权、执行实施权。执行决定权的范围主要涉及启动执行程序、决定采取执行措施、暂缓执行、恢复执行、终结执行以及人民法院对妨害执行的行为人采取训诫、责令具结悔过、拘传、罚款、拘留、限制出境、记录不良信用、限制高消费等制裁、处罚措施的事项。执行裁决权的范围主要是审查和处理执行异议、复议、申诉救济等争议事项。执行实施权的范围主要是实现执行决定权,实施执行措施、强制措施,依据执行名义对执行对象的财产调查、控制、处分、交付等实施事项。

一般而言,民事执行活动中的实施行为、裁决行为和决定行为由负责执行的人民法院作出,为论述方便,本文将具有执行管辖权并作出执行行为的人民法院即负责执行的人民法院统称为执行法院,而执行裁决行为则除执行法院外,上级人民法院基于对下级法院的执行监督权和对执行当事人、利害关系人的救济保障权也可以作出影响执行当事人权利的行为,如变更执行法院作出的执行异议裁定。所以,民事执行实务中,除执行法院外,能够对执行当事人、利害关系人的权利产生影响的还包括执行法院的上级人民法院。人民法院的执行活动应当是其依法行使执行权的行为,对于当事人、利害关系人认为法院的执行活动违法应当如何处理,现行法律提供了两条路径:一是当事人、利害关系人可以向人民法院申请救济;二是当事人、利害关系人可以基于《民事诉讼法》第235条的规定,申请检察机关对法院执行活动实行法律监督。

二、不同阶段的执行行为的效力及检察监督的对象

识别在法院执行阶段发生法律效力的执行行为,是检察机关确定具体执行检察监督对象的前提。

(一)处于未经异议程序阶段的执行行为的效力

民事执行案件由执行法院管辖,执行法院经依法作出执行行为后即发生法律效力。需要强调的是,执行法院不限于基层人民法院,根据受理一审案件的

标的额的不同，一审法院可能包括基层法院、中级法院和高级法院，同时执行法院也不限于一审法院，基于指定管辖、提级管辖，一审法院之外的人民法院也可能成为执行法院。例如，作为并非一审法院的被执行人住所地或者被执行财产所在地的与一审法院同级的人民法院，以及基于指定管辖而取得执行案件管辖权的其他法院和一审法院的上级法院提级管辖后，均可以成为执行法院。当事人、利害关系人对执行法院作出的执行行为不服向检察机关申请监督的，该执行法院作出的发生法律效力的执行行为，是检察机关执行检察监督的对象。

（二）处于经过异议程序阶段的执行行为的效力

根据《民事诉讼法》第225条规定，以及最高人民法院《关于人民法院办理执行异议和复议案件若干问题的规定》（以下简称《执行异议复议若干规定》）第17条规定，当事人、利害关系人对执行行为不服，认为执行行为违反法律规定的，有权向负责执行即作出执行行为的人民法院（执行法院）提出书面异议。对于当事人、利害关系人提出的异议，负责执行的人民法院（执行法院）应当进行审查并作出处理。处理的结果主要有两种情况，一种情况是裁定撤销或者改变原执行行为，其法律后果是原执行行为不再有效，新的执行行为生效；另一种情况是驳回异议，其法律后果是原执行行为继续有效。也就是说，经过执行异议程序，当事人、利害关系人对异议裁定不服申请执行检察监督的，如果异议裁定撤销或者变更原执行行为的，该撤销或者变更后的执行行为是执行检察监督的具体对象；如果执行异议裁定驳回异议的，原执行行为是执行检察监督的对象。还需要说明的是，根据最高人民法院《关于适用〈中华人民共和国民事诉讼法〉执行程序若干问题的解释》第10条的规定，执行异议审查和复议期间，不停止执行，即被异议的执行行为在其被改变前，具有法律效力，执行异议审查和复议期间，仍然可以执行。

（三）处于经过复议程序阶段的执行行为的效力

根据《民事诉讼法》第225条和《执行异议复议若干规定》第23条的规定，经过复议程序的执行异议，除复议裁定发回原执行法院重新审查执行异议或者重新作出异议裁定的情形外，复议裁定作出维持或者撤销、变更异议裁定的处理结果（被撤销或者变更的原执行行为无效，未被撤销或者变更的执行行为有效），其发生的法律效果是复议法院的复议裁定是发生法律效力的裁定，该复议裁定对执行法院和涉案当事人、利害关系人具有拘束力，执行法院自身不得改变其自己作出的被复议法院裁定维持的异议裁定（异议行为），更无权改变已被上一级复议法院复议裁定变更的行为和事项，只有复议法院或者其上级法院才有权作出变动。对经过复议程序的执行行为不服的执行检察监督案件，复议裁定是检察机关执行检察监督的对象。

（四）处于申诉阶段执行行为的效力

经过异议或复议程序后，当事人、利害关系人仍不服，有权继续向上级人民法院申诉。当事人之所以可以向上级人民法院提出申诉，是因为上级人民法院对下级人民法院具有监督权，最高人民法院《关于人民法院执行工作若干问题的规定（试行）》第129条至第136条确立了较为完善的法院内部执行监督制度，上级人民法院有权依照相关程序撤销或者改变下级法院的行为结果。也就是说，通过申诉途径，当事人、利害关系人不服的执行行为仍然可以被撤销或者改变。在申诉程序中，上级人民法院裁定撤销或者改变原复议裁定的，该裁定是当事人、利害关系人提出异议、申请复议的争议事项发生法律效力的裁定。当事人、利害关系人对上级法院关于申诉作出的撤销或者变更裁定不服申请检察监督的，该上级法院在申诉监督作出的裁定是检察机关执行检察监督的对象。

如果上级法院裁定驳回申诉的，对争议事项发生法律效力的是原生效的复议裁定或者异议裁定所对应的执行行为，该驳回申诉的裁定仅在对申诉人和作出驳回裁定的人民法院中发生法律效力，该效力不直接拘束原裁定或者执行行为。故如果检察机关进行监督，监督的对象仍然是原执行异议裁定（未经复议程序）、复议裁定（经过复议程序的）及其所对应的执行行为，而不是驳回申诉的裁定。

三、关于执行检察监督案件的管辖问题

（一）执行检察监督案件管辖的原则

从确定管辖权的地域管辖和级别管辖维度，本文主张执行检察监督案件应当由作出具有法律效力的执行行为的人民法院所在地的同级人民检察院管辖为一般管辖原则，以其上级人民检察院管辖为补充，以指定管辖为例外。具体来说，对于执行检察监督案件一般情况下由作出具有法律效力的执行行为的人民法院所在地的同级人民检察院管辖并受理。对于存在某些不适合由作出具有法律效力的执行行为的人民法院所在地的同级人民检察院管辖，其上一级人民检察院认为由自己管辖更为合适的案件，可以提级由该上一级人民检察院管辖并受理。对于存在某些不适合由作出具有法律效力的执行行为的人民法院所在地的同级人民检察院管辖，其上一级人民检察院认为不需要自己管辖的案件，可由该上一级人民检察院指定由作出具有法律效力的执行行为的人民法院所在地之外的同级人民检察院管辖并受理。

（二）民事执行检察监督介入的时点对执行检察监督案件管辖权的影响

对于执行活动违法侵害当事人、利害关系人合法权益的救济问题，《民事诉讼法》第 225 条和第 227 条以及《执行异议复议若干规定》第 7 条作出了相关规定。其中，第一种情况是，对执行行为不服，当事人、利害关系人可以向执行法院提出执行行为异议，执行法院作出执行异议裁定后，对执行异议裁定还不服的，可以向上一级法院申请复议。上一级人民法院作出复议裁定后，仍不服的，可以再向作出复议裁定的人民法院或者其上级而不仅是其上一级人民

法院申诉。第二种情况是,利害关系人(案外人)基于对执行标的的实体权利,向执行法院提出异议,以排除执行的,执行法院作出异议裁定后仍不服的,申请执行人或者利害关系人(案外人)可以依照《民事诉讼法》第227条提起执行异议之诉。对诉讼结果不服的,可以依照《民事诉讼法》第164条、第199条,通过向上一级人民法院提出上诉、申请再审、提出申诉。第三种情况是,对执行制裁措施不服的,相对人可以向作出该执行制裁措施决定的人民法院的上一级人民法院申请复议。对复议不服的,可以向作出复议决定的上级人民法院申诉。

四、关于检察监督应当介入时点的确定

(一)以执行检察监督是对执行当事人、利害关系人的最后救济的理念为指导

根据《民事诉讼法》第225条和第227条、《执行异议复议若干规定》第7条和第9条的规定,几乎对所有的执行行为,法律、司法解释都赋予了当事人、利害关系人向人民法院提出异议、复议进行救济的权利,如果要求当事人、利害关系人穷尽法院的救济途径,根据本文前面的分析,最后发生法律效力的执行行为必然是执行法院的上级法院作出的,根据同级监督的一般管辖原则,基层检察机关对此无法对上级法院的执行活动进行监督。

事实上,执行救济与执行检察监督的内涵是不同的。执行救济是执行当事人、利害关系人为维护自身的利益,对受到违法执行活动侵害的合法权益寻求恢复的自我保护。恢复被执行活动侵害的合法权益只能由负责执行的人民法院实现,故执行救济只能向人民法院申请。而执行检察监督是作为法律监督机关的检察机关对人民法院执行权的合法行使予以监督,是以公权监督制约公权,保障国家法律统一实施,实现社会的公平正义的司法活动。民事执行检察监督权,不具有直接恢复当事人合法权益的救济功能,性质上不属于救济权范

畴。二者虽然在保护权利人的合法权益、实现公平正义的后果上具有一致性，但其功能与目的是不同。严格来说，当事人、利害关系人对人民法院执行行为不服应当先行向法院申请救济，还是可以直接向人民检察院申请监督，法律并未作出优先顺位的规定，应当认为，法律对当事人、利害关系人对执行活动是申请法院救济还是申请检察机关监督赋予了选择权，需要进一步明确的是衔接问题。

（二）以检察机关的法律监督权是对公权力监督的理念为指导

如果以检察机关的法律监督权是对公权力监督的理念为指导，执行检察监督应以检察机关发现人民法院执行活动存在违法为前提，不以执行当事人或者利害关系人穷尽法院救济方式为条件，当事人、利害关系人申请检察监督只是作为检察机关发现执行活动违法的途径。当然，这样可能面临执行当事人、利害关系人多头寻求权利保护，既向执行法院提出异议或者向上级法院提出复议申请救济，也向检察机关申请监督，要求监督纠正违法执行活动，造成司法资源浪费或者同级检察机关的意见和上级法院的意见冲突的尴尬局面。

针对这种情况，可以通过检察监督受理和审查程序的制度设计加以解决。例如，对于执行当事人、利害关系人已经向人民法院提出异议、复议，申请救济的，在人民法院审查异议、复议期间，又向检察机关申请监督时，检察机关不予受理或者受理后发现的终结审查，但对人民法院正在进行的异议、复议审查程序申请监督的除外。

民事执行检察监督有关问题[*]

肖正磊[**]

人民检察院有权对民事诉讼包括民事执行活动实行法律监督，这是《宪法》和《民事诉讼法》赋予检察机关的法定职责，也是人民检察院民事检察部门的一项主要工作。结合这项工作的历史和现状，下面试对民事执行检察监督工作的有关问题做一梳理。

一、民事执行检察监督的历史沿革

早在1991年，我国《民事诉讼法》即规定："人民检察院有权对民事审判活动实行法律监督。"根据这一规定，检察机关开始对人民法院的民事审判活动实行监督。但多年的监督实践，主要着力点都是放在对生效裁判的监督上，即通过提出抗诉和再审检察建议的方式，要求法院对确有错误的生效裁判进行再审。20多年来，检察机关办理了大量民事抗诉案件，取得了较好的监督效果，有效维护了司法公正和权威。随着民事检察监督工作的不断发展，人民检察院的监督是否仅仅局限于对裁判结果的监督，是否有权对民事执行活动同样实行监督，成为越来越受到关注的问题。尤其在中央采取了一系列措施下大力气解决"执行难"的问题后，越来越多的"执行乱"问题暴露出来，大量的执

---

[*] 本文刊载于《中国检察官》2016年第23期。本文系国家检察官学院2014年度评选出的检察实务类精品课程。

[**] 肖正磊，最高人民检察院民事行政检察厅执行检察处处长，全国检察业务专家。

行人员违法犯罪案件发生，要求对执行活动进行法律监督的呼声越来越高。经过理论界和实务界长期争论，这一问题随着 2012 年《民事诉讼法》的修改最终尘埃落定。2012 年修改的《民事诉讼法》第 14 条规定："人民检察院有权对民事诉讼实行法律监督"，并进而在第 235 条规定"人民检察院有权对民事执行活动实行法律监督。"上述规定在立法上宣告了民事执行检察监督制度的正式确立，开启了人民检察院民事执行监督工作的新篇章。回顾民事执行检察监督在我国的发展，主要经历了以下几个阶段：

（一）探索阶段（1991 年至 2011 年 2 月）

1991 年《民事诉讼法》颁布实施后，检察机关开始对民事审判活动实施法律监督，但由于对审判活动是否包括执行活动存在不同认识，导致实践中的分歧。在立法不够完善的情况下，全国检察机关依据《宪法》和法律的原则性规定，探索开展执行监督工作，办理了一批执行监督案件。一些检察机关还积极争取地方党委和人大的支持，通过人大决议或者检法两院会签文件等形式对执行监督工作进行规范。

在这一阶段，最高人民检察院多次作出规定。2001 年 10 月，最高人民检察院在《关于加强民事行政检察工作若干问题的意见》中提出："对人民法院……在执行程序中作出的裁定，存在问题且确有必要时，可根据人民检察院组织法和民事诉讼法、行政诉讼法的有关规定，提出检察建议，由人民法院依法处理。"2005 年 8 月，最高人民检察院在《关于进一步深化检察改革的三年实施意见》中，提出"探索人民检察院对民事执行活动进行监督的方式"。2008 年 5 月，最高人民检察院《全国检察机关贯彻民事诉讼法座谈会纪要》提出："各级人民检察院要积极探索对民事裁判执行活动的监督，对当事人提出申诉的违法执行裁定、执行决定和执行行为等案件，应当受案审查，采取纠正违法通知、检察建议等方式进行监督。"

2005 年之后，中央对检察机关开展执行监督工作也提出了明确要求。中央政法委在 2005 年《关于切实解决人民法院执行难问题的通知》中要求，"各

级检察机关要加大对人民法院执行工作的监督力度"。2007年,中央政法委《关于完善执行工作机制加强和改进执行工作的意见》中提出,"各级检察机关要依法及时查处执行工作中发生的职务犯罪案件,实现对人民法院执行工作的有效监督"。2008年,中央政法委在《关于深化司法体制和工作机制改革若干问题的意见》中要求"明确对民事执行工作实施法律监督的范围和程序"。在当年启动的司法改革中,最高人民检察院被确定为该项改革内容的主办单位。为了贯彻落实司法改革任务,2010年7月,最高人民法院、最高人民检察院、公安部、国家安全部、司法部联合印发了《关于对司法工作人员在诉讼活动中的渎职行为加强法律监督的若干规定(试行)》,对司法工作人员在诉讼活动中的渎职行为实行法律监督作出了具体规定。该意见所称司法工作人员和诉讼活动显然包括执行人员以及民事执行活动。如该《规定》第3条规定:"司法工作人员在诉讼活动中具有下列情形之一的,可以认定为司法工作人员具有涉嫌渎职的行为,人民检察院应当调查核实……(九)在执行判决、裁定活动中严重不负责任或者滥用职权,不依法采取诉讼保全措施、不履行法定执行职责,或者违法采取诉讼保全措施、强制执行措施,致使当事人或者其他人的合法利益遭受损害的。"

为了更好地推进执行检察监督工作的开展,最高人民检察院于2010年11月在民事行政检察厅设立了执行检察处,负责办理最高人民检察院受理的民事、行政执行监督案件,调查研究执行检察监督工作中的疑难问题以及指导地方各级人民检察院开展执行检察监督工作。

(二)试点阶段(2011年3月至2012年12月)

执行检察监督工作经过长期探索,积累了宝贵的实践经验。在新一轮司法体制和工作机制改革中,按照中央政法委的要求,最高人民法院与最高人民检察院决定开展执行检察监督试点工作。

经充分调研和反复协商,2011年3月,"两高"联合印发了《关于在部分地方开展民事执行活动法律监督试点工作的通知》(以下简称《试点通知》),

决定在山西等12个省份开展民事执行法律监督的试点工作。"两高"会签文件标志着执行检察监督工作从探索进入了试点阶段。按照"两高"要求,12个试点省份进一步确立了2个省级院、62个市州分院、377个县区院共441个检法"两院"为执行检察监督试点单位。2011年5月,"两高"在北京联合召开了贯彻落实"两高"会签文件精神座谈会,统一认识,提出明确要求,进一步推动了执行检察监督试点工作的开展。2012年6月,最高人民检察院在山东青岛召开了"全国检察机关执行检察工作座谈会",会议总结了"两高"会签文件的贯彻执行情况,交流了执行检察监督试点工作中的经验,研究并提出了进一步开展执行检察监督工作的思路和方法。试点期间,各试点检察院依照"两高"会签文件规定,积极稳妥开展民事执行监督工作,办理了一批法律效果和社会效果较好的执行监督案件,为《民事诉讼法》的修改积累了实践经验。

（三）依法开展工作阶段（2013年1月至今）

2012年8月31日,第十一届全国人大常委会第二十八次会议审议通过了《关于修改〈中华人民共和国民事诉讼法〉的决定》,在立法上明确规定了执行检察监督的内容,修改后的《民事诉讼法》自2013年1月1日起施行。这标志着从2013年1月1日起,"两高"确立的在部分地区先行试点工作宣告结束,民事执行检察监督工作在全国范围内正式开展。

二、民事执行检察监督的范围和对象

民事执行监督的范围和对象问题,是研究确立民事执行检察监督制度的根本问题。研究这一问题,还是应当依照法律规定,遵循立法本意,才能得出正确的结论。

对人民检察院民事执行检察监督的范围和对象,法律和司法解释规定是明确的。修改后民事诉讼法第235条规定:"人民检察院有权对民事执行活动实

行法律监督。"根据这一规定，检察监督的范围和对象就是"民事执行活动"。最高人民检察院制定颁布的《人民检察院民事诉讼监督规则（试行）》第102条规定："人民检察院对人民法院在民事执行活动中违反法律规定的情形实行法律监督。"该司法解释将民事执行检察监督的范围和对象作了进一步明确，那就是"人民法院在民事执行活动中违反法律规定的情形"。对这一问题，"两高"有共同的认识，不存在理解上的分歧。在最近"两高"起草关于民事执行活动法律监督若干问题的规定时，大家一致认为，关于监督范围，法律和司法解释均未作出排除性规定，所有的民事执行活动，都应纳入检察监督的视野。

那么，何为"民事执行活动"在"两高"即将印发的规定中是这样表述的：人民检察院对人民法院执行生效民事判决、裁定、调解书、支付令、仲裁裁决以及公证债权文书等法律文书的活动实行法律监督。可见，民事执行活动一般就是指法院执行各类生效法律文书的活动，具体又包括采取的各种执行实施措施和对执行异议、复议、申诉等事项进行的执行审查活动。

有人提出，对执行检察监督的范围和对象应当进行限定，理由如下：其一是2011年3月的"两高"《试点通知》曾经对监督范围进行限定；其二是检察机关的人力精力都是有限的，不应进行全面监督。应当说，这种认识是绝对错误的，其理由也完全站不住脚。虽然2011年"两高"《试点通知》确实仅仅规定了监督范围局限于"五种情形"，但必须看到，该规定是在试点期间对试点检察院和法院的限定，是在法律没有明确规定的前提下，特殊时期采取的一种特殊规定。当前，已经到了修改后《民事诉讼法》全面实施的新时期，依照法律规定，执行检察监督在全国已经普遍开展，如果仍然拘泥于试点的相关规定，那无疑是"开倒车"，也是与法相悖的。至于检察机关的人员、能力是否足以保障全面开展监督工作，那是另外一个层面的问题。法律赋予了检察机关对民事执行活动的监督职能，那检察机关就应责无旁贷、义无反顾地履行好这一职能，并且应当尽快加强人员配备，提高监督能力，以适应工作需要。否则，就是失职。

在理解把握监督范围和对象时，要注意以下两个问题：

一是检察监督是对公权力的监督。无论是民事审判还是民事执行，司法机关的公权力和当事人的私权力都是并存的。在整个民事诉讼活动中，在不违反法律强制性规定，不损害国家利益、社会公共利益和他人合法权益时，是允许当事人进行私权处分的，检察监督也应尊重当事人的处分权。在民事执行检察监督中，检察权监督的对象主要就是人民法院的执行权。至于执行程序中当事人的行为以及其他有关单位和个人妨害执行活动的行为，在性质上不属于人民法院行使执行权的范畴，因此，人民检察院不宜对上述人员和行为直接进行监督。如发现执行当事人或者其他有关单位和个人在执行程序中存在违法行为，而人民法院怠于对其依法处理的，人民检察院应当督促人民法院依照《民事诉讼法》的相关规定对该违法行为予以制裁。当然，对于国家机关等特殊主体不依法履行执行义务或协助执行义务的，为支持人民法院解决"执行难"问题，检察机关可以提出检察建议。

二是检察监督侧重对违法行为的监督。在民事执行活动中，由于法律和司法解释缺失，人民法院享有一定的裁量空间。对于执行行为不尽合理、但缺少相应明确的法律规定的，检察机关不宜开展监督。

三、民事执行检察监督的方式和程序

民事执行检察监督的方式和程序，涉及具体监督案件的办理，具体而言，包括案件入口如何把握、出口如何审批、以何种方式结案等等，所以也是研究确立民事执行检察监督需要明确的重要问题。

关于监督方式，《民事诉讼法》和《人民检察院民事诉讼监督规则（试行）》均明确规定人民检察院的监督方式主要是抗诉和检察建议两种。具体到民事执行检察监督，主要的监督方式就是检察建议。

那么，为什么要把检察建议规定为执行监督的方式？主要有以下考虑：第一，检察建议是一种法定监督方式。《民事诉讼法》第208条专门规定了检察建议。"两高"的司法解释均进一步细化规定了检察建议这一监督方式。第二，

有广泛的司法实践基础。长期以来,在执行检察监督的探索和试点期间,检察建议一直是一种被广泛应用的监督方式,检察机关运用检察建议监督了一大批执行违法案件。第三,被人民法院所认同。在"两高"《试点通知》中明确规定了检察建议及其效力。

抗诉能否作为执行监督的方式?可以,但目前只局限于特定的几类情形,主要包括当事人异议之诉、案外人异议之诉、财产分配之诉等。应该看到,抗诉启动的基础是诉讼,有诉讼的存在,才有抗诉的可能。抗诉的法定效力或后果是启动再审,纠正原错误裁判。执行程序中虽然也有大量裁决或审查行为,但一般的执行裁定、决定、通知等,不适用普通的审判程序,纠正的方式也不是进入再审。因此,对这些执行审查行为,目前尚难以通过抗诉这种方式进行监督。但对于当事人异议之诉、案外人异议之诉、财产分配之诉等几类诉讼,虽然是因执行活动引起,但最终是通过审判程序解决,这几类诉讼属涉执行的诉讼,可以抗诉。未来如果人民法院在民事执行中实现"审执分离",将涉执行的审查裁决活动统一划归到执行裁决部门去实施,检察机关对该类执行活动将涉及抗诉方式的运用。

纠正违法通知书和更换办案人建议等监督方式能否使用?这些监督方式是"两高三部"文件规定的,在《民事诉讼法》中没有规定,因此也没有在《监督规则》中规定。但在特定情形下可以使用。在司改文件和法律规定没有冲突的情况下,如违法情形不能或不宜通过检察建议进行监督,但符合"两高三部"文件规定的情形,可以使用其他监督方式。

在理解把握监督方式时,要注意以下两个问题:

一是慎用暂缓执行建议。关于暂缓执行,民事诉讼法有明确规定,最高人民法院也有司法解释,均限定了严格的适用条件。对于检察机关发出的暂缓执行检察建议,2000年6月30日最高人民法院审判委员会第1121次会议通过了一个批复,即最高人民法院《关于如何处理人民检察院提出的暂缓执行建议问题的批复》(法释〔2000〕16号),内容是:"广东省高级人民法院:你院粤高法民〔1998〕186号《关于检察机关对法院生效民事判决建议暂缓执行是否采纳的请示》收悉。经研究，答复如下：根据《中华人民共和国民事诉讼法》的规定，人民检察院对人民法院生效民事判决提出暂缓执行的建议没有法律依据。"司法实践中，一些检察机关试图提出暂缓执行建议的情形，往往不是法院执行环节出了什么差错，而是原生效裁判可能存在问题，检察机关为了确保监督效果，避免抗诉再审后可能遇到的执行回转困难。对于这种情况，建议检察机关通过提高办案效率、向法院通报情况等方式解决，由法院按照法律和司法解释规定研究确定是否暂缓执行，而不宜由检察机关直接提出暂缓执行的建议。

二是避免所谓现场监督。1990年9月3日"两高"在《关于开展民事经济行政诉讼法律监督试点工作的通知》中规定："应人民法院邀请或当事人请求，派员参加对判决、裁定的强制执行，发现问题，向人民法院提出。"该规定有其特殊的历史背景，现在的法律规定和工作情况已经发生巨大变化，不宜再采用现场监督的方式开展工作。检察机关介入到执行活动的现场，将面临以下问题：（1）身份不明，当事人很难区分检法两院的职能差别；（2）情况复杂，由于检察机关对执行情况了解甚少，对于一些突发情形很难掌控；（3）效果不佳，难以真正发现和解决问题，往往流于形式。

关于监督程序，主要是受理程序和审批程序。在案件受理环节，要注意把握两个原则：其一是以当事人申请为原则，以依职权启动为例外；其二是对于当事人申请的案件，以先行提出异议、复议和诉讼为原则，以不经异议、复议和诉讼为例外。按照法律规定，检察机关发现民事执行活动违法的，即可提出监督意见。但是，鉴于民事执行活动主要涉及的是当事人各方的权益，一般不涉及国家和社会公共利益，所以检察监督原则上通过当事人申请来启动程序。只有以下四种情形，可以直接依职权启动监督程序：（1）损害国家利益或者社会公共利益的；（2）执行人员在执行该案时有贪污受贿、徇私舞弊、枉法执行等违法行为的；（3）造成重大社会影响的；（4）需要跟进监督的。在受理当事人申请时，《人民检察院民事诉讼监督规则（试行）》第33条规定"法律规定可以提出异议、申请复议或者提起诉讼，当事人没有提出异议、申请复议或者提起诉讼的",检察机关不予受理,除非有正当理由。在即将会签的"两高"联合规定中,再次重申了这一规定。

在检察监督案件审批环节,《人民检察院民事诉讼监督规则(试行)》规定了严格的程序,要求检察建议"应当经检察委员会决定"。之所以作出这样的规定,主要是考虑严把案件质量关,规范执行检察监督工作。但在这一制度运行近3年后发现,对所有执行监督案件要求一律提交检察委员会研究,既影响监督效率和效果,也与司法责任制改革要求不相适应,一定程度上限制和阻碍了工作的发展。为此,经与最高人民法院有关部门反复协商,"两高"在即将会签的文件中规定:"人民检察院向人民法院提出民事执行监督检察建议,应当经检察长批准或者检察委员会决定。"

【制度构建篇·虚假诉讼检察监督】

虚假调解检察监督实务探讨 *

许志鹏 **

内容摘要：虚假诉讼已成为当前我国民事诉讼中的顽疾，且呈现愈演愈烈的趋势。实践中，虚假诉讼案件常以调解方式结案，检察机关对此应高度重视，逐步加大对虚假调解案件的查处力度。从检察实践角度出发，针对虚假调解问题，检察机关应着力扩大民事调解案件检察监督的抗诉范围，完善虚假调解行为的法律责任体系，强化司法机关之间的配合，建立长效工作机制，以维护司法权威、保障公民合法权益。

关键词：虚假调解　检察监督　制度完善

虚假调解指民事诉讼活动中诉讼当事人之间恶意串通或者诉讼当事人与裁判机构之间恶意串通，虚构法律事实或者法律关系提起诉讼，以法院调解形式获取非法利益的现象。①虚假诉讼案件常常以调解方式结案，不仅损害了他人的合法权益，甚至侵害国家、集体的利益，而且浪费有限的司法资源，扰乱正常的民事诉讼秩序，严重影响司法权威与公信力，使诚信危机进一步蔓延、恶

---

* 本文刊载于《人民检察》2014 年第 10 期。
** 许志鹏，福建省人民检察院，全国检察业务专家。
① 虚假调解一般是作为"虚假诉讼"的子概念加以使用的，而关于虚假诉讼的概念，学界并未达成统一认识，主要以汤维建教授的"恶意诉讼"说、张明楷教授的"诉讼欺诈"说、司法实务界的"虚假诉讼"说为主。本文为尽可能概括虚假诉讼的特征，采纳了司法实务界的"虚假诉讼"说。

化,已成为困扰司法活动的突出问题。

一、虚假调解检察监督的基本情况

近年来,全国范围内有关虚假诉讼及虚假调解的新闻报道不断见诸报端,呈现出普遍性和愈演愈烈的趋势。检察机关对此高度重视,并逐步加大了对虚假调解案件的查处力度。2010年8月10日,浙江省人民检察院会同省高级人民法院制定了《关于办理虚假诉讼刑事案件具体适用法律的指导意见》。2011年9月13日,江西省人民检察院、省高级人民院、省公安厅和省司法厅为预防和惩处虚假诉讼,联合制定了《关于预防和惩处虚假诉讼暂行规定》。据统计,2011年7月至今,江苏省南京市检察机关共查办虚假诉讼案件24件,法院经再审后改判11件,追回国有资产逾2000余万元。①2008年1月至2013年6月,福建省检察机关查处民事虚假诉讼案件共计62件,其中查处虚假调解案件27件,占虚假诉讼总数的43.5%。涉案的当事人被定罪判刑35人,被检察机关作相对不起诉决定5人,被司法拘留2人,被立案侦查及审查起诉13人。此外,查处隐藏背后的国家工作人员涉嫌职务犯罪案件11人,其中村干部5人、行政机关工作人员3人、审判人员和执行人员12人。

二、以检察视角审视虚假调解

(一)检察视角审视虚假调解之特征

1.表象上的合法性和目的上的违法性。在诉讼形式上,虚假调解与正常的民事调解相比,不论是其产生条件、诉讼过程、基本内容还是裁判结果,并无明显差异,表象上具有合法性。但对于正常的诉讼当事人而言,解决纠纷是直接目的,而虚假调解却醉翁之意不在酒。行为人向法院起诉,通过法院达成虚

---

① 《江苏南京检察机关加强部门联动监督虚假民事诉讼》,载 http://news.jcrb.com/jxsw/201211/t20121125_993217.html.最后访问日期:2014年3月26日。

假调解协议的目的不在于协议本身所维护的实体利益，而是利用该虚假调解协议具有的法律效力影响案外人的合法权益或者为自己牟取非法利益。实践中，有以谋取财产为目的，有以逃避法院生效判决执行为目的，还有的以规避行政手续为目的，呈现出多样性。

2. 诉讼主体的合谋性和非对抗性。虚假调解系当事人为获取非法利益而进行的恶意串通，虽在形式上具有原被告当事人的身份，但在诉讼过程中并没有明显的对抗性特征，或者仅具有表演式的形式对抗特征。由于双方当事人已事先合谋串通好，法官很容易在较短时间内"促成"双方当事人达成调解。如福州市台江区人民检察院在办理案外人中国农业银行福州市台江支行不服原告叶某与被告福州市某房地产有限公司商品房预售合同纠纷申诉一案中，该房地产公司十分爽快地同意向原告叶某支付数额巨大的违约金，经检察机关深入调查，发现该房地产公司总经理王某虚构叶某向该公司购置房产的事实并提起诉讼的情况，以达到该房地产公司向农业银行 5000 多万元贷款不予清偿的非法目的。

3. 案件当事人之间一般存在亲属、朋友或者利益共同体等特殊关系。这种特殊关系为双方串通、虚构事实、伪造证据进行虚假调解提供了非常便利的条件，且为虚假调解降低了风险。2008 年 1 月至 2013 年 6 月，福建省检察机关监督的虚假调解案件中，有父母子女、兄弟姐妹、妻兄、叔伯等亲戚关系占比 52%，同学、战友、老乡等朋友关系占 33%，老板与雇员、情侣等利益共同体占 15%。

4. 案件类型集中在涉财产类案件。在虚假调解案件中，当事人往往希望通过调解的形式得到法院对财产权利的确认或变更，继而达到逃避债务、转移财产、规避法律等目的。如 2008 年 1 月至 2013 年 6 月，福建省检察机关监督的虚假调解案件均涉及财产纠纷，其中借贷纠纷、建设工程合同纠纷、房屋买卖合同纠纷占比更是超过 80%。

（二）检察视角审视虚假调解之成因

1. 诚信危机成为诱发虚假诉讼的内在因素。改革开放以来，市场经济得到巨大的发展，与此同时，社会价值观体系却没有得到相应的进步，功利主义、利己主义等思想蔓延滋生，经济生活中的失信行为渐趋严重。市场诚信缺失，蔓延扩散到文化、政务乃至社会各个领域。修改后民事诉讼法在总则中明确规定"民事诉讼应当遵循诚实信用原则"，也恰恰是对当前社会心态浮躁、诚信缺失的回应。虚假调解是这种社会心态的折射。

2. 诉讼制度的局限性以及"调解热"带来的负面影响。一方面，民事诉讼活动所遵循的当事人意思自治原则、权利自主处分原则及民事审判权的被动性特征客观上为虚假调解提供了滋生的土壤。在民事诉讼中，只要双方当事人意见一致，自主处分债权债务，达成的调解协议不违反法律和公序良俗，法官一般不予干涉，这为虚假调解当事人提供了可乘之机。另一方面，目前"调解热"正在全国各地法院升温，许多法院将调解率作为评价法官业绩的重要指标，同时由于调解结案省时省力，结案快，不用撰写长篇累牍的判决书，又不存在上诉后改判或发回重审的问题，导致部分法官热衷于调解结案。而在当事人自行达成调解协议时，往往放松或疏忽对调解协议合法性的审查，加之当事人进行虚假诉讼的手段一般比较隐蔽，本身难以看出破绽，导致虚假调解便在这样的背景下愈演愈烈。

3. 虚假调解违法成本低，导致行为人铤而走险。虚假调解当事人进行诉讼只需要缴纳成本较低的诉讼费，就能得到巨大利益，且法律风险也非常小。对行为人来说，倘若虚假民事调解行为被发现，由于目前对该行为并无明确的法律责任规制，法院对这类行为仅作出驳回其诉讼请求和诉讼费用由其承担的裁定，大部分的虚假调解行为都不能入罪，行为人最多被处以罚款、拘留，被追究刑事责任的少之又少。同时，我国现有的民事法律及相关司法解释，对虚假调解均未规定为侵权行为，导致受侵害人不能直接向法院提起侵权之诉以获得相应赔偿，同时也降低了虚假调解者的法律风险和经济成本，助长了虚假调解的风气。虚假调解行为人能获得的非法利益与其可能承担的风险和付出的代价严重失衡,行为人自然会选择铤而走险。

三、虚假调解检察监督存在的困难

近年来,各地检察机关加大了对虚假调解的查处和打击力度,在查处民事虚假调解案件上虽然取得了一定的成效,但无论是法律依据上还是实务上,虚假调解检察监督都还存在诸多问题。

(一)虚假调解检察监督存在的立法问题

1. 民事诉讼法对民事调解案件的抗诉范围设置过于狭窄。无论是最高人民法院、最高人民检察院2011年会签的《关于对民事审判活动与行政诉讼实行法律监督的若干意见》,还是修改后民事诉讼法,均只规定人民检察院有权对损害国家利益和社会公共利益的调解书提出抗诉,将抗诉范围限制在损害国家利益、社会公共利益的调解案件,而将更为普遍存在的损害第三人合法权益的虚假调解案件排除在外。由于绝大多数的虚假调解损害的是第三人的私人权益,从诉讼法层面上来看,人民检察院对损害第三人合法权益的虚假调解案件没有抗诉权,一定程度上导致检察机关对虚假调解案件的抗诉权处于有名无实的处境。

2. 检察机关对于虚假调解案件的查处手段有限。虚假诉讼当事人之间往往具有特殊关系,恶意串通,涉及多方的经济利益,当事人对于检察机关的询问调查或拒绝、或回避、或委托代理。而检察机关对有虚假诉讼嫌疑但又不构成刑事犯罪的,或者涉嫌刑事犯罪,但不涉及职务犯罪的,并没有侦查权,只有普通的调查取证权。这使得该类案件的查处只能依赖于当事人的自愿配合,对当事人不配合的情况没有相应的制约、制裁措施。同时,检察机关对于虚假诉讼承办法官不构成刑事犯罪的,也不能立案侦查,实践中很多法官往往对调查不予配合。因此,检察机关为查明案件事实,需要做更多的查证工作来甄别真伪，往往因为证据不足，导致监督深度有限。

3. 惩治措施不严，难以达到防范、惩治虚假调解的效果。我国刑法没有如同域外立法设置专门"民事虚假诉讼罪"或"诉讼欺诈罪"的罪名。《刑法》第305条规定的伪证罪是特指发生在刑事诉讼领域，而在民事诉讼中如果当事人以暴力、威胁、贿买等方法指使他人作伪证的，则可以按照《刑法》第307条的规定以妨害作证罪追究刑事责任，但如果当事人自己作伪证却无法追究其刑事责任，导致对民事虚假诉讼行为打击不力。目前我国刑法尚未对虚假诉讼作出明确规定，涉及虚假诉讼问题最正式的文件是最高人民检察院于2002年10月14日发布的《关于通过伪造证据骗取法院民事裁判占有他人财物的行为如何适用法律问题的答复》。该《答复》认为："以非法占有为目的，通过伪造证据骗取法院民事裁判欲占有他人财物的行为，所侵害的主要是人民法院正常的审判活动，可以由人民法院依照民事诉讼法的有关规定作出处理，不宜以诈骗罪追究行为人的刑事责任。"但该《答复》在指导具体司法实践上仍有很大的局限。法律上缺乏明确规定，导致各地的执法标准、罪名认定无法统一。如福州市连江县人民检察院查处的原告林某与被告詹某民间借款纠纷案，林某在詹某归还欠款时，将一张模仿詹某笔迹抄写的虚假欠条交还詹某，而后林某又持真实的欠条向法院起诉，连江县法院判决詹某再次向林某偿还欠款4万元。连江县检察院与公安机关在查明真相后，向连江县法院发出再审检察建议，但对原告林某的行为应如何定性、能否以诈骗罪追究刑事责任等，各方存在较大争议，最终林某未受到刑事追究。

（二）虚假调解检察监督存在的现实问题

1. 发现虚假调解案件线索难。虚假调解具有隐蔽性、手段多样性，且双方当事人事先有合谋、串通，配合默契，从表面上看事实清楚、证据确实充分，受害人往往不能及时知道自己的权利已被侵害，这就给发现虚假调解增加了一定难度。除非法院裁判结果损害到第三人的利益，否则一般不会有人申诉或者举报，检察机关发现虚假调解案件线索比较困难，有些线索的发现也带有偶然因素。如福建省龙岩市连城县人民检察院查办的原告罗某等三人与被告村委会追索加班劳动报酬纠纷的调解案件，就是该院民行科干警到法院联系工作时偶然发现。该院民行科干警发现执行人员办公桌上待执行的三起调解案件十分反常，调解书中确认的加班补贴标准明显偏高，经过深入调查，最终查明了该村支部书记以及村主任等村干部通过虚假调解虚高列支工资报酬、侵占村集体财产 9.4 万元的犯罪事实，最后涉案人员被以受贿罪、职务侵占罪判处 4 年至 10 年不等有期徒刑。

2. 部分法院对检察机关开展虚假调解检察监督工作存在抵触情绪。实践中，有的基层法院对检察机关开展虚假调解案件的调查核实工作不是特别信任，在配合协作方面不积极主动，认为检察机关开展监督必然会"伤"到法院。特别是承办法官存在害怕被追究职务犯罪刑事责任的风险，存在诸多顾虑。可见，建立与法院的长效联系机制，还需检察机关更加积极主动，还需司法实践的不断磨合。

四、虚假调解检察监督制度的完善

修改后民事诉讼法第 14 条规定："人民检察院有权对民事诉讼实行法律监督"，这也为检察机关全面监督民事诉讼过程提供了直接的法律依据。事实上，在虚假调解的规制上，检察机关的介入不仅能够有效弥补法院对案件事实及涉案证据可能存在审查不严的弊端，而且对于其他案外人、第三人而言，检察机关能够凭借强大的监督及时、准确、全面地发现虚假调解情形，进而能为第三人维权提供必要的案件线索和法律援助。但当前虚假调解的检察监督制度仍需进一步完善。

（一）扩大民事调解案件检察监督的抗诉范围

修改后民事诉讼法规定人民检察院有权对损害国家利益和社会公共利益的调解书提出抗诉，将监督范围限制在损害国家利益、社会公共利益的调解案

件。由于对于国家利益和社会公共利益的范围并无具体规定，导致实际操作中认定混乱。人民检察院对损害第三人合法权益的虚假调解案件没有抗诉权。在涉及第三人合法权益受到侵害时，对于以民事裁定、判决形式形成的虚假诉讼，检察机关可以抗诉，而对于"换汤不换药"的虚假调解，检察机关却没有抗诉权，这无疑是立法上的缺失。建议在新一轮立法修改中，赋予检察机关广义的民事调解监督权，赋予检察机关对普通虚假调解案件的抗诉权，将侵害到第三人合法权益的虚假调解行为纳入检察监督职责。

（二）完善虚假调解行为法律责任体系

虚假调解行为在实体法上完全符合侵权行为的构成要件，但我国民法通则和侵权责任法均未将虚假调解规定为侵权行为，这对于当前受虚假调解侵害的权益保护十分不利。应积极探索建立虚假调解的侵权赔偿责任机制，明确虚假调解的侵权责任、责任主体、赔偿范围。同时，要完善刑事立法，加强对虚假诉讼行为的刑事威慑。建议以立法的形式单独规定"虚假诉讼罪"，对虚假诉讼行为予以规制。可以将该罪名放在"妨害司法罪"中予以规定，具体条文可设置如下："诉讼当事人之间恶意串通或者诉讼当事人与裁判机构之间恶意串通，虚构法律事实或者法律关系提起诉讼，采取虚构法律关系、捏造案件事实方式提起民事诉讼，使法院作出错误裁判、调解或执行，以获取非法利益的，处3年以下有期徒刑、拘役或者管制，并处或者单处罚金；情节严重的，处3年以上7年以下有期徒刑，并处罚金；情节特别严重的，处7年以上有期徒刑或者无期徒刑，并处罚金或者没收财产。单位犯前款罪的，对单位判处罚金，并对其直接负责的主管人员和其他直接责任人员，依照前款的规定处罚。"通过严厉的刑事制裁，以高昂的违法成本，威慑虚假调解行为，有力遏制虚假调解的滋生蔓延。

（三）强化司法机关之间的配合，建立长效工作机制

公、检、法三机关要注重密切配合、加强协作，相互通报案件线索及查处

情况，构建查处民事虚假诉讼的线索发现、移送机制。制定系统的案件线索移送制度，使线索及时得到移送，案件及早得到处理。检察机关在受理民事申诉案件、举报案件时，应注意对受理的案件中存在的虚假案件线索进行梳理。对虚假调解中构成犯罪的当事人或其他案外人，依法移送公安机关处理。不构成犯罪的，隶属于有关单位的虚假诉讼者，通过提出建议，告知和敦促其主管单位追究相关责任，进行相应处罚。对在虚假诉讼中参与合谋构成犯罪的审判人员应依法移送职务犯罪侦查部门，对在虚假调解中审判人员存在违法行为影响公正审判的但不构成犯罪的，应当向法院提出程序监督的建议。对在办理虚假调解监督案件中发现有关机关在制度、管理等方面存在缺陷和漏洞的，也应向该机关提出改进工作的建议。

论强化对虚假诉讼的检察监督*

王雄飞**

内容摘要： 虚假诉讼监督作为一项检察机关行使监督权的法律制度，是恢复公民受损合法权益、维护司法公平正义的有力武器。强化检察监督虚假诉讼职能，不仅基于虚假诉讼具有严重侵害利害关系人合法权益、浪费司法资源、损害司法的公信力和权威性等危害性，也是因为对比法院、受害当事人在识别、防治虚假诉讼遭遇的困境，检察监督虚假诉讼具有法理、职能等方面的优势。结合当前检察机关开展工作实际，可以从构建虚假诉讼线索发现机制、证据核查机制、整体协作机制、案件纠正机制、责任追究机制等角度强化检察机关对虚假诉讼监督，增强监督实效。

关键词： 虚假诉讼　检察监督　机制

随着依法治国方略的深入推进，法律、司法的权威不断增强，公众的法律意识亦不断提高，公民、法人和其他组织通过诉讼途径解决纠纷、维护自身合法权益的现象日益普遍。与此同时，借法律维权名义行诉讼欺诈之实以侵犯他人合法权益的情况也越来越多，民事虚假诉讼频发。此点不仅妨害正常的诉讼秩序、侵犯他人合法权益，且亦极大地损害了司法公信力，破坏了社会和谐稳定。虚假诉讼的危害性已经引起立法及司法界的重视，防治虚假诉讼的呼声越

---

* 本文刊载于《暨南学报（哲学社会科学版）》2015年第10期。
** 王雄飞，广东省广州市人民检察院副检察长，法学博士，中国人民大学和国家检察官学院博士后流动站研究人员。

来越强。基于此，2012年新修订的《民事诉讼法》增订了诚实信用原则、第三人撤销之诉、妨害民事诉讼的强制措施的类型以及将调解书列为检察监督的范围等诸项举措，以防范及打击虚假诉讼。党的十八届四中全会通过的《中共中央关于全面推进依法治国若干重大问题的决定》中要求："完善检察机关行使监督权的法律制度，加强对刑事诉讼、民事诉讼、行政诉讼的法律监督。"对此，检察机关应正视实践中遇到的问题，加快构建、完善虚假诉讼监督机制，加大打击虚假诉讼的力度，为维护司法公正、实现社会公平正义提供有力保障。

一、虚假诉讼的界定

虚假诉讼，既非正式的法律术语，亦非学理上的词汇，仅系针对现实中出现的某种现象进行的描述。依字面上的理解，虚假诉讼即系诉讼中存在虚假成分，诸如捏造事实、法律关系、伪造证据，又如虚假抗辩、承诺、自认等。对于虚假诉讼的定义，学术界及实务界众说纷呈，并无统一的观点。且将虚假诉讼与恶意诉讼、诉讼欺诈、滥用诉权等相关概念混淆使用的情形亦时有发生，甚至出现相互替代使用的情况。因此，对虚假诉讼的准确界定便显得十分重要。

（一）虚假诉讼的定义

关于何为虚假诉讼，实务界及学术界均有不同的观点。实务界将虚假诉讼分为广义的虚假诉讼与狭义的虚假诉讼两种。广义的虚假诉讼系指，当事人之间恶意串通或者当事人单方采取虚构法律关系、捏造事实、伪造证据，唆使他人帮助伪造、毁灭证据，提供虚假证明文件、鉴定意见等手段，通过诉讼、调解、仲裁等能够获取生效法律文书的方式，或者利用虚假仲裁裁决、公证文书申请执行的方式，妨害司法秩序，损害国家、集体、他人合法权益或者逃避履行法律文书确定的义务的行为[①]。狭义的虚假诉讼系指，民事诉讼各方当事人

---

① 参见江苏省高院、省检察院、省公安厅、省司法厅于2013年10月29日联合发布的《关于防范和查处虚假诉讼的规定》第2条。

恶意串通，虚构法律关系，捏造案件事实，提起诉讼，或利用虚假的仲裁裁决或公证文书申请执行，使法院作出错误的裁判或执行，而以获取非法利益为目的的行为①。学术界对于虚假诉讼的探讨亦有广义与狭义之分，且多与诉讼欺诈、恶意诉讼共同探讨。总体而论，主张狭义的虚假诉讼的学者更多。对于狭义的虚假诉讼亦有学者认为应更狭义地予以界定，主张将虚假仲裁与虚假公证剔除出虚假诉讼的概念范围②。代表性观点有：第一，虚假诉讼是指行为人以非法占有他人财物为目的，利用虚假的证据，提起民事诉讼，破坏法院的正常审判活动，促使法院作出错误的判决或裁定，而使自己或者他人达到获得财产或财产性利益目的的行为③。第二，虚假诉讼是指当事人出于不合法的动机和目的，虚构事实、隐瞒真相，利用法律赋予的诉讼权利，采取虚构诉讼主体、事实及证据等方式提起民事诉讼，使法院作出错误判决或裁定的行为④。第三，虚假诉讼，亦称诉讼欺诈，是指诉讼参加人恶意串通，捏造民事法律关系或法律事实，通过合法的民事诉讼程序使法院作出有利于自己的判决，阻碍案外人行使合法权益，或是使案外人的权益受损，以及其他损害案外人或集体利益、国家利益，以为自己取得不正当利益为目的的违法行为⑤。

由上述观点可发现，对于虚假诉讼概念的争论主要集中于两点：其一，虚假诉讼是否以当事人恶意串通为构成要件；其二，虚假诉讼的范围采广义抑或狭义，虚假仲裁与虚假公证是否属于虚假诉讼。本文认为恶意串通系虚假诉讼的本质所在。因为在此类虚假诉讼中，当事人之间并不存在真实的纠纷。不仅原告主张的权利、陈述的事实系子虚乌有，且被告同原告发生争议的事实亦根

---

① 参见浙江省高院《关于在民事审判中防范和查处虚假诉讼案件的若干意见》（2008年12月）第1条；广东省高院发布的《关于强化审判管理防范和打击虚假民事诉讼的通知》（2010年10月）。
② 李浩：《虚假诉讼与对调解书的检察监督》，载《法学家》2014年第6期。
③ 杨玉秋：《虚假诉讼行为定性及其相关问题研究》，载《法治论坛》2008年第4期。
④ 钟蔚莉、胡昌明、王煜钰：《关于审判监督程序中发现的虚假诉讼的调研报告》，载《法律适用》2008年第6期。
⑤ 罗俏兰、陈丽平：《恶意诉讼认定、成因及防范》，载《长江大学学报（社会科学版）》2010年第12期。

本不存在。故诉讼有其表而无其实，诉讼本身便是虚假的[①]。另外，虚假仲裁与虚假公证亦是当事人通过虚构法律关系、捏造案件事实欺骗中立的裁断者的行为，故虚假仲裁与虚假公证亦属于虚假诉讼的范畴。

故此，本文认为虚假诉讼系指，民事诉讼各方当事人恶意串通，采取虚构法律关系、捏造案件事实方法，通过提起民事诉讼或者仲裁、调解等方式，使法院或者其他裁判者作出错误裁判或执行，以获取非法利益的行为。此种界定亦符合新民事诉讼法的规定。众所周知，为规制虚假诉讼行为，新民事诉讼法增加规定了诚实信用原则、第三人撤销之诉、妨害民事诉讼的强制措施的类型及把法院的调解书列为检察监督的范围等诸项措施，并于第112条及第113条界定了虚假诉讼的概念[②]。根据全国人大常委会法工委民法室的解释，构成第112条规定的虚假诉讼，需要具备三个要件：（1）当事人恶意串通；（2）通过诉讼、调解等方式；（3）侵害他人合法权益[③]。

（二）虚假诉讼的构成要件

如前所述，根据全国人大常委会法工委民法室的解释，虚假诉讼的构成要件包括三个，即当事人恶意串通；通过诉讼、调解等方式；侵害他人合法权益。以下对此三个要件进行详细分析。

1.当事人恶意串通。虚假诉讼是双方当事人合谋后实施的，此点系其本质危害所在，亦系其区别于一般恶意诉讼、滥用诉讼权利的关键所在。恶意串通司法实践中的表现包括，行为人伪造借条、合同等书面证据，串通证人作伪证，在庭审中虚假自认等。另外，在诉讼中使用具有原、被告双方合意特性的

[①] 李浩：《虚假诉讼与对调解书的检察监督》，载《法学家》2014年第6期。
[②] 2012年《民事诉讼法》第112条规定："当事人之间恶意串通，企图通过诉讼、调解等方式侵害他人合法权益的，人民法院应当驳回其请求，并根据情节轻重予以罚款、拘留；构成犯罪的，依法追究刑事责任。"第113条规定："被执行人与他人恶意串通，通过诉讼、仲裁、调解等方式逃避履行法律文书确定的义务的，人民法院应当根据情节轻重予以罚款、拘留；构成犯罪的，依法追究刑事责任。"
[③] 全国人大常委会法工委民法室：《民事诉讼法修改决定条文解释》，中国法制出版社2012年版，第152—158页。

虚假或伪造的证据，意图使法官陷于事实和法律关系的错误认识之中，以获取非法利益的行为亦属于恶意串通。实践中，当事人恶意串通而实施的虚假诉讼包括诸多案件类型，例如为侵吞国有资产进行的虚假诉讼、因拆迁安置补偿引起的虚假诉讼、为获得驰名商标认定而进行的虚假诉讼、为规避商品房限购而进行的虚假诉讼、为规避小产权房政策而进行的虚假诉讼、为规避摇号政策而进行的虚假诉讼、与获取贷款相关的虚假诉讼、为达成通过正常途径无法实现的目的而进行的虚假诉讼、为稀释共有财产而进行的虚假诉讼以及为逃避债务规避执行而进行的虚假诉讼等[1]。

2. 通过诉讼、调解等方式。从客观行为上分析，虚假诉讼必须以向法院提起民事诉讼等方式实现。如果当事人向法院提起诉讼，则虚假诉讼发生的阶段是从案件受理开始，经过法庭的具体审理，直至执行完毕。如果行为人仅向相关利害关系人提出诉讼威胁，但没有向法院提起民事诉讼，则即使其虚构了具体事实、伪造了具体证据，亦不应认定为虚假诉讼行为。

3. 侵害他人合法权益。从危害后果上分析，虚假诉讼侵害了多种利益。其一，虚假诉讼损害了司法公信力。民事审判是宪法和法律赋予人民法院调整民事法律关系、化解社会矛盾和纠纷的专门职能。民事案件的审理，经过纠纷双方当事人的公平参与、法院公开审理，最终由法院作出判决。由于民事审判过程的公平、公开、公正，民事判决才具有其强制性和权威性。当事人服判息诉，也是出于对国家法律以及司法机关公信力的尊重。而虚假诉讼的出现，将非法目的通过诉讼合法化，将一些子虚乌有、编造的事实通过诉讼的方式赋予国家强制力，严重损害了国家、集体和他人的合法权益，使虚假诉讼的受害人对司法机关的公正性和权威性产生质疑[2]，极大地损害了司法权威，降低了诉讼制度的功能和效用。如果放任这种行为的发生，将会使人民群众对法院失去信心，更多的人不再通过法院解决纠纷，从而极大地冲击了民事诉讼这一保障社会安定的最后救济手段，国家法治环境必将遭到破坏。其二，虚假诉讼浪

---

[1] 李浩：《虚假诉讼与对调解书的检察监督》，载《法学家》2014 年第 6 期。
[2] 卞建林：《我国司法权威的缺失与树立》，载《法学论坛》2010 年第 1 期。

费了大量的司法资源。诉讼双方当事人为达到非法目的，往往精心策划，在案件审理过程中一唱一和，法官很难识别。此时，因尚未侵害到案外第三人的利益，第三方无从知晓。一般系到了执行阶段，因为法院所采取的查封、扣押措施具有一定程度的公告意义，而第三方利益此时受到实在侵害，向法院提出异议，原被告双方的这种虚假诉讼行为方可能被发现。而虚假诉讼一经确认，则法院需按照再审程序对案件重新审理。再审程序一般历时数月，且需要重新组成合议庭对案件进行合议。即使法院、检察院在审查过程中怀疑当事人双方进行虚假诉讼，亦需花费大量的时间及精力去调查、核实。虚假诉讼不仅使法院原有的审判、执行工作成效化为乌有，亦导致司法机关要组织新的力量来处理其所带来的一系列问题，对司法资源造成极大的浪费。其三，虚假诉讼侵害了第三人的合法权益，扰乱了正常的经济秩序。虚假诉讼行为可能侵犯的第三人利益，并不限于私人的财产所有权，亦可能是国家、集体的合法权益。在虚假诉讼被提起时，该第三人的合法权益即处于一种被强制剥夺的高危状态。而虚假诉讼一旦成功，案件当事人不合法的权益便得以确认，第三人该得到的合法权益却被"合法"地剥夺。因此，虚假诉讼不但危害了第三人的正当权益，也加剧了社会诚信危机，扰乱了正常的经济秩序，对构建和谐社会、弘扬社会诚信带来了极大的负面影响。

为深入探讨虚假诉讼的检察监督，下文仅就当事人向法院提起的虚假诉讼的检察监督进行讨论，包括虚假诉讼检察监督的必要性与正当性、检察监督的困境及检察监督的强化等方面。

二、虚假诉讼检察监督的必要性与正当性

众所周知，依据我国宪法的规定，检察机关系法律监督机关，故由检察机关监督虚假诉讼具有宪法依据。除此以外，在具体的制度层面，由检察机关监督虚假诉讼亦具有必要性及正当性。

(一)虚假诉讼检察监督的必要性

检察机关监督虚假诉讼的必要性表现在法院及当事人监督虚假诉讼的无力。

1. 法院防治虚假诉讼具有天然缺陷。从虚假诉讼本身的特点及虚假诉讼可能被发现的诉讼阶段来看,试图在损害结果发生之前便识别所有的虚假诉讼,并将其清除,难度非常大,甚至可以说是一件不可能完成的任务,因此纯粹由法院防治虚假诉讼显然不符合实际。此点又表现在两个方面:第一,审判权的被动性是防治虚假诉讼的天然障碍。从职权主义向当事人主义转变的司法改革,强化了当事人的举证责任,弱化了法院在调查取证等方面的职权,此点有利于保证法院审判的中立性,提高审判结果的权威性。但相关职权的弱化,直接导致审判权在某些方面的表现过分弱势。例如,因职权调查取证的范围缩小,法院便极少调查虚假诉讼当事人之间的自认抑或认诺行为,因此要认定此自认是否真实十分困难。面对疑似虚假诉讼时,法官前进一步可能越过尊重当事人程序主体性的雷池边界,退后一步可能落入纵容虚假诉讼的危险境地。因此,法官并非无心卫法,而实属力不从心。第二,法院对高调解率的追求助推虚假诉讼蔓延。实践中法官多将调解视为当事人对自己权利的处分,因此无须严格遵循"以事实为根据,以法律为准绳"的裁判原则。且对于案件事实,法官在调解中亦持较为宽松的态度①。自愿与合法是法院调解秉承的基本原则,而"查明事实,分清是非"原则因遏制了民事调解之意思自治的根本属性,阻碍了调解功能的发挥,故在司法实务中遭到普遍排斥。因此,"当事人享有对民事案件的处分权,即使他们之间存在妥协与退让,其处分结果也具有相应的正当性"②。另外,近年来,法院调解的优势重新被重视,法院调解率节节攀高。各地法院纷纷制定政策倡导调解,甚至将调解结案率作为法官的考核标准之一③,因此调解在多元化纠纷解决机制中的地位愈

---

① 李浩:《虚假诉讼与对调解书的检察监督》,载《法学家》2014年第6期。
② 李浩:《查明事实、分清是非原则重述》,载《法学研究》2011年第9期。
③ 钟苏莉等:《关于审判监督程序中发现虚假诉讼的调研报告》,载《法律适用》2008年第6期。

发明显。此种司法现状为虚假诉讼的兴盛提供了巨大的便利，亦使得当调解出现某些事实不清的情形时，法官也难以对证据进行实质审查。

2. 权利受损害人的救济方法不足。对于受虚假诉讼直接侵害的国家、社会或第三人来说，救济方法不足主要体现在两个方面：第一，权利受损害人无力进行纠错性救济。我国民事诉讼中，案外人自力纠错的救济措施包括第三人撤销之诉和案外人执行异议。但利益受侵害的案外人只有具备充分的知情权时，才有进一步维护自身权益的可能。无论提起第三人撤销之诉，抑或说服法院启动再审程序，实体条件均系要有证据证明生效裁判内容错误。然而虚假诉讼具有隐蔽性，原、被告在进行虚假诉讼之时，便已做好准备，例如已经伪造好了借据或者其他书证。因此，案外人提起撤销之诉或申请再审时只能向法院主张存在虚假诉讼，但很难提出确切的证据以证明其主张。故案外人要想通过法院的立案审查存在相当大的困难。第二，权利受损害人难以获得补偿性救济。在民事实体法中，虽然诚实信用原则、禁止权利滥用原则及公序良俗原则均对抑制虚假诉讼行为有一定作用，但此些规定由于过于抽象，对虚假行为应承担何种民事法律责任，以何种方式承担责任，在何种情况下可以减轻或免除责任均没有具体规定，故难以真正起到规制虚假诉讼的作用。而侵权法亦未直接将虚假诉讼规定为独立的侵权行为，实践中对虚假诉讼是否构成侵权存在疑义，故即使权利受损害人向法院提起赔偿之诉，往往亦难以获得支持。

（二）虚假诉讼检察监督的正当性

检察机关监督虚假诉讼的正当性亦有两点表现：一是其有民事诉讼法的授权；二是其有自身优势。

1. 关于民事诉讼法的授权。如前所述，作为国家的法律监督机关，检察机关对民事诉讼活动实行法律监督具有宪法依据。另外，新民事诉讼法扩大了检察监督的程序范围及对象范围，亦将虚假诉讼纳入了检察监督范围。其在第14条规定，"人民检察院有权对民事诉讼实行法律监督"，因此确立了民事诉讼检察监督的基本原则。在虚假诉讼领域，如果虚假诉讼以判决方式结案，则检察机关具有监督权。如果虚假诉讼以调解书结案，则在调解书损害国家利益或者社会公共利益时，检察机关可予以监督。有争议的是，如果调解书侵害的仅系案外第三人的利益，检察机关有无监督权。对此学界有争论。本文认为，此种情况亦可由检察机关进行监督。一如前述，虚假诉讼侵害的系多种利益，在侵害案外第三人利益的同时亦损害了司法的公信力、法院的权威、浪费了司法资源，故亦属于损害国家利益抑或社会公共利益，应纳入检察监督的范畴。

2. 关于检察机关的监督优势。此点主要表现在两个方面：其一，检察机关防治虚假诉讼具有职能优势。在虚假诉讼的防治过程中，公安机关的作用仅系就其中极少部分涉及刑事犯罪的行为追究刑事责任。相较而言，检察机关的功能则并不限于刑事范畴，其民事检察监督的功能亦极为重要。在和谐司法的大背景下，各种诉讼参与均需要检察监督发挥作用。检察机关对民事诉讼活动进行监督，运用抗诉权、再审检察建议权，能使未达到犯罪标准的虚假诉讼得以纠正，维护当事人合法权益。另外，检察机关的法律监督职能、查办职务犯罪职能，本身便给诉讼当事人、审判法官起到震慑、警示作用，可对虚假诉讼起到防患于未然的效果。其二，检察机关监督虚假诉讼具有人员优势。相对于受害当事人，检察官具有专门的法律知识，具有丰富的司法办案经验，能极快判断是否虚假诉讼。相对于中立的法官，检察官对虚假诉讼具有调查取证权，可以采取一定手段进行事实调查、证据调取，帮助准确判断是否虚假诉讼。且检察官在与犯罪分子作斗争中积累了丰富的审讯经验，在询问虚假诉讼当事人时具有心理把握、审讯技巧、突破能力等方面的优势，能够快速找到虚假诉讼疑点，击破当事人恶意串通的"防线"。

三、虚假诉讼检察监督的困境

如前所述，由检察机关监督虚假诉讼具有必要性及诸多职能优势，但是在实践中，检察机关实施虚假诉讼监督时亦面临诸多困境。

（一）检察监督时机滞后

监督从通常意义上讲不外乎两种功能：一是预防错误的发生；二是纠正已发生的错误[①]。虽然新民事诉讼法已将民事诉讼检察监督的范围拓宽，包括了诉中监督。但由于法院与检察机关之间缺乏审判信息沟通平台，故检察机关通常无法及时、全面了解案件诉讼过程中的审判信息及证据情况，因此便不能事前预防虚假诉讼或者介入诉讼过程中。实践中，检察机关对虚假诉讼线索的发现，较多依赖权利受损害人提出监督申请。此点使得检察机关难以防范判决、调解生效前的虚假诉讼行为。

（二）发现监督线索困难

如前所述，检察机关所掌握的虚假诉讼的线索，大多依靠当事人的监督申请。由于社会宣传较弱，人民群众对民行检察监督工作了解较少，因此受害人在穷尽法院诉讼救济途径后不知道仍可申请检察院监督纠正。同时，由于虚假诉讼多是以合意和解结案，案外人可能不知道利益受损因而没有及时举报，由此错过申请检察监督的时限，丧失法律救济渠道。此外，由于民事诉讼主体的平等性以及审判活动的独立性，检察院通常不会主动介入法院的审判活动，因此无法及时了解诉讼情况。以上几点均导致检察院较难发现虚假诉讼案件的线索，因此监督案件数量较少，亦未能形成监督规模。

（三）调查手段有限

在双方当事人恶意串通，侵犯国家、集体或第三人利益的虚假诉讼中，当事人往往具有亲属、朋友关系，其在诉讼前已串通好，判决后会以"默契"的行为对付检察机关的调查，诸如寻找种种理由拒绝谈话、回避、委托代理人应付等。而对于有虚假诉讼嫌疑但不涉嫌刑事犯罪的，或者即使涉嫌犯罪，但涉嫌罪名不属于职务犯罪的虚假诉讼案件，检察机关并没有侦查权，仅有普通的调查取证权。此点使得查处该类案件只能依赖于当事人的自愿配合，而缺乏其

[①] 邢和平：《浅议虚假诉讼中检察监督的完善》，载《中国检察官》2014年第9期。

他应对措施。

（四）防范查处虚假诉讼联动机制缺乏

虚假诉讼不仅是法律问题，亦是社会问题，其产生具有深层次的社会原因，此点决定了虚假诉讼不可能仅靠检察机关一家单兵作战便能根治。目前司法实践中，司法机关对于虚假诉讼的查处基本上仍停留在"各自为政"、单独行动、缺乏配合的传统模式，未能建立以防范、监督虚假诉讼为宗旨的联合工作机制。

（五）查处结果威慑力不足

经济活动中的当事人对行为的自觉选择主要是从成本和收益的对比关系来考虑的，当违法行为的成本低于违法活动带来的收益时，当事人便会在趋利避害的原则驱使下选择违法行为。

在民事制裁方面，民事诉讼法对妨碍民事诉讼行为，伪造、毁灭重要证据，以暴力、威胁、贿买方法阻止证人作证或者指使、贿买、胁迫他人作伪证等方面虽规定了处罚措施，但实践中真正给予制裁的非常少，而且处罚最重亦仅是15天拘留。与经济活动中日趋增长的标的数额相比，违法成本较低，故当事人进行虚假诉讼的可能收益便十分惊人。

在刑事司法方面，截至2014年11月，我国刑法一直没有规定虚假诉讼行为属于犯罪。最高人民检察院法律政策研究室2002年10月14日发布的《关于通过伪造证据骗取法院民事裁判占有他人财物的行为如何适用法律问题的答复》，更是从实质上否定了虚假诉讼行为的刑事可罚性，只是根据其方法、手段可能构成相应犯罪进行处罚[①]。此点不仅造成了民事诉讼法与刑法不能有效

---

① 最高人民检察院法律政策研究室2002年10月14日发布的《关于通过伪造证据骗取法院民事裁判占有他人财物的行为如何适用法律问题的答复》规定："以非法占有为目的，通过伪造证据骗取法院民事裁判占有他人财物的行为所侵害的主要是人民法院正常的审判活动，可以由人民法院依照民事诉讼法的有关规定做出处理，不宜以诈骗罪追究行为人的刑事责任。如果行为人伪造证据时，实施了伪造公司、企业、事业单位、人民团体印章的行为，构成犯罪的，应当依照刑法第307条第1款的规定，以妨害作证罪追究刑事责任。"

衔接①，亦使得虚假诉讼行为得不到相应的刑事处罚。

所幸的是，2015年8月24日通过的《刑法修正案（九）（草案）》，增加了虚假诉讼罪，并将其列入刑法第六章第二节的"妨害司法罪"中②。如此规定，既兼顾了虚假诉讼以侵占他人财产为目的和结果，亦体现了行为人利用诉讼程序通过法院裁判、调解为占有手段的特殊性。但从现实层面上看，法院在民事诉讼中认定虚假诉讼后是否主动将案件移送公安、检察机关追究当事人刑事责任的任意性较大，公安机关受理虚假诉讼犯罪线索后基于民事纠纷的先入为主认识，侦查力度有限，成案率低，这些均可能导致前述规制虚假诉讼的刑法规定被虚置。

四、虚假诉讼检察监督的强化

近年来，尽管检察机关在虚假诉讼监督上探索了途径、总结了方法，但仍存在诸多困难与不足，因此必须进一步强化此职能。具体而言，可通过构建完备的虚假诉讼监督工作机制、畅通案件线索发现渠道、充分运用调查取证权、增强联动合力及切实发挥检察监督职能等，有效打击和遏制虚假诉讼。

（一）畅通案件信息渠道，建立虚假诉讼线索发现机制

1. 统一虚假诉讼的识别标准。为及时有效识别虚假诉讼，应从以下四个方面审查甄别虚假诉讼：一是分析申请监督理由是否合理；二是判断原案材料是否存在矛盾疑点，如原告诉讼请求所依据的事实合不合常理、被告对原告提出的诉争事项是否敷衍抗辩，甚至对原告陈述的事实和提出的诉讼请求不提异议；三是调查涉案人员关系、资金流向，双方是否真实发生民事法律关系，双

---

① 2012年修订的《民事诉讼法》第112条规定："当事人之间恶意串通，企图通过诉讼、调解等方式侵害他人合法权益的，人民法院应当驳回其请求，并根据情节轻重予以罚款、拘留；构成犯罪的，依法追究刑事责任。"
② 2015年8月24日公布的《刑法修正案（九）（草案）》第35条规定："以捏造的事实提起民事诉讼，妨害司法秩序或者严重侵害他人合法权益的，处三年以下有期徒刑、拘役或者管制，并处或者单出罚金；情节严重的，处三年以上七年以下有期徒刑，并处罚金。"

方有无真实的履约行为,原告诉称的案件事实是否虚假;四是在案件审查过程中观察当事人有无异常表现,包括当事人是否不肯到检察机关接受询问、在询问调查过程中当事人的神情、言语是否异样等。

2. 畅通案外人申请检察监督的渠道。允许有利害关系的案外人对虚假诉讼申请检察监督,畅通虚假诉讼受害人的救济途径是发现、制裁虚假诉讼的有效措施,亦是启动监督机制的重要前提条件。虽然案外人发现生效裁判文书侵害其合法权益,拥有向法院提起第三人撤销之诉等救济渠道,但此点与案外人申请检察监督并不矛盾。且一如前述,案外人向法院主张存在虚假诉讼,面临极大困难。因此,须明确案外人对虚假诉讼有申请检察监督的权利,两种程序是并行的,并不存在先后顺序,案外人可选择适用。此点对于发现、查处虚假诉讼具有重要意义。因此,对虚假诉讼受害人提起的监督申请,检察机关应及时立案、认真审查。

3. 建立虚假诉讼预警通报机制。为解决检察监督的滞后性,检察机关可以与法院协商,对有举报诉讼当事人涉嫌虚假民事诉讼的案件,检察机关可向法院通报收到的举报情况,可建议法院在审判中予以查明,或者应法院之邀进行诉讼中监督。如广东省高级人民法院出台的《关于强化审判管理防范和打击虚假民事诉讼的通知》(粤高法〔2010〕395号)中便规定"特别要发挥检察机关作为国家法律监督机关的作用,在虚假诉讼嫌疑案件可能损害国家和公共利益时,应向检察机关通报案件情况,建议检察机关派员出庭监督。"此点便是对预警通报机制的良好探索。

4. 创设多向移送线索的联动机制。建立预防和打击虚假诉讼联动机制,前提是规范虚假诉讼线索的发现、受理、移送等环节,形成以检察机关民行部门为枢纽的联动网络。在检察机关内部,建立民行部门与其他相关职能部门的互动、协作机制,在刑事案件审查批捕、审查起诉、接待控告申诉等工作中发现虚假诉讼线索的,应及时移送民行部门。在政法机关之间,法院对参与实施虚假诉讼的当事人及其他相关人员,依法予以训诫、罚款、拘留,涉嫌刑事犯罪的,应立即向公安、检察机关移送,直接启动刑事诉讼程序。检察机关发现虚假诉讼中存在错误裁判的，应向法院移送以启动监督纠正程序。另外，检察机关应借助辖区刑事司法与行政执法衔接工作机制，加强与区相关行政执法部门的沟通，通过这些部门发现和移送涉及民事虚假诉讼的案件线索。简而言之便是通过多向移送"线索流"，实现民事诉讼和刑事诉讼的有效衔接，以破解虚假诉讼案件线索发现难问题。

5. 建立常态化法制宣传工作机制。检察机关应调动全院力量参与民行检察工作宣传，构建"民行检察大宣传"工作格局。检察机关利用法律"五进"活动、青年志愿者服务活动，宣传民行检察监督工作；结合街道检察联络站工作，定期下到社区，加强法制宣传，提供民行法律服务；在媒体上刊发检察机关虚假诉讼监督工作宣传稿、典型案例，向读者以案释法等等。通过多途径、多方式、经常性地广泛宣传民事诉讼法、民事行政检察部门工作职能、监督虚假诉讼的范围和方式等，可增进社会各界和人民群众对检察机关虚假诉讼监督工作的了解和信任，促使其主动申请监督，以此保证案件线索来源。

（二）善于运用调查核实权，完善虚假诉讼核查机制

1. 把握调查权的界限和范围，确保审查不越位。对于虚假诉讼的查处，证据的真伪往往对案件的走向起决定性作用，因为正是法院在审判活动中对案件证据审查不细致，对当事人陈述的不尽合理的事实不予深究，使得虚假诉讼者轻易得逞。在申请监督人没有能力获取或保留证明虚假诉讼的证据时，检察机关介入调查并收集相关证据便极有必要。在对虚假诉讼案件进行监督中应如何把握调查、核实证据的范围，是针对诉讼中全案证据进行调查、核实，抑或仅对主要证据？是依据申请监督人对证据提出的异议，抑或根据办案需要决定？是仅针对诉讼中已存在的证据，抑或应包含对申请监督人在申请监督时提供的案件中未出现的证据？如何把握调查核实证据的程度，即查证到该证据系虚假证据即可，抑或应查明到真实情况？此些均是司法实践中需要解决的问题。对此，本文认为检察机关对民事案件进行监督，依法行使调查权，应当始终服务于查清案件事实、还原真实情况的需要。因此，调查原则上以获取证明民事诉讼合法性证据材料为基准。

对于案件存在涉嫌虚假诉讼、法院判决采信的证据可能系伪证、法院应当调查而未调查,导致当事人事实主张因证据不足而未被认定等情形,检察机关应启动调查程序,对相关证据予以核实。检察机关应通过充分、合理地行使调查权,保证虚假诉讼检察监督的实效,切实保护当事人的合法权益。

2. 把握询问技巧,获取有效信息。检察机关对虚假诉讼案件进行监督,需要听取案件当事人陈述,但因双方当事人在诉讼前已串通,会以"默契"的行为对付检察机关。对此,检察机关应做到两点:其一,检察人员应深入细致地听取申请监督人陈述,认真审查当事人之间身份关系、经济往来等事项,采取询问、查询、调取证据材料、查阅案卷材料等方式开展调查核实工作。如对债务纠纷案件,应严格审查涉案债务产生的时间、地点、原因、用途、支付方式、支付依据、基础合同以及债权人的经济状况。对欠薪案件,应严格审查劳动关系的真实性,要求用人单位出具原始劳动合同、相关的考勤表或工资发放记录等。其二,检察人员在询问时,既要从思想上做工作,使当事人认识到虚假诉讼所要承担的后果,引导其说出事实真相,又要善于察言观色,通过分析当事人的言行、神态,找准突破口。必要时可分不同时间询问、调查当事人数次,从而审查当事人的陈述是否存在矛盾或者有违常理。

3. 固定关键证据,充分发挥其定案依据的作用。虚假诉讼案件当事人多有伪造证据的行为,尤其是伪造文书类证据。因此依照法定程序,综合运用科学技术或者专门知识对诉讼涉及的专门性问题进行鉴定和判断,能使调取的证据相互印证、形成完整的证据链条,从而为案件的成功改判发挥决定性作用。

另外,为确保鉴定意见的权威性、科学性和公信力,使之能成为定案依据,检察机关在委托鉴定时需注意以下几点:(1)需要鉴定的检材最好是原件。(2)鉴定所需要的比对样本一般是向有关部门调取的,如法院、工商局、国土房管局、银行、公证处等出具并加盖公章的材料。(3)鉴定所需材料的移送要规范,不得交与申请监督人或当事人提交给鉴定机构,而应由检察机关直接提供给鉴定机构,或由鉴定机构上门收集。此举一方面可防止出现人为添加、减少、损坏、污染鉴定检材的情形,从而保障鉴定检材来源的客观性、关联性和合法性；另一方面亦可防止出现当事人不配合，导致提交给鉴定机构的检材不能满足其鉴定范围的特定性、数量和质量的充分性。（4）鉴定机构必须是具有鉴定资质的机构，鉴定人必须具备鉴定应有的专业知识和经验技能，且没有回避事由。（5）鉴定意见在再审开庭过程中应当庭出示，由各方当事人进行质证，当事人对鉴定意见有异议的，鉴定人应当出庭作证。

4. 借助有关部门的行政管理职能，做好外围证据收集。虚假诉讼案件当事人如果寻找种种理由拒绝谈话，或予躲避、不理睬，或委托代理人"合理"应付时，检察机关并无相应权力对当事人的不配合行为进行制约、制裁。此时检察机关为查明案件事实，需要做更多的查证工作以甄别真伪。为此检察机关可多与工商、街道、派出所、税务、司法等行政部门沟通，借助这些行政机关的行政管理职能和管理手段，做好外围证据收集工作，夯实证据基础。此点有助于突破被调查人的思想防线，达到查明案件事实的目的。

（三）综合运用多种监督手段，完善虚假诉讼案件纠正查处机制

1. 依法抗诉或发出检察建议。对虚假诉讼进行检察监督，要注意将抗诉与其他监督手段综合运用和有效衔接，以发挥各种监督手段的整体效能。对于符合抗诉条件且适用再审程序的，检察机关应依法提出抗诉或发出再审检察建议。对于不适用再审程序的，如确有错误的调解书、先予执行裁定、诉讼保全裁定等，检察机关应依法发出纠正违法的检察建议。

2. 延伸检察职能实施整体监督。一是检察机关在办理虚假诉讼监督案件中，如果发现行政机关在履行职责中存在问题，可督促行政机关依法规范履行职责，以此进一步提升监督效果。二是对虚假诉讼可能或者已经侵害国家、社会公共利益且可以通过另案诉讼予以救济的，检察机关应及时向有关国有单位或行政监管部门通报，督促并支持其及时提起民事诉讼挽回损失。

3. 移送虚假诉讼案件中涉嫌刑事犯罪的线索。落实线索移送机制，对在虚假诉讼监督中发现职务犯罪、刑事犯罪线索的，检察机关应及时分别移送本院自侦部门、公安机关予以查处。

（四）加大惩处力度，落实对虚假诉讼责任追究机制

1. 落实对司法工作人员渎职行为责任追究。只有把虚假诉讼的监督最终落实到责任人的追究上，才能加强震慑力、提升监督实效。虚假诉讼背后往往有审判、执行人员的共同参与，但民行部门查处的方法手段毕竟有限，对于虚假诉讼监督中发现的司法人员涉嫌职务犯罪的，应建立多部门协调查处的机制，由民行部门与反贪、反渎等职务犯罪侦查部门密切配合，联合开展调查侦查工作。广东省人民检察院下发的《关于完善民事行政检察与职务犯罪侦查部门协作机制的意见》（粤检发民行字〔2014〕1号）便规定了民行部门在查办虚假诉讼案件过程中发现法院审判、执行人员有贪污受贿、徇私舞弊、枉法裁判等行为，及时启动违法行为调查程序，让联合协调办案机制能够有章可依。审判、执行人员有违法行为但不构成犯罪的，检察机关应向法院纪检监察部门发检察建议要求其调查处理。审判、执行人员的违法行为已涉嫌犯罪的，检察机关应将案件线索转反贪、反渎部门立案侦查，追究其刑事责任，以此从源头上有效预防虚假诉讼案件的发生。

2. 创建全程跟踪联动查处虚假诉讼行为人责任模式。实施虚假诉讼的当事人既可能承担民事责任，亦可能承担刑事责任。检察机关在具体的查处过程中，应根据情况向法院发出检察建议，建议其依据民事诉讼法的规定，对制造虚假诉讼、妨害民事诉讼的行为人予以罚款、拘留。构成犯罪的，建议其移送公安机关依法追究刑事责任。对于移送公安机关立案侦查的案件线索，检察机关应指定专人负责动态跟踪。公安机关没有及时立案的，应启动刑事立案监督程序，提高移送线索的成案率。对公安机关立案侦查的虚假诉讼案件，可建立检察引导侦查模式，以此形成侦查合力，以有效惩戒、警示当事人不得滥用诉权。

3. 落实对其他责任人的责任追究。对于协助当事人提起或参与制造虚假诉讼的代理律师，检察机关可书面建议司法行政机关依照有关规定进行处罚。仲裁人员、公证人员、鉴定人员故意提供虚假仲裁、公证、鉴定的，检察机关可书面建议其所在行业主管部门进行调查处理，并要求及时反馈处理结果。

民事虚假诉讼检察监督问题研究*

郑新俭 吕洪涛 肖正磊 颜良伟**

内容摘要： 民事虚假诉讼不仅损害国家、集体和他人合法权益，而且破坏正常司法秩序，严重损害司法权威和司法公信力。检察机关充分履行法律监督职责，办理了一大批虚假诉讼监督案件，取得了明显成效，也遇到不少困难。应进一步统一认识，加强对虚假诉讼监督工作的研究和宣传，同时，从加强检察机关内外部协作配合、丰富监督方式等方面下功夫，以更有效地查证虚假诉讼。

关键词： 民事诉讼 虚假诉讼 检察 监督

近年来，部分当事人违背诚实信用原则，利用诉讼这一合法形式谋取不正当利益，且有愈演愈烈之势。作为法律监督机关，对虚假诉讼的监督是检察机关的应有职责。笔者在全面分析 2012 年至 2014 年全国检察机关民行检察部门虚假诉讼监督工作情况的基础上，认真分析工作中遇见的困难、问题及原因，并对检察机关民行检察部门如何更好地开展此项工作提出意见和建议，以期对推动此项工作深入开展及完善相关工作机制有所裨益。

---

* 本文刊载于《人民检察》2016 年第 6 期。本文系国家检察官学院 2015 年度科研基金资助项目研究成果。

** 郑新俭，最高人民检察院未成年人检察工作办公室主任，时任最高人民检察院民事行政检察厅厅长。课题组成员：吕洪涛、肖正磊、颜良伟。

一、民行检察部门开展虚假诉讼检察监督的基本情况

（一）现阶段全国检察机关办理虚假诉讼监督案件的基本情况

2012—2014年，全国检察机关民行检察部门共办理虚假诉讼监督案件6000余件，向法院提出抗诉、检察建议4000余件。从年度案件办理数量看，2012—2014年呈逐年递增趋势。从办理案件来源看，依职权发现是最主要的案件来源渠道，占74%，当事人申请监督和案外人控告举报分别占15%和11%。从虚假诉讼法律文书类型看，调解书和判决书系两种主要类型，占比分别为61%和20%。从案件类型看，主要是逃避管理类、逃避债务类和获取其他非法利益类，占比分别为34%、18%和48%。从监督方式看，再审检察建议、其他检察建议和抗诉是主要的监督方式，占比分别为45%、21%和14%。

（二）虚假诉讼的主要类型

1.逃避管理类虚假诉讼。主要表现为规避法律和国家限购政策、逃税等，如行为人因购买房屋不符合当地政府规定的限购政策、建造的房屋建设手续不全而无法办理产权证，遂虚构虚假借贷关系通过诉讼实现以房抵债、达到完成房产过户手续目的；或者通过向法院提起房地产确权纠纷虚假诉讼达到降低交易价格、规避税费征收等目的。如湖北省枝江市检察院办理的关某与许某民间借贷纠纷虚假诉讼监督案中，许某转让在北京的住房一套给关某，因关某作为购房人不符合北京市政府限购政策的规定，不能办理房屋产权过户手续，故委托房屋中介机构代为办理。王某从房屋中介公司承接了一批包含关某所购二手房在内的房屋过户业务后，与他人串通，分别以原被告诉讼代理人的身份，向法院提起民间借贷纠纷虚假诉讼，并根据法院生效判决办理了房屋过户手续。

2.逃避债务类虚假诉讼。主要表现为行为人负有对外债务，有一定财产可供执行，为了达到把债权人对其享有的债权"稀释"之目的，遂与他人恶意串通，伪造借条、工资欠条等证据，向法院提起虚假诉讼，利用参与法院执行分配权或工资优先受偿权，逃避对外债务。如江苏省海安县检察院办理的范某等与丁某借款合同纠纷虚假诉讼监督案中，丁某因个人债务较多，担心其房产被法院执行用于偿还债务，经与范某等人合谋，伪造借条，虚构其向范某等三人借款合计 79.6 万元的事实，并向法院提起虚假诉讼。致使法院作出 3 份调解书。范某等三人根据上述调解书向法院申请强制执行。

3. 获取其他非法利益类虚假诉讼。此类型多发生于离婚诉讼、借贷纠纷、保险理赔等案件中，行为人为使对方当事人多承担债务、少分共同财产或者使第三人承担债务、连带责任等，通过伪造证据虚构借贷关系、委托关系、买卖关系等，获取非法利益。如河南省新乡市检察院办理的颜某彬与张某等民间借贷纠纷虚假诉讼监督案中，颜某彬在与妻子离婚诉讼期间，与张某、颜某广合谋，虚构其向张某、颜某广借款事实。张某、颜某广持颜某彬出具的两张借据向法院提起诉讼并获得法院民事判决支持。颜某彬在离婚诉讼中提交上述民事判决书主张其在婚姻存续期间向外举债 11 万元，法院将上述债务认定为夫妻共同债务。

（三）虚假诉讼案件的主要特点

1. 民间借贷纠纷案件成为虚假诉讼的"重灾区"。从虚假诉讼涉及的领域看，虚假诉讼主要集中在民间借贷纠纷、房地产权属纠纷、离婚涉财纠纷、追索劳动报酬等几类。其中，因民间借贷纠纷案件的事实简单，合同履行的路线短促，立案的证据要求低，除借据外，汇款凭证可通过银行交易后将款项返回打款者的形式易轻松获取，尤其是在诉讼经验丰富、深谙技巧的高手策划包装下，虚假诉讼的证据形式在外观上更加规范、真实而不易被觉察，致使民间借贷纠纷成为虚假诉讼的"重灾区"。

2. 侵害利益多元化。虚假诉讼行为不但侵害第三人合法权益，扰乱国家正常行政管理秩序，甚至损害国家利益和社会公共利益。如安徽省芜湖市检察院办理的芜湖某投资有限公司与杨某民间借贷纠纷虚假诉讼监督案中，芜湖某投资有限公司与杨某签订虚假借款及抵押协议并诉至法院，获得生效民事调解书后，凭借此调解书直接办理了采矿权主体的变更手续，逃避了地质矿产主管部门的监管审查和法律法规对采矿权主体变更所设置的多项限制条件，扰乱了国家对采矿权转让的正常监管秩序。又如海南省海口市美兰区检察院办理的海南某物业投资集团有限公司与海南某贸易公司欠款纠纷虚假诉讼监督案中，国有企业海南某贸易公司法定代表人黄某与海南某物业投资集团有限公司法定代表人杨某相互勾结，伪造《欠款确认书》，虚构海南某贸易公司负有偿还海南某物业投资集团有限公司欠款义务事实。杨某以海南某物业投资集团有限公司的名义向法院起诉海南某贸易公司，并获得法院判决支持。两公司在执行阶段达成和解协议，海南某贸易公司将其名下的一块2251.52平方米土地使用权作价358万元抵偿所欠海南某物业投资集团有限公司的债务及利息，造成巨额国有资产流失。

3. 串案特征明显。2012—2014年，检察机关办理的虚假诉讼监督案件中串案总数达5355件，占总办案数的78.4%。如重庆市检察院第四分院办理的江某请求确认人民调解协议效力300件虚假诉讼监督案中，县供电公司在实施农网改造过程中将江某通过自筹资金等方式投资建设的高压线路拆除。江某为能获得投资补偿，伙同人民调解员陈某制作了300名村民同意江某安装的供电设施及线路归江某所有的虚假人民调解协议书300份，并持上述人民调解协议书向法院申请司法确认，法院审查后予以确认。江某以此起诉县供电公司等单位要求赔偿其各项损失，得到了法院的支持。

4. 法官、律师等法律职业者参与虚假诉讼案件的现象时有发生。虚假诉讼案件往往需要具备一定的法律专业知识和诉讼经验才能完成，有的律师成了虚假诉讼的"智囊"，为虚假诉讼的顺利进行出谋划策，有的法官收受当事人贿赂后，充当虚假诉讼的"保护伞"，甚至直接牵头制造虚假诉讼。2012—2014年，全国检察机关民行检察部门在办理虚假诉讼监督案件中发现并移送职务犯罪线索260件、一般刑事犯罪线索697件。如江西省九江市九江县检察院和庐山区检察院在共同办理一起民间借贷纠纷虚假诉讼监督案时，发现某法院执行局工作人员郑某参与制造虚假诉讼并涉嫌职务犯罪。九江县检察院对郑某等人立案侦查后查明，郑某先后将加盖有法院印章的空白法律文书8至9套交予其堂兄郑某剑，郑某将上述空白法律文书带回其供职的公司后，与本公司人员王某共同伪造以房抵债虚假诉讼法律文书，并帮助相关社会人员非法过户位于深圳的房产15套。与此同时，郑某收受郑某剑给予的"好处费"共计6.5万元。郑某因犯滥用职权罪和受贿罪，数罪并罚，被法院判处有期徒刑5年零6个月；郑某剑、王某因犯滥用职权罪，均被判处有期徒刑1年，缓刑2年。

二、民行检察部门开展虚假诉讼监督的主要做法

（一）多措并举，发现案件线索

1. 加强民行检察职能及虚假诉讼危害性的宣传力度。各地民行检察部门针对虚假诉讼当事人作案手段隐蔽不易觉察的特点，通过开展"举报宣传周""民行检察宣传周""送法下基层"等活动，深入社区、街道、乡镇、企业等大力宣传民行检察职能和虚假诉讼危害性，提高群众认知度。

2. 增强发现和识别虚假诉讼案件线索的能力。针对虚假诉讼案件具有较强的隐蔽性、案件线索难发现的特性，各地不断增强监督意识，注意从日常案件办理、群众来访和控告、平时调研走访工作中摸排监督线索。

（二）积极开展专项监督活动，扩大社会影响力

为有效应对监督工作新要求和人民群众新期待，广东、江苏、山东、河北、河南、湖北、吉林、江西、天津等地检察机关积极开展虚假诉讼案件专项监督活动，通过统一部署，制定工作方案，明确了虚假诉讼监督工作目标任务、监督重点、监督方法等，成功办理了一大批虚假诉讼监督案件，取得良好成效。

（三）依法行使调查核实权，强化查证确认工作

由于虚假诉讼具有隐蔽性强的特征，如果只审查案件卷宗，难以全面了解案情，因此，各地依法行使调查核实权，确保调取的证据能够相互印证，并形

成完整的证据链,为监督虚假诉讼案件奠定坚实基础。在调查工作中,查询、调取、复印相关证据材料,询问当事人或案外人以及委托鉴定等是三种常用的调查措施。

(四)有效推行一体化办案模式,凝聚办案合力

1. 建立健全检察机关内设机构之间横向协作配合机制。2012—2014年,渎检、公诉等部门共向民行检察部门移送虚假诉讼案件线索1924件,占全部依职权监督案件总数的38%。

2. 发挥上下级检察院之间纵向联动合力。上级院一方面注重挖掘基层院在虚假诉讼监督上的潜力,发挥其贴近基层、工作灵活的优势开展调查核实工作,另一方面通过上级院交办、督办、成立专案组联合办理等方式整合监督力量,提升监督效果。

3. 有针对性地加强对下指导工作。上级院通过制定发布指导性意见、加强个案指导、编发虚假诉讼监督案件指导专刊、实行专人指导和跟踪督促制度、召开工作推进会、建立案件备案审查制度等方式加强对下指导,切实防止工作中出现偏差。

(五)着重加强对外沟通协调,营造良好监督氛围

为加强对虚假诉讼行为的防范和查处,各地检察机关注重加强与法院、公安、司法行政机关及相关部门的沟通协调,通过个案协商、联席会议、研讨交流、联合调研等方式,争取各方支持和配合,努力营造良好监督氛围。2012—2014年,全国检察机关与法院、公安等部门会签涉及虚假诉讼案件监督工作文件共41份。

(六)综合运用多种监督手段,深化监督成效

对于查证属实的虚假诉讼监督案件,各地检察机关民行部门综合运用抗诉、再审检察建议、诉讼活动违法行为监督、执行监督、移送犯罪线索等多种监督手段,实现监督效果的最大化。

三、存在的主要困难及问题

（一）虚假诉讼监督工作客观上存在诸多困难

调研中，各地普遍反映虚假诉讼监督存在"三难"问题：由于案件本身的隐蔽性强及检察机关依职权受理案件的限制较严，导致案件"发现难"；由于对虚假诉讼的性质、概念存在一定争议及检察机关在办理民事案件中调查核实手段的局限，导致案件"查证难"；由于对制造虚假诉讼责任者民事责任追究力度有限及刑法相关罪名的缺失，导致案件"追责难"，违法成本过低，使得很多人铤而走险，不惜违背诚信原则恶意串通，谋取不当利益。上述困难和问题，使得近年来检察机关虽然查处了一批虚假诉讼案件，但这项工作总体上与群众的新期待及社会的监督需求有一定差距。

（二）虚假诉讼监督工作尚未形成相当的规模和有效的监督态势

从监督数量看，虽然检察机关办理虚假诉讼监督案件数量呈逐年递增趋势，但增幅和整体规模均不大。2014年，全国法院系统清查虚假诉讼案件数为3397件，而检察机关办理虚假诉讼监督案件数为2905件，比法院系统的清查案件数量少，检察机关对虚假诉讼案件的监督规模仍有上升的空间。从监督工作局面看，从2012年至2014年，虚假诉讼监督工作空白的省份分别有6个、7个和3个；即使开展此项工作的省份，各地办案数差别也很大，多的千余件，少的仅有几件。部分省份虚假诉讼监督案件较少的主要原因是其未能在思想上充分认识此项工作的必要性和重要意义，在行动上缺乏积极作为。从监督效果看，一些地方对发现的虚假诉讼案件，没有深挖细查，而是浅尝辄止、就事论事提出检察建议而匆忙结案，特别是对虚假诉讼背后的职务犯罪、刑事犯罪线索没有深挖，影响了监督的整体效果。

（三）民行检察部门办案力量和人员素质难以适应工作需要

从办案情况看，84%的虚假诉讼监督案件主要由基层院办理，基层院民行

检察部门是此项工作的"主力军"。但检察机关特别是基层院整体上民行检察人员数量偏少、流动频繁、在编不在岗等状况仍未得到有效改观,难以适应查办虚假诉讼工作需要。虚假诉讼案件中,当事人事先预谋、亦真亦假的经济关系及不断翻新的作案方式,造成案件难以突破。一些民行检察人员仍习惯于被动的书面审查、"坐堂办案"工作模式,严谨细致的调查意识、审时度势的调查谋略和善于突破口供固定证据的办案能力均有所欠缺。

四、关于加强虚假诉讼监督工作的意见和建议

(一)进一步统一认识,加强对虚假诉讼的监督工作

首先,加强对虚假诉讼的监督是民行检察工作贯彻落实中央决定部署的重要内容。党的十八届四中全会作出的《中共中央关于全面推进依法治国若干重大问题的决定》中明确要求"加大对虚假诉讼、恶意诉讼、无理缠诉行为的惩治力度"。虚假诉讼破坏了法律秩序和利益平衡,需要通过法律监督来恢复司法权威和社会平衡,检察机关系法律监督机关,对虚假诉讼进行检察监督应为民行检察工作的应有之义,也是民行检察工作多元化监督格局的重要组成部分。其次,积极开展虚假诉讼监督工作有利于民行检察整体工作的提升。虚假诉讼案件从立案、审判到调解、执行,贯穿民事诉讼的全过程,近年来有愈演愈烈之势,成为民事诉讼的一个"毒瘤"。检察机关开展民事诉讼监督,不可避免地要将对虚假诉讼的监督作为重点。实践证明,以监督虚假诉讼为突破口,也会有效促进民事检察其他各项监督工作,特别是能够有效打开基层院的工作局面。长期以来,案件匮乏是制约基层民行检察工作的一项瓶颈。针对虚假诉讼案件,检察机关既可以向法院提出再审检察建议或抗诉,还可以向相关部门提出检察建议,也可以移送普通刑事犯罪线索和职务犯罪线索,有事半功倍的效果,在一定程度上解决了基层民行检察工作的出路问题。虚假诉讼案件一旦查证属实,检察机关的监督意见往往能很好地被法院采纳,案件基本能获

得改判，监督效果良好，有利于强化检察监督权威。最后，开展虚假诉讼监督工作是对民行检察队伍工作能力的历练和提升。办理虚假诉讼监督案件，除了要求民行检察人员具备熟悉民商事法律知识、较强的法律适用能力外，突出要求具备及时鉴别虚假案件、灵活运用调查核实手段和有效固定证据能力，通过办理此类案件，有利于提升民行检察队伍的整体监督能力和水平。

（二）加强对虚假诉讼监督工作的研究和宣传

通过对以往办案工作的总结分析，进一步突出重点，确立虚假诉讼的甄别标准。当前，可引导各地重点关注容易发生虚假诉讼的以下领域和案件类型：民间借贷纠纷案件，以部分合伙人经手为由要求全体合伙人承担连带责任、其他合伙人不予认可的财产纠纷案件；以离婚诉讼案件一方当事人为被告的财产纠纷案件；以资不抵债企业为被告的劳动争议、人身损害赔偿纠纷案件；改制中国有、集体企业为被告的财产纠纷案件；拆迁区划范围内自然人作为诉讼主体的分家析产、继承、房屋买卖、所有权确认纠纷案件等。在办案中，可重点审查民事诉讼过程中的异常情形，如原告起诉的事实和理由不符合常理或者提供的证据可能是伪造、被告对此不提出异议的；当事人无正当理由拒不到庭参加诉讼、委托代理人对案件事实陈述不清的；双方当事人配合默契、不存在实质性诉辩对抗、被告对原告提出的事实基本予以自认的；原被告之间存在亲属好友等特殊关系、轻易达成调解协议的；当事人自愿以不动产或以明显不合理价格的财产抵偿债务的；等等。在加强研究和办案的基础上，加大宣传力度，扩大工作影响。充分利用纸质、电子传媒、举报宣传周、检察开放日等多种形式对民行检察职能、虚假诉讼的监督成效、虚假诉讼的表现形式、危害后果和防范措施等进行宣传和报道，提高群众对虚假诉讼的警惕性，增强群众依法维权的法律意识，进一步畅通案件来源渠道，以形成良好的虚假诉讼发现机制。

（三）善于调查核实，有效查证虚假诉讼

调查核实是修改后民事诉讼法赋予检察机关履行民事法律监督职能的一个

重要手段。在查处虚假诉讼案件中，尤其要注重调查核实权的运用。要进一步引导各级院民行检察部门增强调查核实意识，通过缜密的调查取证、固定证据、查明事实，为监督工作的开展奠定坚实的基础。大胆借鉴其他检察业务部门好的调查方法和技巧，并根据案件的具体情况，采取查询、查账、向当事人及相关人员调查取证等措施，最大限度查清案件客观事实。同时，民行检察部门要充分考虑虚假诉讼监督工作与其他业务部门的衔接与配合，加强与职务犯罪侦查、刑事检察部门的沟通协作，实现证据和信息共享，切实破解调查取证中面临的困难。

（四）加强检察机关内外部协作配合

民行检察部门在办案中发现审判、执行人员涉嫌职务犯罪的，应及时向自侦部门移送案件线索。自侦部门对民行检察部门移送线索开展初查、立案侦查时，可根据实际需要，召开工作协调会，相互通报工作情况，在各自分工负责的基础上加强协作配合，形成有效监督合力。自侦、侦监等部门在办案中发现有关民事诉讼案件涉嫌虚假的，应将案件线索及时移送民行检察部门审查处理。同时，因虚假诉讼监督工作涉及公安、法院、司法行政机关等多个部门，也要加强外部协调配合。要建立健全检察机关与公安、法院、司法行政机关的监督制约与协调配合机制，加强在惩治虚假诉讼中的衔接配合。尤其要重视加强与法院的沟通协调，争取理解和支持，努力就监督、预防虚假诉讼中需要统一认识、相互配合的具体问题达成共识，形成监督、惩治、防范虚假诉讼违法犯罪行为的联动机制。

（五）综合运用多种方式，加大打击力度

修改后民事诉讼法规定了抗诉和检察建议两种监督方式。根据"两高三部"会签文件和民行检察实践，还可以综合运用纠正违法通知、更换办案人建议、移送犯罪线索等方式。具体运用如下：对经查证属实的虚假诉讼案件，要及时向法院提出抗诉或再审检察建议，启动纠错程序，并建议法院依照民事诉讼法的相关规定对涉案人员采取罚款、拘留等惩罚措施；对人民法院审判、执行活动存在违法情形或者审判、执行人员违法但不构成犯罪的，应当以检察建议书、纠正违法通知书或者更换办案人建议书的方式，向法院提出监督意见，并要求法院及时反馈处理情况；对相关单位、人员存在虚假诉讼违法行为但不构成犯罪的，依法向其主管单位和部门提出检察建议，督促有关部门作出相应处理，尤其是对律师参与虚假诉讼的，可以向司法行政机关或者律师协会提出检察建议，依照律师执业规范进行处罚；对涉嫌刑事犯罪的当事人、代理人，应当及时移送公安机关进行查处，并将移送情况通报侦监部门，引导公安做好侦查取证工作；对涉嫌职务犯罪的审判、执行人员，应当及时移送检察机关自侦部门进行查处，并积极支持、配合自侦部门开展调查、侦查工作。

（六）加强对下指导和业务培训工作

上级检察院要进一步关注和重视虚假诉讼监督工作，加强调查研究和对下指导工作。及时编发各地经验做法提供参考借鉴，通过指定管辖、上下协同办案、异地交办等方式，帮助基层检察院解决办案中的实际问题，排除干扰和阻力。要把基层检察院作为推进虚假诉讼监督的主阵地，采取有力措施，增强基层检察院发现、调查核实、监督纠正虚假诉讼的能力和水平。要加强学习培训，以案例教学、实务研讨、岗位练兵等方式开展虚假诉讼监督实务培训，特别是要就虚假诉讼概念、范围、办案程序、调查手段、案件处理等基本问题加强培训指导，促使检察人员有效掌握虚假诉讼案件特点和规律，提高其发现虚假诉讼案件能力、调查取证能力和案件处理能力。

论虚假诉讼检察监督的困境与对策*
——基于四川省检察机关2011年至2015年虚假诉讼监督案件的实证分析

四川省人民检察院课题组**

内容摘要：近年来，虚假诉讼已成为司法实践中的一个"热词"。作为一种特殊的社会病象，虚假诉讼的产生有其特定的环境和条件，而如何从司法层面预防和惩治虚假诉讼已成为当下司法机关需要解决的一个重要问题。本文以四川省检察机关近年来办理的具体虚假诉讼监督案件为研究对象，通过总结检察机关在办理虚假诉讼监督案件中的经验，指出存在的体制、机制问题或障碍，分析这些问题面上的原因和深层次根源，从检察职能定位角度理顺检察机关在防治虚假诉讼过程中的重要地位、作用，最后从完善工作机制层面提出相关的对策建议，以期对加强检察机关虚假诉讼防治工作的制度建设发挥一定的作用。

关键词：虚假诉讼　检察监督　困境　工作机制

虚假诉讼是指当事人通过不合法的动机和目的，利用法律所赋予的权利，采取虚假的诉讼主体、事实、证据的方式提起诉讼，使法院作出错误的判决和

---

* 本文刊载于《人民检察》2016年第21期。本文系四川省人民检察院2014年度重点课题"检察监督视野下民事虚假诉讼之防治"（课题编号［CJ2014B03］）的阶段性成果。

** 课题组负责人：刘勃，四川省人民检察院民事行政检察处处长；课题组成员：李懿，四川省彭山县人民检察院检察长；贺玲，西南民族大学法学院副教授；张雷、覃攀、陈爽、高磊，四川省人民检察院民事行政检察处干部。

裁定，从而达到非法侵占或损害国家集体利益、第三人合法权益的行为。虚假诉讼不仅扰乱了正常的诉讼秩序，而且严重损害了司法尊严和司法权威。党的十八届四中全会明确提出，进一步加大对虚假诉讼的惩治打击力度。检察机关作为专门的国家法律监督机关，对于惩治和预防虚假诉讼具有不可替代的地位和作用，但由于虚假诉讼监督相应的法律规范和工作机制尚不完善，检察机关的虚假诉讼监督工作存在诸多困境。为深入了解虚假诉讼检察监督的实际运行状况，笔者对四川省三级检察机关从2011年至2015年办理的虚假诉讼监督案件进行了调研。在调研过程中，对三级院办理的虚假诉讼监督案件进行了逐件梳理，对相关法律文书进行了分析，并通过书面调研、实地走访等方式，对目标时间段内虚假诉讼检察监督的运行现状进行了综合考察。

一、检察机关虚假诉讼监督运行现状的实证分析

（一）虚假诉讼监督基本情况分析

2011—2015年，四川省检察机关共办结虚假诉讼监督案件448件。其中，针对因虚假诉讼产生的错误生效裁定、判决、调解书，依法向人民法院提出抗诉25件，发出再审检察建议388件，人民法院裁定启动再审235件，未回复143件，未采纳10件；针对办案中发现的人民法院在审判活动和执行活动中存在的违法情形和违法行为提出检察建议或纠正违法通知35件，人民法院采纳监督意见纠正30件，未回复5件。针对人民法院审判执行人员在诉讼活动中存在的涉嫌职务犯罪违法行为立案侦查12人，作微罪不起诉处理5人，提起公诉3人，其中1人获有罪判决；向公安机关移送刑事罪案线索9件37人，公案机关立案27人，其中12人获有罪判决。

（二）虚假诉讼监督案件的主要特点

四川省检察机关办理的虚假诉讼监督案件主要呈现出以下几个特点：

1.诉讼监督案件逐年增长，遍布全省大部分地区。从办案年度分布上看，

2011年办理17件，2012年办理9件，2013年办理27件，2014年办理115件，2015年办理280件。从地区分布上看，全省共有18个市州办理过虚假诉讼监督案件，其中资阳、南充、乐山、眉山、成都、达州、广元、广安、绵阳等地办案数量较多，均超过了两位数。

2. 虚假诉讼涉及的纠纷领域逐年扩展。全省虚假诉讼发生的纠纷领域初期主要以民间借贷为主，但是从2013年起办理的虚假诉讼监督案件已经扩展至房地产纠纷、离婚析产纠纷、商标侵权纠纷、不当得利纠纷、追索劳动报酬纠纷以及货物销售合同欠款纠纷等领域，扩大化趋势明显。

3. 诉讼动机或目的较为复杂多样。虚假诉讼中，较为常见的是当事人为规避另案裁判的执行制造虚假诉讼。其他的，如夫妻离婚时一方为侵占对方财产而与他人恶意串通进行的虚假诉讼；为在即将发生的企业破产程序中优先受偿而单方伪造证据提起的虚假追索劳动报酬纠纷诉讼；以认定驰名商标为目的而进行的虚假诉讼；为侵吞、私分国家、集体财产而进行的虚假诉讼；为即将发生的高利率借贷关系提供法律上的保障而进行的虚假诉讼；为已经发生的借贷关系提供保障而发生在诉前财产保全阶段的虚假诉讼等类型的案件也多有发生。

4. 串案、窝案所占比重较大。在四川省办理的448件虚假诉讼监督案件中，串案类型的虚假诉讼就达411件，比较典型的是南充市高坪区院办理的伏某等人与任某等人民间借贷纠纷虚假诉讼监督案43件、峨眉山市院办理的彝族民工追索劳动报酬虚假诉讼监督案28件。

（三）虚假诉讼监督案件主要类型

四川省检察机关办结的虚假诉讼监督案件从违法主体上可以将虚假诉讼分为以下几种主要类型：

1. 当事人双方合谋，虚构事实、伪造证据，侵害国家、集体或他人合法权益。此类虚假诉讼较为常见，主要表现为当事人为逃避债务、法院执行或者逃避国家相关税费，与他人串通，虚构债务或其他有关转移财产的民事合同并以此提起诉讼，利用民事判决书、裁定书、调解书的强制执行效力，非法转让可供执行的财产或者直接转移应当缴纳相关税费的财产，损害国家、集体或者其他债权人的利益。如江油市检察院办理的文某军诉马某、文某燕借贷纠纷虚假诉讼监督案中，文某燕为逃避履行另案债务，串通其弟文某军虚构11万元债务，骗取江油市法院的民事调解书，并于执行中迅速达成执行和解，将文某燕唯一一套住房抵偿该11万元欠款，导致另案债权无法实现。

2.当事人与审判人员勾结，捏造虚假法律关系，损害他人利益。主要表现为当事人一方或者双方采取虚构证据或法律关系的方式提起虚假诉讼，与其串通的审判人员利用职务为虚假诉讼的顺利进行提供便利。如洪雅县检察院办理的陈某桂等14人诉眉山某投资有限公司民间借贷纠纷虚假诉讼监督案中，眉山某投资有限公司股东陈某桂等人与洪雅县法院槽渔滩法庭庭长王某共谋，虚构14起借款合同提起诉讼，人民法院迅速调解结案并随即查封了眉山某投资有限公司唯一房产，导致成都市某商贸有限公司在与眉山某投资有限公司的另一民事案件胜诉后其强制执行申请不能实现。

3.少数审判人员为个人私利，违法违规启动诉讼程序，谋取不正当利益。主要表现为审判人员的亲友虚构法律关系或冒用他人名义提起诉讼，审判人员则利用职务便利和专业优势，肆意启动诉讼程序，炮制生效民事判决、裁定、调解书，从而谋取不正当利益。如南充市检察院办理的伏某等人与任某等人民间借贷纠纷系列虚假诉讼监督案中，中间人郝某某与其妻南充市高坪区法院法官欧某某共谋，在借款给付之前，虚构债权人与债务人之间已存在民间借贷关系且债务到期发生纠纷的事实和证据，安排双方到法院进行诉讼达成调解协议。债权人按照调解书中确认的借贷金额扣除手续费和首期利息后方将借款实际交付给债务人，从而达到利用司法权保护高利息借款的目的。

4.少数不良律师充当司法掮客，"勾兑"当事人和承办法官，侵害国家利益和社会公共利益。主要表现为不良律师充当司法掮客，在当事人与法官之间牵线搭桥，利用现行法律法规和司法解释的不完善之处，故意"做案子"以规避国家相关规定。如自贡市检察院办理的宁波东港某制造有限公司与王某商标侵权纠纷虚假诉讼监督案中，律师为帮助公司规避国家关于驰名商标认定的相

关规定,利用法院生效裁判也可认定驰名商标的司法解释,伪造王某侵犯公司商标专用权的关键证据,并提供贿赂和邀请外出"考察"等方式勾兑法官,在自贡市中级法院提起虚假诉讼,利用法院的生效民事判决达到认定驰名商标的目的。

二、检察机关虚假诉讼监督存在的主要问题及原因分析

从总体上来看,四川省检察机关的虚假诉讼监督工作虽取得了一些成效,但仍存在一些不容忽视的问题亟待解决。

(一)虚假诉讼监督案件线索发现的偶然性仍较强

从四川省检察机关办理的虚假诉讼监督案件来看,除去串案因素近年来办理的虚假诉讼不足40起,线索主要往往来源于某一个当事人申请监督或案外人控告,偶然性和不确定性较大,缺乏常规性的案件发现机制。虚假诉讼难以发现既归因于其本身的特殊性,还与法院的工作现状和现行法律规定相关。第一,在双方恶意串通构成的虚假诉讼案件中,因其双方多谋划许久,在诉讼过程中存在高度的契合性,使虚假诉讼不易发现。第二,人民法院办案任务繁重、注重调解结案的大背景和法律本身对证据质证的规定使法院不会过多地审查当事人之间是否有恶意串通。第三,在法官参与的虚假诉讼案件中,法官均会按照正常的诉讼程序完善相关手续,这类虚假诉讼案件诉讼程序上与普通案件并无太大差别,使其更难被发现。

(二)基层院办案力量薄弱,人员素质已不能适应开展虚假诉讼监督工作的需要

检察机关查办虚假诉讼的主要力量为民事行政检察部门。近年来,得益于各级检察机关对民事行政检察工作的日趋重视,四川省检察机关民事行政检察部门的人员配备和素质均有一定程度的提高,但整体上"量少质弱"的状况并未得到彻底的改变。修改后民事诉讼法施行后,民事行政检察工作方式已经发

生重大变化，传统意义上的"坐堂审案"已经不能适应新形势下的工作任务要求。尤其是虚假诉讼案件一般为调解结案或一审生效，监督工作的主力为基层院，而一件虚假诉讼案件从受理案件到案件办结，期间涉及调查方案的拟定、与其他部门的协调、对众多当事人的询问以及其他许多需要调查核实的证据，周期长、任务重。遇到一些复杂的案件或者当事人众多的串案，办案力量薄弱的基层院更显得力不从心。同时，在一体化办案工作机制中，虽然一般有职务犯罪侦查部门、上级检察院的协助和指导，但办案主体仍为民行检察部门，民行干警在办案人员中起着"指挥员"的作用，一旦虚假诉讼无法查实，不仅会浪费大量的人力、物力，对办案人员的工作积极性也会形成一定程度的打击。

（三）调查核实权因其强制力不足难以充分发挥实效

一方面，修改后民事诉讼法虽然赋予了检察机关办理民事诉讼监督案件的调查核实权，但未赋予调查核实权以强制保障效力。在办理虚假诉讼监督案件过程中，询问当事人为最常见的调查核实手段，办案过程中，往往会出现难以找到当事人、当事人不配合的情形。如武胜县院在办理李某诉蒋某、李某民间借贷纠纷虚假诉讼监督案中，当事人拒不承认且态度强硬，在检察机关没有掌握其他证据的情况下，案件难以得到突破。另一方面，虚假诉讼案件个别情况下有法官的协助与配合，要查清虚假诉讼的事实，就不得不向法官进行调查核实，较易触发法官的抵触情绪。在职务犯罪侦查部门介入比较谨慎的情况下，一旦发生法官抵触的情形，民事行政检察部门办案人员往往束手无策。

（四）执法环境不理想，监督效果难以完整显现

虚假诉讼案件必须纠正人民法院错误的生效调解书、判决或相关的程序性裁定，由于启动纠正程序直接关系到人民法院的审判质效考核指标，人民法院一般较为抵触且启动纠正程序往往较为滞后，监督的及时性无法显现。同时，《刑法修正案（九）》实施前，虚假诉讼行为缺乏直接的刑罚罪名予以规制，而且在检察机关内部和公安机关，都未对虚假诉讼对司法权威破坏的影响力引起

足够重视，认为涉案法官的职务犯罪和当事人涉嫌伪造证据的刑事犯罪都提不上"大案、要案"层面，投入的侦查力量和精力不多，收集证据的强弱直接影响了起诉率和有罪判决率。如内江市检察机关办理的四川某生物公司工程有限公司与成都某电缆厂有限公司买卖合同纠纷虚假诉讼监督案中，共有涉案法官和当事人计5人因涉嫌犯罪被立案侦查，但该5人均因"证据不足，不构成犯罪"或者"情节轻微"等原因不予起诉，监督效果与预期差距较大。

三、思考与建议

惩治和预防虚假诉讼是一个系统工程，需要构建社会整体诚信秩序，完善实体法律法规以及民事诉讼中关于证据和诉讼程序的相关规定，堵塞当事人可以利用的法律漏洞，同时必须进一步加大对虚假诉讼的司法打击力度。

（一）完善修改刑事法律，增强法律威慑力

最高人民检察院可会同最高人民法院在收集整理全国司法机关办理虚假诉讼的基本情况和典型案例的基础上，联合制定《关于办理虚假诉讼刑事案件适用法律若干问题的解释》，明确虚假诉讼罪的适用范围、适用条件和量刑标准。同时，检察机关和公安机关也要加大对虚假诉讼行为以及民事诉讼中妨害作证、帮助当事人毁灭、伪造证据、拒不执行判决裁定等刑事犯罪的打击力度。

（二）完善办案机制，进一步加大对虚假诉讼的法律监督力度

检察机关应当针对虚假诉讼法律监督工作中存在的问题，有针对性地采取措施，完善相关办案工作机制，用足用好法律赋予的监督方式和监督手段，提升监督实效。

1. 完善虚假诉讼的线索发现机制。虚假诉讼案件一般是当事人合谋，其本身超强的隐蔽性不但人民法院难以识别，利益受到侵害的案外人也难以证明。线索问题是虚假诉讼监督工作必须首要解决的问题。检察机关日常案件审查过程中应进一步增强主观能动性，抓住虚假诉讼案件"法律关系简单明了、案件

关键证据存在诸多疑点、双方当事人无实质性争议、案件从立案到审结时间极短、当事人之间存在特殊关系、当事人一方涉及另案民事纠纷、审判程序漏洞较多"等特点,不轻易放过任何可能隐藏在案件背后的虚假信息线索。同时,对于已经查实而且可能存在大量"串案"的虚假诉讼案件,强化案件线索"深挖",采取"以案找案、以人找案"的方式扩展案件线索来源。

2. 完善虚假诉讼一体化办案工作机制。虚假诉讼案件虽然法律关系一般比较简单,但为查明其为虚假往往需要调取大量的证据材料,在询问当事人、案外人时对询问技巧、技能要求也较高,单凭检察机关民行检察部门的力量很难取得良好的监督效果。检察机关应当通过内部整合、上下联动、对外借力等方式,进一步完善一体化办案工作机制,有效整合民行、反贪、反渎、侦监、案管等部门的力量,形成打击虚假诉讼的合力。针对基层检察院办案力量不足的现状和办案过程中可能遇到的地方保护障碍,由市级院统筹安排本地两级检察机关办案力量,从其他基层院抽调力量参与办案,省院也应当积极介入提供指导支持。

3. 完善调查核实工作机制。检察机关的调查核实权是虚假诉讼监督案件获得突破的重要手段。现行法律对调查核实权的规定过于原则,对于被调查对象拒绝配合调查也缺乏保障手段,实践中可操作性较差。建议高检院通过出台相关司法解释的形式,明确调查核实权的程序和效力,对检察机关在办理民事诉讼监督案件中的调查核实权赋予一定的强制力,对当事人和涉案法官等司法人员不配合民行部门调查的情形规定应承担的责任和检察机关可以采取的措施作出明确规定。

4. 完善罪案线索移送工作机制。检察机关应就如何发挥检察职能加大对虚假诉讼的查办力度进行深入研究,构建对不同类型虚假诉讼开展法律监督的不同监督模型,在坚决纠正人民法院错误裁判、调解书和纠正程序违法的同时,注重提高移送罪案线索这一监督手段的监督实效,实现对案件监督和对违法行为监督"并重"。一是就发现的错误生效裁判、调解书以及人民法院在诉讼程序中的违法情形依法向人民法院提出监督纠正意见;二是就案件中发现的当事人、案外人涉嫌刑事犯罪的情形向公安机关移送罪案线索；三是就案件中的人民法院审判执行人员的违法违纪行为向职务犯罪侦查部门移送罪案线索，同时向纪律检查部门、政法委执法监督部门移送违纪线索。

（三）加强对外协调沟通，发挥司法规制合力

完善检察机关对虚假诉讼的监督工作机制不仅要从监督方式、监督手段等方面完善办案工作机制，更要进一步优化检察机关内部和外部执法环境，促进各司法机关在各自职责范围内分工负责、密切配合，形成打击和防范虚假诉讼的合力。一是建议由"两高"或各省级检法两院牵头，探索建立法院、检察、公安、司法行政机关共同防范和打击虚假诉讼协作机制，通过共享案件平台、互通案件情况、协作配合办案，形成打击虚假的司法合力。二是加强与人民法院的协调沟通，通过督促人民法院快速纠正虚假诉讼涉及的生效裁判、调解书以及审判执行程序中的违法情形为其他涉嫌虚假诉讼相关犯罪案件的顺利办理提供有力支持。三是加强与公安机关的协调沟通，对办案中发现的涉嫌虚假诉讼犯罪的线索及时移送公安机关，检察机关侦查监督部门要加大立案监督力度，并对移送的虚假诉讼罪案线索侦查情况进行跟踪反馈，提高监督的实效。四是与地方党委、人大、政法委、纪律监察部门加强协调沟通，对审判执行人员涉嫌虚假诉讼尚未构成犯罪的违法行为加大惩处力度。

【制度构建篇·行政检察监督】

论检察机关对行政权的法律监督*

田 凯**

内容摘要： 人类社会对权力制约的探索，存在权力分立与制衡以及独立设置监督权两种路径。中国法律监督制度正是后者的一种现实体现，其诞生的历史背景和理论基础都呈现出制约权力的基本特征。从制度渊源看，中国古代言谏制度和御史制度、前苏联和现今俄罗斯法律监督制度、西方议会监察专员制度都与之息息相关。我国承担法律监督职能的检察机关应当恢复法律监督的本来含义，采取检察建议、行政公益诉讼和查办职务犯罪的形式，尝试对抽象行政行为、具体行政行为的合法性和合理性进行监督。

关键词： 权力制约　检察机关　法律监督　行政权

和自然界存在众多普适性规律相反，人类社会发展很少有放之四海而皆准的真理，一致被共同认可的法治原则在每一个国家也有不同的表现形态。[①] 立

---

* 本文刊载于《学术界》2006 年第 6 期。
** 田凯，国家检察官学院河南分院党委书记，时任河南省人民检察院民事行政检察处副处长，中国人民大学法学院宪法行政法博士后研究人员，郑州大学宪法行政法研究中心研究员，全国检察业务专家。
① 联合国教科文组织编写的《内源发展战略》中指出：每个社会应该根据自己的文化特征，根据本身的思想和行动结构，找出自己的发展类型和方式。有多少社会，就会有多少发展蓝图和发展模式。共同适用的统一模式是不存在的，任何真正的发展都应当是内源发展，以一个民族的文化为基础，以文明方案为目标和以人类本身为中心。参见王俊民：《对司法体制的和谐的追求和理论反思》，载张智辉、谢鹏程主编：《中国检察》(第三卷)，中国检察出版社 2003 年版。

足于权力，摸索控制权力的不同模式，分析法律监督的理性价值和固有意涵，以及在中国语境下对行政权开展法律监督的正当性和必要性，追溯法律监督制度渊源，研究人民检察院作为国家法律监督机关对行政权开展监督的现实路径，具有重要的理论价值和现实意义。

一、控制权力是法律监督之原始意涵

按照德国社会学家马克斯·韦伯（Marx Weber）的定义，权力的概念就是一个行为者拥有的、置他人的反对于不顾、把自己的意愿强加于人的可能性。因此，权力是在某种社会关系内部决定行为者可以把自己的意志强加于另一个人的这一不平等现象的力量。显然，只要是权力或者权利，都包含迫使相对人不得不听从有权者的旨意的可能性。权力本性如此，权力必然要受到监督，并且也是可以制约和监督的，这已经成为人类社会发展的共同认知。

自人们开始设想制约权力以来，一直存在着不同的权力制约思路，社会权力对公共权力制约、公共权力与公共权力之间的制约、公共权力自我制约等路径相继提出。公民自治、政府自我规制、舆论媒体和选举制度完善等社会权利对公共权力约束显然是低成本而且高效益的选择。但是，社会权利的张扬并非朝夕之间的巨变性生成，它更多源于社会自我孕育和内生变量的自然积淀。于是人们把目光更多地投向公共权力对公共权力的约束和控制的路径上。在此路径下，分权与制衡始终是西方世界乃至全世界推崇的一种限制权力异化的方案，但是，如若承认权力制约的模式形态各异，抛开三权分立制约模式的大一统局面，控制权力的思潮和实践中，始终存在着在人民主权之下，单独设置法律监督力量来控制权力的另外一种探索。法律是国家意志的制度化，法律监督是为了监督法律的制定和实施，其最终目的在于通过控制权力的异化而实现国家的意志，法律监督就是为了控制行政权和审判权而生，法律监督是国家权力需要监督的自然产物，是国家权力分配的一种必然结果。在人民主权之下，法律监督与行政权、司法权相平行而成为国家基本权力的一种，并对行政权、司法权进行监督,则是基于人类社会对权力本质强制性的认识,体现在社会制度自然变迁而走向成熟。

正确理解法律监督,关键在于选择宪法视角观察还是仅仅从刑事诉讼视角出发。如若从权力和宪法层面剖析法律监督,则能够看到法律监督为制约权力而生,是公共权力制约公共权力模式的一种实现形式。事实上,法律监督并不以哪个机关或官员为对象,而是以权力或权力的运用为对象,这才是理解法律监督含义的关键所在。为制约权力而生的法律监督是法律的守护神,其主要的精力在于维护行政权在规范和制度中运行。而中国检察机关在制度设计上则更加突出了其法律监督功能,其法律地位更加独立,可以说是全面而又专门监督的具体实现。这里所说的"全面",是指无论权力性质,对行政权、审判权等都要开展监督,也指权力运行过程的全面监督。"专门"是指由专门的机关开展法律监督,而不是监督范围的限制。①

二、对行政权开展法律监督的制度渊源

(一)中国古代言谏制度和监察御史制度——多形式监督行政权

我国监督行政权的相关制度在不同历史时期呈现出不同的权力构建特点,基本上分为言谏制度和监察制度两大系统。专门的言谏机关——门下省正式建立于晋。言谏系统主要针对皇权的限制和约束,而晋代皇权衰微,门阀士族有较大的话语权,门下省于此时产生,也有其一定的历史必然性。门下省的设立,却从制度上确立了言谏系统独立于其他系统之外的地位。到了隋唐,门下省不仅是言谏机关,同时也是最高权力机关;不仅地位独立,而且权力广泛。比如,侍中可以通过献纳谏正,纠正皇帝过失,制约皇权;给事中可以驳正违

---

① 对于审判权监督,其监督的形式和范围要以维护司法裁判权公正救济的权威性为度。良性运转社会中,审判权是维持公正和正义的最后保障,审判权运作是合法权益受到侵害公正的救济渠道,如若救济是永无休止的终点,社会的秩序则陷入了无法控制的紊乱。未来我们的社会也要发展至此,尽管目前尚需时日。

失,像百司奏抄中有不妥的,可予以匡正;制敕有不当的,不仅封还诏书,还可以在敕令的黄纸上加批语,送还中书省重拟。

另外一种履行法律监督职责的制度体系——监察御史制度诞生于秦汉时期,秦朝在中央设有御史大夫,专门行使纠察百官、举劾违失的行政监督权力。在地位上,御史大夫与丞相、太尉并列三公。自东汉以后,中国历代的中央行政监督机构,如隋唐的御史台、明清的都察院,不论其地位如何,均独立于行政系统之外,履行对行政机构和百官行为失范的纠举职责。从职权上看,"立法、行政、司法监督三位合体是中国古代监察制度的核心"①,我国隋唐时期就形成了大理寺、刑部和御史台三大司法机构。"唐朝以大理寺主审判,刑部主司法行政,御史台主监察。但刑部也直接干预审判……御史台'掌以刑法典章纠正百官之罪恶。'不仅弹劾百官,也参与大狱。"另外有的重大案件,则根据皇帝的命令由刑部、御史台和大理寺共同审理,谓之三司推事。可见,我国古代监察御史制度不是现代法制意义上的行政监察机关,而是执行廉政监督和审判监督职能,同时也直接参与刑事审判的独立监督机关。

上个世纪初,孙中山先生主要也是吸收了西方三权分立的思想,结合中国古代的监察御史制度,确立了他的"五权宪法"的思想,设计集察劾违法与纠举犯罪于一身的监察权,并且监察权应该有其独立性,是五权宪法的一个创新思想。国民党政府根据孙中山五权宪法设立监察院,行使弹劾权和审计权,查处公务人员有违法失职之罪行,即进行弹劾和惩戒;对于总统和副总统,亦可提出弹劾案。②尽管现代意义上的行政监察制度继承了不少古代监察御史制度的合理成分,但是,由于依附于行政权的运行,并且没有对职务犯罪的侦查权,应当说,对于古代监察制度的精髓,中国现代检察制度的设计吸收了更多。

(二)苏联和俄罗斯法律监督制度——全面监督行政权

现代意义上的法律监督从制度上明确独立是苏联建立起来的。这种制度的

---

① 彭勃、龚飞:《中国监察制度史》,中国方正出版社1997年版。
② 张晋藩:《中国法制史》,法律出版社1995年版,第543页。

建立得益于列宁的独立的法律监督思想。1918年十月革命胜利后，为了保证法律得到执行，列宁强调："第一，对法律的实行加以监督。第二，对不执行法律的加以惩办。"列宁在他的信《论双重领导与法制》中指出："检察长的唯一职权和必须做的事情只是一件：监视整个共和国对法律有真正一致的了解，不管任何地方和差别，不受任何地方的影响。检察长的唯一职权是把案件提交到法院判决。"1921年，列宁又说："检察机关和任何行政机关不同，它丝毫没有行政权，对任何行政问题都没有表决权。"[1]1922年，苏俄在首先建立社会主义检察机关、颁发《检察监督条例》时，规定检察机关是"国家法制监督的机关、是法律的维护者"，是"国家的眼睛"。

苏联解体后，在司法制度上，叶利钦时期，俄罗斯国内曾经涌起过取消检察院的法律监督权，全面学习英美法律制度的潮流，然而，经过思索和争论，从俄罗斯的国情出发，1999年2月修订的《俄罗斯联邦检察院组织法》还是保留了检察机关的法律监督地位。根据这一法律第三章的规定，俄罗斯联邦检察机关的监督共分四大监督：一是执法监督，二是对遵守人权、公民权和自由的监督，三是对侦查机关、预审机关和预侦机关的执法活动实施监督，四是对监管场所行政机关执法的监督。

和苏联时期的法律监督制度相比，俄罗斯联邦的法律监督制度发生了以下三大变化：一是强化了对行政权的监督。苏联时期，检察机关行使"一般监督权"。其监督范围包括国家机关、企业、集体农庄以及各种其他组织所有公职人员、公民遵守宪法和法律情况。而俄罗斯的检察机关只是对国家各类机关和公职人员执行宪法和法律的情况进行监督。监督的对象收缩为涉及权力运作的人员和行为。这一变化有助于集中监督力量，提升监督质量。二是强化了对人权和自由保障的监督。这一变化体现了俄罗斯改革后接受西方的政治理念，同时也体现了更加重视发挥检察机关在保障人权中的独立监督作用。三是弱化了对审判权的监督。出于尊重司法权是社会公正的最后保障的理念，虽然《俄罗

---

[1]《列宁全集》(第43卷)，人民出版社1987年版，第195页。

斯联邦检察院组织法》第36条第1款仍然规定了检察长可以在自己职权范围内依照审判监督程序向上一级法院提出抗诉,把监督的主要力量转向了行政权运作过程,由一般法律监督走向了专业的法律监督之路。

(三)西方议会监察专员制度——非刚性监督行政权

按照权力的分立和制衡的基本思路设计的西方政治制度,权力的监督主要通过权力的相互制约和均衡。然而,在权力的所有者和代表者相分离,个人利益和公共利益相分离的情况下,权力的制衡不能覆盖权力的所有运行角落,监督的空白触手可及,加上没有特定的权力作后盾,权力的滥用走向必然。西方的议会监察专员是代表议会监督行政职权的运行,监察范围一般涉及政府首脑、部长、大法官、议会议员以外的一切公共权力机关及行使公共权力的人员。任何公民如果认为"由于弊政而受到不公正的待遇",都可以向行政专员提出控告。行政专员可受理控告,依据法律行使监督权限。其监督权限是监督法律、法令在公共事务中的执行,保证行政当局公平、合法地行事。

"二战"前后,西方国家逐渐修正了政府只是充当"守夜人"角色的理论,行政权对社会的干预逐渐增多,在积极主动调控社会的过程中,行政权越界干预私权力的现象也有增加。此时,西方国家逐渐注意到,控制行政权的具体运作,远远不是权力制衡所能达到的。瑞典和北欧国家单独设立监察专员制度对行政权独特的监督功效,在"二战"后遍及西欧,英联邦各国、美国的若干州,甚至非英语国家,如日本也相继仿行。"Ombadsman"(监察专员)现已成为国际性名词。这种独立监督力量在三权分立制度之中扩展的大趋势,一是适应了现代社会"行政国"的出现,能够补救议会对行政事务的日趋复杂化和专门化监督控制不足的困境。二是适应了现代社会立法专门性和技术性愈来愈强,议会和议员摆脱具体的监督事务,专心立法的需要。三是符合为行政权日益扩张背景下公民合法权益遭到损害提供一条便捷、经济的救济渠道的需要。

虽然每一个实行行政监察专员制度的国家对行政权监督的方式和范围有所

不同，但是，在三权分立之外，强化一种独立的监督权已经是一种发展的趋势，并且这种制度的设立为法律的统一实施和约束控制行政权发挥了显著的作用，尽管这种发展的趋势曾经遭到了行政权的强烈抵抗。

三、中国检察机关对行政权开展法律监督的制度设计

中国根本政治制度是议行合一的人民代表大会制度。按照马克思主义的国家权力理论，国家的一切权力属于人民。全国人民代表大会和地方各级人民代表大会代表人民行使国家权力。国家行政机关、检察机关、审判机关都由人民代表大会产生，对它负责，受它监督。中国并不是将公共权力划分为相互平衡的立法、行政、司法三权，而是以人民代表大会作为权力机关产生行政机关、审判机关、检察机关，分别行使行政权、审判权和检察权。人民代表大会监督其他机关的工作，强调权力机关的优位。如果说资本主义国家建立在分权制衡理论基础上的三权分立制对封建专制是一个否定的话，那么社会主义国家建立在民主集中制基础上的人民代表大会制度，则是对三权分立否定之否定。尽管中西方权力运行机制不同，但目的都是为了防止权力遭滥用而危及公民权利而设计了权力间的监督制约机制。

在中国根本政治制度下，人民代表大会具有立法权和监督权，检察机关作为人民代表大会授权的专门监督机关，理应承担起对行政权的监督作用。这既是对中国本土资源的继承，也是对国外人类政治文明优秀成果的吸收，既是中国当前宪法体制的实际落实，也是法律监督本意的回归。

（一）对抽象行政行为[①]的法律监督

抽象行政行为是行政机关针对不特定的人和不特定的事制定具有普遍约束

[①] 抽象行政行为是指针对非具体的、不特定对象而作出的具有普遍法律效力的行为活动，又称规范性行为。行为的具体和抽象之分，不在于行为本身，主要在于行为的效力对象是否普遍。参见孙笑侠：《法律对行政的控制》，山东人民出版社1999年版，第226页。抽象行政行为一般包括行政立法、行政规范性文件的制定。

力的行为规则,是行政权运行的一种主要方式。规则具有普遍约束力和强制执行力,一旦它们违法或不适当,将会对公民、有关组织的权益造成广泛的和严重的损害。由于行政主体和行政相对方处于不对等地位,即行政主体处于绝对优势地位,而行政相对方处于弱势地位,因此行政立法一旦存在缺陷,将直接损害行政相对方的权益。另外,包括行政规章制度、行政工作流程在内的行政规范性文件的制定和设置不当,也会损害公民、组织和公职人员自身利益,更重要的是增加行政腐败的机会,甚至诱使职务犯罪的发生。

政府的产生源于权力机关的选举,人民代表大会有权代表人民对政府的行政行为进行监督,自然,行政立法、行政规范性文件也应当受到权力机关的监督。依据宪法关于人民检察院是国家的法律监督机关的规定,检察机关是人民代表大会授权的专门法律机关,检察机关有权代表人民对抽象行政行为开展监督。但从监督的总体格局上看,检察机关的法律监督只是社会各界力量对抽象行政行为监督的一支力量。① 其监督的内容和形式有:

1. 对行政立法合宪性和合法性监督。检察机关可以主动,也可以根据公民、法人或者其他组织的控告申请启动这种监督。从监督的内容上看,主要审查以下内容:(1)行政机关是否具备行政立法主体资格。只有具备行政立法主体资格,才能进行相应的行政立法活动。(2)是否在立法权限范围内行使立法权。行政机关行使行政立法权,必须是在授权范围内进行,不能超越法律所规定的权限范围。(3)是否遵循相应的立法程序。严格的立法程序是正确进行行政立法的有效保障。按照立法程序进行立法,既能防止受领导者个人意志的影响,又可使立法程序规范化。(4)内容是否违背宪法和法律。行政立法属授权立法,以宪法和法律为依据,因而其内容不得有与宪法和法律相抵触之处,否则无效。(5)是否存在行政立法之间的冲突。在我国,地方行政所立之法不得与国务院所立之法相抵触,否则无效。

通过书面审查,抑或必要的调查,如果行政立法的内容违宪或者立法主

---

① 在中国当前法律的规定下,包括公民在内,行政机关内部的法治部门、审判机关和权力机关本身都有监督行政立法和行政规范性文件的权力。

体、立法权限、立法程序、立法内容违法或者行政立法之间存在法律冲突，检察机关有权通过检察建议的形式建议制定部门撤销或者修改违宪或者违法的行政立法，如果建议得不到回应，检察机关可以提请全国人大常委会和地方各级人大常委会，要求权力机关对违宪和违法的行政立法进行审查。这种非刚性、程序性的监督模式能够保障行政权的独立，也保障了违宪审查的最终决定权仍然保留在权力机关手中，同时，监督也易于为被监督对象所接受。

2. 对行政规范性文件的合宪性和合法性监督。行政规范性文件是指各级各类国家行政机关为实施法律、执行政策，在法定权限内制定的，除行政法规和规章以外具有普遍约束力的决定、命令及行政措施等。在行政实践中，行政规范性文件的数量大大超过行政法规和行政规章，更多的行政行为是依据行政抽象性文件进行；规范性文件对于法律、行政法规和行政规章起到有效的执行作用，关于行政行为的程序性规定的行政工作制度和行政工作流程对规范行政行为也起到关键作用。但在浩如烟海的行政规范性文件中，行政抽象性文件的制定宏观上越权情况严重，其内容与上一级规范性文件不相符合甚至出现抵触的情况屡见不鲜，从而使得行政法规、行政规章在实施中变形；在制定依据方面，不以法律、法规、规章为依据；在制定程序上，没有遵循必要的程序规则。直接侵害公民和法人的合法利益，也导致职务犯罪的发生。

检察机关对这类文件的监督，主要目的是维护法律的统一正确实施，保护公民和法人的合法权益，同时，也预防职务犯罪的发生。这种监督有四个介入的途径：一是依职权主动介入；二是经公民、法人和其他组织的控告介入；三是通过办理职务犯罪案件之后介入；四是受行政机关的邀请介入。检察机关对行政规范性文件的监督包括：一是要审查其内容是否合法，看是否存在越权制定行为和法律冲突的情况；二是要审查其制定是否符合法定程序；三是要审查其是否符合国家政策；四是看是否符合客观实际，是否具有客观实在的可行性。当然，特别是行政工作制度和行政工作流程文件是否细致具体，是否全面，是否具有程序的严密性也是检察机关法律监督的范围。

检察机关对行政规范性文件的监督应当是书面审查和调查相结合，对于审查的结果，如果发现文件违法或者不当，可以采取检察建议的形式向制定部门发出撤销和补充、修改和完善的建议。建议可以要求回复，如无正当理由的情况下制定部门没有作为，检察机关可以提请权力机关，也可以向其上级部门建议，督促行政机关实施整改。

（二）对具体行政行为的法律监督

当前，我国对具体行政行为的监督途径有：一是公民可以通过法院提起行政诉讼；二是公民也可以通过向上级行政机关申请行政复议；三是违法行政行为构成职务犯罪时，由检察机关进行侦查。检察机关作为法律监督机关，应当切合形势的需要，针对不同类型采取不同的监督方式和途径。

1. 以检察建议的形式审查具体行政行为的合法性和合理性。检察机关对具体行政行为审查的介入方式应当以受理公民、法人和其他组织的控告和申诉为原则，以主动介入为例外，这是因为具体行政行为数量浩大，难以实现随时随地的全程监督，除了公益诉讼和查办职务犯罪行为，对于没有侵犯公民合法权益的行政行为，也无监督的必要。对具体行政行为合法性的审查标准，主要看具体行政行为主要证据是否确凿、充分；适用法律、法规是否正确；是否符合法定程序；是否超越职权；是否不履行或拖延履行法定职责。

2. 对违法行政行为提起行政公诉。行政公诉是指特定国家机关根据法律授权，对行政机关违反法律法规，侵犯国家利益、社会公共利益的行为，向法院提起诉讼，由法院依法追究其法律责任的活动。根据传统"诉讼利益"理论，原告起诉只能限于与自己权利或法律上利益有直接关系。但是在社会公共利益遭受侵害的情况下，与行政行为有直接利害关系的人可能是受益者，不会提起诉讼。而且在某一特定问题上有直接利害关系的人，并不一定代表全社会的利益。所以，为了维护社会公共利益，应允许与自己权利无直接法律利害关系的组织①，可以就行政机关的违法行为提起行政公诉。检察机关有权代表国家提请法院追究犯罪嫌疑人的刑事责任、提请法院确认某一民事法律关系的效力、提请法院确认某一行政法律关系的效力，追究违法公民、法人和其他组织的刑事责任、民事责任和行政责任。这一程序的设置基础就是国家和社会公共利益。

（三）对公务人员职务犯罪的法律监督

职务犯罪是一种严重破坏国家的正常管理活动和职务的廉洁性、正当性的行为，是滥用行政权的一种极端形态。法律监督的目标，是将权力置于法律规则的控制之下，国家通过加大对于国家公职人员贪污、贿赂、挪用、豪赌等腐败行为的惩治力度，并使刑法责任成为腐败行为所支付的最大成本。这种控制和惩罚，主要来自于外部的力量，它犹如一种动力，能够推动政府及其官员的行为合法正当，但它更多的是一种威慑力，如同悬在头上的一把利剑，时刻警示着企图越轨者。

检察机关对行政权法律监督体现在职务犯罪的侦查，符合法律监督刚性的需要，也是设置独立于行政机关之外的监督权的需要，更有利于对行政权的监督、约束和控制。查办职务犯罪，由于使用国家暴力对职务犯罪人员的财产、自由乃至生命予以剥夺，因而是对行政权非规范运用的最为粗暴的监督方法，当然也是一种亡羊补牢式的事后补救方法。但是，由于对职务犯罪的严厉惩治，起到了特殊预防的作用，也是最为有效的、最为直观的监督方法。

---

① 美国《国家环境政策法》要求所有的联邦机关在对"一切对人类环境有影响的联邦行动"中应充分考虑环境利益。本世纪 70 年代以来，《清洁空气法》《水法》等 12 部联邦环境资源法律都通过"公民诉讼条款"赋予公民以提起司法复审资格，认可公民可以像司法部长和政府一样起诉环境不法行为，为公民或公众团体就环境公益提起行政诉讼提供了强有力的保障，这就是美国著名的"私人检察长制度"。

论民事督促起诉[*]
——对国家利益、公共利益监管权的监督

傅国云[**]

内容摘要：民事督促起诉是指针对正在流失或即将流失的国有资产，监管部门不行使或怠于行使自己的监管职责，检察机关以监督者的身份，督促有关监管部门履行自己的职责，依法提起民事诉讼，保护国家和社会公共利益。这种监督方式既是对国家和社会公共利益的一种公力救济，又具有典型的监督属性，它始终以公权力监督为贯穿主线，体现为对有关国家和社会公共利益的监管部门的直接监督、有限监督。这是近年来民事检察实践中正在探索的一种新的监督方式，理论上的研究尚属罕见。据此，从国家利益、公共利益优先权和公力救济有限性的角度，对民事督促起诉的范围、条件，以及民事督促起诉与民事公诉衔接等程序问题作初步探讨。

关键词：国家利益 公共利益 监管权 检察监督 督促起诉 程序

一、民事督促起诉的现实性

民事督促起诉是检察机关为保护国有资产和公共利益，建议、督促有关国有资产监管部门或国有单位及时提起民事诉讼，通过法院判决确认损害国家利益、社会公共利益的民事行为无效，返还被侵占的国有资产，给予受损害的公

---

[*] 本文刊载于《浙江大学学报（人文社会科学版）》2008年第1期。
[**] 傅国云，浙江省人民检察院检察委员会专职委员，时任浙江省人民检察院民事行政检察处处长，武汉大学法学院博士研究生，全国检察业务专家。

共利益法律上的救济，对违法者给予一定的民事制裁。这一监督主要基于我国检察权的定位及《宪法》《人民检察院组织法》关于检察机关保护国家财产的规定。目前，民事督促起诉尽管缺乏具体程序规范，但总体上符合立法的目的和精神，实践证明也是行之有效的。更重要的是，检察机关通过民事督促起诉可以摆脱民事公诉的困境（检方作为原告的民事公诉遭到法院方面的阻却），不至于面对时常发生的巨额国资流失而无所作为，而且可以承担起宪法、法律赋予的保护国有资产、公共利益的职责。

（一）民事督促起诉是公共利益优位与公力救济的使然

无论是作为私法的民商法还是作为公法的行政法，均奉行国家利益、公共利益优位原则。如我国民法、合同法、公司法等私法均将不得损害国家和社会公益作为一个强行性规范，也就是意思自治的一个禁区。当国家扩大对私法领域的干预后，公私法之间的摩擦日渐增加，此时公法的公共利益考量应该有原则上优先的地位。这一点，各国民法纵未如荷兰新民法那样明文规定①，实际运作起来也莫不如此。经济流转、交易过程中的一切损害国家、社会公益的民事行为均会被法律所否定，体现在民事诉讼中，法院通过司法判决，确认合同无效，并由此判令当事人承担民事责任；体现在公法的行政执法、刑事司法中，行政主体对损害国家、社会公益的行政相对人做出处罚，以及司法机关对触犯刑律的损害国家、社会公益的行为依法追究刑事责任。民事判决—行政处罚—刑事处罚，体现法律对国家、社会公益的保护和优位。进而，契约自由、意思自治应该从放任转变为受限制，它必须为国家、社会公益让路。毋庸置疑，这体现的是国家和社会公益的优位和优先。

然而，在现实中，损害国家利益、公共利益的情形时常发生，缺乏权利的主张者，尤其是监管部门往往对此消极、懈怠，甚至出于某种利益驱动，将本应优位的国家利益置于救济的缺位。由于负有监管职责的公权力的负作用或反

---

①《荷兰民法典》第3编第14条规定了"公法优先于私法"的原则，即任何人其依民法所得主张权利的行使，不得违背公法上成文及不成文的规范。参见苏永钦：《民事立法与公私法的接轨》，北京大学出版社2005年版，第56页。

作用，本应属于强势的利益反而成为"特殊弱势群体"的利益，出现了救济的盲区。如行政机关对国企转制中出现的国有资产流失视而不见，甚至认为这是改革的必要代价，属合理现象，并加以保护或予以默认。由于国家是一个抽象实体，在我国，国家财产所有权的主体由各级人民政府组成，各级人民政府在法律上行使国家财产所有权的各项权能，包括财产处分权，从而出现处分权主体的多元化，尤其是各级地方政府不断地代表着国家在处置国有资产，也包括违法处分国有资产。基于政府机关作出行为往往体现为公共权力行为，即具有公定力，使得这种违法行为具有法律上的拘束力。非通过有权机关并经法定程序不得撤销或变更，从而人们只能眼睁睁地看着国有资产白白流失。此时，由于公共行政所引起的一连串并发或多发的公益危机，企图通过行政内部救济来解决已不现实，寻求正当程序救济就成为一种必然选择。由于现实中国家、社会是一个抽象实体，在具体权利救济方面必须有一个承载主体，在西方往往由检察机关（检察官）来充当。同样，在我国，检察机关负有保护国家利益、公共利益的神圣职责，由其提起民事督促起诉是检察监督的题中之意，也是公力救济的使然。

（二）民事督促起诉符合我国检察权的定位

有权利就应当有救济。基于需救济的权利具有国家性和公益性，它或归属国家，或归属社会。而且需救济的权利是由监管权的行使所引起的，许多与行政权直接相关，因此这类问题的解决属于公法调整范畴，公力救济理应由作为法律监督机关的检察机关来行使，这符合我国检察权的定位。首先，检察机关民事督促起诉符合我国宪法原则和法律精神。《中华人民共和国宪法》第12条第2款规定：国家财产神圣不可侵犯，禁止任何组织或个人用任何手段侵占或破坏。第15条第3款又规定：国家依法禁止任何组织或个人扰乱社会经济秩序。《中华人民共和国人民检察院组织法》第4条还规定：人民检察院行使检察权，保护社会主义全民所有的财产。显然，检察机关作为专门法律监督机关，运用公力救济手段完全符合宪法和法理。其次，检察机关督促起诉具有监督监管权的属性,符合分权制衡的宪法与法理。国有资产及公共资源的监管权在公权力体系中较易受到腐蚀,公共利益也最易受到来自监管权的侵犯,而审判权是消极、被动的司法权。正如法国著名思想家托克维尔所说:"司法是被动的,要使它行动,首先得推动它。"① 故需检察机关来启动这一具有监督性质的民事督促起诉,才能实现对监管权行使的司法审查,将其置于法律的控制之中,以免它走向国家和社会的对立面。基于民事督促起诉救济的是国家利益、公共利益,以国家利益为本位,贯穿公权力制约,符合我国检察权以公权力监督为轴心的定位。

(三)民事督促起诉——走出民事公诉的理论困境

检察机关提起民事公诉能否成功主要取决于法院方面的理解与支持,否则会一筹莫展。自1997年河南省方城县检察院首次提起民事公诉至2001年,全国各地检察机关为保护国有资产共提起民事公诉141起,其中绝大部分均为国资流失案件,很少涉及公益诉讼②。对检察机关履行这种创新的职能,法学界争议很大,褒贬不一,在理论上形成了三种不同的意见:第一种是肯定说③,主要以南京师范大学李浩教授、中国政法大学陈桂明教授为代表。李浩教授认为,从目前实际情况看,检察院介入民事诉讼有必要,虽说有国有资产监管部门在管理国有资产,但实际上并没有一个很有力的机关来处理国资流失问题。通过检察院介入,提起诉讼,宣告民事行为无效,返还国有资产,从理论上讲

---

① [法]托克维尔:《论美国民主》(上册),董果良译,商务印书馆1988年版,第110页。
② 转引自张利兆:《督促起诉——检察机关介入民事公益诉讼途径探究》,载《浙江检察》2003年第8期。
③ 持肯定说的论著主要有:江伟、段厚省:《论检察机关提起民事诉讼》,载《现代法学》2000年第6期;张晋红、郑斌峰:《论民事检察监督权的完善及检察机关民事诉权之理论基础》,载《国家检察官学院学报》2001年第3期;常英、王云红:《民事公诉制度研究》,载《国家检察官学院学报》2002年第4期;谭闻:《检察机关提起民事公益诉讼研究》,载《西南政法大学学报》2005年第1期;陈桂明:《谈检察机关介入公益诉讼》,载《国家检察官学院学报》2005年第3期。

可以成立,因为这种诉讼涉及国家利益,而且检察院本身是公益代表①。陈桂明教授认为,国有资产流失、环境污染、垄断,有时侵害的是不特定的对象,没有明确的受害人或适格的原告,又不能形成集团诉讼,但是侵权事实确实存在。在找不到适格主体或适格的主体不提起诉讼时,应该允许检察院介入②。真正的受害者是国家,是一个抽象主体,如果检察院不出面,事情很可能会被置之不理③。第二种是否定说④,主要以清华大学张卫平教授为代表。张卫平教授提出不应随意剥夺国企的契约自主权。国有企业作为法人单位,应当具有独立处分所支配财产的权利,如果检察机关以国有法人单位的财产处置不合理为由提起诉讼进行干预,显然会导致我国大量国有企业的契约自由权受到司法干预⑤。第三种是折中说,主要以中国政法大学江平教授为代表。他认为检察机关发现严重国资流失问题,首先应该提出司法建议,要求国有资产监管部门或上级主管部门依法查处,履行监管职责。如果监管、主管部门确实置国家利益于不顾,穷尽了救济手段仍然没有办法,检察机关依照宪法有关保护国家财产、国家利益的精神,提起民事诉讼也是可以理解的。同时,他认为有必要修改《民事诉讼法》,规定检察机关在一些特定的涉及国家利益、公共利益的案件中可以作为原告起诉⑥。在司法实践中,法院方面对检察机关提起民事公诉

---

① 李浩:《民事诉讼检察监督若干问题研究》,载《中国法学》1999 年第 3 期。
② 陈桂明:《谈检察机关介入公益诉讼》,载《国家检察官学院学报》2005 年第 3 期。
③ 刘小燕、黄献安:《检察院能否提起民事诉讼》,载《人民法院报》2002 年 11 月 29 日第 5 版。
④ 持否定说的论著主要有陈兴生:《民事公诉制度质疑》,载《国家检察官学院学报》2001 年第 3 期;赵颖、巴图:《民事公诉抑或行政公诉——兼论检察监督之重新定位》,载《法律适用》2005 年第 7 期。
⑤ 刘小燕、黄献安:《检察院能否提起民事诉讼》,载《人民法院报》2002 年 11 月 29 日第 5 版。
⑥ 孙慧、李兵、罗钟炉:《拍卖背后的黑幕(下)》,2002 年 11 月 5 日,http://www.cctv.com/life/law to day/ 20021105/ bqnr/ bqnr .html. [Sun Hui, Li Bing & Luo Zhong lu, "The Inside Story behind Auction", 2002-11-05, http://www.cctv.com/life/law today/ 20021105/ bqnr/ bqnr .html.]

予以质疑，往往以无法律依据为由拒绝受理检察机关提起的民事诉讼[①]。此后的两年里，检察机关提起民事公诉案件寥寥无几，而且多数法院以缺乏法律依据为由不予受理，从而使得这一检察监督山穷水尽。因为这是一项程序性的权力，它不直接配置权利义务，也不享有终端裁判权，它只有通过司法程序，由法院作出终端裁判才能最终实现监督目的。

对民事公诉持折中说的专家、学者认为，在法律明确规定之前，公权力不宜过度扩张，应该保持理性和克制，针对严重国资流失问题，检察机关作为法律监督机关承担督促有关监管部门监管国有企事业单位，通过履行监管职责，保护国有资产。这一理论观点引申到程序法中，体现为检察机关民事督促起诉。张利兆博士在《浙江检察》上撰文认为，检察机关不宜提起民事公诉，其介入公益诉讼应通过检察建议的方式督促有关部门行使诉权，防止国资损失，对国有资产管理部门怠于行使职权，应当依法追究其失职、渎职的责任[②]。张利兆博士首次对督促起诉进行了论述，但对有关督促起诉的属性、具体条件、范围界定以及程序问题并未作出论证。自 2002 年起，浙江省检察机关开始试点工作，运用检察建议书、督促起诉通知书的形式督促有关监管部门或国有单位提起民事诉讼，防止国资流失，至今办理了一大批督促起诉案件，挽回数亿元国资损失，得到当地党委、政府、人大的支持和群众的拥护，取得了较好的社会效果[③]。成功的实践与探索表明检察监督与公力救济是可以兼容的，民事督促起诉具有现实的可行性。

然而，督促起诉中也反映出一些值得注意的问题，需要在理论上加以研究，程序上加以厘清。如检察机关能否督促集体所有制企业、组织提起民事诉

[①] 转引自张利兆：《督促起诉——检察机关介入民事公益诉讼途径探究》，载《浙江检察》2003 年第 8 期。

[②] 张利兆：《督促起诉——检察机关介入民事公益诉讼途径探究》，载《浙江检察》2003 年第 8 期。

[③] 据浙江省人民检察院统计，2003 年 1 月至 2006 年 9 月全省共办理督促起诉案件 500 余件，共挽回国家和公共利益损失 3 亿余元，获得社会各界的支持。参见方益波：《浙江：首创"督促起诉"挽回国资三亿元》，载《经济参考报》2006 年 10 月 13 日第 4 版。

讼，以维护集体经济利益；对国有商业银行（包括其他金融机构）的到期债权，检察机关是否有必要督促相关银行起诉，以保护其合法的债权；国有公司正常的到期债权是否有必要监督等问题，均需要进一步加以明确，以免造成公权力对私法领域的不当干预。因此，有必要对民事督促起诉的属性作系统分析，界定其合理范围，设计相关运作程序。

二、民事督促起诉的性质

我国实行议行合一的人民代表大会制度，国家一切权力属于人民，人民通过选举产生的权力机构行使最高权力，在这一体系下形成权力的分立与制衡。在处于核心地位的人民代表大会及其常委会之下设立行政权、审判权、检察权，这三个权力相互具有一定独立性，但必须同时对人民代表大会——权力机关负责，受人民代表大会的监督。显然，相对于权力机关来说，这三个权力具有依附性，处于从属地位。另一个层面也体现了我国权力机关的至尊地位和权威，行政权、审判权、检察权均由人民代表大会派生且相互并立。行政权天生就具有扩张性，而且涉及社会生活的方方面面。个人有时没有任何办法要求行政部门遵守法律，尤其在行政上不合法的做法使某些人非法受益而又不直接损害任何个人利益时。而在反对行政部门的行动会带来各种风险与麻烦时，个人又常常会犹豫不决。要知道各国行政部门实际上对法律尊重到什么程度，只宣称行政部门服从法律原则是不够的，必须有一些能够迫使行政部门的行为合法并纠正其违法行为的机构、程序及政治条件。行政权体现为极其庞大的管理权、执法权、委任立法权和日益扩张的自由裁量权。而且检法两家的人财物均受制于各级政府，受制于行政权。因此，行政权最具侵犯性和扩张性。审判权对行政权的制约体现为通过行政诉讼进行司法审查，撤销违法的具体行政行为，控制行政权的滥用。相形之下，检察权主要表现为程序性的权力，其运作也显得比较超脱，它不具有社会管理职能，不直接配置社会资源，没有法院那样直接处分当事人法律上的权利和义务的权力。因此，从实体处分权看，它的权限最小,既不直接配置权利、义务,又不对案件作终端处分,最具有超然性。鉴于此,权力机关将法律监督权赋予检察机关专门行使,对另外两个权力实行专门监督。基于人大监督的非职业化、非经常性,故需将专门的法律监督权授予检察机关,使检察权对审判权、行政权的监督有坚实的宪法基础。因此,我国检察权最根本的属性就是法律监督,这与西方国家形成鲜明对比。西方分权政体下,检察机关隶属于行政系统,无论大陆法系还是英美法系,无论审检合署办公还是分署办公,一般均属于行政机关或行政系统的一个专门机构。在行使职权方面,西方国家检察机关主要是行使侦查、起诉、出席法庭支持公诉等公诉职权,一般不行使对其他国家机关、公职人员的监督[1]。而我国检察机关始终将公权力监督作为其本位,从检察机关对国家公职人员职务犯罪的侦查、逮捕、起诉,对审判活动、诉讼活动的监督,到对判决、裁定的执行的监督,无不体现专门法律监督的轴心作用,这是西方国家检察机关不可比拟的[2]。基于检察权的属性,督促起诉具有以下性质:

(一)民事督促起诉是检察权对国家利益、公共利益监管部门的一种直接监督

民事督促起诉体现为检察权对私法领域的有限干预。在私法领域实行意思自治、契约自由,尽可能地减少国家干预,减少市场交易成本。但现实中,每个人、每个经济组织都是理性的"经济人",趋利避害的本性使得每个人都追求利益最大化、成本最小化,如国有企业改制中的零资产转让,等等。因此而出现的经济外部性问题不可避免,它往往以国家利益和公共利益的减损为代价。对于所发生的利益损害问题,一般而言,政府机关立场比较官僚,会渐渐

---

[1] 如1808年的《法国刑事诉讼法》明确规定了发动公诉、指控犯罪的职权原则上由检察官行使,当然也逐渐形成了检察权与审判权的相互制约。德国与法国类似,检察机关也成为公诉的主体机关,而且依法对警察的侦查进行控制,对法官的裁判进行制约。参见宋英辉、郭成伟编:《当代司法体制研究》,中国政法大学出版社2002年版,第174—175页。
[2] 傅国云:《行政公诉的法理与制度建构——一个法律监督的视角》,《浙江大学学报(人文社会科学版)》2007年第2期。

丧失处理破坏法律政策行为所必需的积极性以及调和性。民事督促起诉是在特定的范围内监控国家利益、公共利益监管部门（以下简称监管部门）权力的滥用或不作为违法。即因监管部门的失职、滥用权力，致使民事违法行为严重损害国家利益、社会公共利益而无人起诉，法院又必须奉行不告不理的诉讼原则，如果检察机关不介入监督，监管权就会失控，甚至会危及到法律的安定性。当国家利益、社会公共利益监管权（以下简称监管权）这种公权力运行出现真空地带又危及国家利益、社会公益时，检察监督责无旁贷。

（二）民事督促起诉体现检察权对国有资产、公共利益监管权的有限监督

基于我国民事督促起诉制衡监管权，矫正违法的监管行为，其本质是对公共权力的监督。民事督促起诉面对的是最具能动性的监管权，因为在大部分的监管领域里，不仅要执行法律或维护法律秩序，还要执行公共任务及满足公共需要，其内容具有一般政策、管制政策、经济政策、社会政策、文化政策等性质，其任务相当复杂多样，有必要以裁量规定赋予监管机关某种弹性的决定空间，以便按照当时的情况，设定具体的目标以及为达成此目标的手段，尤其在个案中，作出最适合于一般监管任务以及维护公共利益要求的决定[①]。因此，对监管权的法律监督须保持相当的理性和克制，对监管部门的裁量应当给予必要的尊重，以免影响到监管的能动与效率。毕竟，民事督促起诉的范围是有限的，其有限性表现为：一是所针对的必须是国家利益和社会公益遭到损害，而监管部门渎职或监管缺位，且无人起诉的；二是所涉及的必须是民事违法行为。该民事法律关系的一方为国有单位（包括国有公司、国有企事业单位、监管部门、公共团体），而且这种民事法律关系之上存在公共权力的管束，它不同于一般的民事法律关系，因为国家利益、公共利益的处分均受到严格的法律限制。这是基于民事督促起诉是一种公权力监督，只要通过对监管权的监察、督促，以及提出建议，监管部门能予以接受并履行职责，保护国家利益和社会

---

① 翁岳生：《行政法》，中国法制出版社2002年版，第243页。

公益，检察监督目的就足以实现。

（三）民事督促起诉属于对特殊民事领域的国家干预

从总体上看，民事活动领域应当贯彻契约自由、私法自治的原则。其意义在于，它给予当事人充分展示并运用自己意志的空间。任何人，无论是个体还是群体，甚至是国家均不能干预自己的意志，不能干预受自己意志支配的行为。但随着社会的变迁、经济的转型和改革的深入，经济活动中的垄断及不正当竞争不断出现，正常的交易秩序受到严重冲击，尤其是权力寻租等腐败现象，使得形式上的公平市场法则已扭曲为实质上的非正义，甚至带来经济流转秩序的混乱。为保证经济生活的正常进行，国家干预经济成为必然选择，私法公法化也成为一个趋势。如《德国民法典》在保持契约自由的同时也从多方面给予限制。该法典第134条规定："违反法律上禁止规定之法律行为，于法律无特别规定时，无效。"第138条第1款规定："违反善良风俗的法律行为无效。"受德国法的影响，20世纪一些国家民事立法均对契约自由作出了一定的限制规定。如1991年的《瑞士债务法》第2条规定："以不法或违反善良风俗为内容之契约，为无效。"[1] 显然，大多数国家均对契约自由给予了一定的限制，均将国家和社会公益不受侵害作为契约自由的底线。我国法律对契约自由也作了一定的限制。如《民法通则》第7条规定："民事活动应当尊重社会公德，不得损害社会公共利益，破坏国家经济计划，扰乱社会经济秩序。"《合同法》第7条规定："当事人订立、履行合同，应当遵守法律、行政法规，尊重社会公德，不得扰乱社会经济秩序，损害社会公共利益。"显然，该条规定体现的是私法的公序良俗原则，其中蕴涵着国家公序[2]，对于损害国家政治、经济、财政、金融、税收等秩序，危及国家利益的行为，法律必须给予强行禁止。

---

[1] 朱勇：《私法原则与中国民法近代化》，载《法学研究》2005年第6期。
[2] 李国光编：《合同法释解与适用》，新华出版社1999年版，第41页。

三、民事督促起诉的条件与范围

（一）民事督促起诉的条件

1. 民事违法行为已经造成国家利益、社会公共利益受到损害或有受到损害的危险。这种损害必须直接发生在民事活动中，而且危及到国家和社会公共利益。如果直接发生在行政管理领域，行政主管部门通过具体行政行为可以直接挽回国资损失的，如国土资源管理部门可依法收回长期被抛荒的土地，而不需要通过民事诉讼解决的，则不属于民事督促起诉的范围。当国土资源管理部门不履行职责，经检察机关督促其作出具体行政行为，而国土资源管理部门超过法定期限仍不履行的，应当提起行政公诉，由法院判令其履行。同时，涉及的必须是国家和社会公共利益，不包括集体利益。实践中，少数地方检察机关将集体经济损失也列入民事督促起诉的范围，督促村民委员会、农村信用社等单位提起民事诉讼，这显然超越了检察监督的权限，浪费了有限的检察资源，与意思自治原则相悖。

2. 存在对该损害国家和社会公共利益的民事违法行为监管不力，或因滥用监管权而发生该类民事违法。这与纯私法领域的交易有所不同，体现为监管权这一公共权力贯穿于整个民事活动，公权力部门对涉及国有资产及公共资源交易与配置的管束，在水平关系（民事活动）之上存在一个垂直公法秩序①。如果民事交易活动中不存在有关监管部门监管不力情形的属于一般民事活动，则不属于督促起诉的范围。因此，一般的国有公司、国有控股公司正常的民事活动，应当严格按照公司法的有关规定，遵循意思自治、契约自由的原则，检察机关的公权力不宜介入。因为检察监督的对象应当是公共权力，即国家利益、社会公共利益的监管权。

3. 民事主体的一方是国有单位、公共团体，有时还包括监管部门。如果民事主体一方是国有企事业单位，其民事违法活动导致国家利益、社会公益受损

---

① 苏永钦：《民事立法与公私法的接轨》，北京大学出版社2005年版，第11页。

的，检察机关查实后，应建议和督促其监管部门处理，直接由监管部门责令该国有企事业单位通过诉讼或其他途径挽回损失。这种情况下，检察机关不直接督促该国有企事业单位行使诉权，而直接督促监管部门（公权力部门）履行职责，体现检察权对另一公权力的监督与制约，对国有企事业单位私法上权利的间接监督。即使国有企事业单位主管人员、直接责任人员不履行职责，滥用权力，玩忽职守，涉嫌犯罪，检察机关也不宜立案侦查，而是将案件移送公安机关主管，如果公安机关该立案而不立，则检察机关应当依法进行立案监督。如果民事主体一方为监管部门自身，如国土部门与房产商签订土地出让合同（行政契约），其中蕴含公权力，表现为契约下的行政，因为国土部门还必须履行对合同另一方的监管职责。此时国土部门既是民事主体，又是监管权的行使者，其民事违法行为与渎职行为往往出现竞合。在私法上，检察机关应直接督促其起诉，挽回国有资产损失；同时直接查处其主管人员、直接责任人员涉嫌渎职犯罪。

（二）民事督促起诉的范围

1. 国企改制中的国资流失。在社会转型过程中，各种利益交互、冲突，使得利益呈现出多元化的格局，其中的私益进犯公益也成为必然现象。各种私益主体通过权力寻租，违反正当程序或与监管部门暗中勾结，以合法的形式掩盖其侵吞巨额国资的目的。如在国有资产转让时，违反法律政策规定无偿或以大大低于市场的价格转让给组织或个人，造成巨额国资流失。此时，国有资产管理部门又往往出现懈怠或滥用职权的现象，检察机关督促其履行监管职责就成为一种现实的必要。

2. 国有资产拍卖、变卖过程中的民事违法导致国资流失。如国有资产拍卖未经国资管理部门审批、未经评估或拍卖中出现串标等违法情形，损害国家利益，而监管部门又监管不力的，检察机关应督促监管部门履行监管职责。监管部门应及时责成被监管单位通过诉讼，确认拍卖无效，挽回国资损失。如果监管部门主管人员、工作人员涉嫌渎职的，检察机关应当依法查处。

3. 土地出让、开发中的不法行为,损害国家和社会公共利益。不少地方企业占地开发、经营,却迟迟不付土地出让金,恶意拖欠,而政府部门为了吸引企业投资,追讨土地出让金不力。又如低价出让国有土地,往往通过国有单位签订合同形式进行,国有监管部门可以责令国有单位通过民事诉讼,请求法院确认合同无效,挽回国资损失。当国有单位已注销或解散时,监管部门可以自己名义起诉。如果监管部门不履行或怠于履行职责,检察机关应当督促其履行。显然,这是民事诉讼中发生的国家利益和社会公益救济①。

4. 公共工程招标、发包过程中的违法行为。如政府机关将桥梁修建工程发包给不具有建筑资格的单位或个人。曾经震惊全国的綦江桥垮塌事件就属于此种情形。检察机关可以通过督促政府机关提起民事诉讼,请求法院确认合同无效,以维护国家和社会公共利益。又如政府采购中的招投标活动违法,损害国家利益和社会公共利益。

5. 其他因有关监管部门监管不力或滥用职权,造成损害国家利益、公共利益的民事违法行为发生的。如财政部门将相关经费出借,使用该项资金的单位长期不还,而财政部门又放任不管,财政资金面临流失的危险。

四、民事督促起诉与民事公诉的对接

其实,民事督促起诉与民事公诉并不矛盾,民事公诉与检察权定位并无冲突。在西方,行政机关是公共利益的代表,检察权属行政权,故检察权可以代表公共利益。因此,有学者认为只有行政权才可以代表公益,法律监督权就不

---

① 如 2005 年 3 月浙江省苍南县人民检察院在审查该县国土资源局历年土地出让金缴纳情况时,发现该局尚有 273 万元土地出让金未收回,遂向该局发出督促起诉通知书,督促其向人民法院起诉或以其他方式收回尚欠的土地出让金,最后通过法院调解或判决,收回多家单位土地出让金 273 万元,有效避免了国有资产流失。参见方益波:《浙江:首创"督促起诉"挽回国资三亿元》,载《经济参考报》2006 年 10 月 13 日第 4 版。

能代表公益，只有行政机关才能充当公共利益的代表①，这种观点在逻辑上难圆其说。正如在西方只有司法权才能代表审判权，但法国行政案件专属行政法院审理，而行政法院恰恰又是行政机关，行使的又是行政权，难道是行政权在替代司法权吗？显然，这是由对宪政与分权的不同理解所决定的②。在三权分立的政体下，唯有政府代表公共利益，启动诉讼程序，不可能由立法机关对涉及公益的个案提起诉讼，更不可能由行使裁判权的法院去代表公益，自行起诉自行判决，自己做自己案件的法官，这是分权制衡的公理。因此，三权中只有行政权才可以代表公益并行使诉权。而且，西方检察机关（检察官）不同于其他行政机关，它一般不对外行使具体管理职能，其行使的主要职能为检控（公诉）。民事公诉权是由检控职能引申出来的，一般的行政职能是不可能隐含这个权力的，也不可能引申出具有检控性质的公诉权。而在我国宪法体制下，除立法权、行政权、审判权（西方为司法权）、军事权之外还有检察权（法律监督权），且立法权处于主导地位，凌驾于其他权力之上。我国行政权不包括检控权，当行政权、公共资源监管权出现懈怠、违法，导致国家利益、社会公共利益受损时，必须由外部权力加以制约，特别是监管者与被监管者（侵害国家利益、社会公益的组织和个人）"猫鼠一窝"，监管部门能作为公益代表提起民事诉讼吗？况且，行政机关又无检控权。其实，西方检察机关虽属行政机关，但它独立于其他行政机关，又是公诉机关。如法、德等大陆法系国家检察官作为刑事诉讼中控方当事人，代表公共利益追究犯罪，维护社会秩序，负有维护法律正确实施和执行的职责，被赋予如同"法律看守人"的定位③。检察官因为其与法院在刑事司法功能分配上关系紧密，其职务，一如法官的职务，乃以法

---

① 张利兆：《督促起诉——检察机关介入民事公益诉讼途径探究》，载《浙江检察》2003年第8期。
② 法国人认为行政审判权是行政权，不应该由作为司法机关的普通法院行使，他们认为行政机关不能行使司法权，同样，司法机关也不能行使行政权。据此，行政纠纷应由行政机关自己处理，不应由司法机关（普通法院）处理，否则就是司法权代替行政权。参见胡建淼：《十国行政法——比较研究》，中国政法大学出版社1993年版，第146页。
③ [德] 罗科信：《德国刑事诉讼法》，吴丽琪译，三民书局1998年版，第76页。

律价值为依据,即以真实性及公证性为价值趋向,而不问行政的需求如何①。可见,大陆法系国家检察权带有明显的司法性。而奉行当事人主义的英美法系国家强调检察机关的行政性,但在注重检察官的独立性,以免受到政治影响,以实现法律的正义方面,与大陆法系国家检察机关并无二致。如1994年《皇家检察官守则》规定:皇家检察官是公平的、独立和客观的——他们也不应当受来自任何方面的不适合或不正当的压力的影响②。显然,检察机关独立于一般行政机关,检察权又主要表现为公诉权,从而由其作为公益诉讼的代表。在我国没有如此独立又享有公诉权之行政机关。我国检察机关作为法律监督机关,由其履行宪法、法律有关保护国有资产和公共利益的职责,有实体法上的权源。同时,在程序法上检察机关具有检控职能,特别是在刑事公诉中,检察机关对涉及国家利益损失的还可以提起附带民事诉讼。而行政机关却不具有检控职能,行使公诉权也缺乏法理依据。显然,在我国由检察机关代表国家利益、社会公益行使民事公诉权,理论上是成立的,实践中也是可行的,需尽快通过修订民事诉讼法来解决。

从制度设计看,检察机关督促有关监管部门依法履行职责的程序是民事公诉的前置程序,检察机关根据公民、法人或其他组织的控告、举报,以及检察机关自行发现的线索,依法立案,调查取证,查明因有关监管部门违反监管职责(包括作为或不作为违法),导致有关民事活动损害国家利益、社会公共利益的事实后,应当向该监管部门发出《民事督促起诉通知书》,要求其在规定的期限内履行监管职责,通过民事诉讼维护国家和社会公益。同时,将已调查取得的相关证据一并移送给该监管部门,以增强其诉讼中的举证能力。如果监管部门已履行职责,实现了公力救济的目的,整个监督程序终结。

这种前置程序的意义主要体现在以下两个方面:第一,有利于充分发挥监管部门的自主性和能动性。有关国家利益、社会公共利益的监管部门,特别是行政主管机关精通相关的专业、技术,懂得公共政策,对复杂多变的社会事务

---

① 本书课题组编:《外国司法体制若干问题概述》,法律出版社2005年版,第149页。
② 本书课题组编:《外国司法体制若干问题概述》,法律出版社2005年版,第149页。

具有应变能力，而且政府决策具有针对性强和便捷快速等特点，能有效地应对瞬息万变的事务管理需要，这是司法机关无法替代的。而且检察机关通过建议、督促有关监管部门履行职责，体现为一种协作性的监督；监管部门对具体履行情况享有较大的裁量权，体现为相当的自主性和能动性，是一种积极的法律救济行为。第二，有利于节省诉讼成本，提高监管效率。一旦提起民事公诉，检察机关势必为诉辩、举证、质证投入大量的成本和资源，这些资源的耗费最终会外化为社会成本，从而增加社会的负担。因此，督促起诉程序在监督公共权力、维护国家利益方面可以实现成本最小化、效益最大化，实属公力救济的上策。

经过督促起诉程序，有关监管部门在合理的期限内仍然拒不履行监管职责的，检察机关应当以国家利益代表的身份提起民事公诉，对其中涉及渎职犯罪的监管部门有关人员应当依法严格查处。现实中，有些监管部门、国有单位主管人员与对方当事人恶意串通，甚至合谋瓜分国家财产和公共利益，有关监管部门常常寻找各种借口，规避检察监督，拖延履行职责。因此，为了保障民事督促起诉的效力，还须以民事公诉为后盾。

诉讼外行政检察监督论析*

山西省人民检察院课题组**

内容摘要：行政检察是我国法治建设不可或缺的重要一环。诉讼外行政检察监督对于解决行政争议具有独特的制度优势。基于我国行政检察监督的传统与现实、学理与实务，合理界定诉讼外行政检察监督的对象和范围，提出建立诉讼外行政检察监督法律程序，深化行政检察监管理论，能为在现实层面上推进诉讼外行政检察监督机制的完善和实施提供思路。

关键词：理论实践基础 对象和范围 程序

行政权是由国家宪法、法律赋予或认可的国家行政机关和公共行政组织执行法律规范、对国家和社会公共事务实施行政管理活动的权力[①]。行政权作为与公民、法人的切身利益密切相关的权力，也是最容易被滥用的权力。习近平总书记在中纪委全会上强调，要加强对权力运行的制约和监督，把权力关进制度的笼子里。检察机关作为我国人民代表大会制度下的专门法律监督机关，对行政权的监督是其法律监督职能的必然要求。随着修改后行政诉讼法正式实施和四中全会各项重大改革部署的逐步落实，行政检察工作的内涵和外延正在发生新的重要变化，在监督范围上，从过去单一的行政诉讼监督，拓展为行政诉

---

* 本文刊载于《湖南科技大学学报（社会科学版）》2016年第3期。

** 课题组负责人：王国宏，山西省人民检察院副检察长、党组成员、检察委员会委员，山西大学法学院及山西财经大学法学院教授、硕士研究生导师；课题组成员：王稼瑶、白建云、刘丽娜。

① 应松年主编：《行政法与行政诉讼法》，中国政法大学出版社2011年版，第11页。

讼监督和行政违法行为监督并举，既包括诉讼内行政检察监督，也包括诉讼外行政检察监督。诉讼外行政检察监督是指检察机关对于履行行政检察职能的过程中，发现行政机关及其工作人员违法行使职权或者不行使职权，导致国家利益、社会公共利益或者利害关系人合法权益受到比较严重损害的行为，依法进行督促纠正的法律监督制度。

一、诉讼外行政检察监督的理论实践基础

（一）诉讼外行政检察监督的法律政策依据

首先，我国《宪法》第129条明确规定，人民检察院是国家的法律监督机关。检察权是由权力机关授权的，与行政权、审判权和军事权相平行的专门的国家权力，检察机关的宪法地位决定了检察权的法律监督属性。其次，在法律层面，虽然《人民检察院组织法》未明确赋予检察机关对行政权的监督权，但是《人民警察法》《治安管理处罚法》等法律明确规定了检察机关对公安机关执法活动的监督权。再次，一些规范性文件或司法解释为诉讼外行政检察监督提供了依据。近几年，一些省份将检察机关对诉讼外行政行为的检察监督在地方性法规中作出了较为明确的规定，为检察机关监督纠正违法行政行为提供了制度依据和参考。例如，山东省人大常委会2009年通过的《关于加强人民检察院法律监督工作的决议》第1条和第9条明确规定了检察机关要全面加强对行政诉讼和行政执法机关职权行为的监督以及行政执法机关的相应义务。可以看出，检察机关开展诉讼外行政检察监督是其重要职责，具有一定法律上的依据，但其法律监督依据仍不完善、较为原则和缺乏可操作性，在立法上仍需加强，需要从国家层面予以确立。党的十八届四中全会通过的《决定》中明确要求完善检察机关行使监督权的法律制度，加强对行政诉讼的法律监督，而且针对加强对行政违法行为检察监督作出许多重大改革部署，对加强行政检察工作提出了更高要求。这为诉讼外行政检察监督制度的发展提供了最直接、最有力的政策

依据，并为诉讼外行政检察监督制度在国家层面的立法提供了重大契机。

（二）诉讼外行政检察监督的法理基础

"不能否认，权力具有一种侵犯性质，应该通过给它规定的限度在实际上加以限制①。"对权力的制约和监督不能仅仅依靠精神和道德的力量，为防止政府权力的腐败或滥用，必须对其进行合理分割，并建立相互制约和监督的关系。在我国人民代表大会制度的国家权力结构模式下，基于人民民主原则和国家权力运行的需要，国家权力需要在必要的分工基础上由不同的国家机关行使，以便使国家权力既能有机结合形成一个统一行使的运作体系，又能形成分工负责、相互制约的分权制衡机制。在我国宪法中，人民代表大会是国家权力机关，人民通过人民代表大会行使国家权力，审判机关和行政机关的权力则是执行权力，而人大及其常委会和检察院则享有监督权。检察权监督制约行政权的基础在于相互分离的权力之间有一种相互制约关系，使国家各部分权力之间处于一种总体平衡的状态。检察权的法律定位及其属性有利于确保检察监督的权威性和实效性，对实现宪法制度设计的初衷——人民代表大会制度下的权力分工与制约监督具有重要意义，有利于确保行政权沿着法治的轨道运行，既积极服务于国家、社会的公共利益，又恪守行政权的合法边界，避免损害公民、法人或其他组织的合法权益。

（三）诉讼外行政检察监督的制度优势

"在我国，对行政权的监督体系主要包括权力机关的监督、行政机关自身的内部监督、社会监督和司法监督②。"这些监督类型对规范行政权发挥了积极的作用，但存在监督角度过于宏观、监督措施刚性不足以及内部监督引起的自我裁判等问题。第一，人大监督的范围极其广泛，因行政权自身构成一个相对封闭独立的运行系统，权力在相对独立的系统中运行，导致人民代表大会的监督无法及时、直接地实现，客观上需要专门的监督机构代表最高权力机关实

---

① 汉密尔顿、杰伊、麦迪逊：《联邦党人文集》，商务印书馆1989年版，第252页。
② 张智辉主编：《检察权优化配置初探》，中国检察出版社2011年版，第244页。

施法律监督。第二，作为内部监督方式的行政监察，其监督范围局限于国家行政机关及其工作人员违法乱纪的行为方面，且将监察范围侧重行政纪律方面，同时只关注行为的实体内容，不关注行为的程序内容。另外，行政监督作为行政体系内的一种自我监督，其对行政机关违纪违法行为的监督力度和成效也必然无法摆脱来自内部的各种影响和制约。第三，行政机关是否严格实施了法律，履行了法定义务，是否贯彻了比例原则，行政行为的合法性、合理性、正当性是否存疑，都可通过行政诉讼程序接受进一步的监督[①]。但是，现行行政诉讼制度将审判权对行政权的监督制约限制在一定范围内，使得相当数量的行政行为被排除在司法审查之外。第四，行政复议具有快捷、简便，节约成本等优势，但行政复议严格上讲属于行政机关的内部层级监督，复议机关与作出行政行为的机关具有行政隶属关系，其监督的公正性难以保障。

我国检察机关作为人民代表大会制度下的专门法律监督机关，保障法律的统一正确实施是其监督职责的必然要求。一方面，相比于人大监督的宏观性和不能对行政机关进行经常性监督，检察监督是就具体个案或行政行为进行监督，在行政法律实施的各个环节上对具体情况进行法律监督，是在法律实现过程中最具专门性、最直接的监督。另一方面，检察监督比行政机关的内部监督更具中立性，也更具程序性，体现为检察权的行使必须依照法定的程序进行，这是法律的精神；检察权的行使仅仅具有程序的意义，而不是具有终局和实体的意义。[②]据此，将对行政权行使过程中产生的一些具体问题的监督权赋予检察机关专门行使更具科学性和现实性。

（四）诉讼外行政检察监督的实践根基

从实践情况来看，诉讼外行政检察监督工作近几年获得了一定的发展，一些地方的监督纠正违法行政行为的案例都取得了法律效果和社会效果的有机统一。自 2013 年以来，山西省检察机关重点选择食品安全、城中村改造、环境

[①] 杨建军：《通过司法的社会治理》，载《法学论坛》2014 年第 2 期。
[②] 韩大元、刘松山：《论我国检察机关的宪法地位》，载《中国人民大学学报》2002 年第 5 期。

安全监测、土地管理、治安管理、交通管理、农业经管等关系民生民利、人民群众反映强烈且具有重大社会影响力的行政执法领域，开展了两次以行政执法行为检察监督为主题的专项活动。2013—2014年，山西省检察机关共办理行政机关及其工作人员执法行为损害国家利益、社会利益，不履行或不正确履行法定职责案件753件，发出书面检察建议655件，其中行政机关采纳623件，为国家挽回直接经济损失4000余万元。2013年1月至10月，山西省检察机关民行部门办理督促履行职责案件2727件，采纳1907件，通过办案为国家避免或挽回经济损失14亿余元。①山东日照岚山区人民检察院办理的多家采矿企业擅自租用耕地非法采矿行政执法检察监督案，成效显著。②针对国家利益、社会公共利益遭受侵害而相关行政执法部门未履行或怠于履行法定职责的情形，一些地方民行检察部门重点在土地、资源管理，环境保护、食品药品安全及涉农惠农等领域，通过检察建议督促相关部门依法履行职责，稳妥慎重地开展行政执法检察监督，取得了较好的法律效果和社会效果。

二、诉讼外行政检察监督对象和范围的界定

根据党的十八届四中全会的精神和现有法律制度框架，应逐步探索完善以行政违法行为为监督对象的诉讼外行政检察监督制度。四中全会《决定》在行政强制措施监督方面并没有将范围限定检察机关必须在"履行职责中发现"，其目的就是为公民提供及时、有效的司法救济渠道，防止公民权利遭受不可逆转的侵害，对于规范行政强制措施，加强人权的司法保障，具有重要意义。随着四中全会各项重大部署的逐步落实，无疑会大大改善行政检察监督的现状，拓宽检察机关的行政检察监督范围，从过去单一的行政诉讼监督，逐步形成行政诉讼监督和行政违法行为监督并举的行政检察多元化格局。作为诉讼外行政

---

① 《山西：民事行政检察工作有声有色》，载正义网，http://newspaper.jcrb.com/html/2013-12/10/content_147653.htm。

② 《俺们的地又种上了庄稼》，载正义网，http://newspaper.jcrb.com/html/2011-09/22/content_82407.htm。

检察监督对象的行政违法行为，应具备一定特性，下面是对行政违法行为所应具备特性的界定分析，从而可以明确诉讼外行政检察监督的对象和范围。

（一）主体性

这是诉讼外行政检察监督的行政违法行为的组织载体，即监督的责任承担者。通说认为，行政主体是享有实施行政活动的权力，能以自己的名义从事行政活动，并因此而承担实施行政活动所产生的责任的组织[①]。行政主体具有以下特征：行政主体具有相对独立的法律地位；行政主体的权利、义务和责任都是清晰、明确的；行政主体之间建立起相对合理的竞争和合作规则；行政主体的权利和利益受到法律的保护和司法保障。在法律层面上对行政主体的确认一般有两种方式：一种是通过立法在整体上确认行政主体独立的法律人格，确立行政主体的类型，明确各类行政主体的权利、义务和责任等；另一种是首先通过单行立法确立每一类行政主体独立的法律地位、明确其权利、义务和责任。从目前我国的实际情况看，宜采取第二种方式、渐进式建立行政主体制度比较可取。从行政主体具体类型看，我国行政机关及法律、法规授权组织都可以成为行政主体，后者包括获得法律、法规授权行政机关内部机构、派出机构和管理公共事务组织。[②]行政违法行为的主体性，应该符合两个层面的要求：一是行政主体必须是有权的行政机关或接受法定授权的组织，并且行政主体拥有作出该行政行为的权限；二是行政主体必须在其限定的地域管辖权和级别管辖权的范围内开展活动和事项。行政主体是否适格，是界定行政违法行为的首要条件，从而使诉讼外行政检察监督的对象具备了承担责任组织机构。

（二）违法性

这是诉讼外行政检察监督的行政违法行为的法理依据，即有违法才有法律监督。行政违法行为的违法分为实体违法和程序违法。行政违法行为的实体违

[①] 张尚鷟主编：《走出低谷的中国行政法学》，中国政法大学出版社1991年版，第80页。
[②] 徐继敏：《国家治理体系现代化与行政法的回应》，载《法学论坛》2014年第2期。

法是指行使行政权力的主体在行使权力时背离其职责的行为。其具体表现为：（1）行政越权，即行政主体在行政管理的过程中超越其法定的权限，实施了依法应由其他权力主体行使的法定职权，换而言之，即法律根本没有规定某行政主体能够行使某项权力，而其超越规定行使此权。这是一种积极越权的违法行为，对此可称之为换位越权的违法。（2）行政滥用职权，即行政主体超越法律对其授权范围而非法行使职务范围内的权力。这是一种积极超越其法律规定的限制条件而实施与法律对其授权有一定联系的违法行为。对此可称之为越位越权的违法。（3）玩忽职守，即行政主体不负责任，不履行或不认真履行依法应该履行的职责。这是一种行政主体负有行政法上的作为义务，却没有履行作为的义务，而是对依法应当履行的法定义务，采取消极不作为的违法行为。对此可称之为不到位不履职的违法。（4）其他明显不当的行政行为①。明显不当的行政行为是指严重违反合理性原则而不合适、不妥当或不具有合理性，主要表现为对违法行为的处理显失公正，同类违法行为，程度、后果相似而处理决定明显不同，畸轻畸重等等。行政主体在实施行政行为时，应在确保实现执法目的前提下，尽量减少给行政相对人带来的权益侵害和不利影响，因而对行政行为是否适当可以从行政手段行为的适当性、必要性和利益均衡性等三个方面进行考察。

　　行政违法行为的程序违法是指行使行政权力的主体，在行使权力时违反行政程序规范的行为。行政主体作出行政行为要遵循法律规定的程序，即方式、步骤、顺序、时限等合乎法定要求，未依法履行法律规定相关程序的行政行为应当纳入到行政违法行为检察监督的范围。虽然我国行政程序尚无统一的立法，但行政主体在实施行政行为的过程中必须平等地对待各方当事人，排除各种可能造成不平等或偏见的因素；行政主体应通过一定的方式让行政相对人或其他利害关系人及社会了解有关情况的原则。首先，行政主体在实施行政行为时要注意管辖方面的程序问题。如果行政主体行使法律授予其的某项权力时，

---

① 学界普遍认为，诸如"滥用职权""明显不当"的行政行为均与行政自由裁量权相联系，对这类行政行为的检察监督应适用合理性审查原则。

违背管辖规定，而对行政相对人行使权力，则属于程序违法。其次，行政主体在实施行政行为时，要注意主体上下级别在分层次或先后实施相关行为的有序衔接方面的程序问题。如果根据法律规定，某行政行为必须先由这一部门的下级组织实施相关行为后上级组织才能实施后续行为，但在实际操作过程中，上下级部门实施相关行为的顺序正好与前述相反，则属于程序违法。最后，某一行政主体在行使某项权力的过程中，如果违背了法律规定的各项相关办理程序，则属于程序违法。在此具体包括：（1）回避，即同行政相对人有利害关系的公务人员应避免参与有关行政行为；（2）辩论，当事人各方都应有平等的发言机会与陈述权利，并可相互辩论；（3）调查，行政主体应通过调查事实用客观证据来说明事实真相；（4）表明身份，即在行使权力时应出示证件文书让行政相对人了解其合法身份；（5）告知，即行政相对人有权了解的事项，行政主体应通过合理的途径主动告诉行政相对人；（6）说明理由，即行政主体对其作出的行政行为应说明事实根据、法律依据及其他理由[①]；（7）听证，行政主体应保障行政相对人及利害关系人要求进行听证的权利，即行政主体应为行政相对人和利害关系人提供充分陈述意见的机会。

无论是实体违法还是程序违法，都必须要求行政主体在行使行政权力时具有主观过错，即存在故意或过失，才构成行政违法。行政主体如果在意外事件或不可抗力的情况下作出违法行为，则不构成诉讼外行政检察监督的行政违法行为对象。

（三）法定性

这是诉讼外行政检察监督的行政违法行为的法定依据，即监督行政违法行为的法律依据。行政权因其具有强制性、单方性、主动性、范围的广泛性、手段的灵活性等特征，从检察机关现有监督能力和司法资源的角度出发，检察机关在客观上不可能对所有行政行为进行监督，并且现有诉讼外行政检察的法律监督依据仍不完善、缺乏可操作性，因而应在法律层面上明确检察机关对行

---

① 章剑生：《行政程序法学原理》，中国政法大学出版社1994年版，第108—112页。

政违法行为实行法律监督的具体范围和程序，为加强和规范诉讼外行政检察监督、推动检察机关法律监督工作提供坚实的法律基础。在我国检察发展史上，曾经将检察机关的法律监督权定位为一般监督权，表现为普遍介入、全面监督，法律监督效果并不理想，因此，在探索完善对行政违法行为检察监督的过程中，要避免以往一般性监督的弊端，在法律层面明确行政检察监督"凡是行政相对人可以通过行政复议或者行政诉讼得到法律救济的，则行政法律救济程序优先适用，检察监督不得替代行政法律救济。"[1]由于对行政违法行为检察监督工作尚处于探索建立阶段，检察监督的范围不宜过宽，并且，在实践中行政行为种类多、领域广，从可行性和可操作性角度出发，应将检察监督的重点放在损害国家利益和社会公共利益的行政违法行为方面，监督范围限定在生态环境和资源保护、国有资产保护、国有土地使用权出让等领域造成国家和社会公共利益受到侵害的案件。需要强调的是，对于抽象行政行为，上级行政机关发现下级机关制定的针对不特定的人和不特定的事制定具有普遍法律效力规范的行政行为，包括行政法规和行政规范性文件的创制行为错误或者违法，可依职权撤销或责令下级机关纠正。在现有法律框架下，抽象行政行为的合法性问题应由权力机关、上级行政机关审查监督，以及由审判机关在行政诉讼中进行附带审查[2]，不宜纳入行政检察监督范围。检察机关作为法律监督机关之宪法定位，负有维护法制统一、捍卫公平正义之基本职责，但法律监督权之行使必须是针对具体案件或者行为进行，而不能扩展到宽泛的方针政策、合宪与否。并且，在实践中，由于检察机关现有资源配置、违宪审查制度尚未建立等原因，也尚不具备对抽象行政行为行政检察监督的条件，应从实效主义角度出发，在法律框架内合理界定诉讼外行政检察监督的范围。所以，对行政违法行为检察监督不是一般监督，需要在限定的范围内进行，并将受到立法的严格约束。

---

[1] 吕涛：《行政检察新论》，载《人民检察》2015年第2期。
[2] 修改后《行政诉讼法》第53条规定，公民、法人或者其他组织认为行政行为所依据的国务院部门和地方人民政府及其部门制定的规范性文件不合法，在对行政行为提起诉讼时，可以一并请求对该规范性文件进行审查。前款规定的规范性文件不含规章。

（四）后果性

这是诉讼外行政检察监督的行政违法行为的量和质的标准，即这种违法行为的危害后果标准。作为诉讼外行政检察监督对象，应是因行政机关违法使职权或不行使职权造成一定危害后果或不良社会影响的行政违法行为。对于造成一般危害后果的行政违法行为，一般应由行政监察机关进行系统内监督。对于构成刑事犯罪的行政违法行为和作为诉讼外行政检察监督对象的行政违法行为之间的区分，可以根据现有理论及立法现状，以危害性程度为基础界定区分，通过对危害性程度不同的把握来划定行政违法行为和行政犯罪，并使相关的行政违法和行政犯罪的法律规范紧密衔接。具体而言，诉讼外行政检察监督的行政违法行为，其造成危害的后果，应介于行政监察机关监察的行政违法行为造成的危害后果与构成犯罪的行政违法行为造成的危害后果之间。如果后二者的危害后果为一般和严重，那么诉讼外行政检察监督的行政违法行为造成危害的后果应为比较严重。具体到某一特定的违法行为的危害后果如何掌握，则应结合实际具体分析。

总而言之，上述四个特性是一个有机结合体，其中既有主体条件，也有行为条件；既有主观条件，也有客观条件；既有质的条件，也有量的条件；既有法理条件，也有法定条件。行政主体实施的某个行为只有同时具备这些条件，才能构成检察机关行政检察监督对象的行政违法行为。

三、诉讼外行政检察监督的程序

"任何实体的目标定位都需要借助程序的技巧以安排和落实，也就是说，法律上实体性的目标追求只有被装置于程序性的逻辑框架中时，才能真正体现出其实践意义。"[1] 诉讼外行政检察监督程序作为法律程序的一种，既具有工具性价值，也具有其自身的内在价值，其工具性价值体现为其使得诉讼外行政检

---

[1] 谢晖：《论法律程序的实践价值（上）》，载《北京行政学院学报》2005年第1期。

察监督具有可操作性和有利于实现公正的监督结果,而其内在价值则体现为正义、人道、法治和效率。然而,在实践中,人们往往把关注的焦点集中于诉讼外行政检察监督的实体问题上,强调如何完善诉讼外行政检察监督的机构设置,以及如何增强检察机关的监督权力等,对程序问题却缺乏足够的应有的重视。检察机关诉讼外行政检察监督的程序和形式,受制于行政权、审判权本能排拒的大环境,仍然属于司法改革的探索和尝试范畴。"在行政法律规范日臻完善的今天,检察机关能够在多大程度上保障和监督行政法治的实现,是衡量检察机关法律监督属性的重要标准。"[1]也正因如此,完善诉讼外行政检察监督的程序和形式,是充分发挥检察权监督制约行政权作用的重要基础。从理论和实践结合的角度来看,检察机关对行政违法行为实施监督的程序,应包括以下几个方面:

(一) 立案

首先,诉讼外行政检察监督案件的来源包括:一是行政相对人向人民检察院申请监督;二是行政相对人以外的公民、法人和其他组织向人民检察院控告、举报;三是人民检察院依职权发现。其次,立案条件包括:一是有行政违法行为发生,即有明确的行政主体、侵害了具体行政相对人的人身和财产权益。对此要有相关的证据证明;二是根据相关法律规定,发生的行政违法行为属于检察机关行政检察监督管辖范围。

(二) 审查

检察机关决定立案后,第一,要审查行政主体是否合格;行政行为是否有法律依据;适用法律法规是否正确;是否符合法律程序;作出的处理决定的证据是否确凿、充分;行政主体是否具有超越职权、滥用职权或怠于履行职责的情形;行政主体作出的违法行为造成的危害后果;等等。第二,检察机关审查诉讼外行政检察监督案件,认为确有必要的,可以组织有关当事人进行听证。

---

[1] 张步洪:《行政检察基本体系初论》,载《国家检察官学院学报》2011年第2期。

第三，对于涉及公民人身、财产权益的行政强制措施，检察机关审查过程中不应停止行政强制措施的执行。第四，对于比较重大、复杂的有争议的诉讼外行政检察监督案件，应由检察委员会讨论决定最终的审查意见，以确保检察监督的质量和实效。

（三）沟通

在审查程序结束后，如发现行政主体在行使行政权过程中，确实有违法行为，就要主动与被审查机关进行当面沟通，将最终形成的审查意见向被审查的机关书面通报，通报中主要是阐述清楚违法事实，并明确检察纠正意见。以此达成共识，从而促使行政机关在检察机关提出检察建议之前自行纠正行政违法行为。

（四）提出检察建议

与行政机关沟通后，该行政机关仍对于其存在的违法行为不予纠正，检察机关要采取书面形式，正式向该行政机关提出纠正违法的检察建议。该建议要详细阐明或明确以下内容：(1) 违法行使行政权的事实；(2) 造成的危害后果和影响；(3) 行政违法行为违反的相关法条；(4) 提出纠正建议和意见及其理由。目前，在《民事诉讼法》和《行政诉讼法》中已对诉讼活动中的检察建议制度作出了明文规定，[1] 在立法上对诉讼外行政检察监督环节的检察建议也应加以规定。

（五）反馈

检察机关针对行政机关的行政违法行为提出检察建议之后，行政机关对检察建议的内容是否采纳、持何种意见应当在一定时间内向检察机关进行回应、回复。一是明确规定检察建议的答复期限、逾期未答复的跟进监督措施。二是行政机关需在指定期限内向检察机关作出接受或不接受检察建议的决定，并充

---

[1] 参见《民事诉讼法》（2012 年修订）第 208 条、第 209 条和《行政诉讼法》（2014 年修订）第 93 条。

分说明理由。对于接受检察建议内容的，应当将纠正的结果向检察机关进行通报；不采纳检察建议的，应当说明理由同时附上相关证据及说明。三是检察机关对于行政机关决定接受的检察建议应当进行备案，并跟踪行政机关的依法纠正；对于行政机关未采纳检察建议的，可以提请上级检察机关向该行政机关的上级行政机关提出检察建议，或者提请同级人大常委会对行政机关的行政违法行为进行监督。

（六）救济程序

行政机关如果对检察机关依法作出的具有法律效力的检察建议产生异议，应在规定的时间内，向本级和上一级人民检察院提请复议、复核。如在规定时间内未表示异议，则推定其接受检察建议。

（七）提起行政公益诉讼

在行政机关不接受检察机关的检察建议，或者虽然表示接受但在实际上不纠正其违法行为时，检察机关对其违法行为，如在符合提起行政公益诉讼的情况下，应当依法提起行政公益诉讼。行政公益诉讼是指对损害国家和社会利益的行政违法行为，由法律规定的国家机关和组织向人民法院提起诉讼的制度。我国检察机关提起行政公益诉讼的法律基础是检察机关的法律监督属性，检察机关通过提起行政公益诉讼，监督行政机关依法行政，实现和保护国家利益和社会公共利益。必须明确，检察机关在提起行政公益诉讼前应当先行向有关行政机关发出检察建议，督促其纠正行政违法行为，这种以检察机关发出检察建议作为诉前督促告知程序的制度设计，既能降低诉讼成本、节约司法资源，又能使得国家和社会公共利益得到及时有效的救济。

必须强调，上述环节的程序是一个严密的逻辑体系，只有经过上一个环节，才能进入下一个环节。这也是诉讼外程序与诉讼内程序相衔接的程序体系。通过这样的程序系统，有效合理地使诉讼外行政检察监督取得实效。

目前，行政检察工作处在重要的历史节点上，党的十八届四中全会《决定》对检察机关加强行政违法行为监督作出的重大改革部署将涉及行政检察工作的发展方向，涉及行政检察工作布局的调整、体系的构建。正如曹建明检察长在2015年5月21日召开的全国检察机关行政检察工作座谈会上强调的一样，要从全面推进依法治国的战略高度，深刻认识行政检察工作面临的新形势新任务。"检察监督范围扩展到诉讼外公权力的监督，符合检察监督的规律。"[1] 在党中央提出的推进依法治国，加强对权力制约和监督的大背景下，社会各界对加强诉讼外行政检察监督的愿望和呼声都很高，加强诉讼外行政检察监督既符合党中央的要求，也适应社会大局的需要。综上所述，建立诉讼外行政检察监督制度既能够从理论层面完善检察权的内涵，又能够使宪法宣告落实于制度层面；既能够弥补现有具体制度供给的不足，又能完善中国特色的法律监督体系的宏观架构。就加快建设法治政府的目标而言，在建立、完善其他法治因素的同时，诉讼外行政检察监督制度具有独特的优势，是一条值得探索和实践的新路径。

---

[1] 任学强：《论检察监督范围的扩展及其边界——以保障房项目检察监督为例》，载《河北法学》2015年第3期。

中国特色行政检察监督制度的嬗变与重构*

刘 艺**

内容摘要：行政检察监督的完善，对检察工作、对司法体制改革、对全面推进依法治国，都具有重大的意义。而在检察监督机制中，行政检察监督是相对缺乏即有制度和规范支撑的一种机制，其完善需要缜密规划、稳步推进。新时代行政检察监督面临诸多挑战，有必要通过建构行政公益诉讼制度与其他两大诉讼的衔接机制，推动行政检察监督与信息技术的融合，加大对非诉行政执行的检察监督力度，在吐故纳新的基础上进行全面谋划，开拓更具中国特色的行政检察监督大格局。

关键词：行政检察　检察监督　历史回溯　制度重构

行政检察监督是中国特色社会主义法治的重要内容，其发展进程彰显了我国法治国家建设的曲折与成就。回溯行政检察监督制度的演变会发现，行政检察监督的每次革新都是为了回应中国社会的现实需求。行政检察监督是中国近代法治改革历史长河中一股不可忽视的激流。"一个时代法学的昌明，总开始于注释法学；一个民族法学的复兴，须开始于历史法学。"① 历史往往是现实

---

* 本文刊载于《人民检察》2018年第2期。本文为国家社科基金重点项目"检察机关提起行政公益诉讼的理论反思与制度构建研究"（项目编号：15AFX009）、最高人民检察院检察理论研究课题"检察机关提起公益诉讼工作机制研究"（课题编号：GJ2017B05）的阶段性成果。

** 刘艺，西南政法大学教授、博士生导师。

① 张晋藩：《中华民国民主宪法十讲》，商务印书馆2014年版，总序。

和未来最好的注释。通过梳理行政检察监督制度的嬗变进程，有助于看清行政检察监督制度改革的起点与条件，也有助于认清新时代行政检察监督制度建构的方向。

一、我国近代行政检察制度的演变与抉择

（一）清末新政中检察制度创设与行政裁判所争议

作为一场经济和政治体制改革运动，清末新政①是中国现代化历程中的重大事件之一。新政改革②仿效德日制度初创我国检察制度，以区别于中华法系的监察制度。1907年，清政府制定《高等以下各级审判厅试办章程》，规定检察机关的职权为提起公诉接受诉状，请求预审及公判指挥司法警察官逮捕犯罪者，审查事实、收集证据、保护公益、陈述意见、监察审判，并纠正其违误审核审判统计表。在民事及其他案件中，1909年《法院编制法》第90条规定，检察官有"遵照民事诉讼法及其他法令所定为诉讼当事人或公益代表人实行特定事宜"的职权。当时虽然对民事诉讼案件采用了"当事人主义"理念，检察机关原则上不予干涉，但考虑到中华法系传统和习俗，对某些特殊案件采取干涉主义的态度。比如婚姻事件、亲族事件、嗣续事件。审判官在以上事件中不待检察官莅庭而为判决者，其判决无效。此外，对于其他民事诉讼案件，检察官可视情况陈述意见，保护公益。③但当时检察官行使职权侧重于刑事的调查侦查等刑事法律检察领域。④

监督行政诉讼是行政检察监督的重要内容，但中华法系没有专门的行政诉

---

① 参见《清史稿·志一百十七》。
② 参见1906年《大理院审判编制法》。
③ 参见曾宪义主编：《检察制度史略》，中国检察出版社2008年版，第164页。刘彦：《清末民国检察文献总目——法政期刊卷》，中国检察出版社2016年版，司法院快邮代电：院字第二五四号，第48页。
④ 参见何勤华主编：《检察制度史》，中国检察出版社2009年版，第338—339页、第340页。

讼制度。清末新政中关于如何建立行政诉讼制度发生了行政裁判院与都察院存废之争。行政裁判院是专门处理"人民不服公权力违法侵害其权益行为而控诉的机关"。都察院是公元1636年明崇德元年成立的纠察百官，指陈阙失，审理冤滞，以达维系皇令执行效果的机构。对清末改革有重大影响的日本学者织田万认为行政裁判院与传统都察院在职能上有相似之处，并称都察院为"监察行政得失、查办官吏邪正、伸张人民冤枉、参与终审裁判，即为唯一最高之行政监督机关也"。① 在都察院存废问题上，改革派与保守派各抒己见，"改革派人士认为，都察院为君主专制时代之'宝物'，却是宪政法治时代之'弃物'"；而保守派人士则提出"都察院足以限域君权、纠察官邪、通达民隐"。②《行政裁判院官制草案》序言中解释："英美比等国以司法裁判官兼行政裁判之事，其弊在于隔膜，意法等国则以行政衙门自行裁判，其弊在于专断。唯德奥日本等国特设行政裁判衙门，既无以司法权侵害行政权之虞，又免行政官独行独断之弊，最为良法美意。今采用德奥日本之制，特设此院，明定权限，用以尊国法、防吏蠹，似于国家整饬纲纪、勤恤民隐之意不无裨益。"③ 清廷最高统治者无法平衡各方意见，最后采取折中，保留都察院，筹备设立行政裁判院。都察院职能中的稽查、监督诉讼审判的内容划给检察厅；都察院保留纠察行政缺失、仲理冤滞的职能，从法律监督机构转变为行政监督机构。④ 此项改革因清末帝制废除未能得以推行，却被北洋政府加以改造利用。

（二）北洋政府时期行政检察监督制度初创

民国初年建立三大监督体制：立法监督、行政监督和司法监督。行政检察

---

① ［日］织田万：《清国行政法》，李秀清、王沛点校，中国政法大学出版社2003年版，第209—211页。
② 参见贺绍彰：《都察院改废问题》，载《法政杂志》1912年第8期。
③ 《大清法规大全·吏政部》（第23卷），考证出版社1972年版，第960页。转引自张德美：《探索与抉择——晚清法律移植研究》，清华大学出版社2003年版，第144页。
④ 参见何勤华主编：《检察制度史》，中国检察出版社2009年版，第338—339页、第340页。

监督制度首次出现于中华民国初年,具体表现是1914年3月31日公布《平政院编制令》,随后设立平政院和肃政厅。第一次将行使最高监察权和检察权的肃政厅镶嵌进了"中国第一个行政诉讼审判机关"[①]平政院中。民国初建,维系皇令的都察院也不复存在,官场流弊盛行,吏治腐化成风。[②]北洋政府设置肃政厅的直接原因是整肃吏治,以加强对国家和社会的控制能力。[③]肃政厅的监督职能主要来自《中华民国约法》第43条[④]和《平政院裁决执行条例》第3条等法令的规定,肃政厅对国务卿、各部部长的违法行为提起诉讼予以纠举弹劾[⑤]和监察行政官署执行平政院裁判的情况;参与全国选举资格审查会,并察举选举流弊[⑥];监督官员官仪[⑦];行使时事和重要国事建议权[⑧]等。但是,肃政厅是借助审判程序行使相关职权,因此也被称为国家最高行政公诉机关。[⑨]但是,严格来讲,肃政厅提起的纠弹案件,无论是肃政厅依职权主动纠弹、大总统特交肃政厅查办还是人民告诉或告发于肃政厅,仅是一定程度地以司法程序审理,因为在起诉之前已经有对官吏违法行为进行确认的前置程序;而关于是否提交平政院审判庭也需要最高行政首长审核决定。所以,肃政厅遵循的程序与一般行政诉讼程序并不相同。另外,肃政厅的监察对象仅为官吏,不包括行政机关。官吏有在职官吏和非在职官吏之分,在职官吏包括国务卿、各部总长、普通文官和特别文官,特别文官包括外交官、司法官、技术官等;非在职官吏

---

① 参见黄源盛:《民初平政院裁决书整编与初探》,载《国家科学委员会研究专刊:人文及社会科学》第十卷四期,2000年4月,第494页。
② 参见1914年3月16日《申报》。
③ 参见方辉:《北洋政府初期肃政厅研究》,河南大学2009年硕士学位论文,第14页。
④ 参见《中华民国约法》第43条:"国务卿、各部总长有违法行为时,受肃政厅之纠弹及平政院之审理。"
⑤ 参见1914年7月20日颁布《纠弹法》第1条。
⑥ 参见1915年10月28日《政府公报》,第891号。
⑦ 参见1915年3月27日《政府公报》,第1036号。
⑧ 参见1916年1月1日《申报》。
⑨ 参见方辉:《北洋政府初期肃政厅研究》,河南大学2009年硕士学位论文,第16—17页。

指没有现职,但有官秩的官吏。①这与近代西方监察的对象范围既包括官员也包括行政机关有明显不同。有学者解读指出,这样规定是出于立法者对作出行政行为主体的理解。从外部来看,官吏的行为很大程度上说就是行政机关的行政行为,所以《纠弹法》直接以官吏的行为作为监察对象,在当时看来是完全可以接受的。②除了监察职责之外,肃政厅根据《平政院编制令》第8条的规定,对于人民未陈诉的事件,依《行政诉讼条例》的规定可以向平政院独立提起行政诉讼。③有观点认为该项国家公诉制度是参照德国巴伐利亚邦独有的行政公诉体制而创设的。④但这也是我国第一次借助肃政厅来贯彻监督行政机关严格依法行政、维护社会公益的现代行政法治理念的制度创见。

袁世凯一方面借助政治会议于1914年4月公布《县知事审理诉讼暂行章程》,将全国三分之二的地方审检厅和全部初级审检厅撤销,把所有民、刑诉讼案件均交县知事兼理,或设审判处管辖之,使知事享有检察权,并使行政权、审判权、检察权合而为一,⑤恢复到传统中华法系民刑不分、行政司法不分的局面。另一方面也设置肃政厅,用司法程序来纠举弹劾以期控制各级官员。对于监察与检察职能截然不同的态度,反映出统治者改革的目的仍然是为了实现政治控制,并非是为了制度改良。袁世凯去世后不久,1916年6月29日肃政厅就被裁撤。这个机构只存在了两年多。肃政厅直接隶属于大总统,向大总统负责,这样的设计虽然让其获得比平政院更高的声望,但也会或多或少演变为大总统控制国家和社会的工具,更免不了被评价为是一项"重政轻法"的机制。但它是中国近代第一次将监督职能和检察职能合并在一起的行政检察监督制度,其积极意义仍然值得肯定。

---

① 参见《政府公报》,《平政院编制令》第682号。
② 参见李唯一:《民初平政院行使行政监察职能的制度尝试论》,载《郑州大学学报(哲学与社会科学版)》2006年第3期。
③ 参见方辉:《北洋政府初期肃政厅研究》,河南大学2009年硕士学位论文,第16—17页。
④ 参见武乾:《论北洋政府的行政诉讼制度》,载《中国法学》1997年第5期。
⑤ 参见《检察制度资源汇编》,第14页。转引自曾宪义主编:《检察制度史略》,中国检察出版社2008年版,第167页。

二、新中国行政检察监督体系的形成与波折

(一)"一般监督"的建立与取消

1949年《中国人民政治协商会议共同纲领》和《中华人民共和国中央人民政府组织法》规定,最高人民检察署的职权是对政府机关、公务人员和全国国民之严格遵守法律,负最高的检察责任。最高检察责任是参照1922年5月28日《俄罗斯社会主义联邦苏维埃共和国检察机关条例》建立起来的苏联检察机关的"一般监督"职能。该机关从建立之始一直以"一般监督"作为最主要的检察职能。① 其实,中国共产党在1930年鄂豫皖特区苏维埃政府设立的工农监察委员会②和1931年中华苏维埃共和国临时中央政府设立的工农检察部③均承担法律监督的职责。1949年12月20日批准试行的《中央人民政府最高人民检察署试行组织条例》第2条和1951年9月3日公布的《中央人民政府最高人民检察署暂行组织条例》除了规定检察机关的最高检察责任之外,还包括代表国家公益参与有关全国社会和劳动人民利益之重要民事案件及行政诉讼的职责。1954年宪法调整了检察机关的属性,检察机关从此成为人民代表大会制度之下"一府两院"中的一院。但是,1954年宪法第81条仍然赋予检察机关法律监督权,明确规定"中华人民共和国最高人民检察院对于国务院所属各部门、地方各级国家机关、国家机关工作人员和公民是否遵守法律,行使检察权。地方各级人民检察院和专门人民检察院,依照法律规定的范围行使检察权"。然而,1954年《中华人民共和国人民检察院组织法》第4条第(六)项,对检察机关的职能进行了限缩,除"一般监督"和代表国家公益参与有关国家和人民利益的重要民事案件外,删除了对公民违法行为(尚未构成犯罪)

---

① 1992年1月17日通过的《俄罗斯联邦检察机关法》,继续保留规定了检察机关的一般监督职能,只是除去了一般监督中对社会组织、正当社会活动和公民的监督。
② 参见刘建国主编:《鄂豫皖革命根据地人民检察制度的发展》,中国检察出版社2014年版,第167页。
③ 参见孙谦主编:《人民检察制度的历史变迁》,中国检察出版社2009年版,第35页。

的检察监督与检察机关参与行政案件的内容。① "一般监督"不是一个法律术语，而是检察工作上习用的术语，主要内容是指检察机关对有关国家机关的决议、命令和措施是否合法的监督工作。② 但与公诉等刑事职能相比，一般监督是否是检察机关的经常任务长期处于争论之中。③ 1958年之后，检察机关的一般监督工作终止。④ 1968年检察机关被撤销，1975年宪法规定由公安机关代行检察职能。1978年宪法虽然恢复了检察机关的设置，1979年《中华人民共和国人民检察院组织法》第5条将检察机关的职责限定在刑事领域。⑤ 实际上，受政治运动的影响，自此检察机关的"一般监督"职能就被打上特殊标签，⑥ 进而限制了检察机关行使行政法律监督权的可能性和空间。

综上，虽然自1954年宪法就将检察机关确立为法律监督机关，专门行使维护法制统一的权力，其中包括法纪监督职能。但伴随着新中国法制的曲折发展，行政检察法律监督职能经历了被削弱甚至被取消的艰辛历程。

（二）改革开放后行政检察制度的恢复与重建

1982年《中华人民共和国民事诉讼法（试行）》规定了民事检察机制，行政检察亦被提上议事日程。1987年，最高人民检察院成立民事行政检察厅，专门办理民事行政诉讼监督案件。

1989年行政诉讼法明确规定检察机关对行政诉讼活动实行法律监督，进

---

① 参见王桂五主编：《中华人民共和国检察制度研究》，中国检察出版社2008年版，第290页；孙谦主编：《人民检察制度的历史变迁》，中国检察出版社2011年版，第228页。
② 参见闵钐、薛伟宏：《共和国检察历史片断》，中国检察出版社2009年版，第131页。
③ 参见闵钐、薛伟宏：《共和国检察历史片断》，中国检察出版社2009年版，第131页。
④ 参见王桂五主编：《中华人民共和国检察制度研究》，中国检察出版社2008年版，第290页；孙谦主编：《人民检察制度的历史变迁》，中国检察出版社2011年版，第228页。
⑤ 1979年全国人大常委会法制委员会主任彭真在第五届全国人大二次会议上作关于《中华人民共和国人民检察院组织法（草案）》说明时指出，"检察机关对于国家机关和国家工作人员的监督，只限于违反刑法，需要追究刑事责任的案件。至于一般违反党纪、政纪并不触犯刑法的案件，概由党的纪律检察部门和政府机关去处理"。
⑥ 参见《驳刘惠之的"最高监督论"》，载《人民日报》1958年1月7日。

一步明确行政检察监督工作以行政诉讼监督为主要内容。但长期以来民事行政检察业务并非检察机关的主要业务，而且就民事行政检察部门内部而言，业务重点也是民事诉讼检察监督，而非行政诉讼检察监督。学界长期将行政检察监督和行政诉讼检察监督这两个概念等同，把行政检察监督等同于行政诉讼监督活动。

2014年10月党的十八届四中全会《中共中央关于全面推进依法治国若干重大问题的决定》（以下简称《决定》）明确提出"探索建立检察机关提起公益诉讼制度""行政违法行为检察监督"和"行政强制措施司法监督"等三项行政检察监督的改革举措之后，行政检察监督的范围扩大。行政诉讼检察监督变为行政检察监督中的一项内容。

新时代行政检察监督演变为检察机关对法院行使行政审判权和行政机关行使行政权的一项监督制度。主要包括三个方面内容：第一是对行政违法行为的监督（包括对涉及公民人身权、财产权权益的行政强制措施进行监督）；第二是对行政诉讼活动的监督；第三是提起公益诉讼，对行政违法行为进行监督。行政检察监督的三项内容可以概括为对行政权力行使全过程的监督，对行政权的行使可能造成或者已造成严重损害的问题进行重点监督；并在通过诉前程序建议行政机关纠正未果之后，以公益诉讼人身份对行政违法行为提起诉讼；以及对司法机关的行政审判活动进行全过程监督。可见，在习近平新时代中国特色社会主义思想的指引下，行政检察监督的内涵已经发生根本性变化。

三、新时代行政检察监督的重构与挑战

（一）行政诉讼监督制度的规范单立及其面临的挑战

2001年9月30日，最高人民检察院第九届检察委员会第九十七次会议讨论通过《人民检察院民事行政抗诉案件办案规则》。该规则按照抗诉案件办理程序进行规范，并没有在审查、提请抗诉等问题上区分办理民事抗诉案件和行

政抗诉案件的差异。2014年行政诉讼法修改时，新增加的第93条细化了行政抗诉的条件和程序，扩大了抗诉的范围，增加了再审检察建议和其他检察建议的相关内容。2012年修改后的民事诉讼法全面提升了民事检察监督的实效，增加了执行监督等监督内容和再审检察建议等多元的监督方式，提升了检察监督手段的刚性，完善了再审程序。因此，2014年修改行政诉讼法时，明确规定"人民检察院对行政案件受理、审理、裁判、执行的监督，行政诉讼法没有规定的，适用《中华人民共和国民事诉讼法》的相关规定"。

应该说，近年来立法的完备进一步推动了行政诉讼检察监督的完善，间接加强了对行政权的监督，促进行政机关依法行政、严格执法。随着修改后行政诉讼法的颁布施行和立案登记制的改革，法院受理的行政案件数量大幅上升，相应地，行政诉讼检察监督工作的办案压力也有所增加。为保障和规范检察机关依法履行行政诉讼监督职责，最高人民检察院为了贯彻落实《决定》和全国检察机关第二次民事行政检察工作会议精神作出的决定，根据法律及有关规定，结合检察工作实际，单独制定了《人民检察院行政诉讼监督规则（试行）》（以下简称《监督规则》），并于2016年4月15日公告施行。《监督规则》对行政诉讼监督的原则、范围、对象、方式、手段和程序等内容作出全面的规范。

2012年至2016年是本轮司法体制改革从全面启动到逐步落实的五年。这期间全国检察机关民事行政检察部门经历了司法责任制、员额制、检察机关提起公益诉讼等改革，工作任务增多，人员却在不断减少，因此办案量总体也在下降。改革前，全国检察机关民事行政检察人员超过一万人；改革时，许多地方因机构和职能合并，将民事行政检察部门与刑事诉讼监督部门合并，统称为诉讼监督部门，或者将案管、控申检察、民行检察部门合并在一起成为窗口单位。许多地市级检察院民行检察部门的员额检察官数量较少。可见，民行检察机构弱化和人员不足的问题仍未得到根本解决。建议在进一步推进司法体制改革过程中，各级检察机关应当重视民行检察部门机构和人员配备问题，并进一步推动行政诉讼监督相关制度的完善。另外，诉讼监督检察官的培训也是个难题。如果监督诉讼活动的检察官没有审理过案件，诉讼监督工作较难做到位。

建议在修改法官法、检察官法时构建法官与检察官双向交流机制，可吸引从事审判工作十年以上的优秀法官到检察机关从事诉讼监督工作；未从事过审判工作的检察官应交流到法院从事一定年限的审判工作，以积累诉讼监督经验，提升诉讼监督质效。

（二）检察机关提起公益诉讼制度的建立与发展

2017年6月27日，第十二届全国人民代表大会常务委员会第二十八次会议审议通过了修改民事诉讼法和行政诉讼法的决定，检察机关提起公益诉讼制度正式建立。由检察机关提起公益诉讼，与其说是打破了现行权力体系的平衡，不如说是增设了一种通过法律监督权和审判权的协调配合来制衡行政权的机制。在现行制度框架下，检察机关可比其他公益诉讼起诉主体发挥更大的作用。首先，检察机关以提起公益诉讼的方式进行监督，不同于行政体系内部的监察监督，也不同于人大监督，是常态化的、具体个案式的监督。应该说，检察机关提起行政公益诉讼是一种机关监督机关的司法监督方式，是司法治理建设中一次里程碑式的进步。从制度层面来看，通过检察机关提起行政公益诉讼，监督行政机关严格执法、依法行政；通过法院审判明确行政机关履职的义务，符合法治国家的要求。其次，与行政机关相比，检察机关是独立于利害关系人的第三方主体，具有相对的独立性，更能客观公正地实现公益保护的目的。相较于社会组织、公民而言，检察机关在行政诉讼中更敢于主张其诉求，而且可行使调查取证等权力，能更充分地掌握行政机关的违法证据，督促行政机关纠正违法行为，从而提高司法治理效率。有起诉权作后盾的诉前程序能发挥一定的监督功效，加之检察机关在依法行使法律监督权的过程中与人民群众、行政机关以及司法机关之间形成了比较成熟的沟通机制，均为检察机关提起公益诉讼制度发挥实效奠定了坚实的基础。再次，建立公益司法保护机制，设置公益保护的最后防线，可改变我国行政诉讼欠缺客观诉讼功能，弥补公益保护主体缺位的现状。最后，检察机关具有丰富的司法实践经验，既能防止滥诉的风险，也能在能动司法背景下积极主动探索实践经验。

（三）行政违法行为和行政强制措施检察监督改革的问题与变通举措

探索建立行政违法行为检察监督制度是党的十八届四中全会部署的重要改革任务。党的十八届四中全会也提出进行行政强制措施检察监督改革。因此，最高人民法院和最高人民检察院分别针对行政审判中的行政强制措施审判监督和行政强制措施检察监督制定了不同的改革方案。不同于行政强制措施审判监督，行政强制措施检察监督应体现同步性、及时性和保障性特征。行政强制措施是一种高权性行政行为。[①] 总体来看，相较于事实行为、准备性行政行为、授权性行政行为而言，高权性的行政行为虽能提升行政管理的效率，但也更容易给公民、法人或者其他组织造成损害。由于行政强制措施通常是行政处罚的前置手段、暂时性手段，容易造成不易恢复、无法弥补的损害后果。因此，对行政机关采取的及时性、主动性行政强制措施进行检察监督是必要的。但是，这项改革对于检察机关而言是一项全新的业务，更是一项具有较大挑战性的工作，特别是应将对行政强制措施的检察监督与公民、法人或者其他组织因受行政强制措施的影响而提起行政诉讼在制度功能上区分开来。行政诉讼的救济具有滞后性，无法对正在进行的行政强制措施予以禁止或者监督。所以，行政违法行为检察监督改革从弥补行政诉讼程序的滞后性方面着手，创设了禁止令制度。检察机关若发现行政机关违法或者正在进行的行政强制措施造成公民人身权、财产权受到损害的，可发出禁止令阻止行政违法行为。

其实，行政违法行为检察监督、行政强制措施检察监督与公益诉讼制度的关系十分紧密。因为检察机关提起公益诉讼制度必须经历两个阶段：一是履行诉前程序阶段；二是提起诉讼阶段。检察机关提起公益诉讼，首先必须通过诉

---

① 所谓高权性行政行为是指行政机关作出这种行为时带有国家单方意志，而且行使的手段也具有强制性，通常会对公民人身、财产权益产生重大影响。

前程序对检察机关在司法办案中发现的行政违法行为及时提出建议并督促其纠正。只有在行政机关不纠正违法行为或不履行法定职责时，检察机关才能基于法律监督职能提起行政公益诉讼，监督行政机关严格执法、依法行政。由于诉前程序是提起诉讼的前置必经程序，因此公益诉讼诉前程序正是检察机关对行政违法行为进行监督的程序。但是，诉前程序中监督的行政违法行为或者不作为都是造成了国家利益和社会公共利益损害的行为。而行政诉讼法上规定"国家利益和社会公共利益"是指具体的利益还是制度层面的国家利益和社会公共利益并不是十分清晰。从检察机关提起公益诉讼的司法实践来看，有突破具体利益转为制度公益的趋势。另外，检察机关监督行政违法行为或者不作为的范围原则上限于行政诉讼法第25条第4款规定的四大领域。所以，2017年建立的行政公益诉讼制度实际上已经涵盖了行政违法行为检察监督的部分内容，而且有诉权作为保障，增强了检察机关对行政违法行为监督的刚性。虽然当下对行政违法行为的检察监督仅涉及生态环境和资源保护、食品药品安全、国有财产保护、国有土地使用权出让等四个领域，但行政诉讼法规定的是四大领域"等"，这里的"等"实则是"等外等"，相信以后会在实践中不断扩大行政违法行为或者不作为的监督范围。近期，国务院已经出台相关文件或者法规草案，明确规定要在安全生产、进出口商品质量、土壤污染防治、英烈荣誉等方面探索行政公益诉讼制度。行政强制措施检察监督的相关举措也被纳入最高人民法院、最高人民检察院起草的《关于办理人民检察院提起公益诉讼案件适用法律若干问题的解释》（草拟稿）中。该草拟稿规定"行政机关应当在收到检察建议书之日起两个月内依法履行职责，并书面回复人民检察院。但出现国家利益或者社会公共利益损害继续扩大等紧急情形时，人民检察院可以要求行政机关在十五日内依法履行职责"。该规定创设了对造成公共利益损害继续扩大等紧急情况的行政违法行为可启动要求行政机关15日回复的程序。该草拟稿如能通过，15日紧急回复程序将能弥补行政诉讼法中没有紧急程序的瑕疵，也可间接将包括行政强制措施在内的所有可能造成公益损害继续扩大的行政违法行为纳入检察监督范围。

四、中国特色行政检察监督的创新与发展

（一）建构行政公益诉讼制度与其他两大诉讼的衔接机制

行政公益诉讼制度的建立对推进国家治理体系和治理能力现代化、完善权力运行机制至关重要。但这项制度的精细化建构还未完成。最高人民法院、最高人民检察院正准备共同制定关于行政公益诉讼的司法解释。检察机关提起公益诉讼制度的精细化建构既要充分尊重行政权在维护公共利益方面的优先地位，也要考量通过司法程序保护公共利益的作用和功效。因为司法治理的成本高昂，若只是为了监督行政机关履行职责不符合成本效率原则。建议利用检察机关可以同时追究违法行为人刑事、民事和行政责任的优势，通过民事公益诉讼、行政公共利益等机制，一方面保护公共利益，另一方面发挥补充行政执法不足的功效，实现公共利益司法保护的双赢。从理论研究的角度看，行政责任、民事责任和刑事责任三种违法构成与可罚性标准的衔接问题仍然未有系统成熟的结论，因此也可以通过附带诉讼的实践来摸索侵权、违法、犯罪的构成要件，进而建构公益诉讼领域三种责任互为补充或者互相衔接的最优追责体系。

无论采取哪种诉讼类型，检察机关提起公益诉讼始终都应站准法律监督立场，判断哪些问题是可以通过司法机制予以修复的法律秩序缺口。行政公益诉讼本质上并非只是公共利益救济机制，更是法律秩序的修复与整合机制。比如，现代行政国家复杂多变，如何保证法制统一是个共同难题。通常全国人大或者全国人大常委会制定的法律只规定了某个制度的框架和蓝图，而具体的操作性规定通常由行政机关通过行政法规、规章或者其他规范性文件予以填补，让行政机关自主塑造。而行政机关制定规范的空间宽广，易带有部门偏好。司法机关特别是检察机关，应通过客观公正的司法程序，将法律规范不一致的地方予以黏合，实质上是把社会冲突、断裂的结构予以缝合。因此，在具体办理行政检察监督案件时检察机关应避免把关注点只放在流失了多少的"羊"，而忽略了工作任务的重心是想办法把破坏的法律秩序给"补牢"。建议检察机关

办理公益诉讼案件不设办案指标，不刻意追求案件数量，而将精兵强将集中在办理人民群众关注、社会影响大的大案要案上。同时，建议各级检察机关对滥用职权和玩忽职守等渎职类犯罪开展专项国有财产流失案源清理，并开展专项公益诉讼行动。在刑事司法领域，追究滥用职权和玩忽职守等渎职类犯罪时，通常较少借助刑事手段将这部分流失的国家利益和社会公共利益追回。在具体办案中，因滥用职权或者玩忽职守造成国家财产流失，通常只提取一般转账记录作为证据留存，而较少追回流失的国有财产。建议各级检察机关开展渎职犯罪中国有财产保护的专项行动，并探索完善刑法中渎职犯罪的责任追究体系。

（二）推动行政检察监督与信息技术的融合

传统的行政检察监督主要是依当事人申请进行监督，依职权监督的案件较少。而实际上，行政违法行为线索应该十分丰富，民事行政检察部门可以通过群众举报、行政执法与刑事司法"两法衔接"平台、行政执法信息平台、新闻媒体、网络等多种渠道获得案件线索，从而扩大行政检察监督的案件来源。

当下，检察机关对拓展行政检察监督案件来源进行了许多有益探索：一是充分运用行政执法与刑事司法"两法衔接"平台拓宽行政检察监督案件来源。公益诉讼试点工作期间，有些地区的民事行政检察部门积极争取相关部门开放该平台，并由专人负责从平台上发现公益诉讼案件线索，成效显著，不仅发现了大量公益诉讼案件线索，还发现了许多立案监督、执行监督类案件线索。二是直接建立行政检察与行政执法信息对接的信息平台。比如吉林省长春市、江苏省无锡市检察院在市委、市政府的支持下，与40多家行政执法部门的执法系统直接联网，在专业研判和关键信息抓取软件的支持下，已经实现违法的行政执法信息直接推送给检察官的功能。三是充分运用大数据技术，建立行政检察监督关键要素库和相关知识图谱，从网络上发现行政检察监督案件线索。山西省建立了公益诉讼网络信息专报制度，充分运用大数据技术，从网络上抓取公益受损的案件线索，派专人进行实地调查、筛选重大公益诉讼案件线索指定给基层检察院办理。四是充分运用全国检察机关统一业务应用系统，在相关部门案件库里设置公益受损预警系统,将重大受损案件及时推送给民行检察部门,进行行政违法行为检察监督,实现检察机关内部案件线索的信息化移送。

(三)加大对非诉行政执行的检察监督力度

非诉执行活动是法院承担的一项重要任务,据统计,法院非诉执行的案件量一般是行政诉讼案件量的五倍。然而一些法院怠于履行非诉执行职责的情况越来越突出。从历史文化的角度来看,中国传统政治体制中是一种强行政弱司法的格局,司法职务通常由行政官员兼任。为了保证管理秩序的稳定和效率,授予行政机关强制执行权力也是必然选择。但随着人权保障意识的崛起,促使国家对行政机关的强制执行权力进行约束和限制。2011年国务院《国有土地上房屋征收与补偿条例》、2012年实施的《行政强制法》都表明国家治理该项行政权力的决心。实行行政决定与行政强制执行的分离制度在当时被视为我国重大的行政法治进步,因为让中立的司法机关来审查征收的合法性并代为执行更为公正。然而,在中国的特殊国情下,一些法院的执行力量严重不足,如果大量行政非诉执行交由法院执行,反而会让法院演变成为实施行政决定的二传手。最高人民法院担心影响司法中立性,最终发文要求停止此类强制执行。虽然2014年修改后的行政诉讼法第97条仍然保留了二元的行政强制执行结构,但未明确是否应该建立"裁执分离"机制。从两年公益诉讼试点情况来看,环境、国土资源领域的非诉执行难问题突出。这些领域的行政处罚行为大部分都不能真正执行到位。理由一般是法院不受理非诉执行或者受理后执行不到位。比如针对违法占用土地或者海域进行建设的,国土资源或海洋部门依法作出处罚决定后,只能依法申请法院强制拆除,有的法院裁定不准予执行或裁定由行政主管部门执行,还有的法院拒收执行申请或接收后不反馈,致使违法状态无法消除。检察机关加强监督法院依法受理、裁定、执行非诉执行案件,对于保障行政行为执行到位十分必要。检察权的介入,解决了行政执法最后一公里的问题,改变了以往行政机关与法院之间推诿、掣肘的二元关系,在非诉执行领域形成行政机关、法院、检察机关三方相互监督、相互制约的三元关系,对于促进依法行政、公正司法和丰富拓展行政检察职能都具有重大意义。

我国传统上是个行政大国，行政管理的权威性和集中性是我国政治制度的稳固特征。通过各种手段强化行政监督向来都是我国政治体制面临的迫切课题。但从1906年中国检察制度诞生至今近120年的时间里，行政检察监督制度的发展一直充满坎坷。令人备感欣慰的是，行政检察监督的职能内涵在近年来得到积极拓展，行政检察监督制度也在中国特色社会主义法治建设的大好形势中走上了稳步发展的康庄大道。中国行政检察监督制度的历史是曲折动人的。过去的每一次尝试和创新都为今天的改革积累了经验。我国应在吐故纳新的基础上进行全面谋划，开拓更具中国特色的行政检察监督大格局。

《民事行政检察工作30周年纪念丛书》
编委会

主　任　张雪樵

副主任　杨立新　王鸿翼　郑新俭　胡卫列

委　员　王开洞　唐宝森　文先保　贾小刚

　　　　吕洪涛　张　兵　韩凤英　王景琦

　　　　王蜀青　邱景辉　王　莉　李　萍

　　　　华　锰　田　力　徐全兵　肖正磊

民事行政检察30周年纪念丛书之二

MINSHI XINGZHENG JIANCHA GONGZUO
SANSHIZHOUNIAN JINIAN WENJI

民事行政检察工作
30周年纪念文集

（下册）

主　编　胡卫列
副主编　贾小刚　吕洪涛　刘小艳

中国检察出版社

目 录

司法改革与民行检察篇

略论检察监督权在民事诉讼中的行使 / 江 伟 …………… 571
论民事行政检察制度的完善 / 马明生 王钦杰 …………… 580
民事抗诉制度的现状与问题 / 文先保 …………………… 593
《民事诉讼法》修订与民事检察监督之
　　回应 / 段厚省 郭宗才 王延祥 ………………………… 599
民事诉讼法的全面修改与检察监督 / 汤维建 …………… 610
当代中国民事检察监督的变革方向与路径考量 / 宋朝武 …… 632
最高人民法院、最高人民检察院《关于民事执行活动法律监督
　　若干问题的规定》的理解与适用 / 郑新俭 …………… 646

检察公益诉讼篇

检察机关提起行政公诉简论 / 胡卫列 …………………… 659
行政诉讼中的检察监督与行政公益诉讼 / 姜明安 ……… 667
设置行政公诉的价值目标与制度构想 / 孙 谦 ………… 674
行政公益诉讼制度，从理论走向现实 / 马怀德 ………… 697
检察机关提起公益诉讼的若干问题 / 郑新俭 …………… 702

论检察机关提起行政公益诉讼制度的内涵
　　和路径 / 裴铭光　解文轶 …………………………………… 712
深入学习贯彻习近平总书记重要指示精神　发展完善中国特色
　　社会主义公益司法保护制度 / 曹建明 ………………………… 724
检察机关提起行政公益诉讼的职能定位与制度构建 / 徐全兵 …… 731
构建行政公益诉讼的客观诉讼机制 / 刘　艺 …………………… 745
论民事检察监督权的完善及检察机关民事诉权之理论
　　基础 / 张晋红　郑斌峰 ………………………………………… 764
关于民事公诉的若干思考 / 李　浩 ……………………………… 789
论检察机关提起民事公益诉讼 / 汤维建 ………………………… 799

民行检察工作总结、评估与展望篇

新中国民事行政检察发展前瞻 / 杨立新 ………………………… 817
民事行政检察工作的发展历程与展望 / 王鸿翼 ………………… 836
改革在路上　监督进行时
　　——解读三十年来《最高人民检察院工作报告》
　　中的民事行政检察 / 张雪樵 …………………………………… 847
民行检察30年理论研究综述 / 刘小艳 …………………………… 860

附录：领导讲话篇

刘复之检察长在接见民事行政诉讼监督和乡镇检察派出机构
　　试点工作座谈会部分代表时的讲话 …………………………… 911
张思卿副检察长在检察机关实施行政诉讼法工作会议上的
　　讲话 ……………………………………………………………… 914

韩杼滨检察长在全国检察机关民事行政检察工作会议上的
讲话 ………………………………………………………… 921
曹建明检察长在全国检察机关第二次民事行政检察工作会议
上的讲话 ……………………………………………………… 927
曹建明检察长在深入开展公益诉讼试点工作电视电话会议
上的讲话 ……………………………………………………… 944
张军检察长在第十三届全国人民代表大会常务委员会
第六次会议上的报告 ………………………………………… 956
梁国庆副检察长在民事、行政审判监督程序抗诉问题座谈会
上的讲话 ……………………………………………………… 969
赵登举副检察长在全国检察机关民事行政检察工作座谈会
上的讲话 ……………………………………………………… 975
赵虹副检察长在全国检察机关民事行政检察工作会议上的
讲话 …………………………………………………………… 987
姜建初副检察长在全国检察机关第二次民事行政检察工作会议
上的讲话 ……………………………………………………… 995
张雪樵副检察长在全国检察机关全面开展公益诉讼工作会议
上的讲话 ……………………………………………………… 1014

司法改革与民行检察篇

略论检察监督权在民事诉讼中的行使*

江 伟**

现代世界各国检察机关的职能在总体上仍以刑事诉讼为主，但是检察机关作为国家与社会公共利益的代表，其职能也越来越延伸到民事诉讼领域，其突出的表现就是民事起诉、参诉制度的建立。而根据我国现行法律的规定，检察机关在民事诉讼中仅有抗诉职能，没有起诉和参诉职能。因此，如何定位我国检察机关在民事诉讼中的地位和作用，是摆在人们面前的一个重要课题。

一、检察机关参与民事诉讼的必要性

（一）贯彻、体现宪法所赋予的法律监督职能

检察权作为国家重要的公权力，其职权由宪法、法律规定并授予。我国检察机关自诞生之日起，便被赋予了全面法律监督的职能。建国之初，检察机关除参与刑事、民事诉讼外，还具有一般监督职权，对政府、公务人员和其他人员是否遵守法律实行监督。1979年的人民检察院组织法根据我国法制发展的实际，确定了我国检察制度的发展方向，取消了"一般监督"的职权，将检察机关的职权主要限定在司法活动或者诉讼活动之中，明确了检察机关主要在诉讼活动中、通过诉讼方式行使法律监督职能的基本格局和方向。人民检察院的法律监督职能是指对法律实施的全面监督，它应当是全方位的，不仅包括对刑事法律实施的全面监督，也应包括对民事法律和行政法律实施的全面监督。在

---

* 本文刊载于《人民检察》2005年第18期。
** 江伟，中国人民大学法学院教授、博士生导师。

民事诉讼中,这种监督的目的有两个方面:一是防止司法裁判不公。司法裁判不公可能产生于诉讼的任何阶段,所以检察监督应当保持一种对各个诉讼环节实行监督的可能性。二是用公权力保障国家利益、社会公共利益、公民重要权利在私法领域更为公正、有效地受到保护,检察机关应当作为国家和公益的代表来实现这一目的。从这个意义上来说,法律监督和检察机关参与民事诉讼在性质上是统一的,检察机关在民事诉讼中的起诉权、参诉权、抗诉权是检察机关法律监督途径的拓宽,是法律监督权的具体化,其最终目的是保证国家法律得到正确统一的实施,保护国家和社会的公共利益。

(二)社会公益保护主体的缺失需要赋予检察机关提起和参与民事诉讼权

当前我国的市场经济体制正在逐步建立和完善,保护国家公共利益,维护民事经济活动秩序成为一个迫切要求。实践中,公共利益得不到有效保护的问题日益突出,主要表现为某些单位和个人为了追求本部门或个人的私利,大肆侵吞国有资产、严重破坏自然环境、扰乱市场经济秩序、违反公序良俗等,但是,针对以上种种行为,提起诉讼的案件却寥寥无几。究其原因,或者是因少数法人组织或公民恶意串通,损害国家、集体和社会公共利益,致使无人行使诉讼权;或因公民、法人法律意识淡薄,不知道行使诉讼权;或因公民、法人民事行为能力欠缺、无公益代表人而无法行使诉讼权;或因民事侵权关系中加害方与受害方地位、能力的巨大差距,致使受害方不敢行使诉讼权等。面对以上种种问题,必须要设定一个能够代表公共利益,而且拥有足够有效法律手段和权威的主体代表国家提起诉讼、参与诉讼。自检察制度产生以来,检察机关就以国家利益和社会公益代表的面目出现,作为国家的法律监督机关,其有义务,也有能力担当起维护国家利益和社会公共利益的职责。

(三)对民事审判权的监督要求保留检察机关的抗诉职能

尽管保留检察机关提起民事诉讼抗诉的理由可以列出很多,但其中最具有说服力的理由就是其现实意义。近年来，司法不公和司法腐败已成为人们深恶痛绝的社会丑恶现象之一，在民事诉讼中，金钱案、人情案、关系案等司法腐败现象比较严重，如果运用恰当的话，检察机关的抗诉职能对矫正民事审判权的不当行使具有重要作用。据统计，从 1991 年至 2001 年 7 月，全国检察机关受理民事、行政申诉案件 41.9 万余件，立案审查 17.17 万余件，向人民法院提出抗诉 5.91 万余件。人民法院再审审结民事、行政抗诉案件 29580 件，其中改判、撤销原判发回重审和调解处理 23514 件，占再审审结总数的 79.5%。[1] 这说明了我国检察机关的民事、行政诉讼法律监督工作已经取得了很大成绩，保留并完善检察机关的民事、行政诉讼职能是有积极意义的。

有观点认为，检察机关对生效民事判决提起抗诉，将会对法院的独立审判造成不当干涉，损害了生效判决的既判力，导致终审不终。这种观点没有认识到，审判独立和检察监督都是相对的，审判机关不能以独立为理由排斥任何外来监督，检察机关也不应当以监督为理由对法院的审判活动横加干涉。法院对抗诉案件再审后改变原判决的比例之高表明，检察院抗诉的质量、效果是良好的，并未构成对审判权的不当干预。至于民事抗诉会削弱判决的既判力的观点，从根本上来看，这一弊端并不是抗诉制度的产物，而是再审制度的产物。只要再审制度继续存在，不管由什么途径引发再审，都将会导致生效判决既判力的动摇，这也是为了兼顾实质正义的实现，对程序的安定性作出的必要妥协。

二、检察机关参与民事诉讼的具体方式

就检察机关参与民事诉讼、履行民事法律监督职能而言，我们认为，具体应当包括提起民事公益诉讼、参与民事公益诉讼、针对生效民事裁判提出抗诉三种方式。

---

[1] 宋安明：《民事行政检察工作十年来成绩显著》，载《检察日报》2001 年 8 月 22 日。

（一）提起民事公益诉讼

检察机关对于部分涉及国家利益、社会公益和公民权益保护的民事案件以起诉的方式提请法院依法裁判，这不仅是世界上许多国家的通例，就是在我国建国初期检察机关的职权中也有这项内容。1979年开始起草的《中华人民共和国民事诉讼法（试行）》草案中本已写入了人民检察院参与民事诉讼的条款，但由于种种原因，出于"惟刑事论"的思想，认为检察机关人力不足，无暇顾及民事监督，造成民事诉讼法在定稿时删除了有关内容，仅保留了"人民检察院有权对人民法院的民事审判活动实行法律监督"的原则性规定，致使检察机关的这一职责未能得以继续贯彻实施。当前我国的市场经济体制正在逐步建立和完善，保护国家公共利益，维护民事经济活动秩序成为一个迫切要求。时至今日，法学理论界和实务界对于应否赋予检察机关提起民事诉讼的职能已经没有太多争议。

保护公益，虽然需要赋予检察机关以民事诉权，但如果检察机关对民事诉讼过多干预，则与民法私权自治、契约自由的基本精神相背离。况且为了抑制因私权滥用而设置的检察机关提起民事诉讼的机制，同样也有着被滥用的可能。因此，我们主张将检察机关提起民事诉讼的范围严格限定在为维护国家利益和社会公共利益之中。所谓国家利益，应包括国家的经济、军事、外交等各方面的利益，其中经济利益的主要内容是对国有资产的占有、使用、收益和处分。而社会公共利益，应解释为社会生活的基础条件、环境、秩序、目标和道德准则及良好的风俗习惯，其在法律上的地位和作用，相当于大陆法系所谓公共秩序和善良风俗。对于检察机关提起民事诉讼的范围，除应在检察院组织法和民事诉讼法中作出上述概括性规定外，还应在相关实体法中予以列举。

公益诉讼应在国家利益和社会公共利益遭到不法侵害，受害人没有提起诉讼或者很难确定受害人的情况下由法定的主体提起。其中"受害人没有提起诉讼"是指：（1）受害人无法起诉。如国有资产流失案件，由于权利的享有者和权利的行使者是分离的，而作为权利享有者的抽象的国家无法具体地行使诉权；再如侵害死者名誉、肖像、隐私的案件中，若受害人的近亲属已全部死亡，则没有人主张权利。（2）受害人放弃诉讼，不愿起诉。如垄断案件，占据垄断地位的企业往往都是经济巨人，普通消费者多处于劣势地位，无法与之抗衡，不得不放弃诉讼。（3）受害人由于人数众多等原因而没有起诉。如环境污染案件，受害人数往往众多而分散，且意见分歧不易集中。而"很难确定受害人"则指诸如损坏公用设施、破坏自然资源等案件，具体的受害人不明确，自然无人起诉。检察机关作为国家利益和社会公共利益的代表者、维护者和实现者，当国家利益和社会公共利益受到非法侵害而又无人起诉时，理应行使诉权以维护国家和社会公益。但是这一诉权并不由检察机关垄断，如果就同一侵害行为已经有合法主体提起公益诉讼，或者受害人已经提起停止侵害的诉讼时，检察机关就不得再另行提起公益诉讼，但可以作为从当事人参加诉讼。

（二）参与民事公益诉讼

除了以自身的名义提起民事诉讼，代表国家和社会公共利益行使诉权以外，检察机关还可以通过以下两种方式参与民事诉讼：

1.对于已经起诉的涉及公共利益的案件，检察机关可以作为从当事人参加到诉讼中。西方各国的民事诉讼法或相关法律中，检察官作为"从当事人"参与民事诉讼，往往发生在自然人之间、法人之间、自然人与法人之间的诉讼和一些人事诉讼可能涉及社会公益的场合。如《法国新民事诉讼法典》第424条规定，检察院在对向其通报的案件中的法律适用问题提出意见，参加诉讼时，为从当事人；《日本人事诉讼程序法》第5条规定，检察官应列席婚姻案件的审判并发表意见，法院应向检察官通知案件及期日，如检察官列席时应在笔录里记载其姓名及陈述。因此，为切实维护社会公共利益，发挥检察机关作为社会公益的代表和国家法律监督者的作用，检察院不仅有权提起公益诉讼，对于由其他主体提起的涉及公共利益的案件，检察院亦应当有权决定是否派员参加诉讼。检察院参加诉讼，具有当事人的诉讼权利与义务，如有权决定是否参加诉讼，提出证据，阅读案卷，向法庭提出自己的意见等，从而更有利于法院查明案件真实情况，发挥检察院在此类诉讼中的应有作用，切实维护当事人的合法权益和社会公共利益。

2.在某些特殊情况下，检察机关以公益代表的身份作为被告参与民事诉讼。基于民事诉讼的对审原则，诉讼的基本结构是两造对立，也就是说，任何民事诉讼都要有相对的原、被告双方当事人才可以成立。而在某些涉及公益的诉讼中，本应成为被告的主体死亡，致使对方当事人无从提起诉讼，此时，检察机关可以作为公益代表，被拟制为被告参加诉讼。这里主要是针对人事诉讼而言。

人事诉讼，也称为身份关系诉讼，是以婚姻、收养、亲子等基本身份关系的形成、确认为目的的诉讼。人事诉讼以身份关系上的争讼作为调整对象，大多关系到家庭的稳定。家庭是构成社会的基本单元，是国家、社会的一个断面或缩影，也是社会秩序稳定的重要砝码。作为社会机体细胞的家庭，若纠纷频发，不仅对家庭秩序有影响，也会对整个社会秩序造成重大影响。因此人事关系案件具有强烈的公益性。基于人事案件关系到整个社会秩序的稳定，纠纷当事人不能随意处分身份关系，故在程序的设置上也有别于贯彻处分权主义的普通诉讼程序，世界各国大都制定单独的人事诉讼程序或独立的人事诉讼程序法。

综观各国民事诉讼法及人事诉讼程序的规定，在下列人事诉讼中本应成为被告者死亡时，检察官具有被告适格性：（1）婚姻案件中的婚姻无效、婚姻撤销以及离婚撤销之诉。婚姻无效之诉中，夫妻一方针对另一方提起诉讼，应为被告者死亡时，检察官具有被告适格；第三人将夫妻共同作为被告提起婚姻无效之诉时，应成为被告的夫妻双方或一方死亡，检察官得以成为适格被告。其目的在于通过厘清法律关系，保障利害关系人的合法权益。（2）收养关系案件中的收养无效、收养撤销以及解除收养的撤销之诉。在该类诉讼中，应成为被告的当事人死亡时，检察官应当具有被告适格。日本等国家亦有这样的立法例存在。（3）亲子关系中的子女认领之诉以及生父确定之诉。《日本人事诉讼程序法》第29条之2、第32条规定，子女或其法定代理人提起认领之诉时，诉讼对方应为父或母；若本应成为双方当事人的人死亡后，将由检察官作为对方当事人。这一规定对我国非婚生子女的救济带来了许多启示。

（三）针对生效民事裁判提起抗诉

根据现行法律规定，我国检察机关在民事诉讼中享有抗诉职能，即检察机关对于法院已经发生法律效力的民事裁判，发现符合法定情形的，可以按照审判监督程序向法院提起抗诉，法院应当进行再审。检察机关在民事诉讼中的抗诉职能，具有很强的现实意义，有利于充分发挥检察机关对民事审判的监督职能。但从具体程序上看，应当在以下几个方面加以改进。

1. 明确检察机关有权针对法院所有的生效裁判提起抗诉。现行民事诉讼法第185条将抗诉的对象确定为人民法院已经发生法律效力的判决、裁定，将抗诉的原因规定为原判决、裁定认定事实的主要证据不足等四种情形。该条规定划定的抗诉监督的范围是针对法院在民事诉讼过程中作出的所有生效判决、裁定，还是仅限于在某些程序中作出的生效裁判？对裁定的抗诉是基于民事诉讼法第140条规定的全部裁定，还是仅仅为其中的部分裁定？

有观点认为，民事诉讼法设定的检察监督是事后监督，因此检察机关只能等到诉讼结束，法院裁判发生法律效力后，才能通过审判监督程序提起抗诉，这说明检察机关不得单独对法院在诉讼过程中的管辖权异议、财产保全、先予执行等裁定提出抗诉，只能等到一审或二审判决生效后，在对判决抗诉时一并提出抗诉；并且，在执行程序和破产程序中，法院没有作出判决，因此检察机关不得提出抗诉。应当说，这种认识是不正确的。抗诉监督的目的主要是防止司法不公正的产生，司法不公正可能产生于诉讼的任何阶段，所以，检察监督应当保持一种对各个诉讼环节实行监督的可能性。一方面，检察机关提起抗诉的范围是生效的判决、裁定。就判决而言，一旦发生法律效力检察机关即有权提出抗诉，对于这一点理解上并无分歧。而就裁定而言，我国民事诉讼法规定当事人可以就不予受理、管辖权异议、驳回起诉三种裁定提出上诉，因此检察机关只能待上述三种裁定发生法律效力后，才能依法提起抗诉；对于其余的各种裁定，当事人不能提起上诉，法院一旦作出立即发生法律效力，并且先予执行、财产保全等临时性措施对当事人的实体权利有着重大影响，检察机关应有权在诉讼进行过程中提起抗诉。另一方面，随着民事执行案件的增多，执行管理无序、执行行为不规范成为带有普遍性的问题，个别执行人员不公正对待当事人的现象在群众中造成了恶劣影响，来自社会各界对法院的不良反映中有相当一部分是关于民事执行的。我国的破产程序在性质上又是执行程序的特殊形式，人民法院自依法接受企业破产申请直到破产清算完毕，在破产程序中居于主导地位，法院是否依照法定程序依法实施破产，司法人员是否有违法乱纪行为，都缺乏应有的法律监督，而破产法强调审理破产案件采用一审终结，债权人不得上诉，这又成为现实中某些审判人员滥用职权的直接动因。因此，从立法上明确赋予人民检察院具体的、可操作的民事执行案件监督权、破产案件监督权，对确保民事诉讼法的统一正确实施，促进司法公正有着十分重要的意义。

2. 规定再审审级，体现职权上的对应性。根据现行民事诉讼法的规定，除最高人民检察院外，其余同级检察机关无权对同级人民法院的生效判决或裁定直接提出抗诉，而是要提请上一级检察机关履行抗诉职权。这一规定在审级问题上，可以理解为行使民事监督权的检察机关在地位上劣于同级审判机关，这不仅提高了行使抗诉权的诉讼成本，又使抗诉工作效率严重下降。同时，现行民事诉讼法对抗诉的民事案件应由哪一级人民法院进行审理没作出明确规定，实践中的通常做法是，上级法院几乎一律以裁定或函转的方式将案件交给作出被抗诉裁判的下级法院审理。这种做法亦颇为不妥，严重影响了法律监督的严肃性和权威性。我们认为，生效裁判的抗诉应由原审法院的同级检察院提起。根据人民法院组织法和人民检察院组织法的规定，同级检察院和同级法院的职权是对等的，二者在诉讼中享有平等的法律地位，发生相对应的监督法律关系。一般而言，决定提请抗诉的检察院对于抗诉的理由、生效判决的错误所在及其危害性、抗诉的必要性最为了解。相对于下级检察院提请上级检察院对原审法院的生效判决提出抗诉，再由上级法院指令原审法院进行再审的程序而言，同级检察院对于原审法院生效判决进行抗诉监督具有职权上的对应性和程序上的便利性。

3. 理顺监督关系，完善检察机关在再审程序中的职责。现行民事诉讼法第188条规定，"人民检察院提出抗诉的案件，人民法院再审时，应当通知人民检察院派员出席法庭"，这一规定既没有明确检察人员出席再审法庭的法律地位、任务及权限，也没有明确出席法庭的主要职责，实践中缺乏可操作性。

就抗诉程序的启动而言，应当由当事人向检察院提出抗诉申请，检察机关在充分听取当事人的意见并斟酌、核实案件的各种情况后，才能决定是否提出抗诉。在此期间，检察院有必要通过调取、阅读法院审判卷宗来认定生效裁判是否具备法定的抗诉情形。目前在实践中普遍存在检察机关调卷难的问题，给民事抗诉程序的启动带来很大的不便。因此立法上需要明确规定检察院有权向法院调阅案卷。

检察机关在民事抗诉程序中应当拥有有限的调查取证权，具体包括以下两个方面：一是对法院查证缺漏行为予以补救，目的是侧重于消除那些造成当事人客观上举证不能的原因，从而使其能够获得依法应该得到的证据，这种情形下检察机关调查取证行为的启动应依当事人的申请而为之；二是调取审判人员贪污受贿、徇私舞弊或者枉法裁判行为的证据，目的是侧重于对审判人员相关违法行为的追究，维护国家审判机关应有的公正性。除此之外，检察机关不应任意扩大调查取证的范围。因为在民事诉讼中，行为意义上的举证责任和结果意义上的举证责任都由当事人承担，法院只是在当事人因客观原因举证不能的情况下才依职权予以调查收集证据。如果检察机关任意就新的事实和证据进行调查收集的话，将会破坏当事人诉讼权利平等原则和辩论原则，造成诉讼结构的失衡。

论民事行政检察制度的完善*

马明生　王钦杰**

内容摘要： 民事行政检察制度是我国检察机关法律监督职能的有机组成部分，具有深厚的法理基础、文化基础、宪法基础和实践基础。理论上的非议和实践中的困惑成为完善和发展这一制度的桎梏，必须予以厘清。要从树立正确的民事行政检察监督理念入手，以健全抗诉制度为核心，以建立公益诉讼为重点，探索建立既具有中国特色又符合国际发展趋势的民事行政检察监督制度。

关键词： 民事行政检察制度　合理性　现状评析　发展思路

民事行政检察制度（以下简称民行检察制度），是人民检察院依法对民事、行政诉讼活动实行法律监督的制度，是检察机关法律监督职能在民事、行政诉讼活动中的法律体现。这项制度确立以来，在保障国家法律的统一正确实施，维护司法公正和社会的公平正义，促进依法治国等方面发挥着越来越重要的作用，但在理论界和实务中也还存在不少非议和阻力。在我国《民事诉讼法》《行政诉讼法》修改之际，民行检察制度的去留存废及职能作用如何发挥，关系到我国法治建设和司法体制改革的进程，需要进一步研究和论证。

** 本文刊载于《法学杂志》2007年第4期。
** 马明生，时任山东省人民检察院副检察长，中国政法大学博士研究生；王钦杰，山东省人民检察院民事行政检察处副处长，山东大学博士研究生。

一、民事行政检察制度的合理性

我国民行检察制度的合理性除了法理上的根据外,更重要的是有其赖以生存和发展的基础和土壤。

(一)民事行政检察制度的法理基础——权力制衡理论

司法权从"王权"中分离出来,成为独立的与立法权、行政权并行的一项权力,正是权力制衡理论的产物,体现了社会民主和法治文明的进步。从司法权分立和发展的历程来看,主要经历了两次大的司法革命:一是司法权从行政权中分离出来,形成集侦讯、起诉、审判于一体并制约行政权的重要权能;二是为防止司法专断,侦讯、检控权同审判权分立开来,成为第二次司法革命的标志[①]。应该说,检察权的产生,是分权制衡的结果,是防止司法权滥用的产物。我国虽然不是实行"三权分立"的制度,但检察权的设置同样具有权力制衡的功能。把法律监督权从司法权中分离出来,由专门的机构、专门的人员行使(在民事行政诉讼中即体现为民事行政检察),以防止(民事行政)审判权的滥用,不仅符合权力制衡理论的法理基础,而且是对人类法治文明进步的一大贡献。

(二)民事行政检察制度的文化基础——中国传统文化的历史积淀

中国历史上就非常重视监督制度建设。中国古代的御史对后世产生了深刻的影响,被誉为现代检察制度的前身。

清末民初,清政府在各级审判厅内设检察局,规定了相应的民事行政检察职能:检察官独立行使"民事保护公益陈述意见""监督审判并纠正其违误"的职权,对于婚姻事件、亲族事件、嗣续事件等审判,检察官必须莅庭监督[②]。民国时期,进一步改革,将审判厅改称法院,在最高法院及地方各级法院设置检察官,在检察官的办事权限中规定检察官有权"依照民事诉讼法规及其他法令所定为诉讼当事人或公益代表人实行特定事宜"。这些规定,虽然不

---

① 洪浩:《检察权论》,武汉大学出版社2001年版,第37—42页。
② 光绪三十三年(1907)《高等以下各级审判厅试办章程》。

乏国外立法经验的借鉴，但也无不带有中华历史文化传统的烙印。

（三）民事行政检察制度的宪法基础——人民代表大会制度

人民代表大会制度是我国的根本政治制度，是政权组织的基本形式。其他国家机关的权力由人民代表大会产生，对它负责，受它监督。在人民代表大会制度下，设置人民政府和人民法院、人民检察院，这种"一府两院"的权力结构不同于西方的三权分立，法院的审判权不是平等于立法权，而是必须接受人民代表大会的监督。但最高国家权力机关的组织形式和工作方式决定了它不可能事事都要具体行使法律监督权，而需要组成一个专门的机构，由专门的人员履行法律监督之职，向其报告法律监督之责。正是人民代表大会这一根本政治制度，决定了中国的检察机关具有法律监督的职能，有权对审判活动进行法律监督。①

我国的政体决定了检察权作为一项独立的权力，通过行使法律监督权，实现对执法和司法的制约，保证国家法律的统一正确实施。在建立社会主义市场经济过程中，社会经济生活日趋活跃，各种问题纠纷通过诉讼进入司法领域，人民内部矛盾更加复杂易发。民行检察制度作为国家干预不当司法的有效手段，对于化解社会矛盾纠纷，维护人民群众的根本利益，实现科学执政、民主执政、依法执政具有积极而深远的意义。

（四）民事行政检察制度的实践基础——司法体制改革

公正是社会稳定的基石。党的十六大明确指出，"社会主义司法制度必须保障在全社会实现公平和正义"。党的代表大会、人民代表大会多次强调要加强对宪法和法律实施的监督，社会各界、人民群众要求加强民事行政诉讼活动监督的呼声尤为强烈。增强外部监督，完善诉讼规则，强化权力制约，是治理司法不公这一"顽症"的一剂良药，也是当前司法体制改革的重要内容。民行检察制度正是适应了司法实践和司法体制改革的需要，成为维护司法公正和司法权威，促进依法治国和社会和谐稳定的一个亮点工程，在社会主义法制建设

---

① 杨立新：《民事行政诉讼检察监督与司法公正》，载《法学研究》2000年第4期。

中日益显示出勃勃的生机。

二、民事行政检察制度现状评析

解决了民行检察制度的合理性问题，有必要就其理论和实践中的现状进行剖析，以便全面客观地加以研究。

（一）民事行政检察制度面临的理论困惑

近年来，随着检察机关法律监督职能的发挥，民行检察制度越来越受到社会各界的关注。其在不断被认知和肯定的同时，也受到学术界的一些批评和质疑，"肯定说""加强说"与"取消说""削弱说"的争论此起彼伏。概括起来讲，民行检察制度面临的理论上的困惑主要有：

1. 民行检察制度是否影响了审判独立。有人认为，审判独立是国际上通行的规则，民行检察制度实质上是检察权对审判权的干涉，影响了审判独立。

笔者认为，在三权分立的政治制度下，司法权作为国家权力独立的一极，具有与立法权、行政权相抗衡的平等的权力，具有无上的独立性。但既使如此，司法权仍要受到立法权、行政权的干预。而在"一府两院"人民代表大会制度的政治框架下，审判权不仅不能同人大平起平坐，而且要向它报告工作，受其监督，对其负责，其独立性是相对而言的。再者，独立行使审判权并不是不要法律监督，相反，法律监督是我国法制建设的重要内容。从审判监督程序的抗诉这一民行检察监督的基本方式来看，检察机关只是依法对确有错误的发生法律效力的判决、裁定启动再审程序，如何裁判仍由审判机关依法处理。因此，抗诉并未影响到人民法院依法独立行使审判权。通过民行检察监督发现并纠正错误裁判，本身也是对人民法院独立行使审判权的促进和保障。那种借口审判独立而排斥检察监督的观点在理论上违背了基本法理和中国国情，实践中是十分有害的。

2. 民行检察制度是否违背了当事人意思自治原则。有观点认为，检察机关开展民行检察活动,是公权力对私权利的不当干预,有悖于当事人的处分权,应予取消或废止。

笔者认为,这种观点恰恰曲解和误导了民行检察制度与当事人意思自治的关系。任何国家制度下当事人的处分权都不是绝对的,必须限定于法律规定的范围内,否则就是以行使自由处分权之名,达实施违法行为之实,置社会秩序于混乱之地,这样的自由处分权不仅不能得到维护和尊重,而且应当受到法律的制裁,这正是公权力介入私权利进行法律调节的理由所在。审判机关的裁判活动本身就是公权力对私权利的介入和调整,检察机关的法律监督活动也同样体现了这一点。而且,实践中,民行检察监督基本上是因当事人的请求开展的,当事人不服人民法院的裁判向人民检察院申诉,是当事人自愿处分其权利的体现,检察机关启动法律监督程序正是维护和尊重了当事人的意思自治原则。正如不能因为审判机关的裁判活动不利于一方当事人就认为审判机关干涉了其自由处分权一样,也不能因为检察机关的法律监督活动不利于未提出申诉的一方就认为侵犯了其自由处分权。对于那些恶意串通,假借诉讼活动损害国家、集体、社会公共利益的案件,当事人因各自受益,不会轻易提出申诉。这类案件因隐蔽性强更具危害性,检察机关基于维护国家、集体、社会公共利益的目的,在无人申诉的情况下,有权力也有义务启动法律程序予以监督纠正。那种把民行检察制度与当事人的自由处分权对立起来的观点,是对民行检察制度的一种误解和偏见。

3. 民行检察制度是否破坏了当事人之间的诉讼结构平衡。有主张认为,民行诉讼中法官与双方当事人在诉讼结构上,形成了稳定的等腰三角形关系,检察机关的介入打破了这一诉讼平衡,有帮助一方当事人反对另一方当事人之嫌。

笔者认为,检察机关对民行诉讼活动实施法律监督,代表的是国家,而非一方当事人;民行检察监督是为了履行法律监督职能,确保司法公正,保障国家法律的统一正确实施,并非为任何一方当事人谋利;监督的对象是不公正的司法,也非另一方当事人。客观上,监督的结果可能有利于一方当事人,因为其在原诉讼中失去了原本就应当得到的利益,这是为维护法律的尊严和司法的公正必然产生的结果。真正导致当事人诉讼失衡的是司法不公而非检察监督,从这一意义上说,民行检察制度起到了使已经失衡的诉讼恢复平衡的作用。此外,民行检察监督同样遵循当事人主义等民行诉讼规则,庭审中仍是在法官的主导下,由双方当事人举证和质证,检察人员既不参加法庭调查,也不参与法庭辩论,所谓帮助一方当事人反对另一方的担忧是毫无根据的。

4. 民行检察制度是否影响了裁判的既判力和终局性。民行检察制度是对已经具有既判力的裁判实施监督,不可避免地与裁判的既判力和终局性产生矛盾和冲突。

分析民行检察制度是否影响了裁判的既判力和终局性,必须从两者存在的制度价值上全面考量和评估。必须明确,秩序和正义是诉讼活动追求的两大价值目标,两者相辅相依,不可偏废,离开了秩序的正义难以实现,偏离了正义的秩序必将陷社会于不堪。裁判的既判力和终局性体现的是裁判的确定性和稳定性,功能在于维护法律的秩序和安定,追求的是秩序价值而非正义性。民行检察制度关注的是司法的公正,目标是维护社会的公平和正义。应当看到,秩序只是民行诉讼制度价值的一个方面,但不是唯一的价值,更不是最高的价值,公平和正义才应当处于价值体系中优越的地位。如果抛开诉讼的正义性,单纯追求秩序的安定性,一味主张裁判的既判力和终局性,对当事人来说就是一种灾难,对诉讼制度价值来说就是一种毁灭。

(二)民事行政检察制度立法及实践中存在的问题

民行检察制度虽然在立法上得以确立,但立法的滞后和粗疏造成了实践中的重重困难和问题。

1. 总则与分则的规定不够协调一致。按照我国《民事诉讼法》总则第14条、《行政诉讼法》总则第10条的规定,人民检察院有权对民事审判活动、行政诉讼活动实行法律监督。而按照《民事诉讼法》分则第185条、《行政诉讼法》分则第64条的规定,最高人民检察院对各级人民法院、上级人民检察院对下级人民法院已经发生法律效力的判决、裁定，发现确有错误时，才能按照审判监督程序提出抗诉，把人民检察院监督的对象限于发生法律效力的判决、裁定。总则和分则的不同，导致了实践中的重大分歧：一种主张是全面监督说，认为民行检察监督应包括裁判、调解及立案、执行等各项诉讼活动；另一种主张是有限监督说，认为除已生效的裁判外，其他活动检察机关无权监督。

笔者认为，检察机关的法律监督应当按照总则的规定实行全面监督。审判活动是诉讼活动的核心，在民事审判活动中，除司法裁判行为外，调解亦是人民法院在民事审判活动中应当遵循的重要原则和内容。此外，立案、执行等活动本身就是审判活动的前提和延伸，与审判活动密不可分。行政诉讼除包括行政审判活动的内容外，还包括诉讼参加人的诉讼活动。据此，人民检察院对民事诉讼的法律监督应当贯穿于民事审判活动的全部内容和始终，对行政诉讼的监督，则还包括诉讼参加人的诉讼活动。此外，检察机关代表国家行使法律监督权，具有权威性，对整个诉讼活动实施全面监督，可以确保各诉讼环节的行为依法进行，有利于维护社会主义法治的统一性、完整性和严肃性，体现了社会主义法治的原则，而以种种理由限制国家对法律实施的监督权，是没有根据的。

2. 程序简略，可操作性不强。《民事诉讼法》分则第185条至第188条，《行政诉讼法》第64条对检察机关抗诉的条件、程序等作了一些原则性的规定，但这些规定过于笼统，操作起来有不少困难。如关于"阅卷"问题，检察机关查阅当事人双方庭审时提供的证据材料和庭审情况，是全面了解案情，准确办理民事、行政抗诉案件的必要手段，但由于法律没有作出相应的规定，检察机关查阅审判卷宗受到不少限制，甚至出现不能复印、摘抄等情形。再如关于"审级""审限"问题，诉讼法虽然规定了"人民检察院提出抗诉的案件，人民法院应当再审"，但由哪一级法院再审、在什么时间内再审，则法无明文规定。从审判监督程序的抗诉制度设计来看，应由提出抗诉的同级人民法院再审。实践中，人民检察院抗诉的案件基本上被函转或发回原审法院再审，这不但弱化了检察监督的职能，容易造成执法不严、违法不究，而且有悖于《人民法院组织法》中"检察机关按照审判监督程序抗诉的案件，由中级、高级和最高人民法院审判",即基层人民法院无权审判检察机关按审判监督程序提出抗诉案件的法律规定。抗诉案件的"审限"问题,更是因为法律没有规定迟迟得不到解决,抗诉案件被束之高阁、抗而不审、审而不理等情形不时发生。

3. 范围狭窄,方式单一。从《民事诉讼法》《行政诉讼法》分则的规定来看,民行检察监督的范围是已经发生法律效力的判决、裁定,监督的方式是按照审判监督程序提出抗诉,因此有人称之为"事后"监督。由此产生的的问题是:

其一,未发生法律效力的判决、裁定,人民检察院能否监督。如果违法行为在判决、裁定未发生效力前就已存在,人民检察院却只能坐视其发生法律效力后才能监督,显然不符合法律监督的立法原意,也不利于节约司法成本。如果对此进行监督,又与相应的法律规定不符,在司法实践中难以处理。

其二,是否所有的已经发生法律效力的判决、裁定,人民检察院都能监督。从法律规定看,人民检察院对生效的判决裁定有权而且应当监督。但有司法解释规定:对人民检察院提出的财产保全裁定、执行裁定、破产案件中的裁定以及仲裁裁定的抗诉,人民法院不予受理。这使民行检察监督的范围受到很大限制,一些乱保全、假破产、随意执行、违法仲裁的问题因缺乏及时有效的法律监督而难以纠正。

其三,民行检察监督是否只有审判监督程序的抗诉一种形式。由于审判监督程序的抗诉权只有上级检察机关行使,同级检察院只有提请抗诉权,当事人不服终审裁判案件的抗诉需要由省级以上人民检察院作出决定,因此这种监督模式把大量纷繁复杂的民事、行政案件集中到了最高人民检察院和省级人民检察院,而与社会各界联系密切的基层检察院却没有抗诉权,只能向上级院提请抗诉,这不仅弱化了上级院的业务指导作用,制约了基层院监督的积极性,而且程序复杂,周期冗长,不利于合理配置司法资源。实践中,检察机关试行了检察建议启动再审制度,即同级人民检察院发现同级人民法院发生法律效力的民事、行政判决、裁定确有错误时,向同级人民法院提出再审检察建议,由同级人民法院启动再审程序。这种监督方式加快了办案周期,增强了监督实效,是对抗诉制度的有益补充，但由于法律未作出明确规定，检、法两院还未达成全面共识，其监督作用也未得以充分发挥。

上述问题产生的原因是多方面的，但立法的先天性不足是根本性的。这些问题和困难使民行检察实践举步维艰，成为法律监督制度建设的一个薄弱环节，偏离了民行检察制度设立的初衷，必须在立法上加以修改和完善。

三、民事行政检察制度的发展思路

（一）完善发展民事行政检察制度应坚持的理念和原则

1. 公开、公平、公正理念。公平、正义是社会主义司法制度追求的目标和要求，也是民行检察制度确立的出发点和落脚点。要做到公平、公正，首先要公开。既要程序公开，又要结果公开；既要向提出监督申请的一方当事人公开，又要向案件的其他当事人公开。由于民行检察监督与诉讼当事人的切身利益息息相关，涉及国家秘密的案件相对较少，应最大限度地做到公开，把民行检察监督置于阳光作业之中。其次要中立，不能偏向任何一方，更不能充当一方当事人的代理人。要不偏不倚，充分听取各方诉讼当事人的意见，向各方当事人收集证据材料，全面客观地分析判断案情。

2. 维护和尊重审判机关的独立性和权威性。检察机关行使法律监督权，应体现和维护审判权的独立性和权威性原则，尊重法官正当行使自由裁量权，不能对审判权进行不当干预，更不能代替或者超越审判权。同时，审判机关也不能以独立行使审判权为由，拒绝、排斥检察机关的法律监督。若要检察机关做到既不干预审判机关的独立性和权威性，又切实履行法律监督权，就要看裁判活动是否符合法律的规定和社会的公平正义。符合的，检察机关应大力支持和维护，反之，则应理直气壮地进行监督。

3. 遵循民事、行政诉讼的基本原理和规则。民事、行政诉讼各有其独特的原理和规则，与刑事诉讼相比，区别更为明显，突出地表现在举证责任、证明标准、裁判规则等方面。相对于刑事诉讼而言，民行检察监督更加超脱，检察机关既无必要也不能事事调查取证，更不能代替当事人收集证据材料，而应按照民事、行政诉讼活动的规律和要求，强化当事人的举证责任，围绕原审卷宗和庭审活动进行监督，以法律事实而非以难以复原的客观事实分析判断案件。这是公权力不能任意干预私权利所必需的，也是民事、行政诉讼活动的客观要求。

4. 坚持国家利益和社会公共利益的原则。这一方面要求检察机关履行民行法律监督职能时，要居于独立公正的立场，不能沦为事实上当事人一方的代理人；另一方面在国家利益、社会公共利益遭受非法侵害而又无力救济时，检察机关应探索建立新的监督模式，排除对国家利益、社会公共利益的不法侵害。当然，这种探索和创新，应依法稳妥慎重开展。

（二）以抗诉制度为基础，修改完善相应的法律规定

实践表明，抗诉制度是民行检察监督的有效方式，但现行法律规定得不具体、不明确影响了其监督职能的发挥，应从以下几个方面加以修改和完善。

1. 明确抗诉的对象和范围。财产保全裁定、强制执行裁定、破产裁定、仲裁裁定等都是发生法律效力的裁定，应当属于《民事诉讼法》第185条、《行政诉讼法》第64条规定的抗诉监督的对象和范围。而相应的司法解释将其排除的主要理由是根据《民事诉讼法》第186条之规定，能抗诉的判决、裁定必须是能启动再审程序的判决、裁定，否则，抗诉就没有法律依据。这种片面限制监督范围的做法，使许多类似的案件因事实上无人监督而处于某种混乱无序的状态，成为社会反映强烈的司法不公的重点之一。调解作为人民法院审理民事案件的一项重要原则和审判职能，本身就和判决、裁定具有同等法律效力。实践中一些当事人恶意串通，通过虚假调解、非法调解等形式规避法律、逃避债务，致使国家利益、社会公共利益及他人的合法权益遭受重大损失，检察机关不依法监督就难以纠正。

同样是人民法院作出的发生法律效力的法律文书，如果规定有的可以抗

诉，有的却不能抗诉，本身就违反了法律的统一性原则。鉴于调解贯彻的是自愿和合法性原则，检察机关对于违反该原则以及损害国家利益、社会公共利益和第三人利益的调解也应有权抗诉。因此，建议将《民事诉讼法》第185条修改为：最高人民检察院对各级人民法院已经发生法律效力的判决、裁定、调解，上级人民检察院对下级人民法院已经发生法律效力的判决、裁定、调解，发现有下列情形之一的，应当按照审判监督程序提出抗诉：（1）原判决、裁定认定事实的主要证据不足的；（2）原判决、裁定适用法律确有错误的；（3）原调解侵害国家利益、社会公共利益或第三人利益的；（4）人民法院违反法定程序，可能影响案件正确判决、裁定，或者违反当事人自愿和法律规定进行调解的；（5）审判人员在审理该案件时，有贪污受贿、徇私舞弊、枉法裁判或调解行为的。同时修改第186条关于"人民检察院提出抗诉的案件，人民法院应当再审"的规定。《行政诉讼法》也按照上述内容作相应修改。

2. 修改抗诉后的法律规定。鉴于再审程序并不适用于所有裁定，以及审级、审限不明带来种种弊端，应当从真正发挥检察机关对民事、行政诉讼活动监督的职能作用出发，建立"权责明确、相互配合、相互制约、高效运行"的司法体制，全面修改抗诉后的法律规定。建议将《民事诉讼法》第186条修改为：人民检察院提出抗诉的案件，同级人民法院应当自抗诉书送达之日起15日内另行组成合议庭重新审理，同时中止原判决、裁定、调解的执行。人民法院审理人民检察院提出抗诉案件的期限、方式等，适用相应的法律规定。将第188条修改为：人民检察院提出抗诉的案件，人民法院开庭审理时，应当通知人民检察院派员出席法庭。《行政诉讼法》在第64条后增加上述规定。

3. 保障检察机关查阅审判卷宗权和必要的调查权。建议在《民事诉讼法》第185条、《行政诉讼法》第64条中增加以下内容：人民检察院在审查案件时，有权向人民法院调取、查阅原审卷宗，人民法院应予协助办理。有下列情形之一的，人民检察院有权向有关单位和个人调查取证：（1）当事人因客观原因不能自行收集的证据，申请人民法院调查取证，人民法院未调查取证或者当事人提供的证据互相矛盾，人民法院应当调查取证而未调查取证，可能造成原审认定事实错误的;(2)原审认定事实的主要证据可能是伪证的;(3)审判人员审理案件时,可能有贪污受贿、徇私舞弊或者枉法裁判或调解行为的。

4. 赋予检察建议以法律效力。抗诉虽然能够较好地发挥检察机关的监督作用,但其固有的周期长、程序繁、监督滞后、不能纠正诉讼过程中的违法行为、不利于发挥同级检察院的监督作用等弱点,迫切需要其他监督手段作为辅助。我们认为,检察机关倡导的检察建议正好具有弥补抗诉制度不足的优势,不仅可以监督纠正诉讼中的违法行为,防患于未然,也可以适用于生效的判决、裁定、调解,督促同级人民法院自行纠正,既灵活便利,易于接受,又能发挥同级人民检察院的监督作用,在检察建议不被接受时,还可以提请上级人民检察院抗诉。建议作为抗诉制度的有益补充,赋予检察建议以法律效力,将《民事诉讼法》第185条第2款修改为:同级人民检察院发现同级人民法院在诉讼活动中或作出的发生法律效力的判决、裁定、调解有第1款规定情形之一的,可以向同级人民法院提出检察建议。人民法院对于人民检察院提出检察建议的案件,应当自检察建议书送达之日起15日内作出是否采纳的书面意见,回复人民检察院;人民检察院对于人民法院未采纳的符合抗诉条件的检察建议案件,应当提请上级人民检察院向同级人民法院提出抗诉。《行政诉讼法》第64条也相应增加上述规定。

(三)以公益诉讼为重点,丰富、发展民事行政检察制度的内容

所谓公益诉讼,是指国家机关或社会团体以维护国家利益和社会公共利益为目的,提起或参与的民事行政诉讼。在我国,建立由检察机关提起或参与的公益诉讼制度较为适宜。

1. 建立检察机关提起或参与公益诉讼制度的必要性。检察机关提起或参与公益诉讼制度,是当前世界各大法系立法的通例。目前,随着经济体制改革的日趋深化,一些侵害、吞噬国家利益、社会公共利益的现象突出,但由于种种原因,无人起诉,人民法院无法作出审判予以阻止,大量国有资产因得不到司法救济而流失。对此,我国《刑事诉讼法》尚且规定:人民检察院因被告人

的犯罪行为使国家财产、集体财产遭受损失的,在提起公诉的时侯,可以提起附带民事诉讼。而在专司"权属纠纷"的《民事诉讼法》中却没有作出相应规定,这不能不说是立法上的一大缺憾。

2. 建立检察机关提起或参与公益诉讼制度的可行性。我国实行的是宏观调控下的市场经济体制,即国家对社会经济生活适度干预。确立检察机关提起诉讼和参加诉讼制度,是国家以法律手段调节社会经济关系的一种方式,有利于体现国家适度干预的政策。人民检察院作为国家的法律监督机关,代表国家统一行使国家诉权,在国家、集体利益或公共利益遭受侵害时,代表国家提起诉讼,防止国家、集体利益或公共利益的损失,是义不容辞的。其作为法律监督机关参加诉讼,监督民事、经济、行政法律的实施及诉讼活动的进行,更是无可非议。早在新中国成立初期,就确立了检察机关提起诉讼和参加诉讼的制度。1954年9月制定的《中华人民共和国人民检察院组织法》规定:地方各级人民检察院"对于有关国家和人民利益的重要民事案件有权提起诉讼或参加诉讼"。我国在1979年制定民事诉讼法时,对检察机关提起诉讼和参加诉讼也曾作过详细的规定。

确立检察机关提起诉讼和参加诉讼制度,有利于人民检察院从单一的抗诉监督方式,发展到提起诉讼、参加诉讼、提出抗诉的监督方式,从而形成既具有中国特色、又符合国际通例的开放的全方位的民行检察监督体制。建议在《民事诉讼法》《行政诉讼法》中规定:人民检察院有权提起或参加涉及国家、集体重大利益或公共利益的民事、行政诉讼;人民检察院应当事人的申请,在民事、行政诉讼中发现审判人员违反法定程序,可能影响案件正确处理的,有权参加诉讼。对检察机关提起或参加的民事、行政诉讼,地方各级人民检察院认为同级人民法院第一审判决、裁定确有错误时,有权向上一级人民法院提出抗诉。

民事抗诉制度的现状与问题 *

文先保**

我国的民事抗诉制度是民事诉讼法规定的人民检察院对人民法院民事审判活动进行监督的主要手段和方式，是根据我国国情建立的维护民事司法公正和司法权威的重要制度，是中国特色社会主义检察制度和司法制度的重要特征之一。

我国现行的民事诉讼法颁布施行以来，民事抗诉制度在实践中发挥了重要的功能作用。尤其是近几年里，随着大量的社会矛盾和纠纷以民事案件形式进入司法领域，社会需要与司法能力不适应的矛盾日益突出，民事抗诉制度发挥着越来越重要的作用。其一，全国检察机关每年提出抗诉的案件1.3万件左右，提出再审检察建议的案件6000件左右，其中启动再审的案件原判改变率70%左右，就是说，每年维护了1万个左右当事人的合法权益，通过抗诉督促改判错案最终维护了司法权威。其二，全国检察机关每年受理民事申诉案7万件左右，对其中不立案、不抗诉、不提请抗诉、终止审查等5万件左右申诉案件的申诉人，站在法律监督机关的角度，进行了释法说理使其服判息诉的工作，维护了正确的裁决，也直接维护了司法权威，这个效果是审判机关难以取得的。其三，检察机关在审查民事申诉案件中，对于一些裁判确有部分错误、确有部分处理不公但又不宜抗诉启动再审的申诉案件，组织双方当事人商谈，促成当事人在申诉中和解，发挥对民事审判拾遗补缺的作用，最大限度地消除不和谐因素，增加和谐因素。其四，检察机关通过民事申诉案，还发现了民事

---

* 本文刊载于《人民检察》2007年第9期。
** 文先保，时任最高人民检察院民事行政检察厅副厅长。

审判不公背后的行贿受贿、徇私舞弊、枉法裁判等犯罪线索，并且经过刑事侦查最终查处了民事诉讼中的一批职务犯罪案件，消除了民事审判队伍中的少数害群之马。其五，因为有了民事抗诉制度，有了检察机关独立于审判活动之外进行公正无私的监督，有了检察机关介入民事诉讼之中进行深入有效的监督，在很大程度上迫使一些民事审判人员不得不有所顾忌，使民事诉讼中的行贿受贿、枉法裁判等违法犯罪活动有所收敛，由此可以说，民事抗诉制度对于净化民事审判环境、维护民事司法公正，是功不可没的。

司法实践已经证明，民事抗诉制度是适应我国国情、适应我国现阶段社会发展需要的，是必要的、合理的。任何法律制度都是用于调整社会生活，都是用于解决实际问题的，民事抗诉制度也不例外。民事抗诉制度的必要性、合理性，不在于有没有外国民事诉讼法例，而在于我国社会是否需要；也不在于民事诉讼程度设计的本身是否需要，而在于我国民事诉讼活动的实际状况是否需要抗诉即检察监督制度。社会实际需要的，就是合理的。我国是一个缺乏民主与法制传统的国家，民事诉讼当事人对法官的监督制约作用差，审判队伍整体素质不适应社会需要，有些情况下法官甚至法院不能依法独立办案，地方保护主义使得一个地方一个"法"，大量的判决不能定分止争，申诉成堆，上访成群，当事人申诉难、申请抗诉难。法国思想家孟德斯鸠在《论法的精神》中指出："一切有权力的人们都容易滥用权力，这是万古不易的一条经验，有权力的人们使用权力一直到遇有界限的地方为休止。要防止滥用权力，就必须以权力约束权力。"民事诉讼中的此类现象和如此状况，客观上需要抗诉制度，需要专门法律监督机关的监督。在当前大量的社会矛盾和纠纷进入民事诉讼的情势下，民事审判承担着越来越重要的职责，行使着越来越重要的职权，因此，更加需要完善民事抗诉制度，以强化检察监督。

我国现行法律规定的民事抗诉制度，总体架构是基本可行的、行之有效的，但它是一项年轻的法律制度，还不完善，特别是具体操作程序很不完善，随着司法实践的发展，这些不完善之处越来越明显地成为影响民事抗诉功能和检察监督效果的问题，亟须通过修改法律、完善制度加以解决。

看来，解决这个不应当成为问题的问题，靠监督者与被监督者协商是很困难的，也是不稳定的，还是需要修改和完善法律。

第一，检察机关能不能调阅案卷问题。民事诉讼法对此没有具体规定。但是，民事诉讼法第14条规定："人民检察院有权对民事审判活动实行法律监督。"民事诉讼法还规定最高人民检察院对各级人民法院，上级人民检察院对下级人民法院已经发生法律效力的具有法定情形的判决、裁定，应当提出抗诉。检察机关对某个案件提出抗诉，需要审查案件中是否有法定的应当抗诉的情形，需要审查审判卷宗。按理说，检察机关有权调阅民事审判卷宗，是人民检察院对民事审判活动实行监督权和抗诉职权中的应有之义，是不应当成为问题的。然而，司法实践中，恰恰就成了问题。有的地方，人民法院与人民检察院相互配合，协商解决，这个问题就化解了。有的检察院与法院协商不通，法院不允许检察院调阅案卷，或只允许检察院在法院复印案卷材料，收取复印费。为什么不让检察机关调卷审查呢？一些法院工作人员回答的理由很多，最主要的理由就是"没有法律依据"。

第二，抗诉案件应由哪一级人民法院再审的问题。民事诉讼法规定："人民检察院提出抗诉的案件，人民法院应当再审。"但是，应当由哪一级人民法院进行再审呢？法律没有作出具体规定。按常理，人民检察院向同级人民法院提出抗诉，应当由受理抗诉的同级人民法院再审，这是情理之中、不言而喻的。但是，最高人民法院规定，各级人民法院受理的抗诉案件，凡是原审人民法院没有再审过的，一律发回原审人民法院进行再审。因此，司法实践中办理抗诉案件往往要经过漫长的过程：第一步，人民检察院受理和审查不服同级人民法院生效裁判的申诉案件，提请上一级人民检察院抗诉；第二步，上一级人民检察院向同级人民法院提出抗诉；第三步，受理抗诉的人民法院将抗诉案件发回原审人民法院再审；第四步，原审人民法院对上级人民检察院抗诉案件进行再审。最高人民检察院对中级人民法院生效裁判提出抗诉的案件，要经过最高人民法院、高级人民法院逐级发给原审中级人民法院再审。抗诉案件的这种审级制度，存在着多方面的极为严重的弊端：其一，办案环节过多，严重浪费司法资源，办案成本过高。其二，办案过程呈环型转圈，效率低下。其三，由下一级人民法院甚至下两级人民法院审判上级人民检察院抗诉的案件，审级不对等。其四，最严重的弊端是，原审人民法院对抗诉案件进行再审，要自己纠正自己的错误，非常困难。司法实践已经充分暴露了这种审级制度的弊端，应当在民事诉讼法修改中明确规定：人民检察院提出抗诉的案件，由受理抗诉的同级人民法院进行再审。

第三，申请抗诉、审查抗诉期限及抗诉案件审限问题。现行民事诉讼法规定当事人向人民法院申请再审，应当在判决、裁定发生法律效力后两年内提出，但未规定当事人向人民检察院申请抗诉的期限，也未规定人民检察院对当事人申诉的案件审查抗诉的期限。最高人民检察院在《人民检察院民事行政抗诉案件办案规则》中规定了检察机关办理民事申诉案件的期限，弥补了法律规定的欠缺。目前，对当事人申请抗诉仍无期限规定，虽然检察机关在实践中一般参照申请再审的两年期限，但这种对当事人申诉权利的限制毕竟缺乏法律依据。从法律制度上说，这是不完善之处。对于抗诉案件的再审期限，民事诉讼法规定，再审案件的生效裁决是由第一审法院作出的，按照第一审程序审理，也就是适用第一审期限规定；生效裁决是由第二审法院作出的，按照第二审程序审理，也就是适用第二审期限规定。最高人民法院《关于适用〈中华人民共和国民事诉讼法〉若干问题的意见》中规定："再审案件按照第一审程序或者第二审程序审理的，适用民事诉讼法第一百三十五条、第一百五十九条规定的期限。审限自决定再审的次日起计算。"应当说，对抗诉案件的再审期限，已经有了基本规定，只是对人民法院受理抗诉案件后决定再审的期限缺乏规定，人民法院受理抗诉案件后发回原审人民法院或者发送其他下级人民法院再审，这个过程更是没有期限规定。最为突出的是，不少抗诉案件的审限规定得不到实行，人民检察院对此没有监督的法律程序和手段。因此，不少抗诉案件久拖不审、审而不判，当事人反映强烈。

第四，人民检察院对哪些裁定可以运用抗诉实行法律监督的问题。民事诉讼法第185条规定："最高人民检察院对各级人民法院已经发生法律效力的判决、裁定,上级人民检察院对下级人民法院已经发生法律效力的判决、裁定,发现有下列情形之一的,应当按照审判监督程序提出抗诉:(一)原判决、裁定认定事实的主要证据不足的;(二)原判决、裁定适用法律确有错误的;(三)人民法院违反法定程序,可能影响案件正确判决、裁定的;(四)审判人员在审理该案件时有贪污受贿,徇私舞弊,枉法裁判行为的。"本条规定可以抗诉的裁定,包括哪些范围呢?对此产生了两种不同的理解:一种理解是包括人民法院在民事审判活动中作出的各种裁定。法条中规定人民检察院对人民法院已经发生法律效力的裁定有违反法定程序可能影响案件正确判决、裁定情形的,应当按照审判监督程序提出抗诉,这前一个"已经发生法律效力的裁定"是指审判过程中作出的程序性裁定,后一个"可能影响案件正确裁定"是指审判中尚未作出的对案件进行实体处理的终局性裁定,人民检察院对可能影响案件终局性正确判决、裁定的违反法定程序的程序性生效裁定,不仅可以提出抗诉,而且应当提出抗诉。另一种理解是,本条规定可以抗诉的裁定,是指通过抗诉可以引起再审的原审案件实体处理的终局性裁定,不包括民事审判过程中的程序性裁定,如管辖异议裁定、驳回起诉裁定、撤销或者不撤销仲裁裁决裁定,等等。最高人民法院先后发出十多个司法解释或者答复意见,规定人民法院不受理人民检察院对上述程序性裁定提出的抗诉,致使人民检察院难以对确有错误的程序性裁定提出抗诉,难以运用抗诉手段对程序性裁定实行法律监督。司法实践中,不少程序性裁定确有错误,如管辖异议裁定中,就有违反管辖规定的裁定,成为地方保护主义的手段。这种裁定造成的程序不公正,必然导致案件判决的实体不公正。社会各界对此反应强烈,要求人民检察院加强法律监督。应当说,民事诉讼法第185条的规定过于笼统,不够清晰,不够具体,需要加以修改、补充、完善,以便于司法机关统一正确实施。

第五,对人民法院民事调解活动的法律监督问题。现行民事诉讼法没有把人民法院制作的调解书列入抗诉范围,这是根据当时的司法实践情况和经验决定的。1991年制定民事诉讼法的时候,调解中的问题确实不明显。可是,随着大量的社会矛盾和纠纷进入司法领域,随着社会发展的需要,人民法院提倡

调解，调解结案在受理民事案件中的比例越来越高，近年来，在大量调解的案件中，问题也越来越多地暴露出来。比如，有的法官违反自愿原则，利用审判职权和专业知识优势，迫使一方当事人接受不公正的调解；有的调解违反法律；有的案件当事人恶意进入诉讼，利用人民法院制作的调解书，逃债、逃税、转移国有企业资产、侵害第三人合法权益等，法官却被这种恶意诉讼者利用。诸如此类问题不断出现，不容忽视，应当通过修改民事诉讼法，把人民法院制作的调解书规定为抗诉范围，使人民检察院运用抗诉对人民法院的调解活动实行法律监督，支持和配合人民法院通过再审纠正违法的调解、违反自愿原则的调解、侵害国家利益、公共利益和第三人利益的虚假调解。

民事抗诉制度实行十多年来，积累了丰富的实践经验，只要我们坚持以马列主义、毛泽东思想、邓小平理论为指导，全面落实科学发展观，立足中国国情，尊重实践经验，不断充实和完善，一定能够使之成为中国特色社会主义司法制度的重要组成部分，在建设社会主义法治国家中发挥其他监督制度不可替代的日益重要的功能与作用。

《民事诉讼法》修订与民事检察监督之回应*

段厚省　郭宗才　王延祥**

内容摘要：对于这次《民事诉讼法》的修订，民事检察监督工作应当在六个方面作出回应：一是有关民事检察监督与审判独立的争论应当告一段落，检察机关应当谨慎认真地履行好民事检察监督职责；二是民事检察监督应当从重实体轻程序转向实体和程序并重；三是民检办案人员和法官在法律思维上应当消除分歧，尽量趋同或者趋近；四是检察机关的民事检察监督工作也要进一步体现效率价值；五是在化解矛盾、维护社会稳定的政策指导下，努力在抗诉案件受理以及审查阶段促进当事人和解，以化解纠纷；六是在检察监督的范围、方式和检察机关提起公益诉讼方面，继续进行探索。

关键词：《民事诉讼法》修订　检察监督　回应

2007年，第十届全国人大常委会第三十次会议通过的《中华人民共和国民事诉讼法》（以下简称"民诉法"）修订的重点之一是对审判监督制度的修改。修改后的民诉法细化和扩充了再审事由，提高了受理和审查再审申请以及进行再审的法院级别，明确规定了再审审查期限，提高了接受检察机关抗诉的法院级别。对于这些修改，检察机关应当如何回应？笔者对此作了一些初步的思考。

** 本文刊载于《政治与法律》2008年第12期。
** 段厚省，复旦大学法学院副教授；郭宗才，上海市宝山区人民检察院研究室副主任；王延祥，上海市人民检察院第二分院法律政策研究室副主任。

第一，修改后的民事诉讼法对再审制度和检察监督制度再次立法肯定并进一步加以完善，表明维护审判权威并不排斥对瑕疵裁判既判力的纠正，也表明审判独立并不排斥检察机关对民事审判活动的监督。因此有关民事检察监督是否与维护审判独立和审判权威相矛盾的争论可以告一段落，检察机关应认真谨慎履行好民事检察监督职责。

在民诉法修改之前，关于再审制度和民事检察监督制度的争论有很多。其所涉及的，主要有三个基本理论问题，分别是审判独立理论、当事人意思自治（处分权）理论和裁判既判力理论。对民事检察监督抱有消极态度的观点，或者认为检察机关对民事审判活动的监督干涉了法院的审判独立，或者认为检察机关对民事案件的抗诉干涉了当事人的意思自治，或者认为检察机关抗诉引起再审，动摇了民事裁判应有的既判效力。对此笔者有以下几点认识：

首先，关于民事检察监督与审判独立的关系问题，应从以下四个方面进行理解：一是影响审判独立的因素主要是地方保护主义，而不是检察机关的监督。相反，民事检察监督恰恰是在事后纠正因地方保护主义而导致的裁判不公的重要机制。二是审判权威从根本上应当来自于审判公正，而不是来自于审判独立；民事检察监督的目的也是实现审判公正，从而也是在维护审判权威。三是虽然对具体案件的事实认定和法律适用，不同的人可能有不同的理解，但是这种对事实的认定至少应当符合民事诉讼证明规则和认识规律的最低要求，这种对法律的适用至少应当符合法律的一般原理并在法律赋予的自由裁量权范围之内。超出这一范围，就是错案。对这样的裁判，检察机关进行抗诉乃是职责所在。四是缺少监督的审判权，往往使法官过于信任自身的经验与学识，易产生恣意擅断。检察机关的监督，在一定程度上抑制了法官恣意专断的冲动。

其次，关于民事检察监督与当事人处分权的关系问题，应从以下三个方面进行理解：一是对当事人处分权的尊重，应仅限私权领域。涉及公权行使以及国家利益和社会公共利益的场合，或者有涉公序良俗之情形，不得由当事人任意处分。若当事人滥用处分权，损害国家利益、社会公共利益或者破坏公序良俗，而法院却基于审判权的被动性不加干涉，检察机关就应当及时监督，促使法院通过再审纠正错误判决。二是根据民事诉讼法的规定,人民检察院负有监督人民法院审判活动的职责,只要法院的审判活动违背了法律的规定,属于人民检察院抗诉的范围,人民检察院就必须监督,这种监督权的行使和监督程序的启动,不以当事人申诉为必要条件。三是人民检察院监督民事审判活动的权力,既是人民检察院的权力,也是宪法和法律规定的人民检察院的职责,其行使与否,不以当事人对私权的处分为转移。

再次,关于民事检察监督与裁判既判力的关系问题,应当做如下理解:既判力的价值功能大致为诉讼经济、法安定性和审判权威。但这三个价值功能,都必须服从民事实体法和民事程序法的价值目标,服从民事诉讼的目的。无论就民事实体法还是民事程序法来看,正义都是其首要价值。对于少数因存在重大瑕疵而失却正义的裁判,检察机关对其进行监督,是在维护正义的价值目标下展开的,因此也是符合民事诉讼目的的。①

这次民事诉讼法修改中对检察监督的坚持和完善,说明立法者是支持这一制度继续并更好地发挥其作用的。因此,有关民事检察监督存废的争论,将会告一段落,检察机关应当不负立法重托,认真、谨慎地践行其监督职责。当然,在监督的过程中,也应当守住底线,不去不当地干涉法院的审判独立和当事人的处分权,也不应滥用检察监督权,随意动摇生效裁判的既判力。

第二,修改后的民诉法在抗诉事由中增加了七项有关程序瑕疵的情形,表明民事诉讼立法已经从重实体正义而轻程序正义的观念转向实体正义与程序正义并重。民事检察监督的观念也应随之更新,在对裁判实体错误进行监督之外,也应进一步强化对审判活动程序错误的监督。

我国民事诉讼具有重实体轻程序的传统。例如在有关二审法院审理上诉案件涉及原判决违反法定程序之情形时,无论1982年、1991年民诉法还是修改后的现行民诉法,均规定违反法定情形须可能影响案件正确判决时,方能裁

---

① 段厚省、陈佳琦:《民事行政检察监督改革涉及的三个基本理论问题》,载《华东政法学院学报》2006年第1期。

定撤销原判,发回重审。① 换言之,仅仅违反法定程序而没有影响案件判决结果的,不认为是错案。在有关当事人申请再审和人民检察院抗诉事由的规定中,1991年民诉法也有着类似的规定,即"人民法院违反法定程序,可能影响案件正确判决、裁定的",方能成为当事人申请再审和人民检察院抗诉的事由。②

对于民事诉讼法"重实体、轻程序"的做法以及审判实践中类似的观念,学界早已提出过批评。程序正义一方面是实体正义的前提和保证,另一方面也是实体正义的外观和证明。此外,一个正当的程序还具有吸收当事人和社会不满情绪的功能,从而其本身就具有消解纠纷的作用。所以程序正义较之实体正义,具有同等重要的意义。因此在讨论程序正义或者程序保障时,有的学者主张将程序正义和实体正义共同作为我国民事诉讼的目的,③甚至有的学者主张应当仅以"程序保障"作为我国民事诉讼的目的。④

修改后的现行民诉法虽然在上诉案件的处理上没有改变,仍然坚持程序违法须可能影响实体判决的正确时,才要求二审法院裁定发回重审。但是,在有关当事人申请再审和检察机关抗诉的事由的规定中却作了改变(这实际上是这次修法匆忙与不周延的表现,仅仅违反法定程序之情形,既然可以作为再审事由,为什么不能成为二审发回重审的事由?),在第179条第2款有关当事人申请再审和检察机关抗诉事由的规定中,虽然保留了有关"原判决违反法定程序可能影响案件正确判决、裁定……人民法院应当再审"的规定,但是在此一规定之外又增加了七种纯粹违背法定程序但不要求可能影响案件正确裁判的情形。此种规定可能是受大陆法系有关国家例如法国、德国相关做法的影响。⑤

---

① 1982年《民事诉讼法(试行)》第151条第1款第3项、1991年民事诉讼法第153条第1款第4项和现行民事诉讼法第153条第1款第4项。
② 1991年民事诉讼法第179条第1款第4项和第185条第1款第3项。
③ 参见江伟主编:《中国民事诉讼法专论》,中国政法大学出版社1998年版,第15页。
④ 章武生、吴泽勇:《论民事诉讼目的》,载《中国法学》1998年第6期。
⑤ 有关大陆法系国家法国、德国的做法,可参见张力、崔峰:《再审发动程序之重构》,《法律适用》2002年第8期。

现行民诉法所做的这一修改，意味着我国民事诉讼已经从"重实体、轻程序"的传统观念向实体正义与程序正义并重转变。这种观念上的转变过程艰难，但意义重大，是我国民事诉讼更加完善、更加重视当事人程序利益的体现。

为回应民诉法的这一改变，检察机关也应及时转换观念，从过去的"重实体、轻程序"向实体正义和程序正义并重的观念转变。在对裁判实体错误进行监督之外，也应进一步强化对审判活动程序错误的监督。为此，检察机关相关办案人员应当进一步加强程序法理之修养，提高自身理解和正确把握程序理念与程序制度的能力，方能适应修改后的民事诉讼法的要求。

第三，修改后的民诉法对于抗诉事由的进一步细化，表明立法者消除法院、检察院和当事人之间对于抗诉事由在理解上可能产生分歧的努力。为回应立法者的这一目的，法院和检察院在实践中也应当力求法律思维的统一，尽量避免对抗诉事由的理解分歧。

1991年民诉法对于当事人申请再审和检察机关抗诉事由的规定，较为粗陋，因此申诉人、人民法院以及检察机关之间往往产生分歧。由于在审判监督程序中，法院居于核心地位，握有对再审事由的最终解释权，因此产生分歧后，直接的后果就是当事人的再审申请难获支持，检察机关的抗诉的案件也存在改判上的障碍。此次民事诉讼法修订，对再审事由规定得更加具体，在一定程度上消除了申诉人、法院以及检察机关之间的分歧。这样的效果就是：一方面，当事人申诉行为更加规范有序，其申请再审的权利也能够得到更多的保障；另一方面，检察机关和法院之间对事实认定、法律适用以及程序运作的理解和把握上的分歧也在一定程度上得以减少，从而检察机关的抗点把握会更加准确，法院再审改判的障碍也将有所克服。

不过，虽然有关抗诉事由在规范上的表述力求明确具体，但是在实践的把握上恐怕仍然难以完全消除理解上的分歧。这是包括制定法和判例法等各种法律渊源都难以克服的缺憾。就再审事由来看，经常会发生的分歧，应该不会存在于对程序问题的理解上，而是存在于对事实认定和法律适用的理解上。解决的办法，最好是律师、法官和检察官都具备较为扎实的法理水平，并具备统一的法律思维。

目前来看，我国具有比较典型的大陆法系规范出发型诉讼的特征，因此对于统一的法律思维的选择，也以规范出发型的法律思维最优。所谓规范出发型诉讼和事实出发型诉讼，是日本学者在比较和研究两大法系各自特点时所提出的概念。他们认为，大陆法系具有规范出发型诉讼传统，而英美法系具有事实出发型诉讼传统。① 依规范出发型诉讼传统，原告起诉须有实体法律规范支持其权利主张，无实体法律规范则无权利，法院将驳回原告的诉讼请求。

以给付之诉为例：由于给付之诉的诉讼标的是请求权，因此作为当事人代理人的律师，应当先根据当事人所描述的事实，来寻找当事人所可能享有的请求权的基础，② 依此基础来寻找到相应的请求权，并据此提出具体的诉讼请求。因此，律师所做的工作，其逻辑顺序应当是"案件事实→法律规范→请求权→具体的诉讼请求"。

法官需要做的工作在顺序上则相反，是"具体的诉讼请求→请求权→法律规范→案件事实"。因为律师已经完成了根据相应的事实寻找法律的工作，法官需要做的是：第一，审查当事人所提出之诉讼请求是否有相应的请求权来支持；第二，审查当事人所主张的请求权是否有相应的法律规范作基础；第三，审查当事人所主张之事实是否满足当事人所援引之法律规范在构成要件上的要

---

① ［日］中村英郎：《民事诉讼制度与理论之法系的考察——罗马法系民事诉讼与日耳曼法系民事诉讼》，陈刚、林剑锋译，载陈刚主编：《比较民事诉讼法（第一卷）》，西南政法大学比较民事诉讼法研究所1999年印行，第17页。

② 所谓请求权基础，也就是支持具体请求权的法律规范。这些法律规范，完整的结构应当是"构成要件＋法律效果"。若案件事实符合该法条中"构成要件"部分的描述，则当事人依该法条在"法律效果"中的规定，享有相应的请求权。此类规范因为结构比较完整，也被称为完全性法条。除了完全性法条外，还有不完全性法条和准用（引用）、拟制性法条。不完全性法条包括定义性法条（主要功能在于对其他法条，例如完全性法条中的构成要件部分所使用的概念进行进一步的界定）和补充性法条（主要功能在于对一些不确定性的概念，尤其是对完全性法条中法律效果部分的规定予以明确化或者进行补充），此类法条用以和完全性法条相结合以支持某一请求权。准用（引用）性法条和拟制性法条在于简化立法条文，其功能也在于和完全性法条相结合，以支持某种请求权。参见王泽鉴：《法律思维与民法实例》，中国政法大学出版社2001年版，第56—60页。

求。若认为当事人所提出诉讼请求有相应的请求权来支持，这一请求权有相应的法律规范作基础，而当事人主张的事实又符合该法律规范构成要件的要求，即可裁判支持当事人的诉讼请求，反之则驳回。法官这一思维，可称作规范出发型的裁判方法。

与之对应，检察官所具有的思维，可称作规范出发型民事抗诉案件审查方法。也即审查民事抗诉案件的检察官，与法官掌握同样的规范出发型法律思维，对依规范出发型诉讼传统下民事案件裁判方法所裁判的案件进行审查，检讨原判法官在裁判案件过程中是否在认定事实或适用法律方面有不当之处，若有不当，则与修改后的民诉法第179条相对照，以确定是否有符合上列各项规定之情形，若有符合，则应依法提出抗诉。

笔者相信，如果法官和检察官能够依据上述规范出发型法律思维来理解和把握修改后的民诉法对抗诉事由的规定，检法之间在具体案件上的分歧将会减少到最小程度，从而民事检察监督制度之运转也将更加平顺。

第四，修改后的民诉法对再审期限作出了明确规定，表明立法者对于民事再审程序的价值追求，除了坚持公正与权威外，也进一步强调效率的价值。与之相应，检察机关在建构民事抗诉案件审查机制时，也应凸显效率价值。

1991年民诉法对于当事人提出再审申请后法院审查受理以及此后的再审均无时限规定，对于检察机关提出抗诉后法院何时开始再审程序也没有设定时限，所导致的后果就是当事人向法院提出再审申请后，迟迟得不到回音；检察机关抗诉后，有的法院也迟迟不启动再审程序。使得再审程序不仅未能达到纠正原裁判错误或者化解纠纷的目的，反倒激起了当事人更多的不满情绪，并不断寻求其他的救济权利或者发泄不满的途径。基于此，这次修改后的民诉法规定对于人民检察院提出抗诉的案件，接受抗诉的人民法院应当自收到抗诉书之日起30日内作出再审的裁定；对于当事人申请再审的，人民法院应当自收到再审申请书之日起3个月内审查，并作出是否再审的裁定。此种修改的首要目的固然是为了解决再审制度的现实困境，同时也是对中央有关建设"公正、高效、权威"司法体制要求的回应，是在再审这一具体制度上对民事诉讼效率价值的强调与追求。

但是,修改后的民诉法并未对检察机关抗诉案件审查机制和抗诉案件审查的时限作出要求。因为检察监督是对民事审判活动的监督,其首要价值重在监督与纠错,检察机关在理论上并不负有及时解纷之职责。但是,从实践的情况来看,民事检察监督的案件来源主要来自当事人申诉,当事人申诉的主要目的无非是维护私权与解决纠纷。因此虽然检察监督的目的在于督促法院审判活动的正当与合法,但是却又不得不直面申诉人的申诉目的。若无视申诉人维护私权与解决纠纷的目的,势必又将激起当事人新的不满情绪,从而为社会不稳定埋下隐患。而当事人这两个方面的目的的实现,都需要检察机关对效率价值的追求,也就是及时审查案件,决定是否抗诉。再者,及时仅仅为了监督民事审判活动,恐怕没有效率的监督,也会在效果上打了折扣。而且"公正、高效、权威"不仅仅是对法院的要求,也是对检察机关的要求。基于此,检察机关在建构民事抗诉案件审查机制以及探索其他形式的民事检察监督方式时,应坚持对效率价值的追求。根据这一价值目标,目前有些地方检察机关在基层院、市分院和省级院之间就民事检察监督工作所做的分工安排,恐怕还有着很大的改进余地。一些类如交办、督办、转办的做法,以及基层院建议提抗、市分院提抗、省级院抗诉这种三级案件审查机制,显然不符合效率的要求。就未来的趋势来看,市分院和基层院建立上下级检察机关联合办案机制,应当更符合效率的要求,因而也应当是更优的选择。

所谓上下级检察机关联合办案机制,是指市分院民检部门的相关办案人员分别和所属各基层检察院民检办案人员联合组成抗诉案件审查小组,在当事人的申诉对象是中级法院二审生效之裁判时,基层检察机关的办案人员以市分院的名义展开工作。市分院发挥其法律业务素养更好的优势,基层院发挥其距离当事人较近,接访接待以及调查取证便利的优势,同时展开抗诉案件审查工作,相关法律文书以市分院的名义作出,对当事人的送达则可视具体情况由市分院完成或者由基层院以接受市分院委托的名义完成。这样就可以取消基层院对二审终审判决进行审查并建议提抗这一环节,整个案件审查的效率当然会有所提高。

需要指出的是,在就这一设想没有展开试点之前,对于检察院民检部门可能因此而萎缩的担心是缺乏依据的。因为除了这一项工作外,基层院民检部门还要负责对当事人申诉的基层法院一审生效的裁判进行审查,而且基层检察院对于基层法院调解活动和执行活动等,仍须进行检察监督方面的探索。因此对于基层检察院民检部门的命运,大可不必有杞人之忧。再说,即使因为机制的完善和效率的提高导致了基层民检部门的萎缩,这难道就一定是不能接受的后果吗?民检部门的设置是为了履行民事检察监督职责,而不是为了民检部门自身的存在。若能够更好地履行民事检察监督职责,民检部门对其自身的任何改革,都应坦然处之。

第五,此次修法对审判监督程序修改的直接目的是解决申诉难问题,更进一步的目的是化解矛盾纠纷,维护社会稳定,最终目的应当是实现公平正义的社会建设目标。为此目的和任务,检察机关不应消极被动,而应主动探索、尝试确立在申诉案件审查阶段化解矛盾纠纷的有效机制。

当前我国正处在社会转型时期,一些体制上的深层次矛盾已经逐渐明朗化,因贫富分化、劳资纠纷、征地、动拆迁以及环保问题所引起的社会矛盾有着不同程度的激化趋势,因此所孕育的社会不满情绪也常常影响着人们行为方式的选择,一些小的冲突和矛盾往往可能引起较大的群体性事件。在这种特殊的社会背景和具有中国特色的政治语境下,包括检察机关在内的各公权力部门,都被附加了化解矛盾纠纷和维护社会稳定的职能。由于各种可能影响社会稳定的矛盾和纠纷的产生,其背后一般都有着深层次的原因,也就是具有体制上的因素,因此经济和政治体制的完善才是解决此类矛盾和纠纷的治本之策,司法机关对已经发生的矛盾和纠纷的化解,仅是治标的手段。但是在体制尚未理顺之前,司法机关对已经出现或者可能出现的矛盾和纠纷的及时化解,可以为经济和政治体制改革创造一个良好的社会环境,也可以为经济和政治体制改革的顺利展开争取时间。因此,公权力机关在各自职责范围内化解矛盾和纠纷的努力,既具有社会意义,也具有政治上的意义。

就检察机关来说，民事案件凡申诉到检察院的，都意味着矛盾和纠纷的存在。此类矛盾的特征是，不仅仅当事人相互之间存在未能解决之纠纷，当事人对法院也有着很深的不满情绪。检察机关若处理不好，则当事人之间的纠纷可能继续扩大，当事人对司法机关乃至国家政权的不满情绪也会进一步弥散，从而扩大社会不稳定的隐患。为此，检察机关须在司法保守主义和司法能动主义之间寻求平衡，在解决纠纷和维护社会稳定的目标下，不必僵化地拘泥于民事诉讼法对检察机关在审判监督程序中的职能定位，可以进一步向司法能动主义倾斜，探索在申诉案件审查阶段化解矛盾和解决纠纷的有效机制。这些机制包括通过法理解说、人性化的接访接待以及走出机关、深入群众、耐心说服等，以促进当事人和解、消解当事人不满情绪等。当然，此种探索不得以损害当事人的合法权益为代价。

第六，对于检察机关在民事检察监督实践中已经不同程度展开的探索，包括在监督范围、监督方式以及公益诉讼方面的探索，其成果并未反映在此次修法的内容中。但是，这并不表明立法机关对检察机关的探索持否定态度。例如有关公益诉讼问题，立法机关明确表示要继续调研，待条件成熟后继续修法。因此，在建设公正、高效、权威司法体制的目标下，检察机关在民事检察监督的范围、方式以及提起公益诉讼方面，应当继续进行有益的探索。

在这次修法之前，各地检察机关已经不同程度地展开了民事检察监督改革的探索，这些探索包括民事检察监督范围的扩张、民事检察监督方式的创新以及检察机关提起公益诉讼等。关于检察监督范围的扩张，包括对人民法院调解活动、执行活动的监督和对可以上诉之外的裁定的监督；关于检察监督方式的创新，主要是对支持起诉、检察建议等监督方式的探索；关于检察机关提起公益诉讼的探索，主要限于对国有资产的保护方面。这些探索，在不同的地方，侧重点不同，推进的程度也不同。此外，不同地方的审判机关对于检察机关分布在不同的侧重点上的探索，态度也不相同，但总体上比较消极，导致检察机关一厢情愿的探索困难重重。因此，若要实事求是地进行评价，则可说检察机关在此前一个阶段的探索，确实还没有达到成熟的地步。所以此次民诉法修改，未能体现出检察机关改革探索的成果，以事后的比较理性的角度来观察，实属必然。

但是，这并不意味着检察机关的探索已经被立法机关否定，当前已经进行的探索必须偃旗息鼓。有些探索，还是具有继续进行的必要的。这些探索要么符合理论逻辑，要么符合实践需求。前者例如对人民法院调解活动的监督问题，至少在理论上是成立的。既然当事人可以对生效调解协议书申请再审，检察机关为什么不能在维护公平、正义的目标下进行抗诉呢？后者例如公益诉讼问题，未来我国建立公益诉讼制度是必然的趋势。因为在这一社会转型时期，侵害社会公共利益的事件层出不穷，而通过民事诉讼来使遭受损害的社会公共利益得到回复，最为符合现代法治理念。在公益诉讼中，当受害主体不明确或者范围太广以至于无法特定化的情况下，由检察机关作为原告起诉，最为符合效率的要求。再如，检察机关在民事抗诉案件受理和审查过程中促进当事人和解的探索，由于符合当前的社会和政治现实，符合国家化解矛盾与维护社会稳定的要求，显然是应当鼓励的。

笔者不妨妄测，此次修法之所以没有体现检察机关探索的成果，其中存在着以下几个方面的原因：一是检察机关的某些探索，例如促进和解的探索，虽值得鼓励，但尚无在民事诉讼法中规定的必要；二是检察机关的一些探索，尚未成熟，难以为立法提供有效的素材，例如检察机关提起公益诉讼的探索，成熟的有价值的案例很少，并且还牵涉到检察机关之外的方方面面的因素，所以暂时难以立法；三是立法过程中存在着不同利益集团的博弈行为，例如对于法院调解活动和执行活动的监督，恐怕检法两家基于本位主义的博弈活动，会对立法产生很大的影响。而上述几个方面的原因，显然都不能成为阻止检察机关继续进行民事检察监督探索的理由，反而应当促使检察机关继续探索，积累经验，为下一次修法做好准备。

民事诉讼法的全面修改与检察监督*

汤维建**

内容摘要：在本次民事诉讼法修改中，检察监督是其重要内容之一。检察监督对于调整我国民事诉讼模式的失衡与偏颇、型塑具有中国特色的民事司法制度，可谓不可或缺的元素。检察监督自有其内在发展规律与演变逻辑，其在目前所呈现出的样态是由审判走向执行、由实体走向程序、由诉后走向诉前。检察监督横跨民事诉讼全过程，诉前监督需要全新构建，民事公诉登上历史舞台；抗诉制度的适用范围需要扩大；抗诉的审级模式应当采用递进式的双轨制；抗诉应当成为再审程序启动的唯一机制。

关键词：检察监督 民事公诉 诉中监督 抗诉机制

一、检察监督与新型民事诉讼模式的构筑

新一轮的民事诉讼法修改已步入快车道，它以崭新的姿态问世已经是指日可待之事了。这次民事诉讼法的修改，就其形式而论，涉及诉讼与非诉讼衔接机制，以充分发挥诉外纠纷解决机制的作用；完善简易程序，设立小额诉讼程序，以提升司法效率；完善再审程序，尽量将再审案件解决在基层；完善检

---

* 本文刊载于《中国法学》2011年第3期。本文为教育部新世纪优秀人才支持计划（2006）阶段性成果。

** 汤维建，中国人民大学法学院教授、博士生导师。

察监督制度，确保人民法院独立公正行使审判权；完善证据制度，设定证据规则，确定证明责任的配置法则，强化当事人的举证能力；完善审限制度，提升上诉审法院的裁判质量；建立公益诉讼制度，加强对国家利益和社会公共利益的司法保护力度；完善执行程序，切实破解"执行难"，遏制"执行乱"；完善送达制度，提高送达的有效性，确保当事人的诉讼参与权；完善管辖制度，便利当事人诉讼，便利法院审判案件，同时有利于克服地方保护主义的顽疾，等等，覆盖面可谓广泛，因而名之为"全面修改"。

就其实质而言，本次民事诉讼法修改乃是沿循 1991 年民事诉讼法修改的基本思路和指导理念，实现更高层面上的权利与权力之资源合理配置，具体包括：（1）诉权与审判权的关系与资源配置，此本质上乃是诉讼模式继续朝合理化方向调整的问题。（2）检察监督权与审判权的关系与资源配置，此本质上乃是利用公权力对公权力实施制衡和制约的问题。（3）社会参与权与审判权的关系与资源配置，此本质上乃是在司法不断社会化的背景下，如何导入社会力量对司法权力进行制约和监督的问题，这其中主要关涉人民陪审制度的进一步合理化构建与完善的问题。（4）调解权与审判权的关系与资源配置，此本质上乃是"调审分离"模式与"调审合一"模式的优势比较与理性抉择，以及多元化调解机制与审判机制的程序嫁接问题。（5）执行权与审判权的关系与资源配置，此本质上乃是二者的主体属性进一步分离以及由此导致的程序分离———《强制执行法》单独制定的问题。我国民事诉讼法的修改与完善，在相当长的历史时期里，将围绕着上述五大关系问题而着力进行；这其中，当务之急需要关注和攻克的修法议题，乃是上述诸问题中的第 2 项问题，即进一步导入检察监督权，强化其对审判权的制衡力度，构建一个相对合理的检察监督与司法审判关系，以确保符合公平正义要求的司法产品能源源不断地被生产出来。

检察机关是我国宪法所确立的国家的专门法律监督机关（《中华人民共和国宪法》第 129 条），在"人大领导下的一府两院"构架下，检察机关对审判机关的审判和行政机关的行政依法实施法律监督，与此同时，检察监督权也受审判权和行政权的反向制约。为此，检察监督权便应当在民事诉讼法所构筑的权利、权力关系网络中占有重要一席位置。

1982年3月,新中国第一部民事诉讼法——《民事诉讼法(试行)》颁行。在该法中,检察监督作为一项基本原则被写入了总则(一般规定)之中[①],这不仅对中国特色民事诉讼程序基本原则体系的形成有助成之功,同时也昭示着民事诉讼中的检察监督以昂然之姿,登上了中国民事司法的历史舞台,开启了检察监督制度在新领域的新征程。

检察监督原则作为民事诉讼中的重要制度性杠杆,从其产生之时起,就肩负着制约审判权、解构审判权、保障诉权、完善诉讼结构的历史使命。历史地看,中国民事诉讼制度脱胎于"民刑不分"的旧传统,其以独立的姿态从"民刑不分"的状态中发展而出,天然地带着诸多的制度性桎梏,致使民事诉讼的原初结构处在失衡状态。在此状态中,审判权一权独大,诉权极度羸弱,匮缺起码的制约力和平衡力,诉讼构造的天平难以避免地倾斜于审判权一边,由此导致强势职权主义或超职权主义的诉讼模式得以最终形成。

强势职权主义诉讼模式带有浓厚的司法专断色彩,法院的审判职权超然庞大,致使司法公正的水平始终偏低,人民对于司法的信赖心理难以稳定地形成,司法最终陷入危机泥潭,民众对于司法的不满情绪日渐增长。这预示着强势职权主义的诉讼模式必须改弦更张,另谋新路。

改革强势职权主义的基本理路无非有二:一是导入外在的权力因素,以权力制衡权力,使审判权在应然轨道中运行。二是强化诉权,并导入外在的权利因素,实行以权利制约权力的制衡机制。此所谓外在的权利因素,主要指前述陪审制装置。在此二理路中,前一理路具有比较优势。原因在于:其一,符合我国的宪法构架,检察机关是宪法所设定的法律监督机关,具有监督审判权的宪法职能,是我国制度构架中可以利用的现成的权力配置因素。其二,检察机关的监督具有职业性和专门性,能够以最低的司法成本获取最大的司法效益,而且很快就能够娴熟地切入民事诉讼的复杂构造之中,降低了制度的试错成

---

① 参见1982年3月8日颁布的《民事诉讼法(试行)》第12条:"人民检察院有权对人民法院的民事审判活动实行法律监督。"

本。其三，我国国民司法素养，包括有效地参与司法的能力与水平，都需要有一个相当长的过程予以培育，目前就其平均值而论，尚难期其满足制衡和约束审判权的高度要求。此外，我国律师代理制度尚欠发达，法律服务市场尚不够成熟，难以胜任新型当事人主义诉讼模式的内在需求。

由此可见，检察监督就其本质而言，乃是在国家审判权力的单一结构中，添附另一个同质性的司法监督权力，使它们在统一的公权力范畴中形成既分工又制衡的分权状态，从而起到制衡审判权、保障诉权，使失衡的诉讼结构在新的层面重新恢复平衡状态的作用。由此所形成的诉讼模式，既别于强势职权主义的诉讼模式，也异于典型当事人主义诉讼模式，而是处在此二者之间的中间性诉讼模式，此种诉讼模式就其公权力因素偏大而言，应归于职权主义诉讼模式的范畴，只不过此种职权主义诉讼模式被打上了深刻的中国特色之时代烙印。从其所受制的客观条件性来说，此一诉讼模式在中国将延续相当长的时期，而难以跨越。

二、民事检察监督制度的立法逻辑与司法逻辑

如前所述，1982年《民事诉讼法（试行）》仅仅是在其基本原则体系中认可了检察监督原则，除此之外别无其他任何规定，这就形成了为学理所长期诟病的所谓"总则与分则"不相协调的立法悖论。缺乏规则的原则是不具有可操作性的，因此该原则的制度构建意义远远大于其司法运作意义。然而司法实践的需求并不会因立法的滞后性而被窒息，检察监督权介入和参与民事诉讼越来越具有规律性价值，贴上检察监督标签的司法个案日益增多。有鉴于此，1991年4月全面修改《民事诉讼法》时，立法者审时度势，因应司法实践之强劲需求，根据检察监督探索的实践经验，在1982年《民事诉讼法（试行）》的基础上，在重申检察监督基本原则之外，专门在其第16章"审判监督程序"中用

4个条文规定了检察院对于民事案件的抗诉制度[①]。抗诉制度在民事诉讼法制度体系中的出现,对民事检察监督制度的发展具有里程碑式的意义:它成为落实检察监督基本原则的第一块基石,正因为有了抗诉制度,停留在抽象层面的检察监督原则,从此获得了实证意义,检察监督基本原则所涵盖的丰富内容,在抗诉制度的牵引下,日益具有制度证成价值,原则与规则之间的鸿沟得以逐渐填平。

抗诉制度在民事诉讼法中的出现也具有负面效应,集中表现在检察监督的适用范围受到了窄化解释或限缩性解释之上。这种解释论可以概括为"两个凡是":凡是不能按照审判监督程序进行再审的,均不可抗诉;凡是不可抗诉的,检察机关均不可监督。这样一来,检察监督作为民事诉讼法在总则中确定的基本原则,则受到了两步骤的狭窄化解释,第一步骤将检察监督的基本原则兑换成了抗诉制度,第二步骤则将抗诉制度限定在审判监督程序范围之内。

基于上述法解释论,以下案件或事项被认为是不得抗诉的:人民法院依照民事诉讼法规定的特别程序、督促程序、公示催告程序、企业法人破产还债程序审理的案件[②];以调解方式审结的案件;涉及婚姻关系和收养的案件;当事人撤诉或者按撤诉处理的案件;执行和解的案件;原审案件当事人在原审裁判生效二年内无正当理由,未向人民法院或人民检察院提出申诉的案件;同一检察院提出过抗诉的案件[③];执行程序中的裁定[④];先予执行的裁定[⑤];移送管辖的

---

① 参见1991年4月9日《民事诉讼法》第185条规定了抗诉事由、第186条规定了抗诉的效果、第187条规定了抗诉文书、第188条规定了抗诉出庭。
② 参见最高人民法院《关于适用〈中华人民共和国民事诉讼法〉若干问题的意见》(1992年7月14日)第207条。
③ 参见最高人民法院《全国审判监督工作座谈会关于当前审判监督工作若干问题的纪要》(法〔2001〕161号)。
④ 参见最高人民法院《关于对执行程序中的裁定的抗诉不予受理的批复》(1995年8月10日)。
⑤ 参见最高人民法院《关于检察机关对先予执行的民事裁定提出抗诉人民法院应当如何审理的批复》(1996年8月8日)。

裁定①；撤销发生法律效力的仲裁裁决的裁定②；等等。

然而，实践的逻辑与法律的或解释的逻辑恰好相反，它不仅不满足于对检察监督原则所做的上述限制性解释，甚至也难止步于对该原则的文义性解释。司法实践不断提出对于民事诉讼实行检察监督的新要求，择其要者有：（1）抗诉制度除能针对具有可再审性的裁判文书外，对于其他不属于审判监督程序调整的裁判文书，是否能够予以适用？（2）除表现在诉讼尾端的诉后监督外，是否可以进行预防性的诉中乃至诉前监督？（3）检察机关能否在特殊情形下以公权力启动民事诉讼程序？（4）对于法院的执行活动，检察监督权的锋芒能否有所指？等等。在司法实践中相继被提出的诸如此类问题，其实可归结为一点：这就是，作为民事诉讼法基本原则的检察监督原则，是否应当根据实践理性之需，丰富其内涵，使其回归于真正意义上的基本原则的应然高度，同时在此基础上，展开其外延性的制度设置，由此实现由有限监督向全面监督的制度转轨？时代提出了这个问题，需要及时应对与破解。

2007年10月，中国共产党第十七次全国代表大会提出"深化司法体制改革"的战略任务。在2007年底召开的全国政法工作会议上，胡锦涛总书记对深化司法体制改革进一步提出明确要求。2008年以来，中央政法委会同中央和国家机关的17个部门和有关地方，在进行深入调研论证，集中方方面面的意见和智慧的基础上，经中央批准，提出了《关于深化司法体制和工作机制改革若干问题的意见》。这次改革是2004年司法体制和工作机制改革的继续和深化，提出了优化司法职权配置、落实宽严相济刑事政策、加强政法队伍建设、加强政法经费保障等4个方面的改革任务。在优化司法职权配置方面，该《意见》明确提出了两项改革任务和目标：一项是"完善检察机关对民事、行政诉讼实施法律监督的范围和程序"；另一项是"明确对民事执行工作实施法律监

---

① 参见最高人民法院研究室《关于人民法院不受理人民检察院就移送管辖裁定提出抗诉的答复》（1999年6月30日）。
② 参见最高人民法院《关于人民检察院对撤销仲裁裁决的民事裁定抗诉人民法院应如何处理问题的批复》（2000年6月30日）。

督的范围和程序"。在该《意见》的指导下，民事行政检察监督制度的实践探索加快了步伐，改革与完善的方案与举措也被频频推出，民行检察监督迎来了又一个春天。

为此，2010年7月召开了全国检察机关第二次民事行政检察工作会议。此次会议是从2001年举行的第一次民事行政检察工作会议以后的又一次盛会。如果说第一次民行工作会议是吹响了贯彻落实1991年修改后《民事诉讼法》有关抗诉制度的号角的话，那么第二次民行工作会议则是揭开了新一轮民事诉讼法修改、强化检察监督的序幕。在这次会议上，曹建明检察长作了重要讲话。曹建明检察长在讲话中强调：要充分认识新形势下大力加强和改进民事行政检察工作的重要性和紧迫性；要准确把握民事行政检察工作的法律监督属性、职能定位和基本要求；要紧紧围绕强化法律监督职能，进一步加强和改进民事行政检察工作；要加强改革探索和理论研究，不断完善民行检察体制和工作机制；等等①。在该报告中，曹建明检察长还特别指出："高度重视民事行政诉讼立法研究，积极提出落实司法体制改革、完善民行检察监督制度的立法建议，推动民行检察监督的范围和程序不断完善。"此次会议，将民事行政检察监督制度的创建与完善，推向了历史的新高度，其成果令人鼓舞。

为落实中央司法改革上述两项相关的主要任务，最高人民检察院和最高人民法院深入调研，积极磋商，于2011年3月10日会签了两个文件：一是《关于对民事审判活动与行政诉讼实行法律监督的若干意见（试行）》，一是《关于在部分地方开展民事执行活动法律监督试点工作的通知》②。《关于对民事审判活动与行政诉讼实行法律监督的若干意见（试行）》共有16条，其主要的亮点在于：(1)规定了人民检察院的调查核实权（第3条）；(2)进一步完善了抗诉制度，包括对调解书的抗诉、对管辖权异议裁定的抗诉等等（第5、6条）；

---

① 参见曹建明：《在全国检察机关第二次民事行政检察工作会议上的讲话》(2010年7月21日)。
② 对执行活动实行检察监督的试点地方有：山西、内蒙古、上海、浙江、福建、江西、湖北、广东、陕西、甘肃、宁夏等11个省、自治区、直辖市。

(3)规定了同级检察院向同级法院提出"再审检察建议"制度(第7条);(4)规定了对不适用抗诉制度的裁决事项和程序违法提出检察建议的制度(第9条);(5)规定了检察和解与息诉制度(第12条);等等。其中最有意义者乃是规定了检察院对诉讼程序违法的过程性监督机制,这就明确了诉中监督的范围及其程序和方式,对保障诉讼程序的合法性、正当性和合理性可谓意义深远。后一个文件主要的突破在于明确了检察机关对人民法院执行活动的法律监督权,为此用9个条文在监督的范围、措施以及程序保障等方面进行了有重点的规范。这两项文件的颁发,为《民事诉讼法》全面修改、扩展检察监督制度的内容奠定了基础。

三、诉前监督与民事公诉

检察机关作为宪法所确定的专门法律监督机关,除进行诉讼监督或司法监督外,还要进行存在于诉讼或司法之外的其他社会性监督,此为一般监督。诉前监督包含在一般监督的概念中,但它有别于纯粹的诉讼监督,因为诉讼程序于此阶段尚未启动,也与单纯的非诉讼监督有异,因为通过这种监督,将启动诉讼程序的运转。故而可说它是一种兼有诉讼监督和非诉讼监督属性的混合型监督。民事诉讼法此次修改,要涉足检察机关对于民事诉讼的诉前监督这一论题。

就概念而论,所谓诉前监督,指的是在民事诉讼程序发生前,由检察院对相关民事主体提起民事诉讼的行为进行敦促、督察、支持、保障或者在特殊情形下直接提起民事诉讼等法律监督活动的概称。此为广义的诉前监督,包括目前由司法实践积淀而成、较为定型的三种监督方式,即督促起诉、支持起诉和提起民事公诉。狭义的诉前监督仅指提起民事公诉。这里仅就狭义的诉前监督稍加阐述。

所谓民事公诉,实为检察机关提起民事诉讼之总称。与之相近的乃是民事公益诉讼的概念。民事公诉是从提起诉讼的主体视角而言的,民事公益诉讼则是立足于民事诉讼所涉利益的性质及其救济手段而说的。提起民事公益诉讼的主体有多个，检察机关仅仅是其主体之一，而检察机关所提起的民事公益诉讼，属于其民事公诉范畴。因此，民事公诉虽主要包括民事公益诉讼，但其范围前者较后者要广。笔者倾向于民事诉讼法修改中采用"民事公诉"一词，或者在此基础上并用民事公益诉讼的概念，用意在于：其一，可以避免一些无谓争议。比如，在国有资产流失的案件中，若代表国家提起民事诉讼的主体缺位，检察院则可代表国家提起诉讼。此时，检察机关是作为国家财产的监护人或代表者提起民事诉讼的，其是否属于严格意义上的公益诉讼范畴，则存有争论。其二，可以为检察机关实施更加广泛的诉前监督留有制度空间。比如说，在大规模侵权案件中，检察机关可以依职权或在利害关系人的申请下启动民事集团诉讼程序，而此大规模侵权案并不必然涉及公共利益，而完全可以是私权纠纷的累加和聚集。再如，对于保护弱者的纠纷，检察机关除可以支持起诉外，尚可保留提起诉讼的权力。实践中出现的流浪汉被撞亡而无利害关系人索赔的案件，检察院不妨可以提起民事诉讼。此类民事诉讼，由于是由检察院提起的，故可恰当地称之为"民事公诉"，然而似不可勉强名之曰"民事公益诉讼"。目前有学者称行政诉讼中检察机关提起的诉讼也为"行政公诉"[1]，与之相适应，民事诉讼中检察机关提起的民事诉讼，也均可概括为"民事公诉"。

对于民事公诉的范围如何设定为好，理论上有宽窄不同观点。笔者认为，鉴于我国民事公诉制度刚刚起步，其范围不宜过宽，否则就会导致对较为成熟的抗诉制度以及初有雏形的诉中监督制度的冲击和淡化，同时在检力应对上也会遇到难题。具体而言，其范围可以设定为以下种类的案件：（1）损害国家利益的案件，如关涉国有资产流失的案件；（2）环境污染案件；（3）侵害自然资源的案件；（4）损害不特定消费者合法权益的案件；（5）涉及众多当事人的巨型民事案件；（6）经济领域中的反垄断、反不正当竞争案件；（7）其他应当由检察机关提起民事诉讼的重大影响案件。其中有争议的主要是上述（6）中的

---

[1] 孙谦：《设置行政公诉制度的价值目标与制度构想》，载《中国社会科学》2011年第1期。

案件，也就是检察机关的监督触角能否或应否延伸至经济领域？笔者的回答是肯定的。理由主要在于：其一，有利于维护市场秩序，促进社会主义市场经济体制的改革、基本经济制度的完善以及现代市场体系的健全。没有完备的法治保障，就没有成熟的市场经济。检察机关应当更加重视对经济领域的民事行政检察工作，促进依法调节民事关系和经济关系，促进建立完善市场经济的诚信机制和依法管理的有效机制，促进形成统一开放竞争有序的现代市场体系，为加快经济发展方式转变、实现经济又好又快发展提供有力的司法保障。[①] 其二，有利于加强对行政监管机构的法律监督，促进行政管理制度创新，服务于"三项重点"工作。其三，有利于维护众多消费者的合法权益，维护社会稳定。经济领域中发生的上述案件，无论是反垄断性案件抑或为反不正当竞争性案件，它们所产生的危害后果往往是双重的：一方面侵害了相关经济主体的经济利益，另一方面又损害了众多消费者权益。损害了众多消费者权益，固然可以按照消费者纠纷由检察院提起民事公诉；但既然如此，何以不直接提起反垄断、反不正当竞争的诉讼呢？后者所蕴含的诉讼目标是多重的，而保护消费者利益的诉讼目标乃是建立在反垄断、反不正当竞争的诉讼定性基础上的。当然，由于经济领域的此类案件，往往会有直接的利害关系主体提起通常的民事诉讼，在直接利害关系主体怠于提起民事诉讼的情况下，还可能会有行业性社会团体提起团体诉讼；检察机关通常是在有必要时参与民事诉讼。但检察机关事实上是否提起民事公诉是一回事，而其在法律上是否被赋予提起民事公诉的权限则是另一回事。

在对检察机关提起民事公诉进行制度构建时还涉及前置程序问题。所谓民事公诉的前置程序，是指在检察机关提起民事公诉前，应当先行敦促、支持和建议其他适格民事经济主体提起诉讼，只有在其他适格主体均放弃诉权的情形下，检察机关才作为诉权行使的最后主体提起民事公诉。笔者认为，民事诉讼法修改时增设此一前置程序是具有必要性的。原因主要在于：其一，有利于市

[①] 参见曹建明：《在全国检察机关第二次民事行政检察工作会议上的讲话》（2010年7月21日）。

民社会的育成。①检察机关提起民事公诉,其意义不仅在于个案的妥适解决,还在于通过此一诉讼过程推动市民社会的有序形成和渐臻成熟。检察机关在提起民事公诉前,提示、引导、支持相关的适格主体先行提起诉讼,对培育公民的诉讼意识和诉讼能力是有裨益的。其二,乃监督权力的行使逻辑使然。检察机关既有一般的法律监督权,也有诉讼的法律监督权,通过一般监督强化诉讼监督更有助于监督效能的提升。典型的例证乃是督促起诉。督促起诉既是诉前监督的方式之一,也可视为检察院提起民事公诉的前置程序。通过督促起诉,相关的行政监管机构通常会积极提起民事诉讼,检察院监督的目的已经达到或初步达到;如果有必要,检察院可以继而参与诉讼,实施诉中监督。这样就可以将一般监督与诉讼监督先后有序地联结起来,由此也显现出检察监督的谦抑原则及其权力行使的内在章法与逻辑。由此可见,民事公诉的前置程序是必要的,有了此一前置程序,检察机关的民事公诉权成为维护国家利益、社会公共利益以及重要私人利益的最后堡垒。

四、抗诉的范围与立法调整

前已述及,抗诉是目前检察机关对民事诉讼实施法律监督的惟一形式,然而立法的局限性表现在它是被规定在"审判监督程序"中的,因此对其适用范围就导向了限缩性解释。这种限缩性解释加剧了检察监督基本原则与其具体规则之间的矛盾,致使检察监督权在民事诉讼领域日趋萎缩,最终导致与司法实践的内在需求产生了渐行渐远的负面现象。为此,此次民事诉讼法修改应当将抗诉制度从审判监督程序中剥离而出,使其不仅仅适用于审判监督程序的调整范围,而且在非审判监督程序的纠错程序中同样适用,其一般原则应当是凡法院行使审判权所产生的裁判文书,若需推翻以重新作出,则均需采用抗诉形式。抗诉的本质在于启动法院行使审判权的程序,对其生效的法律文书重新审

---

① 孙谦:《设置行政公诉制度的价值目标与制度构想》,载《中国社会科学》2011年第1期。

视，并对其所存错误加以纠正。凡符合此一监督特征，并具有重要性与可能性者，则皆适用抗诉制度。此详述如下：

（一）根据二审终审制所形成的判决书，应皆可抗诉

审判监督程序的重要功能之一便在于救济二审终审制之不足并纠正由此产生的错误裁判。因此逻辑地推论，凡实行二审终审制所形成的判决书，应皆属可抗诉范围。这里需稍加展开分析的是关于解除婚姻关系的判决能否抗诉问题。根据《民事诉讼法》第181条规定，当事人对已经发生法律效力的解除婚姻关系的判决，不得申请再审。笔者认为，此项惟一例外的规定也未必恰当。固然，解除婚姻关系的判决一经生效，婚姻关系自动解除，当事人可另行缔结婚姻关系。为维护婚姻关系稳定起见，立法规定此类判决不具有可再审性。就此而论，立法当属正确。然而此仅为事物之一面，事物之另一面在于，立法由于没有区分同质性再审与异质性再审的界限，而一概排除解除婚姻关系的判决所具有的再审可能性，则显属不妥。比如，在离婚判决作出并生效后，当事人可根据婚姻无效、婚姻不存在或不成立等为理由而申请再审。由于此类纠纷往往涉及公共利益和国家法律的强制性规范，即便当事人不申请再审或不向检察院申诉，检察院也应当依职权提出抗诉。这便是同质性再审。同质性再审的结果不会改变当事人此后形成的新型婚姻状态。因此本条应当修改为：当事人对已经发生法律效力的解除婚姻关系的判决，若认为存在婚姻无效、婚姻不存在或不成立等情形，可以申请再审；人民检察院也可以据此理由提出抗诉。

（二）适用一审终审制所形成的判决书

适用一审终审制所形成的判决书是立法例外规定的情形，其主要适用于特别程序以及非讼程序所产生的判决，包括：《民事诉讼法》第168条规定的宣告公民失踪、宣告公民死亡的判决；第172条规定的认定公民为无民事行为能力或者限制民事行为能力的判决；第175条规定的认定财产无主的判决；第

197条规定的宣告票据无效的判决；等等。对于此类判决，能否适用抗诉制度立法未加明定。笔者认为，那种认为凡实行一审终审制的案件均不适用审判监督程序，因而也不适用抗诉制度的观点是值得商榷的：其一，一审终审的案件以及法院作出的相应判决，同样也存在错误判决因而需加纠正的问题。在这里，民事诉讼法是存在缺陷的。因为它对于所有的根据一审终审制所形成的判决，均没有规定纠正错误判决的救济程序，而仅仅规定了"作出新判决，撤销原判决"的制度，但后一制度与程序不能涵盖和取代前一制度与程序。其二，与审判监督程序用以纠正通常的法院错误裁判相适应，特别程序以及其他非诉讼程序也应当设置相应的纠错制度与程序。对此，检察院应当具有抗诉权。

（三）关于裁定书的抗诉问题

与判决是用来解决案件实体争议事项不同，裁定是法院用来解决程序问题的。法院在诉讼过程中能够作出的裁定在数量上非常之多，这与判决的惟一性形成了对照；诉讼是要讲求效率的，如果所有的裁定均如同判决一样进行完善的程序保障，则必然影响诉讼进程。因此，对待裁定的救济制度应与判决有所区别。笔者认为，对裁定能否提出抗诉，应当结合其实体标准和程序标准两个方面加以确定。实体标准又可归结为重要性标准。程序事项在重要性上并非等值的，而有程度差异。程序事项之是否具有重要性，关键看三点：其一，该程序事项是否导致诉讼程序的产生、中止或终结，即能否使诉讼程序发生质的变动。其二，该程序事项是否直接影响当事人的实体利益保障。其三，该程序事项是否动摇或变更执行根据的有效性或其所包含的内容。对以上三问，凡肯定者为重要的程序事项，反之则否。

除实体标准外，裁定之是否具有可抗诉性，尚可辅之以程序标准。程序标准有二；一是看裁定是否具有可上诉性。凡具有可上诉性的裁定，应当无例外地具有可再审性以及由此产生的可抗诉性。其理由与前述二审终审制下的判决相仿。二是看裁定是否可以申请复议。可申请复议的裁定通常是较重要的裁定，因而在检察监督权力配置的分量上应当与不可申请复议的裁定相区别。前者如《民事诉讼法》第140条规定的可以上诉的三种裁定，后者如《民事诉讼法》第99条规定的财产保全或先予执行的裁定。然而同时要看到，程序标准是不周延的，因为虽然可以得出结论认为，凡可以上诉或申请复议的裁定，检察院均可抗诉，但也不能因此认为，凡不可上诉或申请复议的裁定，则均不属于检察院的抗诉范畴。比如，《民事诉讼法》第140条第1款所规定的"终结诉讼的裁定、终结执行的裁定、不予执行仲裁裁决的裁定以及不予执行公证机关赋予强制执行效力的债权文书"等裁定，虽立法未明定其具有可上诉性或可复议性，然而衡之以上述实体性标准，这些裁定均属于重要性裁定应无疑义。因此，这就产生了判断裁定是否可抗诉的实体标准和程序标准的关系问题。应当认为，程序标准是依附于实体标准的，实体标准应对立法具有指示作用。本次民事诉讼法修改应当立基于上述实体标准，对裁定的可上诉范围与可复议范围重加审定，使程序标准能够精准地映现实体标准，由此强化程序正义的立法价值，提升民事诉讼法修改的科学化水准。因此，检察院对裁定之是否可以抗诉，应当同时兼顾实体标准和程序标准，在二者发生冲突时，以实体标准为最终依据。

根据上述标准，笔者认为以下裁定应归为可抗诉范围：不予受理的裁定；驳回起诉的裁定；财产保全的裁定；先予执行的裁定；终结诉讼的裁定；终结执行的裁定；不予执行仲裁裁决的裁定；不予执行公证机关赋予强制执行效力的债权文书的裁定；等等。这里值得讨论的问题有两个：一是关于管辖权异议的裁定是否能够抗诉的问题；二是关于按自动撤回上诉处理的裁定是否可以抗诉的问题。

先看第一个问题：对管辖权异议的裁定是否能够抗诉？如前所述，能够提出上诉的裁定，民事诉讼法规定了三种，即不予受理的裁定、驳回起诉的裁定以及管辖权异议的裁定。最高人民法院《关于适用〈中华人民共和国民事诉讼法〉若干问题的意见》第208条规定："对不予受理、驳回起诉的裁定，当事人可以申请再审。"据此，对管辖权异议的裁定，当事人不可以申请再审，由

此决定，检察院也不可就此提出抗诉。但做这样的解释无论从上述实体标准看抑或从程序标准看，均难免失当。原因在于：其一，管辖权异议是当事人的重要诉讼权利，对于确定正确的管辖法院以及克服地方保护主义有着极为重要的意义。其二，管辖权的确定是前提性程序事项，对后续的诉讼程序之正当性判断具有先决价值，应当首先得到恰当的解决。2007年10月修改民事诉讼法，在其第179条第1款中规定"违反法律规定，管辖错误的"，当事人可以申请再审。可见，管辖错误是当事人申请再审的法定事由，因而也是人民检察院提出抗诉的法定事由。若管辖权异议的裁定不许可申请再审，当事人则必然根据上引条款，在判决生效后提出再审申请，检察院也可据此提出抗诉。在由此所产生的审判监督程序中，若法院经过再审认为管辖权确有错误，则势必作出撤销原生效裁判，将案件移送到有管辖权的法院审判的裁判。这样一来，诉讼程序还要回复到一审状态。既然如此，何以不许可在管辖权的争议出现后通过审判监督程序加以即时解决呢？由此来看，采用单独就管辖权异议的裁定先行实施再审的做法，更符合诉讼逻辑以及诉讼经济之道。既然当事人可以就此提出再审申请，基于同样的道理，检察院也可以即时对它提出抗诉。

再看第二个问题：按撤回上诉处理的裁定能否抗诉？所谓按撤回上诉处理，指的是当事人提出了上诉，但没有依法及时缴纳上诉费或者没有依照法院的指示完善上诉手续，从而使上诉审程序的继续进行产生了阻碍，因此被法院视为撤回上诉。法院为此必须作出裁定。若当事人对该裁定不服，能否申请再审呢？最高人民法院就此做出过司法解释，解释谓："当事人对按自动撤回上诉处理的裁定不服申请再审，人民法院认为符合《中华人民共和国民事诉讼法》第197条规定的情形之一的，应当再审。经再审，裁定确有错误的，应当予以撤销，恢复第二审程序。"笔者分析，对于该裁定，当事人可以申请再审的理由主要在于：其一，该裁定直接关系到二审程序能否启动，关系到当事人上诉权的程序保障，具有显而易见的重要性。其二，该裁定与按撤回起诉处理的裁定在性质上存有差异，二者形似而实不同。前者一旦作出，一审裁判便产生法律效力，二审程序便无以启动和存续；后者作出后，一审诉讼程序归于消灭，当事人的法律地位恢复到诉讼发生前的状态，当事人的再次起诉权不受任何影响。因而，对前者，当事人只能通过申请再审寻求救济，而对后者，当事人则可另行起诉，因而不必赋予其再审申请权。既然当事人可以申请再审，检察院当然也可提出抗诉。

（四）关于决定书的抗诉问题

决定书是解决诉讼中特别事项的法律文书。对于决定书能否抗诉，不能一概而论，而应视情形而定。就决定书所针对的客体来说，主要有两类：一类是诉讼中的特殊程序事项，比如回避的决定（第48条）、诉讼期间的顺延（第76条）等；另一类是司法行政事项，比如诉讼费用的缓缴、减缴或免缴（第107条）、对妨碍民事诉讼的强制措施（第105条）等。笔者认为，凡仅仅关涉程序事项的决定书，若其存在错误，检察院均不可抗诉，而只能选择其他方式实施监督。而若决定书针对的乃是司法行政属性的事项，则应看它是否具有事件的独立性及其重要性。据此分析，民事诉讼法所规定的诸决定事项，仅有妨碍民事诉讼行为中的部分强制措施可以采用抗诉的方式进行监督。《民事诉讼法》第105条规定："罚款、拘留应当用决定书。对决定不服的，可以向上一级人民法院申请复议一次。"这里的"决定书"，实为司法裁决书，直接关系到当事人或案外人的实体权益，其自身即构成了一个特殊的案件，因此之故，当事人或案外人可以向上级法院申请复议，检察院也可以提出抗诉。

五、几个有争论的问题

（一）关于申请再审事由与抗诉事由的统一性与差异性问题

2007年10月修改《民事诉讼法》在再审事由的确定上发生了两点大的变动：一是再审事由的细密化，由原来的5项概括性再审事由细化为17项具体

性再审事由；二是将当事人的申请再审事由与检察院的抗诉事由作了统一化处理，改变了过去申请再审事由多、而抗诉事由少的立法局面。

立法上的这样一种变动，引发了申请再审事由与抗诉事由是否应当具有统一性的理论争议，形成了等同论和差别论两种观点。笔者采扩大化的等同论，也即抗诉事由应当覆盖当事人申请再审事由，在此基础上尚应有其特别的抗诉事由。对此可以分两步来阐述和论证。

首先，为什么等同论是正确的？原因在于：抗诉制度的直接功能在于确保当事人的申诉权的实现，而通过申诉权的保障，纠正法院生效裁判中的错误，乃其最终功能。在当事人申请再审遇到阻碍时，便转而寻求检察监督的程序保障。因此，无论当事人申请再审的事由为何，也无论其所针对的生效裁判中是否客观地内含着法院审判行为的瑕疵或错讹，对当事人而言，其当务之需乃是通过再审申请权的行使启动再审程序，而此一再审申请权并非总是受到法院裁判的尊重。此时，检察机关的法律监督权便应起而发挥作用。检察机关法律监督权所指向的对象乃是再审申请权所遭遇的阻碍，而与生效裁判是否存有错误或是否需加变更并不直接相关。

当然，对当事人申请再审权行使中所遇到的阻力而言，若其客观指向为法院生效裁判的错误，则其所受阻力大；若其客观指向为当事人自身缘故或裁判依据被撤销等法院裁判以外的原因，则其所受阻力小。当事人所谓"申诉难"，在此二种情形中均有程度不一的表现，不过前者相对后者而言，检察监督更显必要而已。

其次，为什么抗诉事由要多于申请再审的事由？其原因在于：在有的情况下，尤其在生效裁判是由当事人恶意串通而形成的情形下，法院错误的生效裁判不可能由当事人通过申请再审而被纳入审判监督程序的轨道加以纠正，而惟有检察机关依职权启动再审程序，方能达其目的。这主要有三种情形：一是生效裁判客观上损害了国家利益；二是生效裁判客观上损害了社会公共利益；三是生效裁判客观上损害了案外第三人的合法权益。在前二者的情形下，检察机关理应代表国家利益或社会公共利益而提出抗诉，此乃其职责所在，不容推辞。在后一种情形下，案外第三人的利益因法院错误裁判而被殃及，本应由案外第三人申请再审或在其申请再审受挫时转而诉诸检察监督。然而目前立法尚未赋予案外第三人以再审申请权，故其亦无权申请抗诉。在立法存有上述局限的情况下，为了保护案外第三人合法权益不因生效裁判而受损，作为法律监督机关的人民检察院应有权依职权提出抗诉。

上述三种情形仅为实体受损，除此以外，检察院依职权提出抗诉的法定事由，尚应包括重大程序违法的情形。这是因为，重大程序违法是绝对的再审事由，当事人即便未申请提出，人民检察院若知晓此事，则也应依职权提出抗诉。比如法院的生效裁判是在违背法院专属管辖或者在合议庭的人员组成不合法的情形下做成的，则无论当事人是否向检察院提出抗诉申请，检察院均应依职权提出抗诉，以通过再审程序纠正此种严重的程序违法情节。

（二）关于抗诉的审级模式问题

所谓抗诉的审级模式，指的是对法院的生效裁判，应由何级别的检察院提出抗诉，并在检察院提出抗诉后，应由何级别的法院进行再审的制度安排和程序机制。从理论上分析，抗诉的审级模式无非可以划分为4种：（1）上级抗，上级审。简称"上抗上审"模式。（2）上级抗，下级审。简称"上抗下审"模式。（3）下级抗，上级审。简称"下抗上审"模式。（4）下级抗，下级审。此模式的准确表述应为"同级抗，同级审"，简称"同抗同审"模式。

目前民事诉讼法所采用的乃是以第（1）模式为主，辅之以第（2）模式的结构。即在原则上，应由上级检察院对下级法院作出的生效裁判，向同级法院实施抗诉，由同级法院进行再审；但在案件涉及事实问题时，上级法院可将再审案件交由下级法院审理（《民事诉讼法》第188条）。第（4）模式是实践中产生并经司法改革加以确立的做法，不过其中的"抗"应为"再审检察建议"（或曰"准抗诉"）。第（3）模式因不符合抗诉级别和再审级别的对称原理，故立法未采纳。但第（3）模式作为一种理论模型也并非毫无意义，其意义在于：

由与作出生效裁判的法院相同级的检察院，向上级检察院提出抗诉建议（简称"提抗"），由上级检察院向其同级法院提出抗诉。在实践中，此种提抗模式往往是通向第（1）模式的程序桥梁，故第（3）模式经变换后，一般与第（1）模式衔接而用。

笔者认为，在上述4个模式中，第（2）模式和第（3）模式因其不符合监督与被监督的级别对等性而应予摒弃。具有典型意义的乃是第（1）模式和第（4）模式。第（1）模式的优点主要是：由于抗诉的检察院和再审的法院均在作出生效裁判的终审法院的基础上上提一级，因而不仅显现出抗诉和再审的审慎性，有利于维护司法权威，而且也有利于统一审判尺度和监督标准，当事人也更加信赖。但该模式也有缺点，主要表现在：由于提高了抗诉和再审的司法机关级别，致使抗诉案件和再审案件逐层上移，最终造成案件挤压在司法顶层，形成了办案结构的"倒三角"局面，对于基层司法机关来说，就根本丧失了抗诉权和再审权。显然，这种案件分布状态并不理想，而且也增加了司法成本，对当事人也未必便利。通过比较，不难看出，第（4）模式与第（1）模式实际上是优劣互补的：第（1）模式之长为第（4）模式之短，第（1）模式之短为第（4）模式之长。

既然如此，在民事诉讼法修改时，笔者认为应当将上述第（1）模式和第（4）模式结合起来，构建一个递进式的双轨机制。具体构想如下：第一步，实行"同抗同审"模式。凡当事人对法院生效裁判不满，希望检察院行使法律监督权进行抗诉的，应首先向同级检察院提出抗诉申请，同级检察院决定提出抗诉的，应向同级人民法院提出再审检察建议。第二步，实行"上抗上审"模式。同级人民法院对检察院提出的再审检察建议不予接受或者接受后再审维持原裁判的，若当事人坚持其抗诉申请，该检察院则应向其上一级检察院提请抗诉，由该上级检察院审查决定是否提出抗诉。"上抗上审"模式的续后出现与客观存在，不仅显现了检察监督锋芒的张弛有度，同时也为"同抗同审"模式作用的充分发挥提供了制度性保障，最大限度地避免了"反复抗诉，反复维持"僵局的形成，有助于实现维护审判权威与公正和监督权威与公正的"双赢"

效果。

(三) 关于抗诉的次数问题

关于检察院抗诉的次数，民事诉讼法未作规定。最高人民法院曾做出《关于人民检察院提出抗诉按照审判监督程序维持原裁判的民事、经济、行政案件，人民检察院再次提出抗诉应否受理的批复》（法复〔1995〕7号）的司法解释。据此司法解释，检察院如果再次提出抗诉，必须要由原提出抗诉的检察院的上级检察院提出。按照这种一次抗诉与上级抗诉的原则，最终必然出现这样的局面：最高人民检察院向最高人民法院提出抗诉，最高人民法院维持原裁判，抗诉程序就此终结。显而易见，这对于检察机关的监督权威不可避免地会产生负面影响，最终实际上否定了监督权的实质有效性。

其实，在目前民事诉讼法所构筑的检法关系框架下，立法选择必陷二难困境：若抗诉无次数限制，则在抗诉权一旦失控而再三行使下，审判权威必受一定损伤；若抗诉有次数限制，比如以一次或两次为限，则监督效能势必赢弱，监督权威也必受一定损伤。因而无论立法如何设计，其结局或者有损审判权威，或者有伤监督权威，最终损及的乃是整体的司法权威。

为使检法两家在监督关系的设定上不致产生对任何一方权威性造成直接冲击，笔者认为，有必要在监督次数的基础上寻求更高层面的救济之途。具体而言，在检法两家因监督关系而生监督纷争后，任何一方应有权将该特定纷争提交同级人民代表大会常务委员会裁断，由其作出最终的决断。为此，人大常委会应当设立"特别司法委员会"。

(四) 检察院的抗诉应否成为再审程序启动的惟一机制

根据我国《民事诉讼法》第16章"审判监督程序"的规定，我国审判监督程序的启动机制乃是以多元化为基本特征的，人民法院、人民检察院以及当事人均可分别基于审判监督权、法律监督权以及诉权而启动审判监督程序或再审程序。单就法院依职权发动再审程序而言，其又包括三种途径：一是本院的

院长,通过审判委员会讨论决定;二是上级法院提审或者指令下级法院再次审判;三是最高法院可以提审或者指令再审(《民事诉讼法》第177条)。其实,这样的规定貌似合理,实则悖理,目前当事人所遭遇的"申诉难"以及法院裁判"终审不终"等弊端皆渊源于此。

笔者认为,首先,法院主动提起再审的权力应当予以否弃。否弃法院主动提起再审的权力,不仅有助于强化法院司法的自信力和公信力,有助于贯彻基本的诉讼法理,确保诉讼结果的安定性,而且也有利于使法院的审判权集中在正常的诉讼程序中行使,而断念于通过非常的诉讼程序进行亡羊补牢式的自纠。

其次,当事人对法院裁判不满,应向检察院提出申诉,请求检察院发动法律监督权来对法院实施监督,而不是向法院提出再审申请。由检察院直接受理当事人的申诉案件,至少有这样几个好处:

其一,减轻法院受理申诉案件的负担。法院受理的申诉案件占法院受理案件总量的四分之一左右,重复申诉、反复再审乃至缠诉不止的现象比比皆是,法院相当一部分精力都要放在应对申诉案件上。这就使得法院不能将主要的精力集中在处理正常的诉讼案件上。由检察院受理申诉案件后,就可以将这些数量庞大的当事人引向检察院,这样不仅可以减轻法院处理申诉案件的负担,而且对检察院来说,也丰富了可监督案件的案源,由此也强化了检察院的民行检察监督职能。

其二,有助于对申诉的当事人做服判息诉的工作。当事人提出申诉的案件,有一部分确有道理,应当通过再审改判;但也有相当一部分,其申诉的理由和根据并不充分,法院的生效裁判是正确的或基本正确的。对于后面这一部分案件,由检察院出面做服判息诉的工作,其效果较佳。因为检察院是宪法所规定的专司法律监督权的国家机构,也是专业性的司法机关,与申诉案件并无利害瓜葛,比较客观、中立和公正。因此,检察院所做的说理活动,比较能够得到当事人的认同,法院裁判的正确性和正当性也由此获得了强化和确证。

其三,有利于保障当事人的申诉权、再审申请权或再审诉权。当事人向检察院提出申诉，如果确有理由，检察院会毫无顾虑地向法院提出抗诉，而且，检察院提出的抗诉，必然引起再审程序的启动，而不会遭到法院的驳回。不仅如此，在再审程序被启动后，检察院还继续参加再审程序的全过程，实施同步监督，这样也有利于法院对再审案件作出客观公正的裁判，从而纠正原裁判中的错误或不当。也就是说，当事人向检察院提出申诉，不仅可以获得有力的程序保障，而且还可以得到有效的实体保护，从而使当事人得到全面的司法救济。

综上所述，要走出我国目前所陷入的再审泥潭，维护法院的司法权威，维护检察院的监督权威，保障当事人的司法救济权，应当结束目前所实行的三元化再审程序启动格局，取消法院依职权发动再审的权能，强化检察院受理申诉案件的职能，同时规定当事人申请再审应向检察院提出，而不得直接向法院提出，从而构建出再审程序启动权由检察院统一行使的惟一机制。

当代中国民事检察监督的变革方向与路径考量*

宋朝武**

一、当代中国民事检察监督制度的"方向"之争

根据我国法律规定和司法实践,检察监督主要由人民检察院通过参与刑事、民事及行政诉讼活动,依法对有关机关和人员的行为是否合法进行监督,主要内容包括立案监督、侦查监督、审判监督、执行监督等。而民事检察监督是指在我国民事诉讼中,检察机关对民事诉讼活动依法进行监督的诉讼法律制度,它是我国检察权权能的重要组成部分。

近年围绕民事检察制度的讨论非常热烈,归结起来,不外三种观点:第一种是"强化说",主张进一步强化和充实民事检察制度,要实施检察院对民事诉讼的全程、全方位监督;第二种是"废止说",主张废止现行的民事检察监督制度;第三种是"改良说",主张不能一味地强调扩大和强化民事检察监督制度,而是应该在充分地分析目前民事诉讼实践中的问题,分析民事检察监督权与审判权、当事人处分权关系的基础上,对民事检察监督制度进行适度的改革与调整。这些观点,代表着民事检察监督的不同方向,这些不同观点所提出的问题需要首先加以解决。

笔者认为,对于民事检察监督制度的改革,首先要考虑到我国宪法体制。《宪法》第129条明确规定:"中华人民共和国检察院是国家的法律监督机关。"

---

* 本文刊载于《河南社会科学》2011年第1期。
** 宋朝武,中国政法大学教授、博士生导师。

第131条规定:"人民检察院依照法律规定独立行使检察权,不受行政机关、社会团体和个人的干涉。""废止说"在一定程度上是对我国宪法体制的否定,首先应该排除。民事检察监督制度的改革方向问题,实际上就简化为是片面强化还是适度调整的问题。这就必须考虑民事检察监督权的性质、内容和行使方式,这既是一个比较性的话题,又是一个现实性的话题。

而且,从域外经验来看,许多西方国家和地区也在一定意义上存在民事检察监督。西方国家的检察制度起始于12世纪末的法国。12世纪末的法国国王在各地设立"国王代理人",这种代理人受国王委托办理事务,为维护国王利益参与诉讼。到15世纪时,凡一般犯罪案件,国王代理人在具有追诉权的同时,便担负起执行判决和制约法官的任务。这就是法国检察制度的起源,也是大陆法系国家检察制度的起源。资产阶级革命胜利后,检察官开始由"国王代理人"演变为"公益代表人",即"共和国代理官",独占刑事案件的公诉权,并且具有指挥监督预审法官和执行判决的权力。德国引入法国的检察制度,不过,德国检察官的权限只限于追诉和执行判决。就英美法系而言,检察制度的出现,也是基于对王室利益代理人的需要,英国最初的检察官是王室的常设律师或者法律顾问[①]。检察制度经过了"国王代表人""国家代表人""公共利益代表人"的角色演化,追本溯源,其代表人的身份是西方国家对检察机关的基本共识。在当代西方国家中,作为国家利益、公共利益代表的检察机关所行使的检察权,究竟如何定位,有明显的分歧。大陆法系国家从检察权与审判权的关联性和局部近似性出发,倾向于将检察权纳入广义司法权范畴,最初实行审检合署的机构设置。设立于法院内的检察院,虽然在行使职权时有一定自主性和独立性,并且通过控审分离来制约法院的审判权,但是,审检合署本身也体现了大陆法系国家对检察机关的一个定位,检察院是附设于法院的一个机构,而并非一个与法院平起平坐的机构,因此,检察院的基本职权是行使国家诉权,这既包括对刑事案件的追诉权,也包括对涉及国家利益、公共利益的案件

---

① 本书课题组:《外国司法体制若干问题概述》,法律出版社2005年版,第105—109页。

的民事、行政公诉权。在这些国家，检察院对法院判决的监督无论从权力行使还是机构设置角度看，都不具有合理性和可操作性。英美法系国家从检察权与审判权的差异性出发，强调检察机关的"代表人"身份，倾向于将检察权纳入广义行政权范畴，直到现在，在美国，检察院仍设置于司法部内。同样，在三权分立的政权结构下，检察院的检察权与法院的审判权并非等量齐观的权力，对法院判决的监督也无从谈起。英美法系国家，尤其是美国，检察机关主要行使的是公诉权。引起一时轰动的"微软垄断案"就是检察院进行民事公诉的绝好例证。

与两大法系国家相比较，我国的民事检察监督制度是具有中国特色的制度。具有中国特色的制度，往往带有较深的"苏东模式"的印记。作为社会主义国家阵营的中坚力量，我国在检察权的定位上，深受苏联和东欧国家影响，将检察权定位为法律监督权。法律监督权，在列宁的国家理论中，是独立于立法权、司法权、行政权的第四种权力；大陆法系国家，倾向于将检察权定位于司法权，英美法系国家倾向于将检察权定位于行政权。正因为权力定位上的差异，我国的民事检察监督制度与西方国家大相径庭。我国实行人民代表大会领导下的"一府两院"制，检察权与审判权并立，这是我国宪法体制的一大特点。我国将检察权界定为法律监督权，避免了西方国家在三权分立框架内界定检察权的诸种困惑与不足。我国的检察机关与西方国家的检察机关，不仅在机构设置、地位上不同，在性质上也不同。西方国家的检察机关就是公诉机关，而我国检察机关不仅仅是公诉机关，而且同时还是法律监督机关，要履行法律在全国统一实施的责任。法院的审判工作要接受人民代表大会的监督，但是，人民代表大会不可能对法院审理的个案进行监督，人民代表大会常务委员会对法院审理个案的监督在运作机制上也有不小的争议。由检察院通过法定程序进行对法院审判工作的监督不失为现实的选择。法院的审判工作既要接受人民代表大会从整体上的监督，也要接受来自检察院的个案监督。这里有一个疑问：西方国家的法院只接受议会的监督，而我国法院却要接受人民代表大会和检察院的双重监督，有这样的必要吗？从法治发展的历程看，在社会转型的近几十年内,还是有这样的必要性的。转型期各种复杂的情况、法官群体的成熟程度、全社会法治信仰的坚定程度,都表明这种必要性的存在。

更何况,近年民事执行中暴露出的问题很多,损害当事人利益的事件不断发生,有必要加大检察监督力度,有必要认真探讨相应的规范。执行权是一种司法行政权,对其进行检察监督不会损害司法权威,只会增强司法的权威性。

当然,保障司法公正,促进司法权威,解决现实问题,不能使制度设计陷入"循环往复、司法不得终局"的怪圈。因此,发展与完善民事检察监督制度,使之承担其应有的功能,是当下可欲之择。

二、适度扩张民事检察监督的范围

1982年,《中华人民共和国民事诉讼法(试行)》对民事检察监督制度仅作了一条原则性规定,该法第12条规定:"人民检察院有权对人民法院的民事审判活动实行法律监督。"这种立法的粗疏导致了民事检察监督制度发展举步维艰的状况。1991年正式颁布《中华人民共和国民事诉讼法》,除了继续明确肯定人民检察院有权对民事审判活动进行监督外,还具体规定了人民检察院的民事审判监督的职权范围及相关程序,对4种已经发生法律效力的判决、裁定有权提出抗诉。这使得民事检察监督制度有了具体可操作性。2007年10月,十届全国人大通过了民事诉讼法的修订案,该修订案针对"申诉难"和"执行难"做了较大幅度的修改,其中,对于检察院抗诉的范围有所扩大,扩大到14种条件下人民检察院应当提起抗诉,并明确了检察院提起抗诉案件的审理期限和管辖法院等。

这些法律规定为民事检察监督的实施提供了基本法律依据,但是,它也存在许多问题,主要是:(1)《宪法》与《民事诉讼法》关于民事检察监督的规定不一致带来的困境。我国《宪法》第129条规定:"中华人民共和国人民检察院是国家的法律监督机关。"宪法给检察机关的定位是国家法律监督机关,理应负有监督法律全面正确实施的职责;而现行的《民事诉讼法》第14条规定:"人民检察院有权对民事审判活动进行监督。"除规定对人民法院已经生效的确有错误的判决、裁定提出抗诉外，仅原则规定了人民检察院有权对民事审判活动实施法律监督。据此，检察机关对民事法律的监督，只限于法院的审理活动，而对于尚未进入诉讼程序的民事行为则无能为力。目前对民事法律实施的检察监督状况是与立法者的意愿相悖的，与检察机关的宪法定位不相适应①。（2）《民事诉讼法》关于民事检察监督规定的不科学带来的困境。在总则方面，法律规定人民检察院对民事审判活动有权进行监督，在分则中，除了第16章规定检察机关有权对审判机关符合法定情形的生效判决裁定提出抗诉外，没有其他任何规定检察机关民事检察具体职权的条款，也没有进一步具体操作的规定。总则规定与分则规定在内容上不统一，总则规定的精神在分则中未能得到充分体现。法律这种模糊的规定，导致了一个两难的命题：当在民事执行程序中出现有法院违法的现象时，检察院必须行使检察权予以监督，否则就是失职；当检察院开始行使这一职权时，这种监督又没有相关的程序规定。在法律的实践上，这也导致了检察院与法院之间在民事诉讼法律监督的范围、程序等方面长期的争执、分歧和矛盾，使立法目的难以实现，法律秩序没有得到应有的保护。更为危险的是，这种现象还可能伤害社会对于法治的信仰，破坏国家审判机关和检察机关应有的权威，从而动摇法律生活安定的基础。（3）最高人民法院司法解释导致的困境。近年，最高人民法院连续出台了诸多直接或间接涉及民事检察监督制度的司法解释，例如《最高人民法院关于对执行程序中的裁定的抗诉不予受理的批复》《最高人民法院关于检察机关对先予执行的民事裁定提出抗诉人民法院应当如何审理的批复》《最高人民法院关于对企业法人破产还债程序终结的裁定应否受理问题的批复》《关于人民法院发现本院做出的诉前财产保全裁定和执行程序中做出的裁定确有错误以及人民法院应当如何处理的批复》《关于人民法院不予受理人民检察院单独就诉讼负担裁定提出抗诉问题的批复》《最高人民法院关于人民检察院对民事调解书提出抗诉人民法院应否受理问题的批复》《最高人民法院关于人民检察院对撤销仲裁裁决的

---

① 张学武：《民事检察监督制度研究》，山东大学 2009 年博士学位论文。

民事裁定提出抗诉人民法院应如何处理问题的批复》等，直接排斥或者限制了民事检察监督。此外，最高人民法院还屡屡通过"答复""批复"等方式限制检察机关的抗诉范围，使得民事检察监督的生存空间被严重挤压，民事检察监督的实践也只能在夹缝中生存发展。

针对这些问题，要使得民事检察监督制度有效发挥其应有的功能，就必须改变这种状况，从立法上着手加以完善，明确和扩大民事检察监督的范围。民事检察监督的目的，是防止审判权力的滥用，保证国家法律的统一正确实施，保证民事诉讼目的的实现。而现行法律规定的检察监督范围狭窄，影响了检察监督的地位和作用发挥。因此应当通过修改法律或由全国人大常委会对最高人民法院作出的限制民事检察监督范围的司法解释的效力进行认定的方式对此加以改革，将整个民事诉讼活动纳入监督的范围。尤其要将民事诉讼中的调解、诉讼保全案件等被最高法院的司法解释排除的诉讼活动纳入监督范围。

（一）民事立案检察监督制度的构建

1. 建立民事立案检察监督制度的必要性。建立民事立案检察监督制度，不仅是完善民事检察监督体系的必然要求，而且是制约和纠正人民法院在民事立案中的恣意和保护当事人起诉权的迫切需要。起诉权，是诉讼人权利的重要组成部分，也是人民法院民事审判权得以成立的必要前提。我国《民事诉讼法》第112条规定："人民法院收到起诉状或者口头起诉，经审查，认为符合起诉条件的，应当在七日内立案，并通知当事人；认为不符合起诉条件的，应当在七日内裁定不予受理；原告对裁定不服的，可以提起上诉。"此规定概括了民事立案的基本程序及人民法院在民事立案程序中的法定义务，根据上述规定，如果法院坚持不受理当事人起诉，当事人的诉权就无法得到保障。

实践中存在的侵犯当事人诉权的情形主要有：第一，人民法院对当事人的起诉根本不予理睬，不接收当事人的诉状，就会出现当事人状告无门的情形。第二，人民法院在收到当事人的起诉后，在法定审查期内没有任何结果，既不予立案，也不裁定不予受理。对此，当事人往往无能为力，而建立相应的检察监督制度，就成为制约法院违法的必要途径。

2. 民事立案监督的制度设计。在民事立案监督的具体程序设置上，应当实行严格的被动受理原则，即没有当事人的申诉，人民检察院不应主动介入民事立案活动。检察机关对于当事人申诉，应在法定期限内进行审查，审查属实的，可区分不同的情况分别予以处理：如果人民法院对当事人的起诉以不属于法院管辖或不属于法律受理案件范围等理由作出不予受理的裁定，则可以通过抗诉的方式进行。如果人民法院只是口头答复当事人，则可向人民法院提出纠正通知书或建议立案通知书，人民法院接到检察机关的通知书应将处理结果书面反馈检察机关。对于人民法院坚持不立案的情况，检察机关如果在审查后认为法院不立案确有错误的，可借鉴刑事立案监督的做法，向法院发出"责令立案通知书"，人民法院对此应当执行。

（二）民事保全检察监督制度的构建

民事诉讼法关于保全制度的规定包括诉讼保全与诉前保全、财产保全与证据保全等。保全制度设置的目的在于保证诉讼活动的顺利进行，保障法院未来的生效裁判能够被有效履行。法律在设置各类保全制度的同时，对申请保全也规定了严格的限定条件和救济措施，如提请保全需要提供担保、允许被保全人申请复议等。尽管法律规定了严格的限定条件和救济措施，司法实践中依然存在当事人恶意保全的现象，这种借助法院公权力来达到转移财产、获取利益的行为严重地损害了公平正义和人民法院的司法权威。当事人的恶意保全行为应当纳入检察机关监督的范围。除了恶意保全外，恶意先予执行等情形也应当纳入检察监督的范围。针对恶意保全和恶意先予执行，检察机关可以通过发出检察建议、发出纠正违法通知书或者查处恶意保全背后隐藏的司法腐败案件等方式来行使法律监督的职能。

（三）民事调解检察监督

1. 民事诉讼调解监督的必要性。实践中由于执法人员的执法偏差、缺乏必要的监督纠正手段等原因,调解的理论功能并未真正完全发挥,在调解的过程中出现大量的违法情形,使调解的功能大为减损。有如下几种情形:

(1)硬性调解。硬性调解是牺牲当事人的利益、不顾当事人的意愿的一种调解。实践中甚至有审判人员把接受法院提出的调解方案,作为保护当事人合法权益的前提条件,严重背离了调解自愿原则。

(2)"和稀泥"调解。分清是非、明确责任是通过诉讼方式解决民事纠纷所追求的首要目标,"和稀泥"式调解往往导致受害方的损失难以得到补偿,合法权益得不到保护,背离了民事调解的设立目的。

(3)久调不决。在调解实践中有些审判人员以调解为借口拖延案件审理期限,案件久拖不决,当事人迫于无奈往往只能接受调解方案。这种情况实际上是以调解为借口代替了人民法院对案件事实和证据的查证,如此调解,案件质量根本无法得到保证。

(4)以合法的调解形式掩盖非法占有财产的目的。在调解实践中,一些当事人为了达到个人目的,和审判人员互相勾结,以调解的方式共同占有、侵吞国家集体个人财产,严重破坏了社会主义经济秩序,影响了人民法院的司法权威,给调解制度的应用造成了不良的影响。

基于上述情形的存在,负有法律监督职能的人民检察院有必要对法院的调解活动实施法律监督以保护国家、集体和公民的合法权益,保证法律正确实施。

2. 民事调解检察监督制度的构建。构建民事调解检察监督制度的目的是通过对法院的调解活动进行监督从而对当事人的合法权益进行保护,如果检察权介入过多,很可能对当事人的处分权和法院的司法独立造成破坏,这样一来民事调解检察监督也将失去合理性基础。因此,必须严格限制检察监督的范围,使之在合理的范围内发挥其功能。检察监督的范围可以设定为以下五点:一是违背当事人的意愿,以拖促调、以判压调的案件;二是调解程序严重违法的案件,如未经当事人同意的审前调解、应当回避的审判人员未回避、调解代理人无权代理或越权代理;三是当事人通过调解的形式掩盖非法目的,损害国家利益、社会公共利益以及案外人利益的案件;四是审判人员在调解中有贪污、受贿、徇私舞弊等违法行为的案件;五是其他违反民事调解合法、自愿原则的案件。民事调解检察监督的启动有两种方式:一是当事人向检察机关申诉,以促使检察机关立案;二是检察机关依职权自行立案。这两种方式中应当以利害关系人申诉为主,以检察机关主动进行为辅。检察监督的方式,应当包括抗诉和检察建议两种。

三、规定对民事执行的检察监督

我国的民事执行实践,长期以来受到"执行难"和"执行乱"的困扰。"执行难"者,简言之即难于有效实现执行根据的内容;"执行乱"者,则有违法执行之意。在这两者长久都不能得到有效解决的前提下,它们极易互为因果,进一步加剧民事执行的困窘局面。这不仅使当事人的合法权益难以实现,还会使案外人的合法权益受到不应有的侵害,而且也使国家的司法权威遭受损害。当然,产生"执行难"和"执行乱"的原因是多方面的,例如执行程序的不足、当事人及案外第三人权利保护的不周等。2007年修改后的《民事诉讼法》及近期由最高人民法院颁行的有关司法解释,对此作了一定的完善。但是,无论是立法的修改,还是司法实践,都忽略了一个重要因素,即确立有效的民事执行检察监督机制。因为,民事执行检察监督的缺位,必会导致执行程序机制上权力配比失衡,使法院的权力失去应有的制约,造成怠于执行和违法执行交互存在。例如,在执行财产的评估、拍卖、变卖等诸环节,不时出现以权谋私甚至贪赃枉法的严重现象,皆与此有关。所以,探究民事执行检察监督的模式与程序,建立完备的检察监督制度,是继续完善民事执行制度的必由之路。

(一)民事执行检察监督的范围

执行行为既然是司法行为,检察院对执行程序进行监督时,就应当充分尊重司法程序运行的规律与特点，充分尊重当事人的诉讼权利，不能违背程序保障的基本要求，保障程序的中立、程序的公开与程序中各方主体的充分参与。因此，执行检察监督不应当形成对当事人私权的不当干预。属于当事人处分权范围的事项，当事人没有行使权利或者失权的，除非有维护法律秩序的特别需要，检察院不得行使监督权。因此，执行检察监督一般应当限于法院所实施的执行行为，而一般不对当事人及其诉讼行为进行监督。

（二）执行检察监督的管辖

无疑，审判程序在构造上比执行程序更为精致。检察院抗诉引起的再审，包含着监督、纠错与司法救济等诸多内容，而执行检察监督却应当有所不同。因为执行程序追求效率的最大化，尽量避免程序的过于烦琐，并且执行程序具有以具备生效法律文书为前提的特点。因此，执行检察监督也应当以及时纠错为目的。所以，执行检察监督的管辖应当与审判监督程序的管辖不同。笔者认为，为了便于行使监督权，便于调查取证，并不至于过度延滞执行程序的进展，应当由与执行法院同级的检察院进行监督。作为例外，如果同级检察院监督有客观上难以克服的困难，或者受到过度不当干预，可以报请其上级检察院提级监督，必要时其上级检察院也可以决定由自己行使监督权。

（三）执行检察监督的程序和方式

1.执行检察监督程序的启动。检察院进行检察监督，通常情形下，应当以当事人或者利害关系人提出申诉为前提。也就是说，在执行程序中，如果当事人或者利害关系人认为法院的执行行为违法，应当由当事人或者利害关系人首先依法启动通过法院进行的救济程序，只有当事人或者利害关系人不服法院的裁决或者法院拒绝作出相应处理的，才可以向检察院提出申诉，申请检察院进行监督。但是，在特别情形下，检察院也可依职权主动进行监督，这些情形是：（1）由于客观原因，当事人及其法定代理人不能或者难以自己行使救济权利，而没有向检察院提出申诉的；（2）法院据以执行的执行根据尚未生效或者依法失去效力的;(3)人民法院的执行人员,在执行该案时因贪污受贿、徇私舞弊、枉法裁判行为等职务犯罪行为的有罪判决生效,可能导致执行错误,而当事人又没有提出申请的。

2.执行检察监督的方式。对于法院的执行行为的监督,应当分别不同情形,采取相应的方式和程序:(1)抗诉。对于当事人就执行行为提出的异议,法院作出裁定并生效的,检察院认为该裁定违反法律规定,可以向作出裁定的法院提出抗诉。(2)异议。对于法院采取执行措施的裁定、决定以及其他执行行为,在符合进行检察监督的条件时,由检察院向实施该行为的法院提出异议。(3)监督意见。对于法院实施的重大执行行为,例如执行听证,财产查封、扣押、评估、拍卖等,经法院通知同级检察院,检察院认为根据规定需要派员进行现场监督的,对于法院的违法行为,当事人没有提出,或者虽然提出,法院未予纠正的,由检察院依法向进行该执行行为的法院提出监督意见。人民检察院进行执行检察监督,从时机来看,既可以在法院实施执行行为之后,也可以与法院实施执行行为同时,即既可以事后监督,也可以进行现场监督;从形式来看,均应当制作正式文书,加盖印章并签署检察员姓名。

3.法院的处理。对于检察院提出的抗诉和异议,法院必须受理并进行审查,除情况紧急必须临时采取的财产保全措施、临时禁制令等,法院应当同时决定中止执行程序的继续进行。法院审理检察院的抗诉和异议,必须采取开庭的方式,通知当事人、利害关系人到庭。经过审查,认为抗诉或者异议理由成立,作出新的裁定、决定,纠正错误的执行行为;认为抗诉或者异议理由不成立,裁定驳回检察院的抗诉或者异议。对于检察院的监督意见,法院应当回复。如果有必要,应当以开庭方式进行审查。对于检察院抗诉、异议、监督意见的审查处理期限一律应当为30日,不能过长,以便既有比较充足的审查时间,同时又不过于迟滞执行。

四、构建民事公诉制度

所谓民事公诉制度是指,检察机关为了维护公共利益和公序良俗,对于特定范围内的某些涉及国家利益、社会公共利益及有关公民重要权利的民事案件,在无人起诉或当事人不愿诉、不敢诉、不能诉的情况下,向法院提起民事诉讼,主动追究违法者的民事责任,以保护国家、社会和公民合法权益的一项制度。

(一)建立民事公诉制度的必要性

当前的中国正处在新旧体制转换的历史进程中,日益复杂的各种民事法律关系及各类新型民事纠纷对司法提出了许多新的挑战,侵害国家利益和社会公共利益的案件频发,其中尤以国有资产流失、环境污染、伪劣产品等最为典型,而且这些事件近年仍然呈现递增态势。在这几类案件中,受害方往往是弱势群体,无力起诉或怠于诉讼,而上级主管部门出于地方利益或部门利益的考虑,对这种侵害公共利益的行为姑息放纵、监管不力。虽然现行民事诉讼法规定了诉讼代表人制度,但实践中真正求助于诉讼代表人的屈指可数;只允许直接利害关系人起诉,就会出现无人起诉或根本就没有直接利害关系人的局面。这些经济社会生活实践和法律运行现状都对我国建立民事公诉制度提出了迫切的要求。

(二)民事公诉的制度设计

从比较法角度来看,民事公诉制度首创于18世纪资产阶级革命后的法国。1806年法国《民事诉讼法典》第421条规定"检察机关可作为主要当事人起诉,或者联合当事人参加起诉",建立了民事公诉制度,1877年德国民事诉讼法典规定,对婚姻无效之诉、申请禁治产案件、雇佣劳动案件等,检察官可提起诉讼。在英美法系国家,同样存在检察机关提起民事诉讼这一制度,但比大陆法系国家更晚。苏联是率先实行民事公诉制度的社会主义国家。继苏联之后,保加利亚、波兰、捷克斯洛伐克等东欧国家,对民事公诉也作了规定。

尽管我国民事诉讼法尚未明确赋予检察机关提起民事公诉的权力，也没有规定检察机关提起民事公诉案件的诉讼程序，但是基于保护国家利益和社会公共利益的义务和责任，面对近年国有资产大量流失的严峻事实，检察机关立足于法律监督职能，积极探索保护国有资产的新路子，在司法实践上已取得一定的成效。特别是自20世纪90年代以来，一些地方检察机关创造性地以原告身份代表国家利益提起民事公诉，取得人民法院的支持，防止了大量国有资产流失，有效维护了国家利益和社会公共利益[①]。

构建民事公诉程序，应当从以下几方面着手：（1）应当从立法上明确检察机关提起民事公诉的权力。首先要修改《人民检察院组织法》相关规定，明确赋予人民检察院提起民事公诉的权力，同时要修改《民事诉讼法》中的相关规定，对检察院在民事公诉中的权利义务做出明确规定。（2）合理限制民事公诉的适用范围。民事诉讼不同于刑事诉讼，它的一个重要的特征是民事诉讼中的当事人对自己的民事权利和诉讼权利有自由处分权，国家的权力不应轻易介入公民的私生活中去。因此，检察机关行使民事公诉权提起民事诉讼的范围原则上应当局限于公益案件。具体应当包括：第一，国有资产流失案件；第二，环境污染案件；第三，垄断案件；第四，无效婚姻案件和监护案件；第五，当事人恶意串通，损害国家利益或公共利益的案件；第六，其他损害国家利益或公共利益的案件。

五、发展民事检察监督的方式

现行法律有关检察机关对民事诉讼活动进行监督的方式只规定了抗诉一种，实践证明这种单一的监督方式已经不能适应民事检察监督工作的要求，应当予以增加和完善。除了笔者前已述及的民事公诉，还应当通过立法明确增加在实践中已经有所应用的"检察建议"方式。

"检察建议"是人民检察院对人民法院在民事审判和行政诉讼活动中存在

---

① 最高人民检察院民事行政检察厅：《民事行政诉讼检察参考资料》（1999年），第71页。

的一般的程序性错误，或者是人民法院在民事审判、行政诉讼活动中应当予以改进的问题，提出纠正意见或者改进意见的一种监督方式[1]。检察建议本来是检察院办理案件过程中，对于发现的一些违法现象需要纠正或者处理的事项，检察院在自身缺乏相应职权的情况下，向有关部门提出的意见。检察建议是一种典型的程序外途径，充满着机会主义的色彩，是缺乏规范支撑状态的"灵活处理"。在实践中，检察建议有时还能发挥"纠错功能"，只是法院在形式上不接受检察建议却在实质上以程序内的途径纠正了检察建议指出的错误。事实证明，这是一种较好的监督方式，对人民法院来说，检察建议给人民法院提供了自我监督的空间，避免启动抗诉程序造成的"矛盾上交"局面，不仅缓解了检察工作上紧下松的矛盾，而且能更有效地保护当事人的合法权益[2]。

为使民事检察建议的作用充分发挥出来，还需对民事检察建议进行如下规范：第一，通过立法途径明确检察建议作为民事检察监督的法定方式，这是保证民事检察建议监督效力的前提和保证。第二，明确检察建议的适用范围。第三，明确检察建议的效力。应规定人民法院在收到检察建议后应当启动纠错程序，对检察建议所指出并建议纠正的错误进行审查，并在规定的期间内将处理结果答复发出建议的人民检察院。

---

[1] 杨立新:《民事行政诉讼检察监督与司法公正》，载《法学研究》2000年第4期。
[2] 张学武:《民事检察监督制度研究》，山东大学2009年博士学位论文。

最高人民法院、最高人民检察院《关于民事执行活动法律监督若干问题的规定》的理解与适用[*]

郑新俭[**]

2016年11月2日，最高人民法院、最高人民检察院会签了《关于民事执行活动法律监督若干问题的规定》（以下简称《执行监督规定》），于2017年1月1日起施行。《执行监督规定》是2012年修改后的民事诉讼法实施以来"两高"关于民事检察监督活动会签的第一个司法文件，也是自2011年"两高"决定在部分地方开展民事执行活动法律监督试点工作之后，就全面开展民事执行活动法律监督工作达成的新共识。《执行监督规定》弥补了现有法律规定的不足，对于加强和规范民事执行检察工作、促进法院依法执行具有十分重要的意义。

一、《执行监督规定》的制定背景和主要框架

民诉法第235条规定："人民检察院有权对民事执行活动实行法律监督。"根据该规定，检察机关依法对民事执行活动实施法律监督，法院依法接受检察监督，这项工作取得了长足的进展。但是三年多的实践表明，这一工作既需要继续加强，也有必要进一步加以规范。

---

[*] 本文刊载于《人民检察》2017年第2期。
[**] 郑新俭，最高人民检察院未成年人检察工作办公室主任，时任最高人民检察院民事行政检察厅厅长。

(一)加强对民事执行活动的监督,促进依法执行

执行环节是保证生效裁判顺利实现的重要环节,直接关系当事人诉讼权利的最后实现。不规范的执行行为不仅直接损害了当事人的利益,也会损害司法权威和司法公信力,激化社会矛盾,影响社会稳定。近年来法院高度重视执行工作,全力解决"执行难"问题,对加强和规范执行工作进行总体部署,所取得的成绩有目共睹。但执行难、执行不规范仍是人民群众反映比较集中的问题,民诉法修改增加了"人民检察院有权对民事执行活动实行法律监督"这一规定,党的十八届四中全会明确要求"加强对司法活动的监督"。2016年9月,中共中央政治局委员、中央政法委书记孟建柱在全国法院执行工作会议上指出,各级检察院、法院要从维护社会主义法制统一尊严权威高度,依法履行职责,相互配合,相互制约,共同推进解决执行难问题,尤其强调"检察院要加强监督,依法履行好执行检察的作用"。

(二)法律的原则性规定需要补充完善和细化,增强可操作性

为全面贯彻落实民诉法关于民事执行活动进行法律监督的规定,最高人民检察院在《人民检察院民事诉讼监督规则(试行)》(以下简称《民诉监督规则》)征求意见稿中曾对民事执行检察监督的范围、程序等作了细化规定,但考虑到民事执行监督积累的实践经验还不够丰富,在尊重最高人民法院意见的基础上,《民诉监督规则》最终仅对民事执行检察监督的范围、方式和程序作了较为原则的规定。随着民事执行检察监督工作的全面开展,民诉法规定过于原则、检察建议效力不明确等问题越来越突出,亟须进一步规定予以明确。

(三)原有的一些规定已不能适应当前司法的需求

早在2011年,"两高"就在部分地方启动了对民事执行活动实行法律监督的试点,并确立了监督范围、方式和程序等,但随着民事执行监督工作的深入推进,实践中出现了一些新情况、新问题,给司法实践带来了新的法律适用问题。特别是民诉法规定了对民事执行活动进行法律监督后,试点时期关于监督

范围等的一些规定已不符合法律规定,也不能适应当前的司法需求。

为促进法院依法执行,规范检察机关民事执行法律监督行为,"两高"就会签执行监督文件形成共识。自 2012 年年底以来,"两高"有针对性地加强了联系,通过召开座谈会和开展联合调研等多种形式进行沟通交流。2013 年 10 月,正式启动《执行监督规定》的起草会签工作。

《执行监督规定》共有 22 条,主要包括四个方面的内容:一是完善了检察监督的规定;二是规范了法院接受监督工作;三是对当事人申请监督给予指引;四是建立了检法两机关相关工作机制。

二、制定《执行监督规定》的指导思想

(一)坚持从维护司法公正和司法权威的高度进行制度设计

加强和规范执行监督工作,促进法院依法执行,既是维护当事人合法权益的现实需要,更是规范司法行为,提高司法公信力,维护司法公正和司法权威的必然要求。《执行监督规定》的制定过程始终坚持这一指导思想,紧紧围绕执行检察监督的监督范围、监督方式、监督效力等关键问题进行条文设计,明确了对执行行为全面监督、采取检察建议的方式进行监督、法院限期回复等核心问题。同时又从规范检察监督的角度对执行监督案件的审查期限、管辖、受理程序等问题进行了细化规定,既规范了一般执行监督案件的办案流程,又针对具体实践中容易产生争议的问题进行了明确规定,体现了《执行监督规定》为切实维护司法公正和司法权威而制定的初衷。

(二)注重吸收已有司法制度改革成果

制定过程中重视吸收已有成果,特别是"两高"已经达成共识并且经过实践检验、证明行之有效的司改成果。如采取检察建议这一监督方式、跟进监督的有关规定等,就参考了"两高"2011 年制定的《关于在部分地方开展民事执行活动法律监督试点工作的通知》中的部分规定,并根据实际情况作了调整。

(三）坚持问题导向，强调可操作性

民事执行监督虽然已经开展多年，也有民诉法的原则规定，但因缺乏具体规定，司法实践中对一些具体问题存在一定争议，制约了工作的发展。《执行监督规定》在制定过程中紧紧围绕争议问题进行条文设计，务求明确具体，可操作、可执行，其内容基本上是经过实践证明行之有效的、检法两机关均认同的做法。如确立同级管辖的一般原则，即是对实践做法的确认。同时，坚持成熟的先出台，对那些还没有充分认识清楚或是检法两机关还存在分歧的内容先不作规定。

三、《执行监督规定》的主要内容解读

（一）监督原则

《执行监督规定》第1条和第2条规定了民事执行检察监督的基本原则。其中第1条明确了依法监督原则，即"人民检察院依法对民事执行活动实行法律监督。"该条同时强调了法院"依法接受人民检察院的法律监督"。理解这一原则，应当注意把握两个问题：一是依法原则是开展民事执行活动法律监督最重要、最核心的基本原则，是法律监督活动最基本的要求。一切法律监督活动，都应当在法律授权的范围内依法开展活动，不能超越法律规定履行监督职能。二是依法原则包括两个方面，一方面是检察机关应当依法实行法律监督，另一方面是法院应当依法接受法律监督，二者相辅相成，缺一不可。

《执行监督规定》第2条明确了检察机关办理民事执行监督案件应当遵循的另外四项原则：以事实为依据，以法律为准绳；坚持公开、公平、公正和诚实信用原则；尊重和保障当事人的诉讼权利；监督和支持法院依法行使执行权。这些原则是在《民诉监督规则》中即已确立的基本原则，其中以事实为依据，以法律为准绳和诚实信用原则，是我国民事诉讼的基本原则。公开、公平、公正，尊重和保障当事人的诉讼权利，监督和支持法院依法行使执行权，

则是基于我国检察机关作为国家法律监督机关的性质和依法监督民事诉讼活动的职能,遵循民事诉讼的基本规律所总结和提炼的重要原则。

关于监督原则,在制定过程中曾讨论研究过诸如事后监督、补充救济、尊重当事人意思自治和平等、对事不对人等一些提法,但这些提法或与法律规定不符,或概念不清容易引起分歧,或虽有一定道理但不足以构成基本原则,最终未将这些确立为基本原则。

(二)监督范围

《执行监督规定》第3条规定了民事执行检察监督的范围。即"人民检察院对人民法院执行生效民事判决、裁定、调解书、支付令、仲裁裁决以及公证债权文书等法律文书的活动实施法律监督。"明确了检察机关对法院民事执行行为实行全面监督。关于民事执行检察监督的范围,在2011年组织部分地方开展试点时曾有所限制,具体规定为"五种情形",但随着民诉法对民事执行检察监督的明确规定,之前对监督范围的限制已不符合现在的法律规定。《民诉监督规则》中对监督范围表述为"人民法院在民事执行活动中违反法律规定的情形"。在制定《执行监督规定》过程中,为了引导各地规范有效开展监督工作,曾讨论研究过将监督范围分类为执行审查行为、执行实施行为和怠于履职行为,在三类行为中又具体列举需要监督的情形。但鉴于民事执行活动本身比较复杂,开展监督的经验和实例不够,采用列举规定的方式容易出现交叉、重复,且挂一漏万,难度较大,最终决定采用概括规定的方式予以明确。

(三)监督程序

《执行监督规定》第4条至第7条、第11条、第14条规定了民事执行检察监督的程序问题。

关于执行检察监督程序的规定,是《执行监督规定》中比重较高、分量较重的内容,共有6个条文,分别规定了案件的管辖、程序启动的两种途径、检察建议的制作及审批、对当事人申请监督的指引以及跟进监督等,通过完善关于检察监督程序的规定，进一步加强和规范这项工作。

1.《执行监督规定》第4条首先明确了同级管辖原则，即"由执行法院所在地同级人民检察院管辖"。同时继续沿用《民诉监督规则》第16条的规定，在坚持同级管辖为主的前提下，以上级管辖作为必要补充，即"上级人民检察院认为确有必要的"，或者"下级人民检察院认为需要由上级人民检察院办理的"，可以由上级检察院办理下级检察院管辖的民事执行监督案件。实践中，异地执行以及执行复议案件的管辖问题比较突出。在起草过程中曾设计有相关条文对上述两种情况进行规定，如"人民法院异地执行的，执行行为所在地人民检察院可以对该执行行为进行监督""当事人、利害关系人对复议程序不服的，由复议法院的同级人民检察院管辖"，经研究，这两类案件根据管辖的一般原则可以确定，最终未作特别规定。但对执行复议案件的管辖，如并非针对复议程序，而是针对复议指向的原执行行为，到底应由复议法院的同级检察院管辖还是由作出原执行行为和作出异议裁定的法院的同级检察院管辖，仍存在一定争议。有的意见认为只要经过复议程序就应由复议法院的同级检察院管辖，有的意见认为应区分不同情况，如果复议裁定维持了异议裁定，应由下级检察院管辖；如果复议裁定撤销了异议裁定，则应由上级检察院管辖。这一问题比较复杂，有待司法实践进一步总结研究。

2.关于执行监督程序的启动。《执行监督规定》第6条和第7条规定了两种途径，分别是依申请启动和依职权启动。《执行监督规定》第6条规定了依申请启动程序。根据该条规定，当事人、利害关系人和案外人认为民事执行活动存在违法情形，均可向检察机关申请监督。但检察机关应引导当事人依法寻求救济和发挥法院内部纠错功能，要求当事人首先选择向法院提出异议、复议等法律明确规定的救济途径，通过法院内部纠错机制解决问题，在法律规定的救济途径和内部纠错机制不能发挥有效作用时，检察监督会及时介入。另外，对于法院正在审查异议和复议的案件，检察机关原则上也不予受理，即避免出现检法两院同时审查处理同一个案件，浪费有限的司法资源。理解本条时，还应把握好两个"例外"：一是当事人应当向法院提出异议、复议等相关权利主张但有正当理由未向法院提出而直接申请检察监督的，检察机关仍应受理；二是虽然法院正在审查处理异议或复议，但当事人认为异议或复议程序本身出现了违法情形并申请检察监督，检察机关应当受理。关于检察机关受理监督申请和当事人提出异议、复议的关系问题，是研究制定本规定时争议较大的问题之一。我们认为，提出异议、申请复议与申请检察监督都是当事人的权利，当事人向法院寻求救济和申请检察监督不存在顺位关系，当事人可以选择行使，法律并未作出限制，我们也无权剥夺或限制当事人的权利。但也有意见认为，《民诉监督规则》第33条及"两高"此前在试点工作中均对民事执行监督案件设置了应当先向法院寻求救济的程序，本规定应与《民诉监督规则》的规定保持一致。经研究认为，从引导当事人积极向法院寻求救济，由法院自行发现和纠正其执行活动中存在的问题，避免司法资源浪费的角度看，设置这样的程序有一定积极意义，因此本规定沿用了此前的做法和规定。但特别强调，对于有正当理由的，不应以此规定限制当事人申请监督的权利。

《执行监督规定》第7条规定了依职权启动监督程序。即"具有下列情形之一的民事执行案件，人民检察院应当依职权进行监督：（一）损害国家利益或者社会公共利益的；（二）执行人员在执行该案时有贪污受贿、徇私舞弊、枉法执行等违法行为、司法机关已经立案的；（三）造成重大社会影响的；（四）需要跟进监督的。"与《民诉监督规则》和最高人民检察院《人民检察院行政诉讼监督规则（试行）》相比，本条规定有一定变化，一是将"执行人员在执行该案时有贪污受贿、徇私舞弊、枉法执行等违法行为"限定为"司法机关已经立案的"；二是将《人民检察院行政诉讼监督规则（试行）》中对于依职权监督的兜底条款调整为本规定中的"造成重大社会影响的"。关于执行人员有贪污受贿、徇私舞弊、枉法执行等违法行为的，虽然法律对此有明确规定，但检察机关以此为由依职权启动对民事执行案件的监督程序，确实需要把握一定的标准。我们认为，首先应将范围界定为"执行该案时"，如执行人员在执行案件中出现了贪贿等行为，检察机关有权依职权启动对该执行案件的审查，但不宜将该人员所办理的所有执行案件一并审查。其次，对于执行人员的贪贿等违法行为，应该有一定的掌握标准。最高人民法院《关于适用〈中华人民共和国民事诉讼法〉的解释》中曾对民诉法第200条第（十三）项规定的"审判人员审理该案件时有贪污受贿、徇私舞弊、枉法裁判行为"解释为"是指已经由生效刑事法律文书或者纪律处分决定所确认的行为"。通过研究认为，该解释不适用于执行人员的违法行为，因执行人员的违法行为对于执行案件的影响一旦形成，会对当事人的利益造成现实的影响，如果需要等到违法行为最终确认后再启动对民事执行案件的监督程序，往往时过境迁，难以及时有效纠正违法情形。因此，本规定最终将执行人员的违法行为界定为司法机关已经立案。

3.关于检察建议的制作及审批，第11条作了明确规定。《执行监督规定》规定检察建议的提出应当经检察长批准或者检察委员会决定，这一规定与《民诉监督规则》中的规定有所不同。这一修改回应了司法实践的需要，有利于提高执行监督案件的办案效率，也符合当前正在进行的司法责任制改革精神。但是，无论是检察长批准还是检察委员会决定，都要求检察机关严格把握监督标准，提高监督质量，绝不应将审批权限的调整理解为标准的放宽或放松。对于疑难复杂案件或社会影响大、争议大的案件，仍应提交检察委员会研究决定。

4.《执行监督规定》第14条规定了跟进监督。《民诉监督规则》及"两高"在2011年会签的试点通知均明确了跟进监督问题。法院未采纳检察建议时，提出检察建议的检察院可以依职权向上一级检察院提请监督，上一级检察院认为应当跟进监督的，应当向其同级法院提出检察建议。《执行监督规定》沿用了这一规定。但是在期限上，与本规定第13条保持一致，明确法院审查处理期限为3个月。

（四）监督手段

关于监督手段，《执行监督规定》在第8条至第10条作了调阅卷宗、调查核实和向法院了解情况的规定。

1.关于调阅卷宗的问题。"两高"办公厅《关于调阅诉讼卷宗有关问题的通知》中有明确的相关规定，但在民诉法中未就这一问题作出明确规定，实践中有的法院对检察机关正常的调卷要求不予配合,其理由主要是担心检察机关以调阅卷宗为借口干扰执行活动的正常进行,也有意见认为原有调卷规定中主要是指诉讼卷宗,是否包括执行卷宗不明确。经研究,根据原有调卷规定,结合执行工作实际,就执行监督中的调卷问题作出明确规定,首先明确"人民检察院因办理监督案件的需要,依照有关规定可以调阅人民法院的执行卷宗,人民法院应当予以配合。"同时在第8条第3款规定了调阅卷宗的具体程序,"人民检察院调阅人民法院卷宗,由人民法院办公室(厅)负责办理,并在五日内提供,因特殊情况不能按时提供的,应当向人民检察院说明理由,并在情况消除后及时提供"。在此基础上,规定以下两种情形不调阅卷宗:一是通过拷贝电子卷、查阅、复制、摘录等方式能够满足办案需要的,不调阅卷宗;二是法院正在办理或者已结案尚未归档的案件,检察机关办理民事执行监督案件时可以直接到办理部门查阅、复制、拷贝、摘录案件材料,不调阅卷宗。

2.关于向法院了解情况。这是本规定新创设的一种制度,其来源于司法实践,也符合当前执行工作和执行检察监督工作实际。我们通过梳理分析当事人申请检察监督的案例发现,大量的监督申请针对的是法院消极执行和执行不作为的情况,有的反映法院超期不执行,有的反映法院未采取任何执行措施,有的反映法院选择性执行等。对于这些案件,检察机关通过听取申请人陈述和常规的调查核实,往往难以确认法院执行是否存在违法情形。实践中检察机关一般有两种做法:第一种做法是,直接发出检察建议,理由是法院违反有关规定超期不执行。针对这种建议,法院在回复中大多说明已经采取了必要执行措施,只是因为被执行人无财产可供执行或其他原因,导致执行不能到位。这样的监督案件,效果并不理想。第二种做法是,检察机关选择先向法院发函或与执行人员沟通,充分了解法院对案件所做的工作,然后综合判断法院是否存在消极执行问题,再决定是否有监督必要,往往效果更好。为此,我们研究确立了向法院了解情况制度。理解和把握这一规定,需要注意两个问题:一是这一制度主要针对的是"人民法院在民事执行活动中可能存在怠于履行职责的情形",也就是法院的消极执行、执行不作为等问题。二是为规范这一制度,一般应采取书面的方式,检察机关书面了解,法院书面回复。

3.《执行监督规定》第9条重申了民诉法和《民诉监督规则》关于调查核实工作的规定。虽然调查核实已有明确的法律依据,但相对于民事审判监督而言,民事执行检察监督往往更需要加强调查核实,因此在本规定中作了重申。

(五)法院接受监督

关于法院接受检察监督,《执行监督规定》在第1条、第8条、第10条、第12条至第13条作了具体规定。

1.《执行监督规定》第1条开宗明义作出规定:"人民检察院依法对民事执行活动实行法律监督。人民法院依法接受人民检察院的法律监督。"本条既规定了依法监督的原则,同时也明确了法院依法接受检察监督的义务。

2.《执行监督规定》第8条和第10条主要规定了法院在接受检察监督过程中的具体配合义务,主要包括两个方面:一是在检察机关需要调阅执行卷宗时,法院应当依法协助检察机关调阅执行卷宗或者查阅、复制、拷贝、摘录执行案件材料。二是在检察机关向法院书面了解执行案件的有关情况时,法院应当说明相关案件的执行情况及理由,并在15日内书面回复检察机关。

3.《执行监督规定》第12条和第13条规定了法院如何办理检察建议案件。其中第12条规定了法院对于检察建议的立案问题。理解这一条文,要注意把握两个问题:一是对于执行检察建议,检察机关和法院实行同级监督和同级受理,即由提出检察建议的检察机关的同级法院受理案件。如果是上级检察机关依照有关规定办理应由下级检察机关管辖的案件,提出检察建议后,应由提出检察建议的检察机关的同级法院受理。二是对于执行检察建议,法院应当立案受理。根据最高人民法院《关于执行案件立案、结案若干问题的意见》规定,执行案件统一由法院立案机构进行立案。立案后,再转执行部门审查。

《执行监督规定》第13条规定了检察建议的效力。民诉法实施后,执行检察建议效力不明确已成为制约民事执行检察监督职能发挥的瓶颈。法院对执行检察建议的处理缺少统一规范,从收案到处理再到答复,较为随意,有损司

法权威。基于此，我们在研究起草本规定时对法院回复检察建议的内容、形式均作出规定，同时尊重最高人民法院的意见，将实践中适用的一个月的回复期限延长为三个月，有特殊情况仍需要延长的，经本院院长批准，可以延长一个月。需要注意的是，执行案件立案后，当前有多种结案文书，包括裁定、决定、通知、函等。针对检察建议，法院除制作回复意见函外，还要附上相应裁定、决定等文书。

（六）其他相关问题

1. 规定了对特殊执行主体及拒不执行裁判、涉嫌犯罪的被执行人的监督问题。有关国家机关不依法履行生效法律文书确定的执行义务或者协助执行义务的，检察机关可以向相关国家机关提出检察建议。检察机关民事检察部门在办案中发现被执行人涉嫌构成拒不执行判决、裁定罪且公安机关不予立案侦查的，应当移送侦查监督部门处理。

2. 规定了衔接机制问题。法院、检察机关应当建立完善沟通联系机制，密切配合，互相支持，促进民事执行法律监督工作依法有序稳妥开展。法院认为检察监督行为违反法律规定的，可以向检察机关提出书面建议。当事人在检察机关审查案件过程中达成和解协议且不违反法律规定的，检察机关应当告知其将和解协议送交法院，由法院依照民诉法第230条的规定进行处理。

3. 规定了行政执行监督的参照执行问题。检察机关对法院行政执行活动实施法律监督，行政诉讼法及有关司法解释没有规定的，参照本规定执行。

检察公益诉讼篇

检察机关提起行政公诉简论*

胡卫列**

内容摘要：关于检察机关应否有权提起行政诉讼问题的争论由来已久。按照我国检察机关的性质、任务以及保护公共利益的现实需要，应当肯定检察机关这一职权。检察机关提起行政公诉时应遵循一定的原则，起诉范围亦应严格把握，而不能过多干预个人不起诉的正当权益。

关键词：行政公诉　公共利益　法律监督

关于检察机关提起行政诉讼问题的争论由来已久，行政诉讼法起草颁布之初，赞成和反对的两种意见就已尖锐对立。赞成的人认为，为保护公共利益，必须赋予检察机关作为公诉人提起行政诉讼的权力；[1] 反对的人认为，由于存在提起诉讼后，检察机关的地位及权利义务不好确定等问题，不应赋予检察机关提起行政公诉的权力。近年来，学术界对于行政公诉问题有了新的认识。有学者主张，行政公诉的提起应当出于公共利益的需要，其范围应当仅限于公共利益受到违法的行政作为或不作为引起的行政争议。具体类型包括三类：一是由行政主体对其自身法定的行政职权被另一行政主体所侵害的违法行为提起诉讼；二是由行政主体对拒不履行具体行政行为所确定的义务的相对人提起诉

---

* 本文刊载于《人民检察》2001年第5期。
** 胡卫列，最高人民检察院民事行政检察厅厅长。
[1] 杨佳君、房佳时：《浅议检察机关对行政诉讼的法律监督》，载《现代法学》1989年第4期。

讼，要求法院强制其履行；三是对于行政机关违背法定职责，损害公共利益的行为，由检察机关提起公诉。① 笔者认为，一、二两类行政公诉对于完善行政诉讼制度而言是有积极意义的。但鉴于目前对于这两类侵害公益的行为有比较可靠的监督和救济办法，因而就保护公共利益的现实需要出发，第三类行政公诉，即检察机关提起行政诉讼才是迫切需要建立的。

所谓检察机关提起行政诉讼，是指人民检察院依法行使法律监督职能，对于涉及国家、社会重大利益以及具有公共利益性质的个人权益，在无人起诉或当事人无法起诉等情况下，代表国家将行政案件提交人民法院审判，要求人民法院审查具体行政行为的合法性并作出裁判的诉讼活动。

一、检察机关提起行政公诉的必要性和可行性

（一）检察机关提起行政诉讼，是由检察机关的性质和任务决定的

不同国家检察机关的性质和职能差别很大，但有一个共同的特点即都是以积极、主动的方式参与诉讼活动。因而有学者认为："现代诉讼的基本理论认为，检察机关在诉讼中，最突出、最主要的职责是代表国家、公众把被告人（刑事被告人、民事被告人、行政被告人）的违法行为和违法事实提供给法院，要求其依法进行审理和裁判，并对审理的过程以及裁判的结果进行监督。"② 不管这种归纳的准确性如何，有一点是确定无疑的，那就是：提起诉讼是检察机关参与诉讼活动的重要方式和基本职能之一。

社会主义国家检察机关法律监督的性质也决定了提起行政诉讼的方式。我们知道，我国检察机关是国家的法律监督机关。列宁十分重视法律监督的作用，他指出"一般是用什么来保证法律的实行呢？第一，对法律的实行加以监

---

① 杨立新、张步洪:《行政公诉制度初探》，载《行政法学研究》1999年第4期。
② 湛中乐、孙占京:《论检察机关对行政诉讼的法律监督》，载《法学研究》1994年第1期。

督，第二，对不执行法律的加以惩办。"① 对于检察机关法律监督的内容，列宁作了这样的论述："检察长的惟一职权和必须作的事情只有一件：监督整个共和国对法制有真正一致的理解，不管什么地方的差别，不受任何地方的影响。检察长的惟一职权是把案件提交到法院判决。"② 这段精辟论述把法律监督和提起诉讼二者统一起来，说明了提起诉讼是实行法律监督的形式和手段。检察机关虽然是法律的监督机关，但是也并没有对被监督行为进行裁决的权力，这种监督最终是通过诉讼行为获得司法裁决实现的。在行政诉讼中，当检察机关发现行政机关的违法行为时，并没有直接处置的权力，但可以通过把案件提交法院判决，实现监督。这一过程实际上是监督权转化为起诉权的过程。这种转化的根据，就是监督和诉讼两者之间存在着内在的联系，都具有维护法制的作用，诉讼是监督的主要手段，而监督又可以通过诉讼来实现。

在我国，由于检察机关没有一般监督权，其监督范围、领域限于司法领域、诉讼领域，可以说诉讼是其实现各项监督职能的根本手段和途径，包括抗诉的手段实际上也是通过上一级法院的审判活动实现监督，可见提起诉讼和抗诉的监督方式性质上是一致的，是为了获得司法裁判，从而实现监督。

（二）检察机关以公益代表人身份提起行政诉讼，是保护公共利益的需要，也符合行政诉讼的目的

现实生活中，行政行为侵害国家和公共利益，未得到有效监督、纠正的情况大量存在。特别是在目前社会转型时期，权力腐败的问题十分突出，行政机关或其工作人员恶意串通相对人违法行使行政职权，损害公共利益的现象相当严重。而现行行政诉讼在原告资格上作了较为严格的限定，即只有认为具体行政行为侵犯自己合法权益的公民、法人或者组织才有权提起行政诉讼，也就是说，只有私人（包括法人）的权益受到侵害时，才能提起行政诉讼。显而易见，这就排除了行政行为侵犯国家或社会公共利益时提起诉讼的可能性。按照

---

① 列宁全集（第5卷），人民出版社1959年版，第253页。
② 列宁全集（第33卷），人民出版社1957年版，第326页。

法院"不告不理"原则,无起诉人的案件是不会自动进入行政诉讼程序、获得司法审查的。这一状况反映了行政诉讼立法过程中对公共利益的忽视,不符合法律平等保护的原则。

虽然行政行为侵害公益的行为可以有多种救济方式,但不可否认,行政诉讼方式是一种更有效的选择,是符合法治原则的。因为行政诉讼的目的既是提供权利救济,也是为了监督行政机关及其工作人员依法行政。在违法的行政行为侵害公共利益的情况下,通过司法审查的方式,不仅可以使受侵害的公共利益得到救济,而且可以使违法的行政行为得到监督和纠正。

为发挥行政诉讼制度在维护公共利益中的作用,就必须突破原告资格的规定,使各种不同利益在受到侵害时都可以进入诉讼程序。在各国行政诉讼或司法审查中都普遍采取了降低原告资格标准的做法。如现在美国法院已经承认纳税人、消费者、环境利益人、公共福利社团、环保组织等公共团体的原告资格。但由于我国至今为止没有严格意义上的完全独立于政府的利益团体,要在短期内形成大量的真正具有独立主体资格的公益团体也不现实,因为这要受到政治制度甚至传统文化和意识的制约。因此对我国来说,更有借鉴意义的还是西方国家的公益代表人制度。一般以检察机关作为公益代表人,来实现对公共事务、公共利益的保护。如德国《行政法院法》第35条规定:"在联邦法院内任命一名检察长,以维护公共利益。"第36条规定了高级行政法院和行政法院内的公益代表人制度。在英国,"为了公共利益而采取行动是检察总长的专利,他的作用是实质性的、合宪的,他可以自由地从总体上广泛地考虑公共利益。因而他可自由地考虑各种情形,包括政治的及其他。"①

(三)在我国,直接赋予检察机关提起行政诉讼的职权是可行的

一是在我们国家由于社会主义法制的性质,法律监督和维护公共利益在性质上是完全一致的。即使是抗诉,其目的也在于维护司法公正,维护公共利

---

① [英] 韦德:《行政法》,中国大百科全书出版社1997年版,第263页。

益；① 二是我国人民检察院组织法第2条本身就规定了检察机关保护各种利益包括国家、集体利益的任务；三是我国目前不具有成熟的利益集团、公共团体等组织，而检察机关却有较强的诉讼能力；四是检察机关不从属于行政机关，直接对权力机关负责，可以代表国家、代表人民和公共利益。

二、检察机关提起行政诉讼需要遵循的原则

（一）依法监督原则

人民检察院作为国家法律监督机关对行政诉讼进行监督是为了保证人民法院正确行使行政审判权，通过审判权监督行政行为，进而保证国家法律在行政诉讼中的统一实施。提起诉讼同样是为这一目的服务的，是为了使检察权和审判权更好地衔接起来，更好地实现行政诉讼的立法目的。因此只有确实违法的才应提起行政诉讼。

（二）保护公益原则

公益原则是检察机关提起行政诉讼的条件和范围。涉及公益无人起诉的，应积极、主动提起，通过监督违法行为保护社会公益。

（三）节制原则

人民检察院有权提起行政诉讼，但必须从实际出发，注意发挥好司法能动性，决不能滥用诉权，"艰巨的社会责任感和高度的自我克制，构成司法活动的最基本特征。"② 要注意把握好主动干预和自我节制的尺度。

（四）自始至终参加诉讼的原则

提起诉讼是检察监督的起点，而不是终点。检察机关提起诉讼的案件，一般都是涉及国家、社会的重大利益，提起诉讼后，必须参与诉讼活动、监督审

---

① 杨立新、张步洪：《行政公诉制度初探》，载《行政法学研究》1999年第4期。
② 周汉华：《论行政诉讼中的司法能动性》，载《法学研究》1993年第2期。

判和执行活动，这是法律监督的严肃性、神圣性的要求，也表明检察机关对事关国家、社会公共利益的问题负责到底的精神。

三、检察机关提起诉讼的范围

检察机关提起诉讼的范围要严格把握。其理由主要有：第一，检察机关提起行政公诉涉及原告资格问题，立法过程中就有争议。检察机关提起诉讼的行为，将突破现有行政诉讼的立法框架，将扩大人民法院行政审判权的范围，实际上带来了重新界定我国司法审查权限，以及行政权与审判权、检察权权限划分及监督制约机制等重大问题，需谨慎从事。第二，检察机关不是行政法律关系主体，同案件结果没有直接利害关系。第三，从当事人诉权角度考虑，是否提起诉讼是当事人的个人权利，不宜过多干预。

上述原因的存在，也是造成学术观点分歧的根源。不少赞成赋予检察机关提起行政诉讼权的同志也据此反对检察机关在行政管理相对人不愿告、不敢告的情况下径行提起诉讼；① 有的同志在此基础上进一步提出，检察机关提起诉讼情况下，作为当事人，不处于中立地位，不利于对双方的监督，进而反对这一监督方式。②

笔者也赞成检察机关提起行政诉讼的范围主要限于涉及国家利益、社会公共利益以及具有社会公益性质的当事人权益的行政案件，在公民不愿告、不敢告或无力起诉情况下，检察机关一般不应直接提起诉讼，因为这种情况下，既有行政诉讼执法环境的原因，也有当事人的法律意识和自主意识问题，随着民主与法制建设的发展不断改善，检察机关原则上应尊重公民不起诉的选择，如果检察机关认为对违法行政行为确有必要起诉，也可以通过其他方式支持行政相对人行使诉权。

检察机关提起诉讼的行政案件可以概括为：行政行为违法侵害国家利益、

---

① 江必新：《行政诉讼问题研究》，中国人民公安大学出版社1989年版，第125页。
② 康万福：《浅议检察机关对行政诉讼的法律监督》，载《法律科学》1991年第1期。

社会公共利益而又无人起诉的案件。具体地说主要包括以下几种案件：（1）行政决定违法，并侵害国家、社会公共利益，没有具体行政相对人的；（2）行政决定有利于行政相对人，侵害国家和社会公共利益，相对人不起诉的，如造成重大环境污染等损害公共利益，负有监管职责的行政机关只给予较轻处罚的，等等；（3）行政机关不作为损害公共利益；（4）人民检察院认为应当提起诉讼的其他案件。

四、几个需要注意的问题

（一）提起诉讼的范围

提起诉讼的范围可以随着我国检察机关和审判机关素质的提高，司法制度的完善逐步扩大。对行政违法行为的监督可以是多方面的，但我国法制实践的历史告诉我们，行政系统内部监督的效果总不是十全十美的，检察机关采用一般监督的方式在我国也不可行，权力机关承担具体监督职能力不从心。因而完善现有的行政诉讼制度，由国家检察机关和国家审判机关代表权力机关共同行使对具体行政行为的监督职能，是最理想、最切实可行的监督途径，权力机关只监督行政的规范性文件。这样便于形成一种有效的、规范的权力监督机制。

在这样的监督框架下，检察机关提起行政诉讼的行政决定范围也就相应拓展了：既包括通常意义的具体行政行为，也可包括对较大工程建设项目的决定（涉及国计民生或当地经济、社会发展的重大项目，则应由权力机关决定），还可对涉及某地区普遍对象的特定事项管理决定直接提起诉讼，如对某乡人民政府关于在本乡范围内集资修建道路的决定（文件形式）直接起诉。当然，这样将会突破现有行政诉讼受案范围，关于具体行政行为与抽象行政行为的界定需要重新作出，或者不再在行政诉讼法中采用这种分类。而从目前我国检察机关和审判机关的实际地位、组织机构、人员素质等方面看，尚不具备承担这项使命的能力，因此，需启动之后逐步推进。

（二）关于行政不作为行为

对重大污染行为，行政机关不处理的，虽然可考虑赋予检察机关直接提起民事诉讼来维护公共利益，但从监督行政行为依法行政的角度看，提起行政诉讼比提起民事诉讼获得的司法效益更大，因而也更可取。

（三）关于国家、社会公益的范围

从法理的角度看，由于我国的社会主义性质，社会主义法制与国家、集体、个人利益根本上都是一致的，这是一种广义理解。本文所涉及的公共利益不包括个人利益，仅指国家利益及社会多数公众利益，主要指包括公共生活环境在内的物质利益。国有企业的权益无疑也是国家利益的一部分，但由于其独立的法律主体地位，其诉权一般应由其自主行使，检察机关不宜过多干预。

行政诉讼中的检察监督与行政公益诉讼*

姜明安**

内容摘要：在《行政诉讼法》制定之时，立法机关对检察监督的范围加以较大限制还有一定的理由和根据，但在现时的条件下，仍然将检察监督局限于抗诉一途就完全没有道理，已经不适应今天我国行政法治的现实需要了。因此，修改《行政诉讼法》，增加关于检察监督的具体条文，进一步明确检察监督的对象、方式和手段是非常必要的。

关键词：行政诉讼　检察监督　行政公益诉讼

《行政诉讼法》总则第 10 条规定，"人民检察院有权对行政诉讼实行法律监督"。这一规定确立的检察监督的范围是非常宽泛的，其涉及的监督对象可以包括人民法院、人民法院的审判人员、行政诉讼的所有参加人、参与人，甚至可以包括与被诉行政行为有关的其他任何行政机关、组织和个人；其监督方式可以包括检察机关为实现监督目的能够和应该采取的任何方式，如主动提起公诉、支持原告起诉、出席法庭审理和在法庭审理中提出纠正违法的意见、依上诉审程序提出抗诉、依审判监督程序提出抗诉，以及查处审判人员在行政审判中徇私舞弊、枉法裁判的行为等；其监督手段可以包括为实现监督目的能够和应该采取的任何监督手段，如接受当事人和其他公民、组织的申诉、控告、检举，听取与案件有关的利害关系人的陈述、申辩，调阅法院案卷材料，向有

---

* 本文刊载于《法学杂志》2006 年第 2 期。
** 姜明安，北京大学法学院教授、博士生导师。

关行政机关以及公民、组织了解情况、调取证据,以及必要时委托有关鉴定机构进行鉴定,等等。

当然,这只是对《行政诉讼法》总则第10条规定的字面理解,《行政诉讼法》的具体条文对检察监督并没有规定这么广泛的监督对象、监督方式和监督手段。《行政诉讼法》的具体条文关于检察监督的规定仅有一条,即第64条。该条规定,"人民检察院对人民法院已经发生法律效力的判决、裁定,发现违反法律、法规规定的,有权按照审判监督程序提出抗诉"。根据这一规定,行政诉讼中检察监督的范围非常狭窄,其涉及的监督对象仅仅包括人民法院的判决、裁定;其监督方式仅仅包括依审判监督程序提出抗诉;对监督手段则更没有具体规定。可见,《行政诉讼法》总则确定的检察监督的基本原则在该法具体条文中并没有得到很好的落实。当然,法律总则确定的基本原则在以具体条文具体化的过程中总是要受到一定具体时空条件的限制,具体条文对于基本原则总会留有余地,因为基本原则需要适用更广泛的时空。但是,就《行政诉讼法》总则确立的检察监督基本原则与其具体化的具体条文的关系来说,在1989年全国人大通过的《行政诉讼法》中,二者太不成比例了、太不协调了。如果说,在16年前,在《行政诉讼法》制定之时,立法机关对检察监督的范围加以较大限制还有一定的理由和根据的话,那么,在现时的条件下,仍然将检察监督局限于抗诉一途就完全没有道理,完全不适应今天我国行政法治的现实需要了。

因此,修改《行政诉讼法》,增加关于检察监督的具体条文,进一步明确[①]检察监督的对象、方式和手段是非常必要的。这里不讨论行政诉讼中检察监督的所有问题,只探讨行政诉讼中检察机关提起公益诉讼的必要性和可行性问题。

[①] 对于现行《行政诉讼法》确立的检察监督的基本原则来说,检察监督的对象、方式和手段只需要"明确",因为立法者已经赋予其广泛的内涵;但对于现行《行政诉讼法》关于检察监督的具体条文来说,检察监督的对象、方式和手段则不是"明确"不"明确"的问题,而是必须"扩大"和"增加"的问题。

一、检察机关提起行政公益诉讼的必要性

（一）行政主观诉讼对维护国家和社会公共利益的局限性

行政主观诉讼对维护国家和社会公共利益的局限性是多方面的：首先，就行政主观诉讼而言，法律只允许本人主观权利受到行政行为侵犯的行政相对人提起诉讼，对于与本人特定权益无涉的国家和社会公共利益被侵犯，任何个人、组织都无权起诉。然而，在现代社会，行政侵权行为侵犯非特定行政相对人的非特定权益的现象却越来越多，例如，国企主管行政机关在国有企业转制过程中非法处置国有资产，导致国有资产流失；国土资源主管行政机关非法转让国有土地使用权或国有矿产资源采矿权，导致国家财产损失；环境主管行政机关不作为，放任企业排放废水、废气、废渣，污染环境；林业主管行政机关违法颁发森林采伐许可证，造成森林大面积被滥伐和导致生态破坏；政府违法制定、修改或废止城市、乡镇规划，导致国家重要历史文化遗产遭受破坏，等等。其次，根据行政主观诉讼的规则，即使行政相对人本人权益受到侵犯，其他人的权益以及国家和社会公共利益也同时被侵犯，如果被侵权人不能证明自己被侵犯的权益有不同于他人权益以及国家和社会公共利益的特别之处，也同样不能提起行政诉讼。此外，被侵权的行政相对人即使能证明自己被侵犯的权益有不同于他人权益以及国家和社会公共利益的特别之处，其起诉被法院受理，法院也只对相对人被侵犯的权益予以救济，而不会同时对受到侵犯的国家和社会公共利益给予救济，或同时追究侵犯国家和社会公共利益的行政行为的行政责任。

（二）现行监督制度对维护国家和社会公共利益的局限性

有人认为，对于违法侵犯国家和社会公共利益的行政行为（作为或不作为），可以通过我们现行监督机制予以监督和查处，而无须通过检察机关提起行政公益诉讼进行监督和救济。诚然，我国现行监督机制对于违法侵犯国家和社会公共利益的行政行为（作为或不作为）确实能发挥重大监督作用。但

是，这种作用也是有很大局限性的。首先，就人大对行政的监督而言，其监督对象主要是行政立法和抽象行政行为，一般不及于具体行政行为，而侵犯国家和社会公共利益的行政行为（作为或不作为）大多是具体行政行为。其次，就行政监察对行政的监督而言，其职责主要是检查行政机关执行法律、法规和政府的决定命令中的问题；受理对行政机关和行政公职人员违反政纪的控告、检举；查处行政机关和行政公职人员违反政纪的行为。[①] 这种监督对于追究违法侵犯国家和社会公共利益的行政行为的机关和个人的责任是有作用的，但在及时、有效地维护和保障被违法侵犯的国家和社会公共利益的作用方面却有很大的局限性。此外，就检察机关提起刑事公诉对行政可能产生的监督作用而言，一是其监督的重点是行政公职人员贪污、受贿及渎职的犯罪行为，而很难及于行政机关侵犯国家和社会公共利益的一般违法行政行为（作为或不作为），二是此种监督因属事后监督，从而很难及时和有效地维护和保障国家和社会公共利益。

（三）行政主体维护国家和社会公共利益的局限性

有人认为，对于行政行为（作为或不作为）违法侵犯国家和社会公共利益的问题，可以通过行政系统内部的层级监督和专门监督解决，而无需通过检察机关提起行政公益诉讼进行监督和救济。诚然，行政系统内部的层级监督和专门监督对于解决行政行为（作为或不作为）违法侵犯国家和社会公共利益的问题可以发挥重要的作用。但是，这种作用也是有局限性的：首先，就层级监督而言，上下级行政机关因各种缘故，可能构成利益共同体，下级行政机关的行为有时事前即请示过上级，有时甚至是奉上级指示而为，在这种情况下，下级行政机关的违法行为很难企望通过上级机关的监督得到纠正。其次，就专门监督而言，例如，国资局对一般行政机关违法处置国有资产的监督，环保局对一般行政机关违法行政行为导致环境污染、生态破坏的监督，其监督作用有可能还不如层级监督。因为，其一，专门机关对同级行政机关的监督，不如上级机

---

① 参见《中华人民共和国行政监察法》第18条。

关有权威性；其二，专门行政机关的监督要受到同级人民政府的制约，政府和政府部门首长如果不配合，专门机关很难采取有效的处置措施；其三，专门行政机关（如国资局、环保局）自己即具有实施违法侵犯国家和社会公共利益的行政行为（作为或不作为）的机会与可能，他们如果自己违法，更难以得到及时有效的监督。

综上，笔者认为，在我国建立检察机关提起行政公益诉讼的制度是必要的。

二、检察机关提起行政公益诉讼的可能性

（一）宪法确立的检察机关的法律地位为建立检察机关提起行政公益诉讼的制度提供了宪法根据

《中华人民共和国宪法》第129条规定，"中华人民共和国人民检察院是国家的法律监督机关"。既然是法律监督机关，对于行政机关违法侵犯国家和社会公共利益的行政行为（作为或不作为），当然就有权实施监督。至于监督的方式，则取决于监督目的，哪一种监督方式能有效地实现监督目的，法律就应确立哪种方式。国内外的经验证明，检察机关提起行政公益诉讼的方式对于监督、制约行政机关违法侵犯国家和社会公共利益的行政行为、维护国家和社会公共利益是有效的，因此，法律就不仅可能，而且应该确立这种方式。

（二）《行政诉讼法》确立的立法目的和基本原则为建立检察机关提起行政公益诉讼的制度提供了法律基础

《行政诉讼法》第1条确立的立法目的是：保护公民、法人和其他组织的合法权益；维护和监督行政机关依法行使职权。行政公益诉讼，顾名思义，是涉及公共利益的行政诉讼（特别是环境公益诉讼），当然是与实现保护公民、法人和其他组织的合法权益，监督行政机关依法行使职权的立法目的相一致的。《行政诉讼法》第10条确立的行政诉讼基本原则之一是：人民检察院有权

对行政诉讼实行法律监督。从字面上考察，这一原则赋予检察机关的法律监督权是没有限制的（当然从法理上讲，则应该有限制），从而，无论是监督对象，还是监督方式和监督手段，《行政诉讼法》的具体条文都可以根据实现监督目的的需要而赋予检察机关以广泛的范围。因此，在修改《行政诉讼法》时，立法者在抗诉方式之外增设检察机关提起行政公益诉讼的监督方式完全没有任何法律障碍。

（三）行政公益诉讼的"公益"性为建立检察机关提起行政公益诉讼的制度提供了制度的事实前提

有人认为，诉权是涉及当事人"意思自治"的权利，只能由利害关系人自己行使，而不能由他人代行。这种观点虽然有其正确性，但其正确性只是部分的、片面的。从法理上讲，只有涉及"私益"，不涉及"公益"的诉权，法律才赋予当事人完全"意思自治"，而对于既涉及"私益"，又涉及"公益"（如绝大部分刑事诉讼）的诉权，或者只涉及"公益"不涉及"私益"（如大部分民事公益诉讼和行政公益诉讼）的诉权，几乎任何国家的法律都不会完全赋予当事人"意思自治"，国家对涉及公共利益的案件予以干预是天经地义的事情。行政公益诉讼不是一般的行政诉讼，而是仅仅涉及"公益"，或者虽然也涉及"私益"，但主要是涉及"公益"的诉讼。正是行政公益诉讼的"公益"性，为建立检察机关提起行政公益诉讼制度提供了事实前提。

（四）我国法治的发展进步和正在进行的司法改革为建立检察机关提起行政公益诉讼制度提供了条件

市场经济体制的建立和发展，私域和公域的区分，"私益"和"公益"的对立统一，为确立检察机关提起行政公益诉讼制度提供了必要性。但是必要性并不等于可能性。一个国家，要建立检察机关提起行政公益诉讼制度，还需要这个国家法治的发展进步。在一个法律很不完善，法律制度、机构、设施很不健全，国民和政府官员法治观念很淡薄的国度，要建立检察机关提起行政公益诉讼的制度是不可想象的。而我国自改革开放20多年来，法律已日臻完善，法律制度、机构、设施都已逐步健全，国民和政府官员的法治观念都在不断提高，所有这些，加上目前正在进行的司法改革，为在我国建立检察机关提起行政公益诉讼制度提供了相当充分的条件。

（五）我国法学研究的前沿成果，特别是关于检察监督和公益诉讼（包括国外检察监督和公益诉讼）的研究成果为建立检察机关提起行政公益诉讼制度提供了理论支撑

人们要建立任何一项制度，要在该制度建立后保障其良性运转，要通过该制度良性运转发挥其对社会的预设功能和作用，都必须事前对相应制度进行充分的理论研究，把握该制度的性质、特征，熟悉该制度的功能、作用，掌握该制度运作所需的环境，明了该制度的功能、作用发挥所需的条件，了解该制度在国外、境外运作的实际情况，其产生的正面和负面的效果，各国、各地区运用该制度成败得失的经验、教训，等等。人们如果没有相应的理论准备，匆忙地建立起一项制度，该制度很可能在建立后难以正常运作和发挥其应有的作用，有时甚至不仅不能发挥其正面作用，还可能产生负面作用。这方面我们过去有过深刻的教训。正是因为我们有过去的教训，我们今天对于建立检察机关提起行政公益诉讼的制度是非常慎重的，是非常重视理论准备的。早在制定《行政诉讼法》的十几年前，法学界就开始了行政公益诉讼的研究，到现在应该说已经取得了相当丰硕的研究成果。正是这些研究成果，包括关于一般检察监督和一般公益诉讼（民事公益诉讼和行政公益诉讼）的研究成果、关于国外检察监督和公益诉讼的研究成果，为在我国建立检察机关提起行政公益诉讼制度提供了理论支撑。

设置行政公诉的价值目标与制度构想*

孙 谦**

内容摘要：中国正处于社会转型期，社会矛盾和利益纠纷呈高发态势，通过厉行法治，保证行政权正确行使，是预防、减少和妥善应对社会风险的良策。由于行政诉讼在制度架构方面的缺陷，其制度功能发挥并不充分。设置行政公诉制度，应当成为完善行政诉讼制度的一个重要选择。它具有监督和促进依法行政、引导市民社会生成、化解社会矛盾等多方面的价值，也是完善中国特色检察制度的应有之义。建立行政公诉，应当从理念和制度建构等不同层面予以设计。

关键词：行政公诉 依法行政 检察权 权力制衡

中国正处在现代化进程中的社会转型期。从总体上看，中国政局稳定，经济快速发展，社会全面进步，各种关系基本协调，社会基本和谐。然而，随着社会转型过程的加速，社会生活的各个方面也在发生着结构性的变化，由此带来很多新的矛盾和隐患：因贫富差距、城乡差距、社会保障、劳动就业等民生问题引发的社会矛盾不断出现；因企业改制、土地征收、房屋拆迁、环境保护等原因导致的利益纠纷时有发生，构建社会主义和谐社会面临着严峻的挑战。这些社会矛盾和问题的产生原因是多方面的，解决这些社会矛盾和问题也需要采取综合性措施，但是最根本、最有效的措施就是厉行法治，实施依法治

---

* 本文刊载于《中国社会科学》2011年第1期。
** 孙谦，最高人民检察院副检察长。

国的方略，使法治调整和化解社会矛盾的作用得以切实发挥。在厉行法治、推进依法治国的进程中，加强对行政权的监督制约，促进依法行政是其中的难点和关键。从现实情况看，行政机关的滥用职权和失职渎职等行为是导致和激化诸多社会矛盾的主要原因；同时，相当数量的行政违法行为又难以及时得到纠正。行政诉讼是通过司法程序对行政权进行监督制约的一项重要的法律制度，但由于制度设计方面的缺陷，"行政诉讼制度在权力制约方面显得相当力不从心"，[1]其应有的制度功能并未充分发挥，当事人通过诉讼渠道解决行政纠纷的途径并不顺畅，导致一些行政相对人寻求上访、闹访甚至采取群体性冲突的方式来表达诉求。因此，弥补我国行政诉讼在启动诉讼方面的缺失和不足，不仅是当务之急，而且对国家法治的推进具有长远的意义。笔者认为，赋予检察机关提起行政公诉的权能是一种具有制度价值的构想。所谓行政公诉，是指在没有适格原告的情况下，检察机关认为行政机关的行为违反了有关法律规定，侵害公民、法人和其他组织的合法权益，损害国家和社会公共利益，依照行政诉讼程序向法院提起公诉，提请法院进行审理并作出裁判的活动。

一、设置行政公诉制度的价值

（一）有利于中国权力监督制约体制的进一步完善

任何一项法律制度的创设和生发都蕴含着一定的根据，返回制度的历史原点，从源头上探究制度的本来面目，有助于发现制度背后的特性，并对当下具有重要的启示意义。从世界各国行政诉讼制度发展史看，设立行政诉讼的初衷并不主要是为了保障公民权益，而首先是为了维护客观法律秩序，协调司法权与行政权的关系。"司法救济的历史表明，行政诉讼肇始于客观之诉，即最初目的主要不在于保护行政相对人的权益，而在于监督和维护行政机关依法行

---

[1] 杨海坤：《对于摆脱〈行政诉讼法〉实施困境的反思》，载《行政法学研究》2009年第3期。

政,这在大陆法系与英美法系国家都是如此。"[1] 有"行政法母国"之称的法国行政审判制度建立的直接动因在于行政与普通法院的对立,目的在于排斥封建的法院对行政的干预,维护和促进行政职能的实现。"不惟大陆法系,在司法审查制度产生源头的英国,司法审查所广泛使用的各种救济手段,即特权令状制度,其最初目的也是为了维持各级公共机构的效率和行政秩序。"[2] 而我国则与欧陆略有不同,在人民代表大会根本政治制度下,按照司法权与行政权分工制约的原理,我国行政诉讼制度的基本宗旨在于保护公民的权益不受来自行政机关的非法侵犯,监督和保障依法行政,建立起"以权力制约权力"的法律监督机制。行政公诉制度正是在不断改进和完善行政诉讼制度的基础上凸显其必要性的。

就检察机关对行政机关监督制约的现状而言,行政执法人员严重违法构成相关职务犯罪时,检察机关可以进行刑事侦查和追诉。但是,相对于大量的行政违法行为,行政犯罪[3]毕竟只占相当小的比例。目前检察机关对行政权的监督仅仅限于行政犯罪,而对大多数行政违法行为没有监督权。行政诉讼法虽然对检察机关在其中的监督作用作了原则规定,但只有抗诉一种监督手段,存在间接性、滞后性等缺陷。事实上,行政执法多年来一直游离于国家检察机关法律监督的视野之外。基于中国行政诉讼制度的现状,[4]如果没有检察机关提起公诉,那么将有相当大数量的行政违法行为没有适格原告提起行政诉讼,从这个意义上说,游离于检察监督之外实际上也意味着游离于行政诉讼制度的监督体系之外。因此,由检察机关采用诉讼形式,利用国家检察权力启动审判,通过检察权和审判权两种权力的合理运用,发挥司法的政策引导功能和强制威慑

---

[1] 张坤世、欧爱民:《现代行政诉讼制度发展的特点——兼与我国相关制度比较》,载《国家行政学院学报》2002年第5期。
[2] 孔繁华:《行政诉讼性质研究》,武汉大学2006年博士学位论文。
[3] 即行政机关及其工作人员在行政权行使过程中的犯罪行为,如玩忽职守罪、滥用职权罪等。
[4] 长期以来,在行政诉讼领域,行政相对人不愿告、不敢告的现象十分普遍。多年来,全国法院行政案件一直在每年10万件左右,这与现实生活中大量存在的行政违法行为以及公众对违法行政行为的广泛不满形成鲜明对照。

功能，从而实现司法权对行政权的制约，这是十分必要的。行政公诉以检察权这种公权力集中公意，代表公益，独立于行政权之外行使对行政行为的监督职能，开辟出检察权启动审判权监督行政权的途径，也是完全可行的。①

（二）有利于引导和推动中国市民社会的生成和发展

"市民社会的出现，使权利观念向前迈进了一大步。"② 这一结论如果推及到当下中国的社会建设中来认识，也具有适用的价值。通过行政公诉制度的确立，对遭受行政违法行为侵害的社会权利与利益给予尊重和保护，将起到倡导和普及权利的作用，从而极大促进市民社会的生成和发展。

市民社会是西方政治哲学中的一个重要概念，它与"国家"概念相对应。马克思对市民社会有精辟的论述，③ 他强调"现代国家的自然基础是市民社会以及市民社会中的人……现代国家既然是由于自身的发展而不得不挣脱旧的政治桎梏的市民社会的产物，所以，它就用宣布人权的办法从自己的方面来承认自己的出生地和自己的基础"。④ 在中国，市民社会这一概念受到学术界的重视，还是近十几年来随着市场经济的建立和发展而出现的事情。在1949年建国后到改革开放前，我国实行的是计划经济体制以及与之相适应的高度集权的政治体制，国家和社会的高度一体化特征相对明显，在政府的职能定位上，体现为一种无所不包的全能型政府，而社会并没有真正的独立性。随着经济体制改革特别是社会主义市场经济体制的确立，国家在强调政府职能转变，实行政府和企业分开、政府和社会分开的同时，着力培育和壮大独立的市场经济主体，这些举措客观上加快了中国市民社会的生成和发展。中国共产党第十六次代表大会提出了构建社会主义和谐社会的战略构想，把社会建设提高到一个新的高度，不断强调要尊重和保障人民群众的主体地位，这为中国的"市民社

---

① 参见田凯：《行政公诉论》，中国检察出版社2009年版，第43页。
② 张康之、张乾友：《对"市民社会"和"公民国家"的历史考察》，载《中国社会科学》2008年第3期。
③ 参见伍俊斌：《马克思市民社会理论评析》，载《福建论坛（人文社会科学版）》2010年第6期。
④ 《马克思恩格斯全集》（第2卷），人民出版社1957年版，第145页。

会"建设赋予了丰富的时代内涵。

市民社会的构建，就是要确立国家与社会的良性互动关系，其核心是对社会以及构成社会的人（包括自然人和组织）的独立性、主体地位和权利的尊重。其中，社会主体与行政机关的关系无疑是最为基本的关系。要在制度层面承认和确立社会主体特别是自然人的主体地位，发挥其在监督和制约行政权方面的作用。从域外的历史经验看，公民自觉地通过法律渠道，运用司法权监督制约行政权，正是市民社会发展的重要途径之一。但从中国行政诉讼法实施20年来的实际情况看，行政诉讼这项具有推动市民社会构建的制度，发挥的作用十分有限。在实践中，基于诉讼的成本和证据要求以及所耗费的时间和精力等因素，绝大多数公民都是宁愿采取上访的方式而不愿意采取行政诉讼的方式来实现自己的诉求。实证研究的结果也表征了这一点。有学者利用2005年在中国28个省份调查所得的一项综合社会调查数据（CGSS2005），对中国行政纠纷的分布及中国公民如何有针对性地进行纠纷解决的制度选择进行定量研究。研究表明，针对行政纠纷，现阶段中国公民的法律意识并不淡漠，但现实中却大多经常性地采取司法程序及准司法程序之外的渠道解决纠纷。公民对中国行政纠纷解决存在事实上的"双轨"制度需求，即对通过司法（或准司法）渠道和党政渠道解决纠纷有同等程度的需求。[1] 这说明，在大多数公民心目中，对于司法权监督行政权的力度和效果还是存有疑虑的。而当这种疑虑成为一种普遍的社会心态时，人们自然更多地寻求比法律更加有效的解决方式，对权力、权威的依赖就成为必然，从而丧失对自我主体地位的维护，离市民社会和法治也越来越远。这种司法对行政监督不力的主要原因在于行政诉讼在制度设计层面的若干不足——尤其是公民、法人和其他社会组织在没有能力与违法的行政行为相抗衡的情况下缺乏相应的救济。要达到社会的法治化，就应当从法律上设计一种科学的制度，使损害国家和社会公共利益的行为都能通过最后的诉讼途径获得救济。事实上，当某一地方出现比较多的行政纠纷案件而没有有效的途径供

---

[1] 参见程金华：《中国行政纠纷解决的制度选择——以公民需求为视角》，载《中国社会科学》2009年第6期。

相对人投诉，或者虽然能够投诉但进入了处理程序却没有获得制度支持时，就会损害公民对社会主义法治的信念。理想的行政诉讼制度，应当能够为公民提供有效的救济，确保公民不受违法、不公的行政行为侵害。如果经由行政诉讼制度能够保障公民的正当权益，公民对社会主义法治的信仰就会更加坚定。[①]

有学者指出，由于历史和现实的原因，中国法治化进程主要是政府主导、政府与社会互动的模式。[②]因此，在市场经济发育尚不成熟，民主化进程有待推进，社会自治能力较为欠缺的情况下，在不排斥社会对法治的推动力前提下，国家在某些领域运用一定的强制力来规制经济与社会的法治建设很有必要。在中国现阶段，没有政府主导，仅靠社会规范和社会力量来推进法治，将会延宕这一进程的实现，同时还可能因各种矛盾冲突使法治化过程耗费过多社会资源。赋予检察机关提起行政公诉的职能，使检察权作为一种公权力进一步介入行政诉讼，体现了国家对于行政诉权的尊重和引导，更重要的是，这种公权力的介入和引导是在法律的框架下，通过司法程序实现的，它不仅体现了一种法律上的人文关怀，而且也是对法治精神的尊重和弘扬，对于市民社会法治进程有着示范和引领作用。同时，从现代行政法的发展看，很多国家行政诉权的主体都呈现出多元化。"倘若限制公民只有在权利受到侵害时才能起诉，不仅混淆公法关系和私法关系的性质，而且过分束缚法院对公共机构违法行为的监督，不符合现代行政法发展的趋势。"[③]检察机关提起行政公诉，体现了市民社会与国家之间的良性互动、权利与权力的制约及功能耦合关系，从而对市民社会的培育具有重要的引导、推动作用。

（三）有利于化解冲突，对社会矛盾发挥"减压阀"的作用

近年来，因房屋拆迁、农民负担、企业改制、社会保障、环境保护等引发

[①] 谭宗泽：《行政诉讼结构研究：以相对人权益保障为中心》，法律出版社2009年版，第186页。
[②] 孙笑侠、郭春镇：《法律父爱主义在中国的适用》，载《中国社会科学》2006年第1期。
[③] 王名扬：《英国行政法》，中国政法大学出版社1987年版，第199页。

的行政争议较多，往往涉及面广、人数众多、矛盾尖锐。一些行政行为不仅损害了公民、法人和其他社会组织的合法权益，也在不同程度上影响着社会的稳定和安全。调查表明，在行政纠纷解决过程中，五分之一左右的被访者表示其行动策略是容忍。这个数值是相当高的，而在被问及其真实意愿时，只有十分之一左右的被访者视容忍为首选途径。这表明，中国公民事实上不那么愿意容忍。对此的解读是，那些不愿意容忍而事实上容忍了行政纠纷的公民是有相当大的怨气的。一些法律社会学者的研究表明，"怨气"或者"讨说法"往往是中国底层公民采取固执或激烈行动的根源。众多个体公民的积怨如果未能适时疏导，往往可能因为不相关的意外事件而诱发大规模的群体性事件。① 从这个意义上讲，行政纠纷解决机制的建设，也是疏导公民"泄愤"的制度需要。但是，目前的纠纷解决制度体系显然并不令人乐观。行政诉讼作为一种行政纠纷解决机制的作用并没有充分发挥。② 因此，需要从制度设计层面重新予以思考。在没有适格主体提起行政诉讼的情况下，由检察机关针对行政纠纷提出检察建议、提起行政公诉，将有利于公民权利救济渠道的畅通，对社会矛盾和冲突起到"减压阀"的缓冲作用。

（四）有利于整合对行政权的监督资源，实现制度效益最大化

政治制度的发展与建构，须基于和充分利用本国已有的政治资源，才可能稳定地、持续地以较低成本实现较高政治绩效。在我国，对行政权监督制约的制度、机制是多种多样的，"却还处于一种未经整合的状态"，其中行政诉讼具有"技术性、程序性和中立性"的制度特点和优势。③ 我国的检察制度是一项

---

① 程金华：《中国行政纠纷解决的制度选择——以公民需求为视角》，载《中国社会科学》2009年第6期。
② 需要说明的是，笔者并非主张社会纠纷主要依靠诉讼制度来解决。对此，笔者赞同刘莘教授的观点，利用诉讼这一法律渠道解决冲突，"我们并非鼓励人们去打官司，我们是鼓励人们利用合法途径解决问题。利用合法途径解决问题的人越多，社会积累矛盾就越少，社会就更和谐安定。"参见刘莘：《行政诉讼是纠纷解决机制》，载《行政法学研究》2009年第3期。
③ 喻中：《权力制约的中国语境》，山东人民出版社2007年版，第189页。

具有中国特色的政治和司法制度，检察机关是国家的法律监督机关，它渊源于人民代表大会的监督权，是由国家权力机关的监督职能派生的专门监督职能。而提起公诉恰是检察机关履行其法律监督职能的基本手段和途径。因此，建立检察机关提起行政诉讼制度，使本来已具有监督职能、专司公诉职责的检察机关更加充分地运用行政诉讼的制度优势，发挥对行政行为的监督作用，从而完善对行政行为的司法审查，将是对我国现有的行政诉讼制度和检察制度在权力监督功能方面的有效整合，有利于实现制度效益的最大化，是完善中国监督体制的有益突破。

与此同时，从中国的法治实践看，由其他公权力主体来承担行政公诉职责并不可行。由权力机关来承担提起行政公诉这样具体的监督职能，不仅与中国权力机关的性质定位不符，而且也力不从心。其他的行政机关或行政组织，由于都共同属于同一个大的行政系统，难以克服其作为内部监督的天然缺陷，使监督的可行性、监督的效能及社会公众的认同和信赖度大打折扣。现实生活中大量的违法行为在行政管理环节中就没有得到行政机关的及时监督和纠正，① 更难以想象由行政机关通过行政公诉来挑战行政机关自身的违法行为。而我国的检察机关是人民代表大会之下"一府两院"的组成部分，是独立于行政机关和审判机关的，它相对地超然于行政机关的违法行为，在行政机关滥用权力、不作为等情形下，由检察机关承担起对行政违法行为的法律监督职责，将比较严重的行政违法行为诉诸法院，启动审判，更具有现实可行性。检察机关还可以综合运用检察建议、提起行政公诉、对职务犯罪进行侦查等多种监督方式，能够最优化地实现对违法行政行为监督制约的资源配置。

---

① 类似的例子是大量存在的，如2009年初，山西省晋城市国土资源局经过调查，确认当地亚美大宁公司煤矿的主斜井、副斜井、进风斜井全部建在相邻的山西金能源有限公司金海煤矿矿区范围内，随即发出通知书责令其改正违法行为，立即停止开采，接受查处。然而，通知书发出后，亚美大宁煤矿一天也没有停产。晋城市国土资源局将有关情况函告市安全生产监督局、煤矿工业局、煤矿安全监督局和阳城县人民政府，这些单位竟无一对亚美宁大宁公司的违法行为采取任何措施。参见《山西亚美大宁能源有限公司合资外方频频违法违规该谁管》载《人民日报》2009年5月15日。

二、行政公诉符合中国检察权的内在逻辑

检察机关作为国家的法律监督机关,对行政权力行使的合法性进行监督是法律监督的应有之义。根据我国宪法规定的检察机关的性质和地位,检察机关应当享有广泛的监督职能,其中,对诉讼活动进行监督则是检察机关最基本的职能。但比较检察制度与刑事、民事、行政三大诉讼,不难发现,检察制度与行政诉讼制度有着更为相近的制度背景、理念和目标。现代意义上的检察制度和行政诉讼制度的诞生标志着人类对分权、权力监督和制约等权力运行规律的认识都达到了新的高度。同时,不断强化对公民权利的保障功能,是法治发展的共同规律,也是检察制度和行政诉讼制度共同的发展趋势。把两者结合起来,有效地发挥行政诉讼检察制度的功能,检察制度和行政诉讼制度就可以起到互为促进的作用,保障各自价值目标的实现。①

(一)公诉权是检察机关实现法律监督职能的基本形式

提起公诉是世界各国检察机关共同的基本职能,也是最本源意义上的检察权。因为检察机关本来就是通过控审职能分离,专司起诉职能而出现的。无论是大陆法系、英美法系还是苏联社会主义法系的检察机关,其起诉权都不局限于刑事诉讼领域,在民事、行政领域都享有广泛而完整的起诉权。"现代诉讼的基本理论认为,检察机关在诉讼中,最突出、最主要的职责是代表国家、公众把被告人(刑事被告人、民事被告人、行政被告人)的违法行为和违法事实提供给法院,要求其依法进行审理和裁判,并对审理的过程以及裁判的结果进行监督。"②

---

① 有学者认为,把行政诉讼(只)视为一种诉讼程序,从与民事诉讼、刑事诉讼的比较之中,获得对行政诉讼制度本身的理解,这种横向的比较分析方法本无可厚非……但它却无法积攒行政诉讼自己的话语,更无法解释行政诉讼特有的现象。参见余凌云:《行政诉讼法是行政法发展的一个分水岭吗?——视行政法的支架性结构》,载《清华法学》2009年第1期。笔者认为,只有走出狭隘的诉讼视野,从国家宪法层面以及行政诉讼制度与检察制度相互结合的视角,才能不断地摆脱余凌云教授所说的行政诉讼在学术研究和实践中产生的困境。
② 湛中乐、孙占京:《论检察机关对行政诉讼的法律监督》,载《法学研究》1994年第1期。

不管这种归纳的准确性如何，有一点则是确定无疑的，即提起诉讼是检察机关参与诉讼活动的重要方式和基本职能之一。

社会主义国家检察机关是国家的法律监督机关。但检察机关法律监督职能的实现，并不是对被监督行为的合法性直接进行裁决，而是通过诉讼行为获得司法裁决实现的。当检察机关发现违法行为时，并没有直接处置的权力，但可以通过把案件提交法院审判，实现对违法行为的监督。这一过程实际上是检察机关将法律监督具体化为诉讼程序中的起诉权的过程。这种转化的根据，就是监督和诉讼两者之间存在着内在的联系，都具有维护法制的作用，诉讼是监督的主要手段，而监督又可以通过诉讼来实现。对此，社会主义法律监督理论的奠基者列宁有十分精辟的论述，他指出，"一般是用什么来保证法律的实行呢？第一，对法律的实行加以监督。第二，对不执行法律的加以惩办。"① 对于检察机关法律监督的内容，列宁作了这样的论述："检察长的唯一职权和必须作的事情只有一件：监视整个共和国对法制有真正一致的了解，不管任何地方的差别，不受任何地方的影响。检察长的唯一职权是把案件提交法院判决。"② 这段精辟论述把法律监督和提起诉讼二者统一起来，说明了提起诉讼是实行法律监督的形式和手段。因此，人民检察院的诉讼监督职能与追诉职能是不可分割地联系在一起的，否定了追诉或公诉职能的法律监督性质，也就从根本上否定了检察职能的法律监督职能性质。

（二）公诉权应当而且能够拓展到行政诉讼之中

中国《行政诉讼法》规定的行政诉讼受案范围，仅局限于行政相对人认为侵犯了自己合法权益的部分具体行政行为，更多的行政行为被排除在司法审查之外。这一局限使得法院对行政行为的监督受到很大限制。与中国行政诉讼制度的结构性缺陷相映照的是，现实生活中存在着大量的责任缺位的行政违法行为：一是行政机关不主动履行法定职责，损害国家利益、社会公共利益而又无

---

①《列宁全集》（第2卷），人民出版社1959年版，第253页。
②《列宁全集》（第33卷），人民出版社1957年版，第326页。

人起诉的行为；二是行政行为有利于相对人，侵害国家和社会公共利益，相对人不起诉的行为；三是受害人为不特定多数，公民、法人和其他社会组织不愿告、不敢告或无力起诉的行为，等等。由法院的中立性、被动性和不告不理原则所决定，这些行为无法进入审判程序，法院也就无法对这些违法行政行为进行审判。在这种情形下，由于提起诉讼主体的缺位直接导致了行政责任的缺位。

从利益保护的角度，原告资格限制过严，导致对公共利益保护的机制性缺失。有专家认为，20世纪80年代以后的中国法律在加强个体利益保护的同时却走向另外一个极端，那就是忽视公共利益。表现在行政诉讼制度中，忽略了通过行政公诉保护公共利益的程序。[1] 现实生活中存在大量公益被侵犯而得不到司法救济的情况，尤为典型的是环境污染和破坏、土地开发中的不合理利用、公共工程审批和招标过程中的违法行为、政策性价格垄断等。[2] 中国的《人民检察院组织法》第2条规定了检察机关保护各种利益包括国家、集体利益的任务。同时，法律监督和维护公共利益在性质上是完全一致的。因此，由检察机关作为公共利益的代表，担当起维护公共利益的职责，是与其法律监督的职能定位完全契合的。

违法行为是否应予纠正，在民事纠纷和行政纠纷中具有不同的容忍限度。民事纠纷属于权利自治范围，民事侵权行为是否必须纠正，通常取决于权利人的意志。但是，行政违法行为是否应予纠正，并不以行政相对人的意志为转移，即并非相对人愿意容忍其违法，行政机关或行政行为就可以违法。为忠实履行宪法规定的法律监督职责，"检察机关作为独立行使监督权的国家机关是监督行政的权威机关，它不仅应当在出现公务罪案时对行政权加以控制，而且可以在任何时候对行政权的运用进行监督。"[3] 但问题是，依据法治原则，所有

---

[1] 《寻求依法制约公共行政权力的有效途径——中葡"公共行政监督的理论与实践"学术研讨会综述》，载 http://ky.hz.nsa.gov.cn/kyhy/20010701.htm，2010年10月6日。
[2] 蔡虹、梁远：《也论行政公益诉讼》，载《法学评论》2002年第3期。
[3] 胡建淼：《公权力研究》，浙江大学出版社2005年版，第331页。

的公权力都必须有合法、正当的权力来源，即公权力的行使需要有法律的明确授权，法无规定不得为。虽然肩负着国家法律监督机关的法定职责，但面对大量的行政违法行为却没有相应的监督权力和机制，无法实施具体的监督，这就使检察机关在社会生活中处于极其尴尬的地位，正如有学者所言："就如同头戴一顶华丽的大帽子，手中却只拿着一根拐杖。"[1]《人民检察院组织法》先于《民事诉讼法》和《行政诉讼法》制定，虽然立法的滞后性使得民事和行政诉讼检察监督的内容没有在《人民检察院组织法》中反映出来，但《行政诉讼法》第10条对检察监督原则作了与刑事诉讼法相类似的规定：人民检察院有权对行政诉讼实行法律监督。这是作为专门法律监督机关的法律监督权的应有之义。因此，完全有理由认为，这种法律监督权在行政诉讼中运用时同样应该是完整的、全面的。从立法层面赋予检察机关提起诉讼的权力，既体现了检察监督的独立性和完整性，又体现了通过司法程序解决问题的现代法治精神。[2]

在分权制衡的司法体制之下，无论是审判权还是检察权，都是不完整的权力结构，只有彼此结合，方能实现诉讼的目的和任务。因此，有必要赋予检察机关特定情形下对行政违法行为提起行政诉讼的权能，将担负专门监督职责的检察机关引入对行政行为的监督体制之中。这对于完善行政责任体系，实现对行政权的有效监督，推进依法行政意义深远。

（三）行政公诉制度有丰富的域外经验可资借鉴

建立行政公诉制度符合行政诉讼制度发展的规律，海外有不少类似制度可资借鉴。从世界范围看，不断放宽原告的起诉资格，不仅对行政相对人给予充分的救济、同时扩大对公共利益的保护，是行政诉讼制度发展的一个内在规律。"只给有资格的诉讼当事人以救济，这历来是获取救济的重要限制……在私法中，这个原则可以从严应用。在公法中，只有这个原则还不够，因为它忽

---

[1] 梁玉霞、沈志民：《走向公平正义——浅谈法律监督的意义与局限性》，载《广州大学学报（社会科学版）》2006年第1期。
[2] 周汉华：《行政诉讼法修改中检察权的定位》，载最高人民检察院民事行政检察厅编：《民事行政检察指导与研究》（总第3辑），法律出版社2005年版，第133页。

略了公共利益的一面。""法律必须设法给没有利害关系或没有直接利害关系的居民找到一个位置,以便防止政府内部的不法行为,否则没有人能有资格反对这种不法行为。"① 在具体制度的建构中,不少国家赋予不同的主体、甚至公民提起公益诉讼的资格,如日本的民众诉讼② 等。但检察长一般被认为有当然的起诉权。特别是在英美法系国家,并未区分民事诉讼和行政诉讼的程序,代表政府或公共利益提起诉讼是检察长的基本职能之一。在英国,检察总长不仅是公诉权的原始的享有者,而且这种公诉权是广泛的,不受干预的。"为了公共利益而采取行动是检察总长的专利,他的作用是实质性的、合宪的,他可以自由地从总体上广泛地考虑公共利益。因而他可自由地考虑各种情形,包括政治的及其他。"③ "公共利益只能由检察总长代表公众在民事诉讼中得到伸张。检察总长就此类决定的自由裁量权不可以在法院中接受司法审查。"④ 在美国,检察长不仅可以提起公诉,还可以授权其他人员以他的名义提起诉讼,这就是"私人检察总长"理论。⑤ 换言之,在理论上,维护公益的起诉权,即公诉权

---

① 威廉·韦德:《行政法》,楚建译,中国大百科全书出版社1997年版,第364、263页。
② 公民可以以选举人的身份通过诉讼手段制约公共权力机构的行为。参见盐野宏:《行政法》,杨建顺译,法律出版社1999年版,第430页。
③ 威廉·韦德:《行政法》,楚建译,中国大百科全书出版社1997年版,第364、263页。
④ A.W.Bradley and K.D.Ewing, *Constitutional and Administrative Law*, London: Longman, 13edn, 2003, p.732. 类似的制度还包括用公法名义保护私权之诉(relator action):即当检察总长在别人要求禁制令或宣告令或同时请求这两种救济时,为阻止某种违法而提起的诉讼,这两种一般用于捍卫私人权利的救济转而成为保护公共利益的公法救济。该程序的基础是国家利益,是为了维护普遍的公共利益而维护法律。国家有责任阻止公共机构对权力的滥用,因此国家总有这方面的起诉资格,而私人原告可能因为他不比社会中任何别人在该事情上有更多的利益而被拒绝给予救济,这时检察总长可以应请求将他的名字出借给请求人。参见威廉·韦德:《行政法》,楚建译,中国大百科出版社1997年版,第257—267页。
⑤ 该理论20世纪40年代就通过判例确立。法院认为,为保护公共利益,国会可以授权检察总长提请法院审查行政行为,也可以通过法律授权其他人员以私人检察总长的身份提起行政诉讼。参见王名扬:《美国行政法》,中国法制出版社1995年版,第619—623页。

是检察总长专属的,其他人员的起诉权是来源于检察总长的。在德国,《行政法院法》明确规定,以检察长作为公益代表人。① 比较有代表性的是俄罗斯的制度。因为我国检察制度受到苏联社会主义检察制度的重大影响,苏联解体后,俄罗斯持续进行着司法改革,检察制度已经发生了很多变化,但检察机关的基本职能并没有特别大的变化。根据《检察机关法》第35条、36条和39条的规定,检察长参加法院各类案件(包括刑事案件、民事案件、仲裁案件和行政案件)的审理,在法庭上作为国家公诉人;为了捍卫由法律予以保护的社会利益和国家利益,可以在诉讼程序的任何阶段介入案件审理。②2002年7月生效的《俄罗斯联邦行政违法法典》还"显著地扩大了检察长在追究行政违法行为人责任领域的活动范围",根据该法第28.4条规定,在对俄罗斯联邦宪法的遵守情况和对俄罗斯联邦境内生效的法律执行情况实施监督时,检察长还有权提起俄罗斯联邦行政违法法典或俄罗斯联邦主体法律规定其责任的关于任何其他行政违法行为的案件。③

三、设置行政公诉制度的具体构想

目前,在立法上,中国《行政诉讼法》中关于行政诉讼检察监督有两个条文,总则第10条规定:"人民检察院有权对行政诉讼实行法律监督",分则第64条规定:"人民检察院对人民法院已经发生法律效力的判决、裁定,发现违反法律、法规规定的,有权按照审判监督程序提出抗诉。"这样的规定主要问题在于:造成了"总则规定的检察机关诉讼监督权力的广泛性和分则规定的具体监督方式的狭窄性之间的矛盾",④ 使行政诉讼实行法律监督的范围规定得不

---

① 德国《行政法院法》第35条规定:"在联邦法院内任命一名检察长,以维护公共利益。"第36条规定了高级行政法院和行政法院内的公益代表人制度。
② 参见 ΙΟ.Ε. 维诺库罗夫主编:《检察监督》(第7版),刘向文译,中国检察出版社2009年版,第284页。
③ 参见 ΙΟ.Ε. 维诺库罗夫主编:《检察监督》(第7版),刘向文译,中国检察出版社2009年版,第343—352页。
④ 杨立新主编:《民事行政检察教程》,法律出版社2002年版,第93页。

够明确、具体，行政检察监督的内涵和外延不甚明确。① 因此，为了解决行政诉讼中检察监督的不完善性和间接性，使司法权真正对行政权形成有效的监督制约，我们应在立法层面通过构建行政公诉制度，逐步解决这一问题。

（一）理念的转变：社会控制与权力制衡并重

中国共产党第十六次代表大会报告中指出："我们党历经革命、建设和改革，已经从领导人民为夺取全国政权而奋斗的党，成为领导人民掌握全国政权并长期执政的党；已经从受到外部封锁和实行计划经济条件下领导国家建设的党，成为对外开放和发展社会主义市场经济条件下领导国家建设的党。"② 党执政地位的确立，社会条件与环境的改变，必将带来党的执政理念、方式、目标与任务的转变，检察工作也必须实现相应的转变。

从理论层面，中国的人民代表大会制度更能体现人民主权的原则和权力制衡的要求，是适合中国国情的根本政治制度。但从实践层面看，人大制度并没有得到很好的落实。其中的原因是多方面的，具体到检察制度，从法律规定来看，检察权一直具有权力制衡和社会控制两大功能，这种制度设计，既符合历史传统，又适应现实需要。但是，我国检察制度的"混淆性格"，模糊了其人大制度下的权力制衡本质，特别是由于建国初期紧张的国内外形势，运用检察权镇压敌对势力的破坏、维护法制的统一，成为新生人民政权必然的现实选择。基于这种历史思维惯性，人们对检察机关始终强调的是"公检法"一体的社会控制功能，而忽视了法律监督作为社会主义制度下"权力制衡"的本质和功能。实务中则体现为强化批捕、起诉，实施"严打""快捕快诉"，打击刑事犯罪成为检察机关的首要任务。革命任务向建设任务的转变、夺取政权向依法治国的转变，要求及时转变检察工作指导思想。基于社会稳定和法制统一的需要，过于强调检察权社会控制功能的旧观念，已经不适应社会主义市场经济和民主法治的发展。必须及时更新观念、与时俱进，让法律监督回归"权力制

---

① 参见胡卫列：《行政诉讼检察制度若干问题研究》，吉林大学法学院2008年博士后出站报告。

②《全面建设小康社会 开创中国特色社会主义事业新局面》，人民出版社2002年版。

衡"的本源——通过对行政活动和审判活动的监督，实现权力制衡，保障公民权利，促进社会民主。

在中国设置行政公诉制度，首先要求在理念上将检察机关的功能由单一的社会控制调整为以权力制衡为主、兼顾社会控制。[①] 事实上，在新中国成立伊始，参照苏联等国家的司法实践经验，中国检察机关的职权之一，就是代表国家公益，参与重要民事和行政案件。1949年12月制定的《中央人民政府最高人民检察署试行组织条例》第3条规定：检察机关的职权之一是"对于全国社会与劳动人民利益有关之民事案件及一切行政诉讼，均得代表国家公益参与之"。1951年9月制定的《中央人民政府最高人民检察署暂行组织条例》第3条和《各级地方人民检察署组织通则》第2条规定：最高人民检察署、各级地方人民检察署"代表国家公益参与有关全国社会和劳动人民利益之重要民事案件及行政诉讼"。这说明，检察机关参与行政公诉案件，在中国的检察制度史上是有立法例的，随着民主政治和法治的发展，现在时机成熟了，可以考虑恢复。

(二) 提起行政公诉的范围

行政公诉的范围是建立行政公诉制度的一个核心问题。行政公诉范围的设定要贯彻有利于司法资源的合理配置、有利于监督行政权同时保障行政权的有效行使、既有效保护公共利益又要防止滥诉等原则要求。基于此，检察机关提起诉讼的行政案件主要应当包括以下几类：

1. 需要代表国家提起的行政诉讼案件。在国家利益受到具体行政行为侵犯，具有保护国家利益的相关主体（如国有企事业单位）疏于履行职守时，检察机关有权作为国家的代表提起行政诉讼。主要包括国有资产受到毁坏、侵占或流失等严重侵害的案件；造成自然资源严重破坏的案件；垄断市场、干扰社会经济正常发展的案件。

2. 引起社会严重公害的案件。社会公害主要是指对大气、水流所造成的严

[①] 参见金波：《对法律监督的重新认识》，载金波《法律监督的理论与实务》，中国检察出版社2005年版。

重污染以及噪音等。因行政机关的作为或不作为造成的环境污染，严重影响到不特定多数人的人身、财产安全，检察机关作为社会公益代表提起行政诉讼，是终止和预防此类公害事件的有效途径。

3. 行政决定有利于直接的行政相对人，侵害国家和社会公共利益，相对人不起诉的案件。①

4. 有利于保护弱势群体、维护社会正义的行政诉讼案件。弱势群体由于缺乏相应的物力、财力且社会地位较低，其应当享有的合法权益容易被忽略。弱势群体成员的合法权益在遭受到行政行为的侵犯时，有的是无能力提起诉讼，有的是迫于权力的压力不敢提起诉讼。检察机关作为国家的法律监督机关，对于公民、法人和其他社会组织不敢起诉或放弃起诉而又损害行政相对人合法权益的，可以参照中国刑法第98条的规定，以国家名义向法院提起诉讼。②

（三）行政公诉的基本程序

行政公诉程序是指检察机关在决定和提起行政公诉过程中应当采取的工作步骤。

1. 前置程序。前置程序是根据行政公诉的特点而必须设立的一个前提性程序。有学者认为，环境公益诉讼的目的在于"督促执法而非执意与主管机关竞赛或令污染者难堪"，③事实上，其他类型的行政公诉案件也大体如此。如果行政机关在检察机关提起公诉前能及时纠正违法行为，行政公诉目的即已实现。建立诉讼前置程序：一是能够防止滥诉，节约司法资源；二是体现了对行政自

---

① 比较典型的案例：2005年11月13日，中国石油天然股份有限公司吉林石化分公司双苯厂发生爆炸事故，并引发震惊中外的松花江污染公共事件。除去相关责任人员受到了党纪、政纪处分外，国家环保总局对肇事单位作出了罚款100万元的处罚，而污染事件直接经济损失高达6908万元之巨；间接损失——如果算上精神损失、政治影响——难计其数。参见温辉：《行政公诉的理论基石》，载《国家检察官学院学报》2009年第3期。

② 参见杨曙光等：《行政执法监督的原理与规程研究》，中国检察出版社2009年版，第433页以下。

③ 叶俊荣：《环境政策与法律》，中国政法大学出版社2001年版，第249页。

制的尊重;① 三是采取非诉形式解决社会矛盾，有利于促进社会和谐。行政公诉的诉讼前置程序的基本方式是检察机关在初步调查的基础上向行政机关发出检察建议。也有学者提出赋予检察机关对行政机关提出司法质询权，若检察机关向行政机关提出行政违法的司法质询时，由法律规定行政机关应该在某一合理的期限内予以答复，如果行政机关不予以答复或延误答复的期限，行政机关及负责人应承担相应的法律责任。② 当然，这种建议或质询权并不要求行政机关必须按照检察机关的意见作为。因为对于检察监督权而言，其本质是一种程序性的权力，即便是公诉权，在法律上唯一具有强制性效力的仅是启动审判程序而已，关于实体的裁断权仍为法院享有。作为行政公诉的前置程序，检察机关作出的检察建议，其实质是提醒行政机关对行政决定重新进行审慎的考量。检察机关不能代替行政机关变更或撤销它认为违反法律的行政行为，也不能要求行政机关直接作出某个行为。如果检察机关被赋予了这样的实体处分权，检察监督权同样也面临着擅断或滥用的风险。

2. 诉前程序。诉前程序包括受理、立案、审查、决定是否提起诉讼等几个方面。受理是指对案件线索的接受。检察机关提起行政诉讼的案件来源主要有:（1）公民、法人和其他社会组织对行政违法行为的控告、检举和申诉;

---

① 行政自制是一种主动性和自律性的控制。随着市场经济的发展、民主政治的成熟、行政规模的扩大，以行政指导、行政合同、行政扶助等为代表的非强制性行政行为日益成为政府管理社会、服务人民的重要手段。非强制性行政行为大多具有简便性、灵活性、应急性、温情性等个性，相对于处罚、强制、命令为内容的强制性行政行为而言，它具有权利义务内容的协商性、行为主体意志的互动性及行为的自觉履行性等特征。对此类行政行为，各国法律通常只做出抽象性的原则规定，而且即使发生危害行政相对方权益的情形，法律也排除了通过诉讼予以救济的可能，如不具有强制力的行政指导、行政居中调解行为不得起诉，在法律规则和司法监督作用有限的情况下，必然考虑对其实施行政的自我约束和引导。参见崔卓兰、卢护锋：《行政自制之生成与构建探讨》，载《社会科学战线》2009年第1期。从检察机关对行政执法的监督方式来看，是一种集教育、建议、提起或支持诉讼、职务犯罪侦查等多种手段为一体的模式，这种模式是一种温和主义的监督模式，体现了监督行政与尊重行政自制的统一。而行政自制对于促进官民和谐乃至整个社会和谐、防止行政权的异化、节约监督行政的成本等方面具有重大的现实意义。
② 杨曙光等:《行政执法监督的原理与规程研究》，中国检察出版社2009年版，第427页。

(2)国家权力机关交办的案件;(3)舆论监督反映出的问题,等等。

立案是检察机关对行政诉讼案件行使检察权的起点。一般而言,应具备以下条件:(1)存在严重行政违法行为,并且这些违法行政行为造成的危害后果或社会影响是严重的。在一定情况下,还包括行政行为明显违法,可能导致严重的危害后果或社会影响。检察机关只是监督法律实施的一个专门机构,不可能对法律实施中所有主体的所有违法行为进行监督,只能对关系到法制统一的严重违法行为进行监督,为法律实施提供一种最低限度的又是最有力的监督保障;(2)属于检察机关提起行政公诉的管辖范围;(3)具有由检察机关作为国家公诉人提起行政公诉的必要。应当明确指出的是,设置检察机关的行政公诉权,必须体现司法的谦抑理念。"艰巨的社会责任感和高度的自我克制,构成司法活动的最基本特征。"① 只要有适格起诉主体,就不需要检察机关提起行政公诉。只有在没有相应主体起诉,或者检察机关的检察建议等方式不足以阻止违法行为的情况下,才能用公诉权抗衡。因此,检察机关的行政公诉权具有补充性的特征,公诉权的补充性并不是指在抗衡行政违法行为中居于次要地位,而是指相对于相对人的起诉权与检察机关的检察建议等柔性行为而言,公诉权作为强制性启动行政诉讼司法审查程序的一种诉讼活动,是抗衡行政违法的最后手段。换言之,公诉权介入行政诉讼的深度和广度应该是最后的,它不仅不排斥其他一切对行政违法进行监督和救济的可能渠道和手段,更不是要包办对行政违法进行监督和救济,相反,它为采用其他手段进行权力监督和权益保护留出了优先适用的机会和空间。同时,发展行政公诉制度,同样必须进一步整合和优化包括权力机关监督、行政机关监督和舆论监督等在内的各种监督资源,形成对行政违法行为监督的合力。

审查是指检察机关对受理的行政案件进行审核和鉴别的过程。行政公诉案件的审查内容应当包括:(1)行政违法事实是否存在;(2)行政对象的权益是否确实受到侵害;(3)确认行政违法行为的证据是否确实、充分;(4)是否符

---

① 周汉华:《论行政诉讼中的司法能动性》,载《法学研究》1993年第2期。

合提起行政公诉的条件。

决定是否提起行政公诉是在审查的基础上,作出提起或不提起行政公诉的决定。对于决定提起行政公诉的案件,由检察官制作行政起诉书,代表人民检察院向人民法院提起行政诉讼;对于不符合提起行政公诉的案件,则视情况作出不起诉、暂不起诉或撤销案件的决定。

3. 诉中程序。诉中程序主要是指检察机关在提起行政公诉后,参与法庭行政诉讼审判程序的过程。诉中程序按先后依次为:(1)阅卷并制作阅卷笔录;(2)调查和核实有关证据;(3)出庭。其中包括宣读行政起诉书;出示书证、物证和视听资料;宣读鉴定结论和勘验报告;对出示的证据进行询问和质证;发表出庭意见并进行必要的辩论;(4)对法庭判决、裁定是否合法进行监督。

4. 诉后程序。诉后程序主要是指检察机关对行政公诉案件裁判结果的承受问题。如果法院不支持检察机关的诉讼请求,对于一审裁判,检察机关认为确有错误的,可以向上一级人民法院提出抗诉,同时将抗诉书抄送上一级人民检察院。上级人民检察院如果认为抗诉不当,可以向同级人民法院撤回抗诉,并且通知下级人民检察院。对于生效的裁判,法院不支持检察机关的诉讼请求,一般表现为对行政行为的维持,换言之,原有的行政法律关系并没有变更,没有相关的利害关系人的实体利益因为检察机关的行政公诉及其随后的"败诉"而受到影响。因而并不存在"不利"后果需要承担的问题。同时,由于检察机关是代表国家利益或公共利益起诉的,根据检察监督权的性质,其提请法院启动行政审判程序,对可能存在问题的行政行为进行审查的目的已经实现,可以认为已经履行了法律赋予的法律监督职责,自应尊重和接受人民法院的终审判决。

如果人民法院的裁判支持检察机关的诉讼请求,撤销或变更了行政行为,则其判决的"不利"后果主要由行政机关承担。在这种情况下,检察机关还可以根据行政公诉过程中了解和掌握的情况,就完善相关的行政管理、追究有关责任人的行政或法律责任以及防范类似情况的发生,向作出行政行为的行政机关或其上级行政机关或其他有权机关,提出检察建议。

总之，行政公诉不同于行政相对人为维护自己利益而进行的"主观诉讼"，而是一种以维护国家和公共利益、监督行政违法行为为目标的"客观诉讼"。在中国建立行政公诉制度，实际上引入了一种新的诉讼类型，它与中国现有的行政诉讼类型在目的、主体和结构上都有很大的不同，因此需要研究和设计有利于实现其独特诉讼目的的程序，单独规定在行政诉讼法中。

（四）与行政公诉制度密切相关的问题

1.关于在立法上增加法院"禁令判决"问题。所谓"禁令判决"，就是法院判令行政主体停止即将侵害或者正在持续侵害国家利益、社会公共利益及相对人权利的行政行为的判决形式。这种判决形式的优点在于，有助于克服目前行政诉讼无法救济那些即将侵害或者持续侵害国家利益、社会公共利益及相对人权利的情况。中国现行行政诉讼法强调事后性，即只能对已经现实发生的行政行为提起行政诉讼，而把即将侵害国家利益、社会利益及相对人权利的行政行为排除于行政诉讼的受案范围。事实上，有些行政行为如果得到实施或进一步实施，将给国家利益、社会公共利益及相对人的权利造成无法挽回的重大损失。借鉴国外特别是英美法系国家"禁止令"等形式，增加"禁令判决"，与行政公诉相衔接，在检察机关、行政相对人等发现正在进行行政违法行为时，不迟延地请求法院作出"禁令判决"，对于避免或减轻违法行政行为的损害是十分必要的。

2.关于保障审判权、检察权依法独立行使的问题。行政行为进入司法审查的视野之后，行政机关就成为司法审查的对象。从理论上说，行政机关从行政主体身份向行政诉讼被告身份转换应当具有自觉性，这种自觉性观念将为行政诉讼排除行政权力干涉提供重要的基础。法院审查的是行政机关作为行政主体时实施的具体行政行为，行政主体身份一旦转化为被告身份，被诉行政行为就已经固定化。即在行政诉讼"立体三角形"结构中，禁止行政权在行政诉讼阶段对特定事项的作为资格成为必然。行政诉讼结构中，只有行政被告而没有行政机关，法院借口行政干预而放弃司法监督权的事实也不复存在。[①]这种理想状态同样适用于检察机关。然而，作为行政公诉程序的启动者之一，检察机关面临的实际压力可能比法院更大。由于社会结构关系的互动性，行政公诉制度是否能够实现其预设功能，与外部环境密切相关，甚至在某种程度上及某些场合下具有决定性的意义。如果该制度的原理、程序规则不能抵御外来的不当影响，那么，美好的法律原则和制度都将是一纸空文。因此，研究如何更好地保障检察权和审判权依法独立行使，是一个不可回避的重大问题。

3. 关于妥善处理行政公诉与民事诉求之间关系的问题。在很多的群体性行政诉讼中，相对人针对具体行政行为提起诉讼，寻求公平与正义，实际上其深层次诉求可能与表面上的诉讼请求存在距离。例如，在因征收土地引起的土地登记群体性行政诉讼中，表面上，相对人是请求法院撤销被诉的土地登记行为，而实质上是想通过行政诉讼的方式，尽快足额地获得土地补偿款。此等情况下，如果由检察机关提起行政公诉，如何理顺检察机关提起的行政公诉与民事诉求之间的逻辑关系，如何妥善处理司法的有限性与涉诉相对人深层次诉求之间的矛盾，是一个重大的现实问题。此外，就纯粹的民事公益诉讼而言，民事督促起诉的方式在社会上有此需求，实践效果较好，一定程度上显示出检察机关是位于"监督"的主体；而在还没有从理论和实践上完全厘清检察机关在民事诉讼过程中的性质地位之前，对检察机关提起民事公益诉讼，不宜盲目探索。[②]笔者赞同这种观点。

行政公诉从理论研究和完善，到制度设计和建构，再到司法探索和实践，有不少困难和阻力。其中，最大的问题在于传统的思维方式和行为模式。虽然已经把依法治国、建设社会主义法治国家作为治国的基本方略写进了宪法，但是依法治国、依法执政、依法行政的法治理念并没有普遍地、牢固地确立起来。对于行政纠纷，通过行政手段、其他非法律的手段甚至运动的方式进行解

---

① 参见谭宗泽：《行政诉讼结构研究：以相对人权益保障为中心》，法律出版社2009年版，第192页。
② 参见王鸿翼：《谈民事行政检察权的配置》，载《河南社会科学》2009年第2期。

决，依然具有普遍性。建立行政公诉并通过司法审查的手段来解决行政纠纷，对行政权力进行监督，在观念上还有一定的阻碍。同时，如何理解在社会主义制度下法律监督体系的建构，检察机关在其中的职能、定位和范围，公诉职能与法律监督职能的协调一致等问题，都需要进行理论和制度的创新、完善。人民检察院如何恪守"理性、平和、文明、规范"的执法理念，防止将行政公诉理解为根治行政违法行为的根本途径，秉持司法谦抑的原则，客观理性地认识行政公诉在促进依法行政中的作用，避免出现行政公诉的滥用，都是司法改革实践中必须解决的理论和实践命题。在中国，设置行政公诉制度任重而道远，对于行政公诉的研究和探索需要更多的法学家、社会学家和法律工作者共同推进。

行政公益诉讼制度，从理论走向现实 *

马怀德 **

2015年5月5日，中央全面深化改革领导小组通过了《检察机关提起公益诉讼改革试点方案》，7月1日，十二届全国人大常委会第十五次会议授权最高人民检察院在部分地区开展公益诉讼试点工作。这意味着党的十八届四中全会提出的检察机关提起公益诉讼制度进入试点阶段。建立公益诉讼制度是我国司法改革的一项重大举措，受到社会各界广泛关注。为什么要建立公益诉讼制度，为什么检察机关要代表公共利益提起诉讼，检察机关如何提起公益诉讼，这些问题将随着试点工作推开日渐清晰起来。

一、建立行政公益诉讼制度意义重大

建立行政公益诉讼不仅有利于充分发挥检察机关法律监督职能作用，促进依法行政、严格执法，而且有利于维护宪法法律权威，维护社会公平正义，维护国家和社会公共利益。公益诉讼是有别于传统私益诉讼的一种诉讼类型。与私益诉讼追求个人的具体权益不同，公益诉讼是为保护公共利益而提起的诉讼，具有通过司法纠正危害公益行为的公共目的性。《中共中央关于全面推进依法治国若干重大问题的决定》（以下简称《决定》）中所提及的"公益诉讼制度"是广义层面上的公益诉讼，既包括民事公益诉讼，也包括行政公益诉讼，且重点在于行政公益诉讼。这是因为，从推动国家法治建设、实现国家治理现

---

* 本文刊载于《检察日报》2015年7月3日第3版。
** 马怀德，中国行政法学研究会会长，中国政法大学教授。

代化与切实维护公共利益的角度讲,建立及完善行政公益诉讼制度更具有现实紧迫性和必要性。

首先,2012年民事诉讼法修订后,民事公益诉讼在环保、消费者权益保障等方面已率先起步,实现了诉讼利益由"原告个人利益"向"公益与私益平衡"过渡的有益探索。但这项制度目前在行政诉讼领域尚未建立,行政诉讼原告的范围还相对较窄。因而,根据《决定》所提出的改革要求,应当积极探索和推进行政公益诉讼制度的建立。

其次,尽管公权力的运行应当以维护和增进公共利益为取向,但实践中,一些行政机关超越权限、不作为或违法履行职责的行为不仅无法维护公共利益,而且损害了公共利益。特别是在生态环境和资源保护、国有资产保护、国有土地使用权出让、食品药品安全等领域造成国家和社会公共利益受到侵害的案件时有发生。根据传统的原告适格理论,提起行政诉讼的原告只能是与行政行为有法律上直接利害关系的当事人。这就使得许多损害公共利益的行政行为由于没有特定的受害人,而被排除在行政诉讼的审查范围之外,进而导致遭受损害的公共利益得不到充分、有效的维护,由此引发的社会矛盾、纠纷也得不到及时、有效的化解。

此外,长久以来,许多老百姓习惯了明哲保身的处世哲学,对于违法损害公共利益或者行政机关拒不履行维护公共利益的行为,往往出于"多一事不如少一事"的考虑,无人问津,更不会提起诉讼。即使与违法行为有直接利害关系的当事人,也可能基于种种原因,不能、不愿或不敢提起行政诉讼。所以,针对情况较为特殊的公法争议事件,为维护公共利益,应当允许有关组织或个人能够代表公共利益或代表没有能力起诉的弱势群体,就行政机关的违法行为提起公益诉讼。

二、检察机关是代表公共利益提起诉讼的适格主体

行政公益诉讼制度的确立,不仅在规范公权力运行方面具有重要作用,同

时也是维护公益、保障公民权利的现实需要。但这项制度如何从"应然"变为"实然",仍有一些理论和实践层面上的问题亟待深入研究和思考,例如由谁来提起公益诉讼,对于哪些情况可以提起公益诉讼,法院应如何审理及判决等等。由检察机关作为提起公益诉讼的主体,是《决定》所明确的改革方向。

首先,建立行政公益诉讼制度是监督行政机关依法行政的需要。就当前我国行政机关的执法现状而言,越权执法、多头执法、权责脱节、利益驱动、选择性执法或者不作为等是实践中存在的突出问题。针对不断出现的、由于行政机关违法行使职权或不作为引起的危害公共利益的案件,由检察机关依法提起公益诉讼,追究行政机关的法律责任,对于强化司法权对行政权的监督、制约作用,十分必要。正如习近平总书记在关于《决定》的说明中指出的,不应把检察机关对行政违法行为的监督限定在依法查处职务犯罪案件上,"行政违法行为构成刑事犯罪的毕竟是少数,更多的是乱作为、不作为。如果对这类违法行为置之不理、任其发展,一方面不可能根本扭转一些地方和部门的行政乱象,另一方面可能使一些苗头性问题演变为刑事犯罪"。

其次,建立行政公益诉讼制度是检察机关履行法律监督职能的应有之义。根据行政诉讼法的规定,检察机关在行政诉讼中实施法律监督的方式主要有两种:一是按照审判监督程序提出抗诉;二是提出检察建议。从性质上讲,目前这两种监督方式基本属于事后监督(部分检察建议也可能发生于事中),具有不全面性。完整的行政诉讼检察监督应当贯穿于整个行政诉讼活动中,不仅包括对生效裁判提出抗诉的事后监督和对行政诉讼的事中监督,还应当包括对起诉活动的事前监督和对行政行为的诉讼监督。应当借鉴刑事公诉制度,对某些损害公共利益的行政行为,允许检察机关依法提起行政公益诉讼。

最后,由检察机关提起行政公益诉讼,较之于不特定的个人或团体,在优化司法资源配置、保证诉讼公平效率等方面具有优势,能最大程度地维护国家、社会和相关群体的利益。这种优势主要体现在三个方面:一是检察机关作为公共利益代表者的权威性。在行政公益诉讼中,相对于掌握公权力

的行政机关，公民个人或社会团体往往可能因自身力量的不足而处于弱势地位，在调查取证、起诉等方面存在困难，不能很好地实现公益诉讼的效果。而检察机关作为法律监督机关，本就是代表国家维护公共利益的适格主体。同时，检察机关也享有特定的公权力，能够与行政机关相抗衡，从而改变上述原告、被告之间力量不平衡的尴尬局面，发挥检察权在公益诉讼中的特殊作用。二是检察机关作为诉讼参与人的专业性。从检察机关所承担的日常工作来看，刑事公诉与反贪侦查等职能都和诉讼相关。因而，检察机关大都具有相对完备的侦查技术力量和业务素质良好的专业诉讼队伍。对于办案经验丰富的检察人员而言，承担行政公益诉讼的调查取证（包括案源收集）、起诉、应诉等工作，可谓得心应手；特别是在应对复杂的事实认定与法律问题时具有比较明显的优势，能够以较少的时间、较小的经费投入实现维护公益的目的。此外，考虑到允许任何人可以随意提起公益诉讼所可能导致的滥诉风险，由检察机关提起公益诉讼也能够在一定程度上避免重复诉讼、"捣蛋者诉讼"等问题，从而减少司法资源的浪费，更符合行政诉讼对效率的要求。三是检察机关在履行职责过程中，能够及时发现行政机关违法行使职权或者不行使职权的行为，由检察机关提起行政公益诉讼具有履行职务的便利性。

三、建立行政公益诉讼制度应当注意的其他问题

"探索建立检察机关提起公益诉讼制度"是一项具有前瞻性、创新性和重要现实意义的改革举措。这项制度的建立不仅有助于健全和完善我国的检察监督制度，同时也有利于监督行政机关依法行使职权，为法治政府建设提供有力的法律保障。在试点方案推行期间，可以就以下具体问题进行深入研究，从而进一步完善制度，形成可复制可推广的经验。

一是明确检察机关在行政公益诉讼中的定位。检察机关在公益诉讼中的身份应当是公共利益的代表，提起公益诉讼的目的不是为了维护检察机关自身的

利益，也不是单纯地实施法律监督，而是为了保护公共利益。

二是应合理界定行政公益诉讼的对象和范围，不能包罗万象。不是所有涉及公共利益的行政违法行为都适合通过检察机关提起行政公益诉讼的方式加以监督，探索之初可限定在国有资产保护、国有土地使用权出让、生态环境和资源保护等案件范围内。

三是明确启动的程序。一个渠道是社会团体或者自然人可以请求检察机关提起，另一个渠道是检察机关自己发现并提起。检察机关发现行政违法行为的，也不宜直接提起公益诉讼，应当先督促纠正，发出检察建议。在这些措施未果的情况下，再提起公益诉讼。

四是明确检察机关提起公益诉讼的效力。检察机关提起的行政公益诉讼，相当于刑事公诉，法院应当受理，不能驳回起诉或不予受理。在诉讼后果方面，检察机关对一审判决不服时，提起抗诉可能更合适，因为检察机关不仅代表公共利益，而且还有法律监督职能。

检察机关提起公益诉讼的若干问题 *

郑新俭 **

为贯彻落实党的十八届四中全会改革部署，加强对国家和社会公共利益的保护，促进行政机关严格执法、依法行政，2015 年 7 月 1 日，十二届全国人大常委会第十五次会议作出了《全国人民代表大会常务委员会关于授权最高人民检察院在部分地区开展公益诉讼试点工作的决定》（以下简称《授权决定》），授权北京等 13 个省市检察机关开展提起公益诉讼试点工作。最高人民检察院先后印发了《检察机关提起公益诉讼试点方案》（以下简称《试点方案》）、《关于开展检察机关提起公益诉讼试点工作的通知》《人民检察院提起公益诉讼试点工作实施办法》（以下简称《实施办法》），对试点工作作出全面部署。

从试点情况看，检察机关提起公益诉讼试点工作取得了良好的法律效果、社会效果和政治效果。在诉前程序阶段，绝大多数接到检察建议的行政机关都会积极纠正违法行为或者及时履行法定职责，特别是环境保护部门。大多数环保部门都会积极采纳检察建议，强化监管责任，堵塞监管漏洞，规范监管行为。针对行政机关不回复检察建议而提起公益诉讼的案件，行政机关在收到起诉书后反而对相关问题的整改力度和解决决心更大。在目前国家和社会公共利益遭受侵害的情况下，有必要培育一个强有力的保护主体，否则保护很难见到实实在在的成效。

---

* 本文刊载于《人民检察》2016 年第 20 期。

** 郑新俭，最高人民法院未成年人检察工作办公室主任，时任最高人民检察院民事行政检察厅厅长。

实践证明，检察机关的公益诉讼试点工作在公共利益保护方面发挥了重要作用。但是，在试点工作中也发现一些问题。笔者就检察机关提起公益诉讼试点工作中存在的几个重点问题进行了思考。

一、检察机关提起公益诉讼的理论基础

探索建立检察机关提起公益诉讼制度，是党的十八届四中全会明确提出的改革任务，目的是充分发挥检察机关法律监督职能作用，促进依法行政、严格执法，维护国家和社会公共利益。但这是一次制度创新，需要厘清其制度基础与发展方向，对其进行正确的功能定位。

（一）检察机关提起公益诉讼是履行宪法授予的法律监督职能

宪法第 129 条规定，检察机关是国家的监督机关。提起公益诉讼是检察机关履行法律监督职权的一种方式或手段，是法律监督的应有之义。对于侵害公共利益的违法行为，在没有适格主体或者适格主体不起诉的情况下，检察机关作为公益保护的最后一道防线，向法院提起民事公益诉讼；对于行政机关违法行使职权或者不行使职权的违法行为，在通过检察建议等监督方式难以取得实效的情况下，向法院提起行政公益诉讼，由法院对行政机关是否违法进行裁判。由检察机关提起公益诉讼，体现了我国基本政治制度的特色，体现了正确的政治方向，也体现了党维护国家和社会公共利益的坚定决心。我国检察机关与其他诉讼主体相比，没有地方利益和部门利益的牵涉，适合代表国家提起诉讼；检察机关有专业法律监督队伍，拥有法定的调查权，能够较好地解决调查取证和举证难等问题；在人大的监督下，检察机关能够审慎地行使公益诉权，避免对行政秩序和效率造成冲击，也可以降低司法成本。

（二）检察机关在保护国家和社会公共利益方面可以多措并举

经法律授权，检察机关对于侵害国家和社会公共利益的公民、法人或其他组织，既可以依据刑事法律追究其犯罪行为，又可以依据民事法律通过民事公

益诉讼的方式,达到停止侵害、消除影响、赔偿损失的效果,而对于那些违法行使职权或者不作为的行政机关及其工作人员,还可以通过检察建议、提起行政公益诉讼等方式,督促其依法履行职责。因此,无论是追诉犯罪,还是提起民事和行政公益诉讼,都是检察机关保护国家和社会公共利益的有效手段。

(三)履行诉前程序表明检察监督是公益保护的最后屏障

在检察机关提起公益诉讼之前,《试点方案》设置了必经的前置程序,而设置前置程序的目的就是要充分发挥社会各方面的力量来共同维护国家利益和社会公共利益。在民事公益诉讼的前置程序中,要尽可能发挥其他公益诉讼主体的作用,检察机关依法督促和支持其他主体提起公益诉讼;在行政公益诉讼的前置程序中,要利用制发检察建议的方式督促行政机关履行职责,及时纠正违法,避免浪费司法资源。无论是提起民事公益诉讼,还是提起行政公益诉讼,检察机关都要先推动相关组织和职能部门发挥其自身作用,提起公益诉讼只是作为威慑和预防的一种手段来使用。

二、检察机关在公益诉讼中特殊地位的理论探索

截至目前,在各地已开庭的公益诉讼案件的受理、审理程序中,不同程度地存在对检察机关公益诉讼人身份认识不清、定位不当的问题。实践中,有的法院将检察机关作为一般民事案件原告对待。例如,受理案件后向检察机关发送"当事人权利义务告知书",或者发送"传票"通知检察机关开庭并要求检察机关出具"法定代表人身份证明"和"授权委托书";庭审中为检察机关准备"原告"和"诉讼代理人"的席卡;在庭审和判决书中称呼检察机关为"原告"等等。

关于检察机关"公益诉讼人"的身份,在全国人大常委会授权检察机关提起公益诉讼过程中也进行了讨论。有的委员认为,检察机关就是"原告"或者就是"公诉人"。《试点方案》和《实施办法》确定检察机关为"公益诉讼人"

主要是为了区别检察机关与民事、行政诉讼中原告身份的不同，凸显检察机关独特的法律监督地位。

（一）受理、审理程序方面

虽然在公益诉讼案件审理过程中适用民事、行政诉讼程序，但检察机关基于其法律监督职能提起公益诉讼，其在诉讼中的法律地位应不同于一般民事、行政诉讼原告。在试点工作过程中，检察机关应就诉讼地位问题与法院加强沟通，在具体制度方面可以借鉴检察机关在提起刑事公诉和办理诉讼监督案件的做法，切实体现检察机关"公益诉讼人"的特殊诉讼地位。具体包括以下内容：（1）坚持检察机关的"公益诉讼人"地位；（2）检察机关提起公益诉讼提交的是"起诉书"而非"起诉状"；（3）法院通知开庭时应使用"开庭通知书"而非"传票"；（4）检察人员代表检察机关出庭而非基于委托代理关系出庭，应向法庭提交"出庭通知书"而非"授权委托书"；（5）检察机关可以向法院"建议"对被告财产进行保全、责令其作出一定行为或者禁止其作出一定行为，而非向法院"申请"，法院采取保全措施的，检察机关无须提供担保；（6）检察机关在符合法定条件的情况下可以"决定"撤回起诉而非"申请"撤回起诉，等等。

（二）法院判决方面

检察机关是国家的法律监督机关，法院是审判机关，二者都是国家司法机关，虽然各自职责有所不同，但在公益诉讼制度中的共同目的都是保护国家和社会公共利益。在提起公益诉讼案件的审判中，检察机关和法院各自行使不同的职权，但法院对检察机关提起的公益诉讼案件应当受理，而不宜裁定不予受理或驳回起诉，也不宜判决驳回检察机关的诉讼请求。对此，可以类比在刑事诉讼中，法院审查认为检察机关公诉的罪名不成立，应判决被告人无罪，而非驳回检察机关的诉讼请求。但在具体案件中应采取何种判决形式，可以在试点工作实践中探索。

（三）提起二审程序方面

由于检察机关在整个公益诉讼过程中履行的是法律监督职能，不应适用普通民事、行政案件当事人对一审未生效裁判的上诉程序而应当适用抗诉程序。一方面，根据宪法、人民检察院组织法的规定，检察机关是国家的法律监督机关，在诉讼中承担提起公诉、支持公诉、实施监督的职能。对于法院的一审裁判或是生效裁判不服，均不适用当事人的提出上诉程序。另一方面，如果检察机关作为"原告"适用民事、行政诉讼程序中的上诉制度，就会出现下级检察院上诉至上级法院，并出席二审法庭，这与检察机关上下一体化的工作机制不同，也违背了检、法两家平级诉审的对等原则。因此，《实施办法》参照刑事诉讼的有关规定，设计了检察机关对未生效一审裁判不服提起抗诉的二审程序。在诉讼地位方面，无论是一审程序还是二审程序，也无论二审程序是由检察机关还是一审被告提出，检察机关的称谓均应为"公益诉讼人"。

（四）诉讼监督方面

根据民事诉讼法和行政诉讼法的相关规定，检察机关有权对民事诉讼和行政诉讼实施法律监督，对于检察机关提起公益诉讼亦不例外，有关诉讼监督的程序可以适用民事诉讼法、行政诉讼法以及相关司法解释的规定。需要特别注意的是，检察机关启动再审程序对提起公益诉讼中生效裁判、调解书的监督属于检察机关依职权监督，不受民事诉讼法第209条依当事人申请再审监督前置规定的限制，即检察机关认为法院生效裁判、调解书需要监督的，可直接以抗诉的方式启动再审程序。在其他当事人向检察机关提起监督申请的情况下，才适用民事诉讼法第209条再审前置的限制。

三、检察机关提起公益诉讼的实践反思

（一）诉前程序履行问题

根据《试点方案》和《实施办法》的要求，诉前程序是检察机关提起公益

诉讼的必经程序。检察机关提起民事公益诉讼与其他机关、组织提起民事公益诉讼的不同在于，检察机关必须履行诉前程序，依法督促或支持法律规定的机关和有关组织提起民事公益诉讼。因此，法院在受理案件后并无必要依照最高人民法院《关于审理环境民事公益诉讼案件适用法律若干问题的解释》的规定将案件受理情况进行公告，接受其他机关和有关组织参加诉讼的申请。根据《实施办法》的规定，检察机关履行提起民事公益诉讼诉前程序的方式，包括依法督促法律规定的机关提起民事公益诉讼或者建议辖区内符合法律规定条件的有关组织提起民事公益诉讼。但这种方式可能存在无法向辖区外符合法律规定条件的有关组织发出检察建议，而我国的民事诉讼法、环境保护法及相关司法解释对于可以提起环境民事公益诉讼的有关组织并无辖区地域的限制。消费者权益保护法和相关司法解释确定的可以提起消费民事公益诉讼的主体包括省级消费者协会，办理提起相关公益诉讼案件检察机关的辖区也难以与其对应。另外，在诸如北京等试点地区，辖区内符合法律规定条件的环境公益组织非常多，依次发出检察建议也过于烦琐。因此，在试点期间，检察机关履行诉前程序的方式可以继续探索，如可以采取类似公告的方式等。如果在检察机关提起民事公益诉讼后，法院开庭审理前又出现其他机关或有关组织申请参加诉讼的情况，检察机关也可以考虑撤回起诉或变更为支持起诉。

在提起行政公益诉讼之前，检察机关应当先行向相关行政机关提出检察建议，督促其纠正违法行政行为或依法履行职责。行政机关拒不纠正违法行为或不履行法定职责，国家和社会公共利益仍处于受侵害状态的，检察机关才可以提起行政公益诉讼。在办案实践中，需要着重把握何为行政机关纠正违法行为或者依法履行职责。行政公益诉讼诉前程序实际上是检察机关对行政违法行为提出检察建议，督促行政机关自我纠错，严格履行职责。行政机关在收到检察建议书后，应当立即核查案情，依法办理，并按照检察建议书的要求将办理情况在一个月内书面回复检察机关。如果因客观原因无法在规定期限内履职完毕的，则应当向检察机关说明理由，并将具体履职情况、处理方案、后续处理进程等情况及时向检察机关报告。

办案实践中，存在部分行政机关虽然对检察建议进行积极回应说明情况，或认真制定各项整改措施，或解释违法行政行为的理由，但经过诉前程序，仍未实际纠正违法行为或者未完整履行法定职责的情况；也存在行政机关按照检察建议的要求，积极纠正违法行为或者履行法定职责，但是由于法定行政程序等客观原因限制无法在一个月内履职完毕的情况。因此，检察机关在把握行政机关是否真正地纠正违法行为或者依法履行职责时，不能仅看行政机关对检察建议的书面回复情况，更重要的是看行政机关切实的纠正行动和纠正效果。只要经过诉前程序，行政机关仍未实际纠正违法行为或者未完全履行法定职责，且没有合法正当理由，国家和社会公共利益仍处于受侵害状态的，检察机关就应当提起行政公益诉讼。

（二）行政机关是否履职的判定

在办理行政公益诉讼案件中，经常涉及行政执法与刑事司法衔接的问题。行政机关在查处违法行为时发现该行为已经涉嫌犯罪，根据相关法律规定，应当及时向司法机关移送案件。但行政机关向司法机关移送案件，并非表明其已经充分履行法定职责。根据行政处罚法第38条第4款"违法行为已构成犯罪的，移送司法机关"的规定，许多行政执法机关视移送司法机关是行政处理终结的一种方式，认为只要将案件移送了公安机关或者检察机关，就属于完全履行了法定职责，不须再作其他处理即可结案。中共中央办公厅、国务院办公厅《关于加强行政执法与刑事司法衔接工作的意见》加深了行政机关这种认识。该文件第3条规定，"行政执法机关在移送案件时已经作出行政处罚决定的，应当将行政处罚决定书一并抄送公安机关、人民检察院；未作出行政处罚决定的，原则上应当在公安机关决定不予立案或者撤销案件、人民检察院作出不起诉决定、人民法院作出无罪判决或者免于刑事处罚后，再决定是否给予行政处罚"。这里"原则上"的表述让行政机关认为追究行政违法责任的顺序应在刑事处罚结束之后。而国家食品药品监督管理总局、公安部、最高人民法院、最高人民检察院、国务院食品安全办《食品药品行政执法与刑事司法衔接工作办法》第 15 条第 1 款明确规定："对于尚未作出生效裁判的案件，食品药品监管部门依法应当作出责令停产停业、吊销许可证等行政处罚，需要配合的，公安机关、人民检察院、人民法院应当给予配合。"

可见，在可罚的违法性问题上，我国确立了违法相对论，即刑法上的违法性与行政法上的违法性可以不统一。因此，我国对违法犯罪行为的追究采取既定性又定量的方式，一般通过情节轻重、数额多少、后果大小等方式来划分行政处罚和刑事制裁各自的范围。虽然行政处罚与刑事制裁的适用范围可能存在一定的竞合，但行政处罚和刑事处罚在性质、形式和功能等方面都存在很多不同，因此，同时进行行政处罚和刑事制裁时不能简单地评价为违反了禁止重复评价原则。例如，根据行政处罚法第 8 条的规定，行政处罚的种类就包括警告、罚款、没收违法所得、没收非法财物、责令停产停业、暂扣或者吊销许可证、暂扣或者吊销执照、行政拘留等多种方式。其中，行政罚款和刑事罚金可以折抵，行政拘留也可以折抵刑期，但其他如责令停产停业、吊销执照等方式，刑事制裁就无法涉及。而且，相对于通过移送至公安机关侦查、检察机关起诉、法院审判的程序追究违法行为人的刑事责任，行政机关作出行政处罚具有办案主体单一、专业性强、效率高等特点，对违法行为人进行行政处罚，能够及时有效地制止违法行为的继续。此外，除行政处罚以外，行政机关还可以作出责令纠正违法行为、责令恢复原状等行政强制行为，及时制止违法行为，减少其造成的危害后果，这些都是刑事司法处理无法达到的效果。因此，在案件移送刑事司法处理完毕前，行政机关就违法行为作出行政处罚并不违反法律法规的规定。同时也说明，即使行政机关已经将涉嫌犯罪的案件移送司法机关，仍不能免除其履行作出责令停产停业、吊销许可证等行政处罚的法定职责。

（三）检察机关举证责任问题

作为公益诉讼人的检察机关是否需要承担不同于原告的特殊举证责任，在实践中有不同观点。《实施办法》依据行政诉讼法、民事诉讼法和相关司法解释的规定，对举证责任作出规定。在民事诉讼中，按照"谁主张、谁举证"的一般原则，检察机关应当对被告的违法行为、损害后果提供证据加以证明，另外，根据最高人民法院《关于民事诉讼证据的若干规定》第4条规定，因环境污染引起的损害赔偿诉讼，由加害人就法律规定的免责事由及其行为与损害结果之间不存在因果关系承担举证责任；因缺陷产品致人损害的侵权诉讼，由产品的生产者就法律规定的免责事由承担举证责任。

行政诉讼实行举证责任倒置制度，由作为被告的行政机关承担证明行政行为合法的举证责任，在检察机关提起的行政公益诉讼中，这项基本的举证责任制度仍应适用。但是，《实施办法》赋予检察机关一定的调查核实权，且规定了行政机关与其他有关单位和个人配合的义务，相较于一般行政诉讼的原告能够较好地解决调查取证和举证困难问题。因此，检察机关在办理行政公益诉讼案件过程中，应当充分行使这一权力，对于行政机关违法行使职权或者不作为承担相应的举证责任。还需要注意的是，虽然《实施办法》规定提起公益诉讼时需要提交被告的行为已经损害国家和社会公共利益的初步证明材料，但这仅是最低限度的要求。检察机关在实际办理公益诉讼案件的过程中，应当充分行使调查核实权，尽量将相关证明材料收集完备。

（四）鉴定费用、赔偿金管理制度问题

检察机关提起公益诉讼制度作为一项新的诉讼制度，相关配套机制尚不完善。例如，环境公益诉讼中，对污染行为造成的损害后果需要进行评估鉴定来确定诉讼请求。但目前全国范围内具有环境损害赔偿评估资质的司法鉴定机构数量较少；同时，由于鉴定评估费用较为高昂，虽然根据法律和司法解释的规定，鉴定评估费用由败诉方承担，但如果在法院判决前一律由检察机关先行垫付，大多数基层检察机关可能难以承担，这将直接影响其办理公益诉讼案件的积极性。另外，部分污染环境违法行为造成的损害后果难以直接修复，法院判决的损害赔偿费用如何使用、如何监管也存在不少问题。随着环境公益诉讼案件的不断增多，一些地方就鉴定费用、赔偿金管理制度开展了积极有益的探索和尝试。例如，江苏省徐州市由政府牵头、检察机关、法院及行政机关共同成立基金，政府从财政资金中拿出启动资金，将环境破坏者的赔偿金放入基金，检察机关鉴定费用可以从基金中支出。但是，该专项资金账户由法院管理，法院既是裁判机关，又负责管理账户，存在不合理之处。又如，吉林省检察院与省环保厅作出《会谈纪要》明确规定，加强环境污染行政执法监督和公益诉讼案件的损害检测鉴定工作协作，环境损害检测鉴定工作由各级环保部门负责，检察机关在刑事诉讼、民事诉讼、行政诉讼中需要检测鉴定的，可以出具委托书由环保部门鉴定，鉴定费用由环保部门报同级财政承担。但是，环保部门并非中立的第三方鉴定机构，尤其在检察机关提起行政公益诉讼案件中，环保部门可能成为案件的被告，具有直接的利害关系，作出的鉴定结果不具有客观性、中立性。因此，设置独立的公益基金账户、建立完善的鉴定费用、赔偿金管理制度是检察机关提起公益诉讼工作中急需解决的问题。

党的十八届四中全会提出探索建立检察机关提起公益诉讼制度后，最高检和各试点地区检察机关对于相关制度设计问题一直在积极努力地思考并认真总结实践经验，对于一些存在争议的问题，将会在试点工作过程中通过具体案件的办理，寻求更符合诉讼规律、符合检察职权特点、更有利于保护公共利益的解决方案，为公益诉讼制度立法完善打下良好基础，从而更好地维护国家和社会公共利益。

论检察机关提起行政公益诉讼制度的内涵和路径*

裴铭光　解文轶**

2015年7月1日,十二届全国人大常委会第十五次会议通过《关于授权最高人民检察院在部分地区开展公益诉讼试点工作的决定》(以下简称《授权决定》),最高人民检察院随后发布《检察机关提起公益诉讼试点方案》。两个法律文件的出台,是近年来备受理论界和实务界关注的公益诉讼领域向前迈出的重要一步,为检察机关提起公益诉讼提供了法律依据。相较于检察机关曾经进行的民事公益诉讼的探索实践情况而言,检察机关提起的行政公益诉讼几乎空白。因此,如何理解和把握行政公益诉讼的理论内涵和制度设计,对于指导试点地区检察机关开展行政公益诉讼实践具有重要的意义。

一、检察机关提起行政公益诉讼制度的内涵分析

公益诉讼是指对损害国家和社会公共利益的违法行为,由法律规定的国家机关和组织向人民法院提起诉讼的制度。[1]而行政公益诉讼则是在上述定义的基础上,将领域限制在一定的行政范围内,在被告方面对应的是行政机关,在被

---

* 本文刊载于《民事行政检察指导与研究》2016年第16集。
** 裴铭光,最高人民检察院民事行政检察厅干部;解文轶,最高人民检察院民事行政检察厅干部。
[1] 参见《最高检相关负责人权威解读检察机关提起公益诉讼制度改革》,载新华网,http://news.xinhuanet.com/legal/2015-07/02/c_127977906.htm,2015年10月2日访问。

诉的行为方面是行政违法行为。全国人大常委会的《授权决定》对我国公益诉讼制度发展有两个重大突破：一是第一次从法律上明确规定了行政公益诉讼制度；二是第一次明确了检察机关提起诉讼的主体资格。因此，关于行政公益诉讼必要性和可行性、关于主体资格的探讨，就这两类基础问题可以说有了初步的共识，在此基础上，有助于告别纸面上的争论，使相关改革设计进入实施阶段。

检察机关提起行政公益诉讼制度的内涵可以从以下三个关键词来把握：即牢牢抓住"公益"这个核心，立足于"检察机关"的法律监督职能，以"诉讼"为手段发挥促进依法行政、保护社会公益的作用。

（一）"公益"——以公益为核心

公益是检察机关提起公益诉讼的根本出发点和落脚点，习近平总书记在中央全面深化改革领导小组审议检察机关提起公益诉讼试点方案时，突出强调"检察机关要牢牢抓住公益这个核心"。由于公共利益归属主体的非特定性和外延的动态性，使其在很大程度上"只可被描述而无法对其定义"。[①] 有的学者提出，与其挖空心思地界定公共利益的概念，不如将视线转移到对公益概念适用时所应当遵循的一些规则进行研究。[②] 诚如此言，立法部门在有关法律法规中对公益已经进行了一定程度的类型化，如《信托法》第60条和《国有土地上房屋征收与补偿条例》第8条分别对公益的情形作了列举式规定。但公益的类型是无法列举穷尽的。要保障公益既能得到合理保护，又不被滥用，可以考虑明确公益的一些重要特征。在试点工作中，可以从以下三个方面把握公共利益：

一是从与"私益"的区分上把握"公益"。公益诉讼与一般诉讼相比，其特殊之处就在于"公益"，从诉讼所保护的利益归属，可以将诉讼分为公益诉讼（客观诉讼）和私益诉讼（主观诉讼）。私益诉讼是诉讼主体以维护自身利

---

① 蔡志方：《公益代表人制度之比较研究》，载黄学贤：《行政救济与行政法学》，学林文化事业有限公司1998年版，第526页。
② 参见刘莘等：《公共利益的意义初探》，载郭道晖：《岳麓法学评论》（第6卷），湖南大学出版社2005年版。

益为目的提起的诉讼，相反，公益诉讼所维护的不是自身的利益，而是一种个体基于对公共秩序的需要所形成的利益关系。比如，林地资源受到损害，直接导致属于国家所有的资源或社会成员共享的环境受到减损影响，表面上可能并不会影响某个具体的个体，但是会对与每个公民或社会成员都息息相关的社会整体秩序产生影响，由此影响到社会个体。相较于个人利益，公共利益有以下重要特征：第一，公共利益的主体是不特定的多数人，且其享有主体具有开放性；第二，公共利益是有关国家、社会共同体及其成员生存和发展的基本利益，比如公共安全、公共秩序、自然环境和公民的生命、健康、自由等；第三，公共利益是一种整体性利益，不仅有涉及全国范围的存在形式，也有某个地区的存在形式；第四，公共利益与社会价值取向联系在一起，也会随着不同社会价值观的改变而变动。

二是公益的范畴要符合社会发展实际。公益的范畴是随着社会的发展而不断扩大的，随着社会交往日益频繁和社会流动性的扩大，社会个体与外界的联系越发紧密，某种损害影响的范围大幅扩张，而且在影响对象上表现出更多的不确定性，这就增加了对不特定范围社会公众所共有的某些利益进行保护的必要性。在公益范畴扩大的同时，也要防止脱离实际将"公益"泛化，动辄以"公益"为名，把不具有公共性的利益以公益诉讼的方式进行保护，导致公益诉讼被滥用，浪费司法资源。在理论上，有一种观点认为，任何一个行政诉讼的进行都会起到促进依法行政，进而对社会公益产生积极的促进作用，从这个意义上说，行政诉讼都是公益诉讼。这显然不是检察机关提起行政公益诉讼的范畴。

三是公益是检察机关履行提起公益诉讼职责的事实前提，也是人民法院受理的前提。正是公益诉讼的"公益"性，其受到损害时，需要一定的主体来维护，这种需求为建立检察机关提起公益诉讼制度提供了事实前提。公益也是法院受理的前提，在公益诉讼中，法院在受案时必然对案件是否涉及公益进行审查，只有在公益确实受到违法行为的侵害，影响到多数公民的合法权益时，法院才会受理。从这个意义上说，公益也是检察机关所提起的诉讼能够顺利进入诉讼程序的前提。

（二）"检察机关"——以法律监督为基础

检察机关提起公益诉讼的法律基础是其法律监督职能。我国《宪法》第129条规定，"中华人民共和国人民检察院是国家的法律监督机关"。从法治运行的角度看，法律监督即是对法律的实施进行监督，对象是执法、司法、守法三个环节，最终目的是实现法律统一正确实施的效果。其中，针对行政机关执法的监督是法律监督的重要组成部分。有学者认为："检察机关提起行政公益诉讼制度主要是基于检察机关代表公益的特性。"[1] 笔者认为，由于公共利益"公共性"的特点，应由公共机构作为其代表。从国家机关的职能分工来看，行政机关是公共利益的代表，是实现、发展和维护公共利益职责的主要承担者。检察机关则通过行使法律监督权，监督行政机关依法实现、发展和维护公共利益，提起公益诉讼是检察机关履行法律监督职权的一种方式或手段。我国检察机关提起公益诉讼，不同于西方国家，根本区别就在于检察机关的性质，西方国家的检察机关一般是"政府的代理人"，本身就是作为国家行政权的一部分而存在。我国检察机关提起公益诉讼突出体现了中国基本政治制度的特色。与其他诉讼主体相比，作为国家法律监督机关，检察机关提起行政公益诉讼能更有效地维护国家和社会公共利益；检察机关拥有法定的调查权，有利于调查取证和解决举证困难问题；能够从大局出发，审慎地行使公益诉权，避免影响到正常的行政秩序；具有专业法律监督队伍，能够高效、准确地配合人民法院进行诉讼，可以大幅降低司法成本。

（三）"诉讼"——以诉讼为方式

诉讼制度被认为是社会正义的最后一道防线，是现代法治国家所公认的最重要的保障机制。与其他保护方式相比，诉讼具有规范性、公开性、强制性等其他纠纷解决或利益保障机制所不具备的特征，但同时也存在周期长、成本高

---

[1] 陈丽玲、诸葛旸:《检察机关提起行政公益诉讼之探讨》，载《行政法学研究》2005年第3期。

等制度缺陷。因此，尽管诉讼是最重要的方式，但并不是唯一的方式，一个有效的利益保障体系必然是包括诉讼在内的多种保障方式的融合。

在公益保护方面也是如此，"公共利益的公法保护是一项社会系统工程，在多元化的公益救济机制中，行政诉讼并非是主要的公益保护方式。"[1] 公益保护的常态机制不在诉讼内，而在诉讼外，引入诉讼机制必须以其他保护机制为基础。这在由行政引起的公益保护方面表现得更为明显，行政机关的性质决定了其与公益的联系更为紧密，其维护公益的方式更为灵活，在公益受损的情况下，行政机关保护公益职责的履行是第一位的。检察机关提起行政公益诉讼的制度设计对此给予充分考虑，不仅严格限定了范围，即只是在公益保护最为紧迫、行政机关"缺位"或违法严重的特定行政领域进行试点，此外还在程序上规定了督促行政机关自身先行纠正的前置程序。由此可见，诉讼是一种强有力的保障，但这种保障本身是一种补充性质的，更大意义上是对检察建议等其他监督方式效力的强化，不能优先适用。

二、检察机关提起行政公益诉讼制度的路径探讨

全国人大常委会的《授权决定》已经解决了检察机关提起公益诉讼缺乏法律依据的问题，但是作为一项新的制度，在实施过程中必然存在各种各样的困难和问题，要从理论上、制度上加以解决。中央全面深化改革领导小组第十二次会议审议通过的《试点方案》对检察机关提起公益诉讼的一些基础问题作了规定。检察机关要在公益诉讼改革总体思路的指引下、在《授权决定》和《试点方案》的基础上把握制度内涵，在相关规定和基本法理的框架内对公益诉讼的具体方式方法进行探索和实践。

（一）主体资格

主体资格是公益诉讼研究中的热点问题。在目前阶段，全国人大常委会将

---

[1] 章志远：《行政公益诉讼热的冷思考》，载《法学评论》2007年第1期。

提起公益诉讼的主体资格赋予检察机关。在提起公益诉讼时，检察机关的主体资格不同于一般的原告。原告是"在民事诉讼和行政诉讼中，为保护自己的合法权利，以本人名义向法院起诉并启动民事诉讼和行政诉讼的人。"[1] 可见，原告身份取得的前提是所保护的权利属于自身。虽然检察机关在公益诉讼中所起到的作用客观上表现为"向法院起诉并启动民事诉讼和行政诉讼"，但由于所保护的是公益，不是"为保护自己的合法权利"，所以检察机关不是作为原告提起公益诉讼。《试点方案》规定，检察机关以公益诉讼人身份提起民事或行政公益诉讼。之所以作此规定，特殊性就在于突出体现检察机关作为国家法律监督机关的宪法地位和性质上。有学者认为："检察机关本质上只是一个个具体公益诉讼案件中的公共利益代言人，其身份性质不具有中立公正性。"[2] 从而在认识上导致与一般原告之间的混淆。正如这位学者所言，这种观点只关注到"一个个具体公益诉讼案件"，而没有从整体上去把握公共利益，也忽视了制度建立的基础即我国检察机关提起公益诉讼的法律基础是其法律监督职能，进而将个案中的检察机关等同于一般的"原告"，甚至否认其"公正性"。

检察机关基于法律监督职能而提起公益诉讼，有学者认为会产生检察机关"既是运动员，又是裁判员"的身份冲突，要"坚持'以审判权为中心'，防止检察机关诉讼监督影响审判权威与公正，防止检察机关强权优势破坏平等主体诉讼结构模式，防止检察机关监督权力干涉行政被告行政权限"[3]。实际上，这些担心或争论不只是在探索公益诉讼中才出现，在检察机关行使诉讼监督职能中也一直存在。对此要客观全面地分析，不能简单地将职能行使方式上的差异等同于身份上的冲突，"公诉权只是作为法律监督权的一种权能或手段而存在，

---

[1] 中国社会科学院法学研究所法律辞典编委会：《法律辞典》，法律出版社2004年版，第824—825页。
[2] 韩德强：《环境治理法治化，人民法院在环境公益诉讼中应如何定位》，载澎湃新闻网，http://m.thepaper.cn/newsDetail_forward_1361781，2015年10月2日访问。
[3] 韩德强：《环境治理法治化，人民法院在环境公益诉讼中应如何定位》，载澎湃新闻网，http://m.thepaper.cn/newsDetail_forward_1361781，2015年10月2日访问。

通俗地说就是检察机关向法院提起公诉只是其进行监督的一种方式。"① 在刑事领域，检察机关既是审查起诉机关，同时对于其认为不公正的裁判有抗诉等其他法律监督职权，这两种职权的行使存在于诉讼的不同阶段，并没有产生身份上的冲突，也未影响审判公正，反而在相当程度上强化了审判公正、维护了审判权威。在民事、行政公益诉讼领域也是如此，检察机关既是进行调查、提起诉讼的公益诉讼人，同时也享有抗诉等法律监督职权。归根结底，检察机关所行使的只是程序上的监督权，并不必然对具有实体上处置性质的法院审判权产生影响，基于法律监督而产生的各种检察职权与公正审判之间并不冲突。既不能以法律监督机关的地位否认公益诉讼人的资格，更不能以公益诉讼人的资格排斥法律监督职权的依法行使。至于"检察机关监督权力干涉行政被告行政权限"的担忧，不仅在行政公益诉讼的制度设计上规定了前置程序、充分尊重行政职权，在实践中也得到了一线行政执法部门的支持，一些行政部门负责人表示："检察院起诉是给自己撑了腰，以后执法就理直气壮。"②

基于检察机关作为公益诉讼人的特殊地位，检察机关认为法院一审裁判有错误的，应当向上一级法院提出抗诉。人民法院决定开庭审理的，同级人民检察院应当派员出席二审法庭。一审裁判结果支持检察机关，行政机关不服提起上诉，此时检察机关是公益诉讼人；一审裁判结果不支持检察机关，检察机关提出抗诉，此时检察机关是抗诉机关。

（二）受案范围

从充分保护公共利益的角度出发，理想的状态是"法律就是朝着允许全体公民起诉他们所感兴趣的任何行政裁决的方向发展"。③ 各国实践发展也符合这一趋势，但是受案范围要根据该事项对公共利益造成损害的可能性和危害性、社会整体的法治水平等具体情况逐步扩展。此外，由于检察机关的身份与

---

① 黄学贤、王太高：《行政公益诉讼研究》，中国政法大学出版社2008年版，第226页。
② 金煜、邢世伟：《环保局执法"手软"被检察院告上法院》，载人民网，http://env.people.com.cn/n/2015/0106/c1010-26330049.html，2015年10月2日访问。
③ ［美］伯纳德·施瓦茨：《行政法》，徐炳译，群众出版社1986年版，第440页。

一般公民不同，其行使权力的前提是有法律明确的授权，这就决定了检察机关提起公益诉讼的范围必须有明确的规定。《授权决定》把检察机关提起行政公益诉讼案件的范围限定在生态环境和自然资源保护、国有资产保护、国有土地使用权转让等领域，主要是由于这些领域行政违法行为造成国家和社会公共利益受到侵害的现象频发、社会广泛关注，在这些领域进行行政公益诉讼试点，符合我国法治发展的实际需要。检察机关必须严格在《授权决定》确定的范围内开展试点，不能突破这些领域。随着社会的发展，待未来有法律授权扩大受案范围时，方能在其他相关领域进行实践。

（三）线索来源

案件线索是检察机关提起公益诉讼个案的起点。基于审慎稳妥的考虑，《试点方案》将检察机关提起行政公益诉讼的线索来源限定为履行职责中发现的情形。检察机关履行职责，包括履行职务犯罪侦查、批准或决定逮捕、审查起诉、控告检察、诉讼监督等职责。在检察机关履行的诸项职责中，控告检察职责意义尤为重要，涉及的领域最为广泛。我国《宪法》第41条规定："中华人民共和国公民对任何国家机关和国家工作人员的违法失职行为，有向有关国家机关提出申诉、控告和检举的权利，但是不得捏造或者歪曲事实诬告陷害。"宪法赋予公民享有这项权利，通过权利对权力进行制约，既是广大人民群众对国家机关及其工作人员的民主监督权，也是宪法对公民权利的一种保护。控告检察职责可以说是将权利对权力、权力对权力两种制约模式有机结合到一起，这样就较其中任何一种模式都更为有力，既能迅速、及时地发现侵害公共利益的违法行政行为，也能有效避免滥诉现象的发生，有助于解决中国当前行政违法多发的乱象。

如果案件线索既涉及民事公益诉讼，又涉及行政机关的违法行为或不作为，此时该如何选择？由于公权力部门承担着维护公共利益的职能，因而其违法行为侵害公共利益的可能性最大，而其他社会个体危害公共利益的行为在一定意义上也是因为公权力部门疏于管理造成的。因此相比较而言，行政公益诉讼较之于民事公益诉讼来说意义更加重大。而且最高人民检察院有关工作部署也强调，检察机关提起公益诉讼试点工作的重点是生态环境和资源保护领域的行政公益诉讼。因此，我们认为应优先提起行政公益诉讼，这也符合诉讼效益原则。如果只解决民事方面的问题，行政违法还在持续，还可能导致进一步的民事上的损害；而如果解决了行政方面的问题，行政机关严格履行职责就可以使受损公益得到保护或补偿。

（四）案件管辖

由于检察机关提起行政公益诉讼本质上涉及检察权对行政权的监督问题，在管辖问题上，先后存在两个既相互联系，又相对独立的体系——检察机关的立案管辖和法院的诉讼管辖。关于检察机关的立案管辖，以属地管辖为基础、特殊情形上提一级管辖，即一般情况下，由违法行使职权或者不作为的行政机关同级人民检察院进行提起公益诉讼之前的调查核实、前置程序等工作。这种同级监督原则有利于检察机关开展工作。当被告为本级人民政府，或者造成的侵害后果跨越多个行政区域，或者存在其他同级人民检察院不宜提起公益诉讼等情形时，应当上提一级管辖，这是考虑到涉及公益的行为影响范围广、避免受同级人民政府影响等因素，由上一级检察院负责有利于案件的办理。上级人民检察院认为确有必要，可以办理下级人民检察院管辖的案件。下级人民检察院认为需要由上级人民检察院办理的，可以报请上级人民检察院办理。上下级检察院间建立完善的提级管辖和报送审批机制，从制度上弱化不正当干预。

关于法院的诉讼管辖，应依据行政诉讼法及相关司法解释确定。考虑到行政审判管辖的实际情况和公益诉讼的特殊性，行政公益诉讼案件一审一般应由行政机关所在地的中级人民法院管辖。根据起诉与诉讼管辖对等的原则，提起公益诉讼的检察机关应当为有管辖权的人民法院的同级人民检察院。鉴于检察机关的立案管辖和法院的诉讼管辖在某些情况下会出现不一致的情形，提起诉讼前负责审查的检察机关应当将案件移送至有管辖权的人民法院的同级人民检察院提起公益诉讼。

（五）调查核实

基于法律监督职权和公益诉讼复杂性，作为公益诉讼人的检察机关应当享有调查核实权。检察机关的调查核实权在民事诉讼法和行政诉讼法中作了规定，但是履行提起公益诉讼职责中调查核实权的内涵与在履行抗诉职责中不尽相同。一是目的不同，在抗诉中，"检察机关行使调查核实权，旨在审查相关案件的处理是否存在提起抗诉的事由，或者审判机关是否存在违法行为，而不在于查明案件真相"[1]；而在提起公益诉讼中，检察机关作为公益诉讼人，为了使诉讼请求得到法院的支持，必须尽可能获取充分的证据证明案件事实。二是客体不同，在抗诉中，仅限于支持抗诉事由的事实[2]；而在提起公益诉讼中，则是支持诉讼请求的全部事实。三是地位不同，在抗诉中，调查只是阅卷的补充，检察机关不代行当事人的举证责任，不能破坏举证责任规则；而在提起公益诉讼中，检察机关事实上成为提起诉讼的当事一方，直接承担相应的举证责任，调查成为获取证据的主要手段。行政公益诉讼中的调查取证权与在刑事诉讼中不同，检察机关不应采用刑事侦查中讯问、搜查等带有强制性质的侦查措施和手段。检察机关在行政公益诉讼中的调查取证权和当事人、律师的调查取证权也不同，检察机关提起行政公诉并调查收集证据是职权行为，当检察机关向有关单位和个人调查取证时，有关单位和个人不得拒绝。

（六）举证责任

作为公益诉讼人的检察机关是否需要承担不同于原告的特殊举证责任，在实践中有不同观点。一种观点认为，不能因为检察机关在调查取证方面拥有比一般原告更多的手段而减轻被告的举证责任，反而应加重被告的举证责任以更好地证明行政行为是否合法，更好地维护公共利益。[3]另一种观点则认为，检

---

[1] 颜卉：《增强检察机关调查核实权的可操作性》，载《人民检察》2013 年第 10 期。
[2] 参见傅郁林：《我国民事检察权的权能与程序配置》，载《法律科学》2012 年第 6 期。
[3] 参见黄学贤：《行政公益诉讼若干热点问题探讨》，载《法学》2005 年第 10 期。

察机关在调查取证方面有充分的能力经验，应加重检察机关的举证责任。① 也有学者提出，检察机关提起的行政公益诉讼应当实行"谁主张，谁举证"的原则，以示公平。②

行政诉讼的类型化对举证责任有一定的影响，有学者指出：撤销之诉、确认之诉和义务之诉由被告对被诉具体行政行为的合法性负举证责任，给付之诉则应由原告对于行政机关负有特定义务或者约定负举证责任。③ 也有学者以待证事实作为分类标准：对于诉权事实（即原告起诉要有根据），原告负责举证，例外是被告认为原告起诉超过起诉期限；对于合法性事实（即行政行为是否合法），一般由被告证明，例外是起诉被告不作为的案件，原告承担向被告提出过申请的举证责任；对于损害事实（即原告受到行政行为的损害），原告承担举证责任，例外是因被告原因导致原告无法举证的，由被告承担举证责任；对于诉讼事实（即诉讼进行中发生的事实），一般是谁主张谁举证。④

行政公益诉讼作为一种特殊的行政诉讼类型，其举证责任应与一般行政诉讼中的举证责任不尽相同。行政诉讼法将举证责任归于作为被告的行政机关，主要基于两个原因：其一是原告即行政相对人在证据收集方面的能力远弱于作为被告的行政机关，将举证责任归之被告较为公平；其二是被告即行政机关在作出行政行为时，必须有充分的事实根据和法律依据，如果行政机关不能举出上述事实及依据，将在诉讼中承担不利后果。其中，第二项原因为根本原因。在行政公益诉讼中，虽然第一项原因已不存在，但第二项原因依然存在，因而仍应由被告负担主要的举证责任。而基于行政公益诉讼的特殊性，在主观上的举证责任方面，可以适度加重检察机关的举证责任，检察机关应对经过诉前程

---

① 参见谢红星：《行政公益诉讼初探》，载《湘潭工学院学报（社会科学版）》2001年12月。
② 参见王珂瑾：《行政公益诉讼制度研究》，山东大学出版社2009年版，第196页。
③ 参见李广宇、王振宇：《行政诉讼类型化：完善行政诉讼制度的新思路》，载《法律适用》2012年第2期。
④ 参见王振宇：《行政诉讼的证据规则、判决和执行》，2015年全国法院系统视频培训班讲座第五讲。

序、起诉符合法定条件，不作为案件中对行政机关负有职责应为而不为的事实等内容承担举证责任；而在客观上的举证责任方面，应该按照行政诉讼法的规定，由作为被告的行政机关承担不利的后果。

（七）撤诉权

在行政公益诉讼中，行政机关经过诉前程序未纠正违法而被诉，有可能在诉讼阶段进行纠正，此时该如何处理？《行政诉讼法》第62条规定："人民法院对行政案件宣告判决或者裁定前，原告申请撤诉的，或者被告改变其所作的行政行为，原告同意并申请撤诉的，是否准许，由人民法院裁定。"第74条规定，"行政行为有下列情形之一，不需要撤销或者判决履行的，人民法院判决确认违法：……（二）被告改变原违法行政行为，原告仍要求确认原行政行为违法的……"撤诉权是作为起诉一方享有的权利，检察机关提起的行政公益诉讼中也同样享有此权利。考虑到检察机关的法律监督属性和行政公益诉讼的公益属性，如果行政机关故意拖延到诉讼中才进行纠正，而撤诉对行政机关又无不利后果，这不利于督促行政机关尽早纠正违法，因此检察机关可以依第74条之规定，要求对行政违法性作出确认。

深入学习贯彻习近平总书记重要指示精神 发展完善中国特色社会主义公益司法保护制度 *

曹建明 **

2017年9月11日,习近平总书记在致第二十二届国际检察官联合会年会暨会员代表大会的贺信中突出强调:检察官作为公共利益的代表,肩负着重要责任;中国检察机关是国家的法律监督机关,承担惩治和预防犯罪、对诉讼活动进行监督等职责,是保护国家利益和社会公共利益的一支重要力量。这些重要论述,进一步明确了检察工作的指导思想和职责使命,极大丰富了检察工作内涵,对检察机关维护国家利益和社会公共利益提出了更高要求。

探索建立检察机关提起公益诉讼制度,是党的十八届四中全会部署的一项重大改革任务,也是检察机关维护国家利益和社会公共利益的重大举措。根据党的十八届四中全会决定,2015年7月1日,十二届全国人大常委会第十五次会议通过决定,授权最高人民检察院在北京等13个省、自治区、直辖市开展为期两年的提起公益诉讼试点。各试点省级检察院结合本地实际,进一步明确试点区域,落实87个市级检察院和759个县级检察院开展试点工作。两年来,在以习近平同志为核心的党中央坚强领导下,在全国人大常委会有力监督和支持下,在地方各级党委领导、人大监督支持和人民法院、行政机关配合下,试点地区检察机关牢牢抓住公益这个核心,稳步扎实开展试点工作,共办理公益诉讼案件9053件,覆盖所有授权领域,涵盖民事公益诉讼、行政公益

---

* 本文刊载于《学习时报》2017年9月29日第1版。
** 曹建明,时任最高人民检察院党组书记、检察长。

诉讼、行政公益附带民事公益诉讼、刑事附带民事公益诉讼等案件类型。全覆盖、多样化的试点探索使检察机关提起公益诉讼制度顶层设计得到全面校验。2017年5月23日，习近平总书记主持召开中央全面深化改革领导小组第三十五次会议，审议通过《关于检察机关提起公益诉讼试点情况和下一步工作建议的报告》。会议认为，试点期间办理了一大批公益诉讼案件，积累了丰富的案件样本，制度设计得到充分检验，正式建立这一制度的时机已经成熟，明确要求为检察机关提起公益诉讼提供法律保障。6月27日，十二届全国人大常委会第二十八次会议决定对民事诉讼法和行政诉讼法作出修改，检察机关提起公益诉讼制度正式建立。

一、从党和国家工作全局的高度，充分认识建立检察机关提起公益诉讼制度的重大意义

2014年10月，习近平总书记在党的十八届四中全会上强调，由检察机关提起公益诉讼，有利于优化司法职权配置、完善行政诉讼制度，也有利于推进法治政府建设。2015年5月，习近平总书记主持中央全面深化改革领导小组第十二次会议，会议强调党的十八届四中全会提出探索建立检察机关提起公益诉讼制度，目的是充分发挥检察机关法律监督职能作用，促进依法行政、严格执法，维护宪法法律权威，维护社会公平正义，维护国家和社会公共利益。这些重要论述，深刻阐明了探索建立检察机关提起公益诉讼制度的重大意义。

十二届全国人大常委会两年间先后三次审议检察机关提起公益诉讼工作。2015年7月第十五次会议作出授权开展试点决定。2016年11月第二十四次会议审议试点工作中期报告。2017年6月第二十八次会议又修改民事诉讼法和行政诉讼法，赋予检察机关提起公益诉讼的权力，为检察机关更好发挥公益保护作用提供了法律保障。这是新中国立法史上就诉讼法修改时，首次由司法机关直接向全国人大常委会提出法律案并作说明，也是"两法"第一次单就一个条款同步修改，且一读通过。这不仅是党中央重大改革举措法治化的标志性成

果,也是我们国家司法制度、诉讼制度创新发展的重大成果。

从试点情况看,检察机关提起公益诉讼,不仅弥补了提起公益诉讼的主体缺位,促进了行政机关依法正确履行职责,而且调动了法律规定的机关和组织参与公益保护的积极性,有效保护了国家利益和社会公共利益。建立检察机关提起公益诉讼制度,对于促进法治政府建设,对于发展完善中国特色社会主义司法制度,都具有极为深远的历史意义。各级检察机关要进一步深刻学习领会习近平总书记系列重要指示精神,从党和国家工作全局的高度,全面把握党中央重大决策部署和修改后民事诉讼法、行政诉讼法要求,切实增强政治责任感和历史使命感,发扬试点中展现出来的改革精神、拼搏精神、创新精神,积极探索、攻坚克难,全面开展检察机关提起公益诉讼工作,充分发挥在公益保护中的职能作用,为发展完善中国特色社会主义公益诉讼制度和司法制度作出新的更大贡献。

二、严格遵循立法精神和司法规律,牢牢把握检察机关提起公益诉讼的基本要求

检察机关提起公益诉讼是民事诉讼法、行政诉讼法确立的特殊诉讼制度,党和国家都提出了明确要求。无论是行政公益诉讼还是民事公益诉讼,都拓展了法律监督的内涵和外延,是检察机关行使法律监督权、履行法律监督职能的新方式。要深刻认识在全面依法治国背景下,党和国家赋予检察机关的新使命、对检察工作的新要求,准确把握检察机关提起公益诉讼的内在规律。

(一)紧紧围绕中心、服务大局

检察机关提起公益诉讼事关依法行政和法治政府建设,事关公共利益保护,事关党和国家工作大局。各级检察机关要自觉把公益诉讼置于经济社会发展全局中谋划和推进,从更加有利于促进依法行政和法治政府建设、有利于保护国家利益和社会公共利益、有利于维护最广大人民根本利益出发,依法履行职责,确保取得良好效果。

（二）牢牢把握公益这个核心

公益是检察机关提起公益诉讼制度设计的出发点，也是制度运行的落脚点。公益与私益相对应，最突出的特点是权益归属主体的不特定性，并由此而衍生出影响范围广、存续时期长、保护难度大等特点。随着我国经济社会快速发展，环境资源、食品药品、国有财产等领域公益受损现象易发多发，有的严重影响人民群众生命健康权益，甚至对社会稳定和国家安全产生重大影响，全社会公益保护需求越来越强烈。各级检察机关要牢记作为公共利益代表的重大责任，全面理解、准确把握公益的内涵和外延，明确各个领域公益受损的主要表现形式。要把重点放在人民群众反映强烈的突出问题上，加强对严重侵害公益行为的监督。特别是在民事公益诉讼中，要严格把握法律政策界限，防止将私益通过公益诉讼的方式进行保护。

（三）始终坚持法律监督这个宪法定位

检察机关是国家的法律监督机关，这是检察机关在国家机构体系中的基本定位。法律监督是宪法赋予检察机关的基本职能。检察机关所行使的各项职权，归根结底都是法律监督职能的具体体现。修改后民事诉讼法、行政诉讼法赋予检察机关提起公益诉讼权力，从本质上讲，也是法律监督职能的重要组成部分，是检察监督新的重大发展。在提起公益诉讼工作中，既要遵循公益诉讼规律，又要遵循法律监督规律，实现两者有机结合。

（四）审慎行使权力，依法规范监督

检察机关提起公益诉讼政治性、政策性、法律性都很强，既要敢于监督、善于监督，又要依法监督、规范监督。尤其行政公益诉讼，实质上是司法权对行政权的制约，敏感而复杂，而且行政管理还具有自身特点和规律。检察机关既要加强监督制约，又必须保持相应理性、克制和谦抑。要严守检察权边界，严格在法定范围内依法履行职责，不能违背立法精神，不能自我扩权，不能越权解释，不能包打天下，确保检察监督在法治轨道上运行。要把规范司法行为

贯穿公益诉讼工作始终，加强司法理念和素质养成，从一开始就注重抓好制度建设和制度执行，坚持精细司法、精细办案，真正让谨慎用权、规范司法成为一种思想自觉和行为习惯。

三、认真贯彻落实修改后民事诉讼法和行政诉讼法，全面开展检察机关提起公益诉讼工作

修改后民事诉讼法和行政诉讼法是检察机关提起公益诉讼的基本法律依据。各级检察机关要深入学习、准确掌握，切实有效履行法律赋予的职责。

（一）准确把握法律确定的案件范围

按照修改后民事诉讼法和行政诉讼法规定，检察机关提起民事公益诉讼的案件范围是生态环境和资源保护、食品药品安全领域；提起行政公益诉讼的案件范围是生态环境和资源保护、食品药品安全、国有财产保护、国有土地使用权出让等领域。要准确把握法定案件范围，坚持全面履职与突出重点相结合，既要结合本地实际突出办案重点，哪个领域问题突出就重点办理哪个领域的案件，特别是重点办理生态环境和食品药品安全领域的案件，同时又要探索积累多领域办案经验，最大限度保护受损公益。当前破坏生态环境问题易发多发，党中央高度重视，习近平总书记反复强调要像保护眼睛一样保护生态环境，像对待生命一样对待生态环境。检察机关通过提起公益诉讼，督促行政机关履行自然资源和生态环境监管职责，是通过法治手段保护生态环境的重要途径。要继续突出办理生态环境和资源保护领域的公益诉讼案件，促进解决损害群众利益的突出环境问题。

（二）深入摸排案件线索

能否及时准确发现线索，直接决定受损公益能否得到有效保护，也直接决定检察机关提起公益诉讼程序能否启动。各级检察机关要认真学习借鉴试点地区工作经验，提高线索发现和筛选能力，重视收集相关材料、掌握相关情况。要坚持宽视野、多渠道，既注重从开展破坏环境资源和危害食品药品安全犯

罪专项立案监督活动中发现线索，也注重从群众来信来访、控告申诉中寻找线索，还要保持对社会舆论和新闻报道的高度关注，注意从社会热点问题中发现线索。要坚持检察工作"一盘棋"，健全内部信息共享、线索移送、案件协查、结果反馈等工作机制。要充分利用行政执法与行政检察衔接平台、行政执法与刑事司法衔接信息共享平台，拓宽线索来源渠道。

（三）严格执行诉前程序，充分发挥检察建议功能

诉前程序是检察机关提起公益诉讼制度的重要内容，也是检察机关保护公益的法定手段。通过诉前程序推动侵害公益问题的解决，是公益诉讼制度价值的重要体现。特别是在行政公益诉讼中，提起诉讼并不是制度设计的最终目的，根本目标还是督促行政机关依法履职。各级检察机关要从立法精神和制度设计本意出发，把诉前程序和提起诉讼两个阶段、两种方式放到同等重要的位置，尽量通过诉前程序，积极推动相关主体主动保护公益，推动行政机关主动履职纠错，形成严格执法和公正司法良性互动，共同促进公益损害问题及时有效解决。要做好检察建议与诉讼请求的衔接，规范检察建议制发程序和内容，增强针对性。要加强对检察建议落实情况的跟踪监督，对到期后仍不履职或者履职不到位的，及时研究采取后续措施。

（四）加大提起诉讼力度，增强公益保护实效

提起诉讼是检察机关提起公益诉讼制度的核心环节，也是法律赋予检察机关保护公益的刚性手段，是检察机关的法定职责。修改后民事诉讼法明确，在法律规定的机关和有关组织不提起诉讼的情况下，人民检察院可以向人民法院提起诉讼；修改后行政诉讼法规定，检察机关提出检察建议后，行政机关不依法履行职责的，人民检察院依法向人民法院提起诉讼。这是一份沉甸甸的责任。各级检察机关要准确把握法定起诉条件，对经过诉前程序，有关行政机关到期没有切实整改、有关社会组织没有提起公益诉讼的案件，逐案深入分析，及时向人民法院提起诉讼。要突出办理人民群众反映强烈的案件，突出办理行政公益诉讼案件，增强公益保护的社会效果和法律效果。

四、紧紧依靠党的领导及人大监督、政府支持，主动加强与各方面沟通协调，汇聚公益保护合力

（一）积极争取各级党委领导和人大监督

从试点情况看，凡是党委重视支持的地方，试点工作就力度大、效果好。各级检察机关要切实增强主动性，加强请示报告，既要把党中央对公益诉讼工作的部署要求汇报到位，也要把本地贯彻落实中央要求及修改后"两法"的措施以及检察机关整体部署、本地突出问题和重大案件报告到位，紧紧依靠党委领导、人大监督推进公益诉讼工作。

（二）重视加强与行政机关的沟通协调

行政机关是保护国家利益和社会公共利益责任的主要承担者。检察机关提起行政公益诉讼，旨在督促行政机关依法正确履行职责，依法解决侵害公益的突出问题。检察机关与行政机关的目标是一致的，要在监督中体现支持，把监督融入支持之中。各级检察机关要主动加强与环境保护、食品药品监督管理、国土资源管理等行政机关的沟通，统一对公益诉讼的认识，在线索摸排、调查取证、法律政策理解与适用等方面加强配合，在信息共享、技术咨询等方面加强协作。

（三）建立与人民法院协调沟通机制

人民法院是我国公益司法保护的重要职能部门。各级检察机关尤其是非试点地区检察机关要主动加强与人民法院沟通，共同加强对案件管辖、调查手段、证据规则、移送和庭审程序等实务问题研究，推动完善公益诉讼相关制度机制。

全面开展检察机关提起公益诉讼工作，既为维护国家利益和社会公共利益提供了有力法治保障，也对检察队伍司法理念、素质能力提出了新的更高要求。各级检察机关要坚决贯彻落实习近平总书记重要指示精神，切实加强组织领导，充分履行法律赋予的职能，全面开展检察机关提起公益诉讼工作，不断完善中国特色社会主义公益诉讼制度，为加强对国家利益和社会公共利益的保护作出更大贡献，不辜负党和人民的重托。

检察机关提起行政公益诉讼的职能定位与制度构建*

徐全兵**

内容摘要：为期两年的检察机关公益诉讼试点工作取得了预期成效，有效地保护了国家利益和社会公共利益。实践层面的创新，推动了制度的创新。全国人大常委会修改《行政诉讼法》的决定正式确立检察机关提起行政公益诉讼制度。总结公益诉讼试点情况，对检察机关的职能定位进行分析，研究构建检察行政公益诉讼的相关制度，具有重要意义。

关键词：检察机关　行政公益诉讼　法律监督　职能定位　制度构建

2015年7月1日，全国人大常委会授权检察机关开展公益诉讼试点工作。2017年6月27日，全国人大常委会作出修改《民事诉讼法》和《行政诉讼法》的决定，正式确立检察机关提起公益诉讼制度。

与西方法治国家行政公益诉讼主体多元化特点相比，我国检察机关提起行政公益诉讼制度有什么特殊考虑，在整个公益保护体系中检察机关该如何定位，构建检察机关提起行政公益诉讼的程序规则应注意一些什么问题？本文拟在总结研究试点实践情况的基础上，对此作初步探讨，以期对立法完善有所裨益。

---

* 本文刊载于《行政法学研究》2017年第5期。
** 徐全兵，最高人民检察院民事行政检察厅行政检察处处长。

一、检察机关提起行政公益诉讼的试点实践

(一)检察机关提起行政公益诉讼的顶层设计

正如有学者指出的那样,检察机关公益诉讼改革是一场自上而下的改革。① 这次的改革是以政策驱动为原动力,坚持以实际问题为导向,并在全面吸收检察机关长期司法实践探索经验的基础上,对检察机关提起行政公益诉讼制度进行的一次全面建构。② 建立这项制度不是理论推演的结果,而是现实的需要,其出发点就是为了解决现实中的问题,弥补现行行政诉讼制度中的缺陷。③ 改革试点的重要意义,在于通过试点检验检察机关提起行政公益诉讼的顶层设计是否科学合理,是否符合实际;通过试点探索检察机关提起行政公益诉讼的规律,总结实践经验,深化理论研究,推动立法完善。2015年5月5日,中央全面深化改革领导小组第十二次会议审议通过了《检察机关提起公益诉讼试点方案》(以下简称《试点方案》)。7月1日,十二届全国人民代表大会常务委员会第十五次会议审议通过《全国人民代表大会常务委员会关于授权最高人民检察院在部分地区开展公益诉讼试点工作的决定》(以下简称《授权决定》),授权最高人民检察院在生态环境和资源保护、国有资产保护、国有土地使用权出让等领域开展试点。当天,最高人民检察院印发了《试点方案》。12月16日,最高人民检察院第十二届检察委员会第四十五次会议审议通过《人民检察院提起公益诉讼试点工作实施办法》(以下简称《检察院实施办法》);2016年2月22日,最高人民法院审判委员会第1679次会议审议通过《人民法院审理人民检察院提起公益诉讼案件试点工作实施办法》(以下简称《法院实施办法》)。《试点方案》是中央深改组通过的政策性、指导性文件,《授权决定》是检察机关提起行政公益诉讼的直接法律依据,《检察院实施办

---

① 秦前红:《检察机关参与行政公益诉讼理论与实践的若干问题探讨》,载《政治与法律》2016年第11期。
② 郑新俭:《做好顶层设计稳步推进公益诉讼试点工作》,载《人民检察》2015年第14期。
③ 魏哲哲:《检察机关提起公益诉讼制度全面实施》,载《人民日报》2017年7月3日第9版。

法》《法院实施办法》是"两高"分别根据《试点方案》和《授权决定》制定的司法解释性文件,这些共同构成了检察机关提起、人民法院审理行政公益诉讼案件的基本制度框架。

(二)检察机关提起行政公益诉讼试点的特点

截至2017年6月,各试点检察院共办理行政公益诉前程序案件7676件,占总数的97.1%;对行政机关拒不纠正违法或不依法履行职责的,共向人民法院提起行政公益诉讼1029件、行政公益附带民事公益诉讼2件,占总数的89.7%。① 试点工作具有以下特点:

1. 多数案件通过诉前程序解决问题。诉前程序是检察机关提起行政公益诉讼的必经程序。设置诉前程序的目的是充分发挥行政机关纠正违法行为的主动性,避免对正常行政秩序造成不必要的冲击,有效节约司法资源。诉前程序和诉讼程序在实际效果上是相互补充的。不经过诉前程序,就无法提起诉讼;提起诉讼进一步强化了诉前程序的监督效力,如果行政机关拒不纠正违法或不依法履行职责,检察机关就向人民法院提起诉讼。所以在诉前程序阶段,多数行政机关主动纠正了违法行政行为,有效保护了国家利益和社会公共利益。7676件诉前程序案件中,除未到一个月回复期限的984件外,行政机关纠正违法或者履行职责5162件,占到期案件的77.1%。

2. 涉及行政机关比较集中。从案件涉及领域看,检察机关办理的案件主要集中在生态环境和资源保护领域,其中诉前程序案件2676件,提起诉讼案件328件,分别占总数的71.1%和75.1%。检察机关办理的案件涉及的行政机关比较集中,共涉及国土部门1851件,环保部门1596件,林业部门1422件,水利水务部门588件,人民防空部门339件,住房和城乡建设部门266件,农业部门229件,财政部门190件,这8个部门共占74%。

3. 检察机关全面调查收集证据。从各试点地区情况看,检察机关在调查过

---

① 魏哲哲:《检察机关提起公益诉讼制度全面实施》,载《人民日报》2017年7月3日第9版。

程中，都坚持了客观、全面的原则，既收集证明行政行为违法的证据材料，又全面收集行政机关履行职责的相关证据。在综合判断后，只有在有比较充分的证据证明行政机关拒不纠正违法或者不依法履行职责，而国家利益或者社会公共利益仍处于受侵害状态的情况下，才向人民法院提起行政公益诉讼。

4. 诉讼请求主要集中在履行之诉和确认之诉。检察机关办理的公益诉讼案件中，行政机关的违法行为主要集中在不作为，约占九成以上。与此相适应，检察机关起诉的诉讼类型主要为履行之诉。由于行政机关对于是否履行职责掌握主动，导致其履职情况一直处于变动状态。所以，在试点阶段，多数试点地区检察机关对行政机关不作为违法的案件都同时提出了履行职责和确认违法的诉讼请求，在庭审过程中再根据行政机关的履职情况，向法庭提交撤回或变更部分诉讼请求的决定书。

5. 检察机关承担了较重的举证责任。《检察院实施办法》规定，检察机关仅对证明起诉符合法定条件和履行了诉前程序的内容承担举证责任。由行政机关对行政行为的合法性承担举证责任。从开庭审理的案件看，检察机关实际承担了较重的举证责任。一方面，这与检察机关监督的对象主要是行政机关的不作为违法有关；另一方面，也体现出了检察机关与一般原告的不同。多数作为违法的案件中，检察机关对行政机关作为违法的事实也提出证据予以证实。如吉林省白山市行政公益附带民事公益诉讼案件中，检察机关庭审中举证证明的内容包括江源区卫计局在不符合条件的情况下将中医院《医疗机构执业许可证》检验合格的违法事实。这种情况下，当待证事实处于真伪不明的状态时，不利的后果不一定归于检察机关，但这一定程度上体现了检察机关代表国家提起诉讼的公诉特性。

二、检察机关提起行政公益诉讼的职能定位

两年的试点实践体现了检察机关提起行政公益诉讼的特点和规律。从职能定位来看，修改后的《行政诉讼法》从具体制度上明确了检察机关对涉及公益

的行政违法行为的监督职权,《宪法》规定的法律监督职权通过《行政诉讼法》的规定进一步具体化。从性质来看,检察机关提起诉讼是履行法律监督职责的职权行为。行政公益诉讼是检察机关对行政违法行为进行监督的一种方式,在检察建议的监督方式难以实现监督效果的情况下,通过提起诉讼启动诉讼程序,由人民法院对行政行为是否违法作出实体裁判。

(一)检察机关提起行政公益诉讼本质上是检察机关对侵害国家利益或者社会公共利益的行政违法行为的法律监督

虽然《宪法》规定检察机关是国家法律监督机关,但从具体制度层面,检察职权的内容被限定在诉讼领域。

不少学者从应然的角度分析,在我国人民代表大会制度的政治体制中,在人大之下专门设立监督法律实施、维护法制统一的检察机关,目的是加强对行政权、审判权等国家权力的监督和制约,防止行政、司法专断和违法行使职权,同时通过其程序性权力的行使,为立法、行政、司法之间的制衡架设桥梁。[①]

有学者进一步提出,由检察机关依法监督行政机关是否正确实施法律,是对立法机关监督法律实施职能的延伸。[②]

但从实践情况看,检察权对行政权的监督是否是法律监督的"题中应有之义",一直有不同的声音。即使党的十八届四中全会决定规定了检察机关对行政违法行为的督促纠正制度,有关部门仍然以彭真同志1979年《关于七个法律草案的说明》为依据,认为检察机关对国家机关和国家工作人员的监督仅限于需要追究刑事责任的情形。[③] 全国人大常委会修法决定对此给出明确答案。

---

① 卞建林:《中华人民共和国人民检察院组织法修改专家意见稿》,中国检察出版社2006年版,第18页。
② 刘艺:《检察公益诉讼的司法实践与理论探索》,载《国家检察官学院学报》2017年第2期。
③ 彭真同志1979年在第五届全国人民代表大会第二次会议上《关于七个法律草案的说明》中,对检察院组织法的修改作说明时指出:"检察院对于国家机关和国家工作人员的监督,只限于违反刑法,需要追究刑事责任的案件。至于一般违反党纪、政纪并不触犯刑法的案件,概由党的纪律检查部门和政府机关去处理。"

修订后《行政诉讼法》规定,检察机关在发现相关领域行政机关违法行使职权或者不作为致使国家利益或者社会公共利益受到侵害时,应当向行政机关提起检察建议,督促其依法履行职责。从具体制度层面,《行政诉讼法》确立了检察机关对涉及公益的行政违法行为的监督制度。这是对宪法法律监督内涵的具体化,是对中国司法改革、检察实践探索成果的法制化,进一步丰富和完善了中国特色社会主义检察制度。对于行政机关的行政违法行为,检察机关首先通过检察建议的方式督促行政机关依法履行职责;行政机关拒不依法履行职责的,检察机关提起行政公益诉讼,启动审判程序,由人民法院对行政机关的行政行为是否违法作出裁判。这一过程实际上是检察机关将法律监督具体化为诉讼程序中的起诉权的过程。而转化的根据就是监督和诉讼两者之间存在的内在联系,诉讼是监督的一种手段,监督可以通过诉讼的方式来实现。①

(二)提起行政公益诉讼是检察机关履行法律监督职责的职权行为

修订后《行政诉讼法》虽然对行政公益诉讼制度作出规定,但内容比较原则。理论和实践层面对检察机关提起行政公益诉讼的性质与定位出现了不同的观点。有观点认为,检察机关提起行政公益诉讼符合检察机关的宪法定位,是履行法律监督职责的职权行为。② 也有观点认为,检察机关提起公益诉讼与其他原告没有不同。③

笔者认为,只所以有观点认为检察机关与其他原告没有不同,主要原因在

---

① 孙谦:《设置行政公益诉讼的价值目标与制度构想》,载《中国社会科学》2011年第1期。
② 马怀德:《行政公益诉讼制度从理论走向现实》,载《检察日报》2015年7月3日第3版。
③ 2016年5月16日,最高人民检察院、最高人民法院与中国宪法学研究会、中国行政法学研究会、中国民事诉讼法学研究会联合召开"探索建立检察机关提起公益诉讼制度研讨会",韩大元、马怀德、张卫平、汤维建、刘松山、董少谋、肖建华等教授认为检察机关提起行政公益诉讼是履行法律监督职责的职权行为,李浩、蔡彦敏教授认为检察机关与其他诉讼主体没有区别。参见徐全兵:《深入探讨法理基础 科学谋划程序设计——探索建立检察机关提起公益诉讼制度研讨会观点综述》,载《人民检察》2016年第11期。

于其忽视了检察机关的法律监督属性。套用《行政诉讼法》关于起诉主体的一般原理，并不能准确地对检察机关提起行政公益诉讼的性质进行定位。一般的原理和规律往往是从西方法治国家出发的，而我国政治体制中检察机关的地位是比较特殊的，套用一般的原理来衡量检察机关的具体实践是不能得出正确结论的。[1] 行政诉讼中，原告提起诉讼的权利是基于诉权，诉权来源于民法确定的私权。而检察机关提起诉讼的权力来源于职责规定，来源于《宪法》和组织法。有学者进一步提出，检察行政公益诉讼是一种特殊形式的国家法律监督诉讼，本质上是检察权、行政权、审判权通过诉讼方式展开宪法上分权制衡关系而形成的一种特殊诉讼类型。[2] 对于《试点方案》中"本办法未规定的，适用《行政诉讼法》及相关司法解释的规定"的内容，可以理解成一般意义上的凌驾条款。《试点方案》《检察院实施办法》和《法院实施办法》中规定的关于检察机关提起行政公益诉讼的主要内容，是区别于《行政诉讼法》一般规定的特殊内容。

因此，检察机关提起行政公益诉讼制度本身就是对原有行政私权诉讼的一个突破，是对原有诉讼制度的创新。对于检察机关提起行政公益诉讼的认识，要从"诉讼"和"检察"两个层面来把握，既要考虑行政诉讼的一般原理和基本原则，也要充分考虑检察机关的职能特点和运行规律。

首先，检察机关提起的行政公益诉讼本质上是行政诉讼，要遵循行政诉讼的一般原则。如要遵循审判独立、以事实为根据以法律为准绳、当事人法律地位平等、辩护、合议、回避、审判公开等原则。

其次，具体诉讼程序的设计和运行，要充分考虑检察机关的职能特点和职权运行规律。如检察机关上下一体化的领导关系，履职时的客观义务，履职时受地域、级别的限制等。

---

[1] 徐全兵：《深入探讨法理基础科学谋划程序设计——探索建立检察机关提起公益诉讼制度研讨会观点综述》，载《人民检察》2016年第11期。
[2] 高家伟：《检察行政公益诉讼的理论基础》，载《国家检察官学院学报》2017年第2期。

（三）检察机关作为提起行政公益诉讼的唯一主体是符合我国国情的制度安排

关于行政公益诉讼的起诉主体，理论上存在"一元化""二元化"与"多元化"的不同标准。有观点认为，检察机关应作为提起行政公益诉讼的唯一主体；[①] 也有观点认为，可以将行政公益诉讼的起诉主体定位于公民个人与检察机关，[②] 或者定位于公民个人、社会组织以及检察机关。[③]

修订《行政诉讼法》坚持了"一元化"的标准，仅规定检察机关可以提起行政公益诉讼。笔者认为，这是合适的。虽然有的国家或地区提起行政公益诉讼的主体范围比较宽泛，[④] 但从实际效果看，发挥作用有限。[⑤]

在我国人民代表大会的政治制度之下，由检察机关作为唯一的起诉主体是更优的制度安排。

1.检察机关作为唯一的起诉主体，并不影响公民、法人或其他社会组织权利的行使。根据《宪法》规定，公民、法人或其他社会组织对于行政机关的行政违法行为有检举控告的权利。检察机关本身就承担对行政机关行政违法行为的监督职责，提起行政公益诉讼只不过是检察建议等监督方式之外的另一种监督方式。公民、法人或其他社会组织在发现行政机关的行政违法行为侵害国家利益或社会公共利益时，可以向检察机关检举控告，由检察机关对行政机关的

[①] 姜涛：《检察机关提起行政公益诉讼制度：一个中国问题的思考》，载《政法论坛》2015年第6期。

[②] 胡卫列：《论行政公益诉讼制度的建构》，载《行政法学研究》2012年第2期。

[③] 黄学贤：《建立行政公益诉讼制度应当解决的几个问题》，载《苏州大学学报（哲学社会科学版）》2008年第3期。

[④] 赵许明：《公益诉讼模式比较与选择》，载《比较法研究》2003年第2期。

[⑤] 如我国台湾地区"行政诉讼法"规定公民、社团可以为维护公益而对行政机关之违法行为提起行政诉讼，但自1998年"行政诉讼法"规定公民诉讼制度至2010年，法院判决的案件仅23件，主要涉及环境影响评估、废弃物清理、水污染防治等问题，多数原告不能举证明具体的危害后果以及停止具体行政行为的必要性，胜诉的案件非常少，直到2008年1月才出现第一起原告胜诉的案件，难以实现对行政机关有效的监督。参见齐树洁、李叶丹：《台湾环境公民诉讼制度述评》，载《台湾研究集刊》2010年第1期。

行政违法行为进行监督。

2.可以避免对正常行政秩序造成冲击。不当诉讼和过度诉讼会对行政机关工作造成干扰而影响行政效率。[①] 与其他起诉主体相比，检察机关没有地方、部门利益的牵涉，而且拥有法定的调查权，可以在认真调查核实的基础上，对行政机关的行政行为是否违法作出初步判断。在此基础上，检察机关首先通过检察建议的方式提出监督意见，由行政机关对行政行为是否违法作出裁决，给予行政权行使充分的尊重，避免对行政秩序和效率造成冲击。

3.可以有效节约司法资源。司法资源是有限的。如果行政机关采纳检察建议对行政违法行为进行整改，则检察机关就终结监督程序；只有在行政机关拒不纠正违法或者不依法履行职责的情况下，检察机关才提起行政公益诉讼，有效节约司法资源，避免滥诉现象的产生。

三、检察机关提起行政公益诉讼制度构建中的几个问题

（一）身份地位

对此，理论上存在不同认识，分别有"原告""公益代表人""公诉人""公益诉讼人"等观点。笔者认为，"原告"在《行政诉讼法》上与"诉"有直接的利害关系，而检察机关与"诉"并无直接的利害关系，而是为了公益而提起诉讼；"公益代表人"的观点并不能体现检察机关法律监督的职能特点，因为行政机关是首要的公益代表人。虽然"两高"的实施办法将检察机关定位于"公益诉讼人"，但从试点实践情况看，部分基层法院对此并不认同，仍然按照原告的权利义务来要求检察机关。检察机关在行政公益诉讼中的身份和地位是双重的：一方面检察机关属于行政公益诉讼中的诉讼主体，享有诉讼当事人所应有的诉讼权利，负有诉讼当事人应承担的义务；另一方面，检察机关又是诉讼中的监督者，对公益诉讼的公正高效及法院的中立客观裁判有权实施法

[①] 林莉红、马立群：《作为客观诉讼的行政公益诉讼》，载《行政法学研究》2011年第4期。

律监督。①

因此，为准确体现检察机关的诉讼地位，应明确检察机关就是起诉机关，受检察机关指派出庭的人员以"公诉人"身份出庭履行职务。这一身份符合检察机关的传统定位，也准确地体现了检察机关代表国家提起行政公益诉讼的法律地位。在诉讼中，不能像对待普通当事人一样，在受理环节要求检察机关提供组织机构代码证、法定代表人身份证明；②不能向检察机关发送传票；③不能要求检察机关提交授权委托书，④等等。

试点过程中，实务部门对此形成了一定共识。如最高人民法院于2016年12月8日印发了《关于进一步做好检察机关提起公益诉讼案件登记立案工作的通知》，⑤对体现检察机关特殊诉讼地位的具体程序、需要提交的不同于普通原告的诉讼材料等作了明确规定；内蒙古、甘肃、贵州、山东等省区法院审结

---

① 汤维建：《检察机关公益诉讼试点相关问题解析》，载《中国党政干部论坛》2015年第8期。
② 虽然《最高人民法院关于人民法院登记立案若干问题的规定》第6条规定了起诉人是法人或者其他组织的，需要提交组织机构代码证复印件等身份证明材料。但该条规定是针对普通法人或者其他组织的要求。检察机关作为国家法律监督机关，为了保护国家利益、公共利益而依照法定职权向法院提起公益诉讼，与普通原告的法律地位并不相同。检察机关不需通过组织机构代码证来标识自己的信用；检察长是通过人大选举产生的，也不需要提交身份证明。
③ 传票只能针对一般意义上的当事人使用，因为它体现的是国家权力对被管理对象的管理行为。在公益诉讼中，检察机关与人民法院的关系应该是平行的，它不是一种审判和被审判的关系，而是启动一个程序由检法两家共同对公益受损的案件加以解决，各司其责，相互制约。
④ 授权委托书是根据民事诉讼中的诉讼代理制度所产生的一种法律文书，诉讼代理人参加诉讼的权能是由当事人本人授予的，诉讼代理人在诉讼活动中所产生的诉讼效果归于当事人所有。这完全是一种私法上的关系。公法上是没有授权委托书这样一个概念的，检察官是代表检察机关提起公益诉讼，并且出席法庭参与诉讼的，是公法上履行职责的行为，这一职责是法律规定的，而不是通过授权委托书确定的。通过派员出庭通知书可以明确哪些人员出庭履行职务。庭审过程中，如果发生变更诉讼请求或者撤回起诉等情形时，出庭检察人员可以要求休庭，向检察长报告后作出决定，通过正式法律文书送达法院。
⑤ 最高人民检察院民事行政检察厅编：《检察机关提起公益诉讼实践与探索》，中国检察出版社2017年版，第438页。

的近40余起行政公益诉讼案件都根据检察机关的诉讼地位,在判决书中明确检察机关不服一审未生效裁判的,可以向上一级人民法院提出抗诉;①湖北省高级人民法院出台了《关于办理检察机关提起环境公益诉讼案件庭审操作程序规程》,②对法院审理检察机关提起环境公益诉讼的特殊庭审程序作出指导性规定。

(二)案件范围

对于普通行政诉讼案件,行政法学界的共识是只要认为行政行为违法的,原则上都应当允许提起行政诉讼,除非有特殊情形由法律作为例外予以排除。③检察机关提起行政公益诉讼的目的是监督行政机关纠正行政违法行为,实现对国家利益和社会公共利益的保护。因此,可以这样认为,只要行政机关的违法行为造成国家利益或者社会公共利益受到侵害或有侵害危险的,都可以纳入检察机关提起行政公益诉讼的案件范围。从修订《行政诉讼法》的具体内容看,检察机关提起行政公益诉讼的案件范围是生态环境和资源保护、食品药品安全、国有财产保护、国有土地使用权出让等领域,与试点的案件范围相比增加了食药领域,但从国家利益和社会公共利益受损情况看,一些社会高度关注、百姓反映强烈的领域仍然没有纳入检察机关监督的范围。如安全生产监管领域,中央明确要求纳入公益诉讼的案件范围,④实践中也频频发生侵害公共

---

① 参见[2016]甘1225行初字第19号行政判决书、[2016]甘1091行初第46号行政判决书、[2016]甘1091行初第47号行政判决书、[2016]黔2323行初第2号行政判决书、[2016]内0105行初第86号行政判决书、[2016]内0122行初第4号行政判决书、[2016]内2921行初第25号行政判决书、[2016]内2523行初第1号行政判决书、[2016]内0624行初第9号行政判决书、[2016]内2922行初第1号行政判决书、[2016]内2921行初第26号行政判决书、[2016]内0424行初第49号行政判决书、[2016]内2530行初第2号行政判决书、[2016]鲁1325行初第57号行政判决书、[2017]鲁1321行初第12号行政判决书。
② 最高人民检察院民事行政检察厅编:《检察机关提起公益诉讼实践与探索》,中国检察出版社2017年版,第440页。
③ 胡卫列:《论行政公益诉讼制度的建构》,载《行政法学研究》2012年第2期。
④ 2016年12月9日印发的《中共中央、国务院关于推进安全生产领域改革发展的意见》明确提出"研究建立安全生产民事和行政公益诉讼制度"。

利益的重大事件。在司法实践中,"两高"可以根据司法实践的具体情况对行政公益诉讼案件范围的"等"字作扩大解释。

（三）诉前程序

诉前程序是检察机关提起行政公益诉讼的必经程序,既发挥了行政机关纠正违法行为的主动性,又有效节约了司法资源。①《检察院实施办法》规定行政机关应当在收到检察建议书之日起 30 日内办理并书面回复检察机关。修订后的《行政诉讼法》并没有对 30 日的回复期限作出规定,主要考虑的是行政机关履行监管职责的专业性、复杂性,原则上可以要求行政机关在 30 日内整改并回复,但对于一些特殊情形可以适当放宽。从试点实践情况看,77%以上的行政机关在收到检察建议书后一个月内进行了整改,说明 30 日的整改期限总体上是符合实际情况的。对于一些特殊情形,如恢复植被、修复土壤、治理环境等,只要行政机关在积极履行职责,如制定了相关修复方案,方案也具有可行性,即使没有整改完毕,也应尊重行政成熟性原则,暂时不提起诉讼。对于行政机关以移送司法机关追究刑事责任为由不履行监管职责的,应具体分析。根据两法衔接的有关规定,在刑事案件不立案、不起诉、判无罪的情况下,行政机关需要进行行政处罚。但并不是说移送司法机关就履行了职责。从性质、形式、功能等方面看,行政处罚与刑事处罚是不同的,行政处罚的种类包括警告、罚款、没收违法所得、责令停产停业、暂扣或者吊销许可证、行政拘留等多种方式,很多方式是刑事处罚无法实施的。因此,移送司法机关追究刑事责任并不影响、也不能代替行政机关行政处罚职责的履行。②

---

① 胡卫列、迟晓燕:《从试点情况看行政公益诉讼诉前程序》,载《国家检察官学院学报》2017 年第 2 期。
② 有关领域行政执法与刑事司法衔接办法对此已经作出明确规定,如 2015 年 12 月,"两高"与国家食药监总局、公安部、国务院食品安全办联合发布的《食品药品行政执法与刑事司法衔接工作办法》第 15 条规定:"对于尚未作出生效裁判的案件,食品药品监管部门依法应当作出责令停产停业、吊销许可证等行政处罚。"

（四）举证责任

《行政诉讼法》将举证责任归于行政机关，主要原因是行政机关在作出该行政行为时，必须有充分的事实根据和法律依据，如果该行政机关在诉讼中不能举出上述事实及依据，说明它所作的该行政行为违法。检察机关提起行政公益诉讼，是基于履行法律监督职责而提出的追究违法行使职权或者不作为的行政机关责任的一种诉讼类型。检察机关对于行政行为违法性和行为危害后果的调查能力相较于公民、法人或者其他组织具有明显优势。但是检察机关不是行政行为的相对人，很难掌握行政机关违法行使职权或不作为的全部情况。因此，仍应由行政机关对其行政行为合法性承担举证责任。在作为类的行政公益诉讼中，检察机关需要证明履行诉前程序发出了检察建议，以及国家利益或者社会公共利益处于受侵害状态，由行政机关证明其履职行为的合法性。

在不作为的行政公益诉讼中，检察机关需要证明以下几个方面：（1）人民检察院履行了诉前程序；（2）相关行政机关负有法定监管职责，也即行政机关具有相应的作为义务；（3）行政机关拒不纠正违法行为或者不履行法定职责；（4）国家利益或者社会公共利益处于受侵害状态。

（五）二审程序启动方式

对于这一问题，学者有不同的观点。① 笔者认为，与普通原告通过上诉方式启动二审寻求权利救济不同，检察机关启动二审主要是为了监督。通过抗诉的方式启动二审程序，符合检察职能特点和检察权运行规律。根据《人民检察院组织法》的规定，检察机关是国家的法律监督机关，在诉讼中承担提起公诉、支持公诉、实施监督的职能。对于法院的一审裁判，同级检察院应当依上诉程序提出抗诉，而不是像普通当事人一样提出上诉。其实，在新中国成立初

---

① 在 2016 年 5 月 16 日 "探索建立检察机关提起公益诉讼制度研讨会"上，马怀德、汤维建、董少谋、肖建华等教授认为应该采用抗诉的方式，李浩、蔡彦敏教授认为应该采用上诉的方式。参见徐全兵：《深入探讨法理基础科学谋划程序设计——探索建立检察机关提起公益诉讼制度研讨会观点综述》，载《人民检察》2016 年第 11 期。

期,最高人民法院相关司法解释明确规定了检察机关应通过不同于普通原告上诉的"抗议"方式启动二审程序。① 这些规定虽然已经失效,但对于检察机关提起公益诉讼制度的建构仍有启发意义。与抗诉方式相对应,应当由上级检察机关出席二审法庭,否则就会违背检察机关履行职责的地域、管辖限制,违背检法平级诉审的对等原则。

---

① 1957年9月,最高人民法院《民事案件审判程序》第55条规定:"地方各级人民检察院对同级人民法院第一审判决和裁定认为有错误的时候,有权按照上诉程序提出抗议。如果在上诉期间届满后提出抗议,应当按照审判监督程序进行。"1979年2月,最高人民法院《人民法院审判民事案件程序制度的规定》规定:"人民检察院按照上诉程序提出抗议的,可参照当事人上诉的程序办理。如在上诉期满后提出抗议的,应按审判监督程序进行。"

构建行政公益诉讼的客观诉讼机制*

刘 艺**

内容摘要：我国行政诉讼鲜明的主观诉讼特征，致使行政公益诉讼很难自然生长出来。2017年行政诉讼法修正，正式确立了由检察机关提起的行政公益诉讼制度，构建和发展具有客观诉讼特征的行政公益诉讼机制势在必行。2015年7月起开展的两年行政公益诉讼试点实践，已经呈现出诸多客观诉讼的特征：以违法造成实际损害为起诉条件并以实质合法性为审查标准；诉讼前置程序发挥督促执法功效；受案范围从行政行为扩展到行政活动；主要提起责令履职之诉；确认之诉次之。构建我国行政公益诉讼制度的客观诉讼机制，仍需在受案范围、审理规则、立案程序、审理程序、期限、判决类型等方面突出其客观诉讼特征。

关键词：行政诉讼 行政公益诉讼 客观诉讼

2017年6月27日行政诉讼法的修正，从立法上正式确立了由检察机关提起行政公益诉讼的制度。这标志着行政公益诉讼从局部试点正式走向全面实施。

公益诉讼是指，针对侵害国家利益或者社会公共利益的行为，当法律上没

---

* 本文刊载于《法学研究》2018年第3期。本文为国家社科基金重点项目"检察机关提起行政公益诉讼的理论反思与制度构建研究"（编号：15AFX009），国家社科基金重大委托项目"创新发展中国特色社会主义法治理论体系研究"（编号：17@ZH014）的阶段性成果。

** 刘艺，西南政法大学教授、博士生导师。

有直接利害关系的主体,或者是有直接利害关系的主体但其不愿提起诉讼时,由法律授予没有直接利害关系的特定主体提起的非自利性诉讼。在我国行政诉讼制度中,公益诉讼长期处于缺位状态,这主要是因为我国对行政诉讼的功能定位一直有"抑客扬主"的倾向,注重向主观诉讼维度拓展而忽视了客观诉讼维度。从1989年行政诉讼法第1条规定中本可以推导出行政诉讼的"双重目的",但官方与民间都认同行政诉讼"民告官"的定位,限制了授权特定主体提起公益诉讼的可能性。2014年行政诉讼法修正,并未触动行政诉讼"民告官"的传统功能定位。检察机关提起行政公益诉讼是"官告官"的诉讼,是一种客观诉讼。它既不符合"民告官"的定位,也不符合主观诉讼的特性。2017年行政诉讼法的修改虽确立了行政公益诉讼的基本框架,但在行政诉讼基本定位未进行实质变更的情况下,行政诉讼不利于公益保护的短板势必更加明显。行政公益诉讼只有基于客观诉讼逻辑,才能得到清晰阐述和良性发展,因此仍需进一步建构行政公益诉讼的客观诉讼机制。

当然,学界关于我国行政诉讼制度中缺乏公益诉讼的原因,以及公益诉讼与客观诉讼的关系的理解,并未形成共识。从已有研究来看,公益诉讼和客观诉讼经常被视为同义词,研究重点集中在借助客观诉讼机制将公益诉讼原告资格授予公民这一问题上;学界并未关注到客观诉讼除了可救济具体受损公益之外,还具有维护法制统一(制度公益)的功能。如有学者指出,我国公益诉讼缺位是由于行政诉讼"保障和监督行政机关依法行使行政职权"的目的,主要通过保护公民、法人和其他组织主观权利实现。[1] 有学者认为,我国行政诉讼本来就是客观诉讼,我国行政裁判的类型与审查核心均符合客观诉讼的特征。[2] 亦有学者从实证角度考察,指出我国行政诉讼诉讼请求的主观性与法院审判的客观性使得行政诉讼在构造上呈现出一种扭曲的"内错裂形态"。[3] 这

---

[1] 参见于安:《行政诉讼的公益诉讼和客观诉讼问题》,载《法学》2001年第5期。
[2] 参见梁凤云:《行政诉讼法修改的若干理论前提——从客观诉讼和主观诉讼的角度》,载《法律适用》2006年第5期。
[3] 参见薛刚凌、杨欣:《论我国行政诉讼构造:"主观诉讼"抑或"客观诉讼"?》,载《行政法学研究》2013年第4期。

些研究普遍关注了主观诉讼与客观诉讼、公益诉讼与私益诉讼的区分，却忽视了客观诉讼与公益诉讼的区分与关联。而构建行政公益诉讼的客观诉讼机制，首先需要辨明公益诉讼与客观诉讼的关系，再结合我国已经开展的行政公益诉讼试点经验，搭建符合中国国情的客观诉讼框架。

一、客观诉讼及其与公益保护的关系

通说认为，客观诉讼理论由法国学者莱昂·狄骥创立，后经德国、日本学者借鉴，成为大陆法系行政诉讼法学的重要构件。[①] 从性质角度看，大部分国家中的客观诉讼或者公益诉讼都是一个抽象概念，是对诉讼制度中某些机制和特性的总结和概括，而很少有独立的制度。从实践角度看，客观诉讼主要体现为大陆法系国家的公法诉讼，尤其是行政诉讼中的一种诉讼机制。因法国客观诉讼最具代表性，并且有明显的公益保护叙事线索，分析其机制特征有助于认清客观诉讼的基本面貌。

（一）客观诉讼以公益保护为其固有目的

狄骥通过客观法理论将公益保护与客观诉讼紧密关联在一起，其客观法思想既是对19世纪法兰西国家形态变迁的理论回应，也深受涂尔干社会学理论的影响。[②] 狄骥认为，近代建立在个人主义观念之上的法学理论和法律制度是18世纪自然法学说的产物，它假设了人是抽象的、先于社会存在的，但事实上，人生来就处于各种社会关系的包围之中，根本没有抽象的主体，建立在主

[①] 参见蔡志方：《欧陆各国行政诉讼制度发展之沿革与现状》，载《行政救济与行政法学（一）》，台湾三民书局1993年版，第3页；林莉红、马立群：《作为客观诉讼的行政公益诉讼》，载《行政法学研究》2011年第4期；于安：《行政诉讼的公益诉讼和客观诉讼问题》，载《法学》2001年第5期；薛刚凌、杨欣：《论我国行政诉讼构造："主观诉讼"抑或"客观诉讼"？》，载《行政法学研究》2013年第4期；伍劢：《从行政诉讼功能定位看类型化发展——以主观诉讼、客观诉讼为分析视角》，载《湖北警察学院学报》2013年第12期等。

[②] 参见刘艺：《行政法的功能主义之维》，载《宪法与行政法论坛》（第4辑），法律出版社2010年版。

体和主观权利之上的法律制度是不真实的。狄骥从社会学视角出发，认为法律直接由社会生活产生，"法律规则都是自然而然存在的"，这样的法律就是"客观法"。①公共利益生发于社会中的客观法，但公共利益的具体所指仍需要由某个主体来确定，即贯彻卢梭公益观念，只能由公共权力根据作为一个整体的共同体的需求来决定，并通过法律——公意之表达——自上而下地贯彻实施，平等约束每一个人。因此，只有通过制定法律才能确定何为公共利益。法国学者将此称为意志主义的公共利益观。在法国公法中，法律代表公共利益，违反法律的行为就是损害公共利益的行为，而纠正该违法即维护了公共利益。法国法上的单方行政行为正是维护客观法秩序的行为。区别于需要多方当事人达成合意的行政合同，单方行政行为只需行政主体作出意思表示即发生法效力。单方行政行为包括具体行政行为和抽象行政行为，两者都是在贯彻实施公共利益。如果这些行为违反了法律的规定，就对公共利益造成了损害，因而监督单方行政行为的合法性，就是在保障公共利益。②狄骥客观诉讼理论的核心，是通过当事人起诉违法行政行为，达到维护法律所确立的客观规范体系之目的。构建客观诉讼维护客观法，是因为国家乃政治权力演变的客观产物，受客观法的约束，也必须要维护客观法。③授权当事人起诉的目的，不是为了维护当事人自己的权益，而是为了维护整体的客观规范体系。④所以，法国的客观诉讼是一套审查法律规则是否合法的诉讼。⑤

（二）客观诉讼原告的个人利益需与公共利益紧密关联

根据狄骥的理论，客观诉讼的原告范围应该足够宽泛才能形成广泛的监

---

① 沈宗灵：《现代西方法理学》，北京大学出版社1992年版，第56页。
② See Pierre-Laurent Frier & Jacques Petit, "Droitadministratif"7e éditin, Montchrestien Textenso éditions, 2012, pp. 212-213.
③ ［法］莱昂·狄骥：《公法的变迁·法律与国家》，郑戈、冷静译，辽海出版社、春风文艺出版社1999年版，第11页。
④ 涂尔干认为："法律的首要性质就是社会性，它的目的绝对不是什么诉讼人的利益。"参见［法］涂尔干：《社会分工论》，梁东译，生活·读书·新知三联书店2000年版，第75页。
⑤ 参见王名扬：《法国行政法》，中国政法大学出版社1988年版，第667页。

督。①然而，原告范围过宽可能导致全民诉讼，②或者导致一项已经被直接相关主体接受的单方行政行为被间接相关主体提起争议，从而让客观法律秩序永远处于受争议的状态。③因此，客观诉讼的原告资格虽然宽泛，但并非任何人针对违法行政行为均可以提起诉讼，还是要求原告具有诉的利益。通常，只有当事人的具体利益在足够特殊的条件下受到该单方行政行为足够直接且确定的影响时才具有客观诉讼的原告资格。所谓"足够特殊的条件"，是指单方行政行为对当事人造成的后果足以使该当事人被清晰地界定为特殊的利害关系人，这是避免导向全民诉讼的前提条件。④例如，纳税人就无权起诉国家增加开支的决定，否则必然会导致全民诉讼。⑤实践中，对"足够直接且确定的影响"的理解比较宽泛。远足运动爱好者有权起诉市镇作出的禁止在本市镇范围内停放野营车的决定，即便该远足运动爱好者从未在该市镇居留，但由于其在未来可能到该市镇居留，法国最高行政法院认为其利益受到了足够直接且确定的影响。而一个药品的普通消费者，如不能提供使用过某药品的证据，就无权起诉规定该药品在药店内如何分类的部长令。⑥司法实践采取了折衷的做法：一方面，诉的利益不局限于相对人的个人权利受到影响；另一方面，也避免当事人仅基于维护公共利益的理由提起诉讼。因此，法国客观诉讼的原告分为两类：一类是个人利益受到直接损害的相对人；另一类是当某种群体利益受影响时，则由旨在维护相关群体利益的社团或机关作为原告。但是，客观诉讼不包括上下级权力机关之间关系的诉讼。公务员也不能起诉该机构的组织措施，只要这

---

① ［法］莱昂·狄骥：《公法的变迁·法律与国家》，郑戈、冷静译，辽海出版社、春风文艺出版社1999年版，第151页。
② 全民诉讼是指向全体民众开放的、对所有行政行为都可以提起的诉讼。参见张莉：《当代法国公法制度、学说与判例》，中国政法大学出版社2013年版，第293页。
③ See Pierre-Laurent Frier & Jacques Petit, "Droitadministratif" 7e éditin, Montchrestien Textenso éditions, 2012, p. 312.
④ See Pierre-Laurent Frier & Jacques Petit, "Droitadministratif" 7e éditin, Montchrestien Textenso éditions, 2012, p. 214.
⑤ CE. 23 novembre 1988, Dunont, R. 418.
⑥ CE. 29 décembre 1995, Bercher, DA 1996, n° 102.

些措施没有损害他们的权益。①

（三）客观诉讼的判决类型以恢复和保护代表公益的客观法秩序为导向

法国客观诉讼在诉的分类、判决类型等机制设计方面，具有明显的公益保护导向。从客观诉讼类型起源来看，第三共和国时期的法国依据拉菲利埃的理论，将行政诉讼案件区分为简单宣布无效的案件和涉及完全司法权的案件。狄骥从公务观念出发，否定拉菲利埃的理论，因为起诉"越权行为"的案件已经不再是辅助性的。②尤其是这种诉讼方式使公民得以更加广泛而又直接地参与到保障公共权力良性运作的事业中，而不必通过选举议员来制定一般性规则这种迂回曲折的方式。任何利害关系人，哪怕只是与这种行为之间有一种道德性的、间接的关系，都可以向行政法院提出起诉。③启动客观诉讼的四种事实分别是：存在对一项授权行为的违反、对正式法规的违背、滥用权力或者违反基本法律。④可见，建立客观诉讼的目的不再是保护公民个人的主观法律地位，⑤而是为了维护客观法律规则。法律规则中所包含的公益具有普通性和抽象性，更适合用客观诉讼的方式来保护。因此，识别客观诉讼的关键，在于是否侵犯了需要维护的客观法秩序和普遍的公共利益。

在判决方面，法国的客观诉讼以撤销诉讼为主。国内对法国撤销之诉的介

---

① 参见［法］古斯塔夫·佩泽尔：《法国行政法》，廖坤明、周洁译，国家行政学院出版社2002年版，第297页。
② ［法］莱昂·狄骥：《公法的变迁·法律与国家》，郑戈、冷静译，辽海出版社、春风文艺出版社1999年版，第151页。
③ ［法］莱昂·狄骥：《公法的变迁·法律与国家》，郑戈、冷静译，辽海出版社、春风文艺出版社1999年版，第151页。
④ ［法］莱昂·狄骥：《公法的变迁·法律与国家》，郑戈、冷静译，辽海出版社、春风文艺出版社1999年版，第151页。
⑤ ［法］莱昂·狄骥：《公法的变迁·法律与国家》，郑戈、冷静译，辽海出版社、春风文艺出版社1999年版，第151页。

绍较多，此不赘述。值得注意的是，法律①明确规定，一般行政审判机关都有权向行政主体发出命令以督促其执行，并在必要时可以附带执行罚。具体包括以下两种情况：第一，如果生效裁判本身已经蕴含了行政主体需要执行的确切内容，当原告提出请求时，行政法官可以向行政主体发出命令明确指出其应该如何执行，并可以同时规定执行期限和执行罚；第二，如果在生效裁判中行政主体仍有如何具体执行的选择空间，那么行政法院的裁判中可以规定重新作出行为的期限，并在原告提出请求时，向行政主体发出命令要求其重新作出行为，此时同样可以规定执行罚。②这些新增判决类型都旨在增强判决执行客观法律的功效。可见，客观诉讼具有保护法律所确立的客观秩序的目的和功能，这与主观诉讼偏向于救济有着明显的不同。③

综上，从法国情况来看，客观诉讼更注重维护制度公益，原告的个人利益需与公共利益具有关联性才能获得提起客观诉讼的资格。原告的个人利益或者群体利益只是用来启动维护客观规范秩序的动力，而非客观诉讼追求的目的。

二、试点期间行政公益诉讼呈现的客观诉讼特征

2015年7月1日，十二届全国人大常委会第十五次会议作出《关于授权最高人民检察院在部分地区开展公益诉讼试点工作的决定》（以下简称《授权决定》），授权最高人民检察院以生态环境和资源保护、国有资产保护、国有土

---

① 这里主要指，关于行政领域以及要求公法人执行判决而发出的逾期罚款的80—539号法律（Loi n° 80-539 du 16 juillet 1980 relative aux astreintes prononcées en matière administrative et à l'exécution des jugements par les personnes morales de droit public），关于民事、刑事和行政诉讼程序及审判机关的组织的95—125号法律（Loi n° 95-125 du 8 février 1995 relative à l'organisation des juridictions et à la procédure civile, pénale et administrative）。
② Piere Laurebt Frier, Jacques Petit, Droit administratif, 8e édition, LGDJL extenson édition, p. 530.
③ 国内有学者提出，法国客观诉讼和主观诉讼的划分标准只是根据诉讼中法官所解决的问题为准，而德国和日本是从诉讼目的、制度功能来区分主观诉讼和客观诉讼的。参见王贵松：《信息公开行政诉讼的诉的利益》，载《比较法研究》2017年第2期。

地使用权转让、食品药品安全等领域为重点,在北京等13个省、自治区、直辖市的87个市级检察院、759个基层检察机关开展提起公益诉讼试点。两年试点期间,我国行政公益诉讼表现出了明显的客观诉讼特征,主要集中在以下几个方面。

(一)行政公益诉讼以违法造成实际损害为起诉条件并以实质合法性为审查标准

根据《授权决定》中"遵循相关诉讼制度的原则"的要求,试点工作应遵循行政诉讼法中关于合法性审查的相关规定。然而,试点中检察机提起行政公益诉讼案件的起诉标准、人民法院对行政公益诉讼案件的审理标准,都明显与行政诉讼法的已有规定不同。这些"突破"反映了司法实践与既有规范之间的内在冲突。

首先,《检察机关提起公益诉讼试点方案》(高检发民字〔2015〕2号,以下简称《试点方案》)规定的起诉条件与行政诉讼法第49条规定的普通原告起诉条件并不相同。检察机关提起行政公益诉讼必然是行政行为已经造成了公益的实际损害,因此,应当提供行政行为违法或者不作为造成公共利益受到具体损害的初步证据。在环境行政公益诉讼案件中,检察机关需提供专业机构或环保专家组给出的鉴定意见,以证明环境污染造成的损害等情况。① 提起资源保护类行政公益诉讼案件也是如此,如在林木资源保护案件中,需提交受侵害林木资源属国有林地或公益林及受损害林地面积的证据材料。在国有土地出让和国有资产保护领域,则需提交行政机关应收缴而未收缴国有土地出让金,或者违法发放而未收回财政补贴等公共利益受到直接损害的证据。另外,检察机关提起行政公益诉讼之前必须经过诉前程序,即需向适格主体发出检察建议,督促其在30日内纠正违法行为或者履行法定职责。基于此,检察机关提起行政公益诉讼时还需要提交已经履行诉前程序,但行政机关仍拒不履职或者拒不纠

---

① 例如,针对绥德县环保局未对绥德县火车站在饮用水水源保护区内擅自设置排污口的行为履行职责,绥德县检察院提交了专业环境检测机构出具的检测报告。见榆林市绥德县人民检察院诉绥德县环境保护局行政公益诉讼案(绥检民行公诉〔2016〕1号)。

正违法行为的证据。总体来说，检察机关提起公益诉讼的条件明显高于行政诉讼法规定的起诉条件。

其次，检察机关认定的行政机关违法情形通常有两种，即"违法行使职权"与"不履行法定职责"。在司法实践中，"不履行法定职责"又可具体划分为两类：一是法律明确规定了行政机关的作为义务，但行政机关"不依法行使职权"，包括行政机关不作为或者不正确履行法定职责、[1]行政机关拒绝作为或者不完全履行作为义务、[2]行政机关未依法继续履行职责[3]等几类情形。二是法律对行政机关职责规定不清晰或立法上没有明确规定该职责应由行政机关承担，但检察机关认为行政机关若积极作为可以挽回国家利益和社会公共利益的损失或者促成行政任务完成，而行政机关不作为的情形。由此来看，行政公益诉讼追究的"不履行法定职责"的范围也比传统行政法学说中认定的范围更大。[4]例如，在个案中，国土部门坚持认为，土地执法是一项综合事务，法律只授权国土部门作出行政处罚决定，没有授予其强制执行的权力，而且根据《国土资源行政处罚办法》第35条的规定，国土资源部门没有强制执行的权力，作出处罚决定后应当移交给同级财政部门处理，或者拟订处置方案报本级人民政府批准后实施，因此，国土部门不执行行政处罚不属于违法。[5]检察机关则认为，根据《国土资源行政处罚办法》第35条、第45条和《国土资源违法行为查处工作规程》的规定，国土资源部门还可以采取其他制止措施，而国土部门既不与财政等部门协商执法问题，也未在法定期限内申请法院强制执

---

[1] 见安宁区检察院诉安宁区市容环境卫生管理局行政公益诉讼案（安检行公诉〔2016〕01号）。
[2] 见西安市未央区检察院诉西安市国土局行政公益诉讼案（未检行公诉〔2016〕1号）。
[3] 见辉南县人民检察院诉辉南县林业局行政公益诉讼案（辉检行公诉〔2016〕1号）。
[4] 传统行政法学说认为，怠于履行职责是指公务组织及其工作人员依其职责，对公民、法人或其他组织有特定的作为义务，但在有能力、有条件履行的情况下，不履行、拖延履行或者不完全履行作为义务的情形。参见沈岿：《论怠于履行职责致害的国家赔偿》，载《中外法学》2011年第1期。
[5] 见《关于汉阳区检察院土地执法检察建议书整改工作的请求》（阳土资源规〔2016〕28号）。

行，就可以认定为不履行法定职责。[1] 在安徽省芜湖市无为县国土资源局怠于履行职责案中，国土资源局回函检察机关称，国土部门认为非法盗采造成的地质环境破坏不适宜对照《矿山地质环境保护规定》执行，因为《矿山地质环境保护规定》是针对经过依法批准的合法采矿企业造成的环境破坏而制定。[2] 检察机关则认为，根据《安徽省矿山地质环境保护条例》第3条、第13条、第22条、第37条、第42条的规定，任何单位和个人因矿产资源勘查开采等活动造成矿山地质环境破坏的，均应恢复治理，县级以上国土资源主管部门对治理恢复情况负有监督检查职责，因此确认无证盗采的环境破坏问题仍属于国土部门的职责，国土部门放任不管属于不履行法定职责。由此可见，检察机关认定"是否履职"的依据并不局限于法律规定，还要求行政机关依据法律原则和精神从实现行政任务角度积极履行职责、纠正其怠于执法行为。这是一种结果导向的转变：出于切实保护公益的需要，行政公益诉讼扩展了"合法"的含义。法院对行政公益案件的审查也不局限于形式合法性，还依据过错原则进行实质合法性审查。比如，行政机关若以无法律明确规定为由不履行职责，但该不作为行为在结果上却明显有失公正或者造成了具体的重大损害，法院也可以建立实质违法性、可归责性和损害因果关系在内的实质合法性审查原则。[3]

最后，在经过诉前程序之后是否需要提起公益诉讼的问题上，检察机关需要判断行政机关在收到检察建议后，是否依法履职以及作出的行为是否合乎法律的要求。此时，检察机关仍然坚持形式合法性为辅、实质合法性为主的判断标准。如果行政行为已达到实质合法标准，就不再起诉；不能达到实质合法标准，则需要提起诉讼。从具体案例中可知，行政机关不仅要履行程序上的职责，检察机关还会考量行政机关纠正违法行为或者履行职责的期限、勤勉程

---

[1] 见江岸区人民检察院诉武汉市国土与资源局行政公益诉讼案（岸检行公诉〔2016〕2号）。
[2] 见无为县国土资源局《关于对非法盗采造成地质环境破坏进行恢复治理的情况说明》。
[3] 见福建清流县人民检察院诉清流县环保局行政公益诉讼案（清检行公益〔2015〕1号）。

度、是否穷尽所有法定手段，以及履职的实际效果等。例如，在北京市平谷区人民检察院诉平谷区园林绿化局一案中，2015年1月24日至2015年5月10日，北京梨林沟旅游开发有限公司先后三次因毁坏林木被平谷区园林局作出罚款、责令补种等内容的行政处罚。相对人三次被处罚的罚款均已缴纳，但并未补种树木，园林局也并未依法申请人民法院强制执行或代为履行。检察机关认为园林局的行为属于逾期不履行行政处罚。再如，界首市辖区内出现许多非法驾校培训基地、练车场，这些驾校培训基地、练车场在未取得任何用地审批等合法手续的情况下实施了硬化土地、建设坡道等违法行为，甚至在农用地上进行建设，造成部分土地性质改变，破坏了土地资源。界首市人民检察院向界首市国土资源局提出多项检察建议，要求其依法责令涉案当事人对已经被破坏的土地资源、尤其是耕地资源采取恢复原状等补救措施。2016年9月6日，界首市国土资源局书面回复：截至目前，由所在乡镇街道组织拆除或自行拆除的违法练车场设施，除提请法院强制执行3宗之外已基本处理到位。2016年12月，人民检察院跟进监督时发现仍有两个自然村的非法练车场未完全恢复原状，据此对行政机关不依法履行法定职责的行为提起了行政公益诉讼。

综上，试点期间行政公益诉讼案件实际上将"形式合法性"审查标准拓展到了"维护客观法秩序"的层面。考虑到司法成本的高昂和既判力的有限使得通过司法维护客观法秩序的方式存在先天的局限，人民法院或者检察院在办理公益诉讼案件之外，若定期将行政公益诉讼中发现的立法空白或者漏洞向立法机关汇报，以推动相关法律的修改，可以进一步促进客观法律秩序的完善。

（二）诉讼前置程序具有督促履行职责的功效

一般行政诉讼无须经过诉讼前置程序（需要复议前置的情形除外），而检察机关提起行政公益诉讼还需经过向行政机关发出检察建议的诉前程序。这一制度设计类似于美国公民诉讼条款中设置的限制公民直接诉讼的情形。在美国，原告提起公民诉讼前，应送达公民诉讼通知书给政府。只有政府在送达之后的60天（也有法律规定为90天）内不采取司法或者行政行动控诉违法行为时，公民的诉讼才会被法院受理，否则公民不能正式提起诉讼。这种情形被称为"诉前政府行为对公民诉讼的解除效果"。①这一规定确定了行政机关执法的优先性，也使得其他主体提起的公益诉讼具有补充法律实施之功效。

行政公益诉讼诉前程序表明，在公共利益保护方面，政府执法优先于最终的司法救济。客观诉讼的目的在于维护或恢复客观秩序，所以机制设计也应优先考虑秩序维护的效率。通过司法保护公益终归无法避免冗长、高成本等弊端。因而，这样的设计也遵从了司法治理规律与成本效益原则。从试点实践来看，检察机关的诉前程序效果很好。截至2017年6月底，各试点地区检察机关办理诉前程序行政公益诉讼案件7676件，提起行政公益诉讼案件1029件。履行诉前程序后，行政机关主动纠正违法行为的案件为5162件。②除去未到一个月回复期不便于归类的984件案件，通过诉前程序促成行政机关纠正违法的比例为77.13%。在未授予检察机关提起公益诉讼的诉权之前，检察建议缺乏实效性和强制性的问题已为共识；③通过试点，有了诉讼程序的威慑力，诉前程序的监督效果得到大幅提升。诉前程序和提起诉讼可视为两种监督手段，发挥着不同的功效。

（三）行政公益诉讼受案范围从行政行为扩展到行政活动

要完成立法科以的行政任务，行政机关通常需要采取包括行政行为、准行政行为或者事实行为在内的多种行政活动才能实现。如果行政活动违法，检察机关的起诉可能会指向多个行政机关，也可能会指向一个行政机关的多个行政行为。但是，我国行政诉讼法的判决类型是针对单个行政行为而设计的。比

---

① See James M. Hecker, *The Citizen's Role in Environmental Enforcement: Private Attorney General, Private Citizen, or Both?* 8 Natural Resources & Environment 31-62（1994）.
② 见《检察机关公益诉讼试点工作2017年6月份情况通报》，高检办字〔2017〕178号。
③ 参见崔晓丽、李小荣：《制发检察建议过程中存在的问题与应对》，载《法学》2009年第3期；姜伟、杨隽：《检察建议法制化的历史、现实和比较》，载《政治与法律》2010年第10期；周彬彬：《检察建议简论》，载《人民检察》2013年第13期。

如，行政诉讼法第 72 条规定的履行职责判决和行政诉讼法第 74 条规定的确认判决都只能单独使用。据此，在国有财产保护案件中，如果既涉及国有土地出让合同执行问题，也涉及国土部门在颁发相关证件时的违法问题，就不能在一个诉里面既提起履行追缴国有土地出让金义务的诉求，又提起撤销违法颁发证件的诉求，只能一事一诉。但试点期间，确认违法和责令履行职责的两个诉讼请求通常是一并提出的，绝大多数案件都将确认违法作为提起责令履行职责的充分条件，检察机关通常是针对行政不作为提起确认违法之诉，而为了达到法律实施的目的，又一并提出责令行政机关履行法定职责的诉讼请求。当然，两种判决能否同时适用也存在一定争议。如在甘肃白银市白银区人民检察院诉白银市住房和城乡建设局行政公益诉讼一案中，法院在 2017 年 11 月 1 日作出判决时指出，白银市住房和城乡建议局督促白银市市政工程管理处提前完成西大沟污水管网配套工程，让污水散排问题得到彻底治理，因此，检察机关在一年以前起诉确认行政机关未在相关路段建设城镇污水集中处理设施及配套管网不作为行为违法，并责令行政机关履行法定职责的请求，缺乏事实根据和法律依据，判决驳回公益诉讼人的诉讼请求。该案中，法院对于住房和城乡建设局在提起诉讼前明显怠于履行职责的问题未进行法理判断，对检察机关提出的确认违法诉讼（因开庭时间延期让行政机关可以充分履行职责，检察机关只能在开庭期间将责令履行职责诉求变更为确认违法）以驳回方式予以处理。检察机关则认为，虽然案件审理期间行政机关完成了污水管网配套建设，责令履职的诉讼请求已经实现，但作出确认违法判决仍有意义。法检两院的分歧，正是根基于主观诉讼和客观诉讼的立场差异。主观诉讼的救济功能仅停留在诉求的实现层面，而客观诉讼则不仅要纠正正在发生的违法行为，还要通过确认判决定性以前发生的违法行为，避免同类违法行为再次发生，从而维护法律的权威。

（四）行政公益诉讼中检察机关主要提起责令履职之诉

从法国的情况来看，客观诉讼以撤销诉讼为主。而从两年的公益诉讼试点情况看，检察机关主要提起责令履职之诉，确认之诉次之，提起撤销之诉的比例反而最小。根据《试点方案》,行政公益诉讼判决类型有撤销判决、确认判决和履行职责判决。试点期间,截至2016年12月,笔者收集到的318份生态环境和资源保护类起诉书中,检察机关提起撤销之诉的行政公益诉讼案件有5件,请求责令重新作出行政行为的有4件,请求确认违法的有1件,请求确认违法并履行职责的案件有290件,请求履行职责的有18件。造成这种情况的原因主要包括:(1)《试点方案》将检察机关发现公益诉讼线索界定于"履行职责中发现"。对于行政机关不严格执法的案件,若行政相对人不告发,检察机关无法获知,因此,案件线索并不充分。(2)即使行政违法行为造成公益受损,是否应该撤销仍需考虑诸多因素。如行政机关对违反法律规定的行为只作出罚款决定而不采取责令停产等能力罚,可能是考虑了企业发展等外部因素。检察机关不了解执法情况,不宜代替行政机关直接做出判断,也不能在只掌握初步证据的情况下轻易提出撤销之诉,除非出现行政违法行为造成公益损害正在持续扩大或者会造成无法挽回的损害等特殊情形。(3)撤销违法行政行为可能涉及重作行政行为将加重公民负担的情形。实践中,检察机关提起撤销之诉,通常是因为行政机关适用法律法规错误,如本应采取罚款、没收违法所得两项处罚手段,却只作出了一项。提起这类撤销之诉,虽然符合依法行政和过罚相当原则,但必然会让已经生效的行政行为失效,且针对行政相对人的违法行为重新作出行政处罚必然会影响法的安定性。考虑到行政公益诉讼的监督原则与法的安定性原则之间的冲突,以及是否需要建立监督不得加重处罚原则等问题仍需进一步研究,检察机关较少提起撤销之诉。

从检察机关提起的为数不多的撤销诉讼案件来看,撤销诉讼的功能也并未停留在纠正行政机关已作出的违法行为,还会直接面对违法的行政执法潜规则或者违法惯例。这些潜规则和管理可能因立法原因造成,或者因长期违法而被视为合法,通过撤销之诉对其进行改变,有利于推动立法改革、促进执法改良。试点期间的第一起行政公益诉讼案,就是针对环保局多次违法颁发试生产许可证使污染企业合法化的行为提起的诉讼。根据环境保护法第41条的规定,建设项目时需要同时设计、同时施工、同时投产污染防治设施。对此,《建设项目环境保护管理条例》《建设项目竣工环境保护验收管理办法》又规定了例外情况,即在没有同时建设污染防治设施的情况下也可以试生产,但只能颁发一次试生产许可证。山东庆云案中的庆顺化学科技有限公司是当地政府引进的一家重污染企业。企业从投产开始就达不到环评标准,当地环保局却连续三次为其颁发试生产许可,最后直接以罚代管,把违法企业当成合法企业来管理。① 该案起诉后,国家环保部出台了停止颁发试生产许可证的公告,要求环境保护主管部门不再进行建设项目试生产审批。② 可见,我国行政公益诉讼不论在案内还是案外都发挥了维护客观法律秩序的功效。

三、关于我国行政公益诉讼精细化构建之建议

尽管行政诉讼法(2017年修正)规定了行政公益诉讼的范围和诉前程序,却并未能建构一整套公益诉讼程序。除了受案范围、诉前程序之外,行政公益诉讼程序仍需要遵循现行行政诉讼法关于司法审查密度、既判力、执行力以及诉讼程序等方面的规定。由于现行行政诉讼法无法回答检察机关调查权、起诉条件等问题,为了应对试点结束之后"两高"司法解释未出台的空窗期,最高人民检察院下发通知,要求各地继续适用试点期间相关司法解释。2018年3月2日,最高人民法院和最高人民检察院《关于检察公益诉讼案件适用法律若干问题的解释》(以下简称"两高"《检察公益诉讼解释》)正式实施。该司法解释不仅把试点期间相关司法解释规定的内容予以全面吸收,还解决了检察机关在公益诉讼中的身份问题,但并未太多凸显行政公益诉讼的客观诉讼特性。当然,要在主观诉讼特征明显的行政诉讼程序中嵌入一整套客观诉讼机制,必将对传统的行政诉讼观念和制度产生巨大的冲击。笔者认为,只有抓住如何更好地通过司法裁判维护客观法律秩序这个关键问题,才能有效推动行政公益诉讼制度的精细化构建,实现行政公益诉讼制度与客观诉讼机制的融合。

---

① 见山东庆云市检察院诉庆云市环保局行政公益诉讼案(庆检行公诉〔2015〕1号)。
② 见环境保护部公告(2016年第29号)。

（一）充分认识行政公益诉讼具有客观诉讼维度的重要意义

在德国公法学中，制度性保障的主要对象是那些先于宪法和法律存在的传统制度的核心内容，如婚姻、家庭、财产所有制等。这些制度所关联的核心利益是不能通过立法进行修改的，因此具有极强的客观性，按常理应从客观诉讼角度进行保护。我国公益诉讼所保护的特定范围的公益与社会主义基本制度密切相关，从全国人大常委会授权检察机关提起公益诉讼的四个公益诉讼领域来看，其中的国有土地出让、国有资产保护领域（特别是矿藏、水流）是宪法明确规定由国家独占的公益，适宜用客观诉讼来保护。至于环境、食品药品安全方面等利益，即便可通过主观权利方式进行救济，也会有大量的剩余利益难以得到保护，如享受良好环境的利益。虽然环境权的"权利本位论"已是环境法研究者的集体意识，但学者们对环境权主体是环境本身、人类整体、国家、单位或者公民的相关争议从未停息。① 我国未在宪法上确定环境权，却明确了国家有保护和改善环境的义务。② 从世界范围看，即便在环境权已经法律化和主观化的国家，也存在环境利益公共化和客观化的命题。③ 对环境利益的侵害，通常同时包含对环境公益和环境私益的侵害。如果侵权行为确定、因果关系明析，完全可以通过私益救济方式予以保护。但是，私人提起环境污染侵权诉讼时无法主张环境被污染后的恢复、修复等费用，以及恢复期间环境减损的价值，也就是说无法通过私益诉讼保护被污染环境功能减损的价值。

在个案中精确析出主观权利也存在一定难度，特别是有些利益并未权利

---

① 参见蔡守秋：《论环境权》，载《金陵法律评论》2002 年第 1 期；陈泉生：《环境权之辨析》，载《中国法学》1997 年第 2 期；吕忠梅：《论公民环境权》，载《法学研究》1995 年第 6 期；杨朝霞：《环境权的理论辨析》，载《环境保护》2015 年第 24 期；吴卫星：《环境权主体之探析——国内法层面的考察》，载《南京大学法律评论》2004 年第 2 期。

② 见宪法第 26 条、第 22 条第 2 款。

③ 例如，日本最高法院将一直被认为是主观上利益的景观利益，加上"具有客观利益的良好景观"这一限定条件才使之受法律保护，收缩了关于景观利益的主观性讨论。参见［日］大吩直：《环境诉讼中保护法益的主观性与公共性（序说）》，李硕译，载《法学思潮》第 4 卷第 2 辑，第 4 页。

化,如规划违法涉及的景观利益等。如果只强调保护主观权利,僵化适用现行法,反而可能忽视现实利益格局,走向概念化和保守化。实际上,在个体利益、群体利益和社会公共利益冲突明显而相关立法滞后的背景下,如果只是片面强调权利保护或者片面强调既有法律体制的稳定,反而极易导致法律无法获得认同,并进一步加剧社会矛盾。

强调行政公益诉讼的客观诉讼维度,可以进一步推动各类公益诉讼朝纵深发展。从诉讼启动机制看,我国公益诉讼可以客观诉讼为基础,继续扩大提起公益诉讼主体范围,加大维护法制秩序的力度。从功能角度看,公益诉讼的客观诉讼特性可以进一步突破现行行政诉讼法局限于主观诉讼的权利救济和纠纷解决功能,增强行政公益诉讼的沟通和法律实施功能。从公益保护范围上看,客观诉讼机制可将公益保护范围从保护受损的具体公益拓展到保护既定的制度公益。由于我国缺乏宪法争议的司法解决机制,宪法审查的功能大部分由行政诉讼承担,因此,突出公益诉讼和客观诉讼的重合特征,可以促进社会主义法制统一,维护现行宪法法律权威。

(二)建构行政公益诉讼的客观诉讼机制的具体建议

2018年2月8日施行的最高人民法院《关于适用〈中华人民共和国行政诉讼法〉的解释》中新增的一些内容已经解决了客观诉讼机制中的部分问题,如司法解释中关于合并审理的规定,可以化解检察机关针对行政活动违法提起诉讼时必须一事一诉的问题。"两高"《检察公益诉讼解释》则确立了行政公益诉讼兼具救济和监督这两项客观诉讼特征,并首次明确指出行政公益诉讼的特殊任务和目的,确立了行政公益诉讼的首要任务是维护宪法法律权威。不过,要充分体现公益诉讼的客观诉讼特征,仍需从受案范围、审理规则、立案程序、审理程序、判决类型等方面进一步完善公益诉讼司法解释。

1. 在受案范围方面,应该明确规定,"人民检察院认为行政行为或者行政活动致使国家利益或者社会公共利益受到损害的,有权提起诉讼""人民检察院认为行政行为所依据的规范性文件不合法,在提起行政公益诉讼时,可以

一并请求对该规范性文件进行审查",以凸显行政公益诉讼审查规则合法性的属性。

2. 在审理规则方面,应建立审判职权主义的相关规则。人民法院对行政公益诉讼案件的审查标准为实质合法性,当检察机关和行政机关都有证明责任时,人民法院应该放弃当事人主义的审理模式,而采用审判职权主义。我国可以借鉴法国和德国客观诉讼的调查原则,采用纠问式调查方式,让法官依职权主动调查案件事实,主导行政公益诉讼的庭审活动,必要时法官可以不依赖于双方当事人进行"查证"。[①] 应该明确规定,"在公益诉讼中人民法院为维护公共利益,应依职权主动调查证据,不受当事人主张的拘束,审判长应当引导当事人就行政行为或者行政活动的合法性进行辩论""审判长应向当事人发问或告知,要求其陈述事实、提供证据;其陈述事实或者提供证据不足时,应责令其阐明或者补充"。

3. 在立案程序方面,不应因形式性的原因为行政公益诉讼设置立案障碍。应该明确规定,"公益诉讼案件符合起诉条件的,人民法院应当登记立案。立案后,人民法院若发现公益诉讼案件不符合起诉条件,应当告知检察机关补充材料"。这样可以防止审判机关通过驳回起诉、不予受理等方式限制检察机关行使公益保护职责,也可监督人民法院是否依法开展了对行政公益诉讼案件的实质合法性审查。

4. 在审理程序方面,建议增加行政公益诉讼庭前会议的相关规定。刑事诉讼法(2012年修正)规定了庭前会议程序,但民事诉讼法、行政诉讼法尚未设置该项制度。试点期间,行政公益诉讼案件多数都召开了庭前会议。从实践情况来看,检察机关与和行政机关在庭前会议中通常能在诚实互信、充分沟通的基础上,陈述案件事实,对是否依法履职等核心问题交换意见,有利于过滤不当诉求、明确审庭焦点问题。

5. 应明确规定提起行政公益诉讼的期限。行政公益诉讼要求行政机关需要

---

① 参见 [德] 弗里德赫尔穆·胡芬:《行政诉讼法》,莫光华译,法律出版社2003年版,第543页。

实质性的履职。可以考虑将试点期间诉前程序的一个月回复期，改为两个月的履职期，给行政机关留有较为充足的履职时间。这样既可以避免造成有利害关系人愿意提起诉讼而检察机关提前对行政违法行为提起诉讼的情况发生，也可以防止行政机关无限延长回复期导致检察机关无法履行公益保护职责。此外，行政公益诉讼起诉期限不需要遵循行政诉讼法第46条的限制，因为该条是以告知直接利害人为计算起诉期限的起点，而检察机关与行政行为并没有直接利害关系，无法计算其"知道或者应当知道"的时间节点。应该以提出诉前检察建议的时间开始计算起诉期限，一般应在提出检察建议的四个月之后提起诉讼。鉴于"两高"《检察公益诉讼解释》并未对行政违法行为的发现期限明确予以规定，建议规定，"检察机关有权对2年内发生的行政违法或者不作为案件提起公益诉讼，但涉及重大国家利益或者社会公共利益受损的情况除外"，以维护法律安定性。

6. 在判决种类方面，应该重新确立行政诉讼中确认判决、撤销判决、责令履行职责判决之间的关系。应该明确规定，"人民法院在作出撤销判决时，可以判决被告重新作出行政行为或者责令被告采取补救措施"，赋予人民法院根据案情选择更有利于维护客观法秩序的判决种类的权利。再者，应该规定，"人民检察院提起公益诉讼的诉求成立，且证据充分，人民法院应判决被告作出人民检察院诉求内容的行政行为或者行政活动；如果人民检察院的诉求成立，但适用法律、法规、规章的意见不明确或者明显错误，人民法院应判决被告依法履行相关职责"。这样规定，可以防止人民法院采取驳回诉讼请求的方式来逃避承担公益保护的职责。

论民事检察监督权的完善及检察机关民事诉权之理论基础*

张晋红 郑斌峰**

内容摘要： 民事监督权是我国宪法赋予检察机关的一项重要权能，但目前监督不利的现状迫使我们不得不反思其原因及解决办法。基于完善我国民事检察监督权的良好愿望，应扩大检察机关监督权的内容，赋予检察机关民事公诉权。

关键词： 检察机关 民事法律 诉权 监督

根据我国宪法的规定，人民检察院是国家的法律监督机关，肩负着维护法律统一实施的重任。人民检察院的法律监督职责是指对法律实施的全面监督，其不仅包括对刑事法律实施的监督，还包括对与刑事法律同样重要的民事法律以及行政法律实施的监督。在司法实践中，检察机关的民事监督权集中体现为民事抗诉权。然而据统计，1993—1997 年全国民事、经济、包括行政抗诉案件在内仅 11925 件[①]，而同期全国仅民事案件就审结有 13515156 件[②]，这说明检察监督权仍未活跃在民事审判领域，也说明检察监督权仍十分薄弱。我们认为，基于完善我国民事检察监督制度的良好愿望，有必要完善民事检察监

---

* 本文刊载于《国家检察官学院学报》2001 年第 3 期。
** 张晋红，广东商学院法学教授；郑斌峰，广东省广州市海珠区人民检察院干部。
① 张思卿：《最高人民检察院工作报告》，1998 年 3 月 10 日。
② 任建新：《最高人民法院工作报告》，1998 年 3 月 10 日。

督权，赋予检察机关民事诉权，本文拟对其中若干问题试作探讨，以求抛砖引玉。

一、我国检察机关现行民事监督权的不足

根据我国《民事诉讼法》第185条的规定，最高人民检察院对各级人民法院已经发生法律效力的判决、裁定，上级人民检察院对下级人民法院已经发生法律效力的判决、裁定，发现有法定情形之一的，应当按照审判监督程序提出抗诉。而地方各级人民检察院对同级人民法院已经发生法律效力的判决、裁定，发现有法定情形之一的，应当提请上级人民检察院按照审判监督程序提出抗诉。由此可见，我国检察机关的民事监督权目前主要体现为以按照审判监督程序提出抗诉的方式进行事后监督，而这一监督方式具有明显的缺陷和不足。

（一）单一性

《民事诉讼法》将人民检察院的民事检察监督手段仅确定为按照审判监督程序提起抗诉一种，使检察院即使发现了在审判之前的民事行为和审判活动中存在错误也无法通过其他手段及时进行监督、纠正。可以想象，只要这种单一的手段在实践中无法取得立法者原希望其得到的效果时，对民事相关活动的监督（无论是诉讼活动还是实体活动）就形如虚设，根本无法监督、预防民事违法及犯罪现象的产生。

（二）滞后性

《民事诉讼法》将人民检察院提出抗诉的时间确定为人民法院作出的判决、裁定生效之后，亦即检察机关落实检察监督权的时间必定为有关裁判文书生效之后，那么对于尚未生效的判决、裁定以及未进入诉讼程序的民事法律行为，检察机关就算发现了确实有错误，亦不能通过法律手段实施监督，而只能在当事人将案件诉诸法院并在判决按照法院的既定思路作出且发生法律效力之后才能提出抗诉。如部分民事案件，检察机关在法院审理过程中就发现经办法官

有联合一方当事人徇私舞弊的行为，必定影响案件的公正审理，而对于这种情形，检察机关无权提起抗诉，而只能等判决、裁定作出后再行抗诉。这无疑会导致法院无谓的重复劳动，使当事人的合法权益不能得到及时的维护。而如果该民事行为并未进入诉讼程序或未得出生效的裁判，检察机关就无权监督。

（三）片面性

《民事诉讼法》将人民检察院提出抗诉的范围确定为生效的判决、裁定，对于具有类同判决效力的调解书等法律文书，法律并未明文规定检察机关有权抗诉。那么对于违反自愿原则强迫当事人调解、调解内容违反法律或者侵害第三人利益等情况，就难以抗诉改判纠错。除此之外，这种规定将检察机关实施民事监督权的范围确定在对民事审判活动的监督方面，忽略了检察机关对民事实体活动的监督，使得检察机关几乎不对民事法律的实施进行监督，实际上是人为地消解了宪法赋予检察机关法律监督权的行使范围，使民事检察监督权不可避免地带上了片面性的色彩。

（四）弱质性

《民事诉讼法》赋予了人民检察院实行监督、提出抗诉的权利，但并没有赋予其相应的实现抗诉权的手段，如除了当事人在申诉时提出相关证据这一途径外，检察机关没有任何法定的调查案件、收集证据的权力。这对检察机关实施民事抗诉权不能不说是一个局限。此外，《民事诉讼法》规定对人民检察院提出抗诉的案件，人民法院应当再审。这只是一个应然的规定。这反映出检察机关的法律监督权在现阶段实际上更似"纠错建议权"。然而建议权根本不是权力。因为对于"建议"，法院可以采纳，也可以不采纳。而宪法赋予检察机关的法律监督权本意上是一种权力，是一种国家权，其以国家强制力作为坚强后盾。这种宪法本意上的权力与实质上的"建议权"之间的距离更削弱了检察机关民事法律监督权的威慑力和实际效力。

由于民事检察监督权的上述不足，使部分从事民事检察工作的检察机关工作人员对监督工作丧失了信心,导致司法实践中抗诉不力等现象的出现,对公正审判和严格监督造成了极大的负面影响。只有扩大检察机关民事监督权的范围,增加制衡力度,才能为公正审判提供切实的保证。

二、目前我国民事检察监督不力的客观原因分析

造成我国民事检察监督不力的原因包括主观方面和客观方面。毋庸置疑,检察机关内部也存在部分办案干警综合素质较低、有畏难情绪、办结案件不够及时等自身问题,然而由此夸大检察机关主观方面的原因,忽视客观原因,甚至进一步将监督不力的原因全数归咎于检察机关是不对的。我们认为,造成我国民事检察监督不力状况的客观原因是深厚的、复杂的。

(一)历史方面的原因

自我国"文化大革命"结束,检察机关重建以后,百废待兴,人民法院的审判工作也是以刑事审判为主,在这个时期,检察机关开展的业务,主要是实行新制订的刑法和刑事诉讼法;通过批准逮捕和审查起诉,对侵犯我国国家利益和公民合法权益的犯罪行为进行打击和惩治,以尽快恢复被破坏的社会平衡。因此,当时检察监督的对象,也主要是人民法院的刑事审判工作,并集中于法官在审理案件过程中是否有徇私行为上。在这种情况下,检察机关对民事审判活动的监督极为薄弱。此外,虽然任何一部法律的出台乃至完善都需要时间,但只有在有法可督促的情况下,人民检察院才有可能实施民事法律监督权,而从新中国成立之后的数十年间,我国的民事实体法仅有一部《婚姻法》,检察机关事实上处于一种"无法可督"的尴尬局面,这使民事监督权无法不形同虚设。从宪法和法理上讲,人民检察院是国家的法律监督机关,为完善法律监督体系和维护社会主义法律的统一实施,检察机关对民事法律实行法律监督的范围是不应当有限制的,即检察机关对所有民事行为和适用民事诉讼程序的案件的审判活动都有权实行监督。所以,检察机关对民事法律和民事审判疏于

监督的事实本身并不当然形成一种"定势",也并不排斥检察机关将根据我国经济的发展和法治的完善状况来实现自己本来就应有的民事法律上的监督权。过去"无法可督"并不等于现在也"无法可督",过去"没有督"并不等于现在就"无权督"。

(二)思维方式方面的原因

我国仍习惯于沿用刑事检察监督的思路来处理民事检察监督问题,既往观念的存在局限了检察机关实施民事监督权。如前述,我国实施民事检察监督的方式集中体现为民事抗诉,而该程序是以刑事抗诉程序为"样板"的,都是一种"自上而下"的监督。在一定程度上,这是为了表示慎重、维护判决、裁定的稳定性和权威性的缘故所致。但是,民事诉讼和刑事诉讼具有本质上的区别,具有各自的特点。民事检察监督也就不一定要遵循刑事检察监督的既定框架,而应当寻求一种更符合民事诉讼原则和宗旨的方式、程序。如刑事诉讼中被告人始终是在押或是在司法机关的控制之中的,而民事诉讼所保护的(针对的)权益则多是正在受到侵害的财产权利或者人身权利,造成的侵害多具有蔓延性、增长性,尽快遏制侵害、挽回损失便极为重要,也就是说,效益是民事诉讼的一大重心所在,明确检察机关民事实体法律的监督权,辅之以民事公诉权就显得尤为必要。相反,如果因循旧路,将刑事检察监督程序套用在民事检察监督程序上,只赋予检察机关事后抗诉权,通过先向上级检察机关申请,得到他们的支持后再由他们抗诉,且不说能否得到上级检察机关的支持,这种思维的局限性势必造成更费时费力的后果,不仅不符合诉讼经济的原则,也不利于及时保护诉讼当事人的合法权益。

(三)组织架构方面的原因

从立法模式上看我国仍然没有摆脱审判职权主义的构架,过高地估计了审判组织系统内部监督的有效性和公正性。目前有些学者对法院独立审判的盲目强调更引出了"审判权的行使排斥外在监督和干预"的观点,认为"强化检察院对法院民事审判活动的监督权,其结果必然是弱化法院审判权行使的独立性,从而损害法院审判权的权威性,危及司法公正及社会正义",由此抵触、排斥检察机关对民事审判活动乃至民事实体活动的监督。然而,司法不公的事实绝对不是检察机关实施审判监督权的结果,恰恰相反,在法院系统内部的监督机制失灵的情况下,而检察机关对民事审判的具体监督权能名实难符的事实,才是造成司法不公的根本原因所在。因为,此时的民事审判权事实上没有了有效的制约机制,失去制约的民事审判权因此而产生腐败必是不可避免的结果。

此外,对于检察机关民事监督权的研究,学界和司法界一直存在四个观念上的误区:第一,认为扩大检察机关民事监督权的范围,赋予检察机关民事起诉权的唯一法理基础在于"检察机关是国家的法律监督机关,其有权实施监督",而"检察院对法院的民事审判活动实施法律监督,其实质就是以检察权(监督权)对法院的审判权进行干预,目的是通过这种干预影响法院的裁判(要求法院撤销原判,重新改判)"。在这里,"监督"已经被简单地等同于"干预"。让检察机关以监督者的身份提起民事诉讼,就等于让检察机关插足审判。在法院、双方当事人这样一个原本平衡的等腰三角形结构中加入一个检察院,使其成为一个形状不规则的四边形。第二,认为检察机关有权监督的只是诉讼的过程,监督的只是民事程序法的实施,对于民事实体法的实施则无权监督。因此,检察机关实施民事监督,就必然会影响当事人行使处分权。这两个观念误区源于对检察机关权力性质和定位的狭隘认识。一方面,"监督"与"干预"不是完全等同的概念,换言之,"监督"与"干预"不能简单地画等号。顺理,检察机关享有民事诉权也并非必然地普遍产生干预当事人处分权的结果;如果不能避免一定程度的干预,那也只是一个立法价值的选择问题,而立法应该如何选择,所需要的是理性的探讨而非简单的结论。另一方面,检察机关的法律监督权并不能当然排斥民事诉权,事实上,法律监督权需要许多具体的权能来体现和保障,正如法院的审判权也需要若干具体的诉讼权能来体现和保障一样,而民事诉权应当是检察机关对民事实体法实施法律监督权的核心权能。第三,既往的探讨,即便言及的是检察机关提起民事诉讼的问题,但学界对其的理解却始终停留在监督民事审判活动的思维上,换言之,无论否定或肯定检察机关的民事起诉权,学界基本上关注和担忧的仍然是"检察机关的权力对民事审判意味着什么"的问题。人们似乎忽略了检察机关提起民事诉讼的本质是对民事行为的监督而非对民事审判的监督,所以,人们无不为检察机关提起民事诉讼后的双重角色和诉讼的公正忧虑。第四,学界过多地顾虑检察机关提起民事诉讼的程序操作困难,却疏于思考赋予检察机关民事监督权和民事诉权的积极意义和重要性。或许,检察机关提起民事诉讼的操作程序并没有人们设想得那么困难,或许,赋予检察机关以民事检察权的意义比人们想象的更加重大。长期以来,前述的种种误区,阻碍着我国学界对民事检察监督问题的研究,沉寂一直持续着。

对司法实践中民事检察监督不力的现象,检察机关并非全无责任,但上述原因的存在导致了错误的观念的存在,并严重地影响了检察机关的形象,阻碍了检察机关不断完善民事监督权的脚步。然而,检察监督的现状并不等于我国民事检察监督的对象就只能是民事程序法的实施,更不意味着我国检察机关没有能力或不应该对民事行为进行监督。相反,根据我国法律的规定,检察机关有权对民事行为进行全程、全面的监督。我们认为,在中国的现阶段,不但不能削弱检察机关民事检察监督权的力度,还应当完善民事监督制度、扩大民事检察监督的范围,赋予检察机关民事公诉权,切实有效地实现宪法赋予检察机关法律监督的职权。

三、检察机关是否享有民事诉权的论争

长期以来,我国学界一直关注、研究并争议着的问题,是检察机关应否享有民事审判监督权以及如何实施审判监督权?事实上,学界少有关心民事经济方面法律活动的监督问题。当然,学界对此并不是一向沉寂的,20世纪80年

代中期后,学界在探讨检察机关对民事审判监督方式时,也有学者探讨过检察机关提起民事诉讼的问题(这可谓之民事检察监督的早期研究)。那场探讨以及更早以前的立法性探讨(1982年《民事诉讼法》的起草期间,此问题也曾被提出过)中,是否赋予检察机关提起民事诉讼和参加民事诉讼的权力,是一直有争议的问题,似乎也是解决了的问题——不能赋予检察机关民事诉权,事实上,我国法律迄今确实没有给予检察机关这种权力。我们以为,今天重提民事监督的问题是现实所趋,理性所致,而回顾学界对此问题的争议及其理由,应当有助于我们重新思考这一问题。

反对检察机关享有民事诉权的观点由来已久。早在《民事诉讼法(试行)》的起草期间,就有学者主张赋予检察机关一定的提起和参加民事诉讼的权力,但遭到反对。持反对观点的理由有二:一是检察机关参与民事诉讼与实现法律监督本来就是两种不同的职能,不能混为一谈;二是如果规定检察机关参与民事诉讼,实际上也行不通,因为检察机关同刑事犯罪作斗争的任务很重,事实上也没有力量来参与民事诉讼。① 此后,在讨论《民事诉讼法》的修改期间,学界对检察机关的民事诉权再次进行探讨和争辩,尽管1992年颁布的《民事诉讼法》赋予了检察机关一定的民事抗诉权,却仍然否定了人民检察院提起和参加民事诉讼的主张。"人民检察院提起诉讼和参加民事诉讼的问题,之所以被否定,其中一个很重要的原因,就是因为这种做法与民事诉讼法的性质、特点不符,违背了民事诉讼程序的发生是因为有当事人提起诉讼,以及民事诉讼应当采取不告不理的原则,没有必要在原告不愿意打官司的情况下,强行代为起诉,尤其是没有必要由检察机关去代替原告'打官司'。而且检察机关参加诉讼支持一方当事人,也必然造成当事人诉讼权利和诉讼地位的不平等……所以只能是'事后监督',即对已发生法律效力的判决、裁定发现确有错误时提出抗诉,但不能提起诉讼和参加诉讼。"② 如果"否定说"最初的理由过于简单和感性(如检察机关没有力量来行使民事诉权)的话,而今"否定说"的理由

---

① 张友渔:《论我国民事诉讼的基本原则和特点》,载《法学研究》1982年第3期。
② 《民事诉讼法讲座》,法律出版社1991年版,第65页。

就已十分理性了。归纳起来,对检察机关应当享有民事诉权持否定观点的主要理由有以下四方面:

第一,认为检察机关直接提起民事诉讼,是对当事人处分权的干涉,不符合民事诉讼自身的特点。

民事诉讼有别于刑事诉讼的最本质的特点是采取了当事人自由处分原则,即在不违背国家法律的前提下,当事人有权自由处分其诉讼权利和民事权利。这一特点要求检察机关以法律监督者的身份充分尊重和保证当事人这一处分权利的实现,即使其代表国家干预,也应当在保证民事主体合法自由处分的前提下进行。而检察机关由于不具有可以处分实体权利的诉讼权利,其在诉讼过程中就很难照顾到当事人自由处分的意志和要求,如作为享有实体权利主体的原告人要求撤诉或者要求法院给予调解等,这也使检察机关在民事诉讼中的诉讼地位、诉讼后果等问题难以解决。①

第二,检察机关提起民事诉讼不利于其更好地履行法律监督职能。

检察机关由于提起诉讼并参加诉讼,就必然成为民事诉讼法律关系的主体之一,成为程序意义上的原告,享有原告的诉讼权利并承担诉讼义务。这样就造成了检察机关双重身份(程序意义上的原告和法律监督者)的出现,易在诉讼过程中造成混乱。而且检察机关提起诉讼以后,若另一方反诉,或对一审判决提出上诉,检察机关就会处于被告的地位。这与检察机关的性质是不相称的。②

第三,解决应当提起的诉讼而无人提起或者不敢提起这一问题,不能局限于由检察机关来越俎代庖,而应根据社会支持起诉的原则,由各方面的社会力量支持应当起诉的一方当事人提起诉讼并行使诉权。③

第四,检察机关在非因自身而引起的民事法律关系中,不具有诉讼当事人的法律地位,对于诉讼标的,其既不享有权利又不承担义务,因而就无起诉权利可言,此外,我国民事诉讼强调调解,而检察机关对诉讼标的只有保护的权

---

① 孙谦:《检察理论研究综述》,中国检察出版社1990年版,第353—356页。
② 孙谦:《检察理论研究综述》,中国检察出版社1990年版,第353—356页。
③ 孙谦:《检察理论研究综述》,中国检察出版社1990年版,第353—356页。

限，而没有处分的权限，如果案件是检察机关提起的，法院就无法进行调解，这样就会给法院的审判工作带来很多困难。①

"否定说"的上述理由大多是针对"肯定说"而言的。这些理由多少都有失偏颇，且有过于片面或断章取义之嫌。我们认为，完善我国检察机关的民事监督权、赋予检察机关民事诉权不仅具有其现实必要性和可行性，而且具有其扎实的法理基础，是我国检察制度发展的必然趋势。本文拟就其法理依据和可行性问题试作论述，但由于我国学界对赋予检察机关民事诉权基本上持否定态度，且已有相当的理由支持，所以，我们在坚持自己的主张时，有必要、也必须对"否定观点"的理由进行商榷和反驳，以求得理性的认同。

四、赋予检察机关民事诉权的理论基础

（一）诉权是检察机关法律监督权的必要构成，是检察机关成为国家利益、社会公共利益代言人的法律依据

检察机关享有对刑事案件的公诉权是各国法律共有的规定。从各国赋予检察机关提起刑事公诉权的依据看，刑事案件的发生是基于日常生活中所出现的违法犯罪行为，这些行为与所在国家的统治阶级所制定的法律相抵触，与统治国家的统治阶级所制定的统治政策、方针、路线相悖，对统治阶级的利益具有一定的侵害性。当这种侵害性达到一定的程度，蔓延到一定的范围，通过极端的、无政府主义的、不良的各种行为影响到、侵犯到统治阶级的整体利益，可能激发社会的不稳定因素、破坏原本平和的社会秩序乃至动摇执政党的统治、侵害统治国家的大部分人的整体利益时，国家将通过其代言人行使诉权行为达到追究犯罪嫌疑人刑事责任的目的，而这个代言人就是检察机关或检察官。我国对此也不例外。

我国是人民民主专政的社会主义国家，宪法规定国家的一切权力属于人

---

① 孙谦：《检察理论研究综述》，中国检察出版社1990年版，第353—356页。

民，人民群众是依法治国的主体，人民通过选举产生自己的代表或由代表任命的官员行使管理国家事务的多项权力。故国家机关的一切工作都必须以是否符合人民利益为根本标准，检察机关的工作也不例外，其拥有的所有权力都是人民通过宪法和法律赋予的，是人民权力的一部分。因此，作为一个代表国家的独立的专门职能机关，检察机关所有职权的行使必须也只能以人民的利益为出发点和落脚点，只能通过在实践中的执法活动还法于民，依法维护人民的整体利益，依法维护公民个人的合法权益。我国宪法将检察机关定位为法律监督机关，表明检察机关有权对一切法律活动进行法律监督，而其监督的出发点和目的均是为了国家的利益、人民的利益，均是为了社会的公共秩序和善良的风俗。如前所述，刑事案件由于直接涉及国家利益、社会公共秩序和人民的安危，故检察机关对刑法实施进行监督的主要权能便是代表国家行使刑事公诉权。在实施法律监督的特定范围内，法律监督权与相应的诉权之间可以说是一种相辅相成的关系。因为诉权是法律监督权的核心权能，诉权能够使法律监督权欲达到的目的最终付诸于司法程序，并使违法行为通过审判受到应有的法律制裁。就特定的法律监督对象而言，如果没有诉权，检察机关的法律监督权将是一种被架空的抽象权力，而法律监督本身将必然是疲软的、无助的。所以，对于检察机关基于国家利益、社会公共利益等而实施的法律监督权，法律应当同时赋予其相应的诉权，以有效保障法律监督的目的得以实现。

鉴于民事活动主要涉及的是当事人之间的私权问题，坚持当事人意思自治原则仍然是必须的，因而检察机关对仅仅涉及当事人之间私权的民事活动的法律监督就较为泛化，即抽象而非具体。强调检察机关对民事活动的监督，意在监督民事主体实施的民事活动是否损害国家利益、社会公共利益等，这当是检察机关进行民事监督的重点，而这种监督仍然源于检察机关的权力是以国家和人民的利益为出发点和落脚点的基本理念。检察机关对民事活动的重点监督对象既然是基于人民的利益并代表国家进行的，其目的既然是保护国家利益和社会公共利益，法律就应当同时赋予检察机关以民事诉权，唯此，才能使国家利益或社会公共利益在受到民事主体以民事行为方式侵害时，检察机关能够作为国家利益和社会公共利益的代言人提起诉讼进而达到其法律监督的目的。此时的检察机关并不代表任何当事人，其所代表的是国家和全体人民，其作为国家利益和社会公共利益的代言人是其能够享有并行使民事诉权的理论根据，目的则是保护国家的利益和社会公共利益。

（二）赋予检察机关民事诉权的目的以及民事诉权可以与民事实体权利分离的发展现状，使检察机关行使民事公诉权具有可行性

在某种意义上，民事诉讼法律关系以民事实体法律关系为前提，诉讼是解决民事实体法律关系纠纷的手段。当纠纷出现，原本平衡的民事实体法律关系因争议而受到了破坏，或某个民事主体的合法权益受到了侵害，因此纠正民事违法行为，理顺民事法律关系，使民事主体所受的侵害尽可能减至最低，这正是民事诉讼的目的之一。检察机关提起民事诉讼，履行民事法律监督职责，也是以一定的民事权利义务关系的存在并受到破坏为前提的。但检察机关并非所诉案件中的民事法律关系的主体，民事违法行为并未直接侵害到检察机关的实体利益，因此其不是案件的传统意义上的直接利害关系人，也不同于享有实体权利义务的原告。换言之，当检察机关在提起民事诉讼时，该案件的实体权利与诉讼权利处于分离状态，而这种现象恰是检察机关提起民事诉讼的特色所在。但是，问题也由此而生：实体权利与诉权的分离是否使检察机关行使民事诉权成为不可能或者不具有可行性？我们认为，以下分析或许能够说明问题。

检察机关提起民事诉讼的主要目的是保护国家利益和社会公共利益，在此前提下，也可能实际地保护了有关当事人的合法权益。在双方当事人都存在的情况下，检察机关行使民事诉权的首要目的是启动民事诉讼程序。在"二元诉权"向纯粹的程序性民事诉权发展的今天，脱离民事实体权利而享有诉权和行使诉权已不是令人困惑的事情，同样这也并不是困难的事情。或许，困惑在于检察机关提起民事诉讼时该如何提出诉讼请求而又不使"意思自治原则"遭遇不当干预？这是法律在赋予检察机关民事诉权之时所必须同时解决的问题。

检察机关提起民事诉讼的案件主要有两大类：一类是侵害国家利益的案

件；另一类是侵害或涉及社会公共利益的案件。前一类案件的受侵害人表面上为某一具体的占有、使用和经营国有资产的单位，但实际的受侵害人是国家。后一类案件的范围较广，既包括一些公害案件，又包括一些损害或涉及善良风俗习惯的身份关系案件，还包括一些损害或影响社会公共秩序的案件。这些案件通常都有具体的被侵害人，所不同的是受侵害人的数量和对象不同。对于侵害国家利益的案件，检察机关有权在提起民事诉讼时代表国家提出全面的诉讼请求。因为国家可以是民事主体已是不争的事实，而国家的利益在受到其他民事主体的侵害时，同样应当受法律的保护。检察机关作为国家实施国家行为的主要代表和国家利益的代言人，其应当有权针对侵害国家权益的行为向法院提出具体的诉讼请求，如停止侵害、恢复原状、赔偿损失等。检察机关代表国家提出具体诉讼请求的行为，完全是基于国家利益代言人的身份，故并不违背民事主体意思自治的基本原则。至于侵害或涉及社会公共利益的案件，检察机关在提起民事诉讼之时，也应当提出必要的具体诉讼请求，如对公害案件，可以请求法院判决被告停止侵害行为，恢复原状；对涉及善良风俗的身份关系案件，可以请求法院判决共同被告之间的有关身份关系无效等。检察机关之所以应当和能够提出这些诉讼请求，理由有二：一是只有提出这些诉讼请求，才能使公害行为和继续存在的有损善良风俗或有损公共秩序的行为得到制止，进而才能达到赋予检察机关民事诉权的目的；二是所有侵害社会公共利益的行为都是被法律禁止的行为，对此，任何民事主体都没有自由处分权可言，因而检察机关的诉讼请求并不违背"意思自治"的民法原则。对于第二类案件的损害赔偿问题，则应由案件的具体受害人自己向法院提出。受害人是否请求赔偿，请求赔偿多少，都应当由当事人自己定夺并亲自向法院表示。毕竟受害人的损失不属于国家利益和社会公共利益，这完全属于当事人意思自治的私权范畴的事情。如果由检察机关为受害人提出赔偿请求，不仅有悖于当事人的自由意志，还有失于国家利益和社会公共利益代言人的身份，而且也将因此助长当事人对检察机关的不当依赖心态。总之，一切皆源于法律赋予检察机关民事诉权的目的只在于保护国家利益和社会公共利益，其只是国家利益和社会公共利益的代言人,而非某些一般民事当事人的代言人。

(三)赋予检察机关以民事公诉权不仅不违反"意思自治"的民法原则,还是对"依法行使民事权利"原则的保障和落实

我国《宪法》第51条规定:"中华人民共和国公民在行使自由和权利的时候,不得损害国家的、社会的、集体的利益和其他公民的合法自由和权利。"我国《民法通则》第6条和第7条分别规定:"民事活动必须遵守法律","民事活动应当尊重社会公德,不得损害社会公共利益,破坏国家经济计划,扰乱社会经济秩序。"我国《民事诉讼法》第13条规定:"当事人有权在法律规定的范围内处分自己的民事权利和诉讼权利。"由此可见,我国法律赋予给民事主体的处分权并不是绝对的,而是相对的,是受一定条件限制的。前述规定表明,我国法律确定了另一民事原则,即"民事权利不得滥用"原则。

当今的世界虽然继续承袭着意思自治的民法原则,但是,各国法律比以往任何时候都更加重视对民事权利的制约,因为人们越来越清醒地意识到:民事主体对自己私权的自由处分并不完全是私人的事情,任何民事主体对个人私权的不当处分都可能损及国家的利益或社会公共利益或他人的合法权益。检察机关对民事主体的民事活动的法律监督主要体现为:民事主体对其权利的处分以不损害国家、社会公共利益和他人的合法权益为前提。如果公民、法人和其他组织在行使民事权利或诉讼权利时损及国家利益或社会公共利益,国家就不能不干预,而这种干预并不是对处分原则的反叛,恰是处分原则的使然。毕竟当事人行使处分权必须"在法律规定的范围内"进行。当然,检察机关对民事活动的监督应当在尊重当事人意思自治原则的前提下进行,换言之,民事检察监督不能破坏意思自治原则。问题是:何为"破坏"?必须承认,对民事活动实施法律监督本来就意味着对"意思自治"原则的某种冲击。但"冲击"只是对绝对的"意思自治"原则的否定,但其依然承认民事主体在相当程度上的意思自治。而"破坏"却是对民事主体意思自治的随意侵害,其是对"意思自治"原则的基本否定。基于此,检察机关享有的民事监督权的行使范围是有限的,

其所监督的范围与法律禁止民事主体滥用民事权利的范围应是一致的,除此之外的民事活动不应受检察机关的监督。同理,体现民事监督权核心权能的民事诉权,其行使范围也以尊重"意思自治"原则为前提,故其行使的范围也是有限的。

毋庸置疑,民事主体的意思自治不可以是绝对不受制约的,因而"民事权利不得滥用"原则就成为"意思自治"原则必要的并行原则。可见,检察机关的民事监督权的法律根据有二:一是宪法依据,即宪法赋予检察机关以法律监督权;二是民法依据,即民事主体必须依法行使民事权利,不得滥用民事权利。将后者作为检察机关民事监督权的根据,或许显得有些牵强,但这是立法缺陷所致。既然民法确定了民事权利不得滥用的基本原则,就意味着民事主体的民事活动要受一定的法律监督。如果当事人在民事诉讼中为不当的处分行为,依民事诉讼法的规定,人民法院可以实施监督权。但对那些未进入民事诉讼程序,却损害了国家利益或社会公共利益而有关行政机关的权力又无法企及的民事活动,我国民法并没有规定具体的监督机关。这一立法缺陷,使"民事权利不得滥用"的基本原则事实上难以得到落实,这或许正是我国民事经济秩序不容乐观、恶意违法的民事活动此消彼长且得不到应有的民事制裁的原因之一。澄清这个问题,意在说明,既然民事主体的民事行为必须受一定的限制,既然民事主体不得进行法律所禁止的行为,既然对民事主体的民事活动实施一定的法律监督是必须的,法律就应当规定具体的监督机关,而且赋予该机关以具体的监督权能。我们认为,这个机关应当是检察机关,其主要的监督权能就是民事诉权。

(四)检察机关提起民事诉讼的条件和范围可以在法律上得到明确,进而能够从法律上有效防止民事诉权对"意思自治"原则的侵害

不管是由检察机关还是由其他国家机关行使民事诉权,如果法律不作明确的限制,国家权力机关的民事诉权都可能被扩张、被滥用,"意思自治"的民法基本原则就可能受到破坏,当事人的处分权就可能遭遇侵害。可能的弊端固

然值得人们担忧，但科学的立法应当能够避免"可能的弊端"的发生。

为确保检察机关的民事诉权不被滥用，法律应当完善两个方面的立法：其一，从民事实体法上明确检察机关应当提起或可以参与的民事诉讼的具体情形，凡民商法没有规定的，检察机关不得提起或参与民事诉讼。对此的立法，不宜作列举性的集中规定，而应在相应的法规和具体规定中体现，如在婚姻法、侵权法等中体现。其二，在民事诉讼法中对检察机关的民事起诉或参与诉讼的程序作出特殊规定，其包括：检察机关提起民事诉讼的特殊条件；检察机关参与民事诉讼的条件；检察机关提起的民事诉讼或参与民事诉讼的特殊程序和规则等。就前者而言，立法机关在民事实体法中确定检察机关提起或参与民事诉讼的具体范围时，应当首先明确两个基本的前提条件，并以此作为立法的指导思想：一是特定的民事主体有侵犯国家、社会公益或者影响社会公共利益的行为存在；二是起诉机制受阻。所谓起诉机制受阻，主要有三种情况：其一，当事人不敢起诉，如有关国家机关利用职权侵犯当事人合法权益，而当事人因惧怕敢怒不敢言；其二，当事人基于损公肥私而不愿起诉，如在低价转让国有资产案件中，转让方和受让方均是为了私己的利益侵犯国家的财产权益，双方对这种侵权行为当然不愿起诉；其三，当事人不能起诉，如精神病人等人的合法权益在受到监护人的侵犯而又无明确的其他监护人时，因其是无民事行为能力人，故不能亲自为有效的起诉。值得注意的是，并不是符合这两个前提条件就应当由检察机关提起民事诉讼，如公民之间的侵权纠纷，应当由当事人自己行使诉权，检察机关通常不主动起诉。另外，一方当事人基于受到另一方当事人的恐吓、威胁等而不敢起诉的，检察机关也没有必要主动起诉。至于因国家机关职务侵权而致受害人不敢起诉的，我们认为检察机关也没有必要主动起诉，且这本质上属于国家赔偿诉讼，其是否应当赋予检察机关以诉权，不是本文研究的问题，故不赘言。总之，检察机关提起民事诉讼的范围原则上限于侵害国家利益或侵害、影响社会公共利益但当事人又不起诉的案件，而检察机关参与民事诉讼的范围则限于侵害国家利益或侵害、影响社会公共利益但当事人已起诉的案件。

（五）检察机关提起民事诉讼，可以填补支持起诉原则所遗留的法律空白，更切实地维护国家、集体和公民的合法权益

有学者认为，解决起诉机制受阻的问题，应由各方面的社会力量支持受害的一方提起诉讼。我们认为，支持起诉原则固然可以在一定程度上解决一定范围的起诉机制受阻的问题，但其不能有效地解决前述所有的起诉受阻的问题，甚至不能解决根本性的问题。根据民事诉讼法第15条的规定，所谓支持起诉原则，是指机关、社会团体、企业事业单位对损害国家、集体或者个人民事权益的行为，可以支持受损害的单位或者个人向人民法院起诉。由该规定可以窥见到支持起诉原则存在着三方面的固有不足：其一，虽然支持起诉是民事诉讼法的基本原则，但该规定实为任意规范，即对于侵权行为，机关、社会团体、单位可以支持起诉，也可以不支持起诉，如果这些被授权单位不支持起诉，那么当事人的合法权益仍然得不到有效的保护。其二，支持起诉的机关、团体、企业事业单位与本案没有直接的利害关系，其既不能以自己的名义起诉从而成为诉讼中的原告，也不能直接以受害人的名义代替起诉，在此前提下，如果被侵权人是无民事行为能力人且无明确的监护人的话，显然支持起诉原则将于事无助。其三，支持起诉原则所欲解决的是被侵权人不敢起诉的情况，其并不能解决当事人不愿起诉的问题，既然无人愿意起诉，支持起诉原则必是无能为力的。从某种意义上讲，支持起诉原则的立法"缺陷"是必然的，因为法律并没有赋予机关、社会团体、单位代位起诉的权利，其立法本意只是赋予其"支持起诉"的权利而已。对于支持起诉原则无法触及的问题，如果法律疏于考虑，立法空白便由此产生。基于支持起诉原则的立法本意，我们不能企望通过改造该原则解决起诉机制受阻的某些现实问题，或者说，该立法空白应当通过另外的途径解决。如果法律能够确定检察机关一定的民事诉权，支持起诉原则遗留的立法空白就能得以填补，解决起诉机制受阻的法律规范就将得到应有的完善。

（六）检察机关是唯一适宜享有民事起诉权的国家机关

如果民事活动必须受一定法律监督的结论是肯定的，如果对一定范围内的滥行民事主体的行为必须通过赋予当事人之外的国家机关行使诉权来予以解决的结论也是肯定的，或许还会有人诘问：能否由检察机关之外的其他国家机关享有此种情况下的民事诉权？

对于这个问题，或许在分析我国的相应具体情况后可以有一个明晰的答案。以环境污染的公害案件为例。我国目前对于某些公害案件一般是由负责该方面事务的上级行政管理部门进行处理的，如对污水未经处理直接排放影响环境卫生的工厂，由环保局依照行政法规的规定，就该排放污水的行为作出要求工厂停止排放和并处罚款等行政处罚。环保部门的此行为属于行政管理性质，而环保部门与排污单位系管理与被管理的关系，不是平等的主体，因而不存在由环保部门基于违法排污事实而对排污单位提起民事诉讼的问题。换言之，环保部门无需通过司法程序实现其管理职能，而是直接通过行政程序实现其管理职能的。如果排污单位不服环保部门的行政惩罚，其所产生的是行政诉讼而非民事诉讼。当然，我国环保法规也允许环保部门对排污单位因为排污行为而造成其他人损害的，可以根据当事人的请求附带处理侵权人与被侵权人之间的赔偿问题，但该处理不具有当然的法律效力，当事人不服的，可以向法院提起民事诉讼。从中不难看出，环境污染性质的公害案件属于多重违法，就前述内容而言，一方面违反了相关的行政法规，故环保部门有权依行政程序处理；另一方面违反了民法规范，构成民事侵权，故被侵权人可以按民事诉讼程序起诉。从表象上看，似乎这两种程序足以保证环境污染的公害行为能够顺利得到制止，但其实不然。当两方面权力或权利主体怠于行使权力（或权利），环境污染行为就无以被依法制止。例如，环保部门基于地方经济保护或其他因素而对本地企业的污染行为熟视无睹而不予依法追究；又如，受环境污染损害的人数众多但个人能够索赔的数额较小而放弃权利或互相企望而不积极行使诉权等。在此情况下，环境污染行为将继续而非受到制止，前述的法定程序将显得无能

为力。但显而易见，此类公害案件所侵害的不仅仅是受污染领域内的特定人群的民事权利，污染环境本质上是对社会公共利益的侵害，是对国家利益的侵害（被污染的土地、水域、空气等都属于国家的领域范围，都应当视为国家的利益）。当既有的法律程序不足以保证环境污染行为得到有效的制止，辅以更进一步的法律手段应当是必须的和必要的。我们认为，所谓"进一步的手段"就是民事诉权。前述内容表明，如果因为行政机关怠于行使权力而使法律目的不能实现时，无论如何是不可能再赋予行政机关对解决同一问题以民事诉权的。而且，行政机关对涉及国家利益的民事侵权享有民事诉权，也与其行政性质不相符合。那么，依我国国家机关及其职权设置的现状，该民事诉权不可能赋予给立法机关——尽管立法机关对于行政管理具有一定意义上的监督权，但其立法权的法律定位决定了其不可以同时享有民事诉权。同样。该民事诉权也不可以赋予给人民法院，因为诉审分立的诉讼规则决定了作为行使审判权的法院不能同时享有诉权——法律许可的无诉亦审的情形当属于极其特殊的例外情况，而本文所论及的民事公诉范围已大大超过了法律所能许可的特殊范围。

五、完善民事检察监督权，必须赋予检察机关民事诉权

面对现实生活中日益增加的侵害国家利益和社会公共利益民事违法现象，我们不能不问：民事活动到底应不应该受法律监督？谁能够对民事活动实施法律监督？民事检察监督是否与意思自治的民法原则对立不共？欲求这些问题的解决，意味着沉寂必须打破，意味着民事检察监督权应当成为学界、立法界关注、重视和深入研究的问题。我们认为，从法律上明确、完善检察机关的民事监督权，并赋予检察机关民事诉权，是完全必要的，理由主要有以下五点：

（一）完善检察机关民事监督权、赋予检察机关民事诉权，是平衡法制的天平，完善我国民事检察权的必要

就现实而言，我国各级人民检察院的民事检察权很薄弱，其检察监督的范

围仅仅限于民事审判活动,其方式仅为按照审判监督程序提出抗诉。然而,民事检察权仅有抗诉权能是不够的。从相当意义上讲,抗诉权针对的是人民法院的民事审判活动,其监督对象是法院。但民事监督权就其质而言,是对民事法律的实施进行监督,而民事法律包括民事实体法和民事程序法。因此,检察机关的民事监督权的行使范围应当有两个方面:一是民事主体的民事活动;二是民事程序活动。目前我国通过部门法所确定的民事监督权仅限于民事诉讼活动,并不包括民事实体活动。问题是:民事主体的民事活动应否受到必要的法律监督?如果答案是肯定的,进一步的问题就是:应当由谁来实施监督?不可否认,从民事实体法的意思自治原则的本质出发,任何国家机关(包括人民检察院)都不能随意干预民事主体的民事法律活动,但这不是绝对的。我国是一个以公有制为主体的国家,民事活动往往直接涉及到国家或社会公共利益。现实生活中,以牺牲国家谋取个人私利的违法民事行为时有发生,但由于没有有效的法律监督机制,致使国家所遭受的损失往往无法追偿,这已成为一个亟待解决的现实问题。事实上,作为一个以公有制为主体的国家,如果没有专门的机关对民事活动予以监督,国家利益就完全可能因民事权利被滥用而招致损失;如果没有专门的国家机关代表国家进行追诉,国家的损失就无法追回,国家利益将难以得到有效的保护。当前国有资产严重流失的现状,恰能说明民事活动缺乏法律监督机制的严重后果。由此说明,既然民事主体利用民事活动侵害国家利益是可能的,而且是客观存在着的事实,既然国家的利益与其他民事主体的权益一样是需要保护的,那么,民事活动应当受一定的法律监督就是必要的,检察机关民事监督权和民事诉权的确立就是必须的。

(二)完善检察机关民事监督权、赋予检察机关民事诉权,是保障并促进我国目前正实行的新时期经济体制改革的必要

市场经济就是法制经济,是一切民事、经济活动的法制化。在实行社会主义市场经济体制改革中,国家对民事法律的统一实施进行必要的法律监督是极其重要的一个内容,也是其保障机制中不可或缺的组成部分。以股份制为例,

股份制企业的建立，虽然加快了国有企业资产重组的步伐，但由于国有企业进行股份制改造的操作不规范或缺乏经验，全国各地不同程度地存在国有资产流失的问题。据统计，1997年全国国有资产流失达5亿元人民币。控制国有资产的流失除有赖于合理的行政手段外，还有赖于检察机关的法律监督。例如，当损害国有资产的行为是以民事法律关系为形式（如资产转化合同、收购合同等）时，行政机关就难以插手，毕竟行政机关不能直接干预民事、商事交往。鉴于"诉审分立"的制度，人民法院也不能在无人起诉的情况去判决此类民事行为无效。这里，对损害国家利益的民事行为由谁去监督和干预，就存在着一个立法上的"真空"。从理论上看，填补该"真空"的最佳选择是由人民检察院基于其法律监督权而享有民事诉权。因为从我国人民检察院组织法可以看出，检察院的任务是维护社会秩序，保护国家、集体、公民的合法权利不受非法侵害，检察机关基于法律监督权代表国家监督法律的实施，并基于国家诉权对违法犯罪行为提起公诉，既是如此，对于侵犯国家财产权益的民事行为，作为国家的代言人的检察机关同样应该享有相应的诉权，以实现其对民事实体法实施的法律监督权，以履行其保护国家利益、维护社会经济秩序的职责。1997年12月3日，我国第一起由检察机关以原告身份代表国家提起民事诉讼的案件得到了法院判决的支持，该实践初步证明了以维护国家利益和社会公共利益为目的而赋予检察机关提起民事诉讼的权力是必要的，也是可行的。①

（三）完善检察机关民事监督权、赋予检察机关民事诉权，是维护社会公共利益，维护社会公序良俗的必要

民事实体法调整的对象除财产关系外，还调整平等主体之间的人身关系。民法所调整的人身关系有相当部分不仅涉及一个国家的公序良俗，还直接关系到公民的生存问题，前者如婚姻关系，后者如扶养、赡养关系等。这些法律关系既决定着民事主体的个人权益，又常常影响着国家的公序良俗。对此，许多国家的法律都赋予检察机关以相应的民事监督权和民事诉权，其目的在于维护

---

① 参见河南省方城县人民法院民事判决书（1997）方民初字第192号。

社会应有的公德、秩序和善良的风俗。此外，根据法律规定，检察机关还有责任对侵犯社会安定和社会秩序（包括社会经济秩序）、可能导致社会不安定的因素进行防范与惩戒，如对产品质量侵权严重的案件等、对垄断经营等纠纷，检察机关也应当享有相应的监督权和诉权，其根本目的在于维护社会的公共利益和公共秩序。概而言之，民事主体滥用民事权利的行为具有损害社会公序良俗或社会经济秩序或社会公众利益的可能性和现实性，本着民事主体的权利不得滥用原则和不得损害社会公共利益原则，法律有必要赋予检察机关对民事行为进行法律监督的权力和对损害社会公共利益的行为提起民事诉讼的权力。

（四）完善检察机关民事监督权、赋予检察机关民事诉权，是对检察机关法律监督权的完善

如前所述，我国宪法将检察机关定位为法律监督机关，且立法本意是赋予检察机关对国家法律实施的全面监督权，其中必然包括民事法律监督权。鉴于刑事法律监督权通过刑法、刑事诉讼法等部门法予以明确，因而宪法所确定的检察监督权得到了落实。然而，观念的滞后，造成检察机关的民事法律监督权迟迟得不到民事实体法的肯定和明确，使检察机关全面实施法律监督的宪法精神不能有效落实，进而使检察机关的法律监督权始终处于一种缺陷状态。尽管目前学界对我国检察机关的性质、职权定位正在进行理论交锋，尽管有观点认为我国的检察机关不应当定位为法律监督机关，但是，我们认为，一个国家基于本国的国情而设置专门的法律监督机关，并不是不可行的，也并不能因为西方国家未如此就应该当然否定。至少，在我国宪法没有改变检察机关性质和职权之前，所有的部门法都应当贯彻和落实宪法的精神，民法也不能例外。倘若能够通过民事实体法明确检察机关的法律监督权，无疑将是对检察机关法律监督权的完善，同时也将是对"权利不得滥用"的民法原则的落实。

（五）赋予检察机关民事诉权，是民事诉权理论发展的使然

最初的民事诉权完全基于私权产生，只有享有实体权利的人才能享有民事

诉权。一切皆源于"有利益才有诉权"的古老法谚。然而，民事诉讼的自身发展，一直影响和改变着对前述法谚中的"利益"的诠释，其发展至今的结果便是对"利益"和"利益者"范围的不断扩大解释。诉讼的民主发展，已使得民事诉权的主体不再限于实体权利的享有者，负有民事义务的被告同样享有诉权。而随着民事实体法的调整范围的不断扩大，随着民事权利被滥用与国家、社会公共利益等之间冲突日益凸显的现实，"利益者"的范围进一步得到拓宽，并且将这些"公共性"的利益归于国家，由国家享有民事诉权，这些已为许多国家的法律所肯定。由此可见，民事诉权理论的发展不仅不排斥检察机关的民事诉权，恰恰相反，其使检察机关享有一定的民事诉权已成当然。我国法律赋予检察机关以一定的民事诉权，将只能表明我国的民事诉权理论在朝着世界诉权理论的发展趋势进步，反之，则只能说明我国的民事诉权理论固步自封，停滞不前。

在我国步入市场经济的道路中，民事主体基于利益驱动，在民事活动中危害国家利益和社会公共利益的现象屡现不断。这些侵害现象能够得以存在和继续的主要原因之一，便是国家法律对损害国家利益和社会公共利益的行为缺乏足够的法律监督和法律制裁。详而言之，对于追究民事主体侵害国家利益或社会公共利益的民事责任问题，我国法律在行使追究权的主体方面上尚处于立法的"真空"状态，即没有谁可以代表国家对侵权主体追究民事责任，如果进行民事活动的双方当事人不诉诸法院，国家将对前述的侵害事实无能为力。这种立法缺陷，在一定意义上助长了民事主体利用民事活动侵害国家利益或社会公共利益的行为。这从另一个方面也说明，我国法律对于民事主体的违法行为还没有建立起健全的监督机制，而这完全不利于我国良性市场经济的建立和发展，也不利于法律对国家利益和社会公共利益的维护。

在探讨赋予检察机关民事监督权和民事诉权的问题时，我们必须承认一个原则：民事主体的民事活动与其他任何法律活动一样，必须接受相应的法律监督。为此，学界应当消除一个误区，即以民事权利系"私权"为由而否认对其进行法律监督的意义。民事活动既然是法律活动，民事权利既然是法律权利，民事权利既然可能被民事主体滥用，既然民事主体滥用民事权利的目的和后果可能损害的是国家利益或社会公共利益，那么，民事主体的民事活动受相应的法律监督就应当是必要的。尽管基于民事权利的"私权"性，国家对民事活动的法律监督具有限制性，但是相应的法律监督当是不可或缺的，更是不容否认的。事实上，民事活动受相应法律监督与我国民法规定的"民事权利不得滥用"原则不仅并行不悖，而且恰是对该民法原则的具体落实。在此前提下，法律必须确定一个对民事活动实施法律监督的机关。这个机关应当具有对民事主体的民事活动进行监督的权力，而这种监督权的核心权能就是民事诉权，即当监督机关发现民事主体实施了侵害国家利益或社会公共利益等行为时，其有权通过提起或参与民事诉讼使已为的民事行为被确认无效，并使有关当事人承担相应的民事责任。谁是这一角色的担当者呢？我们认为，依我国宪法对国家机关及其权能的设置现状，检察机关担当这一角色应是适宜的选择，理由前已阐述，不再赘言。综上可以说明检察机关的民事监督权与民事诉权之间的关系：民事监督权是检察机关法律监督权的当然构成，是检察机关民事诉权的宪法根据和基础；民事诉权是检察机关民事监督权的核心权能（但不是唯一的权能），是对民事监督权的具体落实和保障。

此外，世界各国民事检察制度的发展状况也表明，赋予检察机关以民事监督权和民事诉权是完全必要的。根据现有资料，许多国家已放弃了以往"不得干预私法"的观念，抛弃了绝对意义上的"自由处分"民事理念，代之以对民事活动实行或多或少的国家干预原则，由国家对民事经济活动进行宏观调控，由检察机关代表国家对民事活动进行监督并在有关民事行为危及国家利益、社会公共利益等情况下，以提起民事或参与民事诉讼等方式进行干预。如苏联、民主德国、捷克斯洛伐克、罗马尼亚、保加利亚、波兰、南斯拉夫、匈牙利、阿尔巴尼亚、蒙古、美国、英国、日本、法国、联邦德国、意大利、比利时、希腊、瑞典、瑞士、澳大利亚、巴西、阿根廷、芬兰、委内瑞拉、哥斯达黎加、斯里兰卡、布隆迪、乌干达、突尼斯等国，都在法律或判例中规定了检察机关提起或参与民事诉讼的内容。如在英格兰和爱尔兰法中，"总检察长在相当一部分案件中是必要的当事人。在其余案件中他也有权发表意见。"意大利、比利时、日本等国在法律上已经承认：当为公众需要时检察院在一部分案件中进行控告和在另一部分案件中不作为当事人而仅仅干预诉讼所具有的权利和义务。日本法要求其参加诉讼并就有关婚姻、离婚和私生子的某些问题向法院提出自己的看法。在瑞典的许多州中也通行同样的原则。① 事实上，无论是从与世界上大多数国家的法律接轨的角度出发，还是从学习他国的成功立法经验从而完善我国立法的角度出发，均有必要扩大检察机关民事监督权的内容，赋予检察机关民事公诉权。

综上说明，如果设定民事诉权是必须的和必要的，那么，这个权力不可能赋予给检察机关之外的任何国家机关，只能赋予给检察机关。这不仅是我国检察机关目前的职能、地位、性质等法律定位的使然，即使有朝一日我国宪法重新定位检察机关的职能、性质等，以保护国家利益或社会公共利益为己任的民事诉权也仍然应当赋予给检察机关。这已为世界许多国家的民事诉权的发展和立法状况所证明——虽然各国对检察机关的性质认识不同，其实并不影响检察机关享有民事诉权。

---

① 参见《意大利民事诉讼法典》第70、72条；《比利时民事诉讼法典》第138条；日本民事诉讼法典第744条。

关于民事公诉的若干思考*

李 浩**

一、民事公诉的设置

民事公诉是指检察机关对于特定范围内的某些涉及重大国家利益、社会公共利益及有关公民重要权利的民事案件，在无人起诉或当事人不愿诉、不敢诉、不能诉、怠于起诉的情况下，向法院提起民事诉讼，主动追究违法者的民事责任，以保护国家、社会和公民的合法权益。

对于是否应当设置由检察机关提起诉讼的民事公诉制度，我国理论和实务界存在截然相反的两种观点，即便是在检察机关内部，对是否提起和参加公益诉讼，也存在着不同的认识。

支持检察机关提起民事公诉的观点有：（1）检察机关提起民事诉讼是我国现实国情的需要。我国存在着国家利益、社会公共利益受到侵害而无人提起诉讼的情形，这既不利于公众利益的维护，不利于法律的实施，又会放纵违法行为。[①]（2）检察机关提起民事公诉符合其性质。检察机关是国家法律监督机关，维护国家和社会公共利益是其基本职能，当这两种利益受到侵害而无人提起诉讼时，由检察机关提起诉讼是最恰当的制度安排。（3）检察机关提起民事诉讼是完善我国民事诉讼制度的需要。我国民事诉讼法在基本原则部分规定了人民检察院有权对

---

* 本文刊载于《法学家》2006 年第 4 期。
** 李浩，南京师范大学法学院教授、博士生导师。
① 江伟等：《民事行政检察监督改革论纲》，载《人民检察》2004 年第 3 期。

民事审判活动实行法律监督,但在具体规定中却只规定了抗诉监督这一种监督方式,抗诉监督是事后监督,仅有事后监督显然不够,为了完善检察监督制度,需要增加提起诉讼、参与诉讼这两种事前、事中监督方式。[①](4)检察机关提起民事诉讼是世界上许多国家的共同做法。无论是大陆法系国家还是英美法系国家,都赋予检察机关为维护社会公共利益在一定范围内提起民事诉讼的权力。[②]

反对检察机关提起民事公诉的观点有:(1)按照我国现有国家机关权力结构和职能分工,行政机关是国家和社会公共事务的管理者,是社会公益的代表者,应当由行政机关对损害国家利益和社会公共利益的组织和个人进行追究,公众利益受到侵害时,完全可以通过行政执法获得救济,没有必要由检察机关以提起民事诉讼的方式来追究违法者的责任。(2)由行政机关通过行政执法来追究违法者的责任是一种效率更高的制度安排。为了对社会进行管理,国家设置了为数众多的行政管理机关,几乎每一项社会事务都有相应的行政机关来进行管理,相对人实施了损害国家利益或社会公共利益的行为,自有负有管理职责的行政机关进行追究。这些负有专门职责的行政机关不仅人员多,而且与被管理的相对人距离近,他们能够发现违法行为并及时进行追究。检察机关数量和人员有限,检察资源相对短缺,难以主动、及时地发现各类侵害国家和社会公益的民事违法行为。(3)我国检察机关在法律性质上不同于西方国家。在西方国家,检察权是行政权的一部分,检察机关是政府的代理人,我国的检察机关是国家的法律监督机关。因而西方国家的检察制度不能成为支持我国民事公诉的理由。[③](4)检察机关提起民事公诉会造成角色冲突,它既是诉讼当事人,又是诉讼的监督者。[④](5)检察机关对民事诉讼实行法律监督的目的是维护司法的公正,而抗诉监督才是实现这一目的正确和恰当的途径,因此今后改革和发展的方向应当是增加抗诉的方式,完善抗诉的程序,提高抗诉的质量,充分

---

① 邵世星:《论民事诉讼检察监督的立法完善》,载《国家检察官学院学报》1999年第1期。
② 田平安等:《中国民事检察监督制度的改革与完善》,载《现代法学》2004年第1期。
③ 陈兴生等:《民事公诉权质疑》,载《国家检察官学院学报》2001年第8期。
④ 王福华:《我国检察机关介入民事诉讼之角色困顿》,载《政治与法律》2003年第5期。

利用检察建议等非讼监督方式，而不是去提起或参加民事诉讼。①

笔者认为，尽管检察机关提起民事公诉还有一些理论上的问题需要进一步探讨，还有一些制度上、程序上的障碍需要克服，尽管反对检察机关提起民事公诉的观点也有一定的道理，但从我国的现实国情看，赋予检察机关民事公诉的权力应当是利大于弊。甚至可以说，赋予检察机关提起民事、行政公诉的权力，是我国民事诉讼法、行政诉讼法的发展趋势，是即将开始的对这两部法律修订中的一大亮点。

（一）由行政机关负责行政执法，负责对违反行政法律法规的行为进行纠正、处罚，并不排斥检察机关提起民事公诉

当出现行政违法行为时，无疑首先应当由主管行政机关负责制止和处罚，但有时行政机关出于这样或那样的原因对本应当纠正的违法行为未纠正，而这一行为又确实损害了国家或社会的公共利益，放任违法行为会造成损害的进一步扩大。此时，由检察机关作为公共利益的维护者提起诉讼，既可以弥补因行政机关过失所造成的损失，又可以及时地消除违法状态。另一方面，有些民事违法行为又同行政机关有着紧密的联系，是经行政机关许可后实施的，或是在行政机关的默许、放任下实施的，行政机关已成为民事违法行为的利害关系人，指望行政机关自己主动去纠正违法行为已不再具有现实的可能性。

（二）我国的检察机关在性质上不同于西方国家，不属于政府序列，不是政府的代理人，而这一特点恰恰可以使我国检察机关能够更好地发挥通过公益诉讼维护社会公共利益的作用

侵害社会公共利益的行为之所以能够发生，同我们的政府未能依法履行其行政管理职责有着密切的关系，有的甚至是政府滥用其行政职权的直接后果。如果我国的检察机关不是具有独立法律地位的法律监督机关，而像西方国家那样仅仅是政府中的一个分支机构，那么很难想像面对政府的违法行为，检察机关能够

---

① 林贻影、滕忠：《民事诉讼监督方式之选择》，载《人民检察》2001 年第 3 期。

通过提起公益诉讼来对它们实行有效的监督，所以，我国的检察机关在性质上不同于西方国家，恰恰可以成为支持而不是反对检察机关提起公益诉讼的理由。

（三）角色的多元化虽然有可能引起冲突和紊乱，但只要安排妥当，冲突和紊乱也并非不可避免

角色的多元实际上是一种常见的社会现象，社会生活的复杂性和多面性决定了同一社会主体有时需要扮演多重角色。以行政机关为例，尽管从性质上说它是法律的执行机关而不是立法机关和司法机关，但它既有制定具有普遍约束力的行政法规、规章的行政立法权，又有对相对人与行政主体的争议进行裁决的行政复议权，还有将行政法律、法规适用于具体的人和事的行政执法权。具有多重角色的主体只要在特定的活动中始终如一地担当某一特定角色，角色的冲突就不会发生。例如，某些行政机关既有行政执法职能，又有行政复议职能，但只要它在行政复议中始终以复议机关的身份出现，就不至于造成角色的紊乱。就检察机关而言，虽然提起民事公诉使它具有了诉讼当事人的身份，虽然诉讼当事人的身份会同诉讼监督者的身份发生冲突，但只要检察机关在其提起的诉讼中，始终以当事人的身份出现，在诉讼中享有程序当事人的权利和义务，角色冲突就能够避免。

二、民事公诉的范围

检察机关提起民事公诉的范围，是设计民事公诉制度需要解决的一个重大问题，也是当前我国理论界讨论相当多的一个问题。虽然大家在检察机关提起公诉应限于涉及社会公共利益这一抽象标准上已取得了共识，但是，一旦把这一标准运用于具体的案件范围，分歧就显现出来了。有的主张凡是涉及社会公共利益而无人提起诉讼的，检察机关都应当依法提起公诉，有的则主张只有在涉及重大的社会公益时检察机关才有必要提起民事公诉。

笔者认为，在思考这一问题时，不仅要看民事公诉的必要性，而且要看民事公诉的现实可能性。民事公诉是一项新事物，检察机关对此经验还不足，在其他监督任务已经相当重的情况下，还抽不出更多的人员来开展这项工作。即

使能抽出更多的人员，这些新转入民行监督部门的检察官也还有个学习、适应的过程。因此，对民事公诉，宜持积极慎重的态度，在开始之初范围不宜太大，以后可以随着经验的积累、人员的增多，根据需要和可能适当扩大。目前，宜将下列案件列入民事公诉的范围：

（一）国有资产流失案件

在国有企业改制过程中，造成国有资产流失是通过合同这一合法形式完成的，由于交易双方存在着恶意串通，并且国有企业负责人和受让产权的私营企业主都是交易的受益人，因此他们肯定不会要求去确认合同无效。国有企业的管理部门通常也不会去要求法院确认合同无效。国企负责人侵吞国有资产一般都有周密的计划，把各个环节做得天衣无缝，因此当地政府的主管部门很难发现其中的问题。再加上改制又是符合中央确定的改革精神的，因此政府有关部门很容易受蒙蔽，同意报上来的改制计划。改制完成后，即使有人举报改制中有国有资产流失，政府有关部门一般也不会去深究，因为改制方案是经过他们审查并批准的，查出问题来等于是往自己脸上抹黑。国有企业的职工虽然利益受到直接的损害，但他们在法律上并不能代表国有企业，所以也无权向法院提起诉讼。而如果没有人向法院提起诉讼，主张转让资产的合同无效，受让人占有国有资产便仍然是一种合法的占有，流失的国有资产就无法追回。

赋予检察机关提起诉讼的权力是解决这一问题的有效办法。检察机关是国家的法律监督机关，维护国家利益和社会公共利益、消除违法状态是其本来的职责。检察机关有法定的调查权，与产权转让又无利害关系，因而能够通过独立、公正的调查取证查清造成国有资产流失的重重黑幕。检察机关在这方面进行了积极的探索，从探索的实践看，已取得了积极的效果。①

---

① 对国有资产流失案件，因法律并未授权检察机关提起民事公诉，对检察机关提起的这类诉讼，一些地方的法院受理并支持了检察机关的诉讼请求，但多数地方的法院以起诉缺乏法律依据为理由不予受理。在法院不予受理的地区，有的检察机关采取了支持起诉的办法，通过帮助原告收集证据，为原告提供法律咨询等方式支持原告起诉。这也说明检察机关提起民事、行政公益诉讼的资格亟待从律法上明确。

（二）于污染环境案件中的停止侵权诉讼

污染环境引起的诉讼包括两种形式：一种是请求法院颁发禁令，命令被告不得继续实施一定的行为；另一种是请求被告对污染所造成的人身和财产损害予以赔偿。检察机关宜提起前一类诉讼，后一类诉讼则由受到损害的直接利害关系人提出。损害赔偿属于侵权之诉，环境侵权中往往有多数受害者，可以说与公共利益相关，但我国民事诉讼法针对类似的问题已经规定了人数确定和人数不确定两类代表人诉讼，用代表人诉讼制度可以解决有众多受害人的环境侵权问题。更为重要的是，这类诉讼有直接的受害人，受害人与环境侵权有直接利害关系，对因果关系、损害的范围、损害的数额会比检察机关更清楚，完全可以由受害人向法院提起损害赔偿的诉讼。对受害人因为这样或那样的原因不敢或不愿提起诉讼的，检察机关可依据民事诉讼法中的"支持起诉原则"，支持他们向法院提起诉讼。

（三）制止垄断行为的案件

公平、公正的竞争是市场经济的灵魂，也是市场经济得以健康发展的基础。垄断是从根本上消除竞争，不正当竞争是用扭曲竞争的方式来破坏竞争。这两种行为虽然都会对市场经济造成破坏，但相比之下，垄断行为更有可能对社会公共利益造成损害，因为它所针对的对象往往不止是特定的竞争对手，而是试图以垄断来阻止潜在的、未来的竞争对手进入市场。不正当竞争行为一般都有明确的对象，行为人是以不正当竞争来打击、排挤其竞争对手。所以，应当将制止垄断行为纳入民事公诉的范围。当然，因垄断行为请求损害赔偿的，仍然应由受到损害的利害关系人提起诉讼。

（四）确认婚姻无效的案件

我国 2001 年修订《婚姻法》时增设了婚姻无效制度，《婚姻法》第 10 条规定："有下列情形之一的，婚姻无效：（1）重婚的；（2）有禁止结婚的亲属关系的；（3）婚前患有医学上认为不应当结婚的疾病，婚后尚未治愈的；（4）未到法定婚龄的。"最高人民法院在《关于适用〈中华人民共和国婚姻法〉若干问题的解释（一）》第7条中规定有权向法院申请宣告婚姻无效的主体为婚姻当事人和利害关系人，利害关系人在重婚的情形下包括当事人的近亲属和基层组织，其他情形下为当事人的近亲属。无效婚姻涉及的不仅仅是当事人的利益，也不仅仅是当事人近亲属的利益，而是同社会的公序良俗、同国家优生优育的生育政策、同下一代的身心健康有着密切关系，因而在当事人和利害关系人未向法院申请宣告婚姻无效的情况下，由检察机关来代表社会公益提起诉讼是非常必要的。

（五）其他损害国家利益或社会公共利益宜由检察机关提起诉讼的案件

如国旗案件。2002年，新疆乌鲁木齐市三位青年状告当地三家星级酒店悬挂国旗违法。被起诉的星级酒店在门前的三根旗杆上，从左至右以同等高度依次挂着店旗、国旗、其他国家（地区）的国旗（区旗）。而《中华人民共和国国旗法》第15条规定：升挂国旗，应当将国旗置于显著的位置。国旗与其他旗帜同时升挂时，应当将国旗置于中心、较高或者突出的位置。[①] 再如，前些年旅客葛某为郑州火车站入厕收费而将车站告上法庭，引发了一起三角钱的官司。这一诉讼一波三折，原告花了近两年的时间，一审败诉，二审胜诉，但由于既判力的相对性，只在原被告之间发生效力，胜诉并不能阻止被告继续收费。

三、民事公诉与行政公诉的关系

检察机关代表公共利益提起诉讼，在制度设计上可以民事公诉与行政公诉并存，即在修改民事诉讼法、行政诉讼法时，既赋予检察机关提起民事诉讼的权利，又赋予检察机关提起行政诉讼的权利。当两种公诉并存时，如何协调和处理这两种公诉，即针对侵害国家或社会公共利益的违法行为，究竟是提起民事公诉还是提起行政公诉，是一个值得研究的问题。

---

① 阿尼沙：《由首例"国旗官司"引发的立法思考》，载《河北法学》2002年第1期。

民事公诉与行政公诉既有相同之处，又存在着明显的区别。二者都是针对损害国家或社会公共利益的行为，都是由检察机关代表公益提起诉讼，目的都在于纠正违法行为或消除违法状态，这是两者的共同之处。民事公诉的被告是公民、法人或其他组织，针对的是民事违法行为，适用的是民事诉讼程序，原告胜诉时法院作出宣告合同无效、停止侵害等判决；行政公诉的被告是国家行政机关或其他行政主体，针对的是违法的行政行为，适用的是行政诉讼程序，原告胜诉法院作出撤销被诉的行政行为、责令被告履行法定职责等判决，这是两者的区别之所在。①

从违法行为的角度看，有时候民事违法行为和行政违法行为可以单独存在，有时候这两种违法行为又相互联系、密不可分。例如，税务机关未督促某公司依法纳税，对其偷税行为不予处罚，也不责令其补缴税款，便只是一个损害社会公共利益的行政违法行为。某有妇之夫又与她人登记结婚便只是一个民事违法行为。而当某房地产开发公司在海滨风光带建造一高楼，破坏了当地的环境，影响了市民的休闲和娱乐，侵害了不特定多数人的利益，而这一建筑又是经当地政府规划部门批准的，规划部门批准时又违反了当地人大制定的地方性法规，就出现了民事违法与行政违法的结合。又如，某造纸企业向周边的河流排放污水，当地环保机关发现后却不予制止和追究，同样是民事违法与行政违法的结合。

针对单独的违法行为，检察机关可根据违法行为的性质和实施违法行为的主体的不同，选择提起民事公诉或者行政公诉。而对于行政违法与民事违法共同造成社会公益受到损害，究竟提起什么样的公诉，则要根据具体情形来决定。

对当事人经行政机关批准而实施的民事违法行为似乎提起行政诉讼为好，因为如果仅仅提起民事公诉，被告会抗辩说其行为是经过行政机关批准或许可的，是具有合法性的行为。为了能够制止被诉的侵害公益的行为，检察机关还是需要回过头来通过行政公诉撤销违法的行政行为。

面对由于行政机关不作为造成的当事人侵害社会公益的情形，检察机关面临

---

① 王志颖：《行政公益诉讼与民事公益诉讼的比较研究》，载《河北法学》2004年第9期。

着两种选择：一是提起行政公诉，要求法院判决行政机关履行其监管职责，通过行政公诉促使行政机关责令违法行为人停止侵害行为；二是提起民事公诉，请求法院责令侵害人停止加害行为。① 前一种选择虽然最终可以达到制止加害行为的目的，并且在纠正行政主体违法的同时又纠正了民事主体违法，但对于纠正民事违法来说，这毕竟是一种曲折、迂回的方法，所费的时间也必然很长。对那些即将造成重大损害或正在造成重大损害的事件来说，行政公诉未免给人"远水解不了近渴"的感觉。故对行政机关不作为而造成的侵权事件，还是选择民事公诉为好，至少对那些制止侵权具有紧迫感的案件应当采用民事公诉的方法。

四、民事公诉与公民提起公益诉讼

卡佩莱蒂教授曾研究过现代社会中超个人的分散型利益受到侵害时诉讼资格的赋予问题。他认为，现代社会是一个以大规模生产、大规模消费为特征的社会，而伴随着这一社会到来的是大规模的侵权，一些既关系到个人，同时又不属于任何个人的对人类生存和发展具有重要价值的权利常常会受到侵害，如呼吸清洁空气的权利、饮用清洁水权利等，如何才能将受到侵害的这些分散性的、超个人的权利纳入司法救济的范围呢？他比较了"授予直接受损害个人的诉讼资格"和"授予政府代理人作为国家总代表的诉讼资格"这两种方案，得出的结论是这两种方案都不理想。如果仅是把诉讼资格授予个人，"如果只允许'直接受害'的个人只代表自身起诉，则大多数案件中的分散利益将无法获得充分保护"，② 因为对于个人来说这些利益往往太小，对于单个的受害人来说，寻求司法救济获得的收益与其独自承担的诉讼成本

---

① 我国的环境法虽然未规定法院可以向造成污染者发出禁令，但我国《民法通则》把"停止侵害"和"消除危险"规定为民事责任的形式；我国《环境保护法》第41条规定："造成环境污染的，有责任排除危害，并对直接受到损害的单位和个人赔偿损失。"《水污染防治法》第55条和《大气污染防治法》第45条中也有类似的规定。所以，在检察机关提起民事公诉后，法院责令被告停止侵害是有法律依据的。
② 参见[意]卡佩莱蒂：《比较法视野中的司法程序》，徐昕等译，清华大学出版社2005年版，第378页。

相比往往是得不偿失，而且即使胜诉也不足以制止违法行为。但另一方面，仅仅将起诉资格赋予作为政府代理人的检察机关的方案也是不充分的。在法国、比利时、意大利等大陆法系国家，检察官一直被赋予在涉及"公共秩序"或"公共利益"的民事案件中提起诉讼或参与诉讼的一般性权利，"然而，人们广泛承认的事实是：检察官太少运用其广泛的权力，以致不能有效保护新兴的超个人利益，诸如少数族裔、政治和宗教少数派的基本自由，自然资源的保护，以及消费者权利"。①

既然把起诉的资格仅授予私人和仅仅授予检察机关都不是一种理想的解决公益诉讼的办法，那么，将两者结合起来就可能是一种较佳的方案。在我国，虽然由检察机关代表公益提起民行公益诉讼是比仅赋予社会组织和公民个人提起公益诉讼更现实、更有效、更好的办法，但让检察机关垄断提起公益诉讼的资格，仅仅允许检察机关提起公益诉讼，则显然不是一种最优的选择。

当法律将提起公益诉讼的资格赋予检察机关时，对检察机关而言，这既是权力的扩大，但更是义务的增多和责任的加重，即使将来大幅增加检察机关民行监督机构的人员，单靠检察机关自身的力量，显然是难以承担起维护社会公共利益的重担的。

赋予社会组织和公民提起公益诉讼的资格是必要的，他们可以弥补仅由检察机关提起公益诉讼的局限性和不足。多元化的公益诉讼机制比单一的机制会更具有实效性。当然，在多元的公益诉讼机制中，应当突出检察机关的主导作用，即建立以检察机关为主，社会组织、公民个人为辅的公益诉讼机制。

在程序设计上，针对侵害社会公益的违法行为，首先是由个人申请检察机关提起公益诉讼，申请后检察机关不起诉的，则由他们以自己的名义提起诉讼。这样既可以突出检察机关提起公益诉讼的主导力量，又可以拓宽检察机关获得损害社会公益行为的信息渠道，动员广大人民群众同损害公益的行为作斗争，还能够使在检察机关未提起诉讼时，必要的公益诉讼仍然可以提出。

---

① 参见〔意〕卡佩莱蒂：《比较法视野中的司法程序》，徐昕等译，清华大学出版社2005年版，第381页。

论检察机关提起民事公益诉讼 *

汤维建 **

公益诉讼（actions publicae popu lares）源远流长，通常认为，它缘起于古代罗马法，是相对于私益诉讼（actions privatae）而言的。古罗马法学家乌尔比安首先提出了划分公法和私法的学说，认为保护国家利益的法律属于公法，保护私人利益的法律属于私法，诉讼也因此而分为"公诉"和"私诉"两种。古罗马法学家认为，"公诉"是对有关国家利益案件的审查，是涉及国家和政府利益的诉讼；"私诉"是根据个人申诉对有关个人案件的审查，是涉及私人利害关系的诉讼。这种对法的划分方法即现今所指私益诉讼和公益诉讼。公益诉讼产生后，到现代社会，其制度构成不断趋于完善。无论是英美国家还是大陆法国家，对公益诉讼都非常重视，形成了各具特色的公益诉讼制度。我国目前尚未建立公益诉讼制度，检察机关提起公益诉讼的做法在实践中尚处在"试水"中，但理论界对公益诉讼、尤其是检察机关提起公益诉讼制度的必要性和构建问题，正讨论得如火如荼。本文拟就两方面作出论述和探讨：其一，公益诉讼制度在国外是如何表现的？我国对此可以有怎样的借鉴？其二，我国检察机关提起公益诉讼的必要性论证，以及如有必要，如何合理地构建此一制度，从而尽快将该项制度投入运行之中，使之产生应有的实际效用？

---

* 本文刊载于《中国司法》2010年第1期。
** 汤维建，中国人民大学法学院教授。

一、比较法视野：公益诉讼及其借鉴价值

（一）其他国家和地区的公益诉讼概述

1. 美国的公益诉讼。公益诉讼在美国也称为"公共诉讼"（Public Law Litigation）、"公民诉讼"或"民众诉讼"。美国的公益诉讼主要有两种形式：（1）"私人检察官"制度。检察官是公共的，是国家官员，但是，美国法律将每一个提起公益诉讼的个人，称为"私人检察官"，意指私人当事人在公益诉讼中，可以而且应当像政府检察官那样采取行动。《美国联邦地区法院民事诉讼规则》第17条是"私人检察官"制度的总规定，该条规定："在法定情况下，保护别人利益的案件也可以用美利坚合众国的名义提起。"其他单行法中也有分散的规定。典型的有相关人诉讼、职务履行令请求诉讼和禁止令请求诉讼。美国州立法也有大量的相关规定①。为此，美国立法规定了多种激励形式，比如，胜诉的原告将可以获得律师费，并可取得一定数量的返款赔偿额。1986年修订的《反欺骗政府法》规定，任何个人或公司在发现有人欺骗美国政府索取钱财后，有权以美国政府的名义控告违法的一方，并在胜诉之后分享一部分罚金。（2）检察官提起公益诉讼。根据《美国法典》有关规定，检察官在涉及联邦利益等七种民事案件中，有权参加诉讼，其中包括检察官有权对所有违反《谢尔曼法》或《克莱顿法》而引起的争议提起公诉。

在美国，早期的公益诉讼始于为取消学校种族隔离而展开的诉讼，全国有色人种协会的律师和其法律辩护基金早在20世纪30年代就开始了此项运动。公益诉讼的大发展则在60年代，当时美国经历了剧烈的社会变革，诸多社会制度均面临挑战，出现了各种尝试改革的方案，设立了众多的公益法律机构及类似的倡导制度，公益倡导者为了有色人种、女性、消费者、未成年人、环境

---

① 例如在环保诉讼方面，美国除联邦法律规定了公益诉讼外，从20世纪70年代以来，一些州的立法机关也颁布了很广泛的公民诉讼法来具体实施联邦环境法中的公众执行机制。夏云娇：《西方两大法系环境行政公益诉讼之比较与借鉴》，载《湖北社会科学》2009年第5期。

以及各种公共利益而开展活动。自70年代后，美国和欧洲都有一个显著的动向，就是筹备一些官方或民办机构来保护消费者、环境保护主义者或者以前没有给予权利主张机会的其他团体的利益，包括为贫困者谋求整体利益。如公共辩护人项目、法律援助制度等。

2.英国的公益诉讼。与美国相仿，英国的公益诉讼虽说稍嫌保守，也有两种形式：（1）检察总长提起公益诉讼。按照英国法规定，检察总长（Atorney General）代表国王，有权阻止一切违法行为。与其他普通法国家一样，在英国，只有检察总长能够代表公众提起诉讼以倡导公众权利，阻止公共性不正当行为，即可以代表公共利益主动请求对行政行为实施司法审查，可以在私人没有起诉资格时帮助私人申请司法审查。而私人没有提起诉讼的权利，只有在不正当行为已直接使自己的利益受损或很有可能受损的情况下，私人才可寻求救助。（2）"检举人诉讼"。"检举人诉讼"（relator action）是英国立法上的一个特色制度，据此，任何个人和组织可针对正在越权行事或有越权行动危险的公共机构而提起公益诉讼；除此以外，任何人或组织也可针对制造公害或以别的方式触犯法律的私人或私人机构提起公益诉讼。这种诉讼是基于个人的"检举"，或者说是基于个人的通报并通过检察总长提起的。在这里，公民为告发人，检察长是原告，"为公共利益而采取行动是检察总长的专利，他的作用是实质性的、合宪性的，他可以自由地从总体上广泛地考虑公共利益。因而他可自由地考虑各种情形，包括政治的及其他的"。在英国，为公民用来寻求环境等公益司法救济的检举人诉讼制度，被认为是公益诉讼的一种过渡性形态①。

3.印度的公益诉讼。一般认为，现代公益诉讼制度产生于20世纪50年代的美国，而印度则是第一个引入该制度的国家。自70年代末以来，印度法院奉行积极的司法能动主义，扩张了司法审查权，以促进司法公正和社会正义，使法院由"有钱人进行法律辩论的场所"变为"被压迫者最后求助的场所"。在印度，一般认为公益诉讼的法律基础是宪法第39条A的规定，该

---

① 王名扬：《英国行政法》，中国政法大学出版社1987年版，第202—203页。

条要求国家以适当的立法或计划或者其他方式提供免费的法律援助,以确保任何公民不会因为经济的或其他的能力缺陷而被拒绝获得司法保护的平等机会。公益诉讼的概念早在 1976 年由 Krishna Iyer 法官在 Mumbai Kamgar Sabha y.Abdulbhai 案中就提出了,但作为原告资格分水岭的案件公认是 1981 年的"法官更换案"(Judges Transfer Case)。在此案中,最高法院裁定律师界联合会有权起诉反对由首相英吉拉·甘地宣布的"紧急状态"下的法官更换。在该案的判决中,确定了印度公益诉讼主体资格扩大的两种情形:代表性诉讼资格和公民诉讼资格。代表性诉讼资格是指个人或者组织代表其他人或者组织提起诉讼,而无须证明他们与案件有利害关系;公民诉讼资格是指公民或者组织即使没有遭受具体的违法侵害,也可以以公民的身份提起诉讼[1]。1986 年印度制定《环境法》,规定除行政机关外,个人或组织也可以在满足法定条件的情况下,对污染企业提起诉讼[2]。目前,印度的公益诉讼主要涉及童工人权、妇女人权、奴役劳动人权以及环境人权等人权领域。值得指出的是,印度公益诉讼制度还体现出其便民特性,确立了一个所谓"信函司法权"的公益诉讼形式。在台拉登采石案中,一位律师给法院写信,指控非法的石灰石开采活动正在破坏某地的生态环境,法院据此启动了公益诉讼程序。在另一起案件中,法院把一名新闻记者写来的信直接看做是公益诉讼令状申请[3]。从此,印度最高法院决定法律制度再也不只是为"有钱人"服务的,只要是它认为属于"公众利益"的案件。按照 P. N. Bhagwati 大法官所言,"公益诉讼是法律援助运动的战略性兵种(strategic arm),目的在于将公正带给那些穷苦大众和不公正的受害者"。

4. 德国的公益诉讼。德国的公益诉讼有四种形式:(1)民众诉讼。在德国,民众诉讼(Popularkrk lage)又被称为"宪法诉讼",属于公益诉讼的范

---

[1] 栾志莊:《印度公益诉讼制度的特点及其启示》,载《北方交通大学学报(社会科学版)》2006 年第 1 期。

[2] 印度《环境法》第 19 条。

[3] 蒋小红:《通过公益诉讼,推动社会变革——印度公益诉讼制度考察》,载《中国法学网》,http://ww.iolaw.org.cn,2005-05-30。

畴。任何公民只要认为某项法律侵犯了宪法保障的基本权利或其他权利，无论侵权案件是否发生，也不论是否涉及到本人的利益，都能向宪法法院提出诉讼，要求宣布该法律违宪而无效。（2）团体诉讼。原则上允许公益团体向法院提起诉讼，请求他人作为和不作为。德国的"团体诉讼"在全世界都是有名的。团体诉讼制度起源于1908年的《防止不正当竞争法》，后来扩展适用于环境法等领域。如2002年发布的《联邦自然保护法》第61条规定：一个根据第59条联邦环境、自然保护和核安全不认可或根据第60条州认可的组织，可以根据《行政程序法》提起关于自然保护区、国家公园、生物圈保护区和其他的环境保护区内的禁令或许可的免责许可以及规划许可或项目批准等提起诉讼。（3）公益代表人诉讼。德国《行政法院法》确立了行政诉讼的公益代表人制度，即分别把联邦最高检察官、州高等检察官、地方检察官作为联邦、州、地方的公益代表人。公益代表人在行政诉讼中是参加人，为捍卫公共利益，可以提起上诉和要求变更行政行为。而行政诉讼的提起，在联邦或州的法律有特别规定时，也可不以原告个人权利受到损害为要件。（4）检察机关提起公益诉讼。德国《民事诉讼法》规定，检察机关作为社会公共利益的代表，对涉及诸如婚姻无效案件、申请禁治产案件、雇佣劳动案件、重大环境污染案件、重大侵犯消费者权益案件等都可提起或者参与民事诉讼。同时，德国1976年《民事诉讼法》第637条还规定，检察官败诉时，法院判定国库补偿胜诉方的诉讼费用。

5. 法国的公益诉讼。法国的公益诉讼在大陆法系国家是非常著名的，其表现形式主要有两种：（1）检察机关提起公益诉讼。1804年《拿破仑法典》规定，检察官可以为了社会公益提起或参与诉讼。1806年《民事诉讼法典》及后来的《法国新民事诉讼法》也都有相应规定。如后者第422条规定："法律专门规定的案件中，检察机关作为主要当事人提起诉讼。"第423条则更明确规定："在公法秩序受到损害时，它（检察机关）可以为维护公法秩序而提起诉讼。"第425条规定下述案件检察机关应当得到通知作为案件的从当事人参加诉讼：涉及亲子关系、未成年人监护安排、成年人监护的设置与变更案件；现行中止

追诉程序、集体核查负债程序、个人破产程序或其他制裁；涉及法人时，裁判清理或财产清算程序、裁判清算与裁判重整程序以及有关公司负责人金钱方面的案件；检察机关应当提出其意见的所有案件。(2)越权之诉。它是指当事人的利益由于行政机关的决定受到侵害，请求行政法院审查该项决定的合法性并予以撤销的救济手段。只要申诉人认为某种利益受到行政行为的侵害就可提起，并不要求是申诉人个人的利益。法国最高法院认为，法律中排除一切申诉的条款，不能剥夺当事人提起越权之诉的权利。只有在法律中明确规定不许提起越权之诉时，当事人的申诉权才受到限制。不仅行政决定的直接相对人可以提起越权之诉，如果第三人因为违法的行政决定而受到直接的利益侵害时，亦可提起。各种团体的作用尤其广泛和活跃，当他们的集体利益受到行政决定的直接影响时，一般也可以自己的名义提起越权之诉①。

6. 日本的公益诉讼。1962年日本制定的《行政案件诉讼法》第5条将行政诉讼分为抗告诉讼、当事人诉讼、民众诉讼和机关诉讼四种。其中的民众诉讼被认为是公益诉讼。据此规定，原告可以以不涉及自己法律上的利益而提起诉讼，其目的不是直接保护、救济国民私人的权益，而在于使公民以选举人的身份通过诉讼手段制约国家机关或公共性权力机构的行为。日本典型的民众诉讼有：依据公职选举法的选举诉讼或当选诉讼、依据地方自治法规定的住民诉讼等。

除上述外国公益诉讼制度外，我国台湾地区也确立了公益诉讼制度。其公益诉讼始于行政诉讼法的修改，台湾1998年修订的"行政诉讼法"第9条规定："人民为维护公益，就无关自己权利及法律上利益之事项，对于行政机关的违法行为，得提起行政诉讼。但以法有特别规定者为限。"第35条规定："以公益为目的之社团法人，得为公益提起诉讼。"1999年修订的"空气污染防治法"规定："公私场所违反本法或依本法授权制定之相关命令而主管机关疏于执行时，受害人或公益团体得叙明疏于执行之具体内容。"

---

① 王名扬：《法国行政法》，中国政法大学出版社1988年版，第667—681页。

（二）结论与借鉴

1. 公益诉讼立法模式存在差异。有关公益诉讼原告制度的立法模式，很多国家采用制定法的模式，且将其规定在单行实体法规中的居多，如美国等，而将其纳入诉讼法典的只有大陆法系的德国、法国等少数国家。另外，一些国家选择判例法的模式或者从判例上升到成文立法的模式，即便是法国这样的有着悠久的成文法传统的国家也是如此。我国可考虑在单行法规上首先分别规定公益诉讼制度，同时附之以案例指导制度，对公益诉讼的实践进行适时的总结，从而推动公益诉讼制度逐渐发展。

2. "原告资格的多元化"模式之确立。自罗马法创始公益诉讼以来，无论大陆法系还是英美法系，各国立法规定能够代表公共利益提起诉讼的原告范围是十分广泛的。相对而言，英美法国家对原告资格的规定更加宽泛一些。公益诉讼原告资格的确认并非采取只能由直接利害关系人提起诉讼的一元化，而采取多元化，即除了直接利害关系人外，非直接利害关系人也可以充作原告。除个人外，社会公益性团体也可以提起公益诉讼。我国立法也应如此规定，政府应当大力扶持公益组织的发展。

3. 检察机关提起公益诉讼是各国通例。无论在英美法国家还是在大陆法国家，作为行政机关或司法机关的检察机关，都具有提起公益诉讼的权利。各国几乎都规定由享有国家公权力的检察机关代表利益受损的国家或公民提起公益诉讼是通常形式，而赋予与案件没有利害关系的普通公民、组织、团体和机构以特定情况下的公益诉讼原告主体资格为补充。这一点，对完善我国检察机关公益诉讼制度，有重要的借鉴和启发意义。

4. 在程序制度的设计上，应当倾向于保护公益诉讼的原告。自古罗马法以来，对公益诉讼的原告向来持支持和鼓励的态度。如古罗马法规定，如果原告的起诉属实，被告要承担罚金，原告则可以获得一定的奖励；美国则更进而规定败诉的被告将被处以三倍于实际损失的罚金，并承担合理的律师费和起诉费，而诉讼原告在胜诉以后分享一部分罚金。此外，各国在证据制度上也对公益诉讼的原告实行倾斜政策，主要的表现形式是举证责任的倒置规则、降低证明标准规则、法院职权调查规则等。如美国针对公益诉讼的特殊性便设计了特殊的举证责任分配制度，如在环境公害案件中，提出原告只需提供表面证据（或称为初步证据），证明污染者已经或很有可能有污染行为即完成了举证责任。

5. 应当注意防止公益诉权被滥用。由于公益诉讼放松了对原告资格的要求，因而在实践中也难免会被人恶意利用，这就形成了对公益诉权的滥用现象。为了制止这种滥用现象，确保公益诉讼被善意使用，同时保护被告的合法权益，有的国家的法律对原告的诉权行使进行了一些限制。其限制的方式主要有：设定公益诉讼的前置程序，比如通过适当的行政程序等；在环境公害案件中只针对"主要的违法行为"才能提起公益诉讼；团体诉讼的采用应当符合一定的条件；对滥用公益诉权的严重行为进行法律制裁；等等。

二、中国视角：检察机关提起公益诉讼的必要性与可行性

（一）检察机关提起公益诉讼的必要性论证

公益诉讼在我国目前之所以成为重要的实践问题，是基于这样几个社会发展中的问题背景：

1. 国有资产大量流失。在发展社会主义市场经济的过程中，由于新旧经济体制转轨的需要，大量国有资产流失，令国人堪忧。例如，河南省三门峡日报社在1997年9月、1998年6月，分两次以110万元的价格，将其下属的豫西印刷厂卖给了北京北斗星广告艺术中心，而这个厂和这个中心的法定代表人都是同一个人。随后，该中心就将原属于该厂的土地全部变卖出去，一下子获利500多万元①。这是国有资产流失的典型模式，这种模式可以说大行其道，导致每年流失国有资产至少1000亿元，日均流失3亿元②。

---

① 冯仁强：《论建立民事公诉制度的必要性》，载《公益诉讼》（第二辑），中国检察出版社2006年版，第104页。
② 宋安明、郭洪平：《全面打响国有资产保卫战》，载《检察日报》2001年8月29日。

2. 环境公害案件不断增多。例如，2000年1月，在湖南省彬州市发生了一起严重的砷中毒事件，225个村民受此影响，严重中毒。后来发现，导致中毒的原因在于村民居住村庄附近有一家砷制品公司，该公司违规排放污水废渣，当地环保部门也检测不力，长期以往，导致惨剧发生。据调研，环境污染的纠纷量呈逐年增多的态势[①]。

3. 垄断和不正当竞争行为日益增多。在经济转轨的过程中，大量的垄断和不正当竞争行为暴露出来，既有行政性垄断，也有竞争性垄断，垄断行为和不正当竞争行为的出现和存在，严重影响了正常的经济秩序，扰乱了国家的宏观调控政策，同时也严重损害了广大消费者的合法权益。

4. 消费者权益严重受损事件不断发生。这主要表现为经营者采用欺诈等手段，生产销售伪劣产品，坑蒙消费者，轻者导致消费者的经济损失，重者导致消费者的身体健康损害。

5. 歧视行为不断产生。歧视行为是一种违反宪法、侵害人格的侵权行为，这类行为目前也屡有发生，如性别歧视、地域歧视、身份歧视等。例如，2003年11月，安徽省芜湖市考生张某以芜湖市人事局招录公务员时，歧视乙肝病毒携带者为由，向芜湖市人民法院提起诉讼[②]。

（二）检察机关提起公益诉讼的可行性探讨

1. 赋予检察机关提起公益诉讼的权力，具有宪法上的根据。根据我国宪法规定，检察机关是国家的法律监督机关。作为国家的法律监督机关，理应对公益性法律的遵守情况进行监督。如果公益性法律受到了侵犯，但却没有主体提起相应的诉讼，这实际上是否定了公益性法律的作用。对此，作为法律监督机关的检察机关，理应承担起提起诉讼的职责，确保国家的公益性法律得到严格遵守。

---

① 王灿发：《中国环境纠纷及其处理的初步研究》，载《环境纠纷处理的理论与实践》，中国政法大学出版社2002年版，第45页。
② 北京市东方公益法律援助律师事务所编：《公益诉讼》（第一辑），中国检察出版社2006年版，第136页。

2. 检察机关提起民事公益诉讼是我国现实国情的需要。我国目前客观存在着国家利益、社会公共利益受到侵害而无人提起诉讼的情形，这既不利于公众利益的维护，不利于法律的实施，还会放纵违法行为。赋予检察机关提起诉讼的权力是解决这一问题的有效办法。检察机关在这方面已进行了积极的探索，从探索的实践看，其效果是积极的、明显的。

3. 检察机关提起民事公诉是完善我国民事诉讼法和检察监督制度体系的需要。我国民事诉讼法在"基本原则"部分规定了人民检察机关有权对民事审判活动实行法律监督，但在具体规定中却只规定了抗诉监督这一种监督方式，抗诉监督是事后监督，需要增加规定民事公诉这种事先监督的形式，从而完善检察监督的制度体系，使检察监督的职能覆盖全部领域。

4. 检察机关提起民事公诉在国外也是一个较为普遍的做法。检察机关提起民事公诉，无论是在大陆法系国家还是英美法系国家，都可以找到大量例证。

三、制度构建：检察机关提起民事公益诉讼的立法及其完善

（一）检察机关提起公益诉讼的立法与实践探索

我国立法对检察机关能否提起民事公益诉讼这个问题，先后曾有过不同的考虑和取舍。1949年12月制定的《中央人民政府最高人民检察署试行组织条例》第3条规定，检察机关的职权之一是"对于全国社会与劳动人民利益有关之民事案件及一切行政诉讼，均得代表国家公益参与之"。该条例第10条规定，最高人民检察署第三处掌管之一就是"关于全国社会与劳动人民利益有关之民事案件参与事项"。1951年5月《中央人民政府最高人民检察署暂行组织条例》第3条和《各级地方人民检察署组织通则》第2条规定，最高人民检察署、各级地方人民检察署"代表国家公益参与有关全国社会和劳动人民利益之重要民事案件与行政诉讼"。1954年9月通过的《中华人民共和国人民检察机关组织法》第4条规定，地方各级人民检察机关的职权之一是"对于有关国家

和人民利益的重要民事案件有权提起诉讼或参加诉讼"。

从实践中看，地方各级检察机关在 50 年代就开始了参与民事诉讼的活动。在 1954 年部分统计中可以看到，辽宁、安徽、江西、山东、河南、山西、陕西、甘肃和北京 9 个省市，检察机关办理民事案件 2352 件，既有起诉的公益诉讼案件，也有参与诉讼的民事案件。1956 年，黑龙江省的检察机关共办理民事案件 80 件，其中提起诉讼的民事案件 55 件。1956 年 5 月至 11 月，南京市检察机关受理 23 件民事案件，其中涉及国家和公共利益的案件 14 件，占 61%；办结 17 件，起诉的 3 件①。

1997 年 5 月，南阳市检察机关民事行政检察处接到群众举报，反映方城县独树镇工商所将价值 6 万余元的门面房，以 2 万元的价格卖给了私人，随即指示方城县检察机关调查此案。通过调查，确认该工商所确实低价转让了国有资产。1997 年 7 月 1 日，方城县人民检察机关作为原告，以方城县工商管理局和某个人为被告，向方城县人民法院递交了民事起诉状，要求确认二被告之间的买卖协议无效。方城县法院赞同检察机关的意见，确认该买卖合同违反国家强制性法律规定，合同无效，依法判决该买卖合同无效，支持了检察机关的起诉。据此，改革开放以来的第一件公益诉讼案件终于诞生。该案得到了最高人民检察机关的支持，同时得到时任全国人大常委会委员长李鹏的赞同②。目前，检察机关提起和参与民事公益诉讼在实践中不断深化，形式也日趋多样化。

（二）检察机关参与公益诉讼的多种形式

1. 检察机关督促提起公益诉讼。所谓督促起诉，就是检察机关并不直接提起公益诉讼，而是敦促其他具有公益诉权的主体提起公益诉讼。如前所述，对于公益诉讼，检察机关保留最终的启动权。但这并非意味着检察机关对于任何公益诉讼均要亲自以原告的身份发动诉讼；检察机关是否以原告身份提起公益

---

① 杨立新:《我国改革开放以来第一件公益诉讼案件及重要意义》，杨立新民商法网，2009 年 4 月 6 日。
② 杨立新:《我国改革开放以来第一件公益诉讼案件及重要意义》，杨立新民商法网，2009 年 4 月 6 日。

诉讼，取决于其多方面的考虑。督促起诉为检察机关直接提起公益诉讼积累了丰富的实践素材和经验。

2. 检察机关提起附带民事诉讼。在检察机关提起的刑事诉讼中，可以就涉及公益问题提起公益诉讼；此时，公益诉讼乃是在刑事诉讼中一并获得解决的。例如，被告郭某驾驶一辆半挂车沿京福高速行驶至齐河出口处时，因疲劳驾驶撞坏中心防护栏，驶入西侧车道内，与对面行驶的两辆轿车相撞，致使这两辆轿车内共7名驾乘人员中的5人死亡。同时，撞坏高速公路护栏、路面等路产而造成路产直接损失3万余元。事故发生后，被害人亲属均通过诉讼程序维护自己的权益，但是高速公路管理单位却未提出要求郭某进行经济赔偿的民事诉讼请求。基于此，齐河人民检察机关向齐河县人民法院提起诉讼，要求该案肇事司机、车主及挂靠单位共同赔付因被告人行为所造成的高速公路路产经济损失。齐河县人民法院依法受理了此案。经过庭审调查，法院认为郭某在该次交通事故中负全部责任，对因其犯罪行为给附带民事诉讼原告人和高速公路造成的经济损失应依法赔偿。

3. 检察机关支持起诉。《民事诉讼法》第15条规定："机关、社会团体、企业事业单位对损害国家、集体或者个人民事权益的行为，可以支持受损害的单位或者个人向人民法院起诉"。该原则的直接措辞并没有提到"检察机关"，但通常认为，该条中的"机关"一词，就包括了"检察机关"。这种解释不仅符合文义规则，同时还有实践的支持。举例来说，1996年，佳木斯市检察机关发现了一起国有资产流失的案件。一个国有企业放弃自己的利益，放任国有资产流入个人的口袋。检察机关进行了详细的调查，确认事实的准确性，向法院提起了诉讼。法院确认这个案件应当依法支持，但是以检察机关作为原告的做法不妥，建议有关部门作为原告、检察机关作为支持起诉的单位，法院判决该案原告胜诉。

4. 检察机关独立诉讼。检察机关独立提起公益诉讼，是检察机关参与公益诉讼最为完整的一种形式。在这种形式中，检察机关享有诉讼中原告人所能够享有的一切权能，同时还拥有一般的诉讼原告人所不具有的特殊权能，这就是对诉讼审判过程的监督权。这种监督权是客观存在的，正是这种监督权的客观存在，构成了检察机关独立诉讼与其他主体提起公益诉讼之间的本质区别。这种形式在实践中正处在不断推广之中。

（三）检察机关提起民事公益诉讼的优势

1. 检察机关提起公益诉讼具有宪法上的最高依据。宪法规定，检察机关是国家的法律监督机关。任何主体对于公益的损害，都是违法行为的表现；对此违法行为，检察机关拥有监督权，提起诉讼即为该监督权的行使形式之一。这在理论上被解说为一般监督权，以与作为特别监督权的诉讼监督权相区别。

2. 检察机关提起公益诉讼，享有证据调查权。其他主体在提起公益诉讼的问题上，通常会遇到调查事实的取证难的问题。但这一点对于检察机关来说并非障碍。因为检察机关对于违法情节是否存在，享有为宪法所保障的证据调查权。在此意义上说，检察机关提起民事公益诉讼，更容易克服诉讼中的技术性障碍，更容易获得胜诉的结果，从而更有利于社会公益的司法保护。

3. 检察机关提起民事公益诉讼，通常不会滋生其他主体提起公益诉讼时可能会产生的问题。比如，在公益诉讼上，由于其本质特征的缘故，其诉讼主体资格较为宽松。这有利于公益诉讼的开展，但同时也容易滋生滥用公益诉权的问题。检察机关作为公益诉讼的发动者，乃是以宪法所赋予的法律监督权为出发点，监督法律的遵守与实施是其惟一的追求，别无任何私人的独立利益存在于其中，因此不存在滥用公益诉权的任何动因。此外，检察机关提起民事公益诉讼，也无需考虑诉讼激励机制的问题。

4. 检察机关拥有诉讼主体地位上的特殊身份。在诉讼过程中，由于检察机关是国家的法律监督机关，它在诉讼中，不可能是简单的原告身份，同时它还具有法律监督者的特殊身份。这两种身份的竞合，特别适合公益诉讼的领域。一方面双方当事人地位的平衡关系更容易确保，另一方面在公益诉讼中也需要司法机关发挥积极的能动作用。法院审判需要发挥能动性，同时，检察机关的监督也内在地含有能动因素，共同的诉讼目标和司法使命将检、法两种能动性

高度融合在一起，由此也更加直观地呈现出我国二元司法机制的特征。

5. 检察机关提起民事公益诉讼，也有助于公共政策的有效生成。公益诉讼不同于私益诉讼的一个很重要的方面，就是通过公益诉讼，能够形成适应于将来社会发展的公共政策，同时也有利于对现行的实定法进行修改完善，从而促进法制的进步。因为与仅仅关注实体权利救济的私益诉讼不同，公益诉讼的主要功能在于为将来立法。检察机关提起公益诉讼，有助于更加直接地、更加明确地彰显此一功能，由此突出诉讼中的重点内容和主要目标。同时，由于检察机关具有专业知识方面的优势，并且与行使审判权的人民法院同属于法律共同体，拥有共同的政策理解力和法律把握力，因而更容易在公共政策方面达成高度一致的共识，而不致使公益诉讼陷入私益纷争的纠缠之中。

（四）具体的立法建议

1. 修改《民事诉讼法》。修法时在总则中规定一项基本原则：在国家利益、社会公共利益及有关公民重要权利受到侵害而无人起诉时，检察机关有权向人民法院提起民事诉讼，追究违法者的民事责任，以保护国家、社会和公民的合法权益。

2. 制定一个独立的《公益诉讼法》。目前的民事诉讼法主要适用于私益诉讼，对公益诉讼只能作出一个原则性的规定。其他的法律，尤其是实体法，如民法、经济法等，由于其性质的缘故，也不可能对公益诉讼的程序事项作出过多的周密的规范，只能规定一些实体性的事项。而公益诉讼制度既涉及大量的程序问题，又涉及较多的实体问题，是实体和程序兼顾的综合性法律制度，因而应当作出单独的立法规定。单独制定《公益诉讼法》还有一个好处，就是可以强化对公民、社会组织以及检察机关等国家机构等公益诉权的切实保障，从而使公益诉讼制度能够真正发挥作用，确保国家利益和公共利益不受损害，或者在受到损害后能够获得有效的司法救济。

3. 完善立法，系统规定检察监督的方式和程序。应明确列举检察机关可以提起民事公诉的案件类型。同时，立法也应当规定一个兜底条款，对公益诉讼设定若干标准，供法院在判断时具体加以运用。

4. 建立"民事公诉人"制度。在检察机关内部，通过考核等程序，确立民事公诉人资格制度。根据该制度，凡被赋予民事公诉人资格的检察官，在符合法定条件下，可以独立提起公益诉讼，同时在必要时，也可以在涉及弱势群体保护的案件中参与诉讼、支持诉讼，监督诉讼的公正处理。

5. 充分发挥检察建议的作用。通过公益诉讼的提起和进行，检察机关会发现很多涉及社会公共政策、公共管理以及公共立法等方面的问题，对于这些问题，检察机关应当本着通过一案、解决一片的原则，积极提出检察建议，以促进立法完善和行政管理机制的完善。

民行检察工作总结、评估与展望篇

新中国民事行政检察发展前瞻 *

杨立新 **

内容摘要：在社会主义市场经济迅猛发展的今天，民事行政检察是一项必不可少的法律监督制度。当前，民事行政检察的现状还不能完全适应建设法制国家、维护良好经济秩序的要求。本文以新中国民事行政检察的历史发展为基础，借鉴各国民事行政检察立法和实践的经验，研究我国民事行政检察的发展前景，为立法和司法提供参考。

关键词：新中国　民事行政检察　发展　研究

新中国成立以来，我国的检察制度经过近 50 年的发展，为建设社会主义法治国家发挥了重要的作用。民事行政检察虽然在近 10 年中有了较快的发展，但在维护司法公正与保证法律的正确统一实施方面还没有充分发挥其积极作用。在当前的司法现实条件下，民事行政检察是一项必不可少的法律监督制度，在社会主义市场经济迅猛发展的今天，其作用日渐重要。当前，民事行政检察的现状还不能完全适应建设法治国家、维护良好的经济秩序的要求。对新中国民事行政检察制度的发展进行前瞻性研究，为这一制度的发展提供蓝图，是发挥民事行政检察制度的积极作用的重要一环。本文以新中国民事行政检察的历史发展为基础，借鉴各国民事行政检察立法和实践的先进经验，研究我国民事行政检察的发展前景，为立法和司法提供参考。

---

* 本文刊载于《河南省政法管理干部学院学报》1999 年第 2 期。
** 杨立新，中国人民大学教授，时任最高人民检察院民事行政检察厅副厅长。

一、新中国民事行政检察发展的基础

新中国的民事行政检察制度起源于新中国成立初期。在这一时期，立法和司法都有明确的规定和实施办法。

（一）立法上的规定

新中国成立之始，1949年12月经中央人民政府主席批准，颁发了《中央人民政府最高人民检察署试行组织条例》，该条例第3条规定："最高人民检察署受中央人民政府委员会之直辖，直接行使并领导下级检察署行使下列职权：……2.对各级司法机关之违法判决提起抗议……5.对于全国社会与劳动人民利益有关之民事案件及一切行政诉讼，均得代表国家公益参与之。"该条例在规定最高人民检察署各处"职掌"的第10条中规定，第三处的职掌是："1.关于全国社会与劳动人民利益有关之民事案件参与事项；2.关于全国社会与劳动人民利益有关之一切行政诉讼参与事项。"在最初的检察机关的组织条例中，对新中国检察机关的民事行政检察职责作了最早的规定，就是代表国家和公益，参与民事和行政诉讼。

随后，在1950年1月29日，最高人民检察署作出4项规定，其中第2项在规定检察机关职责中规定："……（5）对于社会劳动人民利益有关之民事案件及行政诉讼，得代表国家参与之。"在第4项中规定："检察是新机关新工作，须要经过摸索过程。在起初只能先从刑民案件作起，以期稳扎稳打，逐步推进。"这一规定经中共中央批准通报全国，并要求各中央局、分局、各省、市委在各军政委员会及人民政府中保证实施之。

1950年《中华人民共和国诉讼程序试行通则（草案）》对人民检察院的民事行政诉讼职责作了详细的规定，其中第36条有关于"人民法院径行调查审判的刑事案件或依法令规定人民检察署参加的民事案件，经人民检察署声明参加者，亦应通知其参加"的规定。在"上诉（抗诉）"的程序规定中，明确规定，人民检察署对于其起诉或参加的案件，得提起抗诉（第56条第2款），同时对抗诉的期间、抗诉的方法、抗诉案件的审理程序等,作出了明确的规定。其"监督审判"部分,对检察机关的民事行政检察职责规定得更为详细。其中第77条规定:"上级人民法院因人民检察署的抗诉或其他原因,认为有必要时,得命下级人民法院速将审理中的或判决确定的案卷送交审查。""人民检察署执行检察职务时,对于所辖区域内下级人民法院审理中或判决确定的案件,认为有必要时,亦得向下级法院调卷审查。下级法院接到前两项的调卷命令或函件后,应速将案卷送交调卷的法院或检察署。案件如在审理中,应即停止审理;如已判决确定,非有停止执行的命令,不停止执行。"第78条规定:"上级人民法院或人民检察署调到卷宗后,应速予审查处理。""调卷的人民检察署审查结果,对于下级法院审理中的或判决确定的案件,认为有前项情形①时,得向上级法院提起抗诉,请予处理。"第80条对最高人民检察署的审判监督权作了规定:"最高人民检察署认为最高人民法院的确定判决确有重大错误时,亦得向其提起抗诉,请予再审。"在这一诉讼程序规则中,对人民检察机关在民事诉讼中的地位、职权,以及参与诉讼、调卷、抗诉等具体程序,作了十分清楚的规定。

1951年《中央人民政府最高人民检察署暂行组织条例》第3条规定:"最高人民检察署受中央人民政府之直辖,直接行使并领导下级检察署行使下列职权:……(三)对各级审判机关之违法或不当裁判,提起抗诉……(六)代表国家公益参与有关全国社会和劳动人民利益之重要民事案件及行政诉讼。"《各级地方人民检察署组织通则》也授予地方各级人民检察署同样的职权。

1954年《中华人民共和国人民检察院组织法》第4条关于人民检察院职权的规定包括:对于人民法院的审判活动是否合法,实行监督;对于有关国家的人民利益的重要民事案件有权提起诉讼或者参加诉讼。该法第二章对于人民检察院如何行使这种职权,在程序上作了原则的规定。在这部法律中特别值得重视的是,全国人民代表大会通过法律的形式,第一次明确了人民检察院对人

---

① 即本条第2款规定的认为审理显有违法或不当,或者对于判决确定的案件如认为确有重大错误的情形。

民法院民事审判活动的起诉权和参诉权。由于当时的新中国尚未建立行政诉讼制度，因此，这部法律对人民检察院在行政诉讼中的地位和作用，没有进行规定。这部法律，从国家法的角度，规定了检察机关的民事行政检察职权范围，奠定了民事行政检察制度的基础。

（二）实践上的做法

多年来，检察机关在履行法律规定的民事行政检察监督职责中，作出了积极的努力。

在中共中央批准的最高人民检察院《1956年至1957检察工作规划》中明确要求："有计划地开展并在两年内基本上建立对重要的民事案件的审判监督工作。计划在1956年选择有关国家和人民利益的重要案件3万件，参与或提起诉讼并进行审判监督工作取得经验，为1957年内进一步健全对重要民事案件的审判监督业务打下基础。预计在1957年参与和提起重要民事案件10万件。"

在最高人民检察院的指导下，各地在参与和提起民事诉讼中积极努力，取得了初步的成绩。1954年，辽宁、安徽、江西、山东、河南、山西、陕西、甘肃和北京9个省、市检察机关共办理民事案件2352件，既有提起诉讼的，也有参与诉讼的案件。1956年，黑龙江省检察机关办理民事案件80件，其中提起诉讼55件，参与诉讼25件；对这些案件，除当年未结的3件外，经法院调解解决的5件，驳回的1件，双方和解的9件，原告胜诉的34件，原告败诉的7件①。江苏省南京市人民检察院1956年5月至11月共受理民事案件23件，到当年11月15日，已经处理了17件，其中提起诉讼3件，参与诉讼11件，驳回申诉3件。在处理这些案件时，检察员出席民事法庭14次②。这些工作，在保护当事人的合法权益、维护国家利益和社会公益中，发挥了良好的作用。

---

① 参见柯汉民主编：《民事行政检察概论》，中国检察出版社1993年版，第34页。
② 以上资料参见最高人民检察院民事行政检察厅编：《民事行政检察参考资料》（1989年内部资料），第71—72页。

对于检察机关在民事审判活动中的这些作用，人民法院予以充分的和积极的支持。人民法院的同志反映，检察院参与诉讼的案件，可以帮助法庭正确认定事实，判决也就更有把握些，因而表示积极欢迎检察院参与民事诉讼，并希望将此定为经常的业务制度①。

此外，最高人民法院还制定了规范性司法解释，对人民检察院如何提起诉讼和参加诉讼的具体程序，作了明确的规定。

最高人民法院1957年9月制定的《民事案件审判程序（草稿）》②第1条有"人民检察院对于有关国家和人民利益的重要民事案件，也可以提起诉讼"的规定。第50条规定了检察机关在上诉程序中的抗议权，该第50条规定："当事人或检察院不服地方各级人民法院第一审案件的判决而提起上诉和抗议的期限为10天，不服裁定而提起上诉、抗议的期限为5天，自接到判决书（裁定）的次日起计算。"第55条规定："地方各级人民检察院对同级人民法院第一审判决和裁定认为有错误的时候，有权按照上诉程序提出抗议。如果在上诉期间届满后提出抗议，应当按照审判监督程序进行。"其后，第56条至第61条对于人民法院审理上诉和抗议案件的具体程序作了较为详细的规定。

按照这一时期各地人民法院和人民检察院的具体做法，在民事诉讼中，人民检察院行使以下职权：一是起诉权，对于重大的民事案件，人民检察院可以向人民法院提起民事诉讼；二是参与诉讼的权利，即参诉权；三是上诉程序的抗议权，对于人民检察院自己起诉和参与诉讼的案件，对第一审民事判决和裁定，有权按照上诉程序提出抗议；四是审判监督程序的抗议权，对于超过上诉期间的判决、裁定，检察机关可以按照审判监督程序提出抗议，人民法院按照审判监督程序进行审理。这是民事行政检察制度较为完整的内容，对于当今建设社会主义法治国家所要求的民事行政检察而言，仍然具有极为重要的借鉴意

---

① 参见最高人民检察院民事行政检察厅编：《民事行政诉讼检察参考资料》（1989年内部资料），第72页。

② 该《民事案件审判程序（草稿）》虽然不是正式的司法解释，但在没有正式民事诉讼程序规定的当时，这一草稿具有参照的效力。

义，为民事行政检察制度的发展奠定了稳固的基础。

二、新中国民事行政检察的曲折进程

按照1954年《中华人民共和国人民检察院组织法》的规定，新中国的民事行政检察已经具有了恢宏的发展前景。但是，随着1957年的"反右"斗争和"无产阶级文化大革命"，新生的新中国民事行政检察制度遭受了毁灭性的打击。在"左"的思潮的影响下，"反右"斗争中，宪法和人民检察院组织法所规定的一些正确原则和制度受到错误批判，检察机关行使法律监督职能被说成是专政矛头对内，实行垂直领导被歪曲为以法抗党，造成了严重的思想混乱，蓬勃发展的检察制度遭受了挫折①，民事行政检察制度当然也不例外。在十年"文化大革命"中，社会主义法制被严重破坏，各级检察机关都被撤销，1975年宪法明确规定，检察机关的职权由公安机关行使，从宪法上彻底否定了检察机关存在的必要性，民事行政检察制度与其他检察制度同时被废止。

"文化大革命"以后，1978年重建了检察机关，各项检察职能都在不同程度上得以恢复。1979年2月2日最高人民法院《人民法院审判民事案件程序制度的规定（试行）》对于人民检察院提起诉讼和参与诉讼的民事案件的审理程序，都作了规定，其中"案件管辖"一节明确规定："人民检察院提起诉讼的民事案件，由同级人民法院受理。""开庭审理"一节明确规定："人民检察院提起诉讼的案件，应通知人民检察院派员出庭。""上诉"一节则规定："人民检察院按照上诉程序提出抗议的，可参照当事人上诉的程序审理，如在上诉期满后提出抗议的，应按审判监督程序进行。""审理上诉或抗议的案件，应由三名审判人员组成合议庭进行。"《人民法院审判民事案件程序制度的规定（试行）》还对人民检察院提起诉讼和参与诉讼的民事案件的审理程序作了具体的规定。这是在文化大革命以后，第一次以司法解释的形式，对检察机关参与民事诉讼作出的规定，在人民检察院的历史发展尤其是对于民事行政检察事业的

---

① 李忠芳、王开洞：《民事检察学》，中国检察出版社1996年版，第56页。

发展，具有重要的意义。

但是，1979 年《中华人民共和国人民检察院组织法》彻底废止了民事行政检察制度。该法虽然在第 1 条开宗明义，规定了中华人民共和国人民检察院是国家的法律监督机关，但在具体的职权中，规定的都是刑事检察职权，只有第 5 条第（4）项规定了"对于人民法院的审判活动是否合法，实行监督"的内容，却规定在"对于刑事案件提起公诉、支持公诉"之后，其具体含义很难确定，在"人民检察院行使职权"一章，几乎规定的都是刑事检察的内容。因而，按照该法的规定，人民检察院就成了具有单一职能的"刑事检察院"。

1982 年《中华人民共和国民事诉讼法（试行）》对于 1979 年《人民检察院组织法》的规定作了一定程度的改变，该法第 12 条规定："人民检察院有权对人民法院的民事审判活动实行法律监督。"重新确立了人民检察院对民事审判活动的监督权，在一定程度上改变了"刑事检察院"的性质。然而，整部《民事诉讼法（试行）》除了这条规定以外，再没有对民事审判活动进行监督的条文。尽管造成这种局面有其历史原因，但是，对于关乎国家基本体制的人民检察院职能作出这样的规定，仍然是历史的遗憾。人们在回顾《民事诉讼法（试行）》的制定过程时，不无遗憾地指出，整个《民事诉讼法（试行）》制定的过程中，前后共有 7 稿，前 6 稿都有关于人民检察院参与民事诉讼的内容。尤其是第 6 稿对此规定的最为完整，主要内容是：（1）人民检察院有权代表国家提起或者参加涉及国家和人民重大利益的民事诉讼；（2）人民检察院有权对人民法院的民事审判活动实行法律监督；（3）人民检察院提起民事诉讼，参与诉讼的检察人员有权申请回避、提供证据、参加辩论、变更、撤销诉讼；（4）人民检察院提起或者参加民事诉讼，参加诉讼的检察人员有权查阅案件材料、进行调查、对诉讼活动实行监督；（5）人民检察院参加诉讼的，由检察人员发表意见；（6）地方各级人民检察院认为同级人民法院第一审判决、裁定有错误的，有权依法向上一级人民法院提起抗诉；（7）最高人民检察院对各级人民法院已经发生法律效力的判决、裁定，发现确有错误，上级人民检察院对下

级人民法院已经发生法律效力的判决、裁定,发现确有错误,有权按照审判监督程序提起抗诉。对于这样完整的民事行政检察职能的规定,反对的不是别人,而是检察机关内部发生了分歧,主导的意见是不同意检察机关对民事诉讼实行检察监督,最终导致正式通过《民事诉讼法(试行)》的时候,删除了一切具体的内容,只保留了这样一条原则的条文①。

正是由于这种历史的遗憾,新中国的民事行政检察的重新起步,不能不说面临着重重困难。从1986年起,最高人民检察院和一些地方人民检察院着手对检察机关参与民事、行政诉讼活动和实行民事行政诉讼法律监督进行调查研究,进行一定规模的试点工作,取得了进展。在此基础上,1989年《中华人民共和国行政诉讼法》第10条规定:"人民检察院有权对行政诉讼实行法律监督。"第64条规定:"人民检察院对人民法院已经发生法律效力的判决、裁定,发现违反法律、法规规定的,有权按照审判监督程序提出抗诉。"尽管该法只规定审判监督程序的抗诉权,对于检察机关的行政起诉权、参诉权和上诉程序的抗诉权,都没有作出规定,但这一法律却成为一种定式,成为以后修改《民事诉讼法》时参照的依据。在1991年修改民事诉讼法的时候,尽管对检察机关按照审判监督程序提出抗诉作出了有一定具体内容的规定,但是,仍然局限在审判监督程序的抗诉权的范围,在民事行政检察的完整的职能之中,没有新的进步。这就是《民事诉讼法》第14条的原则规定,以及第185条至第188条关于按审判监督程序抗诉的四条规定。即使是这种单一的审判监督程序的抗诉权的规定,两部诉讼法规定得都不具体,致使在实践中人民法院和人民检察院的理解各不相同,难以协调一致地严格执法,在一些重要的问题上,难以取得共识。这是制约民事行政检察向前发展的重大障碍。当前,只有突破这种立法上障碍,民事行政检察才能有效地发挥其作用。

---

① 参见柯汉民主编:《民事行政检察概论》,中国检察出版社1993年版,第35—36页。

三、新中国民事行政检察的现状

（一）取得的成绩

1988年起，检察机关在1982年《民事诉讼法》规定的基础上，对于如何行使民事审判监督权进行了探索，最高人民检察院设立了民事行政检察厅。此后，检察机关在部分省开始进行民事行政检察工作的试点。行政诉讼法公布施行以后，检察机关对行政诉讼的法律监督有了明确的法律依据，对行政诉讼活动进行监督有了切实的依据，因此，民事行政检察工作结束了试点阶段，开始了正式的实施阶段。1991年，《民事诉讼法》正式施行，检察机关对民事审判活动的监督有法可依，各地检察院依照法律规定，对民事审判活动的法律监督，也开始了正式实施的阶段。

各地各级检察机关依照法律，组建民事行政检察部门，同时积极开展工作。检察机关面对崭新的民事行政检察业务，针对民事行政检察干部业务不熟。有一定的畏难情绪的情况，依照"严格执法，狠抓办案"的工作方针，提出了"敢抗、会抗、抗准"的办案原则，继而总结了"以办理抗诉案件为工作重心，抓好办案效率、办案质量和办案效果三个基本环节"的工作指导思想，突出抓对确有错误的判决、裁定的抗诉工作，以适应社会主义市场经济对法律调整的迫切需要，依法保护国家利益和公民、法人的合法权益。自1991年以来，全国检察机关办理抗诉案件11925件，向法院提出检察建议8028件。人民法院对抗诉案件审结3986件，改判和撤销原判3300件，占审结案件的82.79%。同时，对裁判正确的，认真做好申诉人的息诉工作。

民事行政检察工作对社会主义市场经济秩序和公民、法人合法权益的维护的作用，逐步地显现出来。七年来，检察机关通过办理抗诉案件，维护了司法公正和社会主义市场经济秩序，促进了经济发展，使720多个企业恢复了生产。黑龙江省哈尔滨市星光电器铮焊厂在河南省南阳市投资办厂，与常年合作企业南召县有色金属开发有限公司发生纠纷，该公司起诉，当地法院判决黑龙江一方当事人败诉，查封了厂房设备，被迫停产，该方当事人要撤回在南阳市

的投资。检察机关接受了星光电器厂的申诉后,依法抗诉,法院纠正了错判,为申诉人挽回了经济损失,恢复了生产,保护了企业的合法权益。哈尔滨市星光电器厂看到了司法的公正性,又向南阳投资400万元发展生产。

在办案中,检察机关注重审查判决不公背后隐藏的司法人员腐败问题,依法惩治司法腐败,维护司法公正。七年中,检察机关依照《民事诉讼法》第43条、第185条第1款第4项和《刑事诉讼法》的有关规定,立案审查民事行政审判人员贪污受贿、徇私舞弊、枉法裁判案件800余件。湖北省检察机关依法审查曹某某不服法院判决的房产纠纷申诉案,查清了审判员徐某某同一方当事人伪造证据,抢夺申诉人房产,徇私舞弊的事实,抗诉后再审依法改判,物归原主;将徐某某提起刑事公诉后,被判处有期徒刑,维护了司法公正,保护了当事人的合法权益。

（二）存在的不足

七年的实践证明,法律赋予检察机关对民事审判和行政诉讼活动的监督权,是完全正确的,检察机关依法行使民事行政检察监督的职能,对于司法公正,依法调整民事、行政法律关系,维护社会主义市场经济秩序,保护公民、法人的合法权益,都是完全必要的。同时,也暴露出立法对民事行政检察工作所作的现行规定的局限性。这些局限性主要表现在以下几个方面:

1. 现行立法的总则和分则的规定相互矛盾。在《民事诉讼法》和《行政诉讼法》中,总则的规定和分则的规定不相一致。总则规定检察机关对民事审判活动和行政诉讼活动有权进行监督,规定的范围是十分宽泛的。但是,在分则中,只规定检察机关对已经发生法律效力的、确有错误的判决、裁定进行抗诉。具体的、可操作性规定又十分狭窄。在这样前后矛盾的法律规定面前,检察机关的民事行政检察监督进退两难;按照两部诉讼法的规定,检察机关对民事审判和行政诉讼中的一切违法行为都可以进行监督,但是由于分则中没有具体规定,任何一个法院都可以法律没有明文规定为理由,拒绝检察机关除抗诉以外任何形式的法律监督;检察机关仅仅按照分则的规定,对已经发生法律效力的判决、裁定进行监督，放弃对民事审判和行政诉讼活动的全面监督，有悖于总则的规定，然而按照总则的规定实施全面监督，则没有分则的法律依据。

2. 法律规定的检察机关民事行政抗诉权过于狭窄。抗诉是检察机关行使法律监督职能的一项重大的权力。完整的抗诉权，包括上诉程序的抗诉权和审判监督程序的抗诉权。完整的抗诉权是将法院全部的判决、裁定都置于监督之下，检察机关对一审判决、裁定和二审判决、裁定都可以抗诉，而不论其是否生效。在《刑事诉讼法》中规定的抗诉权，就是这样完整的权力。现行《民事诉讼法》和《行政诉讼法》规定的抗诉权，并不是完整的抗诉权，而是审判监督程序的抗诉权。按照这样的抗诉权，检察机关只能对二审判决、裁定和一审生效的判决、裁定进行抗诉，凡是没有生效的判决、裁定，检察机关无权抗诉。这就是所谓的"事后监督"。在民事行政检察工作现行的抗诉权中，就是这样的不完整的抗诉权。

3. 法律赋予检察机关的民事行政检察监督的职权过于狭窄。检察机关的民事行政检察职能既然是对人民法院的民事审判活动和行政诉讼活动进行监督，那么，就不应当仅仅享有抗诉权，仅仅对人民法院的民事审判活动和行政诉讼活动中的生效判决和裁定进行监督，而应当按照《民事诉讼法》和《行政诉讼法》总则的规定，对民事审判活动和行政诉讼活动实施全面的监督。这种全面的监督，不仅仅包括审判监督程序的抗诉，也不仅仅包括上诉程序的抗诉，还应当包括对起诉至判决、裁定执行的全部的监督活动，以及检察机关对于重要的民事、行政诉讼案件的参与诉讼的权力和对于涉及国有资产权益和社会公益的案件的起诉权，这样的民事行政检察监督，才是完整的法律监督。然而，现行立法除了赋予检察机关所谓的"事后监督"的抗诉权以外，再没有任何其他的监督权力，检察机关在这样的立法面前，作为不大，无法实施全面的法律监督职责。例如，由于地方保护主义的影响和法官的实际水平以及其他原因，已经发生法律效力的民事判决和裁定尽管没有问题，但是在执行中，却存在错误地执行第三人的财产、执行标的错误等问题。由于一般的理解执行并不是审判活动，因此，权威的司法机关解释执行的裁定，人民检察院不能抗诉。这样的

解释，不能说是符合法律的。

这仅仅是立法上的问题。在实际操作上，对于这样的监督范围，也是打了折扣的。根据各地检察机关的反映，困扰民事行政检察监督最重要的有三个问题：一是调卷难。进行审判监督，就必须调阅人民法院的审判卷宗；但是，检察机关在这个问题上，困难重重，自《行政诉讼法》和《民事诉讼法》实施以来，就没有解决这个问题。按照法院的诉讼档案管理办法，检察机关当然可以按照规定向人民法院调阅或者借阅诉讼档案，但是在民事行政检察监督上，却另有说法，即检察机关只能到法院指定的地点阅卷，只有少数开明的法院，准许检察机关按照规定借阅案卷。二是抗诉案件的审级问题。按照法律的规定，人民检察院向人民法院提出抗诉的案件，人民法院应当按照审判监督程序审理。在操作上，先是要求上级检察机关应当向下级人民法院抗诉，继而同意同级人民法院受理抗诉案件，但是一律裁定交由下级人民法院或者函转下级法院审理，至今仍有一些法院拒绝受理检察机关提出的抗诉案件。三是抗诉案件的审限太长。按照法律规定，按审判监督程序审理的案件，如果适用一审程序审理的，应当参照一审案件的审限审理，按照二审程序审理的，就应当适用二审案件的审限审理。在实际工作中，法院审理抗诉案件没有审限的限制，长期拖延，久审不决，长达数年的案件不在少数。这些问题不解决，现行立法中的民事行政检察监督也会被荒废。这不能不说是一个严峻的问题。

四、民事行政检察工作发展前途的展望

（一）赋予检察机关起诉权、参诉权是法律技术的要求

法律保护的对象不仅限于特定的主体利益，在某些情况下，违法行为会侵害不特定多数人的利益。在我国，公共利益突出表现在"公害事件"和"国有资产流失"两个方面：

1. 公害事件。公害事件也就是通常所说的直接造成不特定的大多数人的人

身、财产损害的事件。当前人们抱怨最多的主要是环境污染问题。环境污染已经成为威胁人类生存的问题，近年来，环境污染致害事件明显呈上升趋势，纵然新闻媒体用了相当的篇幅宣传环境污染给人类带来的危害，污染仍然像"恶鹰"一样吞噬着人类生存的地球。然而，由此而引起的诉讼却寥寥无几，其主要原因是我国现行法上确立的权利主体偏离了社会现实需要。

2. 国有资产流失事件。在我国，维护公共利益还具有一个特别重要的意义，就是保护国家对国有资产的所有权。我国的国有资产是全国的劳动者用几十年时间的埋头苦干和无私奉献积累起来的，因此，应当在制度上防止国有资产流入少数人的腰包。

按照现行法律，对于上述两类事件，只有极少数人享有起诉权，或者任何公民、法人对这种违法行为均无起诉权。即便是有的受害人依法具有原告资格，也常常由于诉诸法律主张权利对他来说可能是很不经济的，或者因为受害人多，谁也不愿意付出代价让别人搭便车等原因而无人起诉。因此，在设计法律程序时，应当设定代表公共利益的法律主体。

公共利益受到损害，必然造成人们的不满，因此而引起的争议也就已经客观存在。在权力分工较为合理的法治国家，司法的职能在于解决纠纷，其法律程序也就应当保证每一个争议都有一个适当的渠道诉诸法院。由于审判职能本身具有消极的一面，法院不能积极主动地去解决纠纷，这就在技术上要求有一个主张权利的诉讼主体。

在我国，所有的国家机关中，检察机关就是最合适的代表公共利益的诉讼主体。自检察制度产生以来，检察机关就以国家利益的代表的面目出现。检察机关作为国家法律监督机关，负有监督法律统一正确实施的职责。长期以来检察机关通过行使检察权，同破坏法律的违法犯罪行为作斗争，维护国家利益和社会公共利益。检察机关工作人员熟悉法律，能够有效地运用法律手段维护公共利益。

检察机关作为国家法律监督机关，其权力行为不具有实质处分的性质，处于一种超然的地位，在国家利益和社会公共利益受到损害以后，能够忠实地维

护公共利益。从我国现行法律规定来看,维护公共利益是检察制度的目的所在。因此,法律有必要赋予检察机关对违反民事法律规范的行为人向人民法院提起民事诉讼的权利(力)。

(二)当前的司法现实决定了必须严惩枉法者

法律程序的设计,最终决定于实现法律目的的需要。民事行政检察制度的存在与发展,并不是单纯地选择哪种诉讼模式的问题,而是由我国目前的司法现实所决定的。在我国,国家走向现代意义上的法治化的时间不长。长期以来国家和社会对法律教育的淡漠,导致了当今中国法律人才的严重缺乏,司法机关不得不容忍缺乏法律素养者担任司法职务的现实。由缺乏法律素养的人担任司法职务,难以树立正确的法律职业道德。由于法官缺乏基本的法律背景知识,以个人的价值观代替法律判案的现象也就不足为奇。如果法官不是把担任司法职务看作自己的事业,而是作为生存或个人发展的手段,利益驱动往往导致司法不公。而我国现实中,有的法官都没有受过良好的法律教育,有的甚至不知法为何物就担任了重要的司法职务,这些人的个人经历在他们心灵深处所打下的烙印、形成的价值观,无时无刻不影响着他所从事的司法工作[①]。同时,我国处于经济转型时期,人们的价值观念正处于转变时期,即便是带有正义色彩的,一般也不一定就适应社会主义市场经济的需要。在我国现行的司法制度下,法官最主要的是法律的执行者,依法裁判案件是法律对法官或者法院的最起码的要求。我们难以想象一个对法律不甚了解的法官能够很好地秉承法律的意旨作出裁判,因此,法律教育的滞后是当前出现的司法不公、司法腐败的一个重要原因。

确立司法公正的最有效的办法就是使法官成为一种具有较高的社会地位的职业,以吸引越来越多的优秀人才从事这一职业。公正的司法不仅仅要求法官

[①] 在一部由最高人民法院审核的反映优秀审判人员谭彦的先进事迹的话剧《谭彦》中,就有谭彦在家里接待当事人的一幕。且不说谭彦是否确实在家里接待过当事人,仅就编剧及审定者在有限的篇幅中选定这一事例来反映谭彦对审判工作的热情而言,可以断言他们并不了解"禁止单方面的接触"这一基本的司法公正规则。

公正、合法地处理大多数案件，而是要求法官公正、合法地处理每一个案件。法院不是法律学校，不及格可以补考，将那些有劣迹的人清除出法官队伍是树立法官荣誉感和加强其责任心的良药。实践证明，法院系统内部的纪检监督部门对违法法官的惩戒软弱无力，检察机关有必要担当起惩戒违法法官的重任，法律上应当考虑赋予检察机关必要的具体措施。

（三）司法不公的形态决定了多元化的检察监督方式

我国的司法现实决定了我国现阶段不可能照搬西方式的法官至上的诉讼模式。为此，检察监督的范围应当取决于可能产生司法不公的所有领域，具体包括以下几个方面：

1. 参与重大民事、行政活动的权力。据国家国有资产管理局分析，国有资产主要是在投资、转让、处分等重大民事活动中流失的，鉴于此，堵塞国有资产流失的渠道是必要的。法律有必要作出规定：凡关系重大国有资产的投资、转让、处分，应由检察机关派员参加；检察机关有权了解有关国有资产的使用情况。当公民、法人或者其他组织已经提起的民事诉讼关系国家利益或社会公共利益时，人民检察院应当有权参与诉讼。

2. 参与民事、行政诉讼。在民事、行政诉讼中，诉讼各方的活动可能涉及公共利益，无论出于技术上的考虑，还是出于确保公共利益不受损害的考虑，都应当设定一个代表公共利益的诉讼主体。例如，当事人申请撤诉的情况下，如果单纯由法官审查撤诉行为是否损害公共利益，实际上法官就成为公共利益的代表。这样，法官既是裁决者，又是当事人，不符合法律程序的正当性原则。

3. 起诉权。如果说法律赋予检察机关对国有资产投资、转让、处分过程中的参与权是防止国有资产流失的保证，那么，法律赋予检察机关依法行使保护国有资产的民事起诉权，则是在国家利益受到损失后进行补救的重要途径。

检察机关的起诉权主要应当针对那些损害国家利益和社会公共利益的违法行为，主要有两类：一类是侵犯国家对国有资产的所有权的事件；另一类是公害事件。由于上述两种行为不直接侵犯特定的公民、法人或者其他组织的合法权

益，往往无人享有诉权，即使法律赋予其诉权，也常常因为起诉与否与他们的自身利益无直接的关系而无人起诉。

行政机关的行政行为造成公共利益损害的情况主要有两种：一种是造成国有资产的严重流失，另一种情况是行政行为给维护公共利益者披上了一层合法的外衣。行政机关的决策总是表示全力支持我国推行的企业制度改革，但是在我国，行政首长往往不懂法律，且具有片面追求一种政治效果的倾向，不顾必要性与可行性难免使国家利益受损。就行政机关的行政行为而言，尤其是在行政许可领域，滥发许可证，造成资源的破坏性利用的后果屡见不鲜。新闻媒体曾报道过这样一则消息：有人在石林风景区建了一个水泥厂。在风景区建厂的行为本身固然不可取，但是，没有行政机关的许可，任他再大胆也不敢在风景区建工厂。我们的法律目前尚没有将这种可能造成公害事件的不明智的行政行为的起诉资格授予任何公民或者法人。如果赋予检察机关对公害事件的起诉权是对社会公共利益造成损害后果的补救途径的话，赋予检察机关对可能造成公害事件的行政行为的起诉权，则是防患于未然的良策。

1997年12月3日，我国第一起由检察机关以原告身份代表国家利益提起诉讼的案件得到法院判决的支持[①]，也已初步证明为了维护公共利益的目的赋予检察机关提起民事诉讼、行政诉讼的职责是必要的。

但是，检察机关的起诉权毕竟不同于公民、法人的起诉权，不能没有限制。否则，就会因为检察机关过多地介入民事案件而影响公民自主行使权利，介入行政案件而破坏行政权或审判权的有效性。检察机关在哪些情况下可以发动什么样的检察程序是立法必须解决的问题。根据我们目前了解的情况，对于涉及国有资产的公害事件中，应当赋予检察机关起诉权。

4. 对未生效民事判决、裁定的抗诉权。现实生活中对司法权的不正当行使，造成错案，是法律赋予检察机关抗诉权的基础。现行法律将检察机关的抗诉对象限定在生效裁判的范围之内，大大地影响了司法公正的实现。法律没有

---

① 参见河南省方城县人民法院《民事判决书》（1997）方民初字第192号。

将未生效裁判列入抗诉对象的范围，大致是基于以下理由：法律已经将上诉权赋予诉讼当事人；未生效裁判尚未取得执行力，对其抗诉没有实际意义。但是，这种理由并不具有说服力。首先，尽管现行法律已经将上诉的权利赋予诉讼当事人，但是，在法院的裁判涉及的公共利益与其自身利益没有直接的关系时，当事人往往不提出上诉。即使存在富有正义感的人，由于当事人资格的限制，他也难以依据现行法律找到可行的途径。其次，法律已经赋予检察机关对生效民事、行政裁判的抗诉权，不能成为否定将未生效裁判列入抗诉对象的理由。虽然，民事行政裁判的执行不会造成错杀无辜、冤狱等人身损害后果，但是错误的民事、行政裁判和错误的刑事判决一样，一旦生效并付诸执行，都会造成一定的损害后果。法律应当尽可能防止错误裁判付诸执行，据此，赋予检察机关未生效裁判的抗诉权，可以避免社会财富的浪费，是十分必要的。

5. 先予执行、执行、破产裁定属于检察监督的范围。最高人民法院作出的司法解释，拒绝检察机关对先予执行、执行、破产裁定提出抗诉。从司法机关授权司法解释的内容来看，这一司法解释显然超出了法律授权的范围，侵害了检察监督权。从国家权力的划分来看，国家权力分为立法权、行政权和司法权，人民法院执行民事判决裁定、裁定、先予执行、企业破产的活动显然是行使审判权的表现，对民事行政裁判的执行权和裁定企业破产并不是一种独立于审判权之外的国家权力，而是一种审判权。先予执行则是人民法院民事审判活动的一部分，法律关于检察机关对民事审判活动实行监督的规定当然包括民事执行程序、先予执行、破产裁定的监督。至于监督的方式，应当根据违法的形式有所不同，并不一定是抗诉，在错误的裁判造成的实际损害通过抗诉程序无法得以弥补的情况下，追究违法的审判人员的枉法裁判的法律责任是必须的。

加强法治，建设社会主义法治国家，是党的十五大确定的治国方略。加强对宪法和法律实施的监督，是党的十五大提出的实现这样的治国方略的一个重要措施。人民有理由相信，在十五大的方针指引下，民事行政检察监督的发展，一定会有一个辉煌的前景。

按照党的十五大提出的依法治国、建设社会主义法治国家的治国方略来认

识民事行政检察工作，应当有两个最基本的认识：第一，民事行政检察工作是法律监督工作的一个重要的、不可缺少的环节。依法治国，是党领导人民治理国家的基本方略，也是邓小平同志民主法制思想的重大发展，是我国治国方式的进一步改善，具有重大的现实意义和深远的历史意义，是建设社会主义事业的根本大计，江泽民同志在党的十五大报告中指出："加强对宪法和法律实施的监督，维护国家法制统一。"① 这种法律监督，是完善民主监督制度，保障改革和建设的进程，维护社会稳定和发展，依法治国，建设社会主义法治国家的必不可少的措施。检察机关是国家法律监督机关，它的全部职责，就是法律监督。民事行政检察是检察机关法律监督职能的重要组成部分，对于民法、经济法和行政法的统一实施，具有特别的重要作用。应当看到，在一些地方、部门和单位有法不依、执法不严、违法不究的情况仍然存在，建设社会主义法治国家的现状与人民的期望和要求相去甚远。民事行政检察监督的对象就是有法不依、执法不严、违法不纠的民事、行政判决和裁定。查处造成裁判不公的司法人员索贿受贿、枉法裁判案件，正是遏制司法腐败的手段之一。检察机关全面履行法律监督职责，就必须抓好每一项检察工作，决不能放弃任何一项工作。在当前，民事行政检察这项法律监督工作只能加强，决不能削弱，更不能放弃。第二，民事行政检察工作是法律监督机关通过法律手段调节社会经济生活，保障和维护社会主义市场经济秩序的重要措施。江泽民同志指出："在这个时期，建立比较完善的社会主义市场经济体制，保持国民经济持续快速健康发展，是必须解决好的两大课题。"② 在全国人民高举邓小平理论伟大旗帜，把具有中国特色的社会主义事业全面推向二十一世纪的今天，检察机关对于解决这两大问题，同样负有重要的责任。民事行政检察工作是对民事审判和行政诉

---

① 江泽民：《高举邓小平理论伟大旗帜，把建设有中国特色社会主义事业全面推向二十一世纪》，载人民网，http://www.people.com.cn/GB/channel1/10/20000529/80728.html。

② 江泽民：《高举邓小平理论伟大旗帜，把建设有中国特色社会主义事业全面推向二十一世纪》，载人民网，http://www.people.com.cn/GB/channel1/10/20000529/80728.html。

讼活动进行监督，监督的目的就是保证司法机关严格执行法律，切实保障公民、法人的合法权益，规范交易秩序，维护公平竞争，推动社会主义市场经济的完善和发展，保障国民经济健康发展。在司法领域中，有法不依，搞地方和部门保护主义，甚至贪赃枉法、徇私枉法，破坏了市场经济秩序，破坏了交易规则，通过严格执法，加强监督，纠正错判，才能实现这样的职能。随着社会主义市场经济的确立和完善，民商法律和行政法律的调整范围越来越大，公众法律素质越来越高，公民、法人和其他组织对民事行政执法水平有更高的要求，民事行政检察所负担的任务越来越重。

民事行政检察工作的发展历程与展望*

王鸿翼**

内容摘要：民行检察制度是中国特色检察制度的重要组成部分，本文通过回顾民行检察工作的发展历程，清晰地勾勒出民行检察工作的基本脉络，为进一步提高民行检察工作发展水平指明了方向，并对下一步民行检察工作的发展趋势作出评判、提供必要指引，同时对民行检察工作中急需解决的相关问题给出了答案。

关键词：民行检察　发展历程　未来展望

民事行政检察制度是中国特色检察制度的重要组成部分，也是检察机关肩负的宪法赋予法律监督使命在民事、行政诉讼领域的体现。我国检察机关恢复重建至今，民事、行政检察作为一项较晚恢复的检察工作，历经艰难曲折的发展历程，终于处在了全面、深入发展的重要关口。当前，中国特色社会主义法律体系已经形成，在全面建设中国特色社会主义法治国家的形势下，回顾发展历程，总结发展经验，把握发展趋势，对正确认识和开展民行检察工作，坚持并完善民行检察制度无疑具有重要意义。

---

* 本文刊载于《人民检察》2011 年第 12 期。
** 王鸿翼，时任最高人民检察院民事行政检察厅厅长。

一、民行检察工作发展历程

新中国成立之初，民行检察工作即在立法上得到明确的确认。1949年颁布的《中央人民政府最高人民检察署试行组织条例》明确了检察机关在民事检察方面具有两项职权：对违法判决提出抗诉；代表国家公益参与民事诉讼。1951年《中央人民政府最高人民检察署暂行组织条例》、1954年《人民检察院组织法》对检察机关的民事行政检察职责作了进一步较为详细的规定。"文革"期间，检察机关被撤销，民事行政检察事业也随之中断。

检察机关恢复重建后，民行检察工作从1986年开始试点，到现在的25年以来，其在组织机构、人员队伍、工作制度、监督范围、监督方式、办案规模、指导思想、理论研究等各个方面，经历了由无到有，由起步到确立，由确立到巩固，由巩固到提高的发展历程，大致可以划分为四个发展阶段：

（一）以抗诉工作为标志的民行检察起步阶段

我国1982年《民事诉讼法（试行）》规定了检察机关有权对民事审判活动进行法律监督。但是，对于检察机关如何进行监督未作任何规定，加之在当时计划经济形势下，民商事司法活动调节的范围较窄，需求也较少，因此民事检察工作基本上处于没有开展的状态。随着社会经济的发展，民商事活动增多，对检察机关介入民商事活动提出了新的要求，作为法律监督机关的人民检察院也逐步将民事、行政诉讼法律监督问题提上议事日程，开始了建设符合中国国情与实际需要的现代民行检察制度新篇章。

1986年，依照民事诉讼法的原则规定，部分有条件的检察院开展了民事审判法律监督试点工作。1988年9月，高检院正式成立民事行政检察厅。1989年颁布的行政诉讼法，除了在总则中规定检察机关有权对行政诉讼进行法律监督之外，在分则中还明确规定了检察机关发现生效的行政判决、裁定违反法律、法规规定的，有权按照审判监督程序提出抗诉。这就从立法上明确了行政诉讼检察监督的方式。在立法的推动下，1990年，"两高"联合发出

《关于开展民事、经济、行政诉讼法律监督试点工作的通知》。1991年正式颁布的民事诉讼法，在坚持人民检察院有权对民事审判活动实行法律监督的原则上，明确规定了人民检察院对生效的民事判决、裁定提出抗诉的条件和程序。高检院在下发关于做好民事诉讼法实施工作通知的同时，就检察机关受理民事、行政申诉分工下发了专门通知，明确了民行检察部门办理民事行政申诉案件的初步程序与范围。到1991年，全国有29个省级检察院成立了民事行政检察处，72%的分、州、市院和26%的县（市）、区院成立了民事行政检察科，拥有了近2000人的民事行政检察干部队伍。至此，民事行政检察制度和抗诉监督方式在民事、行政两大诉讼法中得以确认，全国检察机关民事行政机构基本建立，检察机关开始逐步履行民事审判和行政诉讼法律监督职责。

（二）民行检察抗诉监督工作发展阶段

坚持"敢抗、会抗、抗准""公开、公正、合法"的办案原则，坚持"以办理抗诉案件为重心，抓好办案效率和办案效果基本环节"的办案指导思想，是这一阶段民行检察发展的主要特征。这一时期，全国检察机关全面开展和规范民事行政抗诉监督工作，民行检察工作由此进入了一个快速发展时期。

1992年，高检院制定了《关于民事审判监督程序抗诉暂行规定》，对民事行政抗诉监督的案件来源、立案、调查、审查、抗诉、出席再审法庭等进行了初步规定。1993年，高检院就民事行政检察文书和档案管理召开研讨会。1995年，检察机关明确提出了抗诉案件向同级人大常委会报告的要求。1996年，高检院组织研讨了民事抗诉案件办案程序、民事案件抗诉条件和民行检察法律文书样式。1997年，"两高"就办理民事、行政抗诉案件的若干规定举行了座谈会。1998年，全国31个省级院和全部分、州、市院以及90%以上的基层院设立了民行检察机构，专职民行检察干部达到8000人。高检院制定了《民行检察文书样式（试行）》等一批文书、归档方面的规范性文件。1999年，高检院公布了《人民检察院办理民事行政抗诉案件公开审查程序试行规则》。

全国民事行政申诉案件的办案力度得到根本性增强，达到相对稳定的发展水平。据统计，1992—2001年，受理案件数达到84225件，抗诉案件数为16488件。十年间年平均受案数为4.1万件，人民法院再审抗诉案件2.9万件，其中改变原裁判2.3万件，原判改变率达到79.5%。

（三）规范抗诉和法律监督探索阶段

随着我国社会主义市场经济地位和依法治国基本方略的确立，加强民事审判和行政诉讼法律监督的社会需求愈加强烈，以民行抗诉为单一手段的民行检察制度缺陷逐步显现，民行检察部门在继续加强抗诉工作的同时，对民行检察监督的指导思想、监督范围、监督方式、理论研究等方面进行了深入的思考和探索。

1. 指导思想的调整。全国检察机关第一次民事行政检察工作会议之后，高检院要求从力度、质量、效率、效果四个维度对抗诉工作进行全面把握；对于民行检察监督目的，明确提出了"两个维护"，即"维护司法公正，维护司法权威"这一指导思想，其重大意义在于全面加强抗诉工作的同时，揭示了民行检察监督与民事行政审判的共同目标，为民行检察工作的全面发展提供了理论准备，为逐步改变对抗诉工作的总体效果不如意和对司法权威关注不够等一系列模糊认识不合理的现象奠定了基础。

2. 规范化建设的加强。2001年，高检院在总结近15年抗诉工作的基础上正式颁布了《人民检察院民事行政抗诉案件办案规则》，对民事行政抗诉案件办理的程序、方式、条件、法律文书格式、案件立卷等问题进行了全面规范。民行检察工作在有法可依的同时，做到了有章可循。

3. 办案工作思路更加科学、明确。全国检察机关第一次民事行政检察工作会议上确定了"两率提高、结构改变、业务规范、整体推进"的工作思路，突破了以往办案工作单纯抗诉的局限性，促使民行办案工作朝多方位探索。民行检察部门在这一科学思路指引下，在抗诉这一传统监督方式之外，创造并广泛使用了再审检察建议的方式。民行检察监督结构呈现出生效裁判监督（包括抗诉与再审检察建议）、息诉、执行活动监督、督促起诉、支持起诉、民事公诉、审判人员与执行人员职务犯罪线索移送等相结合的格局。各项办案机制逐步健全，执法行为逐步规范，民行检察办案工作得到整体协调推进。

4. 抗诉和各项探索性办案方法成效明显。截至2010年的十年间，全国检察机关共受理民行申诉案件66万余件，提出抗诉案件12万余件，其中民事抗诉案件11.6万余件，行政抗诉案件4000多件。人民法院共再审审结案件7.6万余件，改变原裁判5.4万余件，再审改变率为71.1%。共提出再审检察建议4.5万余件，人民法院采纳2.7万余件，采纳率59.4%。同时，对大量不立案、不抗诉案件认真开展了服判息诉工作。针对查处司法不公背后隐藏的职务犯罪方面，2004年9月，高检院下发《关于调整人民检察院直接受理案件侦查分工的通知》，各级民行检察部门依法办理了一批审判人员和执行人员职务犯罪案件。2009年9月后，各级民行部门严格执行高检院《关于完善抗诉工作与职务犯罪侦查工作内部监督制约机制的规定》，将办案中发现的司法不公背后的职务犯罪线索，按照规定移送给职务犯罪侦查部门，为增强检察机关法律监督的整体合力与实效发挥了积极作用。此外，各地民行检察部门还积极探索了督促起诉、支持起诉、对民事案件执行和调解活动监督，以及对民事非讼程序的监督工作，办理了一批相关案件，对防止国有资产流失、遏制环境污染、维护国家和社会公共利益起到了积极作用。

5. 民行检察理论研究进一步深入。2003年以来，高检院与理论界联合，先后就"民事诉讼法修改与民事检察监督制度的完善""民事行政诉讼中检察权的配置问题""民事执行监督问题"等话题进行了深入研究。2008年后，又以承办"完善检察机关对民事、行政诉讼实施法律监督的范围和程序""完善检察机关对民事执行工作实施法律监督的范围和程序"等中央司法改革任务为契机，进一步加强理论研究，有力推动了理论界与实务界对民行检察监督的意义、性质和地位等方面达成共识。正是在这些理论研究的基础上，使民行检察实务改革获得了方向指引与实践推进。到2010年，全国已有6个省级检察院的民事、行政检察机构分设，呈现出民事检察与行政检察独立发展的趋势。

2010年,"两高"、公安部、安全部、司法部联合出台了《关于对司法工作人员在诉讼活动中的渎职行为加强法律监督的若干规定》,为开展对渎职行为调查进一步提供了依据。

（四）民行法律监督发展阶段

2010年召开的全国检察机关第二次民事行政检察工作会议是民行检察工作向着更加科学的方向迅速发展的标志。此次会议,总结了民行检察工作开展以来的实践探索经验与理论研究成果,对第一次民行工作会议以来的工作方向、方法和探索成果予以肯定。曹建明检察长的讲话既从理论上指出了民行检察所应坚持的法律监督属性、职能定位和基本要求,又从实务的角度提出了构建以抗诉为中心的多元化监督格局的民行检察工作思路,特别是明确提出要着力加强和改进对行政诉讼的法律监督,为加强改革探索和理论研究,完善民行检察体制和工作机制指明了方向,是新时期加强和改进民行检察工作、实现民行检察跨越式发展的纲领性文件。

2011年3月"两高"联合发布了《关于印发〈关于对民事审判活动与行政诉讼实行法律监督的若干意见（试行）〉的通知》和《关于在部分地方开展民事执行活动法律监督试点工作的通知》,对实践中探索的再审检察建议、审判活动监督、调解监督、调查核实、执行监督等成果以"两高"规范性文件的形式进行了确认,为完善民行法律监督立法奠定了基础。

二、民行检察发展经验与教训

近25年的民行检察发展历程,有成功的经验,也有失误的教训。吸取这些经验和教训,对发展和完善民行检察制度与民行检察工作,实现民行检察跨越式发展有着重要作用。

（一）民事行政检察工作是中国特色检察制度的重要组成部分

司法制度属于政治制度范畴,政治制度决定司法制度的构成与运行。人民代表大会制度是我国的根本政治制度。在人民代表大会制度下，人民法院和人民检察院作为国家司法机关，由其产生，对其负责，受其监督，并分别依法独立行使审判权和检察权。其中检察机关作为国家法律监督机关，依法对刑事诉讼、民事审判和行政诉讼活动实行法律监督，这是中国特色社会主义司法制度和检察制度的重要内涵。民事、行政检察承担了民事、行政两大诉讼监督职责，是检察机关所承担的宪法使命在民事、行政诉讼领域的要求与体现，也是我国检察制度中国特色的体现。

（二）民行检察必须坚持法律监督属性和正确定位

法律监督属性是民行检察的根本属性，是由宪法对检察机关和检察权的属性所决定的。坚持法律监督属性，才能准确把握民行检察的职能定位与基本要求，才能在民行检察工作的改革发展和民行检察制度的坚持完善中保持正确的方向。

民行检察监督在性质上是对公权力的监督。检察机关属于法律监督者，而不是诉的主体。只有坚持监督公权力的角色定位，才具有法理上的正当性。按照监督公权力的定性，民行检察监督应当将监督对象确定为民事审判和行政诉讼活动，这样才能将民事和行政两类诉讼活动中检察机关的监督范围加以区别，也才能进一步理解民行检察监督的居中性、不可替代性，应将监督目标自觉定位为通过依法监督纠正诉讼违法和裁判不公问题，维护司法公正，维护社会主义法制统一、尊严、权威。

民行检察监督的角色定位要放在立体层面考虑，保持超然性。民事诉讼和行政诉讼是运用国家审判权解决民事和行政纠纷的一种纠纷解决机制。在民事审判活动中，诉讼两造处于平等的诉讼地位，人民法院居中裁判，三者形成一个等边三角形。检察机关介入民事诉讼，与诉讼参与者之间形成一种监督与被监督的关系，既不是从私权救济出发，也不是承担公力裁决职责，与法院、当事人不处于一个相同的平面，应保持一定的超然性。在开展行政诉讼监督的过程中，检察机关同样应当站在维护国家法律法令统一实施的高度，对诉讼活动的主体及其参与者，履行法律监督之责。

（三）民行检察工作要加强理论建设

由于民行检察制度缺乏可以直接借鉴的理论和经验，因此需要持续地在理论与实践的结合上不断研究与探索。比如，抗诉由作出生效裁判的法院的上一级检察院提出，这一"上级抗"模式移植于刑事诉讼法所规定的检察机关对生效裁判的监督程序，没有考虑到检察机关在民事诉讼与刑事诉讼中的重大差别。检察机关在刑事诉讼中是诉的主体，对生效裁判的监督由上级检察院提出更具客观性。但在民事诉讼中，检察机关并未参与原生效裁判的审理过程，超然于原诉讼程序之外，不应当将本应由同级检察院行使的抗诉权，规定为上级院行使。另外，将行政检察监督完全等同于民事检察监督，在抗诉案件的条件上等同看待和处理的做法也不符合诉讼规律。

立法工作往往需要建立在相关实践探索的基础上。民行检察工作既不能违反法律的规定，又要在法律允许的范围内积极探索，为司法改革和立法完善积累实践素材。25年来的民行检察实践，如对执行监督的探索，对调解行为监督的探索，对再审检察建议监督方式的探索，对督促起诉、支持起诉等监督方式与领域的探索等，是民事行政检察在这种实践探索中不断走向成熟与完善的典型范例。

三、民行检察未来展望

按照第二次民行检察工作会议精神，民行检察在新时期应当从以下几个方面寻求突破。

（一）监督渊源法律化

民行检察监督渊源是指民行检察监督依据的表现形式，包括法律、司法解释、司法政策和法律精神等。不同的监督渊源表现出不同的监督层次与效力。从实践来看，可以分为四类：第一层次是依据法律原理指导下的实践做法。其

是在缺少明确法律规定的情况下，依据法律原理积极审慎地进行的实践探索。比如，法院对该立案不立案的案件，也不予裁定，如何监督法律没有规定，实践中一般按照对审判活动进行监督的原理，提出检察建议。第二层次是检法两家达成共识的做法，比如再审检察建议。第三层次是类似于司法解释效力的相关规定，比如"两高"以规范性文件的形式所确立的一些比较成熟的做法。第四层次是法律，即以立法的形式对实践中的一些探索进行肯定，其是监督渊源中的最高层次。比如对于检察机关抗诉案件裁定进入再审的期限，原来法律没有规定，经过实践探索，2007年民诉法修改时，明确规定人民法院应当自收到抗诉书之日起30日内作出再审的裁定，这就以法律的形式对实践探索进行了确认，从而规范了司法行为。

（二）监督内容应然化

按照法律规定，人民检察院对民事审判活动和行政诉讼进行监督，应当包括以下几个方面：

1. 对民事审判活动进行监督。民事审判活动包括人民法院在受理、立案、审理、裁判各个环节所进行的活动。从诉讼程序的角度来讲，包括民事诉讼法第二编规定的全部审判程序，即第一审普通程序、简易程序、第二审程序、特别程序、审判监督程序、督促程序、公示催告程序、企业法人破产还债程序。其他如，企业破产法、海事诉讼特别程序法中规定的审判活动，由于其本质上仍是人民法院裁判的民事纠纷，因此其也属于民事诉讼法第14条规定的"民事审判活动"，也应当属于民事检察监督的范围。从表现形式来看，既包括人民法院作出的生效判决、裁定、决定，也包括其不作为行为，如不受理、不立案等活动。

2. 对民事执行活动进行监督。民事执行活动是人民法院在执行环节行使执行权的活动。民事执行是人民法院针对案件而行使公权力的行为，是依据民事诉讼法所实施的诉讼行为。我国民事诉讼法在总则中规定民事案件的审判权由人民法院行使，并没有单独规定执行权，因此，民事执行实质上就是民事审判活动。从这个意义上讲，民事执行依法应当纳入民事检察监督范围。

3. 行政诉讼活动。行政诉讼活动包括人民法院的行政审判活动和诉讼参加人的诉讼活动。行政审判活动是人民法院行使行政审判权的体现，包括人民法院在受理、立案、审理、裁判、执行各个环节的全部活动。诉讼参加人的诉讼活动，包括诉讼当事人以及其他诉讼参加人的诉讼活动。我国行政诉讼法明确规定"人民检察院有权对行政诉讼实行法律监督"，因此，行政检察的监督范围是行政诉讼活动。

4. 行政行为。行政行为是行政主体履行行政权的行为。对行政行为进行监督，就是对行政权这种公权力的监督，其目的在于促进行政机关依法行政。目前，对行政权的检察监督主要限于公安机关的立案侦查，监狱、看守所的执行，以及对行政诉讼中涉及的行为等，而对其他政府职能涉及领域的执法少有监督，也应予以思考和研究。

（三）监督方式多样化

为了适应不同监督内容的要求，未来民行检察监督方式将呈现多样化，形成以抗诉为中心的多元化监督格局。

1. 抗诉。抗诉是启动再审程序的一种监督方式。因此，对于应当以再审程序来纠正错误的情形，应当赋予检察机关以抗诉方式进行监督的权力。这些情形除了包括现行法律规定的符合抗诉情形的生效裁判外，还包括发生法律效力的调解、执行中的生效裁判、各种特别程序中作出的生效裁判等。

2. 检察意见或建议。检察意见或建议是由检察机关提出建议，由人民法院或其他被建议单位按照相关规定进行处理的检察监督方式。针对不同的情况，检察意见或建议可以有不同的表现形式，如目前正在探索的督促起诉意见书、纠正违法通知书、更换办案人建议书等。

3. 调查。调查是检察机关为了履行监督职责而对需要纠正违法情形是否存在、情节如何等相关问题进行核实与查证的活动。调查对检察监督职责的正确履行具有重要意义，其既是检察监督的手段，也是监督的方式。调查的内容既包括法律规定的案件本身的有关事实，也包括司法工作人员在诉讼中的违法行为；既包括诉讼活动监督中的有关事实，也包括依照法律规定在诉讼活动之外开展监督的有关事实。

4. 公益诉讼。随着社会公共领域的延伸及公共事务数量的增长，处于无保护状态下的公共利益极易受到侵害。公益诉讼不是一种单独的诉讼形式，而是一种以诉讼目的为基准界定的概念，其诉讼目的是维护公共利益和社会秩序。因此，检察机关开展公益诉讼应当本着三项原则：一是民事诉讼与行政诉讼要区别对待；二是诉讼主体要穷尽；三是在民事诉讼中切忌打破诉讼平衡。

（四）监督行为规范化

规范执法是法治社会的应有之义，是司法公正的直接要求与体现。特别是民行检察工作由于具有强烈的实践探索性，更需强调理性与规范，这是民行检察制度和工作健康、长远发展的要求。应将认识统一到法律监督属性上来，统一到民行检察的职能定位上来，稳步推进，科学发展。规范行为是统一认识的结果，是规范执法的本体，必须要加强队伍建设，提高政治素养，加强职业操守和纪律建设；加强业务培训，提高业务素质；加强检务公开；完善制度建设，加强文明执法，促进和谐司法。

（五）监督水平专业化

随着司法需要的不断提高，检察监督水平应逐步提高，呈现专业化的发展趋势。这应当成为民行检察工作的长期任务和队伍建设的基本要求，也是实现民行检察制度目的、满足人民群众对通过法治手段推进经济社会和谐、有序、科学发展新要求的必由之路。

改革在路上　监督进行时 *
——解读三十年来《最高人民检察院工作报告》中的民事行政检察

张雪樵 **

以 1988 年最高人民检察院民事行政检察厅设立为标志，我国民事行政检察工作迄今已三十而立。习近平总书记深刻指出："一切向前走，都不能忘记走过的路；走得再远、走到再光辉的未来，也不能忘记走过的过去。"回顾民行检察的三十年，绝不能离开国家改革开放的四十年。每年全国人大会议上的《最高人民检察院工作报告》（以下简称《报告》）是对全国检察工作最权威的总结回顾与开篇布局，梳理解读三十年的《报告》文本，可以一叶知秋更好地感知这场人类历史上最为伟大的"三千年未有之变革"留给中国特色社会主义民事行政检察制度的发展契机和时代烙印，也可以一脉相承更好地把握民事、行政、公益检察事业的改革大势和未来之路。

一、监督领域不断扩展

始终以服务经济社会改革开放发展为目标主线，着力筑牢民事行政审判领域的最后一道防线。20 世纪 80 年代随着改革开放大潮的启动，私营经济开始出现并逐步壮大。1987 年，全国城镇个体工商户等各行业从业人员已经达到 569 万人，大批民营企业蓬勃兴起，随之而来的民事经济纠纷也快速增长，

---
* 本文刊载于《检察日报》2018 年 12 月 14 日。
** 张雪樵，最高人民检察院副检察长。

1981年和1982年两年全国法院审判民事案件约140万件。于是，对民事、行政诉讼进行监督也被提上立法日程，我国1982年《中华人民共和国民事诉讼法（试行）》规定检察机关有权对民事审判活动进行法律监督。1988年，全国法院审结民事案件约120万件，比上年增长约20万件。民商事纠纷如潮而至，审判监督呼之欲出。正是在这个大背景下，为了"完善检察机关的法律监督职能""为人民群众全面行使当家作主的权利提供法律保证"，民事行政检察业务开始在少数基层检察院试点启航①，1990年全国民事、行政诉讼法律监督工作正式起步。在改革开放的总设计师邓小平同志发表南巡讲话的1992年，各级检察机关人人培训民行检察干部，克服困难，初步开展了民事审判和行政诉讼的法律监督工作。1994年《报告》首次强调"加强民事审判和行政诉讼活动的法律监督"，并且首次公布了民事、经济和行政抗诉案件的数量和立案侦查徇私舞弊、索贿受贿的审判人员的数量。

"为适应社会主义市场经济对法律调整的迫切需要，依法保护国家、公民和法人合法权益，检察机关积极开展民事行政检察工作"②；为了助力打好国有企业改革攻坚战，解决好兼并破产企业和分流下岗职工中的法律问题，要求"认真履行法律监督职责，努力为改革开放和经济建设创造良好的法治环境……把强化诉讼监督、维护司法公正摆到更加突出的位置"③；"各级检察机关认真审查当事人申诉，注重对判决、裁定严重侵害国家利益、社会公共利益和当事人合法权益的案件，以及因枉法裁判导致司法不公的案件进行监督"④；重点监督严重侵害国家利益或社会公共利益、侵害农民工、下岗职工利益的案件⑤。

改革就是改利益、"动奶酪"，随着改革的推进，改革中的深层次矛盾也日益突显，特别是进入新世纪以来，改革进入深水区，对民事行政检察服务

---

① 参见1989年《最高人民检察院工作报告》。
② 参见1998年《最高人民检察院工作报告》。
③ 参见1999年《最高人民检察院工作报告》。
④ 参见2002年《最高人民检察院工作报告》。
⑤ 参见2003年《最高人民检察院工作报告》和2004年《最高人民检察院工作报告》。

大局、化解矛盾、平等保护等提出了更高的要求。1997年《报告》首次强调做好民事行政申诉人的息诉工作;2004年《报告》要求"综合运用检察职能,为党和国家工作大局服务,为完善社会主义市场经济体制创造良好的法治环境";"紧紧围绕改革发展稳定大局,全面履行法律监督职能……在对刑事诉讼、民事审判和行政诉讼的法律监督中,重点纠正群众反映强烈的执法不严和司法不公问题,维护司法公正。继续做好集中处理涉法上访工作,建立健全工作机制,依法及时解决群众的合理诉求"[①];"更加注重服务经济发展……加强对民事审判、行政诉讼的法律监督,平等保护各类市场主体的合法权益,促进各种所有制经济共同发展"[②];"更加关注和保障民生……强化对涉及劳动争议、保险纠纷、补贴救助等民事审判和行政诉讼活动的法律监督"[③]。

2008年的金融危机给民营企业的生存与发展带来了极大的困难,为了帮企解困,创造良好的营商环境,2010年《报告》则首次要求"着力保障企业正常经营发展","从有利于维护企业正常生产经营、有利于维护企业职工利益、有利于维护经济社会秩序稳定出发,依法妥善处理涉及企业特别是中小企业的案件,平等保护各类市场主体和中外当事人的合法权益"。

进入新时代,民事行政检察服务经济社会发展的目标更加呈现具体化。2013年《报告》强调"积极推进法治中国建设……全面加强对侦查、审判、执行等活动的法律监督";"加强和规范民事行政检察工作,重点监督纠正裁判不公、虚假诉讼、民事调解损害国家利益和社会公共利益、违法执行等问题……自觉接受公安机关、人民法院在诉讼中的制约,保障律师依法执业,共同维护司法公正和法律权威,努力让人民群众在每一个司法案件中都感受到公平正义"[④];"努力为经济高质量发展和打好'三大攻坚战'提供法治保障。围

---

① 参见2005年《最高人民检察院工作报告》。
② 参见2008年《最高人民检察院工作报告》。
③ 参见2009年《最高人民检察院工作报告》。
④ 参见2014年《最高人民检察院工作报告》。

绕保障经济高质量发展，服务保障供给侧结构性改革，平等保护各种所有制经济产权，保护科技创新和成果转化。依法甄别纠正产权纠纷申诉案件……强化对土地承包、土地流转、农房租赁、集体产权改革等领域民事行政诉讼的法律监督，保障乡村振兴战略实施"①。

注重监督审判人员违法行为和查办审判人员贪赃枉法犯罪，作为对民事行政检察职能的延伸和保障。随着民事行政诉讼监督工作的深入，检察机关开始深挖民事行政错误裁判背后的深层原因，使监督治标更治本。自1994年《报告》首次提到"突出查办了在民事、行政审判中因审判人员徇私舞弊、索贿受贿而导致错误裁判的案件……通过对判决、裁定明显不公案件的审查，发现并立案侦查徇私舞弊、索贿受贿的审判人员44人"。1995、1996、1997年立案侦查审判人员在民事和行政案件审判活动中徇私舞弊、索贿受贿案分别为65件76人、183人、237件264人。该三年的《报告》还分别引述了审判人员枉法犯罪的三起案例，体现了社会各界对审判人员枉法犯罪的高度关注和检察机关的积极回应。针对查办司法腐败案件连年的大幅增长，"把执法监督同查办执法犯法、贪赃枉法的犯罪案件结合起来，维护司法公正和法律尊严"②。

积极适应法治新需求，拓宽纳入监督范围的诉讼过程。一是探索实施对执行活动的监督，从2009年首次报告"探索开展对民事执行活动的监督"，经过2011年至2013年"积极推进相关司法改革，稳妥开展对民事执行活动的法律监督试点工作"，2014、2015年分别报告"对民事执行活动中的违法情形提出检察建议"数量为41069、33107件。在监督实践基础上"完善监督范围和程序"③，"与最高人民法院共同出台民事执行活动法律监督规定，共同推动依法执行和规范监督；联合开展执行案款集中清理，促进解决执行款物管理混乱

---

① 参见2018年《最高人民检察院工作报告》。
② 参见1998年《最高人民检察院工作报告》。
③ 参见2016年《最高人民检察院工作报告》。

等问题"①。二是对审判程序违法的监督。因 2012 年修改后民事诉讼法赋予了检察机关对审判程序违法行为的监督职能,"全面履行对诉讼活动的监督职能"成为民事、行政诉讼监督的题中之义。2014 年首次报告对审判中的违法情形提出检察建议 18398 件,五年对审判程序中的违法情形提出检察建议 8.3 万件②。三是加强对"虚假诉讼"的监督。因 2008 年金融危机出现逃废、转嫁银行债务等虚假诉讼,2009 年首次报告"依法加强对损害国家利益、公共利益、案外人利益的虚假诉讼的法律监督"。针对资金链中断、非法集资案件多发导致民间借贷、破产等领域为获取非法利益而虚构事实打"假官司"的问题,又"加强对民事虚假诉讼的监督……组织开展专项监督,重点监督中介服务机构'居间造假'和涉案人员众多的'规模性造假',对 1401 件虚假诉讼向人民法院提出抗诉或再审检察建议,查办涉嫌滥用职权、受贿的司法人员 63 人"③;"针对民间借贷、企业破产、房屋买卖、驰名商标认定等领域,为谋取不正当利益打'假官司'问题,开展虚假诉讼专项监督,重点监督'规模性造假'和中介服务机构'居间造假'"④。四是积极探索"行政检察"。在推进依法治国方略、推进法治政府建设的大背景下,各地检察机关一直以行政诉讼监督为主要内容开展行政检察工作,同时也积极开展行政执法检察监督的探索,取得了丰硕的成果,体现在案件数量较多、建议采纳情况较好。党的十八届四中全会明确提出了对涉及公民人身财产权益的行政强制措施加强检察监督、检察机关在履行职责中发现的行政违法行为应督促纠正等行政检察改革举措,2017 年《报告》首次专门提出"行政检察监督","积极探索行政检察监督,维护司法公正、促进依法行政"。2018 年《报告》进一步强调"推动刑事、民事、行政检察工作全面发展"。

---

① 参见 2017 年《最高人民检察院工作报告》。
② 参见 2018 年《最高人民检察院工作报告》。
③ 参见 2016 年《最高人民检察院工作报告》。
④ 参见 2018 年《最高人民检察院工作报告》。

二、监督方式不断丰富

（一）以抗诉作为强化民事行政检察监督方式体系的主要构成

1992年《报告》首提"抗诉"一词，"立案审查公民、法人和其他组织不服人民法院已生效判决、裁定的民事、经济纠纷、行政案件申诉530件，对确有错误的判决、裁定依法提出了抗诉，开始显示了法律监督在保障民事、行政法律正确实施中的作用"[①]。自此抗诉成为检察机关法律监督保障民事、行政法律正确实施的主要方式。1994年首次报告"抗诉"案件数量为310件，逐年增长几乎成井喷式，2001年为16944件，八年之内增长了50多倍。从2001年达到峰值后，直至2012年都维持在年均10000件抗诉案件左右，之后逐年下降，2017年《报告》中抗诉3282件，渐趋稳定。抗诉案件数量增减的原因是诸多因素造成的，既是检察监督促进公正司法的效果体现，也是多元监督方式如再审检察建议分担抗诉监督压力的成果显现。在注重扩大数量规模的基础上关注办案质量，2002年《报告》中改判案件数量，"依法提出抗诉16488件，法院已审结10145件，其中改判5377件，撤销原判发回重审900件"。

（二）以检察建议作为民事行政检察监督方式的重要载体

检察建议相对抗诉而言是一种柔性监督，相对灵活，根据具体内容和用途不同，早期《报告》中在民事行政检察还使用过"改判建议""纠正意见"等表述，譬如"向人民法院提出改判建议1477件"[②]，"向法院提出纠正意见1783件"[③]，"（五年）向法院提出检察建议8082件"[④]。自2004年《报告》开始出现"再审检察建议"的表述。基于检察建议的特点，在民事行政检察的发展实践中不断在更广泛的领域中得到运用，2012年修改后民事诉讼法赋予了检察机关对审判程序违法情形的监督职能，自2014年《报告》起，广泛用于"审判

---

① 参见1992年《最高人民检察院工作报告》。
② 参见1995年《最高人民检察院工作报告》。
③ 参见1997年《最高人民检察院工作报告》。
④ 参见1998年《最高人民检察院工作报告》。

中的违法情形""民事执行活动中的违法情形"等方面的监督。"对审判中的违法情形提出检察建议 18398 件,对民事执行活动中的违法情形提出检察建议 41069 件"①。2018 年最高人民检察院还就公告送达的司法管理问题向最高人民法院发出了检察建议。

(三)以督促和支持其他主体提起诉讼作为民事行政检察监督方式的有效补充

随着社会不断发展,检察机关积极探索通过督促和支持其他主体提起诉讼的方式履行法律监督职责。2008 年首次报告"一些地方检察院开展了对涉及公益案件的支持起诉、督促起诉工作"。在历年《报告》中,督促起诉和支持起诉经常会同时出现,但"督促起诉"以职责负担为前提,其对象是负责国有资产监管职责的部门或单位,"对造成国有资产严重流失等涉及公共利益的民事案件,通过检察建议督促有关单位及时提起诉讼"②。"支持起诉"的对象则没有职责方面的限制,一般往往是诉讼中的弱势一方。"对 19021 件侵害国家和社会公共利益、侵害困难群体合法权益的民事案件,支持受害单位和个人起诉"③。

(四)以检察机关提起公益诉讼作为民事行政检察监督方式的重大创新

随着我国经济社会的发展,对公共利益的保护成为人民群众关注的热点问题,自 20 世纪 90 年代起,一些地方检察机关基于法律监督机关的宪法定位,探索通过检察机关直接提起诉讼保护公益的方式,弥补我国公益保护制度的不足,更好保护国家利益和社会公共利益。1997 年,河南省方城县检察院以原告身份起诉该县工商局擅自出让房地产致使国有资产流失案,是我国改革开放以来由检察机关提起的第一起公益诉讼案。此后,湖南、浙江、山

---

① 参见 2014 年《最高人民检察院工作报告》。
② 参见 2009 年《最高人民检察院工作报告》。
③ 参见 2014 年《最高人民检察院工作报告》。

东等地检察机关也相继成功办理了国有财产、环境保护等领域的公益诉讼案件。2008年首次报告"涉及公益案件的支持起诉、督促起诉工作",成为公益诉讼制度的雏形。随着2014年10月党的十八届四中全会正式提出探索建立检察机关提起公益诉讼制度,在不到三年的时间内,检察公益诉讼经历了顶层设计、法律授权、试点先行、立法保障、全面推进的五个阶段,公益诉讼工作不断引向深入。"探索检察机关提起公益诉讼","扎实推进检察机关提起公益诉讼试点"①;"深入推进检察机关提起公益诉讼试点","深化检察机关提起公益诉讼试点,推动完善立法"②;"检察机关提起公益诉讼制度改革取得重大进展","全面推进检察机关提起公益诉讼工作,坚决维护国家利益和社会公共利益"③。

三、监督原则不断细化

(一)在总体工作上,要积极稳妥、依法居中

民事行政检察工作与经济社会联系紧密,既要积极回应社会生活,又要注意社会反响,实践中尤其是工作初期需要坚持积极稳妥的原则。"根据民事诉讼法和行政诉讼法的规定,各级检察机关本着'积极、认真、稳妥'的原则,大力培训干部,克服困难,初步开展了民事审判和行政诉讼的法律监督工作"。④ 随着对民事行政检察工作规律的把握不断深入,监督原则也更加明确。2010年最高人民检察院召开全国第二次民事行政检察工作会议,曹建明检察长在讲话中强调了民事行政检察是对公权力的监督。"强化民事审判和行政诉讼监督。制定实施《关于加强和改进民事行政检察工作的决定》,坚持依法监督、居中监督等原则"⑤。

---

① 参见2016年《最高人民检察院工作报告》。
② 参见2017年《最高人民检察院工作报告》。
③ 参见2018年《最高人民检察院工作报告》。
④ 参见1993年《最高人民检察院工作报告》。
⑤ 参见2011年《最高人民检察院工作报告》。

（二）抗诉与息诉并重的原则

抗诉与息诉都是民事行政检察监督工作的重要内容，检察机关一方面要满足民众对司法公正的需求，一方面也要支持法院依法行使审判权以维护司法权威。随着社会不断发展，人们的权利保障意识不断增强，进入诉讼程序的当事人对自身权利的主张更为强烈，在申诉主张不能得到支持的情况下更需要做好息诉工作，这也是检察机关维护国家法治权威的重要体现。自1997年《报告》首次提出"息诉"工作，此后多年都进行强调并作为维护司法权威的重要方式。随着申诉案件量不断上涨和息诉压力不断加大，2011、2012、2013、2014年每年《报告》均"坚持抗诉与息诉并重"，分别对认为裁判正确的44021、30592、143650（共五年）、22305件申诉，耐心做好当事人的服判息诉工作。将息诉工作的重要性放到新的高度。随着人民群众法律素质的不断提升，需要检察机关在监督工作中进一步加强对法律适用方面的解释和说明，增强说理的针对性和可接受性，才能更好实现息诉效果，2014年《报告》强调通过"释法说理"做好息诉工作。

（三）对经济领域的各类市场主体坚持"平等保护"原则

市场经济条件下，强调各类主体的平等性，民事行政检察工作涉及广泛的市场主体的切身利益，必须平等保护。从2004年《报告》首次提出"平等保护各类市场主体的合法权益"，到2018年《报告》"平等保护各种所有制经济产权"，对平等保护的对象和途径的认识更加明确。

（四）对社会领域的各类特殊群体"加强保护"

在市场经济条件和社会转型背景下，各类传统的或新生的弱势群体由于在竞争中处于不利地位或受改革因素影响，需要对其加强保护，才能充分彰显社会主义制度的优越性。2004年首次报告"农民工"群体的合法权益司法救济工作；"加强对人权的司法保护，坚决打击侵犯人权的犯罪，依法维护军人军属、归侨侨眷的合法权益，维护农民工、妇女、儿童和残疾人的合法权益，维

护诉讼参与人的合法权益"①;"依法维护军人军属、归侨侨眷的合法权益,加强对妇女、儿童、残疾人、农民工、下岗职工权益的司法保护"②。2018年报告"2017年12月部署农民工讨薪问题专项监督",对农民工群体保护的领域更加具体、措施的针对性更强,"至春节前,检察机关共支持5566名农民工提起诉讼,帮助追回劳动报酬4605万余元;同时向有关部门发出检察建议370份,督促依法履行职责,帮助2万余名农民工追索被拖欠的劳动报酬3.4亿元"。

四、监督重点不断调整

随着改革开放的深入,社会矛盾不断发生的变化通过诉讼案件反映到民事行政检察工作领域,十分需要根据形势变化调整监督重点,才能让有限的法律监督资源更好地服务于社会发展和改革需要。多年《报告》中用了"重点监督""重点抓了""突出抓了""重点加强""注重""强化""加强了"等表述对监督重点予以突出。譬如从1994年到1998年五年,"重点抓了对确有错误的民事、经济和行政判决、裁定的抗诉工作,突出查办了在民事、行政审判中因审判人员徇私舞弊、索贿受贿而导致错误裁判的案件"。2000年以来,突出了重点监督领域,且在监督方式上,不再仅限于"抗诉工作",体现了监督方式的多元化,"对损害国家利益和公共利益以及因司法腐败问题导致的错误裁判,要作为监督重点,依法抗诉"③。2003年《报告》增加了因"地方保护主义"导致的错判——"重点监督严重侵害国家利益或社会公共利益、因地方保护主义造成错判、审判人员枉法裁判以及裁判明显不公的案件"。2004年、2005年、2008年三年《报告》都增加了"重点监督严重侵害社会公益的案件,因贪赃枉法、徇私舞弊导致裁判不公的案件,侵害农民工、下岗职工利益的案件"④,

---

① 参见2007年《最高人民检察院工作报告》。
② 参见2009年《最高人民检察院工作报告》。
③ 参见2000年《最高人民检察院工作报告》。
④ 参见2004年《最高人民检察院工作报告》。

体现了对农民工、下岗职工群体的特殊关注，回应了社会关注。

此外，2005年《报告》还增加了"严重违反法定程序"的案件，体现了对程序违法的重视。2009年以来，监督重点更加聚焦具体问题和环节，如2009年的"劳动争议、保险纠纷、补贴救助"、2013年的"虚假诉讼、违法调解"，"强化对涉及劳动争议、保险纠纷、补贴救助等民事审判和行政诉讼活动的法律监督"①。

五、监督程序不断规范

法治原则要求公权力的运行必须严格依照法律规定行使，检察机关作为法律监督机关必须依法监督。2000年《报告》指出民事行政检察工作存在的程序问题，包括"缺乏有效的监督办法和手段"②、"缺乏具体的程序和有效的手段"③，根源也主要在于监督程序方面的法律依据规定不足。2009年、2010年两年都报告了法律监督存在"不敢监督、不善监督、监督不到位"的问题。

针对前述民事行政检察工作薄弱的问题，开始注重从完善办案流程、提出立法建议、制定司法解释等方面不断完善程序规范。提出"在努力做到自身公正执法的同时，不断加大监督力度，健全监督程序，增强监督实效"④；"自觉接受人大监督和人民群众监督，切实解决检察机关执法中存在的突出问题，严格执行程序法，依法规范办案流程，提高办案质量"⑤；"针对影响民事审判和行政诉讼监督实效的问题，最高人民检察院制定了《人民检察院民事行政抗诉案件办案规则》"，"增强法律监督意识，努力探索加强民事审判和行政诉讼监督以及刑罚执行监督的有效途径和方法，积极提出完善监督程序的立法建议，

---

① 参见2009年《最高人民检察院工作报告》。
② 参见2002年《最高人民检察院工作报告》。
③ 参见2003年《最高人民检察院工作报告》。
④ 参见2000年《最高人民检察院工作报告》。
⑤ 参见2001年《最高人民检察院工作报告》。

加大监督力度,提高监督实效,维护法律的统一正确实施"①;"进一步强化对民事审判和行政诉讼活动的监督措施,增强监督实效。积极提出完善监督程序和监督手段的立法建议"②;"重点研究对民事、行政诉讼实施法律监督的范围和程序,积极提出立法建议"③;"强化民事审判和行政诉讼监督。制定实施《关于加强和改进民事行政检察工作的决定》"④;"与最高人民法院共同出台文件,完善对民事审判活动与行政诉讼的法律监督工作机制,开展民事执行活动法律监督试点工作"⑤;"认真落实修改后民事诉讼法的新规定,制定人民检察院民事诉讼监督规则"⑥。

六、监督格局不断做大

随着民事行政检察工作不断发展,一些受到体制机制制约的深层次问题越发显现。2000 年《报告》首次把民事行政检察作为检察工作存在问题的领域,"对民事审判、行政诉讼的法律监督缺少具体的法律程序规定,操作困难,加之有的检察院领导存在畏难情绪,依法监督的勇气不足,致使监督工作没有到位"。此后,多年《报告》中将民事行政检察工作作为整体检察工作中的"薄弱"部分:"特别是民事审判和行政诉讼监督,缺乏有效的监督办法和手段,仍然是法律监督工作的薄弱环节"⑦;"对诉讼活动中执法不严、司法不公等问题监督力度不够,尤其是民事审判和行政诉讼监督缺乏具体的程序和有效的手段"⑧;"对民事审判和行政诉讼的监督"——"依然薄弱"⑨、"仍然薄弱"⑩、"相

---

① 参见 2002 年《最高人民检察院工作报告》。
② 参见 2003 年《最高人民检察院工作报告》。
③ 参见 2005 年《最高人民检察院工作报告》。
④ 参见 2011 年《最高人民检察院工作报告》。
⑤ 参见 2012 年《最高人民检察院工作报告》。
⑥ 参见 2014 年《最高人民检察院工作报告》。
⑦ 参见 2002 年《最高人民检察院工作报告》。
⑧ 参见 2003 年《最高人民检察院工作报告》。
⑨ 参见 2004 年《最高人民检察院工作报告》。
⑩ 参见 2005 年《最高人民检察院工作报告》。

对薄弱"①。到 2008 年"对诉讼活动特别是民事审判和行政诉讼的法律监督仍然相对薄弱,一些执法、司法不公问题没有得到有效监督纠正",2009 年"仍然比较薄弱",2010 年"对民事审判、行政诉讼的法律监督与人民群众的要求仍有差距"②;2017 年、2018 年都报告"一些地方民事、行政、刑事执行检察工作薄弱"。年年薄弱,何时休矣?民事行政检察工作的长期"薄弱"局面,很显然与快速发展的民事行政法律监督需要不相适应,存在着深刻的体制机制根源。多年来,检察机关一直以刑事领域为主业,民事、行政领域常常被一些检察机关当作副业,这种观念直接影响实际工作的布局和开展。进入新时代,张军检察长在第十三届全国人民代表大会常务委员会第六次会议上所作《关于人民检察院加强对民事诉讼和执行活动法律监督工作情况的报告》中深刻指出:"树立全面平衡充分发展的理念。宪法赋予检察机关的法律监督职能是整个诉讼领域以及与诉讼相关领域全方位的法律监督。刑事、民事、行政以及公益诉讼检察职能要全面、平衡、充分履行。"2018 年 7 月 6 日,中央深改委第三次会议通过了批准最高人民检察院成立公益诉讼检察厅的决议,这为各级检察机关科学布局检察工作指明了方向,更为民事行政检察工作在新时代彻底摆脱"薄弱"、实现跨越发展奠定了坚实的理念指引。

"改革只有进行时,没有完成时",通过对三十年《报告》文本进行梳理可以看出,在我国改革开放的大背景下,民事行政检察的监督领域不断扩展、监督方式不断丰富、监督原则不断细化、监督重点不断调整、监督程序不断规范、监督格局不断做大,改革开放的伟大事业既体现了民事行政检察事业发展的历史逻辑和前景趋势,也永远是中国特色社会主义民事行政检察制度发展成为世界上最有力司法制度的强大动力。

---

① 参见 2006 年《最高人民检察院工作报告》。
② 参见 2010 年《最高人民检察院工作报告》。

民行检察 30 年理论研究综述

刘小艳*

1988 年 9 月，最高人民检察院成立民事行政检察厅，决定在全国开展民事行政检察工作试点。30 年来，民行检察工作在探索中艰难前行，逐步发展壮大，已成为检察工作的重要组成部分，民行检察理论研究也日益受到重视。围绕民行检察制度的存废、权力属性、职能定位、价值目的、监督范围、监督方式、检察机关提起公益诉讼等问题，民行检察理论研究逐步走向深入，研究视野更为开阔，方法更为多元，研究成果更为丰富，中国特色的民行检察理论体系已经初步形成。

一、关于民行检察制度的存废之争

我国民行检察制度建立于新中国成立伊始，并在建国初进行了积极的实践，但在反右斗争中被迫中断。直到 1988 年，最高人民检察院决定开展民行检察工作试点，这一工作才重新启动。试点之初即面临着我国是否需要民行检察制度这一质疑，[①]这一争议在 2000 年前后达到顶点，围绕民行检察权的存废之

---

*刘小艳，最高人民检察院民事行政检察厅干部。
① 《人民司法》1988 年第 12 期推出了一篇文章，文章提出，检察机关参与民事诉讼活动于法无据，检察人员在参与诉讼监督过程中看卷宗、找双方当事人谈话、参与调查、出席庭审、发表监诉词，干扰了审判机关对民事案件的独立审判权。不久，最高人民法院即通知各地法院，不再配合检察机关试点工作，刚刚起步的民行检察工作几近陷于停滞。

争,"两高"分别组织人员撰文进行论述,很多学者也就这一问题纷纷发表自己看法。围绕这一问题,理论界和实务界主要有以下几种观点:(1)取消说。认为"人民检察院的抗诉监督的合理性和必要性确实令人怀疑",[①] "检察机关民事抗诉权伊始,即已暴露出许多无法解决的矛盾",因此提出"废除民事抗诉权是一种明智的抉择。"[②] (2)弱化说。有的主张"在保证和不影响审判权独立的前提下可以对法官的违法、违纪和违反职业道德的行为实施监督和惩戒",但不能监督法院的审判活动;有的认为民行检察制度维持当时现状即可,不应再强化。[③] (3)有限监督说。认为"对民事诉讼实行适当的检察监督,是完全必要的,但同时需要"为民事检察监督制度划定恰当的范围与限度。"[④] (4)强化说。认为在我国"一府两院"的权力结构下,民行检察制度是不可或缺的,作为国家法律监督机关,肩负着维护法律统一实施的重任,确有必要加以强化和完善。从前述观点作者身份看,主张取消、弱化、限制民行检察制度的多数是法官,主张强化检察监督的多为检察官及学者,部分学者认为在我国现有宪法体制下,民行检察制度有其必要性和合理性,只是需要加以规范和完善。[⑤] 也有很多学者主张应强化民行检察监督,认为"民事检察监督权设置的力度不够,是现行民事检察制度立法的第一大结构性缺陷,也是根本性缺陷",主张对法院的审判活动要多角度、全方位地实施法律监督。[⑥]

[①] 景汉朝:《再审程序剖析及其完善》,1999年诉讼法年会论文。
[②] 方加初:《民事抗诉权质疑和民事检察工作的基本思路》,载《法制论丛》1996年第2期。
[③] 高洪宾、朱旭伟:《民事检察监督不宜强化》,载《人民法院报》2000年6月27日。
[④] 刘田玉:《民事检察监督与审判独立之关系的合理建构》,载《国家检察官学院学报》2004年第1期。
[⑤] 相关论述可参见蔡彦敏:《从规范到运作——论民事诉讼中的检察监督》,载《法学评论》2000年第3期;刘田玉:《民事检察监督与审判独立之关系的合理建构》,载《国家检察官学院学报》2004年第1期。
[⑥] 参见陈桂明:《民事检察监督之系统定位与理念变迁》,载《政法论坛》1997年第1期;张晋红、郑斌峰:《论民事检察监督权的完善及检察机关民事诉权之理论基础》,载《国家检察官学院学报》2001年第3期;肖建华:《诌议建立民事审判程序内部检察监督机制》,载《人民检察》1996年第10期。

纵观历年来主张取消或弱化民行检察监督的文章，对民行检察制度的质疑主要有以下几点：

（一）国外民事、行政诉讼中没有类似的监督制度

此种主张认为，国外检察机关没有或者很少有监督民事诉讼和行政诉讼的职权。① 而反对者则通过对有关国外立法例的梳理，认为"无论是在大陆法系国家还是在英美法系国家，都规定了检察机关对民事、行政诉讼的监督制度"，并具体列举了苏俄模式、法国模式、德日模式、英美模式等4种立法体例，从各国立法规定看，检察机关普遍都有对民事诉讼活动实施监督，或作为公共利益代表人提起诉讼或参与诉讼，而我国的民行检察制度在当时只规定了抗诉权，而没有规定起诉权和参与诉讼权，据此认为"与各国检察机关对民事诉讼和行政诉讼的监督权力相比较，中国的民事行政检察监督制度规定不是太宽，而是太窄，应当大大加强，才符合世界立法的潮流"。②

（二）民行检察监督与案件的不确定性存在矛盾

此观点的主要理由是，事实和法律的不确定性导致案件的不确定性，使得"错案"难以界定，检察机关在这样的不确定性和错案难以界定的情况下，认为裁判错误进行检察监督是不合理的。而反对者则认为：其一，民事诉讼中证据的种类和证据规则是确定的，因此，应用证据和证据规则来认定的案件事实也是确定的。法检两院审查案件时所适用的证据规则、法律规定是相同的，因此，"基于同一标准来看待案件，得出的正确结论只能有一个，这也是检察机关认为裁判错误而提出抗诉的合理性所在。"③ 其二，法官的自由裁量权不能任意行使，没有唯一的正确裁判不等于可以任意裁判，更不等于不存在错误裁判。"如果法院的裁判超出了法律的规定，超出了自由裁量权的范围，就是对

---

① 参见景汉朝等：《审判方式改革实论》，人民法院出版社1997年版，第58页。
② 关于此观点的详细论述可参见杨立新：《民事行政诉讼监督与司法公正》，载《法学研究》2000年第4期。
③ 蔡福华：《论民事检察监督的几个理论问题》，载《国家检察官学院学报》2001年第9期。

审判权的滥用或错用，这种情况下的裁判无疑是错案。"① 其三，案件的不确定性不构成排斥监督的理由，"是否设置民事检察制度取决于国家需要，取决于实现司法公正的需要，与案件是否具有不确定性没有关系"。②

（三）民行检察监督会弱化法院审判权行使的独立性

此观点的主要理由是，"检察院对法院的民事审判活动实施法律监督，其实质就是以检察权（或监督权）对法院的审判权进行干预，目的是通过这种干预影响法院的裁判（要求法院撤销其原判，重新改判）"，③ 也有学者认为，如果检察机关作为常规的诉讼主体而参加诉讼的话，必将使检察监督权与独立的审判权发生冲突的概率和频率大大增加，甚至有可能在实质上改变审判权由法院独立行使这一基本命题。④ 反驳观点则认为，审判独立并不排斥对审判活动的监督。首先，依据权力制衡的基本法理，审判权的行使当然需要监督，"强调法院的审判独立，而排斥对法院的监督，则是违背法理的"。⑤ 其次，监督不等于干预，"监督是监督主体依法对被监督者权力的行使实施察看与督促，防止权力的滥用与腐败"，而干预则是为了实现私利，因此将两者等同是极端错误的。⑥ 再次，检察机关的抗诉权只是程序启动权，并非代行法院审判权，法院可以依法作出裁判，"检察机关并没有超出监督权范畴的能够干预审判结果的权力"。⑦ 最后，检察监督为法院抵御不当干预、坚持独立依法审判提供了支持。检察监督作为一种司法监督、程序监督，有

---

① 王玄玮：《民事检察制度若干理论问题辨析》，载《云南大学学报（法学版）》2003年第3期。
② 王玄玮：《民事检察制度若干理论问题辨析》，载《云南大学学报（法学版）》2003年第3期。
③ 高树德：《客观事实与程序事实的价值冲突》，载《法学研究》1999年第5期。
④ 蔡彦敏：《从规范到运作——论民事诉讼中的检察监督》，载《法学评论》2000年第3期。
⑤ 杨立新：《民事行政诉讼检察监督与司法公正》，载《法学研究》2000年第4期。
⑥ 蔡福华：《论民事检察监督的几个理论问题》，载《国家检察官学院学报》2001年第9期。
⑦ 王玄玮：《民事检察制度若干理论问题辨析》，载《云南大学学报（法学版）》2003年第3期。

利于排除或减少非私法权力对审判的干预，客观上有利于维护包括审判权在内的司法权整体的独立性。①

（四）民行检察监督与当事人处分权存在冲突

对这一问题的争论集中体现为，对于没有当事人申诉的民事案件，检察院能否自行审查并提出抗诉？反对者认为，在这种情况下，检察机关的抗诉是对当事人私权的不当干预，侵害了民事、行政诉讼当事人的处分权，有悖于处分原则。②如有观点认为，如果缺乏当事人的诉求或诉愿，那么，无论检察机关行使检察监督权的初衷和愿望如何，也无论受到干预的当事人的实体权益在总量上有无增减，其都匮缺足够或起码的正当化的根据。③相反观点则认为，两者并无矛盾。首先，民行检察监督是对公权力的监督，而非对私权力的监督。检察机关的监督既不影响当事人处分其实体权利，也不影响其处分诉讼权利。④其次，当事人的处分权不是绝对的，处分权的行使不能损害国家利益、社会公共利益及其他公民的合法权益，否则国家就可以干预。⑤

（五）民行检察监督破坏诉讼结构平衡，影响司法公正

某些法官认为，民事诉讼中，法院与原、被告之间形成一个等腰三角形的结构模式，检察院参与诉讼将打破原、被告之间完全平等的格局，破坏民事、行政诉讼的公正性。也有学者认为，"如果检察机关仅仅基于一方当事人的一面之词而提出抗诉的话，不仅有悖程序公正的要求，而且从深层次上讲还损害

---

① 翁晓斌、方文晖：《论民事检察监督制度的现实合理性》，载《人民检察》2001年第4期。
② 参见林劲松：《民事抗诉制度的基础性缺陷》，载《河北法学》2005年第1期；张建升、乐任、吕立峰：《聚焦民事检察》，载《人民检察》2003年第11期。
③ 汤维建：《我国民事检察监督模式的定位及完善》，载《国家检察官学院学报》2007年第1期。
④ 穆红玉、王莉、李昊昕：《民事检察制度若干问题法理分析》，载《人民检察》2004年第11期。
⑤ 王玄玮：《民事检察制度若干理论问题辨析》，载《云南大学学报（法学版）》2003年第3期。

了民事诉讼当事人双方诉讼地位平等和诉讼权利平等的基本准则"①，从而在最终效果上也必然体现出来强化了当事人一方的对抗力量，相应便削弱了另一方当事人的对抗力量。②反驳观点则认为，民行检察监督不会破坏诉讼结构平衡，影响司法公正。主要理由有：第一，诉讼公正不能与诉讼结构是否具有等腰三角形挂钩，而应当与诉讼主体的权利义务正确界定及正确实施挂钩，检察院参与诉讼后，只要法律预先对各个诉讼主体的权利义务准确界定，即不会影响诉讼结构平衡，影响诉讼公正。③第二，从民行检察监督性质看，检察监督"只是一种监督、纠错机制，而不是站在一方当事人的立场来反对另一方"，④也许监督的结果可能有利于一方当事人，但不能由此认为检察机关代表一方当事人的利益。⑤第三，从民行检察制度目的及运行情况看，实质是促进了司法公正。从理论上讲，"检察机关对民事诉讼和行政诉讼的监督目的，是为了维护司法公正"，⑥从事实上看，因检察机关抗诉后再审，很多案件纠正了原来错误的裁判，维护了司法公正。第四，检察监督制度的存在，也在一定程度上抑制了法官恣意专断的冲动，从根本上有利于促进人民法院公正裁判。

（六）民行检察监督损害了一事不再理及既判力原则

持这种观点的学者及法官的主要理由是：抗诉后案件必然再审，导致原判决中止执行，使得我国的两审终审制和最高人民法院的终审审判权形同虚设，所谓的"终局判决"没有既判力，法院、法官也无权威可言。反驳观点则

---

① 蔡彦敏：《从规范到运作——论民事诉讼中的检察监督》，载《法学评论》2000年第3期。
② 汤维建：《我国民事检察监督模式的定位及完善》，载《国家检察官学院学报》2007年第1期。
③ 蔡福华：《论民事检察监督的几个理论问题》，载《国家检察官学院学报》2001年第9期。
④ 石少侠：《对民事检察若干问题的再思考》，载孙谦主编：《检察论丛》（第17卷），法律出版社2012年版。
⑤ 邱学强：《论检察体制改革》，载孙谦主编：《检察论丛》（第8卷），法律出版社2004年版，第22页。
⑥ 杨立新：《民事行政诉讼检察监督与司法公正》，载《法学研究》2000年第4期。

认为民行检察监督并不违反一事不再理及既判力原则。首先,既判力原则并非排除裁判一概不能撤销或改动。裁判的终局性和权威性必须以司法公正为前提,"当裁判存在错误,依法定程序可以改或撤销该裁判,这是包括我国在内的世界各国通用的诉讼原则"。① 以维护司法权威为借口,拒绝纠正错误裁判,只能适得其反,最终只会损害司法权威。② 其次,检察监督在一定程度上使判决的既判力得到进一步维护。通过检察监督,纠正原错误生效裁判,"既重新树立了审判权威,又促进了公众对法律权威的认可,使公众产生对法院判决、裁定公正与效力的认同感,同时对判决、裁定的既判力从内心予以尊重和遵守,使既判力得到进一步的维护。"因此,检察抗诉与既判力原则并没有矛盾,更没有抵触。③

（七）民行检察监督有损诉讼经济及诉讼效率原则

此种观点的主要理由是:首先,民事行政检察监督提高了诉讼成本,浪费了诉讼资源,特别是在抗诉成为普遍现象时,会严重损害诉讼经济原则。④ 其次,认为检察院抗诉增加了案件的审理次数,延缓了纠纷的解决,不利于定纷止争,还浪费了宝贵的司法资源。持反对观点的则认为:第一,诉讼经济原则的前提是诉讼公正,"如果为追求诉讼经济原则而轻视诉讼公正,那么,这不但是在舍本逐末,而且会造成更大的社会资源浪费。只要判决存在错误,当事人不服,检察院不受理,当事人就会到处申诉,就要给予接待和处理,这样,势必浪费更多的人力和物力。"⑤ 第二,如果因为检察监督制度降低诉讼效率就

---

① 关今华:《民行检察抗诉权存废之争和司法公正的若干问题》,载《福建政法管理干部学院学报》2002年第2期。
② 最高人民法院民事诉讼法调研小组:《民事诉讼程序改革报告》,法律出版社2003年版,第267页。
③ 刘拥:《论民事行政抗诉工作程序的规范化建设》,载张智辉主编:《中国检察》(第13卷),北京大学出版社2007年版,第305页。
④ 高洪宾、朱旭伟:《民事检察监督不宜强化》,载《人民法院报》2000年6月27日。
⑤ 蔡福华:《论民事检察监督的几个理论问题》,载《国家检察官学院学报》2001年第9期。

要取消，那么整个再审制度似乎亦应取消，这显然是违背诉讼规律的。[①]第三，司法效率的提高是一个系统工程，"它涉及司法机关的管理体制、激励机制、办案制度、人员素质等诸多带有全局性的因素，并非朝夕之间就能迅速改变。探讨如何提高司法效率是应该的，但批评民事检察制度降低了司法效率则是不客观、不恰当的。"[②]

民行检察制度的存废之争，虽然在一定时期曾经影响了民行检察工作的开展，但经过法官、检察官、学者的多方争鸣，理论界及实务界对此问题的思考不断深入，共识不断增加，那就是，民行检察制度是在一元权力结构下，符合我国国情的、保障司法公正、维护司法权威的一项重要制度。此次论战客观上促使学界更多关注民行检察工作，促进了民行检察理论研究的深入，从长远看对民行检察制度的发展完善起到了积极的推动作用。2007年民事诉讼法修改后，扩大了抗诉事由，提高了接受检察机关抗诉的法院级别，明确了法院作出再审裁定的期限，进一步肯定和完善了民事检察监督制度，民行检察制度的存废之争落下帷幕。

二、民行检察基础理论研究

（一）权力性质及职能定位

对民行检察权性质及职能定位的认识，直接关系到民行检察制度发展方向，而检察权的属性又决定着民行检察权的权力性质及职能定位。我国检察制度是在借鉴苏联检察制度的基础上，根据我国政治、历史和文化的特点予以改造后建立起来的，它与西方国家检察机关的定位及设置存在很大差异。英美法系国家多从检察权与审判权的差异性出发，倾向于将检察权纳入广义行政权范

---

① 邱学强：《论检察体制改革》，载孙谦主编：《检察论丛》（第8卷），法律出版社2004年版，第23页。
② 王玄玮：《民事检察制度若干理论问题辨析》，载《云南大学学报（法学版）》2003年第3期。

畴，但又普遍认为检察权与行政权有着显著的不同，所以又常常被看作是"半司法""准司法"，兼有行政、司法双重属性。①大陆法系国家从检察权与审判权的关联性和局部近似性出发，倾向于将检察权纳入广义司法权范畴，实行审检合署办公，检察院是附设于法院的一个机构，而并非一个与法院平起平坐的机构。②而在我国则是在人民代表大会之下实行"一府两院"的体制，检察权与审判权并立，成为立法、行政、司法之外的第四种权力，这是我国宪法体制的一大特点。考察我国检察权的权力属性，也应立足这一现实国情。

关于我国检察权的定性，主要有四种代表性的观点：司法权说、行政权说、司法与行政双重属性说、法律监督说。其中第一和第四种观点在理论和实践中占主导地位，③尤以法律监督说最为广泛接受。如陈桂明先生就认为，宪法是检察机关行使职权的权力来源和基本出发点，我国宪法明确规定检察机关是国家的法律监督机关，在列宁的国家理论中，法律监督权是独立于立法权、司法权、行政权的第四种权力，有其独特属性。④

关于民行检察权的权力属性及职能定位，主流观点主要体现在以下几个方面：第一，民行检察权是一种专门的法律监督权。这种专门性主要体现在主体的专门性、手段的专门性、发挥作用的专门性上。⑤第二，民行检察权是一种程序性权力。民行检察监督的效力主要表现为启动某一纠错程序，而不是代行审判权和行政权，权力行使效果"不具有终局和实体的意义，其本质就是要用程序性的制约权来实现对实体的监督"。⑥第三，民行检察监督是对公权力的监督。民行检察监督对象主要为法院审判及执行活动，而非当事人的行为。

---

① 王桂五：《略论检察官的法律属性》，载《人民检察》1989 年第 9 期。
② 宋朝武：《当代中国民事检察监督的变革方向与路径考量》，载《河南社会科学》2011 年第 1 期。
③ 王莉：《我国民事检察的功能定位和权力边界》，载《中国法学》2013 年第 4 期。
④ 韩大元：《法律监督是宪法赋予检察机关的神圣职责》，载《检察日报》2011 年 11 月 7 日。
⑤ 具体论述参见肖正磊：《试论民事行政检察的法律监督属性和职能定位》，载《中国检察官》2012 年第 3 期。
⑥ 王鸿翼：《谈民事行政检察权的配置》，载《河南社会科学》2009 年第 2 期。

2012年民事诉讼法修改后，规定"人民检察院有权对民事诉讼活动实行法律监督"，据此有学者认为，"人民检察院的法律监督对象主体范围将扩大到所有参与诉讼活动的人"，①但主流观点认为应该对"诉讼活动"作限缩解释，应指人民法院的审判、执行活动。②"当事人的诉讼活动，其合法性及程序效果均应接受民事诉讼法的调整或者交由法官判断。即便是当事人实施了滥用诉讼权利的行为，如果不涉及国家及社会公共利益，检察监督一般不应当介入，对其否定性的评价应当由本案的审判法官来完成。"③第四，民行检察监督是一种居中监督。检察机关代表国家行使法律监督权，在当事人之间保持客观、中立、公正立场，不代表任何一方当事人。第五，民行检察监督是一种事后监督。关于如何理解"事后"，有两种不同的观点：一种观点认为"事后"即指判决、裁定作出，诉讼、执行程序结束；另一种观点认为"事后"是指违法的审判、执行活动做出之后，与诉讼、执行程序的完结不一定完全重合。从2012年民诉讼法修改的情况看，后一种观点较为符合法律的要义。④在2010年全国民行检察工作二次会议上，时任最高人民检察院检察长的曹建明检察长在讲话中明确指出，"民行检察工作在改革发展中必须立足并坚持法律监督属性"，并对民行检察监督权的属性及职能定位进行了精准的概括，此后，检察机关坚持这一定位，积极谋划开展民行检察工作，"法律监督说"成为现行的主流观点。

对民行检察权属性及职能定位的认识，也直接影响到民行检察工作重心的转移。在二次民行工作会议之前，民行检察工作指导思想主要体现为"以抗诉为中心"，二次会议后，尤其是2012年民事诉讼法修改后，指导思想调整为"着力构建以抗诉为中心的多元化监督格局"，明确要将纠正错误裁判与纠正违

---

① 刘荣军：《从民事诉讼法律关系看检察监督》，载《检察日报》2012年10月18日。
② 如当时最高人民检察院民事行政检察厅郑新俭厅长即认为："从条文的文义上理解，检察监督的范围既包括人民法院的全部审判活动和执行活动，也包括当事人的诉讼行为。但由于检察监督的性质是对公权力的监督，对于当事人在民事诉讼活动中的违法行为，检察机关不宜直接对其进行监督。"郑新俭：《民事诉讼法修改对民行检察工作的影响及应对》，载《人民检察》2012年第19期。
③ 肖建国：《民事检察监督之功能与实施思考》，载《人民检察》2012年第21期。
④ 王莉：《我国民事检察的功能定位和权力边界》，载《中国法学》2013年第4期。

法行为有机结合起来,加强对法院行使审判权及执行权的监督,由对事的监督扩展到对行使权力的人的监督。有观点提出,"以抗诉为检察监督中心的工作定位是值得反思与商榷的",认为"对审判权主体的监督远远不够",提出"从对事的监督转变到对人和对事并重的监督"主张。①

(二)法律地位

对民行检察权属性及职能定位的认识,直接关系到检察机关在民事、行政诉讼中的法律地位的认识,关于这一问题,比较一致的认识是,检察机关如果是参加诉讼,则处于法律监督者的地位;分歧在于,检察机关如果提起诉讼,则其地位如何确定?这也是检察机关提起公益诉讼制度试点和实施以来一直争议的焦点问题,在理论界和实务界至今未能完全取得共识。对此问题,本文在"检察机关提起公益诉讼"部分会详加介绍,此处不再赘述。

虽然对检察机关参与诉讼时的法律监督者地位不存在争议,但也有学者主张在肯定检察机关作为法律监督者地位的前提下,检察机关应"从监督者的角色向参与者的角色转变",认为"参与本身就是一种监督"。② 同时对于检察机关在诉讼中的权利,仍然存在不同认识,争议焦点是,检察机关在诉讼程序中能否对法院审判程序及其他诉讼参与人的活动提出监督意见。支持者认为,检察机关在诉讼中"有权对违背民事诉讼法、行政诉讼法程序规定的程序行为,进行监督,提出意见,监督法庭纠正"。③ 王桂五先生也认为检察机关作为国家监诉人参与民事诉讼,"一方面对人民法院审判活动是否合法及其审理结果是否正确实行监督,另一方面包含了对诉讼参加人的诉讼活动是否合法实行监督。"④ 反对者则认为,检察人员对庭审活动不应当庭进行评论和批评,否则会损害法庭权威。⑤ 江伟教授也认为,"检察机关在积极参与诉讼的同时,也需要处

---

① 张雪樵:《找准对审判主体监督的金钥匙——基层民事检察工作的困境与思考》,载《人民检察》2014年第2期。
② 汤维建:《论民事检察监督的现代化改造》,载《法学家》2006年第4期。
③ 杨立新:《民事行政诉讼检察监督与司法公正》,载《法学研究》2000年第4期。
④ 王桂五:《试论检察机关在民事诉讼中的法律地位》,载《政法论坛》1989年第3期。
⑤ 马滔:《民行检察,十年苦探索,期待天地宽》,载《人民检察》1998年第11期。

理好与法院独立审判的关系，切莫越权，试图与法院共同审理案件"。① 制度规范上也经历了一个逐步明确的过程。2001年高检院发布的《人民检察院民事行政抗诉案件办案规则》第45条第（三）项规定，检察人员出席再审法庭，发现庭审活动违法的，向再审法院提出建议。这里虽然区分了再审法庭和法院，但仍容易有歧义。2013年的《人民检察院民事诉讼监督规则（试行）》则将其明确为"应当待休庭或者庭审结束后，以人民检察院的名义提出检察建议"。

（三）价值目的

民行检察制度的价值目的与民行检察职能定位密切相关。曾有观点认为，民行检察监督目的是"维护权益""解决纠纷"。反对者则认为这一观点实质上是将"检察"与"审判"混为一谈，把民事检察的间接功能误认为其直接功能。② 主要理由有：第一，维护公民、法人合法权益是民行检察制度客观具有的功能，但并非民行检察制度的目的。"如果把维护公民、法人合法权益作为检察程序的目的，结果会造成维护了一方的权益，而使对方当事人对检察程序的公正性产生怀疑"，也"会影响检察机关公正地审查案件中的有关法律和事实，从而破坏启动检察程序的正当动机。"③ 第二，如果将解决纠纷作为民行检察目的，则会导致其他法律监督功能虚化。"如果检察监督的目的只停留于民事纠纷的利益调整，那么，对审判公权的法律监督与制约难免陷于监督虚化之虞。"④ 基于此，有观点认为民行检察制度目的应该是"维护司法公正"及"维护公共利益"，⑤ 这一观点也为检察实践所倡导，2001年第一次民事行政检察工作会议后，提出了"维护司法公正，维护司法权威"这一指导思想，澄清了相关模糊认识，为民行检察工作科学发展奠定了思想基础。

---

① 马滔：《民行检察，十年苦探索，期待天地宽》，载《人民检察》1998年第11期。
② 孙加瑞：《民事行政检察的审判化误区与检察化回归》，载《国家检察官学院学报》2012年第3期。
③ 张步洪：《略论民事行政检察程序的目的》，载《人民检察》1998年第7期。
④ 张雪樵：《找准对审判主体监督的金钥匙——基层民事检察工作的困境与思考》，载《人民检察》2014年第2期。
⑤ 张步洪：《略论民事行政检察程序的目的》，载《人民检察》1998年第7期。

但从立法情况看，民行检察作为一种权利救济制度的思想已经深深影响了民行检察制度的发展。如 2012 年民事诉讼法第 209 条明确当事人需先向法院申请再审后才能向检察机关申请监督，就体现了"权利救济"的思想，"因为审判程序和检察程序都是权利救济程序，当然应该遵守程序（即顺序）的要求"，"先审判救济，再检察救济"，① 因此有学者认为，"设置法院先行审查程序，从宪法角度说是对检察机关法律监督地位的忽视，从法律实施的角度说是对检察机关独立性的限制"，② 甚至在抗诉事由的规定上，也没有与当事人申请再审事由进行区别，其实质在于对于对当事人申请再审制度与检察抗诉制度两者的权利（权力）基础、价值目的没有进行区分。甚至有学者认为，2012 年修改后民事诉讼法没有深刻认识到因抗诉引起的"审判监督程序和一般再审程序的不同，使程序的功能定位产生混乱"，建议对抗诉制度进行改造。③ 关于这一问题的探讨，仍然有待深入。

三、民行检察监督范围

关于民行检察监督范围，不同历史时期呈现出不同争议焦点。在 2012 年民事诉讼法修改前，有关民行检察监督范围的主要争议问题有：（1）除民事、行政生效裁判以外的人民法院及其他当事人的诉讼活动能否监督；（2）对行政违法行为能否监督。针对以上问题，主要有"全面监督说"和"有限监督说"两种观点。"全面监督说"认为，检察机关对民事、行政诉讼的检察监督应当是全面监督，包括对审判活动、审判程序、裁判结果、执行程序、当事人及所

---

① 孙加瑞：《民事行政检察的审判化误区与检察化回归》，载《国家检察官学院学报》2012 年第 3 期。
② 贾小刚、刘荣军、肖建华：《立足民事诉讼法修改探寻民事检察工作新发展》，载《人民检察》2012 年第 11 期。
③ 邵世星：《民事审判监督程序的定位与结构设计》，载《国家检察官学院学报》2014 年第 2 期。

有诉讼参与人的诉讼活动等进行监督。①有观点主张行政诉讼检察监督对象甚至可以包括与被诉行政行为有关的其他任何行政机关、组织和个人。②多数观点认为行政诉讼法总则确定的检察监督的基本原则在分则具体条文中并没有得到很好的落实,立法"具有不完整性,需要随着理论和实践的发展,不断完善"。③关于行政检察监督范围,通说认为,应包括对行政诉讼活动的监督及对行政行为的监督,④"作为专门的法律监督机关,检察机关承担起对行政违法行为的监督职责,既是宪法体制的要求,也是其法律监督本职的合理回归。"⑤多数观点认为,应赋予检察机关提起行政公益诉讼的权力。⑥"有限监督说"则认为,根据民事诉讼法规定,检察机关没必要对民事诉讼的全过程实施监督,只需监督法院生效裁判及审判违法行为即可。

(一)2012年民事诉讼法修改前关于民行检察监督范围的讨论

1.生效判决及裁定应否全部纳入检察监督范围。虽然理论界和实务界一致认为人民检察院有权对人民法院生效的民事、行政判决进行监督,但对于抗诉案件范围及裁定可否进行监督,则存在较大分歧。

(1)抗诉案件范围。有观点认为应该对检察机关抗诉的案件范围加以限制,认为立法规定的抗诉范围过于宽泛,检察机关在抗诉工作中"四面出击",

---

① 对此观点的详细阐述可见胡亚球:《论民事诉讼中检察监督权的完善》,1999年5月(重庆)第二届全国民事诉讼法学年会论文。
② 姜明安:《行政诉讼中的检察监督与行政公益诉讼》,载《法学研究》2006年第2期。
③ 胡卫列:《行政诉讼检察监督论要》,载《国家检察官学院学报》2000年第3期。类似观点还有"不能把检察机关对行政诉讼的法律监督,局限于行政诉讼中对法院裁判的监督,而应该理解为是对整个行政诉讼制度的监督",参见应松年:《检察机关对行政诉讼的法律监督》,载《国家检察官学院学报》2013年第3期。
④ 相关论述可参见刘艺:《中国特色行政检察监督制度的嬗变与重构》,载《人民检察》2018年第2期;田凯:《论检察机关对行政权的法律监督》,载《学术界》2006年第6期;山西省课题组:《诉讼外行政检察监督论析》,载《湖南科技大学学报(社会科学版)》2016年第3期等。
⑤ 张运萍:《论行政违法检察监督体制之构建》,载《湖北警官学院学报》2012年第11期。
⑥ 关于这一问题,本文在"检察机关提起公益诉讼"部分将详加论述。

不仅稀释了民行检察监督的宝贵资源，也削弱了民事检察监督的实际力度。①
具体主张有：第一，建议将民事检察监督的范围限制在程序性事项，认为"应当保证法院对实质性事项认定权和裁决权的专有性"。②2012年民事诉讼法修改后仍有学者持此主张，认为"应将监督重点放在对程序违法、伪造证据、是否有新证据等方面的监督上。不应过多关注案件的事实认定和适用法律错误与否"。③第二，抗诉案件应该是存在重大裁判不公或影响公共利益的案件，以体现抗诉制度的价值理念。甚至有观点认为，对于不涉及公共利益的一般民事案件，人民检察院不仅不能发动再审，也不宜提起或参加诉讼。④第三，下列裁判不宜纳入抗诉的范围：解除婚姻关系和收养关系的判决；依照特别程序、公式催告程序作出的裁判。⑤

（2）对裁定的监督。具体涉及对裁定能否进行监督及监督方式的选择问题。从法检双方看，一些检察机关认为监督的范围应包括民事诉讼的全过程和确有错误的全部裁定，这其中又分为两种观点：一种认为除不予受理、管辖权异议裁定、驳回起诉等可上诉裁定外，其他裁定原则上不属于抗诉范围，但仍属于人民检察院监督的范围，检察机关可以用检察建议或纠正违法通知等方式进行监督。⑥另一种观点则认为只要符合法定情形的确有错误的生效裁判，都

---

① 赵钢、朱建敏：《略论民事抗诉程序价值取消的重构及其程序设计》，载《法学评论》2003年第6期。
② 赵旭东：《民事司法检察监督的认识与规范———以民事抗诉的事由为视角》，载陈桂明、王鸿翼主编：《中国法学会民事诉讼法学研究会年会论文集·2010年卷》（上卷），厦门大学出版社2010年版，第378页。
③ 张卫平：《民事诉讼检察监督实施策略研究》，载《政法论坛》2015年第1期。持类似观点的还可参见陈国庆、王莉：《试论我国再审程序之改革》，载《人民检察》2003年第11期。
④ 章武生：《论人民检察院发动再审权和对其他民事审判活动的监督权》，载《现代法学》2004年第2期。
⑤ 廖永安、何文燕：《民事抗诉程序若干问题研究》，载《法学评论》2000年第2期。
⑥ 王鸿翼、杨明刚：《民事行政检察的执法理念——兼谈民事行政检察工作若干有争议的问题》，载《人民检察》2004年第8期；欧阳冶：《试论民事行政检察制度的改革完善》，载《华东政法学院学报》2006年第1期。

可以纳入抗诉监督范围。①而法院则认为检察机关可以提出抗诉的裁判仅限于法院在审判程序中作出的某些裁判。②学界主流观点同检察机关第一种观点类似，认为发生在审判过程中和审判程序以外的滥用司法权的行为应该纳入监督范围，但检察机关抗诉受到时间和程序的双重限制，检察机关不得单独对法院在诉讼过程中对管辖权异议、财产保全、先予执行等裁定提出抗诉，检察机关如认为这些裁定确有错误，只能等到一审或二审判决生效后，在对判决抗诉时一并提出抗诉。因此建议进一步修改民事诉讼法，允许检察机关以参与诉讼的方式实施监督。③也有学者建议，对裁定的监督，可以考虑设置一个前置程序，由检察院向法院提出检察建议，在法院不予采纳检察建议后，再考虑提出抗诉。④并且对裁定的抗诉标准提出了具体建议，认为应当结合其实体标准和程序标准两个方面加以确定，如果裁定使诉讼程序发生质的变动、直接影响当事人的实体利益保障、动摇或变更执行根据的有效性或其所包含的内容，并且裁定具有可上诉或可复议性，则可进行抗诉监督⑤。

2. 人民法院民事、行政执行活动能否纳入监督范围。关于这一问题，主要有两种观点。"否定说"认为，民事诉讼法分则并未具体规定，因此检察监督范围不包括执行活动。主要理由有：第一，法院内部监督程序已经逐渐完善，再规定检察监督没有必要；第二，检察机关可以通过查处执行中的职务犯罪进行监督，没有必要再规定其他执行监督制度；第三，执行监督不利于执行工作的开展。⑥

---

① 最高人民检察院民事行政检察厅编：《民事行政检察论集》，中国政法大学出版社1998年版，第40页。
② 最高人民法院《关于对执行程序中的裁定提出的抗诉不予受理的批复》中明确，"根据《中华人民共和国民事诉讼法》的有关规定，人民法院为保证已发生法律效力的判决、裁定或者其他法律文书的执行而在执行中作出的裁定，不属于抗诉的范围。"
③ 李浩：《民事诉讼检察监督若干问题探讨》，载《中国法学》1999年第3期。
④ 汤维建：《论民事抗诉制度的完善》，载《人民检察》2007年第9期。
⑤ 汤维建：《民事诉讼法的全面修改与检察监督》，载《中国法学》2011年第3期。
⑥ 参见孙加瑞：《关于民事执行检察监督的质疑与回答》，载《人民检察》2007年9月6日、9月7日第3版。

"肯定说"认为，民事执行是人民法院审判活动的一部分，应该纳入检察监督范围。主要理由有：第一，执行权是一种公权力，单纯依靠人民法院的内部监督难以达到预期目标，检察机关法律监督在规范执行行为、防止执行权滥用方面能够发挥明显作用。① 第二，现实需要。查处犯罪只能解决因为犯罪而产生的问题，但不能解决因为违法和不当执行而产生的问题，需要另行设计执行监督措施才能解决。② 第三，检察权的介入可以补强执行权，有利于合理抵制和排除不当干预，保障执行顺利进行，使当事人权利免受不当侵害。③

因法检两院争议过大，2007年民事诉讼法修改时，并未将民事执行活动纳入监督范围。④ 2008年中央政法委《关于深化司法体制和工作机制改革若干问题的意见》，提出了"明确对民事执行工作实施法律监督的范围和程序"的司法改革任务，在该意见指导下，检察机关在前期工作基础上加快了探索步伐，最终"两高"在2011年会签了《关于在部分地方开展民事执行活动法律监督试点工作的通知》，明确了检察机关对人民法院执行活动的法律监督权，为2012年民事诉讼法修改奠定了基础，也终结了是否应该建立执行检察监督制度的争论。

3. 法院民事调解能否纳入检察监督范围。对这一问题，同样存在两种截然相反的观点。"否定说"的主要理由有：其一，民事调解检察监督没有法律依据；其二，对调解进行检察监督与当事人自愿原则及处分原则相冲突；其三，

---

① 谭秋桂：《民事执行检察监督机制分析》，载《人民检察》2008年第22期。
② 孙加瑞：《关于民事执行检察监督的质疑与回答》，载《人民检察》2007年9月6日第3版。
③ 王鸿翼、杨明刚：《民事、行政裁判执行的检察监督》，载张智辉主编：《中国检察》（第12卷），北京大学出版社2007年版，第268页。
④ 2007年8月24日，全国人大法律委员会向全国人大常委会作关于《〈中华人民共和国民事诉讼法修正案（草案）〉修改情况的汇报》，明确指出："有些常委会组成人员建议增加规定人民检察院对执行进行法律监督"，但"考虑到最高人民法院和最高人民检察院的意见分歧很大，法律委员会建议对这个问题暂不作规定，待今后修改民事诉讼法时再研究"；姚红主编：《中华人民共和国民事诉讼法释义》，法律出版社2007年版，第481—482页。

调解程序的软化和实体合法的伸缩性使检察监督无的放矢；①其四，民事调解适用抗诉程序不符合诉讼经济原则，会增加当事人的诉累。②还有观点认为，调解结案是对检察机关抗诉权的排斥。③

"肯定说"的主要理由：首先，诉讼调解无论从调解过程看，还是从调解书效力看，实质上都是人民法院的一种民事审判活动，应该接受检察监督。④其次，如果调解违反法律和自愿原则，法院可以自行再审，检察院也可以提出抗诉。⑤再次，民事调解检察监督有利于保障处分原则正确实施。一方面，"民事调解检察监督是与当事人申诉有机结合的，不但没有违背当事人意愿，而且还保障当事人处分权的实现"。另一方面，"对于当事人双方恶意串通以虚假调解的方式损害国家利益、社会公共利益和案外人利益的案件，检察机关发现后主动依职权进行监督，表面上限制了当事人的处分权，实质上该限制为合理限制，保障了处分原则的正确贯彻实施。"⑥还有观点认为，有的法院片面追求调解结案的数字，把调解结案的多少作为衡量审判人员工作好坏的标准，这种思想助长了某些审判人员违反自愿原则，采用强迫或者变相强迫的方法进行调解，因此，人民检察院加强对调解的法律监督尤为重要。⑦最后，增加当事人诉累的问题并非必定出现，即使出现，也是法院不当调解或违法调解所致，而非抗诉导致。⑧

关于调解监督范围，多数观点认为对违反自愿、合法原则及损害国家利益及社会公共利益的应该纳入抗诉监督范围。也有观点认为，生效调解书都应当列入检察监督范围，但只有因人民法院审判活动的原因导致调解书违背自愿

---

① 刘辉：《民事调解检察监督研究》，载《国家检察官学院学报》2010年第5期。
② 曹跃良：《民事调解不能抗诉》，载《人民法院报》2004年4月11日。
③ 李晓民、李文军：《民事抗诉案件再审程序若干问题探讨》，载《法学》199年第7期。
④ 刘辉：《民事调解检察监督研究》，载《国家检察官学院学报》2010年第5期。
⑤ 江伟、张慧敏、段厚省：《民事行政检察监督改革论纲》，载《人民检察》2004年第3期。
⑥ 许志鹏：《论民事调解检察监督的制度构建》，载《诉讼法修改与检察制度的发展完善——第三届中国检察基础理论论坛文集》2013年版。
⑦ 金俊银、李传敢：《检察机关参与民事诉讼刍议》，载《中国法学》1987年第5期。
⑧ 关今华：《析民事调解和仲裁裁决法律监督的论争》，载《国家检察官学院学报》2001年第9期。

原则或者合法原则或者调解损害国家利益或公共利益时，检察机关才应当抗诉。① 对调解书侵犯他人合法权益的案件，有的认为可以通过检察建议提请法院再审，② 有的则认为应该通过抗诉监督。③ 还有观点认为，应以违背自愿、合法原则为标准来确定检察机关的调解监督范围，在立法未明确时主张采用检察建议的方式进行监督，长远看则应该以抗诉方式进行监督。④ 2011年"两高"会签的《关于对民事审判活动与行政诉讼实行法律监督的若干意见（试行）》及2012年修改后的民事诉讼法均明确，对损害国家利益及社会公共利益的民事调解可以提出抗诉，但对于违反自愿及合法原则的调解未纳入监督范围，因此关于民事调解检察监督范围，仍有待实践深入探索及理论上的持续探讨。

4. 审判违法行为能否纳入监督范围。2012年修改前民事诉讼法虽然在总则中规定了检察机关有权对人民法院审判活动进行监督，行政诉讼法中也明确检察机关可对行政诉讼活动进行监督，但是两个诉讼法分则中只是规定了对生效裁判的监督，严重程序违法或审判人员贪污、受贿、枉法裁判等行为只作为抗诉事由，对于一般程序违法及审判、执行人员违法行为，并未纳入检察监督范围。针对此种立法模式，有学者认为我国民行检察监督制度存在"重实体轻程序"的局限，因此主张检察机关对诉讼程序实行参与性监督。⑤ 从检察实践看，部分地区根据中央司法体制改革精神，积极开展审判违法行为调查工作，对审判程序及审判人员违法行为进行监督，并建立了相应工作机制。⑥ 2011

---

① 江伟、张慧敏、段厚省：《民事行政检察监督改革论纲》，载《人民检察》2004年第3期。
② 欧阳冶：《试论民事行政检察制度的改革完善》，载《华东政法学院学报》2006年第1期。
③ 参见马明生、王钦杰：《论民事行政检察制度的完善》，载《法学杂志》2007年第4期。
④ 刘辉：《民事调解检察监督研究》，载《国家检察官学院学报》2010年第5期。
⑤ 汤维建：《论民事检察监督制度的现代化改造》，载《法学家》2006年第4期。
⑥ 如湖北自2006年开始，由省院统一部署，自上而下探索建立以发现、核实、纠正审判机关及其工作人员在民事诉讼活动中的违法情形为中心内容的法律监督调查工作机制，并于2008年7月制定施行《湖北省检察机关民事审判行政诉讼法律监督调查办法（试行）》。

年"两高"会签的《关于对民事审判活动与行政诉讼实行法律监督的若干意见（试行）》明确了对不适用再审程序的审判活动实行检察监督，这一内容在2012年民事诉讼法修改中被采纳，规定对审判人员违法行为可进行检察监督，但对审判程序违法能否进行监督，仍未明确。

（二）2012年民事诉讼法修改后关于民行检察监督范围的讨论

2012年民事诉讼法修改，吸收了司法改革和检察实践成果，将民事调解、执行活动、审判人员违法等纳入民事检察监督范围，是一种制度上的突破。此后，理论界和实务界关于民行检察监督范围，主要就以下几个问题进行了进一步探讨：

1. 民事调解检察监督的范围问题。有观点认为民事调解都应该纳入检察监督范围，否则"既与检察监督原则相悖，也与人民法院对调解再审的规定不一致"；[1] 也有观点认为应将违反自愿和合法原则的调解纳入检察监督范围。[2] 还有学者认为民事诉讼法第208条有关调解书检察监督范围的规定为立法上的"一般性条款"，并从目的性扩张解释的角度，认为损害集体经济组织利益、损害社会弱势群体利益，以及损害案外人利益等案件均可纳入检察监督范围。[3] 相反观点则认为，此种扩张解释是基于权利救济理念而提出，不仅超出了法条文义"预测可能性"的范围，与相应的立法目的、立法精神以及立法所确立法律规范的意旨不相吻合，因此解释的合理性、妥当性值得商榷。[4] 一些实务界人士则认为，对于当事人恶意串通，损害他人合法权益的虚假调解应予抗诉或提出再审检察建议。[5]

---

[1] 郑青、周清华：《民事诉讼检察监督范围和方式的思考与建议》，载孙谦主编：《检察论丛》（第17卷），法律出版社2012年版，第343页。
[2] 戴哲宇：《新民事诉讼法下民事调解书的检察监督》，载《中国检察官》2015年第4期。
[3] 参见李浩：《民事调解书的检察监督》，载《法学研究》2014年第3期。
[4] 廖中洪：《也论调解书检察监督的范围与内容——兼与李浩教授商榷》，载《西南政法大学学报》2015年第6期。
[5] 参见王雄飞：《论强化对虚假诉讼的检察监督》，载《暨南大学学报》（哲学社会科学版）2015年第10期。

2. 审判程序是否属于监督范围的问题。2012年修改后民事诉讼法第208条第3款规定:"各级人民检察院对审判监督程序以外的其他审判程序中审判人员的违法行为,有权向同级人民法院提出检察建议。"对该条如何理解,存在分歧。有的认为法院行使职权的全部程序均受第208条的制约而属于检察院法律监督的范围;有的认为其他审判程序的范围,应该把审判监督程序自身刨除,其余的审判程序才是。① 有的则认为审判程序违法通常都是审判人员违法造成的,因此民事诉讼法第208条第3款对审判人员的监督已经包括了对审判程序的监督,有的则认为两者虽有交叉,但多有不同,对审判人员的监督不能包括对审判程序的监督。因此民事诉讼法则实际上遗漏了对审判程序的监督。② 从检察实践看,审判程序违法实际上已经纳入监督范围,下一步立法修改中应该就此问题进一步明确规定。

3. 对诉讼参与人的监督问题。通说认为应将参与虚假诉讼的诉讼参与人纳入民行检察监督范围。如有观点认为,应该建立虚假诉讼其他参与人的责任追究机制,对代理律师、仲裁人员、公证人员、鉴定人员等分别向其主管部门提出书面建议进行相应处理,对参与虚假诉讼的行为人涉嫌刑事犯罪的向公安机关移送线索。③ 从检察实践看,2008年以来,各地检察机关就开始探索开展虚假诉讼监督,部分地区法检两院还联合制定了相关指导意见。④ 从立法规定看,"两高"2016年11月9日发布的《关于民事执行活动法律监督若干问题的规定》第18条规定,对于不依法履行生效法律文书确定的执行义务或协助执行义务的有关国家机关,检察机关可以提出检察建议,其实即是对执行当事人的监督。

---

① 邵世星、吴军:《谈对审判监督程序以外的程序法行为的法律监督》,《中国检察官》2014年第2期。
② 孙加瑞:《新民事诉讼法有关检察制度的若干问题》,载《国家检察官学院学报》2014年第2期。
③ 相关论述参见廖荣辉:《论对虚假诉讼的检察监督》,载《河南社会科学》2012年第12期;王雄飞:《论强化对虚假诉讼的检察监督》,载《暨南大学学报》(哲学社会科学版)2015年第10期。
④ 如2008年12月,浙江省人民检察院与浙江省高级人民法院首次在全国范围联合发布《关于办理虚假诉讼刑事案件具体适用法律的指导意见》。

（三）关于行政检察监督范围问题

关于行政检察监督的范围，一直有比较大的分歧。主要在于对行政检察的概念有不同理解。其差异主要在两个方面：一是就监督对象和范围而言，对"行政"有不同的理解和表述，是行政机关还是所有的行政主体？是行政执法行为还是行政行为？抑或是行政活动或行政职能？或者直接表述为行政违法行为？二是就监督主体——检察机关而言，对"检察"也有不同的理解和表述，哪些检察职能和行为方式可以归为行政检察？主要可以归纳为三种观点：第一种，行政检察是检察机关对行政具有实质监督的一切活动。按这种概念理解，像原属检察机关的反贪、反渎职能，当其对象为行政机关及其工作人员时，也可以理解为行政检察。这是一种最广义的理解。第二种，行政检察是检察机关除刑事检察职能之外监督行政的职能活动。第三种，行政检察是检察机关在刑事检察和诉讼监督职能之外监督行政的职能活动，这是最狭义的理解，是在上述第二种概念的基础上再排除行政诉讼监督。通说为第二种观点，即行政检察包括了检察机关对行政诉讼的监督和对违法但不构成犯罪的行政行为的监督。[①]

关于行政诉讼的检察监督，2014年修改行政诉讼法时，明确规定"人民检察院对行政案件受理、审理、裁判、执行的监督，行政诉讼法没有规定的，适用《中华人民共和国民事诉讼法》的相关规定"，这一规定事实上拓展了对行政诉讼监督的范围。

关于对行政行为的检察监督，由于实践没有充分开展，理论界没有给予过多关注。2014年10月党的十八届四中全会通过的《中共中央关于全面推进依法治国若干重大问题的决定》明确提出"探索建立检察机关提起公益诉讼制度""行政违法行为检察监督"和"行政强制措施司法监督"等三项行政检察监督的改革举措，行政检察监督的范围自此得到进一步扩大。关于检察机关可

[①] 胡卫列：《行政检察的发展与探索》，载郑新俭、董桂文主编：《民事行政检察实务讲堂》，中国检察出版社2017年版。

提起公益诉讼的范围问题的研究情况，本文在后文将详细论述。2018年7月，张军检察长在深圳举办的大检察官研讨班上提出，设立专门的民事检察、行政检察和公益诉讼检察机构或办案组。[①] 这就将行政检察与公益诉讼区分开来，意味着在具体的检察职能分工上，行政检察也要与行政公益诉讼检察相区分，因此关于行政检察范围的界定具有十分重要的现实意义。围绕着行政行为检察监督范围，在实践中主要有两个问题：一是这两项监督职能范围的具体区分；二是到底哪些行政行为应纳入监督范围。由于没有相关的法律规定，还有待实践探索和理论研究的深化。

四、民行检察监督方式

民行检察监督方式跟民行检察监督范围的争论紧密相连，不同时期也呈现不同争议焦点。在民行检察工作试点之初，理论界还就检察机关能否参与诉讼和提起诉讼进行过热烈讨论。在2012年民事诉讼法修改前，抗诉是唯一法定监督方式，检察机关在实践中探索出了检察意见、检察建议、纠正违法通知书、督促起诉、支持起诉等监督方式，其中有些在规范性文件中被采纳，有些被立法吸收。以下就各监督方式有关争议问题分述之。

（一）抗诉

曾有观点认为应该取消检察机关对民事、行政案件的抗诉权，[②] 但多数观点认为，应坚持并完善我国抗诉制度。具体说来，主要涉及以下几个问题：

1. 检察院向哪一级法院提出抗诉的问题。2007年之前的民事诉讼法未就这一问题作出明确规定，对此产生了三种不同意见：第一种意见认为，应当向作出生效裁判的原审法院提出，即由上级检察机关向下级法院提出抗诉，主要理由是"谁错抗谁"及"民事抗诉原则上应由原终审法院再审"。第二种意见

---

① 参见《检察日报》2018年7月26日。
② 景汉朝、卢子娟：《论民事审判监督程序之重构》，载《法学研究》1999年第1期。

认为，应当向作出生效裁判的上级法院提出，实行同级抗原则，主要理由是职权对等原则及有利于发挥上级法院对下级院的审判监督职能。第三种意见认为，既可以向原审法院提出，也可以向上级法院提出。① 从 2007 年民事诉讼法修改情况看，采纳的是第二种观点，即只能向原审法院的上级法院提出抗诉。

2. 哪一级检察机关享有抗诉权的问题。民事诉讼法规定只有作出生效裁判的法院的上级检察机关才有权提出抗诉。有学者认为这一规定造成上下级检察机关内部人员配置和职能承担呈反比，也影响了基层院工作的积极性。② 有学者主张采取同级抗原则，即由终审法院的同级检察机关对生效裁判提出抗诉，主要理由是符合我国宪法关于检察院的职权分工，也符合横向权力监督模式特征，在特定情况下，可以由上级检察院决定。③ 但同级抗主张一直未被立法机关所采纳。

3. 抗诉案件再审审级问题。2007 年之前的民事诉讼法未就抗诉案件再审审级作出明确规定，很多案件抗诉后又交由原审法院再审，检察机关认为这一做法弊端甚多，主要包括：办案环节过多，严重浪费司法资源；办案过程呈环形转圈，效率低下；审级不对等；原审法院自己纠正自己的错误非常困难。因此主张抗诉案件应由受理抗诉的同级人民法院再审。④ 有学者主张应由最高人民检察院和最高人民法院共同对哪些案件应由上级法院再审、哪些案件应由原审法院再审作出联合规定。⑤ 2007 年和 2012 年对民事诉讼法的修订中均涉及这一问题，并明确规定了涉及事实及证据认定相关问题的，可交由下级法院再审，除此之外的案件，应由受理抗诉的法院再审。

---

① 孙谦主编：《检察理论研究综述（1989—1999）》，中国检察出版社 2000 年版，第 253 页。
② 汤维建：《论民事抗诉制度的完善》，载《人民检察》2007 年第 9 期。
③ 刘田玉：《民事检察监督与审判独立之关系的合理建构》，载《国家检察官学院学报》2004 年第 12 期。
④ 文先保：《民事抗诉制度的现状与问题》，载《人民检察》2007 年第 9 期。类似观点还可参见邵世星、安晓玉：《民事行政检察工作发展现状与反思——来自部分地区检察机关的调查与研究》，载《人民检察》2005 年第 16 期。
⑤ 李浩：《民事诉讼检察监督若干问题研究》，载《中国法学》1999 年第 3 期。

（二）参与诉讼

主要存在肯定说和否定说两种观点。"肯定说"主要理由有：第一，履行监督职能需要。宪法及我国人民检察院组织法确定了检察机关对诉讼活动的全面监督职能，所以检察监督应当保持一种对各个诉讼环节实行监督的可能性。① 从参与行政诉讼必要性看，行政诉讼法总则规定"人民检察院有权对行政诉讼实行法律监督"，因此行政检察监督应是全面的、完整的法律监督，而不是局部的、有限的法律监督。检察机关不仅要监督审判结果——已经发生法律效力的判决和裁定，而且还要监督诉前的起诉行为和诉讼的全过程。② 第二，现实需要。如江伟教授认为，检察机关能否参与民事诉讼，从本质上说主要不是理论问题而是实践问题。一方面社会公益保护主体的缺失需要赋予检察机关参与民事诉讼，同时单靠审判人员的自我约束和法院内部的监督机制远远不足以保证审判人员的清正廉明和审判权的公正行使；另一方面实际生活中也确实存在着一些公民和法人在权利受侵害后不知起诉或无力起诉的情形。③ 还有观点认为，"在各国的民事行政诉讼制度中，几乎都有检察机关参与民事、行政诉讼的规定，只是在参与的范围的宽窄上有所区别"，④ 还有文章从完善检察制度、强化国家干预、保护国家、集体、个人利益需要的角度对检察机关参与民事诉讼必要性进行了论述。⑤ "否定说"主要理由是：其一，检察机关参加诉讼会妨碍当事人行使处分权。其二，检察机关参加诉讼后会使双方当事人的诉讼地位失衡，使诉讼关系复杂化。其三，检察机关参加诉讼会使检察权与审判权界限模糊，造成检察院和法院共同办理民事案件。⑥

---

① 江伟：《略论检察监督权在民事诉讼中的行使》，载《人民检察》2005 年第 18 期。
② 刘恒：《行政诉讼检察监督若干问题探析》，载《中山大学学报（社会科学版）》1996 年增刊。
③ 江伟、李浩：《民事诉讼检察监督若干问题探讨》，载《人民检察》1995 年第 6 期。
④ 杨立新：《民事行政诉讼检察监督与司法公正》，载《法学研究》2000 年第 4 期。
⑤ 金俊银、李传敢：《检察机关参与民事诉讼刍议》，载《中国法学》1987 年第 5 期。
⑥ 江伟、李浩：《民事诉讼检察监督若干问题探讨》，载《人民检察》1995 年第 6 期。

关于参与诉讼的案件范围，有观点认为不应受案件性质限制。①多数观点认为，人民检察院参与民事诉讼并不是参加所有案件的诉讼，而应以涉及国家利益、社会公共利益的重大案件为限。还有观点提出，对涉及一方当事人诉讼地位较弱、当事人的行为能力、当事人的主体资格等案件，检察机关参与诉讼是其重要职责。②还有观点认为，具有重大影响的行政案件及具有涉外因素的行政案件也应有检察机关参与诉讼。③此外，对于审判机关或一方当事人要求检察机关参加的，检察机关也应参加。④

需要指出的是，关于检察机关能否参与诉讼的讨论，主要集中在民行检察工作试点后前十年左右，随着改革开放的深入，市场经济体制逐步建立，基于私法自治的基本原则，对于检察机关应否参与诉讼的讨论日渐式微。

（三）检察建议

在2012年民事诉讼法修改前，检察建议并非法定民行检察监督方式，而是检察机关在实践中所创设，主流观点认为应当通过立法将检察建议这一监督方式明确下来。此前关于检察建议争议的主要问题是其适用范围问题，多数观点认为不能通过上诉和再审程序纠错的裁定可适用检察建议进行监督。⑤也有观点主张，检察建议可适用于部分裁判结果案件的监督，如判决确有错误，但

---

① 李忠芳：《完善民事检察立法之我见》，载《中央检察官管理学院学报》1996年第2期。相关论述还可参见金俊银、李传敢：《检察机关参与民事诉讼刍议》，载《中国法学》1987年第5期。
② 杨立新：《民事行政诉讼检察监督与司法公正》，载《法学研究》2000年第4期。
③ 刘恒：《行政诉讼检察监督若干问题探析》，载《中山大学学报（社会科学版）》1996年增刊。
④ 相关论述参见金俊银、李传敢：《检察机关参与民事诉讼刍议》，载《中国法学》1987年第3期；刘恒：《行政诉讼检察监督若干问题探析》，载《中山大学学报（社会科学版）》1996年增刊。
⑤ 相关文章可参考段厚省：《民事行政检察监督改革初论》，载孙谦主编：《检察论丛》（第8卷），法律出版社2004年版，第461页；欧阳冶：《试论民事行政检察制度的改革完善》，载《华东政法学院学报》2006年第1期。

标的小、影响不大不需要抗诉的民事申诉案件，或确有错误的调解书；①裁判错误不是十分严重或者说审判活动的违法性不是十分严重的案件，②如陈桂明教授认为，"逢案必抗既不经济，也过于机械。有的可以建议再审，有的可以建议改判，有的可以建议暂缓执行。"③还有观点主张对于认为审判工作有哪些需要改进的地方，可用检察建议的方式提出。④

2011年"两高"会签的《关于对民事审判活动与行政诉讼实行法律监督的若干意见（试行）》及《关于在部分地方开展民事执行活动法律监督试点工作的通知》规定了对审判活动违法及执行活动违法的可以检察建议方式进行监督，对可以抗诉的裁判，地方检察机关也可以向法院提出再审检察建议，2012年修改后的民事诉讼法明确规定各级人民检察院对审判监督程序以外的其他审判程序中审判人员的违法行为，可以提出检察建议；地方各级人民检察院发现符合抗诉条件的裁判、调解可向同级法院提出再审检察建议。2016年检察机关提起公益诉讼试点期间及2017年立法修改赋予检察机关提起公益诉讼后，检察建议成为公益诉讼诉前程序的监督方式，同时也是各地开展行政违法监督的重要监督方式。

（四）检察意见

检察意见也曾是检察实践中运用过的监督方式之一，关于到底是使用检察建议还是检察意见，理论界和实务界都存在不同观点。当时最高人民检察院经研究讨论，认为检察建议适用于对某些存在的问题提出纠正意见的场合，而不是适用于对案件的处理。最高人民检察院检察委员会经过讨论，正式确认了检察意见这一监督方式，从1998年下半年正式试行，并且将检察意见和检察建议两种监督方式作了明确的分工，前者专司对案件的监督，后者对一般诉讼行

---

① 天津市人民检察院民行处课题组：《民事诉讼法的修改与民事检察制度的发展》，载《天津市政法干部管理学院学报》2009年第3期。
② 邵世星、安晓玉：《民事行政检察工作现状与发展思考——来自部分地区检察机关的调查与研究》，载《人民检察》2005年第16期。
③ 马滔：《民行检察：十年苦探索，期待天地宽》，载《人民检察》1998年第11期。
④ 杨立新：《民事行政诉讼监督与司法公正》，载《法学研究》2000年第4期。

为和其他违法行为的监督，包括法院和诉讼参与人。① 当时的司法实践中，"两高"基本上同意对以下几种情形通过抗诉以外的方式进行监督：第一，基层检察院认为法院的判决、裁定有错误的，以用检察意见的形式要求其纠正。第二，对不能引起再审的裁定，如先予执行裁定和财产保全裁定等非最终结论的裁定；对违反合法和自愿原则的调解，均可提出检察意见。② 但学界观点则多认为检察建议更为合适，如江伟教授认为："对执行实施，检察机关发现违反法律规定的，或当事人、案外人认为存在违反法律规定情形而向检察机关申诉的，检察机关可以向人民法院提出监督意见，必要时可以建议人民法院暂缓执行。"③ 也有观点认为检察建议的性质是检察机关通过执法办案进行延伸监督、促进社会管理的一种举措，不具有监督性质，不具备强制属性，而检察机关作为国家法律监督机关，提出的监督意见应当具有强制效力，如若赋予检察建议强制效力，则又有名实不符之感。检察机关针对个案的实体或者程序问题提出的监督意见有诉讼监督性质，用检察意见更为妥当。④ 在后来相关规范性文件及民事诉讼法修改中，最终采纳的是检察建议这一监督方式。

（五）纠正违法通知

纠正违法通知是借鉴刑事诉讼中的做法创设的民事行政检察监督方式，最高人民检察院在《民事行政检察文书样本（试行）》中规定了这种监督方式的书面文本，根据该文本，其监督范围主要为：人民法院在审判活动中有较严重的违法现象需要纠正；对行政诉讼中的当事人或者有关单位有违法行为需要纠正的。⑤ 也有观点认为，检察院在起诉、抗诉及参与诉讼的过程中均可提出意见和建议，发出纠正违法通知。反对观点则认为，"纠正违法通知书"有先定后审之嫌，且以检察机关并没有介入一、二审程序，是否存在程序违法，违法

---

① 参见杨立新：《民事行政诉讼监督与司法公正》，载《法学研究》2000年第4期。
② 马滔：《民行检察：十年苦探索，期待天地宽》，载《人民检察》1998年第11期。
③ 江伟、常廷彬：《民事检察监督的改革与完善》，载《检察日报》2007年5月11日。
④ 郑青、周清华：《民事诉讼检察监督范围和方式的思考与建议》，载孙谦主编：《检察论丛》（第17卷），法律出版社2012年版，第363页。
⑤ 参见杨立新：《民事行政诉讼监督与司法公正》，载《法学研究》2000年第4期。

程度是否影响了当事人的诉讼权利,是否可能造成实体不公,这些需要人民法院核实后才能判断。①

2010年最高人民检察院、最高人民法院、公安部、国家安全部、司法部联合制定的《关于对司法人员在诉讼活动中的渎职行为加强法律监督的若干规定(试行)》(以下简称"两高三部"《若干规定》)中规定,对于司法人员违法行为进行监督可提出纠正违法意见,但在2012年民事诉讼法修改中并未规定这一监督方式。

(六)支持起诉

2000年,最高人民检察院在《关于强化检察职能,保护国有资产的通知(讨论件)》中提出检察机关要依法支持起诉,并且制定了比较详细的操作规则,②此后,各地方人民检察院积极开展了支持起诉的探索与试点。对于检察机关能否支持起诉,理论界一直存在争议。"否定说"主要理由:一是在法律、法理依据层面,检察机关支持起诉程序规则缺失,支持起诉原则缺乏具体规定,操作性不强,在立法结构上存在瑕疵;立法理念也与现代民事诉讼基本理念相冲突,有干预当事人意思自治之嫌,因此支持起诉应该被剔除出民事诉讼范畴。③二是司法机关支持起诉必然导致当事人诉讼地位失衡的局面,而且导致司法机关错位或越位的情形出现。④也有观点支持起诉不应成为行政检察监督的方式,认为支持起诉的实质是一种社会监督的方式,而不具有国家权力的性质,检察院作为国家专门法律监督机关既然有权实行提起诉讼和参加诉讼的方式,因而没有必要采取这种监督方式。"肯定说"则认为:第一,民事诉讼法第15条规定

---

① 郑青、周清华:《民事诉讼检察监督范围和方式的思考与建议》,载孙谦主编:《检察论丛》(第17卷),法律出版社2012年版,第361—362页。
② 详见最高人民检察院《关于强化检察职能依法保护国有资产的通知》,全国检察机关民事行政检察工作会议讨论件。
③ 蒋集跃、梁玉超:《存在未必合理——支持起诉原则的反思》,载《政治与法律》2004年第5期。
④ 曾宪亚、郑永琦:《关于"支持起诉"工作的几点思考》,载《上海检察调研》2003年第3期。

的"机关",应当包括检察机关,检察机关支持起诉对于维护社会公益和公民诉讼权利、法律实质公正具有积极意义。① 第二,支持起诉作为检察机关的一项职能符合宪法、法律以及社会现实的要求,具有合法性与合理性,是检察机关行使法律监督权的必要延伸和自然后果。②

关于支持起诉的案件范围,有观点认为,检察机关对于所有符合民事诉讼法有关规定的案件,均有支持起诉的权力。但是也有人认为,检察机关支持起诉的范围应确定为与社会公益与国家法益有关的公民权利侵害案件,如重婚案件。③ 相反观点则认为检察机关支持对象应为个人民事权益受到损害的弱势群体,如领取低保的人员、城市务工人员等。④ 还有观点认为,支持起诉的范围应限定在国家和社会公共利益受损害的案件,同时探索对此类案件参与诉讼或提起诉讼。⑤

(七)提起诉讼

关于检察机关能否提起民事行政诉讼及其具体争议问题,本文将在后文详细阐述。

五、检察机关提起公益诉讼

(一)检察机关能否提起诉讼

从民行检察工作试点之初,一直到立法明确规定检察机关可以提起公益诉讼,检察机关能否提起诉讼一直是理论界争议的热点问题。主要有两种观点,

---

① 曾宪亚、郑永琦:《关于"支持起诉"工作的几点思考》,载《上海检察调研》2003年第3期。
② 王稼瑶、刘志坚、史永升、刘丽娜:《检察机关支持起诉之立法圭臬研究》,民事行政检察专业委员会第六届年会论文集。
③ 曾宪亚、郑永琦:《关于"支持起诉"工作的几点思考》,载《上海检察调研》2003年第3期。
④ 王稼瑶、刘志坚、史永升、刘丽娜:《检察机关支持起诉之立法圭臬研究》,民事行政检察专业委员会第六届年会论文集。
⑤ 段厚省:《论检察机关支持起诉》,载《政治与法律》2004年第6期。

即否定说和肯定说。

"否定说"主要理由是：第一，民事、经济纠纷是平等主体之间的争议，检察机关代当事人起诉，有悖于民事诉讼法中的处分原则。第二，程序意义上的诉权和实体意义上的诉权是不可分割的。检察机关无实体诉权，在实践中会遇到一系列难以解决的问题。第三，检察机关提起诉讼不利于监督职能的发挥。因为检察机关替一方当事人提起诉讼后，就无法再使自己在诉讼过程中处于中立地位，它必然会支持原告而反对被告，难以客观公正地实行监督。[1]第四，社会公共利益理应由政府机构来维护，公益诉讼的原告只能由有权代表社会公共利益的政府行政机关来担任，由检察机关提起公益诉讼名不正、言不顺。[2]第五，有学者从可行性分析，认为检察机关提起公益诉讼会增加国家成本，检察机关及其公务员也远比不上人民团体更关心公益。[3]第六，解决应当提起的诉讼而无人提起或者不敢提起这一问题，可根据社会支持起诉的原则，由各方面的社会力量支持应当起诉的一方当事人提起诉讼并行使诉权。[4]反对检察机关提起行政公益诉讼的理由还包括：其一，在"一府两院"的体制之下，检察机关与行政机关之间是相互独立的。正是由于检察体制的根本不同，西方国家检察机关代表政府提起公益诉讼的做法在我国难以推行。其二，检察机关提起行政公益诉讼必然导致自身的角色冲突。其三，检察机关提起行政公益诉讼逾越了行政诉讼检察监督的应有边界，不仅会造成检察监督权的膨胀，进而破坏既有的国家权力配置格局，而且还会对法院产生无形的压力，最终导致司法判决公正性的缺失。[5]

---

[1] 江伟、李浩：《民事诉讼检察监督若干问题探讨》，载《人民检察》1995年第6期。
[2] 杨秀清：《我国检察机关提起公益诉讼的正当性质疑》，载《南京师大学报（社科版）》2006年第6期；陈兴生、宋波、梁远：《民事公诉制度质疑》，载《国家检察官学院学报》2001年第3期。
[3] 敖双红：《公益诉讼概念辨析》，载《武汉大学学报（哲学社会科学版）》2007年第2期。
[4] 参见孙谦主编：《检察理论研究综述（1979—1989）》，中国检察出版社1990年版，第353—356页。
[5] 章志远：《行政公益诉讼中的两大认识误区》，载《法学研究》2006年第6期。

"肯定说"主要是从检察机关的法律监督机关性质、维护公益需要、完善诉讼制度及权力监督制约体制等角度进行论述。从必要性方面看，第一，检察机关作为法律监督机关，维护国家利益和社会公共利益是其基本职能。[1]第二，诉权是检察机关法律监督权的必要构成，赋予检察机关公诉权，才能有效保障法律监督目的得以实现。[2]第三，有利于中国权力监督制约体制的进一步完善。认为目前检察机关对行政权的监督仅仅限于行政犯罪，而对大多数行政违法行为没有监督权。行政诉讼法虽然对检察机关在其中的监督作用作了原则规定，但只有抗诉一种监督手段，存在间接性、滞后性等缺陷。导致行政执法多年来一直游离于国家检察机关法律监督的视野之外。因此，"由检察机关采用诉讼形式，利用国家检察权力启动审判，通过检察权和审判权两种权力的合理运用，发挥司法的政策引导功能和强制威慑功能，从而实现司法权对行政权的制约，这是十分必要的。"[3]第四，维护公共利益的实际需要。有学者从国有资产大量流失、环境公害案件不断增多、垄断和不正当竞争行为日益增多、消费者权益严重受损事件不断发生、歧视行为不断产生但却无人提起诉讼等方面论证了检察机关提起民事公益诉讼的必要性。[4]还有学者从现有行政诉讼制度在维护国家利益及社会公共利益的局限性方面论述了检察机关提起行政公益诉讼的必要性。[5]也有学者从行政机关或其工作人员恶意串通相对人违法行使行政职权，损害公共利益的现象相当严重等方面，阐述了检察机关提起行政公益诉讼的必要性。[6]从可行性方面看：第一，具有制度优势。我国检察机关不像西方国家那样仅仅是政府的代理人，恰恰可以更好地通过公益诉讼维护公共利益。[7]第二，检察机关更具有超脱性。诉讼也是监督的方式之一，检察机关

---

[1] 李浩:《关于民事公诉的若干思考》，载《法学家》2006年第4期。
[2] 张晋红、郑斌峰:《论民事检察监督权的完善及检察机关民事诉权之理论基础》，载《国家检察官学院学报》2001年第3期。
[3] 孙谦:《设置行政公诉的价值目标与制度构想》，载《中国社会科学》2011年第1期。
[4] 汤维建:《论检察机关提起民事公益诉讼》，载《中国司法》2010年第1期。
[5] 姜明安:《行政诉讼中的检察监督与行政公益诉讼》，载《法学杂志》2006年第2期。
[6] 胡卫列:《检察机关提起行政公诉简论》，载《人民检察》2001年第5期。
[7] 李浩:《关于民事公诉的若干思考》，载《法学家》2006年第4期。

作为原告不存在直接利益,"一切有关案件实质问题和程序问题的决定,都由法庭作出。因此,检察机关作为国家监诉人参加民事诉讼,并不会形成法外的特殊和产生弊端。"① 第三,与其他诉讼主体相比,检察机关拥有其独特优势。"较之于不特定的个人或团体,检察机关在优化司法资源配置、保证诉讼公平效率等方面具有优势,能最大程度地维护国家、社会和相关群体的利益。"② 首先,与其他诉讼主体相比,检察机关没有地方利益和部门利益的牵涉,适合代表国家提起诉讼;其次,检察机关拥有专业法律监督队伍,拥有法定的调查权,能够较好地解决调查取证和举证难等问题;再次,在人大的监督下,检察机关能够审慎地行使公益诉权,避免对行政秩序和效率造成冲击,也可以降低司法成本。③ 最后,检察机关在履行职责过程中,能够及时发现行政机关违法行使职权或者不行使职权的行为,履行职务的便利性。④

面对生态环境保护、食品药品安全、消费者权益保护等涉及公共利益的领域各种问题层出不穷的严峻现实,"由于法律制度不健全,试图通过普通诉讼渠道解决以上问题困难重重",⑤ 2014 年 10 月召开的党的十八届四中全会提出"探索建立检察机关提起公益诉讼制度",由此正式拉开了检察机关参与公益诉讼的序幕。2015 年 7 月 1 日,全国人大常委会授权检察机关开展公益诉讼试点工作。2017 年 6 月 27 日,全国人大常委会作出修改《民事诉讼法》和《行政诉讼法》的决定,正式确立检察机关提起公益诉讼制度,有关检察公益诉讼的讨论从理论走向现实。

---

① 王桂五:《试论检察机关在民事诉讼中的法律地位》,载《政法论坛》1989 年第 3 期。
② 马怀德:《行政公益诉讼制度 从理论走向现实》,载《检察日报》2015 年 7 月 3 日第 3 版。
③ 郑新俭:《检察机关提起公益诉讼的若干问题》,载《人民检察》2016 年第 20 期。
④ 马怀德:《行政公益诉讼制度 从理论走向现实》,载《检察日报》2015 年 7 月 3 日第 3 版。
⑤ 秦前红:《检察机关参与行政公益诉讼理论与实践的若干问题探讨》,载《政治与法律》2016 年第 11 期。

（二）检察机关在公益诉讼中的法律地位

关于检察机关在民事诉讼中的法律地位，主要有以下几种观点：

1. 法律监督者。王桂五先生认为按照国家干预理论，检察机关提起民事诉讼是基于法律监督权力而产生的诉讼权利，检察机关在民事诉讼中处于法律监督机关代表人的地位，既是对民事违法行为实行监督，又是对权利人放弃诉权的不当行为实行监督，检察机关提起民事诉讼，实质上不过是检察机关实施法律监督的一种手段。因此王桂五先生主张，检察机关在民事诉讼中可称为国家监诉人。① 按照这一观点，检察机关提起诉讼，表现为诉讼权利和实体权利的分离，检察机关只能是程序意义上的原告人，既不享有胜诉的利益，也不应承担败诉的风险。反对者则认为这一观点混淆了民事监督权与民事起诉权的区别，前者的使命是监督，因而应当消极旁观，而后者要获得胜诉判决，必然积极主动、竭尽全力，因此认为"把检察机关提起民事诉讼说成是一种法律监督的方式、手段，并把检察机关提起民事诉讼中的法律地位定位为法律监督者，显然是很不恰当的。"②

2. 原告。该说立足于一般诉讼构造原理，认为应将检察机关定位于公益诉讼中的原告，检察机关享有与一般诉讼原告人相似的权利义务，但检察机关只是出于维护社会公共利益而参加诉讼，并不享有诉权上的利害关系。③ 反对观点则认为，该观点从诉讼参加人的角度考察检察机关的身份角色，但却忽略了行政公益诉讼与普通行政诉讼的本质区别，即检察机关作为诉讼当事人并不享有诉的利益，与被诉结果也不存在利害关系。④

---

① 参见王桂五：《试论检察机关在民事诉讼中的法律地位》，载《政法论坛》1989年第3期。类似观点还有唐震：《行政公益诉讼中检察监督的定位与走向》，载《学术界》2018年第1期。
② 廖中洪：《检察机关提起民事诉讼若干问题研究》，载《现代法学》2003年第3期。
③ 参见陈丽玲、诸葛旸：《检察机关提起行政公益诉讼之探讨——从现实和法理的角度考察》，载《行政法学研究》2005年第3期。类似观点还可参见李浩：《关于民事公诉的若干思考》，载《法学家》2006年第4期；廖中洪：《检察机关提起民事诉讼若干问题研究》，载《现代法学》2003年第3期。
④ 唐震：《行政公益诉讼中检察监督的定位与走向》，载《学术界》2018年第1期。

3. 双重身份。这种观点认为,在检察机关提起的民事诉讼中,检察机关不仅仅是原告,同时还具有法律监督者的特殊身份,[1]居于双重的法律地位,既享有原告的诉讼权利,又享有检察监督的权利。反对观点则认为,"这种双重身份的定位,不仅导致职能和诉讼地位的冲突,而且也影响公正的裁判。"[2]甚至"因其同时拥有上诉权和抗诉权,极易使案件无休止地继续审理下去,直至取得对其有利的判决。"[3]

4. 公益代表人。这种观点认为,检察机关是公共利益的代表,其提起公益诉讼的目的是维护公共利益。反对观点则认为,公益代表人没有体现出检察机关实行法律监督的职能和特性,[4]公益代表人也不是诉讼上的概念,难以反映检察机关的程序地位,更反映不出检察机关应享有的诉讼权利和应承担的诉讼义务,[5]因而是不可取的。试点期间有观点认为,"从十八届四中全会决定和说明看,授权检察机关提起行政公益诉讼,主要是基于我国检察机关作为国家法律监督机关的宪法定位而作出,尤其是诉前程序的设置,凸显了公益诉讼的纠错目的,起诉资格可以理解为实现监督目的而设置的最后的保障手段,似乎并没有明确赋予检察机关公益代表人的角色定位。"[6]

5. 国家公诉人。认为检察机关提起公益诉讼不是为了自身的权益而主要是为了国家利益和社会公益,其身份和地位相当于刑事诉讼中的公诉人。[7]这一观点主要为检察机关人士所主张,并得到部分学者认同,[8]认为这一身份符合检察机关的传统定位,也准确地体现了检察机关代表国家提起行政公益诉讼的

---

[1] 汤维建:《论检察机关提起民事公益诉讼》,载《中国司法》2010年第1期。
[2] 廖中洪:《检察机关提起民事诉讼若干问题研究》,载《现代法学》2003年第3期。
[3] 章志远:《行政公益诉讼中的两大认识误区》,载《法学研究》2006年第6期。
[4] 王桂五:《论检察机关在民事诉讼中的法律地位》,载《政法论坛》1989年第3期。
[5] 江伟、段厚省:《论检察机关提起民事诉讼》,载《现代法学》2000年第6期。
[6] 胡卫列、田凯:《检察机关提起行政公益诉讼试点情况研究》,载《行政法学研究》2017年第2期。
[7] 田凯:《行政公诉论纲》,载《中州学刊》2006年第3期。
[8] 如江伟、段厚省:《论检察机关提起民事诉讼》,载《现代法学》2000年第6期;庞华立:《关于检察机关提起民事诉讼三个理论问题的探讨》,载《宁夏法学通讯》1989年第1期。

法律地位。① 反对观点认为，该说一定程度上混淆了刑事诉讼与民事诉讼的区别，如若将检察机关定位为民事公诉人，以区别于一般的诉讼当事人，不仅违背通行的民事诉讼法理，可能破坏诉讼当事人的权利平衡，也与民事诉讼的基本原理相违背。②

6.公益诉讼人。此种观点主要基于诉讼担当理论，认为检察机关在公益诉讼中的身份来自于法律认可的诉讼担当，其行使的是诉讼实施权，检察机关不是诉讼中普通一方，而是代表国家政权履行相应职责。③ 按照此种观点，检察机关只是程序意义上的当事人，而非传统诉讼法意义上的利害关系人。

从司法实践看，检察机关在公益诉讼中的法律地位问题一直是法检双方争议的焦点，试点期间有的法院将检察机关作为一般民事案件原告对待，而检察机关则认为，检察机关作为国家法律监督机关，应是不同于一般原告的特殊主体。检察机关提起公益诉讼是履行法定职责，非为权利救济，而是为了追诉和监督，检察机关可以通过诉前程序督促或支持相关社会组织提起诉讼，或者要求行政机关依法履职或纠正违法行为，检察机关还拥有调查权等，这些是现有民事、行政诉讼法没有规定的，④ 因此也不能依据起诉主体的一般原理来对检察机关提起公益诉讼的性质进行定位。但有学者认为，"法律监督机关的身份只是其享有诉讼权能的前提，它并不是以法律监督机关的身份提起诉讼"。⑤ 最高人民检察院先后印发的《检察机关提起公益诉讼试点方案》(以下简称《试点方案》)及《关于开展检察机关提起公益诉讼试点工作的通知》(以下简称《高检试点通知》)确定检察机关为"公益诉讼人"。为妥善解决这一争

---

① 徐全兵：《检察机关提起行政公益诉讼的职能定位与制度构建》，载《行政法学研究》2017年第5期。
② 廖中洪：《检察机关提起民事诉讼若干问题研究》，载《现代法学》2003年第3期。
③ 刘艺：《检察机关提起公益诉讼亟须厘清的几个问题》，载《学习时报》2015年8月27日第4版。
④ 参见最高人民检察院民事行政检察厅编：《检察机关提起公益诉讼实践与探索》，中国检察出版社2017年版，第81页。
⑤ 秦前红：《检察机关参与行政公益诉讼理论与实践的若干问题探讨》，载《政治与法律》2016年第2期。

议,"两高"进行了积极的磋商和沟通,2016年5月16日,"两高"与中国宪法学研究会、中国行政法学研究会、中国民事诉讼法学研究会联合召开"探索建立检察机关提起公益诉讼制度研讨会",韩大元、马怀德、张卫平、汤维建、刘松山、董少谋、肖建华等教授认为检察机关提起行政公益诉讼是履行法律监督职责的职权行为,李浩、蔡彦敏教授认为检察机关与其他诉讼主体没有区别。① 在2016年10月12日最高人民检察院组织召开的"检察机关提起公益诉讼相关问题研讨会"上,与会专家学者普遍认为,检察机关提起公益诉讼是一种新的诉讼模式和诉讼机制,应具有特殊地位,在称谓上也应区别于原告。蔡虹教授则认为,检察机关在公益诉讼中的诉讼地位,应该分为诉前和诉中两个阶段,诉前是法律监督者,诉中就是诉讼主体。还有学者认为称谓不需要特别考虑。② "两高"于2018年3月2日联合发布了《最高人民法院、最高人民检察院关于检察公益诉讼案件适用法律若干问题的解释》(以下简称《两高解释》),明确规定检察机关在公益诉讼中的身份为"公益诉讼起诉人"。

(三)检察机关提起公益诉讼制度的构建

1. 检察机关提起民事公益诉讼

(1)案件范围。多数学者认为,涉及国有资产保护、社会公益保护、社会弱势群体权益保护的案件可以由检察机关提起民事公益诉讼,具体说来主要有以下几类:一是侵害国家经济利益案件,如侵害国有资产,侵害自然资源、损害公共设施和文物古迹等案件;二是公害案件,如环境污染、破坏生态平衡、消费者权益保护、食品药品安全等;三是破坏社会主义市场经济秩序的案件,

---

① 参见徐全兵:《深入探讨法理基础科学谋划程序设计——探索建立检察机关提起公益诉讼制度研讨会观点综述》,载《人民检察》2016年第11期。
② 参见最高人民检察院民事行政检察厅编:《检察机关提起公益诉讼实践与探索》,中国检察出版社2017年版,第83页。

如反垄断、反倾销、反不正当竞争案件等。① 还有学者主张在确认婚姻无效、扶养、赡养关系等亲属法领域，以及宣告失踪或死亡、被宣告为无民事行为能力或限制行为能力等涉及自然人身份事件，法人身份事件、确认民事行为无效的案件也应赋予检察机关以诉权。②

2015年5月5日，中央全面深化改革领导小组第十二次会议审议通过了《检察机关提起公益诉讼试点方案》，确定检察机关可提起民事公益诉讼的案件范围为污染环境、食品药品安全领域侵害众多消费这合法权益的行为。2017年6月27日修正后的民事诉讼法第55条第2款规定，检察机关对破坏生态环境和资源保护、食品药品安全领域侵害众多消费者合法权益等损害社会公共利益的行为有权提起公益诉讼。

（2）管辖问题。一是级别管辖问题。有学者主张应根据不同案件类型来区别级别管辖，如侵害社会公益的案件一般比较重大、影响较广，因此建议由市级以上的检察机关提起较为妥当；而对于破坏公法秩序的案件，偏重的是宣示效应，则由省级以上检察机关提起较为妥当；对于侵害国家利益案件，则可由检察机关根据案件的性质和影响范围确定由哪一级检察机关提起。③ 也有学者主张，对于侵害国有资产、损害国家利益的案件，侵犯公民重要权益同时危及公共利益与安全的案件，严重破坏公序良俗的案件，由基层检察院管辖；公害案件和严重扰乱、破坏市场经济秩序等案件由市级以上检察院管辖。④ 二是地域管辖问题。有观点认为可根据侵权行为地的属地管辖原则，对于危害后果波

---

① 李浩：《关于民事公诉的若干思考》，载《法学家》2006年第4期；廖中洪：《检察机关提起民事诉讼若干问题研究》，载《现代法学》2003年第3期；何鹏祖：《论检察机关提起民事公益诉讼》，载《公正司法与行政法实施问题研究（上册）》，全国法院第25届学术讨论会获奖论文集。
② 张晋红、郑斌峰：《论民事检察监督权的完善及检察机关民事诉权之理论基础》，载《国家检察官学院学报》2001年第3期；李浩：《关于民事公诉的若干思考》，载《法学家》2006年第4期；江伟、段厚省：《论检察机关提起民事诉讼》，载《现代法学》2000年第6期。
③ 常英、王云红：《民事公诉制度研究》，载《国家检察官学院学报》2002年第4期。
④ 李爱慎：《对民事公诉权确立依据及案件范围之探讨》，载孙谦主编：《检察论丛》（第7卷），法律出版社2004年版，第508页。

及区域较广的,则由违法行为始发地检察机关管辖,也可由危害后果严重的检察院管辖。①

试点期间,《人民检察院提起公益诉讼试点工作实施办法》(以下简称《高检实施办法》)规定,由侵权行为地、损害结果地或者被告住所地的市级人民检察院管辖。《两高解释》)明确市(分、州)检察院提起的第一审民事公益诉讼案件,由侵权行为地或者被告住所地中级人民法院管辖。

(3)检察机关的诉讼权利和义务。这一问题跟检察机关在民事公益诉讼中的法律地位密切相关。认为检察机关是原告或一般诉讼当事人的观点认为,检察机关提起民事诉讼时不应当享有区别于其他当事人的特殊权力。②但在检察机关是否应交诉讼费用、被告是否可以提起反诉的问题上,认为检察机关是一般诉讼当事人学者之间也存在不同观点,有的认为检察机关不用交诉讼费,被告不得提起反诉。部分持公诉人说的学者也认为,"除了在调查取证方面检察机关因其是国家机关而拥有与其职权相适应的调取证据、传唤证人、鉴定勘查等权利外,在诉讼中不享有任何特权,与一般民事诉讼当事人无异。"③多数持公诉人说的学者认为,检察机关在民事公益诉讼中享有一些特殊的权力,如调查取证权、对妨碍调查的人采取强制措施、可采取财产保全和先予执行措施,对方当事人不能提起反诉、不负担诉讼费用,对当事人和法院的审判活动是否合法进行监督等。④

试点期间,法检双方关于这一问题的争论也较为激烈,实践中,有的法院

---

① 李爱慎:《对民事公诉权确立依据及案件范围之探讨》,载孙谦主编:《检察论丛》(第7卷),法律出版社2004年版,第508页。
② 张智辉主编:《中国检察》(第9卷),北京大学出版社2005年版,第333—334页。类似观点还可参考常英、王云红:《民事公诉制度研究》,载《国家检察官学院学报》2002年第4期。
③ 江伟、段厚省:《论检察机关提起民事诉讼》,载《现代法学》2000年第6期;类似观点还可参考廖中洪:《检察机关提起民事诉讼若干问题研究》,载《现代法学》2003年第3期。
④ 张晋红、郑斌峰:《论民事检察监督权的完善及检察机关民事诉权之理论基础》,载《国家检察官学院学报》2001年第3期。

将检察机关作为一般民事案件原告对待。例如,受理案件后向检察机关发送"当事人权利义务告知书",或者发送"传票"通知检察机关开庭并要求检察机关出具"法定代表人身份证明"和"授权委托书";庭审中为检察机关准备"原告"和"诉讼代理人"的席卡;在庭审和判决书中称呼检察机关为"原告"等等。① 检察机关则认为检察机关提起公益诉讼是履行法律监督职责的职权行为,应尊重检察机关作为"公益诉讼人"的特殊性,在具体诉讼权利义务上应区别于普通原告,具体涉及以下问题:一是是否应当出具授权委托书的问题。检察人员代表检察机关出庭而非基于委托代理关系出庭,应向法庭提交"出庭通知书"而非"授权委托书"。二是发送传票的问题。认为检察机关提起公益诉讼是履行法律监督职能,如不按时出庭就是失职,法院向检察机关发送有关通知即可。② 三是检察机关的调查取证权问题。《高检实施办法》规定了检察机关的调查取证权,同时明确不得采取限制人身自由及财产强制措施,明确有关单位和个人应当配合。四是被告能否反诉的问题。《高检实施办法》及《人民法院审理人民检察院提起公益诉讼案件试点工作实施办法》(以下简称《高法实施办法》)均规定被告不得反诉。五是检察机关对诉讼过程能否进行监督的问题。《高检实施办法》规定"检察人员发现庭审活动违法的,应当待休庭或者庭审结束之后,以人民检察院的名义提出检察建议。"也即明确了检察机关在民事公益诉讼中既承担提起诉讼、支持起诉的职责,又承担对诉讼过程实施监督的职责。六是和解撤诉问题。《高检实施办法》规定检察机关可以和解撤诉,但是和解协议不得损害社会公共利益。其他还有如检察机关提交的是"起诉书"而非"起诉状";检察机关可以向法院"建议"对被告财产进行保全、责令其作出一定行为或者禁止其作出一定行为,而非向法院"申请",法院采取保全措施的,检察机关无须提供担保;检察机关在符合法定条件的情况

---

① 郑新俭:《检察机关提起公益诉讼的若干问题》,载《人民检察》2016年第20期。
② 参见最高人民检察院民事行政检察厅编:《检察机关提起公益诉讼实践与探索》,中国检察出版社2017年版,第84—85页。

下可以"决定"撤回起诉,而非"申请"撤回起诉等。①

关于前述问题,学者普遍认为检察机关提起公益诉讼是履行法定职责,认为"用传票通知检察机关出庭在某种程度上是对检察机关法律地位的贬损,"②人民法院不得对检察机关发送传票,检察机关无需出具授权委托书及组织机构代码证。关于撤诉的问题,有学者认为少用、慎用。③《两高解释》第4条规定,人民检察院"依照民事诉讼法、行政诉讼法享有相应的诉讼权利,履行相应的诉讼义务,但法律、司法解释另有规定的除外",即原则上应遵循诉讼法的基本原则,但同时也承认其特殊性,主要表现在:明确了检察机关提起诉讼时,无须提交组织机构代码证、法定代表人身份证明书、授权委托书等身份证明材料,规定了人民法院应当在开庭前向检察机关送达"出庭通知书",检察机关不用缴纳诉讼费用,明确检察机关可以撤诉,同时规定了检察机关的调查取证权及被告不得反诉。但是未规定检察机关对公益诉讼的监督权及和解权。

(4)举证责任。多数观点认为民事公益诉讼中应遵循"谁主张,谁举证"的一般原则,检察机关应当对被告的违法行为、损害后果提供证据加以证明。另外,根据最高人民法院《关于民事诉讼证据的若干规定》第4条规定,因环境污染引起的损害赔偿诉讼,由加害人就法律规定的免责事由及其行为与损害结果之间不存在因果关系承担举证责任;因缺陷产品致人损害的侵权诉讼,由产品的生产者就法律规定的免责事由承担举证责任。

(5)具体程序。涉及以下几个问题:

一是诉前程序。多数观点认为,检察机关提起公益诉讼前应履行诉前程序,主张"对于应由职能机关或其他主体提起诉讼的,可向其发出检察建议书,催告其在限定的时间内起诉,超过限定时间仍未起诉的,检察机关可以自

---

① 郑新俭:《检察机关提起公益诉讼的若干问题》,载《人民检察》2016年第20期。
② 刘艺:《检察公益诉讼的司法实践与理论探索》,载《国家检察官学院学报》2017年第2期。
③ 徐全兵:《深入探讨法理基础科学谋划程序设计——探索建立检察机关提起公益诉讼制度研讨会观点综述》,载《人民检察》2016年第11期。

行提起民事公诉。"① 为了防止公权过度介入私权,《试点方案》和《高检实施办法》规定,诉前程序是检察机关提起公益诉讼的必经程序。检察机关必须先向适格的主体提出督促或者支持法律规定的机关和有关组织提起民事公益诉讼的检察建议,只有在无适格主体或者适格主体不依法提起诉讼的前提下,检察机关才能提起诉讼。②《两高解释》保留了这一程序,规定检察机关在提起民事公益诉讼前,对于法律规定的机关和有关组织应当统一采取公告的方式告知提起诉讼,不再采用检察建议的方式督促法律规定的机关和组织起诉。

二是二审程序的启动方式问题。这一问题也是法检双方及理论界争议的焦点问题。有观点认为,由于检察机关在整个公益诉讼过程中履行的是法律监督职能,不应适用普通民事、行政案件当事人对一审未生效裁判的上诉程序,而应当适用抗诉程序。③ 这一观点也得到部分学者的认同。④ 但也有学者认为,民事公益诉讼中检察机关就是当事人,应是上诉而非抗诉;也有学者主张兼采上诉、抗诉的方式,但优先使用上诉,但保留抗诉权力。⑤《高检实施办法》规定为抗诉,《两高解释》明确检察机关以上诉方式启动二审程序。

三是参加二审的检察机关问题。部分学者主张由原来检察机关派员出庭,理由主要是基于检察机关一体化工作原则和节约司法资源角度考虑;部分学者主张应该由上级检察机关派员出庭,坚持同级监督原则;也有学者主张由哪级检察机关出庭是与启动二审方式相关联的,如果是上诉启动二审,则应由提起诉讼的检察机关派员出庭,如果是抗诉,则当然由上级检察机关出庭;还有学

---

① 常英、王云红:《民事公诉制度研究》,载《国家检察官学院学报》2002 年第 4 期。
② 参见郑新俭:《做好顶层设计稳步推进公益诉讼试点工作》,载《人民检察》2015 年第 14 期。
③ 郑新俭:《检察机关提起公益诉讼的若干问题》,载《人民检察》2016 年第 20 期。
④ 在 2016 年 5 月 16 日及 10 月 12 日举行的两次研讨会上,汤维建、董少谋、马怀德等教授认为检察机关应通过抗诉而非上诉启动二审程序。具体参见徐全兵:《深入探讨法理基础科学谋划程序设计——探索建立检察机关提起公益诉讼制度研讨会观点综述》,载《人民检察》2016 年第 11 期。
⑤ 参见最高人民检察院民事行政检察厅编:《检察机关提起公益诉讼实践与探索》,中国检察出版社 2017 年版,第 92 页。

者认为上诉时上级检察机关也可派员支持。①《两高解释》规定提起公益诉讼的人民检察院和上一级人民检察院均可以派员出庭。

四是人民法院是否可以裁定不予受理或者驳回起诉的问题。检察机关认为法院对检察机关提起的公益诉讼案件应当受理,而不宜裁定不予受理或驳回起诉。②这一观点得到部分学者的认同,如汤维建教授认为,法院对检察机关提起的公益诉讼不得驳回起诉和不予受理。肖建华教授则认为,虽然检察机关也存在可能败诉的情况,但应当特殊对待,可以参照刑事上的无罪判决,这样考虑也不能说检察机关就败诉了。③《两高解释》规定贯彻立案登记制要求,对人民检察院提起的诉讼符合民事诉讼法及该解释规定的起诉条件的,人民法院应当登记立案。

2.检察机关提起行政公益诉讼

(1)案件范围。检察机关提起行政公益诉讼的案件范围是检察公益诉讼的核心问题,也一直是学者们争议的热点问题。多数观点认为案件范围的设定要根据我国政治经济发展水平,"贯彻有利于司法资源的合理配置、有利于监督行政权同时保障行政权的有效行使、有效保护公共利益又要防止滥诉等原则要求,"④综合考虑与其他制度的价值、功能和结构的融洽与和谐,以及司法的承受能力、社会各个层面的接受程度等诸多因素。⑤学者们有的主张根据行政行为性质来确定检察公益诉讼案件范围,如有学者认为应将抽象行政行为、授益性行政行为、行政不作为等纳入行政公益诉讼案件范围;⑥有的认为还应将公益性行政行为及损害国家利益及社会公共利益的积极行政行为纳入行政公益

---

① 参见最高人民检察院民事行政检察厅编:《检察机关提起公益诉讼实践与探索》,中国检察出版社2017年版,第93页。
② 郑新俭:《检察机关提起公益诉讼的若干问题》,载《人民检察》2016年第20期。
③ 徐全兵:《深入探讨法理基础科学谋划程序设计——探索建立检察机关提起公益诉讼制度研讨会观点综述》,载《人民检察》2016年第11期。
④ 孙谦:《设置行政公诉的价值目标与制度构想》,载《中国社会科学》2011年第1期。
⑤ 胡卫列:《论行政公益诉讼制度的建构》,载《行政法学研究》2012年第2期。
⑥ 田凯:《行政公诉论纲》,载《中州学刊》2006年第3期。

诉讼受案范围。① 有的根据保护利益的不同类型来界定，认为公益诉讼范围应当包括：需要代表国家提起的行政诉讼案件；引起社会严重公害的案件；行政决定有利于直接的行政相对人，侵害国家和社会公共利益，相对人不起诉的案件；有利于保护弱势群体、维护社会正义的行政诉讼案件。② 有的认为应采用列举加兜底的方式对行政公益诉讼案件范围进行列举，将行政行为违法损害重大公共利益、又没有适格原告、现实需求也较为迫切的几类案件进行明确列举。③ 普遍认为应将涉及国有资产保护、生态环境及自然资源保护案件、食品药品安全案件纳入行政公益诉讼案件范围。也有学者主张将危害市场经济秩序案件、违反城市规划法的案件、行政性垄断案件、破坏文物案件、公共工程的发包和重大项目的资金使用案件、违法发放抚恤金和其他社会福利案件等纳入。④

试点期间，依据《试点方案》和《高检实施办法》，行政公益诉讼案件范围是生态环境和资源保护、国有资产保护、国有土地使用权出让等领域。有学者认为这一范围过窄，认为应将弱势群体权益保护和食品安全保护纳入行政诉讼受案范围。⑤ 认为妇女、儿童、老年人和残疾人等弱势群体的利益为必须特殊保护界别的利益，此乃公共利益的特殊存在形式，是社会均衡、可持续发展必须加以特别保护的利益"；⑥ 而"食品安全关系到国家和社会的稳定发展，关系到公民的生命健康权利"。⑦ 2017年6月27日修正后的行政诉讼法第25条第4款在《试点方案》的基础上，将食品药品安全领域案件纳入了行政公

---

① 王彦、廖斌：《论公益行政诉讼制度的构建》，载《现代法学》2002年第6期。
② 孙谦：《设置行政公诉的价值目标与制度构想》，载《中国社会科学》2011年第1期。
③ 胡卫列：《论行政公益诉讼制度的建构》，载《行政法学研究》2012年第2期。
④ 黄学贤：《建立行政公益诉讼制度应当解决的几个问题》，载《苏州大学学报（哲学社会科学版）》2008年第3期。
⑤ 秦前红：《检察机关参与行政公益诉讼理论与实践的若干问题探讨》，载《政治与法律》2016年第2期。
⑥ 韩波：《公益诉讼制度的力量组合》，载《当代法学》2013年第1期。
⑦ 尹金凤、蔡骐：《中国食品安全传播的价值取向研究》，载《江淮论坛》2014年第3期。

益诉讼案件受案范围。有观点认为,一些社会高度关注、百姓反映强烈的领域仍然没有纳入检察机关监督的范围,如安全生产监管领域,在司法实践中,"两高"可以根据司法实践的具体情况对行政公益诉讼案件范围的"等"字作扩大解释。[1]

(2)案件管辖。有观点认为,"为便于检察机关就地调查案件情况、履行公诉的职责,在地域管辖上应规定行政公益诉讼案件由被告所在地的人民检察院受理。"[2]试点期间,《高法实施办法》及《高检实施办法》规定:人民检察院提起的第一审行政公益诉讼案件由最初作出行政行为的行政机关所在地基层人民法院管辖。经复议的案件,也可以由复议机关所在地基层人民法院管辖。人民检察院对国务院部门或者县级以上地方人民政府所作的行政行为提起公益诉讼的案件以及本辖区内重大、复杂的公益诉讼案件由中级人民法院管辖。《高检实施办法》征求意见过程中,最高法院曾提出第一审行政公益诉讼案件由被告所在地的中级人民法院管辖,也有学者认为,"考虑到公益诉讼的审理难度和检察一体化的特征,应遵循提级管辖为原则,属地管辖为例外"。[3]但中共中央政法委员会提出,公益诉讼的管辖与民事诉讼法、行政诉讼法规定的管辖内容基本一致,无须特别规定,而行政诉讼法规定的管辖原则即是基层法院管辖第一审行政诉讼案件。中央全面深化改革领导小组办公室和中共中央政法委员会均明确要求,试点工作的重心应放在市级院和基层院,行政公益诉讼案件提级管辖的规定将造成办案压力集中在市级院及省级院,不符合中央要求精神。[4]考虑到以上因素,最终确定由基层院管辖。《两高解释》规定,基层人民检察院提起的第一审行政公益诉讼案件,原则上由被诉行政机关所在地基

---

[1] 徐全兵:《检察机关提起行政公益诉讼的职能定位与制度构建》,载《行政法学研究》2017年第5期。

[2] 胡卫列:《论行政公益诉讼制度的建构》,载《行政法学研究》2012年第2期。

[3] 刘艺:《检察公益诉讼的司法实践与理论探索》,载《国家检察官学院学报》2017年第2期。

[4] 参见最高人民检察院民事行政检察厅编:《检察机关提起公益诉讼实践与探索》,中国检察出版社2017年版,第86—87页。

层人民法院管辖，但也可以通过上级法院指定管辖由异地基层人民法院或者跨区划人民法院受理。

（3）检察机关的权利义务。这一问题跟检察机关提起民事公益诉讼一样，主要争议焦点在于法院是否可以给检察机关发送传票、检察机关是否需要出具授权委托书、出具组织机构代码证，是否需要缴纳诉讼费用等，归根结底，来源于对检察机关在行政公益诉讼中诉讼地位的不同认知。《高法实施办法》规定人民检察院以公益诉讼人身份提起行政公益诉讼，但其诉讼权利义务参照行政诉讼法关于原告诉讼权利义务的规定。有观点主张，对于检察机关提起行政公益诉讼的认识，要从"诉讼"和"检察"两个层面来把握，既要考虑行政诉讼的一般原理和基本原则，也要充分考虑检察机关的职能特点和运行规律。本质上是行政诉讼，要遵循行政诉讼的一般原则。如要遵循审判独立、以事实为根据以法律为准绳、当事人法律地位平等、辩护、合议、回避、审判公开等原则。其次，具体诉讼程序的设计和运行，要充分考虑检察机关的职能特点和职权运行规律。如检察机关上下一体化的领导关系，履职时的客观义务，履职时受地域、级别的限制等。① 有关检察机关调查取证、出庭职责、是否应缴纳诉讼费用、是否应出具授权委托书及组织机构代码、法院是否可以给检察机关发送传票等问题的具体讨论，前文已经论及，此处不再赘述。多数观点认为应承认检察机关为履行法律监督职责而提起行政公益诉讼，应承认这一特殊性，检察机关可不交纳诉讼费用，不提出申请就可以保全证据等，被告不得反诉等。② 与民事公益诉讼不同之处，主要体现在以下两个问题的讨论：

一是关于检察机关是否可以撤诉的问题上。有学者主张，为约束原告滥用

---

① 徐全兵：《检察机关提起行政公益诉讼的职能定位与制度构建》，载《行政法学研究》2017年第5期。
② 徐全兵：《深入探讨法理基础科学谋划程序设计——探索建立检察机关提起公益诉讼制度研讨会观点综述》，载《人民检察》2016年第11期。

处分权而损害公共利益,应确立禁止撤诉制度。①《高法实施办法》第18条规定,人民检察院申请撤诉的是否准许,由人民法院裁定。《高检实施办法》第49条规定,被告纠正违法行为或者依法履行职责而使诉讼请求全部实现的,检察机关可以变更诉讼请求确认行政行为违法或者撤回起诉。《两高解释》第24条延续了这一规定。二是关于可否和解、调解的问题。普遍认为行政公益诉讼不能适用调解及和解,《高检实施办法》第48条及《高法实施办法》第17条均明确规定不适用调解。

(4)举证责任。多数观点认为应适用行政诉讼法中举证责任倒置的原则,但也有学者认为,公益诉讼的规则内容和私人举证责任完全不一样,其主要证明内容是以公共利益为主要证明对象,检察机关举证能力也强于普通行政相对人,因此应该有所区别,比如可考虑区分不同证据责任,或者有些需要承担全部证明责任,有些需要承担初步举证责任。②也有观点认为,"应建立审判职权主义的相关规则,人民法院对行政公益诉讼案件的审查标准为实质合法性,当检察机关和行政机关都有证明责任时,人民法院应该放弃当事人主义的审理模式,而采用审判职权主义。"③《高检实施办法》对检察机关的举证责任基本是按照行政诉讼法规定的举证责任而作出,征求意见过程中曾有部门建议,按照权责对应原则,规定检察机关承担更多举证责任。也有观点认为,检察机关对于行政行为违法性和行为危害后果的调查能力相较于公民、法人或者其他组织具有明显优势。《高检实施办法》未采纳这一意见,主要考虑作为被告的行政机关在作出行政行为时,必须持有充分的事实根据和法律依据,如果行政机关不能举证证明,说明该行政行为非法;检察机关不是行政行为相对人,很难掌握行政机关违法行使职权或不作为的全部情

---

① 林莉红、马立群:《作为客观诉讼的行政公益诉讼》,载《行政法学研究》2011年第4期。
② 参见最高人民检察院民事行政检察厅编:《检察机关提起公益诉讼实践与探索》,中国检察出版社2017年版,第89—90页。
③ 刘艺:《构建行政公益诉讼的客观诉讼机制》,载《法学研究》2018年第3期。

况，因此检察公益诉讼仍应遵循"举证责任倒置"。① 但根据《两高解释》规定，检察机关起诉时应提供"被告违法行使职权或者不作为，致使国家利益或者社会公共利益受到侵害的证明材料"，从这一规定来看，一定程度上赋予了检察机关证明行政行为违法或不作为并导致国家利益及公共利益受损的证明责任。

（5）具体程序。涉及以下几个问题：

一是诉前程序。多数认为应该建立行政公益诉讼诉前程序，认为诉前程序体现了司法权对行政权的尊重和自身的谦抑，有助于发挥行政机关自我纠错、主动履职的能动性，节约司法资源，可以防止滥诉。② 认为检察机关提起公益行政诉讼前，应向拟起诉的行政机关提出法律意见。③ 有学者认为，诉前程序具有行政公益诉讼程序环节和独立程序双重属性；零诉讼，是行政公益诉讼诉前程序制度设计的理想目标，应当正确认识诉前程序与诉讼的辩证关系，优化并彰显诉前程序价值功能。④ 也有观点认为，"诉前检察建议发出后，如果行政机关长期不作为，以不作为为理由提起的行政公益诉讼，并进行后续的问责，是一种柔性问责，需要慎重。"⑤ 试点期间《高检实施办法》明确规定了诉前程序，《两高解释》也规定检察机关提起诉讼前，要提交已经履行诉前程序，行政机关不依法履行职责或者纠正违法行为的证明材料。

二是二审程序启动方式问题。跟检察民事公益诉讼二审程序启动一样，各方分歧较大。检察机关认为，"与普通原告通过上诉方式启动二审寻求权

---

① 参见最高人民检察院民事行政检察厅编：《检察机关提起公益诉讼实践与探索》，中国检察出版社2017年版，第87—88页。
② 孙谦：《设置行政公诉的价值目标与制度构想》，载《中国社会科学》2011年第1期；胡卫列、迟晓燕：《从试点情况看行政公益诉讼诉前程序》，载《国家检察官学院学报》2017年第2期。
③ 王彦、廖斌：《论公益行政诉讼制度的构建》，载《现代法学》2002年第6期。
④ 胡卫列、迟晓燕：《从试点情况看行政公益诉讼诉前程序》，载《国家检察官学院学报》2017年第2期。
⑤ 徐全兵：《深入探讨法理基础科学谋划程序设计——探索建立检察机关提起公益诉讼制度研讨会观点综述》，载《人民检察》2016年第11期。

利救济不同,检察机关启动二审主要是为了监督。通过抗诉的方式启动二审程序,符合检察职能特点和检察权运行规律"。[1] 这一观点也得到部分学者的认同,如马怀德、董少谋、汤维建教授均认为,二审启动应是抗诉,如果仅仅把它看作上诉,则混同与一般新的行政诉讼,也与检察机关的法律监督者地位完全不相符。[2] 也有学者认为,检察机关参与行政公益诉讼不同于刑事诉讼,起诉时是公益诉讼人的身份,对案件判决不服,应该以普通诉讼参与人的身份提起上诉,不应过分享有特殊身份,以使上诉审查更加客观公正。[3]《高检实施办法》规定为抗诉,《两高解释》明确检察机关以上诉方式启动二审程序,同时规定提起公益诉讼的人民检察院和上一级人民检察院均可以派员出庭。

三是法院能否裁定驳回起诉或者不予受理。多数观点认为法院若不支持检察机关提起的行政公益诉讼,宜用判决方式驳回诉讼请求,而不宜以裁定方式驳回诉讼。[4]

---

[1] 徐全兵:《检察机关提起行政公益诉讼的职能定位与制度构建》,载《行政法学研究》2017年第5期;类似观点还可参考郑新俭:《检察机关提起公益诉讼的若干问题》,载《人民检察》2016年第20期。

[2] 参见参见最高人民检察院民事行政检察厅编:《检察机关提起公益诉讼实践与探索》,中国检察出版社2017年版,第92页。其他相反观点前文已论述,此处不再赘述。

[3] 秦前红:《检察机关参与行政公益诉讼理论与实践的若干问题探讨》,载《政治与法律》2016年第2期。

[4] 刘艺:《检察机关提起公益诉讼亟需厘清的几个问题》,载《学习时报》2015年8月27日第4版;马怀德:《行政公益诉讼制度 从理论走向现实》,载《检察日报》2015年7月3日第3版。

附录：领导讲话篇

刘复之检察长在接见民事行政诉讼监督和乡镇检察派出机构试点工作座谈会部分代表时的讲话

（1988年9月9日）

搞基层派出机构问题提出得较早，经过几年的试点，取得了经验。今年六月份我去辽宁时，也听了他们关于试点情况的汇报，胥奎首、王立春同志还专门作了调查。这次我们又召开了试点工作座谈会，是很必要的，我们要肯定试点工作的成果。检察机关要不要设"腿"？我认为应该要。现在，商品经济在发展，法制建设也在不断地完善，各方面的很多矛盾都会反映到我们检察机关，有些问题是我们事先没有想象到的。如举报中心问题，深圳先搞起来，我们推广了他们的经验。实践证明，效果很好嘛！我们搞派出机构，原则上应该肯定。目前，这种派出机构是半合法、半不合法。说它合法，是因为有法律规定；说它不合法，是因为法律规定不明确，又没司法解释。如果在人民检察院组织法第2条再加上"乡镇"几个字，问题就解决了。易辰同志在向人大的报告中讲过这个问题。这又可以算合法。海城市在试点经验中提出了乡镇派出机构的六条任务。我看可以办理以下几项工作：受理人民群众的控告申诉，使检察机关更接近群众；根据派出它的人民检察院的决定，进行立案前的初查；进行法制宣传；开展综合治理；提出检察建议；开展法律咨询等。通过法律咨询，可以使我们更接近群众，这项工作能把社会生活引上法制轨道。关于检察派出机构工作中"监督"的提法太大，还可以研究。

关于今后开展这项工作的意见，我认为：一是要有重点。要根据工作需要，在重点乡镇搞。不能试点太多，更不能普遍搞，至少现在不能这样搞。我们没有那么多编制，可是，没有编制又搞不成，所以只能在重点乡镇搞。二是管辖范围不能搞宽了，职权不能搞大了，否则管不过来也容易出毛病。关于任务、工作方法、纪律等问题，都要明确。检察派出机构应接受谁的领导和监督？例如，上级检察机关的领导和监督，地方党委的监督，以及人民群众的监督等，这些都要考虑。三是试点工作目前要采取巩固的方针，搞稳一点，要在现在的基础上总结经验。我们是想办点好事，那么就要把它办好，使它不断完善。这项工作有什么弊病，要认真研究改进。如海城开始试点时，公安机关不太"感冒"，那么我们就要想一想、研究一下，我们什么地方做得不对，加以改进。

检察机关监督民事诉讼，更要稳当一些。检察机关对民事诉讼实行法律监督，法律有原则规定。1979年起草民事诉讼法，对检察机关如何参加民事诉讼的问题，一直有不同意见。第六稿有比较详细的规定，第七稿简单化了。我到高检院后，向乔石同志汇报过，他同意这样的意见，应该监督，但不要搞多了。法工委也是肯定的意见。我们正在与高法磋商。要参加一些重大民事案件的诉讼，通过参加诉讼，实行监督，促进国家法律统一实施。现在是原则同意检察机关监督民事诉讼活动，但具体如何搞，这个问题比较复杂，还要研究，最终要立法。

检察机关监督民事诉讼目前面临的主要问题是：第一，法律上没有具体规定。对检察机关监督民事诉讼的方式、程序、管辖范围、以什么名义参加等问题都需要研究。最近，我们走访了高克林、陶希晋、王桂五等同志，征求他们对检察机关参加民事诉讼的意见，了解历史上有关检察机关参加民事诉讼情况的来龙去脉，争取提出我们的比较合适的建议。第二，没有经验。参加民事诉讼非常复杂，检察机关还缺乏参与民事诉讼的经验。第三，没有编制。现有编制，搞试点可以勉强挤点人。第四，我们还没有一个比较统一的认识。原则上同意搞，但具体怎么搞，还没有统一的认识。因此，我们目前对检察机关参与民事诉讼的指导方针是：巩固试点，深入总结经验，稳步前进。要注意在沿海地区和其他经济发达地区开展这方面的工作。我们和高法商量，争取发一个原则性的通知。另外，抓紧立法。高检院成立了民事行政检察厅专门抓这件事。总之，当前的工作，一个是抓试点工作和总结，一个抓立法建议。立法搞不了，先搞个临时性措施也可以。

张思卿副检察长在检察机关实施行政诉讼法工作会议上的讲话

(1990年9月12日)

同志们：

检察机关开展民事、行政诉讼法律监督调查研究和试点工作已有一段时间了，现在行政诉讼法即将实施，我们要依法正式承担对行政诉讼的法律监督职责。根据复之同志指示，高检院党组决定召开这样一次会议。会议开了几天，大家对前段时间的调查研究和试点工作进行了总结和交流，重点对行政诉讼法实施后的工作进行了讨论和研究，提出了许多很好的意见。现在，我根据大家讨论的情况和反映的主要问题，讲几点意见。

一、检察机关开展民事、行政诉讼法律监督的调查研究和试点工作是必要的、是有意义的

检察机关对民事、行政诉讼实行法律监督的调查研究和试点工作是从1986年下半年开始的。通过对这几年工作的回顾、总结，我们可以看出，各地检察机关的同志在开展这项工作的过程中，兢兢业业，埋头苦干，开拓前进，努力工作，取得了相当大的成绩。这主要表现在如下几个方面：

第一，调查研究和试点工作，为检察机关实行民事、行政诉讼法律监督打开了初步局面。检察机关对民事、行政诉讼实行法律监督是检察工作的一个新领域、新课题。当时，高检院党组从完善检察机关法律监督制度和国家政治、

经济和法制建没客观形势发展的需要出发，依照有关法律规定的精神，决定开展这项工作，没有也不可能提供一个现成的模式。按照高检院党组提出的要求，先是由高检院和少数地方的检察院着手进行对民事、行政诉讼法律监督有关问题的调查研究，像辽宁、四川、湖北和宁夏等地都是调查研究起步较早的地方。他们的做法很快在其他地方推广开来。一些地方检察院在进行调查研究的基础上，开展了对具体民事、经济、行政案件实行诉讼监督的试点工作，取得了较好的效果。从目前的反映来看，各级党委、人大机关和政府部门对检察机关实行民事、行政诉讼法律监督是支持和肯定的。一些地方人民法院对我们开展这项工作给予了积极的配合和帮助。我国法学理论界也予以很高的评价。特别是在一些进行了试点工作的地方，人民群众对检察机关监督民事、行政诉讼是欢迎的、赞成的。这说明，我们的这项工作已经有了一个良好的开端。

第二，调查研究和试点工作为检察机关顺利开展民事、行政诉讼法律监督业务积累了实践经验，培养了干部队伍。各地在开展调查研究的过程中，注意收集、积累大量的第一手材料，写出了不少专题报告和理论文章，分别从不同的角度，对检察机关监督民事行政诉讼的必要性和可行性作了阐述，对一些基本问题进行了研究和探讨，成果是丰富的。特别是不少地方的检察机关通过派人到有关部门了解情况，通过尝试对具体案件的诉讼监督活动，把理论与实践结合起来，解决了不少实际问题。有的还将实践经验进行总结和归纳，起草制定了有关工作制度和任务细则。各地检察机关从事这项工作的同志，通过调查研究和试点，边学边干，较快地掌握了民事、经济、行政法律、法规，熟悉了有关诉讼业务知识。他们正在成为检察机关开展民事、行政诉讼法律监督业务的骨干力量。

第三，调查研究和试点工作为有关法律的制定和修改提供了依据，特别是对行政诉讼法规定检察机关监督行政诉讼的内容起了促进作用。在这方面，全国人大常委会法工委提出过多次要求。我们的指导思想也是明确的，就要通过开展民事、行政诉讼法律监督调查研究和试点，为制定行政诉讼法和修改、补充民事诉讼法提供充分的理论和实践依据。过去这段时间，各地在总结、归纳调查研究成果和试点经验的基础上，提出了一些很好的立法建议。在去年制定的行政诉讼法中，规定了检察机关要对行政诉讼实行法律监督，也规定了检察机关有权按审判监督程序提出抗诉。这就解决了检察机关如何监督行政诉讼的问题。

实践证明，我们开展民事、行政诉讼法律监督的调查研究和试点，走的路子是对的。无论是从检察机关自身建设，还是从社会效果，乃至从国家法制建设的整个发展趋势来看，我们开展这项工作是有益的工作，是有意义的工作。我们检察机关搞这项工作的同志，对于打开这项工作的局面，付出了辛苦劳动。在此，我代表高检院向大家表示慰问。

我在去年高检院举办的民事行政检察学习研讨班上说过，民事、行政诉讼法律监督是一个新领域、新工作。新事物的开始，有点困难，是不可避免的。这也是个锻炼。这在我们已经开了头，有了起步，我们要对这项工作树立信心，坚持把它干下去、干好。

二、当前的工作重点是贯彻实施好行政诉讼法

我国行政诉讼法从10月1日起实施。党中央、国务院对这项工作很重视。李鹏总理在今年的《政府工作报告》中说，行政诉讼法的实施"是我国法制建设中的一件大事，是发扬社会主义民主，健全社会主义法制，建设社会主义民主政治的一个重要步骤。"几天前，国务院专门开了实施行政诉讼法电话会议。领导的讲话中进一步说明了实施行政诉讼法对国家政治生活、经济生活和社会生活的重要性。为了实施好行政诉讼法，国家行政部门和法院系统做了大量的准备工作。行政诉讼法已经明确规定人民检察院有权对行政诉讼实行法律监督，这是国家法律赋予检察机关的新的职责。认真履行好这一职责，对保证国家行政法律的统一、正确实施，维护行政机关依法行使职权保障公民、法人和其他组织的合法权益，增强和完善检察机关的法律监督职能，促进我国检察事业的开展，都具有重要意义。为了顺利贯彻实施行政诉讼法，高检院于今年3月专门发出了《关于做好〈中华人民共和国行政

诉讼法〉实施准备工作的通知》。最近要再发一个关于认真做好行政诉讼法实施工作的通知。要求各级检察机关进一步重视起这项工作，认真执行行政诉讼法的有关规定、特别是有关抗诉的规定，切实依法承担起对行政诉讼的法律监督职责。检察机关的民事行政检察部门作为专门业务部门，当前应明确地把工作重点放到实施行政诉讼法方面来。我们这个部门的业务是双重的，即要负责行政诉讼法律监督工作，又要负责民事（包括经济）诉讼法律监督工作。在行政诉讼法对检察机关监督行政诉讼已经作出明确规定的情况下，我们开展这方面的工作就有法可依，行之有据了。把工作重点放在这个上面，就好比抓住了"龙头"，能够起带动和促进作用。通过实施行政诉讼法，搞好对行政诉讼法律监督，可以带动和促进民事诉讼法律监督调查研究和试点工作的深入开展，为民事讼法律监督的实践提供借鉴和参考。行政诉论的这两条规定行不行？能不能满足对诉讼活动实行法律监督的需要？我们可以通过实践检验的，再修改和补充民事诉论法时，提出更加符合实际的立法建议。

关于如何具体实施行政诉讼法，根据行政诉讼法的规定，检察机关对行政诉讼的法律监督，目前主要体现在按审判监督程序提出抗诉的环节上。为此高检院起草了《关于执行行政诉讼法第六十四条的暂行规定》（征求意见稿）。我们认为，这个稿子总体上是可行的，各地可先按这个暂行规定办，然后再根据大家的意见进行修改正式下发。行政诉讼法实施后，各地在依法对人民法院已经发生法律效力的判决、裁定提出抗诉的过程中，要吃透案情，务必搞准，保证抗诉质量。

三、继续深入进行民事行政诉讼法律监督调查研究和试点工作

继续深入进行民事行政诉讼法律监督的调查研究和试点是当前检察机关民事、行政检察工作的又一个任务。

关于下一步的调查研究工作，即包括执行行政诉讼法的调查研究，也包

括完善民事诉讼法的调查研究。检察机关对行政诉讼实行法律监督,虽然行政诉讼法已经作了两条规定,但有一些问题还要进一步研究解决。对此,王汉斌副委员长在作《关于〈中华人民共和国行政诉讼法〉(草案)的说明》时指出:"人民检察院有权对行政诉讼实行法律监督。人民检察院对人民法院已经发生法律效力的判决、裁定,如果发现有违反法律规定的,有权依照审判监督程序提出抗诉。关于人民检察院在行政诉讼中如何进一步实行法律监督问题,现在还有一些不同意见,难以作出具体规定,需要在今后的实践中进一步研究和探索。"对行政诉讼法执法问题的研究,主要是如何具体执行第10条的规定,要提出切实可行的意见来。民事诉讼法律监督的调查研究要抓紧、抓好。调查研究的重点主要应放在两个方面:一是检察机关监督民事诉讼的必要性和可行性。要用专题调查报告和典型案例材料来说明。实践中这样的材料是很多的。要搞些案例材料来说明检察机关监督民事诉讼确实是必要的。二是除了要把"事后监督"作为一个主要问题进行研究外,也要对检察机关参与民事诉讼的问题进行探讨和论证。总之,我们要掌握大量的一手材料,使我们提出修改和补充民事诉论法的立法建议的工作建立在科学、扎实的基础上。

关于下一步的试点工作。试点也是调查研究。高检院通过与高法院协商,已就试点问题达成一致意见。并联合下发了"两高"《关于开展民事经济、行政诉讼法律监督试点工作的通知》。这为我们下一步的试点工作创造了较为有利的条件。根据"两高"联合通知规定,四川、河南进行了民事诉讼法律监督试点;天津、吉林进行经济诉讼法律监督试点。民事(经济)诉讼法律监督的试点,主要是为民事诉讼法规定检察机关监督民事诉讼的程序问题提供实践经验。广东、湖北进行行政诉讼法律监督试点。广东、湖北的试点,应主要就行政诉讼法未规定明确的问题进行实践探索。这六个省、市要抓紧制订措施,选择试点单位,提出试点方案,积极进行试点工作。对于"两高"通过指定试点的六个单位,我们要加强领导。其余省、自治区、直辖市已进行的民事、经济、行政诉讼法律监督试点工作还要坚持下去,总结经验，积累材料，为修改和补充民事诉讼法提供实践依据，为今后全面开展业务打下基础。

四、关于加强领导的问题

加强领导，是检察机关做好行政诉讼法律监督工作的关键。一要进一步统一思想，提高认识。检察机关开展民事、行政诉论法律监督，是检察工作的一项重要的任务，特别是行政诉讼法的实施，是我国法制建设的一件大事，依法对行政诉讼实行法律监督，是法律赋予检察机关的职责。各级检察机关必须履行好这一职责。否则，就有愧职守，无法向党和人民作出交代，也无法向人大作报告。各级领导同志要提高认识，切实加强领导，把这项工作抓紧抓好。二要建立相应的机构，配备适当的力量，把这项工作认真担负起来。省级检察院还没有建立民事行政检察机构的，要在10月1日之前建立起来。从工作发展来看，大、中城市检察院，市辖区检察院，分、州、市院和经济发达、人口众多的县检察院都应建立业务机构，配备人员。其他地方根据需要和实际情况逐步建立机构。一些没有条件设立机构的，可暂由控申部门来承担起这方面的工作。三要采取积极、认真、稳妥的工作方针。所谓积极就是要加强对案件受理工作，及时依法办案；所谓认真，就是要对申诉案件进行认真负责的审查，对法院正确的判决、裁定要给予支持；对确有错误的要依照行政诉讼法的有关规定，该抗诉的提出抗诉，对徇私舞弊的，应按检察机关的内部分工，转有关部门查处；所谓稳妥，就是在工作安排上，要从当地实际出发，先抓重要的，逐步地开展工作。四是抓好宣传工作。近两年检察工作的经验证明，无论是反贪污贿赂工作，还是贯彻"两高"《通告》，以及开展法纪工作，搞好宣传工作是非常重要的。检察机关开展行政诉讼法律监督和对民事诉讼法律监督的调查研究和试点，是检察工作的一项新的任务，更需要加强宣传，要宣传检察机关在行政诉讼和民事诉讼中的职能、地位和作用，以取得广大群众的支持和监督，取得其他部门的配合和帮助。五要注意总结经验。特别是要及时、认真地总结

对具体案件的诉讼活动实行监督的经验，建立和完善有关工作制度，使这项工作逐步实现规范化、制度化。六要继续抓好干部培训工作。高检院要有计划地培训民事、行政检察干部。各省、自治区、直辖市检察院都可举办短训班，提高这些干部的业务水平，今年要进行上岗前的培训。七要解决开展工作过程中的困难。鉴于机构初建，工作刚刚起步，困难较多，要切实解决工作中的问题和困难，为开展工作创造必要的条件。

韩杼滨检察长在全国检察机关民事行政检察工作会议上的讲话

（2001年8月23日）

同志们：

我们召开这次会议，就是要总结民事行政检察工作的实践经验，明确面临的形势和任务，研究做好新时期民事行政检察工作的措施，统一思想，振奋精神，再接再厉，大力推动民事行政检察工作的新发展。

刚才同大家进行了座谈，同志们对加强民事行政检察工作提出了很好的意见和建议。应该说，民事行政检察工作是适应改革开放和发展社会主义市场经济的需要发展起来的，是检察机关履行法律监督职能的一个重要领域，是一项发展迅速、成绩显著、前景广阔、大有可为而又面临不少困难，亟须加强规范和大力发展的重要业务工作。近几年来，全国检察机关办理的民事、经济、行政抗诉案件大幅度上升，有效地保护了公民、法人和其他组织的合法权益，维护了司法公正和司法权威，赢得了社会各界和人民群众的广泛理解和支持。广大民事行政检察干警在任务繁重、困难较多的情况下，迎难而上，秉公执法，勇于探索，开拓进取，为民事行政检察工作的发展作出了积极贡献。在此，我代表最高人民检察院向全国民事行政检察干警致以亲切的慰问和崇高的敬意！

赵虹同志、王鸿翼同志在会议上分别作了讲话，讲得很好，各地要认真贯彻。下面，我结合座谈的情况，就如何做好新时期的民事行政检察工作，再强调几点意见：

一、以"三个代表"重要思想为指导,充分认识做好新时期民事行政检察工作的重要性

江泽民总书记在庆祝中国共产党成立80周年大会上的重要讲话,全面阐述了"三个代表"重要思想的科学内涵,是指导我们在新世纪推进建设有中国特色社会主义伟大事业的马克思主义纲领性文献,是各项工作的行动指南,是我们做好检察工作的总的指导思想,也是新时期加强民事行政检察工作的强大思想武器。

做好新时期的民事行政检察工作,是检察机关贯彻落实"三个代表"重要思想的必然要求,是推进依法治国、维护司法公正和司法权威的重要内容,是服务社会主义市场经济的客观需要,是社会各界和人民群众的强烈呼声和殷切期望。随着我国社会主义市场经济体制的建立和依法治国的推进,民事、经济、行政立法大大加快,公民的法制观念日益增强,法律调整的范围越来越广,在经济运行、社会管理和人民生活中的作用越来越重要。我国民事、经济、行政立法是适应改革开放的不断深入和发展社会主义市场经济的客观需要而大量出台的,它们从根本上说是为解放和发展我国的先进生产力服务的,是广大人民意志和根本利益的集中体现。维护法律的统一正确实施,是法律赋予检察机关的神圣职责。因此,检察机关强化民事行政法律监督职能,加强民事行政检察工作,适应了解放和发展先进生产力的客观要求,有利于平等保护各类市场主体的合法权益,整顿和规范市场经济秩序,为先进生产力的发展创造良好的法治环境;有利于在全社会大力倡导合乎社会主义先进文化发展方向的社会公德、职业道德和家庭美德,促进依法治国和以德治国的有机结合;有利于解决群众告状难、申诉难的问题,纠正执法不公,惩治司法腐败,维护广大人民群众的根本利益。各级检察机关都要从自觉实践"三个代表"重要思想的高度,充分认识做好新时期民事行政检察工作的重要性,适应形势发展的需要,采取有效措施,开创民事行政检察工作的新局面。

二、明确任务，强化措施，努力做好新时期的民事行政检察工作

根据民事行政检察工作面临的形势，新时期民事行政检察工作总的要求是：以"三个代表"的重要思想为指导，适应发展社会主义市场经济和推进依法治国的需要，依法强化监督职能，突出监督重点，规范监督程序，注重监督实效，探索监督的新途径，维护国家民事、经济、行政法律的统一正确实施，维护司法公正和司法权威。关于加强新时期民事行政检察工作的措施，会议已经作了全面部署。我这里再强调几个问题：

（一）依法强化监督职能

对民事审判和行政诉讼实施法律监督，是我国法律明确赋予检察机关的一项重要职责。这是符合中国国情的、有中国特色的一项重要法律制度。当前，民事行政检察工作面临的任务越来越繁重。人民法院审结的民事、经济、行政案件大量增加，每年达500多万件。不服已经生效的民事、经济、行政判决，申诉到检察院的也是一个很大的数目。各级检察机关必须按照法律的规定，忠于职守，尽职尽责，强化民事行政法律监督职能，搞好民事行政法律监督工作，更好地维护人民群众的根本利益，否则，就是我们的失职。

（二）突出监督重点

面对繁重的任务，必须善于抓主要矛盾，突出工作重点。这次会议文件确定，民事行政检察工作的内容有抗诉、息诉、枉法裁判案件的审查、提出检察建议等六项。要突出抓好抗诉工作。抗诉是法律赋予检察机关的监督职责，是实行民事行政法律监督的基本方式和主要途径，也是体现民事行政法律监督的工作特性，确保监督取得实效、维护司法公正的重要手段。抗诉也要突出重点，主要是抓好侵害国家利益、社会公共利益的案件；行政干预或地方保护造成错判的案件；新闻媒体和人民群众关注的热点案件；审判人员枉法裁判的案件；裁判显失公平的案件等五类重点案件。

（三）规范监督程序

加强规范化建设，是提高办案质量，推动民事行政检察工作发展的迫切需要。这次提交会议讨论的《人民检察院民事行政案件办案规则》，对办理民事行政案件的流程、抗诉案件范围、审查方式、抗诉标准、结案方式、法律文书、备案审查制度等都作出了明确的规定，是检察机关多年实践经验的结晶，是加强民事行政检察工作规范化建设的一个重要文件。会后还要根据大家的意见进一步修改；这个文件正式下发后，各地要严格执行，严格规范办案工作。需要明确的是，规范是必要的，不能消极地理解为限制，它是实践经验的理性升华，是建设性的发展。加强规范化建设，确保依法正确履行检察职责，是整个检察工作面临的一项重要任务。对立法比较原则，程序不够完备的民事行政检察工作来说，加强规范化建设显得尤其重要。

（四）注重监督实效

民事行政检察监督的实效体现在法律效果、社会效果和经济效果有机结合上，体现在依法保护当事人的合法权益同维护司法公正和司法权威有机结合上。增强监督实效，关键是要提高执法水平，坚持把办案质量作为民事行政检察工作的生命线，保证检察机关民事行政法律监督的严肃性和权威性。

（五）探索监督的新途径

要把民事行政检察工作作为完善有中国特色检察制度的一个重要方面，大胆实践，积极探索，在实践中总结经验，在实践中发展完善。要进一步解放思想，更新观念，不断深化对民事行政检察工作规律性的认识，努力探索符合民事行政检察监督特点和要求的工作途径和方法，创造性地做好工作。要深化民事行政检察改革，健全和完善主诉检察官办案责任制、申诉案件公开审查制度，积极试点、探索支持起诉等有效方式。要加强调查研究，对民事行政检察工作的突出问题要组织专题调研，逐个解决。要加强民事行政检察理论建设，为民事行政检察工作的发展提供强有力的理论支持。

三、加强对民事行政检察工作的领导

民事行政检察工作任务繁重,亟待解决的特殊问题和困难多,更需要加强领导。

(一)高度重视,把民事行政检察工作列入重要的议事日程

特别是省级检察院和分州市检察院办案的任务重,更要加强领导。要发挥检察机关法律监督的整体职能,尤其对涉及民事行政审判人员枉法裁判的案件,要协调好民事行政检察部门与控告申诉、渎职侵权检察等部门的工作,形成合力。民事行政检察工作还没有充分开展的地方,要积极行动起来,迅速打开工作局面。

(二)上级检察院要加强对下级院民事行政检察工作的指导,及时研究解决工作中遇到的困难和问题

对带有普遍性的重大困难和问题,要积极主动地争取当地党委和人大协调解决,把人大监督和检察机关的法律监督结合起来,依靠人大监督做好民事行政检察工作。高检院将加强与有关方面的协调,加强综合研究,积极向立法机关提出立法建议。

(三)加强与人民法院的协调配合,共同维护司法公正和司法权威

检察机关开展民事行政检察工作,对于人民法院的审判工作是监督,也是支持。维护正确的判决裁定,做好息诉服判工作,是对审判权威的维护;通过依法抗诉,纠正确有错误的判决裁定,也是对审判权威的维护;查处个别枉法裁判的审判人员,同样是对审判权威的维护。审判与监督只是法律规定的分工不同,目标是一致的,都是为了维护司法公正,维护广大人民的根本利益。各级检察院领导要积极主动地加强同人民法院的协调和沟通,建立经常性的联系,争取同级人民法院的理解和支持,共同做好这项工作。

（四）狠抓队伍建设，提高民事行政检察队伍的整体素质和执法水平

建设一支高素质的民事行政检察队伍，是做好新时期民事行政监督工作的组织保障。一要抓好民事行政检察队伍的业务建设。民事行政检察工作专业性强，涉及的法律范围广，新的立法还在大量增加，经济领域发生的各类案件情况十分复杂，对民事行政检察干警的业务素质和执法水平要求越来越高，必须不断增强法律理论素养，更新知识结构，引进、充实专门人才，提高执法水平。二要抓好职业道德建设。坚持从严治检，严格执行各项纪律规定，杜绝办"关系案""人情案""金钱案"等违法违纪现象。民事行政检察干警决不能成为当事人的代理人，更不能受利益驱动违法办案。三要加强监督、管理和制度建设，要在民事行政检察干警与当事人及其律师之间建立"隔离带"，保证公正执法。在这次地方检察机关机构改革中，要根据各地民事行政检察工作的实际情况，合理确定民事行政机构和人员编制。特别是省级院和分州市院的民事行政检察部门要根据工作发展的需要适当充实加强，不能削弱。

同志们，民事行政检察工作方兴未艾，大有可为，既面临着艰巨的任务和挑战，也面临着新的发展机遇。各级检察机关和全体民事行政检察干警要顽强拼搏，锐意进取，发奋图强，不负党和人民的重托，为维护司法公正和司法权威、推进依法治国作出更大贡献！

曹建明检察长在全国检察机关第二次民事行政检察工作会议上的讲话

（2010年7月21日）

这次会议的主要任务是：深入贯彻落实胡锦涛总书记等中央领导同志对检察工作的一系列重要指示，以科学发展观为指导，全面总结近年来的民事行政检察工作，分析面临的形势和任务，研究部署当前和今后一个时期的工作，努力开创检察机关民事行政检察工作新局面。

2001年第一次民事行政检察工作会议以来，全国检察机关紧紧围绕党和国家工作大局，坚持以执法办案为中心，忠实履行宪法和法律赋予的职责，不断强化对民事审判、行政诉讼活动的法律监督，依法办理了一大批民事行政申诉案件，为维护司法公正和法制统一、维护社会和谐稳定、促进经济社会又好又快发展作出了重要贡献。民事行政检察工作在克服困难中前进，在改革创新中发展，指导思想更加明确，办案规模逐步扩大，办案机制趋于健全，监督方式日益丰富，监督质量和效果不断提升，社会影响力不断增强，整体工作水平不断提高。这些成绩来之不易，是各级民行检察部门和广大民行检察人员团结一心、顽强拼搏、积极探索、开拓进取的结果。在此，我代表最高人民检察院向广大民行检察人员表示崇高的敬意和亲切的慰问！

下面，我讲几点意见。

一、充分认识新形势下大力加强和改进民事行政检察工作的重要性和紧迫性

党的十七大以来,以胡锦涛同志为总书记的党中央对新时期检察工作作出一系列重要指示,突出强调要加强对诉讼活动的法律监督,切实解决执法不严、司法不公问题。各级检察机关一定要把思想和行动统一到中央的要求上来,从全局和战略的高度,充分认识新形势下大力加强和改进民事行政检察工作的重大意义,进一步增强做好这项工作的责任感和紧迫感。

(一)加强和改进民事行政检察工作,是维护社会主义市场经济秩序、保障经济又好又快发展的需要

没有完备的法治保障就没有成熟的市场经济。随着社会主义市场经济不断发展,检察机关法律监督的地位和作用更加突出,不仅要依法打击经济犯罪,还要加强民事、行政领域的法律监督,切实维护良好的市场经济法律秩序。特别是要按照党中央关于完善社会主义市场经济体制、完善基本经济制度、健全现代市场体系的要求,更加重视做好民行检察工作,通过强化对民事行政诉讼活动的法律监督,促进依法调节民事、行政关系,促进建立完善市场经济的诚信机制和依法管理的有效机制,促进形成统一开放竞争有序的现代市场体系,为加快转变经济发展方式、实现经济又好又快发展提供有力的司法保障。

(二)加强和改进民事行政检察工作,是深入推进三项重点工作、维护社会和谐稳定的需要

民行检察工作与三项重点工作具有十分密切的关系。检察机关要通过开展民事行政诉讼监督,并针对发现的社会管理漏洞提出检察建议,促进依法行政,促进社会建设和社会管理创新;通过依法纠正司法不公等问题,严肃查处司法人员贪赃枉法、徇私舞弊等犯罪,促进公正廉洁执法。特别是民事行政申诉案件直接关系群众切身利益,如果群众的合理诉求得不到依法公正解决,被

错误裁判扭曲的民事行政法律关系得不到及时有效矫正，就容易转化为影响社会和谐稳定的消极因素。因此，办理民事行政申诉案件既是维护司法公正的过程，也是解决群众诉求、促进定分止争、化解社会矛盾的过程。在当前各种民事、行政矛盾纠纷凸显，民事行政申诉居高不下，民商事利益冲突协调难度不断加大的情况下，民行检察工作在维护社会和谐稳定方面的责任更加重大，作用更加重要。

（三）加强和改进民事行政检察工作，是关注和保障民生、维护社会公平正义的需要

随着我国经济社会发展和民主法制建设进程加快，人民群众对在物质文化生活上公平正义的要求越来越高，不仅要求权利和机会公平，而且要求规则和结果公平；不仅要求人身、财产权利得到平等保护，而且要求权利被侵害后得到公正的司法救济。由于民事行政法律调整范围之广，民事行政案件数量之大，民事行政案件裁判结果与当事人切身利益密切相关，特别是法官在审理民事行政案件中的自由裁量权相对较大，人民群众对社会公平正义和司法公正的要求也更多地集中在民事行政诉讼领域。每年全国"两会"期间，都有不少人大代表和政协委员提出意见和建议，要求检察机关加大民事行政诉讼法律监督力度。我们一定要从检察工作的人民性出发，不断加强和改进民行检察工作，坚持执法为民，关注和保障民生，更好地维护人民权益，更好地满足人民群众对公平正义的司法需求。

（四）加强和改进民事行政检察工作，是坚持和完善中国特色社会主义检察制度、推动检察工作科学发展的需要

检察机关作为国家法律监督机关，依法对刑事诉讼、民事审判、行政诉讼活动实行法律监督，是我国检察制度的重要特色。其中民行检察承担了两大诉讼监督职责，决定了民行检察制度是中国特色社会主义检察制度不可或缺的重要组成部分，决定了大力加强和改进民行检察工作对坚持和完善中国特色社会

主义检察制度，提升检察机关法律监督的全面性、权威性，具有十分重要的政治和法律意义。这项工作开展得如何，直接关系到中国特色社会主义检察制度的优越性能否充分发挥，关系到检察工作能否实现科学发展。

20多年来，民行检察工作取得了长足发展，但由于各种因素的影响，仍然是检察工作相对薄弱的环节，存在不少亟待解决的问题：一是办案的数量、质量、效率和效果与人民群众的司法需求还有差距，一些地方对民事审判、行政诉讼不敢监督、不善监督、监督不到位，一些案件办案周期长、质量和效率不高。二是队伍结构和整体素质还不能适应工作发展需要。各级民行检察部门人员分布与办案工作任务"倒三角"的结构性矛盾还没有从根本上解决。民行检察队伍的专业素质与履行职责的需要还有差距，审查判断证据、适用法律、发现和纠正违法、群众工作等能力有待提高，有影响的高层次、专家型人才严重缺乏。三是理论研究、机制创新亟待加强。对民行检察工作规律还缺乏深入把握，一些重大理论和实践问题还存在较大争议，检察系统内部思想认识也不够统一。民行检察工作机制还不够完善，执法规范化水平需要进一步提高。各级检察机关一定要从检察事业发展全局出发，高度重视、认真解决这些问题，下决心扭转民行检察工作相对薄弱的状况，努力推动民行检察工作创新发展。

民行检察工作起步相对较晚，相关法律规定又比较原则，客观上存在监督范围不明确、监督手段不完善、监督环境不理想等问题。但我们更要看到，经过20多年的不懈努力，民行检察工作已积累了不少行之有效的实践经验，培养了一批素质较高的业务骨干，为推进民行检察工作创新发展奠定了坚实基础。随着司法体制和工作机制改革不断深化，民事行政诉讼法律监督制度逐步完善，一些制约民行检察工作开展的深层次问题正在得到解决，民行检察工作面临前所未有的发展机遇。特别是党中央、全国人大和各级党委、人大以及社会各界对民行检察工作高度重视、大力支持，为民行检察工作创新发展提供了强大动力和根本保证。我们一定要增强信心和决心，以高度的责任感、紧迫感和攻坚克难的勇气，把握机遇，迎接挑战，努力实现民行检察工作跨越式发展。

二、准确把握民事行政检察工作的法律监督属性、职能定位和基本要求

民事行政检察工作的基本职责是对民事审判、行政诉讼活动进行法律监督。民行检察工作在改革发展中必须立足并坚持法律监督属性。一是民行检察监督作为检察机关法律监督的重要组成部分，在性质上是对公权力的监督，监督对象是民事审判、行政诉讼活动；二是民行检察监督是居中监督，检察机关代表国家行使法律监督权，在当事人之间保持客观、中立、公正立场，不代表任何一方当事人；三是在对民事审判、行政诉讼的多元化监督体系中，民行检察监督发挥着其他监督不可替代的重要作用，与其他监督相辅相成、分工制约；四是民行检察监督的范围、方式和方法有待进一步探索完善，但其基本要求仍然是：在法律授权范围内对发生的违法情形或生效的错误裁判进行监督；五是在现行法律框架下，民行检察监督的效力主要是依法启动相应的法律程序、提出相应的司法建议或意见，促使人民法院启动再审程序和纠正违法情形，既不代行审判权，也不代行行政权；六是民行检察监督的基本目标是通过依法监督纠正诉讼违法和裁判不公问题，维护司法公正，维护社会主义法制统一、尊严、权威。与此同时，在开展民行检察监督的过程中，检察机关还承担着维护人民权益、维护社会和谐稳定、服务经济社会发展的重大责任。

面对新形势新任务新要求，各级检察机关必须站在党和国家事业发展全局的高度，深刻认识、全面把握民行检察工作的法律监督属性和基本职能，始终坚持以科学发展观为指导，认真总结实践经验，不断探索工作规律，努力在更高水平上推动民行检察工作健康深入发展。为此，要牢牢把握以下几点：

（一）始终把民行检察工作放在党和国家工作大局中谋划和推进

民行检察工作与改革发展稳定大局密切相关，必须始终围绕大局来开展，

从服务大局出发明确加强和改进工作的切入点和着力点。当前，要重点围绕为加快转变经济发展方式、保持经济平稳较快发展服务，密切关注热点领域的经济纠纷和司法状况，综合运用抗诉、督促起诉、支持起诉等手段，加强对国有资产、知识产权、环境资源、新农村建设等方面的司法保护，保障中央关于转方式、调结构、自主创新、环境保护、"三农"工作等重大决策部署的落实。要认真贯彻中央关于深入推进三项重点工作的决策部署，深入研究在民行检察工作中化解社会矛盾、推动社会管理创新、促进公正廉洁执法的有效途径，着力转变执法观念、完善执法机制、改进执法方式，更加注重发挥民行检察工作在促进经济社会又好又快发展、维护社会和谐稳定中的职能作用。

（二）切实从人民群众的新要求新期待出发加强和改进民行检察工作

民行检察通过对公权力的监督，间接具有权利救济的作用。人民群众提出申诉，就是要通过检察机关的监督，在实现公平正义中维护自身的合法权益。要大力推进"亲民检察""民生检察"，关注群众的诉求，切实把加强法律监督同维护人民权益紧密结合起来。坚持把民行检察监督的重点放在人民群众反映强烈的突出问题上，特别是加强对审判人员徇私舞弊、枉法裁判和其他严重违反法定程序、严重侵害当事人及案外人利益的行为的监督。像张章宝同志那样，以对群众高度负责的态度，热情接待来访，认真听取诉求，及时审查办理每一起申诉案件。注意倾听群众意见，不断改进办案方式方法，完善和落实便民措施，耐心为群众明法析理、释疑解惑，切实把执法为民体现到执法态度、行为、作风等各个方面。

（三）不断深化对民行检察工作规律性的认识

民行检察工作起步较晚，国内外可供借鉴的经验不多，需要在实践中不断探索。我们既要推动民行检察监督的范围、手段、机制、方式逐步完善，不断强化民行检察监督职能，又要准确把握民行检察监督的特点和规律，保证法律监督权依法正确行使，保证民行检察工作的正确发展方向。特别是民行检察监督主要是对诉讼活动的监督，要坚持遵循司法规律，符合诉讼原理，有利于民事、行政诉讼活动有序高效运行，实现办案数量、质量、效率、效果有机统一；坚持遵循当事人意思自治原则，尊重当事人在法律规定范围内的处分权，除损害国家利益、社会公共利益和以违法犯罪损害司法公正的以外，一般应以当事人申诉作为审查案件、提出抗诉的前提和基础；坚持遵循当事人平等原则，保障双方当事人平等对抗的权利，维护诉讼结构的平衡；坚持遵循民事审判和行政诉讼的不同规律，尊重审判机关根据双方举证和证据的证明力依法作出的裁判；坚持正确处理加强法律监督与维护裁判稳定性的关系，既反对把裁判的既判力绝对化，又充分考虑维护生效裁判既判力的需要，准确行使抗诉等监督权，努力寻求公正与效率的合理平衡。

（四）坚持把改革作为推动民行检察工作创新发展的动力

解决民行检察工作面临的困难与问题，实现民行检察工作科学发展，根本出路在于改革。20多年来，各级检察机关不断深化民行检察改革，探索开展再审检察建议、调解监督、执行监督、督促起诉、支持起诉等一系列工作，从理论与实践的结合上为发展和完善民行检察制度奠定了重要基础。要继续按照中央关于深化司法体制和工作机制改革的部署，紧紧围绕强化法律监督和加强自身监督，推动完善民行检察监督范围和程序，不断创新民行检察监督机制和方式。高度重视民行检察理论研究，深入回答民行检察工作面临的重大理论和实践问题，加强对改革实践的理论概括与立法推动。正确处理深化检察改革与做好当前工作的关系，既要着眼长远，稳步开展改革试点，着力研究解决民行检察监督面临的体制性、机制性障碍，又要立足当前，把主要精力放在履行法律赋予的监督职责、用好用足现有法律监督手段上，毫不放松地抓好各项民行检察工作。

（五）加强与人民法院的沟通协调

在民事行政诉讼中，检察机关与审判机关承担的职责不同，但都是为了实现司法公正，保障国家法律的统一正确实施。检察机关开展民事行政诉讼监督，对人民法院既是监督，又是支持。从这个意义上讲，两者之间不是互相掣肘，不是唱对台戏，而是在各自职权范围内依法独立公正行使检察权和审判权，共同维护司法公正和司法权威。检察机关既要敢于监督、善于监督、强化监督，忠实履行宪法和法律赋予的职责，又要依法监督、规范监督、理性监督，积极营造与审判机关的和谐关系。要主动加强与人民法院的沟通，树立共同的司法理念和司法价值观。要善于换位思考，既把握检察权运行的内在规律，又尊重审判权运行的内在规律，不断改进监督方式和方法，建立健全正常有序的工作机制，在依法监督纠正错误裁判的同时，积极做好正确裁判的服判息诉工作，实现良性互动，保障检察机关与审判机关协调有序有效地开展工作。

三、紧紧围绕强化法律监督职能、推进三项重点工作，进一步加强和改进民事行政检察工作

大力加强和改进民事行政检察工作，首先必须立足于现行法律规定，切实履行好法律赋予检察机关的监督职责。要坚持把工作的重点放在依法办理民事行政申诉案件上，在加大监督力度的同时，进一步提高办案质量；特别是要从深入推进三项重点工作出发，更加注重化解社会矛盾、推动社会管理创新、促进公正廉洁执法，努力实现数量、力度、质量、效率、效果有机统一。

（一）着力加大办理民事行政申诉案件力度

办理民事行政申诉案件，是检察机关对民事审判、行政诉讼实施法律监督的主要途径。因此，强化民行检察监督，关键是要进一步采取有效措施，逐步扩大办案规模，提高办案质量和效率，形成更加有力的监督态势。一要进一步

畅通申诉渠道。民行检察工作虽已开展多年，但社会认知度还不高。要大力开展各种形式的宣传活动，广泛宣传检察机关的民行检察监督职能，宣传检察机关办理的典型抗诉案件，增进社会各界和人民群众对民行检察工作的了解。加强和改进相关信访工作，加强和改进与司法行政机关、律师事务所、法律服务所、乡镇司法所、企事业单位的联系，充分发挥民生热线、派出检察室等新平台的作用，落实便民措施，方便群众申诉，不断拓宽案件来源。对受理的民事行政申诉，要进一步建立健全相关程序和工作制度，严格审查时限和工作责任，明确通知、告知当事人和送达法律文书期限，切实做到有诉必理、有案必办、及时答复。二要重点加大办理不服二审生效裁判的申诉案件力度。目前检察机关办理的抗诉案件中，针对一审生效裁判的抗诉占有相当比例。我国民事诉讼法和行政诉讼法均规定了两审终审制，当事人不服一审判决应当先行上诉，如果怠于或规避行使上诉权而转向检察机关动用抗诉权，不仅耗费有限、宝贵的司法资源，也使两审终审制失去应有的作用。各级检察机关要逐步调整抗诉案件结构，把办案重点放在不服二审生效裁判的申诉上。当事人在一审判决生效前到检察机关申诉的，应当明确告知其依照法律规定的程序提出上诉。三要大力推进检察一体化办案机制建设。近年来，各地积极探索建立上下级检察院一体化办案机制，取得了良好效果。要认真总结实践经验，进一步明确职责分工，加强协作配合，整合检察资源，提高办案效率。特别是要高度重视发挥基层检察院在执法办案中的基础性作用，努力实现工作重心下沉，增强办案工作合力，努力解决"倒三角"问题。今后，高检院和省级院除办理不服生效裁判的申诉案件外，要重点加强对下工作指导，加强民行检察理论研究和立法调研，加强民行检察工作规范化建设和制度建设；地市级检察院在抓好自身办案的同时，要加强民行检察工作调研，加强本地区案件的协调办理，采取交办、转办等方式统一组织基层院办案工作；基层检察院除受理民事行政申诉外，要积极开展再审检察建议和执行监督、督促起诉、违法调查等工作，还要认真办理上级院交办、转办的案件，负责审查提出意见以及受上级院指派出庭等工作，逐步形成各级检察院各有侧重、各负其责、密切配合的工作格局。四

要加快推行网上办案。通过推进检察信息化建设，实现办案信息网上录入、办案流程网上管理、办案时限网上预警、办案质量网上考核，加强网络视频系统在汇报、研究案件和指导办案中的运用，切实依靠科技提高办案效率、加大办案力度。

（二）着力构建以抗诉为中心的多元化监督格局

抗诉是法律明确赋予检察机关对民事审判和行政诉讼实施法律监督的主要手段，具有直接启动人民法院再审程序的效力。要坚持把抓好抗诉工作作为民行检察监督的中心任务，充分运用抗诉手段监督纠正确有错误的裁判。同时，注意抗诉与再审检察建议、纠正违法通知书、检察建议等其他监督手段的综合运用和有效衔接，注意发挥各种监督手段的整体效能。一要把抗诉与再审检察建议有机结合起来。根据案件的实际情况，灵活运用抗诉和再审检察建议两种手段，既保证监督力度，又争取好的监督效果。要认真总结再审检察建议工作经验，进一步规范适用范围、标准和程序，充分发挥再审检察建议在提高司法效率、节约司法资源、强化同级监督等方面的积极作用。要加强对再审检察建议落实情况的跟踪监督，特别是对法院不采纳再审检察建议的，要及时查研究，必要时提出抗诉，促使错误裁判依法得到纠正。二要把纠正错误裁判与纠正违法行为有机结合起来。在民行检察工作中，既要监督纠正错误裁判，又要监督纠正法院和法官在诉讼中的违法行为。按照中央批准的《关于对司法人员在诉讼活动中的渎职行为加强法律监督的若干规定（试行）》（正在会签），对在办理民事行政申诉案件中发现的审判人员、执行人员渎职行为，要通过发出纠正违法通知书、更换办案人建议书，及时纠正违法，保障诉讼活动依法进行。对于审判人员在审理案件时有贪污受贿、徇私舞弊、枉法裁判或者其他严重违反法定诉讼程序的行为，可能影响案件正确判决、裁定的，要坚决依法提出抗诉。认真研究对诉讼违法进行调查的具体方式和程序，确保依法、有效地监督纠正民事行政诉讼中的违法行为。三要把办理民事行政申诉案件与发现、移送司法不公背后的职务犯罪线索有机结合起来。根据中央关于司法体制和工作机制改革的部署,去年高检院下发了《关于完善抗诉工作与职务犯罪侦查工作内部监督制约机制的规定》,实行抗诉工作、侦查工作由不同业务部门负责。必须指出,这项改革不是仅仅针对民行检察工作提出的。通过改革,既有利于规范侦查权的行使,也有利于民行检察部门集中精力办理申诉案件,总体上是对民行检察工作的加强而不是削弱。实行这项改革后,民行检察部门不再自行初查或侦查职务犯罪案件,但仍然承担着发现和移送职务犯罪线索的任务。民行检察部门在办好申诉案件的同时,要加强与侦查、控申等部门的协作配合;注意发现隐藏在司法不公背后的司法人员职务犯罪线索,移送并配合侦查部门依法查处;职务犯罪侦查部门在办案中发现民行案件存在司法不公问题的,也要及时移送民行检察部门,充分发挥检察机关整体监督的优势、合力与实效。

(三)着力提高抗诉案件质量

办案质量是取得良好监督效果的前提和基础,无论是提出抗诉、再审检察建议还是纠正违法意见,都应当做到事实清楚、观点正确、说理充分、适用法律正确。特别是抗诉案件,如果事实不清、观点不正确、理由不充分、适用法律错误甚至不该抗诉而抗诉,不仅难以取得预期效果,而且浪费司法资源、损害司法权威。要牢固树立办案质量是生命线的意识,进一步建立健全办案质量保障机制。一要探索实行合议制度,完善专家咨询制度,加强对抗诉案件特别是重大疑难复杂案件的集体研究;进一步规范检察委员会研究讨论民行抗诉案件制度,明确抗诉案件提交检委会讨论的范围,充分发挥检委会的审查把关作用。二要全面推行抗诉书说理制度,提高抗诉书的说理性,增强抗诉观点的说服力,促进法院依法改判。三要完善跟踪监督机制,加强与再审法院各环节的联系沟通,认真履行出席再审法庭的监督职责,充分发挥检察长、副检察长列席审委会的监督作用,对再审结论确属错误的视情启动后续监督程序。四要健全办案质量评查机制,定期对抗诉案件进行复查,重点加强对再审维持原判案件的质量评查,认真分析原因,重视查找自身不足,有针对性地改进工作。五要建立民事行政诉讼监督案例指导制度,高检院将对重大典型抗诉案例进行分

类汇编,加强类案研究,总结成功经验,指导各级检察院正确掌握抗诉标准,提高整体工作水平。

(四)着力加强和改进对行政诉讼的法律监督

由行政诉讼"民告官"的特点所决定,行政诉讼监督具有较强的政策性、复杂性和社会性,办理相关申诉案件的难度大、要求高。近年来,随着人民群众法律意识不断增强,进入司法领域的行政争议持续上升。依法妥善处理这些行政争议案件,不仅事关当事人合法权益,也事关社会公共利益和社会和谐稳定。各级检察机关要积极适应形势变化,高度重视行政申诉案件办理,认真总结经验,深入研究规律,不断提高行政诉讼监督能力和水平,更好地维护司法公正、促进依法行政。要看到,人民法院审理的行政案件总量虽然不大,但这些案件所反映的社会矛盾比较特殊。特别是因征地拆迁、企业改制、社会保障、资源利用、环境保护等社会热点问题引发的群体性行政争议,往往情况复杂、矛盾尖锐,对社会和谐稳定影响很大。检察机关在办理行政申诉案件的过程中,必须正确处理维护司法公正与维护社会稳定的关系,既要认真履行监督职责,该抗诉的依法抗诉,又要注意发现政府在行政行为中存在的问题并提出检察建议,对行政机关工作人员在执法中的失职渎职和侵权行为加强监督,还要深入分析行政争议涉及的矛盾和成因,做好化解矛盾工作。对裁判确有错误的,要配合人民法院和有关部门尽可能先采取协调方式处理,帮助政府改进工作作风、完善管理方式,促进问题依法及时解决,促进社会建设,推进社会管理创新。

(五)着力发挥民行检察工作化解社会矛盾的职能作用

检察机关办理民事行政申诉案件,最终都要落实到:不仅要纠正错误裁判、维护司法公正,而且要按照深入推进三项重点工作的要求,把化解矛盾贯穿于执法办案的始终,特别是要克服孤立办案、机械执法的思维和做法,牢固树立抗诉与息诉并重的观念,对所受理的申诉案件既不一抗了之,也不一推了之,在民行检察工作各个环节,重视做好深入细致的化解矛盾工作,促进社会和谐稳定。一是从受理、立案到审查终结各个环节,都要坚持实事求是、客观公正的立场,依法告知申诉人可能出现的各种情况和诉讼风险,始终注意加强法制宣传和释法说理。尤其对不立案、不提请抗诉、不抗诉、终结审查等案件,要采取当面和书面答复告知相结合的方式,充分说明理由和依据,耐心释疑解惑,加强心理疏导,引导当事人服判息诉。二是要认真总结一些地方的成功经验,探索依托"大调解"工作体系,建立健全民事申诉案件检调对接工作机制,加强与人民调解、司法调解和行政调解的衔接、配合。对当事人双方有和解意愿、符合和解条件的,要积极引导和促使当事人达成和解,配合人民法院及相关部门做好有关工作。三是要探索将息诉、和解工作纳入民行检察工作考评范围,进一步规范息诉、和解工作程序和要求,引导各级检察机关和广大检察人员更加自觉地做好化解社会矛盾、维护社会稳定工作。

四、加强改革探索和理论研究,不断完善民行检察体制和工作机制

党中央对民行检察改革高度重视。中央政法委《关于深化司法体制和工作机制改革若干问题的意见》指出,要"完善检察机关对民事、行政诉讼实施法律监督的范围和程序","明确对民事执行工作实施法律监督的范围和程序"。我们要紧紧抓住这一契机,以中央确定的改革任务为重点,继续深化各项改革论证和试点,稳妥推进民行检察体制和工作机制改革。

(一)继续推进强化民事行政检察监督的改革探索

通过改革强化民行检察监督,关键是完善监督范围,创新监督方式,增强监督效力。中央《意见》明确了改革的主要任务,但具体如何完善法律监督的范围和程序,还有待我们深入研究。各级检察机关要围绕中央确定的改革任务,在过去工作的基础上,继续加强改革探索,为高检院制定改革方案提供实

践依据。要注意根据民行诉讼规律和检察监督职能定位探索监督的范围、程序和手段，充分考虑检察监督对诉讼进程和审判活动的影响，认真研究不同情况下检察监督的合理、有效方式，积极探索开展类案监督等新举措，保证检察机关的监督既有利于维护司法公正，又有利于诉讼的顺利进行。要继续开展督促起诉、支持起诉等改革探索，总结经验，加强规范，特别是要准确把握督促起诉、支持起诉的条件，确保这些改革举措取得良好效果。

（二）高度重视民行检察工作监督制约机制建设

强化自身监督是检察工作健康发展的重要保证，民行检察工作也不例外。要牢固树立监督者更要接受监督的观念，在强化法律监督的同时，始终把强化自身监督放在同等重要的位置来抓，坚决克服只重视监督别人、不重视自身监督的倾向。一要大力加强执法规范化建设，抓紧修订完善办案工作规则，健全受理、立案、审查和抗诉等各个环节的制度规范，细化工作流程，明确执法标准，强化办案责任，建立健全立审分离、案件审批等制度。二要加强检察机关各部门之间的相互制约，认真落实抗诉工作与职务犯罪侦查工作内部监督制约机制，坚持实行民行申诉案件分别由控申部门负责受理、民行部门负责审查制度。三要强化上级院对下级院办案工作的监督，进一步完善抗诉案件备案制度，注意加强对申诉人不服下级院不立案、不提请抗诉等决定的复查。四要重视征求人民法院对监督工作的意见、建议，完善和落实听取各方当事人及律师意见、回访当事人等制度。五要把民行检察工作作为深化检务公开的重要内容，除执法依据、办案程序要全部公开以外，还要实行审查结果、法律文书公开，接受社会各界和人民群众监督。

（三）大力加强民事行政检察理论研究

各级检察机关都要把民事行政检察理论作为检察理论研究工作的重点，加强对民行检察工作、民行检察改革中重大理论和实践问题的研究，特别是要深入研究民行检察制度的理论基础、发展规律及方向；深入研究民行检察监督的性质、特点、范围、方式；深入研究检察机关在民事行政诉讼中的职能定位、职权配置；深入研究在民行检察工作中如何更好地遵循司法规律，更好地贯彻民事、行政诉讼的基本原则，更好地协调与审判机关和诉讼当事人的关系。高度重视民事行政诉讼立法研究，积极提出落实司法体制改革、完善民行检察制度的立法建议，推动民行检察监督的范围和程序不断完善。加强与法学界的交流和合作，加强与专家学者的共同研究，努力增强民行检察理论研究成果的科学性、创造性和说服力，为深化民行检察改革、推动民行工作发展提供强有力的理论支持。

五、切实加强领导，推动民事行政检察工作取得更大成效

大力加强和改进民行检察工作，不仅需要民行检察部门付出不懈努力，更重要的是各级检察院党组必须切实加强领导，着力解决存在的突出困难和问题，着力改变民行检察工作相对薄弱的状况。

（一）把民行检察工作放在更加突出的位置来抓

各级检察院党组特别是检察长要把民行检察工作摆上重要议事日程，首先争取党委领导和人大监督、支持，经常听取汇报，研究解决问题，认真谋划加强民行检察工作的思路和措施，从各方面给予高度重视和大力支持，努力形成民事审判监督、行政诉讼监督与刑事诉讼监督协调发展的工作格局。检察委员会要加强对民商事和行政法律法规的学习，加强对重大疑难复杂案件的讨论，切实发挥好集体决策、审查把关作用。要配强各级院民行检察部门负责人，符合条件的应当任命为检察委员会委员。检察机关法律政策研究、检察理论研究等部门要与民行检察部门密切配合，共同加强对民行检察工作有关问题的研究。上级检察院要加强调研，及时解决带有普遍性的问题，指导下级检察院打开工作局面、提高办案水平。

（二）进一步加强民行检察机构建设和人员配备

要适应工作发展需要，健全民行检察机构，有条件的省、市级检察院可以增设机构，逐步实行民事检察部门、行政检察部门分设。牢固树立人才是第一

资源的观念，采取充实、调整、引进并举的办法，增加办案力量，改善队伍结构。适当增加地市级以上检察院民行检察部门人员编制，新增政法专项编制要向民行检察部门倾斜，提高民行检察人员的比例。注重内部挖潜，把具有较强民行法律功底的人员调整、安排到民行检察部门工作。招录新进检察人员时，要把熟悉民商事和行政法律专业的人员作为招录、引进重点之一。积极创造条件，选派民行检察业务骨干到法院挂职办案。加强与法院系统的人员交流，争取从法官和律师队伍中引进一批政治素质好、精通民行业务、理论水平较高、办案经验丰富的骨干。在政治上、工作上、生活上关心爱护民行检察人员，完善激励表彰机制，保持民行检察队伍特别是业务骨干的相对稳定。

（三）大力提高民行检察队伍的整体素质

解决民行检察部门人员少、任务重的矛盾，不能简单依靠增加办案力量，还要坚持不懈地在提高队伍素质上下功夫。民行检察业务涉及的法律法规范围广，遇到的新类型案件多，对检察人员的专业素养要求很高。要高度重视民行检察队伍专业化建设，把思想政治建设与业务能力建设结合起来，把教育培训与实践锻炼结合起来，把培养人才与引进人才结合起来，着力提高队伍的法律监督能力。不断深化社会主义法治理念教育，深入开展创先争优活动和"恪守检察职业道德，促进公正廉洁执法"主题实践活动，教育和引导检察人员牢固树立正确的执法理念，增强政治意识、大局意识、责任意识和职业道德意识。加强与民行检察业务密切相关的新知识、新技能的培训，开展形式多样、贴近实际的岗位练兵活动，提高民行检察人员适用法律能力、证据审查能力、文书说理能力、再审出庭能力以及做好群众工作、化解社会矛盾等能力。积极选调下级院业务骨干到上级院挂职锻炼，推动东中西部检察院互派民行检察干部挂职锻炼。加强民行检察业务专家评审工作，建立全国和省级民行检察人才库，努力培养造就一批在司法界、法学界有影响的高层次专家型人才。毫不放松地抓好反腐倡廉建设。民行申诉案件大多直接关系当事人的经济利益，检察人员在办案中经常与当事人、律师打交道，容易受到各种腐蚀和诱惑。因此，对民行检察队伍的反腐倡廉建设必须高度重视，始终做到防微杜渐、警钟长鸣。在加强反腐倡廉教育的同时，要严明办案纪律，强化监督管理，严格规范检察人员与当事人、律师、法官的关系，及时发现和纠正影响公正执法的苗头性问题，坚决查处人情案、关系案、金钱案，树立公正廉洁执法的良好形象。

（四）自觉接受党的领导和人大监督

做好民行检察工作，离不开党委领导、人大监督和有关方面的支持。各级检察机关要坚持主动向党委、人大报告民行检察工作的重大部署、重大事项和重大案件办理情况，紧紧依靠党委、人大的重视和支持，协调解决监督工作中的困难和问题。要深入学习贯彻人大常委会关于加强法律监督工作的决议、决定，认真研究落实人大代表提出的意见和建议，不断加强和改进民行检察工作。要加强与人民法院的经常性联系，健全和落实联席会议、联合调研、联合发文等机制，主动加强办案中的沟通，协商解决工作中的问题，相互理解，相互支持，相互配合，共同维护司法公正和法制权威。

民事行政检察工作使命光荣，任务艰巨，大有可为。让我们以这次会议为新的起点，始终保持高度的事业心和责任感，始终保持奋发有为的精神状态和求真务实的工作作风，开拓创新，锐意进取，努力开创民事行政检察工作新局面，为推进依法治国、全面建设小康社会作出新的更大贡献！

曹建明检察长在深入开展公益诉讼试点工作电视电话会议上的讲话

(2016年9月26日)

我们召开这次电视电话会议,主要是传达贯彻中央改革办督察意见,总结去年7月以来检察机关提起公益诉讼试点情况,分析存在的不足和问题,研究部署进一步加大公益诉讼案件办理力度,推动试点工作取得新的更大成效。

刚才,郑新俭同志传达了中央改革办的督察报告。中央改革办根据中央全面深化改革领导小组工作部署和要求,对检察机关提起公益诉讼试点工作情况进行专项督察,充分肯定检察机关试点工作进展和成效,从工作推进、法律适用、具体操作三个层面,实事求是分析了试点工作存在的突出问题,并对进一步提高认识、加大办案力度、加强相关问题研究、加强沟通协调、加强队伍建设等提出明确要求。这充分体现了党中央对司法改革和检察工作的高度重视,也充分体现了对探索检察机关提起公益诉讼试点的有力支持。我们一定要认真学习贯彻,尤其是对督察报告中反映的主要问题和工作建议要认真研究,提出分析意见和改进措施,切实抓好贯彻落实。

下面,我讲四点意见。

一、充分肯定成绩，切实增强推进检察机关提起公益诉讼试点的信心和决心

2015年7月1日，十二届全国人大常委会第十五次会议作出决定，授权高检院在生态环境和资源保护、国有资产保护、国有土地使用权出让、食品药品安全等领域，在北京等13个省区市开展为期二年的提起公益诉讼试点。各试点省级检察院结合本地实际，进一步明确试点区域，经高检院同意，86个市级检察院和761个县级检察院开展试点工作。一年多来，在各级党委领导、人大监督和人民法院、行政机关配合下，试点地区检察机关充分发挥法律监督职能作用，牢牢抓住公益这个核心，严格把握试点案件范围，严格执行层报审批制度，整个试点工作平稳有序、进展顺利。主要有以下几个方面的成效：

（一）注重顶层设计，构建了较为完整的试点工作制度框架

高检院根据全国人大常委会授权决定，制定试点工作实施办法，进一步细化试点案件范围、诉讼参加人、诉前程序、提起诉讼等要求，并配套试点工作法律文书。各试点检察院成立专门领导小组，认真制定实施方案，完善制度措施，扎实推进试点工作。广东省检察院建立全省公益诉讼线索和诉讼案件数据库，统一管理与研判线索，统一备案审查诉前程序案件，统一指导办理诉讼案件。内蒙古、福建、陕西等省级检察院结合办案实际，完善试点工作若干程序。

（二）凝聚各方共识，初步形成了推进试点工作的合力

试点地区检察机关积极争取党委领导和人大监督。内蒙古、吉林、江苏、安徽、山东、湖北、陕西等省党政主要领导同志作出批示，要求支持和配合检察机关开展试点工作；吉林省委办公厅、省政府办公厅联合转发吉林试点工作实施方案。高检院、各试点地区省级检察院完善与行政机关的沟通协调机制，与政府法制办、环保等部门建立常态化沟通平台；山东、广东等省级检察院还与省级法制办、国土、食品药品监督管理部门建立信息共享、技术咨询等协作机制。加强与法院的协调配合，高检院与最高法院就相关规范性文件制定、公

益诉讼案件受理、审理程序等达成共识,最高法院专门出台审理人民检察院提起公益诉讼案件试点工作实施办法;江苏、安徽、湖北等省检法两院就公益诉讼程序、法律适用问题形成会议纪要或联合出台文件。

（三）突出办案重点,依法办理了一批公益诉讼案件

各试点检察院针对人民群众反映强烈的突出问题,深入摸排案件线索,加大公益诉讼案件办理力度。截至2016年8月底,各试点地区检察机关共在履行职责中发现公益案件线索2480件,办理公益诉讼案件1469件,其中诉前程序案件1432件,提起诉讼案件37件。这里我要特别讲一下,在提起诉讼案件中,江苏5件,广东5件,甘肃4件,内蒙古、吉林、福建、山东、陕西各3件,安徽、湖北、贵州各2件,北京、云南各1件。高检院每月向全国检察机关通报试点进展情况,及时发布典型案例,并成立专门督导组赴试点地区督察,推动办案工作健康发展。

（四）加强总结、研究、宣传,营造了良好社会氛围

各试点检察院坚持边实践、边探索、边总结,加强对公益诉讼工作经验和规律的梳理,深化对诉前程序、起诉程序制度价值和法律功能的认识,为推进试点工作提供有力指导。高检院加强与法学界、司法实务界的交流合作,与最高法院、中国民事诉讼法学研究会等联合举办专题研讨会,深化对检察机关提起公益诉讼理论基础、地位作用、职权配置和运行规律的研究论证。北京、贵州、湖北、甘肃、江苏、山东、云南等省也举办公益诉讼工作专题研讨会和培训班。注重加强新闻宣传,高检院两次召开新闻发布会,解读工作文件,通报试点进展;联合人民日报、新华社、中央电视台等集中开展"检察机关公益诉讼试点全面破冰"专题宣传;坚持在全国各级检察院"两微一端"同步发布提起公益诉讼案件信息、典型案例、经验成效。总的来看,经过一年多的试点,试点地区检察机关办理了一批公益诉讼案件（包括诉前程序案件和提起诉讼案件）,不仅弥补了提起公益诉讼的主体缺位,促进了行政机关依法正确履行职责,调动了其他

适格主体积极性，而且有效保护了国家和社会公共利益，取得了良好法律效果、社会效果和政治效果。一年来的实践充分证明，党的十八届四中全会部署"探索建立检察机关提起公益诉讼制度"是完全正确的，这一制度设计也是切实可行的，必将在全面推进依法治国、建设社会主义法治国家进程中发挥更大作用。

一年多来，各试点检察院广大检察人员特别是民行检察人员敢于担当、积极探索、攻坚克难，付出了许多心血和汗水。在此，我代表最高人民检察院表示衷心的感谢！希望大家认真总结成绩，切实增强信心和决心，推动试点工作向纵深发展。

二、进一步统一思想、深化认识，切实增强推进公益诉讼试点工作的使命感和责任感

探索建立检察机关提起公益诉讼制度，是党中央作出的重大战略决策。习近平总书记在党的十八届四中全会上突出强调，由检察机关提起公益诉讼，有利于优化司法职权配置、完善行政诉讼制度，也有利于推进法治政府建设。去年5月，习近平总书记主持中央全面深化改革领导小组第12次会议时又深刻指出，党的十八届四中全会提出探索建立检察机关提起公益诉讼制度，目的是充分发挥检察机关法律监督职能作用，促进依法行政、严格执法，维护宪法法律权威，维护社会公平正义，维护国家和社会公共利益。总书记这些重要论述，从社会主义法治国家建设全局的高度，深刻阐明了探索建立检察机关提起公益诉讼制度的重要意义和制度价值。我们一定要认真学习领会，切实把思想和行动统一到中央精神上来。检察机关开展公益诉讼试点的主要目的，就是通过在部分地区先行先试，总结经验教训，掌握工作规律，为更大范围改革实践提供可复制可推广的经验，也为完善相关法律制度提供实践依据。试点能否迈开步子、趟出路子，能否取得预期效果，直接关系到检察机关提起公益诉讼制度能否全面推行，关系到国家和社会公共利益的保护，关系到法治政府乃至法治国家建设全局。全国人大常委会授权检察机关在13个省市试点，既是对我

们的信任，也赋予了一份沉甸甸的政治责任。我们肩负着党和人民的重托，也肩负着全国检察机关26万检察人员的重托，真正是使命光荣、责任重大。希望各试点检察院深刻认识试点工作的极端重要性，切实把思想和行动统一到中央决策部署上来，以高度的政治责任感和历史使命感抓好试点工作，大胆探索、积极作为，发挥好试点对全局性改革的示范、突破、带动作用。

经过一年多的努力，检察机关提起公益诉讼试点取得初步成果，中央改革办督察报告对此给予充分肯定。同时也要看到，与中央的要求和人民群众的期待相比，试点工作还存在不少突出问题。从检察机关自身看：一是思想认识不到位。部分试点检察院特别是一些基层检察院"一把手"对试点工作重要性和紧迫性认识不足。有的缺少破解难题办法，工作进展缓慢；有的面对阻力、压力，缺乏担当精神，存在畏难情绪；有的小试即安，存在自满心理，工作虽然起步早，但进展不大，甚至没有动静。二是素质能力不适应。面对公益诉讼这项改革，不少民事行政检察人员在办案理念、知识能力等方面不适应，线索发现、调查取证、庭审应对等素质能力有待进一步提高。三是理论研究不深入。对检察机关提起公益诉讼的法律基础、职能定位以及检察机关在公益诉讼中的诉讼地位等研究不够不深不透。从外部看，也存在不少制约试点工作的突出问题。比如，有的行政机关认识有偏差，担心影响地方政府形象，对试点工作不支持、不配合；法学界和检法两院对公益诉讼有关法律适用问题还存在不同认识；公益损害鉴定、环境损害修复资金管理等方面缺乏配套衔接机制，等等。面对这些困难和问题，我们要进一步增强政治意识和责任意识，敢于担当，攻坚克难，加大工作力度，确保圆满完成试点任务，勇于探索具有中国特色、符合检察职能特点的公益诉讼制度，决不辜负党和人民的殷切期望与重托。

三、牢牢抓住公益这个核心，加大办案力度，为全面推行公益诉讼制度积累实践经验

办理公益诉讼案件，是检察机关提起公益诉讼试点的中心环节，也是试点

工作成效最根本的检验。一年多来，试点检察院积极努力，办理了一批公益诉讼案件，每个试点省份都提起了公益诉讼。但总体来看，办案规模还比较小，尤其是向法院提起公益诉讼的案件比较少，覆盖面还不广。正如中央改革办督察报告所指出的："公益诉讼试点虽然不能以案件数量为标准，但没有一定数量的'样本'作支撑，典型性、代表性就不够"。只有通过办理一定数量的公益诉讼案件，特别是提起公益诉讼案件，才能不断深化对检察机关提起公益诉讼制度的规律性认识，才能检验这一制度设计是否科学合理，并最终为制度完善和全面推行提供客观全面的实践依据。各试点检察院要始终坚持以办案为中心，突出抓好公益诉讼案件办理特别是提起公益诉讼工作。

（一）进一步突出工作重点，推动解决生态环境保护和食品药品安全领域人民群众关心关注的突出问题

习近平总书记突出强调，检察机关提起公益诉讼要牢牢抓住公益这个核心，重点是生态环境和资源保护、国有资产保护、国有土地使用权出让、食品药品安全等领域造成国家和社会公共利益受到侵害的案件。在前阶段工作中，各试点检察院突出生态环境保护领域这个重点，办理的诉前程序案件和提起诉讼的案件中，生态环境保护领域分别占72.8%、83.8%。当前，破坏生态环境案件多发，我们不仅要深化专项立案监督活动，加大对严重污染水源、大气、土壤等犯罪的打击力度，还要继续重点办理生态环境和资源保护领域的公益诉讼案件，促进解决损害群众健康利益的突出环境问题。9月上旬，高检院专门部署开展检察机关参与土壤污染防治行动专项监督活动，这是配合国务院《土壤污染防治行动计划》、保护生态环境的重要举措。各试点地区检察机关要高度重视、精心组织，督促负有土壤污染防治监管职责的行政机关依法正确履行职责，严厉打击污染土壤等环境违法行为。食品药品安全关乎人民群众切身利益，对于侵害众多消费者合法权益的违法行为，符合提起公益诉讼条件的，也要及时向法院提起公益诉讼，切实维护人民群众生命健康权益。

（二）积极摸排线索，畅通案件来源渠道

发现线索是办理公益诉讼案件的源头和基础。各试点检察院对于在履行职责中发现的生态环境保护、食品药品安全等领域群众反映强烈的突出问题，要积极主动、深入摸排，发现侵害社会公共利益的违法行为，或者行政机关怠于履行职责、不正确履行职责侵害国家和社会公共利益的，应当及时纳入监督视野。检察机关侦监、反贪、控告等各业务部门之间要注重协调配合，完善信息共享、线索移送、案件协查、结果反馈等工作机制，形成以民事行政检察部门为主导、相关职能部门积极协作配合的工作格局。各地可以根据高检院制定的加强公益诉讼案件线索移送工作指导意见，制定符合本地实际的线索移送办法，促进形成线索移送常态化机制。要加强与公安、环保、食品药品安全、国土等行政执法部门案件信息移送工作，充分利用行政执法与行政检察衔接平台、行政执法与刑事司法衔接信息共享平台等载体，拓宽线索来源渠道。

（三）办好诉前程序案件，充分发挥检察建议的功能作用

诉前程序是检察机关提起公益诉讼的必经程序。设置这一程序的目的，是为了调动其他主体保护公益的积极性，增强行政机关纠正行政违法行为的主动性，也是为了有效节约司法资源。习近平总书记在中央全面深化改革领导小组第十二次会议上突出强调，诉讼是最后手段，之前要充分发挥检察建议等手段的作用。李克强总理也要求我们在提起公益诉讼前，应当先征求相关部门意见，政府部门能处理的尽量处理，处理不了或不处理的再进入诉讼程序。全国人大常委会授权决定也明确指出，提起公益诉讼前，人民检察院应当依法督促行政机关纠正违法行政行为、履行法定职责，或者督促、支持法律规定的机关和有关组织提起公益诉讼。通过诉前程序推动侵害公益问题的解决，这不仅是检察机关提起公益诉讼试点工作的重要内容，也是公益诉讼制度价值的重要体现。

从试点情况看，大多数行政机关收到检察建议后，及时纠正了违法行为或者履行了法定职责；不少社会组织通过诉前建议了解到公益受损情况，意识到自身的责任担当，主动提起了民事公益诉讼。各试点检察机关要更加重视诉前

程序，在提起民事公益诉讼之前，可以探索采取公告的方式履行诉前程序，依法督促适格主体提起诉讼，必要时可以支持起诉；对于行政公益诉讼诉前检察建议，要注意与行政公益诉讼请求相衔接，规范诉前检察建议的制发程序和内容，加强对检察建议落实情况的跟踪监督，及时掌握行政机关履行职责情况。

（四）切实加大各试点检察院提起诉讼案件力度，尽快解决提起公益诉讼案件空白问题

诉讼是办理公益案件的最后手段，也是最刚性的监督手段。在试点过程中，要用好诉讼这一监督方式，既要慎用，又要敢用。今年5月，高检院召开检察机关提起公益诉讼试点工作推进会，明确提出"三步走"工作目标，即没有提起公益诉讼的试点省级检察院，今年上半年一定要解决空白；没有提起公益诉讼的试点市级检察院，今年内一定要解决空白；没有提起公益诉讼的试点基层检察院，在试点结束前一定要解决空白。有的同志认为大量案件已经通过诉前程序解决了，确立这个目标没有必要；有的认为提起公益诉讼阻力太大，定的这个目标太高了。对这个问题，高检院党组经过了多次研究。我们认为，这一目标不仅不高，而且根据中央改革办要求现在还要进一步加大力度。党中央和全国人大常委会把提起公益诉讼、保护国家和社会公共利益的重任交给我们，作为试点检察院，在两年试点期内一件公益诉讼案件也没有提起，如何体现试点的积极意义？如何体现我们的责任担当？我们必须首先检查自己，不要首先把责任推向客观。必须要首先问自己：对公益诉讼案件线索，我们是否真正认真深入摸排？从目前办理的诉前程序案件看，截至2018年8月底，有关行政机关到期没有切实整改的116件，有关社会组织没有提起公益诉讼的51件。对这些案件，原则上讲都应该提起公益诉讼，我们是不是进一步逐案深入分析？是不是进行了跟踪监督？有没有因为"难"就打退堂鼓、半途而废？加大提起诉讼案件力度，不只是高检院的要求，更是党中央高度重视、人民群众普遍关注的问题。中央改革办督察报告明确提出，"要针对损害公益行为大量存在的实际情况，推动各试点地区市级检察院、基层检察院尽快解决提起公益诉讼案件空白问题"。我们要切实抓

好督察意见的落实。"三步走",第一步已经完成,剩下两步现在必须全面加速。在这里,我要向大家明确要求,根据高检院党组讨论决定,到今年年底,除没有提起公益诉讼的试点市级院要解决诉讼空白外,各试点省级院要保证本省60%的试点基层检察院解决提起诉讼的空白。这是硬任务,各试点检察院党组尤其是"一把手"必须切实负起责任,层层抓落实,件件抓结果。对于仍然推进缓慢、成效不大的,上级院必须挂牌重点督促。为充分发挥各试点省级院的作用,改进提起公益诉讼案件审批模式,提高审批效率,高检院决定,把提起公益诉讼的审批权下放给各试点省级院。同时,试点情况和提起公益诉讼的个案及时报高检院备案。请各试点省级院严格把关,抓好落实。高检院民行厅要有针对性地加强培训和指导,尽快使各试点省级院掌握审批标准和具体工作要求。

需要强调的是,解决诉讼空白问题,既要强调零的突破,也要保证案件质量。现在各地呈报高检院审查的拟提起公益诉讼的案件,总的讲有影响、有震动的还不多。这个问题要引起高度重视。我们强调加大办案力度,扩大办案规模,但决不能为了完成任务而去办"凑数案",要敢于啃硬骨头,突出办理人民群众反映强烈、社会有影响的案件,扩大公益诉讼制度的社会影响力,增强公益保护效果。同时,我们还要把握好提起民事公益诉讼与行政公益诉讼的平衡。近期各地上报高检院审查的案件,出现了民事公益诉讼案件偏多的倾向。客观上讲,提起民事公益诉讼难度相对较小。但实际上,党中央把提起公益诉讼的职责赋予检察机关,更多是希望我们监督行政机关依法履行职能,促进依法行政、严格执法。我们不能因为提起行政公益诉讼难度大就转而多办民事公益诉讼案件,这也不是检察机关提起公益诉讼制度设计的初衷。

四、加强组织领导,确保试点工作取得预期效果

检察机关提起公益诉讼试点工作时间已经过半,任务非常繁重。希望各试点检察院党组真正把试点工作摆上重要议事日程,切实加强组织领导,积极稳妥推进试点工作。

（一）加强督促指导，推动试点工作取得预期效果

高检院党组对公益诉讼试点工作高度重视，多次召开党组会议、司法体制改革领导小组会议专题研究部署。仅今年9月份，党组会就两次专题研究试点工作。各地实践也充分证明，凡是思想认识统一的地方，试点工作开展得就好；凡是思想认识不统一、不提高的地方，试点工作就受到影响。当前试点工作发展不平衡，尽管有各种客观原因，但最关键的还是我们自身认识问题和自身能力问题，只要我们思想上真正重视起来了，就会有攻坚克难的勇气和办法，就会努力在实践中提高自己的能力。各试点检察院要把试点工作作为"一把手"工程，党组书记、检察长亲自抓，靠前指挥。各试点省级院要采取有力措施，通过每月通报、实地督导等方式，督促试点的市级院、基层院克服困难、勇于探索，保证试点工作扎实开展。最近，贵州省检察院采取督办通知的方式，督促尚未消除提起公益诉讼空白的试点院按期完成任务，完不成任务的严肃问责。这个办法很好，其他试点省份可以借鉴。

（二）加强沟通协调，进一步形成保护公共利益合力

开展检察机关提起公益诉讼试点是一项系统工程，需要各个方面共同努力。党中央作出探索建立检察机关提起公益诉讼的部署，本身也是希望通过这一形式，督促政府、司法机关和有关社会组织共同保护社会公益。因此，加强各有关部门之间的沟通协调，对于试点工作顺利推进意义十分重要。我们要以全国人大常委会开展环境保护法执法检查为契机，紧紧依靠人大监督支持推进试点工作。

要主动加强与行政机关的沟通协调，合理区分公益诉讼检察监督、对履行职责中发现的行政违法行为进行监督与行政监察、行政复议等行政机关内部监督的功能定位，实现有效衔接。中央改革办督察报告指出，在试点阶段，诉讼形式尚未成型，相关规则有待完善，法检两家的沟通十分必要。我们要主动加强与法院的沟通协调，在试点工作中相互支持配合，重点研究检察机关提起公益诉讼制度的理论基础、地位作用、运行特点、司法规律等问题，同时加强对调查手段、证据规则、出庭规范等实务问题的研究，共同推动公益诉讼相关机

制制度的完善。高检院要积极争取中央政法委、中央改革办、全国人大常委会对试点工作的领导与支持，进一步加强与最高法院的沟通交流。对于形成的共识，要及时固化下来，形成制度，作为办理公益诉讼案件的指导性文件。对于反复沟通仍有不同认识的重大问题，要及时向全国人大常委会报告，认真听取意见和要求。高检院民行厅要抓紧组织召开专家论证会，重点就检法两院关注的重大问题听取各方面专家的意见和建议。

（三）加强队伍建设，为试点工作提供人力智力保障

各试点检察院要以深化司法体制改革为契机，积极争取党委政府支持，建立健全行政检察机构或办案组织，保证人员配备与公益诉讼职能拓展和业务增长相适应。对于现有人员，要通过专题研讨、集中培训、案件实训、庭审观摩等方式，有针对性开展培训，提升办案能力和水平，保证办案质量和效果。要在民事行政检察部门深入开展"两学一做"学习教育，加强思想政治和纪律作风建设，把试点工作的各项纪律要求落在实处，确保严格规范公正文明司法。

（四）加强经验总结和理论研究，为提出立法建议做好准备

根据全国人大常委会授权决定要求，今年10月将向全国人大常委会作中期报告。试点期满后，对实践证明可行的，应当修改完善有关法律。现在试点期已过半，认真研究提出修改完善相关法律的意见建议日显重要。各试点院要及时总结试点经验，汇总提炼检察机关提起公益诉讼的特点和规律。高检院和各试点省级院要围绕试点中的突出问题开展调研，集中各方研究力量，加强研究，形成一批有价值的成果，凝聚理论共识，为立法提供理论和实践基础。要全面评估试点成效，在司法改革整体框架下，适时统筹提出修改人民检察院组织法、检察官法、民事诉讼法、行政诉讼法等立法建议。

（五）加强宣传和舆论引导，为试点工作营造良好氛围

检察机关提起公益诉讼是一项全新的探索，离不开社会各界的参与和支持。各级试点检察院要加强宣传，突出宣传检察机关在开展公益诉讼过程中好

的经验做法和典型案例，正确引导社会舆论，为顺利推进试点工作营造良好氛围。同时要严肃宣传纪律，把握宣传特点和方法，坚决杜绝不当炒作。各地拟宣传的监督个案，应层报至高检院审查，经批准后方可组织宣传。对于人民群众广泛关注、有较大影响的案件，要及时公开案件信息，回应社会关切。检察机关提起公益诉讼试点是一项开创性工作。试点检察机关要认真贯彻中央决策部署，认真落实中央改革办督察意见，锐意进取，扎实推进，努力探索公益诉讼理论与实践创新之路，为发展和完善公益诉讼制度、加强对国家和社会公共利益的保护作出更大贡献！

张军检察长在第十三届全国人民代表大会常务委员会第六次会议上的报告

(2018年10月24日)

全国人民代表大会常务委员会:

根据本次会议安排,我代表最高人民检察院报告检察机关加强民事诉讼和执行活动法律监督工作情况,请予审议。

人民检察院依法对民事诉讼和执行活动实行法律监督,是中国特色社会主义检察制度的重要内容,也是我国司法制度的鲜明特色。2012年民事诉讼法修改,进一步完善了检察机关民事诉讼法律监督内容,将审判人员违法行为、执行活动和调解书等纳入检察监督范围,并新增检察建议、调查核实等监督方式和措施,规范了当事人申请监督的条件,对加强民事检察工作提出了更高要求。在以习近平同志为核心的党中央坚强领导下,在全国人大及其常委会有力监督下,全国检察机关紧紧围绕经济社会发展大局,深入贯彻民事诉讼法,忠实履行对民事诉讼和执行活动的法律监督职责,努力维护司法公正和权威,让人民群众在每一个民事检察监督案件中感受到公平正义。

一、准确把握人民群众日益增长的司法需求,民事诉讼和执行活动法律监督取得积极进展

民事诉讼和执行活动事关人民群众切身利益,案件量大、涉及面广。民事检察工作在化解矛盾纠纷、维护社会稳定、促进经济发展等方面具有不可替代

的作用。中国特色社会主义进入新时代，我国社会主要矛盾转化，人民群众对民主、法治、公平、正义、安全、环境等方面的更高需求，不仅体现在刑事案件中，而且更多体现在民事案件里。近年来，检察机关受理的民事申诉信访案件持续高位运行，超过刑事申诉信访案件量，在信访案件总量中的占比上升趋势明显。2013年1月至2017年12月，全国检察机关共受理涉法涉诉信访172万件次，其中民事申诉信访65万件次，占37.8%；刑事申诉信访59.7万件次，占34.7%。2018年1至9月，受理民事申诉信访9.5万件次，占各类涉法涉诉信访总数的40.4%，比2012年高出18.6个百分点。

各级检察机关牢记宪法法律赋予的职责，顺应人民群众新期待，坚持以司法办案为中心，全面加强对生效民事裁判、调解书和审判、执行活动的法律监督，构建起多元化民事检察监督格局。2013年1月至2018年9月，共办结各类民事申请监督案件57.9万件，其中通过抗诉、检察建议等方式提出监督意见27.1万件。

（一）主动服务发展、保障民生

最高人民检察院先后制定实施服务经济发展新常态、保障健康中国建设、服务打好"三大攻坚战"等司法办案指导意见，召开长江经济带检察工作座谈会，引导全国检察机关发挥民事检察等职能服务经济社会发展大局。针对司法实践中有的刑事案件审结后，对侵犯涉案产权的民事责任追究、执行不到位，相关民事错误生效裁的讲话判难以纠正等问题，2018年6月专门发出《关于充分发挥民事行政诉讼监督职能推动解决刑事案件牵连产权保护问题的通知》，重点审查办理刑事案件被告人、被告单位所涉股权转让、民间借贷、担保物权、买卖合同等民事申诉案件。强化对知识产权类民事案件的检察监督，探索建立专业化办案机制，保障科技创新主体合法权益。加强弱势群体权益保护，共支持农民工、残疾人等提起民事诉讼68911件。2018年春节前，部署开展为期两个月的协助解决农民工讨薪问题专项监督，支持5566名农民工提起民事诉讼，帮助追回劳动报酬4605万余元。

（二）着力加大对生效裁判、调解书的监督力度

充分发挥抗诉直接启动再审程序的功能，对认为确有错误的民事判决、裁定、调解书提出抗诉 21795 件，法院已审结 15922 件，其中改判、调解、撤销原判发回重审、和解撤诉 12113 件，再审改变率为 76.1%。为促进把矛盾纠纷及时化解在基层、节约司法资源、提高司法效率，各级检察机关重视用好更加高效便捷的检察建议，对一些符合抗诉条件的民事申请监督案件，建议同级法院依法启动再审程序重新审理，共提出再审检察建议 25958 件，法院采纳 16742 件，采纳率为 64.5%。

（三）扎实开展对虚假诉讼的监督

针对民间借贷、以物抵债、企业破产等领域为获取非法利益而虚构事实打"假官司"的问题，2015 年起部署开展民事虚假诉讼专项监督活动，重点监督涉案人员众多的"规模性造假"和中介服务机构"居间造假"，共对 5178 件虚假诉讼向法院提出抗诉或检察建议，着力维护诉讼秩序和司法权威。对涉嫌虚假诉讼犯罪的，及时督促公安机关立案侦查，起诉 799 人。黑龙江省林口县检察院办理 128 件虚构债务、套取 620 万余元公积金的系列案，将涉嫌犯罪线索移送公安机关，并向法院提出再审检察建议，同时针对该案中法院受案把关不严、庭审流于形式等问题，专门提出改进审判工作的检察建议。湖北省宜昌市检察机关在办理"以房抵债"系列虚假诉讼案中发现，3 名审判人员套用其他案件案号或虚设案号，制作民事调解书 78 份、民事判决书 13 份、执行裁定书 13 份，帮助他人规避限购政策、办理房屋登记，事后收受贿赂，检察机关依法立案侦查，涉案 3 名法官、1 名司法警察、1 名法律工作者均被判处刑罚。今年 9 月 27 日，"两高"又专门发布关于办理虚假诉讼刑事案件适用法律若干问题的解释，进一步明确虚假诉讼犯罪行为的定罪量刑标准，加大惩治力度。

（四）切实加强民事执行活动监督

对明显超标的执行、消极执行、选择性执行、违法处置被执行财产等违法情形提出检察建议135145件，法院采纳123914件，采纳率为91.7%。四川一基层法院将案外人的房产违法查封变卖，省市县三级检察院接力监督，先后发出检察建议，最终上级法院认定执行活动违法，给予国家赔偿。2016年4月起，针对一些地方执行案款滞留、执行款物管理混乱等问题，"两高"联合部署集中清理，促进一大批滞留在法院账户上的执行案款发放给申请执行人。吉林、陕西、湖南等地法检"两院"联合开展专项活动，共同解决"小标的大查封大扣押""高值低估贱卖"等问题。2018年3月，最高人民检察院又部署开展民事非诉执行监督专项活动，重点监督民事非诉法律文书执行中的违法情形，并以此为切入点，从源头上促进仲裁和公证严格依法规范进行。

坚决支持法院依法执行。对被执行人确无财产可供执行、法院穷尽执行措施仍不能执行到位的，配合法院做好释法说理工作，并对生活陷入困境、符合救助条件的申请执行人开展司法救助。对拒不执行判决、裁定构成犯罪的，批准逮捕6594人，呈逐年上升趋势。广东省广州市花都区检察院在办理一起执行监督案件中，发现被执行人有转移财产、逃避履行生效判决确定义务的行为，涉嫌拒不执行判决、裁定罪，向公安机关移送涉嫌犯罪线索，公安机关侦查终结后已将该案移送检察机关审查起诉。

（五）不断强化审判人员违法行为监督

坚持从裁判结果监督向诉讼过程监督延伸，从实体违法监督向程序违法监督拓展，对民事审判中违法送达、违法采取保全措施、适用审判程序错误等违法行为，提出检察建议86104件，法院采纳77662件，采纳率为90.2%。2017年以来，对在民事行政审判活动中故意违背事实和法律枉法裁判涉嫌犯罪的，检察机关直接立案侦查191人。湖南省常德市武陵区检察院在办理一起民间借贷纠纷申诉案时，从主审法官在调解中违反回避相关规定、篡改法律文书入手调查，发现此案系其父亲（该法院原副院长）为兑现办理其他案件所获"好处费"，以其母亲名义提起的虚假诉讼。检察机关依法提出撤销虚假调解的检察建议，并对相关职务犯罪立案侦查，追究刑事责任。在深入调查该"案

中案"过程中,又发现其他5名审判人员违法审判问题,移送相关部门追究党政纪责任。

(六)强化民事检察环节矛盾化解工作

检察机关受理的民事申诉案件中,确有错误、依法须以监督程序纠正的是少数,裁判正确或没有突出问题、需要做好息诉工作的占多数。各级检察机关把化解矛盾纠纷落实到办理民事检察监督案件全过程,促进案结事了人和,既维护司法权威又减轻当事人讼累。2013年以来,各级检察机关对不符合受理条件终结审查、审查后不支持监督的15.3万件案件,充分说明理由和依据,耐心释疑解惑,加强心理疏导,切实做好检察普法工作,促使当事人服判息诉。云南省检察院在办理一起建设用地使用权转让合同纠纷申诉案时,认为案件不符合监督条件,但双方当事人发生纠纷已长达7年,遂结合案情制定引导和解的方案,并充分了解案件执行进展和存在的困难,与法院共同做当事人的工作,促使双方当事人达成执行和解协议并当场履行,妥善化解了矛盾。

(七)持续推进司法规范化建设

制定深入推进民事行政检察工作科学发展的意见,颁布实施民事诉讼监督规则,组织开展基层民事行政检察工作推进年活动,细化实化民事检察监督措施。完善办案配套制度,统一规范办案文书格式。案件办理全部纳入统一业务应用系统,实现网上录入、网上审批、网上管理、网上监督。全面实行检察官办案责任制,针对民事检察监督案件特点细化案件承办、集体讨论、审批权限等规定,做实对监督者的监督。专门制定民事行政检察人员廉洁规范司法行为准则,加强廉政教育和风险防控机制建设,严明办案纪律,严格规范检察人员与代理律师、案件当事人和中介机构的关系,严肃查处利用民事行政检察权违纪违法的检察人员11人。

各级法院积极支持、自觉接受检察机关法律监督,依法审理检察机关提出抗诉的民事案件,充分重视检察建议。"两高"会签关于民事执行活动法律监督若干问题的规定,共同促进依法执行和规范监督;"两高"有关部门会签关于办理民事诉讼检察监督案件若干问题的会议纪要,明确再审检察建议、出席再审法庭、对裁定的监督方式等问题,建立灵活有效的沟通机制。最高人民法院有关部门专门下发通知,要求配合检察机关开展民事非诉执行监督专项活动。

二、坚持问题导向,以理念变革引领民事检察工作创新发展

近年来,民事检察工作扎实开展,但与宪法法律赋予的职责和新时代人民群众对民主、法治、公平、正义等更高的期待相比,仍有较大差距:一是民事检察监督力度与人民群众司法需求不相适应。有的缺乏攻坚克难的勇气,担心影响法检"两院"关系,畏难监督。对人民群众反映的热点、难点问题监督不够,执行活动监督总体上比较薄弱,不善监督。有的抗诉案件质量不高、效果不好,或者超过法定办理期限。有的检察建议停留于纠正表面问题和工作瑕疵,发现和纠正深层次违法问题不够。多数案件限于个案办理、就事说事,跟进监督、类案监督不够。有的办案中不注重耐心倾听群众意见、满足于程序正确,"按下葫芦浮起瓢"。二是民事检察工作与刑事检察工作相比发展不平衡。在检察机关整体法律监督格局中,无论从办案数量、监督效果还是社会影响看,民事检察工作都还有很大潜力。一些同志片面认为民事诉讼法涉及检察机关法律监督的规定比较原则,对民事检察工作认识不足、重视不够,"重刑轻民"观念仍然存在,机构设置、人员配备上存在"短板"。以最高人民检察院为例,刑事检察机构设有5个厅,编制142人;而民事检察、行政检察、公益诉讼检察三项重大职责并合一起,仅设一个厅,编制32人。一些检察院检察委员会很少研究民事监督案件,有的基层民事行政检察部门只有一两个人,甚至无专人负责民事检察工作。三是民事检察队伍素质能力亟待加强。民事诉讼和执行活动监督需要很强的民事法律素养、专业知识和实践能力,但现有民事检察队伍的知识结构不够合理,民商法专业的人员比例不高,有的对民事审判

和民事法律不熟悉,把握法律政策、办理新型案件、释法说理、群众工作等能力不强,高层次、专家型人才匮乏。四是上级检察院对下指导不够有力,基层民事检察工作总体薄弱。市级以上检察院民事行政检察部门主要精力用在自身办案上,对案件质量监督管理、政策把握及对下指导虚化、弱化。有的基层检察院认为不能提出抗诉就无案可办,对民事检察多元化监督缺乏认识和践行。

针对这些问题,新一届最高人民检察院党组认真学习贯彻习近平新时代中国特色社会主义思想和党的十九大精神,深入贯彻全国两会精神,明确提出"讲政治、顾大局、谋发展、重自强"的总体要求,以理念变革引领民事检察工作创新发展。

(一)树立全面平衡充分发展的理念

宪法赋予检察机关的法律监督职能是整个诉讼领域以及与诉讼相关领域全方位的法律监督。刑事、民事、行政以及公益诉讼检察职能要全面、平衡、充分履行。我们在深入研究论证、反复征求意见基础上,从检察机关受理的民事行政申诉案件持续上升等实际出发,提出以内设机构改革为突破口,突出专业化建设,拟将最高人民检察院民事行政检察厅分设为民事检察厅、行政检察厅,增设公益诉讼检察厅已获中央深改委同意,正在组建中。省市两级检察院则要视情单独设立民事检察部门或办案组,基层检察院确定专门办案组或专人负责民事检察工作,切实解决"重刑轻民"问题。

(二)树立双赢多赢共赢的理念

检察机关对民事诉讼和执行活动的法律监督,实质上是启动纠错程序,促进法院重新审视并自我纠错。监督不是你错我对的零和博弈,也不是高人一等。监督机关与被监督机关责任是共同的,目标是一致的,赢则共赢,损则同损。我们反复强调要与法院形成良性、互动、积极的工作关系,使法律监督在出发点和落脚点上、在主观和客观方面都发挥促进法院更全面依法规范司法的作用,共同维护司法公正、提高司法公信力。各级检察机关以会签文件、召开联席会议、组织案例研讨等方式，与法院建立常态化沟通协调机制，不断增进互信。落实检察长列席审判委员会会议制度，6月11日，我作为最高人民检察院检察长，与分管民事行政检察工作的副检察长一同列席最高人民法院审委会，参与讨论一起民事抗诉案件并发表意见。今年以来，各级检察院检察长、副检察长列席审委会讨论民事案件385件次。

（三）树立精准监督的理念

监督必须考虑政治效果、社会效果、法律效果的有机统一，通过个案的公平正义来引领司法进步、促进社会进步。我们强调要在精准监督上下功夫，通过优化监督实现强化监督，不搞粗放式办案，防止片面追求监督数量。民事抗诉不是越多越好，要优先选择在司法理念方面有纠偏、创新、进步、引领价值的典型案件，抗诉一件促进解决一个领域、一个地方、一个时期司法理念、政策、导向的问题，发挥对类案的案例指导作用。尤其是最高人民检察院要着重对适用法律错误的特别重大典型案件提出抗诉，促进最高人民法院发挥对各级法院的裁判引领作用。同时，对那些不具有典型性的、确有错误的个案也不放任，以再审检察建议方式促请法院纠正。对类案背后反映的审判管理等问题，建议法院从源头上进一步规范司法。今年1至9月，全国检察机关提出民事抗诉2333件，同比上升7.4%；提出民事再审检察建议2219件，同比上升14.8%。

（四）树立智慧借助的理念

智慧借助既是工作方法，也是工作理念。我们鼓励各级检察院充分发挥社会力量特别是专家学者、律师、退休法官，有法律背景的人大代表、政协委员等作用，借助他们的实践经验、法律和政治智慧，帮助我们提升民事检察监督能力。制定民事行政诉讼监督案件专家委员会工作办法，邀请民事法律专家对民事申请监督案件涉及的法律理论问题、监督的社会效果、案件对司法价值判断的引领作用等进行深入论证，作为检察监督审查案件的重要参考依据。今

年7月,最高人民检察院聘请103名专家组建民事行政诉讼监督案件专家委员会,已举行两次论证会,对8起民事申请监督案件提出了专家意见。

(五)树立统筹发展的理念

按照民事诉讼监督规律,不同层级检察院民事检察监督侧重点应有所不同,我们引导省级和市级检察院以裁判结果监督为重点、基层检察院以审判人员违法行为监督和执行监督为重点,构建各级检察院各有侧重、密切配合、全面履职的民事检察监督格局。今年1至9月,省、市两级检察院办理的民事抗诉案件占全国检察机关办理民事抗诉案件总数的98.1%;基层检察院办理的审判人员违法行为监督和民事执行监督案件,占全国检察机关办理此两类案件总数的97.2%。修改人民检察院民事诉讼监督规则,对当事人一审后未上诉,法院驳回再审申请或逾期未对再审申请作出裁定提出申诉的,依法予以受理,构建符合基层实际的民事检察监督案件受理、办案规范、内外协调等工作机制。上级检察院依据本院受理的申诉案件、了解的全局性情况和办理个案反映出的倾向性问题,加大对下指导力度。落实领导干部办案制度,要求领导干部带头办理重大疑难复杂案件,为一线检察官办案提供范例。

三、努力在新起点上开创民事检察工作新局面

在中国特色社会主义新时代,面对人民群众日益增长的民事法律监督需求,民事检察工作迎来新的发展契机,也面临新的更大挑战。各级检察机关要坚持以习近平新时代中国特色社会主义思想为指导,深入学习贯彻党的十九大精神,对标对表人民群众新期待,从组织领导、理念更新、工作部署、机构建设、力量配备等方面,将民事检察监督做得更实、富有成效,支持、监督法院民事审判和执行工作,努力为人民群众、为社会提供更好更优更实在的民事检察产品。

（一）以保障打好"三大攻坚战"为重点，主动服务经济社会持续健康发展

贯彻新发展理念，找准民事检察工作与经济社会发展的结合点，重点围绕党中央关于打好防范化解重大风险、精准脱贫、污染防治攻坚战的重大部署履职尽责，为经济社会持续健康发展提供法治保障。积极投入重大社会稳定风险防范化解专项行动，贯彻新时期"枫桥经验"，畅通群众申诉渠道，依法公正处理民事检察监督案件，维护好当事人合法权益，促进社会稳定。深入贯彻全国人大常委会关于全面加强生态环境保护、依法推动打好污染防治攻坚战的决议，立足民事诉讼监督，促进用最严密的法治保护生态环境。密切关注社会反映强烈的企业融资互联互保案件和产权纠纷案件，加大监督力度，防范和化解金融风险，支持民营企业规范发展，营造诚信有序的市场环境。在参与扫黑除恶专项斗争中，对黑恶势力强迫交易、高利放贷、"套路贷"、恶意逃债、虚假诉讼等非法活动，综合运用刑事、民事等手段加强法律监督。结合办理民事检察监督案件，依法惩治恶意欠薪，把司法救助、农民工权益保障等与精准扶贫结合起来。针对互联网领域微信、支付宝交易纠纷多发，一些当事人因被告身份信息不明等无法通过诉讼进行救济的问题，监督和支持法院依法规范立案、审判、执行等诉讼活动，促进解决互联网金融纠纷诉讼难问题。落实"谁执法谁普法"普法责任制，强化以案释法和法律文书说理，引导群众依法解决纠纷、理性表达诉求。重视发挥律师等"社会第三方"作用，促进矛盾纠纷化解。

（二）充分运用多种监督方式，加大民事审判监督力度

检察机关的民事诉讼监督方式是多元的。要以当事人、社会公众实实在在的获得感为目标，充分运用政治智慧、法律智慧、监督智慧，办好不同类型的民事检察监督案件。探索与违法审判责任追究相衔接的审判人员违法行为监督机制，与法院共同防范和制裁审判人员侵犯公民权利、损害司法公正的诉讼违法行为。修改完善人民检察院检察建议工作规定，提高检察建议质量，规范提出程序。建立向人大常委会报告检察建议落实情况制度，完善检察建议向上一

级检察院、法院备案机制。落实检察建议跟进监督制度,及时掌握采纳、落实情况以及未被采纳的原因,对该采纳不采纳的,上级检察院接力监督,努力把检察建议做成刚性、做到刚性。我们将会同最高人民法院出台司法解释,完善法院对检察建议的办理程序:法院收到检察建议后,应更换原合议庭组成人员或承办人办理;经检委会决定提出的检察建议,法院不予采纳的,应当经审委会决定。同时,我们还将与最高人民法院一起,对"调解书损害国家利益、社会公共利益"作出具体的司法解释。

(三)坚持不懈强化民事执行监督,推动从根本上解决执行难问题

执行难是我国现阶段带有综合性的司法与社会治理问题。检察机关履行监督职责促进解决执行难,不能仅仅将注意力放在单纯执行阶段的方法和力度上,必须把民事审判和执行作为一个系统工程,支持、促进法院从执行活动违法情形反向审视审判活动中的源头问题,使法官裁判的时候就要适当考虑促进执行、执行的效果等因素,取得综合的、更好的司法效果。同时,解决执行难也不单纯是法院的责任。各级法院为解决执行难问题做了大量工作,付出了艰苦并富有成效的努力。但要从根本上解决这个问题,需要在党中央和地方各级党委统一领导下,相关职能部门共同发力、形成合力。检察机关要立足职能、积极参与,进一步加大监督、支持法院依法执行的力度。推动建立全国执行与监督信息法检共享平台,加强动态支持与监督。重点监督纠正违法拍卖、超标的查封、错误分配财产、变相变更裁判结果等突出问题,推动执行规范化。加大对"终结本次执行"案件的监督力度,促进依法穷尽执行手段,防止滥用"程序结案"、实体久拖不决。深入推进民事非诉执行监督专项活动。加大对执行工作的支持力度,依法强化办理拒不执行法院判决、裁定犯罪案件,并注意工作方法,促进有效执行。

(四)不断完善工作机制,着力提升民事诉讼和执行活动监督质效

适应司法责任制改革和形势发展需要,进一步完善人民检察院民事诉讼监

督规则。严格遵守法定时限，提高办案效率，让司法正义尽早到达。完善民事诉讼监督案件专家咨询制度，借助"外脑"加强专业化审查，增强民事检察监督对司法理念的引领性和塑造力。最高人民检察院及时选编、发布民事检察监督指导性案例，突出检察特色，统一司法标准，发挥典型案例示范指导作用。推行一体化办案机制，以线索集中管理、力量统一调配为基础，通过指定管辖、协同办案、异地交办等多种形式，充分发挥基层检察院在民事检察工作中的基础作用。强化检察权运行制约和监督，进一步完善案件流程监控、案件质量评查、办案绩效考评等机制，不断提高监督公信力。主动向党委、人大汇报监督情况，客观反映工作中的突出问题和实际困难。加强与法院沟通联系，共同把公正司法、为民司法落到实处。加强理论研究和实践探索，实现对巡回法庭、海事法院等专门法院民事诉讼和执行活动监督全覆盖。

（五）下大气力加强民事检察队伍政治和业务建设，切实提升民事检察监督能力

坚持把政治建设摆在首位，牢固树立"四个意识"，切实增强"四个自信"，在民事检察工作中贯彻落实党中央决策部署。进一步优化民事检察机构和办案组织建设，改革创新司法人才引进、使用机制，通过招录、选调、遴选等途径充实民事检察办案力量，优化队伍专业结构。完善全国和省级民事检察人才库，加强高层次人才培养。敏感于自己的不足和短板，力求实效开展好分类培训和岗位练兵，培养综合型办案能手。研发虚假诉讼案件、刑事案件牵连产权保护民事案件线索智能发现技术，拓展案件线索来源。应用好新建成的"检答网"，加强检察业务咨询交流，拓宽新型、疑难、复杂案件研讨渠道，促进办案能力的提升。继续深化司法公开，加大宣传力度，进一步提高民事检察工作的社会认知度和影响力。民事检察监督案件大多存在各方当事人"利益博弈"，办案人员面临被腐蚀利诱的风险。要落实全面从严治党要求，坚持从严治检，扎实开展党风廉政建设和反腐败斗争，坚决清除害群之马。自觉接受人大监督和政协民主监督，确保民事检察权依法正确行使。

委员长、各位副委员长、秘书长、各位委员，全国人大常委会专门听取检察机关加强民事诉讼和执行活动法律监督工作情况的汇报，充分体现了对检察机关法律监督工作的高度重视。今年是改革开放40周年，也是检察机关恢复重建40周年，人民检察事业进入新的发展阶段。全国检察机关将更加紧密团结在以习近平同志为核心的党中央周围，以习近平新时代中国特色社会主义思想为指导，不忘初心、牢记使命，奋力开创新时代民事检察工作新局面，为实现"两个一百年"奋斗目标和中华民族伟大复兴的中国梦作出新贡献！

梁国庆副检察长在民事、行政审判监督程序抗诉问题座谈会上的讲话

（1992年3月21日）

同志们：

这次座谈会主要是研究民事、行政审判监督程序抗诉的有关问题。通过座谈讨论，交流了情况，统一了认识，增强了信心。思卿同志到会与大家一起讨论并作了重要讲话。明确了当前和今后一个时期民事、行政检察工作的指导思想，各地要认真贯彻执行，汉民同志就《民事审判监督程序抗诉工作暂行规定（稿）》作了说明。下面，我讲三个问题：

一、树立信心，增强责任感

如何看待当前民事、行政检察工作的形势是这次座谈会上大家讨论比较多的一个问题。我认为，总的看，这几年民事、行政检察工作进展不小，困难不少，前途光明。首先，要看到立法上的进展。关于检察机关对民事审判实行法律监督问题，我国 50 年代的法律虽有规定，但在司法实践中没有得到落实。1982 年的《民事诉讼法（试行）》，也只是在总则中规定了一条，实际也是无法执行，所以我们才进行了一段试点工作。1990 年制定的行政诉讼法中规定检察机关有权对行政诉讼活动实行法律监督，并明确规定，检察机关对人民法院已经发生法律效力的判决、裁定，发现违反法律法规规定的有权按照审判监督程序提出抗诉。1991 年，立法机关在修改《民事诉讼法（试行）》过程中，

认真考虑了检察机关对民事审判活动实行法律监督的必要性，对检察机关审判监督程序抗诉问题作出了较为具体的规定。这说明，立法是在不断发展的，只要我们做好工作，也可以争取将来能有新的发展。不要怕困难，我们的民事、行政检察工作就是在克服困难中起步的。

其次，要看到民事、行政检察工作本身的发展。检察机关重建以来，民事、行政检察业务从无到有，目前，全国已有29个省、区、市检察院成立了民事、行政检察处，72%的分、州、市检察院和26%的县（区）检察院成立了民事、行政检察机构。各级人民检察院已经建立起一支2000多人的民事、行政检察干部队伍。受理了大批不服裁判的申诉，向法院提出了一批抗诉案件，其中6件经再审改变了原已生效的错误判决裁定。民事、行政检察业务建设开始起步，建立了一些必要规章制度，采取多种形式培训了民事、行政检察干部。

需要强调的是，要充分认识开展民事、行政检察工作的重要意义。民事、行政检察工作从试点到依法办理抗诉案件，已经引起了社会各界的重视和关注，受到了人民群众的欢迎，得到了各地党委、人大政府和人民法院的积极支持和帮助，法律规定人民检察院有权对民事审判、行政诉讼实行法律监督，完善了检察机关法律监督的职能。目前，在我国刑事、民事、行政诉讼活动中，检察机关都有法律监督的职能，从而形成了中国式的社会主义检察制度的独特格局。这对于加强我国社会主义民主法制建设，促进社会主义经济发展，都有重要意义。正如邓小平同志最近南巡谈话中说的："还是要靠法制，搞法制靠得住些。"

当前，民事、行政检察工作存在这样那样的困难，我们要正视这些困难，现在的困难与当初的困难已经不同了。这些困难通过工作是可以逐步解决的。民事、行政检察工作的重要意义在于它的现实性和发展前景，大家要树立信心，增强责任感。

二、突出重点，扎扎实实办案

按照现行法律规定，人民检察院对民事、行政诉讼实行法律监督的主要途径是搞好审判监督程序的抗诉工作。一定要兢兢业业、专心致志地办好这件事。为此，要突出办案，注意结合，加强调研。

（一）突出办案

通过办案来验证检察机关对民事审判、行政诉讼实行法律监督的必要性和重要性，促进民事、行政检察工作的开展。各地都要下决心、花力气办理一批有影响的民事、行政抗诉案件，特别要敢于办理那些由于不法干预造成判决裁定错误，争论很大，影响社会稳定，非抗不可的案件。当然，在工作中要分别情况，区别对待。可抗可不抗的，一定不抗，有的可采取检察建议或纠正违法的方式提出。人民法院已经决定再审的，可将有关申诉材料转交。对那些判决、裁定基本正确的申诉，应当宣传法制，做好息诉工作，并将有关这方面的情况定期向法院通报，这也是检察机关分内的工作。对符合抗诉条件，不通过抗诉就不能纠正，已经生效确有错误的判决、裁定，要坚决提出抗诉。民事诉讼法第185条规定为"应当"，这是非常严肃的。人民法院再审后仍然维持错误判决、裁定的，也还可以依法再次提出抗诉。检察机关不能以法院是否改判作为衡量抗诉工作的标准。

（二）注意结合

在办案过程中，要把对错误裁判的监督和对审判人员违法犯罪行为的监督有机地结合起来，支持人民法院秉公办案。根据民事诉讼法第14条、第44条、第185条的规定，审判人员有贪污受贿、徇私舞弊、枉法裁判行为，构成犯罪的，检察机关应依法立案侦查追究刑事责任。如果审判人员在审理该案件时有上述行为的，无论是否构成犯罪，都应按民事、行政审判监督程序提出抗诉。这种情形的抗诉案件比之民事诉讼法第185条第1款第（一）、（二）、（三）项的抗诉案件更重要、更有效。这样，就把刑事法律监督和民事、行政

法律监督有机地结合起来了,这是我国检察机关法律监督的又一个特点。大家一定充分认识它的意义,务必严肃认真、一丝不苟地履行职责,否则就是执法不严,有失职守。

(三)调查研究

办案过程就是调查研究的过程,加强调查研究可以保证办案质量。通过办案,认真思索,由此及彼,由表及里,可以增长才干。决不能就案论案,孤立办案,更不能把办案同调查研究对立起来。要强调搞好专题调查和案例分析。高检院民事行政检察厅要列出今年重点调查研究的课题,各省、区、市检察院也要确定自己的调研题目。经过一段办案实践,总结经验,交流调研成果,要在今年适当的时候,召开一次现场经验交流会,推动民行检察工作的发展。

三、加强领导,切实解决工作中的问题

座谈中大家谈了一些当前工作中的困难,诸如编制、经费、抗诉审级、调卷等问题。这些问题的解决,要有个过程,也只能先解决急迫的,而问题的解决首先在认识,同时加强工作。

(一)加强与法院的联系和沟通、合作共事

民事审判、行政诉讼法律监督的实质意义在于支持人民法院秉公裁判,维护法律的尊严。做好这项工作,是检法两院共同的职责。检察干部要善于向法院民事行政审判人员学习,强调互相尊重,总的情况是好的,一些省、区、市两院根据法律规定作出一些具体执行办法也是可行的,要保护这个积极性,如果这也不能办,那也不能办,法律规定就无法落实。就审级问题,我认为这是要不要抗、哪些才能抗,解决后出现的向哪抗、由谁再审的问题。

根据法律的规定和司法实践,我们认为民事、行政诉讼审判监督程序抗诉应当由上级人民检察院向同级人民法院提出并由同级人民法院再审。

第一,审判监督程序抗诉除最高人民检察院对最高人民法院确有错误的判

决、裁定向最高人民法院提出抗诉外，多数情况下，主要体现上级人民检察院对下级人民法院的监督。最高人民检察院和上级人民检察院按照审判监督程序提出的抗诉，理应向同级法院提出。

第二，审判监督程序抗诉引起的再审不同于法院自身决定的再审。审判监督程序的抗诉如果由原作出生效判决、裁定的法院再审，不但检察院出庭困难，更主要的是不能纠正确有错误的裁判，必然造成执法不严、违法不纠，因为自己往往难以纠正自己。

第三，监督抗较之上诉抗更慎重、更严肃，通常是两审终审以后的抗诉，必须是发现确有错误而不是认为确有错误。既然上诉抗是向上级法院抗，并由上级法院二审，监督抗就更应当向作出生效裁判法院的上级法院抗诉并由其再审，这是符合诉讼程序的，体现的是人民检察院对人民法院审判活动（包括刑事、民事、行政）的监督，为使这个监督有准备，以支持人民法院秉公办案，就必须提高审级。

第四，监督抗由上级人民法院受理和再审是有法律根据的。人民法院组织法第25条、28条、32条都明确规定了人民检察院按照审判监督程序提出的抗诉案，由中级、高级和最高人民法院审判，唯独对基层人民法院没有这样的规定。实践中，大量的是基层法院一审后没有上诉，判决裁定即已生效。如果上级检察院包括最高检察院对基层法院作出的已生效的、确有错误的裁判提出抗诉，仍由基层法院再审，这不仅不合法理，也违背法律规定。

基于上述考虑，最高人民检察院对各级人民法院、上级人民检察院对下级人民法院已生效的确有错误的判决、裁定，应当向同级人民法院提出抗诉。工作中有关涉及两院共同的问题，高检要抓紧与高法商量，提出具体意见。各地可从实际出发，不必都等，只要不违背法律，省级两院商得一致就可以依法进行。

（二）强调领导直接办案，加强具体指导

民事、行政检察工作是一项新的业务。我们没有经验，认识也很不一致，

困难较多,希望各级领导给予更多的关心。要提倡各级检察院分管民行检察工作的领导亲自动手,参与办案,深入实际调查研究熟悉民事行政诉讼,掌握抗诉案件的办案程序,了解工作发展过程中存在的困难和问题。这是促进民事、行政检察工作进一步发展的重要组织保证。

(三)培训干部,从严要求

争取今年内将所有的民行检察干部全部轮训一遍,高检院准备举办一期主管检察长和处长培训班,由高检院民行厅提出具体意见,商教育局落实,各地也要具体安排,古人曰:"已不正,焉能正人。"在办案中,不能用当事人的钱,不能吃当事人的饭,也不要研究办理民事、行政抗诉案件是否收取诉讼费的问题,更不准收受贿赂、徇私舞弊,一经发现,务必严查。千万不能在民事、行政检察工作的开创阶段,把路子走歪了,这是关系到民事、行政检察业务能否顺利开展下去的大事,各级领导要严格把关,制定相应的规章制度并督促执行。

(四)加强宣传,取得理解和支持

民事、行政检察工作刚刚起步,要加强宣传,要通过新闻媒介理论刊物加强理论宣传、工作情况的宣传和典型案例的宣传,以促进这项工作的发展。

总之,大家要以积极严肃的态度来对待这项工作,它关系到国家法制形象和检察制度的完善,我们要不懈努力,再接再厉。

赵登举副检察长在全国检察机关民事行政检察工作座谈会上的讲话

（1996年5月13日）

同志们：

这次全国检察机关民事行政检察工作座谈会是最高人民检察院党组决定召开的。几天来，与会同志总结交流了几年来的民事行政检察工作经验，研究了今后一个时期的民事行政检察工作任务，讨论了高检院起草的《民事行政审判监督程序抗诉案件办案规则（讨论稿）》《执行民事案件抗诉条件的若干具体意见（讨论稿）》《民事行政检察法律文书样式（讨论稿）》等文件，并就进一步开展民事行政检察工作提出了很好的意见和建议。会议的内容丰富，开得很好。我代表张思卿检察长和最高人民检察院向大家表示亲切的问候！

下面，我讲三个问题：

一、检察机关民事行政检察工作的形势和基本经验

自1987年下半年以来，为全面履行法律监督职责，保障国家法律的统一正确实施，全国检察机关在高检院统一领导下，积极开展对民事审判活动和行政诉讼的检察监督工作，组建机构，培训干部，依法履行法律监督职责。至1995年年底，各级民事行政检察部门受理各类民事经济、行政案件70567件，立案23138件，提出抗诉2541件，绝大部分是社会影响大、群众关注的案件，有一些还是因为审判人员贪赃枉法造成的错判案件，查办审判人员徇私舞弊等

案件257件311人,取得了良好的法律监督效果。全国民事行政检察工作的成果引起了社会各界的广泛关注,受到人民群众的热烈欢迎,得到了党委、人大、政府和各级法院的支持和帮助。近九年来检察机关的民事行政检察工作大致经历了三个阶段:

1. 第一阶段:1987年下半年开始,对民事诉讼活动的检察监督在一部分检察机关开始试点。1988年6月,高检院成立了"民事行政诉讼监督研究小组",发出试点通知,有23个省、自治区、直辖市的120个县、区检察院开展试点工作,参与了一批民事、经济、行政案件的诉讼活动。随后,高检院组建了民事行政检察厅,确定了"积极试点,稳步发展"的方针。一些地方检察院成立了相应的机构,与人民法院密切配合,积极开展工作,承办了一些案件。高检院及时总结经验,予以推广,推动了试点工作的开展。行政诉讼法公布以后,高检院和高法院于1990年9月3日联合发出《关于开展民事、经济、行政诉讼法律监督试点工作的通知》,决定在四川、河南、天津、吉林、广东、湖北6省(市)进行试点,以点上的经验推动全国民事行政检察工作。至1991年3月,全国民事行政检察机构省级检察院已建28个,分、市院已建202个,县、区院已建575个,在编民行检察干部1633人。

2. 第二阶段:1991年4月9日修改后的民事诉讼法公布施行,民事行政检察的法律依据得到进一步完善,工作得到初步发展。全国各级检察机关依照民事诉讼法、行政诉讼法的规定,在总结试点工作经验的基础上,立足实践,积极探索具有中国特色的民事行政检察工作模式,受理了一批民事行政申拆案件,对其中符合抗诉条件的民事、行政判决、裁定依法向人民法院提出抗诉1034件,由人民法院进行再审纠正错误裁判,保障了法律的统一正确实施,保障了当事人的合法权益不受侵害,同时针对民行检察工作开展中存在的问题,坚决贯彻张思卿检察长提出的狠抓民事、经济、行政审判中的徇私舞弊案件,推动民事行政检察工作的重要意见,通过审查民事行政申诉案件立案侦查审判人员贪污受贿、徇私舞弊等犯罪案件100件126人,有力地促进了民事行政检察工作的开展。机构建设进一步发展,30个省级院、331个分州市院和2219个县区院设立了民事行政检察机构，分别占各级检察院的100%、91%和74%。全国民事行政检察干部已达5566个。民事行政检察工作取得了重要进展。

3. 第三阶段：自1995年开始，检察机关的民事行政检察工作得到了进一步的发展。1995年3月初，高检院在黑龙江省佳木斯市召开了部分省民事行政检察工作现场会，总结经验，部署工作，落实任务。全国各级检察机关和广大民事行政检察干部进一步提高认识，统一思想，增强了依法开展民事行政检察工作的自觉性；确定了"敢抗、会抗、抗准"的民事行政检察办案原则，加强监督，突出办理民行抗诉案件和查办审判人员徇私舞弊犯罪案件；深入开展调查研究，建立、完善各项制度，狠抓机构建设和队伍建设，民事行政检察工作全面开展。一年中，全国各级民事行政检察部门办理民事行政抗诉案件1507件，查办审判人员犯罪案件157件183人，向人民法院提出检察建议1109件，一批民事、经济、行政案件通过抗诉或检察建议而获得再审纠正，维护了法律的尊严，保护了当事人的合法权益，惩治了贪赃枉法的司法人员。队伍建设也取得了可喜成果，全国91%的分、市院和83%的县区院都专设了民事行政检察机构，民事行政检察干部已达6944人。各级、各地院的民事行政检察工作形成了你追我赶、共同前进的好形势。

回顾近九年来的工作，检察机关民事行政检察工作在党的基本路线指引下，在改革开放加强社会主义法制建设的大环境中，从无到有，从小到大，一步步发展起来。总结我们的工作，有这样几条基本经验：

1. 坚持"严格执法，狠抓办案"的工作方针，坚决履行法律监督职责，是民事行政检察工作的基本出发点。法律监督是宪法和法律赋予人民检察院的职责，对民事审判活动和行政诉讼进行法律监督，是其基本内容之一。但是，由于长期以来缺少具体的法律规定等原因，民事行政检察工作没有开展起来，在法学理论、法律程序上也存在一些问题。面对这些困难，检察机关依靠各级党委、人大的关心、支持，以邓小平同志建设有中国特色社会主义理论为指针，站在维护法律统一和尊严的立场上，坚持"严格执法，狠抓办案"的工作方

针,在人民法院的配合下,严格依照法律履行民事行政检察的监督职责,以扎扎实实的工作,经过近九年的努力,逐步打开了局面。事实证明,民事行政检察工作只有把严格履行法律监督职责,集中力量办理民事、经济、行政抗诉案件作为基本出发点,才能不断深入发展,不断开创新局面。

2. 坚持"敢抗、会抗、抗准"的办案原则,是民事行政检察工作正确履行监督职责的关键。民事行政检察的法律监督职能,必须通过办案来实现。各地检察机关坚决执行高检院提出的"敢抗、会抗、抗准"的民事行政检察办案原则,破除等、靠思想,树立克服困难、排除干扰、依法监督、维护法制尊严的勇气,严格依照法定程序,讲究策略和方法,抓住重点案件,正确把握抗诉条件,严格把好事实关、法律关,确保办案质量,办好抗诉案件。通过抗诉,使一批错误裁判得到了纠正,保护了公民、法人的合法权益,取得了很好的社会效果。湖南、黑龙江等省的人民群众敲锣打鼓,给人民检察院送匾赠旗,表达了人民群众对民事行政检察工作的信任和支持。实践再一次说明,检验一项检察业务工作的最主要标准,就是办案。民事行政检察工作要继续坚持"敢抗、会抗、抗准"的办案原则,履行好法律赋予的监督职责。

3. 依法查办审判人员徇私舞弊等犯罪案件,是打开民事行政检察工作局面的重要措施和手段。民事诉讼法把审判人员审理案件时有贪污受贿、徇私舞弊、枉法裁判行为作为抗诉条件之一。张思卿检察长在1993年要求全国民事行政检察部门认真查处这类案件,以解决裁判不公问题。各级民事行政检察部门认真查办在审查民事行政申诉案件中发现的审判人员犯罪案件,查处了一些贪赃枉法的审判人员,维护了司法公正,促进了民事行政检察工作不断深入发展。安徽省阜阳市院在审查该市法院审判员范某承办的3起经济纠纷案件中,发现渎职犯罪线索,地、市两级民事行政检察部门在检察长的统一领导下,立案侦查,查清了该法院副院长袁某审判员范某以及经济庭庭长等8名法官受贿、枉法裁判的犯罪事实,同时查清这3起经济纠纷案件均为错判。阜阳地区分院对这3起案件提出抗诉,经该地区中级法院再审,2件予以改判,1件撤销原判,发回重审。对袁某等刑事犯罪案件,已分别作出起诉或免诉处理。各地检察实践都证明，查办审判人员职务犯罪案件，既是反腐败斗争的内容，也是解决裁判不公的重要途径之一。抓好这项工作，就能够推动民事行政检察工作不断深入发展。

4. 深入开展调查研究，不断加强制度建设，才能保障民事行政检察工作有章可循、健康发展。几年来高检院陆续制定了《关于执行行政诉讼法第六十四条的暂行规定》《关于民事审判监督程序抗诉工作暂行规定》，以及必要的法律文书样本，使民事行政检察工作有了初步的章法。四川、河南等省检察机关从实际出发，制定了本省的民事行政检察工作细则。高检院也通过调查研究，提出了《民事行政审判监督程序抗诉案件办案规则（讨论稿）》《关于执行民事案件抗诉条件的若干具体意见（讨论稿）》和《民事行政检察法律文书样本（讨论稿）》以及一批典型案例，提交这次会议讨论。会后还要根据大家的意见作进一步的修改，待提交高检院检察委员会讨论通过后，下发施行。检察机关的民事行政检察工作将步入正规化、规范化的轨道。

5. 加强机构建设和队伍建设，是民事行政检察工作的必要保障。民事行政检察工作开展之初，高检院就反复强调要加强机构建设和队伍建设。各级检察机关从是否切实履行法律监督职责忠于职守的高度，抓机构建设，抓队伍的政治、业务建没，现在，很多院的民事行政检察部门机构健全，队伍精干，战斗力强，初步适应了民事行政检察工作的需要。山东省检察机关1995年全力以赴抓机构建设和队伍建设，一年内民事行政检察机构全部建立起来，增加民事行政检察干部132人，办理抗诉案件从1994年的16件一跃上升到112件，工作取得了显著成绩。江西省院检察长阙贵善同志提出对民事行政检察干部要高看一格、优配一等、厚爱一分，强化队伍的政治、业务建没，使江西省的民事行政检察工作跨入全国的先进行列。

民事行政检察工作取得的这些成绩和经验，既是党委领导、人大监督、政府支持以及人民法院配合的结果，也是全国民事行政检察干部辛勤工作的成果和聪明才智的结晶。广大民事行政检察干部扎根工作岗位，爱岗敬业、刻苦学习、努力工作，政治、业务素质有了很大提高。黑龙江省佳木斯市民行检察处

处长阎佩英同志勇于开拓,刻苦工作,创造了一流的工作成绩,荣立一等功,被评为全省十杰检察官之一。吉林省珲春市民事行政检察科全体同志热爱本职工作、在查处该市法院执行庭5名法官徇私舞弊案件中,顶着困难上,排除各种干扰,取得了可喜的成绩,荣立集体一等功。他们牢记全心全意为人民服务的宗旨和法律监督职责,清正廉洁,秉公办案,用心血和汗水保护公民、法人的合法权益,维护了法律的尊严,为民事行政检察事业的发展作出了突出的贡献。

目前民事行政检察工作存在的主要问题:一是一些重要的工作关系还没有理顺。二是各地工作开展得还不平衡,主要表现在有些院的领导同志对民事行政检察工作的重要性认识不足,工作落后于形势发展的要求,办案不多,工作进展不快。三是从总体上看,民事行政检察干部量少质弱,业务素质不高,不适应民事行政检察工作全面发展的要求,办案力量与办案任务之间的矛盾相当突出。四是个别民事行政检察部门在办案中出现一些错误做法,有的检察院受经济利益影响,与当事人划不清界限,甚至巧立名目乱收费用,违背法律的规定。

二、当前民事行政检察工作的主要任务

不久前,八届全国人大四次会议根据党的十四届五中全会精神审议通过了《关于国民经济和社会发展"九五"计划和2010年远景目标纲要》,为我国胜利迈向二十一世纪确立了正确的纲领,也为今后一个时期检察工作的发展指明了方向。作为检察工作的重要组成部分,民事行政检察必须紧紧围绕党和国家的工作大局,进一步明确任务,深入开展各项工作,为实现十四届五中全会和八届人大四次会议描绘的跨世纪的宏伟蓝图贡献力量。

当前,民事行政检察工作的主要任务是:坚持为建立社会主义市场经济体制服务的指导思想,坚持"严格执法,狠抓办案"的工作方针,充分发挥法律监督职能作用,突出重点,积极办理民事经济行政抗诉案件,推动民事行政检

察工作的全面发展，保护公民、法人合法权益，保证行政机关依法行政，保障经济建设，维护社会稳定。为此，要认真做好以下几项工作：

（一）进一步提高认识，统一思想

民事行政检察工作虽然取得了很大成绩，但是与党和人民的要求相比，还有差距；与检察机关的其他业务工作相比，仍很薄弱，其中一个重要原因还是对这项工作的重要性认识不足。因此，提高认识是全面发展民事行政检察工作的首要环节。应当看到，随着改革开放的不断深入和社会主义市场经济体制的建立和发展，国家的民事、经济、行政立法步伐不继加快，越来越多的社会关系被法律所规范和调整，法律手段在社会经济生活中的规范，调节作用越来越重要，国家行政机关的管理职能也不断增加，各种民事、经济纠纷和行政争议持续增加。检察机关的民事行政检察工作任务将越来越重，要求也越来越高。各级检察机关的领导和民事行政检察干部都要从全面履行法律监督职责，正确处理人民内部矛盾，维护社会主义市场经济秩序，维护稳定，为实现"两个根本性转变"提供良好法律环境的高度，来认识开展民事行政检察工作的重要意义。增强责任心和使命感。提高认识，统一思想的关键是领导，特别是"一把手"要把民事行政检察工作摆上位置，预见民事行政检察工作的发展远景，以发展的眼光看待民行工作。分管副检察长要为检察长和党组同志出主意，想办法，积极把工作推向前进。

（二）最抓办案，强化监督

检察机关的法律监督是通过办案实现的。不办案，监督就无从谈起。各级民事行政检察部门都必须把办理民事行政抗诉案件作为工作重点，集中力量抓紧抓好，也要抓好查办审判人员徇私枉法案件的工作和其他形式的监督工作。应当强调的是：第一，办理抗诉案件，既要抓办案数量，也要抓办案质量。没有一定数量的抗诉案件，就不能推动民事行政检察工作深入发展，但是，办案质量不高，也会影响法律监督的质量，损害检察机关的威望。第二，查办与民事、经济、行政案件有关的导致审判不公的审判人员徇私枉法等案件，是强化和推动民事行政检察工作的一项重要措施和手段，也是惩治腐败的重要任务之一。民事行政检察部门在办理民事行政抗诉案件中发现这类犯罪线索，可以自行调查，与有关部门协查或交法纪部门侦查，以解决裁判不公的问题。第三，处理好抗诉与其他法律监督形式的关系。民事行政检察工作要在重点抓好抗诉的同时，灵活运用各种监督形式。无论是检察建议，还是纠正违法通知，只要能够切实保护公民、法人的合法权益，依法为人民办实事，就实现了法律监督的职能，就应当采用。只有把办案数量和办案质量结合起来，把查处犯罪与纠正错判结合起来，把抗诉和其他监督形式结合起来，才能真正做到"狠抓办案，强化监督"。

（三）全面推进，稳步发展

要求在全国范围内民事行政检察工作全面发展，一是所有的地区普遍开展起来，先进地区应当要有新发展，发展较慢的地区应当迎头赶上，通过努力消灭工作的空白点，解决发展不平衡的问题。二是抓好基层检察院的民事行政检察工作。基层院是整个民事行政检察工作的基础，不抓好，民行工作就不能深入发展。基层检察院民事行政检察工作的范围是：（1）办理提请抗诉和建议提请抗诉的民事行政案件；（2）对确有错误的判决、裁定和调解向法院提出纠正的建议；（3）通过办理民事行政案件发现、查办民事、行政审判人员徇私枉法犯罪；（4）对法院民事、行政执法中的违法行为提出纠正意见；（5）对法院指令再审的案件接受上级检察院指令出庭支持抗诉；（6）其他应由基层院进行的民事行政检察工作。只有基层院把这些工作做好了，整个民事行政检察工作才会有一个坚实的基础。

（四）抓好队伍，健全机构

抓队伍建设，一要加强思想政治建设。江泽民同志最近反复强调要讲政治，讲学习，讲正气。民事行政检察干部要坚持用邓小平同志建设有中国特色社会主义理论武装自己，坚持党的基本路线、基本方针，不断提高政治理论水平，坚定正确的政治立场，增强政治敏感性，在大是大非面前保持清醒头脑。要大力加强勤政、廉政建设，提倡奉献精神，坚决防止腐败现象的发生。必须严肃纪律，对于接受当事人宴请、送钱物的，发现一个，处理一个；构成犯罪的，依法追究刑事责任。二要抓好业务学习和培训，提高干部队伍的业务素质。民事行政检察工作涉及的法律、法规多，案件类型多，情况复杂。不精通业务，就难以胜任这项工作。因此，各级民事行政检察部门都要把业务学习和培训工作纳入日程。一方面要结合办案，开展业务学习，在实践中增长才干。另一方面，要组织专门培训，重要的新法律出台以后，还要进行专题培训。各级院的分管副检察长要带头学习，各级检察长特别是分管副检察长应当力争成为民事行政检察工作的专家。

机构建设要继续抓紧。高检院重申，所有的分、市、州院都应当建立民事行政检察机构；县、区院也应当建立民事行政检察机构，不能设专门机构的县、区院，应当设专人负责民事行政检察工作。凡是应当建立机构而没有建立的，在今年内都应当建起来。各级院要从民行工作的发展远景出发，给民行部门增加编制，择优选配干部，努力做到专业化，尤其是要引进一些民法、行政法、民事诉讼法、行政诉讼法等专业的硕士、博士。各级检察机关要巩固民行检察机构和队伍建设成果，不断提高干部的政治、业务素质；同时，注意保持民事行政检察干部队伍的稳定。

开展民事行政检察工作，还会遇到很多困难，但只要我们坚定不移地依靠党委领导和人大的监督、支持，坚持向党委、人大汇报工作，坚持不断努力，是能够克服的。最近，我和最高法院的领导同志就民事行政检察工作交换了意见。最高法院领导同志对检察院的监督工作是支持的。对于调阅审判案卷问题，高法领导同志表示法院要提供方便，但要办好手续防止出现丢失等差错。对于抗诉案件的审限问题，高法领导同志表示，尽管法院的审判工作压力大，对抗诉案件也要优先安排审理。对于法院已受理再审的案件，我们可不再审阅卷宗，已阅卷的案件，法院需要，可以协商退回。今后，我们要继续努力，不

断克服困难，推动民事行政检察工作全面发展。

三、加强民事行政检察工作规范化建设

（一）加强民事行政检察业务的规范化建设

全面开展民事行政检察工作，首要的一条，是要把这项工作纳入规范化的轨道。在目前立法对民事行政检察工作程序、制度规定尚不具体的情况下，要尽可能地总结实践经验，使民事行政检察工作实现规范化、正规化。高检院还要与高法院进一步协调，争取就一些程序上的重要问题，共同研究出解决办法，统一检、法的行动。在当前，在业务规范化建设上要特别强调以下几个问题：

1.抗诉案件法院指令下级法院再审应否出庭。抗诉案件应由同级法院再审，是一个原则，应当坚持。如果同级法院确实无力对全部抗诉案件再审而裁定指令下级法院再审，提出抗诉的检察院可以指令下级检察院派员出席再审法庭，宣读抗诉书，参与法庭调查，发表支持抗诉意见，进行法律监督。这样，有利于发挥基层检察院的工作积极性，扩大监督效果，促进民事行政检察工作全面发展。

2.关于办理抗诉案件的标准问题。由于抗诉权集中在高检院、省级院和分市院，因而大量的案件集中在这三级院尤其是高检院和省级院。高检院和省级院要把加强宏观和个案指导结合起来，要突出办案，特别是办好重点案件和人民群众关注的案件，但对标的小、争议简单的案件也不能忽视。民事行政案件应不应当抗诉，唯一的标准是民事诉讼法和行政诉讼法的有关规定，核心是判决裁定是否错误。对于诉讼标的小、内容简单的案件，也可以通过其他渠道予以解决，不走抗诉途径，但绝不能听之任之，置人民利益于不顾，只要裁判有错误，就应当依法予以解决。

3.关于监督的范围。民事行政检察工作的监督范围，包括对民事行政判

决、裁定的抗诉，也包括对民事审判和行政诉讼活动的监督。对于当事人申诉到检察机关的违背自愿、合法原则的非法调解，对于执行程序中的其他违法行为等检察机关有权监督，发现确有错误，侵害一方当事人或者他人合法权益的，可以向法院发出检察建议或者纠正违法通知书，如果同级法院不接受，可以提请上级检察机关向同级法院发出检察建议，要求其纠正下级法院的错误。

4. 对于民事行政检察工作中的不规范作法，应当一律纠正，限期解决，不得再继续进行。

（二）全面提高抗诉案件办案质量

"敢抗、会抗、抗准"办案原则的核心是"抗准"。抗诉案件办案质量是民事行政检察工作的生命线，关系到民事行政检察工作以及检察机关的威望和法律监督的效果。抗诉案件的办案质量标准，是法律规定的抗诉条件，不应以法院是否改判为标准。提出抗诉，必须符合法律规定的抗诉条件的要求，可抗可不抗的案件一律不抗，程序违法但不影响正确判决、裁定的一律不抗。为了正确掌握抗诉条件，高检院对民事案件抗诉条件的具体执行提出了司法解释草案。关于行政案件抗诉条件的具体执行意见，尚待进一步积累经验，再作司法解释。为了保证抗诉案件办案质量，各级检察机关要坚持业务部门集体讨论案件和检察长或者检察委员会审批的制度。今后凡是提请高检院抗诉的案件，应经省级院检察委员会讨论，提出意见。今年下半年或者明年高检院民事行政检察厅要组织人员深入到一二个省级院，检查抗诉案件的办案质量，掌握情况，研究问题，推动工作。各省级院和分市院也要定期对抗诉案件进行自查和复查，发现问题及时纠正。

（三）加强调查研究

加强调查研究是民事行政检察工作全面发展的重要措施。过去在试点和立法阶段，调查研究为我们的正确决策发挥了重要作用，在民事行政检察工作全面发展的时期，还要继续加强调查研究。

调查研究，要抓住工作中的重点、难点和薄弱环节，抓住新情况、新问题，研究解决的办法和对策。在当前，民事行政检察要着重研究如何通过办案，维护国有资产权益，保护社会公共利益不受侵犯，探索检察机关提起诉讼和参与诉讼的新途径。要选择典型案件和典型事例，进行深入分析，把问题研究透，拿出典型和调研成果，用以指导工作。明年适当时候，高检院要组织理论研究和调研成果研讨会进行交流，推动工作。高检院对于民事行政检察工作中适用法律的具体问题，要加强司法解释工作，各地对在适用法律中遇到的具有全局性的问题，要逐级向高检院请示。

（四）加强宣传工作

各级检察机关要广泛利用传播媒介，采取多种方式，公布典型案例，宣传民事行政检察工作的职能地位和作用，扩大民事行政检察工作的社会影响和办案效果，积极争取舆论界和社会各界的支持，以推动民事行政检察工作全面发展。

同志们！我国社会主义事业的发展正处于关键的时期，新世纪即将到来，民事行政检察工作任重道远。我们一定要振奋精神，努力工作推动民事行政检察工作不断向前发展，为改革开放的大局服务，为社会主义事业做出积极的贡献。

赵虹副检察长在全国检察机关
民事行政检察工作会议上的讲话

(2001年8月22日)

同志们：

这次会议，是高检院党组决定召开的一次非常重要的会议，表明了高检院党组对民事行政检察工作的重视。昨天，王鸿翼同志代表民行厅做了工作报告，回顾了民事行政检察工作的发展过程，总结了经验，提出了要求。河南、河北、湖南、吉林等省院的同志介绍了经验，对各地下一步开展这项工作具有参考和借鉴意义。会上，大家还要对《最高人民检察院关于加强民事行政检察工作的意见》《人民检察院民事行政案件办案规则》以及《最高人民检察院关于强化检察职能，保护国有资产的通知》等几个文件的征求意见稿进行讨论，这必将促进工作的规范化，推动工作的进一步向前发展。

这次会议，是一次统一思想、提高认识的会议，是振奋精神、求真务实的会议，也是高检院部署民事行政检察工作跨世纪发展任务的会议。十几年来，民事行政检察工作经历了一个从无到有、从小到大的发展过程，全国检察机关办理了一大批有影响的民事、经济、行政抗诉案件，保护了公民、法人和其他组织的合法权益，维护了司法公正和权威，逐步得到了社会各界的理解，赢得了人民群众的支持。广大民行检察干部在任务繁重、条件艰苦的情况下，勇于探索，无私奉献，为民事行政检察事业的发展做出了积极贡献。

下面,我结合上述几个文件的精神,就如何认识、开展和加强民事行政检察工作,讲几点意见。

一、提高认识,统一思想,深刻理解民事行政检察工作的重要性

民行检察工作是人民检察院法律监督的重要组成部分,正处于巩固和发展的关键时期,必须要强调提高认识,深刻理解其重要性。

(一)从"三个代表"重要思想的高度认识民事行政检察工作的重大意义

民行检察工作直接关系到人民群众的切身利益,做好这项工作,是贯彻"三个代表"重要思想的必然要求。当前,受各种因素的影响,人民群众尤其是农村基层群众告状难、申诉难的问题还不能得到彻底解决,社会各界对司法不公和司法腐败现象深恶痛绝。贯彻落实"三个代表"重要思想,就要尽最大的努力,扎扎实实地为人民群众办好事、办实事,解决他们的具体困难和问题。民事行政检察为人民群众提供了一个解决"申诉难"问题的途径,从这个角度讲,民行工作就是"民心"工作,就是检察机关的"民心工程"。

(二)从依法治国的高度认识民事行政检察工作的积极作用

党的十五大确定了"依法治国,建设社会主义法治国家"的治国方略,提出了加强法律监督和司法改革的重要任务。全面加强民事行政检察监督,是其中的重要一环。应当看到,一些地方、部门和单位仍然存在地方保护主义和部门保护主义,裁判不公的现象时有发生,检察机关通过对民事审判和行政诉讼活动进行监督,纠正错误的民事、行政判决、裁定,在维护司法公正方面起着不可替代的作用,是建设社会主义法治国家必不可少的环节。此外,检察机关通过民事行政检察监督,发现和查办裁判不公背后隐藏着的审判人员渎职案件,对于惩治和遏制司法腐败具有重要意义,对推动依法治国的进程有着积极

作用。

（三）从服务社会主义市场经济的角度认识民事行政检察工作的职能作用

检察机关开展民事行政检察工作，保护市场经济主体的合法权益，对市场经济秩序的整顿规范也有着积极的作用。同时，随着社会主义市场经济的逐步完善，民商法律和行政法律的调整范围越来越广，公众的法律意识和法律素质越来越高，我国很快要加入世贸组织，所有这些，都对民事、行政法律执法水平提出了更高的要求，民事行政检察监督的任务也就更加繁重。

（四）从强化诉讼监督的角度认识民事行政检察工作的重要地位

诉讼监督是检察机关的重要职责，民行检察监督在其中占有相当的比重。检察机关通过对民事审判活动和行政诉讼活动实行法律监督，有利于保障民事、行政法律的统一、正确实施，有利于促进司法公正。从这个意义上可以说，没有民事行政诉讼的法律监督，是不全面的法律监督。各级人民检察院既要重视刑事诉讼监督，也要重视民事、行政诉讼监督，把民事行政检察工作提到重要议事日程，摆到应有的位置上来。

二、明确工作总体思路，全面开创民事行政检察工作的新局面

当前，民行检察工作处于规范和发展的阶段，需要总结经验教训，必须进行合理的规范。规范不是对以往工作的否定，相反，没有以前的发展，就不存在规范的基础；同样，没有今天的规范，也不可能有明天的发展。要对民事行政检察的工作内容、标准、方式等进行更加准确的界定，突出重点，全面开展工作。

根据新时期检察工作的特点，民行检察工作的基本思路是：进一步规范办案工作，提高执法水平，增强监督效果，确保检察机关民事行政法律监督职能得到依法、有效地履行，维护司法公正和司法权威，保障国家民商事法律和行政法律、法规的统一正确实施。为更好地理解和贯彻这一工作思路，我强调以

下几点：

（一）端正执法思想

思想是行动的指南，端正执法思想是做好民行检察工作的前提。端正执法思想，必须树立维护司法公正和司法权威的观念。检察机关对民事审判活动和行政诉讼活动实行监督，是为了实现司法公正和维护司法权威，为社会稳定的大局服务。检察机关开展民事行政诉讼监督，对于人民法院依法独立行使审判权来说，既是监督，也是支持，同时对公民、法人和其他组织的合法权益也是一种保护。只有站在法制建设的全局看问题，才能准确理解设置民事行政检察制度的重要意义。检察机关对确有错误的判决、裁定提出抗诉，人民法院经过再审改变了原判决，作出新的正确判决，是对审判权威的维护；检察机关对人民法院作出的正确判决、裁定，站在法律监督机关的角度，认真做好当事人的息诉服判工作，也是对审判结果及其权威的维护；检察机关查处个别审判人员徇私舞弊、枉法裁判行为，清除"害群之马"，纯洁法官队伍，同样也是为了维护审判权威。因此，各级人民检察院一定要站得高一些、看得广一些，深刻理解我们所从事工作的重要意义，把维护司法公正和司法权威作为开展民行检察工作的出发点和落脚点。要加强与人民法院的沟通，建立经常性的联系，少一些文来文往，多一些人来人往，主动协调工作，要注意工作方法，讲究工作效果，对具体案件要多交换意见，尽量取得认识上的一致，争取同级人民法院的支持，共同为实现司法公正作出努力。

（二）提高执法水平

提高执法水平的关键在于做好抗诉工作，也要注意做好息诉工作。

做好抗诉工作，必须明确抗诉的范围，突出抗诉重点。检察机关提出抗诉的案件，必须是人民法院应当且能够开庭再审的案件，不能开庭再审的案件不应适用抗诉形式。为了更好地突出监督实效，应将下列案件作为办案重点：侵害国家利益、社会公共利益的案件；由于行政干预或地方保护造成错判的案件；新闻媒体和人民群众关注的热点案件；审判人员枉法裁判的案件；裁判显失公平、确有必要再审的案件。对重点案件要优先审查，及时审结，符合抗诉条件的，依法向人民法院提出抗诉。做好抗诉工作，还必须正确认识数量与质量的关系，注重办案质量，强调改判率。案件的数量和质量是有紧密内在联系的，没有质量的数量是空的，没有数量的质量是虚的，二者不可偏废。办案质量是民行检察工作的生命线，必须重视这一问题，宁可少抗，不可错抗，抗错一案，必将影响一片，不仅影响监督的实效，也关系到包括检察机关在内的司法权威。全国法院系统每年审结的民行案件有五六百万件，不可避免地存在这样或那样的问题。民行检察部门力量是有限的，工作中要注意对申诉案件进行合理的分流，引导当事人依法按照其他法定程序启动再审。集中精力把案件质量抓上去，保证工作的健康发展。

息诉工作也很重要，过去对此没有提出明确要求，没有认识到这项工作也是执法水平的体现。从实践情况看，全国检察机关受理的大量民事行政申诉案件中，作息诉处理的占相当大的比重。以2000年为例，全国检察机关共受理86549件民事行政申诉案件，其中，提出抗诉的只有16944件，不到1/5，大多数申诉案件作了息诉处理。检察机关所处的地位，更具有做好息诉工作的便利条件，当事人往往更容易信服检察机关的审查意见，对检察机关认为正确的判决、裁定，当事人一般能够接受，继续缠诉的比较少见。广大民事行政检察干部要有司法工作的全局意识，对人民法院作出的正确判决、裁定，要旗帜鲜明地予以支持、维护，同时耐心细致地做好当事人的思想工作，维护社会的安定团结。

（三）加强调查研究和业务指导工作

民事行政检察工作与其他检察业务相比，仍不完善，工作中的新情况和新问题接连不断，正确的理论指引和业务指导就显得尤为重要。对实践中存在的问题进行研究、分析，是一项长期的重要工作。我们要加强理性思维，在民行检察系统大行调查研究之风，各级院要密切结合工作实践，开展调查研究工

作,调查要深入,研究要有高度,通过调研,提出解决问题的行之有效的措施。再将这些措施落实到实际工作中去,从而推动整个民行检察工作的发展。上级院由于案件多、人手少,普遍在办理具体案件上投入了过多的精力,对下业务指导工作一直未更好地开展。调整工作思路后,各上级院要切实加大对下业务指导工作的力度,及时掌握下级院的工作情况和遇到的问题,提出解决问题的办法,总结、推广先进典型经验,采取多种办法促使辖区内工作均衡、健康发展。今后,要加强调查研究和对下指导工作,注意发挥有研究能力的领导同志、检察人员、专家学者的积极性,有组织、有计划地开展研究。高检院研究室已成立民事行政研究处,这将有利于及时解决工作中的疑难问题,及时对下级院的请示作出答复和司法解释。

三、加强领导,创造开展民行检察工作的良好环境

(一)切实加强对民行检察工作的领导

与其他各项检察业务相比,民行检察工作仍是整个检察工作的薄弱环节,发展的速度快,法律规定不够完善,面临问题较多,各级院领导要对民行工作多一份领导、多一份关心、多一份支持,拿出更多的精力学习、研究和指导这项工作。要解决对民行检察工作的认识问题,转变思维方式,摆正民行检察工作的位置。民行工作的重要性,要落实到实际工作中,不能说起来重要、干起来次要。各级院在安排工作时,都要有全局观念,统筹规划,各级院党组要定期研究民行工作,对民行工作要有部署、有目标、有检查、有总结,建立符合客观实际的科学、高效的工作机制。对民行检察工作遇到的困难和问题要给予足够的重视,需要协调的,各级院领导都要出面,给民行工作以应有的扶持和帮助,为民行检察工作的开展创造一个良好的环境,支持这项工作的发展。从事民行工作的同志要积极给领导出谋划策,当好领导的参谋,及时向领导报告工作中遇到的困难和问题,使领导了解工作状况,更加关注民行检察工作。

各级院领导必须认识到，民行工作不仅仅是民行部门的事情，研究室要加强民行检察监督的研究，控申部门、侦查部门都要积极配合民行部门的工作。今后，各级检察院接受的有关民事行政枉法裁判案件的举报，一律交由民行部门进行审查，对符合民事诉讼法、行政诉讼法规定的抗诉条件的，依法向法院提出抗诉；构成枉法裁判罪的，依法查处。对此类案件，各级院领导要注意发挥检察机关的整体功能，在内部分工的基础上，加强部门间的配合协调，避免重复劳动，抓住有利时机突破案件，提高效率。

（二）加大对民行检察工作的支持和投入

一是解决办案条件，加强民行检察部门的基础设施建设。有条件的地方，要配备公开审查室、来访接待室。民行工作中，文字工作占相当比重，复印案卷的量很大，确需配备相应的必要设备，各级院要在可能的情况下对民行检察工作给予更多的支持，提高民行检察的科技含量，创造有利的工作条件，以提高工作效率。我要特别强调的是，民事行政检察业务涉及的范围较广，案件类型复杂，具有很强的专业性，民事行政检察干部需要掌握的法律、法规繁多，各级检察院必须为民事行政检察干部提供必要的学习资料和学习条件，有关业务书籍、法律、法规光盘都是必需的，民行干部只有不断学习，才能提高办案水平，适应民事行政检察工作的需要。二是解决办案力量。分、州、市级以上检察院的办案任务相当繁重，各地积压案件现象普遍存在，申诉案件长期不能结案，会影响监督效果。各地务必调配骨干力量，充实省级院和分、州、市院的民行队伍。由于历史的原因，民行检察干部队伍的业务水平还处于参差不齐的状况，与承担的任务不相适应。民行干部不熟悉民商法律和行政法律的情况并不少见，今后统一司法考试，队伍的来源就有了可靠的保证。针对当前工作的需要，考虑民事行政检察工作的长远发展，各级院要为民事行政检察部门选派必要的人员，保证人员与工作任务相适应，要注意保持民行干部的相对稳定。

（三）采取有力措施，提高民行队伍素质

民行检察工作的性质要求我们的干部必须具有良好的政治品格和职业道德素养，具有更加坚实的法学理论功底，必须常抓不懈地学习研究和更新知识。随着民行工作的普遍开展，民行队伍的整体形象也成为社会关注的热点。民事行政案件关系到当事人的切身利益，有的当事人为达到其目的有时会不择手段。对此，全体民行干部要有足够的认识，保持清醒的头脑，加强廉洁自律，严格遵守"九条硬性规定"、"十项纪律"和"六个必须"，坚决杜绝"关系案""人情案""金钱案"。民行干部决不能成为当事人的代理人，在检察官和当事人及其律师之间应形成一定的"隔离带"。为此，我们还要制定有关制度，以避免出现问题，同时也是对干部的保护。从现在开始，就要防患于未然，要加强思想教育工作，把学习江泽民总书记"三个代表"重要思想与深化理想信念、公正执法、艰苦奋斗三项教育活动结合起来，引导民行干部树立正确的世界观、人生观和价值观，牢固树立为民执法、公正执法的观念。为适应新的形势和任务的要求，我们既要加强业务培训，更要增强学习和研究问题的自觉性，营造一种学习和钻研的良好氛围，培养一大批民行检察业务的办案能手和专家，不遗余力地提高政治水平和业务水平，努力造就一支高素质的民行干部队伍。

同志们，民事行政检察工作面临着新的发展机遇，任务是艰巨的，前景是广阔的。希望同志们奋发图强，锐意进取，为切实履行党和人民赋予我们的神圣职责，努力开创民事行政检察工作新局面。

姜建初副检察长在全国检察机关第二次民事行政检察工作会议上的讲话

（2010年7月21日）

这次会议是在检察机关强化法律监督、深入推进三项重点工作的新形势下召开的。高检院党组对这次会议高度重视，多次听取汇报。刚才，曹建明检察长作了重要讲话，从全局和战略的高度，深入分析了民事行政检察工作的重要性，全面阐述了民事行政检察工作的法律监督属性、职能定位和基本要求，强调大力加强和改进民事行政检察工作，努力实现民事行政检察工作跨越式发展。下面，我对九年来的工作进行回顾，对今后一个时期的工作进行部署。

一、九年来民事行政检察工作回顾

在检察机关各项业务工作中，民事行政检察工作起步较晚。1988年4月，高检院决定成立民事行政诉讼监督研究小组；1988年9月，设立民事行政检察厅。1990年9月，"两高"联合发出《关于开展民事、经济、行政诉讼法律监督试点工作的通知》，在四川、河南等六省开展民事行政诉讼监督试点工作。《行政诉讼法》和《民事诉讼法》施行后，民事行政检察工作在全国逐步开展起来。

2001年8月，高检院召开全国检察机关第一次民事行政检察工作会议，总结了工作经验，提出了"维护司法公正，维护司法权威"的工作方针。九年来，各级检察机关认真贯彻落实会议部署，紧紧围绕经济社会发展大局，深入实践"强化法律监督，维护公平正义"的检察工作主题，以办理民事行政申诉

案件为中心,不断强化对民事审判和行政诉讼活动的法律监督,促进了社会公平正义与和谐稳定,开创了民事行政检察工作新局面。特别是近三年来,各级检察机关认真贯彻曹建明检察长关于"要进一步加强和改进对民事审判和行政诉讼的法律监督,探索对民事执行进行监督的有效途径,着力改变民事行政检察工作长期薄弱局面"的指示精神,狠抓思想认识的统一和各项措施的落实,克服诸多困难,进一步巩固和发展民事行政检察工作,取得了显著成绩。

(一)以办案为中心,促进司法公正,维护社会稳定

1. 加大抗诉力度,稳定办案数量。各级检察机关认真履行法律赋予的监督职责,通过抗诉形式依法纠正错误判决、裁定。山东、浙江、安徽、河南、河北、广东、黑龙江、辽宁等省结合本地实际,采取案件会审、网上办案、上下一体化办案、上级院巡回指导办案等工作机制,挖掘潜力,提高效率,始终保持了稳定的办案规模和较强的监督态势。新疆、西藏、青海、新疆建设兵团等西部地区的办案工作也取得了长足进步。2001年至2010年6月,全国检察机关共受理民事行政申诉案件66万余件,向人民法院提出抗诉12万余件,其中民事抗诉11.6万余件,行政抗诉4000多件。

2. 创新再审检察建议,提高办案效率。2001年,高检院开始推行再审检察建议,对原判决、裁定符合抗诉条件的,作出生效裁判的人民法院的同级人民检察院可以提出再审检察建议,建议法院启动再审程序。再审检察建议监督方式的创新运用,简化了办案程序,缩短了办案周期,增加了办案数量,在一定程度上实现了对法院生效裁判的同级监督。2001年至2010年6月,全国检察机关共向人民法院提出再审检察建议4.5万余件,人民法院采纳2.7万余件,采纳率为59.4%。

3. 狠抓办案质量,突出办案效果。高检院总结浙江、山西等地经验,加强抗诉书说理工作,建立抗诉案件跟踪监督机制,切实提高抗诉案件质量。2001年至2010年6月,人民法院共再审审结民事行政抗诉案件7.6万余件,其中维持原判1.9万余件,占25.4%;以其他方式处理2000多件,占3.5%;改判、

撤销原判发回重审、调解结案共计5.4万余件，再审改变率为71.1%，取得了良好的监督效果。

4.强化制度建设，加大指导力度。九年来，高检院相继制定了《人民检察院民事行政抗诉案件办案规则》等一系列规范性文件，规范执法行为，严格办案程序，完善案件管理，使办案工作既有法可依又有章可循。为指导和推动全国民事行政检察工作，针对民事行政检察工作的弱点和重点，先后召开了加强抗诉书说理工作座谈会，加强指导调研和信息工作座谈会，加强直辖市、中心城市、西部地区和基层院民事行政检察工作座谈会等，分析和研究问题，提出改进措施。民事诉讼法修改后，2008年在中山市召开贯彻民事诉讼法座谈会，分析民事行政检察工作面临的形势和任务，对贯彻实施民事诉讼法做出部署。九年来，各省级院也都先后召开了民事行政检察工作会议，结合本地实际提出加强工作的措施，广东、云南、宁夏、甘肃等省的民事行政检察工作在短时间内有了较大发展。高检院每年编辑《民事行政检察工作情况》，编纂出版《民事行政检察指导与研究》《人民检察院民事行政抗诉案例选》，充分发挥了对下指导作用。

5.注重息诉工作，促进和谐稳定。九年来，全国检察机关民事行政检察部门始终坚持"两个维护"，在工作中抗诉与息诉并重，对大量不立案、不抗诉案件认真开展服判息诉工作。江苏省率先实行检调对接工作机制，天津、吉林、湖北、江西、广西、陕西等省制定了办理和解案件的规定。民事行政检察部门推行和解优先，对当事人有和解意愿、案件具备和解条件的，引导、促成当事人达成和解，最大限度化解矛盾纠纷，消除社会不稳定因素。对一些可能引起矛盾激化、影响社会稳定的案件，各地检察机关主动与法院、政府相关部门沟通，共同做好息诉工作，维护了社会和谐，维护了司法权威，得到了中央领导同志和社会各界的充分肯定。

6.发现移送线索，发挥整体职能。2004年9月，高检院下发《关于调整人民检察院直接受理案件侦查分工的通知》。民事行政检察厅在长沙召开座谈会专门研究部署，提出了规范性意见。贵州、河南、福建、广东、湖南、内蒙古等地民事行政检察部门办理了一批审判人员和执行人员职务犯罪案件，并向有关部门移送合同诈骗、抽逃注册资金等犯罪线索。2009年9月以来，各级民事行政检察部门严格执行高检院《关于完善抗诉工作与职务犯罪侦查工作内部监督制约机制的规定》，在办理民事行政申诉案件过程中，注意发现司法不公背后的职务犯罪线索，按照规定要求及时移送职务犯罪侦查部门，为增强检察机关法律监督的整体合力与实效发挥了积极作用。

（二）以改革为动力，加强实践探索，推动立法完善

1. 落实中央司法体制和工作机制改革方案。2004年中央21号文件下发后，高检院就民事行政检察体制和工作机制改革做了大量调研工作，提出了初步方案。2008年中央19号文件对强化民事、行政诉讼监督提出了更为明确的要求，按照高检院的分工方案，民事行政检察厅负责承办"完善检察机关对民事、行政诉讼实施法律监督的范围和程序""完善检察机关对民事执行工作实施法律监督的范围和程序"等改革任务，并协办其他有关司改项目。两年来，高检院在地方各级检察院的全力配合下，分若干专题进行了深入调研，数次组织专家论证会，与协办单位联合调研、座谈，广泛听取各方意见，抓紧制定改革方案，已取得阶段性成果。

2. 探索民事行政检察监督的范围和方式。一是探索督促起诉、支持起诉等工作。重庆、安徽、河南、四川、湖南等地积极探索，大胆尝试，对防止国有资产流失、遏制环境污染、维护国家和社会公共利益起到了积极作用。特别是在当前社会转型时期，针对一些行政机关、企业单位怠于行使诉权，致使国家、集体财产遭受严重损失的情况，浙江、江苏、宁夏等地研究和探索督促起诉的监督方式，收到了明显效果，得到当地党委、人大和政府的支持与认可。二是探索对民事执行和调解活动的监督工作。按照中央政法委的要求和中央关于司法体制和工作机制改革的精神，广东、黑龙江、辽宁、四川、福建、河南、河北等地检察机关克服认识分歧和手段缺乏等困难，依法采取抗诉、检察建议、提出监督意见等方式对民事执行活动以及虚假调解、恶意诉讼进行监督，在人民法院的积极配合下，取得一定成效，社会反响良好。三是探索对非

讼程序进行监督。重庆对一起违法宣告公民无民事行为能力案件进行监督，发出检察建议后又多方协调，使这一案件得以纠正，申诉人在被宣告无民事行为能力 8 年后恢复民事行为能力。

3. 积极参与民事诉讼法和行政诉讼法的修改。2007 年的民事诉讼法修改主要是针对"申诉难"和"执行难"问题。高检院主动参与，认真提出方案，细化了抗诉事由，规定了再审期限，明确了"上级抗上级审"的原则，限制了交下一级法院再审的范围等。因这次修改是局部修改，本届人大已将民事诉讼法和行政诉讼法的全面修改列入五年立法规划，中政委也要求提出完善这两部法律相关内容的意见，高检院有计划、分步骤地开展、部署相关工作，各级检察机关提供实践经验，为完善立法作出了应有的贡献。

（三）以队伍为根本，提升整体素质，提高监督能力

九年来，全国检察机关民事行政检察部门始终坚持队伍建设与业务工作两手抓，全面加强队伍的思想、组织、作风和能力建设。深入开展各种形式的教育活动，注重引导民事行政检察人员牢固树立社会主义法治理念，增强政治意识、责任意识、大局意识和宗旨意识；把加强廉洁自律、弘扬职业道德、严守职业纪律作为经常性工作常抓不懈，建立了民事行政检察人员违法违纪情况通报制度；坚持选好、配强民事行政检察部门负责人，建立健全干部奖惩机制，保持民事行政检察队伍的相对稳定；海南、吉林、山东、辽宁等省增设了民行机构，配强了办案力量。各地采取业务培训、实战练兵、理论研讨等措施，努力提高队伍的法律监督能力，培养了一批民事行政检察业务专家。高检院每年举办专题培训班，就新颁布的民事、行政法律法规及办案实务等内容进行专题培训，省级院和市级院也开展了培训工作。目前，民事行政检察队伍已逾万人，政治素质和业务素质不断加强，执法水平和监督能力逐步提高。

（四）以理论为支撑，转变思想观念，提高认识水平

九年来，全国检察机关十分注重结合办案实践，开展民事行政检察理论研

究，积极争取学术界的支持。2003年，高检院与中国法学会诉讼法学研究会民事诉讼法专业委员会联合举办第七届民事诉讼法学研究会年会，专题研究"民事诉讼法修改与民事检察监督制度的完善"。2005年和2007年，高检院先后组织召开了"民事行政诉讼中检察权的配置问题""民事执行监督问题"专家研讨会。河南、四川、北京、上海等地组织的民事行政检察工作论坛也都办得有声有色。一大批学有专长的民事行政检察人员积极撰写文章，参加各类学术研讨会议，担任学术研究机构职务，深化了与学术界的沟通和交流，扩大了民事行政检察工作的影响，在民事行政检察监督的意义、性质和地位等方面形成了重要共识：认识到民事行政检察制度是中国特色社会主义检察制度的重要组成部分；认识到民事行政检察监督的目的是为了保障国家法律的统一正确实施；认识到民事行政检察监督的性质是对公权力是否依法、公正行使的监督，而不是对私权利的干预；认识到民事行政检察监督的范围不应仅限于生效裁判，监督的方式也不应仅限于抗诉等。正是这些理论共识，推动了民事行政检察工作的发展。

　　以上成绩的取得，是各级检察院党组高度重视、正确领导的结果，是各兄弟单位和部门大力支持的结果，更是广大民事行政检察人员恪尽职守、顽强拼搏、勇于开拓、无私奉献的结果。在此，我代表最高人民检察院，向大家表示崇高的敬意、亲切的慰问和衷心的感谢！

　　九年来，民事行政检察工作在艰难中前行、在探索中发展，积累了不少宝贵经验，主要是：必须有正确的认识，充分认识民事行政检察工作的性质、任务、意义和作用；必须有领导的重视，特别是各级检察院党组和一把手的高度重视；必须以办案为中心，努力追求办案力度、质量、效率和效果的有机统一；必须有理论的创新，坚持理论与实践相结合，用科学的理论指引民事行政检察工作的发展；必须有一支专业化的队伍，这是做好民事行政检察工作的组织保证；必须坚持党的领导，接受人大监督，争取法院的配合和社会各界的支持，这是开展民事行政检察工作的重要保障。

　　在充分肯定成绩的同时，也要清醒地认识到，民事行政检察工作仍然是法律监督工作中相对薄弱的方面，还面临着不少突出困难和问题。主要表现在以下六个方面：一是立法不够完善。现行民事诉讼法、行政诉讼法对民事行政检察监督的规定比较原则，监督程序不够完善，监督手段单一，导致实践中产生不少问题，检法两院意见不尽一致，开展工作的难度较大。二是认识不够统一。对于民事行政检察监督的范围、程序和方式等重要问题的认识，长期以来存有争议。三是社会满意度还不够高。每年全国和地方"两会"上，人大代表和政协委员要求检察机关加强对民事行政审判和执行活动监督的呼声十分强烈，但社会公众对民事行政检察工作普遍认知度不高。四是队伍结构和整体素质与职责任务不相适应。各级院民行检察人员分布与办理抗诉案件任务呈"倒三角"状况，高检院和省级院办案力量不足，人员少、任务重的矛盾比较突出。民事行政检察队伍知识结构不够合理，流动性较大，专业化水平有待提高。五是工作机制不够健全。民事行政检察部门内部的办案机制，与控告申诉、侦查等部门的案件移送反馈机制，与人民法院的协调配合机制等，都需要进一步健全和完善。六是工作发展不平衡。既有不同地区之间的不平衡，也有上下级检察院之间的不平衡，还有不同监督手段之间的不平衡。这些问题，都需要继续深入研究，努力加以解决。

二、认清形势，统一思想，明确任务，努力实现民事行政检察工作的跨越式发展

当前，在党中央关于深入推进三项重点工作等一系列指示精神的指导下，进一步加强和改进民事行政检察工作已成为形势所需。刚才，曹建明检察长深刻分析了新形势下大力加强和改进民事行政检察工作的重要性和必要性，我们一定要认真学习贯彻，深刻领会精神实质。

（一）加强民事行政检察工作是党中央的明确要求

近几年来，胡锦涛等中央领导同志对检察工作作出了一系列重要指示，其中的内容就包括检察机关要强化民事行政法律监督，切实维护社会公平正义。在中央关于深化司法体制和工作机制改革的方案中，很重要的一方面内容就是

要完善民事行政检察监督制度、明确对民事执行工作实施法律监督的范围和程序。因此,如何加强和改进民事行政检察工作,充分发挥其监督作用和司法效能,是中央对检察机关提出的新要求。

(二)加强民事行政检察工作是广大人民群众的强烈呼声

近年来,随着经济社会的发展和人民群众民主法治意识的提高,社会、公民对公平正义的要求越来越强烈,对民商事审判和执行工作越来越关注。近几年,人大、政府信访部门及检察机关受理的控告申诉案件中,反映法院民商事审判和执行方面问题的占了较大比例,直接反映了人民群众的司法诉求。

(三)加强民事行政检察工作是推动检察工作协调发展的迫切需要

强化法律监督,维护公平正义,是我们做好各项检察工作必须牢牢把握的主题。但是,民事行政检察监督的现状,与党中央的要求和人民群众的期望相比,还有相当大的差距。近年来,新闻媒体报道了许多民事审判和执行的错案,也披露了一些司法腐败问题,在社会上引起反响,成为舆论关注的焦点。面对民事行政诉讼领域的司法不公和司法腐败问题,负有监督职责的检察机关,应当有所反思、有所认识、有所作为。

推动民事行政检察工作健康发展,首先必须进一步统一思想,坚持立足于检察机关的法律监督属性。应当认识到:检察权介入民事行政诉讼的必要性是基于对审判权的监督,主要功能是为了维护司法公正,防止审判权行使过程中的恣意和失范。同时,监督与支持又是统一的,检察权的行使应当有利于审判活动的正常进行,有利于审判权的依法运行,有利于维护司法权威。

不容忽视的是,检察机关内部对民事行政检察工作仍然存在一些认识上的分歧。在多年来的现行工作格局下,形成了一些固有观念和思维定式,民事行政检察工作在一些地方还没有真正摆上应有的位置。因此,必须把思想认识问题作为首要问题切实解决好。各级检察机关一定要认清形势的发展,把思想认识统一到党中央和中央领导同志关于加强民事行政检察工作的一系列重要指示精神上来，统一到曹建明检察长关于民事行政检察工作的重要讲话精神上来，统一到发挥法律监督职能、服务经济建设的大局上来，统一到深入推进三项重点工作上来，统一到推动检察工作全面发展的部署和要求上来，真正从思想上充分认识加强和改进民事行政检察工作的重要性和紧迫性，真正从行动上把如何加强和改进民事行政检察工作列入重要议事日程。

当前和今后一个时期，民事行政检察工作的主要任务是：认真学习贯彻胡锦涛总书记等中央领导同志对检察工作的一系列重要指示精神，深入贯彻落实科学发展观，始终坚持"强化法律监督，维护公平正义"的检察工作主题，准确把握民事行政检察工作的法律监督属性、职能定位和基本要求，积极构建以抗诉为中心的多元化监督格局，不断深化民事行政检察体制和工作机制改革，努力探索完善中国特色民事行政检察监督理论与实践，使监督范围更加明确，监督措施更加有效，监督程序更加规范，监督机制更加科学，监督效果更加明显，推动民事行政检察工作实现新的跨越式发展。

三、充分发挥民事行政检察职能，深入推进三项重点工作

中央提出深入推进社会矛盾化解、社会管理创新、公正廉洁执法三项重点工作，是事关党和国家事业发展全局的重大战略部署，是集中力量解决影响社会和谐稳定的源头性、根本性、基础性问题的重要举措。民事行政检察工作与三项重点工作息息相关、密不可分。充分发挥民事行政检察职能，深入推进三项重点工作，是当前和今后一个时期民事行政检察工作的重中之重，各级检察机关要把民事行政检察工作纳入深入推进三项重点工作的总体格局，找准切入点、结合点，切实按照推进三项重点工作的要求加强和改进民事行政检察工作，努力在履行民事行政检察职能中深入推进三项重点工作。

（一）着力发挥民事行政检察工作化解社会矛盾的职能作用

1.把化解社会矛盾贯穿于办理民事行政申诉案件的始终。办理民事行政申

诉案件，就是化解矛盾纠纷、协调利益关系的工作。一要着眼于方便群众依法行使申诉权，认真落实便民利民措施，进一步畅通申诉渠道，健全公开办案、文明接待等制度，改变推诿扯皮、久拖不决、不负责任、冷硬横推等不良作风，加大对特殊群体的司法服务力度，最大限度地预防和化解矛盾冲突，最大限度地满足人民群众申诉的司法诉求，切实做到有诉必理、有案必办、有办必果。二要坚决防止和克服机械执法、就案办案，主动把执法办案工作向化解社会矛盾延伸，在办案的全过程注意发现和解因素，积极引导和促成当事人达成和解，把执法办案的过程变成化解矛盾的过程。三要充分发挥民事行政检察调节民事行政法律关系的作用，依法妥善处理在调结构、促转变、扩内需中发生的各类社会矛盾。要通过抗诉、再审检察建议、息诉和解、纠正违法等多种途径，使大量案件得到及时公正解决，促进社会和谐稳定。四要充分发挥民事行政检察监督维护司法公正的职能作用，注重监督纠正涉及民生的企业改制、征地拆迁、环境资源等案件以及审判人员贪赃枉法、徇私舞弊导致的错误裁判，从源头上预防和减少因司法不公引发的各类矛盾。检察机关通过加强对民事审判和行政诉讼的法律监督，既要化解当事人之间的矛盾纠纷，又要化解当事人与司法机关之间的矛盾冲突，以有效防止矛盾叠加、矛盾升级，消除当事人对司法机关的不满和抵触情绪。

2. 建立健全检调对接机制和风险评估预警机制。一要建立检调对接机制。树立监督与支持并重、抗诉与息诉并重的观念，必须像做好抗诉工作一样，把息诉工作做细、做好。要建立健全息诉工作机制，树立"和解优先"的理念，把息诉和解纳入考评范围。对于不立案、不抗诉的案件，要认真开展释法说理、心理疏导工作，真诚倾听当事人的诉求。要主动融入"大调解"格局，注重借助外部力量，主动与人民调解、行政调解和司法调解相衔接，把和解协议以有效形式固定下来，使其具有法律约束力。同时，要把握好检察机关的职能定位，既要履行监督职责，又要积极促成当事人达成和解，该抗则抗，能和则和，做到案结、事了、人和，努力实现法律效果、政治效果和社会效果的有机统一。二要建立风险评估预警机制。在处理社会矛盾纠纷的过程中，要注意防止和避免激化矛盾或引发新的矛盾。要把风险评估作为办理民事行政申诉案件的重要环节，及时对各类案件可能导致的社会稳定风险进行评估，科学制定处理预案，妥善采取应对措施，防止因执法办案不当引发涉检信访。在受理、立案、提请抗诉、抗诉等各个环节，都要充分考虑双方当事人、利害关系人等各方面情况，关注案件的法律效果和可能引发的社会风险，并做好应对准备。同时要重视类案的风险评估预警，对某一领域存在的普遍性问题和风险，要进行深入分析，提出对策建议，切实把不稳定因素消除在萌芽状态。

（二）着力发挥民事行政检察工作推动社会管理创新的职能作用

民事行政检察部门要增强把握大局、服务全局的自觉性，积极推进社会管理创新。一要通过办理民事行政申诉案件，分析案件发生的深层次原因，注重发现普遍性、倾向性、事关全局的社会管理问题，及时向党委、政府和有关部门提出完善制度、加强管理的建议，促使相关部门不断提高社会管理水平。二要加强对行政诉讼的监督，深入研究行政诉讼的特点和规律，积极探索行政诉讼监督的方式和途径，重点解决行政诉讼中有案不立、有法不依等问题，畅通行政诉讼渠道，保障行政诉讼依法进行。三要探索建立民事行政检察与行政执法相衔接的机制，不断促进社会管理体系的完善。在办理申诉案件中发现行政机关及其工作人员有违法行为、严重侵害或影响社会公共利益、人民群众合法权益的，应与有关部门及时联系、沟通，共同分析问题、查找原因，并提出检察建议，帮助建章立制，堵塞漏洞，促进形成有利于社会管理的政务环境。

（三）着力发挥民事行政检察工作促进公正廉洁执法的职能作用

民事行政检察工作的基本目标是通过依法监督纠正诉讼违法和裁判不公问题，维护司法公正，维护社会主义法制统一、尊严、权威。各级检察机关要充分发挥民事行政检察对促进公正廉洁执法的职能作用，通过依法纠正司法不公，解决影响执法公信力建设的突出问题，促进司法机关和行政机关公正廉洁执法。一要通过办理民事行政申诉案件促进公正廉洁执法。办理民事行政申诉案件的

过程中,对确有错误的裁判提出抗诉或再审检察建议,启动再审程序,既是解决群众诉求,促进定分止争的过程,也是维护司法公正、提高司法机关执法公信力的过程。二要通过监督纠正违法行为促进公正廉洁执法。要把程序公正放在与实体公正同等重要的位置,高度关注程序上的违法,切实纠正诉讼过程中的腐败和不公。对在办案过程中发现的审判人员、执行人员渎职、违法行为,及时发出纠正违法通知书、更换办案人建议书。三要通过发现和移送司法不公背后的职务犯罪线索促进公正廉洁执法。发挥专业优势,透过司法不公现象发现背后隐藏的职务犯罪线索,促进司法机关公正司法、行政机关依法行政。

民事行政检察部门自身必须不断加强公信力建设,真正做到公开、公正、高效执法。一要公开执法。在开放、透明、信息化条件下,司法机关的执法活动越来越受到社会各界和新闻媒体的关注。各级民事行政检察部门必须牢固树立以公开促公正、以透明保廉洁、以阳光防腐蚀的思想,大力推行执法公开,切实保证人民群众的知情权、参与权和监督权。二要公正执法。随着社会主义民主法制建设不断发展进步,人民群众对社会公平正义的要求越来越高。检察机关作为法律的守护者、公平正义的保障者,一定要崇尚法治,秉公执法,用检察官的忠诚和公正来保障社会公平正义的实现。三要高效执法。要在办案的效能、效率、效果上下功夫,切实保证办案质量、提高办案效率、增强办案效果。办案质量是核心和基础,办案效果是根本,办案效率是保证。

四、强化办案,积极探索,提高能力,进一步发展民事行政检察事业

(一)立足法律监督职能,大力加强办案工作

1.加大办案力度,突出办案重点。现阶段,抓好抗诉工作仍然是民事行政检察监督的中心任务。民事行政检察部门要切实履行职责,充分运用抗诉这一法定监督方式,加大监督力度,保持抗诉案件的规模效应。对抗诉后法院再审维持原判的案件要进行综合分析,总结经验教训,确属错误明显、维持不当

的，可以再次提出抗诉。对符合抗诉条件的再审检察建议法院不采纳的，应当及时提出抗诉，保障监督的有效性。各地要结合实际情况，突出监督重点，加强对审判工作中容易发生问题的环节的监督力度，加强对国有资产、知识产权、环境资源、涉农利益、企业改制等类案件的监督力度。

2. 提高办案质量，增强办案效果。要高度重视办案质量、办案效率和办案效果，严格执行《人民检察院民事行政抗诉案件办案规则》确定的办案时限，防止案件长期积压。特别是提请上级院抗诉的案件，更要严格掌握办案期限，提高办案效率。要积极推进一体化办案机制，逐步实现网上办案。要加强法律文书的说理性，增强抗诉效果。要强化对抗诉和再审检察建议案件的跟踪监督，积极推广检察长列席法院审判委员会制度，提高抗诉案件改变率和再审检察建议采纳率。

3. 拓宽办案思路，提升监督层次。要善于总结办案经验，研究监督方法和规律，针对民事审判和行政诉讼中适用法律不统一、同案不同判等问题，积极开展类案监督研究，使民事行政检察监督由个案监督向类案监督拓展，由点向面延伸，提升法律监督层次，扩大法律监督效果。要对在本地区产生重大影响的司法问题、行政执法问题以及由此产生的社会问题，提出改进意见，促进公正司法和依法行政。

4. 健全联动机制，形成监督合力。抗诉权与侦查权分开行使，是检察机关完善内部监督制约机制的重要举措，但并不意味着民事行政检察部门不再承担反腐职能。很多民事行政案件司法不公背后都隐藏着违法违纪问题和涉嫌职务犯罪问题，部门联动是增强法律监督效果的必然要求，民行检察部门仍然承担着发现和移送职务犯罪线索的任务。民事行政检察部门要统一思想认识，认真贯彻落实高检院有关规定，切实发挥在查办司法人员职务犯罪中的作用：一要增大发现职务犯罪线索的力度，二要及时移送线索并配合侦查部门依法查处，三要督促有关部门按时反馈，四要对反馈结果进行登记、备案。需要强调的是，民事行政检察部门要与职务犯罪侦查部门建立健全双向移送、双向反馈的联动机制，职务犯罪侦查部门在办案中发现民事、行政案件存在司法不公问题

的，要及时移送民事行政检察部门，增加检察机关自我发现民事行政错误裁判案件的来源，真正实现民事行政检察监督与惩治司法腐败的有机结合，充分发挥检察机关整体监督的优势与合力。

（二）深化司法体制和工作机制改革，不断强化民事行政检察监督职能

1.明确监督范围，深化探索工作。按照中央的要求，高检院正在研究制定进一步明确民事行政检察监督范围的实施意见。各级检察机关要积极探索开展以下工作：一是对民事执行的监督。要认真贯彻落实中央司法体制改革的要求，对人民群众反映强烈的、确有问题的民事执行活动进行监督，发现执行人员涉嫌违法犯罪的，应及时向有关部门移送线索，配合做好查处工作。二是对调解的监督。在"大调解"的格局下，调解已经成为审判机关结案的主要形式，所占比例越来越高。对虚假调解、恶意调解以及违反自愿、合法原则的调解案件，检察机关要通过抗诉、再审检察建议等方式加强监督。三是对民事诉讼中各个环节和各种程序的监督。对诉讼过程中立案、诉讼保全等环节存在的违法行为，以及依照特别程序、督促程序、公示催告程序审结的案件，严重违反法定程序、严重侵害当事人及案外人合法权利的，检察机关要探索监督的方式与程序，为修改法律积累实践经验。

2.丰富监督方式，构建以抗诉为中心的多元化监督格局。根据现行法律规定，民事行政检察监督的主要手段是抗诉。但不能把监督等同于抗诉，抗诉不是唯一的监督手段。要在着力抓好抗诉工作的同时，继续推行再审检察建议，强化下级院尤其是基层院的民行法律监督职能。要善于运用调查违法行为、纠正违法通知书、更换办案人建议书等监督方式，继续进行探索创新，以有效纠正审判、执行活动中的违法行为。对国有资产或社会公共利益遭受损害而监管部门或国有单位不行使或怠于行使监管职责的，检察机关可以督促和指导有关部门或单位提起诉讼。要不断创新工作方法，增强监督实效，切实维护司法公正。

3. 健全监督程序，规范执法行为。民事行政检察要严格遵守法律规定，建立规范的工作机制和监督程序，才能保证监督效果。要严格办案程序，加强对抗诉案件尤其是重大、复杂、疑难案件的集体研究，进一步规范检察委员会研究讨论民行案件制度，充分发挥检委会的审查把关作用。高检院拟对民事行政申诉案件办案程序进行全面规范，待《人民检察院民事行政抗诉案件办案规则》修改通过后，各地可结合实际制定实施细则，进一步细化办案流程，提高执法规范化水平。

4. 改革监督机制，优化资源配置。要继续深化办案机制改革，不断提高办案效率。要大力推行检察一体化办案机制，积极整合检察资源，实现工作任务和工作重心下沉，加强上下级检察院之间的协作配合，增强办案合力。要大力推行网上办案机制，逐步实现办案信息网上录入、办案流程网上管理、办案活动网上监督、办案质量网上考核，依靠科技提高民事行政检察工作整体水平。

5. 完善监督体系，加强基层工作。各级民事行政检察部门职能虽大致相同，但要根据民事行政诉讼规律，各有侧重，各负其责。高检院和省级院要注重发挥指导作用，除依法办理案件外，应当在理论研究、立法调研、业务指导上投入更多精力，对工作进行宏观分析，制定规范性文件，加强制度建设，创造良好的执法环境。地市级检察院除承担大部分办案任务外，还要加强民事行政检察工作调研，加强案件协调办理，切实发挥承上启下的作用。基层检察院虽然不能直接对民事行政裁判提出抗诉，但绝不是无事可做，而是大有可为。基层检察院在工作中发挥着不可替代的基础作用，在营造良好司法环境、遏制司法不公、探索监督方式、完善监督程序等方面具有天然优势。基层检察院民事行政检察部门要积极开展高检院部署的十项工作任务，同时要针对当地司法状况和群众的司法诉求，认真研究容易产生司法不公的重点环节和重点程序，努力开展工作，创新监督方式，真正扭转基层院工作不力的局面。上级院对所辖地区工作薄弱的下级院，要采取分片包干等多种形式加强指导，促进工作均衡发展。

（三）加强理论研究，完善民事行政检察理论体系

民事行政检察制度是中国特色社会主义检察制度不可或缺的重要组成部分，可资借鉴的经验很少，因此，必须加强理论研究，构建科学的民事行政检察理论体系，这是坚持和完善民事行政检察制度的重要依据和基础。

要按照曹建明检察长讲话的要求，把民事行政检察理论研究作为检察理论研究工作的重点，紧紧围绕民行检察工作面临的重大理论和实践问题，大力加强民事行政检察理论研究，加强民事、行政诉讼立法修改与完善方面的研究，加强与专家学者的共同研究，为推动民事行政检察工作改革发展、完善民事行政检察制度提供有力的理论支持。在开展民事行政检察理论研究中，一定要注意两点：一是必须根植于中国土壤，坚持从我国国情出发，可以借鉴国外有益的做法，但必须以我为主、为我所用，做到不排外、不媚外、不照搬。二是必须以宪法和法律为基础，把民事行政检察制度放到政治制度、司法制度和社会经济变革的总体框架中来研究和认识。设计新时期民事行政检察制度，不能仅从民事行政检察本位出发，而要从我国司法制度的科学设计、检察权的合理配置出发，既立足当前，有现实性，又放眼长远，有一定前瞻性。要从更高起点、更高层次、更高目标上谋划全局，思考问题要深远一点，分析问题要高远一点，解决问题要长远一点。

（四）加强队伍建设，提高整体监督能力

1. 科学设置机构。长期以来，民事检察与行政检察在机构设置上合二为一，影响和制约了行政检察工作的深入开展。为进一步加强行政检察工作，有条件的省、市级检察院可以遵循诉讼规律和业务特点，逐步实现民事检察、行政检察机构分设。

2. 合理配备人员。各级检察机关要按照当前法律赋予的监督任务配足配强民事行政检察人员。民事行政检察部门负责人应是业务专家，符合条件的应当任命为检察委员会委员。在招录新进检察人员时，应当吸收一定比例的民商事、行政法律和民事、行政诉讼法专业人才。要适当增加地市级以上检察院民

事行政检察部门人员编制，新增政法专项编制要向民事行政检察部门适当倾斜，提高民事行政检察人员在检察队伍中所占的比例。

3. 加强思想政治和反腐倡廉建设，建立健全监督制约机制。高检院党组十分重视加强自身监督和内部监督制约。在去年查处的检察人员违法违纪案件中，民事行政检察人员的比例有所上升，一定要引起高度重视。要对民事行政检察人员违法违纪案件进行认真剖析和深刻反思，做到警钟长鸣。民事行政检察部门要深入开展创先争优活动和"恪守检察职业道德，促进公正廉洁执法"主题实践活动，牢固树立社会主义法治理念。民事行政检察人员要守得住清贫，经得起诱惑，耐得住寂寞，不徇私情，秉公办案，增强防腐蚀、拒拉拢、抗干扰的意识和能力，提高遵纪守法、廉洁从检的自觉性。

4. 加强专业化建设，不断提高业务水平。加强民事行政检察队伍的专业化建设，是一项根本性任务。民事行政检察人员必须苦练"内功"，在提升自身能力上狠下功夫。一要加强学习。树立终身学习的观念，不断充实法律知识、科技知识和经济知识等。学习形式要多样化，可以采用自学、互学、传帮带等方式，也可以到法院挂职办案，还可以通过竞赛、评选等活动提高业务水平。二要抓好培训。培训主体要多级化，高检院要重点围绕新颁布的法律法规、司法解释和民行业务工作中的重要问题，继续坚持每年开展专题；省级院、市级院也要积极组织培训，不断扩大民事行政检察人员受训面，逐步实现全员培训。三要培养和引进人才。专业人才要层次化，既要有一批在司法界、法学界有影响的检察业务专家，也要有一批办案能手、业务骨干，不同梯队之间形成接力，避免专业人才的青黄不接。四要建立激励奖惩机制。表彰奖励要经常化，对表现突出的民事行政检察人员要及时给予立功、嘉奖等表彰。

（五）强化对外联系，主动接受监督，营造和谐司法环境

1. 自觉接受党委领导。民事行政检察工作起步晚、难度大，法律规定不够完善。各级检察机关不能等靠，在忠实履行监督职责的同时，要主动向党委和政法委汇报工作情况和工作部署，及时报告重大事项，请求协调重大、疑难、

复杂案件。针对重大司法、社会问题提出建设性意见,以取得重视和支持。

2. 积极争取人大监督和支持。近几年来,北京、四川、湖北、江西、黑龙江、福建等地人大常委会相继出台了关于加强检察机关诉讼监督工作的决议或决定,有力促进了检察机关诉讼监督工作的深入开展。自觉、主动接受人大的监督,不仅仅是加强和改进民事行政检察工作的现实需要,也是履行宪法、法律规定的义务。检察机关要认真落实人大的决议、决定,对落实过程中遇到的问题及时总结上报。要坚持和完善工作报告制度、备案审查制度、代表联系制度等,使接受人大监督经常化、制度化。对人大交办的申诉案件,要认真办理并及时反馈,做到事事有回音、件件有结果。

3. 加强与审判机关的沟通、协调,促进和谐司法。在民事行政诉讼中,检察机关与审判机关分工不同、职责不同,但最终目标都是为了维护司法公正和司法权威,为经济社会发展提供司法保障。在工作中,既要坚持依法监督,也要讲究方式方法,注意多协商、多沟通,善于换位思考,增进互相理解,加强互相支持。要继续坚持与同级法院人来人往、定期座谈、文件互换、会议互邀,建立健全多层次工作联系机制。

4. 加强与学术界的交流和沟通。各级院尤其是高检院和省级院,要积极加强与当地法学会和法学院校的联系,共同举办学术研究活动,鼓励学者关注、研究和完善民事行政检察理论,为民事行政检察工作发展营造良好的理论氛围。邀请专家为培训班授课和参与案件咨询、听证等工作。民事行政检察人员要注意增加理论积累,关注学术动态,参加学术活动,进行学术研究,努力提高专业素养和理论水平。

5. 加强舆论宣传,接受社会各界监督。检察机关要以更加开放和积极的姿态,面向社会,服务大众,塑造民事行政检察亲民、为民的良好形象。要主动将民事行政检察工作置于社会监督之下,全面推行"阳光检务",公开执法依据、办案程序、审查结果和法律文书等。重视运用报刊、电视、电台、网络等媒体,介绍民事行政检察职能,宣传典型案例,提高检察机关执法透明度和公信力,扩大民事行政检察工作的社会认知度和影响力,最大程度地接受监督。

要重视对涉法涉诉舆情的研判，主动回应社会关切，正确引导舆论。

民事行政检察工作是一项富有特色、充满挑战、前景光明、大有可为的工作。我们要始终牢记肩负的神圣使命，知难而上，奋发有为，把握机遇，开拓进取，忠实履行宪法和法律赋予的职责，努力实现民事行政检察工作的跨越式发展，为维护社会公平正义、维护社会和谐稳定、促进经济社会又好又快发展作出新的更大的贡献！

张雪樵副检察长在全国检察机关全面开展公益诉讼工作会议上的讲话

（2017年7月20日）

经高检院党组同意，今天我们召开全国检察机关全面开展公益诉讼工作会议，主要任务是深入贯彻落实党中央决策部署和全国人大常委会决定，按照大检察官研讨班和检察机关全面开展公益诉讼工作电视电话会议要求，全面总结检察机关提起公益诉讼试点工作经验，对检察机关全面开展公益诉讼工作进行部署。下面，我讲三个方面的意见。

一、全面总结、推广检察机关提起公益诉讼试点工作经验

探索建立检察机关提起公益诉讼制度是党的十八届四中全会高检院部署的重大改革任务。这既是党中央交给检察机关的重要任务，也是检察工作创新发展的重要机遇。各试点地区检察机关高度重视，精心谋划部署，采取有力措施，积极稳妥推进，在各级党委领导、人大监督、政府支持下，检察机关和人民法院共同努力，圆满完成了试点工作任务。全国检察机关全面开展公益诉讼工作，是在试点工作基础上的再动员、再出发。习近平总书记指出："抓好试点对改革全局意义重大"；"试点是重要改革任务，更是重要改革方法"；"试点的目的是探索改革的实现路径和实现形式，为面上改革提供可复制可推广的经验做法"。习近平总书记的重要论述深刻揭示了试点对改革全局的重要意义，为我们正确处理试点和改革之间的关系指明了方向。曹建明检察长在大检官研

讨班上也强调,"要充分运用试点成果,积极稳妥全面实施检察机关提起公益诉讼制度"。中央改革办同志到高检院调研工作时对公益诉讼试点工作给予了充分肯定,认为是改革的一个样板。试点工作具有以下几个特点:

(一)以科学谋划为基础,引领试点方向

高检院多次召开党组会议、司法体制改革领导小组会议专题研究部署,先后制定了《人民检察院提起公益诉讼试点工作实施办法》《关于加强公益诉讼案件线索移送工作的指导意见》《关于深入开展公益诉讼试点工作有关问题的意见》等规范性文件,确保在法律框架和授权范围内开展试点工作。各试点省级检察院认真制定实施方案,结合本地实际探索配套机制,完善制度措施,确保试点工作的稳步推进。

(二)以督促指导为抓手,把握试点节奏

试点中,高检院和一些省级院创新督导方式,坚持每月向全国或辖区检察机关通报试点进展情况,并以试点工作专刊、新闻发布会等形式定期发布工作经验和典型案例,及时指导下级院办案工作。根据具体案件,采用实地走访方式,掌握第一手资料,加以针对性指导。

(三)以地方实际为着眼,务求试点实效

一些试点省份善于利用类案诉讼推广快、声势强、影响大等特点,从地方实际出发,以专项活动为抓手,针对生态资源或国有财产保护中的薄弱环节,开展了生态环境保护专项监督、督促收缴防空地下室易地建设费等专项监督活动,集中体现检察机关监督效果,以实效赢得社会各界的理解和支持,找准了推进工作的切入点。

(四)以机制创新为突破,克服试点瓶颈

有的试点省份根据公益案件的特点,创新构建一体化办案组织和线索移送机制;有的试点省份创新考核机制,集中力量消灭"空白地区",带动后进地区。

（五）以沟通协同为保障，凝聚试点合力

各级试点检察机关积极向党委、人大汇报重大工作部署和重点案件办理情况。加强与法院的协调配合。吉林、内蒙古、江苏、安徽、湖北等省检察院与省高级法院就诉讼程序、法律适用等问题联合出台相关规范性文件或形成会议纪要，与行政机关建立常态化沟通平台，坚持监督与支持并重，督促解决问题，完善相关制度。

（六）以研究总结为助推，升华试点经验

各试点检察机关高度重视理论研究和经验总结工作，为高检院向中央深改组、全国人大常委会、中央政法委、中央改革办等多次汇报试点情况和进行全面总结提供了有力支持，并推动了法律的修改完善。各级检察机关还通过多种方式加强与法学界的联系，深入推进公益诉讼理论研究，使得改革经验不断科学化、理论化。

当然，试点中存在的问题也不容回避。一是检察机关提起公益诉讼的典型案例较少，有重大社会影响的案件偏少。试点期间行政公益诉讼的被告类型主要集中在环保局、乡镇人民政府和国土局。作为被告的行政机关多为县级以下政府的职能部门和县级以下人民政府（不包括县级）。民事公益诉讼的被告多为个人或者中小型企业。二是检察机关的办案能力与人民群众的期待要求还有很大的差距。一些试点地区面对困难压力，缺乏破解办法，存在退缩回避、不敢担当的问题。人民群众希望检察机关通过提起公益诉讼去"啃硬骨头"，而不是去"捏软柿子"。有的院为完成工作任务，办"凑数案"，譬如起诉边陲山村的小卖部；有个别院直到试点结束，也没提起一起公益诉讼案件；个别检察院的"一把手"未能切实承担起改革创新的重任。三是检察机关提起公益诉讼的理论仍然薄弱。试点未达成共识的问题，如检察机关提起公益诉讼的具体程序构建问题等还需要继续研究。

两年的试点工作充分表明，检察机关提起公益诉讼，在保护国家利益和社会公共利益方面发挥了积极作用，探索出了司法保护公益的中国道路，完善了

保护国家利益和社会公共利益的法律制度体系，同时也强化了检察机关的法律监督职能。贯彻落实诉讼法的修改决定、全面开展公益诉讼工作，既是对公益诉讼试点的充分肯定，也是对试点经验成果的进一步检验，是充分体现试点对改革全局重要作用的关键阶段。在我们面前呈现的壮丽画卷还未完全展开，我们前面的道路还很崎岖漫长。我们要认真学习贯彻习近平总书记的重要指示精神要求，继续深入总结提炼试点工作经验，继续大力发扬试点工作中好的作风传统，不断为改革注入新的活力，切实担负起党和国家赋予检察机关的职责使命。

二、深刻认识、准确把握检察机关办理公益诉讼案件的基本规律

检察机关提起公益诉讼制度是一项全新的制度，要认识新事物，我们必须准确把握其自身的特点与规律。规律是什么？"规"，"夫"之"见"也。"夫"是古代对成年男子的通称，常用来指大丈夫；"规"乃大丈夫之见识，经实践所验证而符合自然之道。但规律并不是主观臆想的产物，而是由一系列与该事物相关的内在因素和外部因素决定的，体现于该事物的运行过程之中。曹建明检察长在全面开展公益诉讼工作电视电话会议上深刻指出，要"牢牢把握立法精神和司法规律，准确把握检察机关提起公益诉讼的基本要求"。在全面开展公益诉讼工作中，各级检察机关必须从唯物辩证法联系的、发展的、矛盾的观点出发，深刻认识、准确把握公益诉讼制度的特点规律，从而牵住制度运行的"牛鼻子"，事半功倍地推动公益诉讼制度的健康发展。

（一）从联系的观点出发，正确认识和把握检察机关在公益保护体系中的功能作用

1.用联系的观点把握公益的内涵。检察机关提起公益诉讼，保护公益是其基本要义。"公"的概念在我国至少具有2500多年的历史，甲骨文、金文中

都有"公"字,"公"文化在中国的传统历史文化中具有十分重要的地位,但"公"的涵义很难用一句话来概括,有必要从联系的观点出发,以不同的坐标体系来定位。金文"公"是"八"下面的"口",多人聚在一起。"公"最早是指国家,如《诗经·小雅·大田》:"雨我公田,遂及我私。"除了国家,"公"还指远大于国家的天下,相当于宇宙。《礼记·礼运·大同篇》:"大道之行,天下为公。"又《吕氏春秋》:"天下非一人之天下,天下人之天下也。"《礼记·孔子闲居》说道:孔子说三王(成汤、文王、武王)之德的基本性格是"三无私",子夏问何谓"三无私",孔子回答"天无私覆,地无私载,日月无私照"。这里的"公"则以具有强烈规范色彩的普遍、全体为基本内容。与中国一样,西方出现"公"观念也由来已久,罗马法就开始作"公""私"之分,到近代又十分强调对私权利的尊重。所以,"公益"置于不同的语境各有不同的内涵,不能简单地作为"私益"的反义词,也不能仅仅界定于不特定的主体。在中国,"公"首先是指国家社稷,苍生福祉。公益也首先是指国家利益和社会公共利益。为此我们要深刻领会曹建明检察长讲话中"四个有利于"的要求,自觉把公益诉讼置于党和国家大局以及经济社会发展全局中谋划推进,让人民群众切实从公益诉讼改革中拥有实在获得感。

2. 用联系的观点看待检察机关在公益保护体系中的作用,处理好与其他公益保护主体之间的关系。习近平总书记在中央深改组第三十六次会议上强调,要用系统思维、整体思维、协调思维来推动改革。公益保护是一个系统工程,需要社会各方共同努力,不仅需要行政机关、审判机关、检察机关通过行使各自的职权进行保护,也需要公民、法人、社会组织等社会主体的积极参与。在处理与其他公益保护主体的关系时,要把握三点:其一,各司其职而不是包打天下。公益诉讼制度设立的目的就是要解决社会治理中公益监督主体的缺位问题。一方面行政机关虽然是保护公益的责任主体,但困于缺乏有力的外部监督所导致的监管不力;另一方面,检察机关履行法律监督职责主要依托诉讼职能,不具备行政行为的单方性、灵活性、主动性、执行性等优势。所以,保护公益离开谁都不合适,只有各方相辅相成,才能取得突破性进展。"一府两院"

都是在共产党领导下，由人大产生的政权机关，属于人民政权的同一整体。特别要注意的是，有一种观点，把检察机关与行政机关、审判机关理解成"博弈"关系，甚至把公益诉讼理解成监察体制改革自侦转隶的职权弥补，这是十分错误的，万万要不得的。其二，协同治理不等于混淆主次。需要明确的是，检察机关不能以公益代表人自居而忽视行政机关以及其他社会组织所担负保护公益的职责。依法定职责而言，保护、监管公益是行政机关的直接职责，或者说，行政机关是第一顺序的公益保护人，而检察机关则是以提起公益诉讼案件的方式，督促、协助行政机关履行保护公益职责，或者说检察机关是第二顺序的公益保护人。其三，平等诉讼不同于追责问罪。"公益"是检察机关提起公益诉讼制度设计的出发点，也是制度运行的落脚点。提起诉讼是保护公益的有效手段，公益诉讼必须围绕"公益保护"这个"牛鼻子"。既然是诉讼，就必须遵循诉讼的基本规律，必须讲诉讼平等的基本原则。《说文·言部》："讼，争也。"诉讼就是辩论、争论。而辩论就必须平等，否则就不是诉讼。所有的公权力机关一旦进入诉讼程序都必须走下公权力的"楼台"进行平等诉讼。除此之外，我们还应当把公益诉讼与其他普通的民事诉讼、行政诉讼加以区分，更不能与刑事公诉相提并论。不能为了诉讼而诉讼，也不是为了追责制裁而诉讼；当然，如果在办理诉讼案件中发现违法犯罪线索，毫无疑问要依法追究，但这不是公益诉讼的立法目的和应有之义。检察机关进入诉讼程序后，一定要牢牢站准诉讼的平等地位，不能以法律监督者居高临下强调法外特权，不能以保护公益为名打破诉讼平衡。

3. 用联系的观点看待检察机关在保护公益方面的各种职能，发挥检察机关保护公益的最佳效果。以保护国家利益和社会公共利益为目的的检察职能不仅是多元化的，而且分散在侦监、公诉、民事检察、行政检察等部门职能中。如何拧成一股绳发挥合力，要把握两点：其一，以诉讼关系为准明确各自职责。刑事、民事、行政三大诉讼领域各具不同的诉讼原则，各有不同的部门法调整。检察监督应当严格遵循诉讼法上的"楚河汉界"，而不能混淆诉讼关系"一哄而上"。公益诉讼包括诉前监督程序的职能部门应当是民事行政部门或者

承担相应职责的其他部门,要确保整个监督和诉讼过程依法运行,不能因为职能部门不清而混淆诉讼法的适用,影响公益诉讼制度的健康发展。其二,以公正高效为重协同发挥合力。对外监督以公正为重,放弃监督就是监督失职。检察机关任何职能部门在履职中发现公益受损的线索,都不能轻易放过,或移送,或调查;如果符合公益诉讼条件,就应当启动法律程序。而对于由何部门、以何方式提起诉讼或诉前程序,包括如何处理提起民事公益诉讼和提起行政公益诉讼及其他附带公益诉讼之间的关系,都应当以效率、效果为重,保护公益的最佳效果即为上策之选。

(二)从发展的观点出发,正确认识和把握检察机关在公益诉讼制度中的身份地位

公益诉讼是社会发展的产物,随着经济社会的发展而不断变化,要用发展的观点看待公益诉讼制度的相关立法,不断通过实践检验和完善公益诉讼制度。

1.用发展的观点看待检察机关提起公益诉讼职能的本质。曹建明检察长在全面开展公益诉讼工作电视电话会议上强调"要始终坚持法律监督这个宪法定位"。这句话回答了检察机关提起公益诉讼制度的两个基础性问题。第一个问题,公益诉讼制度从哪里来?关于检察机关提起公益诉讼制度的最早权威性文献,毫无疑问是党的十八届四中全会上习近平总书记所作的《关于全面推进依法治国若干重大问题的决定》的说明报告,应该说,这一伟大文献不仅是依法治国的纲领性文件,也是公益诉讼的制度之母。同时,宪法关于检察机关是国家法律监督机关的定位是公益诉讼制度最根本、也是最早的法律基础。正因为有了法律监督权,检察机关提起公益诉讼才能名正言顺。基于此,检察机关提起公益的诉讼地位不同于一般原告,而应冠之以"公益诉讼机关"为宜。第二个问题,公益诉讼制度到哪里去?也就是说建立公益诉讼制度的立法预期是什么。顾名思义,首先是保护公益;其次,促进依法行政;再次,推进依宪治国。公益诉讼制度以独创的诉讼方式形成行政权与审判权和检察权之间的良性

互动。在看待检察机关的法律监督定位与提起公益诉讼的关系上，一定要把握好以下三点：其一，公益诉讼不是检察机关的监督之诉。法律监督的法律地位是公益诉讼制度的法律基础，但不是公益诉讼的"牛鼻子"，只有公益保护才是公益诉讼的"牛鼻子"。因为诉讼请求才是诉讼的核心地位。诉讼双方的身份地位虽然重要，但不是公益诉讼的核心，不应当成为公益诉讼请求的本身。换言之，公益诉讼不是为了检察机关的法律监督而专门设置的，检察机关不能为了凸显自身的监督地位而决定诉权的运用。否则，就可能导致公益诉讼诉权的滥用。其二，公益诉讼不存在诉讼特权。检察机关是法律监督机关，但在诉讼程序中，不能因为是法律监督者就必然胜诉，我们还可以研究的是，我们是否因为自己是法律监督者，对一审判决不服的就当而仅当提起"抗诉"而不是"上诉"？或者因为是法律监督者，即使把当事人财产保全错了也都不需要承担国家赔偿责任？检察机关提起公益诉讼是世界性的创举，无先例可循，在没有充分理由把法律监督地位与抗诉权等特殊权利之间的逻辑关系说清之前，应当坚持法治原则和正当程序原则，最大范围取得认同、达成共识是构建、完善、丰富、发展新制度的最重要路径。其三，公益诉讼的程序权不等同于法律监督权的核心权能。检察机关的法律监督体现在刑事、民事、行政诉讼程序中。有一种观点认为公益诉讼启动二审用"抗诉"而非"上诉"之名事关检察机关法律监督权的基础。对此，我们可以进行讨论，不仅是内部讨论，而且要与法院交流，特别是最后还要征求立法机关的意见。总之，我们看待问题要实事求是，要理性，要讲理。公益诉讼中的监督本色主要在于对行政机关违法行为的制约，只要能制约就是法律监督，只要不影响制约就不构成损害法律监督。反过来，真正的法律监督是用监督作为、监督实效来说话。

2.用发展的观点看待检察机关提起公益诉讼制度的丰富与完善。其一，要坚持检察机关在公益诉讼制度中独特的身份地位。因为检察机关是基于法律监督机关的宪法定位而踏上公益诉讼的"红地毯"，检察机关不同于民事诉讼或者行政诉讼普通的原告，不为自己的利益而提起诉讼，保护公益是最根本的诉讼主张。从制度设计看，《试点方案》和"两高"相关《实施办法》明确了检

察机关"公益诉讼人"的诉讼地位。征求意见稿中修改为"公益诉讼机关",还是强调了公益诉讼的独特性。其二,要坚持保护公益这一独特的诉讼目的。为实现保护公益的诉讼目的,检察机关在诉前督促行政机关依法履行相应职责,在诉讼程序中又围绕保护公益的诉讼请求而开展诉讼活动,在保护公益的诉的请求得到实现后还可以撤回起诉。就行政公益诉讼而言,检察机关主要是提起"督促履职"的诉讼请求,因而,提起诉讼不是简单追求胜诉的判决率,与被起诉的行政机关之间也不以胜败论英雄,正是保护公益的诉讼目标决定了公益诉讼的这种独特性。

(三)从矛盾的观点出发,正确认识和把握检察机关提起公益诉讼制度中的几个重要关系

矛盾是事物发展的源泉和动力,矛盾的双方既对立又统一,在一定条件下相互作用转化,共同推动事物的发展。既要充分认识矛盾双方之间的区别,也要明确两者之间的联系;既要全面把握坚持"两点论",又要有所区分坚持"重点论"。检察机关提起公益诉讼制度作为一项新生事物,在其发展的过程中也要处理好各种关系,用矛盾的观点分析和解决问题,是妥善处理好公益诉讼相关问题的重要方法。

1. 提起诉讼工作与诉讼监督工作之间的关系。检察机关参与自身提起的公益诉讼,是以"公益诉讼机关"的身份,是诉讼的一方,而诉讼监督仍然是检察监督职责的重要体现,这两者的确是一对矛盾。我们认为:其一,要坚持诉讼文明的理性要求。诉讼监督是法律规定的职权、不是法外的特权,不能让诉讼监督影响诉讼主体的平等地位。无论你是谁,也无论对方是谁,一旦对簿公堂,双方就得讲理讲规则。法律面前一律平等,首先是要法庭之上诉讼平等。保护公益不能以损害合法权益为代价。当然,诉讼平等绝不是说检察机关是普通的原告,不要一听到"平等"就想到是"原告",一听到"平等"就曲解为法律监督地位的贬损。就检察机关提起公益诉讼的特殊性,"两高"已经达成共识:譬如检察机关向人民法院提交"起诉书"而非"起诉状";人民法院通

知开庭时应使用"开庭通知书"而非"传票";出庭人员与检察机关为代表关系而非委托代理关系,向法庭提交"派员出庭通知书"而非"授权委托书"等等。其二,要坚持诉讼监督的救济权限。诉讼法赋予检察机关的诉讼监督在法律效力上是不及于其他职权的,譬如刑诉法上的诉讼监督权不能与公诉权相提并论,民事诉讼法、行政诉讼法上诉讼监督的最大效力也只是对生效裁判启动再审,提起再审实质上是实现程序救济的效力。一般而言,诉讼监督不能突破程序救济的权限。因为诉讼监督属于事后监督,一般也不能阻断"正在进行时"中的诉讼程序,对一般违法情形的诉讼监督,应当让位于本身参与的诉讼程序。所以,不能把本次诉讼过程中的诉讼监督与公益诉讼提到并重的地位,至少两者存在先后顺序的关系,不能使得诉讼监督权妨碍行政权、审判权的依法独立行使。当然,民诉法、行政诉讼法赋予检察机关的诉讼监督职责,也决不能因为公益诉讼的开展而受丝毫影响。

2. 诉前程序与提起诉讼之间的关系。诉前与诉讼,在时间上前后衔接,在作用上相互补充,共同服务于保护公益、促进依法行政这个根本目的。通过诉前程序及时解决问题、节约司法资源;通过诉讼程序为诉前程序发挥作用提供必要保障、强化公益保护的刚性,这种"先礼后兵、刚柔并济"的衔接搭配是检察机关在公益保护体系中独特性作用的突出体现。在全面开展公益诉讼工作中,各级检察机关必须充分认识两者之间的相互作用关系,把两者放到同等重要的位置。一方面,以诉讼标准把握诉前程序。认真完成诉前调查取证,以诉讼标准把握诉前监督质量。另一方面,以诉前目标贯穿诉讼过程。在掌握事实证据基础上确立的诉前监督目标,要"咬定青山不放松",不达目标不收兵。

三、开好局、迈好步,采取有效措施,全力以赴抓好公益诉讼办案工作

检察机关提起公益诉讼制度是中国特色社会主义司法制度的重要发展,也为民行检察工作带来难得的发展契机。广大民行检察干警要深入学习贯彻习近

平总书记重要指示精神,珍惜难得的历史机遇,深刻认识检察机关提起公益诉讼制度的重大意义,切实增强使命感、荣誉感和责任感,狠抓公益诉讼办案工作。各非试点地区检察机关要认真学习借鉴试点地区成功办案经验,以办案为核心推动公益诉讼工作全面开展。

(一)突出办案重点

各级检察机关要继续拿出"敢啃硬骨头,敢于涉险滩"的勇气,严格依照法律规定的监督领域,积极围绕中央和地方对于加强环境资源和民生保护等相关的重要工作部署,紧盯中央环保督察组发现的重点领域和重点问题,针对严重损害公益和国计民生的重大案件履行监督职责。

1. 继续突出办理生态环境和资源保护领域的公益诉讼案件。习近平总书记在中共中央政治局第四十一次集体学习时指出:"推动形成绿色发展方式和生活方式是贯彻新发展理念的必然要求,必须把生态文明建设摆在全局工作的突出地位",要"用最严格的制度、最严密的法治保护生态环境"。生态环境和资源保护是试点的主要领域,两年的实践表明,试点有效保护了生态环境和自然资源,推动解决了一批长期困扰人民群众的环境问题,检察机关提起的环境公益诉讼已经成为保护环境重要途径。当前,生态环境面临的形势依然严峻,一些地方生态环境和资源受损的情况依然十分严重。我们要继续从试点期间办理的大量生态环境和资源保护领域案件中提炼办案经验,继续加大这一领域的办案力度,重点针对一些长期存在的生态环境保护顽疾,特别是中央环保督察组发现的重点领域和重点问题,着力解决一批人民群众反映强烈的污染环境、破坏生态问题。

2. 加强食品药品领域案件的办理。食品药品安全是最基本的民生问题,食品药品安全领域危害公共利益的现象比较突出,社会各界高度关注,人民群众反映强烈,之前我们在这方面提起过民事公益诉讼。为了加强对食药领域受损公益的保护、督促食品药品行政监管部门切实履行监管职责、进一步提升我国食药领域安全水平,全国人大常委会此次修法将食品药品安全领域监督纳入了行政公益诉讼的范围。无论对试点地区还是非试点地区而言，开展食品药品安全领域的行政公益诉讼工作都是新的内容，即使是原试点地区，办理的此类民事公益诉讼案件也很少，可以说这是试点中的一个"短板"。各地要在这个领域的案件办理上多积累经验，切实加大力度，更好保障人民群众"舌尖上的安全"，扩大公益诉讼制度的影响力。

3. 为军队和武警部队全面停止有偿服务工作顺利推进提供法律监督保障。为认真贯彻落实党中央和中央军委关于军队和武警部队全面停止有偿服务活动的决策部署，高检院近期将出台相关意见，发挥检察机关的职能作用，依法为军队和武警部队全面停止有偿服务工作提供有效的法治保障。军队和武警部队全面停止有偿服务，是党中央、中央军委和习近平总书记着眼强军兴军目标作出的重大战略决策，具有重大的现实意义和深远的战略意义。为军队和武警部队全面停止有偿服务提供优质高效的法治保障，事关国防和军队改革的顺利推进，事关部队和社会两个大局稳定。民行检察部门要紧紧围绕全面停止有偿服务的目标，提高政治站位，立足民行检察职能找准切入点。具体到公益诉讼职能方面，各级检察院在履行职责中发现在处理军队和武警部队全面停止有偿服务工作相关事务过程中，对国有财产保护、国有土地使用权出让等领域负有监督管理职责的行政机关违法行使职权或者不作为，致使国家利益、社会公共利益受到侵害的，应当向行政机关提出检察建议，督促其依法履行职责；行政机关不依法履行职责的，依法向人民法院提起公益诉讼。此外，在发挥公益诉讼职能作用的同时，也要根据实际情况，注重结合传统民事行政检察职能，通过加强对民事行政诉讼活动的监督、加大执行监督力度，为全面停止有偿服务工作的顺利推进提供全方位的法律监督保障。

（二）找准办理各类案件的切入点

全面开展公益诉讼，核心体现在办案上。从试点工作情况看，两年的试点共提起诉讼 1150 件，87 个分市院、759 个基层院，平均一个院只有 1 个多案件，而且仍有 3.1% 的基层院没有完成解决诉讼空白的办案任务。各级检察机关一

定要清醒认识面临的形势，分类施策，找准办案的切入点。

1. 在生态环境和资源保护领域，一方面着重从侦监、公诉部门办理的非法占用土地罪、破坏环境资源罪、非法采矿罪、污染环境罪等案件中寻找线索，并结合侦监部门的破坏环境资源犯罪专项立案监督活动、国土部门开展的土壤污染专项监督活动，对于已经进行刑事处罚案件可一并追究民事公益诉讼的损害赔偿、恢复原状等责任。另一方面，在诉前程序督促环保部门、国土部门履行对行政相对人的监管职责之后，行政监管效果不佳时，可以在提起行政公益诉讼时一并提起民事公益诉讼，实现对侵权行为人的制裁效果。

2. 在国有财产保护和国有土地使用出让领域，检察机关可从职务犯罪侦查部门办理的国资、财政、国土、科技等部门工作人员贪污受贿、滥用职权、玩忽职守职务犯罪案件中，发现造成国家利益和社会公共利益受损而长期未能得到纠正和弥补的线索；也可调阅行政执法卷宗，监督行政机关履行职责的情况；更可与行政机关会签文件，建立相关行政执法信息移送机制，实现对行政执法信息的实时监控。

3. 在食品药品安全领域，检察机关可从侦查监督部门开展危害食品药品安全犯罪专项立案监督活动以及"两法衔接"平台上发现案件线索，并关注新闻媒体报道的热点事件。食品药品流入市场，进入消费者的口中，由于消费人数的不确定性，是否消费也存在不确定性，如果对此类案件提起民事公益诉讼，对侵害后果的判断比较难，如何提出诉讼请求比较难以确定。试点期间这类案件的诉讼请求一般限定在赔礼道歉一项。新法生效后，对于食品药品公益诉讼案件，一般以行政公益诉讼为主。

（三）坚持数量、质量并重理念

数量是衡量检察机关是否履职的基本标准，质量是衡量检察机关履职好坏的根本标准。各级检察机关一方面要提升公益诉讼办案的数量，一方面要坚持数量和质量并重的理念。对于数量要求，不仅体现在诉前程序上，而要体现在提起诉讼的案件数量，以及法院判决的数量，三者应该有一个合理的比例。如果都在诉前建议后解决了，很可能没有去"啃硬骨头"，监督效果就不是最理想。对于质量要求，一定要把人民群众是否认同、是否满意作为根本检验标准，公益诉讼必须坚持"三个效果"相统一。省级院和市级院要制定科学合理的业务考核标准，既要充分激发公益诉讼办案的动力，又要规范公益诉讼案件的办理。

（四）把握关键环节

检察机关提起公益诉讼是一项系统工程，细节决定成败。决定一个公益诉讼案件能否取得成功，能否实现检察机关保护公益的预期目的，往往取决于对办案中关键环节的把握是否精准、是否规范。

1. 严把立案关。立案是检察机关启动公益诉讼的第一道关口，决定了检察机关调查取证的重点、诉前程序和提起诉讼的走向。在立案条件上，要准确把握三点：第一，在案件范围上，各级检察机关在办案中不得突破法律的现行规定任意增加案件范围。第二，在事实证据上，是否有初步证据证明有损害国家利益或者社会公共利益的行为。关于初步证据的取得，可以通过其他单位和部门的移送，也可以在立案之前展开初步的调查，通过外围取证的方式提升立案质量。第三，客体上是否可能损害了国家利益或者社会公共利益。实践中，需要特别注意的是集体利益与社会公共利益的区分和竞合。集体利益不等于社会不特定多数人的公共利益，不能将其作为公益诉讼保护的客体。试点过程中，存在部分案件对此把关不严的情况。如在资源保护领域，如果破坏的仅仅是集体的土地、林木等资源，不能将其纳入公益诉讼案件范围；如果在侵害集体利益的同时，侵害了国家利益或社会公共利益，如破坏的土地系基本农田、林地属于公益林的情形则可以进行立案，在审查立案的时候应补充相关证据。

2. 严把取证关。调查取证权是检察机关区别于其他公益诉讼起诉主体的一个重要手段，也是我们检察机关的固有优势。然而，试点中一些地区却反映调查取证遇到很多困难。要正确分析这些困难产生的原因。"不知道调查什么""不知道怎么调查"，这些困难是我们自身调查经验少、不适应工作要求的

表现,要通过加强学习培训来弥补。

在调查的内容上,民事公益诉讼要重点围绕侵权主体、侵权行为、过错、损害结果、因果关系等五个方面调查取证;行政公益诉讼要重点围绕行政机关的法定职权、行政手段及违法行使职权或者不作为致使国家利益或社会公共利益遭受损害的事实等三个方面调查取证。基于检察机关的职权特点,在调查取证时既要调查违法的事实,也要调查违法情节轻、过错责任小的事实。

在调查的方式上,应当说,目前调查取证方式还是比较多的,我们首先应该充分利用好现有的制度资源,在此基础上,针对不配合等特殊情况,要学会借外力,或积极争取党委政府的理解支持,或通过联合执法等方式获得行政部门的协助,等等。高检院也将积极研究论证,推动建立与提起公益诉讼职权相适应的调查取证保障机制。

3. 严把起诉关。对于拟提起诉讼的公益诉讼案件,要严格按照修改后民事诉讼法和行政诉讼法的规定进行审查,重点审查诉前程序的履行情况、诉前检察建议内容是否与拟提起诉讼的诉求相衔接,经过诉前程序而没有取得监督实效的,才能提起公益诉讼。

我们要清醒地认识到,检察机关开展公益诉讼工作,起诉不是最终目的,根本目的还是促进依法行政、有效保护公益。现在制度已基本形成,我们应当把握好制度设计的立法精神,更多的是考虑如何激发行政机关主动纠错的能动性,监督行政机关自行依法履职,而不是不加选择地一律提起诉讼。在实践中对于行政机关履职是否到位,要具体问题具体分析,不宜一概而论。要把握好提起诉讼的条件,既要严格依法、保持监督的力度,也要充分考虑实际情况、坚持行政成熟性原则,给行政机关自主纠错留下合理的空间。

对于拟提起诉讼的案件,办案检察机关要认真分析研判提起诉讼的可行性和实效性。要严格履行案件的审批程序。各省级院要在起诉案件审批的过程中,切实做好案件质量监督员的角色。

4. 严把出庭关。在庭审之前,各级检察机关要充分重视庭前的证据审查工作,选派优秀出庭团队,围绕案件焦点作好出庭应对准备,履行好公益诉讼职责,展示检察机关的良好形象。庭审当中要坚持"公益诉讼人"的主体地位,针对庭审当中与人民法院产生的分歧,主动做好沟通协调工作。正确运用好检察机关在公益诉讼中的程序处理权,积极探索完善符合检察机关监督职能的法院审理结案方式。庭审后,对于未生效的一审法院裁判,检察机关应当对事实认定和法律适用进行全面审查。对于检察机关胜诉的,要研究被告可能提起上诉的事实和法律依据,提前做好准备。

5. 严把撤诉关。在民事公益诉讼审理过程中,检察机关诉讼请求全部实现的,可以撤回起诉。在行政公益诉讼审理过程中,被告纠正违法行为或者依法履行职责而使检察机关的诉讼请求全部实现的,可以变更诉讼请求,请求判决确认行政行为违法,或者撤回起诉。应该说,这些规定是比较明确的。试点中,严格掌握撤诉条件,控制撤诉案件数量,主要是考虑外界对撤诉的适用条件不了解,误以为撤诉表示起诉有问题,撤诉案件多会对制度产生不利影响。公益诉讼制度全面推开后,我们要继续严格把握撤诉的适用,这主要有两个方面的考虑:一是确认违法的方式对不依法履职的行为表明了否定的态度,可以更好地发挥促进依法行政的监督效果;二是由于公益弥补的特殊性,一般需要较长的周期,确认违法有利于形成有力的后续监督,降低后续反弹的可能性。所以,各地仍要严格控制撤诉的适用,慎用撤诉,不能因为受到来自行政机关等方面的压力就放开撤诉的适用,这样不利于监督,长此以往产生的问题会更多。对试点期间提起诉讼的案件和高检院审批的案件,确有特殊情况需要撤诉的,必须严格按照规定层报高检院审批。

(五)创新办案机制

公益诉讼案件政治性、政策性、法律性都很强。各级检察机关要在办案机制方面多想些办法,要从横向纵向、系统内外等不同维度,创新办案机制。通过好的办案机制,为办案提供动力,提高效率。

1. 完善检察机关内部工作配合机制。检察机关提起公益诉讼是一项系统工程,各级检察机关要以民行检察部门为主导,根据各项检察业务的职能特点,整合办案资源，形成监督合力。要建立检察机关各业务部门之间案件线索双向移送的横向协作机制，通过自侦、公诉、预防等部门在履行职责中发现公益诉讼案件线索，并就公益诉讼案件线索梳理、移送、办理、反馈等事项进行协调，着力推动各部门实现信息共享、监督联动。要充分发挥公诉部门在出庭诉讼方面的经验优势，帮助培育和提高公益诉讼办案人员的庭审应对能力，有条件的可以组建专门的公益诉讼出庭团队。

2. 建立上下一体化办案机制。公益诉讼案件办理的主阵地在基层，但省级院和市级院在指导工作开展、加强案件把关、帮助沟通协调等方面发挥着至关重要的作用。要结合公益诉讼案件的办理特点，建立以省院为龙头、市级院为枢纽、基层院为主体的上下一体化办案机制。省级院和市级院要根据办案需要，建立督办、参办、领办等多种办案模式，对于具有重大影响的复杂案件，可以组成专案组直接办理；可以结合实际情况，在本辖区内统一调配办案力量；对于下级院办理的重大疑难案件要加强工作指导和审查把关，必要时应全程介入指导，确保办案质量和效果；对于基层院在办案中遇到的困难和阻力，要加强沟通协调，及时帮助解决。基层院要切实承担起办案的主力军作用，在调查取证、出庭起诉等方面发挥好基础、骨干作用。

3. 建立与行政机关、人民法院的沟通协作机制。要加强与行政机关的沟通联系，让行政机关充分理解检察机关提起公益诉讼对于推动问题解决、促进依法行政、建设法治政府的重要意义和积极作用，积极与行政机关建立联席会议制度，在信息共享、情况通报、线索移送、证据收集、结果反馈等方面建立联系机制。要注意克服就案办案的单一工作思路，注意通过办案分析发现行政机关履职当中产生问题的根源，与行政机关形成帮助促进依法行政、严格执法的工作衔接机制，推动从根本上解决问题。继续加强与法院的沟通，充分发挥各级检察长协调作用，争取将有关分歧解决在本地；地方难以解决的，及时汇总层报高检院。

4. 建立与司法责任制改革、"智慧检务"等工作的协同推进机制。由于公益诉讼案件的办理强调多部门的协作，相较其他民事行政监督案件而言，需要在人员调配、沟通配合等方面有很强的统筹协调力度，在司法责任制改革的背景下，可以作为各级院检察长和其他入额院领导直接办案的类型，这样既有利于公益诉讼案件的办理，也有利于切实发挥院领导在具体案件中的作用，实现公益诉讼工作与司法责任制改革的协同推进。要寻找公益诉讼工作与现代科技的结合点，在大数据等科技手段深入影响司法实践的大背景下，充分发挥高科技手段在公益诉讼中的重要作用，既包括在具体办案中借助科技手段进行线索发现、调查取证等，也包括在面上借助科技手段实现公益诉讼工作的高水平起步，尽快缩短与传统检察业务之间的差距，实现公益诉讼工作的跨越式发展。

（六）加强办案力量

全面开展公益诉讼工作，给检察机关的司法理念、办案方式、监督环境等方面带来了诸多考验。能否更好地破解这些难题，最终要落实到人，关键看有没有一支坚强的公益诉讼工作队伍。各级检察机关要充分认识到机构队伍建设对公益诉讼工作的特殊重要意义，真正从公益诉讼工作的特点出发，切实加强队伍建设。

1. 完善机构设置。一直以来，检察机关民事行政检察部门承担了诉讼监督、审判违法监督、执行监督等监督职责。公益诉讼制度正式确立后，对民事行政检察办案提出了更高的要求，加强公益诉讼法律监督，建立一支专门的公益诉讼办案队伍已经迫在眉睫。各地要结合司法责任制和检察官员额制改革，建立健全专门的办案组织，保证人员配备与公益诉讼职能拓展和业务增长相适应。

2. 充实办案力量。民行办案力量薄弱的问题历来已久。公益诉讼案件的办案模式对民行检察人员力量配备和能力素质提出了更高的要求。曹建明检察长在电视电话会议上强调，"要合理增加民行部门人员编制，在员额制改革中向民行部门适当倾斜"。各地要坚决落实好，抓紧遴选、招录、引进、调配一批熟悉调查取证和出庭公诉业务的检察官充实民行队伍，切实加强办案一线力量，保证人员配备与公益诉讼职能拓展和业务增长相适应。

3. 加强教育培训。传统的民行案件办理主要以书面审查为主，而公益诉讼要求检察机关转变办案思路和工作模式，在流程上涵盖了摸排线索、调查取证、审查起诉、出庭应对、诉讼监督等多个环节，这就要求办案人员既要有扎实的法律基础，又要有出色的调查、庭审应对等实务经验和能力。各地要充分认识加强公益诉讼培训的重要性和紧迫性，坚持问题导向，针对办案方面的短板，有针对性强化素能培训，提高实战能力，培养全流程的专业化办案队伍。高检院将于近期通过举办培训班、示范班、非试点地区公益诉讼办案巡讲等方式对全国民行检察人员进行公益诉讼全员培训。各省也要结合实际情况，选拔优秀师资力量，有针对性地开展公益诉讼业务培训。

公益保护任重道远，全面开展公益诉讼工作是党中央作出的重大改革决策，新修订民事诉讼法和行政诉讼法为我们开展工作提供了明确的法律依据，各级检察机关和全体检察干警要从推进"四个全面"战略布局和"五位一体"总体布局的高度，深刻认识全面开展公益诉讼工作的重要性和紧迫性，以昂扬的斗志、饱满的热情、有力的措施，全面落实检察机关提起公益诉讼制度，以实际行动实现中央的重托、回应人民的期盼。